las dos partes del Diccionario Básico.

Coloque el pulgar en la letra del abecedario delantero (diestro) o posterior (zurdos) que le interesa y pase rápidamente las hojas del diccionario hasta llegar a las páginas buscadas de la parte correspondiente.

Abecedario Vertical

Gracias al Abecedario Vertical del borde de esta página y de la última se puede encontrar rápidamente la letra que se busca en las dos partes del Diccionario Básico.

Coloque el pulgar en la letra del abecedario delantero (diestro) o posterior (zurdos) que le interesa y pase rápidamente las hojas del diccionario hasta llegar a las páginas buscadas de la parte correspondiente.

OCEANO
Langenscheidt

Diccionario Básico

Alemán

Español-Alemán
Alemán-Español

OCEANO
Langenscheidt

Diccionario Básico

Alemán

Español-Alemán
Alemán-Español

Editado por
LA REDACCIÓN LANGENSCHEIDT

© MCMXCIX Langenscheidt KG, Berlin and Munich

Para la presente edición:

© MCMXCIX OCEANO Langenscheidt Ediciones, S.L.
Milanesat, 21-23
EDIFICIO OCEANO
08017 Barcelona (España)
Teléfono: 93 280 20 20*
Fax: 93 280 56 00
http://www.oceano.com
e-mail: info@oceano.com

*Ni la ausencia ni la presencia de una indicación
expresa de patentes o marcas registradas significa
que una denominación comercial que figure
en este diccionario carezca de protección legal.*

ISBN: 84-95199-17-3

Impreso en España - Printed in Spain

Depósito legal: B-15158-99
102339495965

Prólogo

Este Diccionario Básico español-alemán/alemán-español recoge los cambios más recientes experimentados por ambas lenguas. Ha sido concebido para un público muy amplio, desde principiantes hasta estudiantes avanzados.

El rasgo más destacado del Diccionario Básico español-alemán/alemán-español es el tipo de vocabulario ofrecido: en la selección de vocablos y giros que desbordan el léxico general, se da prioridad a los sectores de la economía, el comercio, el turismo y la administración, sin dejar de lado ámbitos tan importantes como la política, la técnica y la cultura. Conceptos como **Dauerarbeitslosigkeit** (paro permanente), **Euro** (euro), **Europäische Zentralbank** (Banco Central Europeo), **Europäisches Währungssystem** (Sistema Monetario Europeo), **Parkkralle** (cepo), **Rucksacktourist** (turista de mochila), **schadstofffrei** (no contaminante), **Technologietransfer** (transferencia de tecnología), **Vorruhestand** (jubilación anticipada) ilustran bien las cualidades del nuevo Diccionario Básico español-alemán/alemán-español.

El Diccionario Básico español-alemán/alemán-español ofrece también información acerca de la pronunciación, tanto del alemán como del español. Se completa con cuatro anexos, sin lugar a dudas muy útiles para el usuario: una tabla de numerales, una lista de nombres propios, una recopilación de las siglas y abreviaturas más usuales y una descripción del sistema verbal con una lista de los verbos irregulares, todo ello para los dos idiomas.

El Diccionario Básico español-alemán/alemán-español resulta muy adecuado para el uso escolar y cubre también las necesidades reales del mundo de los negocios y del turismo. Por último, su tipografía y su formato hacen del Diccionario Básico español-alemán/alemán-español un instrumento manejable y facil de usar.

Índice
Inhaltsverzeichnis

Prólogo 5

Indicaciones para el uso del diccionario —
Hinweise für die Benutzung des Wörterbuches 8

Explicación de los signos y abreviaturas empleados en el diccionario — *Erklärung der im Wörterbuch angewendeten Zeichen und Abkürzungen* 13

La pronunciación de las palabras españolas —
Die Aussprache des Spanischen 15

La pronunciación de las palabras alemanas —
Die Aussprache des Deutschen 18

Vocabulario Español-Alemán —
Wörterverzeichnis Spanisch-Deutsch 21

Vocabulario Alemán-Español —
Wörterverzeichnis Deutsch-Spanisch 283

Nombres propios geográficos españoles —
Spanische geographische Eigennamen 539

Nombres propios geográficos alemanes —
Deutsche geographische Eigennamen 544

Siglas y abreviaturas españolas —
Spanische Abkürzungen 549

Siglas y abreviaturas alemanas —
Deutsche Abkürzungen 554

Los verbos españoles —
Die Konjugation der spanischen Verben 560

Los verbos irregulares alemanes —
Die unregelmäßigen Verben im Deutschen 573

Numerales — *Zahlwörter* 575

Indicaciones para el uso del diccionario
Hinweise für die Benutzung des Wörterbuches

1. **Die alphabetische Reihenfolge** ist überall streng eingehalten. Die Umlaute ä, ö, ü wurden hierbei den Buchstaben a, o, u gleichgestellt. An alphabetischer Stelle sind auch die wichtigsten unregelmäßigen Formen der spanischen Verben angegeben.

1. **El orden alfabético** queda rigurosamente establecido. Las metafonías ä, ö, ü fueron tratadas como las vocales simples a, o, u. En el correspondiente lugar alfabético se hallan también las formas irregulares más importantes de los verbos españoles.

2. **Rechtschreibung.** Für die Schreibung der deutschen Wörter dienten als Norm die amtlichen Regeln für die deutsche Rechtschreibung (Duden), für die spanischen Wörter die Regeln der Real Academia Española.

2. **Ortografía.** Para las voces alemanas han servido de norma las reglas oficiales que rigen para la ortografía alemana (Duden); para las españolas las reglas establecidas por la Real Academia Española.

3. **Phonetische Angaben**

   a) **Die Aussprache** der Stichwörter wird in eckigen Klammern durch die Zeichen der Association Phonétique Internationale angegeben (s. S. 15 und 18).

   b) **Die Betonung** der deutschen Wörter wird durch das Tonzeichen (') vor der betonten Silbe angegeben. Bei mit Tilde angehängten Stichwörtern, deren Betonung mit der des Hauptstichwortes übereinstimmt, entfällt das Tonzeichen. Bei Gruppenartikeln ist der Tonwechsel zu beachten, z. B. **über...:** '2̲blick; ~'blicken.

3. **Indicaciones Fonéticas**

   a) **La pronunciación** de las voces-guía se indica entre corchetes, utilizando los símbolos de la Asociación Fonética Internacional (v. págs. 15 y 18).

   b) **Acentuación.** La sílaba en que carga la pronunciación de las palabras alemanas va marcada con un acento (') delante de la sílaba tónica. En las voces-guía añadidas con una tilde, cuya acentuación coincide con la de la voz-guía principal, se omite el acento ápice. Si varias palabras van reunidas en párrafo bajo una «voz-guía» (vocablo común), hay que tener en cuenta el cambio de acento, v.gr. **über...:** '2̲blick; ~'blicken.

4. **Tilde und Strich.** Abgeleitete und zusammengesetzte Wörter sind zwecks Raumersparnis oft zu Gruppen vereinigt.

4. **Tilde y Raya.** Para reservar todo el espacio disponible a las voces-guía, las palabras derivadas y compuestas se han reunido casi siempre en grupos.

Der senkrechte Strich (|) im ersten Stichwort einer solchen Gruppe trennt den Teil ab, der allen folgenden Wörtern dieser Gruppe gemeinsam ist.

Die Tilde (~) vertritt entweder das ganze erste Stichwort einer Gruppe oder den vor dem senkrechten Strich (|) stehenden Teil dieses Stichwortes. Die Tilde vertritt außerdem in Wendungen innerhalb des Artikels das ganze, unmittelbar vorhergehende Stichwort, das selbst schon mit Hilfe der Tilde gebildet sein kann. Wenn sich der Anfangsbuchstabe ändert (groß in klein oder umgekehrt), steht statt der Tilde die Tilde mit Kreis (⌬).

Beispiele: **Schuh, ~geschäft** = Schuhgeschäft; **Schul|ung, ~zeit** = Schulzeit; **Scheide, ⌬n** (= scheiden), *sich ~ lassen* = sich scheiden lassen; **Schema, ⌬tisch** = schematisch.

La raya (|) separa de la voz-guía la parte común de todas las demás voces del grupo.

La tilde (~) sustituye la primera voz-guía entera de un grupo o bien la parte de la voz-guía que precede a la raya (|). La tilde sustituye además, en locuciones dentro del artículo, la voz-guía entera que precede inmediatamente y puede ser formada ella misma por medio de la tilde. La transformación de mayúscula en minúscula o viceversa se indica por el signo ⌬.

Ejemplos: **Schuh, ~geschäft** = Schuhgeschäft; **Schul|ung, ~zeit** = Schulzeit; **Scheide, ⌬n** (= scheiden), *sich ~ lassen* = sich scheiden lassen; **Schema, ⌬tisch** = schematisch.

5. Der Bindestrich (-) findet als Abkürzungszeichen vor der Endung -a der weiblichen Form von Substantiven Verwendung und bedeutet Ersatz des Endvokals -o der Maskulinform durch -a oder Anhängens a an den Endkonsonanten der Maskulinform. Außerdem wird er verwendet bei Ersatz der Endung mit Akzent durch Endung ohne Akzent; z. B. **suizo** *m*, **-a** (= *suiza*) *f* Schweizer(in); **español** *m*, **-a** (= *española*) *f* Spanier (-in); **Berliner(in)** berlinés, -esa (= *berlinesa*).

5. El guión (-) se emplea como signo de abreviación delante de la letra final -a de la forma femenina de sustantivos y significa sustitución de la -o final del masculino por -a, o agregación de esta letra a la consonante final del masculino precedente. Además se usa el guión para sustituir una terminación con acento por otra sin acento; v.g. **suizo** *m*, **-a** (= *suiza*) *f* Schweizer(in); **español** *m*, **-a** (= *española*) *f* Spanier(in); **Berliner(in)** berlinés, -esa (= *berlinesa*)

6. Der kurze Strich (-) in Wörtern wie Ab-art usw. deutet die Trennung von Sprechsilben an, um den Ausländer vor Irrtümern in der Aussprache des Deutschen zu bewahren.

6. El trazo corto (-) en palabras tales como Ab-art, etc. indica la separación prosódica de las sílabas, para que ateniéndose a ella evite el extranjero una defectuosa pronunciación de la palabra alemana.

7. Wörter gleicher Schreibung, aber von verschiedener Abstammung oder verschiedener Wortart sind getrennt aufgeführt und in solchem Falle mit [1], [2] usw. bezeichnet worden, z. B. **Heide**[1] ['haɪdə] *m* (-n; -n) pagano *m*; (neuer Titelkopf:) **Heide**[2] *f* (-; -n) brezal *m*; landa *f*

7. Voces de igual ortografía, pero de etimología diferente o pertenecientes a partes de la oración distintas y marcadas en tal caso con [1], [2], etc., v.g. **Heide**[1] ['haɪdə] *m* (-n; -n) pagano *m*; **Heide**[2] *f* (-; -n) brezal *m*; landa *f*

8. Die runden Klammern ( ).
Wenn in einem Wort einzelne Buchstaben in runden Klammern stehen, so handelt es sich um zwei unterschiedslos gebräuchliche Formen, z. B. **confes(i)onario** = confesonario oder confesionario = *Beichtstuhl*

9. Die grammatischen Bezeichnungen
(adj, adv, v/t, v/i, prp usw.) sind da, wo beide Sprachen übereinstimmen, weggelassen worden, außer wo eine Unterscheidung notwendig war.

Das Geschlecht (*m, f, n*) ist bei allen spanischen und deutschen Substantiven angegeben.

10. Die Rektion der Verben
ist nur da angegeben, wo sie in beiden Sprachen verschieden ist.

11. Übersetzung und Bedeutung.
Die Bedeutungsunterschiede sind gekennzeichnet: durch Synonyme in runden Klammern; durch vorgesetzte spanische bzw. deutsche Ergänzungen oder Erklärungen; durch vorgesetzte bildliche Zeichen oder Abkürzungen.

Durch Komma werden gleiche oder ähnliche Bedeutungen getrennt, das Semikolon trennt unterschiedliche Bedeutungen. Wesentliche Bedeutungsunterschiede bzw. verschiedene Wortarten werden durch Zahlen oder Buchstaben gekennzeichnet.

12. Grammatische Angaben

A) Spanische Verben: Bei jedem spanischen Verb weisen die in runden Klammern stehenden Zahlen und Buchstaben auf das entsprechende Konjugationsmuster im Anhang hin (s. S. 560).

B) Deutsche Substantive und **Verben:**

a) Bei jedem deutschen **Substantiv** wird die Genitiv- und die Pluralform angegeben.

8. Los paréntesis ( ).
Cuando en una voz ciertas letras están entre paréntesis, se trata de dos formas que se usan sin distinción de sentido, v.g. **confes(i)onario** = confesonario o confesionario = *Beichtstuhl*

9. Las advertencias gramaticales
(adj, adv, v/t, v/i, prp, etc.) quedan omitidas siempre que los dos idiomas concuerden entre sí, excepto cuando resulte necesaria una diferenciación.

Se indica **el género** (*m, f, n*) de todos los sustantivos españoles y alemanes.

10. El régimen de los verbos
se indica solamente si hay diferencia en este punto entre los dos idiomas.

11. Traducción y significación de las palabras.
Las diferencias de significación se indican: anteponiendo a la traducción un sinónimo entre paréntesis; por medio de complementos o explicaciones antepuestos a la traducción; por signos o abreviaturas convencionales.

Por medio de la coma se separan significados idénticos o similares. El punto y coma separa diferentes significados. Por medio de números o letras se separan diferencias de significado considerables o bien diferentes clases de palabras.

12. Instrucciones gramaticales

A) Verbos españoles: En cada verbo español, los números y letras entre paréntesis aluden al paradigma de conjugación correspondiente indicado en el apéndice (v. pág. 560).

B) Sustantivos y **verbos alemanes:**

a) En cada **sustantivo** alemán se indica el genitivo y el plural:

Affe *m* (-n; -n) = des Affen; die Affen

Das „e" in eckigen Klammern bedeutet, daß der Genitiv mit „s" oder mit „es" gebildet werden kann: Das Zeichen „¨" bedeutet, daß in der Pluralform ein Umlaut auftritt:

Blatt *n* (-[e]s; ¨er) = des Blatts, des Blattes; die Blätter

Aus einem scharfen „s" (= ß) kann Doppel-s werden:

Genuß *m* (-sses; ¨sse) = des Genusses; die Genüsse

Bleibt das Substantiv im Genitiv bzw. im Plural unverändert, so wird dies mit einem Strich angegeben:

Kreisel *m* (-s; -) = des Kreisels; die Kreisel

Diese Angaben stehen bei Grundwörtern. Bei zusammengesetzten Wörtern stehen sie nur, wenn der entsprechende Teil an alphabetischer Stelle in der Form abweicht oder wenn dort mehrere Formen angegeben sind, die für das zusammengesetzte Wort nicht alle zutreffen:

Bank *f* (-; -en bzw. ¨e)
Datenbank *f* (-; -en)

b) Bei allen deutschen **Verben** wird das Hilfszeitwort „sn" oder „h" (sein oder haben) angegeben. Bei regelmäßigen Grundverben ist zusätzlich angegeben, wenn das Partizip mit „ge" gebildet wird:

arbeiten (ge-, h) = hat gearbeitet

Bei unregelmäßigen Grundverben stehen in Klammern Imperfekt und Partizip sowie das Hilfszeitwort:

bringen (brachte, gebracht, h)

Bei zusammengesetzten Verben ist angegeben, ob im Präsens

Affe *m* (-n; -n) = des Affen; die Affen

La «e» entre corchetes significa que el genitivo se puede formar con «s» o con «es». El símbolo «¨» significa que el plural lleva vocal modificada.

Blatt *n* (-[e]s; ¨er) = des Blatts, des Blattes; die Blätter

Una «ß» puede convertirse en «ss»:

Genuß *m* (-sses; ¨sse) = des Genusses; die Genüsse

Si el sustantivo permanece invariable en genitivo o bien en plural, esto se indica con un guión:

Kreisel *m* (-s; -) = des Kreisels; die Kreisel

Estas indicaciones son válidas para las palabras simples. En las palabras combinadas sólo aparecen cuando la parte correspondiente en orden alfabético diverge en la forma o cuando se indican más formas, de las que no todas se aplican a la palabra combinada:

Bank *f* (-; -en bzw. ¨e)
Datenbank *f* (-; -en)

b) En todos los **verbos** alemanes se indica la abreviatura del verbo auxiliar para el perfecto «sn» o «h» («sein» o «haben»). Para los verbos simples regulares se indica además cuando se construye el participio con «ge»:

arbeiten (ge-, h) = hat gearbeitet

En los verbos irregulares aparecen entre paréntesis el imperfecto y el participio, así como el verbo auxiliar para el perfecto:

bringen (brachte, gebracht, h)

En los verbos combinados se indica si el prefijo ha de ser separa-

(und im Imperfekt) die Vorsilbe abgetrennt wird und ob im Partizip ein -ge- eingeschoben wird:

abfassen (*sep*, -ge-, h) = faßt(e) ab, hat abgefaßt

Bei unregelmäßigen zusammengesetzten Verben ist zusätzlich „*irr*" (= unregelmäßig) sowie der Verweis auf das Grundverb angegeben:

abschreiben (*irr*, *sep*, -ge-, h → *schreiben*)

do en presente (y en imperfecto) y si hay que intercalar una «ge» en el participio.

abfassen (*sep*, -ge-, h) = faßt(e) ab, hat abgefaßt

Los verbos irregulares combinados se indican adicionalmente con «*irr*» (= irregular) así como con la referencia al verbo simple.

abschreiben (*irr*, *sep*, -ge-, h → *schreiben*)

Explicación de los signos y abreviaturas empleados en el diccionario

Erklärung der im Wörterbuch angewendeten Zeichen und Abkürzungen

1. Signos – Zeichen

F	familiär, *familiar*	✍	Landwirtschaft, Gartenbau, *agricultura, horticultura*
P	populär, *popular*	⚘	Pflanzenkunde, *botánica*
V	vulgär, unanständig, *vulgar, indecente*	△	Baukunst, *arquitectura*
✝	Handel, *comercio*	A	Mathematik, *matemáticas*
⚓	Schiffahrt, *navegación*	🜍	Chemie, *química*
✕	Militär, *milicia*	⚡	Elektrotechnik, *electrotecnia*
⚙	Technik, *tecnología*	☤	Medizin, *medicina*
⚒	Bergbau, *minería*	⚖	Rechtswesen, *jurisprudencia*
🚂	Eisenbahn, *ferrocarril*	🕮	wissenschaftlich, *científico*
✈	Flugwesen, *aviación*	=	gleich, *igual a*
✉	Post, *correos*	→	siehe, *véase*
♪	Musik, *música*	-, ~, 2, |, '	*s. S. 8ff.*

2. Abreviaturas – Abkürzungen

a	auch, *también*	*dep*	deporte, *Sport*
abr	abreviatura, *Abkürzung*	*desp*	despectivo, *verächtlich*
a/c	alguna cosa, *etwas*	*dim*	diminutivo, *Diminutiv*
ac	acusativo, *Akkusativ*	*d-s*	dies, dieses, *esto*
adj	adjetivo, *Adjektiv*	*ea*	einander, *uno(s) a otro(s)*
adv	adverbio, *Adverb*	*e-e*	eine, *una*
alg	alguien, alguno, *jemand*	*e-m*	einem, *a un(o)*
Am	Hispanoamérica, *Spanisch-Amerika*	*e-n*	einen, (a) *un(o)*
anat	anatomía, *Anatomie*	*e-r*	einer, *de una, a una*
astr	astronomía, *Astronomie*	*e-s*	eines, *de un(o)*
auto	automóvil, *Kraftfahrzeugwesen*	*Esp*	España, *Spanien*
biol	biología, *Biologie*	*et*	etwas, *algo, alguna cosa*
bsd	besonders, *especialmente*	*etc*	etcétera, *und so weiter*
bzw	beziehungsweise, *o bien*	*f*	femenino, *Femininum*
cj	conjunción, *Konjunktion*	*fig*	en sentido figurado, *figürlich*
dat	dativo, *Dativ*	*fil*	filología, filosofía, *Philologie, Philosophie*

fis	física, *Physik*	*p ej*	por ejemplo, *zum Beispiel*
fot	fotografía, *Fotografie*	*pint*	pintura, *Malerei*
f/pl	femenino plural, *Femininum im Plural*	*pl*	plural, *Plural*
		pol	política, *Politik*
fr	francés, *französisch*	*pp*	participio pasado, *Partizip Perfekt*
gal	galicismo, *Gallizismus*		
gastr	gastronomía, *Gastronomie*	*pron*	pronombre, *Pronomen*
gen	genitivo, *Genitiv*	*prp*	preposición, *Präposition*
geo	geografía, geología, *Geographie, Geologie*	*psic*	psicología, *Psychologie*
		refl	reflexivo, *reflexiv*
ger	gerundio, *Gerundium*	*reg*	regional, *regional*
gram	gramática, *Grammatik, Linguistik*	*rel*	religión, *Religion*
		s	siehe, *véase*
h	haben, tener, *haber*	*s-e*	seine, *su, sus*
hist	histórico, *historisch*	*sep*	separable, *trennbar*
imp	imperativo, *Imperativ*	*sg*	singular, *Singular*
ind	indicativo, *Indikativ*	*s-m*	seinem, a su (*dat*)
inf	infinitivo, *Infinitiv*	*sn*	sein, ser, *estar*
inform	informática, *Informatik*	*s-n*	seinen, (a) su (*ac*)
int	interjección, *Interjektion*	*span*	spanisch, *español*
interr	interrogativo, *Interrogativ*	*s-r*	seiner, de su, de sus
inv	invariable, *unveränderlich*	*s-s*	seines, de su
iron	irónico, *ironisch*	*su*	sustantivo, *Substantiv*
j	jemand, alguien	*subj*	subjuntivo, *Konjunktiv*
j-m	jemandem, a alguien (*dat*)	*taur*	tauromaquia, *Stierkampf*
j-n	jemanden, (a) alguien (*ac*)	*tb*	también, *auch*
j-s	jemandes, de alguien (*gen*)	*teat*	teatro, *Theater*
lit	literatura, *Literatur*	*tel*	telecomunicación, *Nachrichtentechnik*
lt	latín, *lateinisch*		
m	masculino, *Maskulinum*	*tip*	tipografía, *Typographie, Buchdruck*
m-e	meine, *mi, mis*		
met	meteorología, *Meteorologie*	*TV*	televisión, *Fernsehen*
m/f	Substantiv maskulin und feminin, *sustantivo masculino y femenino*	*u*	und, *y*
		usw	und so weiter, *etcétera*
		v	von, vom, *de*
min	mineralogía, *Mineralogie*	*vb*	verbo, *Verb*
m-m	meinem, a mi (*dat*)	*v/i*	verbo intransitivo, *intransitives Verb*
m-n	meinen, (a) mi (*ac*)		
m/pl	masculino plural, *Maskulinum im Plural*	*Vkw*	Verkehrswesen, *tráfico*
		v/refl	verbo reflexivo, *reflexives Verb*
m-r	meiner, de mi	*v/t*	verbo transitivo, *transitives Verb*
m-s	meines, de mi		
mst	meistens, *generalmente*	*Wz*	Warenzeichen, *marca registrada*
n	neutro, *Neutrum*	*z B*	zum Beispiel, *por ejemplo*
n/pl	neutro plural, *Neutrum im Plural*	*zo*	zoología, *Zoologie*
		zs	zusammen, *juntos*
od	oder, *o*	*Zssg(n)*	Zusammensetzung(en), *palabra(s) compuesta(s)*
part	participio, *Partizip*		

Die Aussprache des Spanischen

Die Aussprachebezeichnung ist in der Lautschrift der Association Phonétique Internationale wiedergegeben. Bei zwei- und mehrsilbigen Wörtern steht vor der betonten Silbe der Akzent (').

Zeichen	Wert des Zeichens	Beispiele

A. Vokale

Zeichen	Wert des Zeichens	Beispiele
a	kurzes helles **a** wie in *Abend*	mano ['mano] Hand
ɛ	kurzes offenes **e** wie in *ändern*	llover [ʎo'bɛr] regnen
e	kurzes halboffenes **e** wie in *essen*	meseta [me'seta] Hochfläche
i	reines geschlossenes **i** wie in *hier*	mina ['mina] Bergwerk
ĭ	unbetonter Teil des Doppellauts [aĭ] wie in *Saite*	baile ['baĭle] Tanz
	unbetonter Teil des Doppellauts [ɛĭ] wie in *hebräisch*	peine ['pɛĭne] Kamm
	unbetonter Teil des Doppellauts [ɔĭ] wie in *heute*	boina ['bɔĭna] Baskenmütze
ɔ	kurzes offenes **o** wie in *Wolle*	ojo ['ɔxo] Auge
o	kurzes halboffenes **o** wie in *Norden*	oficina [ofi'θina] Büro
u	reines geschlossenes **u** wie in *Huhn*	pluma [·pluma] Feder
ŭ	unbetonter Teil des Doppellauts [eŭ] wie in *Jubiläːum*	deuda ['deŭða] Schuld

B. Konsonanten

Zeichen	Wert des Zeichens	Beispiele
b	deutsches **b** wie in *Bad*, doch möglichst weich zu sprechen	basta ['basta] genügt
ƀ	stimmhafter, mit beiden Lippen gebildeter Reibelaut	escribir [eskri'ƀir] schreiben
d	deutsches **d** wie in *dann*, doch möglichst weich zu sprechen	donde ['dɔnde] wo
ð	stimmhafter Reibelaut, ähnlich dem englischen stimmhaften **th** in *other*	nada ['naða] nichts

Zeichen	Wert des Zeichens	Beispiele
f	deutsches **f** wie in *Fall*	favor [fa'bɔr] Gunst
g	deutsches **g** wie in *Golf*, doch möglichst weich zu sprechen	gusto ['gusto] Geschmack
ğ	stimmhafter Reibelaut wie in *Hagel*	agua [a'ğua] Wasser
x	wie **ch** in *Dach*	gerente [xe'rente] Geschäftsführer jefe ['xefe] Chef
j	deutsches **j** wie in *jeder*, jedoch möglichst weich zu sprechen	yema ['jema] Eigelb
k	deutsches **k** wie in *kalt*	casa ['kasa] Haus
l	deutsches **l** wie in *Lampe*	leche ['letʃe] Milch
ʎ	mouilliertes **l** ähnlich wie in *Familie*	capilla [ka'piʎa] Kapelle
m	deutsches **m** wie in *Magen*	miel [mĭel] Honig
n	deutsches **n** wie in *nie*	naranja [na'raŋxa] Apfelsine
ɲ	wie **gn** in *Champagner*	España [es'paɲa] Spanien
ŋ	wie deutsches **n** vor **g** oder **k** in *Menge* oder *Anker*	tengo ['teŋgo] ich habe
p	deutsches **p** wie in *Puppe*	pastas ['pastas] Gebäck
r	Zungen-**r**	señor [se'ɲɔr] Herr
rr	stark gerolltes Zungen-**r**	espárragos [es'parragos] Spargel
s	scharfes **s** wie in *Messer*, jedoch mit leichtem Anklang an das deutsche **sch**	casa ['kasa] Haus
z	weiches **s** wie in *Sonne*	mismo ['mizmo] selbst
t	deutsches **t** wie in *Tor*	nata ['nata] Sahne
θ	stimmloser Lispellaut wie **th** in englisch *thing*	cinco ['θiŋko] fünf zapato [θa'pato] Schuh

Zeichen	Wert des Zeichens	Beispiele
ð	stimmhafter Lispellaut wie **th** in englisch *there*	juzgado [xuð'gaðo] Gerichtshof
tʃ	**t** mit deutschem **sch** wie in *Pritsche*	mucho ['mutʃo] viel
w	kurzes **u**, wie **w** in englisch *ware*	software ['softwea] Software

Für die mit **b** und **v** beginnenden Wörter machen wir den deutschen Benutzer noch besonders darauf aufmerksam, daß der diesen beiden Buchstaben entsprechende Laut im Wörterverzeichnis logischerweise mit deutschem b (Verschlußlaut!) wiedergegeben ist, da er hier im absoluten Anlaut steht, während er im Wortgefüge wie im Wortinneren – außer nach m und n – als ɓ (Reibelaut!) zu sprechen ist, also : *babor* = ba'bɔr, aber: *el babor* = el ɓa'bɔr; *vivienda* = bi'bi̯enda, *la vivienda* = la bi'ɓi̯enda – neben: *viento* ['bi̯ento] und *un viento* [um 'ɓi̯ento].

Das gleiche gilt für **d**: im Vokabelanfang = d, im Wortgefüge wie im Wortinneren = ð – außer nach l und n, also: *deuda* = 'deuða, aber: *la deuda* = la 'deuða – neben: *dedo* ['deðo], *el dedo* [el 'deðo] und *un dedo* [un 'deðo]. Am Wortende ist ð kaum hörbar: usted [us'teð].

Das spanische Alphabet

```
A a   B b   C c   Ch ch   D d   E e   F f    G g   H h    I i   J j      K k
 a    be    θe    tʃe     de    e    'efe   xe   'atʃe    i   'xota     ka

L l    Ll ll   M m    N n    Ñ ñ    O o   P p   Q q   R r    S s    T t   U u
'ele   'eʎe   'eme   'ene   'eɲe    o    pe    ku   'ere   'ese    te    u

              V v     W w         X x      Y y       Z z
             'uβe   'doble'uβe   'ekis   i 'griega   'θeða
```

Beim Nachschlagen im spanisch-deutschen Wörterbuch ist darauf zu achten, daß im spanischen Alphabet ñ als eigener Buchstabe auf n folgt.

Hingegen gelten seit 1994 ch und ll im Spanischen nicht mehr als eigene Buchstaben und sind hier dementsprechend wie im Deutschen in c und l eingeordnet.

La pronunciación de las palabras alemanas

según el sistema de la Asociación Fonética Internacional

a) Vocales:

(Las vocales seguidas de dos puntos son largas [ɑ:], las demás breves [a]).

- ɑ: como la **â** francesa en **â**me; más larga que la **a** en m**a**dre.
- a más breve que la **a** en b**a**rco.
- e: más cerrada y larga que la **e** en Jos**é**.
- e cerrada y breve como la **e** en d**e**bido.
- ɛ: abierta y larga como la **è** francesa en m**è**re.
- ɛ abierta y breve como la **e** en p**e**rro.
- ə (sólo en sílabas átonas); más breve y relajada que la **e** en b**ai**le; suena como la **e** francesa en sabre.
- i: más larga que la **i** en sal**i**da.
- i más breve y abierta que la **i** en c**i**rco.
- o cerrada y breve como la **o** en p**ó**liza.
- o: más cerrada y larga que la **o** en c**o**la; suena como la **ô** francesa en c**ô**te.
- ɔ abierta y breve como la **o** en g**o**rra.
- ø más cerrada y larga que la **eu** francesa en q**eu**ue.
- œ abierta y breve como la **eu** francesa en m**eu**rtre o la **u** inglesa en h**u**rt.
- u: más larga que la **u** en n**u**be.
- u breve como la **u** en s**u**spiro.
- y: larga como la **û** francesa en s**û**r.
- y breve como la **u** francesa en b**u**t.
- ã, ɛ̃, ɔ̃, œ̃: vocales de sonido nasal como en las palabras francesas pl**an**, f**in**, b**on**, br**un**; no se encuentran sino en extranjerismos de origen francés.
- ʔ significa que la vocal que sigue se pronuncia con una ligera aspiración, v.gr. Beamte [bəˈʔamtə]. Cuando prescindimos de la transcripción fonética, indicamos la aspiración por un guión muy corto, v.gr. 'An-erbieten [pronunciado: ˈanˈʔɛrbiːtən].

b) Diptongos:

- aɪ como **ai** en b**ai**le.
- aʊ como **au** en **au**la.
- ɔʏ como **oi** en b**oi**na.

c) Consonantes:

- k, p, t: como en **k**ilo, **p**adre, **t**ío; al principio de una sílaba tónica se pronuncian con una ligera aspiración.
- b, d, g: como en em**b**argo, sol**d**ar, ¡**g**racias!
- f, v: como en **f**alta, u**v**a.
- s como la **s** sorda en **s**anto.
- z como la **s** sonora en Li**s**boa, pero pronunciada con más fuerza.
- ts como **ts** en **ts**e-**ts**é (mosca africana) o la **z** italiana en raga**zz**o.
- x como la **j** en ba**j**o.
- ç sonido palatal que no existe en el idioma español; es el sonido sordo que corresponde al sonido sonoro de la letra **y** en **y**erro.
- j como la **y** en a**y**uda o la **i** en p**i**erna.
- ʃ como **sh** en la voz inglesa **sh**ip o como **ch** en la palabra francesa **ch**anson.
- ʒ como la **g** francesa en **g**êne; no se encuentra sino en extranjerismos de origen francés.
- m, n, l: como en **m**adre, **n**oche, la**g**o.
- ŋ sonido nasal como el de la **n** en bla**n**co.
- r se pronuncia en algunas regiones como la **r** española en mi**r**to; pero en la mayor parte de Alemania tiene un sonido uvular o gutural como la **r** francesa.
- w una **u** corta como la **w** en inglés **w**e

h aspiración al principio de una palabra o sílaba, más fuerte que la **h** francesa en **h**âte; su sonido tiene cierta semejanza con el de la **J** española.

d) Acentuación:

El acento prosódico va colocado delante de la sílaba, en la cual debe cargar, v.gr. fordern ['fɔrdərn], Forelle [fo'rɛlə].

Dos acentos indican acentuación ambigua, v.gr. grundverschieden ['gruntfɛr-'ʃi:dən].

e) Advertencias:

Un guión sustituye una sílaba ya transcrita en las transcripciones precedentes, v.gr. Witz [vits]; ~bold ['-bɔlt]; direkt [di'rɛkt]; ℒor [-'-tɔr].

Por falta de espacio prescindimos de la transcripción fonética de *palabras compuestas* como *Briefkasten, Absicht,* visto que la pronunciación de cada uno de sus elementos se indica en el respectivo lugar alfabético: *Brief, Kasten, ab, Sicht.*

Lista de los sufijos y desinencias

más usuales, cuya transcripción, por falta de espacio, no se incluye en el texto del diccionario:

- **-bar(keit)** [-bɑːr(kaıt)]
- **-ei** [-'aı]
- **-el, -eln(d)** [-əl, -əln(t)]
- **-en, -ens...** [-ən(s...)]
- **-end, -ende(r)** [-ənt, -əndə(r)]
- **-er(in), -erisch** [ər(in), -əriʃ]
- **-ern** [-ərn]
- **-et** [-ət]
- **-haft(s...), -haftigkeit** [-haft(s...), -haftiçkaıt]
- **-heit(s...)** [-haıt(s...)]
- **-ieren** [-'iːrən]
- **-ig** [-iç], **-igen** [-igən], **-ige(r)** [-igə(r)], **-igkeit** [-içkaıt], **-igt** [-içt], **-igung** [-iguŋ]
- **-in** [-in]
- **-isch** [-iʃ]
- **-istisch** [-'istiʃ]
- **-keit(s...)** [-kaıt(s...)]
- **-lich(keit)** [-liç(kaıt)]
- **-los, -losigkeit** [-loːs, -loːziçkaıt]
- **-nis** [-nis]
- **-sal** [-zɑːl]
- **-sam(keit)** [-zɑːm(kaıt)]
- **-schaft(s...)** [-ʃaft(s...)]
- **-ste(l), -stens** [-stə(l), -stəns]
- **-te(l), -tens** [-tə(l), -təns]
- **-tum** [-tuːm]
- **-ung(s...)** [-uŋ(s...)]

El alfabeto alemán

A a	B b	C c	D d	E e	F f	G g	H h	I i	J j	K k
ɑː	beː	tseː	deː	eː	'ɛf	geː	hɑː	iː	jɔt	kɑː

L l	M m	N n	O o	P p	Q q	R r	S s	(ß)	T t	U u
ɛl	ɛm	ɛn	oː	peː	kuː	ɛr	ɛs	(ɛs-'tsɛt)	teː	uː

V v	W w	X x	Y y	Z z
fau	veː	iks	'ypsilon	tsɛt

Vocabulario Español-Alemán

A

A, a f [a] A, a n
a [a] prp **1.** (lugar) *a la mesa* am Tisch, bei Tisch; *a la puerta* an der Tür; *a la derecha* rechts; *al sol* in der Sonne; *a tres kilómetros de Madrid* drei Kilometer von Madrid (entfernt); **2.** (dirección) *a casa* nach Hause; *al cine* ins Kino; *a Francia* nach Frankreich; *ir a la escuela* (*a la cama, al médico*) zur Schule (ins od zu Bett, zum Arzt) gehen; *a la izquierda* nach links; **3.** (tiempo) *a las tres* um drei (Uhr); *de once a doce* von elf bis zwölf; *a la llegada del tren* bei Ankunft des Zuges; *a medianoche* um Mitternacht; *a los diez años* mit (od nach) zehn Jahren; *estamos a dos de junio* heute ist der 2. Juni; **4.** (modo) *a pie* zu Fuß; *a mano* mit der Hand; *a la española* auf spanische Art; **5.** (precio) *¿a cómo (está)?*, *¿a cuánto (está)?* wie teuer ist das?, was kostet das?; *a mil pesetas el kilo* das Kilo zu tausend Peseten, **6.** Akkusativobjekt (bei Personen): *he visto a mi amigo* ich habe meinen Freund gesehen; Dativobjekt: *lo doy a mi madre* ich gebe es meiner Mutter
ábaco ['abako] m Rechenbrett n (mit Kugeln); △ Kapitalplatte f
abad [a'bað] m Abt m
aba|desa [aba'ðesa] f Äbtissin f; **~día** [~'ðia] f Abtei f
abajo [a'baxo] adv (dirección) herunter, hinunter, hinab; (lugar) unten; *más ~* weiter unten; *hacia ~* nach unten, abwärts; *de diez para ~* unter zehn; *el ~ firmante* der Unterzeichnete
abalanzarse [abalan'θarse] (1f): *~ sobre* herfallen über (ac); sich stürzen auf (ac)
abalorio [aba'lorjo] m Glasperle f
abanderado [abande'rado] m Fahnenträger m; fig Anführer m
abandon|ado [abando'naðo] verlassen; (descuido) verwahrlost; **~ar** [~'nar] (la) verlassen; im Stich lassen; (renunciar) aufgeben; **~arse** sich gehen lassen;

~o [~'dono] m (renuncia) Aufgabe f, Verzicht m; (descuido) Verwahrlosung f; Verlassenheit f
abani|car [abani'kar] (1g) fächeln; **~co** [~'niko] m Fächer m; fig Palette f
abarata|miento [abarata'mjento] m Verbilligung f; **~r** [~'tar] (la) verbilligen; **~rse** billiger werden
abarcar [abar'kar] (1g) a fig umfassen, umschließen; enthalten; *~ (con la vista)* überblicken
abarrota|do [abarro'taðo] überfüllt, F gerammelt voll; **~r** [~'tar] (la) (llenar) vollstopfen; füllen
abaste|cedor [abasteθe'ðor] m Lieferant m; **~cer** [~'θer] (2d) beliefern, versorgen (*mit dat* de); **~cerse de** sich eindecken mit (dat); **~cimiento** [~θi'mjento] m Versorgung f, (Be-)Lieferung f; *~ energético* Energieversorgung f
abasto [a'basto] m Versorgung f (bsd mit Lebensmitteln); *mercado m de ~s* Markt(platz) m; *no dar ~* es nicht schaffen; nicht fertig werden (*mit dat a, con*)
abate [a'bate] m Abbé m
aba|tible [aba'tible] Klapp..., Kipp...; *asiento m ~* Liegesitz m (auto); **~tido** [~'tiðo] mutlos, niedergeschlagen; **~timiento** [~ti'mjento] m Niedergeschlagenheit f; **~tir** [~'tir] (3a) niederreißen; ✓ abschießen; (persona) entmutigen
abdica|ción [abdika'θjon] f Abdankung f; Verzicht m; **~r** [~'kar] (1g) abdanken; *~ de* aufgeben
abdom|en [ab'domen] m Unterleib m; Bauch m; **~inal** [abdomi'nal] Bauch..., Unterleibs...; *cavidad f ~* Bauchhöhle f
abecé [abe'θe] m Alphabet n, Abc n; fig Anfangsgründe m/pl
abecedario [abeθe'ðarjo] m Alphabet n; (libro) Fibel f
abedul [abe'ðul] m Birke f
abe|ja [a'bexa] f Biene f; *~ reina* Bienenkönigin f, Weisel m; *~ obrera* Arbeitsbiene f; **~jarrón** [~xa'rron] m, **~jón**

abejorro

[~'xɔn] *m* Drohne *f*; Hummel *f*; **~jorro** [~'xɔrro] *m* Hummel *f*; Maikäfer *m*

aberración [abɛrra'θiɔn] *f* Abweichung *f*, *fig* Verirrung *f*

abertura [abɛr'tura] *f* Öffnung *f*; Riß *m*; Spalt *m*; Schlitz *m*

abeto [a'beto] *m* Tanne *f*; **~ blanco** Edeltanne *f*; **~ rojo** Fichte *f*

abierto [a'bjɛrto] offen, geöffnet; *fig* offenherzig; **~ a** *ac* aufgeschlossen für et (*ac*); **~ a mediodía** durchgehend geöffnet

abigarrado [abiga'rraðo] bunt

abisal [abi'sal] Tiefsee...

abis|mado [abiz'maðo] *fig* **~ en** versunken in (*ac*); **~mal** [~'mal] *fig* abgrundtief; **~marse** [~'marse] (1a) sich versenken (in *ac en*); **~mo** [a'bizmo] *m a fig* Abgrund *m*; Kluft *f*; **estar al borde del ~** am Rande des Abgrunds stehen (*a fig*)

abjuración [abxura'θiɔn] *f* Abschwören *n*; Widerruf *m*

ablandar [ablan'dar] (la) weich machen, aufweichen; *fig* besänftigen, beschwichtigen; **~se** weich werden (*a fig*)

ablución [ablu'θiɔn] *f* Waschung *f* (*a rel*)

abnega|ción [abnega'θiɔn] *f* Selbstverleugnung *f*, Entsagung *f*; **~do** [~'gaðo] selbstlos

abobado [abo'baðo] dumm

abocado [abo'kaðo] süffig (*vino*); **~ al fracaso** zum Scheitern verurteilt

abochorna|do [abotʃɔr'naðo] beschämt; **~r** [~'nar] (la) erhitzen; *fig* beschämen; **~rse** schwül werden; *fig* sich schämen

abofetear [abofete'ar] (la) ohrfeigen

aboga|cía [aboga'θia] *f* Anwaltschaft *f*; **~da** [~'gaða] *f* (Rechts-)Anwältin *f*; **~do** [~'gaðo] *m* (Rechts-)Anwalt *m*; *fig* Fürsprecher *m*; **~ del Estado** Rechtsvertreter des Staates; **~ de oficio** Pflichtverteidiger *m*; **~r** [~'gar] (1h) *fig*: **~ por** sich einsetzen, eintreten, plädieren für

abolengo [abo'leŋgo] *m* Abstammung *f*; **de rancio ~** aus altem Adel; alteingesessen

aboli|ción [aboli'θiɔn] *f* Abschaffung *f*, Aufhebung *f*; **~r** [~'lir] (3a) abschaffen, aufheben

abolladura [aboʎa'ðura] *f* Beule *f*; **~ar** [~'ʎar] (la) verbeulen

abombar [abɔm'bar] (la) wölben, ausbauschen

abomi|nable [abomi'naβle] abscheulich; scheußlich; **~nación** [~na'θiɔn] *f* Abscheu *m*; Greuel *m*; **~nar** [~'nar] (la) verabscheuen

abona|ble [abo'naβle] ✝ zahlbar; **~do** [~'naðo] *m* Abonnent *m*; *tel* Teilnehmer *m*; ✍ Düngung *f*

abo|nar [abo'nar] (la) ✝ (be)zahlen; ✍ düngen; **~ en cuenta** gutschreiben; **~narse** [~'narse] (la) abonnieren (*ac* **a**); **~no** [a'bono] *m* (Be-)Zahlung *f*; Vergütung *f*; *teat* Abonnement *n*; 📷 Zeitkarte *f*; ✍ Dünger *m*; **~ en cuenta** Gutschrift *f*

abor|dable [abɔr'ðaβle] zugänglich (*a fig*); **~daje** ⚓ [~'ðaxe] *m* Entern *n*; **~dar** [~'ðar] (la) ⚓ entern, rammen; (*tema*) anschneiden, zur Sprache bringen; (*asunto*) in Angriff nehmen; (*persona*) ansprechen; 2. *v/i* ⚓ anlegen

abo|rigen [abo'rixen] **1.** *adj* einheimisch; **2. ~rígenes** *m/pl* Ureinwohner *m/pl*

aborre|cer [aborre'θer] (2d) verabscheuen, hassen; **~cible** [~'θiβle] abscheulich, hassenswert; **~cimiento** [~θi'mjento] *m* Abneigung *f*; Abscheu *m*

abor|tado [abɔr'taðo] *fig* mißglückt, gescheitert; **~tar** [~'tar] (la) abtreiben; (*espontáneamente*) e-e Fehlgeburt haben; *fig* mißlingen, fehlschlagen; **~tivo** [~'tiβo] *m* Abtreibungsmittel *n*; **~to** [a'bɔrto] *m* Fehlgeburt *f*; **~ provocado** Abtreibung *f*

abotonar [aboto'nar] **1.** *v/t* zuknöpfen; **2.** *v/i* Knospen treiben

aboveda|do [aboβe'ðaðo] gewölbt; **~r** [~'ðar] (la) überwölben

abrasa|dor [abrasa'ðɔr] brennend, sengend; **~r** [~'sar] (la) (ver)brennen; stechen (*sol*); *fig* verzehren; **~rse** verbrennen; **~ de sed** (*calor*) vor Durst (Hitze) vergehen *od* F umkommen

abrasivo ⊕ [abra'siβo] *m* Schleifmittel *n*

abra|zadera [abraθa'ðera] *f* Klammer *f*; Rohrschelle *f*, Muffe *f*; **~zar** [~'θar] (1f) umarmen; *a fig* umfassen; **~zo** [a'braθo] *m* Umarmung *f*; **dar un ~** umarmen

abre|cartas [abre'kartas] *m* Brieföffner *m*; **~latas** [~'latas] *m* Büchsen-, Dosenöffner *m*

abre|vadero [abreba'ðero] *m* Tränke *f*; **~var** [~'bar] (la) tränken

abrevia|r [abre'βiar] (1b) (ab-, ver-)kürzen; **~tura** [~βia'tura] *f* Abkürzung *f*

abridor [aβri'ðor] *m* (Flaschen-)Öffner *m*

abri|gado [aβri'gaðo] warm angezogen; (*sitio*) geschützt; **~gar** [~'gar] (1h) (*proteger*) schützen (vor *dat* **de**); (*ropa*) warm halten; (*esperanza*) hegen; **~garse** sich zudecken; sich warm anziehen; **~go** [a'βrigo] *m* Schutz *m* (*a fig*); (*prenda*) Mantel *m*; **~ de entretiempo** Übergangsmantel *m*; **ropa f de ~** warme Wäsche (*od* Kleidung) *f*; **al ~ de** geschützt vor (*dat*)

abril [a'βril] *m* April *m*

abrillanta|dor [aβriʎanta'ðor] *m* Diamantenschleifer *m*; (*detergente*) Klarspülmittel *n*; **~r** [~'tar] (la) polieren, auf Hochglanz bringen

abrir [a'βrir] (3a; *part* **abierto**) öffnen, aufmachen; (*libro*) aufschlagen; (*túnel, canal*) bauen; (*camino*) anlegen; (*cuenta, sesión, etc*) eröffnen; *fig* **~ camino** e-n Weg bahnen; **~ los ojos** staunen, große Augen machen; **~ el apetito** Appetit machen; **~ paso** Platz machen; **a medio ~** halb geöffnet; **en un ~ y cerrar de ojos** im Nu; **~se** sich öffnen; (*puerta*) aufgehen; **~ a alg** j-m sein Herz ausschütten; **~ paso** sich durchdrängen; *fig* s-n Weg machen, sich durchsetzen

abrochar [aβro'tʃar] (la) zuknöpfen, zuhaken; (*zapatos*) zuschnüren

abroga|ción [aβroga'θion] *f* Aufhebung *f*; Abschaffung *f*; **~r** [~'gar] (1h) aufheben, abschaffen, außer Kraft setzen

abruma|dor [aβruma'ðor] (*abruma'dor*) drückend; lästig; **~r** [~'mar] (la) bedrücken, belasten; **~ de reproches** mit Vorwürfen überschütten; **~ de** (*od con*) **trabajo** mit Arbeit überlasten; **~rse** neblig werden

abrupto [a'βrupto] steil; *a fig* schroff

absceso [abs'θeso] *m* Abszeß *m*

abscisa ᴀ̸ [abs'θisa] *f* Abszisse *f*

absentismo [absen'tizmo] *m* Absentismus *m*, Fernbleiben *n* von der Arbeit

ábside ⟁ [aβside] *m* Apsis *f*

absolu|ción [absolu'θion] *f* ⚖ Freispruch *m*; *rel* Lossprechung *f*, Absolution *f*; **~tamente** [~luta'mente] absolut, durchaus; **~ nada** gar nichts; **~tismo**

[~lu'tizmo] *m* Absolutismus *m*; **~to** [~'luto] absolut, völlig; unumschränkt; **en ~** durchaus nicht, überhaupt nicht

absolver [absol'βer] (2h; *part* **absuelto**) ⚖ freisprechen; *rel* lossprechen

absor|bente 🜊 [absor'βente] saugfähig; absorbierend; *fig* verzehrend; **~ber** [~'βer] (2a) ein-, aufsaugen, *a fig* aufnehmen, absorbieren; *fig* ganz in Anspruch nehmen; fesseln; **~ción** [~'θion] *f* 🜊 Absorption *f*; Ein-, Aufsaugung *f*; *fig* Aufnahme *f*; **~to** [ab'sorto] *fig* versunken (in *ac* **en**)

abstemio [abs'temio] **1.** *adj* abstinent; **2.** *m* Abstinenzler *m*

absten|ción [absten'θion] *f* Enthaltung *f*, Verzicht *m*; *pol* Stimmenthaltung *f*; **~erse** [~'nerse] (2l): **~ de** sich enthalten (*gen*); verzichten auf (*ac*); **~ (de votar)** sich der Stimme enthalten

abstinen|cia [absti'nenθia] *f* Enthaltsamkeit *f*; Abstinenz *f*; **~te** [~'nente] enthaltsam; mäßig

abstrac|ción [abstrag'θion] *f* Abstraktion *f*; **hacer ~ de** außer acht lassen; **~ hecha de** abgesehen von (*dat*); **~to** [~'trakto] abstrakt (*a pint*)

abstra|er [abstra'er] (2p) abziehen, abstrahieren; **~erse** sich vertiefen, sich versenken (in *ac* **en**); **~ído** [~'iðo] gedankenverloren; zerstreut

abstruso [abs'truso] abstrus, schwer verständlich; verworren

absuelto ⚖ [ab'sŭelto] freigesprochen

absurdo [ab'surðo] **1.** *adj* absurd; ungereimt; widersinnig; **2.** *m* Ungereimtheit *f*; Widersinn *m*

abubilla [aβu'βiʎa] *f* Wiedehopf *m*

abuche|ar [aβutʃe'ar] (la) *v/t.* auspfeifen, -zischen, -buhen; **~o** [~'tʃeo] *m* Auspfeifen *n*, -zischen *n*, -buhen *n*

abue|la [a'βŭela] *f* Großmutter *f*; F **¡que se lo cuente a su ~!** machen Sie das einem andern weis!; **~lo** [a'βŭelo] *m* Großvater *m*; **~s** *m/pl* Großeltern *pl*

ab|ulia [a'βulia] *f* Willenlosigkeit *f*, Willensschwäche *f*; **~úlico** [a'βuliko] willensschwach

abulta|do [aβul'taðo] dick; sperrig; platzraubend; **~r** [~'tar] (la) **1.** *v/t fig* übertreiben, aufbauschen; **2.** *v/i* viel Platz einnehmen

abun|damiento [aβunda'miento] *m*: **a mayor ~** zu allem Überfluß; **~dancia**

[~'danθía] f Überfluß m; Fülle f; **en ~ in Hülle und Fülle**; **~dante** [~'dante] reichlich; reichhaltig; **~dar** [~'dar] (la) reichlich vorhanden sein

aburguesa|do [aburge'saðo] bürgerlich; *desp* spießig; **~rse** [~'sarse] (la) verbürgerlichen; *desp* verspießern

aburri|do [abu'rriðo] langweilig; **~miento** [~rri'mjento] m Langeweile f; **~r** [~'rrir] (3a) langweilen

abu|sar [abu'sar] (la): **~ de a/c** et mißbrauchen; **~ de alg** j-n ausnützen; **~ de una mujer** sich an e-r Frau vergreifen; **~sivo** [~'siβo] mißbräuchlich; *precio* ~ Wucherpreis m; **~so** [a'buso] m Mißbrauch m; **~ de autoridad** Amts-, Ermessensmißbrauch m; **~ de confianza** Vertrauensbruch m; **~s deshonestos** unzüchtige Handlungen f/pl

abyec|ción [abjeg'θjon] f Verworfenheit f; **~to** [~'jekto] verworfen; niederträchtig, gemein

acá [a'ka] *adv* hierher; **~ y allá** hier und dort; **de ~ para allá** hin und her; **¡ven ~!** komm her!

acaba|do [aka'βaðo] 1. *adj* fertig, vollendet; (*persona*) erledigt; *producto m ~* Fertigware f; 2. m ⚙ Endverarbeitung f; Finishing n; **~lladero** [~βaʎa'ðero] m Gestüt n; **~miento** m Ende n; Vollendung f; Abschluß m

acabar [aka'βar] (la) (be)enden, abschließen, vollenden, fertigstellen; **~ con alg** j-n erledigen; **~ con a/c** fertig sein mit et; *fig* mit et Schluß machen; **~ de hacer a/c** et soeben getan haben; **~ por hacer a/c** schließlich et tun; **no acabo de comprender** ich verstehe einfach nicht; **~ en** enden, auslaufen in (ac); **~ en punta** spitz zulaufen; **~ bien** gut ausgehen; **(él) va a ~ mal** es wird ein schlimmes Ende mit ihm nehmen; **es cosa de nunca ~** das nimmt ja kein Ende; **¡acaba ya!** nun mach doch endlich!; **~se** zu Ende gehen

acacia [a'kaθja] f Akazie f

aca|demia [aka'ðemja] f Akademie f; Privatschule f; **~ de idiomas** Sprachenschule f; **~démico** [~'ðemiko] 1. *adj* akademisch; 2. m Mitglied n e-r Akademie

acae|cer [akae'θer] (2d) geschehen, sich ereignen; **~cimiento** [~θi'mjento] m Ereignis n, Begebenheit f

acallar [aka'ʎar] (la) zum Schweigen bringen; beschwichtigen; **~se** sich beruhigen

acalora|do [akalo'raðo] hitzig, heftig; **~miento** [~ra'mjento] m Erhitzung f; *fig* Eifer m; **~r** [~'rar] (la) erhitzen; *fig* erregen; **~rse** sich erhitzen; *fig* sich ereifern

acampada [akam'paða] f Zelten n

acampanado [akampa'naðo] glockenförmig; *falda f ~a* Glockenrock m

acampar [akam'par] (la) v/i. zelten, kampieren

acanala|do [akana'laðo] gerillt; **~dura** [~'ðura] f Rille f; Auskehlung f; **~r** [~'lar] (la) auskehlen, riefeln

acantilado [akanti'laðo] 1. *adj* steil (*costa*); 2. m Steilküste f

acanto [a'kanto] m ♣ Bärenklau m; △ Akanthus m

acapara|dor [akapara'ðor] m Aufkäufer m, Hamsterer m; **~r** [~'rar] (la) aufkaufen, hamstern; *fig* an sich reißen

acariciar [akari'θjar] (1b) liebkosen; streicheln; **~ una idea** mit e-m Gedanken spielen; **~ una esperanza** e-e Hoffnung hegen

ácaro ['akaro] m Milbe f

acarre|ar [akarre'ar] (la) transportieren, befördern; *fig* verursachen, nach sich ziehen; **~o** [~'rreo] m Beförderung f; Anlieferung f; (*precio*) Rollgeld n

acaso [a'kaso] vielleicht; *por si ~* falls (etwa); **für alle Fälle**

acata|miento [akata'mjento] m (*de una ley, etc*) Befolgung f; **~r** [~'tar] (la) (*ley, regla*) befolgen, einhalten

acatarrarse [akata'rrarse] (la) sich erkälten

acaudalado [akauða'laðo] reich, vermögend, wohlhabend

acaudillar [akauði'ʎar] (la) anführen, befehligen

acceder [agθe'ðer] (2a) zustimmen; einwilligen (in *ac a*)

accesible [agθe'siβle] zugänglich; (*precio*) erschwinglich

accésit [ag'θesit] m Nebenpreis m, Trostpreis m

acceso [ag'θeso] m Zutritt m, Zugang m; *inform* Zugriff m; ☤ u *fig* Anfall m; **~ a la autopista** Autobahnzubringer m; **de difícil ~** schwer zugänglich; **~rio** [~'sorjo] 1. *adj* nebensächlich, Ne-

ben...; **2. ~s** *m/pl* Zubehör *n*; *(moda)* Accessoires *n/pl*; *teat* Requisiten *n/pl*
acciden|tado [agθiðen'taðo] **1.** *adj* verunglückt; *(viaje, etc)* voller Zwischenfälle; *(terreno)* hügelig, uneben; **2.** *m* Verunglückte(r) *m*; **~tal** [~'tal] *(casual)* zufällig; *(secundario)* unwesentlich; **~tarse** [a'θetʃo] *m* Auflauern *n*; *(caza)* Anstand *m*; *al ~* auf der Lauer; *ponerse al ~* sich auf die Lauer legen
acción [ag'θion] *f* Handlung *f*; Tat *f*; *(efecto)* Wirkung *f*; ✝ Aktie *f*; **~ concertada** konzertierte Aktion *f*; *entrar en ~* in Aktion treten; *poner en ~* in Betrieb setzen
acciona|miento ⊙ [agθiona'miento] *m* Antrieb *m*; **~r** [~'nar] (1a) antreiben, betätigen
accionista [agθio'nista] *m* Aktionär *m*
acebo [a'θeβo] *m* Stechpalme *f*
acech|ar [aθe'tʃar] (1a) auflauern *(dat)*; **~o** [a'θetʃo] *m* Auflauern *n*; *(caza)* Anstand *m*; *al ~* auf der Lauer; *ponerse al ~* sich auf die Lauer legen
acedera [aθe'ðera] *f* Sauerampfer *m*
acei|tar [aθei'tar] (1a) ölen, schmieren; **~te** [a'θeite] *m* Öl *n*; **~ de oliva** Olivenöl *n*; **~ de hígado de bacalao** Lebertran *m*; **~ mineral** Mineralöl *n*; **~ pesado** Schweröl *n*; **~ solar** Sonnenöl *n*; **~ vegetal** Pflanzenöl *n*; **~tera** [~'tera] *f* Ölkanne *f*; **~tuna** [~'tuna] *f* Olive *f*
acelera|ción [aθelera'θion] *f* Beschleunigung *f*; **~dor** [~ra'ðor] *m auto* Gaspedal *n*; **~r** [~'rar] (1a) beschleunigen *(a fig)*
acelga [a'θelga] *f* Mangold *m*
acen|to [a'θento] *m* Akzent *m*, Betonung *f*; *fig* Nachdruck *m*; **~tuar** [aθen'tuar] (le) betonen, hervorheben; **~tuarse** sich verschärfen; zunehmen
acepción [aθeb'θion] *f* Bedeutung *f*; *sin ~ de personas* ohne Ansehen der Person
acepilladora [aθepiʎa'ðora] *f* Hobelmaschine *f*
acepta|ble [aθep'taβle] annehmbar; **~ción** [~ta'θion] *f* Annahme *f*; Anerkennung *f*; ✝ Akzept *n*; **~nte** [~'tante] *m* Akzeptant *m*; **~r** [~'tar] (la) annehmen; *a* ✝ akzeptieren
acequia [a'θekia] *f* Bewässerungsgraben *m*, -kanal *m*
acera [a'θera] *f* Gehweg *m*

acera|do [aθe'raðo] gestählt, stählern; *fig* schneidend, scharf; **~r** [~'rar] (la) *a fig* stählen
acerbo [a'θerβo] herb; *fig* hart
acerca [a'θerka]: **~ de** betreffs *(gen)*; über *(ac)*; hinsichtlich *(gen)*
acercar [aθer'kar] (1g) (näher) heranbringen; **~se** sich nähern, näher kommen
acería [aθe'ria] *f* Stahlwerk *n*
acero [a'θero] *m* Stahl *m*; **~ especial** Edelstahl *m*; **~ bruto** Rohstahl *m*; **~ fundido** Gußstahl *m*
acérrimo [a'θerrimo] sehr scharf; *fig* erbittert; hartnäckig
acer|tado [aθer'taðo] treffend; richtig; **~tante** [~'tante] *m* Gewinner *m (en un concurso, etc)*; **~tar** [~'tar] (1k) erraten; (das Richtige) treffen; *no acierto a hacerlo* es gelingt mir nicht; **~tijo** [~'tixo] *m* Rätsel *n*
acervo [a'θerβo] *m fig* Gemeingut *n*; **~ cultural** Kulturgut *n*
acético [a'θetiko] Essig...
ace|tileno [aθeti'leno] *m* Azetylen *n*; **~tona** [~'tona] *f* Azeton *n*
achacar [atʃa'kar] (1g): **~ a** schieben auf; **~ la culpa a alg** j-m die Schuld zuschieben
achacoso [atʃa'koso] kränklich; gebrechlich
achaparrado [atʃapa'rraðo] *(persona)* untersetzt; ♣ verkümmert
achaque [a'tʃake] *m* Unpäßlichkeit *f*; ♂ Beschwerde *f*; **~s de la edad** Altersbeschwerden *f/pl*
achicar [atʃi'kar] (1g) verkleinern; *(intimidar)* einschüchtern; ♃ auspumpen; **~se** F *fig* klein werden
achicharrar [atʃitʃa'rrar] (la) (zu) stark braten; anbrennen lassen; **~se** *(de calor)* vor Hitze eingehen
achicoria [atʃi'koria] *f* Zichorie *f*
achisparse F [atʃis'parse] (la) sich beschwipsen
achuchar [atʃu'tʃar] (la) aufhetzen; hetzen auf; zerquetschen
aciago [a'θiago] unglückbringend, unheilvoll; *día m ~* Unglückstag *m*
aciano [a'θiano] *m* Kornblume *f*
acicalar [aθika'lar] (la) herausputzen, schniegeln; **~se** sich herausputzen
acicate [aθi'kate] *m fig* Antrieb *m*, Anreiz *m*

acidez [aθi'deθ] f Säure f; Säuregehalt m; ~ **de estómago** Sodbrennen n
ácido ['aθido] **1.** adj sauer; **2.** m Säure f; ~ **acético** Essigsäure f; ~ **carbónico** Kohlensäure f; ~ **clorhídrico** Salzsäure f; ~ **sulfúrico** Schwefelsäure f; ~ **úrico** Harnsäure f
acídulo [a'θidulo] säuerlich
acierto [a'θjɛrto] m Treffer m; fig Geschicklichkeit f; Erfolg m; **con** ~ geschickt, treffend
aclama|ción [aklama'θjɔn] f Beifall(sruf) m; Zuruf m; **~r** [~'mar] (la) zujubeln; applaudieren
aclara|ción [aklara'θjɔn] f Aufklärung f; Erläuterung f; **~r** [~'rar] (la) **1.** v/t (auf)klären; (explicar) erklären, erläutern; (color) aufhellen; (líquido) verdünnen; (bosque) lichten; (ropa) spülen; **2.** v/i aufklären, sich aufhellen
aclimata|ción [aklimata'θjɔn] f Akklimatisierung f; Eingewöhnung f; **~r** [~'tar] (la) akklimatisieren, **~rse** sich eingewöhnen
acné ✱ [ak'ne] f Akne f
acobardar [akobar'dar] (la) einschüchtern, **~se** verzagen, den Mut verlieren
aco|dado [ako'dado] geborgen; **~darse** [~'darse] (1a) sich auf die Ellbogen stützen; **~do** ⚘ [~'kodo] m Ableger m
acog|edor [akɔxe'dɔr] gastlich, gemütlich; **~er** [~'xɛr] (2c) aufnehmen; fig ~ **con satisfacción** begrüßen, gutheißen; **~erse**: ~ **a alg** bei j-m Schutz (od Hilfe) suchen; ~ **a a/c** sich auf et (ac) berufen; **~ida** [~'xida] f Aufnahme f, Empfang m; **tener buena** ~ Beifall finden; gut ankommen (beim Publikum)
acolchar [akɔl'tʃar] (la) polstern, steppen, wattieren
acólito [a'kolito] m Ministrant m; Meßdiener m; fig Anhänger m
acome|ter [akome'tɛr] (2a) angreifen; fig in Angriff nehmen; **~tida** [~'tida] f Angriff m; ⊕ Anschluß m
acomoda|ble [akomo'daβle] anpassungsfähig; **~ción** [~da'θjɔn] f Anpassung f; Umbau m, -gestaltung f; **~dizo** [~'diθo] anpassungsfähig; fügsam; **~do** [~'dado] (cómodo) bequem; (rico) wohlhabend; **~dor** [~'dɔr] m Logenschließer m; Platzanweiser m; **~r** [~'dar] (la) anpassen; (alojar) unterbringen; **~rse** sich anpassen (an ac **a**)

acompaña|miento [akɔmpaɲa'mjɛnto] m Begleitung f (a ♪); gastr Beilage f; **~nte** [~'ɲante] m Begleiter m, Beifahrer m; **~r** [~'ɲar] (la) begleiten (a ♪); j-m Gesellschaft leisten; (adjuntar) beilegen
acompasado [akɔmpa'sado] nach dem Takt; rhythmisch; fig gemessen
compleja|do [akɔmple'xado]: **estar** ~ Komplexe haben; **~r** [~'xar] (la) Komplexe verursachen; **~rse** Komplexe bekommen
acondiciona|do [akɔndiθjo'nado]: **aire** m ~ Klimaanlage f; **~dor** [~'dɔr] m: ~ **de aire** Klimaanlage f; **~miento** [~'mjɛnto] m Einrichtung f; Gestaltung f; ~ **de clima** Klimatisierung f; **~r** [~'nar] (la) gestalten; herrichten; (aire) klimatisieren
acongojar [akɔŋgo'xar] (la) bedrücken, bekümmern, beklemmen
acónito ⚘ [a'konito] m Eisenhut m
aconseja|ble [akɔnse'xaβle] ratsam; empfehlenswert; **~r** [~'xar] (la) empfehlen; j-m raten, j-n beraten; **~rse**: ~ **de** (od **con**) sich (dat) Rat holen bei (dat)
aconte|cer [akɔnte'θɛr] (2d) sich ereignen, geschehen; **~cimiento** [~θi'mjɛnto] m Ereignis n, Begebenheit f
acopi|ar [ako'pjar] (1b) anhäufen, ansammeln; **~o** [a'kopjo] m Anhäufung f; Vorrat m
acopla|miento ⊕ [akopla'mjɛnto] m Kupplung f; Kopplung f; ~ **en serie** Reihen-, Serienschaltung f; **~r** [~'plar] (la) zs.-fügen; kuppeln
acoraza|do [akora'θado] **1.** adj gepanzert; Panzer...; **2.** m ✠ Panzerkreuzer m; **~r** [~'θar] (1f) panzern
acor|dado [akɔr'dado] beschlossen; **lo** ~ der Beschluß, die Vereinbarung; **~dar** [~'dar] (1m) beschließen, vereinbaren; **~darse** sich erinnern (an ac **de**); **si mal no me acuerdo** wenn ich mich recht entsinne; **~de** [a'kɔrde] **1.** adj übereinstimmend; ~ **con** in Einklang mit; **2.** ♪ m Akkord m
acorde|ón [akɔrde'ɔn] m Akkordeon n, Ziehharmonika f; **~onista** [~deo'nista] m Akkordeonspieler m
acordona|miento [akɔrdona'mjɛnto] m Abriegelung f, Absperrung f; **~r** [~'nar] (la) abriegeln, absperren
acorralar [akɔrra'lar] (la) (ganado) einpferchen; fig in die Enge treiben

acortar [akor'tar] (la) *v/t.* (ab-, ver)kürzen; (*falda*) kürzer machen; **~se** (*día*) kürzer werden

aco|sar [ako'sar] (la) hetzen; *fig* bedrängen; *j-m* zusetzen (**con preguntas** mit Fragen); **~so** [a'koso] *m* Hetzjagd *f*; **~ sexual** sexuelle Belästigung *f*

acostar [akos'tar] (1m) zu Bett bringen; **~se** zu Bett gehen, schlafen gehen

acostumbra|do [akostum'braðo] gewohnt; *estar* **~ a a/c** an et (*ac*) gewöhnt sein; **~r** [~'brar] (la) **1.** *v/t* gewöhnen (an *ac* **a**); **2.** *v/i* pflegen, gewohnt sein (zu *inf*); **~rse** sich gewöhnen (an **a**)

acota|ción [akota'θĭon] *f* Randbemerkung *f*; *teat* Bühnenanweisung *f*; **~miento** [~'mĭento] *m* Abgrenzung *f*; **~r** [~'tar] (la) mit Randbemerkungen versehen; (*terreno*) abgrenzen; einfried(ig)en

ácrata ['acrata] **1.** *adj* anarchistisch; **2.** *m* Anarchist *m*

acre ['akre] scharf, herb (*a fig*)

acrecentar [akreθen'tar] (1k) vermehren, steigern; **~se** zunehmen, anwachsen

acredita|do [akreði'taðo] geachtet, angesehen; bewährt; **~r** [~'tar] (la) Ansehen verleihen (*dat*); verbürgen; *pol* beglaubigen, akkreditieren; † gutschreiben; **~rse** sich bewähren; sich Ansehen erwerben

acreedor [akree'ðor] **1.** *adj* anspruchsberechtigt; **2.** *m* [~'ðor] Gläubiger *m*

acribillar [akribi'ʎar] (la) durchlöchern; *fig* bedrängen (mit *dat* **a**)

acrimonia [akri'monĭa] *f* Schärfe *f*; *fig* Bitterkeit *f*

acrisolar [akriso'lar] (la) (*metal*) läutern (*a fig*)

acristalar [akrista'lar] (la) verglasen

acritud [akri'tuð] *f* Schärfe *f* (*a fig*)

acr|óbata [a'krobata] *m* Akrobat *m*; **~obático** [akro'batiko] akrobatisch; *vuelo m* **~** Kunstflug *m*

acta ['akta] *f* Urkunde *f*; (*de una sesión, etc*) Protokoll *n*; ₤ Akte *f*; **~ notarial** notarielle Urkunde *f*; *hacer constar en* **~** aktenkundig machen, protokollieren; *levantar* **~** beurkunden, zu Protokoll nehmen

acti|tud [akti'tuð] *f* Stellung *f*, Haltung *f*; *fig* Einstellung *f*, Verhalten *n*; **~var** [~'bar] (la) beschleunigen; aktivieren; **~vidad** [~bi'ðað] *f* Tätigkeit *f*, Aktivität *f*; *fig* Betriebsamkeit *f*; **~vista** [~'bista] *m pol* Aktivist *m*; **~vo** [~'tibo] **1.** *adj* aktiv; tätig; tatkräftig; *en* **~** im Dienst (stehend); *gram voz f* **-a** Aktiv *n*; **2.** † Aktivvermögen *n*, Aktiva *pl*

acto ['akto] *m* Tat *f*, Handlung *f*; *teat* Akt *m*, Aufzug *m*; **~ inaugural** Eröffnungsfeier *f*; **~ de clausura** Schlußfeier *f*; *hacer* **~ de presencia** sich (kurz) blicken lassen; **~ seguido** anschließend, gleich darauf; *en el* **~** auf der Stelle, unverzüglich; *en* **~ de servicio** in Erfüllung s-r Pflicht

ac|tor [ak'tor] *m* Schauspieler *m*; **~triz** [~'triθ] *f* Schauspielerin *f*

actua|ción [aktŭa'θĭon] *f* Tätigkeit *f*; Auftreten *n*, Auftritt *m* (*a teat*); **~ en directo** Live-Auftritt *m*; ₤ *actuaciones pl* Prozeßführung *f*; **~l** [~'tŭal] aktuell, gegenwärtig; **~lidad** [~tŭaliðað] *f* Gegenwart *f*; Aktualität *f*; *de gran* **~** sehr aktuell; *en la* **~** zur Zeit, gegenwärtig; **~lizar** [~'θar] (1f) aktualisieren, auf den neuesten Stand bringen; **~r** [~'tŭar] (le) tätig sein bzw werden; wirken (*a* ✱); *teat* auftreten; **~ de** sich betätigen als, auftreten als; **~rio** [~'tŭarĭo] *m* ₤ Protokollführer *m*, Urkundsbeamte(r) *m*

acuare|la [akŭa'rela] *f* Aquarell *n*; **~lista** [~re'lista] *m* Aquarellmaler *m*

acuario [a'kŭario] *m* Aquarium *n*; *astr* ♒ Wassermann *m*

acuartela|miento [akŭartela'mĭento] *m* Kasernierung *f*; **~r** [~'lar] (la) kasernieren

acuático [a'kŭatiko] Wasser...

acuchillar [akutʃi'ʎar] (la) niederstechen; (*matar*) erstechen; (*parqué*) abziehen

acucia|nte [aku'θĭante] dringend, brennend; **~r** [~'θĭar] (1b) anstacheln

acuclillarse [akukli'ʎarse] (la) sich hocken, sich (nieder)kauern

acudir [aku'ðir] (3a) herbeieilen; (*asistir*) teilnehmen (an *dat* **a**); **~ a alg** sich an j-n wenden; **~ a las urnas** wählen

acueducto [akŭe'ðukto] *m* Aquädukt *m*

acuerdo [a'kŭerðo] *m* Übereinkunft *f*; Übereinstimmung *f*; (*convenio*) Abkommen *n*, Vereinbarung *f*; Beschluß *m*; **~ comercial** Handelsabkommen *n*; *estar de* **~ con** einverstanden sein mit

acumulación 28

(dat); **llegar a un ~** zu e-r Einigung kommen; **ponerse de ~** sich einigen (mit dat con); **tomar un ~** e-n Beschluß fassen; **de común ~** einmütig; **de ~ con** gemäß (dat); **¡de ~!** einverstanden!
acumula|ción [akumula'θĭon] f Anhäufung f; **~dor** [~'ðor] ⚡ m Akku(mulator) m; **~r** [~'lar] (la) an-, aufhäufen; **~rse** sich ansammeln
acuña|ción [akuɲa'θĭon] f (Münz-)Prägung f; **~r** [~'nar] (la) (moneda, palabra) prägen
acuoso [a'kŭoso] wässerig; (fruta) saftig
acupuntura [akupun'tura] f Akupunktur f
acurrucarse [akurru'karse] (1g) sich ducken; sich zs.-kauern
acu|sación [akusa'θĭon] f Beschuldigung f; 🏛 Anklage f; **~sado** [~'saðo] m Angeklagte(r) m; **~sador** [~'ðor] m Ankläger m; **~sar** [~'sar] (la) anklagen; beschuldigen; (mostrar) aufweisen; **~ recibo** den Empfang bestätigen; **~sativo** gram [~sa'tiβo] m Akkusativ m; **~satorio** [~sa'torĭo] Anklage...; **~se a'kuse]** m: **~ de recibo** Empfangsbestätigung f; **~són** F [aku'son] m Petze f
acústi|ca [a'kustika] f Akustik f; **~co** [~ko] akustisch
acutángulo [aku'taŋgulo] spitzwinklig
adagio [a'ðaxĭo] m Sprichwort n; Spruch m; ♪ Adagio n
adalid [aða'lið] m Anführer m; fig Vorkämpfer m
adapta|ble [aðap'taβle] anpassungsfähig; **~ción** [~ta'θĭon] f Anpassung f; (de un texto) Bearbeitung f; **~dor** 💿 [~'ðor] m Adapter m; **~r** [~'tar] (la) anpassen; bearbeiten; **~rse** sich anpassen (an ac a)
adecentar [aðeθen'tar] (la) (ordentlich) herrichten
ade|cuado [aðe'kŭaðo] angemessen, geeignet, passend; **~cuar** [~'kŭar] (1d) anpassen
adefesio F [aðe'fesĭo] m (persona) Vogelscheuche f
adelanta|do [aðelan'taðo] vorgerückt; fortgeschritten; vorzeitig; **pagar por ~** vorausbezahlen; **ir ~** vorgehen (reloj); **~miento** [~'mĭento] m auto Überholen n; **~r** [~'tar] (la) **1.** v/t vorrücken; auto überholen; (dinero) vorstrecken; (reloj) vorstellen; (fecha) vorverlegen;

2. v/i Fortschritte machen; (reloj) vorgehen; **~rse** vorangehen; fig **~ a alg** j-m zuvorkommen
adelante [aðe'lante] vorwärts; **¡~!** los!; vorwärts!; herein!; **de ahora** (od **aquí**) **en ~** von jetzt an; **más ~** weiter vorn; (más tarde) später; **salir ~** fig vorwärtskommen, es zu et bringen
adelanto [aðe'lanto] m Fortschritt m; ✝ Vorschuß m
adelfa ♣ [a'ðelfa] f Oleander m
adelgaza|miento [aðelgaθa'mĭento] m: **cura f de ~** Abmagerungskur f; **~r** [~'θar] (1f) abnehmen
ademán [aðe'man] m Gebärde f, Geste f
además [aðe'mas] **1.** adv außerdem, ferner; **2** prp **~ de** außer (dat)
adentrarse [aðen'trarse] (la) eindringen (a fig) (in ac en)
adentro [a'ðentro] hinein; **mar ~** seewärts; **tierra ~** landeinwärts; **decir para sus ~s** zu sich selbst sagen
adepto [a'ðepto] m Anhänger m
adere|zar [aðere'θar] (1f) herrichten, zurechtmachen; gastr zubereiten, anrichten; (tela) appretieren; **~zarse** sich zurechtmachen; **~zo** [~'reθo] m gastr Zubereitung f; Würze f; (adorno) Schmuck m
adeu|dado [aðeu'ðaðo] verschuldet; **~dar** [~'dar] (la) schulden; **~ en cuenta** das Konto belasten; **~darse** Schulden machen; **~do** [a'ðeuðo] m Schuld f; **~ en cuenta** Belastung f; Lastschrift f
adhe|rencia [aðe'renθĭa] f Anhaften n; 🏥 Verwachsung f; **~rente** [~'rente] (an)haftend, (an)klebend; **~rir** [~'rir] (3i) (an)haften; **~rirse** sich anschließen (an ac a); beitreten (a un partido, etc, dat); **~sión** [~'sĭon] f Anschluß m, Beitritt m; fig Adhäsion f; **~sivo 1.** adj (an)haftend, Haft...; **2.** m Klebstoff m
adicción 🏥 [aðig'θĭon] f Sucht f
adi|ción [aði'θĭon] f Zusatz m; ₳ Addieren n, Addition f; **~cional** [~θĭo'nal] zusätzlich, Zusatz...; **~cionar** [~'nar] (la) hinzufügen; ₳ addieren
adicto [a'ðikto] **1.** adj ergeben, zugetan (dat a); (a las drogas, etc) süchtig; **2.** m Anhänger m; 🏥 Süchtige(r) m
adiestra|miento [aðĭestra'mĭento] m Abrichtung f; Dressur f; **~r** [~'trar] (la) abrichten, dressieren; (instruir) anleiten, schulen

adinerado [aðine'raðo] vermögend
adiós [a'ðjos] **1.** *int* auf Wiedersehen!; **2.** *m* Abschied *m*
adiposo [aði'poso] Fett...; *tejido m ~* Fettgewebe *n*
adit|amento [aðita'mento] *m* Zusatz *m*; **~ivo** [~'tiβo] *m* Zusatz(stoff) *m*
adivi|nación [aðiβina'θjon] *f* Wahrsagung *f*; Erraten *n*; **~nanza** [~'nanθa] *f* Rätsel *n*; **~nar** [~'nar] (la) (*predecir*) wahrsagen; (*acertar*) (er)raten; **~no** *m*, **-na** *f* [~'βino, ~'βina] Wahrsager(in) *m f*
adjetivo [aðxe'tiβo] *m* Eigenschaftswort *n*, Adjektiv *n*
adjudica|ción [aðxuðika'θjon] *f* Zuerkennung *f*; (*subasta*) Zuschlag *m*; *~ de una obra* Vergabe *f* e-s Baues; **~r** [~'kar] (1g) zuerkennen; (*subasta*) zuschlagen
adjun|tar [aðxun'tar] (la) beilegen, -fügen; **~to** [~'xunto] beiliegend
administra|ción [aðministra'θjon] *f* Verwaltung *f*; **~dor** [~'ðor] *m* Verwalter *m*; Geschäftsführer *m*; **~r** [~'trar] (la) verwalten; ☞ verabreichen; *m* spenden; **~tivo** [~tra'tiβo] **1.** *adj* Verwaltungs...; **2.** *m* Verwaltungsangestellte(r) *m*
admira|ble [aðmi'raβle] bewundernswert; **~ción** [~ra'θjon] *f* Bewunderung *f*; (*asombro*) Staunen *n*; (*signo m de*) *~* Ausrufungszeichen *n*; **~dor** [~'ðor] *m* Bewunderer *m*; Verehrer *m*; **~r** [~'rar] (la) bewundern; (*extrañar*) erstaunen; **~rse** sich wundern (über *ac de*)
admi|sible [aðmi'siβle] zulässig, statthaft; **~sión** [~'sjon] *f* Zulassung *f*; Aufnahme *f*; **~tir** [~'tir] (3a) zulassen, aufnehmen; (*reconocer*) zugeben; *~ en pago* in Zahlung nehmen
admonición [aðmoni'θjon] *f* Ermahnung *f*; Verwarnung *f*
ado|bar [aðo'βar] (la) *gastr* marinieren, beizen; **~be** [a'ðoβe] *m* Luftziegel *m*; **~bo** [a'ðoβo] *m gastr* Marinade *f*, Beize *f*
adocenado [aðoθe'naðo] alltäglich
adoctrinar [aðoktri'nar] (la) belehren, unterweisen
adolecer [aðole'θεr] (2d) kranken, leiden (an *dat de*)
adolescen|cia [aðoles'θenθja] *f* Jünglingsalter *n*; **~te** [~'θente] *m* Jugendliche(r) *m*, Halbwüchsige(r) *m*
adonde [a'ðonde] wohin

¿adónde? [a'ðonde] *interr* wohin?
adop|ción [aðoβ'θjon] *f* Adoption *f*; **~tar** [aðop'tar] (la) adoptieren; (*aceptar*) annehmen; *~ una medida* e-e Maßnahme ergreifen; *~ una resolución* e-n Entschluß fassen; **~tivo** [~'tiβo] Adoptiv...; *patria f -a* Wahlheimat *f*
ado|quín [aðo'kin] *m* Pflasterstein *m*; **~quinado** [~ki'naðo] *m* Pflaster(n) *n*; **~quinar** [~ki'nar] (la) pflastern
adora|ble [aðo'raβle] *fig* entzückend; **~ción** [~ra'θjon] *f* Anbetung *f*; Verehrung *f*; **~dor** [~'ðor] *m* Verehrer *m*; **~r** [~'rar] (la) anbeten; verehren; abgöttisch lieben
adormece|dor [aðorme'eðor] einschläfernd; **~r** [~'θer] (2d) einschläfern; **~rse** einschlummern
adormidera [aðormi'ðera] *f* Mohn *m*
adormi|larse [aðormi'larse], **~tarse** [~'tarse] (la) einnicken
ador|nar [aðor'nar] (la) schmücken, verzieren; **~no** [a'ðorno] *m* Schmuck *m*; Verzierung *f*
adosar [aðo'sar] (la) anlehnen
adqui|rir [aðki'rir] (3i) erwerben; anschaffen; (*conseguir*) erlangen; **~sición** [~si'θjon] *f* Erwerb(ung *f*) *m*; Anschaffung *f*; **~sitivo** [~'tiβo]: *poder m ~* Kaufkraft *f*
adrede [a'ðreðe] *adv* absichtlich
adua|na [a'ðwana] *f* Zoll *m*; **~nero** [aðwa'nero] **1.** *adj* Zoll...; **2.** *m* Zollbeamte(r) *m*
aducir [aðu'θir] (3o) (*pruebas*) beibringen, vorlegen
adueñarse [aðwe'ɲarse] (la): *~ de* sich bemächtigen (*gen*)
adula|ción [aðula'θjon] *f* Schmeichelei *f*; **~dor** [~'ðor] *m* Schmeichler *m*; **~r** [~'lar] (la) *j-m* schmeicheln
adúltera [a'ðultera] *f* Ehebrecherin *f*
adultera|ción [aðultera'θjon] *f* Verfälschung *f*; **~r** [~'rar] (la) (ver)fälschen
adulterio [aðul'terjo] *m* Ehebruch *m*
adúltero [a'ðultero] **1.** *adj* ehebrecherisch; **2.** *m* Ehebrecher *m*
adulto [a'ðulto] **1.** *adj* erwachsen; **2.** *m* Erwachsene(r) *m*
adusto [a'ðusto] finster, mürrisch
adve|nedizo [aðβene'ðiθo] **1.** *adj* fremd; hergelaufen; **2.** *m* Fremde(r) *m*; Emporkömmling *m*; **~nimiento** [~ni-

adverbio 30

'miento] *m* Ankunft *f*; (*al trono*) Thronbesteigung *f*

adverbio [aðˈβɛrbio] *m* Umstandswort *n*, Adverb *n*

adver|sario [aðβerˈsario] *m* Gegner *m*; **~sidad** [~siˈðað] *f* Widrigkeit *f*; Mißgeschick *n*; **~so** [~ˈβerso] widrig; feindlich; ungünstig

adver|tencia [aðβerˈtenθia] *f* Warnung *f*; Hinweis *m*; **~tir** [~ˈtir] (3i) bemerken; (*indicar*) aufmerksam machen; (*avisar*) warnen

adviento *rel* [aðˈβiento] *m* Advent *m*

adyacente [aðjaˈθente] angrenzend

aeración [aeraˈθiɔn] *f* (Be-)Lüftung *f*

aéreo [aˈereo] Luft...; **compañía** *f* **-a** Luftfahrtgesellschaft *f*; **ferrocarril** *m* **~** Schwebebahn *f*

aero|bús [aeroˈβus] *m* Airbus *m*; **~deslizador** [~ðezliˈθaðor] *m* Luftkissenboot *n*; **~dinámico** [~ðiˈnamiko] stromlinienförmig

aeródromo [aeˈroðromo] *m* Flugplatz *m*

aero|espacial [aeroespaˈθial] (Luft- und) Raumfahrt...; **~foto** [~ˈfoto] *f* Luftbild *n*; **~grama** [~ˈɣrama] *m* Luftpostleichtbrief *m*; **~modelismo** [~moðeˈlizmo] *m* Flugmodellbau *m*; **~moza** [~ˈmoθa] *f* *Am* Stewardess *f*; **~náutica** [~ˈnautika] *f* Luftfahrt *f*; **~náutico** [~ˈnautiko] Luftfahrt...; **~nave** [~ˈnaβe] *f* Luftschiff *n*; **~navegación** [~naβeɣaˈθiɔn] *f* Luftfahrt *f*; **~puerto** [~ˈpuɛrto] *m* Flughafen *m*; **~sol** [~ˈsɔl] *m* Aerosol *n*; Spray *m* u. *n*; **aeróstato** [aeˈrɔstato] *m* Luftballon *m*, Fesselballon *m*; **~taxi** [~ˈtaksi] *m* Lufttaxi *n*; **~técnica** [~ˈteknika] *f* Flugtechnik *f*; **~vía** [~ˈβia] *f* Fluglinie *f*

afab|ilidad [afaβiliˈðað] *f* Freundlichkeit *f*; **~le** [~ˈfaβle] freundlich

afamado [afaˈmaðo] berühmt

afán [aˈfan] *m* Streben *n*; Eifer *m*; (*anhelo*) Gier *f*; **~ de aprender** Bildungsdrang *m*; **~ de lucro** Gewinnsucht *f*

afanar [afaˈnar] (la) *F* klauen, stibitzen; **~se** sich abmühen, sich abrackern

afear [afeˈar] (la) verunstalten, entstellen; **~ alc a alg** j-m et vorwerfen

afección [afeɣˈθiɔn] *f* Zuneigung *f*; 🩺 Leiden *n*

afecta|ción [afektaˈθiɔn] *f* Geziertheit *f*, Affektiertheit *f*; **~do** [~ˈtaðo] betroffen (*von dat por*); (*amanerado*) geziert, affektiert; **~r** [~ˈtar] (la) betreffen, angehen; (*fingir*) vorgeben; 🩺 befallen; (*emocionar*) berühren; **esto le afecta mucho** das geht ihm sehr nahe

afec|tivo [afekˈtiβo] Gemüts...; gefühlsbetont; **~to** [aˈfekto] **1.** *adj* geneigt, zugetan (j-m **a alg**); 🩺 **~ de** befallen von; **2.** *m* Affekt *m*; Zuneigung *f*; **~tuosidad** [~tuosiˈðað] *f* Herzlichkeit *f*; **~tuoso** [~ˈtuoso] herzlich, liebevoll

afei|tado [afeiˈtaðo] *m* Rasieren *n*, Rasur *f*; **~tadora** [~taˈðora] *f* Trockenrasierer *m*; **~tar** [~ˈtar] (la) rasieren; **~te** [aˈfeite] *m* Schminke *f*

afeminado [afemiˈnaðo] **1.** *adj* weibisch; **2.** *m* Weichling *m*

aferra|do [afeˈrraðo] verrannt (in *ac a*); **~miento** [~rraˈmiento] *m* Hartnäckigkeit *f*; **~rse** [~ˈrrarse] (1k): **~ a alc** *fig* auf et (*dat*) beharren

afianza|miento [afianθaˈmiento] *m* Stütze *f*; Sicherung *f*; **~r** [~ˈθar] (1f) befestigen; (ab)stützen; *fig* festigen

afición [afiˈθiɔn] *f* Zuneigung *f*; Neigung *f* (zu *por*); **la ~** die Anhänger, die Fans; **por ~** aus Liebhaberei; als Hobby

aficiona|do [afiθioˈnaðo] **1.** *adj*: **~** geneigt zu; begeistert für; **2.** *m* Liebhaber *m*, Amateur *m*; Fan *m*; **~r** [~ˈnar] (1a) gewinnen für (*ac a*); **~rse ~ a** sich für et begeistern

afila|cuchillos [afilakuˈtʃiʎos] *m* Messerschärfer *m*; **~do** [~ˈlaðo] scharf; spitz; **~dor** [~laˈðor] *m* (Scheren-)Schleifer *m*; **~dora** [~ˈðora] *f* Schleifmaschine *f*; **~lápices** [~ˈlapiθes] *m* Bleistiftspitzer *m*; **~r** [~ˈlar] (la) schleifen; (*lápiz*) spitzen

afilia|ción [afiliaˈθiɔn] *f* Beitritt *m* (zu *dat* **a**); Mitgliedschaft *f* (bei *dat* **a**); **~do** [~ˈliaðo] **1.** *adj*: **estar ~ a** angehören (*dat*); **2.** *m* Mitglied *n*; **~rse** [~ˈliarse] (1b) eintreten (in *ac a*); beitreten (*dat*)

afín [aˈfin] angrenzend; *fig* verwandt

afina|ción [afinaˈθiɔn] *f* 🎵 Stimmen *n*; **~dor** [~ˈðor] *m* 🎵 (Klavier-)Stimmer *m*; Stimmschlüssel *m*; **~r** [~ˈnar] (1a) **1.** *v*/*t* verfeinern; 🎵 stimmen; **2.** *v*/*i* (ton)rein spielen (*od* singen)

afincarse [afinˈkarse] (1g) ansässig werden; sich niederlassen

afinidad [afiniˈðað] *f* Verwandtschaft *f* (*a fig*)

afirma|ción [afirmaˈθiɔn] *f* Behauptung

agobio

f; Bestätigung *f*; **~r** [~'mar] (1a) behaupten; bestätigen; bejahen; (*sujetar*) befestigen; **~tiva** [~ma'tiβa] *f* Bejahung *f*; Zusage *f*; **~tivo** [~'tiβo] bejahend

aflic|ción [aflig'θjɔn] *f* Betrübnis *f*; Kummer *m*; **~tivo** [aflik'tiβo] betrüblich

afligi|do [afli'xiðo] bedrückt; bekümmert; **~r** [~'xir] (3c) betrüben; bedrücken; **~rse** sich grämen

aflojar [aflo'xar] (1a) **1.** *v/t* lockern; F (*dinero*) locker machen; **2.** *v/i* abflauen; **~se** locker werden

aflorar [aflo'rar] (1a) zutage treten

afluen|cia [a'flwenθja] *f* Zustrom *m*; Andrang *m*; **~te** [~'flwente] *m* Nebenfluß *m*

afluir [a'flwir] (3g) einmünden; herbeiströmen (*a fig*)

afonía [afo'nia] *f* Stimmlosigkeit *f*

afónico [a'foniko] stimmlos; (stock)heiser

aforismo [afo'rizmo] *m* Sinnspruch *m*, Aphorismus *m*

aforo [a'foro] *m* (*de una sala, etc*) Fassungsvermögen *n*

afortuna|damente [afortunaða'mente] glücklicherweise, zum Glück; **~do** [~'naðo] glücklich

afrenta [a'frenta] *f* Beleidigung *f*; **~r** [~'tar] (1a) beleidigen

africano [afri'kano] **1.** *adj* afrikanisch; **2.** *m*, **-a** *f* Afrikaner(in *f*) *m*

afrodisíaco [afroði'sjako] *m* Aphrodisiakum *n*

afrontar [afron'tar] (1a) gegenüberstellen; (*arrostrar*) trotzen (*dat*)

aft|a ✝ ['afta] *f* Mundfäule *f*; **~oso** [af'toso]: *fiebre ~a* Maul- und Klauenseuche *f*

afuera [a'fwera] draußen; hinaus; *de ~* von draußen; von auswärts; **~s** *f/pl* Umgebung *f*; Außenbezirke *m/pl*

agachar [aga'tʃar] (1a) neigen; beugen; **~se** sich ducken; sich bücken

agalla [a'gaʎa] *f zo* Kieme *f*; F *tener ~s* Schneid haben

ágape ['agape] *m* Festessen *n*

agarra|dero [agarra'ðero] *m* Griff *m*, Henkel *m*; **~do** [~'rraðo] *fig* F knauserig, geizig; **~dor** [~'ðor] *m* Topflappen *m*; **~r** [~'rrar] (1a) (er)greifen, (an)packen; **~rse** sich festhalten (an *a*)

agasajar [agasa'xar] (1a) bewirten; beschenken; *j-n* feiern; **~jo** [~'saxo] *m* Bewirtung *f*; (festlicher) Empfang *m*; Ehrung *f*

ágata ['agata] *f* Achat *m*

agavanz|a [aga'banθa] *f* Hagebutte *f*; **~o** *m* Heckenrose *f*

agave [a'gaβe] *f* Agave *f*

agazaparse [agaθa'parse] (1a) sich ducken

agencia [a'xenθja] *f* Agentur *f*, Vertretung *f*; **~ de informes** Auskunftei *f*; **~ inmobiliaria** Maklerbüro *n*; **~ matrimonial** Eheanbahnungsinstitut *n*; **~ de noticias** Nachrichtenagentur *f*; **~ de publicidad** Werbeagentur *f*; **~ de transportes** Spedition(sfirma) *f*; **~ de viajes** Reisebüro *n*

agenda [a'xenda] *f* Notizbuch *n*; Terminkalender *m*; *Am* Tagesordnung *f*

agente [a'xente] *m* Agent *m*; Vertreter *m*; **~ de cambio y bolsa** Börsenmakler *m*; **~ marítimo** Schiffsmakler *m*; **~ patógeno** Krankheitserreger *m*; **~ de la propiedad industrial** Patentanwalt *m*; **~ de la propiedad inmobiliaria** Immobilienmakler *m*; **~ (de policía)** Polizist *m*; **~ secreto** Geheimagent *m*; **~ de tráfico** Verkehrspolizist *m*; **~ de transportes** Spediteur *m*

agigantado [axigan'taðo] riesenhaft, riesig; *a pasos ~s* mit Riesenschritten

ágil ['axil] behend, flink, beweglich

agili|dad [axili'ðað] *f* Behendigkeit *f*, Gewandtheit *f*; Beweglichkeit *f*; **~zar** [~'θar] (1f) beschleunigen

agio ✝ ['axjo] *m* Agio *n*, Aufgeld *n*; **~tista** [~'tista] *m* (Börsen-)Spekulant *m*

agita|ción [axita'θjɔn] *f* (heftige) Bewegung *f*; Auf-, Erregung *f*; *pol* Unruhe *f*; **~do** [~'taðo] aufgeregt, erregt; bewegt; stürmisch; **~dor** [~ta'ðor] *m* Agitator *m*, Aufwiegler *m*; **~r** [~'tar] (1a) schwenken, schütteln; *fig* er-, aufregen

aglomera|ción [aglomera'θjɔn] *f* Anhäufung *f*; Zs.-ballung *f*; **~ urbana** Ballungsgebiet *n*; **~ de gente** Gedränge *n*; **~r** [~'rar] (1a) anhäufen; **~rse** sich zs.-ballen; (*gente*) sich ansammeln

aglutina|nte [agluti'nante] **1.** *adj* Binde-..., Klebe...; **2.** *m* Bindemittel *n*; **~r** [~'nar] (1a) verkleben; agglutinieren

agobi|ante [ago'βjante] drückend, lastend; **~ar** [~'βjar] (1b) *fig* (be-, nieder)drücken; überlasten; **~o** [a'goβjo] *m fig* Druck *m*; Last *f*

agolpa|miento [agolpa'miento] *m* Auflauf *m*; Andrang *m*; **~rse** [~'parse] (1a) sich drängen
agon|ía [ago'nia] *f* Todeskampf *m*, Agonie *f*; **~izar** [~ni'θar] (1f) im Sterben liegen
agorafobia ✱ [agora'fobia] *f* Platzangst *f*
ago|rar [ago'rar] (1n) voraussagen, prophezeien; **~rero** [~'rero] **1.** *adj* unheilverkündend; *ave f* **-a** Unglücksvogel *m*; **2.** *m* Zeichendeuter *m*; *fig* Schwarzseher *m*
agosto [a'gosto] *m* August *m*; *hacer su* **~** sein Schäfchen ins trockene bringen
agota|do [ago'taðo] erschöpft, (*mercancía*) ausverkauft; (*libro*) vergriffen; **~miento** [~'miento] *m* Erschöpfung *f*; **~r** [~'tar] (1a) erschöpfen (*a fig*); (*provisiones*) aufbrauchen
agracia|do [agra'θiaðo] anmutig; (*vom Glück*) begünstigt; *salir* **~** gewinnen; **~r** [~'θiar] (1b) auszeichnen (mit *dat con*); ⚖ begnadigen
agrada|ble [agra'ðable] angenehm; nett; **~r** [~'ðar] (1a) gefallen
agrade|cer [agraðe'θer] (2d) danken (*a/c a alg*) j-m für et); *se lo agradezco* ich bin Ihnen dankbar dafür; **~cido** [~'θiðo] dankbar; **~cimiento** [~θi'miento] *m* Dank *m*; Dankbarkeit *f*
agrado [a'graðo] *m* Anmut *f*; (Wohl-)Gefallen *n*; *ser del* **~** *de alg* j-m zusagen
agrandar [agran'dar] (1a) vergrößern, erweitern
agrario [a'grario] Agrar...; *reforma f* **-a** Bodenreform *f*
agrava|ción [agraβa'θion] *f* Erschwerung *f*; Verschärfung *f*; ✱ Verschlimmerung *f*; **~nte** [~'βante] erschwerend; ⚖ strafverschärfend; **~r** [~'βar] (1a) erschweren; verschärfen; ✱ verschlimmern
agravio [a'graβio] *m* Beleidigung *f*
agredir [agre'ðir] (3a; *ohne stammbetonte Formen*) angreifen; überfallen
agrega|do [agre'gaðo] *m pol* Attaché *m*; **~r** [~'gar] (1h) hinzufügen; (*destinar*) zuteilen
agre|sión [agre'sion] *f* Angriff *m*, Überfall *m*; **~sividad** [~sißi'ðað] *f* Angriffslust *f*, Aggressivität *f*; **~sivo** [~'sißo] aggressiv; **~sor** [~'sor] *m* Angreifer *m*

agreste [a'greste] ländlich; *fig* ungeschliffen, grob
agria|do [a'griaðo] verbittert; **~rse** (1b *od* 1c) sauer werden; *fig* sich ärgern
agrícola [a'grikola] *adj* landwirtschaftlich, Agrar...
agricul|tor [agrikul'tor] *m* Landwirt *m*; **~tura** [~'tura] *f* Landwirtschaft *f*
agridulce [agri'ðulθe] süßsauer (*a fig*)
agrietarse [agrie'tarse] (1a) Risse bekommen, rissig werden (*tb piel*)
agrio ['agrio] sauer; **~s** *m/pl* Zitrusfrüchte *f/pl*
agronomía [agrono'mia] *f* Landwirtschaftskunde *f*
agrónomo [a'gronomo] *m* Agronom *m*; *ingeniero* **~** *m* Diplomlandwirt *m*
agrupa|ción [agrupa'θion] *f* Gruppierung *f*; Gruppe(nbildung) *f*; **~r** [~'par] (1a) gruppieren; **~rse** sich zs.-schließen
agua ['aγua] **1.** *f* Wasser *n*; **~** *bendita* Weihwasser *n*; **~** *de Colonia* Kölnisch Wasser *n*; **~** *corriente* fließendes Wasser *n*; **~** *dulce* Süßwasser *n*; **~** *del grifo* Leitungswasser *n*; **~** *de manantial* Quellwasser *n*; **~** *de mar* Seewasser *n*; **~** *mineral* Mineralwasser *n*; **~** *oxigenada* Wasserstoffsuperoxyd *n*; **~** *potable* Trinkwasser *n*; **~** *refrigerante* Kühlwasser *n*; *como* **~** *de mayo* hochwillkommen; *claro como el* **~** sonnenklar; **~(s)** *abajo* (*arriba*) stromabwärts (-aufwärts); *ha corrido mucha* **~** viel Zeit ist vergangen; *llevar el* **~** *a su molino* auf s-n Vorteil bedacht sein; *llevar* **~** *al mar* Eulen nach Athen tragen; *se me hace la boca* **~** das Wasser läuft mir im Munde zusammen; ⚓ *hacer* **~** lecken; **2. ~s** *pl* Gewässer *n*; **~** *freáticas* (*od subterráneas*) Grundwasser *n*; **~** *jurisdiccionales* Hoheitsgewässer *n/pl*; **~** *residuales* Abwässer *n/pl*; **~** *termales* Thermalquelle *f*
aguacate [aγua'kate] *m* Avocado *f*
agua|cero [aγua'θero] *m* Platzregen *m*, Regenguß *m*; **~fiestas** [~'fiestas] *m* Spielverderber *m*; **~fuerte** *m* Radierung *f*; **~marina** [ma'rina] *f min* Aquamarin *m*; **~nieve** [~'nieβe] *f* Schneewasser *n*, -regen *m*
aguan|tar [aγuan'tar] (1a) aushalten; ertragen; (*sostener*) (fest)halten; *no le puedo* **~** ich kann ihn nicht ausstehen;

~te [a'gṷante] *m* Ausdauer *f*; Widerstandsfähigkeit *f*
aguar [a'gṷar] (1a) verwässern; **~ la fiesta** den Spaß verderben
aguardar [agṷar'ðar] (1a) (er-, ab)warten
aguardiente [agṷar'ðjente] *m* Branntwein *m*, F Schnaps *m*
aguarrás [agṷa'rras] *m* Terpentin *n*
aguatinta [agṷa'tinta] *f* Tuschzeichnung *f*
agu|deza [agu'ðeθa] *f* Schärfe *f*; Scharfsinn *m*; **~dizar** [~ði'θar] (1f) verschärfen; **~se** sich zuspitzen; **~do** [a'guðo] spitz; scharf; ♂ akut; ♪ hoch; *fig* scharfsinnig, geistreich
agüero [a'ɣṷero] *m* Vorbedeutung *f*; **de mal ~** unheilverkündend
aguerrido [aɣe'rriðo] *fig* abgehärtet
aguij|ar [agi'xar] (1a) *fig* anstacheln, anspornen; **~ón** [~'xon] *m* Stachel *m*; *fig* Antrieb *m*, Ansporn *m*
águila ['agila] *f* Adler *m*; *fig* **ser un ~** schlauer Fuchs sein
aguil|eño [agi'leɲo] Adler...; **nariz *f* -a** Adlernase *f*; **~lucho** [~'lutʃo] *m* Jungadler *m*
aguinaldo [agi'naldo] *m Esp* Geldgeschenk *n* zu Weihnachten
aguja [a'guxa] *f* Nadel *f*; *(de reloj)* Zeiger *m*; △ Spitze *f*; ⚙ Weiche *f*; **~ de coser** Nähnadel *f*; **~ de gancho** Häkelnadel *f*; **~ de (hacer) media** *(od* **punto)** Stricknadel *f*; **~ de zurcir** Stopfnadel *f*; **buscar una ~ en un pajar** *fig* e-e Stecknadel im Heu suchen
aguj|erear [aguxere'ar] (1a) durchlöchern; **~ero** [~'xero] *m* Loch *n*, Öffnung *f*; **~ en la capa de ozono** Ozonloch *n*; **tapar un ~** Löcher stopfen *(a fig)*; **~etas** [~'xetas] *f/pl* Muskelkater *m*
agustino [agus'tino] *m* Augustiner *m*
aguzanieves *zo* [aguθa'njeβes] *f* Bachstelze *f*
aguzar [agu'θar] (1f) schärfen *(a fig)*; **~ el oído** die Ohren spitzen
ahí [a'i] da, dort; dorthin; **de ~ que** deshalb, darum (*mit subj*(herum); ungefähr; **por ~ voy** darauf wollte ich hinaus
ahija|do *m*, **-a** *f* [ai'xaðo, ~ða] Patenkind *n*; **~r** [~'xar] (1a) adoptieren
ahinco [a'iŋko] *m* Nachdruck *m*; Eifer *m*; **con ~** eifrig; **poner ~ en a/c** auf et Nachdruck legen, et betonen

aho|gar [ao'ɣar] (1h) ertränken; *(asfixiar)* ersticken; **~garse** ertrinken; *(asfixiarse)* ersticken; **~ en un vaso de agua** wegen e-r Kleinigkeit den Mut verlieren; **~go** [a'oɣo] *m* Ersticken *n*; Beklemmung *f*; *fig* Bedrängnis *f*
ahondar [aon'dar] (1a) vertiefen; *a fig* eindringen (in *ac* **en**); *fig* ergründen
ahora [a'ora] jetzt, nun; *(en seguida)* gleich; **~ mismo** gerade, soeben; *(en seguida)* gleich, (jetzt) sofort; **por ~** vorläufig; **~ bien** also; **~ más** nun erst recht; **desde ~ (en adelante)** von nun an; **¡hasta ~!** bis gleich!
ahorcar [aor'kar] (1g) (auf)hängen, henken; **~se** sich erhängen
ahorr|ador [aorra'ðor] **1.** *adj* sparsam; **2.** *m* Sparer *m*; **~ar** [ao'rrar] (1a) sparen; *a fig* ersparen; **~o** [a'orro] *m* Sparen *n*; **~s** *m/pl* Ersparnisse *f/pl*
ahuecar [aṷe'kar] (1g) aushöhlen; (auf)lockern; **~se** F sich aufblasen
ahuma|do [au'maðo] geräuchert; Räucher...; **cristal** *m* **~** Rauchglas *n*; **~r** [~'mar] (1a) *gastr* räuchern; ausräuchern; mit Rauch füllen
ahuyentar [aujen'tar] (1a) verjagen, verscheuchen *(a fig)*
aira|do [ai'raðo] zornig, aufgebracht; **~r** [~'rar] (1a) erzürnen; **~rse** zornig werden, aufbrausen
aire ['aɪre] *m* Luft *f*; *(viento)* Wind *m*; *(aspecto)* Aussehen *n*; ♪ Weise *f*, Melodie *f*; **~ comprimido** Druckluft *f*; **al ~ libre** im Freien; **a su ~** wie es ihm paßt; **corre mucho ~** es zieht; **darse ~s de** sich aufspielen als; **estar en el ~** in der Luft hängen; in der Schwebe sein; **flotar en el ~** in der Luft liegen; **tomar el ~** frische Luft schöpfen
airear [aɪre'ar] (1a) lüften; **~se** an die Luft gehen
airoso [aɪ'roso] anmutig; **salir ~** glänzend abschneiden (bei **de**)
aisla|do [aɪz'laðo] abgesondert, vereinzelt; isoliert; **~dor** [~'ðor] *m* Isolator *m*; **~miento** [~'mjento] *m* Isolierung *f (a* ⊕, ⚡); **~ acústico** *(térmico)* Schall-(Wärme-)dämmung *f*; **~ celular** Einzelhaft *f*; **~nte** [~'lante] *m* Isolierstoff *m*; **~r** [aɪz'lar] (1q) isolieren; absondern.
aja|do [a'xaðo] zerknittert; *a fig* welk; **~r** [a'xar] (1a) zerknittern; **~rse** verblühen; welken *(a fig)*

ajedrea ♣ [axeˈðrea] *f* Bohnenkraut *n*
ajedre|cista [axeðreˈθista] *m* Schachspieler *m*; **~z** [~ˈðreθ] *m* Schach(spiel) *n*
ajenjo [aˈxenxo] *m* ♣ Wermut *m*; (*bebida*) Absinth *m*
ajeno [aˈxeno] fremd, Fremd...; **~ de** frei von (*dat*); fern von (*dat*); **lo ~** fremdes Gut *n*; **ser ~ de a/c** mit et nichts zu tun haben
ajetre|arse F [axetreˈarse] (1a) sich plagen; sich abhetzen; **~o** F [~ˈtreo] *m* Plackerei *f*; Hetze *f*
ají ♣ [aˈxi] *m Am Art* Pfeffer *m od* Paprika *m*
ajillo [aˈxiʎo] *m*: **al ~** mit Knoblauch (gebraten)
ajo [ˈaxo] *m* Knoblauch *m*; F **andar** (*od* **estar**) **en el ~** s-e Hände im Spiel haben
ajonjolí ♣ [axoŋxoˈli] *m* Sesam *m*
ajuar [aˈxŭar] *m* Hausrat *m*; (*de novia*) Aussteuer *f*
ajus|table [axusˈtable] einstellbar, regulierbar; **~tado** [~ˈtaðo] passend; (*precio*) angemessen; (*cálculo*) knapp; (*vestido*) eng anliegend; **~tador** ⊙ [~taˈðor] *m* Monteur *m*; **~tar** [~ˈtar] (1a) anpassen, einpassen; angleichen; ⊙ justieren (*a tip*), einstellen; **~ cuentas** abrechnen (*a fig*); **~tarse: ~ a** sich richten nach; sich halten an; (*corresponder*) entsprechen (*dat*); **~te** [aˈxuste] *m* Anpassung *f*; Einstellung *f*; **~ de cuentas** Abrechnung *f* (*a fig*)
ajusticiar [axustiˈθiar] (1b) hinrichten
ala [ˈala] *f* Flügel *m*; *dep* Flügelstürmer *m*; **~ delta** Deltaflügel *m*, Flugdrachen *m*; **~ del sombrero** Hutkrempe *f*
alaba|nza [alaˈbanθa] *f* Lob *n*; **~r** [~ˈbar] (1a) loben, rühmen; **~rse** sich rühmen (*gen de*), prahlen (mit *de*)
alabastro [alaˈbastro] *m* Alabaster *m*
alacena [alaˈθena] *f* Küchenschrank *m*
alacrán [alaˈkran] *m* Skorpion *m*
alado [aˈlaðo] geflügelt; *fig* beschwingt, schnell
alambique [alamˈbike] *m* Destillierkolben *m*
alam|brada [alamˈbraða] *f* Drahtgitter *n*; **~ de púas** Stacheldrahtverhau *m*; **~brado** [~ˈbraðo] *m* Drahtgeflecht *n*; Drahtzaun *m*; **~brar** [~ˈbrar] (1a) mit Draht einzäunen; **~bre** [aˈlambre] *m* Draht *m*; **~ de púas** Stacheldraht *m*;
~brera [alamˈbrera] *f* Drahtgitter *n*; (*ventana*) Fliegenfenster *n*
alameda [alaˈmeða] *f* Pappelbestand *m*; (*paseo*) Allee *f*
álamo [ˈalamo] *m* Pappel *f*; **~ temblón** Zitterpappel *f*, Espe *f*
alarde [aˈlarðe] *m* Prahlerei *f*; Protzerei *f*; **hacer ~ de** prahlen mit (*dat*); **~ar** [~ˈar] (1a) prahlen, protzen (mit *dat* **de**)
alarga|miento [alarγaˈmiento] *m* Verlängerung *f*; **~r** [~ˈγar] (1h) verlängern; (*brazo*) ausstrecken; (*cuello*) recken; **~rse** länger werden; *fig* sich in die Länge ziehen
alarido [alaˈriðo] *m* Geschrei *n*; **dar ~s** schreien
alarm|a [aˈlarma] *f* Alarm *m*; *fig* Sorge *f*, Unruhe *f*; **falsa ~** blinder Alarm *m*; **dar la (voz de) ~** Alarm schlagen; **~ante** [alarˈmante] beunruhigend, alarmierend; **~ar** [~ˈmar] (1a) alarmieren; *fig* beunruhigen; **~arse** sich beunruhigen; **~ista** [~ˈmista] *m* Panikmacher *m*
alazán [alaˈθan] *m* (*caballo*) Fuchs *m*
alba [ˈalba] *f* Tagesanbruch *m*; Morgendämmerung *f*
albacea [albaˈθea] *m* Testamentsvollstrecker *m*
albahaca ♣ [albaˈaka] *f* Basilikum *n*
albañil [albaˈɲil] *m* Maurer *m*; **~ería** [~ɲileˈria] *f* Maurerhandwerk *n*; (*obra*) Mauerwerk *n*
albarán [albaˈran] *m* Lieferschein *m*
albarda [alˈbarða] *f* Pack-, Saumsattel *m*
albaricoque [albariˈkoke] *m* Aprikose *f*; **~ro** [~koˈkero] *m* Aprikosenbaum *m*
albedrío [albeˈðrio] *m*: **libre ~** freier Wille *m*; **a su ~** nach s-m Ermessen
alber|gar [alberˈγar] (1h) beherbergen; *fig* (*idea, etc*) hegen; **~garse** einkehren, sich einlogieren; **~gue** [alˈberγe] *m* Herberge *f*; Obdach *n*; **~ de carreteras** Rasthaus *n*; **~ juvenil** Jugendherberge *f*
albino [alˈbino] *m* Albino *m*
albóndiga [alˈbondiγa] *f* Kloß *m*, Knödel *m*
alborada [alboˈraða] *f* Tagesanbruch *m*; ♪ Morgenständchen *n*
albornoz [alborˈnoθ] *m* Bademantel *m*; (*de los árabes*) Burnus *m*
alboro|tador [alborotaˈðor] **1.** *m* Aufwiegler *m*; Randalierer *m*; **2.** *adj* lärmend, randalierend; **~tar** [~ˈtar] (1a) **1.**

alevoso

v/t aufwiegeln; **2.** *v/i* randalieren; **~to** [~'roto] *m* Lärm *m*; Aufruhr *m*

alboro|zar [alboro'θar] (1f) sehr erfreuen; **~zarse** jubeln, sich sehr freuen; **~zo** [~'roθo] *m* Fröhlichkeit *f*, Jubel *m*

albricias [al'briθias] *f/pl*: **¡~!** gute Nachricht!

álbum ['alβum] *m* Album *n*

alcachofa [alka'tʃofa] *f* Artischocke *f*

alcahueta [alka'ueta] *f* Kupplerin *f*

alcal|de [al'kalde] *m* Bürgermeister *m*; **~día** [alkal'dia] *f* Bürgermeisteramt *n*

alcalino [alka'lino] alkalisch

alcance [al'kanθe] *m* Reichweite *f*; *fig* Tragweite *f*; *accidente m por ~* Auffahrunfall *m*; *al ~ de* erreichbar für (*ac*); zugänglich (*dat*); *al ~ de la mano* in Reichweite; *de largo ~* weitreichend; *fig de pocos ~s* beschränkt

alcancía [alkan'θia] *f* Sparbüchse *f*

alcanfor [alkam'for] *m* Kampfer *m*

alcantarilla [alkanta'riʎa] *f* Abwasserkanal *m*; **~do** [~ri'ʎaðo] *m* (städtische) Kanalisation *f*

alcanzar [alkan'θar] (1f) **1.** *v/t* einholen; erreichen, erlangen; (*dar*) reichen; (*bala*) treffen; *fig* verstehen, begreifen; **2.** *v/i* (aus)reichen

alcaparra [alka'parra] *f* Kaper *f*

alcázar [al'kaθar] *m* Burg *f*, Festung *f*

alce ['alθe] *m zo* Elch *m*

alcista [al'θista] *m* (*bolsa*): *tendencia f ~* steigende Tendenz *f*

alcoba [al'koβa] *f* Schlafzimmer *n*

alco|hol [alko'ɔl] *m* Alkohol *m*; *~ de quemar* Brennspiritus *m*; **~etílico** Äthylalkohol *m*; **~metílico** Methylalkohol *m*; **~holemia** [~'lemia] *f* Blutalkohol(gehalt) *m*; *prueba f de ~* Alkoholtest *m*; **~hólico** [~'oliko] **1.** *adj* alkoholisch; **2.** *m* Trinker *m*, Alkoholiker *m*; **~holismo** [~o'lizmo] *m* Alkoholismus *m*; Trunksucht *f*

alcornoque [alkɔr'noke] *m* Korkeiche *f*; F *fig* Dussel *m*, Dummkopf *m*

alcurnia [al'kurnia] *f* Abstammung *f*; *de noble ~* aus adligem Geschlecht

alcuza [al'kuθa] *f* Ölkrug *m*; Ölkanne *f*

alda|ba [al'daβa] *f* Türklopfer *m*; **~bonazo** [~βo'naθo] *m* Schlag *m* mit dem Türklopfer; *fig* Warnung *f*

aldea [al'dea] *f* Dorf *n*; *~ infantil* SOS-Kinderdorf *n*; *~ de vacaciones* Feriendorf *n*; **~no** [alde'ano] **1.** *adj* dörflich; **2.** *m* Bauer *m*

alea|ción [alea'θion] *f* Legierung *f*; **~r** [~'ar] (1a) legieren

aleatorio [alea'torio] vom Zufall abhängig, aleatorisch

alecciona|dor [alεgθiona'dɔr] lehrreich; **~r** [~'nar] (1a) lehren, unterweisen

aledaño [ale'daɲo] **1.** *adj* angrenzend; *fig* nahestehend; **2.** *m* Anlieger *m*

alega|r [ale'gar] (1h) **1.** *v/t* anführen; (*pruebas*) beibringen; **2.** *v/i* plädieren; **~to** [~'gato] *m* ⚖ Schriftsatz *m*; *a fig* Plädoyer *n*

ale|goría [alego'ria] *f* Allegorie *f*; **~górico** [~'goriko] allegorisch

ale|grar [ale'grar] (1a) erfreuen; *fig* beleben; **~grarse** sich freuen (über *ac de*); **~gre** fröhlich, lustig; (*bebido*) angeheitert; **~gría** [~'gria] *f* Freude *f*; Fröhlichkeit *f*

aleja|miento [alεxa'miento] *m* Entfernung *f*; Zurückgezogenheit *f*; (*entre personas*) Entfremdung *f*; **~r** [~'xar] (1a) entfernen; fernhalten; **~rse** sich entfernen; sich zurückziehen (von *de*)

alelado [ale'laðo] blöde, einfältig

aleluya [ale'luja] Halleluja *n*; (*dibujo*) Bilderbogen *m*

alem|án [ale'man] **1.** *adj* deutsch; **2.** *m* Deutsche(r) *m*; (*etilico*) deutsch; *bajo ~* Nieder-, Plattdeutsch *n*; **~ana** [~'mana] *f* Deutsche *f*

alenta|dor [alεnta'dɔr] ermutigend; **~r** [~'tar] (1k) ermutigen; **~rse** Mut fassen

alerce ♀ [a'lεrθe] *m* Lärche *f*

al|ergia ♀ [a'lεrxia] *f* Allergie *f*; **~érgico** [a'lεrxiko] allergisch (gegen *ac a*) (*a fig*)

ale|ro [a'lero] *m* Schutzdach *n*; Vordach *n*; *estar en el ~* in der Schwebe sein; **~rón** [ale'rɔn] *m* ✈ Querruder *n*

alerta [a'lεrta] **1.** *adv* wachsam, aufmerksam; **2.** *m* Alarm *m*; **~r** [alεr'tar] (1a) warnen

aleta [a'leta] *f zo* Flosse *f*; *~ de la nariz* Nasenflügel *m*; **~s** *f/pl* Schwimmflossen *f/pl*

aletear [alete'ar] (1a) flattern

alevín [ale'βin] *m* Fischbrut *f*; *fig* Anfänger *m*

alevo|sía [aleβo'sia] *f* Hinterlist *f*, Heimtücke *f*; **~so** [~'boso] hinterlistig, heimtückisch

alfabético [alfa'betiko] alphabetisch; *por orden* ~ in alphabetischer Reihenfolge

alfabeto [alfa'beto] *m* Alphabet *n*

alfalfa ♀ [al'falfa] *f* Luzerne *f*

alfare|ría [alfare'ria] *f* Töpferei *f*; Töpferware *f*; **~ro** [~'rero] *m* Töpfer *m*

alféizar [al'feiθar] *m* Fensterbrett *n*

alférez [al'fereθ] *m* Leutnant *m*; **~ de navío** Leutnant *m* zur See

alfil [al'fil] *m (ajedrez)* Läufer *m*

alfiler [alfi'ler] *m* Stecknadel *f*; *(broche)* Brosche *f*; **~ de corbata** Krawattennadel *f*; *no caber un* ~ überfüllt sein; *de veinticinco* **~es** in vollem Staat; **~azo** [~le'raθo] *m* Nadelstich *m (a fig)*

alfom|bra [al'fombra] *f* Teppich *m*; **~brilla** [~'briʎa] *f* kleiner Teppich *m*; Fußmatte *f*; Bettvorleger *m*

alforfón ♀ [alfor'fon] *m* Buchweizen *m*

alforja(s) [al'forxa(s)] *f(pl)* Satteltasche *f*

alga ['alɣa] *f* Alge *f*; Tang *m*

algarabía [alɣara'bia] *f* Kauderwelsch *n*; *(gritería)* Geschrei *n*, Getöse *n*

algarrobo [alɣa'rroβo] *m* Johannisbrotbaum *m*

álgebra ['alxebra] *f* Algebra *f*

algebraico [alxe'braiko] algebraisch

álgido ['alxido] eisig: *punto m* ~ *fig* Höhepunkt *m*

algo ['alɣo] etwas; *por* ~ aus gutem Grund; ~ *es* ~ besser als nichts

algo|dón [alɣo'ðon] *m* Baumwolle *f*; ~ *(hidrófilo)* (Verbands-)Watte *f*; *criado entre algodones* sehr verwöhnt; **~donero** [~do'nero] **1.** *adj* Baumwoll...; **2.** *m* Baumwollstaude *f*; *(persona)* Baumwollpflanzer *m*

alguacil [alɣua'θil] *m* Gerichts-, Amtsdiener *m*; **~illo** [~θi'liʎo] *m taur* Vorreiter *m*

alguien ['alɣien] jemand

algún [al'ɣun] = **alguno** *(delante de su/m)*

alguno [al'ɣuno] **1.** *pron* jemand; **2.** *adj* mancher; (irgend)einer; **~s** einige; *algún día* e-s Tages; **-a vez** (irgend)einmal; *de modo* ~ keineswegs, -falls

alhaja [a'laxa] *f* Schmuckstück *n*; *a fig* Juwel *n*

alhelí [ale'li] *m* Levkoje *f*; ~ *amarillo* Goldlack *m*

alheña ♀ [al'eɲa] *f* Liguster *m*

alia|do [a'liaðo] **1.** *adj* verbündet; **2.** *m* Verbündete(r) *m*; **~s** *m/pl pol* Alliierte(n) *m/pl*; **~nza** [a'lianθa] *f* Bündnis *n*; Allianz *f*; *(anillo)* Trau-, Ehering *m*; **~rse** [a'liarse] (1c) sich verbünden

alias ['alias] **1.** *adv* alias, genannt; **2.** *m* Spitzname *m*; Deckname *m*

alicaído [alika'ido] *fig* schwach; mutlos

alica|tado [alika'taðo] *m* Fliesenbelag *m*; Kachelung *f*; **~tes** [~'kates] *m/pl* Flachzange *f*; ~ *universales* Kombizange *f*

aliciente [ali'θiente] *m* Lockmittel *n*; *fig* Anreiz *m*

alie|nación [aliena'θion] *f* Veräußerung *f*; ~ *mental* geistige Umnachtung *f*; **~nar** [~'nar] (1a) veräußern; **~nista** [~'nista] *m* Irrenarzt *m*

aliento [a'liento] *m* Atem *m*; *mal* ~ Mundgeruch *m*; *fig cobrar* ~ Mut schöpfen; *de un* ~ in e-m Zug; *sin* ~ atemlos; *tomar* ~ Atem holen

aligerar [alixe'rar] (1a) erleichtern; *(atenuar)* lindern; ~ *el paso* den Schritt beschleunigen

alijo [a'lixo] *m* Schmuggelware *f*; ~ *de drogas* geschmuggelte Drogen *f/pl*

alimaña [ali'maɲa] *f* kleines Raubzeug *n*; *fig* Ungeziefer *m*

alimen|tación [alimenta'θion] *f* Ernährung *f*; **~tar** [~'tar] (1a) ernähren; *fig* nähren, schüren; **~tario** [~'tario], **~ticio** [~'tiθio] Nähr-; Nahrungs-; **~to** [~'mento] *m* Nahrung *f*; Nahrungsmittel *n*; **~s** *pl jtz* Alimente *m/pl*

alimón [ali'mon]: *al* ~ gemeinsam, mit vereinten Kräften

aline|ación [alinea'θion] *f* Aufstellung *f*; **~ar** [~'ar] (1a) aufstellen; *pol países m/pl no alineados* blockfreie Länder *n/pl*

aliñar [ali'ɲar] (1a) schmücken; *gastr* würzen, anmachen; **~ño** [a'liɲo] *m* Verzierung *f*; *gastr* Zubereitung *f*; Würze *f*

alisar [ali'sar] (1a) glätten, polieren

alisio [a'lisio]: *(vientos)* **~s** *m/pl* Passatwinde *m/pl*

aliso ♀ [a'liso] *m* Erle *f*

alista|miento [alista'miento] *m* Einschreibung *f*; ⚔ Anwerbung *f*; Erfassung *f*; **~r** [~'tar] (1a) einschreiben; auflisten; ⚔ anwerben; erfassen; **~rse** sich einschreiben; sich melden

aliteración [alitera'θion] *f* Stabreim *m*, Alliteration *f*

aliviar [ali'βiar] (1b) erleichtern; *(dolor)* lindern; **~o** [~'liβio] *m* Erleichterung *f*
aljibe [al'xiβe] *m* Zisterne *f*
allá [a'ʎa] dort, da; dorthin; *(tiempo)* damals; *más* ~ weiter (weg); *más* ~ *de* jenseits von; *el más* ~ Jenseits *n*; *por* ~ dorthin; ungefähr dort; *¡~ voy!* ich komme schon!; ~ *él* das ist s-e Sache
allanamiento [aʎana'miento] *m* (Ein-)Ebnen *n*; ⚖ ~ *de morada* Hausfriedensbruch *m*; **~r** [~'nar] (1a) ebnen, planieren; ⚖ ~ *una casa* Hausfriedensbruch begehen
allegado [aʎe'gaðo] **1.** *adj* nahe(stehend) **2.** *m* Angehörige(r) *m*
allí [a'ʎi] da, dort; ~ *mismo* genau dort; *de* ~ daher; *hasta* ~ bis dahin; *por* ~ dort (herum)
alma ['alma] *f* Seele *f* (*a fig*); *fig* Herz *n*, Gemüt *n*; *llegar al* ~ tief ergreifen; *no se ve un* ~ man sieht keine Menschenseele
almacén [alma'θen] *m* Lager *n*; *Am* Gemischtwarenhandlung *f*; *tener en* ~ auf Lager haben, vorrätig haben; *grandes almacenes m/pl* Kauf-, Warenhaus *n*
almacenaje [almaθe'naxe] *m* (Ein-)Lagerung *f*, Lagerhaltung *f*; **~namiento** [~'miento] *m* Bevorratung *f*, (Ein-)Lagerung *f*; *inform* Speicherung *f*; ~ *final* Endlagerung *f*; **~nar** [~'nar] (1a) speichern (*a inform*), (ein)lagern; *fig* anhäufen; **~nero** [~'nero] *m* Lagerist *m*; **~nista** [~'nista] *m* Lagerhalter *m*; Großhändler *m*
almadraba [alma'draβa] *f* Thunfischerei *f*
almanaque [alma'nake] *m* Almanach *m*, Kalender *m*
almazara [alma'θara] *f* Ölmühle *f*
almeja [al'mexa] *f* Venusmuschel *f*
almena [al'mena] *f* (Mauer-)Zinne *f*
almendra [al'mendra] *f* Mandel *f*; ~ *amarga* bittere Mandel *f*; ~ *garapiñada* gebrannte Mandel *f*; **~dro** [~dro] *m* Mandelbaum *m*
almiar 🌾 [al'miar] *m* (Heu-)Miete *f*
almíbar [al'miβar] *m* Sirup *m*; *melocotón m en* ~ Pfirsichkompott *n*
almibarado [almiβa'raðo] *fig* zuckersüß
almidón [almi'ðon] *m* Stärke *f*; Stärkemehl *n*; **~donar** [~ðo'nar] (1a) *(ropa)* stärken

alminar [almi'nar] *m* Minarett *n*
almiran|tazgo [almiran'taðgo] *m* Admiralität *f*; **~te** [~'rante] *m* Admiral *m*
almirez [almi'reθ] *m* Mörser *m*
almizcle [al'miθkle] *m* Moschus *m*
almohada [almo'aða] *f* Kopfkissen *n*; ~ *neumática* Luftkissen *n*; *consultar a/c con la* ~ et überschlafen; **~dilla** [~'ðiʎa] *f* kleines Kissen *n*; Sitzkissen *n*; *(de tinta)* Stempelkissen *n*; ~ *eléctrica* Heizkissen *n*; **~dón** [~'ðon] *m* großes Kissen *n*; Sofakissen *n*
almorranas [almo'rranas] *f/pl* Hämorrhoiden *pl*
almorta ♀ [al'mɔrta] *f* Platterbse *f*
almorzar [almɔr'θar] (1f *u* 1m) zu Mittag essen; *reg* frühstücken
almuecín [almue'θin], **almuédano** [al'mueðano] *m* Muezzin *m*
almuerzo [al'muerθo] *m* Mittagessen *n*; *reg* Frühstück *n*
alocado [alo'kaðo] verrückt
alocución [aloku'θiɔn] *f* kurze Ansprache *f*
aloe, áloe ♀ ['aloe] *m* Aloe *f*
alojamiento [aloxa'miento] *m* Unterkunft *f*; Unterbringung *f*; **~r** [~'xar] (1a) beherbergen; unterbringen; **~rse** absteigen (*in dat en*)
alondra [a'lɔndra] *f* Lerche *f*
alopecia [alo'peθia] *f* Haarausfall *m*
alpaca [al'paka] *f* *zo*, *metal* Alpaka *f*
alpargata [alpar'gata] *f* *Esp* Leinenschuh *m* mit Hanfsohle
alpinismo [alpi'nizmo] *m* Bergsport *m*; **~nista** [~'nista] *su* Bergsteiger(in *f*) *m*; **~no** [~'pino] Alpen...
alpiste [al'piste] *m* Kanariengras *n*, Vogelfutter *n*
alquilar [alki'lar] (1a) *(tomar)* mieten; leihen; *(dar)* vermieten; verleihen; *se alquila* zu vermieten; **~ler** [~'lɛr] *m* Mieten *n*; Verleih *m*; *(precio)* Miete *f*; ~*venta* Mietkauf *m*; *de* ~ Miet...
alquimia [al'kimia] *f* Alchimie *f*; **~mista** [~ki'mista] *m* Alchimist *m*
alquitrán [alki'tran] *m* Teer *m*
alrededor [alrreðe'ðɔr] ringsherum; ~ *de* um... herum; ungefähr; **~es** *m/pl* Umgebung *f*; Umland *f*
alsaciano [alsa'θiano] **1.** *adj* elsässisch; **2.** *m* Elsässer *m*
alta ['alta] *f* Anmeldung *f*; ⚕ Entlassung(sschein *m*) *f*; *dar de* ~ anmelden;

altamente

✱ gesund schreiben, (als gesund) entlassen; *darse de* ~ (als Mitglied) eintreten; sich anmelden

altamente [altaˈmente] höchst, äußerst

altane|ría [altaneˈria] f Hochmut m, Stolz m; **~ro** [~ˈnero] hochmütig

altar [alˈtar] m Altar m; **~ mayor** Hochaltar m

altavoz [altaˈβoθ] m Lautsprecher m

altera|ble [alteˈraβle] veränderlich; wandelbar; **~ción** [~raˈθjon] f Veränderung f; (*perturbación*) Störung f; (*excitación*) Aufregung f; **~r** [~ˈrar] (1a) (ver)ändern; verfälschen; (*persona*) verstören; aufregen; ~ *el orden* Unruhe stiften; **~rse** (*persona*) sich aufregen; (*alimentos*) schlecht werden

altercado [alterˈkaðo] m Wortwechsel m; Streit m

alterna|ción [alternaˈθjon] f Abwechslung f, Wechsel m; **~r** [~ˈnar] (1a) **1.** v/t (ab)wechseln; **2.** v/i: ~ *con* alternieren, abwechselnd mit; (*tener trato*) verkehren mit; **~rse** sich abwechseln; **~tiva** [~naˈtiβa] f Alternative f; *dar la* ~ als Matador zulassen; **~tivo** [~ˈtiβo] alternativ, Alternativ...

alterne [alˈterne] m: *bar m de* ~ Animierlokal n; *chica f de* ~ Animierdame f

alterno [alˈterno] abwechselnd; **✱** *cultivo m* ~ Fruchtwechsel m

alteza [alˈteθa] f Hoheit f; Würde f; ~ *real* Königliche Hoheit f

altibajos [altiˈβaxos] m/pl fig Auf und Ab n; Wechselfälle m/pl

altillo [alˈtiʎo] m Anhöhe f; (*armario*) Schrankaufsatz m

altímetro [alˈtimetro] m Höhenmesser m

altiplan|icie [altiplaˈniθje] f Hochfläche f, -ebene f; **~o** [~ˈplano] m Hochland n, Hochebene f

altisonante [altisoˈnante] hochtrabend

altitud [altiˈtuð] f Höhe f

alti|vez [altiˈβeθ] f Stolz m, Hochmut m; **~vo** [~ˈtiβo] stolz, hochmütig

alto [ˈalto] **1.** *adj* hoch; (*persona*) groß; *en -as horas de la noche* spät nachts; *-a calidad* erstklassige Qualität f; *-a sociedad* vornehme Gesellschaft f; *en -a mar* auf hoher See; *en voz -a* laut; **2.** *adv hablar* ~ laut sprechen; *volar* ~ hoch fliegen; *llegar* ~ es weit bringen; *pasar por* ~ fig übergehen; **3.** m Halt m; Rast f; (*altura*) Höhe f; geo Anhöhe f; *dos metros de* ~ zwei Meter hoch; *dar el* ~ anhalten; *hacer* (*un*) ~ Halt machen, rasten; ~ *el fuego* Feuereinstellung f, Waffenruhe f; *¡~!* halt!

altoparlante [altoparˈlante] m *Am* Lautsprecher m

altramuz ✿ [altraˈmuθ] m Lupine f

altruis|mo [altruˈizmo] m Selbstlosigkeit f, Altruismus m; **~ta** [~ˈista] **1.** *adj* selbstlos; **2.** m Altruist m

altura [alˈtura] f Höhe f; (*estatura*) Größe f (*a fig*); *a estas ~s* beim jetzigen Stand der Dinge; *estar a la ~ de alc* e-r Sache gewachsen sein; ✱ *tomar* ~ steigen

alubia ✿ [aˈluβja] f (weiße) Bohne f

aluci|nación [aluθinaˈθjon] f Halluzination f; **~nante** [~ˈnante] fig unglaublich, F super; **~nar** [~ˈnar] (1a) blenden; fesseln; **~nógeno** [~ˈnoxeno] m **✱** Halluzinogen n

alud [aˈluð] m Lawine f (*a fig*)

aludir [aluˈðir] (3a): ~ *a* anspielen auf (*ac*); erwähnen; (*no*) *darse por aludido* sich (nicht) angesprochen fühlen

alumbra|do [alumˈbraðo] m Beleuchtung f; ~ *público* Straßenbeleuchtung f; **~miento** [~mjento] m Beleuchtung f, Niederkunft f; **~r** [~ˈbrar] (1a) er-, beleuchten; **✱** niederkommen mit

alumbre [aˈlumbre] m Alaun m

aluminio [aluˈminjo] m Aluminium n; *papel m de* ~ Alufolie f

alum|nado [alumˈnaðo] m Schülerschaft f; **~no** m [aˈlumno] Schüler m

alunizaje [aluniˈθaxe] m Mondlandung f; **~r** [~ˈθar] (1f) auf dem Mond landen

alusi|ón [aluˈsjon] f Anspielung f (*auf ac a*); Erwähnung f; *hacer* ~ *a* anspielen auf; **~vo** [~ˈsiβo] anspielend (*auf a*)

aluvión [aluˈβjon] m Überschwemmung f; Schwemmland n; fig Schwall m

alvéolo [alˈβeolo] m **✱** Alveole f; Zahnfach n; Lungenbläschen n

alza [ˈalθa] f Steigerung f; ~ *de precios* Preisanstieg m; (*bolsa*) *jugar al* ~ auf Hausse spekulieren; **~do** [~ˈθaðo] m △ Aufriß m; **~miento** [~θaˈmjento] m pol Erhebung f, Aufstand m; **~r** [~ˈθar] (1f) aufheben; hoch halten; emporheben; (*mano, voz, etc*) erheben; (*precio*) erhöhen; ~ *la vista* aufblicken; **~rse** sich erheben, aufstehen (*a* ⚔); ~ *con el triunfo* den Sieg davontragen

ama ['ama] *f* Herrin *f*; **~ de casa** Hausfrau *f*; **~ de cría** Amme *f*; **~ de llaves** Wirtschafterin *f*, Haushälterin *f*

ama|bilidad [amaβili'ðað] *f* Liebenswürdigkeit *f*; **~ble** [a'maβle] liebenswürdig; freundlich; **~do** [a'maðo] *m*, **-a** *f* Geliebte(r *m*) *m/f*

amadrinar [amaðri'nar] (1a) Patin sein bei

amaestra|miento [amaestra'mi̯ento] *m* Unterweisung *f*; Abrichten *n*, Dressur *f*; **~r** [~'trar] (1a) unterweisen; (*animal*) abrichten, dressieren

ama|gar [ama'gar] (1h) drohen; **~go** [a'mago] *m* drohende Gebärde *f*; ✽ Anflug *m*; Anzeichen *n*

amainar [amai̯'nar] (1a) *v/i* nachlassen

amalgama [amal'gama] *f* Amalgam *n*; *fig* Gemisch *n*; **~r** [~ga'mar] (1a) *fig* verquicken; vermengen; **~rse** verschmelzen

amamantar [amaman'tar] (1a) stillen; (*animal*) säugen

amanecer [amane'θɛr] **1.** *v/i* (2d) tagen, Tag werden; **2.** *m* Tagesanbruch *m*; **al ~** bei Tagesanbruch

amanera|do [amane'raðo] geziert; affektiert; **~miento** [~ra'mi̯ento] *m* Affektiertheit *f*

amansar [aman'sar] (1a) zähmen; *fig* besänftigen; **~se** zahm werden

amante [a'mante] **1.** *adj* liebend; **~ de la paz** friedliebend; **2.** *su* Liebhaber(in *f*) *m*; Geliebte(r *m*) *m/f*; **~ de la música** Musikliebhaber(in *f*) *m*; **~s** *pl* Liebespaar *n*

amapola ♀ [ama'pola] *f* Mohn *m*

amar [a'mar] (1a) lieben

amara|je ✈ [ama'raxe] *m* Wasserung *f*; **~r** [~'rar] (1a) wassern

amar|gar [amar'gar] (1h) verbittern; **~go** [a'margo] bitter (*a fig*); **~gor** [~'gor] *m*, **~gura** [~'gura] *f* Bitterkeit *f* (*a fig*)

amari|llento [amari'ʎento] gelblich; **~llo** [~'riʎo] gelb

amarra ⚓ [a'marra] *f* Tau *n*, Trosse *f*; **~dero** [amarra'ðero] *m* Anlegeplatz *m*; **~r** [~'rrar] (1a) festbinden; ⚓ vertäuen

amarre ⚓ [a'marre] *m* Vertäuen *n*; Liegeplatz *m*

amartelado [amarte'laðo] sehr verliebt

amasar [ama'sar] (1a) (ver)kneten; *fig* anhäufen

amateur [ama'tœr] *m* Amateur *m*

amatista [ama'tista] *f* Amethyst *m*

amazona [ama'θona] *f* Amazone *f* (*a fig*), Reiterin *f*

ambages [am'baxes] *m/pl*: **sin ~** unverhohlen, ohne Umschweife

ámbar ['ambar] *m* Bernstein *m*

ambi|ción [ambi'θi̯on] *f* Ehrgeiz *m*; **~cionar** [~θi̯o'nar] (1a) erstreben, sehnlich wünschen; **~cioso** [~'θi̯oso] ehrgeizig

ambien|tación [ambi̯enta'θi̯on] *f* (*cine, etc*) Milieugestaltung *f*; **~tador** [~'ðor] *m* Raumspray *m*; **~tal** [~'tal] Umwelt...; **~tar** [~'tar] (1a) ein Milieu schaffen; **~te** [~'bi̯ente] **1.** *adj* umgebend; **medio** *m* **~** Umwelt *f*; **2.** *m* Umwelt *f*, Milieu *n*; *fig* Stimmung *f*, Atmosphäre *f*

ambigú [ambi'gu] *m* kaltes Büfett *n*; Theaterbüfett *n*

ambi|güedad [ambigüe'ðað] *f* Zweideutigkeit *f*; **~guo** [~'bigüo] zweideutig, doppelsinnig; (*carácter*) zwiespältig

ámbito ['ambito] *m* Umkreis *m*; Bereich *m*

amb|os, ~as ['ambos, ~as] beide

ambula|ncia [ambu'lanθi̯a] *f* Krankenwagen *m*; **~nte** [~'lante] wandernd; umherziehend; **copa** *f* **~** Wanderpokal *m*; **vendedor** *m* **~** Hausierer (in *f*) *m*; **~torio** [~la'tori̯o] *m* **1.** *adj* ✽ ambulant; **2.** *m* Ambulanz *f*

ameba [a'meba] *f* = **amiba**

amedrentar [ameðren'tar] (1a) einschüchtern; **~se** verzagen

amén [a'men] *m* Amen *n*; **en un decir ~** im Nu; **~ de** außer (*dat*)

amenaza [ame'naθa] *f* Drohung *f*; **~dor** [~'ðor], **~nte** [~'θante] drohend; **~r** [~'θar] (1f) bedrohen (*ac*); drohen (*dat*)

ame|nizar [ameni'θar] (1f) verschönern; anregend gestalten; **~no** [a'meno] anregend; unterhaltsam

amento ♀ [a'mento] *m* Kätzchen *n*

america|na [ameri'kana] *f* Jackett *n*, Sakko *m*; **~no, ~na** [~'kano] **1.** *adj* amerikanisch; **2.** *m*, **-a** *f* Amerikaner(in *f*) *m*

ameri|zaje [ameri'θaxe] *m* = **amaraje**; **~zar** [~'θar] (1f) = **amarar**

ametralla|dora [ametraʎa'ðora] *f* Maschinengewehr *n*; **~r** [~'ʎar] (1a) beschießen; niederschießen

amianto [a'mi̯anto] *m* Asbest *m*

amiba [a'miba] *f* Amöbe *f*

amiga [a'miga] *f* Freundin *f*; (*amante*)

amigable

Geliebte f; **~ble** [ami'gable] freundlich; freundschaftlich
amíg|dala [a'miɣdala] f Mandel f; **~dalitis** [amiɣda'litis] f Mandelentzündung f
amigo [a'miɣo] **1.** adj befreundet; **2.** m Freund m; (amante) Liebhaber m; **hacerse ~s** sich anfreunden
amilanar [amila'nar] (1a) einschüchtern; **~se** verzagen
aminorar [amino'rar] (1a) (ver)mindern; **~ la marcha** langsamer fahren
amis|tad [amis'tað] f Freundschaft f; **~es** f/pl Freundes-, Bekanntenkreis m; **~toso** [~'toso] freundschaftlich
amnesia [am'nesia] f Amnesie f, Gedächtnisverlust m
amnis|tía [amnis'tia] f Amnestie f; **~tiar** [~'tiar] (1c) amnestieren
amo ['amo] m Herr m; Eigentümer m; Dienstherr m
amojonar [amoxo'nar] (1a) vermarken, abgrenzen
amolar [amo'lar] (1m) schleifen
amoldar [amol'dar] (1a) anpassen; formen, modellieren; **~se** sich anpassen (an ac a)
amonesta|ción [amonesta'θjon] f Ermahnung f; Verwarnung f; **~ciones** f/pl (Heirats-)Aufgebot n; **~r** [~'tar] (1a) ermahnen; verwarnen; (novios) aufbieten
amoníaco [~'niako] m Salmiakgeist m
amontona|miento [amontona'mjento] m An-, Aufhäufung f; **~r** [~'nar] (1a) anhäufen; (auf)stapeln; **~rse** sich häufen; (gente) sich ansammeln
amor [a'mor] m Liebe f; **~ propio** Eigenliebe f; **por ~ al arte** gratis, umsonst; **por ~ de Dios** um Gottes willen; **hacer el ~** lieben, koitieren
amoratado [amora'taðo] dunkelviolett; **~ de frío** blau vor Kälte
amordazar [amorða'θar] (1f) knebeln; fig mundtot machen
amorío [amo'rio] m Liebelei f
amoroso [amo'roso] liebevoll
amortigua|dor [amortiɣua'ðor] m Stoßdämpfer m; **~r** [~'ɣuar] (1i) abschwächen, dämpfen; lindern
amortiza|ble [amorti'θable] tilgbar, amortisierbar; **~ción** [~θa'θjon] f Tilgung f, Abschreibung f, Amortisierung f; **~r** [~'θar] (1f) tilgen, abschreiben; amortisieren

amotina|do [amoti'naðo] m Meuterer m; **~r** [~'nar] (1a) aufwiegeln; **~rse** meutern
ampa|rar [ampa'rar] (1a) (be)schützen; **~rarse** sich schützen, Schutz suchen; **~ro** [~'paro] m Schutz m, Hilfe f; **al ~ de** unter dem Schutz von (dat)
amplia|ción [amplia'θjon] f Erweiterung f; Vergrößerung f (a fot); **~ de capital** Kapitalerhöhung f; **~mente** [~'mente] reichlich; ausführlich; **~r** [am'pliar] (1c) erweitern; vergrößern (a fot)
amplifi|cación [amplifika'θjon] f Erweiterung f; ♪ Verstärkung f; **~cador** [~'ðor] m ♪ Verstärker m; **~car** [~'kar] (1g) erweitern; ♪ verstärken
ampli|o ['amplio] weit, ausgedehnt; (extenso) ausführlich; (espacioso) geräumig; **~tud** f Ausdehnung f, Weite f; fis Amplitude f
ampolla [am'poʎa] f ❦ Blase f; (vasija) Ampulle f; fig **levantar ~s** Aufsehen erregen
ampuloso [ampu'loso] schwülstig, hochtrabend
ampu|tación [amputa'θjon] f ❦ Amputation f; **~tar** [~'tar] (1a) amputieren; fig beschneiden
amueblar [amue'blar] (1a) möblieren
amuleto [amu'leto] m Amulett n
amurallar [amura'ʎar] (1a) mit Mauern umgeben
anabolizante [anaboli'θante] m Anabolikum n
anacardo ❦ [ana'karðo] m Cashewnuß f
ana|crónico [ana'kroniko] anachronistisch; **~cronismo** [~kro'nizmo] m Anachronismus m
ánade ['anaðe] m Ente f
anadear [anaðe'ar] (1a) watscheln
anal [a'nal] anal, After...
anales [a'nales] m/pl Annalen pl
analfabe|tismo [analfabe'tizmo] m Analphabetentum n; **~to** [~'beto] m Analphabet m
analgésico [anal'xesiko] m schmerzstillendes Mittel n, Analgetikum n
análisis [a'nalisis] m Analyse f; **~ de sistema** inform Systemanalyse f
ana|lista [ana'lista] m: **~ de sistemas** Systemanalytiker m; **~lítico** [~'litiko] analytisch; **~lizar** [~li'θar] (1f) analysieren
analogía [analo'xia] f Analogie f

analógico [ana'lɔxiko], **análogo** [a'nalogo] analog
ananá(s) ❦ [ana'na(s)] f Am Ananas f
anaquel [ana'kɛl] m (Regal-)Brett n; Schrankbrett n
anaranjado [anaraŋ'xaðo] orange(nfarbig)
anar|quía [anar'kia] f Anarchie f; **~quista** [~'kista] **1.** adj anarchistisch; **2.** m Anarchist m
anatema [ana'tema] m Bannfluch m
ana|tomía [anato'mia] f Anatomie f; **~tómico** [~'tomiko] anatomisch
anca ['aŋka] f Hinterbacken m; gastr **~s de rana** Froschschenkel m/pl
ancestral [anθes'tral] (von den Vorfahren) überliefert
ancho [ant∫o] **1.** adj breit; weit; *estar a sus ~as* sich wohl fühlen; **2.** m Breite f; 🚂 ~ *de vía* Spurweite f
anchoa [an't∫oa] f An(s)chovis f, Sardelle f
anchura [an't∫ura] f Breite f, Weite f
ancia|na [an'θiana] f Greisin f; **~nidad** [~θiani'ðað] f (Greisen-)Alter n; **~no** [~'θiano] **1.** adj alt, (hoch)betagt; **2.** m Greis m
ancla ['aŋkla] f Anker m; *echar ~s* Anker werfen; *levar ~s* die Anker lichten; **~dero** [~'dero] m Ankerplatz m; **~r** [~'klar] (1a) (ver)ankern
áncora ['aŋkora] f Anker m (reloj, fig); ~ *de salvación* fig Rettungsanker m
anda|das [an'daðas] f/pl: *volver a las ~* in e-e schlechte Gewohnheit zurückfallen; **~dura** [~'ðura] f Gang m; Gangart f
andaluz [anda'luθ] **1.** adj andalusisch; **2.** m, -a f [~'luθa] Andalusier(in f) m
anda|miaje [anda'mĭaxe] m, **~mio** [~'damĭo] m (Bau-)Gerüst n
andanza [an'danθa] f Abenteuer n
andar [an'dar] (1q) **1.** v/i gehen; ⊙ laufen, funktionieren; ~ *mal de dinero* knapp bei Kasse sein; ~ *con cuidado* (od *ojo*) vorsichtig zu Werk gehen; ~ *en* (od *por*) *los 30* etwa 30 Jahre alt sein; ~ *por buen camino* auf dem rechten Wege sein (a fig); ~ *por mal camino* fig auf die schiefe Bahn geraten; ~ *tras a/c* hinter et her sein; *¡anda!* nanu!; nur zu!; los!; *¡andando!* also los!; **2.** v/t (*camino*) zurücklegen; **3.** m: **~es** pl Gang m, Gangart f

anda|riego [anda'rĭego], **~rín** [~'rin] **1.** adj wanderlustig; gut zu Fuß sein; **2.** m guter Fußgänger m
andas ['andas] f/pl Bahre f; Traggestell n
andén [an'den] m Bahnsteig m
andrajo [an'draxo] m Lumpen m; **~so** [~'dra'xoso] abgerissen, zerlumpt
an|écdota [a'neγðota] f Anekdote f; **~ecdótico** [aneγ'ðotiko] anekdotisch
anegar [ane'γar] (1h) unter Wasser setzen
anejo [a'nexo] = *anexo*
anemia [a'nemĭa] f Blutarmut f, Anämie f
anémico [a'nemiko] blutarm
anémona [a'nemona] ❦ f Anemone f
anes|tesia [anes'tesĭa] f Anästhesie f, Narkose f; ~ *general* Vollnarkose f; ~ *local* Lokalanästhesie f; **~tesiar** [~te'sĭar] (1b) betäuben; **~tésico** [~'tesiko] m Betäubungsmittel n; **~tesista** [~te'sista] m Narkosearzt m, Anästhesist m
ane|x(ion)ar [aneγ'sar od ~γsĭo'nar] (1a) angliedern; annektieren; **~xión** [~γ'sĭon] f Annexion f; **~xo** [a'neγso] **1.** adj beiliegend; **2.** m Nebengebäude n; (*en una carta*) Anlage f
anfetamina ✱ [anfeta'mina] f Amphetamin n
anfibio [am'fibĭo] **1.** adj amphibisch; Amphibien...; **2.** m Amphibie f
anfiteatro [amfite'atro] m Amphitheater n; teat Rang m
anfitr|ión [amfi'trĭon] m Gastgeber m; **~iona** [~'trĭona] f Gastgeberin f
ánfora ['amfora] f Amphore f
ángel ['aŋxel] m Engel m; ~ *custodio*, ~ *de la guarda* Schutzengel m
angélica ❦ f [aŋ'xelika] f Engelwurz f
an|gelical [aŋxeli'kal], **~gélico** [~'xeliko] engelhaft
angina ✱ [aŋ'xina] f (mst ~s pl) Angina f, Halsentzündung f; ~ *de pecho* Angina f pectoris
anglicano [aŋgli'kano] **1.** adj anglikanisch; **2.** m Anglikaner m
anglosajón [aŋglosa'xon] angelsächsisch
angos|to [aŋ'gosto] eng, knapp; **~tura** [~gos'tura] f Enge f, Verengung f
anguila [aŋ'gila] f Aal m
angula [aŋ'gula] f Jungaal m; gastr Glasaal m

angular [aŋgu'lar] eckig; Winkel...; *piedra* f ~ Eckstein m (*a fig*)

ángulo ['aŋgulo] m Ecke f; ⚔ Winkel m; ~ *agudo* (*obtuso, recto*) spitzer (stumpfer, rechter) Winkel m

anguloso [aŋgu'loso] winkelig; (*cara*) kantig

angus|tia [aŋ'gustia] f Angst f; Beklemmung f; **~tiado** [~gus'tiaðo] ängstlich; **~tiar** [~'tiar] (1b) ängstigen; **~tioso** [~'tioso] beängstigend; angstvoll

anhe|lante [ane'lante] *fig* sehnsüchtig; **~lar** [~'lar] (1a) *fig* ersehnen; **~lo** [a'nelo] m Sehnsucht f, Verlangen n

anidar [ani'ðar] (1a) *v/i* nisten (*a fig*)

anilla [a'niʎa] f ⊙ Ring m; **~s** f/pl *dep* Ringe m/pl

anillo [a'niʎo] m Ring m; ~ *de boda* Trauring m, Ehering m; *como* ~ *al dedo* wie angegossen

ánima ['anima] f *rel*, ⊙ Seele f

anima|ción [anima'θion] f Belebung f; Lebhaftigkeit f; (*actividad*) bewegtes Treiben n, Betrieb m; **~do** [~'maðo] lebhaft, munter; (*conversación*) angeregt; **~dor** [~ma'ðor] m Conférencier m; Animateur m; **~dora** [~'ðora] f Ansagerin f; Animateurin f

animadversión [animaðβer'sion] f Abneigung f

animal [ani'mal] **1.** *adj* tierisch; Tier...; **2.** m Tier n; *fig* Dummkopf m

animar [ani'mar] (1a) beleben, animieren; aufmuntern; ermutigen; **~se** sich aufraffen, sich entschließen (zu *a*)

ánimo ['animo] m Gemüt n; (*valor*) Mut m; *estado* m *de* ~ Gemütsverfassung f; *presencia* f *de* ~ Geistesgegenwart f; *con* ~ *de* in der Absicht zu; *¡~!* Kopf hoch!; nur Mut!

animo|sidad [animosi'ðað] f Abneigung f; **~so** [~'moso] tatkräftig; beherzt

aniquilar [aniki'lar] (1a) zerstören, vernichten; **~se** zunichte werden

anís ⚔ [a'nis] m Anis m; (*bebida*) Anislikör m

aniversario [aniβer'sario] m Jahrestag m; Jubiläum n; ~ *de boda* Hochzeitstag m

ano ['ano] m After m

anoche [a'notʃe] gestern abend; **~cer** [~'θer] **1.** *v/i* (2d) Nacht werden; **2.** m Abenddämmerung f; *al* ~ bei Einbruch der Dunkelheit

anodino [ano'ðino] nichtssagend

an|omalía [anoma'lia] f Anomalie f; **~ómalo** [a'nomalo] anomal

anonadar [anona'ðar] (1a) vernichten; niederschmettern; verblüffen

anonimato [anoni'mato] m Anonymität f

anónimo [a'nonimo] **1.** *adj* anonym; **2.** m anonymer Brief m

anorak [ano'rak] m Anorak m

anorexígeno [anoreɣ'sixeno] m Appetitzügler m

anormal [anor'mal] anormal

anota|ción [anota'θion] f Anmerkung f; **~r** [~'tar] (1a) notieren

anovulatorio [anobula'torio] m Ovulationshemmer m

ansi|a ['ansia] f Sehnsucht f; Drang m; (*angustia*) Angst f; ~ *de saber* Wißbegier(de) f; **~ar** [~'siar] (1b) ersehnen; **~edad** [~sie'ðað] f (Seelen-)Angst f; innere Unruhe f; **~oso** [~'sioso] begierig; *estar* ~ *por inf* sich sehnen nach

anta|gónico [anta'ɣoniko] antagonistisch; gegensätzlich; **~gonismo** [~ɣo'nizmo] m Antagonismus m; **~gonista** [~ɣo'nista] m Widersacher m; Gegenspieler m

antaño [an'taɲo] ehemals, einst

antártico [an'tartiko] antarktisch

ante ['ante] **1.** m Wildleder n; **2.** *prp* vor (*dat*); angesichts (*gen*); ~ *todo* vor allem; **~anoche** [~a'notʃe] vorgestern abend; **~ayer** [~a'jer] vorgestern

antebrazo [ante'βraθo] m Unterarm m

antece|dente [anteθe'ðente] **1.** *adj* vorhergehend, vorig; **2.** m *pl* Vorleben n; **~s** *penales* Vorstrafen f/pl; *sin* **~s** nicht vorbestraft; *estar en* **~s** im Bilde sein; **~sor** [~ðe'sor] m Vorgänger m; (*antepasado*) Vorfahr m

antediluviano [anteðilu'βiano] vorsintflutlich (*a fig*)

ante|lación [antela'θion] f: *con* ~ im voraus; *con la debida* ~ rechtzeitig; **~mano** [~'mano]: *de* ~ im voraus

antena [an'tena] f Antenne f; *zo* Fühler m; ~ *colectiva* Gemeinschaftsantenne f; ~ *parabólica* Parabolantenne f

ante|ojeras [anteo'xeras] f/pl Scheuklappen f/pl; **~ojo** [~'oxo] m Fernglas n

antepasados [antepa'saðos] m/pl Vorfahren m/pl

anteponer [antepo'ner] (2r) voranstellen; *fig* den Vorrang geben (vor *dat a*)

anteproyecto [antepro'jɛkto] *m* Vorprojekt *n*, Vorentwurf *m*
anterior [ante'rior] vorhergehend; früher (als **a**); **~idad** [~riori'daḋ] *f*: **con ~** früher, eher
antes ['antes] **1.** *prp* **~ de** vor; bevor; **~ de hora** (*od tiempo*) vorzeitig; **2.** *adv* früher; vorher; eher; **~ bien** vielmehr; *cuanto ~, lo ~ posible* möglichst bald; *poco ~* kurz zuvor; *el día ~* tags zuvor; **3.** *cj* **~ (de) que** *subj* bevor, ehe
antesala [ante'sala] *f* Vorzimmer *n*
antiaéreo [antia'ereo] Fliegerabwehr...
antialcohólico [antialko'oliko] *m* Antialkoholiker *m*
antibalas [anti'balas]: *chaleco m ~* kugelsichere Weste *f*; *cristal m ~* Panzerglas *n*
antibelicista [antibeli'θista] *m* Kriegsgegner *m*
antibiótico [anti'bjɔtiko] *m* Antibiotikum *n*
antibloqueo [antiblo'keo]: *sistema m ~ de frenos* Antiblockiersystem *n* (ABS)
anticición [antiθi'klɔn] *m met* Hoch *n*
antici|pación [antiθipa'θjɔn] *f* Vorwegnahme *f*; *con ~* im voraus; **~pado** [~'paḋo] vorzeitig; (*elecciones, etc*) vorgezogen; *por ~* im voraus; **~par** [~'par] (1a) verfrühen; vorwegnehmen; (*dinero*) vorschießen; (*tiempo*) früher vorzeitig kommen; **~ a alg** j-m zuvorkommen; **~po** [~'θipo] *m* Vorschuß *m*; Vorauszahlung *f*
anticoncep|ción [antikonθeβ'θjɔn] *f* Empfängnisverhütung *f*; **~tivo** [~'tibo] *m* Empfängnisverhütungsmittel *n*
anticongelante [antikoŋxe'lante] *m* Frostschutzmittel *n*
anticonstitucional [antikɔnstituθjo'nal] verfassungswidrig
anticorrosivo [antikorro'siβo] *m* Rostschutzmittel *n*
anticua|do [anti'kuaḋo] veraltet; **~rio** [~'kuario] *m* Antiquitätenhändler *m*
anticuerpo ✱ [anti'kuɛrpo] *m* Antikörper *m*
antideslizante [antidezli'θante] **1.** *adj* rutschfest; **2.** *m* Gleitschutz *m*
antidisturbios [antidis'turβios]: *policía f ~* Bereitschaftspolizei *f*
antidoping [anti'dopiŋ]: *control m ~* Dopingkontrolle *f*
antídoto [an'tidoto] *m* Gegengift *n*; *fig* Gegenmittel *n*

antifaz [anti'faθ] *m* Gesichtsmaske *f*
antigualla [anti'ɣuaʎa] *f*: **~s** *pl* alter Kram *m*, Plunder *m*
antigüedad [antiɣüe'daḋ] *f* Altertum *n*, Antike *f*; Dienstalter *n*; **~es** *pl* Antiquitäten *pl*
antiguo [an'tiɣuo] *adj* alt; ehemalig; antik
antihigiénico [antii'xieniko] unhygienisch
antílope [an'tilope] *m* Antilope *f*
antinatural [antinatu'ral] widernatürlich
antinuclear [antinukle'ar] *m* Kernkraftgegner *m*
antioxidante [antiɔɣsi'dante] *m* Rostschutzmittel *n*
antiparásito ⊙ [antipa'rasito] entstört
anti|patía [antipa'tia] *f* Antipathie *f*, Abneigung *f*; **~pático** [~'patiko] unsympathisch
antirreglamentario [antirreɣlamen'tario] vorschriftswidrig; verkehrswidrig
antirrobo [anti'rrɔβo] *m*: (*sistema m*) **~** Diebstahlsicherung *f*
antisemitismo [antisemi'tizmo] *m* Antisemitismus *m*
antiséptico [anti'septiko] **1.** *adj* antiseptisch; keimtötend; **2.** *m* Antiseptikum *n*
antiterrorista [antitɛrro'rista]: *lucha f ~* Terroristenbekämpfung *f*
antítesis [an'titesis] *f* Antithese *f*; Gegensatz *m*
anto|jadizo [antɔxa'diθo] launenhaft; **~jarse** [~'xarse] (1a): *se me antoja* ich habe Lust zu ...; es scheint mir; **~jo** [an'tɔxo] Gelüst *n*; Laune *f*; *a su ~* nach Gutdünken
antología [antolɔ'xia] Anthologie *f*; *de ~* hervorragend
antonomasia [antono'masia] *f*: *por ~* schlechthin
antorcha [an'tɔrtʃa] *f* Fackel *f*
ántrax ✱ ['antraɣs] *m* Milzbrand *m*
antro ['antro] *m* Höhle *f*, Grotte *f*; *fig* F Bruchbude *f*; Spelunke *f*
antro|pófago [antro'pofaɣo] *m* Menschenfresser *m*; **~pología** [~polɔ'xia] *f* Anthropologie *f*
anual [a'nual] jährlich; Jahres...; **~idad** [anuali'daḋ] *f* Jahresbetrag *m*, -rate *f*
anuario [a'nuario] *m* Jahrbuch *n*
anudar [anu'dar] (1a) (ver)knoten; (*alfombra*) knüpfen; *fig* verbinden

anulación 44

anula|ción [anula'θjon] f Aufhebung f; Nichtigkeitserklärung f; Annullierung f; Storno m u n; **~r** [~'lar] **1.** v/t (1a) streichen, annullieren; rückgängig machen; **2.** adj ringförmig; **3.** m: (dedo m) ~ Ringfinger m

anun|ciación [anunθja'θjon] f Ankündigung f; rel ♀ Mariä Verkündigung f; **~ciante** [~'θjante] m Inserent m; **~ciar** [~'θjar] (1b) bekanntmachen, ankündigen; inserieren, annoncieren; **~cio** [a'nunθjo] m Anzeige f, Annonce f; Bekanntmachung f

anverso [am'bɛrso] m Vorderseite f; (de una moneda) Bildseite f

anzuelo [an'θwelo] m Angelhaken m; fig Köder m

añad|idura [aɲaði'ðura] f Zusatz m; por ~ obendrein; **~ir** [~a'ðir] (3a) hinzufügen

añejo [a'ɲexo] (vino) alt

añicos [a'ɲikos] m/pl: **hacer** ~ zerbrechen, F kaputtmachen

año [a'ɲo] m Jahr n; (día m de) ♀ Nuevo Neujahr(stag m) n; el ~ que viene nächstes Jahr; entrado (od metido) en ~s bejahrt; quitarse ~s sich für jünger ausgeben; ¿cuántos ~s tienes? wie alt bist du?; ¡por muchos ~s! meine Glückwünsche!

añora|nza [aɲo'ranθa] f Sehnsucht f; Heimweh n; **~r** [~'rar] (1a) sich sehnen nach (dat); nachtrauern (dat)

aorta [a'ɔrta] f Aorta f

apacentar [apaθen'tar] (1k) weiden

apacible [apa'θiβle] mild, ruhig; sanft

apaciguar [apaθi'ɣwar] (1i) beruhigen, besänftigen

apadrinar [apaðri'nar] (1a) Pate sein bei (dat); fig fördern

apaga|do [apa'ɣaðo] erloschen; (sonido, color) gedämpft; (voz) dumpf; (persona) schwunglos; **~r** [~'ɣar] (1h) (aus)löschen; (luz, radio) ausmachen; (ruidos) dämpfen, (sed) löschen, stillen; **~rse** erlöschen, ausgehen

apagón [apa'ɣɔn] m (plötzlicher) Stromausfall m, Blackout m

apalabrar [apala'βrar] (1a) absprechen, vereinbaren; **~se** sich verabreden

apalear [apale'ar] (1a) (ver)prügeln

apaña|do [apa'ɲaðo] anstellig; geschickt; estar ~ F aufgeschmissen sein; **~r** [~'ɲar] (1a) (arreglar) flicken, ausbessern, zurechtmachen; (coger) wegnehmen; **~rse** zurechtkommen

aparador [apara'ðɔr] m Büfett n, Sideboard n

aparato [apa'rato] m Apparat m; Gerät n; (boato) Prunk m, Pomp m; tel al ~ am Apparat; **~so** [~'toso] protzig, pompös; aufsehenerregend

aparca|dero [aparka'ðero] m Parkplatz m; **~miento** [~'mjento] m Parken n; Parkplatz m; ~ subterráneo Tiefgarage f; **~r** [~'kar] (1g) parken; fig auf Eis legen

aparear [apare'ar] (1a) zo paaren

aparecer [apare'θer] (2d) erscheinen, auftauchen

apare|jador [aparexa'ðɔr] m Bauleiter m, -führer m; **~jar** [~'xar] (1a) herrichten; (caballo) (an)schirren; ♣ auftakeln; **~jo** [~'rexo] m ⊕ Flaschenzug m; (de caballo) Geschirr n; ♣ Takelage f; **~s** pl Gerätschaften f/pl; ~ de pescar Angelgerät n

aparen|tar [aparen'tar] (1a) vorspiegeln, vorgeben; no aparenta la edad que tiene er sieht nicht so alt aus, wie er ist; **~te** [~'rente] scheinbar; sichtbar

aparición [apari'θjon] f Erscheinung f; Erscheinen n

apariencia [apa'rjenθja] f Aussehen n; Schein m; Anschein m; salvar las ~s den Schein wahren; las ~s engañan der Schein trügt; según las ~s allem Anschein nach

aparta|do [apar'taðo] **1.** adj entfernt, abgelegen; **2.** m tip Absatz m; ~ (de correos) Postfach n; **~mento** [~'mento] m Appartement n; **~r** [~'tar] (1a) entfernen; (separar) trennen; ~ de abbringen von (dat); **~rse** beiseite treten; abweichen (von de)

aparte [a'parte] **1.** adv beiseite; gesondert, für sich; ~ de ello außerdem; ~ de que abgesehen davon, daß; **2.** m tip Absatz m; punto ~ neuer Absatz

apasiona|do [apasjo'naðo] leidenschaftlich; **~miento** [~na'mjento] m Begeisterung f; **~nte** [~'nante] begeisternd, mitreißend; **~r** [~'nar] (1a) begeistern; **~rse**: ~ por sich begeistern für

apatía [apa'tia] f Teilnahmslosigkeit f, Apathie f

apático [a'patiko] teilnahmslos, apathisch

apátrida [a'patriða] staatenlos
apea|dero [apea'dero] *m* 🚂 Haltepunkt *m*; **~rse** aus-, absteigen; *fig* abtreten
apedrear [apeðre'ar] (1a) mit Steinen bewerfen; steinigen
ape|gado [ape'gaðo]: *estar ~ a* an et hängen; **~go** [a'pego] *m* Anhänglichkeit *f*, Zuneigung *f*
apela|ción 🏛 [apela'θjon] *f* Berufung *f*; **~nte** [~'lante] *m* Berufungskläger *m*; **~r** [~'lar] (1a) appellieren (an *ac a*); 🏛 Berufung einlegen (gegen *de*)
apelli|dar [apeʎi'ðar] (1a) nennen; **~darse** heißen; **~do** [~'ʎiðo] *m* Familienname *m*
apelotonarse [apeloto'narse] sich zs.-drängen
apenar [ape'nar] (1a) bekümmern; **~se** traurig werden
apenas [a'penas] kaum
apéndice [a'pendiθe] *m* Anhang *m*; 🩺 ~ *(vermiforme)* Wurmfortsatz *m*
apendicitis [apendi'θitis] *f* Blinddarmentzündung *f*
apercibir [aperθi'bir] (3a) mahnen; verwarnen; **~se**: ~ *de a/c* et merken
aperitivo [aperi'tibo] *m* Aperitif *m*
aperos [a'peros] *m* Geräte *n/pl*
apertura [aper'tura] *f* Eröffnung *f*; Öffnung *f*; *met ~ de claros* Aufheiterung *f*
apesadumbrar [apesaðum'brar] (1a) bekümmern; **~se** sich grämen
apes|tar [apes'tar] (1a) **1.** *v/t* verpesten; **2.** *v/i* stinken; **~toso** [~'toso] stinkig
apete|cer [apete'θer] (2d) begehren; *(no) me apetece* ich habe (keine) Lust auf (*ac*); **~cible** [~'θible] wünschens-, begehrenswert; **~ncia** [~'tenθja] *f* Verlangen *n* (nach *dat de*)
apetito [ape'tito] *m* Appetit *m*; *fig* Trieb *m*, Begierde *f*; **~so** [~ti'toso] appetitlich; verlockend
apiadarse [apja'ðarse] (1a) Mitleid haben (mit *de*)
ápice ['apiθe] *m* Gipfel *m*; Spitze *f*; *no falta ni un ~* kein Tüpfelchen fehlt
apicul|tor [apikul'tor] *m* Bienenzüchter *m*, Imker *m*; **~tura** [~'tura] *f* Bienenzucht *f*, Imkerei *f*
apilar [api'lar] (1a) stapeln
apiña|do [api'ɲaðo] dichtgedrängt; **~r(se)** [~'ɲar(se)] (1a) (sich) zs.-drängen
apio 🌿 ['apjo] *m* Sellerie *m od f*

apisonadora [apisona'ðora] *f* Dampf-, Straßenwalze *f*
aplacar [apla'kar] (1g) besänftigen
aplana|miento [aplana'mjento] *m* Einebnen *n*, Planieren *n*; **~r** [~'nar] (1a) (ein)ebnen, planieren
aplasta|nte [aplas'tante] erdrückend; *con mayoría ~* mit überwältigender Mehrheit; **~r** [~'tar] (1a) plattdrücken; zertreten; *fig* erledigen; niederschlagen
aplau|dir [aplau'ðir] (3a) Beifall klatschen, applaudieren; *fig* begrüßen; **~so** [a'plauso] *m* Beifall *m*, Applaus *m*
aplaza|miento [aplaθa'mjento] *m* Vertagung *f*; Aufschub *m*; **~r** [~'θar] (1f) vertagen, auf-, verschieben
aplica|ble [apli'kable] anwendbar (auf *a*); **~ción** [~ka'θjon] *f* Anwendung *f*; Verwendung *f*; Fleiß *m*; **~do** [~'kaðo] fleißig; *(ciencia)* angewandt; **~r** [~'kar] (1g) an-, auflegen; *(emplear)* an-, verwenden; **~rse** fleißig sein
aplique [a'plike] *m* Wandlampe *f*
aplomo [a'plomo] *m* Selbstsicherheit *f*; sicheres Auftreten *n*
apoca|do [apo'kaðo] kleinmütig, verzagt; *(timido)* schüchtern; **~miento** [~ka'mjento] *m* Kleinmut *m*; Verzagtheit *f*; **~rse** [~'karse] (1g) sich demütigen; *(desanimarse)* verzagen
apodar [apo'ðar] (1a) e-n Spitznamen geben (*dat*)
apodera|do [apoðe'raðo] *m* Bevollmächtigte(r) *m*, Prokurist *m*; **~r** [~'rar] (1a) bevollmächtigen; **~rse**: ~ *de* sich bemächtigen (*gen*)
apodo [a'poðo] *m* Spitzname *m*
apogeo [apo'xeo] *m astr* Erdferne *f*; *fig* Höhepunkt *m*
apolítico [apo'litiko] unpolitisch
apología [apolo'xia] *f* Verteidigungsrede *f*, -schrift *f*
apoplejía [apople'xia] *f* Schlaganfall *m*
aporrear [aporre'ar] (1a) verprügeln; *fig* hämmern gegen *od* auf
aporta|ción [aporta'θjon] *f* Beitrag *m*; **~r** [~'tar] (1a) beisteuern, beitragen
aposen|tar [aposen'tar] (1a) beherbergen; **~to** [~'sento] *m* Zimmer *n*; Quartier *n*
apósito 🩺 [a'posito] *m* Wundverband *m*
apostar [apos'tar] (1m) wetten; setzen auf; ⚔ (1a) aufstellen, postieren

apostilla [apos'tiʎa] *f* Erläuterung *f*; Randbemerkung *f*
apóstol [a'postol] *m* Apostel *m*
apostólico [apos'toliko] apostolisch
apóstrofo [a'postrofo] *m* Apostroph *m*
apoteosis [apote'osis] *f* Apotheose *f*; *fig* Höhepunkt *m*
apo|yar [apo'jar] (1a) stützen; *fig* unterstützen; **~yarse** sich stützen (auf *ac en*); **~yatura** ♪ [~ja'tura] *f* Vorschlag *m*; **~yo** [a'pojo] *m* Stütze *f*; *fig* Unterstützung *f*; Rückhalt *m*
apre|ciable [apre'θiable] schätzbar, wahrnehmbar; *fig* beachtlich; **~ciación** [~θia'θion] *f* (Wert-)Schätzung *f*; Beurteilung *f*; **~ciar** [~'θiar] (1b) schätzen (*a fig*); taxieren; beurteilen; **~cio** [a'preθio] *m* (Hoch-)Achtung *f*
aprehen|der [apreen'der] (2a) fassen; (*confiscar*) beschlagnahmen; *fig* erfassen; **~sión** [~'sion] *f* Ergreifung *f*, Festnahme *f*; Beschlagnahme *f*
apre|miante [apre'miante] dringend; **~miar** [~'miar] (1b) 1. *v/t* (be)drängen; ⚖ mahnen; 2. *v/i* dringlich sein; **~mio** [a'premio] *m* Druck *m*; Dringlichkeit *f*; ⚖ Mahnung *f*; *por ~ de tiempo* aus Zeitmangel
aprend|er [apren'der] (2a) lernen; **~iz** [~'diθ] *m* Lehrling *m*, Auszubildende(r) *m*; **~iza** [~'diθa] *f* Lehrmädchen *n*; **~izaje** [~di'θaxe] *m* Lehrzeit *f*, Lehre *f*
apren|sión [apren'sion] *f* Besorgnis *f*; Angst *f*; **~sivo** [~'sibo] überängstlich
apresa|miento [apresa'miento] *m* ⚓ Kapern *n*; **~r** [~'sar] (1a) ergreifen, fangen; ⚓ kapern, aufbringen
apres|tar [apres'tar] (1a) vorbereiten; ⊙ appretieren; **~tarse** sich bereitmachen (zu *a*); **~to** [a'presto] *m* Vorbereitung *f*; ⊙ Appretur *f*
apresura|do [apresu'rado] eilig; **~miento** [~ra'miento] *m* Eile *f*; **~r** [~'rar] (1a) antreiben; **~rse** sich beeilen
apre|tado [apre'tado] eng, knapp; (*gente*) dichtgedrängt; **~tar** [~'tar] (1k) 1. *v/t* drücken; zs.-pressen; (*tornillo, freno*) anziehen; *fig* in die Enge treiben; (be)drängen; *~ el paso* den Schritt beschleunigen; *~ los dientes* die Zähne zs.-beißen; *~ los puños* die Fäuste ballen; 2. *v/i* (*tiempo, etc*) drängen; **~tarse** sich drängen; *~ el cinturón* den Gürtel enger schnallen; **~tón** [~'ton] *m* Druck

m; Gedränge *n*; *~ de manos* Händedruck *m*
apretu|jar [apretu'xar] (1a) drängeln; **~ra** [~'tura] *f* Enge *f*; Gedränge *n*; *fig* Bedrängnis *f*
aprieto [a'prieto] *m* Bedrängnis *f*, Not(lage) *f*; *estar en un ~* F in der Klemme sein
aprisa [a'prisa] schnell
aprisionar [aprisio'nar] (1a) einsperren (ins Gefängnis); *fig* einklemmen
aproba|ción [aproba'θion] *f* Billigung *f*; **~do** [~'bado] (*examen*) bestanden; (*nota*) genügend; **~r** [~'bar] (1m) billigen; (*examen*) bestehen
apropia|ción [apropia'θion] *f* Aneignung *f*; **~do** [~'piado] geeignet, angemessen; **~r** [~'piar] (1b) anpassen; **~rse** *a/c* sich et aneignen
aprovecha|ble [aprobe'tʃable] brauchbar; verwertbar; **~do** [~'tʃado] (*alumno*) fleißig; *desp* berechnend; **~miento** [~tʃa'miento] *m* Nutzung *f*; Ausnutzung *f*; ⊙ Verwertung *f*; **~r** [~'tʃar] (1a) (be)nutzen; ausnutzen; verwerten; *¡que aproveche!* guten Appetit!; **~rse** de sich *et* zunutze machen, ausnützen
aprovisiona|miento [aprobisiona'miento] *m* Versorgung *f*; **~r** [~'nar] (1a) versorgen; verproviantieren; **~rse** sich eindecken (mit *dat de*)
aproxima|ción [aproksima'θion] *f* Annäherung *f*; **~damente** [~da'mente] ungefähr, etwa; **~do** [~'mado] annähernd; **~r** [~'mar] (1a) nähern; **~rse** sich nähern; **~tivo** [~ma'tibo] annähernd
aptitud [apti'tud] *f* Eignung *f*, Fähigkeit *f*
apto ['apto] fähig; geeignet; tauglich; *~ para menores* jugendfrei
apuesta [a'puesta] *f* Wette *f*
apuesto [a'puesto] stattlich, schmuck; gut aussehend
apunta|do [apun'tado] spitz; **~dor** [~ta'dor] *m teat* Souffleur *m*
apuntalar [apunta'lar] (1a) abstützen
apun|tar [apun'tar] (1a) 1. *v/t* (*arma*) zielen (auf *ac a*); (*señalar*) zeigen, hinweisen (auf *ac a*); (*anotar*) notieren; *teat* soufflieren; 2. *v/i* sich zeigen; (*día*) anbrechen; (*barba*) sprießen; *~ a* hindeuten auf; **~tarse**: *~ a* sich melden zu; **~te** [a'punte] *m* Notiz *f*; *pint* Skizze *f*; Buchung *f*; **~s** *pl* Aufzeichnungen *f/pl*;

tomar ~**s** sich Notizen machen; mitschreiben
apuñalar [apuɲa'lar] (1a) erdolchen, erstechen
apura|do [apu'raðo] (*agotado*) erschöpft; (*dificil*) heikel, schwierig; (*apresurado*) eilig; ~ **(de dinero)** abgebrannt, in Geldnöten; ~**r** [~'rar] (1a) (*agotar*) aufbrauchen, *a fig* erschöpfen; leeren, austrinken; (*dar prisa*) drängen; ~**rse** sich grämen; *bsd Am* sich beeilen
apuro [a'puro] *m* Bedrängnis *f*, Verlegenheit *f*; (Geld-)Not *f*; (*aflicción*) Kummer *m*; *bsd Am* Eile *f*
aqueja|do [ake'xaðo]: ~ **de** 🞛 leidend an (*dat*); ~**r** [~'xar] (1a) quälen; bedrängen
aquel, ~**la**, ~**lo** [a'kɛl, a'keʎa, a'keʎo] jener, jene, jenes; der, die, das dort; der-, die-, dasjenige
aquelarre [ake'larre] *m* Hexensabbat *m* (*a fig*)
aquí [a'ki] hier; hierher; **de ~ que** daher (kommt es), daß; **de ~ para allí** hin u. her; **de ~ a ocho días** heute in acht Tagen; **por ~** hier(her); **he ~** hier ist (sind)
aquiescencia [akiɛs'θɛnθia] *f* Zustimmung *f*
ara ['ara] *f* Altar *m*; **en ~s de** um ... willen, wegen (*gen*)
árabe ['arabe] **1.** *adj* arabisch; **2.** *m* Araber *m*
arable [a'rable] anbaufähig; **suelo** *m* ~ Ackerboden *m*
arado [a'raðo] *m* Pflug *m*
aragonés [arago'nes] **1.** *adj* aragon(es)isch; **2.** *m* Aragonier *m*
arancel [aran'θel] *m* Tarif *m*
arándano [a'randano] *m* Heidel-, Blaubeere *f*; ~ **rojo** Preiselbeere *f*
arandela [aran'dela] *f* Scheibe *f*
araña [a'raɲa] *f* zo Spinne *f*; (*lámpara*) Kronleuchter *m*, Lüster *m*; ~**r** [~'ɲar] (1a) kratzen; *fig* zs.-kratzen; ~**zo** [~'ɲaðo] *m* Kratzer *m*; Schramme *f*
arar [a'rar] (1a) pflügen
arbitr|aje [arbi'traxe] *m* Schiedsspruch *m*; ~**al** [~'tral] Schieds...; ~**ar** [~'trar] (1a) schlichten; *dep* Schiedsrichter sein; ~**ariedad** [~trarje'ðað] *f* Willkür *f*; Eigenmächtigkeit *f*; ~**ario** [~'trarjo] willkürlich; eigenmächtig; ~**io** [~'bitrjo] *m* freier Wille *m*; Gutdünken *n*; 🞣 Abgabe *f*, Steuer *f*

árbitro ['arbitro] *m* Schiedsrichter *m*
árbol ['arbol] *m* Baum *m*; ⚓ Mast *m*; ⚙ Achse *f*, Welle *f*; ~ **genealógico** Stammbaum *m*; ~ **frutal** Obstbaum *m*; ~ **de levas** Nockenwelle *f*; ~ **de Navidad** Weihnachtsbaum *m*
arbotante △ [arbo'tante] *m* Strebepfeiler *m*, -bogen *m*
arbusto [ar'busto] *m* Strauch *m*; Staude *f*
arca ['arka] *f* Kasten *m*, Truhe *f*; ~ **de Noé** Arche *f* Noah
arcada [ar'kaða] *f* Arkade *f*, Säulengang *m*; (*puente*) Brückenbogen *m*
arcaico [ar'kaiko] altertümlich; veraltet
arcángel [ar'kanxɛl] *m* Erzengel *m*
arcano [ar'kano] *m* Geheimnis *n*
arce ♧ ['arθe] *m* Ahorn *m*
arcén [ar'θen] *m* Rand-, Seitenstreifen *m*
archi... [artʃi...] Erz...; ~**duque** [~'duke] *m* Erzherzog *m*; ~**duquesa** [~du'kesa] *f* Erzherzogin *f*; ~**piélago** [~'pielago] *m* Inselgruppe *f*, Archipel *m*
archi|vador [artʃiβa'ðor] *m* Aktenschrank *m*; (Brief-)Ordner *m*; ~**var** [~'βar] (1a) archivieren, ablegen; *fig* ad acta legen; ~**vo** [ar'tʃiβo] *m* Archiv *n*; Datei *f*
arcilla [ar'θiʎa] *min f* Ton *m*
arco ['arko] *m* Bogen *m* (*a* △, ♪); ~ **iris** Regenbogen *m*
arcón [ar'kon] *m* große Truhe *f*
arder [ar'ðɛr] (2a) brennen; in Flammen stehen; *fig* ~ **de** (*od* **en**) brennen vor
ardid [ar'ðið] *m* List *f*; Trick *m*
ardiente [ar'ðjente] brennend, heiß, *fig* feurig
ardilla [ar'ðiʎa] *f* Eichhörnchen *n*
ardor [ar'ðor] *m* Glut *f*, Hitze *f*; *fig* Eifer *m*; ~ **de estómago** Sodbrennen *n*; ~**oso** [~ðo'roso] glühend; *fig* feurig
arduo [ar'ðuo] schwierig; mühselig
área ['area] *f* Fläche *f*; Gebiet *n* (*a fig*); (*medida*) Ar *n*; *dep* ~ **de castigo**, ~ **de penalty** Strafraum *m*; *auto* ~ **de descanso** Rastplatz *m*; ~ **de servicio** Rasthof *m*, -stätte *f*
arena [a'rena] *f* Sand *m*; (*plaza*) Arena *f*
arenga [a'rɛnga] *f* Ansprache *f*; ~**r** [arɛn'gar] (1h) eine Ansprache halten
are|nilla [are'niʎa] *f* Streusand *m*; 🞼 Grieß *m*; ~**nisca** [~'niska] *f* Sandstein *m*; ~**noso** [~'noso] sandig
arenque [a'rɛnke] *m* Hering *m*; ~ **ahumado** Bückling *m*

arete [a'rete] *m* Ohrring *m*
argamasa [arga'masa] *f* Mörtel *m*
argelino [arxe'lino] **1.** *adj* algerisch; **2.** *m*, **-a** *f* Algerier(in *f*) *m*
argentino [arxen'tino] **1.** *adj* argentinisch; (*argénteo*) silbern; *fig* silberhell; **2.** *m*, **-a** *f* Argentinier(in *f*) *m*
argolla [ar'goʎa] *f* Metallring *m*
argot [ar'got] *m* Argot *m od n*, Jargon *m*
argucia [ar'guθia] *f* Arglist *f*; Spitzfindigkeit *f*
argüir [ar'gϋir] (3g) argumentieren, vorbringen; (*deducir*) folgern
argumen|tación [argumenta'θion] *f* Beweisführung *f*, Argumentation *f*; **~tar** [~'tar] (1a) argumentieren, **~to** [~'mento] *m* Argument *n*; Beweis(grund) *m*; (*de un libro, etc*) Inhaltsangabe *f*
aria ['aria] *f* Arie *f*
aridez [ari'deθ] *f* Dürre *f*, Trockenheit *f*
árido ['ariðo] dürr; trocken (*a fig*)
Aries *astr* ['aries] *m* Widder *m*
ariete [a'riete] *m hist* Sturm-, Rammbock *m*; *dep* (Mittel-)Stürmer *m*
ario ['ario] **1.** *adj* arisch; **2.** *m* Arier *m*
arisco [a'risko] unliebenswürdig, schroff
arista [a'rista] *f* Kante *f*
aris|tocracia [aristo'kraθia] *f* Aristokratie *f*; **~tócrata** [~'tokrata] *m* (*f*) Aristokrat(in *f*) *m*; **~tocrático** [~to'kratiko] aristokratisch
aritméti|ca [arið'metika] *f* Arithmetik *f*; **~co** [~ko] arithmetisch
arlequín [arle'kin] *m* Harlekin *m*
arma ['arma] *f* Waffe *f* (*a fig*); ⚔ Waffengattung *f*; **~ blanca** blanke Waffe *f*; **~ de fuego** Schußwaffe *f*; **~ punzante** Stichwaffe *f*; **~s** *pl* (*blasón*) Wappen *n*; **pasar por las ~s** (standrechtlich) erschießen
armada [ar'maða] *f* Kriegsflotte *f*
armadillo *zo* [arma'diʎo] *m* Gürteltier *n*
arma|do [ar'maðo] bewaffnet; **~dor** ⚓ [arma'ðor] *m* Reeder *m*; **~dura** [~'ðura] *f* (Ritter-)Rüstung *f*; ⊙ Gerüst *n*; **~mento** [~'mento] *m* Rüstung *f*; Bewaffnung *f*; ⚓ Bestückung *f*
armar [ar'mar] (1a) bewaffnen; ausrüsten; (*montar*) aufstellen; ⚓ bestücken; **~se** sich rüsten (*a fig*); **~ de paciencia** sich mit Geduld wappnen
armario [ar'mario] *m* Schrank *m*; **~ empotrado** Einbauschrank *m*; **~ de luna** Spiegelschrank *m*; **~ rinconero** Eckschrank *m*; **~ ropero** Kleider-, Wäscheschrank *m*
armazón [arma'θon] *f* Gerüst *n* (*a fig*); Gestell *n*; Rahmen *m*
arme|ría [arme'ria] *f* Waffenhandlung *f*; **~ro** [ar'mero] *m* Waffenschmied, -händler *m*
armiño [ar'miɲo] *m* Hermelin *n*; (*piel*) Hermelinpelz *m*
armisticio [armis'tiθio] *m* Waffenstillstand *m*
armonía [armo'nia] *f* Harmonie *f* (*a fig*); ♪ Harmonielehre *f*
armóni|ca [ar'monika] *f* Mundharmonika *f*; **~co** [~ko] harmonisch
armonio ♪ [ar'monio] *m* Harmonium *n*; **~oso** [armo'nioso] harmonisch; **~zación** [~θa'θion] *f* Harmonisierung *f*; **~zar** [~ni'θar] (1f) **1.** *v/t* in Einklang bringen (*a fig*); **2.** *v/i* harmonieren
arnés [ar'nes] *m* Harnisch *m*; **arneses** *pl* Pferdegeschirr *n*
aro ['aro] *m* Reifen *m*; **pasar por el ~** sich fügen, klein beigeben
aro|ma [a'roma] *m* Duft *m*, Aroma *n*; **~mático** [aro'matiko] aromatisch
arpa ['arpa] *f* Harfe *f*
arpegio ♪ [ar'pexio] *m* Arpeggio *n*
arpía [ar'pia] *f mit* Harpyie *f*; *fig* Drachen *m*
arpillera [arpi'ʎera] *f* Sackleinen *n*
arpista [ar'pista] *su* Harfenist(in *f*) *m*
arpón [ar'pon] *m* Harpune *f*
arque|ado [arke'aðo]: **piernas** *f/pl* **-as** O-Beine *n/pl*; **~ar** [~'ar] (1a) wölben; biegen; **~o** [~'keo] *m* Krümmung *f*; ⚓ Tonnage *f*; ✝ Kassensturz *m*
arque|ología [arkeolo'xia] *f* Archäologie *f*; **~ológico** [~'loxiko] archäologisch; **~ólogo** [~'ologo] *m* Archäologe *m*
arquero [ar'kero] *m* Bogenschütze *m*
arquetipo [arke'tipo] *m* Urbild *n*, Archetyp *m*
arquitec|to [arki'tekto] *m* Architekt *m*; **~tónico** [~tek'toniko] architektonisch; **~tura** [~'tura] *f* Baukunst *f*, Architektur *f*
arrabal [arra'bal] *m* Vorstadt *f*
arraiga|do [arrai'gaðo] verwurzelt (*a fig*); **~r** [~'gar] (1h) (ein)wurzeln, Wurzel schlagen; **~rse** *fig* Fuß fassen
arran|car [arraŋ'kar] (1g) **1.** *v/t* ausreißen; entreißen; abreißen; **2.** *v/i* anfah-

ren; abfahren; anlaufen; starten; (*motor*) anspringen; *fig* ausgehen (von **de**); **~que** [a'rraŋke] *m* Ausreißen *n*; Anfahren *n*; Anlaufen *n*, Start *m*; *auto* Anlasser *m*; *fig* Anwandlung *f*, Anfall *m*; ~ **automático** Startautomatik *f*; (*moto*) ~ **de pie** Kickstarter *m*; **punto** *m* **de** ~ Ausgangspunkt *m*

arrasar [arra'sar] (1a) verwüsten; dem Erdboden gleichmachen

arrast|rado [arras'traðo] armselig, elend; **~rar** [~'trar] (1a) **1.** *v/t* schleppen, schleifen; mit sich fortreißen; *fig* nach sich ziehen; ~ **los pies** schlurfen; **2.** *v/i* (*cartas*) Trumpf ausspielen; **~rarse** kriechen; *fig* sich erniedrigen; **~re** [a'rrastre] *m* Fortschleppen *n*; *taur* Abschleppen *n* des toten Stiers; (*cartas*) Trumpfausspielen *n*; **estar para el** ~ schrottreif sein; *fig* zum alten Eisen gehören

arrayán [arra'jan] *m* Myrte *f*

arrear [arre'ar] (1a) (*animal*, *fig*) antreiben; F (*asestar*) versetzen, verpassen

arreba|tado [arreβa'taðo] ungestüm, hastig; **~tador** [~ta'ðɔr] hinreißend; entzückend; **~tar** [~'tar] (1a) entreißen, rauben; *fig* hinreißen; **~tarse** außer sich geraten; sich ereifern; **~to** [~'βato] *m* (*ímpetu*) Erregung *f*; (*éxtasis*) Verzückung *f*; ~ **de cólera** Jähzorn *m*

arreciar [arre'θiar] (1b) (*viento*, *etc*) stärker werden

arrecife [arre'θife] *m* Riff *n*

arredrarse [arre'ðrarse] (1a) zurückweichen; Angst bekommen

arreg|lado [arre'ɣlaðo] ordentlich; geregelt; **~lar** [~'ɣlar] (1a) regeln, ordnen; in Ordnung bringen; aufräumen; (*reparar*) reparieren, ausbessern; ♪ bearbeiten; **~larse** sich herrichten; ⚥ ~ **con** *alg* sich mit j-m vergleichen; **~lárselas** zurechtkommen, sich zu helfen wissen; **~lista** ♪ [~'ɣlista] *m* Arrangeur *m*; **~lo** [a'rreɣlo] *m* Regelung *f*; Ordnung *f*; (*acuerdo*) Abmachung *f*, (*reparación*) Reparatur *f*; ♪ Arrangement *n*; **con** ~ **a** gemäß (*dat*); **esto no tiene** ~ da ist nichts zu machen

arremangar [arremaŋ'ɣar] (1h) auf-, hochkrempeln; **~se** die Ärmel aufkrempeln

arreme|ter [arreme'tɛr] (2a) angreifen, anfallen; ~ **con** (*od* **contra**) herfallen über (*ac*); **~tida** [~'tiða] *f* Angriff *m*, Überfall *m*

arrenda|dor [arrenda'ðɔr] *m* Verpächter *m*; Vermieter *m*; **~miento** [~'mιento] *m* Verpachtung *f*; Vermietung *f*; (*precio*) Pacht *f*; **~r** [~'ðar] (1k) (*ceder*) verpachten, vermieten; (*tomar*) pachten, mieten; **~tario** [~ða'tario] *m* Pächter *m*, Mieter *m*

arrepenti|do [arrepen'tiðo] reumütig; **estar** ~ **de** *a/c* et bereuen; **~miento** [~ti'mιento] *m* Reue *f*; **~rse** [~'tirse] (3i): ~ **de** *a/c* et bereuen

arres|tar [arres'tar] (1a) verhaften; **~to** [a'rresto] *m* Verhaftung *f*; Haft *f*; Arrest *m*; **orden** *m* **de** ~ Haftbefehl *m*; ~ **domiciliario** Hausarrest *m*; **~s** *pl* Mut *m*, F Schneid *m*

arriar [a'rriar] (1c) (*vela*, *bandera*) einholen; *fig* ~ **velas** klein beigeben

arriate [a'rriate] *m* Rabatte *f*, Blumenbeet *n*

arriba [a'rriβa] oben; (*dirección*) hinauf; ~ **de** mehr als; **de** ~ **abajo** von oben bis unten; *fig* ganz u. gar, völlig; ~ **mencionado** obenerwähnt; **hacia** ~ nach oben, aufwärts; **más** ~ weiter oben; ¡~! auf!

arri|bada ⚓ [arri'βaða] *f* Einlaufen *n*; **~bar** ⚓ [~'βar] (1a) einlaufen; **~bista** [~'βista] *m* Emporkömmling *m*

arriero [a'rriero] *m* Maultiertreiber *m*

arriesga|do [arrιez'ɣaðo] gefährlich, riskant; **~r** [~'ɣar] (1h) wagen, riskieren; **~rse** sich in Gefahr begeben; ~ **a** *a/c* sich an et wagen

arrimar [arri'mar] (1a) nähern; heranrücken; ~ **el hombro** sich ins Zeug legen; **~se** sich anlehnen; (nah) herankommen

arrimo [a'rrimo] *m* Stütze *f*; *fig* Schutz *m*, Gunst *f*

arrincona|do [arriŋko'naðo] abgelegen, verlassen; vergessen; **~r** [~'nar] (1a) in die Ecke stellen (*a fig*); *fig* vernachlässigen; (*acosar*) in die Enge treiben

arroba [a'rroβa] *f* (*unidad de peso*, 11,5 kg)

arro|bamiento [arroβa'mιento] Verzückung *f*; Entzücken *n*; **~barse** [~'βarse] (1a) in Verzückung geraten; **~bo** [a'rroβo] *m* = **arrobamiento**

arrodillarse [arrodi'ʎarse] (1a) niederknien

arroga|ncia [arrɔ'ɣanθia] *f* Arroganz *f*,

arrogante

Anmaßung *f*; ~**nte** [~'gante] arrogant, überheblich; (*gallardo*) forsch, schneidig; ~**rse**: ~ *a*/*c* sich et anmaßen

arro|jado [arro'xaðo] mutig, kühn; ~**jar** [~'xar] (1a) werfen; schleudern; (*humo*) ausstoßen; ✝ ergeben; abwerfen; ✱ erbrechen; ~**jarse** sich stürzen (in *a*, auf *sobre*); ~**jo** [a'rroxo] *m* Verwegenheit *f*, Schneid *m*

arrolla|dor [arroʎa'ðor] überwältigend; umwerfend; ~**r** [~'ʎar] (1a) aufrollen; *auto* überfahren; ✕ *u fig* überrollen

arropar [arro'par] (1a) zudecken; bedecken

arrostrar [arros'trar] (1a) die Stirn bieten, trotzen

arroyo [a'rrojo] *m* Bach *m*; (*de la calle*) Rinnstein *n*, *a fig* Gosse *f*

arroz [a'rroθ] *m* Reis *m*; ~ **con leche** Milchreis *m*; ~**al** [arro'θal] *m* Reisfeld *n*

arruga [a'rruga] *f* Falte *f*; ~**do** [~'gaðo] runzlig; verknittert; ~**r** [~'gar] (1h) runzeln; zerknüllen, zerknittern; (*nariz*) rümpfen; ~**rse** knittern

arruinar [arrui'nar] (1a) zerstören, ruinieren; ~**se** sich ruinieren, sich zugrunde richten

arrullar [arru'ʎar] (1a) **1.** *v*/*t* (*niño*) einwiegen; **2.** *v*/*i* gurren; *fig* turteln

arrumaco F [arru'mako] *m mst* ~**s** *pl* Geschmuse *n*

arsenal [arse'nal] *m* Arsenal *n*

arsénico [ar'seniko] *m* Arsen *n*

arte [arte] *m* (*pl f*) Kunst *f*; (*habilidad*) Kunstfertigkeit *f*; (*astucia*) List *f*; **bellas ~s** schöne Künste *f*/*pl*

artefacto [arte'fakto] *m* Apparat *m*; ~ (*explosivo*) Sprengkörper *m*

artemisa ⚘ [arte'misa] *f* Beifuß *m*

arteria [ar'terja] *f* Arterie *f*; *fig* Hauptverkehrsstraße *f*

arteriosclerosis [arterjoskle'rosis] *f* Arterienverkalkung *f*

artesa [ar'tesa] *f* (Back-)Trog *m*; ~**nal** [artesa'nal] handwerklich; Handwerks...; ~**nía** [~'nia] *f* (Kunst-)Handwerk *n*; ~**no** [~'sano] *m* Handwerker *m*

artesonado △ [arteso'naðo] *m* Kassettendecke *f*

ártico ['artiko] arktisch

articula|ción [artikula'θjon] *f anat*, ⚙ Gelenk *n*; Artikulation *f*; ~**do** [~'ðaðo] gegliedert; Glieder...; ~**r** [~'lar] **1.** *adj* Gelenk...; **2.** *v*/*t*. (1a) artikulieren

artículo [ar'tikulo] *m* Artikel *m* (*a* ✝, *gram*); ✂ Paragraph *m*; ~ **de consumo** Gebrauchsartikel *m*; ~ **de fondo** Leitartikel *m*; ~ **de gran consumo** Massenartikel *m*

artífice [ar'tifiθe] *m* Künstler *m*; *fig* Urheber *m*

artifi|cial [artifi'θjal] künstlich; ~**ciero** [~'θjero] *m* Feuerwerker *m*; ~**cio** [~'fiθjo] *m* Kunstgriff *m*, Kniff *m*; (*destreza*) Kunstfertigkeit *f*; ~**cioso** [~fi-'θjoso] gekünstelt

artillería [artiʎe'ria] *f* Artillerie *f*

artilugio [arti'luxjo] *m* Gerät *n*, F Ding *n*; *fig* Trick *m*, Kniff *m*

artista [ar'tista] *m* (*f*) Künstler(in *f*) *m*; ~ **de circo** Artist(in *f*) *m*

artístico [ar'tistiko] künstlerisch, Kunst...

artritis [ar'tritis] *f* Arthritis *f*

arveja [ar'bexa] *f* Wicke *f*; *Am* Erbse *f*

arzobis|pado [arθobis'paðo] *m* Erzbistum *n*; ~**pal** [~'pal] erzbischöflich; ~**po** [~'bispo] *m* Erzbischof *m*

as [as] *m* As *n* (*a fig*)

asa ['asa] *f* Henkel *m*, Griff *m*

asa|do [a'saðo] **1.** *adj* gebraten; **2.** *m* Braten *m*; ~**dor** [asa'ðor] *m* Bratspieß *m*; Grillrestaurant *n*; ~**dura** [~'ðura] *f* Innereien *pl*

asalariado [asala'rjaðo] *m* Lohn-, Gehaltsempfänger *m*

asal|tante [asal'tante] *m* Angreifer *m*; ~**tar** [~'tar] (1a) angreifen; überfallen; ✕ stürmen; *fig* befallen; ~**to** [a'salto] *m* Angriff *m*; Überfall *m*; (*boxeo*) Runde *f*; **tomar por** ~ im Sturm nehmen (*a fig*)

asamblea [asam'blea] *f* Versammlung *f*

asar [a'sar] (1a) braten; ~ **a la parrilla** grillen

asbesto [az'besto] *m* Asbest *m*

ascen|dencia [asθen'denθja] *f* Vorfahren *m*/*pl*; ~**dente** [~'dente] (auf)steigend; ~**der** [~'der] (2g) **1.** *v*/*t* befördern; **2.** *v*/*i* hinaufsteigen; ~ *a* sich belaufen auf; ~**diente** [~'djente] *m* Einfluß *m*; ~**sión** [~'sjon] *f* Aufstieg *m*; Besteigung *f*; ♀ (Christi) Himmelfahrt *f*; ~**so** [as'θenso] *m fig* Beförderung *f*

ascensor [asθen'sor] *m* Aufzug *m*, Fahrstuhl *m*; ~**ista** [~so'rista] *m* Liftboy *m*

as|ceta [as'θeta] *m* Asket *m*; ~**cético** [~'θetiko] asketisch

asco ['asko] *m* Ekel *m*; **me da** ~ es ekelt mich an; *¡que* ~! pfui!

ascua ['askŭa] f Glut f; F *arrimar el ~ a su sardina* auf s-n Vorteil bedacht sein; *fig estar en (od sobre) ~s* auf glühenden Kohlen sitzen

asea|do [ase'aðo] sauber, reinlich; **~r** [~'ar] (1a) säubern; **~rse** sich zurechtmachen

asedi|ar [ase'ðiar] (1b) belagern; *fig* bedrängen, bestürmen; **~o** [ase'ðio] m Belagerung f

asegura|do [aseɣu'raðo] m Versicherte(r) m; **~dor** [~ra'ðor] m Versicherer m; **~r** [~'rar] (1a) versichern; (*garantizar*) zusichern, sicherstellen; (*sujetar*) sichern, befestigen; **~rse** sich versichern; sich vergewissern

asemejarse [aseme'xarse] (1a) ähnlich sehen, ähneln (*dat a*)

asentar [asen'tar] (1k) errichten, (auf)stellen; ansiedeln; (*golpe*) versetzen; ✝ buchen; **~se** sich niederlassen, sich ansiedeln

asen|timiento [asenti'miento] m Zustimmung f, Einwilligung f; **~tir** [~'tir] (3i) zustimmen

aseo [a'seo] m Sauberkeit f; **~ (personal)** Körperpflege f; (**cuarto** m **de) ~** Badezimmer n; Waschraum m

aséptico [a'septiko] keimfrei, aseptisch

asequible [ase'kible] erreichbar

aserra|dero [aserra'ðero] m Sägewerk n; **~r** [~'rrar] (1k) (zer)sägen

asesi|nar [asesi'nar] (1a) ermorden; **~nato** [~'nato] m Mord m; **~no** [~'sino] **1.** *adj* mörderisch; **2.** *m* Mörder *m*

asesor [ase'sor] **1.** *adj* beratend; **2.** *m* Berater *m*; **~ de empresa** Unternehmensberater *m*; **~ fiscal** Steuerberater *m*; **~ de imagen** Imageberater *m*; **~ de inversiones** Anlageberater *m*; **~ jurídico** Rechtsberater *m*; **~amiento** [~sora'miento] m Beratung f; **~ar** [~'rar] (1a) beraten; **~ía** [~'ria] f Beratungsbüro n

asestar [ases'tar] (1a) (*golpe*) versetzen

aseverar [asebe'rar] (1a) versichern, behaupten

asfal|tado [asfal'taðo] m Asphaltierung f; Asphalt(belag) m; **~tar** [~'tar] (1a) asphaltieren; **~to** [~'falto] m Asphalt m

asfixia [as'fiɣsia] f Ersticken n; **~r(se)** [~fiɣ'siar(se)] (1b) ersticken

así [a'si] **1.** *adv* so; **~ ~** soso, mittelmäßig; **~ como ~** ohne weiteres; **~ y todo** trotz-

dem; immerhin; **~ es** so ist es; stimmt; **2.** *cj* **~ que, ~ pues** also

asiático [a'siatiko] **1.** *adj* asiatisch; **2.** *m*, **-a** *f* Asiat(in *f*) *m*

asidero [asi'ðero] m Griff *m*

asidu|idad [asiðŭi'ðað] f Fleiß m; Eifer m; **~o** [a'siðŭo] eifrig; häufig (anwesend); **cliente** m **~** Stammgast m

asiento [a'siento] m Sitz m; Sitzgelegenheit f; Platz m; ✈ Buchung f, Posten m; ✓ **~ eyectable** *od* **catapulta** Schleudersitz m; **tomar ~** Platz nehmen

asigna|ción [asiɣna'θion] f An-, Zuweisung f; Zuteilung f; **~r** [~'nar] (1a) zuweisen, anweisen; zuteilen; **~tura** [~'tura] f (Lehr-)Fach n

asi|lado [asi'laðo] m *pol* Asylant m; **~lar** [~'lar] (1a) *pol* Asyl gewähren; **~lo** [a'silo] m Asyl n (*a pol*); Heim n; **~ de ancianos** Altersheim n

asimi|lación [asimila'θion] f Angleichung f, Assimilation f; **~lar** [~'lar] (1a) angleichen, assimilieren; verarbeiten (*a fig*)

asimismo [asi'mizmo] auch, ebenfalls, ebenso

asir [a'sir] (3a; *pre* **asgo, ases** *usw*) (an)fassen; (er)greifen

asis|tencia [asis'tenθia] f Anwesenheit f, Teilnahme f; (*ayuda*) Hilfe f, Beistand m; **~ facultativa** (*od* **médica**) ärztliche Hilfe f; **~ social** Sozialfürsorge f; **~tenta** [~'tenta] f Assistentin f; (*criada*) Zugeh-, Putzfrau f; **~tente** [~'tente] m Anwesende(r) m, Teilnehmer m; Assistent m; **~ su social** Fürsorger(in f) m; **~tir** [~'tir] (3a) **1.** *v/t* unterstützen, helfen (*dat*); ✝ betreuen; **2.** *v/i* anwesend sein; teilnehmen (*a dat a*)

asma ['azma] f Asthma n

asmático [az'matiko] asthmatisch

asno ['azno] m Esel m (*a fig*)

asocia|ción [asoθia'θion] f Vereinigung f; Verein m; Verband m; **~ de ideas** Gedankenverbindung f; **~do** [~'θiaðo] m Teilhaber m; **~r** [~'θiar] (1b) verbinden; **~ a alg a** j-n beteiligen an (*dat*); **~rse** sich zs.-schließen; **~ a** sich anschließen an (*ac*)

asola|dor [asola'ðor] verheerend; **~r** [~'lar] (1m) zerstören, verwüsten

asomar [aso'mar] (1a) **1.** *v/t* hinaus-st(r)ecken; zeigen; **2.** *v/i* zum Vorschein kommen; hervorgucken; **~se**

asombrar 52

sich hinauslehnen; sich zeigen; ~ **a la ventana** zum Fenster hinaussehen
asom|brar [asom'brar] (1a) erstaunen; **~brarse** sich wundern; **~bro** [a'sombro] m Erstaunen n; **~broso** [~'broso] erstaunlich; verblüffend
asomo [a'somo] m Anzeichen n; Anflug m; **ni por ~** nicht die Spur; auf keinen Fall
aspa ['aspa] f Windmühlenflügel m; (*cruz*) Kreuz n; **~viento** [~'bjento] m Getue n
aspecto [as'pekto] m Anblick m; Aussehen n; *fig* Aspekt m; **tener buen ~** gut aussehen
aspereza [aspe'reθa] f Rauheit f; Herbheit f; (*del terreno*) Unebenheit f
áspero ['aspero] rauh; herb; (*terreno*) uneben; *fig.* schroff
aspersor [asper'sor] m Rasensprenger m
áspid ['aspid] m Natter f
aspira|ción [aspira'θjon] f Einatmen n; ⊙ An-, Einsaugen n; *fig* Streben n; **~dor** [~'dor] m, **-a** [~'dora] f Staubsauger m; **~nte** [~'rante] m (f) Anwärter(in f) m; **~r** [~'rar] (la) (ein)atmen; ⊙ an-, einsaugen; **~ a** streben nach (*dat*), anstreben (*ac*)
asque|ar [aske'ar] (la) anwidern, anekeln; **~arse** Ekel empfinden; **~roso** [~'roso] ekelhaft, widerlich
asta ['asta] f Fahnenstange f; (*cuerno*) Horn; **a media ~** halbmast
ast|enia ✱ [as'tenia] f Asthenie f, Schwäche f; **~énico** [~'teniko] asthenisch
aster ♀ [as'ter] m Aster f
asterisco [aste'risko] m *tip* Sternchen n
astill|a [as'tiʎa] f Splitter m, Span m; **hacerse ~s** zersplittern; **~ero** [~'ʎero] m Schiffswerft f
astracán [astra'kan] m Persianer(mantel) m
astral [as'tral] Sternen...; Astral...
astro ['astro] m Gestirn n; Stern m; *fig* Star m; **~logía** [~lo'xia] f Astrologie f
astrólogo [as'trologo] m Astrologe m
astro|nauta [astro'nauta] m Astronaut m; **~náutica** [~'nautika] f Raumfahrt f; **~nave** [~'nabe] f Raumschiff n; **~nomía** [~no'mia] f Sternkunde f, Astronomie f; **~nómico** [~'nomiko] astronomisch (*a. fig*)
astrónomo [as'tronomo] m Astronom m

astroso [as'troso] verlottert; zerlumpt
astucia [as'tuθia] f Schlauheit f; (Hinter-)List f
asturiano [astu'rjano] **1.** *adj* asturisch; **2.** m Asturier m
astuto [as'tuto] schlau; (hinter)listig
asueto [a'sweto] m: (**día** m **de**) **~** freier Tag m
asumir [asu'mir] (3a) übernehmen; auf sich nehmen
Asunción [asun'θjon] f Mariä Himmelfahrt f
asunto [a'sunto] m Angelegenheit f, Sache f; (*tema*) Thema n
asusta|dizo [asusta'diθo] schreckhaft; **~r** [~'tar] (la) erschrecken; **~rse** erschrecken; sich fürchten (vor *dat* **de**)
ataca|nte [ata'kante] m Angreifer m; **~r** [~'kar] (lg) angreifen; ✱ befallen
atadura [ata'dura] f Bindung f; Band n (*a fig*)
atajo [a'taxo] m Abkürzung(sweg m) f
atalaya [ata'laja] f Wachtturm m; Aussichtsturm m
ataque [a'take] m Angriff m; ✱ Anfall m
atar [a'tar] (la) (an-, fest-, zu)binden; *fig* **~ corto a alg** j-n kurzhalten
atardecer [atarde'θer] **1.** (2d) Abend werden; dämmern; **2.** m Abenddämmerung f; **al ~** gegen Abend
atarea|do [atare'ado] vielbeschäftigt; **~rse** [~'arse] (1a) angestrengt arbeiten; F schuften
atas|carse [atas'karse] (lg) sich verstopfen; *a fig* steckenbleiben; **~co** [a'tasko] m Verstopfung f; *auto* Stau m
ata|viar [ata'bjar] (1c) schmücken; zurechtmachen; **~vío** [~'bio] m Schmuck m; Aufmachung f
ateísmo [ate'izmo] m Atheismus m
atemorizar [atemori'θar] (1f) erschrecken, einschüchtern
atenazar [atena'θar] (1f) *fig* in die Zange nehmen
aten|ción [aten'θjon] f Aufmerksamkeit f; (*obsequio*) Gefälligkeit f; **¡~!** Achtung!, Vorsicht!; **llamar la ~ de sobre a/c** j-n auf et aufmerksam machen; **llamar la ~** auffallen; **prestar ~** aufpassen (auf *ac* **a**); **en ~ a** mit Rücksicht auf (*ac*); **~der** [~'der] (2g) beachten; (*cuidar*) betreuen, sich kümmern (um *ac* **a**); (*cliente*) bedienen
atenerse [ate'nerse] (2l): **en ~ a** sich halten

an (ac); **saber a qué ~** wissen, woran man ist

aten|tado [atenˈtaðo] *m* Anschlag *m*, Attentat *n*; **~tamente** [~taˈmente] (*final de carta*) hochachtungsvoll; **~tar** [~ˈtar] (1k): **~ contra alg** e-n Anschlag auf j-n verüben; **~ contra a/c** gegen et verstoßen; **~to** [aˈtento] aufmerksam

atenua|ción [atenŭaˈθĭɔn] *f* Abschwächung *f*, Milderung *f*; **~nte** [~ˈnŭante] **1.** *adj* mildernd; **2.** 🟥 *m* mildernder Umstand *m*; **~r** [~ˈnŭar] (le) abschwächen, mildern

ateo [aˈteo] **1.** *adj* gottlos, atheistisch; **2.** *m* Atheist *m*

aterciopelado [atɛrθĭopeˈlaðo] samtig (*a fig*)

aterra|dor [atɛrraˈðɔr] schrecklich; **~r** [ateˈrrar] (1a) erschrecken

aterriza|je ✈ [atɛrriˈθaxe] *m* Landung *f*; **~ forzoso** (*od de emergencia*) Notlandung *f*; **~ instrumental** Blindlandung *f*; **~r** ✈ [~ˈθar] (1f) landen

aterrorizar [atɛrrɔriˈθar] (1f) terrorisieren

atesorar [ateso'rar] (1a) anhäufen, ansammeln (*a fig*)

ates|tado [atesˈtaðo] **1.** *adj* gedrängt (F gerammelt) voll; **2.** *m* Attest *n*; Bescheinigung *f*; **~tar** [~ˈtar] **a)** (1k) (ganz) füllen; vollstopfen (*mit dat de*); **b)** (be)zeugen, bescheinigen; **~tiguar** [~tiˈgŭar] (li) bezeugen

atiborrar [atiboˈrrar] (1a) vollpfropfen; **~se: ~ de** sich vollstopfen mit

ático [ˈatiko] *m* Dachgeschoß *n*; Dachwohnung *f*

atilda|do [atilˈdaðo] herausgeputzt, -staffiert; **~r** [~ˈdar] (1a) herausputzen

atiza|dor [atiθaˈðɔr] *m* Schür-, Feuerhaken *m*; **~r** [~ˈθar] (1f) schüren (*a fig*); (*golpe*) versetzen; F *¡atiza!* nanu!

atlas [ˈatlas] *m* Atlas *m*

at|leta [aˈtleta] *m* (*f*) Athlet(in *f*) *m*; **~lético** [~ˈletiko] athletisch; **~letismo** [~leˈtizmo] *m* (Leicht-)Athletik *f*

atmósfera [aðˈmɔsfera] *f* Atmosphäre *f* (*a fig*)

atmosférico [aðmɔsˈferiko] atmosphärisch; *presión f -a* Luftdruck *m*

atolla|dero [atoʎaˈðero] *m fig* Klemme *f*, F Patsche *f*; **~rse** [~ˈʎarse] (1a) sich festfahren (*a fig*)

atolondra|do [atolɔnˈdraðo] unbesonnen; unvernünftig; **~miento** [~ˈmĭento] *m* Unbesonnenheit *f*

atómico [aˈtomiko] atomar; Atom...

atomiza|dor [atomiθaˈðɔr] *m* Zerstäuber *m*; **~r** [~ˈθar] (1f) zerstäuben

átomo [ˈatomo] *m* Atom *n*; *fig* Spur *f*

atónito [aˈtonito] verblüfft, verdutzt

atonta|do [atɔnˈtaðo] benommen; (*tonto*) blöd, dumm; **~miento** [~ˈmĭento] *m* Benommenheit *f*; Dummheit *f*

atormentar [atɔrmenˈtar] (1a) foltern; *fig* quälen, peinigen

atornillar [atɔrniˈʎar] (1a) fest-, anschrauben

atosigar [atosiˈgar] (1h) *fig* drängen

atraca|dero ⚓ [atrakaˈðero] *m* Anlegeplatz *m*; **~dor** [~ˈðɔr] *m* Bandit *m*, Gangster *m*; **~r** [~ˈkar] (1g) **1.** *v/i* ⚓ anlegen; **2.** *v/t* (*robar*) überfallen

atracción [atragˈθĭɔn] *f* Anziehung(skraft) *f*; *parque m de atracciones* Vergnügungspark *m*

atraco [aˈtrako] *m* (Raub-)Überfall *m*; **~ a mano armada** bewaffneter Raubüberfall *m*

atractivo [atrakˈtibo] **1.** *adj* anziehend, charmant, attraktiv; *fuerza f -a* Anziehungskraft *f*; **2.** *m* Reiz *m*, Charme *m*

atraer [atraˈer] (2p) anziehen

atragantarse [atraganˈtarse] (1a) sich verschlucken; *fig* steckenbleiben

atrapar [atraˈpar] (1a) fangen, F erwischen

atrás [aˈtras] hinten; rückwärts; zurück; *años ~* vor Jahren; *dejar ~* hinter sich lassen (*a fig*); *echar ~* rückwärtsgehen *od*-fahren; *hacia ~* rückwärts; *quedarse ~* zurückbleiben, nicht mitkommen (*a fig*); *volverse ~* (*od echarse*) *fig* e-n Rückzieher machen; *¡~!* zurück!

atra|sado [atraˈsaðo] (*niño*) zurückgeblieben; (*país*) rückständig; *ir ~*, *estar ~* (*reloj*) nachgehen; **~sar** [~ˈsar] (1a) **1.** *v/t* verzögern; (*fecha*) verschieben; (*reloj*) zurückstellen; **2.** *v/i* (*reloj*) nachgehen; **~sarse** sich verspäten; **~so** [aˈtraso] *m* Verspätung *f*; Rückständigkeit *f*; ✝ **~s** *pl* Außenstände *m/pl*; Rückstände *m/pl*

atravesar [atrabeˈsar] (1k) (*cruzar*) über-, durchqueren; (*traspasar*) durchbohren; *fig* durchmachen, erleben

atrayente [atraˈjente] anziehend

atre|verse [atreˈβɛrse] (2a) wagen; sich

trauen; **~ a** (*inf*) (es) wagen zu (*inf*); **¿cómo te atreves?** was unterstehst du dich?; **~vido** verwegen; (*insolente*) dreist; **~vimiento** [~'bi'mjento] *m* Verwegenheit *f*; (*insolencia*) Unverschämtheit *f*

atribu|ción [atribu'θjon] *f* Zuweisung *f*; (*competencia*) Befugnis *f*; **~ir** [~'ir] (3g) zuschreiben, zuerkennen

atribular [atribu'lar] (1a) Sorge (*od* Kummer) machen; betrüben

atributo [atri'buto] *m* Eigenschaft *f*; *gram u fig* Attribut *n*

atril [a'tril] *m* Pult *n*; Notenständer *m*

atrincherarse [atrintʃe'rarse] (1a) *a fig* sich verschanzen (hinter *dat* **tras**, **en**)

atrio ['atrio] *m* Vorhalle *f*; Vorhof *m*

atrocidad [atroθi'ðað] *f* Scheußlichkeit *f*, Greuel *m*

atrofia [a'trofja] *f* Atrophie *f*, Schwund *m*; **~rse** [~'fjarse] (1b) verkümmern (*a fig*)

atropell|ado [atrope'ʎaðo] überstürzt; **~ar** [~'ʎar] (1a) überfahren (*a fig*); umrennen; **~arse** sich überstürzen; **~o** [~'peʎo] *m* Überfahren *n*; *fig* Beleidigung *f*

atroz [a'troθ] gräßlich, scheußlich

atuendo [a'tuendo] *m* Kleidung *f*, Aufmachung *f*

atún [a'tun] *m* Thunfisch *m*

aturdi|do [atur'ðiðo] unbesonnen; (*desconcertado*) verblüfft; ✱ benommen; **~miento** [~ði'mjento] *m* Bestürzung *f*; Verwirrung *f*; ✱ Benommenheit *f*; **~r** [~'ðir] (3a) betäuben; *fig* verblüffen

auda|cia [aŭ'ðaθja] *f* Kühnheit *f*, Verwegenheit *f*; **~z** [~'ðaθ] kühn, verwegen

audi|ble [aŭ'ðiβle] hörbar; **~ción** [aŭdi'θjon] *f* Hören *n*; ♩ Vorspielen *n*; Anhörung *f*

audiencia [aŭ'ðjenθja] *f* Audienz *f*; ⚖ Gerichtshof *m*; *TV*, *radio* Zuhörer *m/pl*, -schauer *m/pl*; (**índice m de**) **~** Einschaltquote *f*

audífono [aŭ'ðifono] *m* Hörapparat *m*, -gerät *n*

audiovisual [aŭðioβi'sŭal] audiovisuell

auditivo [aŭdi'tiβo] Gehör..., Hör...

auditor [aŭdi'tor] *m* Rechnungsprüfer *m*; **~ía** [~to'ria] *f* Rechnungsprüfung *f*; **~io** [~'torjo] *m* Zuhörer(schaft *f*) *m/pl*; (*sala*) Konzertsaal *m*

auge ['aŭxe] *m* Aufschwung *m*; Höhepunkt *m*; *estar en* **~** florieren

augu|rar [aŭgu'rar] (1a) prophezeien, voraussagen; **~rio** [~'gurjo] *m* Vorzeichen *n*, Omen *n*

augusto [aŭ'gusto] erhaben, edel

aula ['aŭla] *f* Hörsaal *m*; Klassenzimmer *n*

aull|ar [aŭ'ʎar] (1a) heulen; **~ido** [~'ʎiðo] *m* Geheul *n*

aumen|tar [aŭmen'tar] (1a) **1.** *v/t* vermehren; vergrößern; (*precio*) erhöhen; **2.** *v/i* zunehmen; (*precio*) steigen; **~to** [~'mento] *m* Vergrößerung *f*; Erhöhung *f*; Zunahme *f*; Anstieg *m*; *ir en* **~** zunehmen

aun [aŭn] sogar; **~ cuando** obwohl; **ni ~** nicht einmal

aún [a'un] noch, immer noch

aunar [aŭ'nar] (1a) verbinden, vereinigen

aunque ['aŭnke] obwohl, obgleich, wenn auch

aupar F [aŭ'par] (1a) hochheben

aureola [aŭre'ola] *f* Heiligenschein *m*

auricular [aŭriku'lar] *m* (Telefon-)Hörer *m*; **~es** *pl* Kopfhörer *m*

aurora [aŭ'rora] *f* Morgenröte *f*

auscultar ✱ [aŭskul'tar] (1a) abhorchen

ausen|cia [aŭ'senθja] *f* Abwesenheit *f*; (*carencia*) Fehlen *n*, Mangel *m* (*an* **de**); **~tarse** [~sen'tarse] (1a) sich entfernen; weggehen; **~te** [~'sente] abwesend

auspicio [aŭs'piθjo] *m* Vorzeichen *n*, Vorbedeutung *f*; *bajo los* **~s** *de* unter dem Schutz von

auste|ridad [aŭsteri'ðað] *f* Strenge *f*; Sparsamkeit *f*; **~ro** [~'tero] streng; ernst; nüchtern; sparsam

austral [aŭs'tral] südlich, Süd...

australiano [aŭstra'ljano] **1.** *adj* australisch; **2.** *m* Australier *m*

austríaco [aŭs'triako] **1.** *adj* österreichisch; **2.** *m*, **-a** *f* Österreicher(in *f*) *m*

autarquía [aŭtar'kia] *f* Autarkie *f*

autenticidad [aŭtentiθi'ðað] *f* Echtheit *f*

auténtico [aŭ'tentiko] echt, authentisch

auto ['aŭto] *m* (*coche*) Auto *n*; ⚖ Beschluß *m*; **~ de detención** Haftbefehl *m*

auto|adhesivo [aŭtoade'siβo] selbstklebend; **~banco** ✝ [~'banko] *m* Autoschalter *m*; **~biografía** [~βioɣra'fia] *f* Autobiographie *f*; **~bús** [~'bus] *m* (Auto-)Bus *m*; **~ escolar** Schulbus *m*; **~car** [~'kar] *m* Reisebus *m*; **~caravana** [~kara'βana] *f* Wohnmobil *n*; Cam-

pingbus *m*; **~cine** [~'θine] *m* Autokino *n*
autocompla|cencia [aŭtokompla'θenθia] *f* Selbstgefälligkeit *f*; **~ciente** [~'θiente] selbstgefällig
autóctono [aŭ'toktono] eingeboren; einheimisch
auto|determinación [aŭtodetermina'θion] *f* Selbstbestimmung *f*; **~didacta** [~di'dakta] *m* Autodidakt *m*; **~disparador** *fot* [~dispara'ðor] *m* Selbstauslöser *m*; **~dominio** [~do'minio] *m* Selbstbeherrschung *f*
autódromo [aŭ'toðromo] *m* Autorennbahn *f*
auto|escuela [aŭtoes'kŭela] *f* Fahrschule *f*; *profesor m de* **~** Fahrlehrer *m*; **~expreso** [~es'preso] *m* Auto(reise)zug *m*
autógeno [aŭ'toxeno] autogen
autogestión [aŭtoxes'tion] *f* Selbstverwaltung *f*
auto|giro ✈ [aŭto'xiro] *m* Tragschrauber *m*; **~gol** [~'gol] *m dep* Eigentor *n*
autógrafo [aŭ'tografo] **1.** *adj* eigenhändig (geschrieben); **2.** *m* Autogramm *n*
autómata [aŭ'tomata] *m* Automat *m*
auto|mático [aŭto'matiko] automatisch; **~matización** [~matiθa'θion] *f* Automatisierung *f*; **~matizar** [~θar] (1f) automatisieren
auto|móvil [aŭto'moβil] *m* Kraftfahrzeug *n*; Auto *n*, Wagen *m*; **~movilismo** [~moβi'lizmo] *m* Auto-, Kraftfahrsport *m*; **~movilista** [~'lista] *m* Auto-, Kraftfahrer *m*
autonomía [aŭtono'mia] *f* Autonomie *f*, Unabhängigkeit *f*
autónomo [aŭ'tonomo] unabhängig, selbständig, autonom
autopista [aŭto'pista] *f* Autobahn *f*
autopsia [aŭ'topsia] *f* Obduktion *f*
autor [aŭ'tor] *m* Autor *m*, Verfasser *m*; Urheber *m*; 🕵 Täter *m*
autori|dad [aŭtori'ðað] *f* Autorität *f*; *mst pl* **~es** Obrigkeit *f*, Behörde *f*; **~tario** [~'tario] autoritär; **~zación** [~θa'θion] *f* Genehmigung *f*; **~zado** [~'θaðo] ermächtigt; befugt; **~zar** [~'θar] (1f) berechtigen; genehmigen
autorradio [aŭto'rraðio] *m* Autoradio *n*
autorrealización [aŭtorrealiθa'θion] *f* Selbstverwirklichung *f*
autorretrato [aŭtorre'trato] *m* Selbstbildnis *n*

autoservicio [aŭtoser'βiθio] *m* Selbstbedienung *f*
autostop [aŭto'stop] *m* Autostop *m*; *hacer* **~** trampen, per Anhalter fahren; **~ista** [~sto'pista] *m* Anhalter *m*, Tramper *m*
autosugestión [aŭtosuxes'tion] *f* Autosuggestion *f*
autotrén [aŭto'tren] *m* Auto(reise)zug *m*
autovía [aŭto'βia] *f* Schnellstraße *f*
auxiliar [aŭgsi'liar] **1.** *adj* Hilfs...; **2.** *v/t* (1b) helfen; beistehen; **3.** *m* Gehilfe *m*; Hilfskraft *f*; ✈ **~ de vuelo** Steward *m*; **~ de médico** Arzthelferin *f*
auxilio [aŭ'gsilio] *m* Hilfe *f*, Beistand *m*; **~ en carretera** Pannenhilfe *f*; *primeros* **~s** *m/pl* Erste Hilfe *f*
aval [a'βal] *m* Bürgschaft *f*; Aval *m*; **~ bancario** Bankbürgschaft *f*
avalancha [aβa'lantʃa] *f* Lawine *f* (*a fig*)
avalar [aβa'lar] (1a) bürgen für
avan|ce [a'βanθe] *m* Vorrücken *n*, Vormarsch *m*; (*progreso*) Fortschritt *m*; **~ editorial** Vorabdruck *m*; **~ de programas** Programmvorschau *f*; **~zado** [~'θaðo] fortschrittlich; (*edad, hora*) vorgeschritten; **~zar** [~'θar] (1f) vorrücken; *fig* fortschreiten, Fortschritte machen
ava|ricia [aβa'riθia] *f* Geiz *m*; **~ro** [a'βaro] **1.** *adj* geizig; **2.** *m* Geizhals *m*
avasalla|dor [aβasaʎa'ðor] überwältigend; **~r** [~'ʎar] (1a) unterwerfen; *fig* überwältigen
ave ['aβe] *f* Vogel *m*; **~ de paso** Zugvogel *m*; **~ de rapiña** Raubvogel *m*; **~s de corral** Geflügel *n*
avecinarse [aβeθi'narse] (1a) sich nähern
avefría *zo* [aβe'fria] *f* Kiebitz *m*
avejentado [aβexen'taðo] (1a) (vorzeitig) gealtert
avella|na [aβe'ʎana] *f* Haselnuß *f*; **~no** [~'ʎano] *m* Haselstrauch *m*
avena [a'βena] *f* Hafer *m*
ave|nencia [aβe'nenθia] *f* Übereinkunft *f*; Vergleich *m*; **~nida** [~'niða] *f* Allee *f*, Boulevard *m*; (*de un río*) Hochwasser *n*; **~nido** [~'niðo]: *bien* **~** einig; *mal* **~** uneinig; (*matrimonio*) unharmonisch
aventaja|do [aβenta'xaðo] (*alumno*) begabt; **~r** [~'xar] (1a) übertreffen; **~rse** sich hervortun
aventu|ra [aβen'tura] *f* Abenteuer *n*;

aventurar

~rar [~tu'rar] (1a) wagen; **~rarse** sich in Gefahr begeben; **~rero** [~tu'rero] **1.** *adj* abenteuerlich; **2.** *m* Abenteurer *m*

avergonza|do [aberɡɔn'θaðo] be-, verschämt; **~r** [~'θar] (1n *u* 1f) beschämen; **~rse** sich schämen

ave|ría [abe'ria] *f* ♎ Havarie *f*; ⊙ Schaden *m*; (*auto*) Panne *f*; **~riado** [~'riaðo] beschädigt

averigua|ción [aberiɣua'θion] *f* Ermittlung *f*; **~r** [~'ɣuar] (1i) untersuchen; ermitteln; in Erfahrung bringen

aversión [aber'sion] *f* Abneigung *f*; Widerwille *m*

avestruz *zo* [abes'truθ] *m* Strauß *m*

avia|ción [abia'θion] *f* Luftfahrt *f*; **~dor** [~'ðɔr] *m* Flieger *m*

avícola [a'bikola] Geflügel...; **granja** *f* **~** Geflügelfarm *f*

avicul|tor [abikul'tɔr] *m* Geflügelzüchter *m*; **~tura** [~'tura] *f* Geflügelzucht *f*

avidez [abi'ðeθ] *f* Gier *f*

ávido ['abiðo] gierig

avío [a'bio] *m* Ausrüstung *f*; **~s** *pl* Werkzeug *n*; Sachen *f/pl*

avión [a'bion] *m* Flugzeug *n*; **~ comercial** Verkehrsflugzeug *n*; **~ chárter** Chartermaschine *f*; **~ a** (*o* **de**) **reacción** Düsenflugzeug *n*; **por ~** ✈ mit Luftpost

avioneta [abio'neta] *f* Sportflugzeug *n*

avi|sado [abi'saðo] schlau; **mal ~** unklug; übel beraten; **~sador** [~sa'ðɔr] *m*: **~ de incendios** Feuermelder *m*; **~sar** [~'sar] (1a) benachrichtigen, Bescheid sagen; (*anunciar*) melden, ankündigen; (*advertir*) warnen; **~so** [a'biso] *m* Benachrichtigung *f*, Nachricht *f*; (*advertencia*) Warnung *f*; **estar sobre ~** auf der Hut sein; **sin previo ~** unangemeldet

avis|pa [a'bispa] *f* Wespe *f*; **~pado** F [~'paðo] aufgeweckt; **~pero** [~'pero] *m* Wespennest *n*; **~pón** [~'pon] *m* Hornisse *f*

avistar [abis'tar] (1a) erblicken

avituallar [abitua'ʎar] (1a) verpflegen, verproviantieren

avutarda *zo* [abu'tarða] *f* Trappe *f*

axila [a'ɡsila] *f* Achsel(höhle) *f*

axioma [a'ɡsioma] *m* Axiom *n*

¡ay! [aï] ach!, oh!; (*dolor*) au!; **¡~ de mí!** wehe mir!

aya ['aja] *f* Kinderfrau *f*; Erzieherin *f*

ayer [a'jer] gestern; **~ por la mañana** gestern morgen

ayuda [a'juða] **1.** *f* Hilfe *f*; **~ al desarrollo** Entwicklungshilfe *f*; **2.** *m*: **~ de cámara** Kammerdiener *m*; **~nte** [aju'ðante] *m* Gehilfe *m*; Assistent *m*; ⚔ Adjutant *m*; **~r** [~'ðar] (1a) helfen

ayu|nar [aju'nar] (1a) fasten; **~nas** [a'junas]: **en ~** nüchtern; **~no** [a'juno] *m* Fasten *n*

ayuntamiento [ajunta'miento] *m* Rathaus *n*; (*administración*) Gemeinde-, Stadtverwaltung *f*

azada [a'θaða] *f* Hacke *f*

azafata [aθa'fata] *f* Stewardeß *f*; **~ de congresos** Hostess *f*

azafrán ♀ [aθa'fran] *m* Safran *m*

azahar [aθa'ar] *m* Orangenblüte *f*

azalea ♀ [aθa'lea] *f* Azalee *f*

azar [a'θar] *m* Zufall *m*; **al ~** aufs Geratewohl; **juego de ~** Glücksspiel *n*

azaroso [aθa'roso] gefahrvoll

ázimo ['aθimo] (*pan*) ungesäuert

azogue [a'θoɣe] *m* Quecksilber *n* (*a fig*)

azor [a'θɔr] *m* (Hühner-)Habicht *m*

azo|taina F [aθo'taina] *f* Tracht *f* Prügel; **~tar** [~'tar] (1a) geißeln (*a fig*); (aus)peitschen; **~te** [a'θote] *m* Peitsche *f*; *a fig* Geißel *f*; (*golpe*) Peitschenhieb *m*; Klaps *m*

azotea [aθo'tea] *f* Dachterrasse *f*

azúcar [a'θukar] *m* (*a f*) Zucker *m*; **~ glas**, **~ lustre** Puderzucker *m*; **~ cande**, **~ candi** Kandiszucker *m*; **~ en terrones**, **~ cortadillo** Würfelzucker *m*

azuca|rar [aθuka'rar] (1a) zuckern; **~rero** [~'rero] **1.** *adj* Zucker...; **2.** *m* Zuckerdose *f*

azucena [aθu'θena] *f* weiße Lilie *f*

azufre [a'θufre] *m* Schwefel *m*

azul [a'θul] blau; **~ celeste** himmelblau; **~ marino** marineblau

azulejo [aθu'lexo] *m* Fliese *f*, Kachel *f*

azuzar [aθu'θar] (1f) (*perro*) hetzen; *fig* antreiben, anstacheln

B

B, b [be] *f* B, b *n*
baba ['baba] *f* Geifer *m*, Speichel *m*
babear [babe'ar] (1a) geifern, F sabbern
babel [ba'bel] *su* Wirrwarr *m*
babero [ba'bero] *m* Lätzchen *n*
Babia ['baβia] *f*: *estar en* ~ geistesabwesend sein
babor ⚓ [ba'bɔr] *m* Backbord *n*
babosa *zo* [ba'bosa] *f* Nacktschnecke *f*
baca ['baka] *f auto* Dachgepäckträger *m*
bacalao [baka'lao] *m* Kabeljau *m*, Dorsch *m*; ~ (*seco*) Stockfisch *m*; F *cortar el* ~ den Ton angeben
bacilo [ba'θilo] *m* Bazillus *m*
bacón [ba'kɔn] *m* (Frühstücks-)Speck *m*
bacteria [bak'terja] *f* Bakterie *f*
báculo ['bakulo] *m* Stab *m*; *fig* Stütze *f*; ~ *pastoral* Bischofsstab *m*
bache ['batʃe] *m* Schlagloch *n*; *fig* Tiefpunkt *m*; ✈ ~ (*de aire*) Luftloch *n*
bachiller [batʃi'ʎɛr] *m* Abiturient *m*, ~**ato** [~ʎe'rato] *m* Abitur *n*; *estudiar el* ~ aufs Gymnasium gehen
badajo [ba'daxo] *m* Glockenschwengel *m*, Klöppel *m*
badén [ba'dɛn] *m* Querrinne *f*
bafle ['bafle] *m* Lautsprecherbox *f*
bagaje [ba'gaxe] *m* Gepäck *n*; *fig* Rüstzeug *n*
bagatela [baga'tela] *f* Lappalie *f*, Bagatelle *f*
bahía [ba'ia] *f* Bucht *f*
bai|lable [bai'lable] *m* Tanzplatte *f*; *música f* ~ Tanzmusik *f*; ~**lador** *m* [~la'dɔr] Tänzer *m*; ~**laor** [~'ɔr] *m* Flamencotänzer *m*; ~**lar** [~'lar] (1a) tanzen; *fig* ~ *con la más fea* den kürzeren ziehen; ~**larín** *m*, ~**larina** *f* [~la'rin, ~'rina] (Ballett-)Tänzer(in *f*) *m*; ~**le** ['baile] *m* Tanz *m*; (*fiesta*) Ball *m*; ~ *de disfraces* Maskenball *m*; ~ *de salón* Gesellschaftstanz *m*
baja ['baxa] *f* Fallen *n*, Sinken *n* (*tb precios*); (*bolsa*) Baisse *f*; ✕ Verlust *m*; ☤ Krankmeldung *f*; (*cese*) Austritt *m*; Abmeldung *f*; *dar de* ~ abmelden; entlassen; ☤ krank melden; *darse de od causar* ~ austreten; ausscheiden; sich abmelden
bajada [ba'xaða] *f* Abstieg *m*

bajamar [baxa'mar] *f* Ebbe *f*
bajar [ba'xar] (1a) **1.** *v/t* herunterholen, -nehmen, -bringen, -lassen; (*escalera*) hinuntergehen; (*precio, voz, etc*) senken; **2.** *v/i* sinken; (*de un vehículo*) aussteigen
bajeza [ba'xeθa] *f* Niedertracht *f*; Gemeinheit *f*
bajista [ba'xista] **†**: *tendencia f* ~ fallende Tendenz *f*
bajo ['baxo] **1.** *adj* niedrig (*a fig*); tief(gelegen); (*estatura*) klein; (*voz*) leise; ♪ tief; (*inferior*) unter; *por lo* ~ insgeheim; *unter der Hand*; **2.** *m* ♪ Baß *m*; Bassist *m*; (*piso*) ~ Erdgeschoß *n*; **3.** *adv*: *hablar* ~ leise sprechen; **4.** *prp* unter; ~ *juramento* unter Eid
bajón [ba'xɔn] *m* Niedergang *m*
bajorrelieve [baxɔrre'ljeβe] *m* Flachrelief *n*
bala ['bala] *f* Kugel *f*; ✝ Ballen *m*
balada [ba'laða] *f* Ballade *f*
baladí [bala'di] belanglos
balan|ce [ba'lanθe] *m* ✝ Bilanz *f* (*a fig*), ~**cear** [~lanθe'ar] (1a) **1.** *v/t* schaukeln; (*equilibrar*) ausbalancieren; **2.** *v/i* ⚓ schlingern; ~**cín** [~'θin] *m* Balancierstange *f*; Gartenschaukel *f*
balan|dra ⚓ [ba'landra] *f* Kutter *m*; ~**dro** [~dro] (leichtes) Segelboot *n*
balanza [ba'lanθa] *f* Waage *f*; ✝ ~ *comercial* Handelsbilanz *f*; ~ *de pagos* Zahlungsbilanz *f*
balar [ba'lar] (1a) blöken
balasto [ba'lasto] *m* 🚆 Schotter *m*, Bettung *f*
balaustrada [balaŭs'trada] *f* Balustrade *f*, Brüstung *f*
balazo [ba'laθo] *m* Schuß *m*; (*herida*) Schußwunde *f*
balbu|cear [balbuθe'ar] (1a) stammeln, stottern; ~**ceo** [~'θeo] *m* Stammeln *n*, Stottern *n*
balcánico [bal'kaniko] Balkan..., balkanisch
balcón [bal'kɔn] *m* Balkon *m*
baldaquín [balda'kin] *m* Baldachin *m*
balde ['balde] *m bds* ⚓ Wassereimer *m*; *de* ~ umsonst, unentgeltlich; *en* ~ vergeblich; *estar de* ~ überflüssig sein

baldío

baldío [bal'dio] **1.** *adj* unbebaut; brachliegend; *fig* zwecklos; **2.** *m* Brachland *n*
baldosa [bal'dosa] *f* (Boden-)Fliese *f*
balear [bale'ar] **1.** (1a) *Am* beschießen; erschießen; **2.** *adj* von den Balearen
balido [ba'liðo] *m* Blöken *n*
balística [ba'listika] *f* Ballistik *f*
baliza ⚓ [ba'liθa] *f* Bake *f*, Boje *f*, ~**miento** [~'mjento] *m* Befeuerung *f* (*a* ✈)
ballena [ba'ʎena] *f* Wal(fisch) *m*
ballesta [ba'ʎesta] *f* Armbrust *f*; ⚙ Feder *f*
ballet [ba'lɛt] *m* Ballett *n*
balneario [balne'arjo] *m* Bade-, Kurort *m*
balompié [balom'pje] *m* Fußball *m*
balón [ba'lon] *m* Ball *m*
balon|cesto [balon'θesto] *m* Basketball *m*; ~**mano** [~'mano] *m* Handball *m*; ~**volea** [balombo'lea] *m* Volleyball *m*
balsa ['balsa] *f* Floß *n*
bálsamo ['balsamo] *m* Balsam *m*
báltico ['baltiko] baltisch
baluarte [ba'lŭarte] *m* Bollwerk *n* (*a fig*)
bambú [bam'bu] *m* Bambus *m*
banal [ba'nal] banal; ~**idad** [~nali'ðað] *f* Banalität *f*
bana|na *Am* [ba'nana] *f* Banane *f*; ~**nero** [~na'nero] *m*, ~**no** [~'nano] *m* Bananenstaude *f*
banca ['baŋka] *f* ♦ Bank *f*; Bankwelt *f*, Bankwesen *n*; (*en el juego*) Bank *f*; ~**rio** [~'karjo] Bank...; ~**rrota** [~'rrota] *f* Bankrott *m*
banco ['baŋko] *m* (Sitz-)Bank *f*; ♦ Bank *f*; ⚙ Arbeits-, Werkbank *f*; ~ **de arena** Sandbank *f*; ~ **de carpintero** Hobelbank *f*; ♀ **Central Europeo (BCE)** Europäische Zentralbank *f* (EZB); ~ **de crédito** Kreditbank *f*; ~ **de datos** Datenbank *f*; ~ **emisor** Notenbank *f*; ♀ **Europeo de Inversiones** Europäische Investitionsbank *f* (EIB); ~ **de pruebas** Prüfstand *m*; ~ **de sangre** Blutbank *f*
banda ['banda] *f* Band *n*; Schärpe *f*; (*pandilla*) Bande *f*; ♪ Blaskapelle *f*; ~ **de frecuencias** Frequenzband *n*; ~ **sonora** Tonstreifen *m*, ~**da** [~'ðaða] *f* (*de pájaros, peces*) Schwarm *m*
bandeja [ban'dexa] *f* Tablett *n*
bandera [ban'dera] *f* Fahne *f*, Flagge *f*; **bajada** *f* **de ~** (*taxi*) Grundpreis *m*
banderill|a *taur* [bande'riʎa] *f* Banderilla *f*; ~**ero** [~ri'ʎero] *m* Banderillero *m*

banderín [bande'rin] *m* Fähnchen *n*; Wimpel *m*
bandido [ban'diðo] *m* Bandit *m*
bando ['bando] *m* Erlaß *m*; Bekanntmachung *f*; (*facción*) Partei *f*
bandole|ra [bando'lera] *f* Schulterriemen *m*; (*bolso*) Umhänge-, Schultertasche *f*; **en ~** umgehängt; ~**rismo** [~le'rizmo] *m* Räuberunwesen *n*; ~**ro** [~'lero] *m* (Straßen-)Räuber *m*, Bandit *m*
bandurria ♪ [ban'durrja] *f* Bandurria *f*
banjo ♪ ['baŋxo] *m* Banjo *n*
banquero [baŋ'kero] *m* Bankier *m*; (*juego*) Bankhalter *m*
banque|ta [baŋ'keta] *f* Schemel *m*, ~**te** [~'kete] *m* Bankett *n*, Festessen *n*
banquillo [baŋ'kiʎo] *m* Fußschemel *m*; ⚖ Anklagebank *f*; *dep* Reservebank *f*
bañ|ador [baɲa'ðor] *m* Badeanzug *m*; Badehose *f*; ~**ar** [~'nar] (1a) baden; ~**era** [~'nera] *f* Badewanne *f*; ~**ero** [~'nero] *m* Bademeister *m*; ~**ista** [~'nista] *m* Badende(r) *m*; Badegast *m*; ~**o** ['baɲo] *m* Bad *n*; Badezimmer *n*; ⚙ Überzug *m*, Glasur *f*; ~ **de azúcar** Zuckerguß *m*; ~ **María** Wasserbad *n*; ~**s** *pl* Heilbad *n*
baptisterio [baptis'terjo] *m* Taufkapelle *f*
baqueta [ba'keta] *f* Gerte *f*, Rute *f*; ♪ Trommelstock *m*, -schlegel *m*
bar [bar] *m* Imbißstube *f*, Café *n*; ~ **americano** (Nacht-)Bar *f*
bara(h)únda [bara'unda] *f* Lärm *m*, Tumult *m*, Wirrwarr *m*
bara|ja [ba'raxa] *f* Spiel *n* Karten; ~**jar** [~ra'xar] (1a) (*naipes*) mischen; ~ **cifras** mit Zahlen jonglieren
baran|da [ba'randa] *f* Geländer *n*; (*billar*) Bande *f*; ~**dilla** [~'diʎa] *f* Geländer *n*
baratear [barate'ar] (1a) verschleudern, verramschen
barati|ja [bara'tixa] *f* (wertlose) Kleinigkeit *f*; ~**s** *pl* Ramsch(ware *f*) *m*, Plunder *m*; ~**llero** [~ti'ʎero] *m* Trödler *m*; ~**llo** [~'tiʎo] *m* Trödelmarkt *m*, -laden *m*
bara|to [ba'rato] billig; ~**tura** [~ra'tura] *f* Billigkeit *f*
barba ['barba] *f* Bart *m*; **por ~** pro Kopf, F pro Nase
barbacoa [barba'koa] *f* (Garten-)Grill *m*; (*comida*) Grillparty *f*, -fest *n*
barba|ridad [barbari'ðað] *f* Barbarei *f*;

Ungeheuerlichkeit *f*; **¡qué ~!** unglaublich!; **~rie** [~'barie] *f* Barbarei *f*
bárbaro ['barbaro] **1.** *adj* barbarisch; roh; F toll; **2.** *m* Barbar *m* (*a fig*)
barbecho [bar'betʃo] *m* Brachfeld *n*; *estar de ~* brachliegen
barbe|ría [barbe'ria] *f* (Herren-)Friseurgeschäft *n*; **~ro** [~'bero] *m* Barbier *m*; Herrenfriseur *m*
barbilla [bar'biʎa] *f* Kinn *n*
barbo ['barbo] *m* (*pez*) Barbe *f*
barbudo [bar'buđo] bärtig
barca ['barka] *f* Boot *n*; Kahn *m*; **~ de pesca** Fischerboot *n*; **~ de remos** Ruderboot *n*; **~za** ⚓ [~'kaθa] *f* Barkasse *f*
barco ['barko] *m* Schiff *n*; **~ pesquero** Fischerboot *n*; **~ salvador** Bergungsschiff *n*; **~ de vela** Segelschiff *n*
bardana ♀ [bar'đana] *f* Klette *f*
baremo [ba'remo] *m* Tarifliste *f*; (Lohn-)Tabelle *f*; Tarifordnung *f*
barítono [ba'ritono] *m* Bariton *m*
barlovento ⚓ [barlo'bento] *m* Luv(seite) *f*
barman ['barman] *m* Barkeeper *m*
barniz [bar'niθ] *m* Firnis *m*; Lack *m*; (*para madera*) Beize *f*; **~ar** [~'θar] (1f) firnissen; lackieren; beizen
barómetro [ba'rometro] *m* Barometer *n*
ba|rón [ba'ron] *m* Baron *m*, Freiherr *m*; **~ronesa** [baro'nesa] *f* Baronin *f*, Freifrau *f*
barquero [bar'kero] *m* Bootsführer *m*; Fährmann *m*
barquillo [bar'kiʎo] *m* Waffel *f*
barra ['barra] *f* Stab *m*, Stange *f*; ⚖ Gerichtsschranken *f/pl*; (*mostrador*) Theke *f*, Bar *f*; ♪ Taktstrich *m*; **~ americana** (Nacht-)Bar *f*; *dep* **~ de equilibrios** Schwebebalken *m*; **~ fija** Reck *n*; **~ de labios** Lippenstift *m*; **~s asimétricas** Stufenbarren *m*; **~s paralelas** Barren *m*
barraca [ba'rraka] *f* Baracke *f*; **~ de feria** (Jahrmarkts-)Bude *f*
barranco [ba'rranko] *m* Schlucht *f*; Steilhang *m*
barredera [barre'đera] *f* Straßenkehrmaschine *f*
barrena [ba'rrena] *f* Bohrer *m*; ✈ Trudeln *n*; *entrar en ~* (ab)trudeln; **~dora** [barrena'đora] *f* Bohrmaschine *f*; **~r** [~'nar] (1a) bohren
barrendero [barren'dero] *m* Straßenkehrer *m*

barreno [ba'rreno] *m* Sprengloch *n*, Bohrloch *n*
barreño [ba'rreno] *m* (große) Schüssel *f*; Kübel *m*
barrer [ba'rrer] (2a) kehren, fegen
barrera [ba'rrera] *f* Schranke *f* (*a* 🚂); Barriere *f* (*a fig*); *fig* Hindernis *n*; **~ del sonido** Schallmauer *f*
barriada [ba'rriađa] *f* Stadtteil *m*
barrica [ba'rrika] *f* Faß *n*; **~da** [barri'kađa] *f* Barrikade *f*, Straßensperre *f*
barrido [ba'rriđo] *m* Kehren *n*; Kehricht *m*
barriga [ba'rriga] *f* Bauch *m*
barril [ba'rril] *m* Faß *n*, Tonne *f*; (*de petróleo*) Barrel *m*
barrio ['barrio] *m* Stadtviertel *n*, -teil *m*
barrizal [barri'θal] *m* Morast *m*
barro ['barro] *m* Schlamm *m*; Lehm *m*; (*de alfarero*) Ton *m*
barroco [ba'rroko] **1.** *adj* barock; **2.** *m* Barock(stil) *m*
barrote [ba'rrote] *m* (Eisen-)Stange *f*
barrun|tar [barrun'tar] (1a) ahnen, vermuten; **~to** [ba'rrunto] *m* Ahnung *f*, Vorgefühl *n*
barullo [ba'ruʎo] *m* Wirrwarr *m*; (*ruido*) Lärm *m*, Krach *m*
basalto [ba'salto] *m* Basalt *m*
basar [ba'sar] (1a) gründen, stützen (*auf en*); **~se** beruhen (*auf dat en*)
báscula ['baskula] *f* Waage *f*
base ['base] *f* Grundlage *f*, Basis *f*; 🛩 Base *f*; ✗ Stützpunkt *m*; *a ~ de* auf Grund von
bási|camente [basika'mente] grundsätzlich; im wesentlichen; **~co** ['basiko] Grund...; grundlegend; 🛩 basisch
basílica [ba'silika] *f* Basilika *f*
basta|nte [bas'tante] **1.** *adj* genügend, ausreichend; **2.** *adv* genug; ziemlich; **~r** [~'tar] (1a) genügen, ausreichen
bastar|dilla [bastar'điʎa] *f* Kursivschrift *f*; **~do** [~'tarđo] *m* Bastard *m*
bastidor [basti'đor] *m* Rahmen *m*; Gestell *n*; *teat* **~es** *pl* Kulissen *f/pl*; *fig entre ~es* hinter den Kulissen
bastión [bas'tion] *m* Bollwerk *n* (*a fig*), Bastion *f*
bas|tón [bas'ton] *m* Stock *m*, Stab *m*; Spazierstock *m*; **~ de esquí** Skistock *m*; **~tonazo** [~to'naθo] *m* Stockhieb *m*
basu|ra [ba'sura] *f* Abfall *m*, Müll *m*; *fig* Dreck *m*; **cubo m de ~** Mülleimer *m*;

basurero

~rero [~'rero] m Müllfahrer m, -mann m; (lugar) Müllhaufen m; Mülldeponie f
bata ['bata] f Haus-, Schlaf-, Morgenrock m; Kittel m
bata|lla [ba'taʎa] f Schlacht f; **~ campal** Feldschlacht f; **~ de flores** Blumenkorso m; **~llar** [bata'ʎar] (1a) kämpfen; **~llón** [~'ʎon] m Bataillon n
batata [ba'tata] f Batate f, Süßkartoffel f
batería [bate'ria] 1. f ⚔, ⚡ Batterie f; ♪ Schlagzeug n; **~ de cocina** Topfset m; 2. m ♪ Schlagzeuger m
bati|da [ba'tida] f Treibjagd f; (redada) Razzia f; **~do** [~'tido] 1. adj (camino) ausgetreten; 2. m (Milch-)Mixgetränk n; **~dor** [~ti'dor] m Schneebesen m; **~dora** [~'dora] f Mixer m, Rührgerät n
batín [ba'tin] m Hausrock m
batir [ba'tir] (3a) schlagen; (récord) brechen; (rastrear) absuchen, durchkämmen; **~se** kämpfen, sich schlagen
batiscafo [batis'kafo] m Tiefseetauchgerät n
batista [ba'tista] f Batist m
batuta ♪ [ba'tuta] f Taktstock m
baúl [ba'ul] m Truhe f; (maleta) Schrankkoffer m
bauti|smal [bauti̯z'mal] Tauf...; **~smo** [~'tizmo] m Taufe f; **~zar** [~ti'θar] (1f) taufen; **~zo** [~'tiθo] m Taufe f; **~ de fuego** Feuertaufe f
bávaro ['bavaro] 1. adj bay(e)risch; 2. m Bayer m
baya ['baja] f Beere f
bayeta [ba'jeta] f Scheuertuch n
bayoneta [bajo'neta] f Bajonett n
baza ['baθa] f (juego) Stich m; fig Trumpf m; **meter ~** F seinen Senf dazugeben
bazar [ba'θar] m Basar m
bazo anat ['baθo] m Milz f
bazooka ⚔ [ba'θoka] m Panzerfaust f
bea|ta [be'ata] f desp Betschwester f; **~tificar** [~tifi'kar] (1g) seligsprechen; **~titud** [~ti'tud] f Glückseligkeit f; **~to** [be'ato] 1. adj selig; desp scheinheilig; 2. m Selige(r) m
bebé [be'be] m Baby n; **~probeta** Retortenbaby n
bebe|dero [bebe'dero] m Tränke f; Trinknapf m; **~dor** [~'dor] m Trinker m; **~r** [be'bɛr] (2a) trinken
bebi|da [be'bida] f Getränk n; **~do** [~do] angetrunken

beca ['beka] f Stipendium n
becada zo [be'kada] f Schnepfe f
becario [be'kario] m Stipendiat m
becerro [be'θerro] m Stierkalb n; **~ de oro** Goldenes Kalb
bechamel [betʃa'mɛl] f Bechamelsoße f
becuadro ♪ [be'kuadro] m Auflösungszeichen n
bedel [be'dɛl] m Pedell m
beduino [be'du̯ino] m Beduine m
befa ['befa] f Spott m, Hohn m
béisbol ['beisbol] m Baseball m
bejuco ♀ [be'xuko] m Liane f
beldad [bɛl'dad] f Schönheit f
belén [be'len] m (Weihnachts-)Krippe f
belfo ['belfo] dicklippig
belga ['belga] 1. adj belgisch; 2. su Belgier(in f) m
belicista [beli'θista] m Kriegshetzer m, Kriegstreiber m
bélico ['beliko] kriegerisch, Kriegs...
beli|coso [beli'koso] kriegerisch; (agresivo) streitsüchtig; **~gerante** [~xe'rante] kriegführend
bellaco [be'ʎako] m Schurke m
belladona ♀ [beʎa'dona] f Tollkirsche f
belleza [be'ʎeθa] f Schönheit f
bello ['beʎo] schön
bellota ♀ [be'ʎota] f Eichel f
bemol ♪ [be'mol] m Erniedrigungszeichen n, b n; **tener ~es** schwierig sein
bencina [ben'θina] f ⚗ Benzin n
ben|decir [bende'θir] (3p) segnen; **~dición** [~di'θi̯on] f Segen m (a fig); **~dito** [~'dito] gesegnet; geweiht
benedictino [beneðik'tino] m Benediktiner m
benefi|cencia [benefi'θenθi̯a] f Wohltätigkeit f; **~ciar** [~'θi̯ar] (1b) zustatten kommen, Nutzen bringen; **~ciarse** Nutzen ziehen (aus de); **~ciario** [~'θi̯ario] m Begünstigte(r) m, Nutznießer m; **~cio** [~'fiθi̯o] m ✝ Gewinn m; (provecho) Nutzen m, Vorteil m; **~cioso** [~fi'θi̯oso] vorteilhaft, einträglich
benéfico [be'nefiko] wohltätig; wohltuend; Wohltätigkeits...
bene|mérito [bene'merito] verdienstvoll; **~plácito** [~'plaθito] m Genehmigung f; **dar su ~** sein Plazet geben; **~volencia** [~bo'lenθi̯a] f Wohlwollen n
benévolo [be'nebolo] wohlwollend
ben|gala [beŋ'gala] f Leuchtrakete f
benig|nidad [beniɡni'dad] f Güte f; Mil-

de *f*; ✱ Gutartigkeit *f*; **~no** [~'niɲno] gütig; mild; ✱ gutartig
benjamín [beŋxa'min] *m fig* Benjamin *m*; Nesthäkchen *n*
beodo [be'oðo] betrunken
berberecho [bɛrbe'retʃo] *m* Herzmuschel *f*
berbiquí [bɛrbi'ki] *m* Drillbohrer *m*
berenjena [beren'xena] *f* Aubergine *f*
bergantín ⚓ [bergan'tin] *m* Brigg *f*
berli|na [ber'lina] *f auto* Limousine *f*; **~nés** [~li'nes] *m* Berliner *m*
bermejo [ber'mexo] (hoch)rot
bermudas [ber'muðas] *f/pl* Bermudashorts *pl*
berr|ear [bɛrre'ar] (1a) blöken; *fig* plärren; **~ido** [~'rriðo] *m* Blöken *n*; *fig* Geplärr *n*; **~inche** F [~'rrintʃe] *m* Wutanfall *m*
berro ['bɛrro] *m* (Brunnen-)Kresse *f*
berza ['bɛrθa] *f* Kohl *m*
besamel [besa'mel] *f s* **bechamel**
be|sar [be'sar] (1a) küssen; **~so** ['beso] *m* Kuß *m*
bestia ['bestja] *f* Tier *n*, Vieh *n*; **~l** [bes'tjal] bestialisch, viehisch; F toll; **~lidad** [~tjali'ðað] *f* Bestialität *f*; Gemeinheit *f*
besugo [be'suɣo] *m* See-, Meerbrasse *f*
betún [be'tun] *m* Teer *m*; (*para zapatos*) Schuhcreme *f*
biberón [biβe'rɔn] *m* (Baby-)Flasche *f*
Biblia ['biβlja] *f* Bibel *f*
bíblico ['biβliko] biblisch
biblio|grafía [biβljoɣra'fia] *f* Bibliographie *f*; **~teca** [~'teka] *f* Bibliothek *f*; (*mueble*) Bücherschrank *m*; **~tecario** [~te'karjo] *m* Bibliothekar *m*
bicarbonato [bikarβo'nato] *m*: **~ de sodio** Natron *n*
bíceps ['biθeps] *m* Bizeps *m*
bicho ['bitʃo] *m* Tier *n*; **~ raro** komischer Kauz *m*; **~s** *pl* Ungeziefer *n*
bicicleta [biθi'kleta] *f* Fahrrad *n*; **ir** (*od* **montar**) **en ~** radfahren, F radeln; **~ de carreras** Rennrad *n*; **~ de montaña** Mountain Bike *n*; **~ plegable** Klapprad *n*
bicoca [bi'koka] *f* gutes Geschäft *n*; günstiger Kauf *m*
bicolor [biko'lɔr] zweifarbig
bidé [bi'ðe] *m* Bidet *n*
bidón [bi'ðɔn] *m* Kanister *m*
biela ['bjela] *f* Pleuelstange *f*

bien [bjen] **1.** *m* Gut *n*; Gute(s) *n*; Wohl *n*; **~es** *pl* Vermögen *n*; Güter *n*/*pl*; **~es de consumo** Konsumgüter *n*/*pl*; **~es de equipo** Investitionsgüter *n*/*pl*; **2.** *adv* gut, wohl; gern; sehr; richtig; **más ~** eher, vielmehr; **3.** *cj*: **si ~, ~ que** obgleich, wenn auch; **~ ... (o) ~ ...** entweder ... oder ...
bienal [bje'nal] **1.** *adj* zweijährlich; **2.** *f* Biennale *f*
bien|aventurado [bjenaβentu'raðo] glücklich; *rel* selig; **~estar** [~es'tar] *m* Wohlstand *m*; Wohlbefinden *n*; **~hechor** [~e'tʃɔr] *m* Wohltäter *m*; **~intencionado** [~intenθjo'naðo] wohlmeinend, wohlgesinnt
bienio [bi'enjo] *m* Zeitraum *m* von zwei Jahren
bienveni|da [bjembe'niða] *f* Willkomm(en *n*) *m*; **dar la ~** willkommen heißen; **~do** [~ðo] willkommen
bies ['bjes]: **al ~** schräg, quer
biftec [bif'tek] *m s* **bistec**
bifurca|ción [bifurka'θjɔn] *f* Gabelung *f*; Abzweigung *f*; **~rse** [~'karse] (1g) abzweigen; sich gabeln
bigamia [bi'ɣamja] *f* Bigamie *f*
bígamo ['biɣamo] *m* Bigamist *m*
bigo|te [bi'ɣote] *m* Schnurrbart *m*; **~tudo** [~'tuðo] schnurrbärtig
bigudí [biɣu'ði] *m* Lockenwickler *m*
bikini [bi'kini] *m* Bikini *m*
bilateral [bilate'ral] zweiseitig, bilateral
biliar [bi'ljar] Gallen...
bilingü|e [bi'liŋgŭe] zweisprachig; **~ismo** [~liŋ'gŭismo] *m* Zweisprachigkeit *f*
bilis ['bilis] *f* Galle *f*
billar [bi'ʎar] *m* Billard(spiel) *n*
billete [bi'ʎete] *m* Fahrkarte *f*, -schein *m*; **~ (de banco)** Banknote *f*, Geldschein *m*; **~ (de lotería)** (Lotterie-)Los *n*; **~ de avión** Flugschein *m*; **~ de ida y vuelta** Rückfahrkarte *f*; **~ infantil** Kinderfahrkarte *f*
billeter|a [biʎe'tera] *f*, **~o** [~ro] *m* Brieftasche *f*
billón [bi'ʎɔn] *m* Billion *f*
bimensual [bimen'sŭal] vierzehntägig
bimestral [bimes'tral] zweimonatlich
bimotor [bimo'tɔr] **1.** *adj* zweimotorig; **2.** *m* zweimotoriges Flugzeug *n*
bingo ['biŋgo] *m* Bingo *n*
biodegradable [bioðeɣra'ðaβle] biologisch abbaubar

bio|grafía [bi̯ogra'fia] *f* Biographie *f*; **~gráfico** [~'grafiko] biographisch
biógrafo [bi̯o'grafo] *m* Biograph *m*
bio|logía [bi̯olo'xia] *f* Biologie *f*; **~lógico** [~'loxiko] biologisch
biólogo [bi̯ologo] *m* Biologe *m*
biombo [bi̯ombo] *m* Wandschirm *m*
biopsia ✱ ['bi̯opsi̯a] *f* Biopsie *f*
bioquímica [bi̯o'kimika] *f* Biochemie *f*
biotopo [bi̯o'topo] *m* Biotop *n*
bipartidismo [biparti'dizmo] *m pol* Zweiparteiensystem *n*
biplaza [bi'plaθa] *m* Zweisitzer *m*
birlar F [bir'lar] (1a) klauen
birrete [bi'rrete] *m* Barett *n*
birria F ['birri̯a] *f* F Mist *m*, Schmarren *m*
bis [bis] *m* ♪ Zugabe *f*
bisabuel|a [bisa'bu̯ela] *f* Urgroßmutter *f*; **~o** [~lo] *m* Urgroßvater *m*
bisagra [bi'sagra] *f* Scharnier *n*
bisiesto [bi'si̯esto]: **año** *m* **~** Schaltjahr *n*
bismuto [biz'muto] *m* Wismut *m*
bisnieto [biz'ni̯eto] *m* Urenkel *m*
bisonte [bi'sonte] *m* Bison *m*; **~ europeo** Wisent *m*
bisoño [bi'soɲo] **1.** *adj* neu, unerfahren; **2.** *m* Neuling *m*
bisté [bis'te], **bistec** [bis'tɛk] *m* Beefsteak *n*
bisturí [bistu'ri] *m* Skalpell *n*
bisutería [bisute'ria] *f* Modeschmuck *m*
bitácora ⚓ [bi'takora] *f* Kompaßhaus *n*; **cuaderno** *m* **de ~** Logbuch *n*
bizco [bi'θko] schielend; **ser ~** schielen
bizcocho [biθ'kotʃo] *m* Zwieback *m*; (*pastel*) Biskuit *n* od *m*
blanca ['blaŋka] *f* ♪ halbe Note *f*
Blancanieves [blaŋka'ni̯ebes] *f* Schneewittchen *n*
blanco ['blaŋko] **1.** *adj* weiß; **en ~** unbeschrieben; ✝ Blanko...; **pasar la noche en ~** eine schlaflose Nacht verbringen; **2.** *m* Weiß *n*; Weiße(r) *m*; (*de tiro*) Ziel *n*, **a** *f* Zielscheibe *f*
blancura [blaŋ'kura] *f* Weiße *f*
blan|do ['blando] weich (*a droga*); zart; *fig* sanft; **~dura** [~'dura] *f a fig* Weichheit *f*; Sanftheit *f*
blanque|ante [blaŋke'ante] *m* Bleichmittel *n*; Weißmacher *m*; **~ar** [~'ar] (1a) weißen, tünchen; (*ropa*) bleichen; *gastr* blanchieren; (*dinero*) waschen
blasfe|mar [blasfe'mar] (1a) lästern, fluchen; **~mia** [~'femi̯a] *f* Gotteslästerung *f*, Blasphemie *f*
blasón [bla'son] *m* Wappen *n*
blinda|do [blin'daðo] gepanzert, Panzer...; **~je** [~'daxe] *m* Panzerung *f*; ⚔ Abschirmung *f*; **~r** [~'dar] (1a) panzern; ⚔ abschirmen
bloc [blɔk] *m* (Schreib-)Block *m*; **~ de notas** Notizblock *m*
blonda ['blonda] *f* Seidenspitze *f*
bloque ['bloke] *m* Block *m*; Klotz *m*; **en ~** im ganzen, pauschal; **~ar** [~ke'ar] (1a) blockieren; *a* ✝ sperren; **~o** [~'keo] *m* Blockade *f*; Sperre *f*; Blockierung *f*
blusa ['blusa] *f* Bluse *f*
boa ['boa] *f* Boa *f*
boato [bo'ato] *m* Prunk *m*, Pomp *m*
bobada [bo'baða] *f* Dummheit *f*
bobina [bo'bina] *f* Spule *f*; (Garn-)Rolle *f*; **~r** [~'nar] (auf)spulen, wickeln
bobo [bo'bo] **1.** *adj* dumm, albern; **2.** *m* Narr *m*, Dummkopf *m*
boca ['boka] *f* Mund *m*; (*de animales*) Maul *n*, Schnauze *f*; (*abertura*) Mündung *f*, Öffnung *f*; (*entrada*) Eingang *m*; ✱ **~ a ~** Mund-zu-Mund-Beatmung *f*; **~ de riego** Hydrant *m*; **~ abajo** auf dem Bauch; **~ arriba** auf dem Rücken; **a pedir de ~** ganz nach Wunsch; **correr de ~ en ~** von Mund zu Mund gehen; **no decir esta ~ es mía** den Mund nicht aufmachen; **meterse en la ~ del lobo** sich in die Höhle des Löwen wagen; **quedarse con la ~ abierta** sprachlos sein
boca|calle [boka'kaʎe] *f* Straßeneinmündung *f*; **~dillo** [~'ðiʎo] *m* belegtes Brötchen *n*; (*cómic*) Sprechblase *f*; **~do** [~'kaðo] *m* Bissen *m*, Happen *m*; **no probar ~** keinen Bissen anrühren; **~jarro** [~'xarro] *m*: **a ~** aus nächster Nähe; **~ta** F [~'kata] *m* belegtes Brötchen *n*; **~zas** [~'kaθas] *m* F Schwätzer *m*, Großmaul *n*
boceto [bo'θeto] *m* Skizze *f*; Entwurf *m*
bochorno [bo'tʃorno] *m* Schwüle *f*; *fig* Scham(röte) *f*; **~so** [botʃor'noso] schwül; *fig* beschämend, peinlich
bocina [bo'θina] *f* Sprachrohr *n*, Schalltrichter *m*; *auto* Hupe *f*; ⚓ Nebelhorn *n*
bocio ✱ ['boθi̯o] *m* Kropf *m*
boda ['boða] *f* Hochzeit *f*; **~s de oro** goldene Hochzeit *f*; **~s de plata** silberne Hochzeit *f*

bode|ga [bo'ðeɣa] f Weinkeller m; Kellerei f; Weinhandlung f; (despensa) Vorratskeller m; ♣ Laderaum m; **~gón** [boðe'ɣɔn] m pint Stilleben m

bodrio ['boðrio] m F Fraß m; (libro o cuadro malo) F Schinken m

bofe ['bofe] m (mst pl) Lunge f (de animales); **~tada** [~'taða] f, **~tón** [~'tɔn] m Ohrfeige f

boga ['boɣa] f Rudern n; **estar en ~** Mode sein; beliebt sein; **~r** [~'ɣar] (1h) rudern; **~vante** [~'βante] m Hummer m

bohemio [bo'emio] **1.** adj böhmisch; vida f -a Bohemeleben n; **2.** m Böhme m; Bohemien m

boicot [boi'kɔt] m Boykott m; **~ear** [~kote'ar] (1a) boykottieren

boina ['boina] f Baskenmütze f

boite [bu'at] f Nachtlokal n

boj ♣ [box] m Buchsbaum m

bol [bɔl] m henkellose Tasse f, Schale f

bola ['bola] f Kugel f; fig Lüge f; (Zeitungs-)Ente f; **~ portatipos** Kugelkopf m

bolchevi|que [boltʃe'bike] **1.** adj bolschewistisch; **2.** m Bolschewist m; **~smo** [~'bizmo] m Bolschewismus m

bolera [bo'lera] f Kegelbahn f

bolero [bo'lero] m Bolero m

boletín [bole'tin] m Bulletin n; (amtlicher) Bericht m; (papeleta) Schein m, Zettel m; **~ oficial** Amtsblatt n; **~ de pedido** Bestellschein m

boleto [bo'leto] m (Lotterie-)Los n; Tippschein m; Am Fahrkarte f; Eintrittskarte f

bólido [bo'liðo] m Meteorstein m; fig Rennwagen m

bolígrafo [bo'liɣrafo] m Kugelschreiber m

boliviano [boli'βiano] **1.** adj bolivianisch; **2.** m, **-a** f Bolivianer(in f) m

boll|ería [boʎe'ria] f Feinbäckerei f; **~o** ['boʎo] m Milchbrötchen n; (chichón) Beule f

bolo ['bolo] m Kegel m; teat Tournee f; (juego m de) **~s** Kegelspiel n; **jugar a los ~s** kegeln

bol|sa ['bɔlsa] f Beutel m, Tasche f; Tüte f; Tragetasche f; ✝ Börse f; **~ de agua caliente** Wärmflasche f; **~ de aseo** Kulturbeutel m; **~ de la basura** Mülltüte f; **~ de la compra** Einkaufstasche f; **~ de estudios** Stipendium n; **~ iso-térmica** Kühltasche f; **~ de plástico** Plastiktüte f; **~ de trabajo** Arbeitsmarkt m; **~ de valores** Wertpapier-, Effektenbörse f; **~sillo** [~'siʎo] m Tasche f; **de ~** Taschen...; **~so** ['bɔlso] m Handtasche f

bomba ['bomba] f Pumpe f; ⚔ Bombe f; **~ atómica** Atombombe f; **~ de calor** Wärmepumpe f; **~ explosiva** Sprengbombe f; **~ fétida** Stinkbombe f; **~ incendiaria** Brandbombe f; **~ lacrimógena** Tränengasbombe f; **~ de relojería** (od de tiempo) Zeitbombe f; fig **caer como una ~** wie e-e Bombe einschlagen; F **pasarlo ~** F sich toll amüsieren

bombacho [bom'batʃo]: **pantalón** m **~**, **~s** Pumphosen f/pl

bombarde|ar [bombarðe'ar] (1a) bombardieren; **~o** [~'ðeo] m Bombardierung f, Bombenangriff m; **~ro** [~'ðero] m ✈ Bombenflugzeug n, Bomber m

bombe|ar [bombe'ar] (1a) pumpen; **~o** [~'beo] m Pumpen n; **~ro** [~'bero] m Feuerwehrmann m

bombilla [bom'biʎa] f Glühbirne f

bombín [bom'bin] m (sombrero) Melone f

bombo ['bombo] m ♪ große Trommel f, Pauke f; (de sorteo) Lostrommel f; fig **a ~ y platillo(s)** mit großem Tamtam

bom|bón [bom'bɔn] m Praline f, **~bona** [~'bona] f Ballon-, Korbflasche f; **~ de gas** Gasflasche f; **~bonera** [~'nera] f Pralinenschachtel f; **~bonería** [~'ria] f Süßwarengeschäft n

bonachón [bona'tʃɔn] gutmütig

bonan|cible [bonan'θiβle] mild; friedlich; **~za** [~'nanθa] f Meeresstille f

bondad [bɔn'dað] f Güte f; **~oso** [~da'ðoso] gütig

boniato ♣ [bo'niato] m Süßkartoffel f

bonifica|ción [bonifika'θiɔn] f Vergütung f; **~r** [~'kar] (1g) vergüten

bonito [bo'nito] **1.** adj hübsch; nett; **2.** m Bonito m (Art Thunfisch)

bono ✝ ['bono] m Gutschein m, Bon m; Bonus m; **~ del tesoro** Schatzanweisung f

boñiga [bo'niɣa] f Kuhmist m

boom [bum] m Boom m

boque|rón [boke'rɔn] m zo Sardelle f; **~te** [~'kete] f Bresche f, Loch n

boqui|abierto [bokia'βierto] mit offe-

boquilla 64

nem Munde; *fig* sprachlos; **~lla** [~'kiʎa] *f* ♩ Mundstück *n*; (*para cigarrillos*) Zigarettenspitze *f*; ⊙ Düse *f*
borbollar [borbo'ʎar], **~tar** [~'tar] (1a) sprudeln
borceguí [borθe'gi] *m* Halbstiefel *m*
borda ['borða] *f* ⚓ Reling *f*; *fig echar por la* ~ über Bord werfen
borda|do [bor'ðaðo] *m* Stickerei *f*; **~dora** [~ða'ðora] *f* Stickerin *f*; **~dura** [~'ðura] *f* Stickerei *f*; **~r** [~'ðar] (1a) sticken
borde ['borðe] *m* Rand *m*; (*orilla*) Ufer *n*; *al* ~ *de* am Rande *gen* (*a fig*); **~ar** [~ðe'ar] (1a) ⚓ entlangfahren, umfahren; *fig* grenzen an
bordelés [borðe'les] aus Bordeaux
bordillo [bor'ðiʎo] *m* Randstein *m*, Bordstein *m*
bordo ⚓ ['borðo] *m* Bord *m*; *a* ~ an Bord
boreal [bore'al] nördlich
borgoña [bor'goɲa] *m* Burgunder(wein) *m*; **~ñón** [~go'ɲon] **1.** *adj* burgundisch; **2.** *m* Burgunder *m*
bórico ['boriko] Bor...; *ácido m* ~ Borsäure *f*
borla ['borla] *f* Quaste *f*, Troddel *f*
borne ['borne] *m* ⊙ Klemme *f*
boro ['boro] *m* Bor *n*
borra|chera [borra'tʃera] *f* Rausch *m* (*a fig*); **~cho** [~'rratʃo] **1.** *adj* betrunken; *fig* trunken; **2.** *m* Betrunkene(r) *m*
borra|dor [borra'ðor] *m* Entwurf *m*, Konzept *n*; (*cuaderno*) Schmierheft *n*; **~dura** [~'ðura] *f* Streichung *f*; **~ja** ✿ [~'rraxa] *f* Borretsch *m*; **~r** [~'rrar] (1a) (durch)streichen; ausradieren; löschen (*a inform, cinta*)
borras|ca [bo'rraska] *f* Sturm *m*, Unwetter *n*; *met* (Sturm-)Tief *n*; **~coso** [borras'koso] stürmisch
borrego [bo'rrego] *m* einjähriges Schaf *n*; *fig* Dummkopf *m*
borrico [bo'rriko] *m* Esel *m* (*a fig*)
borrón [bo'rron] *m* Klecks *m*; *fig* Schandfleck *m*; *i~ y cuenta nueva!* Schwamm drüber!, Strich drunter!
borroso [bo'rroso] verschwommen, undeutlich
boscoso [bos'koso] waldig
bosque ['boske] *m* Wald *m*; **~jar** [~kɛ'xar] (1a) skizzieren; entwerfen; **~jo** [~'kɛxo] *m* Skizze *f*; Entwurf *m*

boste|zar [bɔste'θar] (1f) gähnen; **~zo** [~'teθo] *m* Gähnen *n*
bota ['bota] *f* Stiefel *m*; (*para vino*) Lederflasche *f*; ~ *de montar* Reitstiefel *m*
botadura ⚓ [bota'ðura] *f* Stapellauf *m*
botáni|ca [bo'tanika] *f* Botanik *f*; **~co** [~ko] **1.** *adj* botanisch; **2.** *m* Botaniker *m*
botar [bo'tar] (1a) **1.** *v/t* ⚓ vom Stapel lassen; **2.** *v/i* zurückprallen
bote ['bote] *m* (*salto*) Sprung *m*, Satz *m*; (*vasija*) Büchse *f*, Dose *f*; ⚓ Boot *n*; ~ *neumático* Schlauchboot *n*; ~ *plegable* Faltboot *n*; ~ *salvavidas*, ~ *de salvamento* Rettungsboot *n*; *tener a alg en el* ~ j-n in der Tasche haben; *de* ~ *en* ~ gestopft voll
bote|lla [bo'teʎa] *f* Flasche *f*; ~ *retornable* Pfandflasche *f*; **~llero** [~te'ʎero] *m* Flaschenständer *m*; **~llín** [~'ʎin] *m* Fläschchen *n*
botica [bo'tika] *f* Apotheke *f*; **~rio** [~ti'karjo] *m* Apotheker *m*
botijo [bo'tixo] *m* Trinkkrug *m* aus Ton
botín [bo'tin] *m* Beute *f*; (*calzado*) Halbstiefel *m*
botiquín [boti'kin] *m* Haus-, Reiseapotheke *f*; ✚ Verbandskasten *m*
botón [bo'ton] *m* Knopf *m*; ✿ Knospe *f*; ~ *de muestra* Muster *n*, Probe *f*; ~ *de presión* Druckknopf *m*
boton|adura [botona'ðura] *f* Knopfgarnitur *f*; **~es** [~'tones] *m* Laufbursche *m*; Boy *m*, Page *m*
boutique [bu'tik] *f* Boutique *f*
bóveda ['boβeða] *f* Gewölbe *n*
bovino [bo'βino] Rind..., Rinder...
boxe|ador [bogsea'ðor] *m* Boxer *m*; **~ar** [~'ar] (1a) boxen; **~o** [~'seo] *m* Boxen *n*
boya ⚓ ['boja] *f* Boje *f*; (*corcho*) Schwimmer *m*; **~nte** [~'jante] *fig* erfolgreich; glücklich
bo|zal [bo'θal] *m* Maulkorb *m*; **~zo** [~'θo] *m* Flaum-, Milchbart *m*
brace|ar [braθe'ar] (1a) mit den Armen fuchteln; **~ro** [~'θero] *m* Tagelöhner *m*; Erntearbeiter *m*
bra|ga [braga] *f* (*mst* ~s *pl*) Schlüpfer *m*; **~gazas** F [~'gaθas] *m* Pantoffelheld *m*; **~guero** [~'gero] *m* Bruchband *n*; **~gueta** [~'geta] *f* Hosenlatz *m*
bramante [bra'mante] *m* Bindfaden *m*
bram|ar [bra'mar] (1a) brüllen; (*viento*) heulen; **~ido** [~'miðo] *m* Gebrüll *n*; Tosen *n*

bran|di, ~dy ['brandi] m Weinbrand m
branquia zo ['braŋkĭa] f Kieme f
bras|a ['brasa] f Glut f; gastr **a la ~** vom Rost; **~ero** [~'sero] m Kohlenbecken n
brasileño [brasi'leɲo] **1.** adj brasilianisch; **2.** m, **-a** f Brasilianer(in f) m
bravío [bra'bio] wild, ungebändigt; fig ungehobelt
bravo ['braβo] tapfer, mutig; wild
bravu|cón F [braβu'kɔn] m Maulheld m, Prahlhans m; **~ra** [~'βura] f Mut m, Tapferkeit f; Wildheit f
braza ['braθa] f ♣ Faden m; dep Brustschwimmen n; **~l** [~'θal] m Armbinde f; **~lete** [~θa'lete] m Armband n; (brazal) Armbinde f
brazo ['braθo] m Arm m; Oberarm m; zo Vorderbein n; (de sillón) Armlehne f; **a ~ partido** aus Leibeskräften; **ir del ~** Arm in Arm gehen; **no dar su ~ a torcer** nachgeben; **ser el ~ derecho de alg** j-s rechte Hand sein
brea ['brea] f Teer m, Pech m
brebaje [bre'βaxe] m desp Gesöff n
brécol(es) [bre'kol(es)] m(pl) Brokkoli pl
brecha ['bretʃa] f Bresche f; **abrir ~** eine Bresche schlagen (a fig); **seguir en la ~** (immer) noch tätig sein
brega ['breɣa] f Kampf m; fig harte Arbeit f; **andar a la ~ = ~r** [~'ɣar] (1h) sich abrackern, schuften
breve ['breβe] kurz; en **~** bald; **ser ~** sich kurz fassen; **~dad** [~βe'ðað] f Kürze f
breviario [bre'βĭarĭo] m Brevier n
bre|zal [bre'θal] m Heide f; **~zo** ['breθo] m Heidekraut n
bribón [bri'βɔn] m Gauner m; Schurke m
bricola|dor [brikola'ðɔr] m Bastler m, Heimwerker m; **~ge, ~je** [~'laxe] m Basteln n, Heimwerken n
brida ['briða] f Zaum m, Zügel m; ⊕ Flansch m; **a toda ~** in vollem Galopp
bridge [bridʒ] m Bridge n
brigada [bri'ɣaða] **a)** f ⚔ Brigade f; (de trabajadores) (Arbeiter-)Trupp m; **b)** m ⚔ (Ober-)Feldwebel m
brill|ante [bri'ʎante] **1.** adj glänzend (a fig), strahlend; **2.** m Brillant m; **~antez** [~ʎan'teθ] f Glanz m; **~ar** [~'ʎar] (1a) glänzen (a fig), funkeln; **~o** ['briʎo] m Glanz m, Schein m; **sacar ~ a** polieren
brin|car [briŋ'kar] (1g) hüpfen, springen; **~co** ['briŋko] m Sprung m, Satz m; **dar ~s** hüpfen

brin|dar [brin'dar] (1a) **1.** v/t anbieten; **2.** v/i anstoßen (auf ac **por**); e-n Trinkspruch ausbringen (auf ac **por**); **~dis** ['brindis] m Trinkspruch m, Toast m
brío ['brio] m Schwung m, Elan m
brioso ['brĭoso] schwungvoll; feurig
brisa ['brisa] f Brise f
británico [bri'taniko] **1.** adj britisch; **2.** m Brite m
broca ['broka] f Bohreinsatz m
brocado [bro'kaðo] m Brokat m
brocal [bro'kal] m Brunnenrand m
brocha ['brotʃa] f Malerpinsel m; **~ (de afeitar)** Rasierpinsel m
broche ['brotʃe] m Haken m u Öse f; (joya) Brosche f; fig **~ de oro** Krönung f
bro|ma ['broma] f Scherz m; Witz m, Ulk m; Spaß m; **~ pesada** übler Scherz m; **en ~** zum Spaß; **no estoy para ~s** mir ist nicht zum Lachen (zumute); **~mear** [~me'ar] (1a) scherzen; **~mista** [~'mista] m Spaßvogel m
bromo ['bromo] m Brom n
bronca ['brɔŋka] f Zänkerei f; Krach m; F Rüffel m; **echar una ~ a alg** j-n ausschimpfen
bronce ['brɔnθe] m Bronze f; **~ado** [~θe'aðo] **1.** adj bronzefarben; (por el sol) (sonnen)gebräunt, braungebrannt; **2.** m (Sonnen-)Bräune f; ⊕ Bronzieren n; **~ador** [~θea'ðɔr] m Sonnenöl n, -creme f; **~ar** [~θe'ar] (1a) bräunen
bronco ['brɔŋko] fig schroff, barsch
bronqui|al [brɔŋ'kĭal] bronchial; **~os** ['brɔŋkĭos] m/pl Bronchien f/pl; **~tis** [~'kitis] f Bronchitis f
broqueta [bro'keta] f Bratspieß m
bro|tar [bro'tar] (1a) ♣ keimen; sprießen (a fig); (líquido) hervorquellen; **~te** ['brote] m Knospe f, Sproß m, Trieb m
bruces ['bruθes]: **caer de ~** aufs Gesicht (F auf die Nase) fallen
bruj|a ['bruxa] f Hexe f (a fig); **~ería** [~xe'ria] f Hexerei f, Zauberei f; **~o** ['bruxo] m Hexenmeister m, Zauberer m
brújula ['bruxula] f Kompaß m
bru|ma ['bruma] f Nebel m, Dunst m; **~moso** [~'moso] neblig, dunstig
brus|co ['brusko] plötzlich, jäh; (carácter) brüsk, barsch; **~quedad** [~ke'ðað] f Schroffheit f
brutal [bru'tal] brutal, roh; F fig toll; **~idad** [~tali'ðað] f Brutalität f; Roheit f

bruto ['bruto] **1.** *adj fig* dumm; grob(schlächtig); ✝ brutto, Brutto...; ⊙ **en ~** im Rohzustand; **2.** *m fig* Rohling
bucal [bu'kal] *m* Mund...
buce|ador [buθea'ðɔr] *m* Taucher; **~ar** [~ðe'ar] (1a) tauchen; **~o** [~'θeo] *m* Tauchen *n*
bucle ['bukle] *m* Locke *f*; *fig* Windung *f*, Schleife *f*
bucólico [bu'koliko] Hirten..., Schäfer...; bukolisch
buche ['butʃe] *m zo* Kropf *m*
budín [bu'din] *m* Pudding *m*
budis|mo [bu'ðizmo] *m* Buddhismus *m*; **~ta** [~'dista] **1.** *adj* buddhistisch; **2.** *m* Buddhist *m*
buen [bŭen] *s* **bueno**
buenaventura [bŭenaben'tura] *f* Glück *n*; **decir la ~** wahrsagen
bueno ['bŭeno] (*vor su sg* **buen**) gut; (*niño*) artig, brav; (*bondadoso*) gutmütig; **a la buena de Dios** aufs Geratewohl, auf gut Glück; **por las buenas** im guten; gutwillig; **de buenas a primeras** mir nichts, dir nichts
buey [bŭeĭ] *m* Ochse *m*
búfalo ['bufalo] *m* Büffel *m*
bufanda [bu'fanda] *f* Schal *m*
bufar [bu'far] (1a) schnauben; fauchen
bufete [bu'fete] *m* Anwaltskanzlei *f*
buffet [bu'fet] *m gastr* Büfett *n*; **~ libre** Selbstbedienungsbüfett *n*
bufido [bu'fiðo] *m* Schnauben *n*
bufo ['bufo] **1.** *adj* komisch; **ópera *f -a*** komische Oper *f*; **2.** *m* ♪ Buffo *m*
bufón [bu'fɔn] **1.** *adj* närrisch; **2.** *m* Spaßmacher *m*; Hofnarr *m*
buhardilla [buar'diʎa] *f* Dachkammer *f*; (*ventana*) Dachluke *f*
búho ['buo] *m* Uhu *m*
buhonero [buo'nero] *m* Hausierer *m*
buitre ['bŭitre] *m* Geier *m* (*a fig*)
bujía [bu'xia] *f* Kerze *f*; *auto* Zündkerze *f*
bula ['bula] *f* (päpstliche) Bulle *f*
bulbo ['bulbo] *m* (Blumen-)Zwiebel *f*, Knolle *f*
bulevar [bule'bar] *m* Boulevard *m*
búlgaro [bul'garo] **1.** *adj* bulgarisch; **2.** *m* Bulgare *m*
bullicio [bu'ʎiθio] *m* Getöse *n*; Tumult *m*; **~so** [~ʎi'θioso] lärmend, unruhig
bullir [bu'ʎir] (3h) sieden, kochen; *fig* wimmeln
bulo ['bulo] *m* Falschmeldung *f*, Ente *f*

bulto ['bulto] *m* Gepäckstück *n*; Bündel *n*; ✱ Beule *f*, Schwellung *f*; 🜚 **~s** *pl* Stückgut *n*; **de ~** wichtig, bedeutend; **escurrir el ~** sich drücken
buñuelo [bu'ɲŭelo] *m span* Ölgebäck *n*; **~ de viento** Windbeutel *m*
buque ['buke] *m* Schiff *n*; **~ de carga** Frachter *m*; **~ escuela** Schulschiff *n*; **~ frigorífico** Kühlschiff *n*; **~ de guerra** Kriegsschiff *n*; **~ mercante** Handelsschiff *n*; **~ de pasaje(ros)** Passagierdampfer *m*; **~ portacontenedores** Containerschiff *n*
burbu|ja [bur'buxa] *f* (Wasser-, Luft-) Blase *f*; (Sekt-)Perle *f*; **~jear** [~buxe'ar] (1a) sprudeln; perlen
burdel [bur'ðel] *m* Bordell *n*
burdeos [bur'ðeos] **1.** *adj* bordeauxrot; **2.** *m* (*vino m de*) **~** Bordeaux(wein) *m*
burdo ['burðo] grob; plump
bur|gués [bur'ges] **1.** *adj* bürgerlich; *desp* spießbürgerlich; **2.** *m* Bürger *m*; **pequeño ~** Klein-, Spießbürger *m*; **~guesía** [~ge'sia] *f* Bürgerstand *m*; (**pequeña**) **~** (Klein-)Bürgertum *n*
buril [bu'ril] *m* Stichel *m*
burla ['burla] *f* Spott *m*; (*broma*) Spaß *m*; **de ~s** zum Spaß; **~dero** [~la'ðero] *m taur* Schutzwand *f* für den Stierkämpfer; **~dor** [~'ðɔr] *m* Spötter *m*; (*libertino*) Verführer *m*; **~r** [~'lar] (1a) verspotten, necken; (*engañar*) täuschen, hintergehen; **~rse de alg** sich über j-n lustig machen
burlesco [bur'lesko] spaßhaft, burlesk
burlete [bur'lete] *m* Stoffleiste *f* (*zum Abdichten von Fenstern u Türen*)
burlón [bur'lɔn] **1.** *adj* spöttisch; **2.** *m* Spötter *m*
bu|rocracia [buro'kraθia] *f* Bürokratie *f*; **~rócrata** [~'rokrata] *m* Bürokrat *m*; **~rocrático** [~ro'kratiko] bürokratisch
burra ['burra] *f* Eselin *f*; F *fig* dumme Kuh *f*; **~da** [~'rraða] *f* Eselei *f*, Dummheit *f*
burro ['burrɔ] *m* Esel *m* (*a fig*); ⊙ Sägebock *m*; **~ de carga** Packesel *m* (*a fig*); **caer** (*od* **apearse**) **del ~** s-n Irrtum einsehen
bursátil [bur'satil] Börsen...
bus [bus] *m* = **autobús**
busca ['buska] *f* Suche *f*; **en ~ de** auf der Suche nach; **~r** [~'kar] (1g) suchen; **ir a ~** abholen

buscona [bus'kona] f Straßendirne f
búsqueda ['buskeða] f Suche f
busto ['busto] m Büste f; Oberkörper m
butaca [bu'taka] f Lehnstuhl m; *teat* Parkettplatz m
butano [bu'tano] m Butan(gas) n
butifarra [buti'farra] f katalanische Bratwurst f
buzo ['buθo] m Taucher m
buzón [bu'θɔn] m Briefkasten m
byte [baït] m Byte n

C

C, c [θe] f C, c n
cabal [ka'bal] richtig; (*sensato*) vernünftig; *no estar en sus ~es* F nicht recht bei Trost sein
cabalga|da [kabal'gaða] f Reitertrupp m; **~dura** [~ga'dura] f Reit-, Lasttier n; **~r** [~'gar] (1h) reiten; **~ta** [~'gata] f Kavalkade f; Umzug m
caballa zo [ka'baʎa] f Makrele f
caball|ar [kaba'ʎar] Pferde...; **~eresco** [~ʎe'resko] ritterlich, Ritter...; **~ería** [~ʎe'ria] f Reittier n; ✕ Kavallerie f; *hist* Rittertum n; *libro m de ~s* Ritterroman m
caballero [kaba'ʎero] m Reiter m; *hist* Ritter m; Ordensritter m; (*hombre cortés*) Kavalier m, Gentleman m, Herr m; **~sidad** [~ʎerosi'ðað] f Ritterlichkeit f; **~so** [~ʎe'roso] ritterlich
caballete [kaba'ʎete] m *pint* Staffelei f; ⊕ Gestell n, Bock m
caballito [kaba'ʎito] m: *~ de mar* Seepferdchen n; **~s** m/pl Karussell n
caballo [ka'baʎo] m Pferd n; (*ajedrez*) Springer m; (*naipes*) Dame f; F Heroin n; *fig ~ de batalla* Lieblingsthema n; *~ blanco* Schimmel m; *~ de carreras* Rennpferd n; *~ negro* Rappe m; *~ de vapor (CV)* Pferdestärke f (PS); *a ~* zu Pferd; *a ~ entre* zwischen
cabaña [ka'baɲa] f Hütte f; (*rebaño*) Herde f
cabaret [kaba'ret] m Nachtlokal n
cabece|ar [kabeθe'ar] (1a) **1.** v/t (*pelota*) köpfen; **2.** v/i mit dem Kopf wackeln; (ein)nicken; ⚓ stampfen; **~ra** [~'θera] f Kopfende n; (*de un río*) Oberlauf m
cabecilla [kabe'θiʎa] m Anführer m; Rädelsführer m
cabe|llera [kabe'ʎera] f (Haupt-)Haar n; (*de cometa*) Schweif m; **~llo** [~'beʎo] m Haar n; *~ de ángel* Kürbiskonfitüre f
caber [ka'bɛr] (2m) hineingehen, (-)passen; Platz haben; (*tocarle a alg*) zufallen, zuteil werden; (*ser posible*) möglich sein; *no ~ en sí de alegría* vor Freude außer sich sein; *no cabe duda* zweifellos; *no me cabe en la cabeza* das will mir nicht in den Kopf
cabestr|illo [kabes'triʎo] m Armbinde f, -schlinge f; **~o** [~'bestro] m Halfter n
cabe|za [ka'beθa] a) f Kopf m, Haupt n (a *fig*); *fig* Verstand m; (*res*) Stück n (Vieh); *~ de ajo* Knoblauchzwiebel f; *~ de chorlito* leichtsinniger Mensch m; *~ de turco* Prügelknabe m; *a la ~*, *en ~* an der Spitze; *meterse a/c en la ~* sich et in den Kopf setzen; *perder la ~ fig* den Kopf verlieren; *romperse la ~ fig* sich den Kopf zerbrechen; *sentar la ~* Vernunft annehmen; b) m (An-)Führer m, Leiter m; *~ de familia* Familienoberhaupt m; **~zada** [~'θaða] f Stoß m mit dem Kopf; *dar una ~* ein Nickerchen machen; **~zal** [~'θal] m Kopfkissen n; ⊕ Abtastkopf m; **~zazo** [~'θaθo] m Kopfstoß m; **~zón** [~'θɔn], **~zota** [~'θota], **~zudo** [~'θuðo] **1.** *adj* dickköpfig; **2.** m Dickkopf m
cabida [ka'ßiða] f Fassungsvermögen n; *dar ~ a* aufnehmen; *fig* berücksichtigen
cabina [ka'bina] f Kabine f; (*de camión*) Führerhaus n; ✈ *~ del piloto* Cockpit n; *~ telefónica* Telefonzelle f
cabizbajo [kabið'baxo] m niedergeschlagen, verzagt
cable ['kable] m Kabel n; Tau n, Seil n; **~ado** [~e'aðo] m Kabelanschluß m; **~ar**

cablegrafiar 68

[~e'ar] (1a) verkabeln; **~grafiar** [~gra-'fiar] (1c) kabeln; **~(grama)** [~'grama] *m* Kabel(nachricht *f*) *n* ❋

cabo ['kabo] *m* Ende *n*; *geo* Kap *n*; ⚓ Leine *f*, Tau *n*; ✕ Gefreite(r) *m*; *al ~ de un mes* nach e-m Monat; *al fin y al ~* letzten Endes; *de ~ a rabo* von A bis Z

cabotaje [kabo'taxe] *m* Küstenschifffahrt *f*

cabra ['kabra] *f* Ziege *f*; *~ montés* Steinbock *m*; F *estar como una ~* verrückt sein, spinnen

cabrear F [kabre'ar] (1a) ärgern; **~se** sich ärgern, F einschnappen

cabrestante ⚓ [kabres'tante] *m* Ankerwinde *f*, Spill *n*

cabrío [ka'brio] Ziegen...; *macho m ~* Ziegenbock *m*

ca|britilla [kabri'tiʎa] *f* Ziegen-, Schaf-, Glacéleder *n*; **~brito** [~'brito] *m* Zicklein *n*; **~brón** [~'brɔn] *m* Ziegenbock *m*; V Saukerl *m*; **~bronada** P [~bro'naða] *f* P Sauerei *f*, Hundsgemeinheit *f*

cacahuete [kaka'uete] *m* Erdnuß *f*

cacao [ka'kao] *m* Kakao *m*, *fig* Durcheinander *n*

cacarear [kakare'ar] (1a) **1.** *v/i* gackern (*a fig*); **2.** *v/t* häufig erwähnen; F ausposaunen

cacatúa [kaka'tua] *f* Kakadu *m*

cacería [kaθe'ria] *f* Jagd *f*

cacerola [kaθe'rola] *f* Kasserolle *f*, Schmortopf *m*, Stieltopf *m*

cachalote [katʃa'lote] *m* Pottwal *m*

cacharr|ería [katʃarre'ria] *f* Töpferladen *m*; **~o** [~'tʃarro] *m* (irdener) Topf *m*; *desp* altes Stück *n*; **~s** *m/pl* Küchengeräte *n/pl*; Kram *m*

cachear [katʃe'ar] durchsuchen; F filzen

cachemira [katʃe'mira] *f* Kaschmir *m*

cacheo [ka'tʃeo] *m* Durchsuchung *f*; Leibesvisitation *f*

cachet [ka'tʃɛ, ka'tʃet] *m* Gage *f*

cachete [ka'tʃete] *m* Klaps *m*

cacho ['katʃo] *m* Stück *n*; Brocken *m*

cachon|deo P [katʃɔn'deo] *m* Spaß *m*, Gaudi *f*; **~do** [ka'tʃondo] *zo* läufig; F *fig* scharf, geil; (*gracioso*) witzig

cachorro [ka'tʃɔrro] *m* Junge(s) *n*; (*perro*) Welpe *m*

cacique [ka'θike] *m* Kazike *m*, Häuptling *m*; *fig* Bonze *m*; **~ismo** [~θi'kizmo] *m* Bonzentum *n*, Klüngel *m*

caco F ['kako] *m* Dieb *m*

cacofonía [kakofo'nia] *f* Mißklang *m*

cact|o ['kakto], **~us** ['kaktus] *m* Kaktus *m*

cada ['kaða] jeder, jede, jedes; *~ cosa* alles Mögliche; *~ uno, ~ cual* jeder; *~ vez* jedesmal; *~ vez más* immer mehr; *~ tres días* alle 3 Tage; *uno de ~ tres* jeder dritte

cadalso [ka'ðalso] *m* Schafott *n*

cadáver [ka'ðaβer] *m* Leiche *f*, Leichnam *m*, Kadaver *m*

cadena [ka'ðena] *f* Kette *f*; *TV* Kanal *m*, Programm *n*; **~s** (*antideslizantes*) Schneeketten *f/pl*; *~ de alta fidelidad* Hi-Fi-Anlage *f*; *~ de montaje* Fließband *n*; *~ perpetua* lebenslängliche Zuchthausstrafe *f*

cadencia [ka'ðenθia] *f* Rhythmus *m*; Takt *m*; ♪ Kadenz *f*

cadera [ka'ðera] *f* Hüfte *f*

cadete [ka'ðete] *m* Kadett *m*

cadmio ['kaðmio] *m* Kadmium *n*

caduc|ar [kaðu'kar] (1g) verfallen (*a fig*); ablaufen; veralten; **~cidad** [~θi'ðað] *f* Hinfälligkeit *f*; Vergänglichkeit *f*; ✝ *fecha f de ~* Verfallsdatum *n*; **~co** [~'ðuko] hinfällig; vergänglich

caer [ka'er] (2o) fallen; stürzen; ab-, herunterfallen; *~ sobre* herfallen über; *fig* hereinbrechen über; *~ cerca* in der Nähe liegen; *~ bien (mal)* (*vestido*) gut (schlecht) sitzen od stehen; (*persona*) (un)sympathisch sein; *estar al ~* unmittelbar bevorstehen; *~ en domingo* auf e-n Sonntag fallen; *~ enfermo* krank werden; *~ en suerte* zufallen; *~ en la cuenta* begreifen; *~ en la red, ~ en la trampa* in die Falle gehen (*bsd fig*); **~se** stürzen; (hin)fallen, umfallen; *~ de risa* sich totlachen; *~ de sueño* vor Müdigkeit umfallen

café [ka'fe] *m* Kaffee *m*; (*local*) Café *n*; *~ con leche* Milchkaffee *m*; *~ solo* schwarzer Kaffee *m*; *~ con terraza* Straßencafé *n*

cafeína [kafe'ina] *f* Koffein *n*

cafe|tera [kafe'tera] *f* Kaffeekanne *f*; *~ automática* Kaffeemaschine *f*; **~tería** [~te'ria] *f* Cafeteria *f*, Snackbar *f*; **~to** [~'feto] *m* Kaffeebaum *m*

caí|da [ka'iða] *f* Fall *m*, Sturz *m*; *a la ~ del sol* bei Sonnenuntergang; *~ del pelo* Haarausfall *m*; **~do** [~'iðo] **1.** *adj* gefallen; herabhängend; **2. ~s** *m/pl* ✕ Gefallene(n) *m/pl*

caigo ['kaïgo] *s* caer
caja ['kaxa] *f* Kiste *f*; Kasten *m*; Dose *f*; Schachtel *f*; ✝ Kasse *f*; ~ **acústica** Lautsprecherbox *f*; ~ **(postal) de ahorros** (Post-)Sparkasse *f*; ~ **de cartón** Pappschachtel *f*; ~ **de caudales**, ~ **fuerte** Tresor *m*, Safe *m*; ~ **de cambios** *auto* Getriebe *n*; ~ **de colores** Malkasten *m*; ~ **de compases** Reißzeug *n*; ~ **de la escalera** Treppenhaus *n*; ~ **de música** Spieldose *f*; ~ **negra** ✈ Flugschreiber *m*; ~ **de reloj** Uhrgehäuse *n*; ~ **de resistencia** Streikkasse *f*; ~ **de seguridad** (Bank-)Safe *m*; ~ **torácica** Brustkorb *m*
cajero [ka'xero] *m* Kassierer *m*; ~ **automático** Geldautomat *m*
cajetilla [kaxe'tiʎa] *f* Schachtel *f* Zigaretten
cajón [ka'xɔn] *m* Schublade *f*; ~ **de sastre** F Sammelsurium *n*
cal [kal] *f* Kalk *m*; **de** ~ **y canto** felsenfest, dauerhaft
cala ['kala] *f* kleine Bucht *f*
calaba|cín [kalaba'θin] *m* Zucchini *f*; **~za** [~'baða] *f* Kürbis *m*; **dar ~s** *fig* einen Korb geben
calabozo [kala'boθo] *m* Verlies *n*, Kerker *m*; Arrestzelle *f*
caladero [kala'ðero] *m* Fischgrund *m*
calado [ka'laðo] **1.** *adj* durchnäßt; **2.** ⚓ Tiefgang *m*; (*bordado*) Hohlsaum *m*
calafatear ⚓ [kalafate'ar] (1a) kalfatern; abdichten
calamar [kala'mar] *m* Kalmar *m* (*Art Tintenfisch*)
calambre [ka'lambre] *m* Muskel-, Wadenkrampf *m*; ⚡ Schlag *m*
calami|dad [kalami'dað] *f* Not *f*; Unheil *n*; Katastrophe *f*; *fig* Unglücksmensch *m*; **~toso** [~'toso] unheilvoll; trübselig
calar [ka'lar] (1a) durchbohren, hineinstoßen; (*mojar*) durchnässen, durchtränken; (*sombrero*, *etc*) aufsetzen; (*motor*) abwürgen; (*melón*) anschneiden; *fig* durchschauen; ~ **hondo** zu Herzen gehen; ~ (**hasta los huesos**) (bis auf die Haut) naß werden
calavera [kala'bera] **1.** *f* Totenkopf *m*; **2.** *m fig* Windhund *m*
calcar [kal'kar] (1g) durchpausen, -zeichnen; *fig* (sklavisch) nachahmen
calcáreo [kal'kareo] kalkig, -haltig
calceta [kal'θeta] *f* Strumpf *m*; **hacer** ~ stricken

calificación

calcetín [kalθe'tin] *m* Socke *f*
calcinado [kalθi'naðo] ausgebrannt, verkohlt
calcio ['kalθio] *m* Kalzium *n*
calco ['kalko] *m* Pause *f*, Durchzeichnung *f*, *fig* Abklatsch *m*; **~manía** [~ma'nia] *f* Abziehbild *n*
calcula|ble [kalku'laβle] berechenbar; **~dor** [~la'ðor] **1.** *adj fig* berechnend; **2.** *m* Rechner *m*; **~dora** [~'ðora] *f* Rechenmaschine *f*; ~ **de bolsillo** Taschenrechner *m*; **~r** [~'lar] (1a) (be-, aus)rechnen; kalkulieren; **~torio** [~la'torjo] kalkulatorisch, rechnerisch
cálculo ['kalkulo] *m* Rechnen *n*; Berechnung *f*, Kalkulation *f*; ~ **mental** Kopfrechnen *n*; ✚ (**vesical**, **renal**, **biliar**) (Blasen-, Nieren-, Gallen-)Stein *m*
caldas ['kaldas] *f/pl* Thermalquelle *f*
calde|ar [kalde'ar] (1a) erhitzen, erwärmen (*a fig*); **~ra** [~'ðera] *f* Kessel *m*; Heizkessel *m*; **~rero** [~'rero] *m* Kesselschmied *m*; **~rilla** [~'riʎa] *f* Kleingeld *n*
calderón [kalde'rɔn] *m* ♩ Fermate *f*
caldo ['kaldo] *m* Brühe *f*; ~ **de carne** Fleischbrühe *f*, Bouillon *f*; **hacer(le) el** ~ **gordo a alg** j-n begünstigen
calefac|ción [kalefag'θjon] *f* Heizung *f*; ~ **central** Zentralheizung *f*; ~ **individual** Etagenheizung *f*; **~tor** [~fak'tɔr] *m* Heizgerät *n*
calendario [kalen'darjo] *m* Kalender *m*; ~ **de actos** Veranstaltungskalender *m*; ~ **de taco** Abreißkalender *m*
calen|tador [kalenta'ðor] *m* Heizgerät *n*; ~ **de agua** Boiler *m*; **~tamiento** [~'mjento] *m* (Er-)Wärmen *n*, Erhitzen *n*; **~tar** [~'tar] (1k) (er)wärmen; (be)heizen; **~tarse** sich wärmen; warm werden; **~tura** [~'tura] *f* Fieber *n*; **~turiento** [~tu'rjento] fiebrig
cali|brador ⚙ [kaliβra'ðor] *m* Schublehre *f*; **~brar** [~'βrar] (1a) messen; eichen; *fig* einschätzen; **~bre** [~'liβre] *m* Kaliber *n* (*a fig*)
calidad [kali'ðað] *f* Qualität *f*; **de (primera)** ~ erstklassig, hochwertig; **en** ~ **de** als; ~ **de vida** Lebensqualität *f*
cálido ['kaliðo] warm (*a fig*); heiß
calidoscopio [kaliðɔs'kopjo] *m* Kaleidoskop *n*
caliente [ka'ljente] heiß, warm
califa [ka'lifa] *m* Kalif *m*
califica|ción [kalifika'θjon] *f* Qualifika-

calificado 70

tion *f*, Eignung *f*; (*examen*) Benotung *f*, Note *f*; **~do** [~'kaðo] qualifiziert, geeignet; **~r** [~'kar] (1g) qualifizieren; beurteilen; bezeichnen (als *de*); **~tivo** [~ka'tiβo] **1.** *adj* bezeichnend, kennzeichnend; **2.** *m* Beiname *m*

caligrafía [kaliɣra'fia] *f* Schönschrift *f*; Handschrift *f*

cali|ma [ka'lima], **~na** [~'lina] *f* Dunst *m*

cáliz ['kaliθ] *m* Kelch *m* (*a* ♄)

caliza [ka'liθa] *f* Kalkstein *m*

calla|da [ka'ʎaða] *f*: *dar la ~ por respuesta* nicht antworten; **~do** [~'ʎaðo] schweigsam; still; **~r** [ka'ʎar] (1a) **1.** *v/t* verschweigen; *~ la boca* den Mund halten; **2.** *v/i* schweigen; **~rse** schweigen; still sein

calle ['kaʎe] *f* Straße *f*; *dep* Bahn *f*; *~ de dirección única* Einbahnstraße *f*; *~ comercial* Geschäftsstraße *f*; *~ lateral* Nebenstraße *f*; *~ mayor* Hauptstraße *f*; *en la ~* auf der Straße; *poner a alg (de patitas) en la ~* j-n auf die Straße setzen; **~jear** [~ʎexe'ar] (1a) durch die Straßen bummeln; **~jero** [~'xero] **1.** *adj* Straßen...; **2.** *m* Straßenverzeichnis *m*; **~jón** [~'xon] *m* (enge) Gasse *f*; *~ sin salida* Sackgasse *f* (*a fig*)

calli|cida [kaʎi'θiða] *m* Hühneraugenmittel *n*; **~sta** [~'ʎista] *m* Fußpfleger *m*

callo ['kaʎo] *m* Schwiele *f*; Hühnerauge *n*; *~s pl gastr* Kutteln *f/pl*; **~sidad** [~si'ðað] *f* Hornhaut *f*; **~so** [~'ʎoso] schwielig

cal|ma ['kalma] *f* Stille *f*, Ruhe *f*; ♐ Windstille *f*; *fig* Gemütsruhe *f*; *~ chicha* Flaute *f*; **~mante** [~'mante] **1.** *adj* beruhigend; schmerzlindernd; **2.** *m* Beruhigungsmittel *n*; schmerzstillendes Mittel *n*; **~mar** [~'mar] (1a) beruhigen; **~moso** [~'moso] ruhig, still

caló [ka'lo] *m* Zigeunersprache *f*

calor [ka'lor] *m* (F *f*) Wärme *f* (*a fig*), Hitze *f*; *hace (mucho) ~* es ist (sehr) heiß; *entrar en ~* warm werden; *tengo ~* mir ist warm *od* heiß

caloría [kalo'ria] *f* Kalorie *f*; *bajo (rico) en ~s* kalorienarm (-reich)

calorífico [kalo'rifiko] wärmeerzeugend; Wärme...

calumni|a [ka'lumnia] *f* Verleumdung *f*; **~ador** [~'ðor] **1.** *adj* verleumderisch; **2.** *m* Verleumder *m*; **~ar** [~'niar] (1b) verleumden

caluroso [kalu'roso] heiß; *fig* warm, herzlich

cal|va ['kalβa] *f* Glatze *f*; *fig* kahle Stelle *f*; **~vario** [~'βario] *m* Kreuzweg *m*; *fig* Leidensweg *m*; **~vicie** [~'βiθie] *f* Kahlheit *f*; Glatze *f*; **~vo** ['kalβo] **1.** *adj* kahl(köpfig); **2.** *m* Kahl-, Glatzkopf *m*

calza ['kalθa] *f* Keil *m*; *~s pl* Hosen *f/pl*; **~da** [~'θaða] *f* Fahrbahn *f*; **~do** [~'θaðo] *m* Schuhwerk *n*; **~dor** [~θa'ðor] *m* Schuhanzieher *m*; **~r** [~'θar] (1f) (*zapatos, etc*) anziehen; anhaben; ⊙ sichern, verkeilen; *¿qué número calza?* welche Schuhgröße haben Sie?

calzón [kal'θon] *m* Hose *f*

calzon|azos F [kalθo'naθos] *m* Pantoffelheld *m*; **~cillos** [~'θiʎos] *m/pl* Unterhose(n) *f(pl)*

cama ['kama] *f* Bett *m*; ✶ Streu *f*; *~ de matrimonio* Ehebett *n*, Doppelbett *n*; *~ elástica* Trampolin *n*; *~ individual* Einzelbett *n*; *~ nido* Bettcouch *f*; *~ plegable* Klappbett *n*; *~ turca* Schlafcouch *f*

camada [ka'maða] *f zo* Wurf *m*

camaleón [kamale'on] *m* Chamäleon *n*

cámara ['kamara] **1.** *f* Kammer *f*; *fot, TV* Kamera *f*; *auto ~ de aire* Schlauch *m*; *~ de comercio (e industria)* (Industrie- und) Handelskammer *f*; *~ de diputados* Abgeordnetenkammer *f*; *~ frigorífica* Kühlkammer *f*; *~ lenta* Zeitlupe *f*; *~ oscura* Dunkelkammer *f*; **2.** *m* Kameramann *m*

camara|da [kama'raða] *m* Kamerad *m*; *pol* Genosse *m*; **~dería** [~raðe'ria] *f* Kameradschaft *f*

camare|ra [kama'rera] *f* Kellnerin *f*; (*hotel*) Zimmermädchen *n*; ♐ Stewardeß *f*; **~ro** [~'rero] *m* Kellner *m*; ♐ Steward *m*

camarilla [kama'riʎa] *f* Kamarilla *f*; *fig* Clique *f*

camarón *zo* [kama'ron] *m* Sandgarnele *f*

camarote ♐ [kama'rote] *m* Kajüte *f*, Kabine *f*

camastro [ka'mastro] *m* Pritsche *f*

cambalache F [kamba'latʃe] *m* Tausch(handel) *m*

cambia|ble [kam'biable] ver-, austauschbar; wandelbar; **~nte** [~'biante] wechselnd, wechselhaft

cambiar [kam'biar] (1b) **1.** *v/t* (ver-,

canana

um)tauschen; (*dinero*) wechseln; (*modificar*) (ver-, um-, ab)ändern; **2.** v/i sich ändern, wechseln; ~ **de lugar** umverstellen; ~ **de traje** sich umziehen; ~ **de tren** umsteigen; ~ **de velocidad** schalten; **~se** sich umziehen; **~io** [~'βiarĭo] Wechsel...

cambio ['kambĭo] *m* Wechsel *m*, (Ver-)Änderung *f*; ✝ Geldwechsel *m*; Wechselkurs *m*; (*dinero*) Wechselgeld *n*, Kleingeld *n*; (*intercambio*) (Aus-) Tausch *m*; Umtausch *m*; *auto* ~ (**de marchas**) (Gang-)Schaltung *f*; ~ **automático** Automatikschaltung *f*; ~ **de neumático** Reifenwechsel *m*; **a** ~ **de** gegen, für; **en** ~ hingegen

cambista [kam'bista] *m* (Geld-)Wechsler *m*

camelia ⚘ [ka'melĭa] *f* Kamelie *f*

camello [ka'meʎo] *m* Kamel *n*; F Drogenhändler *m*, Dealer *m*

camerino *teat* [kame'rino] *m* Künstlergarderobe *f*

camill|a [ka'miʎa] *f* Tragbahre *f*; (*mesa*) runder Tisch *m*; **~ero** [~mi'ʎero] *m* Krankenträger *m*, Sanitäter *m*

camina|nte [kami'nante] *m* Fußgänger *m*; Wanderer *m*; **~r** [~'nar] (1a) gehen, wandern; **~ta** [~'nata] *f* Wanderung *f*

camino [ka'mino] *m* Weg *m*; **por** (*od* **en**) **el** ~ unterwegs; ~ **de** auf dem Wege nach; **abrirse** ~ *fig* s-n Weg machen; **ponerse en** ~ sich auf den Weg machen

camión [ka'mĭɔn] *m* Last(kraft)wagen *m*; ~ **cisterna** Tankwagen *m*; ~ **de mudanzas** Möbelwagen *m*; ~ **frigorífico** Kühlwagen *m*

camione|ro [kamĭo'nero] *m* Lastwagenfahrer *m*, Fernfahrer *m*; **~ta** [~'neta] *f* Lieferwagen *m*; Kleinbus *m*

cami|sa [ka'misa] *f* Hemd *n*; ~ **de fuerza** Zwangsjacke *f*; ~ **de vestir** Oberhemd *n*; **meterse en** ~ **de once varas** F sich in Dinge einmischen, die e-n nichts angehen; **~sería** [~se'ria] *f* Herrenwäschegeschäft *n*; **~sero** [~'sero] *m* Hemdbluse *f*; (*vestido*) ~ Hemdblusenkleid *n*; **~seta** [~'seta] *f* Unterhemd *n*; T-Shirt *n*; **~són** [~'sɔn] *m* Nachthemd *n*

camorr|a [ka'mɔrra] *f* Streit *m*; Schlägerei *f*; **~ista** [kamɔ'rrista] *m* Raufbold *m*

campa|l [kam'pal]: **batalla** ~ *f* Feldschlacht *f*; **~mento** [~pa'mento] *m* (Feld-, Truppen-, Zelt-)Lager *n*

campa|na [kam'pana] *f* Glocke *f*; ~ **de chimenea** Rauchfang *m*; ~ **de rebato** Sturmglocke *f*; **echar las ~s al vuelo** frohlocken; **~nada** [~pa'nada] *f* Glockenschlag *m*; *fig* **dar la** ~ (ärgerliches) Aufsehen erregen; **~nario** [~'narĭo] *m* Glockenturm *m*; **~nilla** [~'niʎa] *f* Glöckchen *n*; Klingel *f*; *anat* Zäpfchen *n*; **~nte** F [~'pante] unbekümmert; **quedarse tan** ~ so tun, als ob nichts dabei wäre

campaña [kam'paɲa] *f* Kampagne *f*, Feldzug *m*; ~ **electoral** Wahlkampf *m*; ~ **publicitaria** Werbeaktion *f*, -feldzug *m*

campechano [kampe'tʃano] ungezwungen; jovial

campe|ón [kampe'ɔn] *m* Meister *m*; *fig* Vorkämpfer *m*; **~onato** [~o'nato] *m* Meisterschaft(skampf *m*) *f*; ~ **mundial**, ~ **del mundo** Weltmeisterschaft *f*

campesino [kampe'sino] **1.** *adj* ländlich; **2.** *m* Landbewohner *m*; Bauer *m*

campestre [kam'pestre] ländlich, Land...

camping ['kampin] *m* Zelten *n*, Camping *n*; (*lugar*) Zelt-, Campingplatz *m*, **hacer** ~ zelten, campen

campista [kam'pista] *m* Zeltler *m*

campo ['kampo] *m* Feld *n*; Acker *m*; Land *n*; ⚔ Lager *n*; *dep* Platz *m*; *fig* Gebiet *n*; ~ **de batalla** Schlachtfeld *n*; ~ **de tiro** Schießplatz *m*; ⚜ ~ **visual** Gesichtsfeld *n*; **en el** ~ auf dem Land; (**a**) ~ **traviesa** querfeldein; *fig* **tener** ~ **libre** freie Bahn haben; **~santo** [~'santo] *m* Friedhof *m*

camufla|je [kamu'flaxe] *m* Tarnung *f*; **~r** [~'flar] (1a) tarnen

can [kan] *m* Hund *m*

cana ['kana] *f* weißes Haar *n*; **peinar ~s** alt sein; F **echar una ~ al aire** sich e-n vergnügten Tag machen

canadiense [kana'ðĭense] **1.** *adj* kanadisch; **2.** *su* Kanadier(in *f*) *m*

canal [ka'nal] *m* Kanal *m* (*a* TV); △ Rille *f*; **~ización** [~liθa'θĭɔn] *f* Kanalisation *f*; **~izar** [~li'θar] (1f) kanalisieren

canalla [ka'naʎa] **1.** *f* Gesindel *n*, Pack *n*; **2.** *m* Schuft *m*, Kanaille *f*; **~da** [~'ʎaða] *f* Schurkerei *f*

canal|ón [kana'lɔn] *m* Dachrinne *f*; **~ones** *gastr* [~'lones] *m*/*pl a* **canelones**

canana [ka'nana] *f* Patronengurt *m*

canapé [kana'pe] *m* Sofa *n*; *gastr* (fein) belegtes Brot *n*

canario [ka'narjo] **1.** *m* Kanarienvogel *m*; *geo* Kanarier *m*; **2.** *adj geo* kanarisch

canas|ta [ka'nasta] *f* Henkelkorb *m*; **~tilla** [~'tiʎa] *f* Körbchen *n*; (*de bebé*) Babyausstattung *f*; **~to** [~'nasto] *m* Tragkorb *m*

cancela|ción [kanθela'θjɔn] *f* Streichung *f*; Absage *f*; ✝ Tilgung *f*, Löschung *f*; **~dora** [~'ðora] *f*: **~ de billetes** Fahrscheinentwerter *m*; **~r** [~'lar] (1a) streichen; absagen; ✝ tilgen, löschen; (*billete*) entwerten

cáncer ['kanθɛr] *m* ✱ Krebs *m*; *astr* ♋ Krebs *m*

cance|rígeno [kanθe'rixeno] krebserregend; **~roso** [~'roso] krebsartig, Krebs...

cancha ['kantʃa] *f* Spielplatz *m*, -feld *n*; **~ de tenis** Tennisplatz *m*

canciller [kanθi'ʎer] *m* Kanzler *m*; **~ federal** Bundeskanzler *m*; **~ía** [~ʎe'ria] *f* (Staats-)Kanzlei *f*; Kanzleramt *n*

canci|ón [kan'θjɔn] *f* Lied *n*; **~ de cuna** Wiegenlied *n*; **~ de moda** Schlager *m*; **~onero** [~θjo'nero] *m* Liederbuch *n*, -sammlung *f*

candado [kan'daðo] *m* Vorhängeschloß *n*

cande|la [kan'dela] *f* Kerze *f*; **~labro** [~de'laβro] *m* Armleuchter *m*, Kandelaber *m*; ♌ **~laria** *rel* [~de'larja] *f* Lichtmeß *f*; **~lero** [~'lero] *m* Leuchter *m*

candente [kan'dente] glühend; *fig* aktuell, brennend

candida|to [kandi'dato] *m* Kandidat *m*, Bewerber *m*; **~tura** [~ða'tura] *f* Bewerbung *f*, Kandidatur *f*; **presentar su ~ para** sich bewerben um

candidez [kandi'deθ] *f* Aufrichtigkeit *f*, Offenheit *f*; Naivität *f*

cándido ['kandiðo] arglos; offen; naiv

candil [kan'dil] *m* Öllampe *f*; **~ejas** [~di'lexas] *f/pl teat* Rampenlicht *n*

candor [kan'dɔr] *m* Treuherzigkeit *f*; **~oso** [~do'roso] arglos, aufrichtig

canela [ka'nela] *f* Zimt *m*; **~ en rama** Zimtstange *f*

canelones [kane'lones] *m/pl* Cannelloni *pl*

cangrejo *zo* [kaŋ'grexo] *m* Krebs *m*; **~ de río** Flußkrebs *m*

canguro [kaŋ'guro] **1.** *m* Känguruh *n*; **2.** *su* F Babysitter(in *f*) *m*

ca|níbal [ka'niβal] **1.** *adj* kannibalisch; **2.** *m* Menschenfresser *m*, Kannibale *m*; **~nibalismo** [~βa'lizmo] *m* Kannibalismus *m*

canica [ka'nika] *f* Murmel *f*

canícula [ka'nikula] *f* Hundstage *m/pl*

canijo [ka'nixo] schwächlich, kränklich

canino [ka'nino] Hunde...; **hambre** *f* **-a** Heißhunger *m*; (**diente ~**) Eckzahn *m*

canje ['kanxe] *m* Austausch *m*; Umtausch *m*; Einlösung *f*; **~ de notas** Notenwechsel *m*; **~ar** [~xe'ar] (1a) austauschen; umtauschen; einlösen

cano ['kano] (*pelo*) grau, weiß

canoa [ka'noa] *f* Kanu *n*

canódromo [ka'noðromo] *m* Hunderennbahn *f*

canon ['kanon] *m* Regel *f*; Kanon *m* (*a* ♪); ♌ Pachtgebühr *f*

canóni|co [ka'noniko] kanonisch; **derecho** *m* **~** Kirchenrecht *n*; **~go** [~'nonigo] *m* Domherr *m*; ♌ (**hierba** *f* **de**) **~(s)** *m(pl)* Feldsalat *m*

canoniza|ción [kanoniθa'θjɔn] *f* Heiligsprechung *f*; **~r** [~'θar] (1f) heiligsprechen

canoro [ka'noro]: **pájaro ~** Singvogel *m*

canoso [ka'noso] grauhaarig

canotaje [kano'taxe] *m* Kanusport *m*

can|sado [kan'saðo] müde, matt; erschöpft, abgespannt; **~sancio** [~'sanθjo] *m* Müdigkeit *f*; Erschöpfung *f*; **~sar** [~'sar] (1a) ermüden, ermatten; (*aburrir*) langweilen; **~sarse** müde werden; **~ de a/c** et satt haben; **~sino** [~'sino] matt, ermüdet

cantábrico [kan'taβriko] kantabrisch

cantante [kan'tante] *m* (*f*) Sänger(in *f*) *m*

cantaor [kanta'ɔr] *m*, **-a** [~'ora] *f* Flamencosänger(in *f*) *m*

cantar [kan'tar] (1a) **1.** *v/i.* singen (*a fig*); (*gallo*) krähen; **2.** *v/t.* besingen, preisen; **3.** *m* Lied *n*; F **ese es otro ~** das ist ganz etwas anderes

cantarela ♌ [kanta'rela] *f* Pfifferling *m*

cántaro ['kantaro] *m* (Henkel-)Krug *m*; **llover a ~s** in Strömen regnen

cantata [kan'tata] *f* Kantate *f*

cantautor [kantaŭ'tɔr] *m* Liedermacher *m*

cante ['kante] *m*: **~ jondo** Art Flamencogesang

cante|ra [kan'tera] *f* Steinbruch *m*; *dep* Nachwuchs *m*; **~ro** [~'tero] *m* Steinmetz *m*; (*de pan*) Kanten *m*

cántico ['kantiko] *m* Kirchenlied *n*
cantidad [kanti'dað] *f* Quantität *f*, Anzahl *f*, Menge *f*; (*de dinero*) Betrag *m*, Summe *f*
cantimplora [kantim'plora] *f* Feldflasche *f*
cantina [kan'tina] *f* Kantine *f*
canto ['kanto] *m* Gesang *m*; (*canción*) Lied *n*; (*borde*) Kante *f*, Ecke *f*, Rand *m*; (*guijarro*) (Kiesel-)Stein *m*; **~s rodados** Geröll *n*
cantor [kan'tor] **1.** *adj* Sing...; **maestro** *m* **~** Meistersinger *m*; **niño** *m* **~** Sängerknabe *m*; **pájaro** *m* **~** Singvogel *m*; **2.** *m* Sänger *m*
canturrear [kanturre'ar] (1a) trällern
cánula ◆ ['kanula] *f* Kanüle *f*
caña ['kaɲa] *f* ✿ (Schilf-)Rohr *n*; (*vaso*) kleines Glas *n* Bier; ♪ Rohrblatt *n*; (*de la bota*) (Stiefel-)Schaft *m*; *anat* Röhrenknochen *m*; **~ de azúcar** Zuckerrohr *n*; **~ de pescar** Angel(rute) *f*
cañada [ka'naða] *f* Engpaß *m*; Hohlweg *m*; (*paso de animales*) (Vieh-)Trift *f*
cañamazo [kaɲa'maθo] *m* Gitterleinen *n*, Stramin *m*
cáñamo ['kaɲamo] *m* Hanf *m*
cañería [kaɲe'ria] *f* Rohrleitung *f*
caño ['kaɲo] *m* Röhre *f*, Rohr *n*
cañón [ka'ɲon] *m* Kanone *f*, Geschütz *n*; (*de fusil*) Lauf *m*; *geo* Cañon *m*
caño|nazo [kaɲo'naθo] *m* Kanonenschuß *m*; **~nero** [~'nero] *m* Kanonenboot *n*
caoba [ka'oβa] *f* Mahagoni(holz) *n*
ca|os ['kaos] *m* Chaos *n*; **~ótico** [ka'otiko] chaotisch
capa ['kapa] *f* Schicht *f* (*a fig*); (*prenda*) Umhang *m*, Cape *n*; **~** (*de pintura*) Anstrich *m*; **~ de ozono** Ozonschicht *f*; **bajo ~ de** unter dem Vorwand von; **andar** (*od* **ir**) **de ~ caída** heruntergekommen sein, F schlecht dran sein
capaci|dad [kapaθi'ðað] *f* Fassungsvermögen *n*; (*aptitud*) Fähigkeit *f*; Talent *n*; **~ de memoria** *inform* Speicherkapazität *f*; **~tación** [~ta'θion] *f* Befähigung *f*; **curso m de ~** Fortbildungskurs *m*; **~tar** [~'tar] (1a) befähigen; berechtigen
capar [ka'par] (1a) kastrieren
caparazón [kapara'θon] *m zo* Panzer *m*
capataz [kapa'taθ] *m* Vorarbeiter *m*, Werkmeister *m*; Aufseher *m*; ◆ Polier *m*; ⚒ **~ de mina** Steiger *m*

capaz [ka'paθ] fähig; befähigt; tüchtig; imstande (**zu de**)
capazo [ka'paθo] *m* (flacher) Korb *m*; Einkaufskorb *m*
capcioso [kab'θioso] verfänglich; **pregunta f -a** Fangfrage *f*
capea *taur* [ka'pea] *f* Amateurkampf *m* mit Jungstieren; **~r** [~pe'ar] (1a) den Stier mit der Capa reizen
capellán [kape'ʎan] *m* Kaplan *m*
Caperucita [kaperu'θita] *f*: **~ Roja** Rotkäppchen *n*
caperuza [kape'ruθa] *f* Kapuze *f*; ⊙ Kappe *f*
capicúa [kapi'kua] *m* symmetrische Zahl *f* (*z. B.* 5665)
capilar [kapi'lar] Haar...; Kapillar...
capilla [ka'piʎa] *f* Kapelle *f*; **~ ardiente** (Raum *m* für die) feierliche Aufbahrung *f*
cápita ['kapita]: **per ~** pro Kopf
capital [kapi'tal] **1.** *adj* hauptsächlich, wesentlich, Haupt..., Kapital...; **2.** *f* Hauptstadt *f*; **3.** *m* ✝ Kapital *n*; **~ social** Gesellschafts-, Stammkapital *n*; **~ismo** [~ta'lizmo] *m* Kapitalismus *m*; **~ista** [~'lista] *m* Kapitalist *m*; **~izar** [~li'θar] (1f) kapitalisieren
capi|tán [kapi'tan] *m* ⚓ Kapitän *m*; ⚔ Hauptmann *m*; *dep* Mannschaftsführer *m*; **~tanear** [~tane'ar] (1a) befehligen, anführen; *fig* leiten
capitel ◆ [kapi'tel] *m* Kapitell *n*
capitolio [kapi'tolio] *m* Kapitol *n*
capitoste F [kapi'toste] *m* F Bonze *m*; F Boß *m*
capitula|ción [kapitula'θion] *f* Kapitulation *f*; **capitulaciones pl matrimoniales** Ehevertrag *m*; **~r** [~'lar] **1.** *adj* Kapitel... **2.** *v/i* (1a) kapitulieren (*a fig*); ⚖ vereinbaren
capítulo [ka'pitulo] *m* Kapitel *n* (*tb rel*); *fig* **llamar a ~** zur Rechenschaft ziehen
capó [ka'po] *m* Motorhaube *f*
capón [ka'pon] *m* Kapaun *m*
capota [ka'pota] *f auto* Verdeck *n*; **~r** [~'tar] (1a) ✈, *auto* sich überschlagen
capote [ka'pote] *m* Umhang *m*; *taur* Stierkämpferumhang *m*; **decir** (*pensar*) **para su ~** bei sich sagen (denken)
capricho [ka'pritʃo] *m* Einfall *m*, Laune *f*; Schrulle *f*; **~so** [~'tʃoso] launisch; kapriziös

Capricornio [kapri'kɔrnĭo] *m astr* Steinbock *m*

cápsula ['kapsula] *f* Kapsel *f*, Hülse *f*

capta|ción [kapta'θĭɔn] *f* Erfassung *f*, Gewinnung *f*; **~ de clientes** Kundenfang *m*; **~r** [~'tar] (1a) gewinnen; *(atención)* fesseln; *(emisora)* empfangen; *(comprender)* erfassen

captura [kap'tura] *f* Fang *m*; ⚖ Festnahme *f*; **~r** [~'rar] (1a) fangen; ⚖ festnehmen; ⚓ aufbringen; *inform* erfassen

capu|cha [ka'putʃa] *f* Kapuze *f*; **~china** [~'tʃina] *f* ⚘ Kapuzinerkresse *f*; **~chino** [~'tʃino] *m* Kapuzinermönch *m*; **~chón** [~'tʃɔn] *m* Kapuze *f*; ⊙ (Verschluß-)Kappe *f*

capullo [ka'puʎo] *m* Kokon *m*; ⚘ Knospe *f*

caqui ['kaki] **1.** *m* Kakifrucht *f*; **2.** *adj* khaki(farben)

cara ['kara] *f* Gesicht *n*; Miene *f*; *(de disco)* Seite *f*; *(de moneda)* Bildseite *f*; *(aspecto)* Aussehen *n*; *fig* **~ (dura)** Unverschämtheit *f*; **~ a ~** von Angesicht zu Angesicht; **de ~** von vorn; **(de) ~ a** im Hinblick auf; angesichts; **dar la ~ für** s-e Handlung einstehen; **dar la ~ por alg** sich für j-n einsetzen; **echar en ~** vorwerfen; **hacer ~ a** die Stirn bieten; **tener ~ de** aussehen wie; **tener buena (mala) ~** gut (schlecht) aussehen

carabela [kara'bela] *f* Karavelle *f*

carabina [kara'bina] *f* Karabiner *m*; *fig* F Anstandswauwau *m*

caracol [kara'kɔl] *m zo* Schnecke *f*

carácter [ka'raktɛr] *m* Charakter *m*; Wesen *n*; **caracteres** *m/pl* **de imprenta** Druckbuchstaben *m/pl*

caracte|rística [karakte'ristika] *f* Kennzeichen *n*, Merkmal *n*; **~rístico** [~ko] bezeichnend, charakteristisch; **~rizar** [~ri'θar] (1f) charakterisieren; *teat* treffend darstellen; **~ de** verkleiden als

caradura P [kara'ðura] *m* unverschämter Kerl *m*

¡caramba! [ka'ramba] verdammt (noch mal)!; *(sorpresa)* na, so was!

carámbano [ka'rambano] *m* Eiszapfen *m*

carambola [karam'bola] *f* Karambolage *f (billar)*

caramelo [kara'melo] *m* Bonbon *n/m*; *(azúcar)* Karamel(zucker) *m*

carátula [ka'ratula] *f* Maske *f*

carava|na [kara'bana] *f* Karawane (*a fig*); *(de coches)* Autoschlange *f*; *(remolque)* Wohnwagen(anhänger) *m*; **~ning** [~'baniŋ] *m* Reisen *n* im Wohnwagen, Caravaning *n*

¡caray! [ka'raĭ] verdammt

carbón [kar'bɔn] *m* Kohle *f*; **~ vegetal, ~ de leña** Holzkohle *f*; **dibujo** *m* **al ~** Kohlezeichnung *f*

carbo|nato [karbo'nato] *m* Karbonat *n*; **~ncillo** [~bɔn'θiʎo] *m* Zeichenkohle *f*, **~nera** [~bo'nera] *f* Kohlenkeller *m*; ⚓ Bunker *m*; **~nería** [~ne'ria] *f* Kohlenhandlung *f*; **~nero** [~'nero] **1.** *m* Kohlenhändler *m*; **2.** *adj* Kohlen...; **~nilla** [~'niʎa] *f* Kohlenstaub *m*; **~nizar** [~ni'θar] (1f) verkohlen; **~no** ⚛ [~'bono] *m* Kohlenstoff *m*

carbunco [kar'buŋko] *m* Milzbrand *m*

carbura|ción [karbura'θĭɔn] *f auto* Vergasung *f*; **~dor** [~'ðɔr] *m* Vergaser *m*; **~nte** [~'rante] *m* Treib-, Kraftstoff *m*; **~r** [~'rar] (1a) vergasen

carca P ['karka] rückständig, stockkonservativ

carcaj [kar'kax] *m* Köcher *m*

carcajada [karka'xaða] *f* Gelächter *n*; **reír a ~s** aus vollem Halse lachen

cárcel ['karθɛl] *m* Kerker *m*; Gefängnis *n*

carcelero *m* [karθe'lero] Gefängniswärter *m*

carcinoma ⚕ [karθi'noma] *m* Karzinom *n*, Krebsgeschwulst *f*

carco|ma [kar'koma] *f* Holzwurm *m*; **~mido** [~'miðo] wurmstichig

cardar [kar'ðar] (1a) *(lana)* kämmen; *(pelo)* toupieren

cardenal [karðe'nal] *m* Kardinal *m*; blauer Fleck *m*

cardíaco ⚕ [kar'ðĭako] Herz...; herzkrank

cardinal [karðɪ'nal] *m* Haupt...; **números** *m/pl* **~es** Grundzahlen *f/pl*; **los puntos ~es** die Himmelsrichtungen *f/pl*

cardiólogo [kar'ðĭologo] *m* Herzspezialist *m*

cardo ⚘ ['karðo] *m* Distel *f*

cardumen [kar'ðumen] *m* Fischschwarm *m*, -bank *f*

carear [kare'ar] (1a) gegenüberstellen; *fig* vergleichen; **~se** sich aussprechen

carecer [kare'θɛr] (2d): **~ de** nicht haben; entbehren

caren|cia [ka'renθia] f Mangel m (an *dat de*), Fehlen n; **~te** [~'rente]: **~ de** mangelnd an, ohne

careo ⚖ [ka'reo] m Gegenüberstellung f

carestía [kares'tia] f Mangel m; ✝ Teuerung f; Verteuerung f

careta [ka'reta] f Maske f

carey [ka'rei] m Schildpatt n

carga ['karga] f Last, Bürde f (*a fig*); ✝ Fracht f; Ladung f (*a* ✕, ⚡); ✕ Angriff m; *fig* Belastung f; **~ explosiva** Sprengladung f; **~ útil** Nutzlast f; **~s sociales** Soziallasten f/pl, -abgaben f/pl; **volver a la ~** auf et bestehen; **~do** [~'gaðo] beladen (mit **de**); (*arma*) geladen; (*bebida*) stark; *met* schwül; **~dor** [~ga'ðor] m Verlader m; ⚡ Ladegerät n; (*de arma*) Magazin n; **~ de muelle** ⚓ Dockarbeiter m, Schauermann m; **~mento** [~'mento] m Ladung f; Fracht f; **~nte** F [~'gante] lästig, aufdringlich

cargar [kar'gar] (1h) **1.** v/t beladen; (*arma*) laden; ⚡ aufladen; (*culpa*) zuschieben; **~ en cuenta** ein Konto belasten; **2.** v/i lasten (auf **sobre**); **~ con** tragen; *fig* übernehmen; **~ contra** angreifen; **~se** (*cielo*) sich beziehen; F **~ a alg** (*examen*) j-n durchfallen lassen; P (*matar*) j-n umlegen; **~ a/c** et kaputtmachen

cargo ['kargo] m Amt n, Posten m; ⚖ Anklagepunkt m; **alto ~** hohe Stellung f (*od* Persönlichkeit f); **~ en cuenta** Lastschrift f; **a ~ de** zu Lasten von; **hacerse ~ de** übernehmen

carguero [kar'gero] m ⚓ Frachter m; (*avión* m) **~** Lastflugzeug n

cariado [ka'riaðo] (*diente*) faul, kariös

caricatu|ra [karika'tura] f Karikatur f; **~rista** [~'rista] m Karikaturist m; **~rizar** [~ri'θar] (1f) karikieren

caricia [ka'riθia] f Liebkosung f, Zärtlichkeit f

caridad [kari'ðað] f Nächstenliebe f; Wohltätigkeit f; (*limosna*) Almosen n

caries ['karies] f ✢ Karies f

carillón [kari'ʎon] m Glockenspiel n

cariño [ka'riɲo] m Liebe f, Zuneigung f; **¡~!** Liebling!; **tomar ~ a** liebgewinnen; **~so** [~ri'ɲoso] liebevoll; zärtlich

carisma [ka'risma] m Charisma n, Ausstrahlung f

caritativo [karita'tiβo] mildtätig, karitativ

cariz [ka'riθ] m Aussehen n; Lage f; **tomar mal ~** bedenklich aussehen

carlinga ✈ [kar'linga] f Pilotenkanzel f, Cockpit n

carmelita [karme'lita] m (f) Karmeliter(in f) m

car|mesí [karme'si] karmesinrot; **~mín** [~'min] m Karmin(rot) n

carnal [kar'nal] fleischlich, sinnlich; (*pariente*) leiblich

carnaval [karna'βal] m Karneval m, Fasching m

carne ['karne] f Fleisch n; **~ de cañón** *fig* Kanonenfutter n; **~ congelada** Gefrierfleisch n; **~ de gallina** *fig* Gänsehaut f; **~ de membrillo** Quittengelee n; **~ picada** Hackfleisch n; **poner toda la ~ en el asador** alle Hebel in Bewegung setzen

carné [kar'ne] m s **carnet**

carnero [kar'nero] m Hammel m; (*carne*) Hammelfleisch n

carnet [kar'ne] m Ausweis m; **~ de conducir** Führerschein m; **~ de identidad** Personalausweis m

carnice|ría [karniθe'ria] f Metzgerei f, Fleischerei f; *fig* Blutbad n, Gemetzel n; **~ro** [~'θero] m Fleischer m, Metzger m

cárnico ['karniko] Fleisch...

carnívoro [kar'niβoro] fleischfressend

carnoso [kar'noso] fleischig

caro ['karo] teuer; *fig a* lieb

carótida *anat* [ka'rotiða] f Halsschlagader f

carpa ['karpa] f *zo* Karpfen m; (*entoldado*) Zirkuszelt n

carpeta [kar'peta] f (Akten-)Mappe f; Aktendeckel m; Schreibunterlage f

carpinte|ría [karpinte'ria] f Schreinerwerkstatt f, Tischlerei f; (*oficio*) Tischlerhandwerk n; **~ro** [~'tero] m Schreiner m, Tischler m; (*pájaro* m) **~** Specht m

carraspe|ar [karraspe'ar] (1a) sich räuspern; **~ra** [~'pera] f Heiserkeit f

carrera [ka'rrera] f Lauf m; Wettlauf m; Rennen n; (*trayecto*) Weg(strecke f) m; (*estudios*) Laufbahn f, Karriere f; (*en la media*) Laufmasche f; **~ de armamentos** Wettrüsten n; **~ de fondo** Lang(strecken)lauf m; **tomar ~** Anlauf nehmen

carre|ta [ka'rreta] f Karren m; **~te** [ka'rrete] m Spule f; *fot* (Roll-)Film m; **~**

carretera 76

de hilo Garnrolle *f*; **~tera** [~'tera] *f* Landstraße *f*; **~tilla** [~'tiʎa] *f* Schubkarre *f*

carril [ka'rril] *m* Fahrspur *f*; 🚆 Schiene *f*; **~ de adelantamiento** Überholspur *f*; **~-bici** Fahrradweg *m*; **~ para vehículos lentos** Kriechspur *f*

carri|llo [ka'rriʎo] *m* Backe *f*, Wange *f*; **~to** [~'rrito] *m* Wägelchen *n*; **~ de compra** Einkaufswagen *m*; **~ para equipajes** Kofferkuli *m*; **~ de té** (*od de servicio*) Teewagen *m*

carrizo [ka'rriθo] *m* Schilf *n*; Rohr *n*

carro ['karro] *m* Karren *m*, Karre *f*; (*máquina de escribir*) Wagen *m*; *Am* Auto *n*; **~ de combate** Panzer(wagen) *m*

carrocería [karroθe'ria] *f* Karosserie *f*

carroña [ka'rroɲa] *f* Aas *n*

carroza [ka'rroθa] **1.** *f* Karosse *f*; **2.** *adj* F alt, altmodisch

carruaje [ka'rruaxe] *m* Fuhrwerk *n*

carta ['karta] *f* Brief *m*, Schreiben *n*; *pol* Charta *f*; (*naipe*) (Spiel-)Karte *f*; *gastr* (Speise-)Karte *f*; **~ de ajuste** *TV* Testbild *n*; **~ blanca** Blankovollmacht *f*; **~-bomba** *f* Briefbombe *f*; **~ certificada** Einschreiben *n*; **~ comercial** Geschäftsbrief *m*; **~ con valores** (*declarados*) Wertbrief *m*; **~ de vinos** Getränkekarte *f*; **~ urgente** Eilbrief *m*; *dar ~ blanca a* jm die freie Hand lassen; *jugarse todo a una ~* *fig* alles auf e-e Karte setzen; *tomar ~s en el asunto* eingreifen; *tomar ~ de naturaleza* *fig* sich einbürgern

cartabón [karta'bon] *m* Winkelmaß *n*, Zeichendreieck *n*

cartapacio [karta'paθio] *m* Mappe *f*

cartearse [karte'arse] (1a) in Briefwechsel stehen

cartel [kar'tɛl] *m* Plakat *n*; *estar en ~* auf dem Spielplan stehen

cártel ✝ ['kartɛl] *m* Kartell *n*

cartele|ra [karte'lera] *f* Anschlagbrett *n*; Veranstaltungskalender *m*; **~ro** [~'lero] *m* Plakatkleber *m*

carteo [kar'teo] *m* Briefwechsel *m*

cárter ['karter] *m* ⚙ Gehäuse *n*; *auto* Ölwanne *f*

carte|ra [kar'tera] *f* Brieftasche *f*; Aktentasche *f*; Schultasche *f*; Mappe *f*; ✝ Bestand *m*; (*persona*) Briefträgerin *f*; *pol* Portefeuille *n*; **~ría** [~'ria] *f* Briefabfertigung *f*; **~rista** [~'rista] *m* Taschendieb *m*; **~ro** [~'tero] *m* Briefträger *m*

cartílago [kar'tilago] *m* Knorpel *m*

cartilla [kar'tiʎa] *f* Fibel *f*; **~ de ahorro** Sparbuch *n*

cartógrafo [kar'tografo] *m* Kartenzeichner *m*, Kartograph *m*

cartomancia [karto'manθia] *f* Kartenlegen *n*, -schlagen *n*

cartón [kar'ton] *m* Pappe *f*, Karton *m*; (*de cigarrillos*) Stange *f*; **~ ondulado** Wellpappe *f*; **~ piedra** Pappmaché *n*

cartoné 📖 [karto'ne] kartoniert

cartuch|era [kartu'tʃera] *f* Patronentasche *f*; **~o** [~'tutʃo] *m* Patrone *f*

cartu|ja [kar'tuxa] *f* Karthäuserkloster *n*; **~jo** [~'tuxo] *m* Karthäuser(mönch) *m*

cartulina [kartu'lina] *f* dünner Karton *m*, feine Pappe *f*

casa ['kasa] *f* Haus *n*; Wohnung *f*; ✝ Firma *f*; *a ~* nach Hause: *en ~* zu Hause; **~ adosada** Reihenhaus *f*; **~ de campo** Landhaus *n*; **~-cuna** Kinderkrippe *f*; **~ de empeños**, **~ de préstamos** Pfandhaus *f*; **~ de huéspedes** Pension *f*; **~ de locos** Irrenhaus *n*; **~ de maternidad** Entbindungsanstalt *f*; **~ de pisos** (*de alquiler*) Mietshaus *n*; **~ matriz** ✝ Stammhaus *n*; **~ prefabricada** Fertighaus *f*; **~ pública** Bordell *n*; *echar* (*od tirar*) *la ~ por la ventana* das Geld zum Fenster hinauswerfen; *llevar la ~* den Haushalt führen

casación ⚖ [kasa'θion] *f* Kassation *f*; Aufhebung *f*

casa|dero [kasa'dero] heiratsfähig; **~mentero** *m* [~men'tero] Heiratsvermittler *m*; **~miento** [~'miento] *m* Heirat *f*, Hochzeit *f*, Trauung *f*

casar [ka'sar] (1a) **1.** *v/t* verheiraten, trauen; ⚖ für ungültig erklären; **2.** *v/i* *fig* harmonieren; **~se** (sich ver)heiraten; *por lo civil* (*por la iglesia*) standesamtlich (kirchlich) heiraten

cascabel [kaska'bɛl] *m* Schelle *f*; Glöckchen *n*; *serpiente f de ~* Klapperschlange *f*

casca|da [kas'kada] *f* Wasserfall *m*; Kaskade *f*; **~do**, [~'kaðo] verbraucht; altersschwach; (*voz*) brüchig; **~nueces** [~'ɲueθes] *m* Nußknacker *m*

cascar [kas'kar] (1g) knacken; zerbrechen; *fig* prügeln; (*charlar*) schwatzen

cáscara ['kaskara] *f* Schale *f*

casco ['kasko] *m* Helm *m*; *(fragmento)* Scherbe *f*; Splitter *m*; ⚓ (Schiffs-)Rumpf *m*; *zo* Huf *m*; *(envase)* Flasche *f*; **~ antiguo** Altstadt *f*; **~ azul** Blauhelm *m*; **~ urbano** Stadtkern *m*; **~s** *pl* F Kopfhörer *m/pl*; F **ligero de ~s** leichtsinnig

cascote [kas'kote] *m* (Bau-)Schutt *m*

case|río [kase'rio] *m* Weiler *m*; Gehöft *n*; **~ro** [~'sero] **1.** *adj* Haus...; häuslich; *gastr* hausgemacht; **2.** *m* Hausherr *m*, -wirt *m*; **~rón** [~se'ron] *m* großes, altes Haus *n*; **~ta** [~'seta] *f* Hütte *f*; Bude *f*; **~ de baños** Badekabine *f*; **~ de tiros** Schießbude *f*

casete [ka'sete] *m* = **cassette**

casi ['kasi] beinahe, fast

casilla [ka'siʎa] *f* Häuschen *n*; *(de ajedrez)* Feld *n*; *(de un mueble)* Fach *n*; *(en un papel)* Kästchen *n*; *fig* **salirse de sus ~s** aus dem Häuschen geraten

casino [ka'sino] *m* Kasino *n*; Klubhaus *n*; **~ de juego** Spielbank *f*

casis ['kasis] *f* schwarze Johannisbeere *f*

caso ['kaso] *m* Fall *m*; *gram* a Kasus *m*; **en ~ de que** *(subj)*, **~ de** *(inf)* falls; **estar en el ~** im Bilde sein; **hacer ~ a alg** auf j-n hören; **hacer ~ a** beachten; **no hacer** *(od* **venir) al ~** nicht zur Sache gehören; **hacer ~ omiso de** unbeachtet lassen; **¡vamos al ~!** kommen wir zur Sache!; **en todo ~** auf jeden Fall; *(a lo sumo)* allenfalls; **en último ~** notfalls

casorio [ka'sorio] *m* Mißheirat *f*

caspa ['kaspa] *f* (Kopf-)Schuppen *f/pl*

casquillo [kas'kiʎo] *m* Patronenhülse *f*; ⊙ Hülse *f*

casquivano F [kaski'bano] leichtsinnig, F windig

cassette [ka'sɛt] *f* (Tonband-)Kassette *f*; *(aparato)* Kassettenrecorder *m*; **~ virgen** unbespielte Kassette *f*, Leerkassette *f*

casta ['kasta] *f* Kaste *f*; Geschlecht *n*

casta|ña [kas'taɲa] *f* Kastanie *f*; *fig* **sacar las ~s del fuego** die Kastanien aus dem Feuer holen; **~ño** [~'taɲo] **1.** *adj* kastanienbraun; **2.** *m* Kastanienbaum *m*; F **pasar de ~ oscuro** über die Hutschnur gehen; **~ñuela** [~ta'ɲuela] *f* Kastagnette *f*

castellano [kaste'ʎano] **1.** *adj* kastilisch; *(lengua)* spanisch; **2.** *m* Kastilier *m*; *(lengua)* Spanisch(e) *n*

castidad [kasti'dad] *f* Keuschheit *f*

casti|gador [kastiga'dor] *m fig* Frauenheld *m*; **~gar** [~'gar] (1h) (be)strafen; **~go** [~'tigo] *m* Strafe *f*, Bestrafung *f*; *(escuela)* Strafarbeit *f*

castillete [kasti'ʎete] *m* Förderturm *m*; **~ de sondeos** Bohrturm *m*

castillo [kas'tiʎo] *m* Burg *f*; Schloß *n*; **~ de naipes** Kartenhaus *n (a fig)*; **~ en el aire** *fig* Luftschloß *n*

castizo [kas'tiθo] echt, rein; urwüchsig

casto ['kasto] keusch, züchtig

castor [kas'tor] *m* Biber *m*

castra|ción [kastra'θion] *f* Kastration *f*; **~r** [~'trar] (1a) kastrieren

castrense [kas'trense] Militär...

casual [ka'sual] zufällig; **~idad** [~li'dad] *f* Zufall *m*; Zufälligkeit *f*; **por ~** zufällig

casulla [ka'suʎa] *f* Meßgewand *n*

cata ['kata] *f* Probieren *n*, Kosten *n*; **~ de vinos** Weinprobe *f*; **~clismo** [~'klizmo] *m* Katastrophe *f (a fig)*; **~cumbas** [~'kumbas] *f/pl* Katakomben *f/pl*; **~dor** [~'dor] *m*: **~ (de vinos)** Weinprüfer *m*

catalán [kata'lan] **1.** *adj* katalanisch; **2.** *m* Katalane *m*; *(lengua)* Katalanisch(e) *n*

catalejo [kata'lexo] *m* Fernrohr *n*

catalizador [kataliθa'dor] *m* Katalysator *m (a auto)*

cat|alogar [katalo'gar] (1h) katalogisieren; **~álogo** [~'talogo] *m* Katalog *m*

cataplasma 🞻 [kata'plazma] *f* Umschlag *m*

catapulta [kata'pulta] *f* Katapult *m od n*; **~r** [~'tar] (1a) katapultieren *(a fig)*

catar [ka'tar] (1a) probieren

catarata [kata'rata] *f* Wasserfall *m*; 🞻 grauer Star *m*

catarro [ka'tarro] *m* Katarrh *m*; Erkältung *f*

catastro [ka'tastro] *m* Kataster *m, n*

catástrofe [ka'tastrofe] *f* Katastrophe *f*

catastrófico [katas'trofiko] katastrophal

catavino [kata'bino] *m* Stechheber *m*; **~s** [~'binos] *m* Weinprüfer *m*

catear F [kate'ar] (1a) durchfallen (lassen)

catecismo [kate'θizmo] *m* Katechismus *m*

cátedra ['katedra] *f* Lehrstuhl *m*, Professur *f*

catedral [kate'dral] *f* Kathedrale *f*; Dom *m*

catedrático [kate'dratiko] *m* Professor *m*; ~ **de Instituto** *etwa*: Studienrat *m*
cate|goría [katego'ria] *f* Kategorie *f*; (*rango*) Rang *m*; (*calidad*) Güte *f*; Klasse *f*; ~ **media** Mittelklasse *f*; **de ~ be-**deutend, von Rang; **~górico** [~'goriko] kategorisch
catéter ✱ [ka'teter] *m* Katheter *m*
cátodo ⚡ ['katoðo] *m* Kathode *f*
catolicismo [katoli'θizmo] *m* Katholizismus *m*
católico [ka'toliko] **1.** *adj* katholisch; **2.** *m* Katholik *m*
catorce [ka'torθe] vierzehn
catre ['katre] *m* Feldbett *n*
cauce [kau'θe] *m* Flußbett *n*; *fig* Bahn *f*, Weg *m*; **volver a su ~** *fig* wieder ins Geleise kommen
caucho [kau'tʃo] *m* Kautschuk *m*
caución [kau'θion] *f* Sicherheitsleistung *f*, Kaution *f*
caudal [kau'ðal] *m* Wassermenge *f*; *fig* Fülle *f*; Vermögen *n*; **~oso** [~ða'loso] wasserreich
caudillo [kau'ðiʎo] *m* (An-)Führer *m*
causa ['kausa] *f* Ursache *f*, Grund *m*; ⚖ Prozeß *m*; **a ~ de** wegen; **por mí ~** meinetwegen; **hacer ~ común con** *ac* gemeinsame Sache machen mit (*dat*); **~nte** [~'sante] *m* Urheber *m*; **~r** [~'sar] (1a) verursachen
causticidad [kaustiθi'ðað] *f fig* Bissigkeit *f*
cáustico ['kaustiko] ätzend; *fig* beißend, bissig
caute|la [kau'tela] *f* Vorsicht *f*; **~loso** [~te'loso] vorsichtig, behutsam
cauterizar [kauteri'θar] (1f) (aus)brennen; ätzen
cauti|var [kauti'βar] (1a) gefangennehmen; *fig* fesseln, entzücken; **~verio** [~ti'βerio] *m*, **~vidad** [~βi'ðað] *f* Gefangenschaft *f*; **~vo** [~'tiβo] **1.** *adj* gefangen; **2.** *m* Gefangene(r) *m*
cauto ['kauto] vorsichtig; behutsam
cava ['kaβa] **a)** *f* Weinkellerei *f*; **b)** *m* Sekt *m*; **~r** [~'βar] (1a) hacken; graben
caverna [ka'βerna] *f* Höhle *f*
caviar [ka'βiar] *m* Kaviar *m*
cavidad [kaβi'ðað] *f* Höhlung *f*; Vertiefung *f*; ✱ Höhle *f*
cavilar [kaβi'lar] (1a) grübeln
cayad|o *m*, **-a** *f* [ka'jaðo, ~ða] Hirtenstab *m*; Bischofsstab *m*

caza ['kaθa] **a)** *f* Jagd *f*; (*animales*) Wild *n*; **b)** ✈ *m* Jagdflugzeug *n*; **~ de reacción** Düsenjäger *m*; **~bombardero** [~bombar'ðero] *m* Jagdbomber *m*; **~dor** [~'ðor] *m* Jäger *m* (*a* ⚔); **~dora** [~'ðora] *f* Jägerin *f*; (*chaqueta*) Sport-, Windjacke *f*; **~r** [ka'θar] (1f) jagen (*a fig*); F ergattern; ertappen
cazo ['kaθo] *m* Stieltopf *m*
cazuela [ka'θuela] *f* Koch-, Schmortopf *m*
ceba|da [θe'βaða] *f* Gerste *f*; **~r** [~'βar] (1a) mästen; *fig* schüren, nähren; **~rse: ~ en alg** s-e Wut an j-m auslassen
cebellina [θeβe'ʎina] *f* Zobel *m*
cebo ['θeβo] *m* Mastfutter *m*; (*para peces, etc*) Köder *m* (*a fig*)
cebo|lla [θe'βoʎa] *f* Zwiebel *f*; **~lleta** [~'ʎeta] *f* Frühlingszwiebel *f*; **~llino** [~'ʎino] *m* Schnittlauch *m*
cebra ['θeβra] *f* Zebra *n*; **paso** *m* **~** Zebrastreifen *m*
Ceca ['θeka] *f*: **ir** (*od andar*) **de la ~ a la Meca** von Pontius zu Pilatus laufen
cece|ar [θeθe'ar] (1a) lispeln; **~o** [~'θeo] *m* Lispeln *n*
cecina [θe'θina] *f* Rauch-, Dörrfleisch *n*
cedazo [θe'ðaθo] *m* Sieb *n*
ceder [θe'ðer] (2a) **1.** *v/t* abtreten, überlassen; **~ el paso** den Vortritt lassen; **ceda el paso** Vorfahrt gewähren; **2.** *v/i* nachgeben; (*disminuir*) nachlassen
cedro ♣ ['θeðro] *m* Zeder *f*
cédula ['θeðula] *f* Schein *m*; Urkunde *f*; *Am* **~ de identidad** Personalausweis *m*
cegar [θe'γar] (1h *u* 1k) blenden; *fig* verblenden; (*tapar*) verstopfen; zuschütten
ceguera [θe'γera] *f* Blindheit *f*
ceja ['θexa] *f* Augenbraue *f*; **tener entre ~ y ~** (*e-e Sache*) im Auge haben
cejar [θe'xar] (1a) nachgeben
celador [θela'ðor] *m* Aufseher *m*; (Gefängnis-)Wärter *m*
cel|da ['θelda] *f* (Kloster-, Gefängnis-)Zelle *f*; **~dilla** [~'ðiʎa] *f* Bienenzelle *f*
celebra|ción [θeleβra'θion] *f* Feier *f*; **~r** [~'βrar] (1a) feiern, begehen; (*alabar*) loben; (*acto*) veranstalten; abhalten; **lo celebro mucho** das freut mich sehr; **~rse** stattfinden
célebre ['θeleβre] berühmt
celebridad [θeleβri'ðað] *f* Berühmtheit *f*

celeridad [θeleri'ðað] f Schnelligkeit f
celeste [θe'leste] himmlisch, Himmels...; (color) himmelblau; **~tial** [~'tĭal] himmlisch (a fig); **~tina** [~'tina] f Kupplerin f
celibato [θeli'bato] m Zölibat n, m
célibe ['θelibe] unverheiratet, ledig
celo ['θelo] m Eifer m; zo Brunst f, **~s** pl Eifersucht f; **tener ~s de** eifersüchtig sein auf (ac)
celofán [θelo'fan] m Cellophan n
celosía [θelo'sia] f Jalousie f
celoso [θe'loso] eifersüchtig (auf ac **de**)
celta ['θelta] **1.** adj keltisch; **2.** su Kelte m, Keltin f
celtibérico [θelti'beriko] keltiberisch
céltico ['θeltiko] keltisch
célula ['θelula] f Zelle f; **~ fotoeléctrica** Fotozelle f
celu|lar [θelu'lar] Zell..., Zellen...; **~litis** ⚕ [~'litis] f Zellulitis f; **~losa** [~'losa] f Zellulose f
cemen|tar [θemen'tar] (1a) zementieren; **~terio** [~'terĭo] m Friedhof m; **~to** [~'mento] m Zement m
cena ['θena] f Abendessen n
cenador [θena'ðor] m Laube f
cena|gal [θena'gal] m Moor n; Morast m; **~goso** [~'goso] morastig
cenar [θe'nar] (1a) zu Abend essen
cencerro [θen'θerro] m Kuhglocke f
cenefa [θe'nefa] f Borte f; Einfassung f; △ Randverzierung f
ceni|cero [θeni'θero] m Aschenbecher m; **♀cienta** [~'θĭenta] f Aschenputtel n (a fig); **~ciento** [~'θĭento] aschgrau
cenit [θe'nit] m Zenit m (a fig)
ceni|za [θe'niθa] f Asche f; **~zo** [~θo] m F Pechvogel m
censo ['θenso] m (Volks-)Zählung f; **~ electoral** Wählerliste f; **~r** [~'sor] m Zensor m; **~ jurado de cuentas** Wirtschaftsprüfer m
censura [θen'sura] f Zensur f; Tadel m; **~ble** [~'rable] tadelnswert; **~r** [~'rar] (1a) zensieren; kritisieren; tadeln
centavo [θen'tabo] m Hundertstel n
centell|a [θen'teʎa] f Funke(n) m; Blitz m; **~ear** [~teʎe'ar] (1a) funkeln, glitzern
centena [θen'tena] f, **~r** [~te'nar] m Hundert m; **~rio** [~'narĭo] **1.** adj hundertjährig; **2.** m Hundertjahrfeier f
centeno [θen'teno] m Roggen m
cen|tésimo [θen'tesimo] hundertste(r); **~tígrado** [~'tigraðo]: **grados** m/pl **~s** Grad m/pl Celsius; **~tímetro** [~'timetro] m Zentimeter m od n
centinela [θenti'nela] m (Wacht-)Posten m
central [θen'tral] **1.** adj zentral; Haupt...; Mittel...; **2.** f Zentrale f, Hauptstelle f; **~ (eléctrica)** Kraft-, Elektrizitätswerk n; **~ hidroeléctrica** Wasserkraftwerk n; **~ nuclear** Kernkraftwerk n; **~ telefónica** Telefonzentrale f; **~ térmica** Wärmekraftwerk n; **~ismo** [~'izmo] m Zentralismus m; **~ita** tel [~tra'lita] f Hausvermittlung f; **~izar** [~trali'θar] (1f) zentralisieren
centrar [θen'trar] (1a) ⊕ zentrieren; dep flanken; fig auf sich ziehen; **~se** sich konzentrieren (auf ac **en**)
céntrico [θ'entriko] zentral gelegen
centrifuga|dora [θentrifuga'ðora] f Zentrifuge f; (para ropa) Schleuder f; **~r** [~'gar] (1h) schleudern
centro ['θentro] m Mitte f; Mittelpunkt m; Zentrum n; **~ de cálculo** Rechenzentrum n; **~ comercial** Einkaufszentrum n; **~ de datos** Datenzentrum n; **~ de gravedad** Schwerpunkt m; **~ urbano** Stadtzentrum n; **~americano** [~ameri'kano] mittelamerikanisch; **~campista** [~kam'pista] m dep Mittelfeldspieler m; **~europeo** [~eŭro'peo] mitteleuropäisch
ceñi|do [θe'niðo] enganliegend; **~r** [~'nir] (3l u 3h) gürten, umschnallen; (rodear) um-, einfassen; **~rse** sich beschränken (auf ac **a**)
ceño ['θeno] m Stirnrunzeln n; finstere Miene f; **~udo** [~'nuðo] stirnrunzelnd; (finster) blickend
cepa ['θepa] f Baumstrunk m; (vid) Reb-, Weinstock m; **de pura ~** echt, F waschecht
cepill|ar [θepi'ʎar] (1a) bürsten; ⊕ hobeln; **~o** [~'piʎo] m Bürste f; ⊕ Hobel m; rel Opferstock m; **~ de dientes** Zahnbürste f
cepo ['θepo] m auto Parkkralle f
cera ['θera] f Wachs n
cerámica [θe'ramika] f Keramik f
ceramista [θera'mista] m (f) Keramiker(in f) m
cerca¹ ['θerka] f Umzäunung f; Zaun m
cerca² ['θerka] nahe; **de ~** aus der Nähe; **~ de** nahe bei; (aproximadamente) ungefähr

cercado

cercado [θerˈkaðo] m Umzäunung f, Einfriedigung f; Gehege n
cercanía [θerkaˈnia] f Nähe f; ~s f/pl Umgebung f; **tren m de ~s** Nahverkehrszug m
cercano [θerˈkano] nahe
cercar [θerˈkar] (1g) umgeben; ✕ einschließen, umzingeln
cerciorarse [θerθioˈrarse] (1a) sich vergewissern
cerco [ˈθerko] m Ring m, Kreis m; ✕ Belagerung f
cer|da [ˈθerða] f Borste f; zo Sau f; **~do** [ˈθerðo] m Schwein f (a fig)
cereales [θereˈales] m/pl Getreide n
cere|belo [θereˈbelo] m Kleinhirn n; **~bral** [~ˈbral] Gehirn...; Hirn...; **~bro** [~ˈbreβro] m Gehirn n, Hirn n
ceremoni|a [θereˈmonia] f Feierlichkeit f; Zeremonie f; **~al** [~moˈnial] **1.** adj feierlich; förmlich; **2.** m Zeremoniell n; **~oso** [~ˈnioso] förmlich
céreo [ˈθereo] wächsern
cere|za [θeˈreθa] f Kirsche f; **~zo** [~ˈreθo] m Kirschbaum m
cerilla [θeˈriʎa] f Streichholz n
cerner [θerˈner] (2g) sieben; **~se** drohen, sich zs.-brauen
cero [ˈθero] m Null f; F **ser un ~ a la izquierda** e-e Null sein
cerra|do [θeˈrraðo] geschlossen, zu; (curva) scharf; (noche) finster; (barba) dicht; fig verschlossen; engstirnig; **oler a ~** muffig riechen; **~dura** [θerraˈðura] f Schloß n; **de contacto** Zündschloß n; **~ de seguridad** Sicherheitsschloß n; **~jería** [~xeˈria] f Schlosserei f; **~jero** [~ˈxero] m Schlosser m
cerrar [θeˈrrar] (1k) **1.** v/t (ab-, ver-, zu)schließen, zumachen; (paso, etc) (ver)sperren; **~ al tráfico** für den Verkehr sperren; **2.** v/i schließen, zugehen; **~se** sich schließen; fig **~ a** sich verschließen (dat)
cerro [ˈθerro] m Hügel m; **~jo** [θeˈrroxo] m Riegel m; **echar el ~ a** zuriegeln
certamen [θerˈtamen] m Wettbewerb m, -streit m
cer|tero [θerˈtero] treffend, genau; **~teza** [~ˈteθa] f, **~tidumbre** [~tiˈdumbre] f Gewißheit f, Sicherheit f
certifica|ción [θertifikaˈθion] f Bescheinigung f; Bestätigung f; **~do** [~ˈkaðo] m Bescheinigung f; Zertifikat n; ✉ Attest n; ✉ Einschreiben n; **~r** [~ˈkar] (1g) bescheinigen; bestätigen; ✉ einschreiben lassen
cerumen [θeˈrumen] m Ohrenschmalz n
cervato [θerˈβato] m Hirschkalb n
cerve|cería [θerβeθeˈria] f Brauerei f; (local) Bierstube f; **~cero** [~ˈθero] m Brauer m; **~za** [~ˈβeθa] f Bier n; **~ de barril** Faßbier n
cervical [θerβiˈkal] Hals...
cesa|ción [θesaˈθion] f Aufhören n; Einstellung f; **~r** [~ˈsar] (1a) aufhören; **sin ~** unaufhörlich
cesárea ✱ [θeˈsarea] f Kaiserschnitt m
cese [ˈθese] m Aufhören n, Beendigung f; Ausscheiden n (aus dem Dienst); **~ del negocio** Geschäftsaufgabe f
cesión [θeˈsion] f Abtretung f, Überlassung f
césped [ˈθespeð] m Rasen m
ces|ta [ˈθesta] f Korb m; ✛ **~ de la compra** Warenkorb m; **~tería** [~teˈria] f Korbmacherei f; **~to** [ˈθesto] m (größerer) Korb m
cesura [θeˈsura] f Zäsur f (a fig)
cetro [ˈθetro] m Zepter n
chabaca|nería [tʃaβakaneˈria] f Geschmacklosigkeit f; **~no** [~ˈkano] geschmacklos
chabola [tʃaˈβola] f Hütte f; Elendswohnung f
chacal [tʃaˈkal] m Schakal m
chacha F [ˈtʃatʃa] f (Kinder-, Dienst-) Mädchen n
cháchara [ˈtʃatʃara] f Geschwätz n
chafar [tʃaˈfar] (1a) zertreten; zerknittern; zerdrücken
chaflán [tʃaˈflan] m Schrägkante f; (abgeschrägte) Haus- od Straßenecke f
chal [tʃal] m Schal m; **~ado** P [tʃaˈlaðo] verrückt; **~ por** F verknallt in
chalana ⚓ [tʃaˈlana] f Leichter m, Schute f
chalé [tʃaˈle] m s chalet
chaleco [tʃaˈleko] m Weste f; **~ salvavidas** Schwimmweste f
chalet [tʃaˈlet] m Villa f; Landhaus n; **~ adosado** Reihenhaus n
chalote ⚘ [tʃaˈlote] m Schalotte f
chalupa ⚓ [tʃaˈlupa] f ⚓ Schaluppe f
chamba [ˈtʃamba] f Zufallstreffer m; glücklicher Zufall m
cham|pán [tʃamˈpan], **~paña** [~ˈpaɲa] m

Champagner *m*; **~pañera** [~pa'ɲera] *f* Sektkühler *m*

champiñón [tʃampi'ɲɔn] *m* Champignon *m*

champú [tʃam'pu] *m* Schampo *n*

chamuscar [tʃamus'kar] (1g) an-, versengen; leicht rösten

chancho *Am* ['tʃantʃo] *m* Schwein *n*

chanchull|ero [tʃantʃu'ʎero] *m* Schwindler *m*; **~o** [~'tʃuʎo] *m* Schwindelei *f*; Schiebung *f*

chanc|la ['tʃankla] *f* F Latsche *f*; **~leta** [~'kleta] *f* Pantoffel *m*, Hausschuh *m*; **~lo** ['tʃanklo] *m* Überschuh *m*; Gummischuh *m*

chándal ['tʃandal] *m* Trainings-, Jogginganzug *m*

chanquete [tʃan'kete] *m* (*pez*) Weißgrundel *m*

chantaje [tʃan'taxe] *m* Erpressung *f*; **hacer~ = ~jear** [~taxe'ar] (1a) erpressen; **~jista** [~ta'xista] *m* Erpresser *m*

chapa ['tʃapa] *f* Blech *n*; Platte *f*; Blechmarke *f*; (*tapón*) Kronkorken *m*; **~do** [~'paðo] furniert; beschlagen; **~ en oro** aus Golddublee

chaparrón [tʃapa'rrɔn] *m* Regenguß *m*

chapero F [tʃa'pero] *m* F Strichjunge *m*

chapistería [tʃapiste'ria] *f* auto Karosseriewerkstatt *f*

chapotear [tʃapote'ar] (1a) 1. *v/t* anfeuchten; 2. *v/i* plätschern; plantschen

chapuce|ar [tʃapuθe'ar] (1a) (ver)pfuschen; stümpern; **~ría** [~θe'ria] *f* Pfusch(erei *f*) *m*; Stümperei *f*; **~ro** [~'θero] *m* Stümper *m*

chapurr(e)ar [tʃapu'rrar, ~rre'ar] (1a) (*idioma*) radebrechen

chapu|za [tʃa'puθa] *f* Pfuscharbeit *f*; **~zón** [~'θɔn] *m* Untertauchen *n*; Sprung *m* ins Wasser

chaqué [tʃa'ke] *m* Cut(away) *m*

chaque|ta [tʃa'keta] *f* Jacke *f*; **~ de punto** Strickjacke *f*; **~tón** [~ke'tɔn] *m* Dreivierteljacke *f*

charada [tʃa'raða] *f* Scharade *f*

charanga [tʃa'ranga] *f* Blechmusik(kapelle) *f*

char|ca ['tʃarka] *f* Tümpel *m*; **~co** [~ko] *m* Pfütze *f*; Lache *f*

charcutería [tʃarkute'ria] *f* (Schweine-)Metzgerei *f*; Wurstwaren *f/pl*

charla ['tʃarla] *f* Plauderei *f*; **~r** [~'lar] (1a) plaudern, schwatzen; **~tán** [~la'tan] *m* Schwätzer *m*; Scharlatan *m*

charnela [tʃar'nela] *f* Scharnier *n*

charol [tʃa'rol] *m* Glanzleder *n*; **zapatos** *m/pl* **de ~** Lackschuhe *m/pl*

chárter ['tʃarter]: **vuelo** *m* **~** Charterflug *m*

chasco ['tʃasko] *m* Streich *m*; (*decepción*) Reinfall *m*; **llevarse un ~** reinfallen

chasis ['tʃasi(s)] *m* auto Fahrgestell *n*

chasqu|ear [tʃaske'ar] (1a) 1. *v/t* anführen, F reinlegen; 2. *v/i* (*látigo*) knallen mit; (*lengua*) schnalzen mit; **~ido** [~'kiðo] *m* (Peitschen-)Knall *m*; Knacken *n*; Schnalzen *n*

chatarr|a [tʃa'tarra] *f* Schrott *m*; **~ero** [~'rrero] *m* Schrotthändler *m*

chato ['tʃato] 1. *adj* stumpfnasig; 2. *m* niedriges Weinglas *n*

chaval [tʃa'βal] *m* Junge *m*; **-a** [~'βala] *f* Mädchen *n*

chaveta [tʃa'βeta] *f* Splint *m*; Bolzen *m*, F **perder la ~** den Verstand verlieren

checo ['tʃeko] 1. *adj* tschechisch; 2. *m*, **-a** *f* [~ka] Tscheche *m*, Tschechin *f*

chelín [tʃe'lin] *m* Schilling *m*

cheque ✝ ['tʃeke] *m* Scheck *m*; **~ cruzado** Verrechnungsscheck *m*; **~ al portador** Inhaberscheck *m*; **~-regalo** Geschenkgutschein *m*; **~ de viaje** Reisescheck *m*; **~o** [~'keo] *m* ✲ Generaluntersuchung *f*; auto Inspektion *f*; **~ra** *Am* [~'kera] *f* Scheckheft *n*

chic [tʃik] schick

chica ['tʃika] *f* Mädchen *n*; (*criada*) Dienstmädchen *n*

chicharrón [tʃitʃa'rrɔn] *m* Speckgriebe *f*

chichón [tʃi'tʃɔn] *m* Beule *f* am Kopf

chicle ['tʃikle] *m* Kaugummi *m*

chico ['tʃiko] 1. *adj* klein; 2. *m* Junge *m*

chifla|do F [tʃi'flaðo] verrückt; **~ por** F verknallt in; **~dura** [~'ðura] *f* Verrücktheit *f*, Marotte *f*; **~r** [~'flar] (1a): **me chifla ...** ich schwärme für ...; **~rse** verrückt sein (nach *por*)

chileno [tʃi'leno] 1. *adj* chilenisch; 2. *m*, **-a** *f* [~na] Chilene *m*, Chilenin *f*

chill|ar [tʃi'ʎar] (1a) kreischen; schreien; (*chirriar*) quietschen; **~ería** [~ʎe'ria] *f* Geschrei *n*; **~ido** [~'ʎiðo] *m* (gellender) Schrei *m*; **~ón** [~'ʎɔn] 1. *adj* kreischend, schrill; (*color*) grell; 2. *m* Schreihals *m*

chimenea [tʃime'nea] *f* Schornstein *m*; (*hogar*) Kamin *m*

chimpancé [tʃimpan'θe] *m* Schimpanse *m*
china ['tʃina] *f* Chinesin *f*; (*piedra*) Steinchen *n*; (*porcelana f de*) ~ feines Porzellan *n*
chinche ['tʃintʃe] *f zo* Wanze *f*; **~ta** [~'tʃeta] *f* Reiß-, Heftzwecke *f*
chinchilla [tʃin'tʃiʎa] *f* Chinchilla *f*
chinela [tʃi'nela] *f* Pantoffel *m*, Hausschuh *m*
chino ['tʃino] **1.** *adj* chinesisch; **2.** *m* Chinese *m*; (*colador*) Sieb *n*; *esto es* ~ *para mí* das kommt mir spanisch vor
chip ['tʃip] *m inform* Chip *m*
chipirón [tʃipi'rɔn] *m* kleiner Tintenfisch *m*
chiquill|a [tʃi'kiʎa] *f* kleines Mädchen *n*; **~ada** [~'ʎada] *f* Kinderei *f*; **~o** *m* kleines Kind *n*
chirigota F [tʃiri'gota] *f* Scherz *m*
chirimía ♪ [tʃiri'mia] *f* Schalmei *f*
chirimoya [tʃiri'mɔja] *f* Zuckerapfel *m*
chiringuito [tʃirin'gito] *m* Trink- *od* Imbißbude *f* im Freien
chirla ['tʃirla] *f Art* Venusmuschel *f*
chirona F [tʃi'rona] *f* Kittchen *n*; *estar en* ~ hinter Schloß und Riegel sitzen
chirri|ar [tʃi'rrjar] (1c) quietschen; knarren; (*cigarra*) zirpen; **~do** [~'rrido] *m* Quietschen *n*; Knarren *n*; Zirpen *n*
¡chis! [tʃis] pst!
chis|me ['tʃizme] *m* Klatsch *m*; F (*trasto*) Ding *n*; **~s** *pl* Zeug *n*, Kram *m*; **~morrear** [~mɔrre'ar] (1a) klatschen; **~mosa** [~'mosa] *f* Klatschbase *f*; **~moso** [~'moso] **1.** *adj* klatschsüchtig; **2.** *m* Klatschmaul *m*
chis|pa ['tʃispa] *f* Funke(n) *m*; *fig* Geist(esblitz) *m*; Witz *m*; F Schwips *m*; *echar* ~*s* wütend sein; *una* ~ *de* ein bißchen; *ni* ~ keine Spur; **~pazo** [~'paθo] *m* Funke(n) *m* (*a fig*); **~peante** [~pe'ante] funkensprühend; *fig* geistsprühend; **~pear** [~pe'ar] (1a) funkeln
chistar [tʃis'tar] (1a): *sin* ~ ohne sich zu mucksen
chiste ['tʃiste] *m* Witz *m*
chistera F [tʃis'tera] *f* Zylinder *m*
chistoso [tʃis'toso] witzig
chita ['tʃita] *f*: F *a la* ~ *callando* still u heimlich
chiva|rse [tʃi'barse] (1a) F petzen; **~to** [~'bato] *m* F Petze(r *m*) *f*
chivo ['tʃibo] *m* Zicklein *n*; ~ *expiatorio* Sündenbock *m*

choc ⚔ [tʃɔk] *m* Schock *m*; **~ante** [tʃo'kante] anstößig; schockierend; **~ar** [~'kar] (1g) **1.** *v/i* zs.-stoßen (*a fig*); **2.** *v/t* (*brindar*) anstoßen; *fig* Anstoß erregen bei, schockieren
chocha ['tʃotʃa] *f* Schnepfe *f*
choch|ear [tʃotʃe'ar] (1a) kindisch werden; vertrotteln; **~o** ['tʃotʃo] kindisch; vertrottelt
chocolate [tʃoko'late] *m* Schokolade *f*; (*bebida*) Kakao *m*; P Hasch(isch) *m od n*; **~ría** [~late'ria] *f* Schokoladenfabrik *f*, -geschäft *n*
chófer ['tʃofɛr] *m* Chauffeur *m*, Fahrer *m*
choll|a F ['tʃoʎa] *f* Kopf *m*, P Birne *f*; **~o** F ['tʃoʎo] *f* Gelegenheitskauf *m*
chopo ['tʃopo] *m* Pappel *f*
choque ['tʃoke] *m* Stoß *m*; Zs.-stoß *m* (*a fig*); ⚔ Schock *m*; ~ *en cadena* Massenkarambolage *f*
chorizo [tʃo'riθo] *m* Paprikawurst *f*; P Taschendieb *m*
chorr|ada P [tʃo'rrada] *f* Unsinn *m*, F Quatsch; **~ear** [~rre'ar] (1a) rieseln; triefen
chorro ['tʃɔrrɔ] *m* (Wasser-)Strahl *m*; *fig* Schwall *m*; *a* ~*s* in Strömen
chotis ['tʃotis] *m* Madrider Volkstanz
choto ['tʃoto] *m* Zicklein *n*
choza ['tʃoθa] *f* Hütte *f*
christmas ['krismas] *m* Weihnachtskarte *f*
chubas|co [tʃu'basko] *m* (Regen-)Schauer *m*; **~quero** [~'kero] *m* Wetter-, Regenmantel *m*
chuchería [tʃutʃe'ria] *f* (nette) Kleinigkeit *f*; (*golosina*) Näscherei *f*
chucho ['tʃutʃo] *m* F Köter *m*
chucrut [tʃu'krut] *m* Sauerkraut *n*
chufa ♀ ['tʃufa] *f* Erdmandel *f*
chulear P [tʃule'ar] (1a) angeben
chuleta [tʃu'leta] *f* Kotelett *n*; (*papel*) Spickzettel *m*
chulo ['tʃulo] **1.** *adj* vorlaut; keß; F nett, hübsch; **2.** *m* Angeber *m*; F Zuhälter *m*
chupa|da [tʃu'pada] *f*: *dar una* ~ e-n Zug tun; **~do** [~'paðo] (*flaco*) ausgemergelt; F (*fácil*) (kinder)leicht; **~r** [~'par] (1a) lutschen; (*ab*)saugen; *~se los dedos* sich die Finger nach et lecken; *no ~se el dedo* nicht auf den Kopf gefallen sein
chupete [tʃu'pete] *m* Schnuller *m*

churro ['tʃurro] *m in Öl ausgebackenes Spritzgebäck*
chusco ['tʃusko] drollig, witzig
chusma ['tʃuzma] *m* Gesindel *n*, Pöbel *m*
chut [tʃut] *m (fútbol)* Schuß *m*; **~ar** [~'tar] (1a) schießen; F *esto va que chuta* F das geht wie geschmiert
cianuro [θia'nuro] *m* Zyankali *n*
ciáti|ca [θi'atika] *f* Ischias *m (a n)*; **~co** [~ko] Hüft...
cibernética [θiber'netika] *f* Kybernetik *f*
cicate|ría [θikate'ria] *f* Knauserei *f*; **~ro** [~'tero] knauserig
cicatriz [θika'triθ] *f* Narbe *f*; **~ación** [~triða'θion] *f* Vernarbung *f*; **~ar** [~'θar] (1f) vernarben
ciclamen [θi'klamen] *m* Alpenveilchen *n*
cíclico ['θikliko] zyklisch
ciclis|mo [θi'klizmo] *m* Radsport *m*; **~ta** [θi'klista] *m (f)* Radfahrer(in *f*) *m*
ciclo ['θiklo] *m* Zyklus *m*; **~motor** [~mo'tɔr] *m* Moped *m*
ciclón [θi'klɔn] *m* Wirbelsturm *m*
cicuta & [θi'kuta] *f* Schierling *m*
ciego ['θiego] **1.** *adj* blind; *a ciegas* blindlings; **2.** *m* Blinde(r) *m*; *(intestino* ~) Blinddarm *m*
cielo ['θielo] *m* Himmel *m*; *llovido del* ~ wie gerufen (kommen)
ciempiés *zo* [θiɛm'pies] *m* Tausendfüßler *m*
cien [θien] *s* **ciento**
ciencia [θi'enθia] *f* Wissenschaft *f*; **~-ficción** Science-fiction *f*; *a* ~ *cierta* mit aller Bestimmtheit; **~s** Naturwissenschaften *f/pl*; **~s empresariales** Betriebswirtschaft *f*
cieno ['θieno] *m* Schlamm *m*
científico [θien'tifiko] **1.** *adj* wissenschaftlich; **2.** *m* Wissenschaftler *m*
ciento ['θiento] *(delante de su cien)* hundert; *por* ~ Prozent *n*; *el cinco por* ~ 5%
cierre ['θierre] *m* Schließung *f*, Schluß *m*; *(cerradura)* Verschluß *m*; **~ centralizado** *auto* Zentralverriegelung *f*; *TV* ~ *(de las emisiones)* Sendeschluß *m*; ~ *patronal* Lockout *m*, Aussperrung *f*
cierto ['θierto] gewiß, sicher; *(exacto)* richtig; *es* ~ das stimmt; *por* ~ übrigens; *estar en lo* ~ recht haben
ciervo ['θiɛrbo] *m* Hirsch *m*
cierzo ['θiɛrθo] *m* Nordwind *m*
cifra ['θifra] *f* Ziffer *f*, Zahl *f*; *(cantidad)* Summe *f*; **~r** [~'frar] (1a) verschlüsseln, chiffrieren
cigala *zo* [θi'gala] *f* Kaisergranat *m*, Kronenhummer *m*
cigarra *zo* [θi'garra] *f* Zikade *f*
cigarre|ra [θiga'rrera] *f* Zigarrenetui *n*; **~ría** *Am* [~rre'ria] *f* Tabakladen *m*
cigarr|illo [θiga'rriʎo] *m* Zigarette *f*; **~o** [~'garro] *m* Zigarre *f*
cigüeña [θi'gweɲa] *f* Storch *m*; **~l** [θigüe'ɲal] *m auto* Kurbelwelle *f*
cilantro & [θi'lantro] *m* Koriander *m*
cilindrada *auto* [θilin'draða] *f* Hubraum *m*
cilíndrico [θi'lindriko] zylindrisch
cilindro [θi'lindro] *m* Zylinder *m*, Walze *f*
cima ['θima] *f* Gipfel *m*; Spitze *f*; *(de árbol)* Wipfel *m*; *fig* Höhepunkt *m*
cim|entar [θimen'tar] (1k) das Fundament legen; *fig* (be)gründen; **~iento(s)** [~'miento(s)] *m(pl)* Grundmauer *f*; Fundament *n (a fig)*
cinc [θiŋk] *m* Zink *n*
cincel [θin'θel] *m* Meißel *m*; **~ar** [~θe'lar] (1a) meißeln; ziselieren
cinco ['θiŋko] fünf
cincuen|ta [θiŋ'kuenta] fünfzig; **~tón** [~kuen'tɔn] *m* Fünfzig(jährig)er *m*
cine [θine] *m* Kino *n*; **~asta** [~'asta] *m* Filmschaffende(r) *m*, -regisseur *m*
cinéfilo [θi'nefilo] *m* Filmfan *m*
cinegético [θine'xetiko] Jagd...
cinemato|grafía [θinematogra'fia] *f* Filmkunst *f*; **~gráfico** [~'grafiko] Film...
cinética [θi'netika] *f* Kinetik *f*
cínico ['θiniko] **1.** *adj* zynisch; **2.** *m* Zyniker *m*
cinismo [θi'nizmo] *m* Zynismus *m*
cin|ta ['θinta] *f* Band *n*; Schleife *f*; *(de máquina de escribir)* Farbband *n*; *(película)* Film(streifen) *m*; ~ *adhesiva* Klebestreifen *m*; ~ *aislante* Isolierband *n*; ~ *magnetofónica* Tonband *n*; ~ *métrica* Bandmaß *n*; ~ *de vídeo* Videoband *n*; **~tura** [~'tura] *f* Taille *f*; *meter en* ~ zur Vernunft bringen; **~turón** [~tu'rɔn] *m* Gürtel *m*; Gurt *m*; X Koppel *n*; ~ *(de ronda)* Ringstraße *f*; ~ *de seguridad* Sicherheitsgurt *m*
ciprés [θi'pres] *m* Zypresse *f*
circense [θir'θense] Zirkus...
circo ['θirko] *m* Zirkus *m*

circuito

circuito [θir'kŭito] *m* Umkreis *m*; (*viaje*) Rundfahrt *f*, -reise *f*; *dep* Rennstrecke *f*; ⚡ Stromkreis *m*
circulación [θirkula'θiɔn] *f* Kreislauf *m*; *auto* Verkehr *m*; ~ **de la sangre** Blutkreislauf *m*; ~ **giratoria** Kreisverkehr *m*; ~ **monetaria** Geldumlauf *m*
circular¹ [θirku'lar] **1.** *adj* kreisförmig; **2.** *f* Rundschreiben *n*
circular² [θirku'lar] (1a) (umher)gehen, zirkulieren; (*coches etc*) fahren; (*tren*) verkehren; *¡circulen!* weitergehen!
circulatorio [θirkula'tɔrio] Kreis...; ✱ Kreislauf...
círculo ['θirkulo] *m* Kreis *m* (*a fig*); ~ **vicioso** Teufelskreis *m*
circuncidar [θirkunθi'dar] (1a) beschneiden; **~sión** [~'sĭɔn] *f* Beschneidung *f*
circundar [θirkun'dar] (1a) umgeben, einfassen; **~ferencia** [~kumfe'renθia] *f* Umfang *m*; Umkreis *m*; **~navegación** [~kunnabega'θiɔn] *f* Umseg(e)lung *f*, Umschiffung *f*
circunscribir [θirkunskri'bir] (3a) eingrenzen; ⚘ umschreiben; **~pción** [~krib'θiɔn] *f* Eingrenzung *f*; *pol* Bezirk *m*
circunspec|ción [θirkunspeg'θiɔn] *f* Umsicht *f*, Bedacht *m*; **~to** [~'pekto] umsichtig; zurückhaltend
circunstancia [θirkuns'tanθia] *f* Umstand *m*
circun|valación [θirkumbala'θiɔn] *f* Umgehungsstraße *f*; **~volución** [~bolu'θiɔn] *f* Windung *f*
cirio ['θirĭo] *m* Kerze *f*
ciruela [θi'rŭela] *f* Pflaume *f*; ~ **claudia** Reineclaude *f*; ~ **pasa** Backpflaume *f*; **~lo** [~lo] *m* Pflaumenbaum *m*
ciru|gía [θiru'xia] *f* Chirurgie *f*; ~ **estética** Schönheitschirurgie *f*; **~jano** [~'xano] *m* Chirurg *m*
cisne ['θizne] *m* Schwan *m*; (**jersey** *m* **de**) **cuello** *m* ~ Rollkragen(pullover) *m*
cisterciense [θister'θĭense] *m* Zisterzienser *m*
cisterna [θis'terna] *f* Zisterne *f*
cita ['θita] *f* Verabredung *f*; Termin *m*; (*referencia*) Zitat *n*; **~ción** [~'θiɔn] *f* ⚖ Vorladung *f*; **~r** [~'tar] (1a) bestellen; ⚖ vorladen; (*mencionar*) zitieren, anführen; **~rse** sich verabreden
cítara ['θitara] *f* Zither *f*

cítrico ['θitriko] **1.** *adj*: **ácido** *m* ~ Zitronensäure *f*; **2. ~s** *m*/*pl* Zitrusfrüchte *f*/*pl*
ciudad [θĭu'dad] *f* Stadt *f*; ~ **gemela** Partnerstadt *f*; **~anía** [~ðada'nia] *f* Staatsangehörigkeit *f*; **~ano** [~'ðano] **1.** *adj* städtisch; **2.** *m* Bürger *m*; (*súbdito*) Staatsbürger *m*; **~ela** [~'dela] *f* Zitadelle *f*
cívico ['θibiko] (staats)bürgerlich; **deber** *m* ~ Bürgerpflicht *f*
civil [θi'bil] **1.** *adj* bürgerlich, zivil, Zivil...; **2.** *m* *bsd Am* Zivilist *m*; **~ización** [~liθa'θiɔn] *f* Zivilisation *f*, Kultur *f*; **~izado** [~li'θado] gesittet, gebildet; zivilisiert; **~izar** [~li'θar] (1f) zivilisieren
civismo [θi'bizmo] *m* Bürgersinn *m*
cizalla(s) [θi'θaλa(s)] *f*(*pl*) Blechschere *f*
clamar [kla'mar] (1a) schreien (nach *dat por*)
clamor [kla'mɔr] *m* Geschrei *n*; **~oso** [~mo'roso] *fig* laut(stark); (*éxito*) überwältigend
clan [klan] *m* Klan *m*; Sippe *f*
clandesti|nidad [klandestini'dad] *f* Heimlichkeit *f*; **~no** [~'tino] heimlich; Geheim..., Schwarz...
claqué [kla'ke] *m* Steptanz *m*
clara ['klara] *f* Eiweiß *m*; **~boya** [~'boja] *f* Dachluke *f*; Oberlicht *n*
clarete [kla'rete] *m* Klarettwein *m*
clari|dad [klari'dad] *f* Helle *f*; *fig* Klarheit *f*; **~ficar** [~fi'kar] (1g) klären
clarín [kla'rin] *m* Signalhorn *n*
clarinet|e [klari'nete] *m* Klarinette *f*; **~ista** [~'tista] *su* Klarinettist(in *f*) *m*
clarividen|cia [klaribi'denθia] *f* Scharfblick *m*; **~te** [~'dente] scharfsichtig, weitblickend
claro ['klaro] **1.** *adj* hell; klar; (*pelo, etc*) dünn; (*liquido*) dünn(flüssig); *¡~!* natürlich!, klar!; **2.** *adv* klar, deutlich; **3.** *m* Helle *f*, Licht *n*; (*del bosque*) Lichtung *f*; (*espacio*) Lücke *f*; *met* (*apertura f de*) **~s** Aufheiterungen *f*/*pl*; ~ **de luna** Mondschein *m*; **poner en ~** klarstellen
claroscuro [klarɔs'kuro] *m* Helldunkel *n*
clase ['klase] *f* Klasse *f*; Art *f*, Sorte *f*; (*aula*) Klasse(nzimmer *n*) *f*; Hörsaal *m*; (*lección*) Unterricht *m*, Vorlesung *f*; ~ **económica** Economyklasse *f*; ~ **media** Mittelstand *m*; ~ **particular** Privatstunde *f*; **dar** ~ Unterricht geben
clásico ['klasiko] **1.** *adj* klassisch; **2.** *m* Klassiker *m*

clasifica|ción [klasifika'θjɔn] *f* Einteilung *f*, Klassifizierung *f*; *dep* Qualifikation *f*; **~dor** [~'dɔr] *m* (Akten-)Ordner *m*; **~r** [~'kar] (1g) einordnen; klassifizieren; **~rse** *dep* sich qualifizieren

claudicar [klauði'kar] (1g) *fig* nachgeben

claustro ['klaustro] *m* Kreuzgang *m*; **~ de profesores** Lehrkörper *m*

cláusula ['klausula] *f* Klausel *f*

clausura [klau'sura] *f rel* Klausur *f*; *fig* (Ab-)Schluß *m*; **~r** [~'rar] (1a) (*sesión, etc*) (ab)schließen

clava|do [kla'βaðo] *fig* pünktlich; **~r** [~'βar] (1a) (an)nageln; befestigen; (*clavo*) einschlagen

clave ['klaβe] *a) f fig* Schlüssel *m*; Code *m*; △ Schlußstein *m*; ♩ Notenschlüssel *m*; **~ de fa** Baßschlüssel *m*; **~ de sol** Violinschlüssel *m*; **b)** *m* ♩ Cembalo *n*

clavel ♧ [kla'βɛl] *m* Nelke *f*

clavi|cémbalo ♩ [klaβi'θembalo] *m* Cembalo *n*; **~cordio** ♩ [~'kɔrðjo] *m* Klavichord *n*

clavícula [kla'βikula] *f* Schlüsselbein *n*

clavija [kla'βixa] *f* Stift *m*, Bolzen *m*; Zapfen *m*; ♩ Wirbel *m*; ⚡ Stecker *m*; **apretar las ~s a alg** j-n unter Druck setzen

clavo ['klaβo] *m* Nagel *m*; ♧ Gewürznelke *f*; **agarrarse a un ~ ardiendo** *fig* sich an e-n Strohhalm klammern; **como un ~** pünktlich; **dar en el ~** den Nagel auf den Kopf treffen

claxon *auto* ['klagsɔn] *m* Hupe *f*; **tocar el ~** hupen

clemen|cia [kle'menθja] *f* Milde *f*, Gnade *f*; **~te** [~'mente] mild, gütig

clementina ♧ [klemen'tina] *f* Klementine *f*

clerical [kleri'kal] geistlich, klerikal; **~ismo** [~ka'lizmo] *m* Klerikalismus *m*

clérigo ['klerigo] *m* Geistliche(r) *m*

clero ['klero] *m* Klerus *m*, Geistlichkeit *f*

cliché [kli'tʃe] *m* Klischee *n* (*a fig*)

clien|ta ['klienta] *f* Kundin *f*; 🙼 Klientin *f*; **~te** ['kliente] *m* Kunde *m*; 🙼 Klient *m*; **~tela** [~'tela] *f* Kundschaft *f*, Kundenkreis *m*; **~ fija** Stammkundschaft *f*

clima ['klima] *m* Klima *n* (*a fig*)

climaterio [klima'terjo] *m* Wechseljahre *n/pl*

climático [kli'matiko] klimatisch, Klima...

climatizado [klimati'θaðo] klimatisiert; *auto* mit Klimaanlage; **~r** [~'dɔr] *m* Klimaanlage *f*

clíni|ca ['klinika] *f* Klinik *f*; **~co** [~ko] klinisch

clip [klip] *m* Büroklammer *f*; (*pendiente*) Ohrclip *m*

clítoris ['klitoris] *m* Klitoris *f*

cloaca [klo'aka] *f* Kloake *f* (*a zo*)

cloro ['kloro] *m* Chlor *n*; **~fila** [~'fila] *f* Chlorophyll *n*; **~formo** [~'fɔrmo] *m* Chloroform *n*

club [kluβ] *m* Klub *m*; **~ deportivo** Sportverein *m*; **~ nocturno** Nachtlokal *n*

clueca ['klueka] *f* Glucke *f*

coagula|ción [koagula'θjɔn] *f* Gerinnung *f*; **~rse** [~'larse] (1a) gerinnen

coágulo [ko'agulo] *m* Gerinnsel *n*

coalición [koali'θjɔn] *f* Bündnis *n*; *pol* Koalition *f*

coartada [koar'taða] *f* Alibi *n*

coautor [koau'tɔr] *m* Mitautor *m*; 🙼 Mittäter *m*

coba F ['koβa] *f*: **dar ~ a alg** F j-m Honig um den Bart schmieren

cobalto [ko'βalto] *m* Kobalt *n*

cobar|de [ko'βarðe] **1.** *adj* feige; **2.** *m* Feigling *m*; **~día** [~'ðia] *f* Feigheit *f*

cobaya [ko'βaja] *f* Meerschweinchen *n*

cobertura [koβer'tura] *f* 🕇 Deckung *f*; **~ de aguas** △ Richtfest *n*

cobij|ar [koβi'xar] (1a) beherbergen; (*proteger*) (be)schützen; **~arse** Zuflucht suchen; **~o** [~'βixo] *m* Unterschlupf *m*

cobra ['koβra] *f* Kobra *f*

cobrador [koβra'ðɔr] *m* Kassierer *m*; (*bus, etc*) Schaffner *m*

cobrar [ko'βrar] (1a) kassieren, einziehen; (*cheque*) einlösen; (*sueldo*) beziehen, verdienen; (*precio*) verlangen; **~ ánimo** Mut fassen

cobr|e ['koβre] *m* Kupfer *n*; **~izo** [~'βriðo] kupferfarben

cobro ['koβro] *m* Einziehung *f*, Inkasso *n*; (*de tasas*) Erhebung *f*; (*de cheques*) Einlösung *f*

coca ♧ ['koka] *f* Kokastrauch *m*

cocaína [koka'ina] *f* Kokain *n*

cocción [kɔg'θjɔn] *f* (Ab-)Kochen *n*

cocear [koθe'ar] (1a) (*caballo*) ausschlagen

cocer [ko'θɛr] (2b *u* 2h) **1.** *v/t* kochen; (*al*

cochambre

horno) backen; (*cerámica*) brennen; **2.** *v/i* kochen
cochambr|e [ko'tʃambre] *m* F Dreck *m*; **~oso** F [~'broso] F dreckig
coche ['kotʃe] *m* Auto *n*, Wagen *m*; (*de caballos*) Kutsche *f*; 🚃 Waggon *m*; **~ de alquiler** Mietwagen *m*; **~bomba** *f* Autobombe *f*; **~cama** Schlafwagen *m*; **~ de carrera** Rennwagen *m*; **~ celular** Gefängniswagen *m*; **~ directo** Kurswagen *m*; **~ fúnebre** Leichenwagen *m*; **~ de línea** Überlandbus *m*, Linienbus *m*; **~literas** Liegewagen *m*; **~ de niño** Kinderwagen *m*; **~ (radio-)patrulla** (Funk-)Streifenwagen *m*; **~ restaurante** Speisewagen *m*; **~ usado** (*od de ocasión*) Gebrauchtwagen *m*; **~ra** [ko'tʃera] *f* Wagenschuppen *m*; Garage *f*; **~ro** [~ro] *m* Kutscher *m*
cochi|na [ko'tʃina] *f* Sau *f* (*a fig*); **~nillo** [~'niʎo] *m* Ferkel *m*; **~no** [~'tʃino] **1.** *adj fig* schmutzig, dreckig; **2.** *m* Schwein *n* (*a fig*)
cocido [ko'θiðo] *m* spanischer Eintopf *m*
cociente [ko'θiente] *m* Quotient *m*
coci|na [ko'θina] *f* Küche *f*; (*aparato*) Herd *m*; **~ eléctrica** Elektroherd *m*; **~ de gas** Gasherd *m*; **~nar** [~'nar] (1a) *v/t u v/i* kochen; **~nera** [~'nera] *f* Köchin *f*; **~nero** [~'nero] *m* Koch *m*; **~nilla** [~'niʎa] *f* (Spiritus-)Kocher *m*
coco ⚡ ['koko] *m* Kokosnuß *f*
cocodrilo [koko'ðrilo] *m* Krokodil *n*
cocotero [koko'tero] *m* Kokospalme *f*
cóctel ['kɔktel] *m* Cocktail *m*
coctelera [kɔkte'lera] *f* Mixbecher *m*, Shaker *m*
codazo [ko'ðaθo] *m* Stoß *m* mit dem Ellenbogen; Rippenstoß *m*
codici|a [ko'ðiθia] *f* Habsucht *f*; Geldgier *f*; **~ar** [~'θiar] (1b) begehren; **~oso** [~'θioso] habsüchtig
codificar [koðifi'kar] (1g) kodieren, verschlüsseln; 🖳 kodifizieren
código [ko'ðigo] *m* Kode *m*; 🖳 Gesetzbuch *n*; ✝ **~ de barras** Strichkode *m*; **~ civil** Bürgerliches Gesetzbuch *n*; **~ penal** Strafgesetzbuch *n*; **~ postal** Postleitzahl *f*
codo ['koðo] *m* Ellbogen *m*; ⚙ Knierohr *n*; *hablar por los ~s* (zuviel) schwatzen
codorniz [koðor'niθ] *f* Wachtel *f*
coeficiente [koefi'θiente] *m* Koeffizient *m*

coetáneo [koe'taneo] **1.** *adj* gleichaltrig; zeitgenössisch; **2.** *m* Alters-, Zeitgenosse *m*
coexist|encia [koegsis'tenθia] *f* Koexistenz *f*; **~ir** [~'tir] (3a) nebeneinander bestehen
cofa ⚓ ['kofa] *f* Mastkorb *m*
cofia ['kofia] *f* Haube *f*
cofradía [kofra'ðia] *f* Laienbruderschaft *f*
cofre ['kofre] *m* Truhe *f*; Kästchen *n*, Schatulle *f*
coger [ko'xer] (2c) nehmen, (er)greifen; (*ladrón*) fangen; (*enfermedad*) sich holen; *taur* auf die Hörner nehmen; (*flores, frutas*) pflücken; **~ frío** sich erkälten; **~ de sorpresa** überraschen
cogestión [koxes'tion] *f* Mitbestimmung *f*
cogida [ko'xiða] *f taur* Verletzung *f* (*durch den Stier*)
cogollo ⚡ [ko'goʎo] *m* (*de lechuga*) Herz *n*
cogote [ko'gote] *m* Nacken *m*
cohabitar [koaβi'tar] (1a) (ehelich) zs.-leben
cohech|ar [koe'tʃar] (1a) bestechen; **~o** [ko'etʃo] *m* Bestechung *f*
cohe|rencia [koe'renθia] *f* Zs.-hang *m*; **~rente** [~'rente] zs.-hängend; **~sión** [koe'sion] *f* Zs.-halt *m*; *fig* Kohäsion *f*
cohete [ko'ete] *m* Rakete *f*; **~ portador** Trägerrakete *f*
cohibi|ción [koiβi'θion] *f* Einschränkung *f*; Hemmung *f* (*a psic*); **~do** [~'βiðo] befangen, gehemmt; **~r** [~'βir] (3a) hemmen, einschüchtern
coinci|dencia [koinθi'ðenθia] *f* Zs.-treffen *n*; Übereinstimmung *f*; **~dir** [~'ðir] (3a) zs.-treffen, -fallen; übereinstimmen
coito ['koito] *m* Beischlaf *m*, Koitus *m*
coje|ar [koxe'ar] (1a) hinken, humpeln; (*mueble*) wackeln; **~ra** [~'xera] *f* Hinken *n*
cojín [ko'xin] *m* Kissen *n*
cojinete [koxi'nete] *m* ⚙ Lager *n*; **~ de bolas** Kugellager *n*
cojo ['kɔxo] **1.** *adj* hinkend; lahm; (*mueble*) wackelig; **2.** *m* Lahme(r) *m*
coj|ón P [ko'xɔn] *m* Hoden *m*; **~onudo** P [~xo'nuðo] toll, phantastisch
col [kɔl] *m* Kohl *m*; **~ de Bruselas** Rosenkohl *m*

cola ['kola] *f* Schwanz *m*; *(de cometa)* Schweif *m*; *(del vestido)* Schleppe *f*; *(de gente)* Schlange *f*; *(para pegar)* Leim *m*; **~ de caballo** *(peinado)* Pferdeschwanz *m*; **hacer ~** Schlange stehen; **traer ~** Folgen haben

colabora|ción [kolaboraˈθjɔn] *f* Mitarbeit *f*; **~dor** [~'dɔr] *m* Mitarbeiter *m*; **~r** [~'rar] (1a) mitarbeiten, mitwirken

colación [kolaˈθjɔn] *f* Imbiß *m*; **traer** (*od* **sacar**) **a ~** zur Sprache bringen

cola|da [koˈlada] *f* Wäsche *f*; **~dor** [~'dɔr] *m* Sieb *n*, Durchschlag *m*

colapso [koˈlapso] *m* ☧ Kollaps *m*; *fig* Zs.-bruch *m*

colar [koˈlar] (1m) **1.** *v/t* (durch)sieben; **2.** *v/i* durch-, einsickern; **~se** sich einschleichen; sich vordrängeln

colateral [kolateˈral] Seiten...; Neben...

colch|a ['kɔltʃa] *f* Überdecke *f*, Tagesdecke *f*; **~ón** [~'tʃɔn] *m* Matratze *f*; **~ de muelles** Sprungfedermatratze *f*; **~ neumático** Luftmatratze *f*; **~oneta** [~'neta] *f* Polster *n*; *dep* Matte *f*; Luftmatratze *f*

colear [koleˈar] (1a) (mit dem Schwanz) wedeln; *fig* noch anhalten, (an)dauern

colec|ción [kolɛɡˈθjɔn] *f* Sammlung *f*; ✝ Kollektion *f*; **~cionar** [~θjoˈnar] (1a) sammeln; **~cionista** [~θjoˈnista] *m* Sammler *m*; **~ta** [~ˈlekta] *f* Kollekte *f*; **~tividad** [~tibiˈdad] *f* Gemeinschaft *f*; Kollektiv *n*; **~tivo** [~'tibo] **1.** *adj* gemeinsam; Sammel...; **2.** *m Am* kleiner Autobus *m*; **~tor** [~'tɔr] *m* ⊕ Sammelkanal *m*; Kollektor *m*; **~ solar** Sonnenkollektor *m*

cole|ga [koˈlega] *su* Kollege *m*, Kollegin *f*; **~giado** [~ɛˈxjado] *m dep* Schiedsrichter *m*; **~gial** [~'xjal] *m* (Ober-)Schüler *m*; **~giala** [~'xjala] *f* (Ober-)Schülerin *f*; *a fig* Schulmädchen *n*; **~giata** [~'xjata] *f* Stiftskirche *f*

colegio [koˈlexjo] *m* Schule *f*; *(asociación)* Kammer *f*; **~ de abogados** Anwaltskammer *f*; **~ electoral** Wahllokal *n*; **~ mayor** Studentenheim *n*; **~ de médicos** Ärztekammer *f*

cólera ['kolera] **a)** *f* Zorn *m*; **montar en ~** zornig werden; **b)** *m* ☧ Cholera *f*

colérico [koˈleriko] cholerisch; aufbrausend, jähzornig

colesterol [kolesteˈrɔl] *m* Cholesterin *n*

colga|dero [kɔlgaˈdero] *m* Kleiderhaken *m*; **~do** [~'gado] hängend; **dejar ~ a alg** j-n im Stich lassen; **estar ~** hängen; **~dor** [~'dɔr] *m* Kleiderbügel *m*; **~nte** [~'gante] **1.** *adj* hängend; **2.** *m (joya)* Anhänger *m*

colgar [kɔlˈgar] (1h *u* 1m) **1.** *v/t* (an-, auf-, um)hängen; *tel* auflegen; *fig* anhängen, zuschieben; F *(en un examen)* durchfallen lassen; **¡no cuelgue!** bleiben Sie am Apparat!; **2.** *v/i* (herab-, heraus)hängen; **~se** *inform* abstürzen

colibacilo [koliβaˈθilo] *m* Kolibazillus *m*

colibrí *zo* [koliˈβri] *m* Kolibri *m*

cólico ☧ [ˈkoliko] *m* Kolik *f*

coliflor [koliˈflɔr] *f* Blumenkohl *m*

colilla [koˈliʎa] *f* (Zigaretten-)Stummel *m*, Kippe *f*

colina [koˈlina] *f* Hügel *m*

colindante [kolinˈdante] angrenzend, benachbart

colirio ☧ [koˈlirjo] *m* Augentropfen *m/pl*

colisión [koliˈsjɔn] *f* Zs.-stoß *m*; *fig* Kollision *f*; **~ múltiple** *od* **en cadena** Massenkarambolage *f*

colista [koˈlista] *m dep* Tabellenletzte(r) *m*

colitis ☧ [koˈlitis] *f* Kolitis *f*, Dickdarmentzündung *f*

collar [koˈʎar] *m* Halskette *f*; *(de perro)* Halsband *n*

colma|do [kɔlˈmado] *m reg* Lebensmittelgeschäft *m*; **~r** [~'mar] (1a) (an)füllen (mit *dat* **de**); *fig* überhäufen

colme|na [kɔlˈmena] *f* Bienenkorb *m*; **~nero** [~ˈmenero] *m* Imker *m*

colmenilla [kɔlmeˈniʎa] *f* Morchel *f*

colmillo [kɔlˈmiʎo] *m* Eckzahn *m*; *zo* Stoß-, Reißzahn *m*, Hauer *m*

colmo ['kɔlmo] *m* Übermaß *n*; *fig* Gipfel *m*; F **¡es el ~!** das ist die Höhe!

coloca|ción [kolokaˈθjɔn] *f* Aufstellung *f*; Anordnung *f*; *(empleo)* Stelle *f*, Anstellung *f*; **~r** [~'kar] (1g) stellen, legen, setzen; *(dinero)* anlegen; ✝ absetzen; *(emplear)* anstellen, unterbringen; **~rse** e-e Anstellung finden

colofón [koloˈfɔn] *m* Abschluß *m*; Höhepunkt *m*

colombiano [kolɔmˈbjano] **1.** *adj* kolumbianisch; **2.** *m*, **-a** *f* Kolumbianer(in *f*) *m*

colon ['kolɔn] *m anat* Grimmdarm *m*

colo|nia [koˈlonja] *f* Kolonie *f*; Siedlung *f*; **~** *od* **agua** *f* **de ♀** Kölnisch Wasser *n*; **~nial** [kolo'njal] Kolonial...; **~nización** [~niθaˈθjɔn] *f* Kolonisation *f*; Be-

colonizar 88

siedlung *f*; **~nizar** [~ni'θar] (1f) besiedeln; kolonisieren; **~no** [~'lono] *m* (An-)Siedler *m*; **✍** (Pacht-)Bauer *m*
coloquial [kolo'kĭal] umgangssprachlich
coloquio [ko'lokĭo] *m* Gespräch *n*, Kolloquium *n*
color [ko'lɔr] *m* Farbe *f*; **de ~** farbig; **de ~ de rosa** *fig* in rosigem Licht
color|ación [kolora'θĭon] *f* Färbung *f*; Farbgebung *f*; **~ado** [~'rado] rot; **ponerse ~** rot werden; **~ante** [~'rante] *m* Farbstoff *m*; **~ear** [~re'ar] (1a) kolorieren; färben; *fig* beschönigen; **~ete** [~'rete] *m* Schminke *f*; **~ido** [~'rido] *m* Farbe *f*, Färbung *f*
colos|al [kolo'sal] riesig, kolossal; **~o** [ko'loso] *m* Koloß *m* (*a fig*)
colum|na [ko'lumna] *f* Säule *f*; *tip* Spalte *f*; **✕** Kolonne *f*; **~ de anuncios** Litfaßsäule *f*; **~ vertebral** Wirbelsäule *f*; **~nata** [~'nata] *f* Kolonnade *f*; **~nista** [~'nista] *m* Kolumnist *m*
columpi|ar [kolum'pĭar] (1b) schaukeln; **~o** [ko'lumpĭo] *m* Schaukel *f*
colza ♣ ['kɔlθa] *f* Raps *m*
coma ['koma] **a)** *f gram* Komma *n*; **b)** *m* ✍ Koma *n*
coma|dre [ko'madre] *f* (*chismosa*) Klatschbase *f*; **~dreja** *zo* [~'drexa] *f* Wiesel *n*; **~drona** [~'drona] *f* Hebamme *f*
comanda|ncia [koman'danθĭa] *f* Kommandantur *f*; **~nte** [~'dante] *m* Kommandant *m*; ✕ Major *m*; ✈ Kapitän *m*
comanditario ✝ [~di'tarĭo] **1.** *adj* kommandit...; **2.** *m* Kommanditist *m*
comando [ko'mando] *m* Kommando *n*
comarca [ko'marka] *f* Landstrich *m*, Gegend *f*
comba ['komba] *f* Biegung *f*, Krümmung *f*; (*juego*) Springseil *n*; **jugar (od saltar) a la ~** Seil springen; **~r** [~'bar] (1a) biegen, krümmen
comba|te [kom'bate] *m* Kampf *m*; Gefecht *n*; **fuera de ~** außer Gefecht (*a fig*); **~tiente** [~ba'tĭente] *m* Kämpfer *m*; **~tir** [~'tir] (3a) **1.** *v/i* kämpfen; **2.** *v/t* bekämpfen; **~tivo** [~'tibo] kampflustig
combina|ción [kombina'θĭon] *f* Kombination *f*; Zs.-stellung *f*; ✈ Verbindung *f*; (*prenda*) Unterrock *m*; **~do** [~'nado] *m* Cocktail *m*; **~r** [~'nar] (1a) zs.-stellen; kombinieren
combusti|ble [kombus'tible] **1.** *adj* brennbar; **2.** *m* Kraftstoff *m*; Brennstoff *m*; **~ón** [~'tĭon] *f* Verbrennung *f*
comedia [ko'medĭa] *f* Lustspiel *n*, (*a fig*) Komödie *f*; Schauspiel *n*; **~ musical** Muscial *n*; **~nte** [kome'dĭante] *m* Schauspieler *m*; *a fig* Komödiant *m*
comedi|do [kome'dido] bescheiden; zurückhaltend; **~miento** [~di'mĭento] *m* Höflichkeit *f*; Anstand *m*; **~rse** [~'dirse] (3l) sich zurückhalten
come|dón ✍ [kome'don] *m* Mitesser *m*; **~dor** [~'dor] *m* Eßzimmer *n*; Speisesaal *m*; (*de empresa, etc*) Kantine *f*; **~ universitario** Mensa *f*
comensal [komen'sal] *m* Tischgast *m*, -genosse *m*
comentar [komen'tar] (1a) kommentieren; besprechen; **~io** [~'tarĭo] *m* Kommentar *m*; **~s** *pl* Bemerkungen *f/pl*; **~ista** [~'rista] *m* Kommentator *m*
comenzar [komen'θar] (1f *u* 1k) anfangen, beginnen
comer [ko'mɛr] (2a) **1.** *v/t* essen; (*animal*) fressen; **2.** *v/i* essen; (*almorzar*) zu Mittag essen; **~se** aufessen; (*palabra*) verschlucken
comer|cial [komɛr'θĭal] kaufmännisch, Handels..., Geschäfts...; **~cialización** [~θĭaliθa'θĭon] *f* Vermarktung *f*; **~cializar** [~θĭali'θar] (1f) vermarkten; kommerzialisieren; **~ciante** [~'θĭante] *su* Kaufmann *m*, Kauffrau *f*, Händler *m*; **~ciar** [~'θĭar] (1b) handeln, Handel treiben; **~cio** [ko'mɛrθĭo] *m* Handel *m*; (*tienda*) Geschäft *n*, Laden *m*; *fig* Umgang *m*, Verkehr *m*; **~ al por mayor** Großhandel *m*; **~ exterior (interior)** Außen- (Binnen-)handel *m*
comestible [komes'tible] **1.** *adj* eßbar; **2.** **~s** *m/pl* Lebensmittel *pl*; **~s finos** Feinkost *f*
cometa [ko'meta] **1.** *m* Komet *m*; **2.** *f* (Papier-)Drachen *m*
come|ter [kome'tɛr] (2a) begehen; verüben; **~tido** [~'tido] *m* Auftrag *m*; Aufgabe *f*; (*deber*) Pflicht *f*
cómic ['komik] *m* Comic *m*
comicidad [komiθi'dad] *f* Komik *f*
comicios [ko'miθĭos] *m/pl* Wahlen *f/pl*
cómico ['komiko] **1.** *adj* komisch; **2.** *m* Komiker *m*
comida [ko'mida] *f* Essen *n*; (*de mediodía*) Mittagessen *n*; **~ casera** Hausmannskost *f*

comidilla [komi'ðiʎa] f Stadtgespräch n

comienzo [ko'mienθo] m Beginn m, Anfang m

comillas [ko'miʎas] f/pl Anführungszeichen n/pl

comi|lón F [komi'lon] **1.** adj gefräßig; **2.** m Vielfraß m; **~lona** [~'lona] f Gelage n

comino ⚙ [ko'mino] m Kümmel m

comisar|ía [komisa'ria] f Kommissariat n; Polizeirevier n; **~io** [~'sarjo] m Kommissar m; Beauftragte(r) m

comisión [komi'sjon] f Kommission f, Ausschuß m; ✝ Provision f

comisura [komi'sura] f: **~ de los labios** Mundwinkel m

comi|té [komi'te] m Ausschuß m, Komitee n; **~ de empresa** Betriebsrat m; **~tiva** [~'tiba] f Gefolge n, Zug m

como ['komo] **1.** adv wie, sowie; (en calidad de) als; (aproximadamente) ungefähr; **~ quien dice** sozusagen; **2.** cj da, weil; (si) wenn; **~ si, ~ que** als ob

cómo ['komo] wie?; wieso?; wie (sehr) ...; **¿~ (dice)?** wie bitte?; **¿a ~?** wieviel?, wie teuer?; **¿~ que no?** wieso nicht?; **¡~ no!** natürlich!, selbstverständlich!

cómoda ['komoða] f Kommode f

comodidad [komoði'ðað] f Bequemlichkeit f; **~es** pl Komfort m

comodín [komo'ðin] m (naipe) Joker m

cómodo ['komoðo] bequem

compacto [kom'pakto] m kompakt

compadecer [kompaðe'θer] (2d) bemitleiden; **~se: ~ de alg** Mitleid haben mit j-m

compagina|ción [kompaxina'θjon] f tip Umbruch m; **~r** [~'nar] (1a) tip umbrechen; fig in Einklang bringen

compañe|rismo [kompaɲe'rismo] m Kameradschaftlichkeit f; Kollegialität f; **~ro** [~pa'ɲero] m Kollege m; Kamerad m; Gefährte m; **~ de clase** Mitschüler m, Klassenkamerad m

compañía [kompa'ɲia] f ✝ Gesellschaft f (a fig); ✕ Kompanie f; teat Truppe f; **~ aérea** Fluggesellschaft f; **~ naviera** Reederei f; **en ~ de** in Begleitung von; **hacer ~ a alg** j-m Gesellschaft leisten

compara|ble [kompa'raβle] vergleichbar; **~ción** [~ra'θjon] f Vergleich m; **~r** [~'rar] (1a) vergleichen; **~tivo** [~ra'tiβo] **1.** adj vergleichend; **2.** m gram Komparativ m

comparecer [kompare'θer] (2d) (vor Gericht) erscheinen

comparsa [kom'parsa] m (f) teat Statist(in f) m

comparti|m(i)ento [komparti'm(i)ento] m Abteilung f, Fach n; 🚞 Abteil n; **~r** [~'tir] (3a) einteilen; (repartir) verteilen; **~ con** teilen mit (dat)

compás [kom'pas] m ⚭ Zirkel m; ♪ Takt m; ⚓ Kompaß m

compasi|ón [kompa'sjon] f Mitleid n; **~vo** [~'siβo] mitleidig

compati|bilidad [kompatiβili'ðað] f Vereinbarkeit f; **~ble** [~'tiβle] vereinbar; inform kompatibel

compatriota [kompa'trjota] su Landsmann m, -männin f

compendio [kom'pendjo] m Auszug m; Abriß m; Leitfaden m

compenetra|do [kompene'traðo] aufea. eingestellt; **~rse** [~'trarse] (1a) inea. aufgehen

compensa|ción [kompensa'θjon] f Ausgleich m; Abfindung f; Entschädigung f; **~r** [~'sar] (1a) ausgleichen; entschädigen (für de)

compe|tencia [kompe'tenθja] f Wettbewerb m, Konkurrenz f; (incumbencia) Kompetenz f, Zuständigkeit f (a 🏛); **~tente** [~'tente] zuständig; (capaz) kompetent, fähig; **~tición** [~ti'θjon] f Wettbewerb m, -streit m; **~tidor** [~ti'ðor] m Konkurrent m; **~tir** [~'tir] (3l) konkurrieren (mit dat con); **~titivo** [~ti'tiβo] konkurrenzfähig, Konkurrenz...

compilar [kompi'lar] (1a) zs.-stellen, kompilieren

compla|cencia [kompla'θenθja] f Wohlgefallen n; Gefälligkeit f; **~cer** [~'θer] (2x) gefällig sein; (contentar) befriedigen; **~cerse: ~ en** Gefallen finden an (dat); **~cido** [~'θiðo] zufrieden; **~ciente** [~'θjente] gefällig, zuvorkommend

comple|jidad [komplexi'ðað] f Vielgestaltigkeit f; Schwierigkeit f; **~jo** [~'plexo] **1.** adj verwickelt, komplex; kompliziert; **2.** m Komplex m (a 🧠)

complemen|tario [komplemen'tarjo] ergänzend; **~to** [~'mento] m Ergänzung f; gram Objekt n

comple|tar [komple'tar] (1a) vervollständigen, ergänzen; **~to** [~'pleto] vollständig; vollkommen; (lleno) voll, besetzt; **por ~** völlig

complexión [komplɛg'sion] *f* Körperbau *m*, Konstitution *f*

complica|ción [komplika'θion] *f* Komplikation *f* (*a* 🞶); Kompliziertheit *f*; **~r** [~'kar] (1g) komplizieren

cómplice ['kompliθe] *su* Komplize *m*, Komplizin *f*

complicidad [kompliθi'ðað] *f* Mitschuld *f*, Beihilfe *f*

complot [kom'plot] *m* Komplott *n*

compone|nte [kompo'nente] *m* Bestandteil *m*; **~r** [~'ner] (2r) zs.-setzen; bilden; (*reparar*) ausbessern; *tip* (ab)setzen; ♪ komponieren; **~rse** bestehen (aus *dat* **de**)

comporta|miento [komporta'miento] *m* Betragen *n*, Verhalten *n*; **~rse** [~'tarse] (1a) sich benehmen, sich verhalten

composi|ción [komposi'θion] *f* Zs.-setzung *f*; ♪ Komposition *f*; *tip* Satz *m*; **~tor** ♪ [~'tor] *m* Komponist *m*

compostura [kompos'tura] *f* Ausbesserung *f*; *fig* Zurückhaltung *f*; Anstand *m*

compo|ta [kom'pota] *f* Kompott *n*; **~tera** [~po'tera] *f* Kompottschale *f*

compra ['kompra] *f* Kauf *m*; Einkauf *m*; *ir de* **~** einkaufen gehen; **~ *a plazos*** Ratenkauf *m*; **~dor** *m* [~'dor] Käufer *m*; **~r** [~'prar] (1a) kaufen; **~venta** [~pra'benta] *f*: *contrato de* **~** Kaufvertrag *m*

compren|der [kompren'dɛr] (2a) (*incluir*) umfassen, einschließen; (*entender*) begreifen, verstehen; **~sible** [~'sible] verständlich; **~sión** [~'sion] *f* Verständnis *n*; **~sivo** [~'sibo] verständnisvoll

compre|sa [kom'presa] *f* Kompresse *f*; Damenbinde *f*; **~sión** [~'sion] *f* Kompression *f*; **~sor** [~'sor] *m* Kompressor *m*

comprimi|do 🞶 [kompri'miðo] *m* Tablette *f*; **~r** [~'mir] (3a) zs.-pressen, -drücken

comproba|ción [komproba'θion] *f* Überprüfung *f*; (*prueba*) Beweis *m*, Nachweis *m*; **~nte** [~'bante] *m* Beleg *m*; Kassenbon *m*; **~r** [~'bar] (1m) nach-, überprüfen

comprome|tedor [kompromete'dor] kompromittierend; heikel; **~ter** [~'ter] (2a) kompromittieren; (*arriesgar*) gefährden; verpflichten; **~terse** sich verpflichten (zu *a*); **~tido** [~'tiðo] heikel;

estar **~** schon etwas vorhaben, schon e-e Verabredung haben

compromiso [kompro'miso] *m* Kompromiß *m*; (*obligación*) Verpflichtung *f*; **~ *matrimonial*** Verlobung *f*; *sin* **~** unverbindlich

compuesto [kom'pu̯esto] **1.** *adj* zs.-gesetzt; **2.** *m* 🜔 Verbindung *f*

compulsión [kompul'sion] *f* Zwang *m*

computa|dor [komputa'dor] *m*, **~dora** [~'dora] *f* Computer *m*; *asistido por* **~** computergestützt; **~r** [~'tar] (1a) aus-, an-, berechnen

computerizar [komputeri'θar] (1f) computerisieren

cómputo ['komputo] *m* Berechnung *f*

comulgar [komul'gar] *rel* zur Kommunion gehen, kommunizieren

común [ko'mun] *adj* gemeinsam; (*corriente*) gewöhnlich; *en* **~** gemeinsam; *por lo* **~** gewöhnlich

comuna [ko'muna] *f* Kommune *f*, Wohngemeinschaft *f*

comunica|ción [komunika'θion] *f* Mitteilung *f*; *a tel* Verbindung *f*; *comunicaciones f/pl*; **~do** [~'kaðo] **1.** *adj*: *bien* **~** mit guten Verkehrsverbindungen; verkehrsgünstig; **2.** *m* Kommuniqué *n*; **~r** [~'kar] (1g) **1.** *v/t* mitteilen; verbinden; **2.** *v/i* in Verbindung stehen; *tel* besetzt sein; **~rse** sich in Verbindung setzen (mit *con*); **~tivo** [~ka'tibo] mitteilsam, gesprächig

comunidad [komuni'ðað] *f* Gemeinschaft *f*; ♀ *Europea* Europäische Gemeinschaft *f*; ♀ *Europea del Carbón y del Acero* (*CECA*) Montanunion *f*

comunión [komu'nion] *f rel* Kommunion *f*, Abendmahl *n*

comunis|mo [komu'nizmo] *m* Kommunismus *m*; **~ta** [~'nista] **1.** *adj* kommunistisch; **2.** *su* Kommunist(in *f*) *m*

comunitario [komuni'tario] Gemeinschafts...; *pol* EG-...

con [kon] mit; **~ *tal que*** *subj* vorausgesetzt, daß; **~ *lo caro que es*** obwohl es so teuer ist

conato ⚖ [ko'nato] *m* Versuch *m*

cóncavo ['konkabo] konkav; hohl

concebir [konθe'bir] (3l) begreifen; (*plan*) fassen; *bio* empfangen

conceder [konθe'dɛr] (2a) gewähren; zugestehen

conce|jal [konθe'xal] *m* Stadtrat *m* (*persona*); **~jo** [~'θexo] *m* Stadtrat *m*

concentra|ción [konθentra'θion] *f* Konzentration *f*; **~ de masas** Massenkundgebung *f*; **~r(se)** [~'trar(se)] (1a) (sich) konzentrieren (auf *ac* **en**)

concep|ción [konθeb'θion] *f bio* Empfängnis *f*; *fig* Vorstellung *f*, Auffassung *f*; **~to** [~'θepto] *m* Begriff *m*, Idee *f*; Meinung *f*; **en ~ de** als

concernir [konθer'nir] (3i) betreffen, angehen

concertar [konθer'tar] (1k) ✝ abschließen; (*acordar*) vereinbaren, abmachen

concerti|no ♪ [konθer'tino] *m* Konzertmeister *m*, erster Geiger *m*; **~sta** [~'tista] *su* Konzertgeiger(in *f*) *m*, -pianist(in *f*) *m etc*

concesi|ón [konθe'sion] *f* Bewilligung *f*, Gewährung *f*, Konzession *f*, Zugeständnis *n*; **~onario** [~sio'nario] *m* Konzessionär *m*; Vertragshändler *m*

concien|cia [kon'θienθia] *f* Gewissen *n*; Bewußtsein *n*; **a ~** gewissenhaft; **con ~** mit gutem Gewissen; **~zudo** [~'θuðo] gewissenhaft

concierto [kon'θierto] *m* Übereinkunft *f*; ♪ Konzert *n*

concili|ación [~lia'θion] *f* Versöhnung *f*, ⚖ Schlichtung *f*; **~ar** [~'liar] (1b) versöhnen; **~ el sueño** einschlafen; **~o** [~'θilio] *m* Konzil *n*

conciso [kon'θiso] knapp, kurz

conclu|ir [konklu'ir] (3g) **1.** *v/t* (ab)schließen, beenden; (*deducir*) folgern; **2.** *v/i* enden; **~sión** [~'sion] *f* Abschluß *m*; Schlußfolgerung *f*

concor|dancia [konkor'danθia] *f* Übereinstimmung *f*; Konkordanz *f*; **~dar** [~'ðar] (1m) **1.** *v/t* in Einklang bringen; **2.** *v/i* übereinstimmen; **~dato** [~'ðato] *m* Konkordat *n*; **~dia** [~'korðia] *f* Eintracht *f*

concre|tar [konkre'tar] (1a) konkretisieren; **~to** [~'kreto] **1.** *adj* konkret; **2.** *m Am* Beton *m*

concupiscen|cia [konkupis'θenθia] *f* Sinneslust *f*; **~te** [~'θente] lüstern

concurr|encia [konku'rrenθia] *f* Zulauf *m*; Publikum *n*; *fig* Zs.-treffen *n*; **~ido** [~'rriðo] stark besucht, beliebt; **~ir** [~'rrir] (3a) zs.-kommen (*a fig*); **~ a** teilnehmen an, mitwirken bei (*dat*)

concur|sante [konkur'sante] *m* Bewerber *m*; Teilnehmer *m*; **~sar** [~'sar] (1a) sich an e-m Wettbewerb beteiligen; **~so** [~'kurso] *m* Wettbewerb *m*; Preisausschreiben *n*; (*ayuda*) Mitwirkung *f*; ✝ Ausschreibung *f*

concha ['kontʃa] *f* Muschel *f*; *zo* Schale *f*; Schildpatt *n*

con|dado [kon'daðo] *m* Grafschaft *f*; **~dal** [~'dal] gräflich; **~de** ['konde] *m* Graf *m*

condeco|ración [kondekora'θion] *f* Auszeichnung *f*; Orden *m*; **~rar** [~'rar] (1a) auszeichnen

condena ⚖ [kon'dena] *f* Verurteilung *f*; Strafe *f*; **~ción** [~dena'θion] *f* Verurteilung *f*; *rel* Verdammnis *f*; **~r** [~'nar] (1a) verurteilen (*a fig*)

condensa|dor [kondensa'ðor] *m* Kondensator *m*; **~r** [~'sar] (1a) kondensieren; zs.-fassen

condesa [kon'desa] *f* Gräfin *f*

condescen|dencia [kondesθen'denθia] *f* Nachgiebigkeit *f*; *desp* Herablassung *f*; **~der** [~'ðer] (2g) einwilligen (in *ac* **a**); *desp* sich herablassen (zu **a**); **~diente** [~'ðiente] nachgiebig; *desp* herablassend

condici|ón [kondi'θion] *f* Bedingung *f*; (*situación*) Zustand *m*; Beschaffenheit *f*; (*rango*) Rang *m*, Stand *m*; **~ones de trabajo** Arbeitsbedingungen *f/pl*; **~ previa** Voraussetzung *f*; **a ~ de que** (*subj*) unter der Bedingung, daß; **~onal** [~θio'nal] *m gram* Konditional *m*; **~onar** [~θio'nar] (1a) bedingen; abhängig machen von

condimen|tar [kondimen'tar] (1a) würzen; **~to** [~'mento] *m* Gewürz *n*

condiscípulo [kondis'θipulo] Mitschüler *m*

condón [kon'don] *m* Kondom *n*

cóndor ['kondor] *m* Kondor *m*

conduc|ción [konduɣ'θion] *f auto* Lenkung *f*; ⚡ Leitung *f*; **~ir** [~'θir] (3o) führen, leiten; *auto* fahren; **~irse** sich benehmen; **~ta** [~'dukta] *f* Verhalten *n*; Benehmen *n*; **~tibilidad** [~duktibili'dað] *f* Leitfähigkeit *f*; **~to** [~'dukto] *m* Leitung *f*; *anat* Gang *m*, Kanal *m*; **~tor** [~'tor] *m* Fahrer *m*; ⚡ Leiter *m*

conectar [konek'tar] (1a) verbinden; ⚡ einschalten; anschließen; **~ a tierra** erden

cone|jera [kone'xera] *f* Kaninchenstall *m*; **~jillo** [~'xiʎo] *m*: **~ de Indias** Meer-

conejo

schweinchen *n*; *fig* Versuchskaninchen *n*; **~jo** [~'nexo] *m* Kaninchen *n*

conexión [koneg'sion] *f* Verbindung *f*; *fig* Zs.-hang *m*; ⚡ Schaltung *f*; Anschluß *m*

confec|ción [komfeg'θion] *f* Anfertigung *f*; Konfektion *f*; **~ionar** [~θio'nar] (1a) anfertigen

confederación [komfeðera'θion] *f* Bündnis *n*, Bund *m*

conferencia [komfe'renθia] *f* Konferenz *f*; (*discurso*) Vortrag *m*; *tel* Ferngespräch *n*; **~ nacional** *od* **interurbana** Inlandsgespräch *n*; **~nte** [~ren'θiante] *m* Vortragende(r) *m*, Redner *m*

conferir [komfe'rir] (3i) verleihen

confe|sar [komfe'sar] (1k) gestehen; *rel* beichten; **~sarse** beichten; **~sión** [~'sion] *f* Geständnis *n*; *rel* Beichte *f*; Konfession *f*; **~s(i)onario** [~fes(i)o'nario] *m* Beichtstuhl *m*; **~so** ⚡ [~'feso] geständig; **~sor** *rel* [~'sor] *m* Beichtvater *m*

confeti [kom'feti] *m* Konfetti *n*

confia|do [kom'fiaðo] vertrauensvoll, -selig; **~nza** [~'fianθa] *f* Vertrauen *n*; **~ en sí mismo** Selbstvertrauen *n*; **de ~** zuverlässig; **en ~** vertraulich; **~r** [~'fiar] (1c) 1. *v/t* anvertrauen; 2. *v/i* vertrauen (auf *ac* **en**)

confiden|cia [komfi'ðenθia] *f* vertrauliche Mitteilung *f*; (*a ~*) vertrauliches Gespräch *n*; **~cial** [~ðen'θial] vertraulich; **~te** [~'ðente] *m* Vertraute(r) *m*; (*policial*) Spitzel *m*

confina|miento [komfina'miento] *m* Zwangsaufenthalt *m*; **~r** [~'nar] (1a) verbannen; (*encerrar*) einsperren

confirma|ción [komfirma'θion] *f* Bestätigung *f*; *rel* Firmung *f*; Konfirmation *f*; **~ del pedido** Auftragsbestätigung *f*; **~r** [~'mar] (1a) bestätigen; *rel* firmen; konfirmieren

confisca|ción [komfiska'θion] *f* Beschlagnahme *f*; **~r** [~'kar] (1g) konfiszieren, beschlagnahmen

confi|tería [komfite'ria] *f* Süßwarengeschäft *n*; **~tura** [~'tura] *f* Konfitüre *f*

conflic|tivo [komflik'tiβo] konfliktreich; **~to** [~'flikto] *m* Konflikt *m*

confluencia [kom'fluenθia] *f* Zs.-fluß *m*; **~ir** [~'ir] (3g) zs.-fließen, *a fig* zs.-strömen

confor|mación [komforma'θion] *f* Gestalt(ung) *f*, Bau *m*; **~mar** [~'mar] (1a) bilden, gestalten; **~marse** sich abfinden *bzw* begnügen (mit *dat* **con**); **~me** [~'forme] 1. *adj*: **ser ~ a** entsprechen; **estar ~ con** einverstanden sein mit; 2. *prp*: **~ a** gemäß, entsprechend; **~midad** [~formi'ðað] *f* Übereinstimmung *f*; Zustimmung *f*

confort [kom'fort] *m* Komfort *m*; **~able** [~for'table] bequem, gemütlich

confortar [komfor'tar] (1a) trösten

confronta|ción [komfronta'θion] *f* Gegenüberstellung *f*; **~r** [~'tar] (1a) gegenüberstellen; vergleichen

confu|ndir [komfun'dir] (3a) verwechseln; (*perturbar*) durchea.-bringen, verwirren; **~ndirse** in Verwirrung geraten; (*equivocarse*) sich irren; **~sión** [~fu'sion] *f* Verwirrung *f*; Verwechslung *f*; (*desorden*) Durcheinander *n*; **~so** [~'fuso] verworren, konfus; (*persona*) verwirrt

congela|ción [konxela'θion] *f* Gefrieren *n*; (*a fig*) Einfrieren *n*; **~ de precios** Preisstopp *m*; **~do** [~'laðo] tiefgekühlt; (*alimentos m/pl*) **~s** Tiefkühlkost *f*; **~dor** [~la'ðor] *m* Gefrierfach *n*; **~ horizontal** Tiefkühltruhe *f*; **~r** [~'lar] (1a) tiefkühlen, einfrieren; **~rse** gefrieren

con|geniar [konxe'niar] (1b) harmonieren; **~génito** [~'xenito] angeboren

congestión [konxes'tion] *f* ⚡ Stauung *f*; **~ del tráfico** Verkehrsstockung *f*

congoja [kon'goxa] *f* Kummer *m*

congra|ciarse [kongra'θiarse] (1b): **~ con** sich beliebt machen bei (*dat*); **~tularse ~ de alc** *fig* et begrüßen

congre|gar [kongre'gar] (1h) versammeln; **~sista** [~'sista] *m* Kongreßteilnehmer *m*; **~so** [~'greso] *m* Kongreß *m*

congrio ['kongrio] *m* Meeraal *m*

congruen|cia [kon'gruenθia] *f* Übereinstimmung *f*; **~te** [~'gruente] angemessen, passend

cónico ['koniko] kegelförmig

coníferas [ko'niferas] *f/pl* Nadelhölzer *n/pl*

conjetura [konxe'tura] *f* Vermutung *f*; **~r** [~'rar] (1a) mutmaßen

conjuga|ción [konxuga'θion] *f* Konjugation *f*; **~r** [~'gar] (1h) konjugieren; *fig* vereinigen

conjun|ción [konxun'θion] *f* Verbindung *f*; *gram* Konjunktion *f*; **~tiva** *anat* [~'tiβa] *f* Bindehaut *f*; **~tivitis** ⚡

[˷ti'bitis] f Bindehautentzündung f; **˷to** [˷'xunto] **1.** adj verbunden; gemeinsam; **2.** m Gesamtheit f, Ganze(s) n; ♩, moda Ensemble n; **en ˷** im ganzen (gesehen)

conjura [kɔn'xura], **˷ción** [˷'θjɔn] f Verschwörung f; **˷r** [˷'rar] (1a) **1.** v/t beschwören **2.** v/i konspirieren

conllevar [kɔnʎe'bar] (1a) ertragen; fig mit sich bringen

conmemora|ción [kɔnmemora'θjɔn] f Gedenken n; Gedenkfeier f; **˷r** [˷'rar] (1a) gedenken, (feierlich) begehen

conmigo [kɔn'migo] mit mir, bei mir

conmiseración [kɔnmisera'θjɔn] f Erbarmen n, Mitleid n

conmo|ción [kɔnmo'θjɔn] f Erschütterung f (a fig); **˷ cerebral** Gehirnerschütterung f; **˷cionar** [˷'nar] (1a) erschüttern; **˷vedor** [˷be'dɔr] erschütternd, rührend; **˷ver** [˷'bɛr] (2h) erschüttern; rühren

conmutador ⚡ [kɔnmuta'dɔr] m Schalter m

cono ['kono] m Kegel m

cono|cedor [konoθe'dɔr] m Kenner m; **˷cer** [˷'θɛr] (2d) kennen; kennenlernen; (reconocer) erkennen (an por); **dar a ˷** bekanntgeben; **˷cido** [˷'θiðo] **1.** adj bekannt; **2.** m, -a f [˷'θiða] Bekannte(r) m, Bekannte f; **˷cimiento** [˷θi'mjento] m Kenntnis f; 🕮 Bewußtsein n

conque ['kɔnke] also, nun

conquista [kɔn'kista] f Eroberung f (a fig); **˷dor** [˷'dɔr] m Eroberer m; fig Frauenheld m; **˷r** [˷'tar] (1a) erobern

consabido [kɔnsa'biðo] bewußt (sattsam) bekannt

consagra|ción [kɔnsaɣra'θjɔn] f Weihe f; rel Wandlung f; fig Bestätigung f; **˷r** [˷'ɣrar] (1a) rel weihen; fig widmen

consanguíneo [kɔnsaɲ'gineo] blutsverwandt

consciente [kɔns'θjente] bewußt

consecu|ción [kɔnseku'θjɔn] f Erlangung f, Erreichung f; **˷encia** [˷'kuenθja] f Folge f, Konsequenz f; **a ˷ de** als Folge von; **en ˷** folglich; **˷ente** [˷'kuente] konsequent; **˷tivo** [˷ku'tibo] aufea.-folgend; **tres horas -as** drei Stunden hintereinander

conseguir [kɔnse'ɣir] (3l u 3d) erreichen; bekommen

conse|jero [kɔnse'xero] m Ratgeber m;

Berater m; **˷ matrimonial** Eheberater m; **˷jo** [˷'sexo] m Rat(schlag) m; pol Rat m; **˷ de ministros** Ministerrat m; **♀ de Europa** Europarat m

consen|so [kɔn'sɛnso] m Zustimmung f; Konsens m; **llegar a un ˷** sich einigen; **˷timiento** [˷ti'mjento] m Einwilligung f, Zustimmung f; **˷tir** [˷'tir] (3i) gestatten; zulassen

conserje [kɔn'sɛrxe] su Pförtner(in f) m; Hausmeister(in f) m; **˷ría** [˷'ria] f Pförtnerloge f

conserva [kɔn'sɛrba] f Konserve f; **˷ción** [˷sɛrba'θjɔn] f Konservierung f; fig Erhaltung f; **˷dor** [˷'dɔr] **1.** adj konservativ; **2.** m (de museo) Kustos m; pol Konservative(r) m; **˷nte** [˷'bante] m Konservierungsmittel n; **˷r** [˷'bar] (1a) erhalten, (auf)bewahren; (alimentos) konservieren; **˷torio** [˷ba'tɔrjo] m Konservatorium f

considera|ble [kɔnsiðe'rable] beträchtlich, erheblich; **˷ción** [˷ra'θjɔn] f Betrachtung f; Überlegung f; (respeto) Rücksicht(nahme) f; **de ˷** erheblich; **en ˷ a** in Anbetracht (gen); **˷do** [˷'raðo] angesehen; rücksichtsvoll; **˷r** [˷'rar] (1a) bedenken, erwägen; berücksichtigen; **˷(se)** (sich) halten für

consigna [kɔn'siɣna] f Losung f; Weisung f; 🚆 Gepäckaufbewahrung f; **˷ automática** Schließfach n

consigo [kɔn'siɣo] **1.** pron mit sich, bei sich; **2.** s **conseguir**

consiguiente [kɔnsi'ɣjente] entsprechend (a); **por ˷** folglich

consis|tencia [kɔnsis'tenθja] f Konsistenz f; Festigkeit f; **˷tente** [˷'tente] fest, stark; **˷ en** bestehend aus; **˷tir** [˷'tir] (3a): **˷ en** bestehen aus (dat)

consola|ción [kɔnsola'θjɔn] f Trost m; **˷dor** [˷'dɔr] tröstlich; **˷r** [˷'lar] (1m) trösten

consolida|ción [kɔnsoliða'θjɔn] f Festigung f, Konsolidierung f; **˷r** [˷'dar] (1a) festigen, sichern

consomé [kɔnso'me] m Kraftbrühe f, Bouillon f

consonan|cia [kɔnso'nanθja] f Konsonanz f; **en ˷ con** fig in Einklang mit; **˷te** [˷'nante] f Konsonant m

consorcio [kɔn'sɔrθjo] m Konzern m

consorte [kɔn'sɔrte] su Ehegatte m, -gattin f

conspicuo [kɔns'pikŭo] hervorragend
conspira|ción [kɔnspira'θiɔn] f Verschwörung f; **~dor** [~'dɔr] m Verschwörer m; **~r** [~'rar] (1a) sich verschwören
consta|ncia [kɔns'tanθia] f Beständigkeit f, Ausdauer f; **dejar ~ de** et bestätigen; **et zum Ausdruck bringen**; **~nte** [~'tante] beständig, konstant; **~r** [~'tar] (1a) feststehen; **~ de** bestehen aus; **~ en** verzeichnet sein in; **~tar** [~ta'tar] (1a) feststellen
constelación [kɔnstela'θiɔn] f Sternbild n; fig Konstellation f
consterna|ción [kɔnsterna'θiɔn] f Bestürzung f; **~r** [~'nar] (1a) bestürzen
constipa|do [kɔnsti'paðo] **1.** adj erkältet; **2.** m Erkältung f; Schnupfen m; **~rse** [~'parse] (1a) sich e-n Schnupfen holen; sich erkälten
constitu|ción [kɔnstitu'θiɔn] f Beschaffenheit f; ♂ Konstitution f; pol Verfassung f; **~cional** [~θio'nal] verfassungsmäßig; **~ir** [~tu'ir] (3g) bilden; gründen; ✞ einsetzen
constru|cción [kɔnstrug'θiɔn] f Bau(en n) m; Bauwesen n; (edificio) Bau m; **~ctor** [~ruk'tɔr] m Erbauer m; Konstrukteur m; **~ir** [~tru'ir] (3g) (er)bauen; errichten
consuegros [kɔn'sŭegros] m/pl Gegenschwiegereltern pl
consuelo [kɔn'sŭelo] m Trost m
cónsul ['kɔnsul] su Konsul(in f) m
consulado [kɔnsu'laðo] m Konsulat n
consul|ta [kɔn'sulta] f Befragung f; Beratung f; ⚕ Sprechstunde f; Praxis f; **obra f de ~** Nachschlagewerk n; **~tar** [~'tar] (1a) befragen, zu Rate ziehen; **~torio** [~'torio] m Beratungsstelle f; ⚕ Sprechzimmer n; Praxis f
consuma|ción [kɔnsuma'θiɔn] f Vollendung f; ⚱ Vollziehung f; **~r** [~'mar] (1a) vollbringen; ⚱ vollziehen
consumi|ción [kɔnsumi'θiɔn] f gastr Verzehr m; Zeche f; **~dor** [~'dɔr] m Verbraucher m; **~r** [~'mir] (3a) verzehren; verbrauchen
consumo [kɔn'sumo] m Verbrauch m, Konsum m
conta|bilidad [kɔntaβili'ðað] f Buchführung f, -haltung f; **~ble** [~'taβle] m Buchhalter m
contac|tar [kɔntak'tar] (1a) Verbindung (od Kontakt) aufnehmen (mit dat **con**); **~to** [~'takto] m Berührung f; Kontakt m (a ⚡); **ponerse en ~** sich in Verbindung setzen (mit dat **con**)
conta|do [kɔn'taðo]: **al ~** bar; **-as veces** selten; **~dor** [~ta'ðor] m ⊙ Zähler m; **~duría** [~ðu'ria] f Rechnungsamt n, -stelle f
contagi|ar [kɔnta'xiar] (1b) anstecken (a fig); **~o** [~'taxio] m Ansteckung f; **~oso** [~ta'xioso] ansteckend
contaminación [kɔntamina'θiɔn] f Verunreinigung f; Verseuchung f; **~ ambiental** Umweltverschmutzung f; **~ atmosférica** Luftverschmutzung f; **~nte** [~'nante]; **no ~** schadstofffrei; **poco ~** schadstoffarm; **~r** [~'nar] (1a) verseuchen; verschmutzen
contar [kɔn'tar] (1m) **1.** v/t zählen; ausberechnen; (narrar) erzählen; **2.** v/i rechnen (a fig); **~ con alg** auf j-n zählen, mit j-m rechnen; **~ entre** zählen zu
contempla|ción [kɔntempla'θiɔn] f Betrachtung f; Verseuchung f; **sin -ones** rücksichtslos; **~r** [~'plar] (1a) betrachten
contemporáneo [kɔntempo'raneo] **1.** adj zeitgenössisch; **2.** m Zeitgenosse m
conten|ción [kɔnten'θiɔn] f Mäßigung f; Beherrschung f; **~cioso** [~'θioso] strittig; (asunto m) **~** Streitsache f; **~edor** [~ne'ðɔr] m Container m; **~er** [~'nɛr] (2l) enthalten; (retener) zurückhalten; **~erse** an sich halten; **~ido** [~'niðo] m Inhalt m
conten|tar [kɔnten'tar] (1a) zufriedenstellen; **~tarse** sich begnügen (mit dat **de**); **~to** [~'tento] **1.** adj zufrieden; **2.** m Zufriedenheit f
contesta|ción [kɔntesta'θiɔn] f Antwort f; Beantwortung f; **~dor** [~'ðɔr] m tel Anrufbeantworter m; **~r** [~'tar] (1a) **1.** v/t beantworten; **2.** v/i antworten (auf **a**)
contexto [kɔn'testo] m Zs.-hang m
contienda [kɔn'tienda] f Streit m
contigo [kɔn'tigo] mit dir, bei dir
contiguo [kɔn'tigŭo] angrenzend; Neben...
continen|cia [kɔnti'nenθia] f Enthaltsamkeit f; **~tal** [~'tal] kontinental; **~te** [~'nente] **1.** adj enthaltsam. **2.** m Erdteil m, Kontinent m
contingente [kɔntiŋ'xente] m Kontingent n

continu|ación [kɔntinŭa'θĭon] f Fortsetzung f; **a ~** anschließend; **~ar** [~nu'ar] (1e) **1.** v/t fortsetzen; **2.** v/i andauern; weitermachen; **~idad** [~nŭi'dad] f Stetigkeit f, Kontinuität f; **~o** [~'tinŭo] ununterbrochen; dauernd

contor|no [kɔn'tɔrno] m Umriß m; Kontur f; **~s** m/pl Umgegend f; **~sión** [~tɔr'sĭon] f Verrenkung f; **~sionista** [~'nista] m Schlangenmensch m

contra ['kɔntra] **1.** prp gegen (ac); **2.** adv: **en ~** dagegen

contraataque [kɔntra'take] m Gegenangriff m

contrabajo ♪ [kɔntra'baxo] m Kontrabaß m; (persona) Kontrabassist m

contraban|dista [kɔntraban'dista] m Schmuggler m; **~do** [~'bando] m Schmuggel m; (mercancía) Schmuggelware f; **pasar de ~** durchschmuggeln

contracción [kɔntrag'θĭon] f Zs.-ziehung f; Kontraktion f

contracep|ción [kɔntraθeb'θĭon] f Empfängnisverhütung f; **~tivo** [~'tibo] m Verhütungsmittel n

contracorriente [kɔntrakɔ'rrĭente] f Gegenströmung f

contractual [kɔntrak'tŭal] vertraglich

contra|decir [kɔntrade'θir] (3p) widersprechen; **~dicción** [~dig'θĭon] f Widerspruch m; **~dictorio** [~dik'tɔrĭo] widersprüchlich

contraer [kɔntra'er] (2p) zs.-ziehen; verkürzen; (enfermedad) sich zuziehen; (deudas) machen; **~ matrimonio** die Ehe schließen; **~se** sich zs.-ziehen

contraespionaje [kɔntraespĭo'naxe] m Spionageabwehr f

contralto ♪ [kɔn'tralto] m Alt m

contra|luz [kɔntra'luθ] f Gegenlicht (aufnahme f) n; **~maestre** [~ma'estre] m Werkmeister m; ♣ Obermaat m; **~orden** [~'ɔrden] f Gegenbefehl m; fig Widerruf m; **~partida** [~par'tida] f fig Gegenleistung f; **~pelo** [~'pelo] m: **a ~** gegen den Strich; **~peso** [~'peso] m Gegengewicht n (a fig); **~prestación** [~presta'θĭon] f Gegenleistung f; **~producente** [~prodŭ'θente] unzweckmäßig; **~puesto** [~'pŭesto] gegensätzlich, entgegengesetzt; **~punto** ♪ [~'punto] m Kontrapunkt m

contra|ria [kɔn'trarĭa]: **llevar la ~** widersprechen; **~riar** [~'rĭar] (1c) sich entgegenstellen (dat); (disgustar) (ver)ärgern; **~riedad** [~rĭe'dad] f (unvorhergesehene) Schwierigkeit f; (disgusto) Ärger m; **~rio** [~'trarĭo] **1.** adj entgegengesetzt; (adverso) feindlich; **al ~, por lo ~** im Gegenteil; **de lo ~** andernfalls, sonst; **2.** m Gegner m

contra|rrestar [kɔntrarres'tar] (1a) entgegenwirken (dat); **~rrevolución** [~rrebolu'θĭon] f Gegenrevolution f; **~sentido** [~sen'tido] m Widersinn m; **~seña** [~'seɲa] f Losungswort n, Kennwort n

contras|tar [kɔntras'tar] (1a) **1.** v/t ⊕ eichen; **2.** v/i im Widerspruch stehen (zu dat con); **~te** [~'traste] m Gegensatz m, Kontrast m

contrata|ción [kɔntrata'θĭon] f Vertragsabschluß m; (de obreros) Einstellung f; **~nte** [~'tante] m Vertragspartner m; **~r** [~'tar] (1a) vertraglich abmachen; (personal) einstellen; (artista) engagieren

contratiempo [kɔntra'tĭempo] m Unannehmlichkeit f; (ärgerlicher) Zwischenfall m

contratista [kɔntra'tista] m: **~ de obras** Bauunternehmer m

contrato [kɔn'trato] m Vertrag m

contravalor [kɔntraba'lɔr] m Gegenwert m

contraven|ción [kɔntraben'θĭon] f Übertretung f, Zuwiderhandlung f; **~ir** [~be'nir] (3s): **~ a** verstoßen gegen (ac)

contrayentes [kɔntra'jentes] m/pl Eheschließende pl

contribu|ción [kɔntribu'θĭon] f Beitrag m; (impuesto) Steuer f, Abgabe f; **~ir** [~'ir] (3g) beitragen, beisteuern; **~yente** [~bu'jente] m Steuerzahler m

contrincante [kɔntriŋ'kante] m Mitbewerber m; Gegenspieler m

control [kɔn'trɔl] m Kontrolle f; **~ aéreo** Flugsicherung f; **~ador** [~trɔla'dɔr] m: **~ aéreo** Fluglotse m; **~ar** [~'lar] (1a) kontrollieren, überwachen; **~arse** sich beherrschen

controver|sia [kɔntro'bersĭa] f Streit m, Kontroverse f; **~tido** [~ber'tido] umstritten

contuma|cia [kɔntu'maθĭa] f Hartnäckigkeit f; **~z** [~'maθ] hartnäckig

contundente [kɔntun'dente] überzeugend, schlagend; **arma f ~** Schlagwaffe f

contusión [kɔntu'sĭɔn] *f* Quetschung *f*; Prellung *f*

convale|cencia [kɔmbale'θenθĭa] *f* Genesung *f*; **~cer** [~'θɛr] (2d) genesen; **~ciente** [~'θĭente] *m* Rekonvaleszent *m*

convalida|ción [kɔmbaliđa'θĭɔn] *f* Bestätigung *f*; (*de certificados, etc*) Anerkennung *f*; **~r** [~'đar] (1a) bestätigen; anerkennen

conven|cer [kɔmben'θɛr] (2b) überzeugen; überreden; **~cimiento** [~θi'mĭento] *m* Überzeugung *f*; **~ción** [~'θĭɔn] *f* Abkommen *n*, Konvention *f*; **~cional** [~θĭo'nal] herkömmlich, konventionell

convenien|cia [kɔmbe'nĭenθĭa] *f* Zweckmäßigkeit *f*; Nutzen *m*; **~te** [~'nĭente] zweckmäßig, angebracht

convenio [kɔm'benĭo] *m* Abkommen *n*; **~ colectivo** (Mantel-)Tarifvertrag *m*

convenir [kɔmbe'nir] (3s) **1.** *v/t* vereinbaren; **2.** *v/i* passen; (*estar de acuerdo*) übereinstimmen; (*ser oportuno*) angebracht sein

convento [kɔm'bento] *m* Kloster *n*

conver|gencia [kɔmbɛr'xenθĭa] *f* Zs.-laufen *n*; *fig* Übereinstimmung *f*; **~ger** [~'xɛr] (2c), **~gir** [~'xir] (3c) konvergieren, zs.-laufen

conversa|ción [kɔmbɛrsa'θĭɔn] *f* Unterhaltung *f*, Gespräch *n*; **~r** [~'sar] (1a) sich unterhalten

conver|sión [kɔmbɛr'sĭɔn] *f* Umwandlung *f*; *rel* Bekehrung *f*; ✝ Umrechnung *f*; **~so** *rel* [~'bɛrso] *m* Konvertit *m*; **~tible** [~'tible] konvertierbar; **~tir** [~'tir] (3i) um-, verwandeln; ✝ konvertieren; *rel* bekehren; **~tirse** sich verwandeln (in *en*), werden (zu *en*); *rel* übertreten (zu *a*)

convexo [kɔm'bɛgso] konvex

convic|ción [kɔmbig'θĭɔn] *f* Überzeugung *f*; **~to** [~'bikto] überführt

convida|do [kɔmbi'đađo] *m* Gast *m*; **~r** [~'đar] (1a) einladen (zu *a*)

convincente [kɔmbin'θente] überzeugend

conviv|encia [kɔmbi'benθĭa] *f* Zs.-leben *n*; **~ir** [~'bir] (3a) zs.-leben

convoca|ción [kɔmboka'θĭɔn] *f* Einberufung *f*; **~r** [~'kar] (1g) einberufen

convoy [kɔm'bɔi̯] *m auto* Kolonne *f*; ✗ Geleitzug *m*; 🚂 Zug *m*

convulsión [kɔmbul'sĭɔn] *f* Krampf *m*

conyugal [kɔnju'gal] ehelich; Ehe...

cónyuge ['kɔnjuxe] *su* Ehegatte *m*

coñac [kɔ'ɲak] *m* Kognak *m*

coopera|ción [koopera'θĭɔn] *f* Mitwirkung *f*; Zs.-arbeit *f*; **~nte** [~'rante] *m* Entwicklungshelfer *m*; **~r** [~'rar] (1a) mitarbeiten; **~tiva** [~ra'tiba] *f* Genossenschaft *f*; **~tivo** [~ra'tibo] Genossenschafts...

coordina|ción [koorđina'θĭɔn] *f* Koordinierung *f*; **~r** [~'nar] (1a) koordinieren

copa ['kopa] *f* (Stiel-)Glas *n*; Pokal *m* (*a dep*); ♣ (Baum-)Krone *f*; ♀ **de Europa** Europapokal *m*; **~s** (*naipes*) *etwa*: Herz *n*

copia ['kopĭa] *f* Kopie *f*; *fot* Abzug *m*; **~r** [~'pĭar] (1b) kopieren; (*alumno*) abschreiben

copiloto [kopi'loto] *m* Kopilot *m*

copioso [ko'pĭoso] reichlich

copla ['kopla] *f* Strophe *f*; Lied *n*

copo ['kopo] *m* Flocke *f*; **~ de nieve** Schneeflocke *f*

coproducción [koprođug'θĭɔn] *f* Koproduktion *f*

copropietario [kopropĭe'tarĭo] *m* Miteigentümer *m*

coque ['koke] *m* Koks *m*

coque|tear [kokete'ar] (1a) kokettieren; **~to** [~'keto] kokett; **~tón** [~'tɔn] reizend

coraje [ko'raxe] *m* Mut *m*; (*ira*) Wut *f*

coral [ko'ral] **1.** *m* Koralle *f*; ♪ Choral *m*; **2.** ♪ Chor *m*

corán [ko'ran] *m* Koran *m*

coraza [ko'raθa] *f* Panzer *m*

cora|zón [kora'θɔn] *m* Herz *n*; **~zonada** [~θo'nađa] *f* Ahnung *f*

corbata [kɔr'bata] *f* Krawatte *f*

corbeta ⚓ [kɔr'beta] *f* Korvette *f*

corche|a ♪ [kɔr'tʃea] *f* Achtelnote *f*; **~te** [~'tʃete] *m* Haken *m*; *tip* eckige Klammer *f*

corcho ['kɔrtʃo] *m* Kork(en) *m*

corcovado [kɔrko'bađo] bucklig

corda|da [kɔr'đađa] *f* Seilschaft *f*; **~je** ⚓ [~'đaxe] *m* Takelwerk *n*

cordel [kɔr'đɛl] *m* Schnur *f*

cordero [kɔr'đero] *m* Lamm *n*

cordial [kɔr'đĭal] herzlich; **~idad** [~đĭali'đađ] *f* Herzlichkeit *f*

cordillera [kɔrđi'ʎera] *f* Gebirgskette *f*

cordobés [kɔrđo'bes] aus Córdoba

cordón [kɔr'đɔn] *m* Schnur *f*; (*de zapato*) Schnürsenkel *m*; ✗ Kordon *m*, Sperrkette *f*; **~ umbilical** Nabelschnur *f*

cordura [kor'ðura] f Verstand m; Besonnenheit f

core|ografía [koreogra'fia] f Choreographie f; **~ógrafo** [~'ografo] m Choreograph m

corista [ko'rista] a) su Chorsänger(in f) m; b) f Revuegirl n

corna|da [kor'naða] f taur Verletzung f durch Hornstoß; **~menta** [~'menta] f Gehörn n; Geweih n; **~musa** [~'musa] f Dudelsack m

córnea ['kornea] f (ojo) Hornhaut f

corneja [kor'nexa] f Krähe f

córneo ['korneo] Horn...

córner ['korner] m dep Eckball m

corne|ta [kor'neta] f ♩ Kornett n; **~zuelo** ♣ [~'θuelo] m Mutterkorn n

cornisa △ [kor'nisa] f Kranzgesims n

corno ♩ ['korno] m: **~ inglés** Englischhorn n

cornudo [kor'nuðo] gehörnt (a fig)

coro ['koro] m ♩ Chor m; △ Empore f

coroides anat [ko'roiðes] f Aderhaut f

corona [ko'rona] f Krone f; (de flores) Kranz m; **~ción** [korona'θion] f Krönung f (a fig); **~r** [~'nar] (1a) krönen (a fig); fig vollenden; **~rio** ♣ [~'narjo] Herzkranz..., Koronar...

coronel [koro'nɛl] m Oberst m

corpora|ción [korpora'θjon] f Körperschaft f; **~l** [~'ral] körperlich, Körper...

corpulen|cia [korpu'lenθia] f Beleibtheit f; **~to** [~'lento] korpulent, beleibt

Corpus ['korpus] m: **~ (Christi)** Fronleichnam(sfest) n

corral [ko'rral] m Geflügelhof m

correa [ko'rrea] f Riemen m, Gurt m; ⊕ Treibriemen m; **~ del ventilador** Keilriemen m

correc|ción [korrɛg'θjon] f Verbesserung f; Korrektur f (a tip); fig Korrektheit f; **~to** [~'rrekto] richtig; korrekt; **~tor** [~'tor] m tip Korrektor m

corre|dera [korre'ðera] f ⊕ Schieber m; **~dizo** [~'ðiθo] Schiebe...; **~dor** [~'ðor] m (Wett-)Läufer m; Rennfahrer m; ✝ Makler m; (pasillo) Korridor m; **~ aéreo** Luftkorridor m; **~gir** [~'xir] (3c u 3l) (ver)bessern, berichtigen; korrigieren; **~girse** sich bessern

correo [ko'rreo] m Post f; (persona) Kurier m; **por ~** mit der Post; **~ aéreo** Luftpost f; **oficina f de ~s** Postamt n

correr [ko'rrer] (2a) 1. v/i laufen, rennen; auto schnell fahren; (tiempo) vergehen; (agua) fließen; **~ con los gastos** die Kosten tragen; 2. v/t (mueble) (ver)rücken; (cerrojo) vorschieben; (cortina) zuziehen; **~se** (beiseite) rücken

correspon|dencia [korrɛspon'denθia] f Briefwechsel m; Korrespondenz f; (cartas) Post f; 🚂 Anschluß m; fig Entsprechung f; **~der** [~'dɛr] (2a) entsprechen (dat a); (favor, etc) erwidern; (pertenecer) zustehen, -kommen (dat a); **~diente** [~'ðiente] entsprechend; **~sal** [~'sal] su Korrespondent(in f) m; Berichterstatter(in f) m

corretaje [korre'taxe] m Maklergebühr f

corrida [ko'rriða] f Lauf m; **~ (de toros)** Stierkampf m

corriente [ko'rrjente] 1. adj laufend; fließend; (normal) üblich, gewöhnlich; 2. f Strom m (a fig u ⚡); fig Strömung f; **~ de aire** Luftzug m; fig **ir contra la ~** gegen den Strom schwimmen; 3. m laufende(r) Monat m; **estar (tener) al ~** auf dem laufenden sein (halten); **fuera de lo ~** außergewöhnlich

corro ['korro] m Kreis m (von Personen)

corroborar [korroβo'rar] (1a) (be)stärken; bekräftigen

corromper [korrom'pɛr] (2a) verderben; fig bestechen

corros|ión [korro'sjon] f Korrosion f; **~ivo** [~'siβo] 1. adj ätzend; 2. m Ätzmittel n

corrup|ción [korruβ'θjon] f fig Bestechung f; Korruption f, Verfall m; **~ de menores** Verführung f Minderjähriger; **~tible** [~'tiβle] bestechlich; **~to** [ko'rrupto] verdorben; korrupt

corsario [kor'sarjo] m Seeräuber m, Korsar m

corsé [kor'se] m Korsett n

corso ['korso] 1. adj korsisch; 2. m Korse m

corta|césped [korta'θespeð] m Rasenmäher m; **~do** [~'taðo] 1. adj (leche) geronnen; (turbado) verlegen; 2. m Kaffee m mit et Milch; **~fiambres** [~'fjambres] m Aufschnittmaschine f; **~frío** [~'frio] m Hartmeißel m; **~nte** [~'tante] schneidend (a fig); **~papeles** [~tapa'peles] m Brieföffner m; **~pisa** [~'pisa] f: **poner ~s** fig Steine in den Weg legen

cortar [kor'tar] (1a) schneiden; ab-, aus-,

cortarse 98

zer-, durchschneiden; (*tela*) zuschneiden; (*comunicación*) unterbrechen; (*árbol*) fällen; (*agua, gas, luz, calle*) sperren; (*naipes*) abheben; **~se** sich schneiden; (*leche*) gerinnen; (*turbarse*) verlegen werden

corta|uñas [kɔrta'uɲas] *m* Nagelzange *f*; **~vientos** [~'bientos] *m* Windschutz *m*

corte ['kɔrte] **a)** *m* Schnitt *m*; ⚔ Schnittwunde *f*; (*de ropa*) Zuschnitt *m*; (*de luz, etc*) Sperre *f*; **b)** *f* (Königs-)Hof *m*; *Am* Gerichtshof *m*; **⁓s** *pl* das spanische Parlament

corte|jar [kɔrte'xar] (1a) den Hof machen; **~jo** [~'texo] *m* Zug *m*, Gefolge *n*; **~ fúnebre** Trauerzug *m*

cortés [kɔr'tes] höflich

corte|sana [kɔrte'sana] *f* Kurtisane *f*; **~sano** [~'sano] **1.** *adj* höfisch **2.** *m* Höfling *m*; **~sía** [~'sia] *f* Höflichkeit *f*

corteza [kɔr'teθa] *f* Rinde *f*; (*de pan*) Kruste *f*; (*de fruta*) Schale *f*

cortijo [kɔr'tixo] *m* andalusisches Landgut *n*

cortina [kɔr'tina] *f* Gardine *f*, Vorhang *m*

corto ['kɔrto] kurz; *fig* beschränkt; **~ de vista** kurzsichtig; **a la -a o a la larga** über kurz oder lang; **no quedarse ~** keine Antwort schuldig bleiben; **~circuito** ⚡ [~θir'kuito] *m* Kurzschluß *m*; **~(metraje)** [~(me'traxe)] *m* Kurzfilm *m*

corvo ['kɔrβo] krumm, gebogen

corzo ['kɔrθo] *m* Reh *n*

cosa ['kosa] *f* Sache *f*, Ding *n*; **~ de** ungefähr; **otra ~** et anderes; **poca ~** wenig; **como si tal ~** als ob nichts geschehen wäre

cosaco [ko'sako] *m* Kosak *m*

cosecha [ko'setʃa] *f* Ernte *f*; **~dora** [~'dora] *f* Mähdrescher *m*; **~r** [~'tʃar] (1a) ernten

coser [ko'sɛr] (2a) nähen; **ser ~ y cantar** kinderleicht sein

cosméti|ca [kɔz'metika] *f* Kosmetik *f*; **~co** [~'metiko] **1.** *adj* kosmetisch; **2.** *m* Schönheitsmittel *n*

cósmico ['kɔzmiko] kosmisch

cosmo|nauta [kɔzmo'nauta] *m* Kosmonaut *m*; **~polita** [~po'lita] *m* Weltbürger *m*

cosmos ['kɔzmɔs] *m* Kosmos *m*

cosquill|as [kɔs'kiʎas] *f/pl* Kitzeln *n*;

hacer ~ kitzeln; **~oso** [~ki'ʎoso] kitz(e)lig; *fig* empfindlich

costa ['kɔsta] *f* Küste *f*; **~s** Kosten *pl*; **a ~ de** auf Kosten von; **a toda ~** um jeden Preis; **~do** [~'tado] Seite *f*, Flanke *f*

cos|tar [kɔs'tar] (1m) kosten; *fig* schwerfallen; *fig* **~ caro** teuer zu stehen kommen; **~te** [koste] *m* Kosten *pl*; **~ de la vida** Lebenshaltungskosten *pl*; **~tear** [kɔste'ar] (1a) die Kosten tragen

costilla [kɔs'tiʎa] *f* Rippe *f*

costo ['kɔsto] *m* Kosten *pl*; **~so** [~'toso] kostspielig; teuer

costra ['kɔstra] *f* Kruste *f*; ⚔ Schorf *m*

costumbre [kɔs'tumbre] *f* Gewohnheit *f*; Sitte *f*; Brauch *m*; **mala ~** Unsitte *f*; **de ~** gewöhnlich, üblich

costu|ra [kɔs'tura] *f* Naht *f*, Nähen *n*; **alta ~** Haute Couture *f*; **~rera** [~'rera] *f* Näherin *f*; **~rero** [~'rero] *m* Nähkasten *m*

cotidiano [koti'diano] täglich

cotill|a ⨍ [ko'tiʎa] *f* Klatschbase *f*; **~ear** [~ʎe'ar] (1a) *f* klatschen

cotiza|ción [kotiθa'θion] *f* Notierung *f*; Kurs *m*; **~r** [~'θar] (1f) **1.** *v/t* ✝ notieren; **2.** *v/i* Beitrag zahlen

coto ['koto] *m* eingezäuntes Grundstück *n*; **~ de caza** Jagdrevier *n*

cotorra [ko'tɔrra] *f* F Klatschbase *f*

cox|al ⨍ [kɔg'sal] *adj* Hüft...; **~is** ['kɔgsis] *m* Steißbein *n*

coyuntura [kojun'tura] *f* Konjunktur *f*

coz [koθ] *f* (*caballo, etc*) Ausschlagen *n*

crac [krak] *m* Börsenkrach *m*

cráneo ['kraneo] *m* Schädel *m*

craso ['kraso] kraß

cráter ['krater] *m* Krater *m*

crea|ción [krea'θion] *f* Schöpfung *f*; Erschaffung *f*; **~dor** [~'dor] **1.** *adj* schöpferisch; **2.** *m* Schöpfer *m*; **~r** [~'ar] (1a) (er)schaffen; (*fundar*) gründen; **~tividad** [~tibi'dad] *f* Kreativität *f*; **~tivo** [~'tibo] kreativ

cre|cer [kre'θer] (2d) wachsen; (*río*) anschwellen; *fig* zunehmen; **~cida** [~'θida] *f* Hochwasser *n*; **~cido** [~'θido] erwachsen; groß; **~ciente** [~'θiente] steigend, wachsend; (*luna*) zunehmend; **~cimiento** [~θi'miento] *m* Wachstum *n*; *fig* Zunahme *f*

credencial [kreðen'θial]: (*cartas*) **~es** *f/pl* Beglaubigungsschreiben *n*

credi|bilidad [kreðiβili'dad] *f* Glaub-

würdigkeit *f*; **~ticio** [~'tiθĩo] Kredit...
crédito ['kreðito] *m* ✝ Kredit *m*; *fig* Ansehen *n*; **a ~** auf Kredit; **dar ~ a alg** j-m Glauben schenken
credo ['kreðo] *m* Kredo *n*, Glaubensbekenntnis *n*
credulidad [kreðuli'ðað] *f* Leichtgläubigkeit *f*
crédulo ['kreðulo] leichtgläubig
creencia [kre'enθia] *f* Glaube *m*
creer [kre'er] (2e) glauben (an *ac* **en**); (*considerar*) halten für; **~se** sich et einbilden; sich halten für
creí|ble [kre'iβle] glaubhaft; **~do** [~'iðo] eingebildet, eitel
crema ['krema] *f* Creme *f*; (*nata*) Sahne *f*; **~ dental** Zahncreme *f*
cremación [krema'θiɔn] *f* Verbrennung *f*; Feuerbestattung *f*
cremallera [krema'ʎera] *f* Reißverschluß *m*; (**ferrocarril** *m* **de**) **~** Zahnradbahn *f*
crematorio [krema'torĩo] *m* Krematorium *n*
crepitar [krepi'tar] (1a) prasseln, knistern
crepúsculo [kre'puskulo] *m* Dämmerung *f*
cresta ['kresta] *f* (*de gallo*) Kamm *m*
cretino [kre'tino] 1. *adj* dumm; 2. *m* Schwachkopf *m*, Kretin *m*
creyente [kre'jente] 1. *adj* gläubig; 2. *m* Gläubige(r) *m*
cría ['kria] *f* Zucht *f*; (*animal*) Junge(s) *n*
cria|da [kri'aða] *f* Dienstmädchen *n*; **~do** [~'aðo] *m* Diener *m*; **~dor** [~a'ðɔr] *m* Züchter *m*; **~nza** [~'anθa] *f* (Auf-)Zucht *f*; **~r** [~'ar] (1c) züchten; (*niño*) aufziehen; **~rse** aufwachsen; **~tura** [~a'tura] *f* Kreatur *f*, Geschöpf *n*; (*niño*) Kind *n*
criba ['kriβa] *f* Sieb *m*; **~r** [~'βar] (1a) sieben
crimen ['krimen] *m* Verbrechen *n*
criminal [krimi'nal] 1. *adj* verbrecherisch, kriminell; 2. *m* Verbrecher *m*; **~idad** [~nali'ðað] *f* Kriminalität *f*
crío ['krio] *m* F Kind *n*
cripta ['kripta] *f* Gruft *f*, Krypta *f*
crisantemo ҈ [krisan'temo] *m* Chrysantheme *f*
crisis ['krisis] *f* Krise *f*
crisol [kri'sɔl] *m* Schmelztiegel *m* (*a fig*)
crispa|ción [krispa'θiɔn] *f* Verkrampfung *f*; *fig* Spannung *f*; **~r** [~'par] (1a)

zs.-krampfen; *fig* in Wut bringen; **~ los nervios** auf die Nerven gehen
cristal [kris'tal] *m* Kristall *n*; (*vidrio*) Glas *n*; Fensterscheibe *f*; **~era** [~ta'lera] *f* Glasschrank *m*; **~ería** [~le'ria] *f* Glaswaren *f/pl*; Gläser *n/pl*; **~ero** [~'lero] *m* Glaser *m*; **~ino** [~'lino] 1. *adj* kristallklar; 2. *m* (*del ojo*) Linse *f*; **~izar** [~li'θar] (1f) kristallisieren
cristian|dad [kristian'dað] *f* Christenheit *f*; **~ismo** [~'nizmo] *m* Christentum *n*; **~no** [~'tiano] 1. *adj* christlich; 2. *m* Christ *m*
criterio [kri'terio] *m* Kriterium *n*
crítica ['kritika] *f* Kritik *f*
criticar [kriti'kar] (1g) kritisieren
crítico ['kritiko] 1. *adj* kritisch; 2. *m* Kritiker *m*
croar [kro'ar] (1a) quaken
croata [kro'ata] 1. *adj* kroatisch; 2. *su* Kroate *m*, Kroatin *f*
crol [krol] *m dep* Kraulen *n*
cromar [kro'mar] (1a) verchromen
cromo ['kromo] *m* Chrom *n*; (*estampa*) Sammelbild *n*
cromosoma [kromo'soma] *m* Chromosom *n*
cróni|ca ['kronika] *f* Chronik *f*; (Zeitungs-)Bericht *m*; **~co** [~ko] chronisch
cronista [kro'nista] *m* Chronist *m*
cron|ológico [krono'lɔxiko] chronologisch; **~ometrar** [~me'trar] (1a) die Zeit abnehmen (*od* stoppen); **~ómetro** [~'nometro] *m* Stoppuhr *f*
croqueta [kro'keta] *f* Krokette *f*
croquis ['krokis] *m* Skizze *f*
cruce ['kruθe] *m* Kreuzung *f* (*a bio*); **~ro** [~'θero] *m* ⚓ Querschiff *n*; ⚓ Kreuzer *m*; (*viaje*) Kreuzfahrt *f*; **~ta** [~'θeta] *f* Kreuzstich *m*
crucial [kru'θial] *fig* entscheidend
crucifi|car [kruθifi'kar] (1g) kreuzigen; **~jo** [~'fixo] *m* Kruzifix *n*; **~xión** [~fig'θiɔn] *f* Kreuzigung *f*
crucigrama [kruθi'grama] *m* Kreuzworträtsel *n*
cru|deza [kru'ðeθa] *f* Roheit *f*; **~do** ['kruðo] 1. *adj* roh (*a fig*); *fig* grob; rauh; 2. *m* Rohöl *n*
cruel [kru'ɛl] grausam; **~dad** [kruɛl'dað] *f* Grausamkeit *f*
cruento [kru'ento] blutig
cruji|ente [kru'xiente] *gastr* knusprig; **~r** [~'xir] (3a) knistern; knarren

crustáceos [krusˈtaθeos] *m/pl* Krusten-, Krebstiere *n/pl*
cruz [kruθ] *f* Kreuz *n* (*a fig*); (*de una moneda*) Schriftseite *f*; **~ gamada** Hakenkreuz *n*; ⚕ **Roja** Rotes Kreuz *n*; **~ada** [~ˈθaða] *f* Kreuzzug *m* (*a fig*); **~ado** [~ˈθaðo] **1.** *adj* (*traje*) zweireihig; **2.** *m* Kreuzfahrer *m*; **~ar** [~ˈθar] (1f) kreuzen (*a bio*); (*atravesar*) durchqueren; (*calle*) überqueren; (*cartas, palabras*) wechseln; **~arse** sich begegnen
cuaderno [kŭaˈðerno] *m* Heft *n*
cuadra [ˈkŭaðra] *f* (Pferde-)Stall *m*; **~do** [~ˈðraðo] **1.** *adj* quadratisch; **2.** *m* Quadrat *n*; **~ngular** [~ðranguˈlar] viereckig
cuadriculado [kŭaðrikuˈlaðo] (*papel*) kariert
cuadrilla [kŭaˈðriʎa] *f* Gruppe *f*, Trupp *m*; *taur* Mannschaft *f* e-s Toreros
cuadro [ˈkŭaðro] *m* (*pintura*) Bild *n* (*a teat u fig*), Gemälde *n*; ✓ Gartenbeet *n*; ⚡ **~ de distribución** Schalttafel *f*; *auto* **~ de mandos** Armaturenbrett *n*; **~ sinóptico** Übersichtstabelle *f*; **a ~ od de ~s** kariert
cuádruple [ˈkŭaðruple] vierfach
cuajada [kŭaˈxaða] *f* Dickmilch *f*; **~jar** [~ˈxar] **1.** *m zo* Labmagen *m*; **2.** (1a) *v/i* fest werden; (*nieve*) liegenbleiben; *fig* gelingen, F klappen; **~jarse** gerinnen; **~jo** [~ˈxaxo] *m* Lab *n*
cual [kŭal] *pron relat* **el, la, lo ~** der, die, das; welche(r, s); **a ~ más** um die Wette; **por lo ~** weswegen
cuál [kŭal] *pron interr* wer?, welche(r, s)?
cuali|dad [kŭaliˈðað] *f* Eigenschaft *f*, Qualität *f*; **~tativo** [~taˈtiβo] qualitativ
cualquier [kŭalˈkĭer] irgendein; **~ día** irgendwann; **de ~ modo** irgendwie; **~a** [~ˈkĭera] *f* irgend jemand; jeder (beliebige)
cuan [kŭan] wie (*viel*)
cuando [ˈkŭando] **1.** *cj* wenn; (*pasado*) als; **2.** *adv*: **de ~ en ~** von Zeit zu Zeit; **~ más**, **~ mucho** höchstens; **~ menos** wenigstens; **~ quiera** jederzeit
cuándo [ˈkŭando] *interr* wann?; **¿para ~?** bis wann?
cuan|tía [kŭanˈtia] *f* Summe *f*; Menge *f*; **~tioso** [~ˈtĭoso] reichlich, bedeutend; **~titativo** [~titaˈtiβo] quantitativ
cuanto [ˈkŭanto] alles, was; soviel wie; **en ~** sobald, sowie; **en ~ a** was ... betrifft; **~ más que** um so mehr als; **~ antes** möglichst bald; **~ antes, mejor** je eher, desto besser; **unos ~s** einige, ein paar
cuánto [ˈkŭanto] *pron* wieviel; wie viele?; **¿a ~s estamos?** den wievielten haben wir heute?; **¡~ me alegro!** wie ich mich freue!
cuaren|ta [kŭaˈrenta] vierzig; **~tena** [~ˈtena] *f* Quarantäne *f*
cuaresma [kŭaˈrezma] *f* Fastenzeit *f*
cuarta [ˈkŭarta] *f* ♪ Quart *f*
cuartel [kŭarˈtel] *m* Kaserne *f*; **~ general** Hauptquartier *n*
cuarteto ♪ [kŭarˈteto] *m* Quartett *n*
cuarto [ˈkŭarto] **1.** *adj* vierte(r); **2.** *m* Viertel *n*; (*habitación*) Zimmer *n*; **~ de baño** Badezimmer *n*; **~ de estar** Wohnzimmer *n*; **~ de hora** Viertelstunde *f*
cuarzo *min* [ˈkŭarθo] *m* Quarz *m*
cuatrillizos [kŭatriˈʎiθos] *m/pl* Vierlinge *m/pl*
cuatro [ˈkŭatro] vier
cuba [ˈkuba] *f* Faß *n*
cubano [kuˈbano] **1.** *adj* kubanisch; **2.** *m, a f* Kubaner(in *f*) *m*
cuberte|ría [kuβerteˈria] *f* Besteck *n*; **~ro** [~ˈtero] *m* Besteckkasten *m*
cubeta [kuˈβeta] *f* Zuber *m*; 🖼 Wanne *f*
cúbico [ˈkuβiko] kubisch; Kubik...
cubier|ta [kuˈβĭerta] *f* Hülle *f*; (*de un libro*) Umschlag *m*; *auto* (Reifen-)Decke *f*; ⚓ Deck *n*; **~to** [~to] **1.** *adj* bedeckt; ☂ gedeckt; **2.** *m* Besteck *n*; (*menú*) Gedeck *n*
cubismo [kuˈβizmo] *m* Kubismus *m*
cubi|tera [kuβiˈtera] *f* Eiswürfelbehälter *m*; **~to** [~ˈβito] *m*: **~ de caldo** Suppenwürfel *m*; **~ de hielo** Eiswürfel *m*
cúbito *anat* [ˈkuβito] *m* Elle *f*
cubo [ˈkuβo] *m* ♣ Würfel *m*; Kubikzahl *f*; (*vasija*) Eimer *m*, Kübel *m*; ⊙ Nabe *f*; **~ de basura** Mülleimer *m*
cubrir [kuˈβrir] (3a) be-, zudecken; (*recorrer*) zurücklegen; ☂ *zo* decken; (*informar*) berichten über; (*puesto*) besetzen; *fig* **~ de** überhäufen mit; **~se** den Hut aufsetzen
cucaracha [kukaˈratʃa] *f* Schabe *f*, Kakerlak *m*
cucha|ra [kuˈtʃara] *f* (Eß-)Löffel *m*; **~rada** [~ˈraða] *f* Eßlöffelvoll *m*; **~rilla** [~ˈriʎa], **~rita** [~ˈrita] *f* Tee-, Kaffeelöffel *m*; **~rón** [~ˈrɔn] *m* Schöpflöffel *m*

cuchich|ear [kutʃitʃeˈar] (1a) flüstern; **~eo** [~ˈtʃeo] m Getuschel n
cuchi|lla [kuˈtʃiʎa] f Klinge f, Schneide f; **~llada** [~ˈʎada] f Messerstich m; **~llo** [~ˈtʃiʎo] m Messer n
cuclill|as [kuˈkliʎas]: **en ~** in Hockstellung; **~o** [~ˈkliʎo] m Kuckuck m
cuco [ˈkuko] m Kuckuck m
cucurucho [kukuˈrutʃo] m Tüte f
cuece [ˈkueθe] s cocer
cuello [ˈkueʎo] m Hals m; (de camisa, etc) Kragen m; **~ de botella** a fig Engpaß m
cuen|ca [ˈkueŋka] f geo Becken n; **~co** [~ko] m Napf m
cuenta [ˈkuenta] f Rechnung f; ✝ Konto n; **~ corriente** Girokonto n, laufendes Konto n; **~ de gastos** Spesenrechnung f; **por ~ de** auf Rechnung von; **darse ~ de** (be)merken; **echar ~s** abrechnen; **pagar a ~** anzahlen; **tener ~** (od **tomar**) **en ~** berücksichtigen; **~gotas** [~ˈgotas] m Tropfenzähler m; **~kilómetros** [~kiˈlometros] m Kilometerzähler m; **~rrevoluciones** [~rreboluˈθiones] m Drehzahlmesser m
cuento [ˈkuento] m Geschichte f; Märchen n; fig Gerede n; **dejarse de ~s** zur Sache kommen
cuerda [ˈkuerda] f Seil n; Schnur f; ♪ Saite f; (del reloj) Feder f; **bajo ~** heimlich; **dar ~** (reloj) aufziehen; **~s pl vocales** Stimmbänder n/pl
cuerdo [ˈkuerdo] klug, vernünftig
cuerno [ˈkuerno] m Horn n (a ♪); fig. **poner ~s a alg** j-m Hörner aufsetzen
cuero [ˈkuero] m Leder n; **~ cabelludo** Kopfhaut f; **en ~s** splitternackt
cuerpo [ˈkuerpo] m Körper m; ✂ Korps m; **~ de bomberos** Feuerwehr f; **~ docente** Lehrkörper m; ⚖ **del delito** Beweisstück n, Corpus delicti n; **a ~ de rey** fürstlich; fig **tomar ~** Gestalt annehmen
cuervo [ˈkuerbo] m Rabe m
cuesta [ˈkuesta] f Abhang m; Steigung f; Gefälle n; **~ abajo** bergab; **~ arriba** bergauf; **a ~s** auf dem Rücken
cuestación [kuestaˈθion] f Sammlung f
cuestión [kuesˈtion] f Frage f
cuestiona|ble [kuestioˈnable] streitig, zweifelhaft; **~r** [~ˈnar] (1a) in Frage stellen; **~rio** [~ˈnario] m Fragebogen m

cuneta

cueva [ˈkueba] f Höhle f
cuida|do [kuiˈdado] m Sorgfalt f; Vorsicht f; (atención) Pflege f; Betreuung f; **tener ~** aufpassen; **¡~!** Vorsicht!; **~dor** [~ˈdor] m Pfleger m; **~doso** [~ˈdoso] sorgfältig; **~r** [~ˈdar] (1a) betreuen; pflegen; versorgen; **~ de** sorgen für; **~rse** sich pflegen; sich schonen; **~ de** sich kümmern um
culata [kuˈlata] f Gewehrkolben m; auto Zylinderkopf m
cule|bra [kuˈlebra] f Schlange f; **~brón** F [~ˈbron] m TV Endlos-Serie f
culinario [kuliˈnario] kulinarisch; Koch...
culmina|ción [kulminaˈθion] f Höhepunkt m, Gipfel m; **~nte** [~ˈnante]: **punto ~** Höhepunkt m; **~r** [~ˈnar] (1a) 1. v/i gipfeln; 2. v/t vollenden
culo [ˈkulo] m F Hintern m
culpa [ˈkulpa] f Schuld f; Verschulden n; **echar la ~ de alc a alg** j-m die Schuld an et geben; **tener la ~ de** schuld sein an; **por ~ de** wegen (gen); **~bilidad** [~biliˈdad] f Schuld f; **~ble** [~ˈpable] 1. adj schuldig; 2. su Schuldige(r m) f; **~r** [~ˈpar] (1a) beschuldigen
culti|var [kultiˈbar] (1a) anbauen, bebauen; züchten; fig pflegen; **~vo** [~ˈtibo] m Anbau m; Züchtung f; fig Pflege f
culto [ˈkulto] 1. adj gebildet; kultiviert; 2. m Gottesdienst m; Kult m
cultura [kulˈtura] f Kultur f; Bildung f; **~l** [~ˈral] kulturell
culturismo [kultuˈrizmo] m Bodybuilding n
cumbre [ˈkumbre] f Gipfel m (a fig); pol Gipfeltreffen n
cumpleaños [kumpleˈaɲos] m Geburtstag m
cumpli|do [kumˈplido] m Kompliment n; **por ~** aus Höflichkeit; **sin ~s** ohne Umstände; **~dor** [~ˈdor] gewissenhaft, pflichtbewußt; **~mentar** [~menˈtar] (1k) begrüßen; beglückwünschen; (orden, etc) ausführen; **~miento** [~ˈmiento] m Erfüllung f; Ausführung f
cumplir [kumˈplir] (3a) erfüllen; ausführen; (pena) verbüßen, absitzen; **~ años** Geburtstag feiern; **~ con su deber** s-e Pflicht tun; **por ~** aus Höflichkeit; **~se** in Erfüllung gehen
cuna [ˈkuna] f Wiege f; Kinderbett n; fig Abstammung f
cuneta [kuˈneta] f Straßengraben m

cuña ['kuɲa] f Keil m; ~ **publicitaria** Werbespot m

cuña|da [ku'naða] f Schwägerin f; **~do** [ku'naðo] m Schwager m

cuota ['kŭota] f Quote f; (Mitglieds-)Beitrag m

cupé [ku'pe] m auto Coupé n

cupo ['kupo] m Quote f; Kontingent n, Anteil m

cupón [ku'pon] m Kupon m; Zinsschein m

cúpula ['kupula] f Kuppel f

cura ['kura] **1.** m Geistliche(r) m; **2.** f Kur f; ~ **de almas** Seelsorge f; ~ **termal** Badekur f; ~ **de urgencia** Erste Hilfe f; **~ble** [~'raβle] heilbar; **~ción** [~'θĭon] f Heilung f; **~ndero** [~ran'dero] m Kurpfuscher m

curar [ku'rar] (1a) **1.** v/i genesen, heilen; **2.** v/t ⚕ behandeln; heilen; (carne) einsalzen, räuchern; (cuero) gerben; **~se** genesen, gesund werden; ~ **en salud** vorbeugen, vorbauen

curra|nte [ku'rrante] m F Jobber m; **~r** [~'rrar] F (1a) jobben

curio|sear [kurĭose'ar] (1a) neugierig sein; F herumschnüffeln; **~sidad** [~si'ðað] f Neugier(de) f; (cosa rara) Kuriosität f; **~es** pl Sehenswürdigkeiten f/pl; **~so** [ku'rĭoso] neugierig; (raro) merkwürdig, sonderbar

currícu|lo [ku'rrikulo] m Curriculum n; **~lum vitae** [~lum bite] m Lebenslauf m

cursar [kur'sar] (1a) (estudios) studieren; (dar curso) weiterleiten; (telegrama) aufgeben

cursi F ['kursi] kitschig, geschmacklos; **~lería** [kursile'ria] f Kitsch m; Getue n

cursill|ista [kursi'ʎista] su Kursteilnehmer(in f) m; **~o** [~'siʎo] m Kurs m, Lehrgang m

cursivo [kur'siβo] kursiv

curso ['kurso] m Lauf m; Verlauf m; (cursillo) Kurs(us) m, Lehrgang m; (lección) Vorlesung f; (año escolar) Schul-, Studienjahr n; ~ **acelerado** Schnellkurs m; ~ **a distancia**, ~ **por correspondencia** Fernkurs m; **dar ~ a** (amtlich) weiterleiten

cursor [kur'sor] m inform Cursor m

curti|do [kur'tiðo] abgehärtet; gebräunt; **~dor** [~ti'ðor] m Gerber m; **~r** [~'tir] (3a) gerben; fig abhärten

cur|va ['kurβa] f Kurve f; ~ **de nivel** Höhenlinie f; **~var** [~'βar] (1a) krümmen; beugen; **~vatura** [~'tura] f Krümmung f; **~vo** [~'kurβo] gebogen, krumm

cúspide ['kuspiðe] f Spitze f; Gipfel m

custodia [kus'toðĭa] f Aufbewahrung f; Bewachung f; ⚖ Sorgerecht n; rel Monstranz f; ✝ **derechos** m/pl **de ~** Depotgebühren f/pl; **~r** [~'ðĭar] (1b) bewachen, hüten

cutáneo [ku'taneo] Haut...

cúter ⚓ ['kuter] m Kutter m

cutis ['kutis] m (Gesichts-)Haut f

cuyo, -a ['kujo, ~ja] dessen, deren

Ch, ch [tʃe] f s.u. c

D

D, d [de] *f* D, d *n*
dádiva [ˈdaðiba] *f* Gabe *f*, Spende *f*
dadivoso [daðiˈboso] freigebig
dado [ˈdaðo] **1.** *m* Würfel *m*; **2.** *part de dar*; **3.** *prp* angesichts (*gen*), in Anbetracht (*gen*); **4.** *cj* ~ *que* da, weil
dador *m* ✠, ✝ [daˈðor] Geber *m*
daga [ˈdaɣa] *f* Dolch *m*
dalia ✤ [ˈdalja] *f* Dahlie *f*
dalto|niano [daltoˈnjano] farbenblind; **~nismo** [~ˈnizmo] *m* Farbenblindheit *f*
dama [ˈdama] *f* Dame *f*; (*juego de m*) **~s** *f/pl* Damespiel *n*; **~juana** [~ˈxwana] *f* Korbflasche *f*; Glasballon *m*
damasco [daˈmasko] *m* Damast *m*; *Am* Aprikose *f*
damero [daˈmero] *m* Damebrett *n*
damnifica|do [damnifiˈkaðo] *m* Geschädigte(r) *m*; **~r** [~ˈkar] (1g) schädigen
dandi [ˈdandi] *m* Dandy *m*
da|nés [daˈnes] **1.** *adj* dänisch; **2.** *m*, **~nesa** [~ˈnesa] *f* Däne *m*, Dänin *f*
dantesco [danˈtesko] dantesk, schauerlich
danza [ˈdanθa] *f* Tanz *m*; **~nte** [~ˈθante] *m* Tänzer *m*; **~r** [~ˈθar] (1f) tanzen; **~rín** *m*, **~rina** *f* [~ˈrin, ~ˈrina] Tänzer (*f*) *m*
dañ|ar [daˈɲar] (1a) schaden (*dat*); schädigen; **~arse** Schaden leiden; **~ino** [~ˈɲino] schädlich; **~o** [ˈdaɲo] *m* Schaden *m*; *material* Sachschaden *m*; *hacer ~* weh tun; verletzen; **~s y perjuicios** *m/pl* Schaden(ersatz) *m*
dar [dar] (1r) **1.** *v/t* geben; her-, abgeben; (*regalar*) schenken; (*recuerdos*) bestellen; (*golpe*) versetzen; (*conferencia*) halten; (*valor*) beimessen; **~** *las cinco* fünf Uhr schlagen; **2.** *v/i* **~** *a* (*ventana*) gehen auf; **~** *con* finden; (*persona*) (zufällig) treffen; *no* **~** *con el nombre* nicht auf den Namen kommen; **~** *contra* stoßen gegen; **~** *de comer* zu essen geben; **~** *de sí* (*rendir*) einbringen, hergeben; (*tela, etc*) sich dehnen *od* weiten; **~** *por muerto* für tot halten; **~** *que hablar* Anlaß zu Gerede geben; *¡qué más da!* was liegt schon daran!; **~se** (*suceder*) vorkommen; **~** *a* sich widmen (*dat*); (*a un vicio, etc*) sich ergeben, verfallen (*dat*); **~** *por* sich halten für
dardo [ˈdarðo] *m* Wurfspieß *m*
dársena [ˈdarsena] *f* Hafenbecken *n*
datar [daˈtar] (1a) **1.** *v/t* datieren; **2.** *v/i*: **~** *de* zurückgehen auf
dátil ✤ [ˈdatil] *m* Dattel *f*
datilera [datiˈlera] *f*: (*palmera f*) **~** Dattelpalme *f*
dativo *gram* [daˈtibo] *m* Dativ *m*
dato [ˈdato] *m* Angabe *f*; **~s** *pl* Daten *n/pl*; **~s** *personales* Personalien *pl*
de [de] von, aus; **~** *Madrid* aus Madrid; **~** *madera* aus Holz; *un vaso* **~** *agua* ein Glas Wasser; *el padre* **~** *mi amigo* der Vater m-s Freundes; *más* (*menos*) **~** mehr (weniger) als; **~** *20 años* zwanzigjährig; **~** *miedo* aus Furcht; **~** *noche* nachts; **~** *niño* als Kind; *trabajar* **~** *albañil* als Maurer arbeiten
deambular [deambuˈlar] (1a) wandeln; schlendern
debajo [deˈbaxo] unten; darunter; **~** *de* unter
debat|e [deˈbate] *m* Debatte *f*; **~ir** [~baˈtir] (3a) besprechen; verhandeln, debattieren über
debe ✝ [ˈdebe] *m* Soll *n*, Debet *n*
deb|er [deˈber] **1.** *m* Pflicht *f*; **~es** *m/pl* Hausaufgaben *f/pl*; **2.** (2a) *v/t.* schulden; *fig* verdanken; **3.** *v/i.* + *inf* müssen; sollen; *no* **~** nicht dürfen; **~erse** zurückzuführen sein (auf *ac* a); **~idamente** [~biðaˈmente] ordnungsgemäß; **~ido** [~ˈbiðo] gebührend; *como es* **~** wie es sich gehört; **~** *a* wegen
débil [ˈdebil] schwach
debili|dad [debiliˈðað] *f* Schwäche *f* (*a fig*); **~** *mental* Schwachsinn *m*; **~tar** [~ˈtar] (1a) schwächen; **~tarse** schwach werden
débito [ˈdebito] *m* Schuld *f*; Soll *n*
debut [deˈbut] *m* Debüt *n*; **~ante** [~buˈtante] *su* Debütant(in *f*) *m*; **~ar** [~ˈtar] (1a) debütieren
década [ˈdekaða] *f* Dekade *f*
deca|dencia [dekaˈðenθja] *f* Verfall *m*; Dekadenz *f*; **~dente** [~ˈðente] dekadent; **~er** [~ˈɛr] (2o) verfallen; nachlassen; **~ído** [~ˈiðo] kraftlos; *fig* mutlos;

decaimiento

~imiento [~kaï'miento] *m* Verfall *m*; *fig* Niedergeschlagenheit *f*

decálogo *rel* [de'kalogo] *m die* Zehn Gebote *n/pl*

decano [de'kano] *m* Dekan *m*; Älteste(r) *m*

decapitar [dekapi'tar] (1a) enthaupten

decatlón [deka'tlɔn] *m* Zehnkampf *m*

decena [de'θena] *f* (etwa) zehn; ♩ Dezime *f*

decencia [de'θenθia] *f* Anstand *m*

decenio [de'θenio] *m* Jahrzehnt *n*

decente [de'θente] anständig

decepción [deθeb'θiɔn] *f* Enttäuschung *f*; **~onar** [~θio'nar] (1a) enttäuschen

decibelio [deθi'beljo] *m* Dezibel *n*

decidido [deθi'dido] entschieden; entschlossen (zu **a**); *fig* energisch; **~r** [~'dir] (3a) entscheiden; bestimmen; beschließen; **~rse** sich entscheiden; sich entschließen (zu **a**)

décima ['deθima] *f* Zehntel *n*; **tener ~s** leichtes Fieber haben

decimal [deθi'mal] Dezimal...

décimo ['deθimo] **1.** *adj* zehnt; **2.** *m* Zehntel *n*; (*de lotería*) Zehntellos *n*

decir [de'θir] **1.** *v/t*, *v/i* (3p) sagen; **~ sí** (**no**) ja (nein) sagen; **como quien dice** sozusagen; **querer ~** bedeuten; **es ~** das heißt; **¡no me diga!** was Sie nicht sagen!; **por así ~lo** sozusagen; **¡quién lo diría!** wer hätte das gedacht!; **dicen que** man sagt, es heißt, daß; **¡diga!** *tel* hallo!; **2.** *m* Redensart *f*; **es un ~** das sagt man so

decisión [deθi'siɔn] *f* Entscheidung *f*; Entschluß *m*; ⚖ Beschluß *m*; *fig* Entschlossenheit *f*; **~vo** [~'sibo] entscheidend

declamar [dekla'mar] (1a) vortragen, deklamieren

declaración [deklara'θiɔn] *f* Erklärung *f*; Aussage *f*; **~ de impuestos** Steuererklärung *f*; **~ jurada** eidesstattliche Erklärung *f*; ⚖ **tomar ~** verhören; **~r** [~'rar] (1a) erklären; ⚖ aussagen; **~rse** deklarieren, angeben; **~rse** (*incendio*, *etc*) ausbrechen

declinación [deklina'θiɔn] *f gram* Deklination *f*; *fig* Verfall *m*; **~r** [~'nar] (1a) **1.** *v/t* ablehnen; *gram* deklinieren; **2.** *v/i* (*día*) sich neigen; (*salud*) sich verschlechtern; (*decaer*) verfallen

declive [de'klibe] *m* Abhang *m*; **en ~** abschüssig

decomisar [dekomi'sar] (1a) (gerichtlich) einziehen; **~so** [~'miso] *m* Beschlagnahme *f*, Einziehung *f*

decoración [dekora'θiɔn] *f* Dekoration *f*; **~do** [~'rado] *m* Ausschmückung *f*; *teat* Bühnenbild *n*; **~s** *m/pl* (*cine*) Bauten *m/pl*; **~dor** [~'dɔr] *m* Dekorateur *m*; *teat* Bühnenbildner *m*; **~ de interiores** Innenarchitekt *m*; **~r** [~'rar] (1a) ausschmücken; dekorieren; **~tivo** [~ra'tibo] dekorativ

decoro [de'koro] *m* Anstand *m*; Würde *f*; Schicklichkeit *f*; **~so** [~ko'roso] anständig; sittsam

decrecer [dekre'θer] (2d) abnehmen

decrépito [de'krepito] hinfällig, altersschwach; verfallen

decrepitud [dekrepi'tud] *f* Altersschwäche *f*

decretar [dekre'tar] (1a) anordnen, verordnen; **~to** [~'kreto] *m* Verordnung *f*, Erlaß *m*; **~ reglamentario** Durchführungsbestimmung *f*; **~ley** *m* Gesetzesverordnung *f*

decúbito ✱ [de'kubito] *m* Lage *f*; **~ supino** Rückenlage *f*

dedal [de'dal] *m* Fingerhut *m*

dédalo ['dedalo] *m* Labyrinth *n*

dedicación [dedika'θiɔn] *f* Widmung *f*; *fig* Hingabe *f*; **~r** [~'kar] (1g) widmen; **~toria** [~ka'toria] *f* Widmung *f*

dedo ['dedo] *m* Finger *m*; (*del pie*) Zeh *m*, Zehe *f*; **~ anular** Ringfinger *m*; **~ del corazón** Mittelfinger *m*; **~ gordo** große Zehe *f*; **a dos ~s de** ganz nah; **no tener dos ~s de frente** kein Kirchenlicht sein

deducción [dedug'θiɔn] *f* Ableitung *f*, Folgerung *f*; ✝ Abzug *m*; **~ir** [~du'θir] (3o) ableiten; folgern; ✝ abziehen

defecación [defeka'θiɔn] *f* Stuhlgang *m*; **~r** [~'kar] (1g) Stuhlgang haben

defecto [de'fekto] *m* Fehler *m*; (*carencia*) Mangel *m*; **~tuoso** [~'tuoso] fehlerhaft; schadhaft

defender [defen'dɛr] (2g) verteidigen; **~sa** [~'fensa] **a)** *f* Verteidigung *f*; **~s** *pl* ✱ Abwehrkräfte *f/pl*; **legítima ~** Notwehr *f*; **b)** *m dep* Verteidiger *m*; **~sivo** [~'sibo] verteidigend; Defensiv...; **~sor** *m* [~'sɔr] *a* ⚖ Verteidiger *m*; **~ de oficio** Pflichtverteidiger *m*

deferencia [defe'renθia] *f* Ehrerbietung *f*; **~te** [~'rente] ehrerbietig

deficiencia [defi'θienθia] *f* Mangel *m*;

Fehlerhaftigkeit *f*; ~ **mental** Geistesschwäche *f*; **~te** [~te] mangelhaft
déficit ['defiθit] *m* Defizit *n*
deficitario [defiθi'tarjo] defizitär
defini|ción [defini'θjɔn] *f* Definition *f*; **de alta ~** *TV* hochauflösend; **~r** [~'nir] (3a) bestimmen; definieren; **~tivo** [~ni'tiβo] endgültig, definitiv; **en -a** letzten Endes
defoliar [defo'ljar] (1b) entlauben
deforesta|ción [deforesta'θjɔn] *f* Abholzung *f*; **~r** [~'tar] (1a) abholzen
defor|mación [deforma'θjɔn] *f* Entstellung *f*; Verzerrung *f*; ✱ Mißbildung *f*; **~mar** [~'mar] (1a) entstellen; **~me** [~'fɔrme] unförmig; entstellt
defrauda|ción [defrauða'θjɔn] *f* Veruntreuung *f*; Unterschlagung *f*; **~dor** [~'dɔr] Betrüger *m*; **~r** [~'dar] (1a) hinterziehen; unterschlagen; betrügen; (*decepcionar*) enttäuschen
defunción [defun'θjɔn] *f* Tod(esfall) *m*
degenera|ción [dexenera'θjɔn] *f* Entartung *f*; **~r** [~'rar] (1a) entarten; **~ en** ausarten in
deglución [deglu'θjɔn] *f* Schlucken *n*
degollar [dego'ʎar] (1n) köpfen; niedermetzeln
degrada|ción [degraða'θjɔn] *f* Degradierung *f*; Erniedrigung *f*; **~nte** [~'ðante] erniedrigend; entwürdigend; **~r** [~'ðar] (1a) degradieren; (*humillar*) erniedrigen
degusta|ción [degusta'θjɔn] *f* Kosten *n*; **~ de vino** Weinprobe *f*; **~r** [~'tar] (1a) kosten, probieren
dehesa [de'esa] *f* (Vieh-)Weide *f*; Koppel *f*
deidad [dei'dad] *f* Gottheit *f*
deja|dez [dexa'deθ] *f* Nachlässigkeit *f*; Schlamperei *f*; **~do** [~'xaðo] nachlässig
dejar [de'xar] (1a) lassen; (*permitir*) zulassen; (*ceder*) überlassen; (*omitir*) aus-, weglassen; (*abandonar*) verlassen, im Stich lassen; (*al morir*) hinterlassen; (*empleo*) aufgeben; **~ atrás** zurücklassen; *fig* übertreffen; **~ de** *inf* aufhören zu *inf*; **~ mucho que desear** viel zu wünschen übriglassen; **no poder ~ de** *inf* nicht umhin können zu *inf*; **~se** sich gehenlassen; **~ caer** *fig* plötzlich auftauchen; **~ llevar** sich hinreißen lassen
deje ['dexe] *m* Tonfall *m*; (*sabor*) Nachgeschmack *m*; *fig* Anflug *m*

demagogo

delantal [delan'tal] *m* Schürze *f*
delante [de'lante] vorn; voran; **de** (*od* **por**) **~** von vorn; **de ~** vor; **~ra** [~'tera] *f* Vorderteil *n*; Vorderseite *f*; *dep* Sturm *m*; **llevar la ~** e-n Vorsprung haben; **tomar la ~** überholen; **~ro** [~ro] **1.** *adj* vorder, Vorder...; **2.** *m dep* Stürmer *m*; **~ centro** Mittelstürmer *m*
dela|tar [dela'tar] (1a) anzeigen, denunzieren; **~tor** [~'tɔr] *m* Denunziant *m*
delco ['dɛlko] *m auto* Zündverteiler *m*
delega|ción [delega'θjɔn] *f* Abordnung *f*, Delegation *f*; **~ de Hacienda** Finanzamt *n*; **por ~** in Vertretung; **~do** [~'gaðo] *m* Beauftragte(r) *m*; Delegierte(r) *m*; **~r** [~'gar] (1h) abordnen; delegieren; (*poder*) übertragen
delei|tar [delei'tar] (1a) erfreuen; **~te** [~'lɛite] *m* Vergnügen *n*; Wonne *f*
deletrear [deletre'ar] (1a) buchstabieren
delfín [dɛl'fin] *m* Delphin *m*
delga|dez [dɛlga'ðeθ] *f* Schlankheit *f*; **~do** [~'gaðo] dünn; schlank
delibera|ción [delibera'θjɔn] *f* Überlegung *f*; Beratung *f*; **~r** [~'rar] (1a) **1.** *v/t* besprechen; **2.** *v/i* beraten (über *ac* **sobre**)
delica|deza [delika'deθa] *f* Zartheit *f*; *fig* Zartgefühl *n*; Takt *m*; **~do** [~'kaðo] zart; fein; feinfühlig; ✱ schwächlich; kränklich; (*sensible*) empfindlich; (*difícil*) heikel
delici|a [de'liθja] *f* Vergnügen *n*; Entzücken *n*; Wonne *f*; **hacer las ~s de alg** j-n entzücken; **~oso** [~'θjoso] köstlich; entzückend
delimitar [delimi'tar] (1a) abgrenzen, begrenzen
delincuen|cia [deliŋ'kwenθja] *f* Kriminalität *f*; **~ informática** Computerkriminalität *f*; **~te** [~te] *m* Delinquent *m*
delinea|nte [deline'ante] *m* technischer Zeichner *m*; **~r** [~'ar] (1a) umreißen; *fig* entwerfen
deli|rante [deli'rante] *fig* rasend; **~rar** [~'rar] (1a) irrereden, phantasieren; **~rio** [de'lirjo] *m* ✱ Delirium *n*; *fig* Raserei *f*; **~ de grandeza** Größenwahn *m*
delito [de'lito] *m* Vergehen *n*; Straftat *f*
delta ['dɛlta] *m* Delta *n*
demacrado [dema'kraðo] abgemagert, ausgezehrt
demago|gia [dema'goxja] *f* Demagogie *f*; **~go** [~'gogo] *m* Demagoge *m*

demanda [de'manda] *f* Forderung *f*; Anfrage *f*; ✝ Nachfrage *f* (nach **de**); ⚖ Klage *f*; **en ~ de** auf der Suche nach; **~do** [~'dado] *m* Beklagte(r) *m*; **~nte** [~'dante] *su* Kläger(in *f*) *m*; **~r** [~'dar] (1a) bitten, fordern; ⚖ verklagen

demarca|ción [demarka'θjon] *f* Abgrenzung *f*; **~r** [~'kar] (1g) abgrenzen; abstecken

demás [de'mas]: **lo ~** das übrige; **los ~** die anderen; **por lo ~** im übrigen

demasía [dema'sia] *f* Übermaß *n*; **en ~** im Übermaß, zuviel

demasiado [dema'siado] zu viel; zuviel; zu (sehr)

demen|cia [de'menθja] *f* Wahnsinn *m*; **~ senil** Altersblödsinn *m*; **~te** [~'mente] **1.** *adj* wahnsinnig; **2.** *m* Wahnsinnige(r) *m*

dem|ocracia [demo'kraθja] *f* Demokratie *f*; **~ócrata** [~'mokrata] *su* Demokrat(in *f*) *m*; **~ocrático** [~'kratiko] demokratisch

demo|grafía [demogra'fia] *f* Bevölkerungslehre *f*, Demographie *f*; **~gráfico** [~'grafiko] demographisch, Bevölkerungs...

demo|ler [demo'lɛr] (2h) zerstören; abreißen; **~lición** [~li'θjon] *f* Zerstörung *f*; Abbruch *m*

demon|íaco [demo'niako] dämonisch, teuflisch; **~io** [de'monjo] *m* Teufel *m*; Dämon *m*

demora [de'mora] *f* Verzögerung *f*; ✝ Verzug *m*; **sin ~** unverzüglich; **~r** [~'rar] (1a) verzögern

demostra|ble [demos'trable] nachweisbar; **~ción** [~'θjon] *f* Vorführung *f*; (*prueba*) Beweis *m*; Nachweis *m*; **~r** [~'trar] (1m) (*probar*) beweisen; (*mostrar*) zeigen, vorführen; **~tivo** [~'tibo] *gram* demonstrativ

denegar [dene'gar] (1h *u* 1k) verweigern; ablehnen

denigrar [deni'grar] (1a) schlechtmachen, herabsetzen

denodado [deno'dado] mutig

denomina|ción [denomina'θjon] *f* Benennung *f*; **~ de origen** Ursprungsbezeichnung *f*; **~dor** [~'dor] *m* ♣ Nenner *m*; **~ común** gemeinsamer Nenner *m* (*a fig*); **~r** [~'nar] (1a) benennen

denotar [deno'tar] (1a) (an)zeigen; hindeuten auf

den|sidad [densi'dad] *f* Dichte *f*; **~so** ['denso] dicht

den|tadura [denta'dura] *f* Gebiß *n*; **~ postiza** (künstliches) Gebiß *n*; **~tal** [~'tal] Zahn...; **~tición** [~ti'θjon] *f* Zahnen *n*; **~tífrico** [~'tifriko] **1.** *adj*: **agua ~a** Mundwasser *n*; **2.** *m* Zahnpasta *f*; **~tista** [~'tista] *su* Zahnarzt *m*, -ärztin *f*; **~tón** *zo* [~'ton] *m* Zahnbrasse *f*

dentro ['dentro] **1.** *adv* darin, drinnen; **de** (*od por*) **~** von innen; **2.** *prp* **~ de** in (*dat*), innerhalb (*gen*); **~ de un momento** gleich

denuncia [de'nunθja] *f* Anzeige *f*; **~nte** [~'θjante] *m* Denunziant *m*; **~r** [~'θjar] (1b) ⚖ anzeigen; denunzieren

deparar [depa'rar] (1a) bescheren, bieten

departamento [departa'mento] *m* Abteilung *f*; 🚆 Abteil *n*; (*universidad*) Fachbereich *m*

depen|dencia [depen'denθja] *f* Abhängigkeit *f*; △ Nebengebäude *n*; ✝ Zweigstelle *f*; **~der** [~'der] (2a) abhängen (von *dat* **de**); **¡depende!** das kommt darauf an!; **~dienta** [~'djenta] *f* Angestellte *f*; Verkäuferin *f*; **~diente** [~'djente] **1.** *adj* abhängig; **2.** *m* Angestellte(r) *m*; Verkäufer *m*

depila|r [depi'lar] (1a) enthaaren; **~torio** [~la'torjo] *m* Enthaarungsmittel *n*

deplora|ble [deplo'rable] bedauerlich; **~r** [~'rar] (1a) bedauern

deportar [depor'tar] (1a) deportieren, verschleppen

depor|te [de'porte] *m* Sport *m*; **~tista** [~'tista] *su* Sportler(in *f*) *m*; **~tivo** [~'tibo] sportlich; Sport...

deposi|ción [deposi'θjon] *f* Amtsenthebung *f*; ⚖ Aussage *f*; **~tante** [~'tante] *m* ✝ Hinterleger *m*; **~tar** [~'tar] (1a) deponieren, hinterlegen; (*dinero*) einzahlen; (*mercancía*) einlagern

depósito [de'posito] *m* Hinterlegung *f*; ✝ Einlage *f*; (*de mercancías*) Depot *n*; Lager *n*; (Flaschen-)Pfand *m*; **~ de aduana** Zollager *n*; **~ de cadáveres** Leichenhaus *n*; **~ de gasolina** Benzintank *m*

deprava|ción [depraba'θjon] *f* Verderbnis *f*; Sittenlosigkeit *f*; **~do** [~'bado] verkommen, verworfen

deprecia|ción [depreθja'θjon] *f* (Geld-)Entwertung *f*; **~rse** [~'θjarse] (1b) an Wert verlieren

depresión [depre'sjɔn] f ✈, ✝ Depression f; geo Senke f, Senkung f

deprim|ente [deprim'ente] deprimierend; **~ido** [~'miðo] deprimiert, niedergeschlagen; **~ir** [~'mir] (3a) deprimieren

depura|ción [depura'θjɔn] f Reinigung f; pol Säuberung f; **~dora** [~'dora] f: (estación f) **~** Kläranlage f; **~r** [~'rar] (1a) reinigen; pol säubern

derecha [de'retʃa] f rechte Hand f; pol die Rechte; **a la ~** rechts

derecho [de'retʃo] **1.** adj recht; (erguido) gerade; aufrecht (a fig); **2.** adv gerade(aus); **3.** m Recht n; **~ de asilo** Asylrecht n; **~ de autor** Urheberrecht n; **~ civil** Zivilrecht n; **~s humanos** Menschenrechte n/pl; **~ internacional** Völkerrecht n; **~ penal** Strafrecht n; **~ de la propiedad industrial** Patentrecht n; **~ de la propiedad intelectual** Urheberrecht n; **dar ~ a** berechtigen zu; **tener ~ a** Anspruch haben auf; **4. ~s** pl Steuer f; Gebühren f/pl; **~s de aduana** Zoll m; **~s de inscripción** Einschreibegebühr f

deriva ✦ [de'riβa] f: **ir a la ~** abgetrieben werden; **~brisas** [~'brisas] m auto Ausstellfenster n; **~ción** [~'θjɔn] f Ableitung f; Abzweigung f; **~do** [~'βaðo] m Nebenprodukt n; **~r** [~'βar] (1a) ableiten; abzweigen (a ≠)

dermatólog|o [dɛrma'toloɣo] m, **-a** f Hautarzt m, -ärztin f

deroga|ción [deroɣa'θjɔn] f Aufhebung f, Abschaffung f; **~r** [~'ɣar] (1h) aufheben, abschaffen

derra|ma [dɛ'rrama] f Umlage f; **~mamiento** [~'mjento] m Vergießen n; **~mar** [~'mar] (1a) vergießen, verschütten; **~marse** ausfließen; sich ergießen; **~me** [~'rrame] m Auslaufen n; ✝ **~ cerebral** Gehirnblutung f

derrapar [dɛrra'par] (1a) auto ins Schleudern geraten

derretir [dɛrre'tir] (3l) schmelzen; **~se** schmelzen, zergehen

derri|bar [dɛrri'βar] (1a) umwerfen; (edificio) abreißen, abbrechen; ✈ abschießen; pol stürzen; **~bo** [dɛ'rriβo] m Abbruch m; ✓ Abschuß m

derrocar [dɛrro'kar] (1g) pol stürzen

derro|chador m [dɛrrotʃa'ðor] Verschwender m; **~char** [~'tʃar] (1a) verschwenden; **~che** [dɛ'rrotʃe] m Verschwendung f

derro|ta [dɛ'rrota] f Niederlage f; ⚓ Kurs m; **~tar** [~'tar] (1a) schlagen; **~tero** [~'tero] m ⚓ Kurs m; fig Weg m, Bahn f; **~tista** [~'tista] m Defätist m

derrumba|miento [dɛrrumba'mjento] m Einsturz m; a fig Zs.-bruch m; **~r** [~'βar] (1a) abstürzen; **~rse** einstürzen

desabrido [desa'βriðo] (insípido) geschmacklos; (tiempo) unfreundlich; fig mürrisch

desabrochar [desaβro'tʃar] (1a) aufknöpfen, aufmachen

desaca|tar [desaka'tar] (1a) respektlos behandeln; (ley) mißachten; **~to** [~'kato] m Respektlosigkeit f; Mißachtung f

desacelerar [desaθele'rar] (1a) verlangsamen

desa|certado [desaθɛr'taðo] falsch; irrig; **~certar** [~'tar] (1k) sich irren; **~cierto** [~'θjɛrto] m Irrtum m; Mißgriff m

desaconsejar [desakɔnse'xar] (1a) abraten

desacostumbra|do [desakɔstum'braðo] ungewohnt, ungewöhnlich; **~r** [~'βrar] (1a): **~ a alg de a/c** j-m et abgewöhnen

desacreditar [desakreði'tar] (1a) in Verruf bringen

desactivar [desakti'βar] (1a) (bomba, etc) entschärfen

desacuerdo [desa'kuɛrðo] m Meinungsverschiedenheit f; Unstimmigkeit f; **estar en ~ con** nicht einverstanden sein mit

desafiar [desafi'ar] (1c) herausfordern; (afrontar) trotzen (dat)

desafina|do ♩ [desafi'naðo] verstimmt; **~r** [~'nar] (1a) unrein singen od spielen

desafío [desa'fio] m Herausforderung f

desafortunado [desafɔrtu'naðo] unglücklich

desagra|dable [desaɣra'ðaβle] unangenehm; peinlich; **~dar** [~'ðar] (1a) mißfallen; **~decido** [~de'θiðo] undankbar; **~decimiento** [~θi'mjento] m Undank(barkeit f) m; **~do** [~'ɣraðo] m Mißfallen n; **~vio** [~'ɣraβio] m Genugtuung f; Wiedergutmachung f

desagüe [de'saɣue] m Abfluß m

desaho|gado [desao'ɣaðo] bequem; geräumig; (adinerado) wohlhabend; **~garse** [~'ɣarse] (1h) fig sich aussprechen; **~go** [~'oɣo] m Erleichterung f

desahuciar

desahuci|ar [desau'θiar] (1b) (*enfermo*) aufgeben; (*inquilino*) zur Räumung zwingen; **~o** [~'uθio] *m* Zwangsräumung *f*

desai|rar [desai'rar] (1a) kränken; zurückweisen; **~re** [de'saire] *m* Zurücksetzung *f*; Kränkung *f*

desajus|tar [desaxus'tar] (1a) in Unordnung bringen; **~te** [~'xuste] *m* Unordnung *f*

desalar [desa'lar] (1a) entsalzen

desal|entar [desalen'tar] (1k) entmutigen; **~iento** [~'liento] *m* Mutlosigkeit *f*

desali|ñado [desali'ɲado] ungepflegt, F schlampig; **~ño** [~'liɲo] *m* Verwahrlosung *f*; F Schlamperei *f*

desalmado [desal'mado] herzlos; gewissenlos

desaloja|miento [desaloxa'miento] *m* Vertreibung *f*; (*de un edificio*) Räumung *f*; **~r** [~'xar] (1a) vertreiben; (*lugar*) räumen

desamor [desa'mor] *m* Lieblosigkeit *f*

desampar|ado [desampa'rado] hilflos; **~o** [~'paro] *m* Schutzlosigkeit *f*

desangrarse [desaŋ'grarse] (1a) verbluten

des|animado [desani'mado] mutlos; lustlos; **~animar** [~'mar] (1a) entmutigen; **~animarse** den Mut verlieren; **~ánimo** [de'sanimo] *m* Mutlosigkeit *f*

desapacible [desapa'θible] unangenehm; unfreundlich

desapar|ecer [desapare'θer] (2d) verschwinden; **~ecido** [~'θido] *m* Vermißte(r) *m*; Verschollene(r) *m*; **~ición** [~ri'θion] *f* Verschwinden *n*

desapercibido [desaperθi'biðo] unvorbereitet; **pasar ~** unbeachtet bleiben

desaprensi|ón [desapren'sion] *f* Rücksichtslosigkeit *f*; **~vo** [~'sibo] rücksichtslos

desaproba|ción [desaproba'θion] *f* Mißbilligung *f*; **~r** [~'bar] (1m) mißbilligen; ablehnen

desaprovecha|do [desaproße't∫ado] ungenutzt; **~r** [~'t∫ar] (1a) nicht nutzen; (*ocasión*) versäumen

desar|mar [desar'mar] (1a) entwaffnen (*a fig*); **~me** [de'sarme] *m* Abrüstung *f*

desarrai|gar [desarrai'gar] (1h) entwurzeln; *fig* ausrotten; **~go** [~'rraigo] *m* Entwurzelung *f*; *fig* Ausrottung *f*

desarregl|ado [desarre'glado] unordentlich, liederlich; **~o** [~'rreglo] *m* Unordnung *f*; Störung *f*

desarroll|ar [desarro'ʎar] (1a) entrollen; *fig* entwickeln; **~arse** sich entwickeln; *fig* sich abspielen; **~o** [~'rroʎo] *m* Entwicklung *f*; **ayuda** *f* **al ~** Entwicklungshilfe *f*

desarticular [desartiku'lar] (1a) ✍ ausrenken; *fig* zerschlagen

desaseado [desase'ado] ungepflegt

desaso|segar [desasose'gar] (1h *u* 1k) beunruhigen; **~siego** [~'siego] *m* Unruhe *f*

desas|trado [desas'trado] zerlumpt; **~tre** [de'sastre] *m* Katastrophe *f*; Unglück *n*; **~troso** [desas'troso] katastrophal; verheerend

desata|r [desa'tar] (1a) losbinden; lösen; *fig* entfesseln; **~rse** sich lösen; *fig* losbrechen; **~scar** [~tas'kar] (1g) (*tubo*) freimachen

desaten|ción [desaten'θion] *f* Unaufmerksamkeit *f*; (*descortesía*) Unhöflichkeit *f*; **~der** [~'der] (2g) nicht beachten; sich nicht kümmern um

desati|nado [desati'nado] sinnlos; unsinnig; **~nar** [~'nar] (1a) Unsinn reden; **~no** [~'tino] *m* Torheit *f*

desatornillar [desatorni'ʎar] (1a) ab-, losschrauben

desautorizar [desautori'θar] (1f) die Zuständigkeit absprechen (*dat*); (*prohibir*) verbieten

desave|nencia [desaße'nenθia] *f* Uneinigkeit *f*; Streit *m*; **~nido** [~'nido] uneinig; **~nirse** [~'nirse] (3s) sich entzweien

desaventajado [desaßenta'xado] benachteiligt; nachteilig

desayun|ar(se) [desaju'nar(se)] (1a) frühstücken; **~o** [~'juno] *m* Frühstück *n*

desa|zón [desa'θon] *f* Verdruß *m*; Unbehagen *n*; **~zonar** [~θo'nar] (1a) verdrießen; Sorgen machen

desbancar [dezbaŋ'kar] (1g) *fig* j-n verdrängen

desbanda|da [dezban'dada] *f* wilde Flucht *f*; **~rse** [~'darse] (1a) auseinanderstieben

desbarajuste [dezbara'xuste] *m* Wirrwarr *m*

desbordar [dezbor'dar] (1a) überfluten; *fig* übersteigen; **~se** über die Ufer treten; *fig* überquellen

descabe|llado [deskabeˈʎaðo] *fig* unsinnig; **~llar** [~ˈʎar] (1a) *taur* durch Genickstoß töten; **~llo** [~ˈbeʎo] *m* Genickstoß *m*; **~zado** [~beˈθaðo] kopflos (*a fig*); **~zar** [~ˈθar] (1f) köpfen

descafeinado [deskafeiˈnaðo] koffeinfrei, entkoffeiniert

descalabro [deskaˈlabro] *m* Schaden *m*; Mißgeschick *n*; Schlappe *f*

descalcifica|dor [deskalθifikaˈðor] *m* Entkalker *m*; **~r** [~ˈkar] (1g) entkalken

descalificar [deskalifiˈkar] (1g) disqualifizieren

descalzo [desˈkalθo] barfuß

descaminado [deskamiˈnaðo] abwegig; irrig; *andar* ~ in die Irre gehen

descampado [deskamˈpaðo] *m* freies Feld *n*

descansa|do [deskanˈsaðo] bequem; geruhsam; **~r** [~ˈsar] (1a) (aus)ruhen; rasten; *¡que descanses!* schlaf gut!

descanso [desˈkanso] *m* Ruhe *f*; Erholung *f*; *teat* Pause *f*; *dep* Halbzeit *f*; (*apoyo*) Stütze *f*; *sin* ~ unermüdlich

descapotable [deskapoˈtable] *m* Kabriolett *n*

descarado [deskaˈraðo] unverschämt

descar|ga [desˈkarɣa] *f* Entladung *f* (*a ⚡*); *ab-*, Ausladen *n*, ⚓ Löschen *n*; ✗ Salve *f*; ⚖ Entlastung *f*; **~gador** [~ˈðor] *m* Ablader *m*; ~ *de muelle* Schauermann *m*; **~gar** [~ˈɣar] (1h) **1.** *v/t* abladen; ⚓ löschen; ⚡, (*arma*) entladen; (*tiro*) abgeben; ⚖ entlasten; **2.** *v/i* (*tormenta*) losbrechen; **~go** [~ˈkarɣo] *m* Entlastung *f* (*a ⚖*)

descaro [desˈkaro] *m* Unverschämtheit *f*, Frechheit *f*

descarriar [deskaˈrriar] (1c) irreführen; **~se** sich verirren, sich verlaufen; *fig* auf die schiefe Bahn geraten

descarrila|miento 🚂 [deskarrilaˈmiento] *m* Entgleisung *f*; **~r** [~ˈlar] (1a) entgleisen

descartar [deskarˈtar] (1a) ausschließen; **~se** (Karten) ablegen

descastado [deskasˈtaðo] aus der Art geschlagen; (*niño*) ungeraten

descen|dencia [desθenˈdenθia] *f* Nachkommenschaft *f*; (*origen*) Abstammung *f*; **~diente** [~ˈdiente] absteigend; fallend; **~der** [~ˈder] (2g) **1.** *v/i* herab-, hinuntersteigen. heruntergehen; (*del tren, etc*) aussteigen; (*precios, etc*) fallen; ~ *de* abstammen von; **2.** *v/t* herunternehmen, -holen, -tragen; **~diente** [~ˈdiente] *m* Nachkomme *m*; **~so** [~ˈθenso] *m* Heruntersteigen *n*; Abstieg *m*; (*precios*) Fallen *n*; (*esquí*) Abfahrtslauf *m*

descentraliza|ción [desθentraliθaˈθion] *f* Dezentralisierung *f*; **~r** [~ˈθar] (1f) dezentralisieren

descifrar [desθiˈfrar] (1a) entziffern; *fig* enträtseln

descodificador [deskodifikaˈðor] *m* Decoder *m*

descol|gar [deskolˈɣar] (1h u 1m) abnehmen; (*perseguidor*) abhängen; **~se** sich herablassen; herabsteigen

descollar [deskoˈʎar] (1m) hervorragen

descolonización [deskoloniθaˈθion] *f* Entkolonisierung *f*

descolor|ar [deskoloˈrar] (1a) entfärben; **~arse** verblassen; **~ido** [~ˈriðo] blaß, farblos

descombr|ar [deskomˈbrar] (1a) Schutt wegräumen; **~o** [~ˈkombro] *m* Trümmerbeseitigung *f*; Aufräumungsarbeiten *f/pl*

descompo|ner [deskompoˈner] (2r) zerlegen; zersetzen (*a 🜍*); (*desordenar*) in Unordnung bringen; **~nerse** sich zersetzen; (*alimentos*) verderben; (*cadáver*) verwesen; *fig* die Fassung verlieren; **~sición** [~siˈθion] *f* Zersetzung *f*, Verfaulen *n*; Verwesung *f*

descompuesto [deskomˈpuesto] (*roto*) kaputt; (*cara*) verstört, verzerrt; (*alimento*) schlecht

descomunal [deskomuˈnal] ungeheuer; riesig

desconcerta|do [deskonθerˈtaðo] verwirrt; bestürzt; **~r** [~ˈtar] (1k) verwirren; bestürzen, verblüffen

desconcierto [deskonˈθierto] *m* Verwirrung *f*; (*desorden*) Unordnung *f*

desconcharse [deskonˈtʃarse] abbröckeln; abblättern

desconectar ⚡ [deskonekˈtar] (1a) ab-, ausschalten

desconfia|do [deskomfiˈaðo] mißtrauisch; **~nza** [~ˈanθa] *f* Mißtrauen *n*; Argwohn *m*; **~r** [~fiˈar] (1c): ~ *de* mißtrauen (*dat*); zweifeln an (*dat*)

descongela|ción [deskoŋxelaˈθion] *f* Auf-, Abtauen *n*; **~r** [~ˈlar] (1a) auf-, abtauen; (*precios*) freigeben

descongestión [deskɔŋxes'tiɔn] *f* (*del tráfico*) Entlastung *f*

descono|cer [deskono'θer] (2d) nicht kennen; (*ignorar*) nicht wissen; **~cido** [~'θiđo] **1.** *adj* unbekannt; nicht wiederzuerkennen; **2.** *m* Unbekannte(r) *m*; **~cimiento** [~θi'miento] *m* Unkenntnis *f*

desconsiderado [deskɔnsiđe'rađo] rücksichtslos

descon|solado [deskɔnso'lađo] trostlos; untröstlich; **~suelo** [~'suelo] *m* Trostlosigkeit *f*; (tiefe) Betrübnis *f*

descontado [deskɔn'tađo]: *dar por ~* als sicher annehmen; *por ~* selbstverständlich

descontamina|ción [deskɔntamina'θiɔn] *f* Entseuchung *f*; **~r** [~'nar] (1a) entseuchen

descontar [deskɔn'tar] (1m) abziehen

descontento [deskɔn'tento] **1.** *adj* unzufrieden; **2.** *m* Unzufriedenheit *f*

desconvocar [deskɔmbo'kar] (1g) absagen

descorazonar [deskoraθo'nar] (1a) entmutigen; **~se** den Mut verlieren

descorcha|dor [deskɔrtʃa'đɔr] *m* Korkenzieher *m*; **~r** [~'tʃar] (1a) entkorken

descorrer [deskɔ'rrer] (2a) (*cortina*) aufziehen; (*cerrojo*) zurückschieben

descor|tés [deskɔr'tes] unhöflich; **~tesía** [~te'sia] *f* Unhöflichkeit *f*

descoser [desko'ser] (2a) auftrennen

descrédito [des'kređito] *m* Mißkredit *m*; Verruf *m*

descreído [deskre'iđo] ungläubig

descremar [deskre'mar] (1a) entrahmen

descri|bir [deskri'bir] (3a; *part descrito*) beschreiben (*a A*); **~pción** [~krib'θiɔn] *f* Beschreibung *f*; Schilderung *f*; **~ptivo** [~krip'tibo] beschreibend; anschaulich

descuartizar [deskuarti'θar] (1f) zerstückeln

descubierto [desku'bierto] unbedeckt; offen; (*cielo*) wolkenlos; (*cheque*) ungedeckt; † (*cuenta*) überzogen

descubri|dor [deskubri'đɔr] *m* Entdecker *m*; **~miento** [~'miento] *m* Entdeckung *f*; **~r** [~'brir] (3a; *part descubierto*) aufdecken; entdecken, finden; **~rse** den Hut abnehmen

descuento [des'kuento] *m* Abzug *m*, Rabatt *m*, Skonto *n*; Diskont *m*

descui|dado [deskui'dađo] nachlässig; unvorsichtig; **~dar** [~'dar] (1a) **1.** *v/t* vernachlässigen; *¡descuide!* seien Sie unbesorgt!; **2.** *v/i u ~darse* nachlässig sein; unvorsichtig sein; **~dero** [~'đero] *m* Taschendieb *m*; **~do** [~'kuiđo] *m* Nachlässigkeit *f*; Unachtsamkeit *f*; *por ~* aus Versehen

desde ['dezđe] **1.** *prp* (*tiempo*) seit, von ... an; (*lugar*) aus, von, von ... aus (*dat*); *~ entonces* seitdem; *~ hace tres días* seit drei Tagen; **2.** *adv* **~ *luego*** selbstverständlich; **3.** *cj* **~ que** seitdem

desdecirse [dezđe'θirse] (3p): *~ de a/c* et widerrufen

desdén [dez'đen] *m* Verachtung *f*

desdeñ|ar [dezđe'ɲar] (1a) verachten; verschmähen; **~oso** [~'ɲoso] verächtlich

desdicha [dez'đitʃa] *f* Unglück *n*; **~do** [~đi'tʃađo] unglücklich

desdoblar [dezđo'blar] (1a) entfalten, ausbreiten

desea|ble [dese'able] wünschenswert; erwünscht; **~r** [~'ar] (1a) wünschen; mögen

desecar [dese'kar] (1g) (aus)trocknen; trockenlegen

desech|able [dese'tʃable] Wegwerf...; **~ar** [~'tʃar] (1a) wegwerfen; *fig* verwerfen; **~os** [de'setʃos] *m/pl* Abfall *m*

desembalar [desemba'lar] (1a) auspacken

desembaraz|ar [desembara'θar] (1f) frei machen, räumen; **~arse**: *~ de a/c* sich e-r Sache entledigen; **~o** [~'raθo] *m* Ungezwungenheit *f*

desembar|cadero [desembarka'đero] *m* Landungsplatz *m*; **~car** [~'kar] (1g) **1.** *v/t* (*personas*) ausschiffen; (*cosas*) ausladen; **2.** *v/i* an Land gehen; **~co** [~'barko] *m*, **~que** [~'barke] *m* Ausschiffung *f*; Ausladen *n*; ⚔ Landung *f*

desemboca|dura [desemboka'đura] *f* Mündung *f*; **~r** [~'kar] (1g) münden

desembols|ar [desembɔl'sar] (1a) ausgeben; zahlen; **~o** [~'bɔlso] *m* (Geld-)Ausgabe *f*; Zahlung *f*

desembra|gar [desembra'gar] (1h) *auto* auskuppeln; **~gue** [~'brage] *m* Auskuppeln *n*

desembrollar F [desembro'ʎar] (1a) entwirren

desempapelar [desempape'lar] (1a) aus dem Papier wickeln

desempaquetar [desempake'tar] (1a) auspacken

desempate [desem'pate] *m* Stichentscheid *m*

desempe|ñar [desempe'ɲar] (1a) (*prenda*) auslösen; (*cargo*) ausüben; **~ un papel** e-e Rolle spielen (*a fig*); **~ño** [~'peɲo] *m* Ein-, Auslösen *n*; (*de un cargo*) Ausübung *f*

desempleo [desem'pleo] *m* Arbeitslosigkeit *f*

desempolvar [desempol'bar] (1a) abstauben

desencadenar [deseŋkaðe'nar] (1a) entfesseln; **~se** losbrechen, wüten

desencaja|do ☞ verrenkt; *fig* verzerrt; **~rse** [~'xarse] (1a) aus der Fassung geraten

desencan|tar [deseŋkan'tar] (1a) entzaubern; *fig* enttäuschen; **~to** [~'kanto] *m* Entzauberung *f*; *fig* Ernüchterung *f*; Enttäuschung *f*

desenchufar ⚡ [desentʃu'far] (1a) abstellen, ausschalten

desenfa|dado [desemfa'ðaðo] ungezwungen, ungehemmt; **~do** [~'faðo] *m* Ungezwungenheit *f*

desenfre|nado [desemfre'naðo] zügellos, hemmungslos; **~no** [~'freno] *m* Zügellosigkeit *f*; Ungestüm *n*

desenganchar [deseŋgan'tʃar] (1a) loshaken; ausspannen

desenga|ñar [deseŋga'ɲar] (1a) enttäuschen; ernüchtern; **~ño** [~'gaɲo] *m* Enttäuschung *f*; Ernüchterung *f*

desenlace [desen'laθe] *m* Lösung *f*; (*final*) Ausgang *m*, Ende *n*

desenmarañar [desenmara'ɲar] (1a) entwirren; aufklären

desenmascarar [desenmaska'rar] (1a) demaskieren, entlarven

desenredar [desenrre'ðar] (1a) entwirren

desenroscar [desenrrɔs'kar] (1g) auf-, abschrauben

desentenderse [desenten'derse] (2g): **~ de** nichts wissen wollen von; sich fernhalten von

desenterrar [desente'rrar] (1k) ausgraben (*a fig*)

desentonar [desento'nar] (1a) *fig* nicht passen (zu *dat* **con**)

desentrañar [desentra'ɲar] (1a) *fig* ergründen

desentrenado [desentre'naðo] aus der Übung gekommen

desentumecerse [desentume'θerse] (2d): **~ las piernas** sich die Beine vertreten

desenvainar [desembaï'nar] (1a) (*arma*) ziehen

desenvol|tura [desembol'tura] *f* Ungezwungenheit *f*; Unbefangenheit *f*; **~ver** [~'bɛr] (2h; *part* **desenvuelto**) auf-, loswickeln; auspacken; (*tema*) entwickeln

desenvuelto [desem'bŭelto] ungezwungen; zwanglos; keck

deseo [de'seo] *m* Wunsch *m*; Verlangen *n*; Drang *m*; **~so** [dese'oso]: **~ de** begierig nach (*dat*)

desequili|brado [desekili'braðo] unausgeglichen; **~ mental** geistesgestört; **~brar** [~'brar] (1a) aus dem Gleichgewicht bringen; **~brio** [~'librĭo] *m* gestörtes Gleichgewicht *n*; Ungleichgewicht *n*

deser|ción [deser'θĭon] *f* Fahnenflucht *f*; **~tar** [~'tar] (1a) fahnenflüchtig werden; überlaufen

desértico [de'sertiko] wüstenartig; Wüsten...

desertización [desertiθa'θĭon] *f* Ausbreitung *f* der Wüste; Versteppung *f*

desertor [deser'tɔr] *m* Fahnenflüchtige(r) *m*, Deserteur *m*

desespera|ción [desespera'θĭon] *f* Verzweiflung *f*; **~do** [desespe'raðo] hoffnungslos; verzweifelt; **~nte** [~'rante] entmutigend; zum Verzweifeln; **~r** [~'rar] (1a) **1.** *v/t* zur Verzweiflung bringen; **2.** *v/i* verzweifeln (an *dat* **de**); **~rse** verzweifeln

desestabilizar [desestabili'θar] (1f) *pol* destabilisieren

desestimar [desesti'mar] (1a) verachten; geringschätzen; (*denegar*) ablehnen

desfachatez [desfatʃa'teθ] *f* Unverschämtheit *f*, Frechheit *f*

desfal|car [desfal'kar] (1g) unterschlagen; **~co** [~'falko] *m* Unterschlagung *f*

desfalle|cer [desfaʎe'θɛr] (2d) schwach werden; (*desmayarse*) in Ohnmacht fallen; **~cimiento** [~θi'mĭento] *m* Schwäche(anfall *m*) *f*; (*desmayo*) Ohnmacht *f*

desfavorable [desfabo'raβle] ungünstig

desfigurar [desfigu'rar] (1a) entstellen; verzerren

desfi|ladero [desfila'ðero] *m* Hohlweg *m*, Engpaß *m*; **~lar** [~'lar] (1a) vorbeimarschieren, defilieren; **~le** [~'file] *m* Parade *f*; **~ de modelos** Modenschau *f*

desfogarse [desfo'ɣarse] (1h) *fig* sich Luft machen; sich austoben

desgana [dez'gana] *f* Appetitlosigkeit *f*; *fig* Unlust *f*; **a ~** ungern, widerwillig

desgañitarse F [dezgaɲi'tarse] (1a) sich heiser schreien

desgarbado [dezgar'baðo] anmutlos, ungraziös

desgarr|ador [dezgarra'ðor] herzzerreißend; **~ar** [~'rrar] (1a) zerreißen; **~o** [~'ɣarro] *m* ⚔ Riß *m*; *fig* Frechheit *f*

desgas|tar [dezgas'tar] (1a) abnutzen, verschleißen; **~te** [~'ɣaste] *m* Abnutzung *f*; Verschleiß *m*

desglo|sar [dezglo'sar] (1a) aufschlüsseln; **~se** [~'ɣlose] *m* Aufschlüsselung *f*

desgracia [dez'graθja] *f* Unglück *n*; Mißgeschick *n*; **caer en ~** in Ungnade fallen; **por ~** leider; **~s personales** Personenschaden *m*; **~damente** [~ða'mente] unglücklicherweise; leider; **~do** [~'θjaðo] 1. *adj* unglücklich; 2. *m* Unglücksmensch *m*; armer Teufel *m*

desgrava|ción ✝ [dezgraβa'θjon] *f* Steuernachlaß *m*; **~r** [~'βar] (1a) steuerfrei sein

desgreñado [dezgre'ɲaðo] zerzaust, struppig

desgua|ce [dez'gwaθe] *m* ⚓ Abwracken *n*; Verschrotten *n*; **~zar** [~gwa'θar] (1f) abwracken; verschrotten

deshabitado [desaβi'taðo] unbewohnt

deshabituar [desaβitu'ar] (1e): **~ a alg de a/c** j-m et abgewöhnen

deshacer [desa'θer] (2s) auseinandernehmen; aufmachen; *(diluir)* auflösen; *(maleta)* auspacken; *(plan)* zunichte machen; **~se** auseinander-, F kaputtgehen; *(nudo, etc)* aufgehen; *(diluirse)* sich auflösen; **~ de a/c** sich e-r Sache entledigen; et loswerden; **~ de alg** sich j-n vom Halse schaffen; **~ por alg** F *fig* sich für j-n umbringen

desharrapado [desarra'paðo] zerlumpt

deshecho [de'setʃo] *s* **deshacer**; *fig* aufgelöst; kaputt

deshelar [dese'lar] (1k) (auf)tauen

desherbar ✓ [deser'βar] (1k) jäten

desheredar [desere'ðar] (1a) enterben

deshidrata|ción ✣ [desiðrata'θjon] *f* Flüssigkeitsverlust *m*; **~r** [~'tar] (1a) Wasser entziehen *(dat)*

deshielo [de'sjelo] *m* Auftauen *n*; Tauwetter *n (a pol)*

deshinchar [desin'tʃar] (1a) die Luft herauslassen; **~se** ✣ abschwellen; *fig* klein beigeben

deshojar [deso'xar] (1a) ab-, entblättern; **~se** die Blätter verlieren

deshollinador [desoʎina'ðor] *m* Schornsteinfeger *m*, Kaminkehrer *m*

deshonest|idad [desonesti'ðað] *f* Unehrbarkeit *f*; ⚖ Unzucht *f*; **~o** [~'nesto] unehrlich; *(inmoral)* unanständig; unzüchtig

deshonra [des'onrra] *f* Unehre *f*; Schande *f*; **~r** [~'rrar] (1a) entehren; schänden; Schande machen *(dat)*

deshora [des'ora] *f*: **a ~** zur Unzeit, ungelegen

deshuesar [deswe'sar] (1a) *(fruta)* entsteinen; *(carne)* entbeinen

desidi|a [de'siðja] *f* Nachlässigkeit *f*; **~oso** [~'ðjoso] nachlässig

desierto [de'sjerto] 1. *adj* leer, öde; *(calle)* menschenleer; *(wie)* ausgestorben; **declarar ~** e-n Preis nicht vergeben; 2. *m* Wüste *f*

design|ación [designa'θjon] *f* Bezeichnung *f*; *(nombramiento)* Ernennung *f*; **~ar** [~'nar] (1a) bezeichnen; *(nombrar)* ernennen; **~nio** [~'siɲo] *m* Vorhaben *n*; Vorsatz *m*

desigual [desi'gwal] ungleich(mäßig); *(terreno)* uneben; **~dad** [~'ðað] *f* Ungleichheit *f*; Unebenheit *f*

desilusi|ón [desilu'sjon] *f* Enttäuschung *f*; **~onar** [~sjo'nar] (1a) enttäuschen

desinfec|ción [desimfɛg'θjon] *f* Desinfektion *f*; **~tante** [~fɛk'tante] *m* Desinfektionsmittel *n*; **~tar** [~'tar] (1a) desinfizieren

desinflar [desim'flar] (1a) die Luft herauslassen aus

desinsectación [desinsɛkta'θjon] *f* Insektenvertilgung *f*

desintegra|ción [desintegra'θjon] *f* Zerfall *m (a fig)*; **~rse** [~'ɣrarse] (1a) sich auflösen; zerfallen

desinte|rés [desinte'res] *m* Interesselosigkeit *f*; *(altruismo)* Selbstlosigkeit *f*; **~resado** [~re'saðo] uninteressiert; *(abnegado)* uneigennützig, selbstlos

desintoxi|cación [desintoɣsika'θjon] *f*

Entgiftung *f*; **cura** *f* **de ~** Entziehungskur *f*; **~car** [~'kar] (1g) entgiften

desistir [desis'tir] (3a): **~ de** Abstand nehmen von; verzichten auf (*ac*)

desleal [dezle'al] treulos; unredlich; **~tad** [~leal'tað] *f* Treulosigkeit *f*; Untreue *f*

desleír [dezle'ir] (3m) auflösen; **~se** zergehen

deslenguado [dezleŋ'gŭaðo] unverschämt

deslindar [dezlin'dar] (1a) abgrenzen (*a fig*)

desliz [dez'liθ] *m* Fehltritt *m*; Versehen *n*; F Ausrutscher *m*; **~ar** [~'θar] (1f) **1.** *v/t* gleiten lassen (über *por*); (*palabra*) fallenlassen; **2.** *v/i u* **~arse** (dahin)gleiten, abgleiten; (herunter)rutschen

deslomarse F [dezlo'marse] (1a) sich abrackern

deslucido [dezlu'θiðo] reiz-, glanzlos; **~r** [~'θir] (3f) den Glanz nehmen (*dat*); *fig* beeinträchtigen; **~rse** den Reiz verlieren

deslumbra|nte [dezlum'brante] blendend; glänzend; **~r** [~'brar] (1a) blenden (*a fig*)

desmadrarse F [dezma'drarse] (1a) aus der Rolle fallen; **~re** [~'madre] *m* Durcheinander *n*

desmán [dez'man] *m* Ausschreitung *f*, Übergriff *m*

desmantela|miento [dezmantela'mĭento] *m* Demontage *f*; **~r** [~'lar] (1a) demontieren; ausräumen

desmaquillarse [dezmaki'ʎarse] (1a) sich abschminken

desmarcarse [dezmar'karse] (1g) sich distanzieren (von *de*)

desmayado [dezma'jaðo] ohnmächtig; (*color*) matt; **~yarse** [~'jarse] (1a) ohnmächtig werden; **~yo** [~'majo] *m* Ohnmacht *f*; *fig* Mutlosigkeit *f*

desmedi|do [dezme'ðiðo] übermäßig; **~rse** [~'ðirse] (3l) das Maß überschreiten

desmejorar [dezmexo'rar] (1a) verschlechtern; (*dañar*) beeinträchtigen; **~se** sich verschlimmern

desmelenar [dezmele'nar] (1a) zerzausen

desmembrar [dezmem'brar] (1k) zerstückeln; (ab)trennen

desmenti|do [dezmen'tiðo] *m* Dementi *n*; **~r** [~'tir] (3i) abstreiten; *pol* dementieren; *fig* widersprechen

desmenuzar [dezmenu'θar] (1f) zerkleinern, zerstückeln

desmerecer [dezmere'θer] (2d) nicht verdienen

desmesurado [dezmesu'raðo] unmäßig, maßlos

desmiga|jar [dezmiga'xar] (1a), **~r** [~'gar] (1h) zerbröckeln, zerkrümeln

desmilitarizar [dezmilitari'θar] (1f) entmilitarisieren

desmonta|ble [dezmɔn'table] zerlegbar, abnehmbar; **~je** [~'taxe] *m* Demontage *f*, Abbau *m*; **~r** [~'tar] (1a) **1.** *v/t* demontieren, abbauen; **2.** *v/i* absitzen, absteigen

desmonte [dez'mɔnte] *m* Abholzen *n*; **~ completo** Kahlschlag *m*

desmoralizar [dezmorali'θar] (1f) demoralisieren; entmutigen

desmorona|miento [dezmorona'mĭento] *m* Einsturz *m*; *fig* Zerfall *m*; **~rse** [~'narse] (1a) einstürzen; *fig* ver-, zerfallen

desnacionalizar [deznaθĭonali'θar] (1f) reprivatisieren

desnatar [dezna'tar] (1a) entrahmen

desnaturalizado [deznaturali'θaðo] entartet; 🜲 denaturiert

desnivel [dezni'bel] *m* Höhenunterschied *m*, Gefälle *n*; *fig* Ungleichheit *f*

desnu|dar [deznu'ðar] (1a) ausziehen, entkleiden; *a fig* entblößen; **~darse** sich ausziehen; **~dez** [~'ðeθ] *f* Nacktheit *f*, Blöße *f*; **~dismo** [~'ðizmo] *m s nudismo*; **~do** [~'nuðo] **1.** *adj* nackt, bloß; *fig* kahl; **2.** *m pint* Akt *m*

desnutri|ción [deznutri'θĭon] *f* Unterernährung *f*; **~do** [~'triðo] unterernährt

desobe|decer [desobeðe'θer] (2d) nicht gehorchen; **~diencia** [~'ðĭenθĭa] *f* Ungehorsam *m*; **~diente** [~'ðĭente] ungehorsam

desocupa|ción [desokupa'θĭon] *f* Untätigkeit *f*; Arbeitslosigkeit *f*; **~do** [~'paðo] unbeschäftigt; (*vacío*) leer; frei; **~r** [~'par] (1a) räumen, frei machen

desodorante [desoðo'rante] **1.** *adj* geruchtilgend; **2.** *m* Deo(dorant) *n*

desoír [deso'ir] (3q) überhören, kein Gehör schenken

desola|ción [desola'θĭon] *f* Verheerung

desolador 114

f; fig Trostlosigkeit *f;* **~dor** [~'dɔr] trostlos; **~r** [~'lar] (1m) verheeren, verwüsten

desorbitado [desɔrbi'taðo] maßlos

desorden [de'sɔrðen] *m* Unordnung *f;* Durcheinander *n;* **~ado** [~'naðo] unordentlich; **~ar** [~'nar] (1a) in Unordnung bringen

desorganiza|ción [desɔrɣaniθa'θjɔn] *f* Desorganisation *f;* **~r** [~'θar] (1f) zerrütten; durchea.-bringen

desorientar [desɔrien'tar] (1a) irreleiten; *fig* verwirren; **~se** die Richtung verlieren, sich verirren

deso|var [deso'βar] (1a) laichen; **~ve** [de'soβe] *m* Laichen *n*

despabila|do [despaβi'laðo] munter; *fig* aufgeweckt; **~r** [~'lar] (1a) aufmuntern; **~rse** munter werden

despa|char [despa'tʃar] (1a) abfertigen; erledigen; *(enviar)* (ab)senden; *(despedir)* entlassen; *(cliente)* bedienen; **~cho** [~'patʃo] *m* Abfertigung *f;* Erledigung *f;* (oficina) Büro *n;* Arbeitszimmer *n;* (de venta) Verkaufsstelle *f;* (nota) Depesche *f;* **~ de bebidas** Getränkeausschank *m;* **~ de billetes** Fahrkartenschalter *m*

despacio [des'paθjo] langsam; *Am* leise

desparpajo [despar'paxo] *m* Zungenfertigkeit *f;* *(desenvoltura)* Forschheit *f*

desparramar [desparra'mar] (1a) zer-, verstreuen; **~se** sich ausbreiten

despavorido [despaβo'riðo] entsetzt

despectivo [despek'tiβo] verächtlich

despecho [des'petʃo] *m* Erbitterung *f;* **a ~ de alg** j-m zum Trotz

despedazar [despeða'θar] (1f) zerfetzen, zerstückeln

despedi|da [despe'ðiða] *f* Abschied *m;* Verabschiedung *f;* **~r** [~'ðir] (3l) verabschieden; *(empleado)* entlassen; kündigen *(dat);* *(olor, etc)* ausströmen; **~rse** sich verabschieden

despe|gar [despe'ɣar] (1h) **1.** *v/t* ab-, loslösen; **2.** *v/i* ✈ starten; **~gue** ✈ [~'peɣe] *m* Start *m; fig* Aufschwung *m*

despeina|do [despeĩ'naðo] mit zerzausten Haaren; ungekämmt; **~r** [~'nar] (1a) zerzausen

despe|jado [despe'xaðo] *(cielo)* wolkenlos; *(mente)* klar; **~jar** [~'xar] (1a) frei machen; *fig* (auf)klären; **~jarse** *(cielo)*
sich aufheitern; **~jo** [~'pɛxo] *m* Räumung *f*

despenalizar [despenali'θar] (1f) für straffrei erklären, entkriminalisieren

despensa [des'pensa] *f* Speise-, Vorratskammer *f*

despeña|dero [despeɲa'ðero] *m* steiler Abhang *m;* **~r** [~'nar] (1a) herab-, hinabstürzen; **~rse** abstürzen

desperdi|ciar [desperði'θjar] (1b) verschwenden, vergeuden; *(ocasión)* versäumen; **~cio** [~'ðiθjo] *m* Verschwendung *f;* **~s** *pl* Abfall *m*

desperezarse [despere'θarse] (1f) sich strecken, sich recken

desperfecto [desper'fekto] *m* Beschädigung *f;* *(defecto)* Mangel *m,* Fehler *m*

desperta|dor [desperta'ðor] *m* Wecker *m;* **~r** [~'tar] (1k) **1.** *v/t* wecken; **2.** *v/i u* **~rse** aufwachen

despiadado [despja'ðaðo] erbarmungslos

despido [des'piðo] *m* Entlassung *f,* Kündigung *f*

despierto [des'pjerto] wach; munter; *fig* aufgeweckt; **soñar ~** mit offenen Augen träumen

despilfarr|ar [despilfa'rrar] (1a) verschwenden, vergeuden; **~o** [~'farro] *m* Verschwendung *f,* Vergeudung *f*

despis|tado [despis'taðo] zerstreut; **~tar** [~'tar] (1a) ablenken; irreführen; **~tarse** vom Weg abkommen, sich verirren; *fig* den Faden verlieren; **~te** [~'piste] *m* Zerstreutheit *f*

desplante [des'plante] *m* Frechheit *f;* **dar un ~ a alg** j-n abblitzen lassen

desplaza|miento [desplaθa'mjento] *m* Verschiebung *f;* ♃ Wasserverdrängung *f;* *(viaje)* Fahrt *f,* Reise *f;* **~r** [~'θar] (1f) verdrängen *(a* ♃*);* verschieben; **~rse** reisen, fahren

despl|egar [desple'ɣar] (1h *u* 1k) entfalten; ausbreiten; *fig* aufbieten; **~iegue** [~'pljeɣe] *m* Entfaltung *f;* **con gran ~ de** mit großem Aufgebot an

desplomarse [desplo'marse] (1a) zu Boden sinken; *(edificio)* einstürzen

desplumar [desplu'mar] (1a) rupfen *(a fig)*

despobla|ción [despoβla'θjɔn] *f* Entvölkerung *f;* **~r** [~'βlar] (1m) entvölkern

despo|jar [despo'xar] (1a) berauben; **~jarse: ~ de** ablegen; **~jo** [~'pɔxo] *m*

Beraubung *f*; ~*s pl* Schlachtabfälle *m/pl*; (*restos*) Überbleibsel *n/pl*; ~*s mortales* sterbliche Überreste *m/pl*

desposa|da [despo'saða] *f* Braut *f*; ~**do** [~'saðo] *m* Bräutigam *m*; ~**dos** [~'saðos] *m/pl* Brautpaar *n*; ~**r** [~'sar] (1a) trauen

déspota ['despota] *m* Despot *m*

des|pótico [des'potiko] despotisch; ~**potismo** [~'tizmo] *m* Despotismus *m*

desprecia|ble [despre'θjable] verächtlich; ~**r** [~'θjar] (1b) verachten; verschmähen; ~**tivo** [~θja'tiβo] verächtlich

desprecio [des'preθjo] *m* Verachtung *f*

despren|der [despren'dɛr] (2a) losmachen; ~**derse** sich lösen, abfallen; ~ *de* sich freimachen von; loswerden; *fig* sich ergeben aus (*dat*); ~**dimiento** [~di'mjento] *m* Losmachen *n*; Freiwerden *n*; *✱* ~ *de retina* Netzhautablösung *f*; ~ *de tierras* Erdrutsch *m*

despreocupa|ción [despreokupa'θjon] *f* Sorglosigkeit *f*; ~**do** [~'paðo] sorglos, unbekümmert

presti|giar [despresti'xjar] (1b) um sein Ansehen bringen; ~**gio** [~'tixjo] *m* Prestigeverlust *m*

desprevenido [despreβe'niðo] unvorbereitet; *coger* ~ überraschen, -rumpeln

desproporci|ón [despropor'θjon] *f* Mißverhältnis *n*; ~**onado** [~θjo'naðo] disproportioniert

despropósito [despro'posito] *m* Ungereimtheit *f*; Unsinn *m*

desprovisto [despro'βisto]: ~ *de* ohne

después [des'pwes] **1.** *adv* nachher, später; danach; **2.** *prp* ~ *de* nach; ~ *de todo* letzten Endes

desquiciar [deski'θjar] (1b) aus den Angeln heben; *fig* beirren; zerrütten; ~*se fig* den Halt verlieren

desqui|tar [deski'tar] (1a) entschädigen; ~**tarse**: ~ *de* sich revanchieren, sich rächen für; ~**te** [~'kite] *m* Vergeltung *f*

desratización [dezrratiθa'θjon] *f* Rattenvertilgung *f*

destaca|do [desta'kaðo] führend, hervorragend; ~**mento** ✕ [~ka'mento] *m* Sonderkommando *n*; Abteilung *f*; ~**r** [~'kar] (1g) hervorheben; ✕ abkommandieren; ~**rse** sich abheben; sich auszeichnen (durch *ac por*)

destajo [des'taxo] *m* Akkordarbeit *f*; *a* ~ im Akkord

destapar [desta'par] (1a) aufdecken (*a fig*); öffnen

destartalado [destarta'laðo] baufällig

destello [des'teʎo] *m* Aufleuchten *n*; Funkeln *n*

destemplado [destem'plaðo] unbeherrscht; unfreundlich; ♪ verstimmt

desteñir [deste'ɲir] (3h *u* 3l) entfärben; ~**se** die Farbe verlieren

desternillarse [destɛrni'ʎarse] (1a): ~ *de risa* sich krankLachen

desterrar [destɛ'rrar] (1k) verbannen (*a fig*)

destetar [deste'tar] (1a) entwöhnen, absetzen, abstillen

destiempo [des'tjempo]: *a* ~ zur Unzeit, ungelegen

destierro [des'tjɛrro] *m* Verbannung *f*

destila|ción [destila'θjon] *f* Destillation *f*; ~**r** [~'lar] (1a) destillieren

destilería [destile'ria] *f* Brennerei *f*

desti|nar [desti'nar] (1a) bestimmen; zuweisen; (*persona*) versetzen; ~**natario** [~na'tarjo] *m* Empfänger *m*, Adressat *m*; ~**no** [~'tino] *m* Schicksal *n*; (*lugar*) Bestimmung(sort *m*) *f*; Ziel *n*

destitu|ción [destitu'θjon] *f* Absetzung *f*; ~**ir** [~tu'ir] (3g) absetzen, des Amtes entheben

destornilla|dor [destorniʎa'ðor] *m* Schraubenzieher *m*; ~**r** [~'ʎar] (1a) ab-, auf-, losschrauben

destreza [des'treθa] *f* Geschicklichkeit *f*

destronar [destro'nar] (1a) entthronen

destro|zar [destro'θar] (1f) zerstören; zerbrechen; F kaputtmachen; ~**zo** [~'troθo] *m* Zerstörung *f*; ~*s pl* Schaden *m*

destruc|ción [destruɣ'θjon] *f* Zerstörung *f*; ~**tivo** [~truɣ'tiβo] zerstörend; destruktiv; ~**tor** [~'tor] **1.** *adj* zerstörend; **2.** *m* Zerstörer *m* (*a* ⚓)

destruir [destru'ir] (3g) zerstören, vernichten

desuni|ón [desu'njon] *f* Trennung *f*; *fig* Uneinigkeit *f*; ~**r** [~'nir] (3a) trennen; *fig* entzweien

desu|sado [desu'saðo] ungebräuchlich; ~**so** [de'suso] *m*: *caer en* ~ außer Gebrauch kommen, veralten

desvalido [dezβa'liðo] hilflos; schutzlos; verlassen

desvalijar [dezβali'xar] (1a) ausplündern

desvaloriza|ción [dezbaloriθa'θiɔn] *f* Entwertung *f*, Abwertung *f*; **~r** [~'θar] (1f) entwerten, abwerten

desván [dez'ban] *m* Dachboden *m*

desvanecer [dezbane'θer] (2d) verwischen; zerstreuen (*a fig*); **~se** verdunsten; sich auflösen; ✠ ohnmächtig werden; *fig* verblassen, verschwinden

desva|riar [dezba'rĭar] (1c) irrereden; ✠ phantasieren; **~río** [~'rio] *m* Wahnsinn *m*; (Fieber-)Phantasien *f/pl*

desve|lar [dezbe'lar] (1a) wach halten; *fig* enthüllen, aufdecken; **~larse** nicht schlafen können; *fig* wachsam sein; **~lo** [~'belo] *m* Schlaflosigkeit *f*; *fig* (Für-)Sorge *f*

desvencijarse [dezbenθi'xarse] (1a) aus den Fugen (*od* dem Leim) gehen

desven|taja [dezben'taxa] *f* Nachteil *m*; **~tajoso** [~'xoso] nachteilig; unvorteilhaft; **~tura** [~'tura] *f* Unglück *n*; **~turado** [~'rađo] unglücklich

desver|gonzado [dezbergon'θađo] unverschämt, frech; **~güenza** [~'gŭenθa] *f* Unverschämtheit *f*; Schamlosigkeit *f*

desvestir [dezbes'tir] (3l) entkleiden, ausziehen

desvia|ción [dezbĭa'θiɔn] *f* Abweichung *f*; *auto* Umleitung *f*; ✠ Verkrümmung *f*; **~r** [~'bĭar] (1c) ablenken; *auto* umleiten; **~rse** abweichen

desvío [dez'bio] *m* Abweichung *f*; *auto* Abzweigung *f*; Umleitung *f*

deta|llado [deta'ʎađo] ausführlich; **~llar** [~'ʎar] (1a) ausführlich beschreiben; einzeln aufführen; **~lle** [~'taʎe] *m* Einzelheit *f*, Detail *n*; *fig* Aufmerksamkeit *f*; **en ~** im einzelnen; **~llista** [~'ʎista] *m* Einzelhändler *m*

detec|ción [deteg'θiɔn] *f* Aufspüren *n*; ✠ **~ precoz** Früherkennung *f*; **~tar** [~tek'tar] (1a) auffinden; entdecken

detective [detek'tibe] *m* Detektiv *m*; **~ privado** Privatdetektiv *m*

detector [detek'tɔr] *m* Detektor *m*; **~ de mentiras** Lügendetektor *m*

deten|ción [deten'θiɔn] *f* Festnahme *f*, Verhaftung *f*; *fig* Aufhalten *n*; Verzögerung *f*; **~er** [~te'ner] (2l) verhaften, festnehmen; (*parar*) an-, aufhalten; **~erse** stehenbleiben; anhalten; **~ido** [~'niđo] **1.** *adj fig* eingehend; **2.** *m* Häftling *m*, Verhaftete(r) *m*; **~imiento** [~ni'mĭento] *m*: **con ~** ausführlich, eingehend

detergente [deter'xente] *m* Wasch-, Reinigungsmittel *n*

deterio|rar [deterĭo'rar] (1a) beschädigen; verderben; **~rarse** verderben, schlecht werden; (*salud*) sich verschlechtern; **~ro** [~'riɔro] *m* Beschädigung *f*

determina|ción [determina'θiɔn] *f* Bestimmung *f*; Entschluß *m*; *fig* Entschlossenheit *f*; **~do** [~'nađo] entschlossen; bestimmt; **~nte** [~'nante] bestimmend; entscheidend; **~r** [~'nar] (1a) bestimmen; festsetzen; **~rse** sich entschließen (zu *dat a*)

detes|table [detes'table] abscheulich; **~tar** [~'tar] (1a) verabscheuen; hassen

detona|ción [detona'θiɔn] *f* Knall *m*; Detonation *f*; **~dor** [~'đɔr] *m* Zündsatz *m*; **~r** [~'nar] (1a) detonieren

detractor *m* [detrak'tɔr] Verleumder *m*

detrás [de'tras] **1.** *adv* hinten; zurück; **por ~** von hinten; **2.** *prp*: **de ~** hinter; **uno ~ de otro** hintereinander ·

detrimento [detri'mento] *m* Schaden *m*; **en ~ de** auf Kosten *gen*; zum Schaden von

deuda ['deŭda] *f* Schuld *f* (*a fig*)

deudo ['deŭđo] *m* Verwandte(r) *m*

deudor [deŭ'đɔr] *m* Schuldner *m*

devalua|ción [debalŭa'θiɔn] *f* Abwertung *f*; **~r** [~'lŭar] (1e) abwerten

devasta|ción [debasta'θiɔn] *f* Verwüstung *f*; **~dor** [~'đɔr] verheerend; **~r** [~'tar] (1a) verwüsten, verheeren

deven|gar [deben'gar] (1h) einbringen; (*intereses*) abwerfen; **~go** [~'bengo] *m*: **con ~ de interés** verzinslich

devoción [debo'θiɔn] *f* Andacht *f*; Frömmigkeit *f*; *fig* Verehrung *f*

devolu|ción [debolu'θiɔn] *f* Rückgabe *f*; (*reembolso*) Rückerstattung *f*; **~ver** [~bɔl'ber] (2h; *part* **devuelto**) zurückgeben, -zahlen; (*visita, etc*) erwidern; (*vomitar*) erbrechen

devorar [debo'rar] (1a) verschlingen (*a fig*); (auf)fressen

devoto [de'boto] **1.** *adj* andächtig; fromm; **2.** *m* Andächtige(r) *m*

día ['dia] *m* Tag *m*; **~ festivo** (*od* **inhábil**) Feiertag *m*; **~ hábil** (*od* **laborable**) Werktag *m*; **~ de la Madre** Muttertag *m*; **al ~** auf dem laufenden; **poner al ~**

auf den neuesten Stand bringen; *el ~ menos pensado* ehe man sich's versieht; *el otro ~* neulich; *en su ~* zu gegebener Zeit; *(pasado)* seinerzeit; *de ~* tagsüber; *hace mal ~* es ist schlechtes Wetter; *un ~ sí y otro no* jeden zweiten Tag; *a los pocos ~s* wenige Tage später; *todos los ~s* täglich, jeden Tag; *¡buenos ~s!* guten Tag!; guten Morgen!

diab|etes [dia'betes] *f* Diabetes *m*, Zuckerkrankheit *f*; **~ético** [~'betiko] **1.** *adj* zuckerkrank; **2.** *m* Diabetiker *m*

dia|blo ['diaβlo] *m* Teufel *m*; *mandar al ~* zum Teufel schicken; **~blura** [~'βlura] *f* Streich *m*; **~bólico** [~'βoliko] teuflisch

diaconisa [diako'nisa] *f* Diakonissin *f*

diácono ['diakono] *m* Diakon *m*

diadema [dia'ðema] *f* Diadem *n*

diáfano ['diafano] durchsichtig

diafragma [dia'fraɣma] *m anat* Zwerchfell *n*; *fot* Blende *f*; ✱ Pessar *n*

diagn|osis [diaɣ'nosis] *f* Diagnose *f*; **~osticar** [~nosti'kar] (1g) diagnostizieren; **~óstico** [~'nostiko] **1.** *adj* diagnostisch; **2.** *m* Diagnose *f*

diagonal [diaɣo'nal] **1.** *adj* diagonal; **2.** *f* Diagonale *f*

diagrama [dia'ɣrama] *m* Diagramm *n*

dial ['dial] *m tel* Wählscheibe *f*; *(radio)* Skala *f*

dialec|tal [dialek'tal] mundartlich; **~to** [~'lekto] *m* Dialekt *m*

diálisis ✱ ['dialisis] *f* Dialyse *f*

diálogo ['dialoɣo] *m* Dialog *m*

diamante [dia'mante] *m* Diamant *m*

diametralmente [diametral'mente]: *~ opuesto* grundverschieden

diámetro [di'ametro] *m* Durchmesser *m*

diana ['diana] *f (das Schwarze der)* Zielscheibe *f*; ✕ Wecken *n*; *hacer ~* ins Schwarze treffen

diapasón ♪ [diapa'son] *m* Stimmgabel *f*; *(del violín, etc)* Griffbrett *n*

diapositiva *fot* [diaposi'tiβa] *f* Dia(positiv) *n*

diario ['diario] **1.** *adj* täglich; **2.** *m* Tagebuch *n*; *(periódico)* (Tages-)Zeitung *f*

diarrea ✱ [dia'rrea] *f* Durchfall *m*

dibu|jante [diβu'xante] *m* Zeichner *m*; **~jar** [~'xar] (1a) zeichnen; **~jarse** sich abzeichnen; **~jo** [di'βuxo] *m* Zeichnen *n*; Zeichnung *f*; *(de tela)* Muster *n*; **~s** *pl animados* Zeichentrickfilm *m*

diccionario [dikθio'narĭo] *m* Wörterbuch *n*; Lexikon *n*

dice ['diθe] *s decir*

dicha ['ditʃa] *f* Glück *n*

dicho ['ditʃo] **1.** *part v decir*; **2.** *adj* besagt, genannt; *~ y hecho* gesagt, getan; *~ (sea) de paso* nebenbei bemerkt; **3.** *m* Ausdruck *m*; Ausspruch *m*; **~so** [di'tʃoso] glücklich; F verflixt

diciembre [di'θiembre] *m* Dezember *m*

dicta|do [dik'taðo] *m* Diktat *n*; *al ~* nach Diktat; **~dor** [~'ðor] *m* Diktator *m*; **~dura** [~'ðura] *f* Diktatur *f*

dictam|en [dik'tamen] *m* Meinung *f*; Urteil *n*; **~inar** [~mi'nar] (1a): *~ sobre* begutachten

dictar [dik'tar] (1a) diktieren; *(conferencia)* halten; ⚖ *~ sentencia* das Urteil fällen

didácti|ca [di'ðaktika] *f* Didaktik *f*; **~co** [~ko] didaktisch

dieci|nueve [dieθi'nŭeβe] neunzehn; **~ocho** [~'otʃo] achtzehn; **~séis** [~'seis] sechzehn; **~siete** [~'siete] siebzehn

diente ['diente] *m* Zahn *m* (*a* ⚙); *~ de ajo* Knoblauchzehe *f*; *~ de leche* Milchzahn *m*; ❦ *~ de león* Löwenzahn *m*; *dar ~ con ~* mit den Zähne klappern; *enseñar los ~s fig* die Zähne zeigen; *hablar entre ~s* in den Bart brummen

diestr|a ['diestra] *f* rechte Hand *f*; **~o** [~tro] **1.** *adj* rechte(r, -s); rechtshändig; *fig* geschickt; *a ~ y siniestro* aufs Geratewohl, F drauflos; **2.** *m* Torero *m*

dieta ['dieta] *f* Ernährungsweise *f*; ✱ Diät *f*; *pol* Landtag *m*; *~s pl* Tagegelder *n/pl*; **~rio** [die'tario] *m* Merkbuch *n*

dietéti|ca [die'tetika] *f* Diätetik *f*; **~co** [~'tetiko]: *productos m/pl ~s* Reformkost *f*

diez [dieθ] zehn; **~mar** [dieθ'mar] (1a) dezimieren *(a fig)*

difama|ción [difama'θion] *f* Verleumdung *f*; üble Nachrede *f*; **~dor** [~'ðor] **1.** *adj* verleumderisch; **2.** *m* Verleumder *m*; **~r** [~'mar] (1a) verleumden, in Verruf bringen; **~torio** [~'torio] verleumderisch

dife|rencia [dife'renθia] *f* Unterschied *m*; ➗, ✚ *u fig* Differenz *f*; *a ~ de* zum Unterschied von; **~** *horaria* Zeitunterschied *m*; **~rencial** [~'θial] **1.** *m auto* Differential(getriebe) *n*; **2.** *adj* Differential...; **~renciar(se)** [~'θiar(se)] (1b)

diferente 118

(sich) unterschieden; **~rente** [~'rente] verschieden; **~rido** [~'riðo]: *TV en ~* in e-r Aufzeichnung; **~rir** [~'tar] (3i) **1.** *v/t* aufschieben; **2.** *v/i* verschieden sein

difícil [di'fiθil] schwer, schwierig

dificult|ad [difikul'tað] *f* Schwierigkeit *f*; *sin ~* ohne weiteres; **~ar** [~'tar] (1a) erschweren, behindern; **~oso** [~'toso] schwierig

difteria ⚕ [dif'terja] *f* Diphtherie *f*

difundir [difun'dir] (3a) verbreiten; **~se** sich ausbreiten

difunto [di'funto] **1.** *adj* tot, verstorben; **2.** *m* Verstorbene(r) *m*; *día m de (los fieles) ~s* Allerseelen *n*

difu|sión [difu'sjon] *f* Verbreitung *f*; **~so** [~'fuso] verschwommen; diffus (*a fig*)

digeri|ble [dixe'rible] verdaulich; **~r** [~'rir] (3i) verdauen (*a fig*)

digesti|ble [dixes'tible] verdaulich; **~ón** [~'tjon] *f* Verdauung *f*; **~vo** [~'tiβo] Verdauungs...

digita|ción ♪ [dixita'θjon] *f* Fingersatz *m*; **~l** [~'tal] **1.** *adj* digital, Digital...; **2.** ♀ *f* Fingerhut *m*

dígito ['dixito] *m* einstellige Zahl *f*; *de dos ~s* zweistellig

digna|rse [dig'narse] (1a) (*inf*) sich herablassen, geruhen (zu *inf*); **~tario** [~na'tarjo] *m* Würdenträger *m*

dign|idad [digni'ðað] *f* Würde *f*; **~o** ['digno] würdig; *~ de mención* erwähnenswert

digo ['digo] *s* decir

digresión [digre'sjon] *f* Abschweifung *f*

dije ['dixe] **1.** *s* decir; **2.** *m* (*colgante*) Anhänger *m*

dilapidar [dilapi'ðar] (1a) verschwenden, vergeuden

dilata|ble [dila'table] dehnbar; **~ción** [~ta'θjon] *f* Dehnung *f*; **~r** [~'tar] (1a) ausdehnen; (*diferir*) verzögern, hinausziehen

dilema [di'lema] *m* Dilemma *n*

diletan|te [dile'tante] *m* Dilettant *m*; **~tismo** [~'tizmo] *m* Dilettantismus *m*

diligen|cia [dili'xenθja] *f* Fleiß *m*, Eifer *m*; *hist* Postkutsche *f*; **~s** *pl* Schritte *m/pl*, Maßnahmen *f/pl*; ⚖ Ermittlungen *f/pl*; **~te** [~'xente] fleißig

dilucidar [diluθi'ðar] (1a) aufklären

dilu|ción [dilu'θjon] *f* Verdünnung *f*; **~ente** [~'luente] *m* Verdünnungsmittel *n*; **~ir** [~'ir] (3g) (auf)lösen; verdünnen

dilu|viar [dilu'βjar] (1b) stark regnen, gießen; **~vio** [di'luβjo] *m* Sintflut *f*

dimensión [dimen'sjon] *f* Dimension *f*; *fig* Ausmaß *n*; *dimensiones pl* Abmessungen *f/pl*

dimin|utivo [diminu'tiβo] *m gram* Diminutiv *n*; **~to** [~'nuto] winzig

dimi|sión [dimi'sjon] *f* Rücktritt *m*; **~tir** [~'tir] (3a) zurücktreten

dinámi|ca [di'namika] *f* Dynamik *f*; **~co** [~ko] dynamisch (*a fig*)

dinami|ta [dina'mita] *f* Dynamit *n*; **~tar** [~'tar] (1a) in die Luft sprengen; **~tero** [~mi'tero] *m* Sprengmeister *m*

dínamo [di'namo] *f* Dynamo *m*

dinastía [dinas'tia] *f* Dynastie *f*

dine|ral [dine'ral] *m* F Heidengeld *n*; **~ro** [~'nero] *m* Geld *n*; *~ (en) efectivo, ~ en metálico* Bargeld *n*; *~ suelto* Kleingeld *n*

dintel [din'tel] *m* Tür-, Fenstersturz *m*

diñarla P [di'ɲarla] (1a) F abkratzen, F krepieren

dio ['djo] *s* dar

diócesis ['djoθesis] *f* Diözese *f*

diodo ['djodo] *m* Diode *f*

Dios [djos] *m* Gott *m*; *como ~ manda* wie es sich gehört; *¡por ~!* um Gottes willen!; *a la buena de ~* aufs Geratewohl

diosa ['djosa] *f* Göttin *f*

diplo|ma [di'ploma] *m* Diplom *n*; **~macia** [diplo'maθja] *f* Diplomatie *f*; **~mado** [~'mado] diplomiert; Diplom...; **~mático** [~'matiko] **1.** *adj* diplomatisch; **2.** *m* Diplomat *m*

diptongo [dip'tongo] *m* Diphthong *m*

diputa|ción [diputa'θjon] *f* Abordnung *f*; **~do** [~'tado] *m* Abgeordnete(r) *m*

dique ['dike] *m* Damm *m*; Deich *m*; *~ seco* Trockendock *n*; *~ flotante* Schwimmdock *n*

direc|ción [direɣ'θjon] *f* Leitung *f*, Führung *f*; Management *n*; (*sentido*) Richtung *f*; (*señas*) Anschrift *f*, Adresse *f*; *teat, cine* Regie *f*; *auto* Lenkung *f*; *~ asistida* Servolenkung *f*; *~ habitual* Heimadresse *f*; **~tivo** [direk'tiβo] **1.** *adj* leitend; **2.** *m* Manager *m*; Führungskraft *f*; **~to** [~'rekto] direkt; (*derecho*) gerade; 🚆 durchgehend; *(re)transmitir en ~* live senden, direkt übertragen; **~tor** [~'tor] **1.** *adj* leitend; **2.** *m* Direktor *m*; Leiter *m*; *~ de cine* Filmregisseur *m*; *~ de venta* Vertriebs-

disparador

leiter *m*; **~ de orquesta** Dirigent *m*; **~tora** [~'tora] *f* Leiterin *f*, Direktorin *f*; **~torio** [~'torjo] *m* Direktorium *n*; Leitung *f*; (*agenda*) Adreßbuch *n*; **~triz** [~'triθ] *f* Richtlinie *f*

diri|gente [diri'xente] *m* Leiter *m*; führende Persönlichkeit *f*; **~gible** [~'xible] *m* Luftschiff *n*; **~gir** [~'xir] (3c) richten (an **a**); (*guiar*) leiten, lenken; ♪ dirigieren; *teat*, *cine* Regie führen; **~girse** zugehen, -fahren (auf *ac* **a**, **hacia**); sich wenden (an *ac* **a**)

discernir [disθer'nir] (3i) unterscheiden

disciplina [disθi'plina] *f* Disziplin *f*, Zucht *f*; ⚇ Fach *n*

discípulo [dis'θipulo] *m* Schüler *m*; *rel* Jünger *m*; *fig* Anhänger *m*

disco ['disko] *m* Scheibe *f*; ♪ Schallplatte *f*; *tel* Wählscheibe *f*; *dep* Diskus *m*; *auto* (Verkehrs-)Ampel *f*; **~ intervertebral** *anat* Bandscheibe *f*; **~ compacto** Compact Disk *f*, CD *f*; **~ duro** *inform* Festplatte *f*; **~ magnético** Magnetplatte *f*; **~ de control** Parkscheibe *f*; **~gráfico** [~'grafiko] Schallplatten...

díscolo ['diskolo] widerspenstig

discor|dancia [diskor'danθia] *f* (Meinungs-)Verschiedenheit *f*; **~dante** [~'dante] abweichend; **~dar** [~'dar] (1m) abweichen; nicht übereinstimmen; **~dia** [~'korðja] *f* Zwietracht *f*

discoteca [disko'teka] *f* Diskothek *f*

discreci|ón [diskre'θion] *f* Diskretion *f*; **a ~** nach Belieben; **~onal** [~θjo'nal] beliebig; **parada** *f* **~** Bedarfshaltestelle *f*

discrepa|ncia [diskre'panθia] *f* Diskrepanz *f*; (Meinungs-)Verschiedenheit *f*; **~r** [~'par] (1a) abweichen; anderer Meinung sein

discreto [dis'kreto] diskret; zurückhaltend; (*listo*) klug

discrimina|ción [diskrimina'θion] *f* Diskriminierung *f*; **~r** [~'nar] (1a) diskriminieren

disculpa [dis'kulpa] *f* Entschuldigung *f*; **~ble** [~'pable] entschuldbar; **~r** [~'par] (1a) entschuldigen

discurso [dis'kurso] *m* Rede *f*

discusi|ón [disku'sion] *f* Diskussion *f*, Besprechung *f*; **~tible** [~'tible] strittig; fraglich; **~tido** [~'tiðo] umstritten; **~tir** [~'tir] (3a) diskutieren; besprechen

diseminar [disemi'nar] (1a) ausstreuen; *fig* verbreiten

disentería ♂ [disente'ria] *f* Ruhr *f*

disentir [disen'tir] (3i) anderer Meinung sein (als **de**)

dise|ñador [disena'ðor] *m* Designer *m*; **~ñar** [~'nar] (1a) zeichnen, entwerfen; **~ño** [di'seno] *m* Entwurf *m*; Zeichnung *f*; Design *n*

disertación [diserta'θjon] *f* Abhandlung *f*; Vortrag *m*

disfraz [dis'fraθ] *m* Verkleidung *f*; (Masken-)Kostüm *n*; **~ar** [~fra'θar] (1f) verkleiden, maskieren; **~arse: ~ de** sich verkleiden als

disfru|tar [disfru'tar] (1a): **~ (de)** genießen; sich erfreuen (*gen*); **~te** [~'frute] *m* Genuß *m*

disgus|tado [dizgus'taðo] verärgert; verstimmt; **~tar** [~'tar] (1a) *j-m* nicht gefallen, mißfallen; *j-n* verstimmen; **~tarse** sich ärgern; **~to** [~'gusto] *m* Ärger *m*, Verdruß *m*; **a ~** mit Widerwillen

disidente [disi'ðente] *m* Dissident *m*

disimul|ación [disimula'θjon] *f* Verstellung *f*; **~ar** [~'lar] (1a) **1.** *v/t* verbergen; verheimlichen; **2.** *v/i* sich verstellen; **~o** [~'mulo] *m* Verstellung *f*; **con ~** verstohlen, unauffällig

disipa|ción [disipa'θjon] *f* Verschwendung *f*; **~r** [~'par] (1a) verschwenden; *fig* zerstreuen; **~rse** (*niebla*) sich auflösen

diskette *inform* [dis'kete] *m* Diskette *f*

dislate [diz'late] *m* Unsinn *m*

dis|lexia [diz'leksia] *f* Legasthenie *f*; **~léxico** [~'leksiko] *m* Legastheniker *m*

disloca|ción ♂ [dizloka'θjon] *f* Aus-, Verrenkung *f*; **~r** [~'kar] (1g) aus-, verrenken

disminu|ción [dizminu'θjon] *f* Verminderung *f*, Abnahme *f*; Rückgang *m*; **~ física** Körperbehinderung *f*; **~ido** [~'iðo] *m*: **~ (físico)** (Körper-)Behinderte(r) *m*; **~ir** [~'ir] (3g) **1.** *v/t* vermindern, verringern; **2.** *v/i* abnehmen, nachlassen

disolu|ción [disolu'θjon] *f* Auflösung *f*; *fig* Ausschweifung *f*; **~to** [~'luto] ausschweifend

disolve|nte [disol'bente] *m* Lösemittel *n*; **~r** [~'βer] (2h; *part* **disuelto**) auflösen

disonancia [diso'nanθia] *f* ♪ Mißklang *m* (*a fig*), Dissonanz *f*

dispar [dis'par] ungleich

dispara|dor [dispara'ðor] *m* Abzug *m*;

disparar

fot Auslöser *m*; **~r** [~'rar] (1a) **1.** *v/t* schießen; *(tiro)* abgeben; *fot* knipsen; **2.** *v/i* schießen; **~rse** *(tiro)* losgehen; *(precios)* in die Höhe schnellen

dispara|tado [dispara'taðo] unsinnig; **~te** [~'rate] *m* Dummheit *f*; Unsinn *m*

disparidad [dispari'ðað] *f* Ungleichheit *f*; ✝ Gefälle *n*

disparo [dis'paro] *m* Schuß *m*

dispensa [dis'pensa] *f* Dispens *m*, Erlaß *m*; **~r** [~'sar] (1a) *(disculpar)* entschuldigen; **~** *de* befreien, dispensieren von; **~rio** ✱ [~'sarjo] *m* Ambulanz *f*

disper|sar [disper'sar] (1a) zerstreuen; **~sión** [~'sjon] *f* (Zer-)Streuung *f*; **~so** [~'perso] zerstreut; vereinzelt

disponer [dispo'ner] (2r) **1.** *v/t* (an)ordnen; *(preparar)* vorbereiten, herrichten; **2.** *v/i* verfügen (über *ac de*); **~se** sich anschicken (zu *a*)

disponi|bilidad [disponibili'ðað] *f* Verfügbarkeit *f*; **~ble** [~'nible] verfügbar; ✝ vorrätig

disposi|ción [disposi'θjon] *f* Anordnung *f*; Verfügung *f*; **~ a** Bereitschaft *zu*; **~ para** Veranlagung für; *estar a (la)* **~ de** *alg* j-m zur Verfügung stehen; **~tivo** [~'tiβo] *m* Vorrichtung *f*; Gerät *n*; *inform* **~ de entrada** Eingabegerät *n*

dispuesto [dis'pŭesto]: **~ a** bereit zu

disputa [dis'puta] *f* Disput *m*; *dep* Austragung *f*; **~r** [~'tar] (1a) **1.** *v/t* bestreiten; *(juego, etc)* austragen; **2.** *v/i* disputieren; streiten; **~rse**: **~ a/c** sich um et streiten

disquería *Am* [diske'ria] *f* Schallplattengeschäft *n*

disquete *inform* [dis'kete] *m* Diskette *f*

dista|ncia [dis'tanθja] *f* Entfernung *f*; Abstand *m*; **~nciar** [~ŋ'θĭar] (1b) entfernen; *fig* entfremden; **~nciarse**: **~ de** sich distanzieren von; **~nte** [~'tante]; **~r** [~'tar] (1a) entfernt sein; *fig* verschieden sein (von *dat de*)

distensión [disten'sjon] *f* ✱ Zerrung *f*; *pol* Entspannung *f*

distin|ción [distin'θjon] *f* Unterscheidung *f*; *(honor)* Auszeichnung *f*; *(elegancia)* Vornehmheit *f*; **a ~ de** zum Unterschied von; **~guido** [~tin'giðo] vornehm, distinguiert; **~guir** [~'gir] (3d) unterscheiden; *(honrar)* auszeichnen; **~tivo** [~tin'tiβo] *m* Kennzeichen *n*; Abzeichen *n*; **~to** [~'tinto] unterschiedlich; verschieden; *(claro)* deutlich

distorsión [distor'sjon] *f* Verzerrung *f*; ✱ Verstauchung *f*

distra|cción [distra'kθjon] *f* Unachtsamkeit *f*, Zerstreutheit *f*; *(diversión)* Ablenkung *f*, Zerstreuung *f*; *por* **~** aus Versehen; **~er** [~'er] (2p) zerstreuen, ablenken; *(divertir)* unterhalten; **~erse** sich ablenken lassen; **~ído** [~tra'iðo] zerstreut; unaufmerksam; *(divertido)* unterhaltsam

distribu|ción [distriβu'θjon] *f* Verteilung *f*; ✝ Vertrieb *m*; **~idor** [~i'ðor] *m* ✝ Auslieferer *m*; ⚙ Verteiler *m*; **~ automático** Warenautomat *m*; **~idora** [~'ðora] *f* Filmverleih *m*; *(sociedad)* *f* ~ Vertriebsgesellschaft *f*; **~ir** [~'ir] (3g) aus-, verteilen; ✝ vertreiben

distrito [dis'trito] *m* Bezirk *m*, Distrikt *m*; **~ electoral** Wahlbezirk *m*

disturbio [dis'turβjo] *m* Störung *f*, Unruhe *f*

disua|dir [disŭa'ðir] (3a): **~ de** abbringen von, abraten; **~sión** [~'sjon] *f* Abraten *n*; *pol* Abschreckung *f*

disyuntiva [disjun'tiβa] *f* Alternative *f*

diurético [diu'retiko] harntreibend

diurno [d'iurno] täglich, Tages...

diva [d'iβa] *f* Diva *f*; *caprichos m/pl de* **~** Starallüren *f/pl*

divaga|ción [diβaga'θjon] *f* Abschweifung *f*; **~r** [~'gar] (1h) abschweifen

diván [di'βan] *m* Diwan *m*

diver|gencia [diβer'xenθja] *f* Abweichung *f*; Divergenz *f*; *fig* Meinungsverschiedenheit *f*; **~gente** [~'xente] abweichend; **~gir** [~'xir] (3c) abweichen; divergieren; **~sidad** [~si'ðað] *f* Verschiedenheit *f*; Mannigfaltigkeit *f*; **~sión** [~'sjon] *f* Ablenkung *f*; Vergnügen *n*; **~so** [~'βerso] verschieden

diverti|do [diβer'tiðo] lustig; unterhaltend; **~r** [~'tir] (3i) unterhalten, vergnügen; **~rse** sich (gut) unterhalten; sich amüsieren; *¡que te diviertas!* viel Spaß!

divi|dendo [diði'ðendo] *m* Dividende *f*; ✝ Dividend *m*; **~dir** [~'ðir] (3a) teilen; ✝ dividieren

divi|nidad [diβini'ðað] *f* Gottheit *f*; **~no** [~'βino] göttlich; himmlisch (*a fig*)

divisa [di'βisa] *f* Devise *f*; Wahlspruch *m*; **~s** *pl* ✝ Devisen *f/pl*

doping

divi|sible [diβi'sible] teilbar; ~sión [~'sion] f Teilung f; gram Trennungsstrich m; ✂, ⚔ Division f; ~sor [~'sor] m ⚔ Divisor m

divo ['diβo] m Opern-, Bühnenstar m

divorci|ado [diβor'θiaðo] geschieden; ~arse [~'θiarse] (1b) sich scheiden lassen; ~o [~'borθio] m Scheidung f

divulga|ción [diβulga'θion] f Bekanntmachung f; Verbreitung f; ~r [~'gar] (1h) verbreiten, bekanntmachen

do ♩ [do] m C n; ~ de pecho hohes C n

dobla|dillo [doβla'ðiʎo] m Kleidersaum m; ~je [~'blaxe] m (cine) Synchronisation f; actor m (actriz f) de ~ Synchronsprecher(in f) m; ~r [~'blar] (1a) 1. v/t verdoppeln; (torcer) biegen; (plegar) falten; (cine) synchronisieren; 2. v/i (campana) läuten; ~ a la derecha rechts abbiegen; ~rse sich fügen

doble ['doβle] 1. adj doppelt, Doppel...; 2. m Doppelte n; (persona) Doppelgänger m; (cine) Double n; ~gar [~'gar] (1h) biegen; fig gefügig machen; ~garse nachgeben

doblez [do'bleθ] a) m Falte f; b) f fig Falschheit f

doce ['doθe] zwölf; ~na [~'θena] f Dutzend n

docen|cia [do'θenθia] f Lehrtätigkeit f; ~te [~'θente] lehrend, unterrichtend; cuerpo m ~ Lehrkörper m

dócil ['doθil] folgsam; gelehrig

docto ['dɔkto] gelehrt

doctor [dɔk'tɔr] m Doktor m; Arzt m; ~a [~'tora] f Ärztin f; ~ado [~'raðo] m Doktortitel m; Promotion f; ~arse s-n Doktor machen, promovieren

doctrina [dɔk'trina] f Lehre f, Doktrin f

documen|tación [dokumenta'θion] f Dokumentation f, Unterlagen f/pl; (Auswels-)Papiere n/pl; ~ del coche Wagenpapiere n/pl; ~tal [~'tal] m Kulturfilm m; ~tar [~'tar] (1a) beurkunden, belegen; ~to [~'mento] m Dokument n; Urkunde f; Esp ~ nacional de identidad Personalausweis m

dog|ma ['dɔgma] m Dogma n; ~mático [~'matiko] dogmatisch

dogo ['dogo] m Dogge f

dólar ['dolar] m Dollar m

dol|encia [do'lenθia] f Leiden n; ~er [~'lɛr] (2h) weh tun, schmerzen; ~erse bedauern; ~ido [~'liðo] gekränkt

dolo ⚖ ['dolo] m Vorsatz m; Arglist f

dolor [do'lɔr] m Schmerz m; fig a Leid n; ~es (del parto) Wehen f/pl; ~oso [~'roso] schmerzhaft; fig schmerzlich

doma ['doma] f Zähmung f; ~dor [~'dor] m Dompteur m; ~r [~'mar] (1a) zähmen; bändigen

domesticar [domesti'kar] (1g) zähmen

doméstico [do'mestiko] häuslich, Haus...

domicili|ación ✝ [domiθilia'θion] f Domizilierung f; Abbuchungsauftrag m; ~ado [~'liaðo] wohnhaft; ~ar [~'liar] (1b) ✝ domizilieren; ~o [~'θilio] m Wohnort m, Wohnsitz m

domina|ción [domina'θion] f Herrschaft f; ~nte [~'nante] 1. adj (vor)herrschend, dominierend; (persona) herrschsüchtig; 2. f ♩ Dominante f; ~r [~'nar] (1a) 1. v/t beherrschen; 2. v/i vorherrschen; ~rse sich beherrschen

domin|go [do'miŋgo] m Sonntag m; ♀ de Ramos Palmsonntag m; ~guero [~'gero] 1. adj sonntäglich; 2. m F Sonntagsfahrer m

dominical [domini'kal] sonntäglich, Sonntags...

dominio [do'minio] m Herrschaft f; ~ de sí mismo Selbstbeherrschung f

dominó [domi'no] m Domino(spiel) n

don¹ [dɔn] m Gabe f; ~ de gentes Gewandtheit f im Umgang mit Menschen

don² [dɔn] m Don (Titel vor männlichen Vornamen); Herr m

dona|ción [dona'θion] f Schenkung f; ~ de sangre Blutspende f; ~dor m [~'dor] Spender m

donaire [do'naire] m Anmut f

dona|nte [do'nante] m Stifter m, Spender m; ~ de sangre Blutspender m; ~r [~'nar] (1a) schenken; stiften; ~tivo [~'tiβo] m Gabe f, Spende f

doncella [dɔn'θeʎa] f Jungfrau f; (criada) Kammermädchen n; Zofe f

donde (interr dónde) ['donde] wo; worin; Am bei; (adonde) wohin; de ~ woher; von wo; en ~ wo; hacia ~ wohin; ~quiera [~'kiera] wo auch immer

donoso [do'noso] anmutig

donostiarra [donos'tiarra] aus San Sebastián

doña ['doɲa] f Frau f (Titel vor weiblichen Vornamen)

dop|ar(se) [do'par(se)] (1a) (sich) dopen; ~ing ['~piŋ] m Doping n

dora|da *zo* [do'raða] *f* Goldbrasse *f*; **~do** [~'raðo] golden; vergoldet; **~r** [~'rar] (1a) vergolden; *gastr* leicht anbraten

dormi|do [dɔr'miðo]: *estar ~* schlafen; *quedarse ~* einschlafen; **~lón** [~'lɔn] *m* Langschläfer *m*; **~r** [~'mir] (3k) schlafen; **~rse** einschlafen; **~torio** [~'torǐo] *m* Schlafzimmer *n*

dor|sal [dɔr'sal] Rücken...; **~so** [~so] *m* Rückseite *f*; **al ~** umseitig

dos [dɔs] zwei; *de ~ en ~* zu zweit; *cada por tres* dauernd, ständig; **~cientos** [~'θǐentos] zweihundert

dosificar [dosifi'kar] (1g) dosieren

dosis ['dosis] *f* Dosis *f*

dota|ción [dota'θǐɔn] *f* Ausstattung *f*; ⚓ Mannschaft *f*; ✈ Besatzung *f*; **~r** [~'tar] (1a) ausstatten, -rüsten, versehen (mit *dat de*)

dote ['dote] **a)** *su* Mitgift *f*; Aussteuer *f*; **b)** *f*: **~s** Talent *n*, Begabung *f*

doy [dɔi] *s* **dar**

draga ['draga] *f* Bagger *m*; **~minas** [~'minas] *m* Minensuchboot *n*, -räumboot *n*; **~r** [~'gar] (1h) (aus)baggern

dragón [dra'gɔn] *m* Drache *m*

drama ['drama] *m* Drama *n* (*a fig*)

dramático [dra'matiko] dramatisch

drama|tizar [dramati'θar] (1f) dramatisieren (*a fig*); **~turgo** [~'turgo] *m* Dramatiker *m*; Dramaturg *m*

drena|je [dre'naxe] *m* Entwässerung *f*; Dränage *f* (*a* 🌿); **~r** [~'nar] (1a) entwässern

driblar [dri'blar] (1a) dribbeln

dro|ga ['droga] *f* Droge *f*; Rauschgift *n*; **~gadicto** [~'dikto] **1.** *adj* drogen-, rauschgiftsüchtig; **2.** *m* Drogensüchtige(r) *m*; **~garse** [~'garse] (1h) Drogen nehmen; **~godependencia** [~godepen'denθǐa] *f* Drogenabhängigkeit *f*; **~guería** [~ge'ria] *f* Drogerie *f*; **~guero** [~'gero] *m*, **~guista** [~'gista] *m* Drogist *m*

dromedario [drome'darǐo] *m* Dromedar *n*

ducal [du'kal] herzoglich

dúctil ['duktil] dehnbar; geschmeidig; *fig* gefügig

ducha ['dutʃa] *f* Dusche *f*; **~r(se)** [~'tʃar(se)] (1a) (sich) duschen

ducho ['dutʃo] erfahren; bewandert

du|da ['duða] *f* Zweifel *m*; *sin ~* zweifellos; *poner en ~* in Zweifel ziehen; in Frage stellen; **~dar** [~'ðar] (1a) **1.** *v/i* zweifeln (an *dat de*); **2.** *v/t* bezweifeln; **~doso** [~'ðoso] zweifelhaft; verdächtig

duelo ['dŭelo] *m* Trauer *f*; (*combate*) Duell *n*

duende ['dŭende] *m* Kobold *m*

dueñ|a ['dŭeɲa] *f* Eigentümerin *f*; Herrin *f*; **~o** ['dŭeɲo] *m* Eigentümer *m*; Wirt *m*

duerme ['dŭerme] *s* **dormir**

dul|ce ['dulθe] **1.** *adj* süß; *fig* lieblich; sanft; **2.** *m* Süßigkeit *f*; Süßspeise *f*; **~zón** [~'θɔn] süßlich; **~zura** [~'θura] *f* Süße *f* (*a fig*); Lieblichkeit *f*, Sanftmut *f*

dumping ['dampin] *m* Dumping *n*

duna ['duna] *f* Düne *f*

dúo ♪ ['dŭo] *m* Duett *n*; Duo *n*

duodeno *anat* [dŭo'ðeno] *m* Zwölffingerdarm *m*

dúplex ['dupleks] *m* Maisonette *f*

dupli|cado [dupli'kaðo] **1.** *adj* (ver)doppelt; *por ~* in zweifacher Ausfertigung; **2.** *m* Duplikat *n*, Zweitschrift *f*; **~car** [~'kar] (1g) verdoppeln

duque ['duke] *m* Herzog *m*; **~sa** [~'kesa] *f* Herzogin *f*

dura|ble [du'raβle] dauerhaft; haltbar; **~ción** [~'θǐɔn] *f* Dauer *f*; **~dero** [~'ðero] dauerhaft; langlebig; **~nte** [~'rante] während; **~r** [~'rar] (1a) (an)dauern; halten; **~zno** [~'raðno] *m* Herzpfirsich *m*; *Am* Pfirsich *m*

dureza [du'reθa] *f* Härte *f* (*a fig*)

duro ['duro] **1.** *adj* hart (*a droga*); (*clima*) rauh; (*carne*) zäh; *fig* schwierig; **~ de oído** schwerhörig; **2.** *m* Duro *m*, Fünfpesetenstück *n*

E

E, e [e] *f* E, e *n*
e [e] und (*vor* **i** *u* **hi**)
ebanis|ta [eba'nista] *m* Möbeltischler *m*; **~tería** [~niste'ria] *f* Möbeltischlerei *f*
ébano ['ebano] *m* Ebenholz *n*
ebrio ['eβrio] betrunken; *fig* trunken (*vor* **de**)
ebullición [eβuʎi'θion] *f* Sieden *n*
echar [e'tʃar] (1a) werfen; wegwerfen; (*expulsar*) hinauswerfen; vertreiben; (*bebida*) eingießen, -schenken; (*carta*) einwerfen; (*huevo, etc*) ausströmen, -stoßen; **~ abajo** abreißen; **~ a** *inf* anfangen zu *inf*; **~ a correr** losrennen; **~ de menos** vermissen; **~se** sich hinlegen; **~ encima** herfallen über; **echárselas de** sich aufspielen als
eclesiástico [ekle'siastiko] kirchlich
eclip|sar [eklip'sar] (1a) verfinstern; *fig* in den Schatten stellen; **~se** [e'klipse] *m* Verfinsterung *f*, Finsternis *f*
eco|grafía [ekoɣra'fia] *f* Ultraschallaufnahme *f*; **~logía** [~lo'xia] *f* Ökologie *f*; **~lógico** [~'loxiko] ökologisch; umweltfreundlich; Umwelt...; **~logismo** [~lo'xismo] *m* Ökobewegung *f*; **~logista** [~lo'xista] **1.** *adj* Öko...; **2.** *su* Umweltschützer(in *f*) *m*
economía [ekono'mia] *f* Wirtschaft *f*; *fig* Sparsamkeit *f*; Ersparnis *f*; **~ de mercado** Marktwirtschaft *f*; **~ sumergida** Schattenwirtschaft *f*
económico [eko'nomiko] wirtschaftlich, Wirtschafts...; (*barato*) billig; (*persona*) sparsam
economi|sta [ekono'mista] *m* Volkswirt(schaftler) *m*; **~zar** [~'θar] (1f) (ein)sparen
ecosistema [ekosis'tema] *m* Ökosystem *n*
ecua|ción [ekwa'θion] *f* Gleichung *f*; **~dor** [~'dor] *m* Äquator *m*; **~toriano** [~to'riano] **1.** *adj* ecuadorianisch; **2.** *m* Ecuadorianer *m*
ecuestre [e'kwestre] Reiter...
ecuménico [eku'meniko] ökumenisch
eczema [eɣ'θema] *m* Ekzem *n*
edad [e'dad] *f* Alter *n*; ♀ **Media** Mittelalter *n*; **la tercera ~** (*personas*) die Senioren; **a la ~ de** im Alter von; **¿qué ~ tienes?** wie alt bist du?

edema [e'dema] *m* Ödem *n*
edición [edi'θion] *f* Ausgabe *f*; Auflage *f*
edicto [e'dikto] *m* Verordnung *f*
edifi|cación [edifika'θion] *f* Erbauung *f* (*a fig*); Bau *m*; **~cante** [~'kante] erbaulich; **~car** [~'kar] (1g) erbauen (*a fig*); **~cio** [~'fiθio] *m* Gebäude *n*, Bau *m*
edi|tar [edi'tar] (1a) herausgeben, -bringen; **~tor** [~'tor] *m* Herausgeber *m*; Verleger *m*; **~torial** [~to'rial] **1.** *adj* Verlags...; **2.** *m* Leitartikel *m*; **3.** *f* Verlag *m*
edredón [edre'don] *m* Federbett *n*; Daunendecke *f*
educa|ción [eduka'θion] *f* Erziehung *f*; *profesor* **~ de física** Sportlehrer *m*; **~dor** [~'dor] *m* Erzieher *m*; **~r** [~'kar] (1g) erziehen
edulcorante [edulko'rante] *m* Süßstoff *m*
efec|tismo [efek'tismo] *m* Effekthascherei *f*; **~tivo** [~'tiβo] wirklich, tatsächlich; **hacer ~** ♀ einlösen; **en ~** in bar; **~to** [e'fekto] *m* Wirkung *f*, Effekt *m*; Ergebnis *n*; **~ secundario** Nebenwirkung *f*; **hacer** (*od surtir*) **~** wirken; **en ~** in der Tat; **con ~ retroactivo** rückwirkend; **~s** *pl* Sachen *f/pl*; ♀ Effekten *m/pl*, Wertpapiere *n/pl*; **~tuar** [~'twar] (1e) ausführen; unternehmen; **~tuarse** zustande kommen, stattfinden
efeméride [efe'meride] *f* wichtiges Ereignis *n od* Datum *n*
efervescente [eferβes'θente] aufbrausend (*a fig*)
efi|cacia [efi'kaθia] *f* Wirksamkeit *f*; *fig* Tüchtigkeit *f*; **~caz** [~'kaθ] wirksam; (*persona*) tüchtig; **~ciencia** [~'θienθia] *f* Wirksamkeit *f*; Leistungsfähigkeit *f*; **~ciente** [~'θiente] wirksam; (*persona*) leistungsfähig; tüchtig; effizient
efigie [e'fixie] *f* Bildnis *n*
efímero [e'fimero] kurzlebig
efusivo [efu'siβo] überschwenglich, -strömend
egipcio [e'xipθio] **1.** *adj* ägyptisch; **2.** *m*, **-a** *f* Ägypter(in *f*) *m*
egoís|mo [eɣo'izmo] *m* Egoismus *m*; **~ta** [~'ista] **1.** *adj* egoistisch; **2.** *su* Egoist(in *f*) *m*
egregio [e'ɣrexio] berühmt, erlaucht

eje ['exe] *m* Achse *f*; ⊙ Welle *f*

ejecu|ción [ɛxeku'θjɔn] *f* Ausführung *f*, *(ajusticiamiento)* Hinrichtung *f*; ⚖ Vollstreckung *f*; ♪ Vortrag *m*, Spiel *m*; **~tante** [~'tante] *m* (vortragender) Künstler *m*; **~tar** [~'tar] (1a) ausführen; ⚖ vollstrecken; *(matar)* hinrichten; ♪ spielen; **~tivo** [~'tibo] **1.** *adj* ausübend; *pol (poder m)* ⚖ Exekutive *f*; **2.** *m* Manager *m*, Führungskraft *f*

ejem|plar [exem'plar] **1.** *adj* vorbildlich, musterhaft; **2.** *m* Exemplar *n*; Muster *n*; **~plo** [ɛ'xemplo] *m* Beispiel *n*; Vorbild *n*; **por ~** zum Beispiel

ejer|cer [exer'θer] (2b) **1.** *v/t* ausüben; *(cargo)* bekleiden; (2b) *v/i* ⚕ praktizieren; **~ de** tätig sein als; **~cicio** [~'θiθjo] *m* Übung *f*; Ausübung *f*; † Geschäfts-, Rechnungsjahr *n*; **hacer ~** sich Bewegung machen; ✕ **~s** *pl* Exerzieren *n*; *rel* **~s espirituales** Exerzitien *pl*

ejército [ɛ'xerθito] *m* Heer *n*; Armee *f*

el [ɛl] *art* der

él [ɛl] *pron* er

elabora|ción [elabora'θjɔn] *f* Ausarbeitung *f*; Herstellung *f*; **~r** [~'rar] (1a) ausarbeiten; herstellen

elasticidad [elastiθi'dad] *f* Elastizität *f*

elástico [e'lastiko] **1.** *adj* elastisch; dehnbar; **2.** *m* Gummiband *n*

elec|ción [elɛg'θjɔn] *f* Wahl *f*; Auswahl *f*; **~to** [e'lɛkto] gewählt; **~tor** [~'tɔr] Wähler *m*; **~torado** [~to'rado] *m* Wählerschaft *f*; **~toral** [~'ral] Wahl...

electrici|dad [elɛktriθi'dad] *f* Elektrizität *f*; **~sta** [~'θista] *m* Elektriker *m*

eléctrico [e'lɛktriko] elektrisch

electr|ificar [elɛktrifi'kar] (1g) elektrifizieren; **~izar** [~'θar] (1f) elektrisieren; *fig* begeistern; **~ocardiograma** [~trokarðio'grama] *m* Elektrokardiogramm *n*; **~ocutar** [~ku'tar] (1a) durch elektrischen Strom hinrichten *od* töten; **~ochoque** ⚕ [~'tʃɔke] *m* Elektroschock *m*; **~odo** [~'troðo] *m* Elektrode *f*; **~odoméstico** [~do'mestiko] *m* Elektrogerät *n*; *(tienda f de)* **~s** Elektrogeschäft *n*; **~oencefalograma** [~enθefalo'grama] *m* Elektroenzephalogramm *n*; **~ólisis** [~'trolisis] *f* Elektrolyse *f*; **~ón** [~'trɔn] *m* Elektron *n*; **~ónica** [~'trɔnika] *f* Elektronik *f*; **~ónico** [~'trɔniko] elektronisch; **~otecnia** [~'tɛknia] *f* Elektrotechnik *f*

elefante [ele'fante] *m* Elefant *m*

elegan|cia [ele'ganθja] *f* Eleganz *f*; **~te** [~'gante] elegant

elegía [ele'xia] *f* Elegie *f*

elegir [ele'xir] (3c *u* 3l) wählen; *(escoger)* aussuchen, -wählen

elemen|tal [elemen'tal] elementar; Grund...; **~to** [~'mento] *m* Element *n* (*a fig*); **estar en su ~** in s-m Element sein

elenco [e'lɛŋko] *m teat* Ensemble *f*; Besetzung *f*

elepé [ele'pe] *m* Langspielplatte *f*, LP *f*

eleva|ción [eleba'θjɔn] *f* Anhebung *f*, Erhöhung *f*; *geo* Erhebung *f*; *fig* Höhe *f*; **~do** [~'baðo] hoch (*a fig*); **~r** [~'bar] (1a) (empor)heben; *(precio, etc)* anheben, erhöhen; *(edificio)* errichten; **~rse** sich erheben; **~ a** sich belaufen auf

elimina|ción [elimina'θjɔn] *f* Beseitigung *f*; Ausscheidung *f* (*a* ⚕); **~ de desechos** Entsorgung *f*; **~r** [~'nar] (1a) beseitigen; ausscheiden; 🅰, *dep* eliminieren; **~toria** [~na'toria] *f* Ausscheidungskampf *m*; Vorrunde *f*

elipse [e'libse] *f* Ellipse *f*

élite ['elite] *f* Elite *f*

elitista [eli'tista] elitär

elocuen|cia [elo'kũenθja] *f* Beredsamkeit *f*; **~te** [~'kũente] beredt

elogi|ar [elo'xiar] (1b) loben; preisen; **~o** [e'lɔxio] *m* Lob *n*; **~oso** [~'xioso] lobend, anerkennend

eludir [elu'ðir] (3a) umgehen

ella ['eʎa] *pron* sie; **ello** ['eʎo] *pron* es

emanar [ema'nar] (1a) ausgehen, herrühren (von **de**)

emancipa|ción [emanθipa'θjɔn] *f* Befreiung *f*; Emanzipation *f*; **~rse** [~'parse] (1a) sich emanzipieren, sich unabhängig machen (von **de**)

embadurnar [embaður'nar] (1a) be-, verschmieren

embaja|da [emba'xaða] *f* Botschaft *f*; **~dor** [~'ðɔr] *m*, **~dora** [~'ðora] *f* Botschafter(in *f*) *m*

embala|je [emba'laxe] *m* Verpackung *f*; **~r** [~'lar] (1a) verpacken

embaldosar [embaldo'sar] (1a) mit Fliesen belegen

embalsamar [embalsa'mar] (1a) einbalsamieren

embalse [em'balse] *m* Stausee *m*

embara|zada [embara'θaða] **1.** *adj* schwanger; **2.** *f* Schwangere *f*; **~zar**

empalmar

[~'θar] (1f) hindern, hemmen; (*turbar*) verlegen machen; (*mujer*) schwängern; **~zo** [~'raθo] *m* Schwangerschaft *f*; *fig* Hemmung *f*; **interrupción** *f* **del ~** Schwangerschaftsunterbrechung *f*

embarca|ción [embarka'θjon] *f* Wasserfahrzeug *n*, Schiff *n*, Boot *n*; **~dero** [~'ðero] *m* ⚓ Ladeplatz *m*; Landungsbrücke *f*; **~r** [~'kar] (1g) einschiffen; verladen; **~rse** sich einschiffen, *a* ✈ an Bord gehen; *fig* sich einlassen (auf *ac en*)

embar|gar [embar'gar] (1h) beschlagnahmen; ⚖ pfänden; **~go** [~'βargo] *m* Beschlagnahme *f*; Embargo *n*; **sin ~** jedoch; trotzdem

embarque [em'barke] *m* Einschiffung *f*, Verschiffung *f*

embarrancar [embarraŋ'kar] (1g) ⚓ stranden; **~se** steckenbleiben

embaucar [embau'kar] (1g) betrügen

embele|sar [embele'sar] (1a) begeistern, entzücken; **~so** [~'leso] *m* Entzücken *n*

embelle|cer [embeʎe'θer] (2d) verschönern; **~cimiento** [~θi'mjento] *m* Verschönerung *f*

embesti|da [embes'tiða] *f* Angriff *m*; **~r** [~'tir] (3l) anfallen; angreifen

emblema [em'blema] *m* Emblem *n*

embobar [embo'βar] (1a) verblüffen, erstaunen

embolia ✚ [em'bolja] *f* Embolie *f*

émbolo ⚙ ['embolo] *m* Kolben *m*

embolsar(se) [embol'sar(se)] (1a) (*dinero*) einnehmen, einstecken

emborrachar [emborra'tʃar] (1a) betrunken machen; berauschen; **~se** sich betrinken

emboscada [embos'kaða] *f* Hinterhalt *m*; *fig* Falle *f*

embotella|miento [emboteʎa'mjento] *m* Verkehrsstockung *f*; **~r** [~'ʎar] (1a) auf Flaschen ziehen; abfüllen

embra|gar [embra'gar] (1h) kuppeln; **~gue** ⚙ [~'βrage] *m* Kupplung *f*

embria|gar [embria'gar] (1h) berauschen; *fig a* entzücken; **~garse** sich betrinken; **~guez** [~'geθ] *f* Trunkenheit *f*; Rausch *m* (*a fig*)

embrión [em'brion] *m* Embryo *m*

embro|llar [embro'ʎar] (1a) verwirren; **~llo** [em'broʎo] *m* Verwirrung *f*; Durcheinander *n*

embrujar [embru'xar] (1a) be-, verhexen

embrute|cer(se) [embrute'θer(se)] (2d) verrohen; abstumpfen; **~cimiento** [~θi'mjento] *m* Verrohung *f*; Stumpfsinn *m*

embudo [em'buðo] *m* Trichter *m*

embuste [em'buste] *m* Schwindel *m*; Lüge *f*; **~ro** [~'tero] *m* Schwindler *m*; Lügner *m*

embutido [embu'tiðo] *m* Wurst *f*; **~s** *m/pl* Wurstwaren *f/pl*

emerge|ncia [emer'xenθja] *f* Auftauchen *n*; (*caso de*) **~** Notfall *m*; **estado de ~** Notstand *m*; **~r** [~'xer] (2c) auftauchen

emérito [e'merito] emeritiert

emigra|ción [emigra'θjon] *f* Auswanderung *f*; **~nte** [~'grante] *m* Auswanderer *m*; Emigrant *m*; **~r** [~'grar] (1a) auswandern, emigrieren

eminen|cia [emi'nenθja] *f geo* Anhöhe *f*; (*persona*) (bedeutende) Persönlichkeit *f*, Größe *f*; (*título*) Eminenz *f*; **~te** [~'nente] hervorragend

emirato [emi'rato] *m* Emirat *n*

emi|sario [emi'sarjo] *m* (Send-)Bote *m*; ⚙ Abflußrohr *n*; **~sión** [~'sjon] *f* 🕂 Ausgabe *f*, Emission *f*; (*radio*, *TV*) Sendung *f*; **~ contaminante** Schadstoffemission *f*; **~sora** [~'sora] *f* Sendestation *f*, Sender *m*; **~tir** [~'tir] (3a) abgeben; 🕂 ausgeben; (*radio*, *TV*) senden; *a fis* ausstrahlen

emo|ción [emo'θjon] *f* Gemütsbewegung *f*, Emotion *f*; Rührung *f*; (*excitación*) Auf-, Erregung *f*; **~cionante** [~θjo'nante] ergreifend; (*excitante*) aufregend; **~cionar** [~'nar] (1a) rühren, ergreifen; (*excitar*) er-, aufregen

emolumentos [emolu'mentos] *m/pl* Einkünfte *pl*; Bezüge *m/pl*

emotivo [emo'tiβo] erregend

empacar [empa'kar] (1g) ein-, verpacken

empacho [em'patʃo] *m* verdorbener Magen *m*

empadronamiento [empaðrona'mjento] *m* (Eintragung *f* in die) Volkszählungs-, Steuer- *od* Wahlliste *f*

empalagoso [empala'goso] widerlich süß; *fig* süßlich, aufdringlich

empalizada [empali'θaða] *f* Pfahlwerk *n*; Zaun *m*; Palisade *f*

empal|mar [empal'mar] (1a) **1.** *v/t* ver-

empalme

binden, zs.-fügen; anschließen; **2.** v/i (tren, etc) Anschluß haben (an ac con); **~me** [~'palme] m Verbindung f; Anschluß m; ✿ Knotenpunkt m
empana|da [empa'naða] f Pastete f; **~r** [~'nar] (1a) panieren
empañar [empa'ɲar] (1a) trüben (a fig); **~se** (cristales) (sich) beschlagen
empapar [empa'par] (1a) durchnässen; (mojar) tränken; (absorber) aufsaugen
empapela|dor [empapela'ðor] m Tapezierer m; **~r** [~'lar] (1a) tapezieren
empaquetar [empake'tar] (1a) ein-, verpacken
emparedado [empare'ðaðo] m Sandwich n
emparentar [emparen'tar] (1k) sich verschwägern
empas|tar [empas'tar] (1a) (diente) füllen, plombieren; **~te** [~'paste] m (Zahn-)Plombe f, Füllung f
empa|tar [empa'tar] (1a) unentschieden enden; **~te** [~'pate] m Unentschieden n
empedernido [empeðɛr'niðo] hartherzig; (fumador, etc) unverbesserlich; (soltero) eingefleischt
empedra|do [empe'ðraðo] m (Straßen-)Pflaster n; **~r** [~'ðrar] (1k) pflastern
empeine [em'peine] m (del pie) Rist m, Spann m
empellón [empe'ʎon] m Stoß m
empe|ñar [empe'ɲar] (1a) verpfänden; **~ñarse** Schulden machen; **~ en** bestehen auf (dat); **~ño** [~'peɲo] m Verpfändung f; fig Bestreben n
empeora|miento [empeora'mjento] m Verschlechterung f; **~r** [~'rar] (1a) **1.** v/t verschlimmern; **2.** v/i sich verschlimmern; sich verschlechtern
empequeñecer [empekeɲe'θɛr] (2d) verkleinern; fig herabsetzen
empera|dor [empera'ðor] m Kaiser m; zo Schwertfisch m; **~triz** [~'triθ] f Kaiserin f
emperejilarse F [emperɛxi'larse] (1a) sich herausputzen
empezar [empe'θar] (1f u 1k) v/i u v/t anfangen, beginnen (zu **a**); **~ por hacer a/c** zunächst et tun
empina|do [empi'naðo] hoch; steil; fig hochstehend; **~r** [~'nar] (1a) (steil) aufrichten; F **~ el codo** gern e-n heben
empírico [em'piriko] empirisch

emplasto ✱ [em'plasto] m Pflaster n
empla|zamiento [emplaθa'mjento] m Standort m; Lage f; ✚ Vorladung f; **~r** [~'θar] (1f) aufstellen; ✚ vorladen
emple|ada [emple'aða] f Angestellte f; **~ del hogar** Hausangestellte f; **~ado** [~'aðo] m Angestellte(r) m; **~ar** [~'ar] (1a) anwenden; verwenden; (persona) anstellen, beschäftigen; **~o** [~'pleo] m Anwendung f; Verwendung f; (puesto) Stelle f
empobre|cer [empobre'θɛr] (2d) **1.** v/t arm machen; **2.** v/i u **~cerse** verarmen; **~cimiento** [~θi'mjento] m Verarmung f
empoll|ar [empo'ʎar] (1a) **1.** v/t ausbrüten; **2.** v/i F büffeln; **~ón** [~'ʎon] m Streber m
emporio [em'porjo] m Am Kaufhaus n
empotrado [empo'traðo] eingebaut; **armario m ~** Einbauschrank m
emprende|dor [empren̄de'ðor] unternehmungslustig; **~r** [~'dɛr] (2a) unternehmen
empresa [em'presa] f Unternehmen n; Betrieb m; **~ de servicios** Dienstleistungsunternehmen n; **~rial** [~'rjal] Unternehmens...; Betriebs..., betrieblich; **~rio** [~'sarjo] m Unternehmer m; ♪, teat Impresario m
empréstito [em'prestito] m Anleihe f
empuj|ar [empu'xar] (1a) schieben; drücken; stoßen; fig (an)treiben; **~je** [~'puxe] m Stoß m; (presión) Druck m; fig Schwung m; **~jón** [~'xon] m Stoß m; Schub m
empuña|dura [empuɲa'ðura] f Griff m; **~r** [~'ɲar] (1a) ergreifen, packen
emular [emu'lar] (1a) nacheifern (dat); wetteifern mit
emulsión [emul'sjon] f Emulsion f
en [en] in; an; auf; bei; mit
enagua(s) [e'naɣua(s)] f(pl) (Frauen-) Unterrock m
enajena|ción [enaxena'θjon] f Veräußerung f; fig Verzückung f; **~ mental** Irresein n, geistige Umnachtung f; **~r** [~'nar] (1a) veräußern; fig verzücken
enaltecer [enalte'θɛr] (2d) preisen, verherrlichen
enamora|dizo [enamora'ðiθo] leicht entflammt; **~do** [~'raðo] verliebt (in ac **de**); **~r** [~'rar] (1a) verliebt machen; **~rse** sich verlieben (in ac **de**)

enano [e'nano] m Zwerg m
enardecer [enarðe'θer] (2d) fig entzünden; entflammen; **~se** fig sich erhitzen
encabeza|miento [eŋkaβeθa'mjento] m Eingangsformel f; Briefkopf m; **~r** [~'θar] (1f) anführen; (carta, etc) überschreiben; einleiten
encadenar [eŋkaðe'nar] (1a) anketten; fesseln
enca|jar [eŋka'xar] (1a) **1.** v/t einfügen; einpassen; (golpe, gol) einstecken; **2.** v/i fig passen (zu con); **~je** [~'kaxe] m Einfügen n; ✝ Kassenbestand m; (tejido) Spitze f; **~ de bolillos** Klöppelspitze f
encalar [eŋka'lar] (1a) weißen, tünchen
encallar [eŋka'ʎar] (1a) ⚓ stranden
encaminar [eŋkami'nar] (1a) auf den Weg bringen; **~se** sich aufmachen (nach a)
encandilar [eŋkandi'lar] (1a) blenden, bezaubern
encanta|do [eŋkan'taðo] verzaubert, verwunschen; **~ de** entzückt über, begeistert von; **~ (de conocerle)** es freut mich sehr (, Sie kennenzulernen); **~dor** [~'ðor] bezaubernd, entzückend; **~miento** [~'mjento] m Entzücken n; Bezauberung f; **~r** [~'tar] (1a) verzaubern; fig begeistern, entzücken
encanto [eŋ'kanto] m Zauber m, Entzücken n; (atractivo) Charme m
encañonar [eŋkaɲo'nar] (1a): **~ a alg** auf j-n anlegen
encapotarse [eŋkapo'tarse] (1a) (cielo) sich beziehen, sich bedecken
encapricharse [eŋkapri'tʃarse] (1a) versessen sein (auf ac de, por)
encapuchado [eŋkapu'tʃaðo] m Kapuzenträger m (bei Prozessionen)
encaramar [eŋkara'mar] (1a) hinaufheben; **~se** (hinauf)klettern (auf ac en)
encarcelar [eŋkarθe'lar] (1a) einsperren, ins Gefängnis sperren
encare|cer [eŋkare'θer] (2d) **1.** v/t verteuern; (alabar) sehr loben; **2.** v/i u **~cerse** teurer werden; **~cidamente** [~θiða'mente] inständig; **~cimiento** [~'mjento] m Verteuerung f; fig Nachdruck m; **con ~** eindringlich
encar|gado [eŋkar'ɣaðo] **1.** adj beauftragt; **2.** m Beauftragte(r) m; **~ de curso** Lehrbeauftragte(r) m; **~ de negocios** Geschäftsträger m; **~gar** [~'ɣar]

(1h) bestellen; **~ a/c a alg** j-n mit et beauftragen; **~garse: ~ de a/c** et übernehmen; **~go** [~'karɣo] m Auftrag m; Bestellung f; **por ~ de** im Auftrag von
encariñarse [eŋkari'ɲarse] (1a): **~ con alg** od **a/c** j-n od et liebgewinnen
encar|nación [eŋkarna'θjon] f rel Fleischwerdung f; fig Verkörperung f; **~nado** [~'naðo] (hoch)rot; **ponerse ~** erröten, rot werden; **~nar** [~'nar] (1a) verkörpern (a teat); **~nizado** [~ni'θaðo] fig erbittert; **~nizamiento** [~θa'mjento] m Erbitterung f; Blutgier f
encarrilar [eŋkarri'lar] (1a) fig auf den rechten Weg bringen; F einrenken
encasillar [eŋkasi'ʎar] (1a) fig einordnen; festlegen auf
encasquillarse [eŋkaski'ʎarse] (1a) steckenbleiben; (arma) Ladehemmung haben
encauza|miento [eŋkauθa'mjento] m Flußregulierung f; **~r** [~'θar] (1f) eindämmen; fig (in e-e Bahn) lenken
encefálico [enθe'faliko] Gehirn...
encéfalo [en'θefalo] m Gehirn m
encen|dedor [enθende'ðor] m Anzünder m; Feuerzeug n; **~der** [~'der] (2g) anzünden; (luz, radio, etc) anmachen; fig entflammen, entfachen; **~dido** [~'diðo] **1.** adj brennend (a fig); **2.** m auto Zündung f
encera|dora [enθera'ðora] f Bohnermaschine f; **~r** [~'rar] (1a) bohnern; wachsen
encerrar [enθe'rrar] (1k) einschließen (a fig), einsperren
encestar [enθes'tar] (1a) dep in den Korb treffen
enchapa|do [entʃa'paðo] m Furnier n; **~r** [~'par] (1a) furnieren
encharcado [entʃar'kaðo] sumpfig
enchu|far [entʃu'far] (1a) ⚡ anschließen; ⚙ verbinden; **~fe** [~'tʃufe] m ⚡ Anschluß m; Steckdose f; Stecker m; F fig gute Beziehung f; Pöstchen n
encía(s) [en'θia(s)] f(/pl) Zahnfleisch n
enciclo|pedia [enθiklo'peðja] f Enzyklopädie f; **~pédico** [~'peðiko] enzyklopädisch
encierro [en'θjerro] m Einschließen n, Einsperren n; taur Eintreiben n der Stiere
encima [en'θima] **1.** adv oben; darauf; (además) obendrein; **por ~** fig obenhin, oberflächlich; **llevar ~** bei sich haben;

encina 128

2. *prp* ~ *de* auf, über; *estar por* ~ *de alg* j-m überlegen sein; *por* ~ *de todo* vor allem

encina [en'θina] *f* Steineiche *f*

encinta [en'θinta] schwanger

encla|vado [eŋkla'baðo] eingefügt; **~ve** [~'klabe] *m* Enklave *f*

encofr|ado [eŋko'fraðo] *m* Verschalung *f*; **~ar** [~'frar] (1a) verschalen

encoger [eŋko'xɛr] (2c) **1.** *v/t* einziehen; verkürzen; *fig* einschüchtern; **2.** *v/i* (*tejido*) einlaufen; **~se** sich zs.-ziehen; *fig* kleinlaut werden; ~ *de hombros* die Achseln zucken

encolar [eŋko'lar] (1a) leimen

encolerizar [eŋkoleri'θar] (1f) erzürnen; **~se** in Zorn geraten

encomendar [eŋkomen'dar] (1k): ~ *a alg* j-n mit et beauftragen; **~se:** ~ *a alg* sich j-m anvertrauen

encomiar [eŋko'mjar] (1b) loben, preisen

encon|ado [eŋko'naðo] (1a) erbittert; verbissen; **~o** [~'kono] *m* Groll *m*

encon|trar [eŋkon'trar] (1m) treffen; begegnen (*dat*); (*hallar*) finden; **~trarse** sich begegnen, sich treffen; zs.-treffen; (*hallarse*) sich befinden; *me encuentro bien* es geht mir gut; **~tronazo** [~tro'naθo] *m* Zusammenstoß *m*

encopetado [eŋkope'taðo] vornehm; *desp* hochgestochen

encorvado [eŋkor'baðo] krumm; **~r** [~'bar] (1a) krümmen, biegen

encrespa|do [eŋkres'paðo] kraus; (*olas*) schäumend; **~r** [~'par] (1a) kräuseln; **~rse** (*mar*) schäumen; *fig* aufbrausen

encrucijada [eŋkruθi'xaða] *f* Kreuzweg *m*, Kreuzung *f*; *fig* Scheideweg *m*

encuaderna|ción [eŋkuaðerna'θjon] *f* Einbinden *n*; Einband *m*; **~dor** [~'dor] *m* Buchbinder *m*; **~r** [~'nar] (1a) (ein)binden

encu|bierto [eŋku'bjerto] versteckt, verblümt; **~bridor** [~bri'dor] *m* Hehler *m*; **~brimiento** [~'mjento] *m* Hehlerei *f*; Begünstigung *f*; **~brir** [~'brir] (3a; *part encubierto*) verbergen; verhehlen; (*criminal*) decken

encuentro [eŋ'kuentro] *m* Begegnung *f*; Treffen *n* (*a* ⚔, *pol*, *dep*); *salir* (*od ir*) *al* ~ *de alg* j-m entgegengehen

encuesta [eŋ'kuesta] *f* Umfrage *f*; Befragung *f*; ~ *demoscópica* Meinungsumfrage *f*; **~dor** [~'dor] *m* Meinungsbefrager *m*; **~r** [~'tar] (1a) e-e Umfrage veranstalten; befragen

encumbra|do [eŋkum'braðo] hoch(gestellt); **~miento** [~bra'mjento] *m* Erhöhung *f*; *fig* Aufstieg *m*; **~r** [~'brar] (1a) *fig* rühmen; **~rse** sich erheben; *fig* aufsteigen, emporkommen

encurtidos [eŋkur'tiðos] *m/pl* Essiggemüse *n*

endeble [en'deble] schwächlich; *a fig* schwach

endémico 🌡 [en'demiko] endemisch

endemonia|do [endemo'njaðo] **1.** *adj* besessen; teuflisch; **2.** *m* Besessene(r) *m*

enderezar [endere'θar] (1f) geraderichten, aufrichten; *fig* in Ordnung bringen; **~se** sich aufrichten

endeuda|do [endeu'ðaðo] verschuldet; **~miento** [~'mjento] *m* Verschuldung *f*; **~rse** [~'darse] (1a) Schulden machen, sich verschulden

endiablado [endja'blaðo] verteufelt; teuflisch

endibia 🌿 [en'dibja] *f* Chicorée *m*, *f*

endilgar F [endil'gar] (1h) *fig* aufhängen, aufhalsen

endomingado [endomiŋ'gaðo] im Sonntagsstaat

endosar [endo'sar] (1a) ✝ indossieren; *fig* F aufbürden, aufhalsen

endri|na 🌿 [en'drina] *f* Schlehe *f*; **~no** [~'drino] *m* Schlehdorn *m*

endulzar [endul'θar] (1f) süßen; *fig* versüßen

endure|cer [endure'θer] (2d) härten; abhärten; *fig* verhärten; **~cerse** hart werden (*a fig*); **~cimiento** [~θi'mjento] *m* Abhärtung *f*; *fig* Verhärtung *f*

enebro 🌿 [e'nebro] *m* Wacholder *m*

eneldo 🌿 [e'neldo] *m* Dill *m*

enema 🌡 [e'nema] *m* Klistier *n*; Einlauf *m*

enemigo [ene'migo] **1.** *adj* feindlich; **2.** *m* Feind *m*

enemista|d [enemis'tað] *f* Feindschaft *f*; **~r** [~'tar] (1a) verfeinden

energía [ener'xia] *f* Energie *f*; Tatkraft *f*; ~ *alternativa* Alternativenergie *f*; ~ *nuclear* Kernenergie *f*; ~ *solar* Sonnenenergie *f*

enérgico [e'nɛrxiko] energisch

enero [e'nero] *m* Januar *m*

enervar [enɛr'bar] (1a) entnerven

enésimo [e'nesimo]: *por -a vez* F zum x-ten Male

enfa|dado [emfa'daðo] böse (auf *ac con*); **~dar** [~'dar] (1a) ärgern; **~darse** böse werden; sich ärgern; **~do** [~'faðo] *m* Ärger *m*; **~doso** [~'ðoso] ärgerlich

énfasis ['emfasis] *m* Emphase *f*, Nachdruck *m*; **poner ~ en** Nachdruck legen auf (*ac*)

enfático [em'fatiko] emphatisch, nachdrücklich

enfer|mar [emfer'mar] (1a) 1. *v/t* krank machen; entkräften; 2. *v/i* erkranken; **~medad** [~me'ðað] *f* Krankheit *f*; **~mera** [~'mera] *f* Krankenschwester *f*; **~mería** [~me'ria] *f* Krankenstation *f*; **~mero** [~'mero] *m* Krankenpfleger *m*; **~mizo** [~'miθo] kränklich; *fig* krankhaft; **~mo** [~'fermo] 1. *adj* krank; 2. *m* Kranke(r) *m*; Patient *m*

enfisema ✱ [emfi'sema] *m* Emphysem *n*

enflaquecer [emflake'θer] (2d) abmagern

enfo|car [emfo'kar] (1g) *fot* einstellen; (*tema, etc*) untersuchen, beleuchten; **~que** [~'foke] *m* Einstellung *f* (*a fig*)

enfrascarse [emfras'karse] (1g) sich vertiefen (in *ac en*)

enfrenta|miento [emfrenta'mjento] *m fig* Zs.-stoß *m*; **~r** [~'tar] (1a) gegenüberstellen; (*afrontar*) gegenübertreten (*dat*); **~rse** sich gegenüberstehen (*a fig*); **~ con alg** j-m gegenübertreten

enfrente [em'frente] gegenüber

enfria|miento [emfria'mjento] *m* Abkühlung *f* (*a fig*); ✱ Erkältung *f*; **~r** [~fri'ar] (1c) kühlen; abkühlen; **~rse** sich abkühlen (*a fig*)

enfurecer [emfure'θer] (2d) wütend machen; **~se** wütend werden

engalanar [eŋgala'nar] (1a) schmücken

engan|char [eŋgan'tʃar] (1a) ein-, festhaken; (*animal*) anspannen; ⚔ anwerben; (*vagón*) koppeln; **~charse** hängenbleiben; ⚔ sich anwerben lassen; **~che** [~'gantʃe] *m* Ankoppeln *n*; ⚔ Anwerbung *f*

enga|ñabobos F [eŋgaɲa'boβos] *m* Bauernfänger *m*; **~ñar** [~'ɲar] (1a) betrügen; täuschen; **~ñarse** sich täuschen; **~ño** [~'ɡaɲo] *m* Betrug *m*; Täuschung *f*; **llamarse a ~** sich betrogen fühlen; **~ñoso** [~'ɲoso] (be)trügerisch

engas|tar [eŋgas'tar] (1a) einfassen; **~te** [~'gaste] *m* Fassung *f*

engatusar F [eŋgatu'sar] (1a) F einwickeln

engen|drar [eŋxen'drar] (1a) (er)zeugen; hervorbringen; **~dro** [eŋ'xendro] *m* Mißgeburt *f*; *fig* Ausgeburt *f*

englobar [eŋglo'βar] (1a) umfassen; zs.-fassen

engolfarse [eŋgol'farse] (1a) sich vertiefen (in *ac en*)

engomar [eŋgo'mar] (1a) gummieren

engor|dar [eŋgor'dar] (1a) 1. *v/t* dick machen; *zo* mästen; 2. *v/i* dick werden, zunehmen; **~de** [eŋ'gorðe] *m* Mast *f*

engorro [eŋ'gorro] *m* Belästigung *f*; **~so** [~'rroso] lästig; umständlich

engrana|je [eŋgra'naxe] *m* Getriebe *n*; *a fig* Räderwerk *n*; **~r** [~'nar] (1a) inea.-greifen (*a fig*)

engrande|cer [eŋgrande'θer] (2d) vergrößern; *fig* erhöhen; **~cimiento** [~θi'mjento] *m* Vergrößerung *f*; Erhöhung *f*

engrasar [eŋgra'sar] (1a) einfetten; ⊙ ölen; (ab)schmieren; **~se** [~'grase] *m* (Ab-)Schmieren *n*

engre|ído [eŋgre'iðo] eingebildet; **~imiento** [~'mjento] *m* Dünkel *m*; Einbildung *f*; **~írse** [~'irse] (3m) eingebildet werden

engrosar [eŋgro'sar] (1m) 1. *v/t* vermehren; vergrößern; 2. *v/i* dicker werden

engrudo [eŋ'gruðo] *m* Kleister *m*

engullir [eŋgu'ʎir] (3h) (ver)schlingen

enharinar [enari'nar] (1a) mit Mehl bestreuen

enhebrar [ene'βrar] (1a) einfädeln

enhorabuena [enora'βwena] *f* Glückwunsch *m*; **dar la ~** beglückwünschen; **¡~!** ich gratuliere!; **estar de ~** Glück haben

enig|ma [e'nigma] *m* Rätsel *n*; **~mático** [~'matiko] rätselhaft

enjabonar [eŋxaβo'nar] (1a) einseifen; F *fig* j-m Honig ums Maul schmieren

enjalbegar [eŋxalβe'gar] (1h) weißen; tünchen

enjambre [eŋ'xambre] *m* Schwarm *m* (*a fig*)

enjarciar ⚓ [eŋxar'θjar] (1b) auftakeln

enjaular [eŋxau'lar] (1a) in e-n Käfig sperren; F einlochen

enjua|gar [eŋxua'gar] (1h) (aus)spülen; **~gue** [~'xuage] *m* Spülen *n*

enjugar [eŋxu'gar] (1h) (ab)trocknen; abwischen

enjuicia|miento [enxüiθia'miento] *m* Einleitung *f* des Gerichtsverfahrens; **ley *f* de ~ civil (criminal)** Zivil- (Straf-) prozeßordnung *f*; **~r** [~'θiar] (1b) 🏛️ das Verfahren eröffnen; *fig* beurteilen

enjundia [eŋ'xundia] *f fig* Gehalt *m*, innerer Wert *m*

enjuto [eŋ'xuto] trocken; *fig* dürr; **a pie ~** trockenen Fußes

enlace [en'laθe] *m* Verbindung *f*; 🚂 Anschluß *m*; *(persona)* Verbindungsmann *m*; **~ (matrimonial)** Vermählung *f*, Eheschließung *f*

enlazar [enla'θar] (1f) **1.** *v/t* festbinden; *(unir)* verbinden, verknüpfen; *Am* mit dem Lasso (ein)fangen; **2.** *v/i* 🚂 Anschluß haben (an *ac* **con**)

enloque|cer [enloke'θer] (2d) **1.** *v/t* verrückt machen; **2.** *v/i* den Verstand verlieren; **~cimiento** [~θi'miento] *m* Verrücktheit *f*

enlosa|do [enlo'saðo] *m* Fliesenbelag *m*; **~r** [~'sar] (1a) mit Fliesen *od* Steinplatten) belegen

enluci|do [enlu'θiðo] *m* (Gips-)Verputz *m*; **~r** [~'θir] (3f) weißen; gipsen

enluta|do [enlu'taðo] in Trauer(kleidung); **~rse** [~'tarse] (1a) Trauer tragen

enmarañar [enmara'ɲar] (1a) verwirren, verwickeln

enmascarar [enmaska'rar] (1a) maskieren; *fig* tarnen

enmasillar [enmasi'ʎar] (1a) verkitten

enmendar [enmen'dar] (1k) (ver)bessern; *(compensar)* (wieder)gutmachen

enmienda [en'mienda] *f* Verbesserung *f*, Änderung *f*; *pol* Abänderung(santrag *m*) *f*

enmohecerse [enmoe'θerse] (2d) (ver)schimmeln

enmoquetar [enmoke'tar] (1a) mit Teppichboden auslegen

enmudecer [enmude'θer] (2d) *v/i* verstummen; schweigen

ennegrecer [ennegre'θer] (2d) schwärzen; *fig* verdunkeln; **~se** schwarz werden; *fig* sich verfinstern

ennoblecer [ennoβle'θer] (2d) veredeln; adeln *(a fig)*

eno|jadizo [enoxa'ðiθo] reizbar; jähzornig; **~jar** [~'xar] (1a) erzürnen; ärgern; **~jarse** sich ärgern (über *ac* **de**); **~jo** [e'noxo] *m* Zorn *m*; Ärger *m*; **~joso** [~'xoso] ärgerlich

enorgullecer [enorguʎe'θer] (2d) stolz machen; **~se** stolz sein (auf *ac* **de**)

enor|me [e'norme] riesig, ungeheuer, enorm; **~midad** [~mi'ðað] *f* Ungeheuerlichkeit *f*

enraizar [enrrai'θar] (1f) Wurzeln schlagen

enrarecido [enrrare'θiðo] *(aire)* dünn; verdorben; *fig* getrübt, gespannt

enre|dadera 🌿 [enrreða'ðera] *f* Schling-, Kletterpflanze *f*; **~dar** [~'ðar] (1a) verwickeln *(a fig)*; **~darse** *fig* sich verstricken (in *ac* **en**); **~ con alg** sich mit j-m einlassen; **~do** [~'rreðo] *m* Verwicklung *f*; Verwirrung *f*; *(intriga)* Intrige *f*; *(amorio)* Techtelmechtel *n*

enreja|do [enrre'xaðo] *m* Gitter(werk) *n*; **~r** [~'xar] (1a) vergittern

enrevesado [enrreβe'saðo] verzwickt, verworren

enrique|cer [enrrike'θer] (2d) **1.** *v/t* reich machen; bereichern; 🏭 anreichern; **2.** *v/i u* **~cerse** reich werden; **~cimiento** [~θi'miento] *m* Bereicherung *f*; 🏭 Anreicherung *f*

enrojecer [enrroxe'θer] (2d) **1.** *v/t* röten; **2.** *v/i u* **~se** erröten, rot werden

enrolarse [enrro'larse] (1a) sich anwerben lassen; 🪖 anmustern

enrollar [enrro'ʎar] (1a) aufrollen

enroque [en'rroke] *m (ajedrez)* Rochade *f*

enroscar [enrros'kar] (1g) zs.-rollen; ⚙ fest-, einschrauben

enrostrar *Am* [enrros'trar] (1a) vorwerfen, ins Gesicht sagen

ensaimada [ensai'maða] *f span* Hefeblätterteiggebäck *n*

ensala|da [ensa'laða] *f* Salat *m*; **~dera** [~'ðera] *f* Salatschüssel *f*; **~dilla** [~'ðiʎa] *f*: **~ rusa** italienischer Salat *m*

ensalzar [ensal'θar] (1f) preisen, rühmen

ensambla|dura ⚙ [ensambla'ðura] *f* Verbindung *f*, Verzapfung *f*; **~r** [~'βlar] (1a) zs.-fügen; zs.-bauen, montieren

ensan|char [ensan'tʃar] (1a) erweitern, weiter machen; ausweiten; **~charse** sich ausdehnen; **~che** [en'santʃe] *m* Erweiterung *f*; *(de una ciudad)* Außenbezirk *m*

ensangrentar [ensaŋgren'tar] (1k) mit Blut beflecken

ensaña|miento [ensaɲa'miento] *m* Er-

bitterung f; Grimm m; **~rse** [~'narse] (1a): **~ en alg** s-e Wut an j-m auslassen
ensartar [ensar'tar] (1a) (*perlas*) aufreihen
ensa|yar [ensa'jar] (1a) versuchen; (aus)probieren; ♪, *teat* proben, üben; ⊙ testen; **~yista** [~'jista] m Essayist; **~yo** [~'sajo] m Versuch m; Probe f; *lit* Essay m; **~ general** Generalprobe f
enseguida [ense'giða] sofort
ensenada [ense'naða] f Bucht f
enseña [en'seɲa] f Fahne f; Feldzeichen n; **~nza** [~'naɲθa] f Unterricht(swesen n) m; a fig Lehre f; **~ primaria** Grundschulwesen n; **~ secundaria** höheres Schulwesen n; **~ superior** Hochschulwesen n; **~ a distancia** Fernunterricht m; **~r** [~'nar] (1a) lehren, unterrichten; (*mostrar*) zeigen
enseres [en'seres] m/pl Sachen f/pl; Geräte n/pl
ensillar [ensi'ʎar] (1a) satteln
ensimismarse [ensimiz'marse] (1a) sich in Gedanken versenken; *Am* eingebildet werden
ensoberbecerse [ensoβerβe'θerse] (2d) hochmütig werden
ensombrecer [ensombre'θer] (2d) verdüstern, überschatten (*a fig*)
ensordece|dor [ensorðeθe'ðor] (ohren)betäubend; **~r** [~'θer] (2d) 1. v/t betäuben; taub machen; 2. v/i taub werden
ensortijar [ensorti'xar] (1a) kräuseln; ringeln
ensuciar [ensu'θjar] (1b) beschmutzen, verunreinigen; **~se** sich schmutzig machen; P in die Hose (*od* ins Bett) machen
ensueño [en'sweɲo] m Traum m; Träumerei f; *de* **~** traumhaft
entabla|do [enta'βlaðo] m Bretterboden m; Podium n; **~r** [~'βlar] (1a) täfeln; (*conversación*) beginnen, anknüpfen
entablillar ✢ [entaβli'ʎar] (1a) schienen
entallado [enta'ʎaðo] auf Taille gearbeitet, tailliert
entarima|do [entari'maðo] m Täfelung f; Parkett n; Podium n; **~r** [~'mar] (1a) täfeln; dielen
ente ['ente] m Wesen n; *pol* Körperschaft f
entender [enten'der] (2g) begreifen, verstehen; (*opinar*) meinen; **dar a ~** zu verstehen geben; **hacerse ~** sich verständlich machen; **~ de** et verstehen von; **a mi ~** meiner Meinung nach; **~se** sich verständigen; (*comprenderse*) sich verstehen; **yo me entiendo** ich weiß, was ich sage
entendi|do [enten'diðo] 1. adj sachverständig; beschlagen; **¡~!** einverstanden!; **tengo ~ que** ich habe gehört, daß ...; 2. m Kenner m; **~miento** [~'mjento] m Verständnis n; (*juicio*) Verstand m; Einsicht f
entera|do [ente'raðo] erfahren; **estar ~** Bescheid wissen (über *ac de*); **~mente** [~'mente] ganz; völlig; **~r** [~'rar] (1a) unterrichten, informieren (über *ac de*); **~rse:** **~ de a/c** sich über et informieren; et erfahren
entereza [ente'reθa] f Standhaftigkeit f; (Charakter-)Festigkeit f
enterne|cer [enterne'θer] (2d) fig rühren; **~cerse** gerührt werden; **~cimiento** [~θi'mjento] m Rührung f
entero [en'tero] 1. adj ganz; fig standhaft; (*justo*) redlich; **por ~** gänzlich; voll(ständig); 2. m ganze Zahl f; ✝ Punkt m
enterra|dor [enterra'ðor] m Totengräber m; **~miento** [~'mjento] m Begräbnis n; **~r** [~'rrar] (1k) begraben (*a fig*); vergraben
entibiar [enti'βjar] (1b) abkühlen (*a fig*)
entidad [enti'ðað] f Wesenheit f; (*asociación*) Vereinigung f; Verein m; Körperschaft f; Firma f
entierro [en'tjerro] m Begräbnis n, Beerdigung f
entoldado [entol'daðo] m (Tanz-, Fest-, Bier-)Zelt n
entomología [entomolo'xia] f Insektenkunde f, Entomologie f
entona|ción [entona'θjon] f ♪ Intonation f; Tonfall m; **~r** [~'nar] (1a) 1. v/t ♪ anstimmen; 2. v/i harmonieren (mit *con*)
entonces [en'tonθes] damals; dann, da; **desde ~** seitdem
entontecer [entonte'θer] (2d) verdummen
entor|nar [entor'nar] (1a) (*puerta*) anlehnen; (*ojos*) halb schließen; **~no** [~'torno] m Umgebung f, Milieu n; Umfeld n
entorpe|cer [entorpe'θer] (2d) erschwe-

entorpecimiento 132

ren; behindern; **~cimiento** [~θi'mi̯ento] m Hemmung f; Behinderung f

entrada [en'traða] f Eingang m; Eintritt m; Einfahrt f; Einreise f; (billete) Eintrittskarte f; gastr Vorspeise f; ♪ Einsatz m; ✝ Anzahlung f; (léxico) Stichwort n; inform Eingabe f; teat ~ (**en escena**) Auftritt m; **~s** F Geheimratsecken f/pl

entramparse [entram'parse] (1a) sich in Schulden stürzen

entrante [en'trante] m gastr Vorspeise f

entraña [en'traɲa] f, mst **~s** pl Eingeweide n; fig Innere(s) n; Gemüt n; **sin ~s** hartherzig; **~ble** [~'ɲaβle] innig (geliebt); herzlich

entrar [en'trar] (1a) **1.** v/i eintreten, hineingehen, -fahren; ⚓, 🚍 einlaufen; ♪ einsetzen; **~ en** (**una casa**, etc) (ein Haus etc) betreten; **2.** v/t hineinbringen, -fahren, -stecken; inform eingeben sich stellen; **~ a** sich widmen (dat)

entre ['entre] zwischen; **~ nosotros** unter uns; **~ ellos** untereinander; **~abrir** [entrea'βrir] (3a; part **-abierto**) halb öffnen; **~acto** [~'akto] m Pause f; **~cejo** [~'θexo] m Stirnrunzeln n; **~cortado** [~kor'taðo] (voz) stockend; **~dicho** [~'ditʃo] m: **poner en ~** fig in Zweifel ziehen

entrega [en'treɣa] f Übergabe f; ✝ Lieferung f; **~ a domicilio** Zustellung f ins Haus; **~r** [~'ɣar] (1h) abliefern, aushändigen; übergeben; **~rse** sich ergeben; sich hingeben; (criminal) sich stellen; **~ a** sich widmen (dat)

entre|lazar [entrela'θar] (1f) verflechten; **~més** [~'mes] m Zwischenspiel n; **~meses** [~'meses] m/pl gastr Vorspeisen f/pl; **~meter** [~me'ter] (2a) einschieben; **~meterse** sich einmischen; **~metido** [~me'tiðo] zudringlich; vorlaut; **~mezclar** [~meθ'klar] (1a) unter-, vermischen

entrena|dor [entrena'ðor] m Trainer m; **~miento** [~'mi̯ento] m Training n; Ausbildung f; **~r(se)** [~'nar(se)] (1a) trainieren

entrepuente ⚓ [entre'pu̯ente] m Zwischendeck n

entresuelo △ [entre'su̯elo] m Zwischenstock m; Hochparterre n

entretanto [entre'tanto] **1.** adv unterdessen; **2.** m Zwischenzeit f

entrete|ner [entrete'ner] (2l) (detener) aufhalten; (dar largas) hinhalten; (divertir) unterhalten; **~nerse** sich unterhalten, sich vergnügen; (retrasarse) sich aufhalten lassen; **~nido** [~'niðo] unterhaltend, vergnüglich; **~nimiento** [~'mi̯ento] m Unterhaltung f; Zeitvertreib m

entretiempo [entre'ti̯empo] m Übergangszeit f; **ropa** f **de ~** Übergangskleidung f

entrever [entre'βer] (2v) undeutlich sehen; fig ahnen

entreverado [entreβe'raðo] (tocino) durchwachsen

entrevista [entre'βista] f Interview n; Besprechung f; **~ personal** Vorstellungsgespräch n; **~dor** [~'ðor] m Interviewer m; **~r** [~'tar] (1a) interviewen; **~rse** zs.-kommen, sich treffen

entristecer [entriste'θer] (2d) traurig machen; **~se** traurig werden

entrometido [entrome'tiðo] neugierig; indiskret

entubar 🞰 [entu'βar] (1a) intubieren

entuerto [en'tu̯erto] m Unrecht n

entumecerse [entume'θerse] (2d) starr werden; (miembro) einschlafen

enturbiar [entur'βi̯ar] (1b) trüben (a fig)

entusi|asmar [entusi̯as'mar] (1a) begeistern; **~asmo** [~'si̯asmo] m Begeisterung f; **~asta** [~'si̯asta] **1.** adj begeistert; **2.** su Enthusiast(in f) m; begeisterte(r) Anhänger(in f) m (gen de); **~ástico** [~'si̯astiko] begeistert, enthusiastisch

enumera|ción [enumera'θi̯on] f Aufzählung f; **~r** [~'rar] (1a) aufzählen

envalentonar [embalento'nar] (1a) ermutigen; **~se** frech werden

envanecer [embane'θer] (2d) stolz machen; **~se** sich et einbilden (auf de)

enva|sar [emba'sar] (1a) ab-, einfüllen; verpacken; **~se** [~'base] m (Ab-)Füllen n; (recipiente) Behälter m; Verpackung f; **~ no retornable** Einwegflasche f; **~s vacíos** Leergut n

envejecer [embexe'θer] (2d) **1.** v/t alt machen; **2.** v/i u **~se** alt werden, altern

envenena|miento [embenena'mi̯ento] m Vergiftung f; **~r** [~'nar] (1a) vergiften (a fig)

envergadura [emberɣa'ðura] f Spannweite f; fig Tragweite f

envés [em'bes] m Rückseite f

envia|do [em'bi̯aðo] m Bote m; **~ espe-**

cial Sonderberichterstatter *m*; **~r** [~'biar] (1c) (ab)senden, schicken
envidi|a [em'biðia] *f* Neid *m*; **tener ~ de** neidisch sein auf (*ac*); **~able** [~'ðiaßle] beneidenswert; **~ar** [~'ðiar] (1b): **~ a/c a alg** j-n um et beneiden; **~oso** [~'ðioso] neidisch
envile|cer [embile'θɛr] (2d) herabwürdigen; **~cerse** sich erniedrigen; **~cimiento** [~θi'mjento] *m* Erniedrigung *f*.
envío [em'bio] *m* Sendung *f*; Versand *m*
enviudar [embiu'ðar] (1a) verwitwen
envol|torio [embol'torio] *m* Bündel *n*; Verpackung *f*; **~tura** [~'tura] *f* Hülle *f*; **~ver** [~'βεr] (2h) einwickeln; einpacken; *fig* hineinziehen (**in** *ac* **en**)
enyesa|do [enje'saðo] *m* Eingipsen *n*; Gipsverband *m*; **~r** [~'sar] (1a) eingipsen
enzarzar(se) [enθar'θar(se)] (1f) (sich) verstricken (**in** *ac* **en**)
enzima [en'θima] *m od f* Enzym *n*
épi|ca ['epika] *f* Epik *f*, epische Dichtung *f*; **~co** [~ko] **1.** *adj* episch; **2.** *m* Epiker *m*
epi|demia [epi'ðemia] *f* Epidemie *f*, Seuche *f*; **~démico** [~'ðemiko] epidemisch
epidermis [epi'ðɛrmis] *f* Oberhaut *f*
Epifanía [epifa'nia] *f* Dreikönigsfest *n*
epi|lepsia [epi'lεpsia] *f* Epilepsie *f*; **~léptico** [~'leptiko] **1.** *adj* epileptisch; **2.** *m* Epileptiker *m*
epílogo [e'piloɣo] *m* Epilog *m*, Nachwort *n*; *fig* Nachspiel *n*
episcopal [episko'pal] bischöflich
episodio [epi'soðio] *m* Episode *f*
epistaxis [epis'taɣsis] *f* Nasenbluten *n*
epístola [e'pistola] *f* Brief *m*; Epistel *f*
epitafio [epi'tafio] *m* Grabschrift *f*
época ['epoka] *f* Zeit *f*; Epoche *f*; **hacer ~** Epoche machen
epopeya [epo'peja] *f* Epos *n*
equidad [eki'ðað] *f* Gerechtigkeit *f*
equili|brado [ekili'βraðo] ausgeglichen; **~brar** [~'βrar] (1a) ins Gleichgewicht bringen; *auto* auswuchten; **~brio** [~'librio] *m* Gleichgewicht *n*; **~brista** [~li'βrista] *su* Seiltänzer(in *f*) *m*
equino [e'kino] Pferde...
equinoccio [eki'nɔɣθio] *m* Tagundnachtgleiche *f*
equipa|je [eki'paxe] *m* Gepäck *n*; **~ de mano** Handgepäck *n*; **~miento** [~'mjento] *m* Ausstattung *f* (*a auto*),

Ausrüstung *f*; **~r** [~'par] (1a) ausrüsten; ausstatten
equipara|ble [ekipa'raβle] vergleichbar; **~r** [~'rar] (1a) gleichstellen, -setzen
equipo [e'kipo] *m* Ausrüstung *f*; Ausstattung *f*; *a dep* Mannschaft *f*, Team *n*; ⊚ Anlage *f*; **~ de alta fidelidad** Hi-Fi-Anlage *f*; **~ estéreo** (*od* **de sonido**) Stereoanlage *f*; **~ de novia** Brautausstattung *f*; **~ periférico** *inform* Peripheriegeräte *n/pl*
equitación [ekita'θion] *f* Reiten *n*; Reitsport *m*
equitativo [ekita'tiβo] gerecht
equivale|nte [ekiβa'lente] **1.** *adj* gleichwertig; **2.** *m* Gegenwert *m*, Äquivalent *n*; **~r** [~'lɛr] (2q) gleich(wertig) sein, gleichkommen
equivoca|ción [ekiβoka'θion] *f* Irrtum *m*; Mißverständnis *n*; **por ~** aus Versehen; **~do** [~'kaðo]: **estar ~** sich irren; **~r** [~'kar] (1g) verfehlen; **~rse** sich irren; **~ de** et verwechseln
equívoco [e'kiβoko] **1.** *adj* doppelsinnig; zweideutig, verdächtig; **2.** *m* Doppelsinn *m*; Zweideutigkeit *f*
era ['era]. **s ser; 2.** *f* Zeitalter *n*; Ära *f*; ✓ Tenne *f*
erario [e'rario] *m* Staatskasse *f*
erec|ción [ereɣ'θion] *f* Errichtung *f*; Erektion *f*; **~to** [e'rekto] aufrecht
erguir(se) [ɛr'ɣir(se)] (3n) (sich) aufrichten
erigir [eri'xir] (3c) auf-, errichten
eriza|do [eri'θaðo] borstig; *fig* gespickt (mit *de*); **~rse** [~'θarse] (1f) (*pelo*) sich sträuben
erizo [e'riθo] *m* Igel *m*; **~ de mar, ~ marino** Seeigel *m*
ermi|ta [ɛr'mita] *f* Einsiedelei *f*; **~taño** [ɛrmi'taɲo] *m* Einsiedler *m*
erosión [ero'sion] *f* Hautabschürfung *f*; *geo* Erosion *f*
erótico [e'rotiko] erotisch
erotismo [ero'tizmo] *m* Erotik *f*
erra|dicar [ɛrraði'kar] (1g) ausrotten; **~do** [ɛ'rraðo] irrig; unrichtig; **~nte** [ɛ'rrante] umherirrend; **~r** [ɛ'rrar] (1l) **1.** *v/t* verfehlen; **~ el tiro** vorbeischießen; **2.** *v/i* (sich) irren; (*vagar*) umherirren; **~ta** [ɛ'rrata] *f* Druckfehler *m*
erróneo [ɛ'rroneo] irrig, Fehl...
error [ɛ'rrɔr] *m* Irrtum *m*; Fehler *m*; **~ de**

cálculo Rechenfehler *m*; **~ judicial** Justizirrtum *m*
eruc|tar [eruk'tar] (1a) aufstoßen, rülpsen; **~to** [e'rukto] *m* Rülpser *m*
erudi|ción [eruði'θjon] *f* Gelehrsamkeit *f*; **~to** [~'ðito] **1.** *adj* gelehrt; **2.** *m* Gelehrte(r) *m*
erupción [erub'θjon] *f geo* Ausbruch *m*; ✱ Ausschlag *m*
es [es] *s* **ser**
esa ['esa] *s* **ese**
esbel|tez [ezβel'teθ] *f* Schlankheit *f*; **~to** [ez'βelto] schlank
esbo|zar [ezβo'θar] (1f) skizzieren; andeuten; **~zo** [~'βoθo] *m* Skizze *f*
escabeche [eska'betʃe] *m gastr* Marinade *f*; **en ~** mariniert
escabel [eska'βɛl] *m* Schemel *m*
escabroso [eska'βroso] holprig, uneben; *fig* anstößig, schlüpfrig; (*difícil*) heikel
escabullirse [eskaβuˈʎirse] (3h) entgleiten; *fig* entwischen
escafandr|a [eska'fandra] *f*, **~o** [~ðro] *m* Taucheranzug *m*
escala [es'kala] *f* Skala *f*; (*proporción*) Maßstab *m*; ♪ Tonleiter *f*; ✈ Zwischenlandung *f*; **~ de cuerda** Strickleiter *f*; **hacer ~ (en)** ✈ anlaufen; ✈ zwischenlanden; **~da** [~'laða] *f* Ersteigen *n*; Klettertour *f*; *pol* Eskalation *f*; **~dor** [~'ðor] *m* Bergsteiger *m*; **~fón** [~'fon] *m* Rang-, Beförderungsliste *f*; **~r** [~'lar] (1a) besteigen, erklettern
escalda|do [eskal'daðo] *fig* gewitzigt; abgebrüht; **~r** [~'ðar] (1a) *gastr* abbrühen
escale|ra [eska'lera] *f* Treppe *f*; **~ (de mano)** Leiter *f*; **~ de caracol** Wendeltreppe *f*; **~ de emergencia** Nottreppe *f*; **~ de incendios** Feuerleiter *f*; **~ mecánica** Rolltreppe *f*; **~ telescópica** Ausziehleiter *f*; **~rilla** [~le'riʎa] *f* Trittleiter *f*; ✈ Gangway *f*
escalfar [eskal'far] (1a) *gastr* pochieren
escalinata [eskali'nata] *f* Freitreppe *f*
escalo|friante [eskalofri'ante] schaurig; **~frío** [~'frio] *m* Schüttelfrost *m*; *fig* Schauder *m*
escalón [eska'lon] *m* Stufe (*a fig*); (Leiter-)Sprosse *f*
escalonar [eskalo'nar] (1a) abstufen; staffeln
escalo|pa [eska'lopa] *f*, **~pe** [~'lope] *m* Schnitzel *n*
escalpelo [eskal'pelo] *m* Seziermesser *n*; Skalpell *n*
escama [es'kama] *f* Schuppe *f*; *fig* Argwohn *m*; **~do** [~'maðo] mißtrauisch; **~r** [~'mar] (1a) schuppen; *fig* argwöhnisch machen; **~rse** stutzig werden
escamotear [eskamote'ar] (1a) wegzaubern; verschwinden lassen
escandalizar [eskandali'θar] (1f) Anstoß erregen bei (*dat*), schockieren; **~se** sich entrüsten (über *ac* **de**); Anstoß nehmen an (*dat* **de**)
escándalo [es'kandalo] *m* Skandal *m*; Ärgernis *m*; (*tumulto*) Tumult *m*; **armar un ~** Krach schlagen
escandaloso [eskanda'loso] skandalös; anstößig; empörend
escandinavo [eskandi'naβo] **1.** *adj* skandinavisch; **2.** *m* Skandinavier *m*
escaño [es'kaɲo] *m pol* Sitz *m*
escapa|da [eska'paða] *f* Ausreißen *n*; *fig* Abstecher *m*; **~r** [~'par] (1a) *v/i u* **~rse** entkommen, entwischen; ausreißen; *fig* entgehen
escaparate [eskapa'rate] *m* Schaufenster *n*
escapatoria [eskapa'toria] *f* Ausflucht *f*; F Hintertür *f*
escape [es'kape] *m* Entweichen *n*; ⊙ undichte Stelle *f*; (*de gas*) Ausströmen *n*; *auto* Auspuff *m*; *fig* Ausweg *m*
escara|bajo [eskara'βaxo] *m* Käfer *m*; **~mujo** [~'muxo] *m* Hagebutte(nstrauch *m*) *f*; **~muza** [~'muθa] *f* Scharmützel *n*; *fig* Geplänkel *n*
escarbar [eskar'βar] (1a) (auf)scharren, wühlen, stochern in (*dat*)
escarcha [es'kartʃa] *f* (Rauh-)Reif *m*
escar|dar [eskar'ðar] (1a) jäten; **~dillo** [~'ðiʎo] *m* Jäthacke *f*
escarla|ta [eskar'lata] *f* scharlachrot; **~tina** [~'tina] *f* ✱ Scharlach *m*
escar|mentar [eskarmen'tar] (1k) **1.** *v/t* hart bestrafen; **2.** *v/i* aus Erfahrung lernen; **~miento** [~'miento] *m* (schlimme) Erfahrung *f*; (abschreckendes) Beispiel *n*
escar|necer [eskarne'θer] (2d) verspotten; **~nio** [~'karnio] *m* Spott *m*
escarola [eska'rola] *f* Endivie *f*
escarpado [eskar'paðo] abschüssig, steil
esca|sear [eskase'ar] (1a) *v/i* selten werden; knapp sein; **~sez** [~'seθ] *f*

escudo

Knappheit *f*; Mangel *m*; **~so** [es'kaso] knapp; gering
escatimar [eskati'mar] (1a) sparen mit; ~ *a/c a alg* j-m et vorenthalten; *no ~ esfuerzos* keine Anstrengungen scheuen
escayola [eska'jola] *f* (Fein-)Gips *m*; ✱ Gips(verband) *m*; **~r** [~'lar] (1a) eingipsen
escena [es'θena] *f* Bühne *f*; (*a fig*) Szene *f*, Auftritt *m*; *poner en ~* inszenieren; *entrar en ~* auftreten; **~rio** [~'narjo] *m* Bühne *f*; *fig* Schauplatz *m*
escenifica|ción [esθenifika'θjɔn] *f* Inszenierung *f*; **~r** [~'kar] (1g) inszenieren
escen|ografía [esθenogra'fia] *f* Bühnenbild *n*; **~ógrafo** [~'nografo] *m* Bühnenbildner *m*
esc|epticismo [esθepti'θizmo] *m* Skepsis *f*; **~éptico** [es'θeptiko] **1.** *adj* skeptisch; **2.** *m* Skeptiker *m*
escisión [esθi'sjon] *f* Spaltung *f*
esclare|cer [esklare'θɛr] (2d) erleuchten; *fig* aufklären; **~cimiento** [~θi'mjento] *m* Aufklärung *f*
escla|va [es'klaba] *f* Sklavin *f*; (*joya*) (glatter) Armreif *m*; **~vitud** [~bi'tuð] *f* Sklaverei *f*; **~vizar** [~'θar] (1f) versklaven; **~vo** [es'klabo] *m* Sklave *m*
esclerosis [eskle'rosis] *f* Sklerose *f*
esclusa [es'klusa] *f* Schleuse *f*
esco|ba [es'koba] *f* Besen *m*; **~billa** [~'biʎa] *f* (Klo-)Bürste *f*; *auto* Wischerblatt *n*
escocer [esko'θɛr] (2b *u* h) brennen, stechen
escocés [esko'θes] **1.** *adj* schottisch; **2.** *m* Schotte *m*
escoger [esko'xɛr] (2c) auswählen; aussuchen
esco|lar [esko'lar] **1.** *adj* Schul...; **2.** *su* Schüler(in *f*) *m*; **~larización** [~riθa'θjɔn] *f* Einschulung *f*; ~ *obligatoria* Schulpflicht *f*; **~larizar** [~'θar] (1f) einschulen
escolta [es'kɔlta] *f* Eskorte *f*; Begleitung *f*; Geleitschutz *m*; **~r** [~'tar] (1a) eskortieren; begleiten
escollo [es'koʎo] *m* Klippe *f* (*a fig*)
escom|brera [eskɔm'brera] *f* Schuttabladeplatz *m*; **~bros** [~'kɔmbros] *m/pl* Bauschutt *m*; Trümmer *pl*
escon|der [eskɔn'dɛr] (2a) verstecken; verbergen; **~didas** [~'diðas]: *a ~* im geheimen; **~dite** [~'dite] *m* Versteck *n*;

(*juego*) Versteckspiel *n*; **~drijo** [~'drixo] *m* Versteck *n*
escopeta [esko'peta] *f* Flinte *f*; (Jagd-) Gewehr *n*; ~ *de aire comprimido* Luftgewehr *n*
escoplo [es'koplo] *m* Meißel *m*
escoria [es'koɾja] *f* Schlacke *f*
Escorpi|o [es'kɔrpjo] *m astr* Skorpion *m*; **~ón** [~'pjɔn] *m, zo* Skorpion *m*
escorzonera [eskorθo'nera] *f* Schwarzwurzel *f*
esco|tado [esko'taðo] ausgeschnitten, dekolletiert; **~te** [~'kote] *m* Ausschnitt *m*, Dekolleté *n*; (*pagar*) *a ~* anteilmäßig (zahlen)
escotill|a ⚓ [esko'tiʎa] *f* Luke *f*; **~ón** [~'ʎon] *m* Falltür *f*; *teat* Versenkung *f*
escozor [esko'θɔr] *m* Brennen *n*
escri|banía [eskriba'nia] *f* Schreibtischgarnitur *f*; (*part escrito*) schreiben; ~ *a máquina* mit der Maschine schreiben, tippen; **~to** [es'krito] **1.** *adj* geschrieben; schriftlich; **2.** *m* Schreiben *n*; Schriftstück *n*; *por ~* schriftlich; **~tor** *m* [eskri'tɔr] Schriftsteller *m*; **~torio** [~'torjo] *m* Schreibtisch *m*; *artículos m/pl de ~* Büroartikel *m/pl*; Schreibwaren *f/pl*; **~tura** [~'tura] *f* (Hand-)Schrift *f*; 📜 Urkunde *f*; *Sagrada* ⚧ Heilige Schrift *f*
escroto [es'kroto] *m* Hodensack *m*
escr|úpulo [es'krupulo] *m* Skrupel *m*, Bedenken *n*; *sin ~s* skrupellos; **~upuloso** [~'loso] gewissenhaft, peinlich genau
escru|tador [eskruta'dɔr] **1.** *adj* forschend; **2.** *m* Stimm(en)zähler *m*; **~tar** [~'tar] (1a) (*votos*) (aus)zählen; *fig* erforschen; **~tinio** [~'tinjo] *m* Stimm(en)zählung *f*
escua|dra [es'kwaðra] *f* ✚ Zeichendreieck *m*; ✗ Trupp *m*; ⚓ Geschwader *n*; **~drilla** [~'driʎa] *f* Trupp *m*; ⚓ Flottille *f*; ✈ Staffel *f*; **~drón** [~'drɔn] *m* ✗ Schwadron *f*; ✈ Geschwader *n*
escucha [es'kutʃa] **a)** *m* Horcher *m*; ✗ Horchposten *m*; **b)** *f* (Ab-)Hören *n*; **~s telefónicas** Abhören *n* v Telefongesprächen; **~r** [~'tʃar] (1a) horchen; an-, zuhören; hören auf (*ac*)
escu|dar [esku'ðar] (1a) (be)schützen; **~darse** *fig* sich verschanzen (hinter *dat* en); **~dería** [~de'ria] *f auto* Rennstall *m*; **~dilla** [~'diʎa] *f* (Suppen-)Napf *m*; **~do** [~'kuðo] *m* Schild *m*

escudriñar [eskuðri'nar] (1a) durchsuchen; nachprüfen, -forschen

escuela [es'kŭela] f Schule f; **~ de idiomas** Sprachenschule f

escueto [es'kŭeto] schlicht; einfach

escul|pir [eskul'pir] (3a) meißeln; (be)hauen; schnitzen; **~tor** m [~'tor] Bildhauer m; **~tura** [~'tura] f Bildhauerkunst f; (obra) Skulptur f; **~tural** [~'ral] Bildhauer...; fig bildschön

escupi|dera [ekupi'ðera] f Spucknapf m; **~r** [~'pir] (3a) (aus)spucken

escurreplatos [eskurre'platos] m Abtropfständer m

escurri|dizo [eskurri'ðiθo] schlüpfrig, glatt; **~r** [~'rrir] (3a) abtropfen lassen; (ropa) auswringen; **~rse** ausrutschen; entgleiten

ese, esa, eso, esos, esas (alleinstehend a **ése, ésa[s], ésos**) ['ese, 'esa, 'eso, 'esos, 'esas] dieser, diese, dies(es); pl diese; **¡eso es!** ganz richtig!; das stimmt!; **eso sí** das allerdings; **a eso de (las dos)** gegen (zwei Uhr)

esencia [e'senθia] f fil Wesen n; a 🌿 Essenz f; **~l** [~'θĭal] wesentlich; Haupt...; 🌿 ätherisch

esfera [es'fera] f Sphäre f (a fig), Kugel f; (de reloj) Zifferblatt n

esférico [es'feriko] **1.** adj kugelförmig; **2.** F m dep Ball m

esfinge [es'finxe] f Sphinx f

esfínter anat [es'finter] m Schließmuskel m

esforza|do [esfɔr'θaðo] tapfer, mutig; **~r** [~'θar] (1f u 1m) ermutigen; (ver)stärken; **~rse** sich anstrengen, sich bemühen

esfuerzo [es'fŭerθo] m Anstrengung f; Mühe f; ⊙ Beanspruchung f; **hacer un ~** sich anstrengen; **sin ~** mühelos

esfumarse [esfu'marse] (1a) sich auflösen; verschwinden; F fig abhauen

esgri|ma [es'grima] f Fechten n; **~midor** [~mi'ðɔr] m Fechter m; **~mir** [~'mir] (3a) (arma) schwingen; (argumentos) vorbringen

esguince [ez'ginθe] m 🌿 Verstauchung f; Zerrung f

eslabón [ezla'bɔn] m Kettenglied n; fig Bindeglied n

eslavo [ez'labo] **1.** adj slawisch; **2.** m Slawe m

eslogan [ez'logan] m Slogan m

eslora ⚓ [ez'lora] f Kiel-, Schiffslänge f

eslo|vaco [ezlo'bako] **1.** adj slowakisch; **2.** m Slowake m; **~veno, ~'beno] 1.** adj slowenisch; **2.** m Slowene m

esmal|tar [ezmal'tar] (1a) emaillieren; **~te** [ez'malte] m Email n; **~ dental** Zahnschmelz m; **~ para uñas** Nagellack m

esmerado [ezme'raðo] sorgfältig

esmeralda [ezme'ralda] f Smaragd m

esmerarse [ezme'rarse] (1a) sich große Mühe geben

esmerilar [ezmeri'lar] (1a) schmirgeln; (ab)schleifen

esmero [ez'mero] m Sorgfalt f; Gewissenhaftigkeit f; **con ~** sorgfältig

esmirriado [ezmi'rriaðo] ausgemergelt; F mick(e)rig

esmoquin [ez'mokin] m Smoking m

esnifar [ezni'far] (1a) (cocaína) schnupfen, F sniffen

esnob [ez'nɔb] **1.** adj snobistisch; **2.** m Snob m; **~ismo** [~no'bizmo] m Snobismus m

eso ['eso] s **ese**

esófago anat [e'sofago] m Speiseröhre f

espabila|do [espabi'laðo] aufgeweckt; **~rse** [~'larse] (1a) munter werden; F sich zu helfen wissen

espa|ciador [espaθia'ðɔr] m (máquina de escribir) Leertaste f; **~cial** [~'θĭal] (Welt-)Raum...; **~cio** [~'paθio] m Raum m; (de tiempo) Zeitraum m; (distancia) Zwischenraum m; TV Sendung f; **~cioso** [~'θĭoso] weit; geräumig

espada [es'paða] **a)** f Degen m; Schwert n; (naipes) **~s** pl etwa: Pik n; **b)** m taur Matador m

espaguetis [espa'getis] m/pl Spaghetti pl

espal|da [es'palda] f Rücken m; **a ~s de** hinter j-s Rücken; **de ~s a** mit dem Rücken nach; **por la ~** von hinten; fig hinterrücks; **volver las ~s a alg** j-m den Rücken kehren; **~dera** [~'ðera] f (Sprossenwand f; 🌿 Spalier n; **~dilla** [~'ðiʎa] f Schulterblatt n

espan|tadizo [espanta'ðiθo] schreckhaft; scheu; **~tajo** [~'taxo] m Vogelscheuche f; fig Schreckgespenst n; **~tapájaros** [~'paxaros] m Vogelscheuche f (a fig); **~tar** [~'tar] (1a) erschrecken; (ahuyentar) verscheuchen; **~tarse** erschrecken; **~to** [es'panto] m Schrek-

esposa

ken *m*; Entsetzen *n*; *Am* Gespenst *n*; **~toso** [~'toso] schrecklich, entsetzlich

español [espa'ɲɔl] **1.** *adj* spanisch; **2.** *m*, **-a** *f* [~'nola] Spanier(in *f*) *m*

esparadrapo [espara'drapo] *m* Heftpflaster *n*

esparci|miento [esparθi'mjento] *m* Aus-, Verstreuen *n*; *fig* Zerstreuung *f*; Vergnügen *n*; **~r** [~'θir] (3b) ver-, ausstreuen; *fig* verbreiten

espárrago [es'parrago] *m* Spargel *m*

espartano [espar'tano] spartanisch

esparto ⚕ [es'parto] *m* Espartogras *n*

espas|mo [es'pazmo] *m* Krampf *m*; **~módico** [~'moðiko] krampfartig

especia [es'peθja] *f* Gewürz *n*

especial [espe'θjal] besonders, speziell; Sonder...; *en* **~** insbesondere; **~idad** [~li'ðað] *f* Spezialität *f*; Besonderheit *f*; 🕮 Fachgebiet *n*; **~ista** [~'lista] *m* Spezialist *m*, Fachmann *m*; ✱ Facharzt *m*; (*cine*) Stuntman *m*; **~izarse** [~'θarse] (1f) sich spezialisieren (auf *ac en*)

especie [es'peθje] *f* Art *f* (*a biol*); (*rumor*) Gerücht *n*; *en* **~(s)** in Naturalien

espe|cificar [espeθifi'kar] (1g) genau angeben, spezifizieren; **~cífico** [~'θifiko] spezifisch

espécimen [es'peθimen] *m* Exemplar *n*; Muster *n*

espec|tacular [espɛktaku'lar] aufsehenerregend; **~táculo** [~'takulo] *m* Schauspiel *n* (*a fig*); Darbietung *f*; Vorstellung *f*; *fig* Anblick *m*; **~tador** *m* [~'dɔr] Zuschauer *m*; **~tro** [~'pɛktro] *m* Gespenst *n*; *fis* Spektrum *n*

especula|ción [espekula'θjɔn] *f* Spekulation *f*; **~dor** [~'dɔr] *m* Spekulant *m*; **~r** [~'lar] (1a) ✝ spekulieren

espe|jismo [espɛ'xizmo] *m* Luftspiegelung *f*; Fata Morgana *f*; **~jo** [~'pɛxo] *m* Spiegel *m*; **~ retrovisor** Rückspiegel *m*

espeleología [espeleolo'xia] *f* Höhlenforschung *f*

espeluznante [espeluθ'nante] haarsträubend; grauenhaft

espera [es'pera] *f* Warten *n*; Wartezeit *f*; *en* **~ *de*** in Erwartung (*gen*); **~nza** [~'ranθa] *f* Hoffnung *f*; **~ *de vida*** Lebenserwartung *f*; **~nzador** [~θa'dɔr] vielversprechend; **~r** [~'rar] (1a) warten (auf *ac*), erwarten; (*desear*) hoffen

esperma [es'pɛrma] *m/f* Sperma *n*

esperpento [espɛr'pento] *m fig* Vogelscheuche *f*

espe|sar [espe'sar] (1a) ein-, verdicken; **~so** [~'peso] dick(flüssig); *fig* dicht; **~sor** [~'sɔr] *m* Dicke *f*; Stärke *f*

espetón [espe'ton] *m* Bratspieß *m*

espía [es'pia] *su* Spion(in *f*) *m*

espiar [espi'ar] (1c) (aus)spionieren; bespitzeln

espiga [es'piga] *f* Ähre *f*

espigón [espi'gɔn] *m* Wellenbrecher *m*; Mole *f*

espina [es'pina] *f* Dorn *m*; Stachel *m*; (*de pez*) Gräte *f*; **~ *dorsal*** Rückgrat *n*; *dar mala* **~** verdächtig vorkommen

espinaca(s) [espi'naka(s)] *f(pl)* Spinat *m*

espinazo [espi'naθo] *m* Rückgrat *n*

espinilla [espi'niʎa] *f* Schienbein *n*; ✱ Mitesser *m*

espino ⚕ [es'pino] *m* Weißdorn *m*; **~so** [~'noso] dornig; *fig* heikel

espionaje [espio'naxe] *m* Spionage *f*; **~ *industrial*** Werkspionage *f*

espiral [espi'ral] **1.** *adj* spiralförmig, Spiral...; **2.** *f* Spirale *f*

espirar [espi'rar] (1a) ausatmen

espiritismo [espiri'tizmo] *m* Spiritismus *m*

espíritu [es'piritu] *m* Geist *m*

espiritu|al [espiri'tual] geistig; *rel* geistlich; **~oso** [~'tuoso]: *bebidas fpl -as* Spirituosen *pl*

espita [es'pita] *f* Faß-, Zapfhahn *m*

espléndido [es'plendiðo] prächtig; herrlich; (*generoso*) freigebig

esplendor [esplen'dɔr] *m* Glanz *m*; Pracht *f*

espliego ⚕ [es'pljego] *m* Lavendel *m*

espole|ar [espole'ar] (1a) anspornen (*a fig*); **~ta** [~'leta] *f* Zünder *m*

espolvorear [espolβore'ar] (1a) bestäuben, bestreuen

espon|ja [es'pɔnxa] *f* Schwamm *m*; **~joso** [~'xoso] porös; locker

esponsales [espon'sales] *m/pl* Verlobung *f*

espon|taneidad [espontanei'ðað] *f* Spontaneität *f*, Natürlichkeit *f*; **~táneo** [~'taneo] spontan, natürlich

espora ⚕ [es'pora] *f* Spore *f*

esporádico [espo'raðiko] vereinzelt, sporadisch

espo|sa [es'posa] *f* Gemahlin *f*, Gattin *f*, Ehefrau *f*; **~s** *f/pl* Handschellen *f/pl*;

esposar

~sar [~'sar] (1a) Handschellen anlegen (*dat*); **~so** [~'poso] *m* Gemahl *m*, Gatte *m*, Ehemann *m*; **~s** *m/pl* Eheleute *pl*
espuela [es'pwela] *f* Sporn *m*
espuma [es'puma] *f* Schaum *m*; ⚓ Schaumstoff *m*
espumoso [espu'moso] schaumig
esqueje ✍ [es'kexe] *m* Steckling *m*
esquela [es'kela] *f*: **~ (de defunción)** Todesanzeige *f*
esqueleto [eske'leto] *m* Skelett *n*
esque|ma [es'kema] *m* Schema *n*; **~mático** [~ke'matiko] schematisch
esquí [es'ki] *m* Schi *m*, Ski *m*; (*deporte*) Skisport *m*; **~ acuático** Wasserski *m*; **~ de fondo** Langlaufski *m*; (*deporte*) (Ski-)Langlauf *m*
esquia|dor *m* [eskia'ðor] Skiläufer *m*; **~r** [~'ar] (1a) Ski laufen
esquil|ar [eski'lar] (1a) (*ovejas*) scheren; **~eo** [~'leo] *m* Schafschur *f*
esquimal [eski'mal] *m* Eskimo *m*
esquina [es'kina] *f* Ecke *f*
esquirla [es'kirla] *f* (Knochen-, Glas-) Splitter *m*
esquirol [eski'rɔl] *m* Streikbrecher *m*
esquisto [es'kisto] *m* Schiefer *m*
esqui|var [eski'bar] (1a) vermeiden; ausweichen; **~vo** [~'kibo] spröde, scheu
esquizofren|ia [eskiθo'freniá] *f* Schizophrenie *f*; **~énico** [~'freniko] schizophren
esta ['esta] *s* **este²**
estabilidad [estabili'ðað] *f* Beständigkeit *f*, Stabilität *f*; **~bilizar** [~'θar] (1f) stabilisieren; **~ble** [es'table] beständig, fest, stabil
estable|cer [estable'θer] (2d) (be)gründen; errichten, ein-, festsetzen; *~cerse* sich niederlassen; **~cimiento** [~θi'mi̯ento] *m* Errichtung *f*; Festsetzung *f*; (*lugar*) Anstalt *f*; Geschäft *n*
establo [es'tablo] *m* Stall *m*
estaca [es'taka] *f* Pfahl *m*, Pflock *m*
esta|ción [esta'θi̯on] *f* Station *f*; (*del año*) Jahreszeit *f*; 🚆 Bahnhof *m*; **~ de mercancías** Güterbahnhof *m*; **~ meteorológica** Wetterwarte *f*; **~ de servicio** (Groß-)Tankstelle *f*; **~ termal** Badeort *m*; **~cional** [~θi̯o'nal] jahreszeitlich; saisonbedingt; **~cionamiento** [~na-'mi̯ento] *m* Parken *n*; **~ prohibido** Parkverbot *n*; **~cionar** [~'nar] (1a) abstellen, parken; ✕ stationieren; **~cionario** [~'nari̯o] stationär; ✈ stagnierend
estadio [es'taðio] *m* Stadion *n*; ✱ *u fig* Stadium *n*
estadista [esta'ðista] *m* Staatsmann *m*
estadísti|ca [esta'ðistika] *f* Statistik *f*; **~co** [~ko] **1.** *adj* statistisch; **2.** *m* Statistiker *m*
estado [es'taðo] *m* Stand *m*; Zustand *m*; Lage *f*; ♀ Staat *m*; **~ civil** Familien-, Personenstand *m*; **~ de excepción** Ausnahmezustand *m*; ♀ **industrial** Industriestaat *m*; ♀ **Mayor** ✕ (General-)Stab *m*; **~unidense** [~uni'dense] aus den USA
estafa [es'tafa] *f* Betrug *m*; **~dor** [~'ðor] Betrüger *m*; Hochstapler *m*; **~r** [~'far] (1a) betrügen; (*dinero*) veruntreuen
estafeta [esta'feta] *f* Stafette *f*; **~ de correos** Postamt *n*
estall|ar [esta'ʎar] (1a) platzen; explodieren; *fig* ausbrechen; **~ido** [~'ʎiðo] *m* Knall *m*; Explosion *f*; *fig* Ausbruch *m*
estam|pa [es'tampa] *f* Bild *n*, (*huella*) Abdruck *m*; *fig* Aussehen *n*; **~pado** [~'paðo] (*tela*) bedruckt; **~par** [~'par] (1a) (be)drucken; ⊕ prägen, stanzen; *fig* aufdrücken; (*firma*) setzen (unter) (*ac*); **~pido** [~'piðo] *m* Knall *m*; Krachen *n*; **~pilla** [~'piʎa] *Am* Briefmarke *f*
estan|camiento [estaŋka'mi̯ento] *m* Stockung *f*; ✈ Stagnation *f*; **~car** [~'kar] (1g) stauen; *fig* zum Stocken bringen; **~cia** [~'tanθia] *f* Aufenthalt *m*; *Am* Viehgroßfarm *f*; **~co** [~'taŋko] **1.** *adj* wasserdicht; **2.** *m* ✱ Monopol *n*; (*tienda*) Tabakladen *m*
estandariza|ción [estandariθa'θi̯on] *f* Standardisierung *f*; **~r** [~'θar] (1f) standardisieren
estandarte [estan'darte] *m* Standarte *f*
estanque [es'taŋke] *m* Teich *m*
estanquero [estaŋ'kero] *m* Tabakhändler *m*
estante [es'tante] *m* Bücherbrett *n*, Bord *n*; **~ría** [~'ria] *f* Regal *n*
estaño [es'taɲo] *m* Zinn *n*
estar [es'tar] (1p) sein; sich befinden; stehen; liegen; **¿cómo estás?** wie geht es dir?; **estoy bien (mal)** es geht mir gut (schlecht); **estamos a 3 de enero** wir haben den 3. Januar; **el pan está a veinte pesetas** das Brot kostet zwanzig Peseten; **~ + *ger*** gerade et tun; **~ de**

arbeiten *od* tätig sein als; **~ en todo** an alles denken; **~ por a/c (alg)** für et (j-n) sein; **~ por hacer** noch zu tun sein; **¿estamos?** (ein)verstanden?; **ya estoy** ich bin schon fertig; **¡ya está!** schon erledigt!

estatal [esta'tal] staatlich

estátic|a [es'tatika] *f* Statik *f*; **~o** [~ko] statisch

estatu|a [esta'tua] *f* Statue *f*; **~illa** [~'tuiʎa] *f* Statuette *f*

estatu|ra [esta'tura] *f* Körpergröße *f*, Statur *f*; **~to** [~'tuto] *m* Statut *n*; **~s** *pl* Satzung *f*

este[1] ['este] *m* Osten *m*

este[2]**, esta, esto, estos, estas** *(alleinstehend a* **éste, ésta[s], éstos)** ['este, 'esta, 'esto, 'estos, 'estas] dieser (hier), diese, dieses, diese; **esta tarde** heute nachmittag; **en ésta** ⚓ am hiesigen Ort, hier; **esto es** nämlich; das heißt; **por esto** deshalb, deswegen

estela [es'tela] *f* ⚓ Kielwasser *n*; *fig* Spur *f*; **~r** [~'lar] Stern...

estenotipia [esteno'tipia] *f* Maschinenkurzschrift *f*

estentóreo [esten'toreo]: **voz** *f* **-a** Stentorstimme *f*

estepa [es'tepa] *f* Steppe *f*

estera [es'tera] *f* (Fuß-)Matte *f*

estercolero [esterko'lero] *m* Mist-, Dunghaufen *m*

estereo... [estereo...] Stereo...; **~tipado** [~ti'pado] stereotyp

estéril [es'teril] unfruchtbar; 🌱 steril (*a fig*)

esterili|dad [esterili'dad] *f* Unfruchtbarkeit *f*; **~zación** [~θa'θion] *f* Sterilisierung *f*; **~zar** [~'θar] (1f) sterilisieren

esterilla [este'riʎa] *f* (kleine) Matte *f*

esterlina [ester'lina]: **libra** *f* **~** Pfund *n* Sterling

esternón [ester'non] *m* Brustbein *n*

estética [es'tetika] *f* Ästhetik *f*

esteticista [esteti'θista] *f* Kosmetikerin *f*

estético [es'tetiko] ästhetisch

estetoscopio 🩺 [estetos'kopio] *m* Hörrohr *n*; Stethoskop *n*

estibador ⚓ [estiba'dor] *m* Schauermann *m*

estiércol [es'tierkol] *m* Dung *m*, Mist *m*

estigma [es'tigma] *m* Stigma *n*

estilarse [esti'larse] (1a) üblich sein

esti|lista [esti'lista] *su* Stilist(in *f*) *m*; **~li-**

zar [~'θar] (1f) stilisieren; **~lo** [~'tilo] *m* Stil *m*; 🌱 Griffel *m*

estilográfica [estilo'grafika]: (*pluma*) **~** *f* Füllfederhalter *m*

estima [es'tima] *f* Schätzung *f*; Achtung *f*; **~ción** [~'θion] *f* (Ab-)Schätzung *f*; (*aprecio*) Achtung *f*; **~r** [~'mar] (1a) **1.** *v/t* (ab-, ein)schätzen; (*apreciar*) (hoch)achten, schätzen; **2.** *v/i* meinen, der Ansicht sein

estimula|nte [estimu'lante] **1.** *adj* anregend; **2.** *m* Anregungs-, Aufputschmittel *n*; **~r** [~'lar] (1a) anregen; anspornen

estímulo [es'timulo] *m* Reiz *m* (*a* 🌱); *fig* Anreiz *m*

estío [es'tio] *m* Sommer *m*

estipula|ción [estipula'θion] *f* Festsetzung *f*; Abmachung *f*; ⚖ Klausel *f*; **~r** [~'lar] (1a) abmachen, vereinbaren

estirar [esti'rar] (1a) ziehen, strecken; recken; (*piel*) straffen

estirpe [es'tirpe] *f* Stamm *m*; Geschlecht *n*; Herkunft *f*

estival [esti'bal] Sommer...

esto ['esto] *s* **este**[2]

estocada [esto'kada] *f* Degenstoß *m*

estofa|do [esto'fado] **1.** *adj* geschmort; **2.** *m* Schmorbraten *m*; **~r** [~'far] (1a) schmoren, dünsten

estoico [es'toiko] stoisch

estolón 🌱 [esto'lon] *m* Ausläufer *m*

estomacal [estoma'kal] **1.** *adj* Magen...; **2.** *m* Magenbitter *m*

estómago [es'tomago] *m* Magen *m*

estonio [es'tonio] **1.** *adj* estnisch; **2.** *m*, **-a** *f* [~ia] Este *m*, Estin *f*

estoque [es'toke] *m* Stoßdegen *m*

estor|bar [estor'bar] (1a) stören, (be)hindern; **~bo** [es'torbo] *m* Störung *f*; Hindernis *n*

estornino *zo* [estor'nino] *m* Star *m*

estornu|dar [estornu'dar] (1a) niesen; **~do** [~'nudo] *m* Niesen *n*

estoy [es'toi] *s* **estar**

estrabismo 🩺 [estra'bizmo] *m* Schielen *n*

estrado [es'trado] *m* Podium *n*

estrafalario [estrafa'lario] extravagant, ausgefallen

estrago [es'trago] *m* Verwüstung *f*; (schwerer) Schaden *m*

estragón 🌱 [estra'gon] *m* Estragon *m*

estrambótico F [estram'botiko] extravagant, verschroben

estrangulación 140

estrangula|ción [estraŋgula'θĭon] f Erdrosselung f, Erwürgen n; **~r** [~'lar] (1a) erdrosseln, erwürgen
estra|tagema [estrata'xema] f Kriegslist f; fig List f; **~tegia** [~'texĭa] f Strategie f; **~tégico** [~'texiko] strategisch
estrato [es'trato] m Schicht f
estre|char [estre'tʃar] (1a) verengen; (vestido) enger machen; (mano) drücken; **~chez** [~'tʃeθ] f Enge f; fig Bedrängnis f, Not f; **~ de miras** Engstirnigkeit f; **~cho** [~'tretʃo] **1.** adj eng; schmal; **2.** m Meerenge f
estrella [es'treʎa] f Stern m; fig (Film-)Star m; **~ fugaz** Sternschnuppe f; **~ de mar** Seestern m; **~r** [~'ʎar] (1a) zerschmettern; zertrümmern; **~rse** zerschellen; fig scheitern
estreme|cer [estreme'θer] (2d) erschüttern; **~cerse** schaudern; zs.-fahren; **~cimiento** [~θi'mĭento] m Schauder m
estre|nar [estre'nar] (1a) teat erst-, uraufführen; **~no** [es'treno] m teat Erstaufführung f, Premiere f
estreñimiento ✱ [estreɲi'mĭento] m Verstopfung f
estr|épito [es'trepito] m Getöse n, Lärm m; **~epitoso** [~'toso] lärmend, geräuschvoll
estr|és [es'tres] m Streß m; **~esante** [~tre'sante] stressig; **~esar** [~'sar] (1a) stressen
estría [es'tria] f Rille f; Streifen m
estri|billo [estri'biʎo] m Kehrreim m, Refrain m; **~bo** [es'tribo] m Steigbügel m (a anat); Trittbrett n; **perder los ~s** die Beherrschung verlieren
estribor ⚓ [estri'bor] m Steuerbord n
estricto [es'trikto] streng; strikt
estridente [estri'dente] schrill
estrofa [es'trofa] f Strophe f
estrógeno [es'troxeno] m Östrogen n
estroncio [es'tronθĭo] m Strontium n
estropajo [estro'paxo] m Topfkratzer m
estrope|ar [estrope'ar] (1a) beschädigen; kaputtmachen; fig verderben; **~se** kaputtgehen
estructura [estruk'tura] f (Auf-)Bau m; Struktur f; **~l** [~'ral] strukturell
estruendo [es'trŭendo] m Getöse n; **~so** [~'doso] lärmend; tosend
estrujar [estru'xar] (1a) aus-, zerdrücken; auspressen
estuario [es'tŭarĭo] m (breite) Flußmündung f, Trichtermündung f
estu|cado [estu'kado] m Stuckarbeit f; **~co** [~'tuko] m Stuck m
estuche [es'tutʃe] m Futteral n, Etui n
estudia|ntado [estudĭan'tado] m Studentenschaft f; **~nte** [~'dĭante] su Student(in f) m; Schüler(in f) m; **~r** [~'dĭar] (1b) (ein)studieren; lernen; üben
estudio [es'tudĭo] m Studium n; (obra) Studie f; ♩ Etüde f; (local) Atelier n; radio, TV Studio n; **~so** [~'dĭoso] lernbegierig, fleißig
estufa [es'tufa] f Ofen m
estupe|faciente [estupefa'θĭente] m Rauschgift n; **~facto** [~'fakto] sprachlos; bestürzt
estupendo [estu'pendo] fabelhaft, großartig, F toll
est|upidez [estupi'deθ] f Dummheit f; **~úpido** [~'tupido] **1.** adj dumm; **2.** m Dummkopf m
estupor [estu'por] m Erstaunen n, Verblüffung f
esturión [estu'rĭon] m Stör m
etapa [e'tapa] f Etappe f; fig Phase f; Stufe f
éter ['eter] m Äther m
eter|nidad [eterni'dad] f Ewigkeit f; **~no** [e'tɛrno] ewig
éti|ca ['etika] f Ethik f; **~co** [~ko] ethisch
etimología [etimolo'xia] f Etymologie f
etiqueta [eti'keta] f Etikett n; (ceremonial) Etikette f
étnico ['ɛtniko] ethnisch, Volks...
etnología [etnolo'xia] f Völkerkunde f
etología [etolo'xia] f Verhaltensforschung f, Ethologie f
eucalipto 💊 [eŭka'lipto] m Eukalyptus m
eucaristía [eŭkaris'tia] f Eucharistie f
eufemismo [eŭfe'mizmo] m Euphemismus m
euf|oria [eŭ'forĭa] f Euphorie f; **~órico** [~'foriko] euphorisch
eunuco [eŭ'nuko] m Eunuch m
euro ['eŭro] m (moneda) Euro m
euro|cheque [eŭro'tʃeke] m Euroscheck m; **~diputado** [~dipu'tado] m, **-a** f Europaabgeordnete(r m) f; **~peo** [~'peo] **1.** adj europäisch, Europa...; **2.** m, **-a** f [~'pea] Europäer(in f) m
euskera [eŭs'kera] **1.** adj baskisch; **2.** m baskische Sprache f
eutanasia [eŭta'nasĭa] f Euthanasie f
evacua|ción [ebakŭa'θĭon] f Evakuie-

rung *f*; Räumung *f*; **~dor** [~'dɔr] *m*: **~ de basuras** Müllschlucker *m*; **~r** [~'kŭar] (1d) räumen
evadir [eba'ðir] (3a) vermeiden, umgehen; **~se** entfliehen
evalua|ción [ebalŭa'θĭɔn] *f* Schätzung *f*; Bewertung *f*; **~r** [~'lŭar] (1e) (ab)schätzen; aus-, bewerten
evan|gélico [eban'xeliko] evangelisch; **~gelio** [~'xelĭo] *m* Evangelium *n*
evapora|ción [ebapora'θĭɔn] *f* Verdunstung *f*; **~rse** [~'rarse] (1a) verdampfen, verdunsten; F *fig* verduften, abhauen
evasi|ón [eba'sĭɔn] *f* Flucht *f*; **~ de capitales** Kapitalflucht *f*; **~va** [~'siba] *f* Ausrede *f*; **~vo** [~'sibo] ausweichend
evento [e'bento] *m* Ereignis *n*
eventual [eben'tŭal] möglich, eventuell; (*ocasional*) gelegentlich
eviden|cia [ebi'ðenθĭa] *f* Offenkundigkeit *f*; **~te** [~'ðente] offensichtlich, klar; **ser ~** einleuchten
evita|ble [ebi'table] vermeidbar; **~r** [~'tar] (1a) vermeiden; (*impedir*) verhindern; *j-m* aus dem Weg gehen
evocar [ebo'kar] (1g) heraufbeschwören; wachrufen
evolu|ción [ebolu'θĭɔn] *f* Entwicklung *f*; Verlauf *m* (*a ⚽*); **~cionar** [~θĭo'nar] sich (weiter)entwickeln
ex [eks] *vor su* Ex...; ehemalig
exac|titud [ɛgsakti'tud] *f* Genauigkeit *f*; Richtigkeit *f*; **~to** [ɛg'sakto] genau, exakt; richtig
exagera|ción [ɛgsaxera'θĭɔn] *f* Übertreibung *f*; **~r** [~'rar] (1a) übertreiben
exalta|ción [ɛgsalta'θĭɔn] *f* Lobpreisung *f*; Begeisterung *f*; **~do** [~'tado] überspannt; exaltiert; **~r** [~'tar] (1a) preisen; verherrlichen
examen [ɛg'samen] *m* Examen *n*; Prüfung *f*; Untersuchung *f* (*a ⚽*)
examina|dor [ɛgsamina'dɔr] *m* Prüfer *m*; **~r** [~'nar] (1a) prüfen; untersuchen (*a ⚽*); **~rse** e-e Prüfung ablegen (**in de**)
exaspera|ción [ɛgsaspera'θĭɔn] *f* Erbitterung *f*; **~r** [~'rar] (1a) aufbringen, zur Verzweiflung bringen; **~rse** außer sich geraten
excarcelar [ɛskarθe'lar] (1a) aus dem Gefängnis entlassen
excava|ción [ɛskaba'θĭɔn] *f* Ausgrabung *f*; **~dora** [~'dora] *f* Bagger *m*; **~r** [~'bar] (1a) ausgraben; ausbaggern

exhibir

excede|nte [ɛsθe'ðente] **1.** *adj* überzählig; † überschüssig; **2.** *m* Überschuß *m*; **~r** [~'ðer] (2a) übersteigen, übertreffen; **~rse** zu weit gehen
excelen|cia [ɛsθe'lenθĭa] *f* Vortrefflichkeit *f*; ♀ Exzellenz *f*; *por ~* schlechthin; **~te** [~'lente] vortrefflich; ausgezeichnet
ex|centricidad [ɛsθentriθi'dad] *f* Überspanntheit *f*; **~céntrico** [~'θentriko] überspannt; exzentrisch
excep|ción [ɛsθeb'θĭɔn] *f* Ausnahme *f*; **a** (*od con*) **~ de** mit Ausnahme von, ausgenommen; *sin ~* ausnahmslos; **~cional** [~θĭo'nal] außerordentlich; **~to** [ɛs'θepto] ausgenommen; **~tuar** [~tu'ar] (1e) ausnehmen
exce|sivo [ɛsθe'sibo] übermäßig; übertrieben; **~so** [ɛs'θeso] *m* Übermaß *n*; **~ de velocidad** Geschwindigkeitsüberschreitung *f*; *en ~* übermäßig
excita|ble [ɛsθi'table] reizbar; **~ción** [~'θĭɔn] *f* Erregung *f*, Aufregung *f*; **~nte** [~'tante] an-, er-, aufregend; **~r** [~'tar] (1a) an-, erregen; reizen; **~rse** sich aufregen
exclama|ción [ɛsklama'θĭɔn] *f* Ausruf *m*; **~r** [~'mar] (1a) ausrufen
exclu|ir [ɛsklu'ir] (3g) ausschließen; **~sión** [~'sĭɔn] *f* Ausschluß *m*; **~siva** [~'siba] *f* Alleinvertretung *f*; Exklusivrecht *n*; **~sivo** [~'sibo] ausschließlich
excomul|gar [ɛskomul'gar] (1h) exkommunizieren; **~nión** [~'nĭɔn] *f* Exkommunizierung *f*
excremento(s) [ɛskre'mento(s)] *m(pl)* Exkrement(e) *n(pl)*; Kot *m*
excur|sión [ɛskur'sĭɔn] *f* Ausflug *m*; **~sionista** [~sĭo'nista] *m* Ausflügler *m*
excusa [ɛs'kusa] *f* Entschuldigung *f*; (*pretexto*) Ausflucht *f*, Ausrede *f*; **~r** [~'sar] (1a) entschuldigen
exen|ción [ɛgsen'θĭɔn] *f* Befreiung *f*; Freistellung *f*; **~ fiscal** Steuerfreiheit *f*; **~to** [ɛg'sento] frei, befreit; **~ de impuestos** steuerfrei
exequias [ɛg'sekĭas] *f/pl* Begräbnisfeierlichkeiten *f/pl*
exhaust|ivo [ɛgsaŭs'tibo] erschöpfend (*a fig*); **~o** [ɛg'saŭsto] erschöpft
exhibi|ción [ɛgsibi'θĭɔn] *f* Ausstellung *f*; Vorführung *f*, Schau *f*; **~cionismo** [~θĭo'nizmo] *m* Exhibitionismus *m*; **~r** [~'bir] (3a) ausstellen; (*a fig*) zur Schau stellen; (*documento*) vorweisen

exhorta|ción [ɛgsɔrta'θĭɔn] *f* Ermahnung *f*; **~r** [~'tar] (1a) ermahnen; auffordern (**zu** *a*)

exigen|cia [ɛgsi'xenθia] *f* Forderung *f*; **~te** [~'xente] anspruchsvoll

exigir [ɛgsi'xir] (3c) (er)fordern; verlangen

exil|(i)arse [ɛgsil'(ĭ)arse] (1a) ins Exil gehen; **~io** [~'silĭo] *m* Exil *n*

eximir [ɛgsi'mir] (3a) befreien (**von** *de*)

exis|tencia [ɛgsis'tenθia] *f* Dasein *n*; Existenz *f*; ✝ **en ~** vorrätig; **~s** *pl* ✝ Bestände *m/pl*; **~tente** [~'tente] bestehend; vorrätig; **~tir** [~'tir] (3a) bestehen; existieren; (*vivir*) leben

éxito ['ɛgsito] *m* Erfolg *m*

exitoso *bsd Am* [ɛgsi'toso] erfolgreich

éxodo ['ɛgsoðo] *m* Auszug *m*: Abwanderung *f*; **~ rural** Landflucht *f*

exorbitante [ɛgsɔrbi'tante] übermäßig; übertrieben

exorci|smo [ɛgsɔr'θizmo] *m* Teufelsaustreibung *f*; **~zar** [~θi'θar] (1f) beschwören, austreiben

exótico [ɛg'sotiko] exotisch

expansi|ón [ɛspan'sĭɔn] *f* Ausdehnung *f*; Expansion *f*; **~vo** [~'sibo] expansiv; *fig* mitteilsam; **onda** *f* **-a** Druckwelle *f*

expatriarse [ɛspa'trĭarse] (1b) auswandern

expecta|ción [ɛspɛkta'θĭɔn] *f* Erwartung *f*; **~nte** [~'tante] abwartend; **~tiva** [~ta'tiba] *f* Erwartung *f*; **~ de vida** Lebenserwartung *f*; **estar a la ~** sich abwartend verhalten

expedición [ɛspeði'θĭɔn] *f* Beförderung *f*; Versand *m*; (*de un documento*) Ausstellung *f*; (*viaje*) Expedition *f*

expedien|tar [ɛspeðĭen'tar] (1a): **~ a alg** gegen j-n ein Verfahren einleiten; **~te** [~'ðĭente] *m* Akte *f*; ⚖ Verfahren *n*

expedir [ɛspe'ðir] (3l) (ab-, ver)senden; (*documento*) ausstellen, ausfertigen

expendedor [ɛspende'ðɔr] *m*: **~ automático** (Waren-)Automat *m*

expensas [ɛs'pensas] *f/pl* Kosten *pl*; **a ~ de** auf Kosten (*gen*)

experiencia [ɛspe'rĭenθia] *f* Erfahrung *f*; (*experimento*) Versuch *m*

experimen|tación [ɛsperimenta'θĭɔn] *f* Erprobung *f*; **~tado** [~'taðo] erfahren; erprobt; **~tal** [~'tal] experimentell, Versuchs...; **~tar** [~'tar] (1a) **1.** *v/t* erproben; *fig* erleben; erfahren; empfinden;

2. *v/i* experimentieren; **~to** [~'mento] *m* Versuch *m*; Experiment *n*

experto [ɛs'pɛrto] **1.** *adj* sachkundig, erfahren; **2.** *m* Fachmann *m*, Experte *m*

expiar [ɛs'pĭar] (1c) sühnen; (*condena*) abbüßen

expira|ción [ɛspira'θĭɔn] *f* Ablauf *m*, Erlöschen *n*; **~r** [~'rar] (1a) sterben; (*plazo*) ablaufen

explayarse [ɛspla'jarse] (1a) sich ausdehnen; *fig* sich aussprechen

explica|ción [ɛsplika'θĭɔn] *f* Erklärung *f*; **~r** [~'kar] (1g) erklären; **~rse:** **~ alc** sich et erklären können; **~tivo** [~'tibo] erläuternd

explícito [ɛs'pliθito] ausdrücklich

explora|ción [ɛsplora'θĭɔn] *f* Erforschung *f*; ⚔ Untersuchung *f*; **~dor** *m* [~'ðɔr] Forscher *m*; Pfadfinder *m*; ⚔ Kundschafter *m*; Aufklärer *m*; **~r** [~'rar] (1a) erforschen; ⚔ auskundschaften; ⚔ untersuchen

explosi|ón [ɛsplo'sĭɔn] *f* Explosion *f*; **hacer ~** explodieren; **~vo** [~'sibo] *m* Sprengkörper *m*, -stoff *m*

explota|ción [ɛsplota'θĭɔn] *f* Ausbeutung *f* (*a fig*); ⚒ Nutzung *f*; (*empresa*) Betrieb *m*; **~r** [~'tar] (1a) **1.** *v/t* (aus)nutzen; ausbeuten; betreiben, bewirtschaften; ⚒ abbauen; **2.** *v/i* explodieren

expoliar [ɛspo'lĭar] (1b) ausplündern

exponer [ɛspo'ner] (2r) darlegen; (*exhibir*) ausstellen; (*arriesgar*) gefährden; *fot* belichten; **~se** sich e-r *Gefahr etc* aussetzen

exporta|ción [ɛspɔrta'θĭɔn] *f* Ausfuhr *f*, Export *m*; **~dor** [~'ðɔr] *m* Exporteur *m*; **~r** [~'tar] (1a) ausführen, exportieren

exposición [ɛsposi'θĭɔn] *f* Ausstellung *f*; *fig* Darlegung *f*; *fot* Belichtung *f*

expósito [ɛs'posito] *m* Findelkind *n*

expositor [ɛspɔsi'tɔr] *m* Aussteller *m*

expre|sar [ɛspre'sar] (1a) ausdrücken; äußern; **~sión** [~'sĭɔn] *f* Ausdruck *m*; **~sivo** [~'sibo] ausdrucksvoll; **~so** [~'preso] **1.** *adj* ausdrücklich; **2.** *m* 🚆 Schnellzug *m*

exprimi|dor [ɛsprimi'ðɔr] *m* Fruchtpresse *f*; **~r** [~'mir] (3a) auspressen

expropia|ción [ɛspropĭa'θĭɔn] *f* Enteignung *f*; **~r** [~'pĭar] (1b) enteignen

expuesto [ɛs'pŭesto] **1.** *part v* **exponer**; **2.** *adj* gefährdet; gefährlich

expul|sado [espul'saðo] *m* Vertriebene(r) *m*; **~sar** [~'sar] (1a) vertreiben, ausweisen; (*humo*) ausstoßen; **~sión** [~'sjon] *f* Vertreibung *f*; Ausweisung *f*; Ausstoßung *f*

exquisito [eski'sito] erlesen, vorzüglich; (*comida*) köstlich

extasiarse [esta'sjarse] (1c) in Verzükkung geraten

éxtasis ['estasis] *m* Verzückung *f*, Ekstase *f*

exten|der [esten'der] (2g) ausbreiten; ausdehnen; (*cheque, etc*) ausstellen; **~sible** [~'sible] ausziehbar; **~sión** [~'sjon] *f* Ausdehnung *f*, Umfang *m*; Dauer *f*; *tel* Durchwahl *f*; **~so** [es'tenso] weit; ausgedehnt

extenua|ción [estenŭa'θjon] *f* Entkräftung *f*; **~r** [~nu'ar] (1e) entkräften; erschöpfen

exterior [este'rjor] **1.** *adj* äußerlich, Außen...; **2.** *m* Äußere(s) *n*; **~es** *m/pl* Außenaufnahmen *f/pl*; **~izar** [~riori'θar] (1f) äußern, zum Ausdruck bringen

extermi|nar [estermi'nar] (1a) ausrotten; vernichten; **~nio** [~'minjo] *m* Ausrottung *f*; Vernichtung *f*

externo [es'terno] äußerlich

extin|ción [estin'θjon] *f* Löschung *f*; *biol* Aussterben *n*; **~guir** [estiŋ'gir] (3d) (aus)löschen; **~guirse** erlöschen (*a fig*); *biol* aussterben; **~to** [es'tinto] erloschen; **~tor** [~'tor] *m* (*de incendios*) Feuerlöscher *m*

extirpa|ción [estirpa'θjon] *f* Ausrottung *f*; **~r** [~'par] (1a) ausrotten; ✱ entfernen

extorsión [estor'sjon] *f* Erpressung *f*

extra ['egstra] **1.** *adj* Extra...; Sonder...; **2.** *m* Zulage *f*; (*cine*) Statist *m*

extrac|ción [estrag'θjon] *f* Herausziehen *n*; ✱ Ziehen *n*; ✿ Förderung *f*; Gewinnung *f*; **~to** [es'trakto] *m* Auszug *m*; Extrakt *m*; **~ de cuenta** Kontoauszug *m*; **~tor** [~'tor] *m*: **~ de humos** Rauchabzug *m*

extradi|ción [estraði'θjon] *f* ⚖ Auslieferung *f*; **~tar** [~'tar] (1a) ausliefern

extraer [estra'εr] (2p) herausziehen; (*muela*) ziehen; (*sangre*) entnehmen; ✿ fördern

extranjero [estraŋ'xero] **1.** *adj* ausländisch; **2.** *m* Ausländer *m*; (*país*) Ausland *n*

extra|ñar [estra'ɲar] (1a) wundern, befremden; *bsd Am* vermissen; **~ñarse** sich wundern, erstaunt sein (über *ac de*); **~ñeza** [~'ɲeθa] *f* Befremden *n*; Erstaunen *n*; **~ño** [es'traɲo] fremd; (*raro*) sonderbar, seltsam

extra|ordinario [estraorði'narjo] außergewöhnlich; außerordentlich; Sonder...; **~rradio** [~'rraðio] *m* Außenbezirk *m*; Stadtrand *m*; **~terrestre** [~tε'rrestre] außerirdisch; **~vagancia** [~ba'ganθja] *f* Extravaganz *f*; **~vagante** [~'gante] extravagant; **~vertido** [~ber'tiðo] extrovertiert; **~viar** [~'bi̯ar] (1c) (*perder*) verlegen; **~viarse** sich verlaufen; (*cosa*) abhanden kommen

extre|mado [estre'maðo] übertrieben; **~mar** [~'mar] (1a) übertreiben; verschärfen; **~maunción** *rel* [~maun'θjon] *f* letzte Ölung *f*; **~meño** [~'meɲo] aus Estremadura; **~midad** [~mi'ðað] *f* Spitze *f*; Ende *n*; **~es** *f/pl* Gliedmaßen *pl*; **~mista** [~'mista] *m* Radikale(r) *m*; Extremist *m*; **~mo** [es'tremo] **1.** *adj* äußerst; extrem; **2.** *m* (äußerste) Ende *n*; Extrem *n*; *dep* Außenstürmer *m*

exuberan|cia [εgsube'ranθja] *f* Überfülle *f*; **~te** [~'rante] üppig

eyacula|ción [ejakula'θjon] *f* Samenguß *m*; **~r** [~'lar] (1a) ejakulieren

F

F, f ['efe] *f* F, f *n*
fa ♩ [fa] *m* F *n*
fábrica ['fabrika] *f* Fabrik *f*
fabrica|ción [fabrika'θjon] *f* Fabrikation *f*, Herstellung *f*; **~ en serie** Serienherstellung *f*; **~nte** [~'kante] *m* Fabrikant *m*, Hersteller *m*; **~r** [~'kar] (1g) herstellen

fabril [fa'bril] Fabrik...
fábula ['fabula] f Fabel f
fabuloso [fabu'loso] fabelhaft
facción [fag'θjon] f Rotte f; Bande f; **facciones** pl Gesichtszüge m/pl
faceta [fa'θeta] f fig Aspekt m
facha F ['fatʃa] **1.** f Aussehen n; **2.** m desp Faschist m; **~da** [fa'tʃada] f Fassade f
facial [fa'θial] Gesichts...
fácil ['faθil] leicht; fig leichtfertig
facili|dad [faθili'dad] f Leichtigkeit f; Gewandtheit f; **~es** pl Erleichterungen f/pl; **~tar** [~'tar] (1a) erleichtern; (proporcionar) be-, verschaffen
facsímil(e) [fak'simil(e)] m Faksimile n
factible [fak'tible] machbar
factor [fak'tɔr] m Faktor m; **~ de protección solar** Lichtschutzfaktor m; **~ía** [~to'ria] f Fabrik f, Werk n
factura [fak'tura] f Rechnung f; **~ción** [~'θjɔn] f Berechnung f; 🚆 (Gepäck-)Aufgabe f, Abfertigung f; Umsatz m; **~r** [~'rar] (1a) in Rechnung stellen; (equipaje) aufgeben; ✈ einchecken
faculta|d [fakul'tad] f Fähigkeit f; (poder) Befugnis f; (universidad) Fakultät f; **~r** [~'tar] (1a) ermächtigen (zu para); **~tivo** [~ta'tibo] **1.** adj fakultativ; freiwillig; ✚ ärztlich; **2.** m Arzt m
faena [fa'ena] f Arbeit f; **hacer una ~ a alg** j-m übel mitspielen; **~r** [fae'nar] (1a) fischen, auf Fang gehen
fagot ♪ [fa'gɔt] m Fagott n
faisán [fai'san] m Fasan m
faja ['faxa] f Schärpe f; (corsé) Mieder n; ✠ Leibbinde f; (de terreno) Streifen m; ✉ bajo ~ unter Streif-, Kreuzband n
fajo ['faxo] m Bündel n
falange [fa'lanxe] f Fingerglied n
falaz [fa'laθ] (be)trügerisch
falda ['falda] f Rock m; geo Berghang m; **~ pantalón** Hosenrock m; **~ plisada** Plisseerock m
falible [fa'lible] fehlbar
falla ['faʎa] f (Material-)Fehler m; geo Bruch m; Am Versagen n; **~r** [~'ʎar] (1a) versagen; ⚖ das Urteil fällen
falle|cer [faʎe'θer] (2d) sterben; **~cido** [~'θido] m Verstorbene(r) m; **~cimiento** [~'mjento] m Tod m
fallido [fa'ʎido] fehlgeschlagen
fallo ['faʎo] m ⚖ Urteil n; (defecto) Fehler m; ✚, ⚙ Versagen n; **~ humano** menschliches Versagen n

false|ar [false'ar] (1a) verfälschen; **~dad** [~'dad] f Falschheit f; Fälschung f
falsifica|ción [falsifika'θjɔn] f (Ver-)Fälschung f; **~dor** m [~'dɔr] Fälscher m; **~ de moneda** Falschmünzer m; **~r** [~'kar] (1g) fälschen
falso ['falso] falsch; unwahr
falta ['falta] f Fehler m; (carencia) Mangel m (an dat de); (ausencia) Fehlen n; dep Foul n; **a** (od por) **~ de** mangels (gen); **sin ~** ganz bestimmt; **echar en ~** vermissen; **hacer ~** nötig sein; **~r** [~'tar] (1a) fehlen; ausbleiben; **~ a** verstoßen gegen (ac); **~ a clase** den Unterricht versäumen; **~ a su palabra** sein Wort brechen
falto ['falto]: **~ de** in Ermangelung (gen); **~ de recursos** mittellos
fama ['fama] f Ruf m; Ruhm m; **de ~ mundial** weltberühmt; **tener mala ~** e-n schlechten Ruf haben
famélico [fa'meliko] ausgehungert
familia [fa'milja] f Familie f; **~ numerosa** kinderreiche Familie f; **~r** [fami'ljar] **1.** adj Familien...; fig vertraut; familiär; **2.** m Familienangehörige(r) m; **~rizar(se)** [~riθar(se)] (1f) (sich) vertraut machen (mit dat con)
famoso [fa'moso] berühmt
fan [fan] su Fan m
fanático [fa'natiko] **1.** adj fanatisch; **2.** m Fanatiker m; Fan m
fanatismo [fana'tizmo] m Fanatismus m
fanfarr|ón [famfa'rrɔn] **1.** adj prahlerisch; **2.** m Aufschneider m, Angeber m; **~onada** [~farro'nada] f Angeberei f; **~onear** [~ne'ar] (1a) aufschneiden, angeben
fango ['faŋgo] m Schlamm m; **~so** [~'goso] schlammig
fantase|ar [fantase'ar] (1a) phantasieren; **~ía** [~'sia] f Phantasie f; **~ma** [~'tazma] f Gespenst n
fantástico [fan'tastiko] phantastisch
faquir [fa'kir] m Fakir m
farándula [fa'randula] f Komödiantentum n; (mundo m de la) **~** Showbusiness n
fardo ['farðo] m Ballen m
farero [fa'rero] m Leuchtturmwärter m
farfullar [farfu'ʎar] (1a) stammeln
faring|e [fa'rinxe] f Rachen m; **~itis** ✚ [~'xitis] f Rachenentzündung f
farma|céutico [farma'θeutiko] **1.** adj

pharmazeutisch; 2. *m* Apotheker *m*; **~cia** [~ma'θia] *f* Apotheke *f*; (*ciencia*) Pharmazie *f*

fármaco ['farmako] *m* Arzneimittel *n*

faro ['faro] *m* Leuchtturm *m*; *auto* Scheinwerfer *m*; **~ antiniebla** Nebelscheinwerfer *m*; **~ halógeno** Halogenscheinwerfer *m*; **~l** [fa'rɔl] *m* (Straßen-)Laterne *f*; F Bluff *m*; **~la** [~'rola] *f* Straßenlaterne *f*; **~lero** [~'lero] *m* fig Angeber *m*; **~lillo** [~'liʎo] *m* Lampion *m*; **~ rojo** fig Schlußlicht *n*

farra Am ['farra] *f* lärmendes Fest *n*

farsa ['farsa] *f* Posse *f*; fig Farce *f*; **~nte** [~'sante] *m* Schwindler *m*

fascículo [fas'θikulo] *m* Heft *n*

fascina|ción [fasθina'θiɔn] *f* Faszination *f*, Zauber *m*; **~r** [~'nar] (1a) faszinieren, bezaubern

fascis|mo [fas'θizmo] *m* Faschismus *m*; **~ta** [~'θista] **1.** *adj* faschistisch; **2.** *m* Faschist *m*

fase ['fase] *f* Phase *f*

fastidi|ar [fasti'ðiar] (1b) ärgern; belästigen; **~o** [~'tiðio] *m* Ärger *m*; Überdruß *m*; **~oso** [~'ðioso] lästig; ärgerlich

fastuoso [fas'tuoso] prunkvoll

fatal [fa'tal] verhängnisvoll; **~idad** [~li'ðað] *f* Verhängnis *n*; **~ista** [~'lista] **1.** *adj* fatalistisch; **2.** *m* Fatalist *m*

fatídico [fa'tiðiko] unheilvoll

fati|ga [fa'tiga] *f* Mühe *f*; Strapaze *f*; (*cansancio*) Ermüdung *f*; **~gar** [~'gar] (1h) ermüden; anstrengen; **~garse** müde werden, ermüden; **~goso** [~'goso] ermüdend; anstrengend

fatuo [fa'tuo] eingebildet, eitel

fauna ['fauna] *f* Tierwelt *f*, Fauna *f*

fauno ['fauno] *m* Faun *m*

fausto ['fausto] *m* Pracht *f*, Pomp *m*

favor [fa'βɔr] *m* Gunst *f*; Gefälligkeit *f*; Gefallen *m*; **a ~ de** zugunsten von; **a mi ~** zu m-n Gunsten; **por ~** bitte!; **hacer el ~ de** so freundlich sein (*inf*); **~able** [faβo'raβle] günstig; **~ecedor** [~reθe'ðɔr] *m* vorteilhaft; **~ecer** [~'θer] (2d) begünstigen; (*vestido*) gut stehen; **~itismo** [~ri'tizmo] *m* Günstlingswirtschaft *f*; **~ito** [~'rito] **1.** *adj* Lieblings...; *plato* **~** Leibgericht *n*; **2.** *m* Günstling *m*; Favorit *m*

faz [faθ] *f* Antlitz *n*

fe [fe] *f* Glaube *m* (an *ac* **en**); (*confianza*) Vertrauen *n* (zu *dat*, in *ac* **en**); **~ de erratas** Druckfehlerverzeichnis *n*

fealdad [feal'dað] *f* Häßlichkeit *f*

febrero [fe'βrero] *m* Februar *m*

febril [fe'βril] fieberhaft (*a fig*)

fecal [fe'kal]: *materias f/pl* **~es** Fäkalien *pl*; Kot *m*

fecha ['fetʃa] *f* Datum *n*; **~ de caducidad** Haltbarkeitsdatum *n*; **hasta la ~** bis heute; **~r** [~'tʃar] (1a) datieren

fechoría [fetʃo'ria] *f* Missetat *f*

fécula ['fekula] *f* Stärke(mehl *n*) *f*

fecun|dación [fekunda'θiɔn] *f* Befruchtung *f*; **~dar** [~'dar] (1a) befruchten; **~didad** [~di'dað] *f* Fruchtbarkeit *f*; **~do** [fe'kundo] fruchtbar (*a fig*)

federa|ción [feðera'θiɔn] *f* Bund *m*; Verband *m*; **~l** [~'ral] Bundes...; **~lismo** [~'lizmo] *m* Föderalismus *m*

fehaciente [fea'θiente] glaubhaft

felici|dad [feliθi'dað] *f* Glück *n*; **¡~es!** herzlichen Glückwunsch!; **~tación** [~ta'θiɔn] *f* Glückwunsch *m*; **~tar** [~'tar] (1a) beglückwünschen; gratulieren (zu *dat por*)

felino [fe'lino] katzenhaft (*a fig*)

feliz [fe'liθ] glücklich

fel|pa ['felpa] *f* Plüsch *m*; **~pudo** [~'pudo] *m* Fußmatte *f*

femenino [feme'nino] **1.** *adj* weiblich; Frauen...; **2.** *m gram* Femininum *n*

femini|dad [femini'dað] *f* Weiblichkeit *f*; Fraulichkeit *f*; **~smo** [~'nizmo] *m* Feminismus *m*; **~sta** [~'nista] **1.** *adj* feministisch; **2.** *f* Feministin *f*

fémur ['femur] *m* Oberschenkelknochen *m*, Femur *m*

fenicio [fe'niθio] **1.** *adj* phönizisch; **2.** *m* Phönizier *m*

fen|omenal [fenome'nal] *fig* großartig, phänomenal; **~ómeno** [fe'nɔmeno] *m* Phänomen *n*, Erscheinung *f*

feo ['feo] häßlich

féretro ['feretro] *m* Sarg *m*

feria ['feria] *f* Jahrmarkt *m*; † Messe *f*; **~ de muestras** Mustermesse *f*; **~ monográfica** Fachmesse *f*; **~nte** [fe'riante] *m* Messebesucher *m*; Schausteller *m*

fermen|tación [fermenta'θiɔn] *f* Gärung *f*; **~tar** [~'tar] (1a) gären; **~to** [~'mento] *m* Ferment *n*

fero|cidad [feroθi'dað] *f* Wildheit *f*; **~z** [fe'rɔθ] wild; grausam

férreo ['ferreo] eisern (*a fig*)

ferretería [ferre'ria] f Eisenwarenhandlung f

ferro|carril [ferroka'rril] m Eisenbahn f; **~viario** [~'βjarjo] **1.** adj Eisenbahn...; **2.** m Eisenbahner m

ferry [['ferri] m (Auto-)Fähre f

fértil ['fertil] fruchtbar (a fig)

fertili|dad [fertili'ðað] f Fruchtbarkeit f; **~zante** [~'θante] m Düngemittel n; **~zar** [~'θar] (1f) düngen

fer|viente [fer'βjente] inbrünstig; glühend; **~vor** [~'βor] m Inbrunst f; fig Feuereifer m; **~voroso** [~βo'roso] inbrünstig; eifrig

fes|tejar [feste'xar] (1a) feiern; **~tín** [~'tin] m Festmahl n, Bankett n; **~tival** [~ti'βal] m Festival n; Festspiele n/pl; **~tividad** [~tiβi'ðað] f Fest(lichkeit f) n, **~tivo** [~'tiβo] festlich, Fest...; fig fröhlich

fetal [fe'tal] adj Fötus..., fetal

fetiche [fe'titʃe] m Fetisch m

fétido ['fetiðo] stinkend

feto ['feto] m Fötus m

feudal [feu'ðal] feudal; Lehns...; **~ismo** [~'lizmo] m Lehnswesen n

fia|ble [fi'aβle] zuverlässig; **~dor** [fia'ðor] m Bürge m

fiambre [fi'ambre] m Aufschnitt m; **~ra** [~'βrera] f Picknickdose f; **~ría** Am [~'ria] f Feinkostgeschäft n

fia|nza [fi'anθa] f Bürgschaft f; Kaution f; **bajo ~** gegen Kaution; **~r** [fi'ar] (1c) bürgen für (ac); **~rse**: **~ de alg** j-m trauen; sich auf j-n verlassen

fiasco [fi'asko] m Fiasko n

fibra ['fiβra] f Faser f; (de un alimento) Faserstoffe m/pl; **~ óptica**, **~ de vidrio** Glasfaser f; **~ sintética** Kunstfaser f

fic|ción [fig'θjon] f Fiktion f; **~ticio** [fik'tiθjo] erdacht, fiktiv; fingiert

fich|a ['fitʃa] f Spielmarke f; tel Münze f; (tarjeta) Karteikarte f; **~ar** [fi'tʃar] (1a) **1.** v/t registrieren, erfassen; dep verpflichten, unter Vertrag nehmen; **2.** v/i dep sich verpflichten (bei por); **~ero** [fi'tʃero] m Kartei f; Karteikasten m; inform Datei f

ficus ✿ ['fikus] m Gummibaum m

fidedigno [fiðe'ðigno] glaubwürdig

fidelidad [fiðeli'ðað] f Treue f; **alta ~** Hi-Fi f

fideos [fi'ðeos] m/pl (Faden-)Nudeln f/pl

fiduciario [fiðu'θjarjo] adj Treuhand...

fiebre ['fjeβre] f Fieber n; **~ amarilla** Gelbfieber n; **~ del heno** Heuschnupfen m

fiel ['fjel] **1.** adj treu; getreu; zuverlässig; **2.** m rel Gläubige m

fieltro ['fjeltro] m Filz m

fie|ra ['fjera] f Raubtier n; **~reza** [~'reθa] f Wildheit f; **~ro** ['fjero] wild, grausam

fiesta [fi'esta] f Fest n; Feiertag m; **~ nacional** Nationalfeiertag m; Esp Stierkampf m; **hacer ~** nicht arbeiten

figura [fi'gura] f Figur f; Gestalt f; **~do** [~'raðo] (sinn)bildlich; **sentido m ~** übertragene Bedeutung f; **~nte** m, **~nta** f [~'rante, ~'ranta] Statist(in f) m; **~r** [~'rar] (la) **1.** v/t darstellen; **2.** v/i aufgeführt sein, stehen (auf, in dat en); **~rse** sich denken; **¡figúrate!** stell dir (nur) vor!

fija|ción [fixa'θjon] f Befestigung f; Festsetzung f; (esquí) Bindung f; **~dor** [~'ðor] m Haarfestiger m; fot Fixiermittel n; **~r** [~'xar] (1a) befestigen; (precio, etc) festsetzen; fot fixieren; **~rse** bemerken; achten (auf ac en) fixe Idee f

fijo ['fixo] fest; **idea f ~a** fixe Idee f

fila ['fila] f Reihe f; ✖ Glied n; **~ india** Gänsemarsch m; ✖ **llamar a ~s** einberufen, einziehen

filatel|ia [fila'telja] f Philatelie f; **~sta** [~'lista] m Briefmarkensammler m

filete [fi'lete] m gastr Scheibe f Fleisch; (Fisch-)Filet m

filia|ción [filja'θjon] f Abstammung f; pol Mitgliedschaft f; **~l** [fi'ljal] **1.** adj Kindes...; **2.** f Tochtergesellschaft f

filipino [fili'pino] **1.** adj philippinisch; **2.** m Filipino m

film|(e) [film(e)] m Film m; **~ación** [~ma'θjon] f Verfilmung f; Filmen n; **~adora** [~'ðora] f Filmkamera f; **~ar** [~'mar] (1a) (ver)filmen; **~oteca** [~'teka] f Filmarchiv n

filo ['filo] m Schneide f; **de dos ~s, de doble ~** zweischneidig

filología [filolo'xia] f Philologie f

filólogo [fi'lologo] m Philologe m

filón [fi'lon] m Erzader f; Flöz n; fig Goldgrube f

filosofía [filoso'fia] f Philosophie f

filósofo [fi'losofo] m Philosoph m

filoxera [filog'sera] f Reblaus f

filtrar [fil'trar] (1a) filtern; **~se** durchsickern (a fig)

filtro ['filtro] *m* Filter *m*
fin [fin] *m* Ende *n*; *(finalidad)* Ziel *n*; Zweck *m*; **~ de semana** Wochenende *n*; **al** *(od* **en, por)** **~** endlich; **a ~ de** *inf* um zu *inf*; **a ~** *(od* **con el ~) de que** damit; **a ~es de mayo** Ende Mai; **al ~ y al cabo** letzten Endes
finado *m* [fi'naðo] Verstorbene(r) *m*
final [fi'nal] **1.** *adj* Schluß..., End...; **2.** *m* Ende *n*; ♪ Finale *n*; **3.** *f dep* Endspiel *n*, Finale *n*; **~ista** [~'lista] *m* Endspielteilnehmer *m*; **~izar** [~'θar] (1f) beenden; **~mente** [~'mente] endlich
finan|ciación [finanθja'θjon] *f* Finanzierung *f*; **~ciar** [~'θjar] (1b) finanzieren; **~ciero** [~'θjero] **1.** *adj* Finanz...; finanziell; **2.** *m* Finanzmann *m*; **~zas** [fi'nanθas] *f/pl* Finanzen *f/pl*
finca ['finka] *f* Grundstück *n*; Landgut *n*; **~ urbana** Wohnhaus *n*
fineza [fi'neθa] *f* Feinheit *f*
fingi|do [fiŋ'xiðo] verstellt, fingiert; **~r** [~'xir] (3c) vortäuschen, vorgeben
finlandés [finlan'des] **1.** *adj* finnisch; **2.** *m* Finne *m*
fino ['fino] fein; dünn; *fig* höflich
finura [fi'nura] *f* Feinheit *f*
firma ['firma] *f* Unterschrift *f*
firmamento [firma'mento] *m* Firmament *n*
firma|nte [fir'mante] *m* Unterzeichner *m*; **~r** [~'mar] (1a) unterzeichnen, -schreiben
firme ['firme] **1.** *adj* fest; sicher; **2.** *m* Straßendecke *f*; **~za** [~'meθa] *f* Festigkeit *f*; *fig* Standhaftigkeit *f*
fiscal [fis'kal] **1.** *adj* Steuer...; **2.** *su* Staatsanwalt *m*, -anwältin *f*; **~ía** [~'lia] *f* Staatsanwaltschaft *f*
fisco ['fisko] *m* Fiskus *m*
físi|ca ['fisika] *f* Physik *f*; **~co** [~ko] **1.** *adj* physikalisch; physisch, körperlich; **2.** *m* Physiker *m*; *(aspecto)* Aussehen *n*
fisiología [fisjolo'xia] *f* Physiologie *f*
fisión [fi'sjon] *f*: **~ nuclear** Kernspaltung *f*
fisioterapeuta [fisjotera'peuta] *su* Physiotherapeut(in *f*) *m*; Heilgymnast(in *f*) *m*
fisonomía [fisono'mia] *f* Physiognomie *f*; Gesichtsausdruck *m*
fístula ✱ ['fistula] *f* Fistel *f*
fisura [fi'sura] *f* Spalt *m*; Fissur *f*
fito... [fito] *in Zssgn* Pflanzen..., Phyto...

fláccido ['flagθiðo] schlaff
flaco ['flako] **1.** *adj* mager, dürr; *a fig* schwach; **2.** *m* schwache Seite *f*; Schwäche *f*
flagelo [fla'xelo] *m* Geißel *f* (*a fig*)
flagrante [fla'grante]: **en ~** auf frischer Tat
flamante [fla'mante] (funkel)nagelneu
flamenco [fla'meŋko] **1.** *adj* flämisch; **2.** *m* Flame *m*; *zo* Flamingo *m*; *Esp* Flamenco *m*
flan [flan] *m* Pudding *m*
flanco [flaŋko] *m* Seite *f*, Flanke *f*
flaque|ar [flake'ar] nachgeben; nachlassen; **~za** [~'keθa] *f* Magerkeit *f*; *fig* Schwäche *f*
flash [flaʃ] *m fot* Blitzlicht *n*; **~ back** [~'bek] *m* Rückblende *f*
flato ['flato] *m* Blähung *f*
flau|ta ['flauta] *f* Flöte *f*; **~ dulce** Blockflöte *f*; **~tín** [~'tin] *m* Pikkoloflöte *f*; **~tista** [~'tista] *su* Flötist(in *f*) *m*
flebitis [fle'bitis] *f* Venenentzündung *f*
flecha ['fletʃa] *f* Pfeil *m*; **~zo** [~'tʃaθo] *m* Pfeilschuß *m*; F Liebe *f* auf den ersten Blick
fleco ['fleko] *m* Franse *f*
flem|a ['flema] *f* Phlegma *n*; **~ático** [~'matiko] phlegmatisch
flemón ✱ [fle'mon] *m* Zahngeschwür *n*
flequillo [fle'kiʎo] *m (pelo)* Pony *m*
fletar [fle'tar] (1a) chartern
flexi|ble [flegsible] biegsam, flexibel; **~ón** [~'sjon] *f* Biegung *f*; *dep* Beuge *f*; *gram* Flexion *f*
flirt [flirt] *m* Flirt *m*; **~ear** [flirte'ar] (1a) flirten; **~eo** [~'teo] *m* Flirten *n*
flojo ['floxo] locker; *fig* schlapp; *(débil)* schwach
flor [flor] *f* Blume *f*; Blüte *f*; **la ~ y nata (de la sociedad)** die Creme (der Gesellschaft); **~a** ['flora] *f* Pflanzenwelt *f*; Flora *f*; **~ación** [~'θjon] *f* Blüte(zeit) *f*; **~ecer** [~re'θer] (2d) blühen (*a fig*); **~eciente** [~re'θjente] blühend (*a fig*); **~ero** [~'rero] *m* Blumenvase *f*
florete [flo'rete] *m* Florett *n*
florín [flo'rin] *m* Gulden *m*
floris|ta [flo'rista] *su* Blumenhändler(in *f*) *m*; **~tería** [~te'ria] *f* Blumengeschäft *n*
flota ['flota] *f* Flotte *f*; **~dor** [~'dor] *m* Schwimmgürtel *m*; ⊙ Schwimmer *m*; **~r** [~'tar] (1a) schwimmen, treiben; *(en el aire)* schweben

flote ♻ ['flote]: **a ~** flott; *mantenerse a ~* fig sich über Wasser halten; *poner* (od *sacar*) **a ~** flottmachen (*a fig*)

fluctua|ción [fluktua'θjɔn] f Schwankung f; **~r** [~'ar] (1e) schwanken (*a fig*)

flui|dez [flui'deθ] f Flüssigkeit f (*a fig*); **~do** [~'ido] flüssig, fließend (*a fig*); **~r** [~'ir] (3g) fließen.

flujo ['fluxo] *m* Fluß *m*; Fließen *n*; ⚕ Ausfluß *m*

flúor ['fluɔr] *m* Fluor *n*

fluvial [flu'bial] Fluß...

fobia ['fobia] f Phobie f

foca ['foka] f Robbe f, Seehund *m*

foco ['foko] *m* Brennpunkt *m*; ⚡ Scheinwerfer *m*; ✥ *u fig* Herd *m*

fogón [fo'gɔn] *m* (Küchen-)Herd *m*

fogoso [fo'goso] ungestüm; feurig

foie-gras [foa'gras] *m* Leberpastete f

folkl|ore [folk'lore] *m* Folklore f; **~órico** [~'loriko] folkloristisch

follaje [fo'ʎaxe] *m* Laubwerk *n*

folle|tín [foʎe'tin] *m* Feuilleton *n*; *TV* Seifenoper f; **~to** [fo'ʎeto] *m* Broschüre f; Prospekt *m*

follón [fo'ʎɔn] *m* Krach *m*; Durcheinander *n*

fomen|tar [fomen'tar] (1a) fördern; **~to** [fo'mento] *m* Förderung f

fonda ['fonda] f Gasthaus *n*, -hof *m*

fondo ['fondo] *m* Grund *m*, Boden *m*; fot, pint Hintergrund *m*; ✝ Fonds *m*; **~s** pl Geldmittel *n/pl*; **a ~** gründlich; **en ~** im Grunde (genommen); fig *tocar ~* den Tiefpunkt erreichen; *sin ~s* (*cheque*) ungedeckt; *los bajos ~s* Unterwelt f

fonéti|ca [fo'netika] f Phonetik f; **~co** [~'netiko] phonetisch

fontane|ría [fontane'ria] f Klempnerei f; **~ro** [~'nero] *m* Klempner *m*; Installateur *m*

footing ['futin] *m* Jogging *n*

forastero [foras'tero] **1.** *adj* fremd; auswärtig; **2.** *m* Fremde(r) *m*

forceje|ar [forθexe'ar] (1a) (*mitea*) ringen; **~o** [~'xeo] *m* Gerangel *n*

fórceps ['forθɛps] *m* Geburtszange f

forense [fo'rense] **1.** *adj* gerichtlich, Gerichts...; **2.** *m* Gerichtsarzt *m*

forestal [fores'tal] Forst..., Wald...

forja ['forxa] f Schmiede f; **~r** [~'xar] (1a) schmieden (*a fig*)

forma ['forma] f Form f; Gestalt f; (*modo*) Art f, Weise f; *de ~ que* so daß; *de todas ~s* jedenfalls; *estar en ~* in Form sein; **~ción** [~'θjɔn] f Bildung f, Gestaltung f; (*educación*) Ausbildung f; **~l** [~'mal] formal; (*persona*) förmlich, formell; (*serio*) zuverlässig; **~lidad** [~li'dað] f Formalität f; Förmlichkeit f; Zuverlässigkeit f; **~lizar** [~'θar] (1f) ordnungsgemäß ausfertigen; offiziell gestalten; **~r** [~'mar] (1a) formen, bilden, gestalten; (*educar*) ausbilden; **~rse** sich bilden, entstehen; **~to** [~'mato] *m* Format *n*

formidable [formi'ðable] F riesig, toll

formón [for'mɔn] *m* Stemmeisen *n*

fórmula ['formula] f Formel f

formular [formu'lar] (1a) formulieren; **~io** [~'larjo] *m* Formular *n*; **~ de inscripción** Anmeldeformular *n*

fornicar [forni'kar] (1g) huren

fornido [for'niðo] stark, stämmig

foro ['foro] *m* Forum *n*

forra|do [fo'rrado] gefüttert (mit *de*); fig **~ (de dinero)** betucht; **~je** [~'rraxe] *m* (Vieh-)Futter *n*; **~r** [~'rrar] (1a) (*vestido*) füttern; (*libro*) einschlagen

forro ['forro] *m* Futter *n*; (*de libro*) Umschlag *m*; (*funda*) Überzug *m*

fortale|cer [fortale'θer] (2d) stärken; **~cimiento** [~θi'mjento] *m* Stärkung f; **~za** [~leθa] f Kraft f; Stärke f; ✕ Festung f

fortifica|ción [fortifika'θjɔn] f Befestigung f; **~r** [~'kar] (1g) stärken; ✕ befestigen

fortuito [for'tuito] zufällig

fortuna [for'tuna] f Schicksal *n*; (*suerte*) Glück *n*; (*dinero*) Vermögen *n*; *por ~* glücklicherweise

forúnculo ✤ [fo'runkulo] *m* Furunkel *n*

forza|do [for'θaðo] *adj* gezwungen; erzwungen; *trabajos m/pl* **~s** Zwangsarbeit f; **~r** [~'θar] (1f *u* 1m) zwingen (zu *a*); (*puerta*) aufbrechen; (*violar*) vergewaltigen; fig forcieren, erzwingen

forzoso [for'θoso] notwendig; Not..., Zwangs...

forzudo [for'θuðo] sehr stark

fosa ['fosa] f Grab *n*; **~ común** Massengrab *n*; **~ nasal** Nasenhöhle f

fosfato [fɔs'fato] *m* Phosphat *n*; *sin ~s* phosphatfrei

fósforo ['fɔsforo] *m* Phosphor *m*; (*cerilla*) Streichholz *n*

fósil ['fosil] *m* Fossil *n*
foso ['foso] *m* Graben *m*; Grube *f*; *teat* Versenkung *f*; ♪ Orchestergraben *m*
foto ['foto] *f* Foto *n*; **~copia** [~'kopja] *f* Fotokopie *f*; **~copiadora** [~'ðora] *f* Fotokopiergerät *n*; **~copiar** [~'pjar] (1a) fotokopieren; **~génico** [~'xeniko] fotogen; **~grafía** [~gra'fia] *f* Fotografie *f*; **~grafiar** [~fi'ar] (1c) fotografieren; **~gráfico** [~'grafiko] fotografisch
fotó|grafo [fo'tografo] *m* Fotograf *m*; **~metro** [~metro] *m* Belichtungsmesser *m*
frac [frak] *m* Frack *m*
fraca|sado [fraka'saðo] *m* (*persona*) Versager *m*; **~sar** [~'sar] (1a) scheitern; mißlingen; **~so** [~'kaso] *m* Scheitern *n*; Mißerfolg *m*, Fehlschlag *m*
fracción [frag'θjon] *f* ⚕ Bruch *m*; Bruchteil *m*; **~onar** [~θjo'nar] (1a) zerteilen; (zer)stückeln
fractura [frak'tura] *f* ⚕ Bruch *m*; **~r** [~'rar] (1a) (zer)brechen
fragan|cia [fra'ganθja] *f* Duft *m*; **~te** [~'gante] duftend
fragata ⚓ [fra'gata] *f* Fregatte *f*
frágil ['fraxil] zerbrechlich; (*débil*) schwach
fragilidad [fraxili'ðað] *f* Zerbrechlichkeit *f*, *fig* Schwäche *f*
fragmen|tario [fragmen'tarjo] fragmentarisch, bruchstückhaft; **~to** [~'mento] *m* Fragment *n*, Bruchstück *n*; Scherbe *f*
fragua ['fragwa] *f* Schmiede *f*; **~r** [~'gwar] (1i) schmieden (*a fig*)
fraile ['fraile] *m* Mönch *m*
frambuesa [fram'bwesa] *f* Himbeere *f*
francamente [franka'mente] offen (gesagt)
fran|cés [fran'θes] **1.** *adj* französisch; **2.** *m* Franzose *m*; **~cesa** [~'θesa] *f* Französin *f*
franco ['franko] **1.** *adj* frei; *fig* offen(herzig); *hist* fränkisch; **~ de porte** portofrei; **~ de servicio** dienstfrei; **2.** *m* (*moneda*) Franc *m*; Franken *m*
francotirador [fraŋkotira'ðor] *m* Freischärler *m*
franela [fra'nela] *f* Flanell *m*
franja ['fraŋxa] *f* Streifen *m*
franque|adora [fraŋkea'ðora] *f* Frankiermaschine *f*; **~ar** [~'ar] (1a) ⊗ frankieren; (*paso*) freigeben; (*pasar*) überschreiten, durchqueren; *sin ~* unfrankiert; **~o** [~'keo] *m* Frankieren *n*; Porto *n*; **~za** [~'keθa] *f* Offenheit *f*
franquicia [fraŋ'kiθja] *f* Zollfreiheit *f*; **~ postal** Portofreiheit *f*
frasco ['frasko] *m* Fläschchen *n*, Flakon *m*, *n*
frase ['frase] *f* Satz *m*; **~ hecha** Redewendung *f*; **~o** ♪ [~'seo] *m* Phrasierung *f*; **~ología** [~lo'xia] *f* Phraseologie *f*
fraternal [frater'nal] brüderlich
fraude ['frauðe] *m* Betrug *m*; **~ fiscal** Steuerhinterziehung *f*
fraudulento [frauðu'lento] betrügerisch
frecuen|cia [fre'kwenθja] *f* Häufigkeit *f*; ⚡ Frequenz *f*; *con ~* häufig; **~tar** [~'tar] (1a) (häufig) besuchen; **~te** [~'kwente] häufig
frega|dero [frega'ðero] *m* Spülbecken *n*; **~r** [~'gar] (1h *u* 1k) scheuern; (*platos*) abwaschen, spülen; *Am* belästigen
frei|dora [frei'ðora] *f* Fritiertopf *m*; **~duría** [~ðu'ria] *f* (Fisch-)Braterei *f*
freír [fre'ir] (3m; *part frito*) braten; (in Fett) ausbacken, fritieren
fréjol ['frexol] *m* Bohne *f*
frena|r [fre'nar] (1a) bremsen; **~zo** [~'naθo] *m* plötzliche(s) Bremsen *n*
fren|esí [frene'si] *m* Raserei *f*; **~ético** [~'netiko] rasend, frenetisch
freno ['freno] *m* Bremse *f*; (*de caballo*) Zaum *m*; **~ de alarma** Notbremse *f*; **~ de disco** Scheibenbremse *f*; **~ de mano** Handbremse *f*
frente ['frente] **1. a)** *f* Stirn *f*; **b)** *m* Vorderseite *f*; ✗ Front *f*; **~ frío** Kalt(luft)front *f*; *estar al ~* an der Spitze stehen; *hacer ~ a* die Stirn bieten; (*a un deber, etc*) nachkommen; *ponerse al ~* die Leitung übernehmen; **2.** *adv, prp de ~* von vorn; *en ~* gegenüber; **~ a** gegenüber (*dat*)
fresa ['fresa] *f* ❦ Erdbeere *f*; ⚙ Fräse *f*; **~dora** [~'ðora] *f* Fräsmaschine *f*; **~r** [~'sar] (1a) fräsen
fresco ['fresko] **1.** *adj* frisch; kühl; **2.** *m* Frische *f*, Kühle *f*; *pint* Fresko *n*; *Am* Erfrischungsgetränk *n*
fres|cor [fres'kor] *m* Kühle *f*; **~cura** [~'kura] *f* Kühle *f*; *fig* Frechheit *f*
fresno ❦ ['fresno] *m* Esche *f*
fresón [fre'son] *m* Gartenerdbeere *f*
freza ['freθa] *f* Laich *m*; Laichzeit *f*; **~r** [fre'θar] (1f) laichen

frialdad [frial'dað] f Kälte f; fig Gleichgültigkeit f
fricción [frig'θjɔn] f Ab-, Einreibung f; ⊙ u fig Reibung f
frigidez [frixi'deθ] f Kälte f (a fig); ✱ Frigidität f
frigorífico [frigo'rifiko] **1.** adj Kühl...; **2.** 'm Kühlschrank m; Am Kühlhaus n
fríjol ['frixɔl] m Bohne f
frío ['frio] **1.** adj kalt (a fig); **2.** m Kälte f; **coger** ~ sich erkälten; **tengo** ~ ich friere
friole|ra [frio'lera] f Kleinigkeit f; ~**ro** [~'lero] verfroren
friso △ ['frisɔ] m Fries m
frisón [fri'sɔn] **1.** adj friesisch; **2.** m Friese m
frita|da [fri'taða] f Gebackene(s) n; ~**r** Am [~'tar] (1a) s **freír**
fri|to ['frito] s **freír**; ~**tura** [~'tura] f Friture f
frivolidad [friβoli'ðað] f Leichtfertigkeit f, Frivolität f
frívolo ['friβolo] leichtfertig, frivol
frondoso [frɔn'doso] dicht belaubt
frontal [frɔn'tal] Stirn...; frontal
fronte|ra [frɔn'tera] f Grenze f; ~**rizo** [~'riθo] angrenzend, Grenz...
frontón [frɔn'tɔn] m △ Giebel m; dep Pelotaspielplatz m
frotar [fro'tar] (1a) reiben; frottieren
frotis ✱ ['frotis] m Abstrich m
fruc|tífero [fruk'tifero] fruchtbringend; fig fruchtbar; ~**tuoso** [~'tŭoso] fig nützlich; einträglich
frugal [fru'gal] einfach, frugal; (persona) genügsam
fruición [frui'θjɔn] f Genuß m
fruncir [frun'θir] (3b) runzeln; (tela) kräuseln; ~ **el ceño** die Stirn runzeln
frustra|ción [frustra'θjɔn] f Frustration f; ~**r** [~'trar] (1a) vereiteln; zum Scheitern bringen; (persona) frustrieren; ~**rse** scheitern
fru|ta ['fruta] f Obst n; Frucht f; ~**tal** [~'tal] m Obstbaum m; ~**tería** [~te'ria] f Obstladen m; ~**ticultura** [~'tura] f Obstbau m; ~**tilla** Am [~'tiʎa] f Erdbeere f
fruto ['fruto] m Frucht f (a fig); fig Gewinn m, Nutzen m
fucsia ♀ ['fugsja] f Fuchsie f
fue ['fŭe] s **ir** u **ser**
fuego ['fŭego] m Feuer n (a fig); ~ **fatuo** Irrlicht n; **pegar** (od **prender**) ~ **a** in Brand stecken; ~**s** pl **artificiales** Feuerwerk n
fuel(oil) [fjul(ɔil)] m Heizöl n
fuelle ['fŭeʎe] m (Blase-)Balg m
fuente ['fŭente] f Quelle f (a fig); Springbrunnen m; (plato) Schüssel f
fuera ['fŭera] **1.** adv außen; draußen; auswärts; *¡~!* raus!; **2.** prp: ~ **de** außerhalb; fig außer, ausgenommen; ~ **de sí** außer sich; ~**borda** [~'bɔrða] m Außenbordmotor m; (barco) Außenborder m
fuerte ['fŭerte] **1.** adj stark; kräftig; (duro) fest; **2.** adv laut; kräftig; **3.** m fig starke Seite f, Stärke f
fuerza ['fŭerθa] f Kraft f; Stärke f; Gewalt f; Macht f; **a** ~ **mayor** höhere Gewalt f; ~**s armadas** Streitkräfte f/pl
fuete Am ['fŭete] m Peitsche f
fuga ['fuga] f Flucht f; ♪ Fuge f; ⊙ undichte Stelle f; ~ **de capitales** Kapitalflucht f; **darse a la** ~ die Flucht ergreifen; ~**rse** [~'garse] (1h) fliehen
fugaz [fu'gaθ] fig flüchtig; vergänglich
fugitivo [fuxi'tiβo] **1.** adj flüchtig (a fig); **2.** m Flüchtling m
fui ['fŭi] s **ir** u **ser**
ful|gor [ful'gɔr] m Schimmer m; Glanz m; ~**gurante** [~gu'rante] blitzend; glänzend; ✱ (dolor) stechend
fulminante [fulmi'nante] **1.** adj blitzartig; Zünd...; **2.** m Zündstoff m
fuma|dor [fuma'ðɔr] Raucher m; **no** ~ Nichtraucher m; ~**r** [~'mar] (1a) rauchen; ~ **en pipa** Pfeife rauchen
fumigar [fumi'gar] (1h) (aus)räuchern
funámbulo [fu'nambulo] m Seiltänzer m
func|ión [fun'θjɔn] f Funktion f; Amt n; teat Vorstellung f; **en funciones** amtierend; ~**onal** [~θjo'nal] funktionell; ~**onamiento** [~na'mjento] m Funktionieren m; Gang m (e-r Maschine); Betrieb m; ~**onar** [~'nar] (1a) funktionieren, gehen; in Betrieb sein; **no funciona** außer Betrieb; ~**onario** [~'narjo] m Beamte(r) m
funda ['funda] f Hülle f; Bezug m; ✱ (Zahn-)Krone f
funda|ción [funda'θjɔn] f Gründung f; Stiftung f; ~**dor** [~'ðɔr] m Gründer m; ~**mental** [~men'tal] grundlegend; wesentlich; Grund...; ~**mentar** [~'tar] (1a) gründen (auf en); ~**mento** [~'mento] m Grundlage f; △ mst ~**s** pl Fundament

galvanizar

n; **sin ~** unbegründet; **~r** [~'dar] (1a) gründen; *fig* stützen (auf *ac* **en**)
fundi|ción [fundi'θiɔn] *f* Gießen *n;* Gießerei *f;* **~r** [~'dir] (3a) schmelzen, gießen; *fig* verschmelzen; **~rse** schmelzen; ⚡ durchbrennen; *fig* sich zs.-schließen; *Am* sich ruinieren
fúnebre [fu'neβre] Leichen...; Grab...; Trauer...; traurig; düster
funera|l [fune'ral] *m* Trauerfeier *f;* Trauergottesdienst *m;* **~ria** [~'raria] *f* Beerdigungsinstitut *n*
funesto [fu'nesto] unheilvoll; verhängnisvoll
funicular [funiku'lar] *m* Drahtseilbahn *f*
furg|ón [fur'gɔn] *m* 🚃 Gepäckwagen *m;* **~oneta** [~go'neta] *f* Lieferwagen *m*
furi|a ['furja] *f* Wut *f,* Raserei *f;* Furie *f;* **~oso** [~'rioso] wütend; rasend
furor [fu'rɔr] *m* Raserei *f;* Wut *f;* **hacer ~** Furore machen

furtivo [fur'tiβo] heimlich, verstohlen
fusa ♩ ['fusa] *f* Zweiunddreißigstelnote *f*
fuselaje ✈ [fuse'laxe] *m* Rumpf *m*
fusible ⚡ [fu'siβle] *m* Sicherung *f*
fusil [fu'sil] *m* Gewehr *n;* **~amiento** [~la'miento] *m* Erschießung *f;* **~ar** [~'lar] (1a) erschießen
fusi|ón [fu'sion] *f* Schmelzen *n; fig* Verschmelzung *f,* Zs.-schluß *m;* ⚕ Fusion *f;* **~onar** [~sio'nar] (1a) ⚕ fusionieren, sich zs.-schließen
fustigar [fusti'gar] (1h) peitschen
fútbol ['futbol] *m* Fußball *m;* **~ sala** Hallenfußball *m*
futbol|ín [futbo'lin] *m* Tischfußball *m;* **~ista** [~'lista] *m* Fußballspieler *m*
fútil ['futil] nichtig; belanglos
futuro [fu'turo] **1.** *adj* zukünftig; **2.** *m* Zukunft *f; gram* Futur *n;* **en el ~** in Zukunft, künftig

G

G, g [xe] *f* G, g *n*
gabardina [gaβar'ðina] *f* Regenmantel *m*
gabarra ⚓ [ga'βarra] *f* Last-, Frachtkahn *m*
gabinete [gaβi'nete] *m* Kabinett *n (a pol)*
gacela [ga'θela] *f* Gazelle *f*
gaceta [ga'θeta] *f* Zeitung *f*
gaditano [gaði'tano] aus Cádiz
gafas ['gafas] *f/pl* Brille *f;* **~ de concha** Hornbrille *f;* **~ de sol** Sonnenbrille *f*
gafe F ['gafe] *m* Unglücksbringer *m*
gait|a ♩ ['gaita] *f* Dudelsack *m;* **~ero** [~'tero] *m* Dudelsackpfeifer *m*
gala ['gala] *f* Festkleidung *f;* (*función de*) Galavorstellung *f;* **de ~** in Gala; Gala...; **hacer ~ de** renommieren mit
galante [ga'lante] galant; **~ría** [~'ria] *f* Höflichkeit *f;* Galanterie *f*
galar|dón [galar'ðɔn] *m* Auszeichnung *f,* Preis *m;* **~donar** [~ðo'nar] (1a) auszeichnen
galaxia [ga'laksia] *f* Milchstraße *f*
galera [ga'lera] *f* ⚓ Galeere *f; zo* Heuschreckenkrebs *m;* **~da** *tip* [~'raða] *f* Korrekturfahne *f*
galería [gale'ria] *f* Galerie *f;* ⚒ Stollen *m*
galgo ['galgo] *m* Windhund *m*
galicismo [gali'θismo] *m* Gallizismus *m*
gallardo [ga'ʎarðo] stattlich; (*valiente*) kühn, F schneidig
gallego [ga'ʎego] **1.** *adj* galicisch; **2.** *m* Galicier *m*
galleta [ga'ʎeta] *f* Keks *m*
galli|na [ga'ʎina] **a)** *f* Huhn *n,* Henne *f;* **~ ciega** (*juego*) Blindekuh *f;* **b)** *m* F Memme *f;* **~nero** [~'nero] *m* Hühnerstall *m; teat* Olymp *m*
gallo ['gaʎo] *m* Hahn *m;* (*pez*) Flügelbutt *m;* ♩ F Kickser *m*
galo ['galo] **1.** *adj hist* gallisch; *fig* französisch; **2.** *m* Gallier *m*
galón [ga'lɔn] *m* Tresse *f;* Litze *f*
galo|par [galo'par] (1a) galoppieren; **~pe** [~'lope] *m* Galopp *m*
galvanizar [galβani'θar] (1f) galvanisieren

gama

gama ['gama] f ♪ Tonleiter f; fig Palette f, Skala f

gamba ['gamba] f Garnele f

gamberr|ada [gambɛ'rraða] f Halbstarkenstreich m; **~o** [~'bɛrro] m Halbstarke(r) m, Rowdy m

gamo ['gamo] m Damhirsch m

gamuza [ga'muθa] f Gemse f; (trapo) Fensterleder n

gana ['gana] f Verlangen n, Lust f; (apetito) Appetit m; **de buena ~** gern; **de mala ~** ungern; **no me da la ~** ich habe keine Lust; **quedarse con las ~s** leer ausgehen; **tener ~s de** Lust haben zu

gana|dería [ganaðe'ria] f Viehzucht f; **~dero** [~'ðero] m Viehzüchter m; **~do** [~'naðo] m Vieh n; **~ mayor** Großvieh n; **~ menor** Kleinvieh n

gana|dor [gana'ðor] **1.** adj siegreich; **2.** m Gewinner m; **~ncia** [~'nanθia] f Gewinn m; Ertrag m; Verdienst m; **~r** [~'nar] (1a) gewinnen; (sueldo) verdienen

ganchillo [gan'tʃiʎo] m Häkelnadel f; (labor) Häkelarbeit f; **hacer ~** häkeln

gancho ['gantʃo] m Haken m

gandul [gan'dul] **1.** adj faul; **2.** m Faulenzer m; **~ear** [~le'ar] (1a) bummeln, faulenzen

ganga ['ganga] f Gelegenheitskauf m, gutes Geschäft n

ganglio ['ganglio] m Nervenknoten m; Lymphknoten m

gangrena ☞ [gan'grena] f Brand m

gángster ['ganster] m Gangster m

ganso ['ganso] m Gans f

ganzúa [gan'θua] f Dietrich m, Nachschlüssel m

garaba|tear [garabate'ar] (1a) kritzeln; **~tos** [~'batos] m/pl Gekritzel n

garaje [ga'raxe] m Garage f; **~ subterráneo** Tiefgarage f

garan|te [ga'rante] m Bürge m; **~tía** [~'tia] f Garantie f; **sin ~** ohne Gewähr; **~tizar** [~ti'θar] (1f) garantieren

garbanzo [gar'banθo] m Kichererbse f

garbo ['garbo] m Anmut f; Grazie f

gardenia ♧ [gar'ðenia] f Gardenie f

garfio ['garfio] m Haken m; Steigeisen n

gargan|ta [gar'ganta] f Kehle f; (externa) Hals m; geo Schlucht f; **~tilla** [~'tiʎa] f Halskette f, -band n

gárgara ['gargara] f Gurgeln n; **hacer ~s** gurgeln

gárgola ['gargola] f Wasserspeier m

gari|ta [ga'rita] f ⚔ Schilderhaus n; 🚆 Bahnwärterhaus n; **~to** [~to] m Spielhölle f

garlopa [gar'lopa] f Schlichthobel m

garra ['garra] f Klaue f; Kralle f

garrafa [ga'rrafa] f Karaffe f; Korbflasche f

garrapata [garra'pata] f Zecke f

garrote [ga'rrote] m Knüppel m, Stock m

garza ['garθa] f Reiher m

gas [gas] m Gas n; **~ de escape** Abgas n; **~ hilarante** Lachgas n; **~ lacrimógeno** Tränengas n; **~ natural** Erdgas n; **~ propelente** Treibgas n

gasa ['gasa] f Gaze f; ✚ Verbandsmull m

gaseo|sa [gase'osa] f Brause(limonade) f; **~so** [~'oso] gashaltig, gasförmig

gasoducto [gaso'ðukto] m Erd-, Ferngasleitung f

gasoil [ga'soil] m, **gasóleo** [ga'soleo] m Dieselöl n

gasoli|na [gaso'lina] f (Auto-)Benzin n; **~ normal** Normal(benzin) n; **echar ~** tanken; **~nera** [~'nera] f Tankstelle f; ⚓ Motorboot n

gasómetro [ga'sometro] m Gasbehälter m, Gasometer m

gasta|do [gas'taðo] abgenutzt; (persona) verbraucht; fig abgedroschen; **~dor** [~'ðor] **1.** adj verschwenderisch; **2.** ⚔ m Pionier m; **~r** [~'tar] (1a) ausgeben (für en); (desgastar) verbrauchen, abnutzen; (usar) benutzen; (gafas, etc) tragen; **~ bromas** Späße machen; **~rse** sich abnutzen

gasto ['gasto] m Ausgabe f; (consumo) Verbrauch m; **~s** pl Auslagen f/pl; (Un-)Kosten pl; **~s de almacenaje** Lagerhaltungskosten pl

gástrico ['gastriko] Magen...

gastritis [gas'tritis] f Magenschleimhautentzündung f, Gastritis f

gas|tronomía [gastrono'mia] f Gastronomie f; **~tronómico** [~'nomiko] gastronomisch; **~trónomo** [~'tronomo] m Gastronom m; Feinschmecker m

gata ['gata] f Katze f; **a ~s** auf allen vieren

gatear [gate'ar] (1a) klettern; (niño) krabbeln

gatillo [ga'tiʎo] m (de un arma) Abzug m; **apretar el ~** abdrücken

gato ['gato] m Katze f; Kater m; auto

gestión

Wagenheber *m*; ~ **montés** Wildkatze *f*; **dar ~ por liebre** F übers Ohr hauen; F *fig* **cuatro ~s** nur ein paar Mann
gavilán *zo* [gabi'lan] *m* Sperber *m*
gavilla ✍ [ga'biʎa] *f* Garbe *f*
gaviota [ga'βĩota] *f* Möwe *f*
gay [gai] **1.** *adj* homosexuell, schwul; **2.** *m* Homo(sexueller) *m*
gazapo [ga'θapo] *m* junges Kaninchen *n*; *fig* Schnitzer *m*
gazmoñería [gaðmoɲe'ria] *f* Scheinheiligkeit *f*; Heuchelei *f*
gaznate [gaθ'nate] *m* Kehle *f*
gazpacho [gaθ'patʃo] *m* kalte Suppe aus Tomaten, Paprika, Brot, Öl, Essig etc
gel [xel] *m* Gel *n*
gelatin|a [xela'tina] *f* Gelatine *f*; **~oso** [~'noso] gallertartig
gélido ['xeliðo] eisig, eiskalt
gema ['xema] *f* Edelstein *m*
gemelo [xe'melo] **1.** *adj* Zwillings...; **2. ~s** *m/pl* Zwillinge *m/pl*; (*anteojos*) Fernglas *n*; Opernglas *n*; (*botones*) Manschettenknöpfe *m/pl*
gemido [xe'miðo] *m* Wimmern *n*; Ächzen *n*; Stöhnen *n*
Géminis *astr* ['xeminis] *m* Zwillinge *pl*
gemir [xe'miur] (3l) ächzen; wimmern; stöhnen
gen *biol* [xen] *m* Gen *n*
genciana ✿ [xen'θiana] *f* Enzian *m*
genealogía [xenealɔ'xia] *f* Genealogie *f*; Abstammung *f*
genera|ción [xenera'θion] *f* Generation *f*; *biol* (Er-)Zeugung *f*; **~dor** [~'dor] *m* ⚡ Generator *m*
general [xene'ral] **1.** *adj* allgemein; General...; **en** (*od* **por lo**) **~** im allgemeinen; **2.** *m* General *m*; **~idad** [~li'ðað] *f* Allgemeinheit *f*; **~izar** [~'θar] (1f) verallgemeinern; **~mente** [~ral'mente] im allgemeinen, meistens
generar [xene'rar] (1a) erzeugen
genérico [xe'neriko] **1.** *adj* allgemein; Gattungs...; **2.** *m*: **~s** *pl* (*cine*) Vorspann *m*
género ['xenero] *m* Gattung *f* (*a lit, biol*); Geschlecht *n*; *gram* Genus *n*; ✝ Ware *f*; **~s de punto** Trikotagen *f/pl*
genero|sidad [xenerosi'ðað] *f* Großzügigkeit *f*; Freigebigkeit *f*; **~so** [~'roso] großzügig
génesis ['xenesis] *f* Entstehung *f*

genéti|ca [xe'netika] *f* Genetik *f*; **~co** [~'netiko] genetisch; Gen...
genial [xe'nial] genial; **~idad** [~li'ðað] *f* Genialität *f*
genio ['xenĩo] *m* Geistes-, Gemütsart *f*; Wesen *n*; Geist *m*; Genie *n*; **de buen ~** gutmütig; **de mal ~** jähzornig; **tener mal ~** e-n schlechten Charakter haben
genital [xeni'tal] Geschlechts..., genital; **~es** *m/pl* Genitalien *pl*
genitivo *gram* [xeni'tiβo] *m* Genitiv *m*
genocidio [xeno'θiðio] *m* Völkermord *m*
gente ['xente] *f* Leute *pl*; **la ~ guapa** Schickeria *f*
gentil [xen'til] hübsch; (*amable*) nett, liebenswürdig; **~eza** [~'leθa] *f* Liebenswürdigkeit *f*; **~hombre** [~'ɔmbre] *m* Edelmann *m*
gen|tío [xen'tio] *m* Menschenmenge *f*; **~tuza** [~'tuθa] *f* Gesindel *n*, Pack *m*
genuflexión [xenufleɡ'sion] *f* Kniefall *m*, -beuge *f*
genuino [xe'nũino] echt, unverfälscht
geogr|afía [xeogra'fia] *f* Erdkunde *f*, Geographie *f*; **~áfico** [~'grafiko] geographisch
ge|ología [xeolɔ'xia] *f* Geologie *f*; **~ólogo** [~'ɔlogo] *m* Geologe *m*
geometría [xeome'tria] *f* Geometrie *f*
geranio ✿ [xe'ranĩo] *m* Geranie *f*
geren|cia [xe'renθia] *f* Geschäftsführung *f*; Management *n*; **~te** [xe'rente] *m* Geschäftsführer *m*
geri|atría [xeria'tria] *f* Geriatrie *f*, Altersheilkunde *f*; **~átrico** [~'riatriko] *m*: (**centro** *m*) **~** Altenpflegeheim *n*
germ|ánico [xɛr'maniko] germanisch; *fig* deutsch; **~anista** [~'ista] *su* Germanist(in *f*) *m*; **~ano** [~'mano] **1.** *adj* germanisch; **2.** *m* Germane *m*; **~anofederal** [~feðe'ral] bundesdeutsch
ger|men ['xermen] *m* Keim *m* (*a fig*); **~minar** [~'nar] (1a) keimen
gerundio *gram* [xe'rundĩo] *m* Gerundium *n*
gesta ['xesta] *f* Heldentat *f*; **cantar** *m* **de ~** Heldenepos *n*
gestación [xesta'θion] *f* Schwangerschaft *f*; *zo* Trächtigkeit *f*
gesticula|ción [xestikula'θion] *f* Gestikulieren *n*; **~r** [~'lar] (1a) gestikulieren
gesti|ón [xes'tion] *f* Geschäftsführung *f*; (*de una cosa*) Betreibung *f*; **hacer ges-**

gestionar 154

tiones Schritte unternehmen; **~onar** [~tjo'nar] (1a) betreiben

gesto ['xesto] m Miene f; (además) Geste f, Gebärde f

gestor [xes'tor] m Inhaber m e-r → **~ía** [~to'ria] f Esp Agentur f zur Erledigung amtlicher Formalitäten

giba ['xiba] f Höcker m, Buckel m

gigante [xi'gante] **1.** adj riesig; **2.** m Riese m; **~sco** [~'tesko] riesenhaft, gigantisch

gilipollas P [xili'poʎas] m F Blödmann m, F Flasche f

gimna|sia [xim'nasja] f Turnen n, Gymnastik f; *hacer* ~ turnen; **~sio** [~'nasjo] m Turnhalle f; Fitneß-Center n; **~sta** [~'nasta] su Turner(in f) m

gimo ['ximo] s *gemir*

ginebra [xi'nebra] f Gin m

gine|cología [xinekolo'xia] f Gynäkologie f; **~cólogo, -a** [~'kɔlogo, -a] m/f Frauenarzt m, -ärztin f

gira ['xira] f Rundreise f; teat, ♪ Tournee f

girar [xi'rar] (1a) **1.** v/i sich drehen, a fig kreisen; (torcer) (ab)biegen; (dinero) überweisen **2.** v/t drehen; (dinero) überweisen

girasol [xira'sol] m Sonnenblume f

giratorio [xira'torjo] Kreis...; Dreh...

giro ['xiro] m Drehung f, (a fig) Wendung f; (frase) Redewendung f; ✝ Überweisung f; **~ postal** Postanweisung f

gitano [xi'tano] **1.** adj zigeunerhaft; **2.** m Zigeuner m

glacial [gla'θjal] eiskalt, eisig (a fig); *época* f ~ Eiszeit f

glaciar [gla'θjar] m Gletscher m

gladíolo [gla'ðjolo] m Gladiole f

glándula ['glandula] f Drüse f

glandular [glandu'lar] Drüsen...

glaucoma ✝ [glau̯'koma] m grüner Star m, Glaukom n

glicerina [gliθe'rina] f Glyzerin n

global [glo'bal] Pauschal..., global; **~mente** [~'mente] im ganzen genommen

globo ['globo] m Kugel f; Globus m; (juguete) Luftballon m; ✈ ~ *aerostático* Ballon m; ~ *del ojo* Augapfel m; **~sonda** Versuchsballon m (a fig)

glóbulo [globulo] m: ~ *sanguíneo* Blutkörperchen n

glori|a ['glorja] f Ruhm m; fig Wonne f; *estar en la* ~ überglücklich sein; **~ficar** [~rifi'kar] (1g) verherrlichen; rühmen; **~oso** [~'rjoso] glorreich, ruhmreich

glosa ['glosa] f Glosse f; ~ *(marginal)* Randbemerkung f; **~r** [~'sar] (1a) glossieren, kommentieren; **~rio** [~'sarjo] m Glossar n

glo|tón [glo'ton] **1.** adj gefräßig; **2.** m Vielfraß m; **~tonería** [~tone'ria] f Gefräßigkeit f

glucosa [glu'kosa] f Traubenzucker m

glúteo anat ['gluteo] Gesäß...

gnomo ['gnomo] m Gnom m

goberna|ción [goβerna'θjon] f Regieren n; Statthalterschaft f; **~dor** [~'dor] n Statthalter m; Gouverneur m; **~nte** [~'nante] *los* ~s die Regierenden m/pl; **~r** [~'nar] (1k) regieren, leiten; ♆ steuern

gobierno [go'βjerno] m Regierung f; ~ *de la casa* Haushaltung f

goce ['goθe] m Genuß m; Vergnügen m

godo ['godo] **1.** adj gotisch; **2.** m Gote m

gol [gol] m dep Tor n; **~eador** [~lea'dor] m Torschütze m

golf [golf] m Golf n; **~ista** [~'fista] su Golfspieler(in f) m, Golfer(in f) m

golfo ['golfo] m geo Golf m; (pilluelo) Straßenjunge m; Strolch m

golondrina [golon'drina] f Schwalbe f

golo|sina [golo'sina] f Süßigkeit f; Leckerbissen m; **~so** [~'loso] naschhaft

golpe ['golpe] m Schlag m; Stoß m; Hieb m; ~ *bajo* (boxeo, fig) Tiefschlag m; ~ *de Estado* Staatsstreich m, Putsch m; ~ *franco* dep Freistoß m; ~ *de gracia* Gnadenstoß m; *no dar* ~ faulenzen; **~ar** [~'ar] (1a) schlagen; klopfen

golpista [gol'pista] m Putschist m

goma ['goma] f Gummi n, m; ~ *(de borrar)* Radiergummi m; ~ *espuma* Schaumgummi m

góndola ['gondola] f Gondel f

gong [gɔŋ] m Gong m

gonorrea ✝ [gono'rrea] f Tripper m

gor|do ['gordo] **1.** adj dick; fett; **2.** m große(s) Los n, Haupttreffer m; **~dura** [~'dura] f Korpulenz f

gorila [go'rila] m Gorilla m; fig Leibwächter m

gorr|a ['gorra] f Mütze f; Kappe f; fig fahren ~ auf Kosten anderer; **~ear** F [gorre'ar] (1a) schmarotzen

gorrino [go'rrino] m Schwein n (a fig)

gorrión [gɔˈrrĩɔn] m Sperling m, Spatz m
gorro [ˈgɔrrɔ] m Mütze f
gorrón [gɔˈrrɔn] m F Schnorrer m
gota [ˈgota] f Tropfen m; ✱ Gicht f; ~ *fría* met Kaltlufttropfen m; ✱ ~ *a* ~ m F Tropf m
gote|ar [goteˈar] (1a) tröpfeln (*a fig*); tropfen; **~ra** [~ˈtera] f undichte Stelle (im Dach)
gótico [ˈgotiko] gotisch; (*estilo m*) ~ Gotik f
goza|da [goˈθaða] f Hochgenuß m; **~r** [~ˈθar] (1f): ~ *de* genießen; sich erfreuen (*gen*)
gozo [ˈgoθo] m Freude f; Vergnügen n; **~so** [~ˈθoso] fröhlich, freudig
graba|ción [graβaˈθiɔn] f Aufnahme f; Aufzeichnung f; **~do** [~ˈβaðo] m Illustration f, Abbildung f; (*arte*) Stich m; Graphik f; **~dor** [~ˈðɔr] m Graveur m; **~dora** [~ˈðora] f Tonbandgerät n; **~r** [~ˈβar] (1a) (ein)gravieren; ♪ aufnehmen; *fig* einprägen
gracia [ˈgraθia] f Grazie f; Anmut f; Witz m; *rel* Gnade f; *hacer* **~ *a alg*** j-m gefallen; (*divertir*) j-n amüsieren; **¡~s!** danke!; **~s** *prp* dank (*gen*); *dar las* **~s *a alg*** sich bei j-m bedanken
gracioso [graˈθioso] **1.** *adj* graziös, anmutig; (*divertido*) witzig; **2.** *m* Witzbold m; *teat* komische Person
grada [ˈgraða] f Stufe f; *teat* Stufensitz m; ♪ Egge f; **~s** *pl* Freitreppe f
gradería [graðeˈria] f (ansteigende) Sitzreihen f/pl
grado [ˈgraðo] m Grad m; Rang m; *de buen* ~ gern, gutwillig; *de mal* ~ ungern, widerwillig, *en alto* ~ in hohem Maße
gradua|ción [graðuaˈθiɔn] f Gradeinteilung f; ⊙ Einstellung f; ✕ Dienstgrad m; (*de un vino, etc*) Alkoholgehalt m; **~l** [~ˈðual] abgestuft, allmählich; **~r** [~ˈðuar] (1e) graduieren; *abstufen*; **~rse** e-n akademischen Titel erwerben
gráfi|ca [ˈgrafika] f s *gráfico 2.*; **~co** [~ko] **1.** *adj* graphisch; **2.** *m* graphische Darstellung f; Diagramm n
grafista [graˈfista] m Graphiker m
grafito [graˈfito] m Graphit m
gra|fología [grafoloˈxia] f Graphologie f; **~fólogo** [~ˈfologo] m Graphologe m
gragea [graˈxea] f Dragee n
grajo [ˈgraxo] m Saatkrähe f

grama ✿ [ˈgrama] f Quecke f
gramática [graˈmatika] f Grammatik f; ~ *parda* Bauernschläue f
gramo [ˈgramo] m Gramm n
gran [gran] s *grande*
grana|da [graˈnaða] f ✿ Granatapfel m; ✕ Granate f; **~dino** [~ˈðino] aus Granada
granate [graˈnate] **1.** m *min* Granat m; **2.** *adj* granatfarben
grande [ˈgrande] (*vor su sg gran*) groß; *pasarlo en* ~ sich großartig amüsieren; *vivir a lo* ~ auf großem Fuß leben; **~za** [~ˈdeθa] f Größe f
grandi|locuente [grandiloˈkuente] geschwollen, hochtrabend; **~oso** [~ˈðioso] großartig; herrlich
granel [graˈnɛl]: *a* ~ ✿ unverpackt, lose
granero [graˈnero] m Kornkammer f (*a fig*); Getreidespeicher m
granito [graˈnito] m Granit m
grani|zado [graniˈθaðo] m Eisgetränk n; **~zar** [~ˈθar] (1f) hageln; **~zo** [~ˈniθo] m Hagel m
granja [ˈgranxa] f Bauernhof m; Farm f; (*local*) Milchbar f; ~ *marina* Fischzuchtanstalt f
granjero [granˈxero] m Farmer m, Landwirt m
grano [ˈgrano] m Korn n; (*de café*) Bohne f; ✱ Pickel m; *ir al* ~ zur Sache kommen
granuja [graˈnuxa] m Gauner m
granula|do [granuˈlaðo], **~r** [~ˈlar] körnig
grapa [ˈgrapa] f (Heft-)Klammer f; **~dora** [~ˈðora] f Heftmaschine f
gra|sa [ˈgrasa] f Fett n; **~siento** [~ˈsiento] fettig; schmierig; **~so** [ˈgraso] fett
gratifica|ción [gratifikaˈθiɔn] f Gratifikation f; ~ *navideña* Weihnachtsgeld n; **~nte** [~ˈkante] erfreulich, angenehm; **~r** [~ˈkar] (1g) belohnen; *fig* erfreuen
gratinar [gratiˈnar] (1a) überbacken, gratinieren
gratis [ˈgratis] unentgeltlich, gratis
gratitud [gratiˈtuð] f Dankbarkeit f
grato [ˈgrato] angenehm
gratui|dad [gratüiˈðað] f Kostenlosigkeit f; ~ *de la enseñanza* Schulgeldfreiheit f; **~to** [~ˈtüito] unentgeltlich, kostenlos; *fig* grundlos
grava [ˈgraβa] f Kies m; Schotter m; **~r** [~ˈβar] (1a) belasten; besteuern

grave ['graβe] schwer; (*serio*) ernst; ♪ tief; *estar ~* schwer krank sein; **~dad** [~'dað] *f* Schwere *f*; Ernst *m*; *herido de ~* schwerverletzt

gravidez [graβi'ðeθ] *f* Schwangerschaft *f*

gravilla [gra'βiʎa] *f* Kies *m*; Rollsplitt *m*

gravitación [graβita'θion] *f* Schwerkraft *f*

graznar [graθ'nar] (1a) krächzen

gremio ['gremio] *m* Innung *f*; *hist* Zunft *f*

greña ['greɲa] *f*: *andar a la ~* sich in den Haaren liegen; raufen

gres [gres] *m* Steingut *n*

griego ['grieɣo] **1.** *adj* griechisch; **2.** *m*, **-a** *f* Grieche *m*, Griechin *f*

grieta ['grieta] *f* Spalte *f*; Riß *m*

grifo ['grifo] *m* Wasserhahn *m*

grillo *zo* ['griʎo] *m* Grille *f*

gringo *Am* ['griŋgo] *m* Yankee *m*

gripe ☞ ['gripe] *f* Grippe *f*

gris [gris] grau (*a fig*)

grisú [gri'su] *m* Grubengas *n*

gri|tar [gri'tar] (1a) schreien; rufen; **~terío** [~te'rio] *m* Geschrei *n*; **~to** ['grito] *m* Schrei *m*; Ruf *m*; *dar ~s* schreien

grosella [gro'seʎa] *f* Johannisbeere *f*; *~ espinosa* Stachelbeere *f*

gro|sería [grose'ria] *f* Grobheit *f*; **~sero** [~'sero] **1.** *adj* grob; flegelhaft; **2.** *m* Grobian *m*; Flegel *m*; **~sor** [~'sor] *m* Dicke *f*, Stärke *f*

grotesco [gro'tesko] grotesk

grúa ['grua] *f* Kran *m*; *auto* Abschleppwagen *m*

grueso ['grueso] **1.** *adj* dick; groß; *mar f -a* schwere See *f*; **2.** *m* Dicke *f*, Stärke *f*; ✗ Gros *n*

grulla ['gruʎa] *f* Kranich *m*

grumete [gru'mete] *m* Schiffsjunge *m*

grumo ['grumo] *m* Klumpen *m*; **~so** [~'moso] klumpig

gru|ñido [gru'ɲiðo] *m* Grunzen *n*; *fig* Murren *n*; **~ñir** [~'ɲir] (3h) grunzen; *fig* murren

grupa ['grupa] *f* Kruppe *f*

grupo ['grupo] *m* Gruppe *f*; *~ de destino* Zielgruppe *f*; *~ electrógeno* Stromaggregat *n*; *~ parlamentario* Fraktion *f*; *~ de presión* Interessengruppe *f*; Lobby *f*; *~ sanguíneo* Blutgruppe *f*

gruta ['gruta] *f* Grotte *f*; Höhle *f*

guadaña [gua'ðaɲa] *f* Sense *f*

guante ['guante] *m* Handschuh *m*; **~ra** [~'tera] *f auto* Handschuhfach *n*

guapo ['guapo] hübsch; schick

guarda ['guarða] **a)** *su* Wächter(in *f*) *m*, Aufseher(in *f*) *m*; *~ forestal* Förster *m*; *~ jurado* amtlich bestellter Wächter *m*; **b)** *f* Wache *f*; Aufsicht *f*; ⚖ *derecho m de ~* Sorgerecht *n*; **~barrera** 🚅 [~ba'rrera] *m* Schrankenwärter *m*; **~barros** [~'barros] *m auto* Kotflügel *m*; **~bosque** [~'boske] *m* Forstaufseher *m*; **~costas** [~'kostas] *m* Küstenwachschiff *n*; **~espaldas** [~es'paldas] *m* Leibwächter *m*; **~fango** *Am* [~'faŋgo] *m* Kotflügel *m*; **~gujas** 🚅 [~'guxas] *m*, Weichensteller *m*; **~meta** [~'meta] *m* Torwart *m*; **~muebles** [~'muebles] *m* Möbellager *n*; **~polvo** [~'polβo] *m* (Arbeits-)Kittel *m*

guardar [guar'dar] (1a) aufbewahren, verwahren; behalten; (*vigilar*) bewachen; *~ cama* das Bett hüten; *~ silencio* schweigen; *~se* sich hüten (vor *de*)

guarda|rropa [guarða'rropa] *m* Garderobe *f*; (*armario*) Kleiderschrank *m*; **~ encargada del ~** Garderobenfrau *f*; **~vía** 🚅 [~'βia] *m* Streckenwärter *m*

guardería [guarðe'ria] *f*: *~ infantil* Kinderkrippe *f*

guardia ['guarðia] **a)** *f* Wache *f*; *~ civil Esp* etwa: Landpolizei *f*; *~ urbana* Stadtpolizei *f*; *de ~* diensttuend, vom Dienst; *estar de ~* Wache stehen; ✗ (Bereitschafts-, Nacht-)Dienst haben; **b)** *m* Polizist *m*, Schutzmann *m*; *~ civil* Landpolizist *m*; *~ marina* Seekadett *m*

guardián [guar'ðian] *m* Wächter *m*

guarecer [guare'θer] (2d) schützen (vor *dat de*); *~se* Schutz suchen (vor *de*)

guarida [gua'riða] *f* Höhle *f*; Bau *m*; *fig* Schlupfwinkel *m*

guarismo [gua'rismo] *m* Ziffer *f*

guar|necer [guarne'θer] (2d) garnieren (*a gastr*), besetzen (mit *de*); **~nición** [~ni'θion] *f* Besatz *m*; ✗ Garnison *f*; *gastr* Beilage *f*

guarr|a ['guarra] *f* Sau *f* (*a fig*), **~o** [~rro] **1.** *adj* dreckig; **2.** *m* Schwein *n* (*a fig*)

guas|a ['guasa] *f* Scherz *m*; *de ~* im Scherz; **~ón** [~'son] *m* Spaßvogel *m*

guatemalteco [guatemal'teko] **1.** *adj* guatemaltekisch; **2.** *m*, **-a** *f* Guatemalteke *m*, Guatemaltekin *f*

guateque [gua'teke] *m* Party *f*

guberna|mental [guβernamen'tal], **~tivo** [~'tiβo] Regierungs...
gubia ['guβia] *f* Hohlmeißel *m*
guedeja [ge'dεxa] *f* Haarsträhne *f*; Mähne *f*
guepardo *zo* [ge'pardo] *m* Gepard *m*
guerr|a ['gerra] *f* Krieg *m*; **~ civil** Bürgerkrieg *m*; **~ fría** kalter Krieg *m*; **~ mundial** Weltkrieg *m*; **dar ~** Ärger (*od* Mühe) machen; **~ear** [gerre'ar] (1a) Krieg führen; **~ero** [~'rrero] **1.** *adj* kriegerisch; **2.** *m* Krieger *m*; **~illa** [~'rriλa] *f* Guerilla *f*; **~illero** [~'λero] *m* Freischärler *m*
guía ['gia] **a)** *su* (Fremden-)Führer(in *f*); Reiseleiter(in *f*) *m*; **~ escolar** (*de tráfico*) Schülerlotse *m*; **b)** *f* Reiseführer *m* (*libro*); *fig* Richtschnur *f*; **~ de ferrocarriles** Kursbuch *n*; **~ telefónica** Telefonbuch *n*
guiar [gi'ar] (1c) führen; leiten; *auto* lenken; **~se** sich richten (nach *dat por*)
guija [gixa] *f*, **~rro** [~'xarro] *m* Kieselstein *m*
guillotina [giλo'tina] *f* Guillotine *f*; ⊕ Papierschneidemaschine *f*
guinda ['ginda] *f* Sauerkirsche *f*
guindilla [gin'diλa] *f* scharfe Pfefferschote *f*
guiña|po [gi'napo] *m* Lumpen *m*, Fetzen *m*; **~r** [~'nar] (1a) blinzeln; **~ los ojos** mit den Augen zwinkern
guiño ['gino] *m* Zwinkern *n*, Blinzeln *n*

guiñol [gi'nɔl] *m* Kasperletheater *n*
guión [gi'ɔn] *m* (*cine*) Drehbuch *n*; *gram* Binde-, Trennungstrich *m*
guionista [gio'nista] *su* Drehbuchautor(in *f*) *m*
guirnalda [gir'nalda] *f* Girlande *f*
guisa ['gisa] *f*: **a ~ de** als; **de esta ~** auf diese Weise; **de tal ~** derart
guisado [gi'sado] *m* Schmorgericht *n*
guisante [gi'sante] *m* Erbse *f*
gui|sar [gi'sar] (1a) kochen; **~so** ['giso] *m* Gericht *n*
guitarr|a [gi'tarra] *f* Gitarre *f*; **~ista** [~'rrista] *su* Gitarrist(in *f*) *m*
gula ['gula] *f* Völlerei *f*; Gefräßigkeit *f*
gusano [gu'sano] *m* Wurm *m*; **~ de seda** Seidenraupe *f*
gus|tar [gus'tar] (1a) **1.** *v/t* kosten, probieren; **2.** *v/i* gefallen; (*comida*) schmecken; **me gustaría** *inf* ich möchte (*od* würde) gern *inf*; **me gusta leer** ich lese gern; **cuando guste** wann Sie wollen!; **~tazo** [~'taθo] *m* Riesenfreude *f*; **~tillo** [~'tiλo] *m* Nach-, Beigeschmack *m*; **~to** ['gusto] *m* Geschmack *m*; (*placer*) Vergnügen *n*; Gefallen *n* (an *dat por*); de buen **~** geschmackvoll; **de mal ~** geschmacklos; **con mucho ~** sehr gern; **tomar ~ a** Gefallen finden an (*dat*); **~tosamente** [~tosa'mente] gern; **~toso** [~'toso] schmackhaft; *fig* bereitwillig
gutural [gutu'ral] Kehl..., guttural

H

H, h ['atʃe] *f* H, h *n*
ha [a] *s* **haber**
haba [aβa] *f* dicke Bohne *f*; Saubohne *f*
haber [a'βεr] **1.** (2k) *vb auxiliar* haben, sein; **~ de** *inf* müssen, sollen; **no ~ de** *inf* nicht sollen; nicht dürfen; **hay** es gibt; **hay que** *inf* man muß; **qué ~?** F was gibt's?; wie geht's?; **no hay que** *inf* man darf nicht; man braucht nicht zu; **no hay de qué** nichts zu danken; **no hay más que** *inf* man braucht nur zu; **no hay como** es geht nichts über (*ac*); **2.** *m*

Haben *n*; Guthaben *n*; **~es** *pl* Vermögen *n*
habichuela [aβi'tʃuela] *f* Bohne *f*
hábil ['aβil] geschickt, fähig
habili|dad [aβili'dad] *f* Geschicklichkeit *f*, Fähigkeit *f*; **~tación** [~ta'θiɔn] *f* Befähigung *f*; Ermächtigung *f*; (*de un edificio*) Einrichtung *f*; **~tar** [~'tar] (1a) befähigen, ermächtigen; (*preparar*) ein-, herrichten
habita|ble [aβi'table] bewohnbar; **~ción** [~'θiɔn] *f* Zimmer *n*; **~ doble** (*indivi-*

dual) Doppel- (Einzel-)zimmer *n*; **~nte** [~'tante] *m* Bewohner *m*; Einwohner *m*; **~r** [~'tar] (1a) **1.** *v/t* bewohnen; **2.** *v/i* wohnen

hábito ['abito] *m* Gewohnheit *f*; *rel* Ordenskleid *n*

habitu|ación [abitua'θjon] *f* Gewöhnung *f*; **~al** [~'tual] gewöhnlich; *cliente m* ~ Stammgast *m*; **~ar(se)** [~'tuar(se)] (1e) (sich) gewöhnen (an *ac* **a**)

habla ['abla] *f* Sprache *f*; Sprechweise *f*; *ponerse al* ~ *con alg* sich mit j-m in Verbindung setzen; **~durías** [~ðu'rias] *f/pl* Gerede *n*, Klatsch *m*

hablar [a'blar] (1a) sprechen, reden; *¡ni ~!* kommt nicht in Frage !; **~se**: *no ~* nicht mitea sprechen *od* verkehren

habón ♣ [a'bon] *m* Quaddel *f*

hacen|dado [aθen'daðo] *m* Gutsbesitzer *m*; **~dero** [~'ðero] *m Am* Farmer *m*; **~doso** [~'ðoso] arbeitsam

hacer [a'θer] (2s) machen, tun; veranlassen; (*maleta*) packen; (*pastel*) backen; (*pregunta*) stellen; (*papel*) spielen; ~ *bien* (*mal*) richtig (falsch) handeln; ~ *de* arbeiten *od* fungieren als; ~ *como que* so tun, als ob; ~ *que subj* veranlassen, bewirken, daß; *no ~ más que inf* nichts anderes tun als; *hace calor (frío)* es ist warm (kalt); *hace tres días* vor drei Tagen; *¡qué le vamos a ~!* was will man da machen !; **~se** werden; ~ *viejo* alt werden; ~ *de noche* Nacht werden; ~ *el sordo* (*tonto*) sich taub (dumm) stellen; ~ *con a/c* sich etwas verschaffen *od* aneignen

hacia [a'θia] nach, zu; ~ *aquí* hierher; ~ *las cuatro* gegen vier Uhr

hacienda [a'θienda] *f Am* Landgut *n*; Farm *f*; ~ (*pública*) Finanzwesen *n*, -verwaltung *f*

hacinar [aθi'nar] (1a) aufhäufen; *fig* zs.-pferchen

hacha [at'ʃa] *f* Axt *f*; Beil *n*; **~zo** [a't'ʃaθo] *m* Axthieb *m*

hachís [a't'ʃis] *m* Haschisch *n*

hada ['aða] *f* Fee *f*

hado ['aðo] *m* Schicksal *n*

hago ['ago] *s hacer*

hala|gar [ala'gar] (1h) schmeicheln; **~go** [a'lago] *m* Schmeichelei *f*; **~güeño** [~'güeɲo] schmeichelhaft

halcón [al'kɔn] *m* Falke *m*

hálito ['alito] *m* Hauch *m*; Atem *m*

halitosis ♣ [ali'tosis] *f* Mundgeruch *m*

hall [xɔl] *m* (Hotel-)Halle *f*

hallar [a'ʎar] (1a) finden; (an)treffen; **~se** sich befinden

hallazgo [a'ʎaðgo] *m* Fund *m*

halterofilia [altero'filia] *f* Gewichtheben *n*

hamaca [a'maka] *f* Hängematte *f*; (*asiento*) Liegestuhl *m*; *Am* Schaukel *f*

ham|bre ['ambre] *f* Hunger *m* (*a fig*); *pasar* ~ hungern; **~briento** [~'briento] hungrig; *fig* begierig (nach *de*)

hambur|gués [ambur'ges] *m* Hamburger *m*; **~guesa** [~'gesa] *f* Hamburgerin *f*; *gastr* Frikadelle *f*, Hamburger *m*

hampa ['ampa] *f* Unterwelt *f*

hámster *zo* ['amster] *m* Hamster *m*

hangar [aŋ'gar] *m* (Flugzeug-)Halle *f*

hara|gán [ara'gan] *m* Faulenzer *m*; **~ganear** [~gane'ar] (1a) faulenzen; **~piento** [~'piento] zerlumpt; **~po** [a'rapo] *m* Lumpen *m*, Fetzen *m*

hardware *inform* ['ha(r)dwea] *m* Hardware *f*

harén [a'ren] *m* Harem *m*

hari|na [a'rina] *f* Mehl *n*; **~noso** [~'noso] mehlig

har|tar [ar'tar] (1a) sättigen; **~tarse** sich satt essen; *fig*: ~ *de a/c* et satt haben; **~to** ['arto] **1.** *adj* (über)satt; *fig* überdrüssig; *estar* ~ *de a/c* et satt haben; **2.** *adv* allzu; sattsam

hasta ['asta] **1.** *prp* bis; ~ *ahora* bisher, bis jetzt; *¡~ luego!* bis nachher!, bis gleich!; ~ *que* bis; **2.** *adv* sogar, selbst

hastiar [asti'ar] (1c) langweilen; **~se**: ~ *de* überdrüssig werden (*gen*)

hastío [as'tio] *m* Überdruß *m*

hato ['ato] *m* (Kleider-)Bündel *n*; (*rebaño*) Herde *f*

hay [ai] *s haber*

hay|a ['aja] *f* Buche *f*; **~uco** [a'juko] *m* Buchecker *f*

haz [aθ] *f* Garbe *f*; Bündel *n*; ⊙, ⚡ Strahl *m*

hazaña [a'θaɲa] *f* Heldentat *f*

hazmerreír [aðmɛrre'ir] *m* Witzfigur *f*; *fig* Gespött *n*

he [e] *s haber*

hebilla [e'biʎa] *f* Schnalle *f*

hebra ['ebra] *f* Faden *m*; Faser *f*

hebreo [e'breo] **1.** *adj* hebräisch; **2.** *m* Hebräer *m*

hecatombe [eka'tombe] *f* Hekatombe *f*; *fig* Blutbad *n*

hidroavión

hechi|cera [etʃi'θera] f Hexe f, Zauberin f; **~cería** [~'ria] f Zauberei f; **~cero** [~'θero] m Hexenmeister m, Zauberer m; **~zar** [~'θar] (1f) verzaubern; fig bezaubern; **~zó** [e'tʃiθo] m Zauber m (a fig)

hecho ['etʃo] **1.** part v hacer; ¡**bien ~!** recht so!; **muy ~** (carne) gut durchgebraten; **~ para** (wie) geschaffen für; **2.** m Tat f; Tatsache f; **de ~** de facto

hechura [e'tʃura] f Anfertigung f; Machart f; (dinero) Macherlohn m

hectárea [ek'tarea] f Hektar n od m

hectolitro [ekto'litro] m Hektoliter m od n

hediondo [e'djondo] stinkig; ekelhaft

hedor [e'dor] m Gestank m

hegemonía [exemo'nia] f Vorherrschaft f, Hegemonie f

hela|da [e'lada] f Frost m; **~dera** [~'dera] f Am Kühlschrank m; **~dería** [~de'ria] f Eisdiele f; **~do** [e'lado] **1.** adj gefroren; fig eiskalt; **2.** m (Speise-)Eis n; **~dora** [~'dora] f Eismaschine f; **~r** [e'lar] (1k) gefrieren lassen; fig erstarren lassen; **hiela, está helando** friert; **~rse** er-, gefrieren; (lago, etc) zufrieren; (carretera) vereisen

helecho ♣ [e'letʃo] m Farn m

hélice ['eliθe] f (Schiffs-)Schraube f; ✈ Propeller m

heli|cóptero [eli'koptero] m Hubschrauber m; **~puerto** [~pŭɛrto] m Hubschrauberlandeplatz m

helvético [el'betiko] helvetisch, schweizerisch

hematoma ♣ [ema'toma] m Bluterguß m

hembra ['embra] f zo Weibchen n; F Weib n, Frau f

hemi|ciclo [emi'θiklo] m Halbkreis m; **~sferio** [emis'ferjo] m Halbkugel f

hemof|ilia ♣ [emo'filja] f Bluterkrankheit f; **~ílico** [~'filiko] m Bluter m

hemorr|agia ♣ [emɔ'rraxja] f Blutung f; **~oides** ♣ [~'rrɔides] f/pl Hämorrhoiden f/pl

hend|er [en'dɛr] (2g) spalten; **~idura** [~di'dura] f Spalt m; Schlitz m

heno ['eno] m Heu n

hep|ático [e'patiko] Leber...; **~atitis** [~'titis] f Leberentzündung f, Hepatitis f

heráldica [e'raldika] f Wappenkunde f

herbicida [erbi'θida] m Unkrautvernichtungsmittel n, Herbizid n

herboristería [erboriste'ria] f Kräuterladen m

here|dar [ere'dar] (1a) erben (von **de**); **~dero** [~'dero] m, **-a** f [~'dera] Erbe m, Erbin f; **~ditario** [~di'tarjo] erblich; Erb...

here|je [e'rɛxe] su Ketzer(in f) m; **~jía** [ere'xia] f Ketzerei f

herencia [e'renθja] f Erbschaft f; Erbe n

heri|da [e'rida] f Wunde f; Verletzung f; fig Kränkung f; **~do** [e'rido] m Verwundete(r) m; Verletzte(r) m; **~r** [e'rir] (3i) verwunden; verletzen (a fig)

herman|a [ɛr'mana] f Schwester f; **~amiento** [~'mjento] m: **~ de ciudades** Städtepartnerschaft f; **~ar** [~'nar] (1a) verbrüdern; vereinen; **~astro** m, **-a** f [~'nastro, ~'nastra] Stiefbruder m, -schwester f; **~dad** [erman'dad] f Bruderschaft f; Brüderlichkeit f; **~o** [ɛr'mano] m Bruder m; **~s** pl Geschwister pl; ✝ Gebrüder pl

hermético [ɛr'metiko] hermetisch; fig verschlossen

hermo|so [ɛr'moso] schön; **~sura** [~'sura] f Schönheit f

hernia ♣ [ɛr'nja] f Bruch m; **~ discal** Bandscheibenvorfall m; **~ inguinal** Leistenbruch m

héroe ['eroe] m Held m

hero|ico [e'rɔiko] heldenhaft, heroisch; **~ína** [ero'ina] f Heldin f; 🐍 Heroin n; **~inómano** [~i'nomano] **1.** adj heroinsüchtig; **2.** m Heroinsüchtige(r) m; **~ísmo** [~'izmo] m Heldentum n

herpes ♣ ['ɛrpes] m Herpes m

herra|dura [erra'dura] f Hufeisen n; **curva f en ~** Haarnadelkurve f; **~mienta** [~'mjenta] f Werkzeug n; **~r** [ɛ'rrar] (1k) beschlagen

herre|ría [ɛrre'ria] f Schmiede f; **~ro** [ɛ'rrero] m Schmied m

hervi|dero [ɛrßi'dero] m fig Gewimmel n; **~r** [ɛr'ßir] (3i) sieden, kochen; fig wimmeln (von **de**)

heterogéneo [etero'xeneo] heterogen

híbrido [i'brido] hybrid

hice ['iθe] s hacer

hidratante [idra'tante]: **crema** f **~** Feuchtigkeitscreme f

hidráuli|ca [i'drauˈlika] f Hydraulik f; **~co** [~ko] hydraulisch

hidr|oavión [idroa'ßjon] m Wasserflug-

hidrocarburos

zeug n; ~ocarburos [~kar'buros] m/pl Kohlenwasserstoffe m/pl; ~ocultivo [~kul'tibo] m Hydrokultur f; ~ofobia [~'fobia] f Wasserscheu f; ~ógeno [i'drɔxeno] m Wasserstoff m

hiedra ['jedra] f Efeu m

hiel [jɛl] f Galle f; fig Bitterkeit f

hielo ['jelo] m Eis n; Frost m; *romper el ~ fig* das Eis brechen

hiena ['jena] f Hyäne f

hierba ['jɛrba] f Gras n; Kraut n; *mala ~* Unkraut n; **~buena ♀** [~'buena] f Minze f

hierro ['jɛrrɔ] m Eisen n; *~forjado* Schmiedeeisen n; *~fundido* Gußeisen n; *quitar ~ a alc* e-r Sache die Spitze nehmen

hígado ['iɡaðo] m Leber f

higiene [i'xiene] f Hygiene f

higiénico [i'xieniko] hygienisch

higo ['iɡo] m Feige f; *~ chumbo* Kaktusfeige f

higuera [i'ɡera] f Feigenbaum m

hij|a ['ixa] f Tochter f; *~astro* m, *-a* f [i'xastro, ~tra] Stiefsohn m, -tochter f; *~o* ['ixo] m Sohn m; *~ predilecto* Ehrenbürger m; *~ único* Einzelkind n; *~s pl* Kinder n/pl

hila|ndería [ilande'ria] f Spinnerei f; *~r* [i'lar] (1a) spinnen

hilaridad [ilari'ðað] f Heiterkeit f

hilera [i'lera] f Reihe f

hilo ['ilo] m Faden m; Garn n; ⊙ (feiner) Draht m; *~ de coser* Nähgarn n; *pender de un ~* an e-m (seidenen) Faden hängen

hilvanar [ilba'nar] (1a) heften

himno ['imno] m Hymne f

hincapié [iŋka'pie]: *hacer ~* Nachdruck legen (auf *ac en*)

hincar [iŋ'kar] (1g) einschlagen; *~se: ~ de rodillas* niederknien

hincha ['intʃa] **a)** f Abneigung f; F *tener ~ a alg* j-n nicht riechen können; **b)** m Fan m; *~do* [in'tʃaðo] geschwollen; *a fig* aufgeblasen; *~r* [in'tʃar] (1a) aufblasen, -pumpen; *fig* aufbauschen; *~rse* anschwellen (*a* 🔴); *fig* sich aufblähen; *~zón* [intʃa'θon] *f* Schwellung f

hinojo ♀ [i'nɔxo] m Fenchel m

hiper|mercado [ipɛrmɛr'kaðo] m großer Supermarkt m; *~sensible* [~sen'sible] überempfindlich; *~tensión* 🔴 [~ten'sion] f Bluthochdruck m

híp|ica ['ipika] f Reitsport f; *~co* ['ipiko] Pferde...; Reit...

hipismo [i'pizmo] m Pferdesport m

hipno|sis [ib'nosis] f Hypnose f; *~tizar* [~ti'θar] (1f) hypnotisieren

hipo ['ipo] m Schluckauf m

hipocresía [ipokre'sia] f Heuchelei f; Scheinheiligkeit f

hipócrita [i'pokrita] **1.** *adj* heuchlerisch; **2.** *su* Heuchler(in f) m

hipódromo [i'podromo] m (Pferde-)Rennbahn f

hipófisis [i'pofisis] f Hypophyse f

hipopótamo [ipo'potamo] m Nilpferd n

hipoteca [ipo'teka] f Hypothek f; *~r* [~te'kar] (1g) mit e-r Hypothek belasten

hipótesis [i'potesis] f Hypothese f, Annahme f

hirsuto [ir'suto] struppig, borstig

hirviente [ir'biente] kochend

his|pánico [is'paniko] (hi)spanisch; *~panista* [~'nista] *su* Hispanist(in f) m

his|teria [is'teria] f Hysterie f; *~térico* [is'teriko] hysterisch

historia [is'toria] f Geschichte f; *pasar a la ~* in die Geschichte eingehen; *~dor* [~'ðor] m Historiker m; *~l* [~'rial] m Werdegang m; *~ médico* Krankengeschichte f

histórico [is'toriko] geschichtlich, historisch

hito ['ito] m Grenzstein m; *fig* Markstein m; *mirar de ~ en ~* scharf ansehen

hizo ['iθo] *s hacer*

hocico [o'θiko] m Schnauze f

hockey ['xɔke] m Hockey n; *~ sobre hielo* Eishockey n; *~ sobre patines* Rollschuhhockey n

hogar [o'ɡar] m Herd m; Feuerstelle f; *fig* Heim n; *~eño* [oɡa'reɲo] häuslich

hoguera [o'ɡera] f Scheiterhaufen m; Lagerfeuer n

hoja ['ɔxa] f Blatt n (*a* ♀); (*de ventana*) Flügel m; *~ de afeitar* Rasierklinge f

hojalata [ɔxa'lata] f Blech n

hojaldre [ɔ'xaldre] m Blätterteig m

hojarasca [ɔxa'raska] f dürres Laub n

hojear [ɔxe'ar] (1a) durchblättern

¡hola! ['ola] hallo!

holan|dés [olan'des] **1.** *adj* holländisch; **2.** *m*, *~desa* [~'desa] f Holländer(in f) m

holga|do [ɔl'ɡaðo] (*vestido*) weit, bequem; (*espacio*) geräumig; *fig* sorgenfrei; *~nza* [ɔl'ɡanθa] f Müßiggang m; *~r* [ɔl'ɡar] (1h *u* 1m) müßig sein; (*sobrar*)

hospedaje

überflüssig sein; sich erübrigen; **~zán** [ɔlga'θan] m Faulenzer m; **~zanear** [~ne'ar] (1a) faulenzen

holocausto [olo'kausto] m (Brand-)Opfer n; fig Holocaust m

hollín [o'ʎin] m Ruß m

hombre ['ɔmbre] m Mann m; Mensch m; **~ de Estado** Staatsmann m; **~ de negocios** Geschäftsmann m; **~ra** [ɔm'brera] f Schulterpolster n; (tirante) Träger m; Achselstück n

hombría [ɔm'bria] f Mannhaftigkeit f; **~ de bien** Rechtschaffenheit f

hombro ['ɔmbro] m Schulter f

homenaje [ome'naxe] m Ehrung f; **en ~ de** zu Ehren von; **~ado** [~'aðo] m Jubilar m; Gefeierte(r) m; **~ar** [~'ar] (1a) ehren, feiern

homeopatía [omeopa'tia] f Homöopathie f

homicida [omi'θiða] m Totschläger m; **~dio** [~'θiðio] m Totschlag m, Tötung f

homogéneo [omo'xeneo] gleichartig, homogen

homólogo [o'mologo] **1.** adj homolog; **2.** m Amtskollege m

homónimo [o'monimo] **1.** adj gleichlautend; **2.** m Namensvetter m; gram Homonym n

homosexual [omoseg'sual] **1.** adj homosexuell; **2.** m Homosexuelle(r) m; **~idad** [~suali'ðað] f Homosexualität f

honda ['ɔnda] f Schleuder f; **~do** ['ɔndo] **1.** adj tief; **2.** m Tiefe f; **~dura** [~'dura] f Tiefe f

honestidad [onesti'ðað] f Ehrlichkeit f; Anständigkeit f; **~to** [o'nesto] ehrlich; anständig

hongo ['ɔŋgo] m Pilz m; (sombrero) Melone f

honor [o'nɔr] m Ehre f; **en ~ de** zu Ehren gen; **~able** [ono'raβle] ehrenwert; rühmlich; **~ario** [~'rario] Ehren...; **~arios** [~'rarios] m/pl Honorar n; **~ífico** [~'rifiko] ehrenvoll; Ehren...

honra ['ɔnrra] f Ehre f; Ehrgefühl n; (prestigio) Ansehen n; **~dez** [~'deθ] f Ehrbarkeit f; Rechtschaffenheit f; **~do** [ɔn'rraðo] ehrlich; rechtschaffen; anständig; **~r** [ɔn'rrar] (1a) ehren

honroso [ɔn'rroso] ehrenvoll

hora ['ɔra] f Stunde f; Zeit f; **~ de cierre** Polizeistunde f; (de los comercios) Ladenschlußzeit f; **~ local** Ortszeit f; **a**

última ~ im letzten Augenblick; **dar la ~** (reloj) schlagen; **pedir ~** sich e-n Termin geben lassen; **¿qué ~ es?** wieviel Uhr (od wie spät) ist es?; **a altas ~s de la noche** spät in der Nacht; **a primera ~ de la tarde** am frühen Nachmittag; **~s de oficina** Geschäftsstunden f/pl; **~s extra(ordinarias)** Überstunden f/pl; **~s punta** Stoßzeit f

horadar [ora'ðar] (1a) durchbohren; durchlöchern

horario [o'rario] m Stunden-, Zeitplan m; 🚆 Fahrplan m; **~ flexible** gleitende Arbeitszeit f, Gleitzeit f; **~ de verano** Sommerfahrplan m

horca ['ɔrka] f Galgen m; **~jadas** [~'xaðas]: **a ~** rittlings

horchata [or'tʃata] f Erdmandelmilch f

horda ['ɔrða] f Horde f

horizontal [oriθon'tal] horizontal, waagerecht; **~te** [~'θonte] m Horizont m

horma ['ɔrma] f Form f; Schuhspanner m; Leisten m

hormiga [ɔr'miga] f Ameise f; **~gón** [~'gɔn] m Beton m; **~ armado** Stahlbeton m; **~gonera** [~go'nera] f Betonmischmaschine f

hormiguear [ɔrmige'ar] (1a) kribbeln; fig wimmeln; **~ero** [~'gero] m Ameisenhaufen m; fig Gewimmel n

hormona [ɔr'mona] f Hormon n

hornacina [ɔrna'θina] f Mauernische f; **~nillo** [ɔr'niʎo] m Kocher m; Kochplatte f; **~no** ['ɔrno] m (Back-, Brat-)Ofen m; **alto ~** Hochofen m

horóscopo [o'rɔskopo] m Horoskop n

horquilla [ɔr'kiʎa] f Haarnadel f; ✗, ⊙ Gabel f

horrendo [ɔ'rrendo] grausig

horrible [ɔ'rriβle] schrecklich; grauenvoll; **~pilante** [~pi'lante] haarsträubend; schauerlich

horror [ɔ'rrɔr] m Schrecken m; Schauder m; (aversión) Abscheu m (vor dat **a**); **tener ~ a** verabscheuen; **~izar** [ɔrrori-'θar] (1 f) mit Entsetzen erfüllen; **~oso** [~'roso] entsetzlich

hortaliza [ɔrta'liθa] f Gemüse n

hortelano [ɔrte'lano] m Gemüsegärtner m

hortensia ♀ [ɔr'tensia] f Hortensie f

hortícola [ɔr'tikola] Garten(bau)...

horticultura [ɔrtikul'tura] f Gartenbau m

hospedaje [ɔspe'ðaxe] m Beherbergung

hospedar 162

f; ~r [~'dar] (1a) beherbergen; ~rse logieren; absteigen

hospital [ɔspi'tal] m Krankenhaus n; ~ario [~ta'larjo] gastfreundlich; ~idad [~li'ðað] f Gastfreundschaft f; ~ización [~θa'θjon] f Einweisung f in ein Krankenhaus; ~izar [~'θar] (1f) in ein Krankenhaus einweisen

hostal [ɔs'tal] m Hotel n

hosteljería [ɔstele'ria] f Hotel- u Gaststättengewerbe n; ~ero [~'lero] m Gastwirt m; ~ría [~'ria] f Gasthaus n

hostia ['ɔstja] f Hostie f

hostigar [ɔsti'gar] (1h) züchtigen; fig belästigen; reizen

hostil [ɔs'til] feindlich, feindselig; ~idad [~li'ðað] f Feindseligkeit f

hotel [ɔ'tel] m Hotel n; ~ de cinco estrellas Fünfsternehotel n; ~ero [ote'lero] m Hotelbesitzer m

hoy [ɔi] heute; de ~ heutig; de ~ en adelante von heute an; ~ por ~ einstweilen; ~ (en) día heutzutage; ~ mismo noch heute

hoylo ['ɔjo] m Grube f; Grab n; ~uelo [o'jŭelo] m Grübchen n

hoz [ɔθ] f Sichel f

hucha ['utʃa] f Sparbüchse f

hueco ['ŭeko] 1. adj hohl; fig eitel; 2. m Lücke f; Hohlraum m; ~grabado [~gra'βaðo] m Tiefdruck m

huelga ['ŭelga] f Streik m; ~ de advertencia Warnstreik m; ~ de brazos caídos Sitzstreik m; ~ de celo Bummelstreik m; ~ general Generalstreik m; ~ de hambre Hungerstreik m; estar en ~ streiken; ~guista [~'gista] m Streikende(r) m

huella ['ŭeʎa] f Spur f; ~s pl digitales (od dactilares) Fingerabdrücke m/pl

huelo ['ŭelo] s oler

huérfano ['ŭerfano] 1. adj verwaist; 2. m, -a f [~na] Waise f; ~ de padre y madre Vollwaise f

huer|ta ['ŭerta] f Obst- u Gemüseland n; ~to ['ŭerto] m Obst- u Gemüsegarten m

hueso [ɔ'ŭeso] m Knochen m; (de fruta) Stein m

huésped ['ŭespeð] m Gast m

huesudo [ŭe'suðo] (stark)knochig

hue|vas ['ŭebas] f/pl Rogen m; ~vera [ŭe'βera] f Eierbecher f; ~vo m ['ŭeβo] m Ei n; ~ duro hartgekochtes Ei n; ~ pasado por agua weiches Ei n; ~ frito Spiegelei n; ~s revueltos Rührereier n/pl

hui|da [u'iða] f Flucht f; ~dizo [ui'ðiθo] flüchtig; (tímido) scheu; ~r [u'ir] (3g) 1. v/t (ver)meiden; aus dem Weg gehen (dat); 2. v/i fliehen; (tiempo) verfliegen

hule ['ule] m Wachstuch n

hulla ['uʎa] f Steinkohle f

huma|nidad [umani'ðað] f Menschheit f; Menschlichkeit f; ~es pl humanistische Bildung f; ~nista [~'nista] m Humanist m; ~nitario [~ni'tarjo] menschenfreundlich; ~nizar [~'θar] (1f) humanisieren; ~no [u'mano] menschlich; human

humareda [uma'reða] f Rauchwolke f

humear [ume'ar] (1a) rauchen; dampfen

hume|dad [ume'ðað] f Feuchtigkeit f; ~decer [~ðe'θer] (2d) be-, anfeuchten

húmedo ['umeðo] feucht

húmero ['umero] m Oberarmknochen m

humil|dad [umil'dað] f Demut f; ~de [u'milde] demütig; bescheiden

humilla|ción [umiʎa'θjon] f Demütigung f; Erniedrigung f; ~r [~'ʎar] (1a) demütigen; erniedrigen

humo ['umo] m Rauch m; echar ~ rauchen, qualmen; tener muchos ~s eingebildet sein

humor [u'mɔr] m Laune f; Humor m; estar de buen (mal) ~ guter (schlechter) Laune sein; ~ado [~'raðo]: bien (mal) ~ gut (schlecht) gelaunt; ~ismo [~'rizmo] m Humor m; ~ista [~'rista] m Humorist m; ~ístico [~'ristiko] humoristisch

humus ['umus] m Humus m

hundi|do [un'diðo] eingefallen; (ojos) tiefliegend; ~miento [~'mjento] m Versenken n; Einsturz m; a fig Untergang m; ~r [~'dir] (3a) versenken; zerstören; fig vernichten; ~rse versinken, a fig untergehen

húngaro ['ungaro] 1. adj ungarisch; 2. m, -a f [~ra] Ungar(in f) m

huracán [ura'kan] m Orkan m

huraño [u'rano] mürrisch; menschenscheu

hurgar [ur'gar] (1h) stochern, wühlen in

hur|tadillas [urta'ðiʎas]: a ~ verstohlen; ~tar [ur'tar] (1a) stehlen; ~to ['urto] m Diebstahl m

husmear [uzme'ar] (1a) wittern; fig herumschnüffeln

huso ['uso] m Spindel f

huyo ['ujo] s huir

I

I, i [i] f I, i n
ibérico [i'beriko] iberisch
ibero [i'bero] m Iberer m; **~americano** [iberoameri'kano] iberoamerikanisch
ibicenco [ibi'θenko] aus Ibiza
iceberg [iθe'ber] m Eisberg m
icono [i'kono] m Ikone f
ictericia ♣ [ikte'riθia] f Gelbsucht f
ida ['iða] f Hinweg m, -fahrt f, -reise f; **~ y vuelta** Hin- u Rückfahrt f
idea [i'ðea] f Idee f; **no tener (ni) ~** keine Ahnung haben; **~l** [iðe'al] **1.** adj ideal; **2.** m Ideal n; **~lismo** [~'lizmo] m Idealismus m; **~lista** [~'lista] **1.** adj idealistisch; **2.** m Idealist m; **~lizar** [~li'θar] (1f) idealisieren; **~r** [iðe'ar] (1a) ersinnen, (sich) ausdenken
ídem [iðen] desgleichen, ebenso
idéntico [i'ðentiko] identisch
identi|dad [iðenti'ðað] f Identität f; **~ficación** [~fika'θiɔn] f Identifizierung f; **~ficar** [~fi'kar] (1g) identifizieren; **~ficarse** sich ausweisen
ideo|logía [iðeolo'xia] f Ideologie f; **~ógico** [~'lɔxiko] ideologisch
idilio [i'ðilio] m Idyll n
idioma [i'ðioma] m Sprache f
idiosincrasia [iðiosiŋ'krasia] f Eigenart f
idio|ta [i'ðiota] **1.** adj blöd(sinnig); idiotisch; **2.** su Idiot m; **~tez** [~'teθ] f Blödsinn m; Idiotie f
ido [i'ðo] s **ir**; fig verrückt
idola|trar [iðola'trar] (1a) vergöttern; **~tría** [~'tria] f Vergötterung f
ídolo [i'ðolo] m Idol n
idoneidad [iðonei'ðað] f Tauglichkeit f; Eignung f; Fähigkeit f
idóneo [i'ðoneo] tauglich; geeignet
iglesia [i'glesia] f Kirche f
ignominii|a [igno'minia] f Schmach f, Schande f; **~oso** [~mi'nioso] schmachvoll, schändlich
ignora|ncia [igno'ranθia] f Unwissenheit f; Unkenntnis f; **~nte** [~'rante] unwissend; **~r** [~'rar] (1a) nicht wissen (od kennen); **no ~** sehr wohl wissen
igual [i'gual] gleich; gleichbleibend, -förmig, -mäßig; **(al) ~ que** genauso wie; **es ~** das ist egal; **me da ~** das ist mir gleich; **sin ~** unvergleichlich; **~ar** [~'lar] (1a) gleichmachen; gleichstellen; (terreno) planieren; **~dad** [igual'ðað] f Gleichheit f; **~ de derechos** Gleichberechtigung f; **~ de oportunidades** Chancengleichheit f; **~mente** [~'mente] gleichfalls, ebenfalls
iguana zo [i'guana] f Leguan m
ilegal [ile'gal] ungesetzlich, illegal; **~idad** [~gali'ðað] f Illegalität f, Gesetzwidrigkeit f
ilegible [ile'xible] unleserlich
ilegítimo [ile'xitimo] ungesetzlich; (hijo) unehelich
íleo ♣ ['ileo] m Darmverschluß m
ileso [i'leso] unverletzt
ilícito [i'liθito] unerlaubt
ilimitado [ilimi'tado] unbeschränkt
ilocalizable [ilokali'θable] unauffindbar
ilógico [i'lɔxiko] unlogisch
ilumina|ción [ilumina'θiɔn] f Beleuchtung f; **~dor** [~'ðor] m teat Beleuchter m; **~r** [~'nar] (1a) beleuchten
ilu|sión [ilu'siɔn] f Illusion f; (alegría) (Vor-)Freude f; **~sionista** [~sio'nista] m Zauberkünstler m; **~so** [i'luso] leichtgläubig; naiv; **~sorio** [~'sorio] trügerisch; illusorisch
ilus|tración [ilustra'θiɔn] f Illustration f, Abbildung f; (cultura) Bildung f; hist Aufklärung f; **~trado** [~'traðo] gebildet; (libro) illustriert; **~trar** [~'trar] (1a) erläutern; (instruir) bilden; (libro, etc) illustrieren, bebildern; **~tre** [i'lustre] berühmt; erlaucht
imagen [i'maxen] f Bild n; **~ (pública)** Image n
imagina|ble [imaxi'nable] denkbar, vorstellbar; **~ción** [~na'θiɔn] f Phantasie f; **~r** [~'nar] (1a) (sich) ausdenken, ersinnen; **~rse** sich vorstellen; **~rio** [~'nario] erdacht, imaginär; **~tivo** [~'tibo] einfallsreich
imán [i'man] m Magnet m
imbatido [imba'tiðo] ungeschlagen, unbesiegt
im|bécil [im'beθil] **1.** adj blöd(sinnig); **2.** m Dummkopf m, F Blödmann m; **~becilidad** [~θili'ðað] f Blödsinn m

imberbe [im'bɛrbe] bartlos
imborrable [imbo'rrable] unauslöschlich
imbuir [imbu'ir] (3g) einflößen
imita|ción [imita'θjɔn] f Nachahmung f; **~r** [~'tar] (1a) nachahmen, imitieren
impacien|cia [impaθjen'θia] f Ungeduld f; **~tar** [~'θjen'tar] (1a) ungeduldig machen; **~tarse** ungeduldig werden; **~te** [~'θjente] ungeduldig
impacto [im'pakto] m Einschlag m; fig (Aus-)Wirkung f; **~ ambiental** (od **ecológico**) Umweltbelastung f
impar [im'par] ungerade
imparable [impa'rable] unaufhaltsam
imparcia|l [impar'θjal] unparteiisch; **~lidad** [~li'dad] f Unparteilichkeit f
impartir [impar'tir] (3a) (clases) erteilen, geben
impasi|bilidad [impasibili'dad] f Gleichmut m; **~ble** [~'sible] gefühllos; gleichmütig
impávido [im'paβiðo] unerschrocken
impecable [impe'kable] tadellos; einwandfrei
impedi|do [impe'ðiðo] gelähmt; **~mento** [~ði'mento] m Hindernis n; **~r** [~'dir] (31) (be-, ver)hindern
impenetrable [impene'trable] undurchdringlich; fig unerforschlich
impensado [impen'saðo] unerwartet, unvermutet
impera|r [impe'rar] (1a) herrschen; **~tivo** [~ra'tiβo] **1.** adj gebieterisch; zwingend; **2.** m gram Imperativ m; fig Gebot n
imperceptible [imperθep'tible] unmerklich; nicht wahrnehmbar
imperdible [imper'ðible] m Sicherheitsnadel f
imperdonable [imperðo'nable] unverzeihlich
imperecedero [impereθe'ðero] unvergänglich
imperfec|ción [imperfeg'θjɔn] f Unvollkommenheit f; **~to** [~'fekto] **1.** adj unvollkommen; **2.** m gram Imperfekt n
imperial [impe'rjal] kaiserlich; **~ismo** [~'lismo] m Imperialismus m
impericia [impe'riθia] f Unerfahrenheit f
imperio [im'perjo] m Kaiserreich n, Reich n; **~so** [~'rjoso] gebieterisch; dringend

impermea|bilidad [impermeabili'dad] f Undurchlässigkeit f; **~bilizar** [~'θar] (1f) imprägnieren; **~ble** [~'able] **1.** adj undurchlässig; wasserdicht; **2.** m Regenmantel m
impersonal [imperso'nal] unpersönlich
imperté́rrito [imper'tɛrrito] unerschrocken; unerschütterlich
impertinen|cia [imperti'nenθia] f Ungehörigkeit f; Frechheit f; **~te** [~'nente] ungehörig; unverschämt
imperturbable [impertur'baβle] unerschütterlich
ímpetu ['impetu] m Heftigkeit f; Ungestüm n; Schwung m
impetuo|sidad [impetuosi'dad] f Ungestüm n; **~so** [~'tuoso] heftig; ungestüm
impío [im'pio] gottlos; fig herzlos
implacable [impla'kable] unerbittlich
implantar [implan'tar] (1a) einpflanzen; fig einführen
implicar [impli'kar] (1g) verwickeln, hineinziehen (in ac en); (incluir) mit sich bringen; voraussetzen
implícito [im'pliθito] mit eingebriffen; implizit
implorar [implo'rar] (1a) anflehen
impon|ente [impo'nente] imposant, eindrucksvoll; **~er** [~'nɛr] (2r) **1.** v/t auferlegen; aufdrängen; (nombre) geben; (dinero) einzahlen; **2.** v/i Eindruck machen, imponieren; **~erse** sich durchsetzen; **~ible** [~'nible] besteuerbar
impopular [impopu'lar] unbeliebt
importa|ción [importa'θjɔn] f Einfuhr f; Import m; **~dor** [~'dɔr] m Importeur m; **~ncia** [~'tanθia] f Wichtigkeit f, Bedeutung f; **dar ~ a** Wert legen auf; **darse ~** sich wichtig machen; **~nte** [~'tante] wichtig, bedeutend; **~r** [~'tar] (1a) **1.** v/i wichtig sein; **no importa** das macht nichts; **2.** v/t einführen, importieren; (valer) betragen
importe [im'porte] m Betrag m
importu|nar [importu'nar] (1a) belästigen; **~no** [~'tuno] lästig; ungelegen
imposi|bilidad [imposibili'dad] f Unmöglichkeit f; **~bilitar** [~'tar] (1a) unmöglich machen; **~ble** [~'sible] unmöglich
imposición [imposi'θjɔn] f Auferlegung f; Besteuerung f; ✝ Einlage f; **doble ~** Doppelbesteuerung f
impostor [impos'tɔr] m Betrüger m

impoten|cia [impo'tenθia] *f* Unvermögen *n*; ⚖ Impotenz *f*; **~te** [~'tente] machtlos; unfähig; impotent

impracticable [imprakti'kable] unausführbar; (*camino*) unbefahrbar

imprecar [impre'kar] (1g) verwünschen, verfluchen

impreciso [impre'θiso] ungenau

impregnar [impreg'nar] (1a) imprägnieren; durchtränken

imprenta [im'prenta] *f* (Buch-)Druckerei *f*; Druck *m*

imprescindible [impresθin'dible] unentbehrlich; unumgänglich

impre|sión [impre'sion] *f* Abdruck *m*; *tip* Druck *m*; *fig* Eindruck *m*; **~sionable** [~sio'nable] leicht zu beeindrucken; **~sionante** [~'nante] eindrucksvoll; **~sionar** [~'nar] (1a) beeindrucken; *fot* belichten; **~sionismo** [~'nizmo] *m* Impressionismus *m*; **~so** [~'preso] **1.** *s imprimir*; **2.** *m* Formular *n*; ✉ Drucksache *f*; **~sor** [~'sor] *m* (Buch-)Drucker *m*; **~sora** [~'sora] *f inform* Drucker *m*

imprevis|ible [imprebi'sible] unvorhersehbar; **~to** [~'bisto] unvorhergesehen

imprimir [impri'mir] (3a; *part impreso*) (ab)drucken; *fig* einprägen

improbable [impro'bable] unwahrscheinlich

ímprobo ['improbo] mühselig

improcedente [improθe'ðente] unzulässig; (*inadecuado*) unangebracht

improductivo [improðuk'tibo] unergiebig; unproduktiv

impro|perio [impro'perio] *m* Beschimpfung *f*, Schmähung *f*; **~pio** [im'propio] unschicklich, unpassend

improvisa|ción [improbisa'θion] *f* Improvisation *f*; **~r** [~'sar] (1a) improvisieren

improviso [impro'biso]: **al** (*od* **de**) **~** unvermutet

impruden|cia [impru'ðenθia] *f* Unvorsichtigkeit *f*; ⚖ Fahrlässigkeit *f*; **~te** [~'ðente] unvorsichtig; unvernünftig

impúdico [im'puðiko] unzüchtig

impuesto [im'puesto] **1.** *part v imponer*; **2.** *m* Steuer *f*; **~ sobre bienes inmuebles** Grundsteuer *f*; **~ de sociedades** Körperschaftssteuer *f*; **~ sobre el patrimonio** Vermögenssteuer *f*; **~ sobre la renta** Einkommensteuer *f*; **~ sobre la renta del capital** Kapitalertragssteuer *f*; **~ sobre el valor añadido** Mehrwertsteuer *f*; **~ sobre el volumen de negocios** Umsatzsteuer *f*

impugnar [impug'nar] (1a) anfechten

impul|sar [impul'sar] (1a) antreiben; **~sivo** [~'sibo] impulsiv; **~so** [~'pulso] *m* Antrieb *m*; Impuls *m*

impu|ne [im'pune] straflos; **~nidad** [impuni'ðað] *f* Straflosigkeit *f*

impu|reza [impu'reθa] *f* Unreinheit *f*; **~s** *pl* Verschmutzung *f*; **~ro** [~'puro] unrein (*a fig*)

imputa|ción [imputa'θion] *f* Beschuldigung *f*; **~r** [~'tar] (1a) zuschreiben

inacabable [inaka'baβle] endlos; **~do** [~'baðo] unvollendet

inaccesible [inakθe'sible] unzugänglich (*a fig*); unerreichbar

inaceptable [inaθep'table] unannehmbar

inacti|vidad [inaktibi'ðað] *f* Untätigkeit *f*; **~vo** [~'tibo] untätig

inadecuado [inaðe'kuaðo] unangemessen; ungeeignet

inadmisible [inaðmi'sible] unzulässig

inadver|tencia [inaðβer'tenθia] *f* Unachtsamkeit *f*; **~tido** [~'tiðo] unachtsam; *pasar ~* nicht bemerkt werden

inagotable [inago'table] unerschöpflich

inaguantable [inaguan'table] unerträglich

inalámbrico ⚡ [ina'lambriko] drahtlos

inalienable [inalie'nable] unveräußerlich

inalterable [inalte'rable] unveränderlich

inani|ción [inani'θion] *f* Entkräftung *f*; **~mado** [~'mado] leblos

inapelable [inape'lable] unwiderruflich

inapeten|cia [inape'tenθia] *f* Appetitlosigkeit *f*; **~te** [~'tente] appetitlos

inaplazable [inapla'θable] unaufschiebbar

inapreciable [inapre'θiable] unschätzbar (*a fig*); geringfügig

inarrugable [inarru'gable] knitterfrei

inasequible [inase'kible] unerreichbar; (*precio*) unerschwinglich

inaudi|ble [inau'ðible] unhörbar; **~to** [~'ðito] unerhört

inaugura|ción [inauğura'θion] *f* Einweihung *f*; Eröffnung *f*; **~r** [~'rar] (1a) einweihen; eröffnen

incalculable [iŋkalku'lable] unberechenbar; unermeßlich

incalificable [iŋkalifi'kable] unqualifizierbar; *fig* schmählich

incansable [iŋkan'sable] unermüdlich

incapa|cidad [iŋkapaθi'dad] *f* Unfähigkeit *f*; **~citar** [~θi'tar] (1a) unfähig machen; *t*& entmündigen; **~z** [~'paθ] unfähig (zu *de*)

incau|tarse [iŋkau'tarse] (1a): **~ de** beschlagnahmen; **~to** [iŋ'kauto] unbedacht; leichtgläubig

incendi|ar [inθen'diar] (1b) anzünden; in Brand stecken; **~arse** in Brand geraten; **~ario** [~'diario] *m* Brandstifter *m*; **~dio** [in'θendio] *m* Feuer(sbrunst *f*) *n*; Brand *m*; **~ forestal** Waldbrand *m*; **~ provocado** Brandstiftung *f*

incentivo [inθen'tibo] *m* Anreiz *m*, Ansporn *m*

incertidumbre [inθerti'dumbre] *f* Ungewißheit *f*

incesante [inθe'sante] unablässig

incesto [in'θesto] *m* Inzest *m*

inciden|cia [inθi'denθia] *f* Auswirkung *f*; **~te** [~'dente] *m* Zwischenfall *m*

incidir [inθi'dir] (3a): **~ en** verfallen in; *fig* sich auswirken auf

incienso [in'θienso] *m* Weihrauch *m*

incierto [in'θierto] ungewiß; unsicher

incinera|ción [inθinera'θion] *f* Einäscherung *f*; **~ de basuras** Müllverbrennung *f*; **~r** [~'rar] (1a) einäschern

incipiente [inθi'piente] beginnend

inci|sión [inθi'sion] *f* Einschnitt *m*; **~sivo** [~'sibo] schneidend (*a fig*); (**diente** *m*) **~** Schneidezahn *m*; **~so** [in'θiso] *adj*: **herida** *f* **~a** Schnittwunde *f*

incita|ción [inθita'θion] *f* Anstiftung *f*; **~r** [~'tar] (1a) antreiben; aufhetzen

inclemencia [iŋkle'menθia] *f* (*clima*) Rauheit *f*, Unfreundlichkeit *f*

inclina|ción [iŋklina'θion] *f* Verneigung *f*, Verbeugung *f*; *fig* Neigung *f*; **~r** [~'nar] (1a) neigen, beugen; **~rse** sich neigen; sich (ver)beugen; **~ a** neigen zu

inclu|ir [iŋklu'ir] (3g) einschließen; aufnehmen; beilegen; **~sión** [~'sion] *f* Einfügung *f*, Aufnahme *f*; **~sive** [~'sibe] einschließlich; **~so** [iŋ'kluso] sogar

incógni|ta [iŋ'kognita] *f* & *u fig* Unbekannte *f*; **~to** [iŋ'kognito] unbekannt; **de ~** inkognito

incoheren|cia [iŋkoe'renθia] *f* Zs.-hanglosigkeit *f*; **~te** [~'rente] unzs.-hängend

incoloro [iŋko'loro] farblos

incólume [iŋ'kolume] unversehrt

incombustible [iŋkombus'tible] unverbrennbar, feuerfest

incomo|dar [iŋkomo'dar] (1a) belästigen; **~darse** sich ärgern (über *por*); **~didad** [~di'dad] *f* Unbequemlichkeit *f*

incómodo [iŋ'komodo] unbequem

incomparable [iŋkompa'rable] unvergleichlich

incomparecencia [iŋkompare'θenθia] *f* Nichterscheinen *n*

incompatible [iŋkompa'tible] unverträglich, unvereinbar

incompeten|cia [iŋkompe'tenθia] *f* Unfähigkeit *f*; *t*& Unzuständigkeit *f*; **~te** [~'tente] unfähig; unzuständig

incompleto [iŋkom'pleto] unvollständig

incomprensi|ble [iŋkompren'sible] unverständlich, unbegreiflich; **~vo** [~'sibo] verständnislos

incomunicado [iŋkomuni'kado] *v der Außenwelt* abgeschnitten; *t*& in Einzelhaft

inconcebible [iŋkonθe'bible] unfaßlich, unbegreiflich

inconciliable [iŋkonθi'liable] unversöhnlich; unvereinbar

incondicional [iŋkondiθio'nal] bedingungslos

inconfundible [iŋkomfun'dible] unverwechselbar

incongruente [iŋkoŋ'gruente] zs.-hanglos

inconscien|cia [iŋkons'θienθia] *f* Bewußtlosigkeit *f*; *fig* Leichtfertigkeit *f*; **~te** [~'θiente] unbewußt; *s* bewußtlos; *fig* leichtfertig

inconsecuen|cia [iŋkonse'kuenθia] *f* Inkonsequenz *f*; **~te** [~'kuente] inkonsequent

inconsiderado [iŋkonside'rado] unbedacht; rücksichtslos

inconsistente [iŋkonsis'tente] unbeständig; haltlos

inconsolable [iŋkonso'lable] untröstlich

inconstante [iŋkons'tante] unbeständig; wankelmütig

incontenible [iŋkonte'nible] unbezähmbar; unaufhaltsam

incontestable [iŋkontes'table] unbestreitbar

incontinen|cia [iŋkonti'nenθia] *f* Hem-

mungslosigkeit f; *~ (nocturna)* Bettnässen n; **~te** [~'nente] hemmungslos
incontrolable [iŋkɔntro'laβle] unkontrollierbar
inconvenien|cia [iŋkɔmbe'nienθia] f Unschicklichkeit f; **~te** [~'niente] **1.** *adj* unschicklich; unangebracht; **2.** *m* Hindernis *n*; Nachteil *m*; *no tengo* ~ ich habe nichts dagegen
incordiar [iŋkɔr'diar] (1b) belästigen, stören
incorpora|ción [iŋkɔrpora'θiɔn] f Aufnahme f; Eingliederung f; **~r** [~'rar] (1a) einfügen; aufnehmen; **~rse** sich aufrichten; sich anschließen (*an ac a*)
incorrec|ción [iŋkɔrreɣ'θiɔn] f Unrichtigkeit f; *fig* Unhöflichkeit f; **~to** [~'rrekto] unrichtig; *fig* unhöflich
incorregible [iŋkɔrre'xiβle] unverbesserlich
incorruptible [iŋkɔrrup'tiβle] unverderblich; *fig* unbestechlich
incrédulo [iŋ'kreðulo] ungläubig
increíble [iŋkre'iβle] unglaublich
incremen|tar [iŋkremen'tar] (1a) vergrößern; (*precio*) erhöhen; **~to** [~'mento] *m* Zuwachs *m*, Zunahme *f*; Erhöhung *f*
increpar [iŋkre'par] (1a) beschimpfen
incrimina|ción [iŋkrimina'θiɔn] f Beschuldigung f; **~r** [~'nar] (1a) beschuldigen
incruento [iŋ'kruento] unblutig
incrustar [iŋkrus'tar] (1a) einlegen; **~se** verkrusten
incuba|ción [iŋkuβa'θiɔn] f Ausbrütung f; *⚕ (período m de)* ~ Inkubationszeit f; **~dora** [~'dora] f Brutapparat *m*, -kasten *m*; **~r** [~'βar] (1a) ausbrüten (*a fig*)
incuestionable [iŋkuestio'naβle] unbestreitbar
inculcar [iŋkul'kar] (1g) einschärfen, F eintrichtern
inculpa|do [iŋkul'paðo] *m* Beschuldigte(r) *m*; **~r** [~'par] (1a) beschuldigen
inculto [iŋ'kulto] ungebildet; *✗* unbebaut
incum|bencia [iŋkum'benθia] f Obliegenheit f; *no es (asunto) de mí* ~ damit habe ich nichts zu tun; **~bir** [~'βir] (3a) obliegen
incumpli|miento [iŋkumpli'miento] *m* Nichterfüllung f; **~r** [~'plir] (3a) nicht erfüllen, nicht halten
incurable [iŋku'raβle] unheilbar

indigente

incur|rir [iŋku'rrir] (3a) verfallen, geraten (*in ac en*); **~sión** ✗ [iŋkur'siɔn] f Einfall *m*
indaga|ción [indaɣa'θiɔn] f Nachforschung f; **~r** [~'ɣar] (1h) nachforschen; untersuchen
indebido [inde'βiðo] ungebührlich
indecente [inde'θente] unanständig
indecible [inde'θiβle] unsagbar
indeci|sión [indeθi'siɔn] f Unentschlossenheit f; **~so** [~'θiso] unentschlossen
indefectible [indefek'tiβle] unausbleiblich; unfehlbar
indefenso [inde'fenso] wehrlos
indefini|ble [indefi'niβle] unbestimmbar; **~damente** [~da'mente] auf unbestimmte Zeit; **~do** [~'niðo] unbestimmt
indeformable [indefor'maβle] formbeständig
indeleble [inde'leβle] unauslöschlich
indem|ne [in'demne] schadlos; heil; **~nización** [~niθa'θiɔn] f Entschädigung f; **~nizar** [~'θar] (1f) entschädigen
indepen|dencia [indepen'denθia] f Unabhängigkeit f; **~diente** [~'diente] unabhängig; selbständig; **~dizarse** [~di'θarse] (1f) sich selbständig machen
indescriptible [indeskrip'tiβle] unbeschreiblich
indeseable [indese'aβle] unerwünscht
indestructible [indestruk'tiβle] unzerstörbar
indeterminado [indetermi'naðo] unbestimmt
indica|ción [indika'θiɔn] f Hinweis *m*; Angabe f; *inform* Anzeige f; **~do** [~'kaðo] zweckmäßig; **~dor** [~'dɔr] *m* Anzeiger *m*; Zeiger *m*; **~r** [~'kar] (1g) anzeigen; angeben; hinweisen auf (*ac*); **~tivo** [~'tiβo] *m gram* Indikativ *m*; *tel* (Länder-)Kennzahl f, Vorwahl f
índice ['indiθe] *m* (Inhalts-)Verzeichnis *n*; Register *n*; ✝ *u rel* Index *m*; *anat (dedo m)* ~ Zeigefinger *m*
indicio [in'diθio] *m* Anzeichen *n*; ⚖ Indiz *n*
indiferen|cia [indife'renθia] f Gleichgültigkeit f; **~te** [~'rente] gleichgültig; teilnahmslos
indígena [in'dixena] **1.** *adj* eingeboren; einheimisch; **2.** *su* Eingeborene(r *m*) f
indigen|cia [indi'xenθia] f Armut f, Bedürftigkeit, f; **~te** [~'xente] arm, bedürftig

indiges|tión [indixes'tion] f Verdauungsstörung f; **~to** [~'xesto] unverdaulich

indig|nación [indigna'θjon] f Entrüstung f; Empörung f; **~nar** [~'nar] (1a) empören; **~narse** sich entrüsten; **~no** [in'digno] unwürdig (*gen de*); schändlich

indio ['indjo] **1.** *adj* indisch; (*de América*) indianisch; **2.** m Inder m; Indianer m; F *hacer el ~* sich albern benehmen

indirec|ta [indi'rekta] f Anspielung f; **~to** [~to] indirekt

indisciplina [indisθi'plina] f Disziplinlosigkeit f; **~do** [~'nađo] f zuchtlos, undiszipliniert

indiscre|ción [indiskre'θjon] f Indiskretion f; Taktlosigkeit f; **~to** [~'kreto] taktlos, indiskret

indiscutible [indisku'tible] indiskutabel; unbestreitbar

indisoluble [indiso'luble] unauflöslich

indispensable [indispen'sable] unerläßlich; unentbehrlich

indis|posición [indisposi'θjon] f Unwohlsein n; **~puesto** [~p̃uesto] unpäßlich; indisponiert

indistint|amente [indistinta'mente] ohne Unterschied; **~o** [~'tinto] undeutlich

individu|al [indibi'đual] individuell; Einzel...; **~alista** [~đu̯a'lista] m Individualist m; **~o** [~'biđu̯o] m Individuum n (*a desp*)

indivi|sible [indibi'sible] unteilbar; **~so** [~'biso] ungeteilt

indocumentado [indokumen'tađo] ohne Ausweispapiere

índole ['indole] f Beschaffenheit f; Art f; *de esta ~* derartig

indolen|cia [indo'lenθja] f Trägheit f; **~te** [~'lente] träge; lässig

indomable [indo'mable] unbezwinglich; un(be)zähmbar

indómito [in'domito] ungebärdig

inducir [indu'θir] (3o) verleiten (zu *a*); (*deducir*) folgern (aus *de*)

indudable [indu'dable] zweifellos

indulgen|cia [indul'xenθja] f Nachsicht f; **~te** [~'xente] nachsichtig; milde

indul|tar [indul'tar] (1a) begnadigen; **~to** [~'dulto] m Begnadigung f

indumentaria [indumen'tarja] f Kleidung f

industria [in'dustrja] f Industrie f; *~ pesada* Schwerindustrie f; *~l* [~'trial] **1.** *adj* industriell; **2.** m Industrielle(r) m; **~lización** [~liθa'θjon] f Industrialisierung f; **~lizar** [~li'θar] (1f) industrialisieren

inédito [i'neđito] unveröffentlicht

inefable [ine'fable] unaussprechlich, unsäglich

ineficacia [inefi'kaθja] f Unwirksamkeit f; **~z** [~'kaθ] unwirksam

ineludible [inelu'đible] unumgänglich

inenarrable [inena'rrable] unbeschreiblich

inencogible [inenko'xible] (*tejido*) nicht einlaufend

inepto [i'nepto] untüchtig, unfähig

inequívoco [ine'kiboko] eindeutig

inercia [i'nerθja] f Trägheit f (*a fís*)

inerme [i'nerme] unbewaffnet; *fig* wehrlos

inescrutable [ineskru'table] unerforschlich, unergründlich

inesperado [inespe'rađo] unerwartet; unverhofft

inestable [ines'table] unbeständig

inestimable [inesti'mable] unschätzbar

inevitable [inebi'table] unvermeidlich, unausbleiblich

inexac|titud [inegsakti'tuđ] f Ungenauigkeit f; **~to** [~'sakto] ungenau, unrichtig

inexcusable [inesku'sable] unentschuldbar, unverzeihlich

inexorable [inegso'rable] unerbittlich

inexperi|encia [inespe'rienθja] f Unerfahrenheit f; **~to** [~'perto] unerfahren

inexplicable [inespli'kable] unerklärlich, unbegreiflich

inexpresivo [inespre'sibo] ausdruckslos

inextricable [inestri'kable] unentwirrbar

infalible [imfa'lible] unfehlbar (*a rel*)

infam|e [im'fame] schändlich, gemein, infam; **~ia** [~'famja] f Schändlichkeit f; Schande f

infan|cia [im'fanθja] f Kindheit f; **~ta** [~'fanta] f *Esp* Infantin f; **~te** [~'fante] m Kind n; *Esp* Infant m; ✕ Infanterist m; **~tería** ✕ [~'ria] f Infanterie f; **~til** [~'til] kindlich, Kinder...; *desp* kindisch

infarto ✱ [im'farto] m Infarkt m; *~ de miocardio* Herzinfarkt m

infatigable [imfati'gable] unermüdlich

infausto [im'faŭsto] unglücklich

infec|ción [imfeg'θiɔn] f Infektion f; **~cioso** [~'θioso] ansteckend; **~tar** [~fɛk'tar] (1a) anstecken, infizieren
infeli|cidad [imfeliθi'ðað] f Unglück n; **~z** [~'liθ] unglücklich
inferior [imfe'riɔr] untere(r, -s); fig unterlegen; (calidad) minderwertig; **~idad** [~riori'ðað] f Unterlegenheit f; Minderwertigkeit f
infernal [imfɛr'nal] höllisch
infestar [imfes'tar] (1a) verseuchen; (invadir) befallen
infidelidad [imfiðeli'ðað] f Untreue f
infiel [im'fiɛl] **1.** adj untreu; rel ungläubig; **2.** m Ungläubige(r) m
infiernillo [imfiɛr'niʎo] m Spirituskocher m
infierno [im'fiɛrno] m Hölle f
infiltra|ción [imfiltra'θiɔn] f Einsickern n; pol Einschleusung f; **~r** [~'trar] (1a) infiltrieren, **~rse** einsickern; pol **~ en** unterwandern
ínfimo ['imfimo] unterst, niedrigst
infini|dad [imfini'ðað] f Unendlichkeit f, fig Unmenge f; **~tivo** [~'tiβo] m Infinitiv m; **~to** [~'nito] **1.** adj unendlich; (numeroso) zahllos; **2.** m Unendlichkeit f
inflación [imfla'θiɔn] f Inflation f
infla|mable [imfla'maβle] entzündbar; feuergefährlich; **~ción** [~'θiɔn] f Entzündung f (a ✱); **~r(se)** [~'mar(se)] (1a) (sich) entzünden
inflar [im'flar] (1a) aufblasen, aufpumpen; **~se** fig sich aufblasen
inflexible [imfleg'siβle] unbiegsam; fig unbeugsam; unerbittlich
infligir [imfli'xir] (3c) auferlegen; (derrota) bereiten
influ|encia [imflu'enθia] f Einfluß m; **~ir** [~'ir] (3g) beeinflussen; **~jo** [~'fluxo] m Einfluß m; **~yente** [~'jente] einflußreich
informa|ción [imfɔrma'θiɔn] f Auskunft f, Information f; (noticia) Nachricht f; **~ viaria** Verkehrsfunk m; **~dor** [~'ðɔr] m Informant m; Reporter m; **~l** [~'mal] zwanglos; (persona) unzuverlässig; **~lidad** [~li'ðað] f Unzuverlässigkeit f; **~r** [~'mar] (1a) informieren, benachrichtigen; **~rse** sich erkundigen (nach de), sich informieren
informáti|ca [imfɔr'matika] f Informatik f; **~co** [~'matiko] m Informatiker m
infor|mativo [imfɔrma'tiβo] **1.** adj informativ, Informations...; **2.** m Nachrichtensendung f; **~me** [~'fɔrme] **1.** adj formlos; unförmig; **2.** m Bericht m; ✱ Plädoyer n; **~s** pl Referenzen f/pl
infortu|nado [imfɔrtu'naðo] unglücklich; **~nio** [~'tunio] m Unglück n
infracción ✱ [imfrag'θiɔn] f strafbare Handlung f; Verstoß m
infraestructura [imfraestruk'tura] f Infrastruktur f; ⊙ Unterbau m
in fraganti ✱ [imfra'ganti] auf frischer Tat, in flagranti
infrahumano [imfrau'mano] menschenunwürdig
infranqueable [imfranke'aβle] unpassierbar; fig unüberwindlich
infrarrojo [imfra'rrɔxo] infrarot
infringir ✱ [imfriŋ'xir] (3c) verstoßen gegen
infructuoso [imfruk'tuoso] nutzlos, zwecklos
infun|dado [imfun'daðo] unbegründet; **~dir** [~'dir] (3a) einflößen
infusión [imfu'siɔn] f (Kräuter-)Tee m
ingeni|ar [iŋxe'niar] (1b) ersinnen, **~ería** [~ɛ'ria] f: **~ genética** Gentechnik f; **~ero** [~'niero] m Ingenieur m; **~ agrónomo** Diplomlandwirt m; **~ de sonido** Toningenieur m; **~o** [iŋ'xeniɔ] m Geist m; Genie n; ⊙ Vorrichtung f; Am Zuckerfabrik f; **~oso** [~'nioso] sinnreich; erfinderisch; (persona) geistreich
ingente [iŋ'xente] ungeheuer groß
ingenui|dad [iŋxenui'ðað] f Naivität f; Unbefangenheit f; **~o** [iŋ'xenŭo] treuherzig; naiv
ingerir [iŋxe'rir] (3i) zu sich nehmen; ✱ einnehmen
ingle anat ['iŋgle] f Leiste f
ingl|és [iŋ'gles] **1.** adj englisch; **2.** m, **~esa** [~'glesa] f Engländer(in f) m
ingra|titud [iŋgrati'tuð] f Undankbarkeit f; **~to** [iŋ'grato] undankbar (a fig)
ingravidez [iŋgraβi'ðeθ] f Schwerelosigkeit f
ingre|diente [iŋgre'ðiente] m Bestandteil m; gastr Zutat f; **~sar** [~'sar] (1a) **1.** v/i eintreten; ✱ eingeliefert werden; **2.** v/t einzahlen; **~so** [iŋ'greso] m Eintritt m; ✱ Einlieferung f; ✝ Einzahlung f; (examen m de) **~** Aufnahmeprüfung f; **~s** m/pl Einkommen n; **~s brutos** Bruttoeinkommen n
inhábil [i'naβil] unfähig; untauglich

inhabita|ble [inabi'taβle] unbewohnbar; **~do** [~'taðo] unbewohnt
inhalar [ina'lar] (1a) inhalieren, einatmen
inherente [ine'rente] innewohnend; (eng) verknüpft mit
inhibi|ción [inibi'θjon] f Verbot n; psic Hemmung f; **~r** [~'βir] (3a) untersagen; psic hemmen
inhospitalario [inospita'larjo] ungastlich; unwirtlich
inhuma|ción [inuma'θjon] f Beerdigung f; **~no** [~'mano] unmenschlich
inici|al [ini'θjal] **1.** adj anfänglich, Anfangs...; **2.** f Anfangsbuchstabe m; **~ar** [~'θjar] (1b) beginnen; (enseñar) einführen (in **en**); **~ativa** [~'tiβa] f Initiative f; **~o** [~'niθjo] m Beginn m, Anfang m
iniguala|ble [iniɣu̯a'laβle] unvergleichlich; **~do** [~'laðo] unerreicht
inimaginable [inimaxi'naβle] unvorstellbar
inimitable [inimi'taβle] unnachahmlich
ininteligible [ininteli'xiβle] unverständlich
ininterrumpido [ininterrum'piðo] ununterbrochen
inje|rencia [iŋxe'renθja] f Einmischung f; **~rirse** [~'rirse] (3i) sich einmischen (in **ac en**)
injer|tar [iŋxer'tar] (1a) ✍ pfropfen; ✱ verpflanzen; **~to** [iŋ'xerto] m ✍ Pfropfreis n; ✱ Verpflanzung f
injuria [iŋ'xurja] f Beleidigung f; Beschimpfung f; **~r** [~'rjar] (1b) beleidigen; beschimpfen
injus|ticia [iŋxus'tiθja] f Ungerechtigkeit f; Unrecht n; **~tificado** [~tifi'kaðo] ungerechtfertigt, unberechtigt; **~to** [iŋ'xusto] ungerecht
inmaculado [inmaku'laðo] unbefleckt (a rel); makellos
inmadu|rez [inmaðu'reθ] f Unreife f (a fig); **~ro** [~'ðuro] unreif
inmedia|tamente [inmeðjata'mente] sofort; **~to** [~'ðjato] unmittelbar; sofortig
inmejorable [inmexo'raβle] unübertrefflich, vorzüglich
inmenso [in'menso] unermeßlich
inmerecido [inmere'θiðo] unverdient
inmersión [inmer'sjon] f Eintauchen n
inmigra|ción [inmiɣra'θjon] f Einwanderung f; **~nte** [~'ɣrante] m Einwanderer m; **~r** [~'ɣrar] (1a) einwandern

inminente [inmi'nente] nahe bevorstehend
inmiscuirse [inmisku'irse] (3g) sich einmischen
inmobiliario [inmoβi'ljarjo] Immobilien...
inmoderado [inmoðe'raðo] unmäßig; maßlos
inmodesto [inmo'ðesto] unbescheiden
inmoral [inmo'ral] unmoralisch
inmortal [inmor'tal] unsterblich; **~idad** [~tali'ðað] f Unsterblichkeit f; **~izar** [~'θar] (1f) unsterblich machen; verewigen
inmotivado [inmoti'βaðo] grundlos, unmotiviert
inmóvil [in'moβil] unbeweglich
inmueble [in'mu̯eβle] m Gebäude n; **~s** pl Immobilien pl
inmun|dicia [inmun'diθja] f Schmutz m; Unrat m; **~do** [in'mundo] schmutzig; fig unrein
inmu|ne [in'mune] immun; **~nidad** [~ni'ðað] f Immunität f; **~nizar** [~'θar] (1f) immunisieren
inmutable [inmu'taβle] unveränderlich; fig unerschütterlich
innato [in'nato] angeboren
innecesario [inneθe'sarjo] unnötig
innegable [inne'ɣaβle] unleugbar
innovación [innoβa'θjon] f Neuerung f
innumerable [innume'raβle] unzählig, zahllos
inocen|cia [ino'θenθja] f Unschuld f; **~te** [~'θente] unschuldig; fig naiv
inocuo [i'nokṷo] unschädlich
inodoro [ino'ðoro] **1.** adj geruchlos; **2.** m WC n
inofensivo [inofen'siβo] harmlos; unschädlich
inolvidable [inolβi'ðaβle] unvergeßlich
inoperante [inope'rante] wirkungslos
inopinado [inopi'naðo] unerwartet
inoportuno [inopor'tuno] ungelegen; unpassend
inorgánico ⚗ [inor'ɣaniko] anorganisch
inoxidable [inoɣsi'ðaβle] rostfrei, nichtrostend
inquebrantable [iŋkeβran'taβle] fig unverbrüchlich
inquie|tar [iŋkje'tar] (1a) beunruhigen; **~to** [iŋ'kjeto] unruhig; **~tud** [~'tuð] f Unruhe f; Beunruhigung f

inquilino [iŋki'lino] *m* Mieter *m*
inquisi|ción [iŋkisi'θjon] *f* Nachforschung *f*; *hist* ♀ Inquisition *f*; **~dor** [~'dor] **1.** *adj* forschend; **2.** *m* Inquisitor *m*
insaciable [insa'θjaβle] unersättlich
insalubre [insa'luβre] ungesund
insano [in'sano] ungesund
insatisfecho [insatis'fetʃo] unzufrieden
inscri|bir [inskri'βir] (3a; *part* **inscrito**) einschreiben, eintragen; **~birse** sich anmelden; **~pción** [~kriβ'θjon] *f* Inschrift *f*; Anmeldung *f*
insec|ticida [insɛkti'θiða] *m* Insektizid *n*; **~to** [in'sɛkto] *m* Insekt *n*
insegu|ridad [inseguri'ðað] *f* Unsicherheit *f*; **~ro** [~'guro] unsicher
insensa|tez [insensa'teθ] *f* Unsinn *m*; Verrücktheit *f*; **~to** [~'sato] unsinnig; unvernünftig
insensible [insen'sißle] unempfindlich, gefühllos (gegen **a**)
inseparable [insepa'raβle] untrennbar; unzertrennlich
insertar [inser'tar] (1a) einschalten; einfügen; (*anuncio*) aufgeben
inservible [inser'βiβle] unbrauchbar
insidioso [insi'ðjoso] hinterlistig; heimtückisch
insign|e [in'sinje] berühmt; **~ia** [~nja] *f* Abzeichen *n*
insignificante [insiŋnifi'kante] geringfügig, unbedeutend
insinua|ción [insinua'θjon] *f* Anspielung *f*, Andeutung *f*; **~r** [~'ar] (1e) andeuten; **~rse** sich einschmeicheln
insípido [in'sipiðo] fade, geschmacklos (*a fig*)
insist|encia [insis'tenθja] *f* Beharrlichkeit *f*; Nachdruck *m*; **~ir** [~'tir] (3a) dringen, bestehen (auf *dat* **en**)
insobornable [insoβor'naβle] unbestechlich
insociable [inso'θjaβle] ungesellig
insolación [insola'θjon] *f* Sonnenstich *m*
insolen|cia [inso'lenθja] *f* Unverschämtheit *f*; **~te** [~'lente] unverschämt, frech
insólito [in'solito] ungewöhnlich
insoluble [inso'luβle] unlöslich
insolven|cia [insol'βenθja] *f* Zahlungsunfähigkeit *f*, Insolvenz *f*; **~te** [~'bente] zahlungsunfähig, insolvent
insom|ne [in'somne] schlaflos; **~nio** [~nio] *m* Schlaflosigkeit *f*

insondable [inson'daβle] unergründlich
insono|rización [insonoriθa'θjon] *f* Schalldämmung *f*; **~rizar** [~'θar] (1f) schalldicht machen; **~ro** [~'noro] schalldicht
insoportable [insopor'taβle] unerträglich; unausstehlich
insospechado [insospe'tʃaðo] unvermutet
insostenible [insoste'niβle] unhaltbar
inspec|ción [inspɛɣ'θjon] *f* Besichtigung *f*; Kontrolle *f*, Inspektion *f*; **~cionar** [~θjo'nar] (1a) besichtigen; kontrollieren; **~tor** [~pɛk'tor] *m* Aufseher *m*; Inspektor *m*; **~ tributario** Steuerprüfer *m*
inspira|ción [inspira'θjon] *f* Einatmung *f*; *fig* Inspiration *f*, Eingebung *f*; **~r** [~'ar] (1a) einatmen; *fig* einflößen; (*sugerir*) anregen, inspirieren
instala|ción [instala'θjon] *f* Einrichtung *f*; Installation *f*; ⊙ Anlage *f*; **-ones sanitarias** Sanitäranlagen *f/pl*; **~dor** [~'dor] *m* Installateur *m*; Monteur *m*; **~r** [~'lar] (1a) einrichten, aufstellen, installieren; **~rse** sich niederlassen
instan|cia [ins'tanθja] *f* Gesuch *n*; Eingabe *f*; ⚖ Instanz *f*; **~tánea** [~'tanea] *f fot* Schnappschuß *m*; **~táneo** [~'taneo] augenblicklich; Instant...; **~te** [~'tante] *m* Augenblick *m*, Moment *m*; **al ~** sofort; **en un ~** im Nu
instar [ins'tar] (1a) **1.** *v/t* dringend bitten, drängen; **2.** *v/i* dringend sein
instiga|ción [instiga'θjon] *f* Anstiftung *f*; **~r** [~'gar] (1h) anstiften (zu **a**)
instin|tivo [instin'tiβo] instinktiv; **~to** [~'tinto] *m* Instinkt *m*
institu|ción [institu'θjon] *f* Einrichtung *f*, Institution *f*; Anstalt *f*; **~ir** [~'ir] (3g) gründen; einsetzen; **~to** [~'tuto] *m* Institut *n*; **~ de belleza** Kosmetiksalon *m*; *Esp* ♀ (**de Enseñanza Media**) Gymnasium *n*; **~triz** [~'triθ] *f* Erzieherin *f*
instru|cción [instruɣ'θjon] *f* Unterricht *m*; Ausbildung *f* (*a* ⚔); (*cultura*) Bildung *f*; *inform* Befehl *m*; **-ones** *pl* Anweisung *f*, Vorschrift *f*; **-ones de uso** (*od* **de servicio**) Bedienungsanleitung *f*; **~ctivo** [~truk'tiβo] lehrreich; **~ctor** [~'tor] *m* ⚔ Ausbilder *m*; **~ido** [~'iðo] gebildet; **~ir** [~'ir] (3g) ausbilden, schulen; unterweisen
instrumen|tación [instrumenta'θjon] *f* Instrumentierung *f*; **~tar** [~'tar] (1a) in-

strumentieren; **~tista** ♪ [~'tista] *m* Instrumentalist *m*; **~to** [~'mento] *m* Instrument *n*; ⊚ Werkzeug *n*; ♪ **~ de arco (de cuerda, de percusión, de viento)** Streich- (Saiten-, Schlag-, Blas-)instrument *n*

insubordina|ción [insuβordina'θjon] *f* Gehorsamsverweigerung *f*; **~rse** [~'narse] (1a) den Gehorsam verweigern

insuficien|cia [insufi'θjenθja] *f* Unzulänglichkeit *f*; **~te** [~'θjente] unzulänglich; *(nota)* ungenügend

insufrible [insu'friβle] unerträglich

insular [insu'lar] Insel...

insulina [insu'lina] *f* Insulin *n*

insulso [in'sulso] geschmacklos, fade (*a fig*)

insul|tar [insul'tar] (1a) beleidigen; **~to** [~'sulto] *m* Beleidigung *f*

insuperable [insupe'raβle] unüberwindlich; *fig* unübertrefflich

insurrección [insurreɣ'θjon] *f* Aufstand *f*

insustituible [insustitu'iβle] unersetzlich

intacto [in'takto] *m* unberührt; unversehrt, intakt

intachable [inta'tʃaβle] tadellos, einwandfrei

intangible [intaŋ'xiβle] unantastbar

integra|l [inte'ɣral] vollständig; ⅄ Integral...; **~nte** [~'ɣrante] **1.** *adj* wesentlich; **2.** *su* Mitglied *n*; **~r** [~'ɣrar] (1a) bilden; ⅄, *pol* integrieren

integridad [inteɣri'ðað] *f* Vollständigkeit *f*; *fig* Redlichkeit *f*

íntegro [in'teɣro] vollständig; *fig* rechtschaffen, redlich

intelec|to [inte'lekto] *m* Intellekt *m*; **~tual** [~'tual] **1.** *adj* intellektuell; **2.** *su* Intellektuelle(r *m*) *f*

inteligen|cia [inteli'xenθja] *f* Intelligenz *f*; **~te** [~'xente] intelligent; klug

inteligible [inteli'xiβle] verständlich

intemperie [intem'perje] *f*: **a la ~** bei Wind und Wetter; im Freien

intempestivo [intempes'tiβo] ungelegen

intemporal [intempo'ral] zeitlos

intenci|ón [inten'θjon] *f* Absicht *f*; **segunda ~** Hintergedanke *m*; **sin ~** unabsichtlich; **~onado** [~θjo'naðo] vorsätzlich, absichtlich; **~onal** [~θjo'nal] absichtlich

inten|sidad [intensi'ðað] *f* Stärke *f*; Intensität *f*; **~ del sonido** Lautstärke *f*; **~sificar** [~sifi'kar] (1g) verstärken; intensivieren; **~so** [in'tenso] intensiv; heftig; stark

inten|tar [inten'tar] (1a) versuchen; **~to** [in'tento] *m* Versuch *m*; **~tona** [~'tona] *f*: **~ (golpista)** Putschversuch *m*

interacción [interaɣ'θjon] *f* Wechselwirkung *f*

intercalar [interka'lar] (1a) einfügen, einschieben

intercam|biable [interkam'bjaβle] austauschbar; **~bio** [~'kambjo] *m* Austausch *m*

interceder [interθe'ðer] (2a) sich verwenden (für *ac por*)

interceptar [interθep'tar] (1a) abfangen; *tel* abhören

intercesión [interθe'sjon] *f* Vermittlung *f*; Fürsprache *f*

interés [inte'res] *m* Interesse *n*; ✝ Zins(en) *m(pl)*; *fig* Eigennutz *m*; **-eses acreedores** Habenzinsen *m/pl*

interesa|do [intere'saðo] **1.** *adj* beteiligt; interessiert (*an dat en*); *desp* eigennützig; **2.** *m* Interessent *m*; **~nte** [~'sante] interessant; **~r** [~'sar] (1a) interessieren; *(afectar)* betreffen; in Mitleidenschaft ziehen; **~rse** sich interessieren (für *ac por*)

interfaz *inform* [inter'faθ] *m u f* Schnittstelle *f*

interferencia [interfe'renθja] *f* ⚡ Interferenz *f*, Überlagerung *f*

interfono [inter'fono] *m* (Gegen-)Sprechanlage *f*

interino [inte'rino] einstweilig

interior [inte'rjor] **1.** *adj* innere(r, -s); Innen...; **2.** *m* das Innere *n*; Inland *n*; **~es** *m/pl* (*cine*) Innenaufnahmen *f/pl*; **~idades** [~rjori'ðaðes] *f/pl* private Angelegenheiten *f/pl*; Intimsphäre *f*

interjección *gram* [interxeɣ'θjon] *f* Interjektion *f*

interlocutor [interloku'tor] *m* Gesprächspartner *m*

interme|diario [interme'ðjarjo] **1.** *adj* Zwischen..., Mittel...; **2.** *m* Vermittler *m*; ✝ Zwischenhändler *m*; **~dio** [~'meðjo] **1.** *adj* Zwischen...; **2.** *m* Zwischenzeit *f*; *teat* Pause *f*

intermi|nable [intermi'naβle] endlos; **~tente** [~'tente] **1.** *adj* intermittierend; *luz* **~** Blinklicht *n*; **2.** *m auto* Blinker *m*

internacional [internaθjo'nal] international

intern|ado [intɛr'naðo] *m* Internat *n*; (*persona*) Interniert(r) *m*; **~ar** [~'nar] (1a) internieren; ✱ einweisen; **~arse** eindringen (in *ac* **en**); **~ista** ✱ [~'nista] *su* Internist(in *f*) *m*

interno [in'tɛrno] **1.** *adj* innere(r, -s); innerlich; **2.** *m* Internatsschüler *m*

interpela|ción [intɛrpela'θjɔn] *f pol* Anfrage *f*; **~r** [~'lar] (1a) anfragen; interpellieren

interplanetario [intɛrplane'tarĭo] Weltraum...

interponer [intɛrpo'nɛr] (2r) einschieben; dazwischenstellen

interpreta|ción [intɛrpreta'θjɔn] *f* Interpretation *f* (*a* ♪); Auslegung *f*, Deutung *f*; (*traducir*) Dolmetschen *n*; *teat* Spiel *n*; **~r** ['tar] (1a) interpretieren (*a* ♪); auslegen; (*traducir*) dolmetschen; *teat* darstellen, spielen

intérprete [in'tɛrprete] *su* Dolmetscher(in *f*) *m*; Interpret(in *f*) *m* (*a* ♪); *teat* Darsteller(in *f*) *m*

interroga|ción [intɛrrɔga'θjɔn] *f* Frage *f*; (*signo m de*) **~** Fragezeichen *n*; **~nte** [~'gante] *m* (offene) Frage *f*, Fragezeichen *n*; **~r** [~'gar] (1h) befragen; ⚖ verhören; **~torio** ⚖ [~'tɔrĭo] *m* Verhör *n*

interru|mpir [intɛrrum'pir] (3a) unterbrechen; **~pción** [~rrub'θjɔn] *f* Unterbrechung *f*; **~ptor** [~rrup'tɔr] *m* ⚡ Schalter *m*

intervalo [intɛr'balo] *m* Zwischenzeit *f*; (*espacio*) Zwischenraum *m*; Abstand *m*; ♪ Intervall *n*

interven|ción [intɛrben'θjɔn] *f* Eingreifen *n*; *pol* Intervention *f*; ✱ Eingriff *m*; **~ir** [~be'nir] (3s) **1.** *v/i* vermitteln; (*participar*) teilnehmen (an *dat* **en**); eingreifen; **2.** *v/t* ✱ operieren; *tel* abhören; **~tor** [~ben'tɔr] *m* Kontrolleur *m*; Inspektor *m*

interviú [intɛr'bĭu] *f* Interview *n*

intesti|nal [intesti'nal] Darm...; **~no** [~'tino] **1.** *adj* innere(r, -s); **2.** *m* Darm *m*; **~ delgado** Dünndarm *m*; **~ grueso** Dickdarm *m*; **~s** *pl* Eingeweide *n/pl*

intimar [inti'mar] (1a) **1.** *v/t* auffordern; **2.** *v/i* (enge) Freundschaft schließen (mit *dat* **con**)

intimi|dad [intimi'ðað] *f* Intimität *f*; Vertrautheit *f*; **en la ~** im engsten Kreis; **~dar** [~'ðar] (1a) einschüchtern

íntimo ['intimo] innerst; intim; vertraut

intolera|ble [intole'rable] unerträglich; **~ncia** [~'ranθĭa] *f* Intoleranz *f*; **~nte** [~'rante] unduldsam, intolerant

intoxica|ción [intɔgsika'θjɔn] *f* Vergiftung *f*; **~r** [~'kar] (1g) vergiften

intranqui|lidad [intraŋkili'ðað] *f* Unruhe *f*; **~lizar** [~'θar] (1f) beunruhigen; **~lo** [~'kilo] unruhig; ängstlich

intransferible [intransfe'rible] nicht übertragbar

intransi|gencia [intransi'xenθĭa] *f* Unnachgiebigkeit *f*; **~gente** [~'xente] unnachgiebig; **~table** [~'table] unwegsam; nicht befahrbar; **~tivo** *gram* [~'tibo] intransitiv

intrascendente [intrasθen'dente] unwichtig, unwesentlich

intravenoso ✱ [intrabe'noso] intravenös

intr|epidez [intrepi'ðeθ] *f* Unerschrockenheit *f*; **~épido** [in'trepiðo] unerschrocken, verwegen

intriga [in'triga] *f* Intrige *f*; **~nte** [~'gante] *m* Intrigant *m*; **~r** [~'gar] (1h) **1.** *v/t* neugierig machen; **2.** *v/i* intrigieren

intrincado [intriŋ'kaðo] unwegsam; *fig* verwickelt, verworren

intrínseco [in'trinseko] inner(lich), eigentlich

introdu|cción [introðug'θjɔn] *f* Einführung *f*; Einleitung *f*; **~cir** [~ðu'θir] (3o) einführen; *inform* eingeben; **~cirse** eindringen

intromisión [intromi'sĭɔn] *f* Einmischung *f*

introvertido [introber'tiðo] introvertiert

intruso [in'truso] *m* Eindringling *m*; Störenfried *m*

intui|ción [intŭi'θĭɔn] *f* Intuition *f*; **~r** [intu'ir] (3g) intuitiv erkennen; **~tivo** [intŭi'tibo] intuitiv

inunda|ción [inunda'θĭɔn] *f* Überschwemmung *f*; **~r** [~'dar] (1a) überschwemmen; überfluten (*a fig*)

inusitado [inusi'taðo] ungebräuchlich, ungewöhnlich

inútil [i'nutil] **1.** *adj* unnütz; zwecklos; ✗ untauglich; **2.** *m* Taugenichts *m*

inutili|dad [inutili'ðað] *f* Nutz-, Zwecklosigkeit *f*; **~zar** [~'θar] (1f) unbrauchbar machen; (*sello*) entwerten

invadir [imba'ðir] (3a) überfallen; einfallen in (*ac*); (*plaga*) befallen

invali|dar [imbali'dar] (1a) ungültig machen; **~dez** [~'deθ] f Ungültigkeit f; ⚕ Invalidität f

inválido [imbalido] **1.** *adj* ungültig; ⚕ invalide; **2.** *m* Invalide *m*

invariable [imba'rĭable] unveränderlich

inva|sión [imba'sĭon] f Invasion f; **~sor** [~'sor] *m* Eindringling *m*

invencible [imben'θible] unbesiegbar; *fig* unüberwindlich

invención [imben'θĭon] f Erfindung f

invendible [imben'dible] unverkäuflich

inven|tar [imben'tar] (1a) erfinden; **~tario** [~'tarĭo] *m* Inventur f, Bestandsaufnahme f; (*lista*) Inventar *n*; **~tiva** [~'tiba] f Erfindungsgabe f; **~tivo** [~'tibo] erfinderisch; **~to** [im'bento] *m* Erfindung f; **~tor** [~'tor] *m* Erfinder *m*

inverna|dero [imberna'dero] *m* Treibhaus *n*; *efecto* *m* ~ Treibhauseffekt *m*; **~l** [~'nal] winterlich; **~r** [~'nar] (1k) überwintern

inverosímil [imbero'simil] unwahrscheinlich

inver|sión [imber'sĭon] f Umkehrung f; ✝ Anlage f, Investition f; **~so** [~'berso] umgekehrt; entgegengesetzt; *a la -a* umgekehrt; **~sor** [~'sor] *m* ✝ Anleger *m*, Investor *m*

invert|ido [imber'tido] umgekehrt; (*persona*) homosexuell; **~r** [~'tir] (3i) umkehren, umdrehen; ✝ anlegen, investieren; (*tiempo*) aufwenden (*für en*)

investiga|ción [imbestiga'θĭon] f Forschung f; ⚖ Ermittlungen f/pl, Untersuchung f; **~dor** [~'dor] *m* Forscher *m*; ~ *privado* Privatdetektiv *m*; **~r** [~'gar] (1h) (er)forschen; untersuchen

inveterado [imbete'rado] eingewurzelt; eingefleischt

inviable [im'bĭable] undurchführbar

invicto [im'bikto] unbesiegt

invidente [imbi'dente] blind

invierno [im'bĭerno] *m* Winter *m*

inviolable [imbĭo'lable] unverletzlich

invisible [imbi'sible] unsichtbar

invita|ción [imbita'θĭon] f Einladung f; Aufforderung f; **~do** [~'tado] *m* Gast *m*; **~r** [~'tar] (1a) einladen; auffordern (*zu a*)

involuntario [imbolun'tarĭo] unfreiwillig; unabsichtlich

invulnerable [imbulne'rable] unverwundbar

inyec|ción [injeg'θĭon] f Injektion f, Spritze f; *a auto* Einspritzung f; **~tar** [~jek'tar] (1a) (ein)spritzen

ir [ir] (3t) gehen; fahren; reisen; (*vestido*) stehen, passen; ~ *a inf* sich anschicken *zu inf*; *voy a comer* ich gehe jetzt essen; ~ *en coche* (*tren*) mit dem Auto (Zug) fahren; ~ *en avión* fliegen; ~ *para viejo* alt werden; ~ *por* (F *a por*) *alc* et holen; *a eso voy* darauf will ich hinaus; *¡(ya) voy!* ich komme (schon)!; *¡qué va!* ach was!; *¡vamos!* gehen wir!; *¡vaya!* na so was!; **~se** (weg)gehen; wegfahren; abreisen; *¡vámonos!* los, gehen wir!

ira ['ira] f Zorn *m*; Wut f; **~cundo** [~'kundo] jähzornig

ira|ní [ira'ni] **1.** *adj* iranisch; **2.** *su* Iraner(in f) *m*; **~kí** [~'ki] **1.** *adj* irakisch; **2.** *su* Iraker(in f) *m*

iris ['iris] *m anat* Iris f, Regenbogenhaut f; *arco m* ~ Regenbogen *m*

irlan|dés [irlan'des] **1.** *adj* irisch; **2.** *m*, **~desa** [~'desa] f Ire *m*, Irin f

ironía [iro'nia] f Ironie f

irónico [i'roniko] ironisch

irradia|ción [irradĭa'θĭon] f Aus-, Bestrahlung f; **~r** [~'dĭar] (1b) ausstrahlen (*a fig*); ⚕ bestrahlen

irreal [irre'al] unwirklich, irreal; **~izable** [~ali'θable] unausführbar

irre|conciliable [irrekonθi'lĭable] unversöhnlich; **~cuperable** [~kupe'rable] unwiederbringlich; **~flexivo** [~fleg'sibo] unüberlegt; **~futable** [~fu'table] unwiderleglich; unumstößlich

irregular [irregu'lar] unregelmäßig; **~idad** [~ri'dad] f Unregelmäßigkeit f

irre|levante [irrele'bante] irrelevant, unerheblich; **~mediable** [~me'dĭable] unabänderlich; **~parable** [~pa'rable] nicht wiedergutmachen(d); unersetzlich; **~prochable** [~pro't∫able] untadelig; **~sistible** [~sis'tible] unwiderstehlich; **~spetuoso** [~pe'tŭoso] respektlos; **~sponsable** [~pon'sable] unverantwortlich; verantwortungslos; **~vocable** [~bo'kable] unwiderruflich

irriga|ción [irriga'θĭon] f Bewässerung f; ⚕ Spülung f; **~r** [~'gar] (1h) spülen; *Am* bewässern

irrisorio [irri'sorĭo] lächerlich, lachhaft; *precio m* ~ Spottpreis *m*

irrita|ble [irri'table] reizbar; **~ción** [~ta'θĭon] f Reizung f (*a* ⚕); Gereiztheit

jibia

f; ~**r** [~'tar] (1a) reizen (*a* 🐂); ~**rse** sich aufregen
irrompible [irrɔm'pible] unzerbrechlich
irru|mpir [irrum'pir] (3a) eindringen, einfallen; ~**pción** [irrub'θiɔn] *f* Einfall *m*; Einbruch *m*
isla ['izla] *f* Insel *f*
islam [iz'lam] *m* Islam *m*
islan|dés [izlan'des] **1.** *adj* isländisch; **2.** *m*, ~**desa** [~'desa] *f* Isländer(in *f*) *m*
isleño [iz'leɲo] **1.** *adj* Insel...; **2.** *m* Inselbewohner *m*
israelí [izrrae'li] **1.** *adj* israelisch; **2.** *m* Israeli *m*
istmo ['istmo] *m* Landenge *f*
italiano [ita'ljano] **1.** *adj* italienisch; **2.** *m*, **-a** [~na] *f* Italiener(in *f*) *m*
itinerario [intine'rarjo] *m* Reiseplan *m*, -route *f*; Wanderweg *m*
izar [i'θar] (1f) hissen
izquier|da [iθ'kjerða] *f* linke Hand *f*; *pol* Linke *f*; *a la* (*od por la*) ~ links; ~**dista** [~'dista] *m pol* Linke(r) *m*; ~**do** [iθ'kjerðo] linke(r, -s)

J

J, j ['xota] *f* J, j *n*
jabalí [xaba'li] *m* Wildschwein *n*
jabalina [xaba'lina] *f dep* Speer *m*
jabón [xa'βɔn] *m* Seife *f*
jabonera [xaβo'nera] *f* Seifenschale *f*
jacinto ♀ [xa'θinto] *m* Hyazinthe *f*
jacta|ncia [xak'tanθja] *f* Prahlerei *f*; ~**rse** [~'tarse] (1a) prahlen (mit *dat de*)
jadear [xaðe'ar] (1a) keuchen
jaguar [xa'gŭar] *m* Jaguar *m*
jalea [xa'lea] *f* Gelee *m*
jale|ar [xale'ar] (1a) anfeuern; ~**o** [~'leo] *m* Krach *m*; F Rummel *m*; Durcheinander *n*; *armar* ~ F Radau machen
jalón [xa'lɔn] *m* Meßstange *f*
jalonar [xalo'nar] (1a) abstecken
jamás [xa'mas] nie(mals); je(mals)
jamelgo [xa'melgo] *m* Klepper *m*
jamón [xa'mɔn] *m* Schinken *m*; ~ *dulce* gekochter Schinken *m*; ~ *serrano* roher Schinken *m*
japon|és [xapo'nes] **1.** *adj* japanisch; **2.** *m*, ~**esa** [~'nesa] *f* Japanerin(f) *m*
jaque ['xake] *m* Schach *n*; ~ *mate* schachmatt; *fig tener en* ~ in Schach halten
jaqueca [xa'keka] *f* Migräne *f*
jarabe [xa'raβe] *m* Sirup *m*
jarcia ⚓ ['xarθja] *f* Takelwerk *n*
jardín [xar'ðin] *m* Garten *m*; ~ *de infancia* Kindergarten *m*
jardine|ra [xarði'nera] *f* Gärtnerin *f*; (*macetero*) Blumenkasten *m*; ~**ría** [~'ria] *f* Gärtnerei *f*; Gartenarbeit *f*; ~**ro** [~'nero] *m* Gärtner *m*
jarr|a ['xarra] *f* Krug *m*; ~**o** ['xarrɔ] *m* Krug *m*, Kanne *f*; *fig un* ~ *de agua fría* e-e kalte Dusche
jauja ['xaŭxa] *f* Schlaraffenland *n*
jaula ['xaŭla] *f* Käfig *m*; ⚒ Förderkorb *m*
jauría [xaŭ'ria] *f* Meute *f*
jazmín ♀ [xaθ'min] *m* Jasmin *m*
jef|a ['xefa] *f* Chefin *f*; ~**tura** [~'tura] *f* Behörde *f*; ~ *de policía* Polizeipräsidium *n*
jefe ['xefe] *m* Chef *m*; Leiter *m*; ~ *de estación* 🚂 Stationsvorsteher *m*; ~ *de taller* Werkmeister *m*; ~ *de tren* 🚂 Zugführer *m*; ~ *de tribu* Häuptling *m*
jengibre [xeŋ'xiβre] *m* Ingwer *m*
jeque ['xeke] *m* Scheich *m*
jerarquía [xerar'kia] *f* Hierarchie *f*; Rang(ordnung *f*) *m*
jerez [xe'reθ] *m* Sherry *m*
jerga ['xerga] *f* Jargon *m*
jerigonza [xeri'gɔnθa] *f* Jargon *m*; Kauderwelsch *n*
jerin|ga [xe'riŋga] *f*, ~**guilla** [~'giʎa] *f* 💉 Spritze *f*
jeroglífico [xero'glifiko] *m* Hieroglyphe *f*; *fig* Bilderrätsel *n*
jersey [xer'se] *m* Pullover *m*
Jesu|cristo [xesu'kristo] *m* Jesus Christus *m*; ♀**ita** [~'ita] *m* Jesuit *m*
jibia ['xiβja] *f* Tintenfisch *m*

jilguero [xil'gero] *m* Stieglitz *m*, Distelfink *m*

jinete [xi'nete] *m* Reiter *m*

jirafa [xi'rafa] *f* Giraffe *f*

jirón [xi'rɔn] *m* Fetzen *m*

jocoso [xo'koso] spaßig; lustig

joder V [xo'dɛr] (2a) **1.** *v/i* koitieren, V ficken; **2.** *v/t* ärgern; (*j-m*) et vermasseln

joint-venture [dʒɔint 'venʃə] *f* Joint-Venture *n*

jolgorio [xɔl'gorĭo] *m* F Rummel *m*

jordano [xor'dano] jordanisch; **2.** *m*, **-a** *f* Jordanier(in *f*) *m*

jornada [xor'nada] *f* (Arbeits-)Tag *m*; (*camino*) Tagesreise *f*; **~(s)** *f*(*pl*) Tagung *f*; **~** *intensiva* durchgehende Arbeitszeit *f*; **~ reducida** Kurzarbeit *f*

jornal [xor'nal] *m* Tagelohn *m*; **~ero** [~'lero] *m* Tagelöhner *m*

joroba [xo'roba] *f* Buckel *m*; **~do** [~'bado] buck(e)lig

joven ['xoben] **1.** *adj* jung; **2.** *su* junger Mann *m*; junges Mädchen *n*; *los jóvenes* die Jugendlichen *pl*

jovial [xo'bĭal] heiter; fröhlich; **~idad** [~li'dad] *f* Heiterkeit *f*

joya ['xoja] *f* Juwel *n*, Schmuckstück *n*; *fig* Perle *f*; **~s** *pl* Schmuck *m*

joye|ría [xoje'ria] *f* Juwelierladen *m*; **~ro** [~'jero] *m* Juwelier *m*; (*estuche*) Schmuckkasten *m*

juanete [xŭa'nete] *m* ♣ Ballen *m*; ⚓ Bram-, Toppsegel *n*

jubila|ción [xubila'θĭɔn] *f* Pensionierung *f*; Ruhestand *m*; (*dinero*) Rente *f*; Pension *f*; **~do** [~'lado] **1.** *adj* im Ruhestand; pensioniert; **2.** *m* Rentner *m*; *f* [~'lar] (1a) in den Ruhestand versetzen; pensionieren; **~rse** in Pension (*od* Rente) gehen

júbilo ['xubilo] *m* Jubel *m*; Freude *f*

judería [xude'ria] *f* Judenviertel *m*

judía [xu'dia] *f* a) Jüdin *f*; **b)** ♀ Bohne *f*

judi|catura [xudika'tura] *f* Richteramt *n*; Gerichtsbarkeit *f*; **~cial** [~'θĭal] richterlich; gerichtlich; *por vía* **~** auf dem Rechtswege

judío [xu'dio] **1.** *adj* jüdisch; **2.** *m* Jude *m*

judo ['xudo] *m dep* Judo *n*

juego ['xŭego] **1.** *s jugar*; **2.** *m* Spiel *n*; (*conjunto*) Satz *m*, Garnitur *f*; **~s olímpicos** Olympische Spiele *n*/*pl*; **~ de café** Kaffeeservice *n*; **~ de cama** Garnitur *f* Bettwäsche; **~ de manos** Taschenspielertrick *m*; **~ de niños** *fig* Kinderspiel *n*; *estar en* **~** auf dem Spiel stehen; *fuera de* **~** *dep* abseits; *hacer* **~** zs.-passen; passen (zu *dat con*)

juerga ['xŭerga] *f* lärmendes Vergnügen *n*; Rummel *m*

jueves ['xŭebes] *m* Donnerstag *m*; **2 Santo** Gründonnerstag *m*; *no es cosa del otro* **~** das ist nichts Besonderes

juez ['xŭeθ] *su* Richter(in *f*) *m*; *dep* **~ de línea** Linienrichter *m*

juga|da [xu'gada] *f* Zug *m*; *fig* übler Streich *m*; **~dor** *m* [~'dɔr] Spieler *m*; **~r** [~'gar] (1o) **1.** *v/i* spielen; **~ al fútbol** Fußball spielen; **~ al millón** flippern; **2.** *v/t* (*carta*) ausspielen; **~rse** *et* verspielen; aufs Spiel setzen; **~ la vida** sein Leben riskieren

jugo ['xugo] *m* Saft *m*; **~so** [~'goso] saftig

jugue|te [xu'gete] *m* Spielzeug *n*; **~tería** [~'ria] *f* Spielwarenhandlung *f*; **~tón** [~'tɔn] verspielt

juicio ['xŭiθĭo] *m* Urteil(svermögen) *n*, Verstand *m*; (*opinión*) Meinung *f*; ⚖ Prozeß *m*; *el* **~ final** das Jüngste Gericht; *a mi* **~** m-s Erachtens; *estar en su* **~** bei Verstand sein; **~so** [~'θĭoso] vernünftig

julio ['xulĭo] *m* Juli *m*

Jumbo ['xumbo] *m* Jumbo-Jet *m*

junco ['xuŋko] *m* ♀ Binse *f*

jungla ['xuŋgla] *f* Dschungel *m*

junio ['xunĭo] *m* Juni *m*

junta ['xunta] *f* Versammlung *f*; ⚙ Dichtung *f*; **~ directiva** Vorstand *m*; **~ militar** Militärjunta *f*; **~mente** [~'mente] zusammen; **~r** [~'tar] (1a) zs.-bringen, -stellen, -fügen; **~rse** sich zs.-tun

junto ['xunto] vereint; **~s** zusammen; **~ a** bei, neben (*dat*)

juntura [xun'tura] *f* ⚙ Gelenk *n*; Fuge *f*

jura ['xura] *f* Eid *m*; **~ de la bandera** Fahneneid *m*; **~do** [~'rado] **1.** *adj* beeidigt; **2.** *m* Jury *f*; ⚖ Schwurgericht *n*; (*persona*) Geschworene(r) *m*; **~mentar** [~men'tar] (1a) vereidigen; **~mento** [~'mento] *m* Eid *m*; Schwur *m*; *bajo* **~** unter Eid; **~r** [~'rar] (1a) **1.** *v/t* schwören; **~ el cargo** den Amtseid leisten; **2.** *v/i* fluchen

jurídico [xu'ridiko] juristisch, rechtlich, Rechts...

juris|dicción [xurizðiɣ'θiɔn] f Gerichtsbarkeit f; Rechtsprechung f; **~ta** [~'rista] su Jurist(in f) m
justi|cia [xus'tiθia] f Gerechtigkeit f; Justiz f; **~ciero** [~ti'θiero] gerechtigkeitsliebend
justifica|ción [xustifika'θiɔn] f Rechtfertigung f; **~nte** [~'kante] m Beleg m; **~r**

[~'kar] (1g) rechtfertigen; belegen
justo ['xusto] gerecht; (*preciso*) richtig; genau; (*ajustado*) eng; knapp
juven|il [xube'nil] jugendlich; **~tud** [xuben'tuð] f Jugend f
juzga|do [xuð'gaðo] m Gericht n; **~r** [~'gar] (1h) richten; (*opinar*) (be)urteilen; halten für

K

K, k [ka] f K, k n
karate [ka'rate] m Karate n; **~ca** [~'teka] m Karatekämpfer m
keroseno [kero'seno] m Kerosin n
kilo(gramo) [kilo('gramo)] m Kilo(-gramm) n

kilometraje [kilome'traxe] m Kilometerstand m; (*dinero*) Kilometergeld n
kilómetro [ki'lometro] m Kilometer m
kilovatio [kilo'batio] m Kilowatt n
kiosco ['kiosko] m Kiosk m
kiwi ⚤ ['kibi] f Kiwi f

L

L, l ['ele] f L, l n
la [la] f die; ♪ A n; **~ bemol** As n
laberinto [labe'rinto] m Labyrinth n
labia ['labia] f Zungenfertigkeit f
labio ['labio] m Lippe f
labor [la'bor] f Arbeit f; (*costura*) Handarbeit f; **~able** [labo'raβle]: *día m ~* Werktag m; **~al** [~'ral] Arbeits...; **~atorio** [~ra'torio] m Labor(atorium) n; **~ de idiomas** Sprachlabor n; **~ioso** [~'rioso] arbeitsam, fleißig; (*penoso*) mühsam
labra|dor [labra'ðor] m Landmann m, Bauer m; **~dora** [~'ðora] f Bäuerin f; **~nza** [la'branθa] f Feldarbeit f; *casa f de ~* Bauernhof m; **~r** [la'brar] (1a) bearbeiten; (*campo*) bestellen
laca ['laka] f Lack m; (*para el pelo*) Haarspray m; **~ de uñas** Nagellack m
lacayo [la'kajo] m Lakai m
lacio ['laθio] welk; schlaff; (*pelo*) glatt
lacónico [la'koniko] lakonisch
lac|ra ['lakra] f Gebrechen n; Defekt m; **~rar** [la'krar] (1a) versiegeln; **~re** ['lakre] m Siegellack m
lacrimógeno [lakri'mɔxeno] rührselig; *gas m ~* Tränengas n
lactan|cia [lak'tanθia] f Stillperiode f; **~te** [~'tante] m Säugling m
lácteo ['lakteo] milchig; Milch...; *vía f -a* Milchstraße f
ladera [la'ðera] f Bergabhang m
ladilla [la'ðiʎa] f Filzlaus f
lado ['laðo] m Seite f; *hacerse a un ~* zur Seite treten; *al ~* neben; daneben; *al ~ de* neben; *de jenseits*; *de ~* seitlich, von der Seite; *por otro ~* andererseits; *dejar a un ~* beiseite lassen
ladrar [la'ðrar] (1a) bellen
ladrillo [la'ðriʎo] m Ziegelstein m
ladrón [la'ðrɔn] m Dieb m
lagar [la'gar] m Weinkelter f
lagar|tija [lagar'tixa] f Mauereidechse; **~to** [la'garto] m Eidechse f

lago ['lago] *m* See *m*
lágrima ['lagrima] *f* Träne *f*
lagrimear ✱ [lagrime'ar] (1a) tränen
laguna [la'guna] *f* Lagune *f*; *fig* Lücke *f*
laico ['laiko] **1.** *adj* laienhaft; weltlich; **2.** *m rel* Laie *m*
lamen|table [lamen'table] kläglich; bedauerlich; **~tación** [~ta'θĭon] *f* Gejammer *n*; **~tar** [~'tar] (1a) beklagen; (*sentir*) bedauern; **~to** [la'mento] *m* Wehklagen *n*
lamer [la'mɛr] (2a) (ab)lecken
lámina ['lamina] *f* dünne Platte *f*; Blech *n*; Folie *f*; ⊕ Lamelle *f*; (*estampa*) (Bild-)Tafel *f*
lamina|do [lami'naðo] *m* Walzen *n*; **~dora** [~'ðora] *f* Walzwerk *n*; **~r** [~'nar] (1a) (aus)walzen
lámpara ['lampara] *f* Lampe *f*; **~ de cabecera** Nachttischlampe *f*; **~ colgante** Hängelampe *f*; **~ de pie** Stehlampe *f*
lamprea *zo* [lam'prea] *f* Neunauge *n*
lana ['lana] *f* Wolle *f*
lance [lanθe] *m* Vorfall *m*; **de ~** antiquarisch
lancha ['lantʃa] *f* Boot *n*; **~ motora** Motorboot *n*; **~ neumática** Schlauchboot *n*; **~ rápida** Schnellboot *n*
langos|ta [laŋ'gosta] *f* Languste *f*; (*insecto*) (Wa der-)Heuschrecke *f*; **~tino** [~'tino] *m* Kaisergranat *m*
languidez [laŋgi'ðeθ] *f* Mattigkeit *f*; ✝ Flaute *f*
lánguido ['laŋgiðo] schlaff; matt
lanza ['lanθa] *f* Lanze *f*; *fig* **romper una ~ por** e-e Lanze brechen für; **~dera** ⊙ [~'ðera] *f* Weberschiffchen *n*; **servicio *m* de ~** Pendelverkehr *m*; **~llamas** [~'ʎamas] *m* Flammenwerfer *m*; **~miento** [~'mĭento] *m* Werfen *n*; ⚔ Abschuß *m*, -wurf *m*; (Raketen-)Start *m*; ✝ Einführung *f*; **~ de disco** Diskuswerfen *n*; **~ de martillo** Hammerwerfen *n*; **~ de peso** Kugelstoßen *n*; **~r** [~'θar] (1f) werfen, schleudern; (*bombas*) abwerfen; (*cohete*) starten; (*grito*) ausstoßen; (*moda*) einführen; ✝ auf den Markt bringen; **~rse** sich stürzen; (*decidirse*) es wagen; **~ en paracaídas** mit dem Fallschirm abspringen
lapa ✤ ['lapa] *f* Klette *f* (*a fig*)
lápida ['lapiða] *f* Gedenkstein *m*; **~ (funeraria)** Grabstein *m*
lapidar [lapi'ðar] (1a) steinigen; **~io** [~'ðarĭo] lapidar
lápiz ['lapiθ] *m* Bleistift *m*; **~ de cejas** Augenbrauenstift *m*; **~ de color** Farbstift *m*; **~ de labios** Lippenstift *m*
lapón [la'pon] **1.** *adj* lappländisch; **2.** *m* Lappe *m*
lapso ['labso] *m* Zeitraum *m*
larga ['larga] *f*: **dar ~s a** auf die lange Bank schieben; **~r** [~'gar] (1h) losmachen, -lassen; **~rse** F abhauen
largo ['largo] **1.** *adj* lang; *fig* langwierig; **pasar de ~** vorbeigehen, -fahren; *fig* unbeachtet lassen; **a la -a** auf die Dauer; **a lo ~** der Länge nach; **a lo ~ de** entlang; im Laufe von; **2.** *m* Länge *f*; **~metraje** [~me'traxe] *m* Spielfilm *m*
larin|ge [la'rinxe] *f* Kehlkopf *m*; **~gitis** [~'xitis] *f* Kehlkopfentzündung *f*
larva ['larβa] *f* Larve *f*
lascivo [las'θiβo] geil; schlüpfrig
láser ['laser] *m*: **rayo *m* ~** Laserstrahl *m*
la|situd [lasi'tuð] *f* Mattigkeit *f*; Schlaffheit *f*; **~so** ['laso] matt, schlaff
lástima ['lastima] *f* Mitleid *n*; **dar ~** leid tun; **es una ~** es ist schade; **¡qué ~!** wie schade!
lastimar [lasti'mar] (1a) verletzen
lastre ['lastre] *m* Ballast *m*
lata ['lata] *f* Blech *n*; (*caja*) Dose *f*, Büchse *f*; F **dar la ~** F anöden; **es una ~** das ist stinklangweilig
latente [la'tente] latent; schleichend
lateral [late'ral] seitlich; Seiten...
latido [la'tiðo] *m* ✱ Klopfen *n*; (*del corazón*) Schlagen *n*
latifundio [lati'funðĭo] *m* Großgrundbesitz *m*
latigazo [lati'gaθo] *m* Peitschenhieb *m*
látigo [la'tigo] *m* Peitsche *f*
latín [la'tin] *m* Latein *n*
latino [la'tino] lateinisch
latir [la'tir] (3a) klopfen, schlagen
latitud [lati'tuð] *f geo* Breite *f*
latón [la'ton] *m* Messing *n*
laucha *Am* ['lautʃa] *f* Maus *f*
laúd ♪ [la'uð] *m* Laute *f*
laudable [lau'ðable] lobenswert
laudo ['lauðo] *m* Schiedsspruch *m*
laureado [laure'aðo] preisgekrönt
laurel [lau'rel] *m* Lorbeer *m*; **dormirse sobre** (*od* **en**) **los ~** auf s-n Lorbeeren ausruhen
lava ['laβa] *f* Lava *f*

lava|ble [la'βaβle] waschbar; **~bo** [~'βaβo] *m* Waschbecken *n*; *(cuarto)* Waschraum *m*; *(retrete)* Toilette *f*; **~da** *Am* [~'βaða] *f* Waschen *n*; **~dero** [~'ðero] *m* Waschplatz *m*; **~do** [~'βaðo] *m* Waschen *n*; **~ de cerebro** Gehirnwäsche *f*; **~ en seco** chemische Reinigung *f*; **~dora** [~'ðora] *f* Waschmaschine *f*
lavanda ♀ [la'βanda] *f* Lavendel *m*
lava|ndería [laβande'ria] *f* Wäscherei *f*; Waschsalon *m*; **~parabrisas** [~para'βrisas] *m auto* Scheibenwaschanlage *f*; **~platos** [~'platos] *m* Geschirrspülmaschine *f*; *(persona)* Tellerwäscher *m*; **~r** [~'βar] (1a) waschen; *(platos)* spülen; *(dientes)* putzen; **~ en seco** chemisch reinigen; **~se las manos** *fig* s-e Hände in Unschuld waschen; **~tiva** [~'tiβa] *f* ♣ Klistier *n*; **~torio** [~'torio] *m Am* Waschbecken *n*; **~vajillas** [~'βaxiʎas] *m* Geschirrspülmaschine *f*
laxante ♣ [lag'sante] *m* Abführmittel *n*
lazarillo [laθa'riʎo] *m* Blindenführer *m*
lazo ['laθo] *m* Schleife *f*; *(cuerda)* Lasso *n*; *(trampa)* Schlinge *f*; *(corbata)* Fliege *f*; *(vinculo)* Band *n*
le [le] **1.** *(dat)* ihm, ihr; Ihnen; **2.** *(ac)* ihn; Sie
leal [le'al] treu, loyal; **~tad** [~'tað] *f* Treue *f*, Loyalität *f*
lebrel [le'βrel] *m* Windhund *m*
lección [leg'θion] *f* Lektion *f*; (Unterrichts-)Stunde *f*; *fig* Lehre *f*
leche ['letʃe] *f* Milch *f*; **~ condensada** Kondensmilch *f*; **~ descremada** *(od desnatada)* entrahmte Milch *f*; **~ entera** Vollmilch *f*; **~ en polvo** Milchpulver *n*; **~ semidescremada** *(od semidesnatada)* fettarme Milch *f*; **~ra** [le'tʃera] *f* Milchfrau *f*; *(vasija)* Milchkanne *f*; **~ría** [~'ria] *f* Milchgeschäft *n*; Molkerei *f*; **~ro** [le'tʃero] **1.** *adj* Milch...; **2.** *m* Milchmann *m*
lecho ['letʃo] *m* Bett *n*; *(de río)* Flußbett *n*
lechón [le'tʃon] *m* Spanferkel *n*
lechuga ♀ [le'tʃuɣa] *f* Kopfsalat *m*
lechuza [le'tʃuθa] *f* (Schleier-)Eule *f*
lec|tor *m* [lek'tor] Leser *m*; *(profesor)* Lektor *m*; **~tura** [~'tura] *f* Lesen *n*; Lektüre *f*
leer [le'er] (2e) lesen; vorlesen
lega|ción [leɣa'θion] *f* Gesandtschaft *f*; **~do** [~'ɣaðo] *m* Vermächtnis *n*
legajo [le'ɣaxo] *m* Aktenbündel *n*
legal [le'ɣal] legal, gesetzlich; **~idad** [~li'ðað] *f* Gesetzlichkeit *f*, Legalität *f*; **~ización** [~θa'θion] *f* Legalisierung *f*; Beglaubigung *f*; **~izar** [~'θar] (1f) legalisieren; *(documento)* beglaubigen
legar [le'ɣar] (1h) vermachen
legendario [lexen'ðario] sagenhaft, legendär
legible [le'xiβle] leserlich
legión [le'xion] *f* Legion *f (a fig)*; **⚥ Extranjera** Fremdenlegion *f*
legisla|ción [lexisla'θion] *f* Gesetzgebung *f*; **~dor** [~'ðor] *m* Gesetzgeber *m*; **~r** [~'lar] (1a) Gesetze erlassen; **~tivo** [~la'tiβo] gesetzgebend; *(poder m)* ~ gesetzgebende Gewalt *f*, Legislative *f*; **~tura** [~la'tura] *f* Legislaturperiode *f*
legítima ⚖ [le'xitima] *f* Pflichtteil *m od n*
legitima|ción [lexitima'θion] *f* Legitimation *f*; **~r** [~'mar] (1a) legitimieren, für rechtmäßig erklären; *(niño:* ehelich) erklären; **~rse** sich ausweisen
legítimo [le'xitimo] rechtmäßig, legitim; *(auténtico)* echt
lego ['leɣo] **1.** *adj* weltlich; *fig* unwissend; **2.** *m* Laie *m (a fig)*
legrado [le'ɣraðo] *m* Ausschabung *f*
legua ['leɣua] *f* Meile *f*
legumbre ♀ [le'ɣumbre] *f* Hülsenfrucht *f*; *(hortaliza)* Gemüse *n*
leído [le'iðo] belesen
leja|nía [lexa'nia] *f* Ferne *f*; **~no** [le'xano] entfernt, fern
lejía [le'xia] *f* (Bleich-)Lauge *f*
lejos ['lexos] fern; weit weg; **a lo ~** in der Ferne; **de(sde) ~** von weitem; **~ de** weit entfernt von *(a fig)*
lelo ['lelo] dumm, blöd
lema ['lema] *m* Motto *n*
lencería [lenθe'ria] *f* Weißwaren *f/pl*; *(tienda)* Wäschegeschäft *n*
lengua ['lengua] *f* Zunge *f*; *(idioma)* Sprache *f*; **~ materna** Muttersprache *f*; **no morderse la ~** kein Blatt vor den Mund nehmen; **lo tengo en (la punta de) la ~** es liegt mir auf der Zunge; **~do** [~'ɣuaðo] *zo m* Seezunge *f*; **~je** [~'ɣuaxe] *m* Sprache *f*; Ausdrucksweise *f*; **~ de programación** Programmiersprache *f*
lengüeta [len'ɣueta] *f* ⚙, ♪ Zunge *f*
lente ['lente] *m opt* Linse *f*; **~s** *pl* Brille *f*; **~s de contacto** Kontaktlinsen *f/pl*
lente|ja ♀ [len'texa] *f* Linse *f*; **~juela** [~te'xuela] *f* Paillette *f*

lentillas [len'tiʎas] *f/pl* Kontaktlinsen *f/pl*
lenǀtitud [lenti'tuð] *f* Langsamkeit *f*; **~to** ['lento] langsam
leñǀa ['leɲa] *f* Brennholz *n*; **echar ~ al fuego** *fig* Öl ins Feuer gießen; **~ador** [~'ðor] *m* Holzfäller *m*; **~o** ['leɲo] *m* Holzscheit *n*; (Holz-)Kloben *m*
Leo *astr* ['leo] *m* Löwe *m*
león [le'on] *m* Löwe *m*; *Am* Puma *m*; **~ marino** Seelöwe *m*
leoǀna [le'ona] *f* Löwin *f*; **~pardo** [~'parðo] *m* Leopard *m*; **~tardos** [~'tarðos] *m/pl* Strumpfhose *f*
lepra ⚕ ['lepra] *f* Aussatz *m*, Lepra *f*
leproso [le'proso] *f* aussätzig
lerdo ['lerðo] schwerfällig; plump
les [les] (*dat*) ihnen; (*ac*) sie
lesbiana [lez'bi̯ana] Lesbierin *f*
lesiǀón [le'si̯on] *f* Verletzung *f*; **~onar** [lesi̯o'nar] (1a) verletzen
letal [le'tal] tödlich
letanía [leta'nia] *f* Litanei *f*
letárgico [le'tarxiko] lethargisch (*a fig*)
letargo [le'targo] *m* Lethargie *f*
letón [le'ton] **1.** *adj* lettisch; **2.** *m*, **-ona** *f* [~ona] Lette *m*, Lettin *f*
letra ['letra] *f* Buchstabe *m*; (*escritura*) (Hand-)Schrift *f*; ♩ Text *m*; ✝ Wechsel *m*; **la ~ pequeña** *fig* das Kleingedruckte; **a(l pie de) la ~** wörtlich; **~s** *pl* Geisteswissenschaften *f/pl*; **~do** [le'traðo] **1.** *adj* gelehrt; **2.** *m* Rechtsanwalt *m*
letrero [le'trero] *m* Schild *n*; Etikett *n*
letrina [le'trina] *f* Latrine *f*
letrista ♩ [le'trista] *m* Texter *m*
leucemia ⚕ [leu̯'θemi̯a] *f* Leukämie *f*
levadura [leba'ðura] *f* Hefe *f*; **~ en polvo** Backpulver *n*
levantaǀmiento [lebanta'mi̯ento] *m* Heben *n*; ✕ Erhebung *f*, Aufstand *m*; **~ de pesos** Gewichtheben *n*; **~r** [~'tar] (1a) (er)heben; aufrichten; (*edificar*) errichten; (*desmontar*) abbauen; (*pena, etc*) aufheben; (*tropas*) ausheben; (*polvo*) aufwirbeln (*a fig*); **~ el vuelo** davonfliegen; **~ la mesa** (den Tisch) abdecken; **~ los ojos** aufblicken; **~ la voz** die Stimme erheben; **~rse** sich erheben (*a fig*), aufstehen; (*viento*) aufkommen
levante [le'bante] *m* Osten; (*viento*) Ostwind *m*
leve ['lebe] leicht; gering(fügig); **~dad** [~'ðað] *f* Leichtigkeit *f*

léxico ['leksiko] *m* Wortschatz *m*; (*diccionario*) Lexikon *n*
ley [lei̯] *f* Gesetz *n*; (*de un metal*) Feingehalt *m*; **oro** *m* (**plata** *f*) **de ~** Feingold *n* (-silber *n*)
leyenda [le'jenda] *f* Legende *f*; (*inscripción*) Beschriftung *f*
liar [li'ar] (1c) binden; einwickeln; (*cigarrillo*) drehen; *fig* verwickeln; **~se** sich einlassen (mit *dat* **con**)
libanés [liba'nes] **1.** *adj* libanesisch; **2.** *m* Libanese *m*
libelo [li'belula] *f* Libelle *f*
liberaǀción [libera'θi̯on] *f* Befreiung *f*; Freilassung *f*; **~l** [~'ral] freigebig; (*profesión*) frei; *pol* liberal; **~lidad** [~li'ðað] *f* Freigebigkeit *f*; **~lismo** [~'lizmo] *m* Liberalismus *m*; **~lización** [~liθa'θi̯on] *f* Liberalisierung *f*; **~lizar** [~li'θar] (1f) liberalisieren; **~r** ['rar] (1a) befreien
liberǀtad [liber'tað] *f* Freiheit *f*; 🕱 **~ condicional** Entlassung *f* auf Bewährung; **~tador** [~ta'ðor] *m* Befreier *m*; **~tar** [~'tar] (1a) befreien; **~tinaje** [~ti'naxe] *m* Zügellosigkeit *f*; Ausschweifung *f*; **~tino** [~'tino] *m* Wüstling *m*
libra ['libra] *f* Pfund *n*; **~ esterlina** Pfund *n* Sterling; *astr* ♎ Waage *f*
librar [li'brar] (1a) **1.** *v/t* befreien; retten; (*cheque, etc*) ausstellen; (*batalla*) liefern; **2.** *v/i* freihaben
libre ['libre] frei (von **de**)
librea [li'brea] *f* Livree *f*
librecambio [libre'kambi̯o] Freihandel *m*
libreǀría [libre'ria] *f* Buchhandlung *f*; (*mueble*) Bücherregal *m*, -schrank *m*; **~ de lance** (*od* **de ocasión**) Antiquariat *n*; **~ro** [li'brero] *m* Buchhändler *m*; *Am* Bücherregal *n*
libreǀta [li'breta] *f* Notizbuch *n*; **~ de ahorros** Sparbuch *n*; **~to** [~'breto] *m* Libretto *n*, Textbuch *n*
libro [libro] *m* Buch *n*; **~ de bolsillo** Taschenbuch *n*; **~ de cabecera** Bettlektüre *f*; **~ de cocina** Kochbuch *n*; **~ de cuentos** Märchenbuch *n*; **~ de reclamaciones** Beschwerdebuch *n*; **~ de texto** Schulbuch *n*
licenǀcia [li'θenθi̯a] *f* Erlaubnis *f*, Genehmigung *f*; Lizenz *f*; **~ de armas** Waffenschein *m*; **~ de caza** Jagdschein *m*; **~ de pesca** Angelschein *m*; **~do** [~'θi̯aðo] *m* Lizentiat *m*; **~r** [~'θi̯ar] (1b) ✕ entlas-

liquidar

sen; ~**rse** *etwa*: sein Staatsexamen ablegen; ~**tura** [~'tura] *f etwa*: Staatsexamen *n*
licencioso [liθen'θioso] ausschweifend; liederlich
licita|ción [liθita'θiɔn] *f* Ausschreibung *f*; *Am* Versteigerung *f*; ~**r** [~'tar] (1a) bieten; ausschreiben; *Am* versteigern
lícito ['liθito] erlaubt, zulässig
licor [li'kɔr] *m* Likör *m*
licuadora [likua'dora] *f* Entsafter *m*
lid *lit* [lid] *f* Kampf *m*, Streit *m*
líder ['liðer] *m* Führer *m*; ~ (**en el mercado**) (Markt-)Führer *m*
lidera|to, ~zgo [lide'rato, ~'raðgo] *m* Führung *f*; Führungsrolle *f*
lidia [li'ðia] *f* (Stier-)Kampf *m*; ~**r** [li'ðiar] (1b) kämpfen
liebre ['liebre] *f* Hase *m*; *levantar la* ~ *fig* den Stein ins Rollen bringen
lienzo ['lienθo] *m* Leinwand *f*; (*cuadro*) (Öl-)Gemälde *n*
liga ['liga] *f* Bund *m*; *pol, dep* Liga *f*; (*de medias*) Strumpfband *n*; Sockenhalter *m*; ~**dura** [~'dura] *f ♣* Abbinden *n*; ~ **de trompas** Tubenligatur *f*; ~**mento** [~'mento] *m anat* Band *m*; ~**r** [li'gar] (1h) (ver)binden; ~ **con** *alg* F mit j-m anbändeln
lige|reza [lixe'reθa] *f* Leichtigkeit *f*, *fig* Leichtsinn *m*; ~**ro** [li'xero] leicht; (*rápido*) flink; *fig* leichtsinnig, -fertig; *a la* -**a** obenhin, leichthin
lignito [lig'nito] *m* Braunkohle *f*
ligue F ['lige] *m* (Liebes-)Verhältnis *n*
lija ['lixa] *f*: *papel m de* ~ Schmirgelpapier *n*; ~**r** [~'xar] (1a) (ab)schmirgeln
lila ['lila] 1. *adj* lila; 2. *f ♣* Flieder *m*
lima ['lima] *f* Feile *f*; ♣ Limette *f*; ~ *de uñas* Nagelfeile *f*; ~**r** [li'mar] (1a) feilen; *fig* ausfeilen
limita|ción [limita'θiɔn] *f* Begrenzung *f*; Beschränkung *f*; ~ **de velocidad** Geschwindigkeitsbeschränkung *f*; Tempolimit *n*; ~**r** [~'tar] (1a) 1. *v/t* begrenzen; (*reducir*) be-, einschränken; 2. *v/i*: ~ **con** grenzen an (*ac*)
límite ['limite] *m* Grenze *f*; ✝ Limit *n*
limítrofe [li'mitrofe] angrenzend
limo ['limo] *m* Schlamm *m*
limón [li'mɔn] *m* Zitrone *f*
limo|nada [limo'naða] *f* Zitronenlimonade *f*; ~**nero** [~'nero] *m* Zitronenbaum *m*

limosna [li'mɔsna] *f* Almosen *n*
limpia|barros [limpia'barrɔs] *m* Fußabstreifer *m*; ~**botas** [~'botas] *m* Schuhputzer *m*; ~**cristales** [~kris'tales] *m* Fensterputzmittel *n*; ~**parabrisas** [~para'brisas] *m* Scheibenwischer *m*; ~ **trasero** Heckscheibenwischer *m*; ~**r** [~'piar] (1b) reinigen, säubern, putzen; ~**uñas** [~'uɲas] *m* Nagelreiniger *m*
lim|pieza [lim'pieθa] *f* Reinheit *f*; Sauberkeit *f*; (*acción*) Putzen *n*, Reinigen *n*; ~ **pública** Straßenreinigung *f*; ~**pio** ['limpio] sauber; *a fig* rein; *poner en* ~ ins reine schreiben
linaje [li'naxe] *m* Abstammung *f*
linaza [li'naθa] *f* Leinsamen *m*
lince [li'nθe] *m* Luchs *m* (*a fig*)
linchar [lin'tʃar] (1a) lynchen
lin|dante [lin'dante] angrenzend; ~**dar** [~'dar] (1a) angrenzen (an *ac con*) **lin|deza** [lin'deθa] *f* Nettigkeit *f* (*a iron*); ~**do** ['lindo] hübsch, nett; *Am* schön; *de lo* ~ gründlich, gehörig
línea ['linea] *f* Linie *f*; (*fila*) Reihe *f*; (*renglón*) Zeile *f*; *tel* Leitung *f*; ~ **aérea** Fluglinie *f*; ~ **directa** Luftlinie *f*; ~ **de meta** *dep* Ziellinie *f*; (*fútbol*) Torlinie *f*; **entre** ~**s** zwischen den Zeilen
linf|a ['limfa] *f* Lymphe *f*; ~**ático** [~'fatiko] Lymph...
lingote [liŋ'gote] *m* (Metall-)Barren *m*; ~ **de oro** Goldbarren *m*
lingual [liŋ'gŭal] Zungen...
lingü|ista [liŋ'gŭista] *m* Linguist *m*; ~**ística** [~'gŭistika] *f* Sprachwissenschaft *f*, Linguistik *f*; ~**ístico** [~'gŭistiko] sprachlich, linguistisch
lino ['lino] *m* Leinen *n*; ♣ Flachs *m*
linterna [lin'terna] *f* Laterne *f*; ~ (**de bolsillo**) Taschenlampe *f*
lío ['lio] *m* Bündel *n*; *fig* Durcheinander *n*; ~ (*amoroso*) Liebesverhältnis *n*; *hacerse un* ~ durcheinanderkommen; *meterse en* ~**s** in Schwierigkeiten geraten
lipotimia *♣* [lipo'timia] *f* Ohnmachtsanfall *m*
liquen ♣ ['liken] *m* Flechte *f*
liqui|dación [likida'θiɔn] *f* ✝ Abrechnung *f*; Liquidation *f*; (*rebajas*) Ausverkauf *m*; ~ **de negocio** Geschäftsaufgabe *f*; ~ **total** Räumungsverkauf *m*; ~**dar** [~'dar] (1a) abrechnen; (*cuenta*) begleichen; (*negocio*) liquidieren (*a fig ma-*

liquidez 182

tar); fig erledigen, regeln; **~dez** [~'deθ] *f* ✝ Liquidität *f*
líquido [li'kiðo] **1.** *adj* flüssig; ✝ Netto..., Rein...; **2.** *m* Flüssigkeit *f*
lira ['lira] *f* ♪ Leier *f*; *(moneda)* Lira *f*
líri|ca [li'rika] *f* Lyrik *f*; **~co** ['liriko] lyrisch
lirio ['lirjo] *m* Schwertlilie *f*
lirón [li'rɔn] *m* Siebenschläfer *m*; **dormir como un ~** wie ein Murmeltier schlafen
lisia|do [li'sjaðo] **1.** *adj* verkrüppelt; **2.** *m* Krüppel *m*; **~r** [li'sjar] (1b) verletzen
liso ['liso] eben, glatt; *(color)* uni, einfarbig
lison|ja [li'sɔnxa] *f* Schmeichelei *f*; **~jear** [~xe'ar] (1a) j-m schmeicheln
lista ['lista] *f* Liste *f*; **~ de correos** postlagernd; **~ de espera** Warteliste *f*; **~ de precios** Preisliste *f*; **pasar ~** aufrufen; **~do** [~'taðo] **1.** *adj* gestreift; **2.** *inform* **~** *(del ordenador)* (Computer-)Ausdruck *m*
listín [lis'tin] *m* Telefonbuch *n*
listo ['listo] fertig, bereit; *(inteligente)* schlau, klug
listón [lis'tɔn] *m* Leiste *f*; Latte *f*
lite|ra [li'tera] *f* Sänfte *f*; ⚓ Koje *f*, ⛁ Etagenbett *n*; 🚃 Liegewagen(platz) *m*
literal [lite'ral] buchstäblich, wörtlich
litera|rio [lite'rarjo] literarisch; **~tura** [~'tura] *f* Literatur *f*
liti|gante [liti'gante] **1.** *adj* ⚖ streitend; **2.** *m* Prozeßpartei *f*; **~gio** [li'tixjo] *m* (Rechts-)Streit *m*
litografía [litogra'fia] *f* Lithographie *f*
litoral [lito'ral] **1.** *adj* Küsten...; **2.** *m* Küstengebiet *n*, -streifen *m*
litro ['litro] *m* Liter *m* od *n*
lituano [li'twano] **1.** *adj* litauisch; **2.** *m*, **-a** *f* [~na] Litauer(in *f*) *m*
liturgia [li'turxja] *f* Liturgie *f*
liviano [li'βjano] leicht *(a fig)*
lividez [liβi'ðeθ] *f* Totenblässe *f*
lívido ['liβiðo] (toten)bleich
living [li'βiŋ] *m* Wohnzimmer *n*
llaga ['ʎaga] *f* (offene) Wunde *f*; Geschwür *n; fig* **poner el dedo en la ~** den wunden Punkt berühren
llama ['ʎama] *f* Flamme *f*; *zo* Lama *n*
llama|da [ʎa'maða] *f* Ruf *m*; *tel* Anruf *m*; **~miento** [~'mjento] *m* Aufruf *m*; **~ a filas** ✖ Einberufung *f*; **~ al orden** Ordnungsruf *m*; **~r** [~'mar] (1a) **1.** *v/t* rufen; nennen; aufrufen; *tel* anrufen; **2.** *v/i* klingeln, läuten, klopfen; **~rse** heißen

llamativo [ʎama'tiβo] auffällig
llano ['ʎano] **1.** *adj* eben; *fig* einfach, schlicht; **2.** *m* Ebene *f*, Flachland *n*
llanta ['ʎanta] *f* Felge *f*; *Am* Reifen *m*
llantén ♀ [ʎan'ten] *m* Wegerich *m*
llanto ['ʎanto] *m* Weinen *n*
llanura [ʎa'nura] *f* Ebene *f*
llave ['ʎaβe] *f* Schlüssel *m*; ♪ Klappe *f*; *(grifo)* Hahn *m*; *dep* Griff *m*; **~ de contacto** *auto* Zündschlüssel *m*; **~ inglesa** Schraubenschlüssel *m*; **~ maestra** Hauptschlüssel *m*; **~ en mano** schlüsselfertig; **~ro** [ʎa'βero] *m* Schlüsselring *m*, -tasche *f*
llega|da [ʎe'gaða] *f* Ankunft *f*; **~r** [~'gar] (1h) (an)kommen; *(alcanzar)* reichen *(bis a, hasta)*; **~ a viejo** alt werden; **~ a comprender** dahinterkommen; **~ a saber** (durch Zufall) erfahren; **~ lejos** es weit bringen
llenar [ʎe'nar] (1a) füllen (mit *de*); *(formulario, etc)* ausfüllen; *fig* erfüllen
lleno ['ʎeno] **1.** *adj* voll; *(persona)* füllig; **de ~** völlig; **2.** *m* Überfülle *f*; **~ (total)** *teat* volles Haus *n*
llevadero [ʎeβa'ðero] erträglich
llevar [ʎe'βar] (1a) bringen; *(camino)* führen; *(transportar)* mitnehmen, bringen; *(ropa)* tragen, anhaben; *(dirigir)* leiten, führen; *(dinero, etc)* bei sich haben; **~ a cabo** durchführen, ausführen; **~ consigo** bei sich haben; *fig* mit sich bringen; **~ las de perder** den kürzeren ziehen; **ya llevo ocho días aquí** ich bin schon seit acht Tagen hier; **me lleva dos años** er ist zwei Jahre älter als ich; **~se** mitnehmen; **~ bien (mal)** sich gut (schlecht) vertragen
llorar [ʎo'rar] (1a) **1.** *v/i* weinen; **2.** *v/t* beklagen; beweinen
llor|iquear [ʎorike'ar] (1a) wimmern; **~o** [ʎoro] *m* Weinen *n*; **~ón** [~'rɔn] **1.** *adj* weinerlich; **2.** *m* F Heulsuse *f*; **~oso** [~'roso] verweint
llov|er [ʎo'βer] (2h) regnen; **~izna** [~'βiðna] *f* Sprühregen *m*; **~iznar** [~'nar] (1a) nieseln
llueve ['ʎweβe] *s* **llover**
lluvi|a ['ʎuβja] *f* Regen *m*; **~ ácida** saurer Regen; **~oso** [~'βioso] regnerisch
lo [lo] **1.** *art* das; **~ bueno** das Gute; **2.** *pron* es; ihn; **~ que** (das) was
loa ['loa] *f* Lob *n*; **~ble** [lo'aβle] löblich;

~r [lo'ar] (1a) loben
lob|a ['loba] f Wölfin f; **~o** ['lobo] m Wolf m; **~ de mar** fig alter Seebär m
lóbrego ['loβreɣo] düster, finster
lóbulo ✱, ❦ ['loβulo] m Lappen m; **~ (de la oreja)** Ohrläppchen n
local [lo'kal] **1.** adj örtlich, Orts...; **2.** m Lokal n; Raum m; **~idad** [~li'ðað] f Örtlichkeit f; teat Eintrittskarte f; **~izar** [~'θar] (1f) lokalisieren; finden
loción [lo'θjon] f Lotion f; **~ capilar (facial)** Haar- (Gesichts-)wasser n
loco ['loko] **1.** adj verrückt; **2.** m Verrückte(r) m
locomo|ción [lokomo'θjon] f Fortbewegung f; **~tora** [~'tora] f Lokomotive f
locu|az [lo'kŭaθ] geschwätzig; **~ción** [loku'θjon] f Redewendung f; **~ra** [~'kura] f Verrücktheit f; Wahnsinn m; **~tor** [~'tor] m Ansager m, Sprecher m; **~torio** [~'torjo] m Sprechzimmer n; tel Fernsprechzelle f
lodo ['loðo] m Schlamm m
logia ['loxĭa] f Freimaurerloge f
lógi|ca ['loxika] f Logik f; **~co** ['loxiko] logisch
logística [lo'xistika] f Logistik f
logra|do [lo'ɣraðo] (gut) gelungen; **~r** [~'ɣrar] (1a) erreichen; es schaffen
logro ['loɣro] m Gewinn m; (éxito) Gelingen n, Erfolg m
lombarda [lɔm'barða] f Rotkohl m
lombriz [lɔm'briθ] f Wurm m; **~ (de tierra)** Regenwurm m
lomo ['lomo] m Lende f (a gastr); zo Rücken m; fig Buchrücken m
lona ['lona] f Segeltuch n; Zeltplane f
loncha ['lɔntʃa] f gastr Scheibe f
longaniza [lɔŋga'niθa] f Art Hartwurst f
longe|vidad [lɔŋxeβi'ðað] f Langlebigkeit f; **~vo** [~'xeβo] langlebig
longitud [lɔŋxi'tuð] f Länge f; **~inal** [~tuði'nal] Längen..., Längs...
lonja ['lɔŋxa] f Schnitte f, Scheibe f; ✝ (Waren-)Börse f
loro ['loro] m Papagei m
los [los] pl **1.** art die; **2.** pron ac sie
losa ['losa] f Steinplatte f
lote ['lote] m Anteil m; ✝ Posten m
lote|ría [lote'ria] f Lotterie f; Lotto n; **~ro** [~'tero] m Lotterieeinnehmer m
loza ['loθa] f Steingut n; Tonware(n) f (pl); **de ~** irden
loza|nía [loθ'nia] f Üppigkeit f; **~no**

[~'θano] üppig; fig frisch
lubina zo [lu'βina] f Wolfsbarsch m
lubrica|ción [luβrika'θjon] f Abschmieren n; **~nte** [~'kante] m Schmieröl n; **~r** [~'kar] (1g) schmieren
lucero [lu'θero] m (Abend-, Morgen-)Stern m
lucha ['lutʃa] f Kampf m; dep Ringkampf m; **~ antidroga** Rauschgiftbekämpfung f; **~ libre** Freistilringen n; **~dor** [~'ðor] m Kämpfer m; Ringer m; **~r** [lu'tʃar] (1a) kämpfen; ringen
luci|dez [luθi'ðeθ] f Klarheit f; **~do** [~'θiðo] prächtig, glanzvoll
lúcido [lu'θiðo] licht, klar
luciente [lu'θiente] strahlend
luciérnaga [lu'θiernaga] f Glühwürmchen n
lucio zo [lu'θio] m Hecht m; **~perca** [~'perka] f Zander m
lucir [lu'θir] (3f) **1.** v/i leuchten, glänzen; **2.** v/t zur Schau stellen, tragen; **~se** sich hervortun, glänzend abschneiden; iron sich blamieren
lucr|ativo [lukra'tiβo] einträglich, lukrativ; **~o** ['lukro] m Gewinn m; Nutzen m; **sin ánimo de ~** gemeinnützig
luego ['lŭeɣo] nachher; dann; (consecuencia) demnach, also; **hasta ~** bis nachher; **desde ~** selbstverständlich
lugar [lu'ɣar] m Ort m, Stelle f; **~ común** Gemeinplatz m; **dar ~ a** Anlaß geben zu; **fuera de ~** unangebracht, fehl am Platz; **tener ~** stattfinden; **en ~ de** statt; **en primer ~** erstens
lúgubre ['luɣuβre] traurig; düster
lujo ['luxo] m Luxus m; **de ~** Luxus...; **~so** [lu'xoso] luxuriös
luju|ria [lu'xurĭa] f Unzucht f, Geilheit f; **~oso** [~'rĭoso] unzüchtig, lüstern
lumba|go ✱ [lum'baɣo] m Hexenschuß m; **~r** [~'bar] Lenden...
lumbre ['lumbre] f (Herd-)Feuer n; (luz) Licht n; **~ra** [~'brera] f fig Leuchte f
lumino|so [lumi'noso] leuchtend, a fig glänzend; Licht...; **~tecnia** [~no-'teɣnia] f Beleuchtungstechnik f
luna ['luna] f Mond m; (vidrio) Schaufensterscheibe f; Spiegelglas n; **~ de miel** Flitterwochen f/pl; **~ nueva** Neumond m; **~ llena** Vollmond m; **~ trasera** Heckfenster n, -scheibe f; **estar en la ~** nicht bei der Sache sein
lunar [lu'nar] **1.** adj Mond...; **2.** m Mut-

lunes

termal *n*; *fig* Schönheitsfehler *m*; **de ~es** (*tela*) gepunktet
lunes ['lunes] *m* Montag *m*; **el ~** am Montag
luneta [lu'neta] *f*: **~ trasera** *auto* Heckscheibe *f*
lupa ['lupa] *f* Lupe *f*
lúpulo ♣ ['lupulo] *m* Hopfen *m*
luso ['luso] *m* portugiesisch
lus|trar [lus'trar] (1a) blank putzen; polieren; **~tre** ['lustre] *m* Glanz *m*
luto ['luto] *m* Trauer *f*; (*ropa*) Trauerkleidung *f*; **estar de ~ por alg** um j-n trauern
luxación ♂ [lugsa'θiɔn] *f* Verrenkung *f*

luxembur|gués [lugsembur'ges] **1.** *adj* luxemburgisch; **2.** *m*, **~guesa** [~'gesa] *f* Luxemburger(in *f*) *m*
luz [luθ] *f* Licht *n*; **~ antiniebla trasera** Nebelschlußleuchte *f*; **~ intermitente de alarma** Warnblinkanlage *f*; **~ de carretera** Fernlicht *n*; **~ de cruce** Abblendlicht *n*; **~ de marcha atrás** Rückfahrscheinwerfer *m*; **~ verde** *a fig* grünes Licht *n*; **a todas luces** in jeder Hinsicht; **dar la ~** Licht machen; **dar a ~** zur Welt bringen; **sacar a la ~** (*obra*) veröffentlichen; **salir a la ~** erscheinen

LI, II ['eʎe] *f s.u. l*

M

M, m ['eme] *f* M, m *n*
macabro [ma'kabro] schaurig; makaber; **danza** *f* **-a** Totentanz *m*
macarrones [maka'rrones] *m/pl* Makkaroni *pl*
macedonia [maθe'ðonia] *f*: **~** (**de frutas**) Obstsalat *m*; **~** (**de verduras**) Mischgemüse *n*
macerar [maθe'rar] (1a) einweichen; *gastr* einlegen
macet|a [ma'θeta] *f* Blumentopf *m*; **~ero** [~'tero] *m* Blumenständer *m*
macha|car [matʃa'kar] (1g) **1.** *v/t* zerstoßen; zerquetschen; *fig* F eintrichtern; **2.** *v/i* aufdringlich sein; **~conería** [~kone'ria] *f* Aufdringlichkeit *f*
machete [ma'tʃete] *m* Buschmesser *n*
mach|ismo [ma'tʃizmo] *m* (übertriebener) Männlichkeitskult *m*; **~ista** [~'tʃista] *m* F Chauvi *m*; **~o** ['matʃo] **1.** *m zo* Männchen *n*; **2.** *adj* kräftig; männlich; *Am* tapfer
macilento [maθi'lento] abgezehrt
macizo [ma'θiθo] **1.** *adj* massiv; **2.** *m geo* Massiv *n*; ♣ Blumenbeet *n*
macrobiótico [makro'biotiko] makrobiotisch
macuto [ma'kuto] *m* Tornister *m*; (*mochila*) Rucksack *m*
madeja [ma'ðexa] *f* (Haar-)Strähne *f*;

(*de lana*) Strang *m*
made|ra [ma'ðera] *f* Holz *n*; *fig* **tener ~ de** das Zeug haben zu; **~ro** [~'ðero] *m* (Stück) Holz *n*; Balken *m*
madona [ma'ðona] *f* Madonnenbild *n*
madra|stra [ma'ðrastra] *f* Stiefmutter *f*; **~za** [~'ðraθa] *f* (allzu) nachsichtige Mutter *f*
madre ['maðre] *f* Mutter *f*; **~ política** Schwiegermutter *f*; **~ soltera** alleinerziehende Mutter *f*; **salirse de ~** (*río*) über die Ufer treten; **~perla** [~'perla] *f* Perlmutt(er *f*) *n*; **~selva** ♣ [~'selβa] *f* Geißblatt *n*
madriguera [maðri'gera] *f* (Kaninchen-)Bau *m*; *fig* Schlupfwinkel *m*
madrileño [maðri'leɲo] **1.** *adj* aus Madrid; **2.** *m*, **-a** *f* [~'leɲa] Madrider(in *f*) *m*
madrina [ma'ðrina] *f* Taufpatin *f*, Patentante *f*; (*de boda*) Trauzeugin *f*
madroño ♣ [ma'ðroɲo] *m* Erdbeerbaum *m*
madruga|da [maðru'gaða] *f* Morgenfrühe *f*; **de ~** sehr früh; **~dor** [~'ðor] *m* Frühaufsteher *m*; **~r** [~'gar] (1h) früh aufstehen
madu|rar [maðu'rar] (1a) **1.** *v/t* zur Reife bringen; *fig* reiflich überlegen; **2.** *v/i* reifen; **~rez** [~'reθ] *f* Reife *f* (*a fig*); **~ro** [~'ðuro] reif (*a fig*)

maes|tra [ma'estra] f (Grundschul-)Lehrerin f; Meisterin f; ~ **de párvulos** Kindergärtnerin f; **~tría** [~'tria] f Meisterschaft f; **~tro** [~'estro] 1. adj Meister...; 2. m (Grundschul-)Lehrer m; Meister m; ~ **de obras** Bauleiter m

mafia ['mafia] f Mafia f (a fig)

magia ['maxia] f Zauberei f; Magie f

mágico ['maxiko] magisch; (a fig) zauberhaft

magisterio [maxis'terjo] m Lehramt n; Lehrerschaft f

magistra|do [maxis'trado] m Richter m; **~l** [~'tral] meisterhaft; Meister...

magn|animidad [magnanimi'dad] f Edelmut m; **~ánimo** [~'nanimo] großmütig

magnate [mag'nate] m Magnat m

magnesio [mag'nesjo] m Magnesium n

magn|ético [mag'netiko] magnetisch; **~etismo** [~'tizmo] m Magnetismus m; **~etizar** [~ti'θar] (1f) magnetisieren; fig begeistern

magne|tofón [magneto'fɔn], **~tófono** [~'tofono] m Tonbandgerät n; **~toscopio** [~tɔs'kopjo] m Videorecorder m

magn|ificencia [magnifi'θenθja] f Pracht f; Pomp m; **~ífico** [~'nifiko] prächtig; herrlich; **~itud** [~magni'tud] f Größe f

magnolia ♀ [mag'nolja] f Magnolie f

mago ['mago] m Magier m; Zauberer m; **los Reyes Magos** die Heiligen Drei Könige

magro ['magro] mager

magulla|dura [maguʎa'dura] f Quetschung f (a ✱); **~r** [~'ʎar] (1a) (zer-)quetschen

maíz [ma'iθ] m Mais m

maje|dería [maxede'ria] f Albernheit f; **~ro** [~'dero] m Trottel m, Depp m

majareta F [maxa'reta] verrückt

majes|tad [maxes'tad] f Majestät f; **~tuoso** [~'tŭoso] majestätisch

majo ['maxo] m hübsch, fesch; (simpático) nett, sympathisch

mal [mal] 1. adj (vor m/sg) s **malo**; 2. adv schlecht; ~ **que bien** recht und schlecht; **¡menos ~!** zum Glück!; **de ~ en peor** immer schlechter (od schlimmer); **tomar a ~** übelnehmen; 3. m Übel n; ✱ Leiden n; ~ **de mar** Seekrankheit f; **el ~ menor** das kleinere Übel

malabarista [malaba'rista] m Jongleur m

malaconsejado [malakɔnse'xado] schlecht beraten

malacostumbrado [malakɔstum'brado] verwöhnt

malagueño [mala'geno] aus Málaga

malaria ✱ [ma'larja] f Malaria f

malayo [ma'lajo] 1. adj malaiisch; 2. m Malaie m

malbaratar [malbara'tar] (1a) verschwenden; (vender) verschleudern

malcriado [malkri'ado] schlecht erzogen; ungezogen

maldad [mal'dad] f Bosheit f; Schlechtigkeit f

mal|decir [malde'θir] (3p) 1. v/t verfluchen; 2. v/i lästern, fluchen (über **de**); **~dición** [~di'θjon] f Fluch m; **~dito** [~'dito] verflucht, verdammt; **¡~a sea!** verdammt noch mal!

maleante [male'ante] m Bösewicht m, Übeltäter m

malecón [male'kɔn] m Damm m; Mole f

maledicencia [maleði'θenθja] f Verleumdung f

maleficio [male'fiθjo] m Unheil n; Verwünschung f

maléfico [ma'lefiko] schädlich; unheilvoll, verderblich

malentendido [malenten'dido] m Mißverständnis n

malestar [males'tar] m Unwohlsein n; Unbehagen n

male|ta [ma'leta] f Koffer m; **~tero** [~'tero] m Gepäckträger m; auto Kofferraum m; **~tín** [~'tin] m Handkoffer m; ~ **ejecutivo** Am Aktenkoffer m

malévolo [ma'lebolo] böswillig

maleza [ma'leθa] f Unkraut n; Gestrüpp n

malgache [mal'gatʃe] aus Madagaskar, madagassisch

malgastar [malgas'tar] (1a) verschwenden

mal|hablado [mala'blado] unflätig redend; **~hechor** [~e't ʃɔr] m Übeltäter m; **~herir** [~e'rir] (3i) schwer verwunden; **~humorado** [~umo'rado] schlechtgelaunt

malici|a [ma'liθja] f Bosheit f; Tücke f; (astucia) Verschmitztheit f; **~oso** [~'θjoso] boshaft; tückisch; (astuto) gerissen

malign|idad [maligni'dad] f Bösartig-

maligno

keit f (a ✱); ~o [~'ligno] böse; bösartig (a ✱)
malintencionado [malintenθio'naðo] übelgesinnt; heimtückisch
malla ['maʎa] f Masche f; ~s pl Trikot n
mallorquín [maʎor'kin] 1. adj mallorkinisch; 2. m Mallorkiner m
malo ['malo] schlecht; schlimm; ✱ krank; (niño) unartig; *por las -as* mit Gewalt; *ponerse ~* krank werden
malogra|do [malo'graðo] (zu) früh verstorben; ~r [~'grar] (1a) verderben; F verpfuschen; ~rse mißlingen, scheitern; verderben
maloliente [malo'ljente] übelriechend
malparado [malpa'raðo] übel zugerichtet; *quedar* (*od salir*) *~* schlecht wegkommen
malpensado [malpen'saðo]: *ser ~* immer gleich das Schlechte(re) annehmen *od* denken
malsano [mal'sano] ungesund
malsonante [malso'nante] (*palabra*) anstößig
malta ['malta] f Malz n
maltratar [maltra'tar] (1a) mißhandeln
maltrecho [mal'tretʃo] übel zugerichtet
malva ⚕ ['malβa] f Malve f
malvado [mal'βaðo] 1. *adj* böse, verrucht; 2. m Bösewicht m
malvavisco ⚕ [malβa'βisko] m Eibisch m
malvender [malβen'dɛr] (2a) verschleudern
malversa|ción [malβersa'θjon] f: *~* (*de fondos*) Veruntreuung f; ~r [~'sar] (1a) veruntreuen
mamá [ma'ma] f Mama f, Mutti f
mama ['mama] f (weibliche) Brust f; ~r [~'mar] (1a) saugen; *dar de ~* stillen
mamarracho F [mama'rratʃo] m F Schmarren m
mamífero [ma'mifero] m Säugetier n
mamografía ✱ [mamograˈfia] f Mammographie f
mamotreto F [mamo'treto] m F (*libro*) Schinken m, Wälzer m; *bsd Am* ungefüges Möbel n
mampara [mam'para] f Wandschirm m
mampostería [mamposte'ria] f Mauerwerk n
maná [ma'na] m Manna n
manada [ma'naða] f Herde f; Rudel n

mana|ntial [manan'tjal] m Quelle f; ~r [~'nar] (1a) quellen; fließen
manazas [ma'naθas] m ungeschickter Mensch
mancebo [man'θeβo] m Jüngling m; (Apotheken-)Gehilfe m
mancha ['mantʃa] f Fleck m (*a fig*); ~r [~'tʃar] (1a) beflecken (*a fig*); beschmutzen
manchego [man'tʃego] aus der Mancha
mancilla [man'θiʎa] f Makel m; ~r [~θi'ʎar] (1a) *fig* beflecken
manco ['manko] einarmig; *no ser ~* nicht ungeschickt sein
mancomunidad [mankomuni'ðað] f Gemeinschaft f; (Zweck-)Verband m
manda|do [man'daðo] m Auftrag m, Befehl m; ~más F [~'mas] m F Boß m; ~miento [~'mjento] m Befehl m; Gebot n (*a rel*); ~nte [~'dante] m Auftraggeber m; ⚖ Mandant m; ~r [~'dar] (1a) 1. *v/t* befehlen, anordnen; (*enviar*) senden, schicken; ⚔ (an)führen; *~ hacer* machen lassen; 2. *v/i* befehlen; *¿mande?* wie bitte?
mandarina [manda'rina] f Mandarine f
manda|tario [manda'tarjo] m Beauftragte(r) m; ~to [~'dato] m Befehl m; Auftrag m; *pol* Mandat m
mandíbula [man'diβula] f Kiefer m; Kinnlade f
mandil [man'dil] m Schürze f
mane|jable [mane'xaβle] handlich; ~jar [~'xar] (1a) handhaben; bedienen; (*dirigir*) führen, leiten; *Am auto* fahren; ~jo [~'nexo] m Handhabung f; Bedienung f
manera [ma'nera] f Art f, Weise f; *de ~ que* so daß; *de ninguna ~* keineswegs; *no hay ~ de inf* es ist nicht möglich zu *inf*; *hacer de ~ que* es so einrichten, daß; *de mala ~* gemein; übel; *en gran ~* in hohem Maße; *de todas ~s* jedenfalls; immerhin; *~s pl* Manieren f/pl
manga ['manga] f Ärmel m; ⚓ (Schiffs-)Breite f; *dep* Durchgang m; *~ de riego* (Garten-)Schlauch m; *en ~s*

de camisa in Hemdsärmeln; **sin ~s** ärmellos

manganeso [maŋga'neso] *m* Mangan *n*

manga|nte P [maŋ'gante] *m* Gauner *m*; **~r** P [~'gar] (1h) F klauen

mango ['maŋgo] *m* Stiel *m*; Griff *m*; ♀ Mango *f*

manguera [maŋ'gera] *f* (Wasser-)Schlauch *m*

manguito [maŋ'gito] *m* Muff *m*; ⊙ Muffe *f*

maní [ma'ni] *m Am* Erdnuß *f*

manía [ma'nia] *f* Manie *f*; **~ persecutoria** Verfolgungswahn *m*; **tener ~ a alg** j-n nicht leiden können

maniatar [mania'tar] (1a) *j-m* die Hände binden

mani|ático [ma'niatiko] manisch; verrückt, wahnsinnig; **~comio** [mani'komio] *m* Irrenhaus *n*

manicura [mani'kura] *f* Maniküre *f* (*a persona*)

manido [ma'niðo] *fig* abgegriffen

manifesta|ción [manifesta'θion] *f* Erklärung *f*; Äußerung *f*; *pol* Demonstration *f*; **~nte** [~'tante] *m* Demonstrant *m*; **~r** [~'tar] (1k) zeigen; (*declarar*) äußern; **~rse** *pol* demonstrieren

manifiesto [mani'fiesto] **1.** *adj* offenkundig, deutlich; **poner de ~** bekunden; **2.** *m* Manifest *n*

manija [ma'nixa] *f* Griff *m*

manillar [mani'ʎar] *m* Lenkstange *f*

maniobra [ma'niobra] *f* Manöver *n* (*a fig*), **~s** *pl* Ränke *pl*; **~r** [~'brar] (1a) manövrieren (*a fig*)

manipula|ción [manipula'θion] *f* Handhabung *f*; *a fig* Manipulation *f*; **~r** [~'lar] (1a) handhaben; *a fig* manipulieren

maniquí [mani'ki] **a)** *m* Modell-, Schneiderpuppe *f*; **b)** *su* Mannequin *m*

manirroto [mani'rroto] verschwenderisch

manivela [mani'bela] *f* Kurbel *f*

manjar [maŋ'xar] *m* Speise *f*

mano ['mano] *f*; *zo* Vorderfuß *m*, -pfote *f*; **~ de obra** Arbeitskräfte *f/pl*; **~ de pintura** Anstrich *m*; **a ~ armada** mit Waffengewalt; **bajo ~** unterderhand, heimlich; **de segunda ~** aus zweiter Hand, gebraucht; **echar una ~ a alg** j-m helfen; **hecho a ~** handgemacht; **llegar a las ~s** handgemein werden; **pedir la ~ de alg** um j-s Hand anhalten; **tener a ~** zur Hand haben

manojo [ma'noxo] *m* Bündel *n*; **~ de llaves** Schlüsselbund *m od n*

manopla [ma'nopla] *f* Fausthandschuh *m*

manosea|do [manose'aðo] abgegriffen; **~r** [~'ar] (1a) betasten; F befummeln

mansedumbre [manse'ðumbre] *f* Sanftmut *f*

mansión [man'sion] *f* Herrensitz *m*; herrschaftliches Haus *n*

manso ['manso] sanft; mild; (*animal*) zahm; (*agua*) still

manta ['manta] *f* Decke *f*; F **a ~** in Hülle und Fülle

manteca [man'teka] *f* Schmalz *n*; *bsd Am* Butter *f*; **~do** [~'kaðo] *m Art* Schmalzgebäck *m*

mantel [man'tel] *m* Tischtuch *n*; **~ individual** Platzdeckchen *n*, Set *n*; **~ería** [~tele'ria] *f* Tischwäsche *f*

mante|ner [mante'ner] (2l) halten; (*conservar*) er-, behalten, aufrechterhalten; (*alimentar*) unterhalten; ⊙ warten; **~nerse** sich halten; sich behaupten; (*subsistir*) leben (von **de**); **~nimiento** [~ni'miento] *m* Erhaltung *f*; Aufrechterhaltung *f*; (*sustento*) Unterhalt *m*; ⊙ Wartung *f*

mante|quera [mante'kera] *f* Butterdose *f*; **~quilla** [~'kiʎa] *f* Butter *f*

mantill|a [man'tiʎa] *f* Mantille *f*; (*para bebés*) Einschlagtuch *n*; **~o** [~'tiʎo] *m* Humuserde *f*

man|to ['manto] *m* Umhang *m*; **~tón** [~'ton] *m* Schultertuch *n*

manual [ma'nual] **1.** *adj* manuell, Hand...; **2.** *m* Handbuch *n*; **~idades** [~li'ðaðes] *f/pl* Handarbeiten *f/pl*; Werken *n*

manufactura [manufak'tura] *f* Manufaktur *f*; **~r** [~'rar] (1a) fabrizieren, fertigen

manuscrito [manus'krito] **1.** *adj* handschriftlich; **2.** *m* Manuskript *n*

manutención [manuten'θion] *f* Unterhalt *m*; Verpflegung *f*

manza|na [man'θana] *f* Apfel *m*; △ Häuserblock *m*; **~ de la discordia** Zankapfel *m*; **~nilla** [~'niʎa] *f* Kamille *f*; (*infusión*) Kamillentee *m*; **~no** [~'θano] *m* Apfelbaum *m*

maña ['maɲa] *f* Geschicklichkeit *f*; *darse* ~ sich geschickt anstellen
mañana [ma'ɲana] **1.** *f* Morgen *m*; Vormittag *m*; *esta* ~ heute morgen; *por la* ~ morgens; ~ *por la* ~ morgen früh; **2.** *adv* morgen; *pasado* ~ übermorgen
maño F ['maɲo] *m* Aragonier *m*; **~so** [ma'ɲoso] geschickt
mapa ['mapa] *m* Landkarte *f*; **~mundi** [~'mundi] *m* Weltkarte *f*
maqueta △ [ma'keta] *f* Modell *n*
maquilla|dor [makiʎa'ðor] *m* Maskenbildner *m*; **~je** [~'ʎaxe] *m* Make-up *n*; **~r(se)** [~'ʎar(se)] (sich) schminken; F (*balance*, *etc*) frisieren
máquina ['makina] *f* Maschine *f*; 🚂 Lokomotive *f*; ~ *de afeitar* Rasierapparat *m*; ~ *de coser* Nähmaschine *f*; ~ *de escribir* (*portátil*) (Reise-)Schreibmaschine *f*; ~ *fotográfica* Fotoapparat *m*; ~ *herramienta* Werkzeugmaschine *f*; *a* ~ maschinell; *a toda* ~ mit Volldampf (*a fig*)
maquina|ción [makina'θjon] *f* Intrige *f*; **-ciones** *pl* Machenschaften *f*/*pl*; **~l** [~'nal] *fig* mechanisch; **~r** [~'nar] (1a) aushecken
maqui|naria [maki'narja] *f* Maschinenpark *m*; Maschinerie *f* (*a fig*); **~nista** [~'nista] *m* Maschinist *m*; 🚂 Lokomotivführer *m*
mar [mar] *m u f* Meer *n*, See *f*; ~ *de fondo* Dünung *f*; *en alta* ~ auf hoher See; *la* ~ *de* e-e Unmenge *f* (von); *a* ~*es* in Strömen; reichlich
maraca ♪ [ma'raka] *f* Rumbakugel *f*
maraña [ma'raɲa] *f* Gestrüpp *n*; *fig* Wirrwarr *m*
marat(h)ón [mara'ton] *m u f* Marathonlauf *m*
maravill|a [mara'biʎa] *f* Wunder *n*; **~ar** [~'ʎar] (1a) (ver)wundern; **~arse** sich wundern, staunen (über *ac de*); **~oso** [~'ʎoso] wunderbar
marbete [mar'bete] *m* Aufklebezettel *m*
marca ['marka] *f* Marke *f*; Warenzeichen *n*; *dep* Rekord *m*; **~do** [~'ðo] deutlich; ausgeprägt; **~dor** [~'ðor] *m dep* Ergebnistafel *f*; **~pasos** 🏃 [~'pasos] *m* Herzschrittmacher *m*; **~r** [~'kar] (lg) kennzeichnen; markieren; *dep* decken; (*gol*) schießen; (*pelo*) einlegen; *tel* wählen

marcha ['martʃa] *f* Marsch *m*; Abreise *f*; *auto* Gang *m*; *dep* Gehen *n*; *dar* ~ *atrás* rückwärts fahren; *fig* e-n Rückzieher machen; *a toda* ~ mit Vollgas; *sobre la* ~ nebenbei; *poner en* ~ in Gang setzen; **~dor** [~'ðor] *m dep* Geher *m*; **~nte** [~'tʃante] *m* (Kunst-)Händler *m*; *Am* Kunde *m*; **~r** [~'tʃar] (1a) marschieren; gehen (*a fig*); ⚙ funktionieren; **~rse** (weg)gehen; abreisen
marchi|tarse [martʃi'tarse] (1a) verwelken; **~to** [~'tʃito] welk, verwelkt (*a fig*)
marcia|l [mar'θjal] martialisch, kriegerisch; *ley* ~ Standrecht *n*; **~no** [~'θjano] *m* Marsmensch *m*
marco ['marko] *m* Rahmen *m* (*a fig*); (*moneda*) Mark *f*
mare|a [ma'rea] *f* Gezeiten *pl*; ~ *alta* Flut *f*; ~ *baja* Ebbe *f*; **~ar** [~'ar] (1a) schwindlig machen; *fig* auf die Nerven gehen (*dat*); **~arse** seekrank *od* schwindlig werden; *me mareo* mir wird schlecht; **~jada** [~'xaða] *f* hoher Seegang *m*; **~jadilla** [~'ðiʎa] *f* leichter Seegang *m*; **~moto** [~'moto] *m* Seebeben *n*; **~o** [~'reo] *m* Seekrankheit *f*; Schwindel *m*; Übelkeit *f*
marfil [mar'fil] *m* Elfenbein *n*
marga ['marga] *f* Mergel *m*
margarina [marga'rina] *f* Margarine *f*
margarita [marga'rita] *f* Margerite *f*; Gänseblümchen *n*; ⚙ Typenrad *n*
margen ['marxen] *m* Rand *m*; ✝ Spanne *f*; *fig* Spielraum *m*; *mantenerse al* ~ sich heraushalten
margina|do [marxi'naðo] *m*: ~*s pl* (*sociales*) (soziale) Randgruppen *f*/*pl*; **~l** [~'nal] Rand...
mari|ca F [ma'rika] *m*, **~cón** P [~'kon] *m* Schwule(r) *m*
marido [ma'riðo] *m* Ehemann *m*
marihuana [mari'xwana] *f* Marihuana *n*
mari|na [ma'rina] *f* Marine *f*; ~ *mercante* Handelsmarine *f*; **~nar** [~'nar] (1a) *gastr* marinieren; **~nero** [~'nero] **1.** *adj* See...; Meeres...; **2.** *m* Seemann *m*
mariposa [mari'posa] *f* Schmetterling *m*; *dep* Schmetterlingsstil *m*
mariquita [mari'kita] **a)** *f* Marienkäfer *m*; **b)** *m* F weibischer Mann *m*
mariscal [maris'kal] *m* Marschall *m*
mariscos [ma'riskos] *m*/*pl* Meeresfrüchte *f*/*pl*

marisma [ma'rizma] *f* sumpfiges Küstengebiet *n*
marital [mari'tal] ehelich
marítimo [ma'ritimo] Meer...; See...
marketing ['marketiŋ] *m* Marketing *n*
marmita [mar'mita] *f* Kochtopf *m*
mármol ['marmɔl] *m* Marmor *m*
marmota [mar'mota] *f* Murmeltier *m*
maroma [ma'roma] *f* Seil *n*; Trosse *f*
marqu|és [mar'kes] *m* Marquis *m*; ~esa [~'kesa] *f* Marquise *f*; ~esina [~'sina] *f* Schutzdach *n*; Markise *f*
marquetería [markete'ria] *f* Einlegearbeit *f*; Intarsie *f*
marra|na [ma'rrana] *f* Sau *f (a fig)*; ~no [~'rrano] **1.** *adj* schweinisch; schmutzig; **2.** Schwein *n (a fig)*
marras F ['marras]: **de** ~ der (die, das) bewußte
marrón [ma'rrɔn] braun
marro|quí [marrɔ'ki] **1.** *adj* marokkanisch; **2.** *m* Marokkaner *m*; ~quinería [~kine'ria] *f* (feine) Lederwaren *f*/*pl*
marsopa *zo* [mar'sopa] *f* Tümmler *m*
marta ['marta] *f* Marder *m*
Marte *astr* ['marte] *m* Mars *m*
martes ['martes] *m* Dienstag *m*
marti|llar [marti'ʎar] (1a) hämmern; ~llo [~'tiʎo] *m* Hammer *m*; ~ **neumático** Preßlufthammer *m*
mártir ['martir] *su* Märtyrer(in *f*) *m*
martiri|o [mar'tirio] *m* Martyrium *n (a fig)*; ~zar [~ri'θar] (1f) martern, quälen
marzo [mar'θo] *m* März *m*
mas [mas] aber, jedoch
más [mas] **1.** *adv* mehr; & plus; ~ **bien** eher; **a lo** ~ höchstens; **a cual** ~ um die Wette; ~ **o menos** mehr oder weniger, ungefähr; **por** ~ **que** wie sehr auch; **sin** ~ **ni** ~ mir nichts, dir nichts; **tanto** ~ **cuanto que** um so mehr als; **estar de** ~ überflüssig sein; **2.** *comparativo:* ~ **grande** größer; ~ **lejos** weiter (entfernt); **el** ~ **grande** der größte
masa ['masa] *f* Masse *f*; *gastr* Teig *m*
masacre [ma'sakre] *f* Massaker *n*
masa|je [ma'saxe] *m* Massage *f*; **dar (un)** ~ massieren; ~jista [~'xista] *su* Masseur(in *f*) *m*
mascar [mas'kar] (1g) kauen
máscara ['maskara] *f* Maske *f*; ~ **antigás** Gasmaske *f*
masca|rada [maska'raða] *f* Maskerade *f*; ~rilla [~'riʎa] *f (cosmética)* Gesichtsmaske *f*; ~rón [~'rɔn] *m*: ~ **de proa** ♣ Galionsfigur *f*
mascota [mas'kota] *f* Maskottchen *n*
masculino [masku'lino] männlich
mascullar [masku'ʎar] (1a) murmeln
masifica|ción [masifika'θiɔn] *f* Vermassung *f*; ~r ['kar] (1g) vermassen
masilla [ma'siʎa] *f* (Glaser-)Kitt *m*
masivo [ma'sibo] massiv, Massen...
masón [ma'sɔn] *m* Freimaurer *m*
masonería [masone'ria] *f* Freimaurerei *f*
masticar [masti'kar] (1g) kauen
mástil ['mastil] *m* ♣ Mast *m*; ♪ Griffbrett *n*
mastín [mas'tin] *m* großer Hirtenhund *m*
masturba|ción [masturba'θiɔn] *f* Masturbation *f*; ~rse [~'barse] (1a) masturbieren, onanieren
mata ['mata] *f* Strauch *m*, Busch *m*
mata|dero [mata'ðero] *m* Schlachthof *m*; ~dor [~'ðɔr] *m* *taur* Matador *m*; ~nza [~'tanθa] *f* Schlachtung *f*; *fig* Gemetzel *n*; ~r [~'tar] (1a) töten; *(animal)* schlachten; *(tiempo)* totschlagen; *(hambre)* stillen; ~ **a tiros** erschießen; ~rse ums Leben kommen
matasellos [mata'seʎos] *m* Poststempel *m*
mate ['mate] **1.** *adj* matt, glanzlos; **2.** *m (ajedrez)* Matt *n*; *(infusión)* Mate(tee) *m*
matemáti|cas [mate'matikas] *f*/*pl* Mathematik *f*; ~co [~ko] **1.** *adj* mathematisch; **2.** *m* Mathematiker *m*
materia [ma'teria] *f* Materie *f*, Stoff *m*; *(asignatura)* Fach *n*; ~ **prima** Rohstoff *m*; ~l [~'rial] **1.** *adj* materiell; sachlich; **2.** *m* Material *n*; ~lista [~ria'lista] *m* Materialist *m*; ~lizar [~li'θar] (1f) materialisieren; verwirklichen
mater|nal [mater'nal] mütterlich; Mutter...; ~nidad [~ni'ðað] *f* Mutterschaft *f*; *(casa f de)* ~ Entbindungsanstalt *f*; ~no [~'tɛrno] *s* **maternal**
matinal [mati'nal] morgendlich
matiz [ma'tiθ] *m* Farbton *m*; *fig* Nuance *f*; ~ar [~'θar] (1f) (ab)tönen; *fig* nuancieren
matón [ma'tɔn] *m* Raufbold *m*
matorral [matɔ'rral] *m* Gebüsch *n*; Gestrüpp *n*

matrícula [matri'kula] f Register n; auto Kennzeichen n; (escuela) Einschreibung f; Immatrikulation f

matricular [matriku'lar] (1a) immatrikulieren, einschreiben; auto zulassen

matrimo|nial [matrimo'nial] ehelich, Ehe...; **~nio** [~'monio] m Heirat f; Ehe f; (pareja) Ehepaar n; **~ civil** standesamtliche Trauung

matriz [ma'triθ] f anat Gebärmutter f; tip Matrize f

matrona [ma'trona] f Matrone f; (comadrona) Hebamme f

matutino [matu'tino] Morgen...; (**periódico** m) **~** Morgenzeitung f

maullar [mau'ʎar] (1a) miauen

mausoleo [mauso'leo] m Mausoleum n

maxilar [maksi'lar] **1.** adj Kiefer...; **2.** m Kiefer(knochen) m

máxi|ma ['maksima] f Grundsatz m, Maxime f; **~me** [~me] vor allem; umso mehr; **~mo** [~mo] **1.** adj größte(r), Höchst...; **como ~** höchstens; **2.** m Maximum n; das Äußerste n

mayo ['majo] m Mai m

mayonesa [majo'nesa] f Mayonnaise f

mayor [ma'jor] **1.** comparativo: größer; höher; älter; (adulto) erwachsen; Haupt...; Ober...; **~ de edad** volljährig; **♪ modo** m **~** Dur n; **al por ~** ✝ en gros; **2.** superlativo: **el ~** der größte; der älteste; **3.** m Erwachsene(r) m; ✕ Major m

mayor|al [majo'ral] m ✎ Vorarbeiter m; **~domo** [~'domo] m (Guts-)Verwalter m; (criado) Butler m; **~ía** [~'ria] f Mehrheit f; **~ de edad** Volljährigkeit f; **~ista** [~'rista] m Großhändler m

mayúscul|a [ma'juskula] f Großbuchstabe m; **~o** [~lo] riesig

maza [ma'θa] f Keule f

mazapán [maθa'pan] m Marzipan m

mazmorra [ma'morra] f (unterirdischer) Kerker m, Verlies n

mazorca [ma'θorka] f Maiskolben m

me [me] mir; mich

mear P [me'ar] (1a) F pinkeln

mecáni|ca [me'kanika] f Mechanik f; **~ de precisión** Feinmechanik f; **~co** [~ko] **1.** adj mechanisch; maschinell; **2.** m Mechaniker m

mecani|smo [meka'nizmo] m Mechanismus m; Vorrichtung f; **~zación** [~θa'θion] f Mechanisierung f

meca|nógrafa [meka'nografa] f Schreibkraft f; **~nografía** [~gra'fia] f Maschineschreiben n; **~nografiar** [~fi'ar] (1c) mit der Maschine schreiben

mecedora [meθe'dora] f Schaukelstuhl m

mecenas [me'θenas] m Mäzen m

mecer [me'θer] (2b) wiegen; schaukeln

mech|a ['metʃa] f Docht m; (de arma) Zündschnur f; (de pelo) Haarsträhne f; **~ar** [~'tʃar] (1a) gastr spicken; **~era** F [~'tʃera] f Ladendiebin f; **~ero** [~'tʃero] m Feuerzeug n; **~ón** [~'tʃon] m (Haar-)Strähne f

meda|lla [me'daʎa] f Medaille f; **~llón** [meða'ʎon] m Medaillon n

media ['meðia] f Strumpf m; (promedio) Durchschnitt m; **~ corta** Kniestrumpf m; **~ción** [~'θion] f Vermittlung f; **~do** [~'ðiaðo]: **a ~s de junio** Mitte Juni; **~dor** [~'ðor] m Vermittler m; **~nía** [~'nia] f Mittelmäßigkeit f; **~no** [~'ðiano] mittelgroß; fig mittelmäßig; **~noche** [~'notʃe] f Mitternacht f; **~nte** [~'ðiante] (gen); **Dios ~** so Gott will; **~r** [~'ðiar] (1b) vermitteln

medicamento [medika'mento] m Medikament n

medicina [medi'θina] f Medizin f; (medicamento) Arznei f; **~ general** Allgemeinmedizin f

medición [medi'θion] f (Ver-)Messung f

médico ['meðiko] **1.** adj ärztlich; **2.** m Arzt m; **~ de cabecera** Hausarzt m; **~ (de medicina) general** praktischer Arzt m; **~ forense** Gerichtsarzt m; **~ jefe** Chefarzt m; **~ de urgencia** Notarzt m

medi|da [me'ðiða] f Maß n; fig Maßnahme f; **a ~** nach Maß, Maß...; **a ~ que** in dem Maße wie; **en gran ~** in hohem Maße; **tomar la ~** Maß nehmen; **tomar ~s** Maßnahmen ergreifen

medie|val [meðie'bal] mittelalterlich; **~vo** [me'ðiebo] m Mittelalter n

medio ['meðio] **1.** adj Mittel..., Mittel...; Durchschnitts...; **las dos y -a** halb drei; **2.** m Mitte f; (ambiente) Milieu n; (método) Mittel n; (fútbol) Mittelfeldspieler m; **por ~ de** mittels (gen); **~s** pl Geldmittel n/pl; **~ de transporte** (colectivo) (Massen-)Verkehrsmittel n; **~s informativos** Medien n/pl; **~s de co-**

municación social (*od* **de masas**) Massenmedien *n/pl;* **3.** *adv* halb; **a ~ hacer** halbfertig; **en ~ de** inmitten (*gen*); **a -as** zur Hälfte; **quitar de en ~** aus dem Weg räumen; **~ambiental** [~ambĭen'tal] Umwelt...
mediocridad [međĭokri'dađ] *f* Mittelmäßigkeit *f*
mediodía [međĭo'đia] *m* Mittag *m;* **a ~** mittags
medir [me'đir] (3l) messen
medita|bundo [međita'bundo] nachdenklich; **~ción** [~'θĭon] *f* Meditation *f;* **~r** [~'tar] (1a) nachdenken über (*ac*); meditieren
mediterráneo [međite'rraneo] Mittelmeer...
médium ['međĭum] *su* Medium *n*
medrar [me'đrar] (1a) gedeihen; *fig* vorwärtskommen
médula ['međula] *f* Mark *n; fig* Kern *m;* **~ espinal** Rückenmark *n;* **~ ósea** Knochenmark *n*
mega|fonía [meɣafo'nia] *f* Verstärkeranlage *f;* **~áfono** [~'ɣafono] *f* Megaphon *n*
megalomanía [meɣaloma'nia] *f* Größenwahn *m*
mejicano [mexi'kano] **1.** *adj* mexikanisch; **2.** *m,* **-a** *f* Mexikaner(in *f*) *m*
mejilla [mɛ'xiʎa] *f* Wange *f,* Backe *f*
mejillón [mɛxi'ʎon] *m* Miesmuschel *f*
mejor [mɛ'xor] besser; **lo ~** das Beste; **a lo ~** vielleicht, womöglich; **lo ~ posible** so gut wie möglich; **está ~** es geht ihm besser; **~a** [mɛ'xora] *f,* **~amiento** [~'mĭento] *m* (Ver-)Besserung *f*
mejorana ❦ [mɛxo'rana] *f* Majoran *m*
mejo|rar [mɛxo'rar] (1a) **1.** *v/t* (ver)bessern; steigern; **2.** *v/i* sich bessern, besser werden; *¡que se mejore!* gute Besserung!; **~ría** [~'ria] *f* ✚ Besserung *f*
melan|colía [melaŋko'lia] *f* Melancholie *f;* **~cólico** [~'koliko] schwermütig; melancholisch
mele|na [me'lena] *f* Mähne *f;* **media ~** halblange Haare *n/pl;* **~nudo** [~'nuđo] langhaarig
mella ['meʎa] *f* Scharte *f;* **hacer ~** Eindruck machen (auf *ac* **en**)
mellizo [me'ʎiθo] **1.** *adj* Zwillings...; **2.** *m* Zwilling *m*
melocotón [meloko'ton] *m* Pfirsich *m;* **~tonero** [~to'nero] *m* Pfirsichbaum *m*
melodía [melo'đia] *f* Melodie *f*
melódico [me'lođiko] melodisch
melodioso [melo'đĭoso] melodiös
melodrama [melo'đrama] *m* Melodram(a) *n*
melómano [me'lomano] *m* Musikliebhaber *m*
melón [me'lon] *m* Melone *f*
meloso [me'loso] honigsüß (*a fig*), F schmalzig; (*carne*) zart
membrana [mem'brana] *f* Häutchen *n;* Membran(e) *f*
membrete [mem'brete] *m* Briefkopf *m*
membrillo [mem'briʎo] *m* Quitte *f*
memo ['memo] dumm; blöd(e)
memo|rable [memo'rable] denkwürdig; **~rándum** [~'randum] *m* Memorandum *n;* **~ria** [~'moria] *f* Gedächtnis *n;* (*recuerdo*) Erinnerung *f; inform* Speicher *m;* **de ~** auswendig; **hacer ~** nachdenken; **~s** *pl* Memoiren *pl;* **~rizar** [~ri'θar] (1f) memorieren; auswendiglernen; *inform* speichern
menaje [me'naxe] *m* Hausrat *m*
menci|ón [men'θĭon] *f* Erwähnung *f;* **~onar** [~θĭo'nar] (1a) erwähnen
mendi|cidad [mendiθi'đađ] *f* Bettelei *f,* **~gar** [~'ɣar] (1h) betteln; **~go** *m* [~'điɣo] Bettler *m*
menear [mene'ar] (1a) schwenken; schütteln; **~ la cola** mit dem Schwanz wedeln
menester [menes'ter] *m* Notwendigkeit *f;* **ser ~** nötig sein; **~es** *pl* Obliegenheiten *f/pl;* **~oso** [~te'roso] bedürftig
menestra [me'nestra] *f* Gemüseeintopf *m*
mengua|nte [meŋ'gŭante] abnehmend; **~r** [~'ɣŭar] (1i) **1.** *v/i* abnehmen; **2.** *v/t* schmälern
meningitis ✚ [meniŋ'xitis] *f* Hirnhautentzündung *f*
menopausia [meno'paŭsĭa] *f* Wechseljahre *n/pl*
menor [me'nor] **1.** *adj* kleiner; (*más joven*) jünger; *fig* geringer; ♩ **modo ~** Moll *n;* **~ de edad** minderjährig; **el ~** der kleinste; der jüngste; ✚ **al por ~** im Detail, Einzel...; **2.** *su* Minderjährige(r *m*) *f*
menos ['menos] *adv* weniger; ⊕ minus; **a ~ que** falls nicht; **al ~, por lo ~** wenigstens; **eso es lo de ~** darauf kommt es

menoscabo

nicht an; ~ **mal** zum Glück; **~cabo** [~'kabo] *m* Verminderung *f*; Schaden *m*; **~preciar** [~pre'θĭar] (1b) geringschätzen; verachten; **~precio** [~'preθĭo] *m* Geringschätzung *f*; Verachtung *f*

mensaje [men'saxe] *m* Botschaft *f*; **~ro** [~'xero] *m* Bote *m*

menstruación [menstrŭa'θĭon] *f* Menstruation *f*, Regel *f*

mensual [men'sŭal] monatlich; **~idad** [~li'dad] *f* Monatsgeld *n*; (*plazo*) Monatsrate *f*

menta ♀ ['menta] *f* Minze *f*

men|tal [men'tal] geistig; Geistes-...; **~talidad** [~li'dad] *f* Mentalität *f*; **~tar** [~'tar] (1k) erwähnen; **~te** ['mente] *f* Geist *m*; Verstand *m*

mentir [men'tir] (3i) lügen; **~a** [~'tira] *f* Lüge *f*; ¡*parece* **~!** unglaublich!; **~oso** [~ti'roso] **1.** *adj* verlogen; **2.** *m* Lügner *m*

mentís [men'tis] *m* Dementi *n*; *dar un ~ a* dementieren

mentón [men'ton] *m* Kinn *m*

menú [me'nu] *m* Menü *n*; Speisekarte *f*

menude|ar [menude'ar] (1a) oft vorkommen; **~ncia** [~'denθĭa] *f* Kleinigkeit *f*

menu|dillos [menu'diλos] *m/pl* (Geflügel-)Innereien *f/pl*; **~do** [~'nudo] klein, winzig; *fig* geringfügig; *a ~* oft

meñique [me'ɲike] *m* (*dedo* **~**) kleiner Finger *m*

meollo [me'oλo] *m* Mark *n*; *fig* Kern *m*

merca|dería [merkade'ria] *f Am* Ware *f*; **~do** [~'kado] *m* Markt *m*; ♀ *Común* Gemeinsamer Markt *m*; **~** *único* (europäischer) Binnenmarkt *m*; **~ncía** [~kan'θĭa] *f* Ware *f*

merced [mer'θed] *f* Gnade *f*; Gunst *f*; *estar a ~ de alg* j-m ausgeliefert sein

mercenario [merθe'narĭo] *m* Söldner *m*

mercería [merθe'ria] *f* Kurzwaren(geschäft *n*) *f/pl*

mercurio [mer'kurĭo] *m* Quecksilber *n*

mere|cer [mere'θer] (2d) verdienen; **~cido** [~'θido] **1.** *adj* verdient; **2.** *m* verdiente Strafe *f*

meren|dar [meren'dar] (1k) vespern; **~dero** [~'dero] *m* Ausflugs-, Gartenlokal *n*

merengue [me'reŋge] *m* Baiser *n*

meridi|ano [meri'dĭano] *m* Meridian *m*; **~onal** [~dĭo'nal] **1.** *adj* südlich; **2.** *su* Südländer(in *f*) *m*

merienda [me'rĭenda] *f* Vesperbrot *n*; Picknick *n*

mérito ['merito] *m* Verdienst *n*

meritorio [meri'torĭo] verdienstvoll

merluza [mer'luθa] *f* Seehecht *m*

merma ['merma] *f* Verringerung *f*; Abnahme *f*; **~r** [~'mar] (1a) **1.** *v/i* abnehmen; **2.** *v/t* verringern; *fig* herabsetzen

mermelada [merme'lada] *f* Marmelade *f*

mero ['mero] **1.** *adj* rein; bloß; **2.** *m* Zackenbarsch *m*

merodear [merode'ar] (1a) sich herumtreiben

mes [mes] *m* Monat *m*

mesa ['mesa] *f* Tisch *m*; **~ de centro** Couchtisch *m*; **~ redonda** *fig* Gesprächsrunde *f*

meseta [me'seta] *f* Hochebene *f*

mesita [me'sita] *f*: **~ de noche** Nachttisch *m*

mesón [me'son] *m* Gaststätte *f*

mestizo [mes'tiθo] *m* Mestize *m*

mesura [me'sura] *f* Gemessenheit *f*; Mäßigung *f*; **~do** ['rado] gemessen; gesetzt

meta ['meta] *f* Ziel *n*; (*fútbol*) Tor *n*; **~bolismo** [~bo'lizmo] *m* Stoffwechsel *m*

metáfora [me'tafora] *f* Metapher *f*

metal [me'tal] *m* Metall *n*; ♪ Blech *n*; **~** *precioso* Edelmetall *n*

metálico [me'taliko] metallisch (*a fig*); *en ~* bar

metal|urgia [meta'lurxĭa] *f* Hüttenkunde *f*, Metallurgie *f*; **~úrgico** [~'lurxiko] **1.** *adj* Metall...; **2.** *m* Metallarbeiter *m*

metamorfosis [metamor'fosis] *f* Umwandlung *f*, Metamorphose *f*

metano [me'tano] *m* Methan *n*

metástasis ✱ [me'tastasis] *f* Metastase *f*

meteo|rito [meteo'rito] *m* Meteorit *m*; **~rología** [~roloˈxia] *f* Meteorologie *f*; **~rológico** [~'lɔxiko] Wetter-...; **~rólogo** [~'rologo] *m* Meteorologe *m*

meter [me'ter] (2a) stecken (in *ac en*); (hinein)legen, -stecken, -tun; **~se** sich einmischen (in *ac en*); sich einlassen (auf *ac en*); **~** *con alg* sich mit j-m anlegen

meticulo|sidad [metikulosi'dad] *f* Gewissenhaftigkeit *f*; *desp* Pedanterie *f*; **~so** [~'loso] gewissenhaft; (peinlich) genau

metódico [me'toðiko] methodisch
método ['metoðo] *m* Methode *f*
metrall|a [me'traʎa] *f* Splitter *m*; **~eta** [~'ʎeta] *f* Maschinenpistole *f*
métrico ['metriko] metrisch
metro ['metro] *m* Meter *m od n*; *(tren)* U-Bahn *f*, Metro *f*; **~ (plegable)** Zollstock *m*
metrópoli [me'tropoli] *f* Hauptstadt *f*, Metropole *f*
mezcla [me'θkla] *f* Mischung *f*; **~r** [~'klar] (1a) (ver)mischen; **~rse** sich einmischen (in *ac* **en**)
mezqui|ndad [meθkin'dað] *f* Kleinlichkeit *f*; Knauserei *f*; **~no** [~'kino] kleinlich; *(avaro)* knauserig
mezquita [meθ'kita] *f* Moschee *f*
mi ♩ [mi] m E *n*; **~ bemol** Es *n*
mi, mis [mi, mis] mein(e)
mí [mi] *(nach prp)* mir; mich
micción [miɣ'θiɔn] *f* Harnen *n*
microbio [mi'kroβio] *m* Mikrobe *f*
micro|bús [mikro'βus] *m* Kleinbus *m*; **~chip** [~'tʃip] *m* Mikrochip *m*; **~ficha** [~'fitʃa] *f* Mikrofiche *m*, *n*; **~film** [~'film] *m* Mikrofilm *m*
micrófono [mi'krofono] *m* Mikrophon *n*
micro|onda [mikro'ɔnda] *f* Mikrowelle *f*; *(horno m)* **~s** *m* Mikrowellenherd *m*; **~ordenador** [~orðena'ðor] *m* Mikrocomputer *m*; **~procesador** [~proθesa-'ðor] *m* Mikroprozessor *m*
microscopio [mikrɔs'kopio] *m* Mikroskop *n*; **~ electrónico** Elektronenmikroskop *n*
mide ['miðe] *s* **medir**
miedo ['mieðo] *m* Furcht *f*, Angst *f* (vor **a**); F **de ~** toll; **~so** [~'ðoso] furchtsam
miel [miɛl] *f* Honig *m*
miembro ['miembro] *m* Glied *n*; *(socio)* Mitglied *n*; **~ (viril)** Penis *m*
miente ['miente] *s* **mentir**
mientras ['mientras] während; **~ que** *(contraste)* während; **~ (tanto)** unterdessen, inzwischen
miércoles ['mierkoles] *m* Mittwoch *m*; **~ de ceniza** Aschermittwoch *m*
mierda V ['mierða] **1.** *f* Scheiße *f*; **2.** *m* Scheißkerl *m*
miga ['miɣa] *f* Brotkrume *f*; *(migaja)* Krümel *m*; *fig* Gehalt *m*; **hacer buenas (malas) ~s** gut (schlecht) mitea auskommen

migra|ción [miɣra'θiɔn] *f* Wanderung *f*; **~ña** [~'graɲa] *f* Migräne *f*; **~torio** [~'torio]: **ave** *f* **-a** Zugvogel *m*
mijo ♣ ['mixo] *m* Hirse *f*
mil [mil] tausend
milagro [mi'laɣro] *m* Wunder *n*; **de ~** wie durch ein Wunder; **~so** [~'ɣroso] wunderbar
milenario [mile'nario] **1.** *adj* tausendjährig; **2.** *m* Jahrtausendfeier *f*
milenio [mi'lenio] *m* Jahrtausend *n*
mili F ['mili] *f* Wehrdienst *m*; **~cia** [~'liθia] *f* Miliz *f*
milímetro [mi'limetro] *m* Millimeter *m od n*
milita|nte [mili'tante] **1.** *adj* militant; **2.** *m* Aktivist *m*; **~r** [~'tar] **1.** *adj* militärisch; Militär..., **2.** *m* (Berufs-)Soldat *m*, Militär *m*; **3.** *v/i* (1a) ⚔ dienen; *pol* aktiv sein
milla ['miʎa] *f* Meile *f*
millar [mi'ʎar] *m* Tausend *n*
mill|ón [mi'ʎɔn] *m* Million *f*; **~onario** [miʎo'nario] *m* Millionär *m*
mimar [mi'mar] (1a) verwöhnen
mimbre ♣ ['mimbre] *m* Korbweide *f*; **sillón m de ~** Korbsessel *m*
mimeógrafo *Am* [mime'oɣrafo] *m* Vervielfältigungsapparat *m*
mímica ['mimika] *f* Mimik *f*
mimo ['mimo] *m* Liebkosung *f*; Verhätschelung *f*; *teat* (Panto-)Mime *m*; **~sa** ♣ [~'mosa] *f* Mimose *f*
mina ['mina] *f* ⚒ Bergwerk *n*; Mine *f* (*a* ✕); *fig* Goldgrube *f*; **~r** [~'nar] (1a) verminen; *fig* untergraben
mineral [mine'ral] **1.** *adj* Mineral...; **2.** *m* Mineral *n*, Erz *n*
mine|ría ✕ [mine'ria] *f* Bergbau *m*; **~ro** [~'nero] *m* Bergmann *m*
miniatura [minia'tura] *f* Miniatur *f*
mini|falda [mini'falda] *f* Minirock *m*; **~golf** [~'golf] *m* Minigolf *n*; **~mizar** [~mi'θar] (1f) bagatellisieren
mínimo *f* ['minimo] **1.** *adj* kleinste(r, -s); Mindest...; **como ~** mindestens; **2.** *m* Minimum *n*
minio [minio] *m* Mennige *f*
ministerio [minis'terio] *m* Ministerium *n*; **~ de Asuntos Exteriores** Außenministerium *n*; **~ de Hacienda** Finanzministerium *n*; **~ del Interior** Innenministerium *n*
ministro, -a [mi'nistro, ~a] *m*, *f* Mini-

minoría 194

ster(in *f*) *m*; ~ *del Interior* Innenminister(in *f*) *m*; *primer* ~ Premierminister *m*
minoría [mino'ria] *f* Minderheit *f*; ~ *de edad* Minderjährigkeit *f*
minucio|sidad [minuθjosi'ðað] *f* (peinliche) Genauigkeit *f*; **~so** [~'θjoso] eingehend, (peinlich) genau
minué ♪ [minu'e] *m* Menuett *n*
minúscul|a [mi'nuskula] *f* Kleinbuchstabe *m*; **~o** [~lo] winzig
minusválido [minuz'baliðo] **1.** *adj* (körper)behindert; **2.** *m* Behinderte(r) *m*
minut|a [mi'nuta] *f* Gebührenrechnung *f*; *gastr* Speisekarte *f*; **~to** [~'nuto] *m* Minute *f*
mío, mía ['mio, mia] mein, meine; *los ~s* m-e Angehörigen
mio|pe ['mjope] kurzsichtig; **~pía** [mjo'pia] *f* Kurzsichtigkeit *f*
mira ['mira] *f* Visier *n*; *con ~s a* im Hinblick auf; **~da** [~'raða] *f* Blick *m*; *echar una ~* e-n Blick werfen (auf *a*); **~do** [~'raðo]: *bien ~* gern gesehen; *fig* genaugenommen; **~dor** [~'ðor] *m* Aussichtspunkt *m*; **~miento** [~'mjento] *m* Rücksicht *f*; *sin ~s* rücksichtslos; **~r** [~'rar] (1a) **1.** *v/t* ansehen, anschauen; (*observar*) beobachten; betrachten; **2.** *v/i* sehen, schauen; (*considerar*) überlegen, zusehen; **~** *por* sorgen für
mirilla [mi'riʎa] *f* Guckloch *n*
mirlo ['mirlo] *m* Amsel *f*
mirón [mi'ron] *m* Zaungast *m*; Voyeur *m*
mirra ⚕ ['mirra] *f* Myrrhe *f*
mirto ⚕ ['mirto] *m* Myrte *f*
misa ['misa] *f* Messe *f*; ~ *del gallo* Christmette *f*; **~l** [mi'sal] *m* Meßbuch *n*
miser|able [mise'raβle] elend; (*avaro*) knauserig; **~ia** [~'serja] *f* Elend *n*; Not *f*; *fig* Hungerlohn *m*
misericordia [miseri'korðja] *f* Barmherzigkeit *f*; Erbarmen *n*
misil [mi'sil] *m* Rakete *f*
misi|ón [mi'sjon] *f* Mission *f*; *fig* Sendung *f*, Auftrag *m*; **~onero** [misjo'nero] *m* Missionar *m*
mismo ['mizmo] selbst; (*semejante*) gleich; *el ~* derselbe, der gleiche; *hoy ~* noch heute; *aquí ~* genau hier; *lo ~ que* ebenso wie; *da lo ~* das ist egal
misterio [mis'terjo] *m* Geheimnis *n*; **~so** [~'rjoso] geheimnisvoll
místi|ca ['mistika] *f* Mystik *f*; **~co** [~ko] mystisch

mitad [mi'tað] *f* Hälfte *f*; ~ *y* ~ halb und halb; *a ~ del camino* auf halbem Wege
mítico ['mitiko] mythisch
mitigar [miti'gar] (1h) mildern; lindern; beschwichtigen
mitin ['mitin] *m pol* Meeting *n*
mito ['mito] *m* Mythos *m*; **~logía** [~loˈxia] *f* Mythologie *f*
mix|to ['misto] gemischt; **~tura** [~'tura] *f* Mixtur *f*; Mischung *f*
mobiliario [moβi'ljarjo] *m* Mobiliar *n*
mocedad [moθe'ðað] *f* Jugendzeit *f*
mochila [mo'tʃila] *f* Rucksack *m*
moción [mo'θjon] *f pol* Antrag *m*; ~ *de censura* Mißtrauensantrag *m*
moco ['moko] *m* Nasenschleim *m*
moda ['moða] *f* Mode *f*; *de ~* modern; modisch; *fuera* (*od pasado*) *de ~* unmodern
modal|es [mo'ðales] *m/pl* Manieren *f/pl*; **~idad** [~li'ðað] *f* Modalität *f*
mode|lar [moðe'lar] (1a) formen; modellieren; **~lo** [~'ðelo] **1.** *m* Modell *n*; Vorbild *n*; **2.** (*persona*) Modell *n*; Mannequin *n*
modera|ción [moðera'θjon] *f* Mäßigung *f*; **~do** [~'raðo] gemäßigt; mäßig; **~dor** [~'ðor] *m*, **-a** [~'ðora] *f TV, etc* Moderator(in *f*) *m*; **~r** [~'rar] (1a) mäßigen; *TV, etc* moderieren
moder|nismo [moðer'nizmo] *m* Jugendstil *m*; **~nizar** [~ni'θar] (1f) modernisieren; **~no** [~'ðerno] modern
modes|tia [mo'ðestja] *f* Bescheidenheit *f*; **~to** [~to] bescheiden
módico ['moðiko] mäßig, gering
modifica|ción [moðifika'θjon] *f* (Ab-)Änderung *f*; **~r** [~'kar] (1g) (ab-, ver-)ändern
modis|ta [mo'ðista] *f* Modistin *f*; Damenschneiderin *f*; **~to** [~'ðisto] *m* Modeschöpfer *m*
modo ['moðo] *m* Art *f*, Weise *f*; *gram* Modus *m*; ♪ Tonart *f*; ~ *de empleo* Gebrauchsanweisung *f*; *a ~ de* (in der Art) wie; *de ~ que* so daß; also; *de otro ~* sonst; *de ningún ~* keineswegs; *de tal ~* derart, so; *en cierto ~* gewissermaßen; *de todos ~s* auf alle Fälle
módulo ['moðulo] *m* Modul *n*
mofa ['mofa] *f* Spott *m*; **~rse** [~'farse] (1a): ~ *de* sich lustig machen über (*ac*)

moho ['moo] *m* Schimmel *m*; **~so** [mo'oso] schimm(e)lig

moja|do [mɔ'xaðo] naß; feucht; **~r** [~'xar] (1a) anfeuchten; naß machen

mojigato [mɔxi'gato] scheinheilig, bigott

mojón [mɔ'xɔn] *m* Grenzstein *m*

molar [mo'lar]: *(diente m)* ~ Backenzahn *m*

molde ['mɔlde] *m* Form *f*; **~ado** [~'aðo] *m (peluquería)* Formwelle *f*; **~ar** [~'ar] (1a) formen; modellieren

moldura [mɔl'dura] *f* (Profil-, Zier-)Leiste *f*

molécula [mo'lekula] *f* Molekül *n*

moler [mo'ler] (2h) mahlen

moles|tar [moles'tar] (1a) belästigen; stören; **~tarse** sich bemühen; **~tia** [~'lestia] *f* Belästigung *f*; Mühe *f*; **~s** *pl ℱ* Beschwerden *pl*; **~to** [~'lesto] lästig; unbequem; *(enfadado)* ärgerlich

moli|nero [moli'nero] *m* Müller *m*; **~nillo** [~'niʎo] *m*: ~ *de café* Kaffeemühle *f*; **~no** [~'lino] *m* Mühle *f*; ~ *de viento* Windmühle *f*

molleja [mo'ʎexa] *f gastr* Bries *n*

molusco [mo'lusko] *m* Weichtier *m*

momen|táneo [momen'taneo] augenblicklich; **~to** [~'mento] *m* Augenblick *m*, Moment *m*; *a cada* ~ ständig; *al* ~ sofort; *por el* ~, *de* ~ zur Zeit, momentan

momia [ˈmomia] *f* Mumie *f*

mona ['mona] *f* Äffin *f*; F Rausch *m*; ~ *de Pascua* Osterkuchen *m*; *dormir la* ~ s-n Rausch ausschlafen

monaguillo [mona'giʎo] *m* Ministrant *m*, Meßdiener *m*

monar|ca [mo'narka] *m* Monarch *m*; **~quía** [~'kia] *f* Monarchie *f*

monasterio [monas'terjo] *m* Kloster *n*

monda|dientes [mɔnda'ðjentes] *m* Zahnstocher *m*; **~duras** [~'ðuras] *f/pl* (Obst-, Kartoffel-)Schalen *f/pl*; **~r** [~'ðar] (1a) schälen

mone|da [mo'neða] *f* Währung *f*; *(pieza)* Münze *f*; Geldstück *n*; **~dero** [~'ðero] *m* Portemonnaie *n*, Geldbeutel *m*; **~tario** [~'tarjo] *m* Währungs...; *Instituto m ♃ Europeo (IME)* Europäisches Währungsinstitut *n* (EWI)

monitor [moni'tɔr] *m* (Sport-, Tennis-, Ski-, *etc*)Lehrer *m*; *TV* Monitor *m*

mon|ja ['mɔnxa] *f* Nonne *f*; **~je** [~xe] *m* Mönch *m*

mono ['mono] **1.** *m zo* Affe *m*; *(prenda)* Overall *m*; Latzhose *f*; **2.** *adj* hübsch; niedlich; nett

monóculo [mo'nokulo] *m* Monokel *n*

mon|ogamia [mono'gamja] *f* Monogamie *f*; **~ógamo** [~'nogamo] monogam

monólogo [mo'nologo] *m* Monolog *m*

monopatín [monopa'tin] *m* Skateboard *n*

monopoli|o [mono'poljo] *m* Monopol *n*; **~zar** [~li'θar] (1f) monopolisieren

mon|otonía [monoto'nia] *f* Eintönigkeit *f*, Monotonie *f*; **~ótono** [~'notono] eintönig, monoton

monseñor [mɔnse'ɲɔr] *m* Monsignore *m*

monstruo ['mɔnstrŭo] *m* Ungeheuer *n*; Monstrum *n*; Scheusal *n*; **~sidad** [~si'ðað] *f* Ungeheuerlichkeit *f*; **~so** [~'trŭoso] ungeheuer(lich); scheußlich; *(enorme)* riesig

monta ['mɔnta] *f*: *de poca* ~ unbedeutend; **~cargas** [~'kargas] *m* Lastenaufzug *m*; **~do** [~'taðo] beritten; **~dor** [~'ðɔr] *m* Monteur *m*; *(cine)* Schnittmeister *m*, Cutter *m*; **~je** [~'taxe] *m* Einbau *m*; Montage *f*; *(cine)* Schnitt *m*; *teat* Inszenierung *f*; F *fig* Show *f*

montañ|a [mɔn'taɲa] *f* Gebirge *n*; Berg *m*; ~ *rusa* Achterbahn *f*; **~ismo** [~'ɲizmo] *m* Bergsteigen *n*, Bergsport *m*; **~oso** [~'ɲoso] bergig; gebirgig

montar [mɔn'tar] (1a) ⊙ aufstellen, montieren; *(caballo)* reiten; *(casa)* einrichten; *(negocio)* aufziehen; *(obra)* inszenieren; *(nata, clara)* schlagen

monte ['mɔnte] *m* Berg *m*; *(bosque)* Wald *m*; ~ *de piedad* Leih-, Pfandhaus *n*; **~ra** [~'tera] *f* Stierkämpfermütze *f*; **~ría** [~'ria] *f* Hochjagd *f*

montón [mɔn'tɔn] *m* Haufen *m* (*a fig*)

montura [mɔn'tura] *f* Reittier *n*; *(de gafas)* Fassung *f*

monumen|tal [monumen'tal] monumental; gewaltig; **~to** [~'mento] *m* Denkmal *n*

monzón [mɔn'θɔn] *m* Monsun *m*

moño ['moɲo] *m* Haarknoten *m*

moqueta [mo'keta] *f* Teppichboden *m*

mora ['mora] *f* Maurin *f*; ♣ Maulbeere *f*; Brombeere *f*

morada [mo'raða] *f* Wohnung *f*; *(estancia)* Aufenthalt *m*

morado [mo'raðo] dunkelviolett; F *las pasé -as* es ist mir übel ergangen

moral [mo'ral] **1.** *adj* moralisch; sittlich; **2. a)** *f* Moral *f*; **b)** *m* Maulbeerbaum *m*; **~eja** [~'lexa] *f* Moral *f e-r* Fabel; **~idad** [~li'ðað] *f* Sittlichkeit *f*; Moral *f*
moratoria † [mora'torja] *f* Aufschub *m*; Stundung *f*
morboso [mor'βoso] krankhaft
morcilla [mor'θiʎa] *f* Blutwurst *f*
mor|dacidad [morðaθi'ðað] *f* Bissigkeit *f*; **~daz** [~'ðaθ] bissig; **~daza** [~'ðaθa] *f* Knebel *m*; **~dedura** [~ðe'ðura] *f* Biß *m*; **~der** [~'ðer] (2h) beißen; **~ el polvo** ins Gras beißen; **~disco** [~'disko] *m* Biß *m*; (*trozo*) Bissen *m*
more|na [mo'rena] *f geo* Moräne *f*; *zo* Muräne *f*; **~no** [~no] (dunkel)braun; dunkelhaarig, -häutig
morera [mo'rera] *f* (weißer) Maulbeerbaum *m*
moretón [more'ton] *m* blauer Fleck *m*
morfin|a [mor'fina] *f* Morphium *n*; **~ómano** [~'nomano] *m* Morphinist *m*
morir [mo'rir] (3k; *part muerto*) sterben (an *de*); umkommen; **~(se) de hambre** verhungern; **~se** sterben; *fig* **~ de** vergehen vor; **~ de risa** sich totlachen
moro ['moro] **1.** *adj* maurisch; **2.** *m* Maure *m*
moroso [mo'roso] langsam; † säumig
morral [mo'ral] *m* Futterbeutel *m*; Jagdtasche *f*; Brotbeutel *m*
morriña [mo'riɲa] *f* Heimweh *n*
morro ['moro] *m* Schnauze *f*, Maul *n* (*a fig*); **estar de ~(s)** schmollen
morsa *zo* ['morsa] *f* Walroß *n*
morta|ja [mor'taxa] *f* Leichentuch *n*; *Am* Zigarettenpapier *n*; **~l** [~'tal] sterblich; tödlich (*a fig*); **~lidad** [~tali'ðað] *f* Sterblichkeit *f*; **~ndad** [~tan'dað] *f* Massensterben *n*
mortero [mor'tero] *m* Mörser *m* (*a* ⚔); △ Mörtel *m*
mortífero [mor'tifero] tödlich
mortifica|ción [mortifika'θjon] *f* Kasteiung *f*; *fig* Demütigung *f*; **~r** [~'kar] (1g) kasteien; *fig* demütigen
mortuorio [mor'tworjo] Leichen..., Sterbe...; Toten...
morueco [mo'rweko] *m* Widder *m*
mosaico [mo'saiko] *m* Mosaik *n*
mosca ['moska] *f* Fliege *f*; F **soltar** (*od* **aflojar**) **la ~** Geld herausrücken; F **por si las ~s** für alle Fälle
moscarda [mos'karða] *f* Schmeißfliege *f*

moscatel [moska'tel] *m* Muskateller (-wein) *m*
mosquearse [moske'arse] (1a) F einschnappen
mosquetero ⚔ [moske'tero] *m* Musketier *m*
mosqui|tero [moski'tero] *m* Moskitonetz *n*; **~to** [~'kito] *m* (Stech-)Mücke *f*
mostaza [mos'taθa] *f* Senf *m*
mosto ['mosto] *m* Most *m*
mostra|dor [mostra'ðor] *m* Ladentisch *m*; Theke *f*; **~r** [~'trar] (1m) zeigen
mote ['mote] *m* Spitzname *m*
motear [mote'ar] (1a) tüpfeln
motel [mo'tel] *m* Motel *n*
motín [mo'tin] *m* Meuterei *f*
moti|var [moti'βar] (1a) verursachen; (*explicar*) motivieren, begründen; **~vo** [~'tiβo] *m* Grund *m*, Anlaß *m*, Motiv *n*; **con ~ de** anläßlich (*gen*)
moto F ['moto] *f* Motorrad *n*; **~ de agua** (*od* **acuática**) Wassermotorrad *n*; **~cicleta** [~θi'kleta] *f* Motorrad *n*; **~ciclismo** [~'klizmo] *m* Motorradsport *m*; **~ciclista** [~'klista] *m* Motorradfahrer *m*; **~cross** [~'kros] *m* Moto-Cross *n*
motor [mo'tor] *m* Motor *m*; **~ de dos** (**cuatro**) **tiempos** Zwei- (Vier-)taktmotor *m*; **~a** [~'tora] *f* Motorboot *n*; **~ismo** [~'rizmo] *m* Motorsport *m*; **~ista** [~'rista] *m* Motorradfahrer *m*; **~izar** [~ri'θar] (1f) motorisieren
motosierra [moto'sjera] *f* Motorsäge *f*
motriz [mo'triθ]: **fuerza** *f* **~** Triebkraft *f*
move|dizo [moβe'ðiθo] beweglich; **~r** [~'βer] (2h) bewegen, antreiben (*a fig*)
movible [mo'βiβle] beweglich
móvil ['moβil] **1.** *adj* beweglich; **2.** *m* Beweggrund *m*, Motiv *n*; (*arte*) Mobile *n*
movili|dad [moβili'ðað] *f* Beweglichkeit *f*; **~zación** [~θa'θjon] *f* Mobilmachung *f*; **~zar** [~'θar] (1f) mobil machen; *fig* mobilisieren
movimiento [moβi'mjento] *m* Bewegung *f*; *fig* Betrieb *m*; ♪ Satz *m*; **~ pacifista** Friedensbewegung *f*
moza ['moθa] *f* Mädchen *n*; (*criada*) Magd *f*
mozo ['moθo] **1.** *adj* jung; **2.** *m* junger Mann *m*; Bursche *m*; (*sirviente*) Kellner *m*; Diener *m*; ⚔ erfaßter Wehrpflichtige(r) *m*; **~ de estación**) Gepäckträger *m*

muca|ma *Am reg* [mu'kama] *f* Dienstmädchen *n*; **~mo** [~mo] *m* Diener *m*
muchach|a [mu'tʃatʃa] *f* Mädchen *n*; (*criada*) Dienstmädchen *n*; **~o** [~'tʃatʃo] *m* Junge *m*
muchedumbre [mutʃe'ðumbre] *f* (Menschen-)Menge *f*
mucho [mu'tʃo] **1.** *adj* viel; **2.** *adv* sehr, viel; lange; oft; (*ni*) **con ~** bei weitem (nicht); **como ~** höchstens; **por ~ que** *subj* so sehr auch; **ni ~ menos** überhaupt nicht, keineswegs
muco|sa [mu'kosa] *f* Schleimhaut *f*; **~sidad** [~si'ðað] *f* Schleim *m*
muda [′muða] *f* Wäsche *f* zum Wechseln; *zo* Mauser *f*; (*de la voz*) Stimmbruch *m*; **~nza** [~'danθa] *f* (*de casa*) Umzug *m*; **~r** [~'ðar] (1a) ändern; wechseln; *zo* sich mausern; **~rse** sich umziehen; **~ (de casa)** umziehen
mudo ['muðo] stumm
mueble ['mweβle] **1.** *adj* 🏛 beweglich; **2.** *m* Möbel *n*; **~ bar** Hausbar *f*
mueca ['mweka] *f* Grimasse *f*
muela ['mwela] *f* Mühlstein *m*; (*diente*) Backenzahn *m*; **~ del juicio** Weisheitszahn *m*
muelle ['mweʎe] **1.** *adj* weich; **2.** *m* Sprungfeder *f*; ⚓ Mole *f*; Kai *m*
muerdo ['mwerðo] *s* **morder**
muero ['mwero] *s* **morir**
muerte ['mwerte] *f* Tod *m*; **de mala ~** elend, erbärmlich; **dar ~ a** töten
muerto ['mwerto] **1.** *adj* tot; gestorben; **2.** *m*, **-a** *f* [~ta] Tote(r) *m*, Tote *f*
muesca ['mweska] *f* Kerbe *f*
muestra ['mwestra] *f* (Waren-)Probe *f*; (*modelo*) Muster *n*; *fig* Beweis *m*; **~rio** [~'trarjo] *m* Musterbuch *n*, -kollektion *f*
muestro ['mwestro] *s* **mostrar**
muevo ['mweβo] *s* **mover**
mugir [mu'xir] (3c) (*vaca*) muhen; *fig* brüllen
mugr|e ['mugre] *f* Schmutz *m*; **~iento** [~'grjento] schmierig
muguete [mu'gete] *m* ♣ Maiglöckchen *n*; 🐟 Soor *m*
mujer [mu'xer] *f* Frau *f*; **~ de faenas** Putzfrau *f*; **~ de negocios** Geschäftsfrau *f*; **~iego** [muxe'rjego] *m* Schürzenjäger *m*, Weiberheld *m*
mula ['mula] *f* Maultier *n*
mulato [mu'lato] *m* Mulatte *m*
muleta [mu'leta] *f* Krücke *f*; *taur* Muleta *f*
mulo ['mulo] *m* Maulesel *m*
multa ['multa] *f* Geldstrafe *f*; Strafzettel *m*; **~r** [~'tar] (1a) mit e-r Geldstrafe belegen
multi|color [multiko'lor] vielfarbig; **~copiar** [~'pjar] (1b) vervielfältigen; **~copista** [~'pista] *f* Vervielfältigungsapparat *m*; **~cultural** [~kultu'ral] multikulturell; **~lateral** [~late'ral] multilateral; **~millonario** [~miʎo'narjo] *m* Multimillionär *m*; **~nacional** [~naθjo'nal] *f* multinationaler Konzern *m*, F Multi *m*
múltiple ['multiple] vielfältig; **de ~ uso** Mehrzweck...
multipli|cación [multiplika'θjon] *f* ⩓ Multiplikation *f*; *biol* Vermehrung *f* (*a fig*); **~car** [~'kar] (1g) multiplizieren; vermehren
multitud [multi'tuð] *f* Menge *f*; **~inario** [~tuði'narjo] Massen...
multiuso [multi'uso] Mehrzweck...
munda|nal [munda'nal], **~no** [~'dano] weltlich, Welt...
mundial [mun'djal] **1.** *adj* Welt...; **2.** *m* Weltmeisterschaft *f*
mundo ['mundo] *m* Welt *f*; **el otro ~** das Jenseits; **nada del otro ~** nichts Besonderes; **todo el ~** jedermann, alle (Welt)
munición [muni'θjon] *f* Munition *f*
munici|pal [muniθi'pal] städtisch; Stadt..., Gemeinde...; **~pio** [~'θipjo] *m* Gemeinde *f*
muñe|ca [mu'ɲeka] *f* Puppe *f*; *anat* Handgelenk *n*; **~co** [~'ɲeko] *m* Puppe *f*; *fig* Marionette *f*
muñón [mu'ɲon] *m* 🦯 Stumpf *m*
mural [mu'ral] **1.** *adj* Mauer...; Wand...; **2.** *m* Wandbild *n*; **~la** [~'raʎa] *f* (Stadt-)Mauer *f*
murciélago [mur'θjelago] *m* Fledermaus *f*
murmu|llo [mur'muʎo] *m* Gemurmel *n*, Säuseln *n*; **~ración** [~ra'θjon] *f* Gerede *n*; **~rar** [~'rar] (1a) murmeln; murren; (*viento, etc*) säuseln; (*cotillear*) lästern, F klatschen
muro ['muro] *m* Mauer *f*; Wand *f*
musa ['musa] *f* Muse *f* (*a fig*)
muscula|r [musku'lar] Muskel...; **~tura** [~la'tura] *f* Muskulatur *f*
músculo ['muskulo] *m* Muskel *m*

musculoso [musku'loso] muskulös
muselina [muse'lina] f Musselin m
museo [mu'seo] m Museum n
musgo ❦ ['muzgo] m Moos n
música ['musika] f Musik f; (*partitura*) Noten f/pl; **~ de fondo** Untermalungsmusik f; **~ folk** Folkmusik f; **~ ligera** Unterhaltungsmusik f; **~ de cámara** Kammermusik f; **poner en ~** vertonen
musical|l [musi'kal] **1.** adj musikalisch, Musik...; **2.** m Musical n; **~r** [~'kar] (1g) vertonen
músico ['musiko] m Musiker m
music|ología [musikolo'xia] f Musikwissenschaft f; **~ólogo** [~'kologo] m Musikwissenschaftler m
musitar [musi'tar] (1a) murmeln

muslo ['muzlo] m Oberschenkel m; gastr Schenkel m
musulmán [musul'man] **1.** adj mohammedanisch; **2.** m Mohammedaner m, Moslem m
mutación [muta'θjon] f Veränderung f; biol Mutation f
mutila|ción [muti'laθjon] f Verstümmelung f; **~do** [~'laðo] m Krüppel m; **~ de guerra** Kriegsversehrte(r) m; **~r** [~'lar] (1a) verstümmeln
mutismo [mu'tizmo] m Stummheit f; Schweigen n
mutualidad [mutuali'ðað] f Gegenseitigkeit f; (*asociación*) Versicherung f auf Gegenseitigkeit
mutuo ['mutuo] gegenseitig
muy [mũi] sehr

N

N, n ['ene] f N, n n
nabo ['nabo] m weiße Rübe f
nácar ['nakar] m Perlmutt(er f) n
nacer [na'θɛr] (2d) geboren werden; (*día*) anbrechen; (*río*) entspringen (*a fig*); fig entstehen
naci|ente [na'θjente] entstehend, werdend; (*sol*) aufgehend; **~miento** [naθi'mjento] m Geburt f; fig Herkunft f, Ursprung m; (*de Navidad*) (Weihnachts-)Krippe f
nación [na'θjon] f Nation f
nacional [naθjo'nal] national, National...; **~idad** [~nali'ðað] f Nationalität f; Staatsangehörigkeit f; **~ismo** [~'lizmo] m Nationalismus m; **~izar** [~'θar] (1f) verstaatlichen
nada ['nada] **1.** f Nichts n; **2.** adv nichts; **~ mal** gar nicht schlecht; **~ más** weiter nichts; **como si ~** als ob nichts (dabei) wäre; **¡de ~!** bitte sehr!, keine Ursache!; **más que ~** vor allem; **¡pues ~!** also gut!; **no es ~** das ist nicht schlimm
nada|dor [nada'ðor] f Schwimmer m; **~r** [~'ðar] (1a) schwimmen
nadería [nade'ria] f Lappalie f
nadie ['naðje] niemand

nado ['naðo] m: **a ~** schwimmend; **pasar a ~** durchschwimmen
naipe ['naipe] m Spielkarte f
nalga ['nalga] f Hinterbacke f; **~s** pl Gesäß n, F Hintern m
nana ['nana] f Wiegenlied n
naranj|a [na'raŋxa] **1.** f Apfelsine f, Orange f; F **media ~** F bessere Hälfte f; **2.** adj orange(farben); **~ada** [~'xaða] f Orangeade f; **~jo** [na'raŋxo] m Orangenbaum m
narciso ❦ [nar'θiso] m Narzisse f
narcótico [nar'kotiko] **1.** adj betäubend; **2.** m Betäubungsmittel n
narco|tizar [narkoti'θar] (1f) betäuben; **~traficante** [~trafi'kante] m Drogenhändler m; **~tráfico** [~'trafiko] m Drogenhandel m
nariz [na'riθ] f Nase f; F **estar hasta las narices** F die Nase voll haben; **meter las narices en a/c** s-e Nase in et stecken
narra|ción [narra'θjon] f Erzählung f; **~dor** m [~'ðor] Erzähler m; **~r** [na'rrar] (1a) erzählen
nasal [na'sal] Nasen..., nasal
nata ['nata] f Rahm m, Sahne f; **~ montada** Schlagsahne f

natación [nataˈθi̯on] *f* Schwimmen *n*
natal [naˈtal] Geburts...; Heimat...; **~idad** [~liˈdad] *f* Geburtenziffer *f*; **control** *m* **de ~** Geburtenregelung *f*
natillas [naˈtiʎas] *f/pl* Cremespeise *f*
nativo [naˈtiβo] **1.** *adj* gebürtig (aus **de**); **2.** *m* Einheimische(r) *m*; Eingeborene(r) *m*
nato [ˈnato] geboren
natural [natuˈral] **1.** *adj* natürlich; Natur...; (*hijo*) unehelich; **ser ~ de** stammen aus; **es ~** das ist verständlich; **2.** *m* Naturell *n*; **~eza** [~raˈleθa] *f* Natur *f*; **~ muerta** Stilleben *n*; **~idad** [~liˈdad] *f* Natürlichkeit *f*; **~ismo** [~ˈlizmo] *m* Naturalismus *m*; **~ista** [~ˈlista] *m* Naturalist *m*; (*científico*) Naturforscher *m*; **~izar** [~liˈθar] (1f) naturalisieren, einbürgern; **~mente** [~ˈmente] natürlich, selbstverständlich
naturis|mo [natuˈrizmo] *m* natürliche Lebensweise *f*; **~ta** [~ˈrista] *m* Naturist *m*; *médico ~* Naturarzt *m*
naturopatía [naturopaˈtia] *f* Naturheilkunde *f*
naufra|gar [nau̯fraˈgar] (1h) Schiffbruch erleiden; *fig* scheitern; **~gio** [~ˈfraxi̯o] *m* Schiffbruch *m*
náufrago [ˈnau̯frago] **1.** *adj* schiffbrüchig; **2.** *m* Schiffbrüchige(r) *m*
nauseabundo [nau̯seaˈβundo] Übelkeit erregend, ekelerregend
náuseas [ˈnau̯seas] *f/pl* Übelkeit *f*; *fig* Ekel *m*
náuti|ca [ˈnau̯tika] *f* Nautik *f*; *dep* Wassersport *m*; **~co** [~ko] nautisch; *club m ~* Jachtclub *m*
navaja [naˈβaxa] *f* Taschenmesser *n*; **~ de afeitar** Rasiermesser *n*; **~zo** [~ˈxaθo] *m* Messerstich *m*
naval [naˈβal] See..., Schiffs...
nave [ˈnaβe] *f* Schiff *n* (*a* △); **~ (industrial)** Fabrik-, Werkhalle *f*; **~ espacial** Raumschiff *n*; **~gable** [~ˈgaβle] schiffbar; **~gación** [~gaˈθi̯on] *f* Schiffahrt; **~gante** [~ˈgante] *m* Seefahrer *m*; **~gar** [~ˈgar] (1h) ⚓ (zur See) fahren; ✈ fliegen
navi|dad [naβiˈdad] *f* Weihnacht(en *n*) *f*; **~deño** [~ˈdeɲo] weihnachtlich, Weihnachts...
navío [naˈβio] *m* Schiff *n*
neblina [neˈβlina] *f* Dunst *m*
nebuloso [nebuˈloso] neb(e)lig, dunstig; *fig* nebelhaft

necedad [neθeˈdad] *f* Dummheit *f*
nece|sario [neθeˈsari̯o] notwendig, nötig; erforderlich; **~ser** [~ˈser] *m* Necessaire *n*; **~sidad** [~siˈdad] *f* Notwendigkeit *f*; **de primera ~** lebensnotwendig; **~sitado** [~ˈtado] bedürftig; notleidend; **~sitar** [~ˈtar] (1a) (*a ~ de*) benötigen; brauchen
necio [ˈneθi̯o] dumm, albern
necrología [nekroloˈxia] *f* Nachruf *m*
néctar [ˈnektar] *m* Nektar *m*
nectarina ♀ [nektaˈrina] *f* Nektarine *f*
neerlandés [neerlanˈdes] **1.** *adj* niederländisch; **2.** *m* Niederländer *m*
nefasto [neˈfasto] unheilvoll
nefr|ítico [neˈfritiko] Nieren...; **~itis** [~ˈfritis] *f* Nierenentzündung *f*
nega|ción [negaˈθi̯on] *f* Verneinung *f*; (*rechazo*) Ablehnung *f*; **~r** [~ˈgar] (1h *u* 1k) verneinen; leugnen; (*denegar*) verweigern, abschlagen; **~rse** sich weigern (zu *a*); **~tiva** [~ˈtiβa] *f* Weigerung *f*, Absage *f*; **~tivo** [~ˈtiβo] **1.** *adj* negativ; **2.** *m fot* Negativ *n*
negligen|cia [negliˈxenθi̯a] *f* Nachlässigkeit *f*; 🚗 Fahrlässigkeit *f*; **~te** [~ˈxente] nachlässig
negocia|ción [negoθi̯aˈθi̯on] *f* Verhandlung *f*; **~do** [~ˈθi̯ado] *m* Amt *n*; Geschäftsstelle *f*; **~nte** [~ˈθi̯ante] *su* Geschäftsmann *m*, -frau *f*; **~r** [~ˈθi̯ar] (1b) **1.** *v/t* aushandeln; **2.** *v/i* verhandeln; ✝ handeln, Handel treiben (mit *en*)
negocio [neˈgoθi̯o] *m* Geschäft *n*; Handel *m*; (*tienda*) Laden *m*; **hombre** *m* **de ~s** Geschäftsmann *m*
neg|ra [ˈnegra] *f* Negerin *f*; *Am* Liebling *m*; ♩ Viertelnote *f*; **~rero** [~ˈgrero] *m* Sklavenhändler *m*; *fig* Leuteschinder *m*; **~ro** [ˈnegro] **1.** *adj* schwarz; F *verse ~ para hacer a/c* große Mühe haben, et zu tun; **2.** *m* Neger *m*; *fig* Ghostwriter *m*; *Am* Liebling *m*
ne|na [ˈnena] *f* kleines Mädchen *n*; **~ne** [ˈnene] *m* F kleines Kind *n*
nenúfar [neˈnufar] *m* Seerose *f*
neo... [neo] *in Zssgn* Neu...; Neo...
neófito [neˈofito] *m fig* Neuling *m*
neologismo [neoloˈxizmo] *m* Neuwort *n*, Neologismus *m*
neón [neˈɔn] *m* Neon *n*
neoyorquino [neoi̯orˈkino] aus New York
neozelandés [neoθelanˈdes] **1.** *adj* neuseeländisch; **2.** *m* Neuseeländer *m*

nepotismo [nepo'tizmo] m Vetternwirtschaft f

nervio ['nerbio] m Nerv m; △ Rippe f; fig Kraft f; fig **tener ~s** nervös sein; Lampenfieber haben; **~sismo** [~'sizmo] m Nervosität f; **~so** [~'bioso] Nerven...; fig nervös

neto ['neto] rein; ✝ Netto...

neumático [neu'matiko] **1.** adj Luft...; **2.** m auto Reifen m

neumonía [neumo'nia] f Lungenentzündung f

neur|algia [neu'ralxia] f Neuralgie f; **~ólogo** [~'rologo] m Nervenarzt m, Neurologe m; **~osis** [~'rosis] f Neurose f; **~ótico** [~'rotiko] neurotisch

neutral [neu'tral] neutral; **~idad** [~li'ðað] f Neutralität f; **~izar** [~'θar] (1f) neutralisieren

neutr|o ['neutro] neutral; gram sächlich; **~ón** [neu'tron] m Neutron n

neva|da [ne'baða] f Schneefall m; **~r** [~'bar] (1k) schneien

nevera [ne'bera] f Kühlschrank m; ~ **portátil** Kühlbox f

nexo ['negso] m Verbindung f; Zusammenhang m

ni [ni] auch nicht; ~ ... ~ weder ... noch

nicaragüense [nikara'gŭense] **1.** adj nicaraguanisch; **2.** m Nicaraguaner m

nicho ['nitʃo] m Nische f

nicotina [niko'tina] f Nikotin n

nidificar [niðifi'kar] (1g) nisten

nido ['niðo] m Nest n (a fig)

niebla ['nieβla] f Nebel m

niego ['niego] s **negar**

nieto, -a f ['nieto, -ta] Enkel(in f) m; **~s** pl Enkelkinder n/pl

nieva ['nieβa] s **nevar**

nieve ['nieβe] f Schnee m

nimbo ['nimbo] m Heiligenschein m, Nimbus

ninfa ['nimfa] f Nymphe f

nin|gún [niŋ'gun], **~guno** [~'guno] kein; (nadie) niemand

niñ|a ['niɲa] f Kind n, Mädchen n; F ~ **bien** höhere Tochter f; ~ **del ojo** anat Pupille f; fig Augapfel m; **~era** [ni'ɲera] f Kindermädchen n; **~ez** [ni'ɲeθ] f Kindheit f; **~o** ['niɲo] m Kind n

nip|ón [ni'pon] **1.** adj japanisch; **2.** m, **~ona** f [ni'pona] Japaner(in f) m

níquel ['nikel] m Nickel n

níspero ♀ ['nispero] m Mispel f

nitidez [niti'ðeθ] f Reinheit f; fot, TV Schärfe f

nítido ['nitiðo] rein; fot scharf

nitrato [ni'trato] m Nitrat n

nitrógeno [ni'troxeno] m Stickstoff m

nivel [ni'βel] m Niveau n; ⊙ Wasserwaage f; fig Ebene f; ~ **del mar** Meeresspiegel m; ~ **de ruido**, ~ **sonoro** Geräuschpegel m; ~ **de vida** Lebensstandard m; **~adora** ⊙ [~'ðora] f Planierraupe f; **~ar** [~'lar] (1a) ebnen, planieren; a fig nivellieren

no [no] nicht; nein; ~ **del todo** nicht ganz; ~ **ya** nicht nur; **ya** ~ nicht mehr; ~ **más** Am nur; ~ **más que** nur (noch); ~ **por eso** nichtsdestoweniger; **¡a que ~!** etwa nicht?; **un ~ sé qué** ein gewisses Etwas

noble ['noβle] **1.** adj ad(e)lig; fig edel(mütig); **2.** m Ad(e)lige(r) m; **~za** [~'βleθa] f Adel m; fig Edelmut m

noche [notʃe] f Nacht f; (tarde) Abend m; **de** ~ **por la** ~ nachts; **de la** ~ **a la mañana** von heute auf morgen; **hacer** ~ übernachten (in en); **¡buenas ~s!** guten Abend!; **¡buenas ~s!**, **²buena** [~'βuena] f Weihnachtsabend m, Heilige(r) Abend m; **²vieja** [~'βiexa] f Silvesterabend m

noción [no'θion] f Begriff m; Idee f; **-ones** pl Grundkenntnisse f/pl

nocivo [no'θiβo] schädlich

noctámbulo [nok'tambulo] m Nachtwandler m; F Nachtschwärmer m

nocturno [nok'turno] **1.** adj nächtlich, Nacht...; **2.** m ♪ Notturno n

nodriza [no'ðriθa] f Amme f

nódulo ♂ [no'ðulo] m Knötchen n

nogal [no'gal] m Nußbaum m

nómada ['nomaða] m Nomade m

nombra|miento [nombra'miento] m Ernennung f; **~r** [~'brar] (er)nennen

nombre ['nombre] m Name m; gram Hauptwort n; ~ **(de pila)** Vorname m; ~ **de guerra** Deckname m

nomeolvides ♀ [nomeol'βiðes] f Vergißmeinnicht n

nómina ['nomina] f Gehaltsliste f; (sueldo) Gehalt n; Gehaltsabrechnung f

nomina|ción [nomina'θion] f pol Nominierung f; **~l** [~'nal] namentlich; **~tivo** [~na'tiβo] m gram Nominativ m

noquear [noke'ar] (1a) k.o. schlagen

nor(d)este [nor'(d)este] m Nordost m

nórdico ['nɔrdiko] nordisch
noria ['norĩa] f Schöpfrad n; (de feria) Riesenrad n
norma ['norma] f Regel f; Norm f; **~l** [~'mal] normal; **~lidad** [~li'ðað] f Normalität f; **volver a la ~** sich normalisieren; **~lizar** [~li'θar] (1f) normalisieren; ⊙ normen
noroeste [noro'este] m Nordwest m
norte ['norte] m Norden m; **al ~ de** nördlich von; **~americano** [~ameri'kano] nordamerikanisch
noruego [no'rŭego] **1.** adj norwegisch; **2.** m, **-a** f [~ga] Norweger(in f) m
nos [nos] uns; **~otros** [no'sotros] wir; (nach prp) uns
nostalgia [nɔs'talxĩa] f Heimweh n; Nostalgie f; **~álgico** [~'talxiko] sehnsüchtig; wehmütig
nota ['nota] f Notiz f; (cuenta) Rechnung f; ♪ u fig Note f; **tomar ~ de** zur Kenntnis nehmen; (apuntar) notieren; **~ble** [~'table] bemerkenswert; beträchtlich; **~r** [~'tar] (1a) (be)merken
notaría [nota'ria] f Notariat n; **~ial** [~'rial] notariell; **~io** [~'tarĩo] m Notar m
noticia [no'tiθĩa] f Nachricht f; **~rio** [~θĩa'rio] m (radio) Nachrichten f/pl
notificación [notifika'θĩon] f (amtliche) Benachrichtigung f; **~r** [~'kar] (1g) mitteilen
notorio [no'torĩo] offenkundig
novato [no'bato] m Neuling m
novecientos [nobe'θĩentos] neunhundert
novedad [nobe'ðað] f Neuheit f; (noticia) Neuigkeit f
novela [no'bela] f Roman m; **~ corta** Novelle f; **~ policíaca** Kriminalroman m; **~lista** [~'lista] m Romanschriftsteller m
noveno [no'beno] neunte(r, -s); **~ta** [no'benta] neunzig
novia ['nobĩa] f Braut f; Verlobte f; (feste) Freundin f; **~zgo** [no'bĩaðgo] m Verlobungs-, Brautzeit f
novicio [no'biθĩo] m Novize m; fig Neuling m
noviembre [no'bĩembre] m November m
novilla [no'biʎa] f Färse f; **~ada** [~'ʎaða] f Stierkampf m mit Jungstieren; **~ero** [~'ʎero] m Stierkämpfer m bei e-r **novillada**; **~o** [~'biʎo] m Jungstier m; F **hacer ~s** (die Schule) schwänzen

novio ['nobĩo] m Bräutigam m; Verlobte m; (fester) Freund m; **los ~s** das Brautpaar
nube ['nube] f Wolke f; fig Schwarm m; **estar por las ~s** unerschwinglich sein
nublado|**nublar** [nu'blaðo] bewölkt; **~r** [~'blar] (1a) trüben; **~rse** sich bewölken
nubosidad [nubosi'ðað] f Bewölkung f; **~so** [~'boso] wolkig
nuca ['nuka] f Nacken m; Genick n
nuclear [nukle'ar] Kern...
núcleo ['nukleo] m Kern m (a fig)
nudillo [nu'ðiʎo] m (Finger-)Knöchel m
nudismo [nu'ðismo] m Freikörperkultur f, FKK f; **~ta** [~'ðista] su Nudist(in f) m; **playa ~** FKK-Strand m
nudo ['nuðo] m Knoten m (a ♣); **~ de comunicaciones** Verkehrsknotenpunkt m; **~so** [~'ðoso] knotig
nuera ['nŭera] f Schwiegertochter f
nuestro ['nŭestro] unser
nueva ['nŭeba] f Neuigkeit f; **~mente** [~'mente] von neuem, nochmals
nueve ['nŭebe] neun
nuevo ['nŭebo] neu; **de ~** von neuem, nochmals
nuez ['nŭeθ] f Walnuß f; anat Adamsapfel m; **~ moscada** Muskatnuß f
nulidad [nuli'ðað] f Nichtigkeit f; ⚖ Ungültigkeit f; fig Null f, Niete f; **~o** ['nulo] nichtig; ungültig
numeración [numera'θĩon] f Numerierung f; **~dor** [~'ðor] m & Zähler m; **~r** [~'rar] (1a) numerieren
número ['numero] m Zahl f; Nummer f; fig Anzahl f; **~ de la cuenta** Kontonummer f; **~ personal** Geheimnummer f; **sin ~** unzählig; **~ de teléfono** Telefonnummer f
numeroso [nume'roso] zahlreich
numismática [numiz'matika] f Münzkunde f
nunca ['nuŋka] nie, niemals; **~ jamás** nie und nimmer; **~ más** nie wieder, nie mehr; **más que ~** mehr denn je
nuncio ['nunθĩo] m Nuntius m
nupcial [nub'θĩal] Hochzeits...; Braut...; **~s** ['nubθĩas] f/pl Hochzeit f; **en segundas ~** in zweiter Ehe
nutria [nutria] f Fischotter m
nutrición [nutri'θĩon] f Ernährung f; **~do** [~'triðo] fig zahlreich; **~r(se)** [~'trir(se)] (3a) (sich) ernähren; **~tivo** [~tri'tibo] nahrhaft

Ñ

Ñ, ñ ['eɲe] f das spanische ñ
ñame ♣ ['ɲame] m Jamswurzel f
ñandú zo [ɲan'du] m Nandu m
ñoño ['ɲoɲo] albern; zimperlich
ñu zo [ɲu] m Gnu n

O

O, o [o] f O, o n
o [o] oder; ~ ... ~ entweder ... oder; ~ **sea** das heißt
oasis [o'asis] m Oase f (a fig)
obceca|ción [ɔbθeka'θiɔn] f Verblendung f; **~do** [~'kaðo] verblendet
obe|decer [obeðe'θer] (2d) gehorchen; ~ **a** zurückzuführen sein auf; **~diencia** [~'ðienθia] f Gehorsam m; **~diente** [~'ðiente] gehorsam
obelisco [obe'lisko] m Obelisk m
obertura ♪ [ober'tura] f Ouvertüre f
obe|sidad [obesi'ðað] f Fettleibigkeit f; **~so** [o'beso] fett(leibig)
obispo [o'bispo] m Bischof m
obje|ción [ɔbxe'θiɔn] f Einwand m; ~ **de conciencia** Wehrdienstverweigerung f; **~tar** [~'tar] (1a) einwenden; **~tividad** [~tibi'ðað] f Sachlichkeit f; **~tivo** [~'tibo] **1.** adj objektiv, sachlich; **2.** m Ziel n, Zweck m; opt Objektiv n; **~to** [ɔb'xeto] m Objekt n; Gegenstand m; (fin) Zweck m; **~tor** [~'tɔr] m: ~ **de conciencia** Wehrdienstverweigerer m
oblea [o'blea] f Oblate f
oblicuo [o'blikuo] schräg
obliga|ción [obliga'θiɔn] f Pflicht f; Verpflichtung f; ✝ Obligation f; **~do** [~'gaðo] verpflichtet (zu **a**); **~r** [~'gar] (1h) zwingen; verpflichten (zu **a**); **~torio** [~ga'tɔrio] verbindlich, obligatorisch
obo|e ♪ [o'boe] m Oboe f; (persona) = **~ísta** [obo'ista] m Oboist m
obra ['ɔbra] f Werk n; Arbeit f; (edificio) Bauwerk n; ~ **de arte** Kunstwerk n; ~ **maestra** Meisterwerk n; ~ **de teatro** Theaterstück n; **~s** pl Bauarbeiten f/pl;

~s completas gesammelte Werke n/pl; **~r** [o'brar] (1a) handeln, vorgehen; (tener efecto) wirken
obrero [o'brero] **1.** adj Arbeiter...; **2.** m Arbeiter m; ~ **especializado** Facharbeiter m
obsce|nidad [ɔbsθeni'ðað] f Obszönität f; Zote f; **~no** [~'θeno] unanständig, obszön
obsequi|ar [ɔbse'kiar] (1b) beschenken (mit **con**); (agasajar) bewirten; ehren; **~o** [ɔb'sekio] m Geschenk n, Aufmerksamkeit f
observa|ción [ɔbsɛrba'θiɔn] f Beobachtung f; (comentario) Bemerkung f; **~dor** [~'ðɔr] m Beobachter m; **~ncia** [~'banθia] f Befolgung f; Einhaltung f; **~r** [~'bar] (1a) beobachten; (ley, regla) befolgen; (advertir) bemerken; **~torio** [~'tɔrio] m Observatorium n
obsesión [ɔbse'siɔn] f Besessenheit f
obsoleto [ɔbso'leto] veraltet
obst|aculizar [ɔbstakuli'θar] (1f) behindern; **~áculo** [~'takulo] m Hindernis n
obstante [ɔbs'tante]: **no** ~ prp trotz; adv trotzdem
obstetricia [ɔbste'triθia] f Geburtshilfe f
obstina|ción [ɔbstina'θiɔn] f Hartnäckigkeit f; Eigensinn m; **~do** [~'naðo] hartnäckig; eigensinnig; **~rse** [~'narse] (1a) sich versteifen (auf **en**)
obstru|cción [ɔbstruɣ'θiɔn] f Verstopfung f; **~ir** [~tru'ir] (3g) verstopfen; versperren
obten|ción [ɔbten'θiɔn] f Erlangung f; 🍴 Gewinnung f; **~er** [~'nɛr] (2l) erlangen, bekommen; 🍴 gewinnen
obturador [ɔbtura'ðɔr] m fot Verschluß m

obtuso [ɔb'tuso] stumpf; *fig* schwer von Begriff

obvio ['ɔbβio] einleuchtend; **es ~** es liegt auf der Hand

oca ['oka] *f* Gans *f*

ocasi|ón [oka'sion] *f* Gelegenheit *f*; **de ~** Gelegenheits...; **con ~ de** anläßlich (*gen*); **en ocasiones** gelegentlich; **~onal** [okasio'nal] gelegentlich; **~onar** [~'nar] (1a) verursachen

ocaso [o'kaso] *m astr u fig* Untergang *m*

occiden|tal [ɔgθiðen'tal] abendländisch; westlich, West...; **~te** [~'ðente] *m* Abendland *n*; Westen *m*

océano [o'θeano] *m* Ozean *m*

ochenta [o'tʃenta] achtzig

ocho ['otʃo] acht; **~cientos** [~'θientos] achthundert.

ocio ['oθio] *m* Muße *f*; (*tiempo libre*) Freizeit *f*; **~sidad** [~si'ðað] *f* Müßiggang *m*; **~so** [o'θioso] müßig

ocre ['okre] ockerfarben

octa|naje [ɔkta'naxe] *m* Oktanzahl *f*; **~no** [~'tano] *m* Oktan *n*

octa|va [ɔk'taβa] *f* ♩ Oktave *f*; **~villa** [~'βiʎa] *f* Flugblatt *n*

octavo [ɔktaβo] 1. *adj* achte(r, -s); 2. *m* Achtel *m*

octeto ♩ [ɔk'teto] *m* Oktett *n*

octogenario [ɔktoxe'nario] achtzigjährig

octubre [ɔk'tuβre] *m* Oktober *m*

ocu|lar [oku'lar] 1. *adj* Augen...; 2. *m* Okular *n*; **~lista** [~'lista] *su* Augenarzt *m*, -ärztin *f*

ocul|tar [okul'tar] (1a) verbergen; verheimlichen; **~to** [~'kulto] verborgen

ocupa F [o'kupa] *m* Hausbesetzer *m*; **~ción** [~'θion] *f* Besetzung *f* (*a* ⚔); (*empleo*) Beschäftigung *f*; ⚔ Besatzung *f*; **~nte** [~'pante] *m auto* Insasse *m*, Fahrgast *m*; **~r** [~'par] (1a) besetzen (*a* ⚔); beschäftigen; (*espacio*) einnehmen; (*cargo*) bekleiden; (*casa*) bewohnen; **ocupado** besetzt; **~rse** sich beschäftigen (mit *dat* **de**); sich kümmern (um *ac* **de**)

ocurr|encia [oku'rrenθia] *f* Einfall *m*; **~ente** [~'rrente] witzig; **~ir** [~'rrir] (3a) passieren, geschehen; **¿qué ocurre?** was ist los?; **~irse: se me ocurrió** mir fiel ein...

oda ['oða] *f* Ode *f*

odiar [o'ðiar] (1b) hassen

odio ['oðio] *m* Haß *m*; **~so** [o'ðioso] verhaßt; (*persona*) gehässig, gemein

odisea [oði'sea] *f* Odyssee *f* (*a fig*)

odont|ología [oðonto'loxia] *f* Zahnmedizin *f*; **~ólogo** [~'tologo] *m* Zahnarzt *m*

oeste [o'este] *m* Westen *m*

ofen|der [ofen'der] (2a) beleidigen, kränken; **~derse** beleidigt (*od* gekränkt) sein; **~sa** [o'fensa] *f* Beleidigung *f*; Kränkung *f*; **~siva** [ofen'siβa] *f* Offensive *f*

oferta [o'ferta] *f* Angebot *n*; **~r** ✝ [~'tar] (1a) anbieten

oficial [ofi'θial] 1. *adj* offiziell, amtlich; 2. *m* Geselle *m*; ⚔ Offizier *m*

oficin|a [ofi'θina] *f* Büro *n*; Amt *n*; **~ de objetos perdidos** Fundbüro *n*; **~ de turismo** Fremdenverkehrsamt *n*; **~ista** [~'nista] *su* Büroangestellte(r *m*) *f*

oficio [o'fiθio] *m* Beruf *m*; Handwerk *n*; *rel* Gottesdienst *m*; **de ~** von Amts wegen; **~so** [~'θioso] halbamtlich, offiziös

ofimática [ofi'matika] *f* Bürokommunikation *f*

ofre|cer [ofre'θer] (2d) (an)bieten; **¿qué se le ofrece?** Sie wünschen?; **~cimiento** [~θi'miento] *m* Angebot *n*

oftalm|ología [ɔftalmolo'xia] *f* Augenheilkunde *f*; **~ólogo** [~'mologo] *m* Augenarzt *m*

ofusca|ción [ofuska'θion] *f fig* Verblendung *f*; **~r** [~'kar] (1g) (ver)blenden

ogro ['ogro] *m* Menschenfresser *m*

oída [o'iða] *f*: **de ~s** vom Hörensagen

oído [o'iðo] *m* Gehör(sinn *m*) *n*; (*órgano*) Ohr *n*

oigo ['oigo] *s* oír

oír [o'ir] (3q) hören; **¡oye!** hör mal!

ojal [o'xal] *m* Knopfloch *n*

ojalá [oxa'la] *¡~!* hoffentlich!; **~ venga pronto** hoffentlich kommt er bald

ojeada [oxe'aða] *f* Blick *m*; **echar una ~** e-n Blick werfen (auf *ac* **a, sobre**)

ojiva [o'xiβa] *f* △ Spitzbogen *m*; ⚔ Sprengkopf *m*

ojo ['oxo] *m* Auge *n*; **~ de la aguja** Nadelöhr *n*; **~ de buey** ⚓ Bullauge *n*; **a ~** nach Augenmaß; **¡~!** Achtung!, Vorsicht!

ola ['ola] *f* Welle *f* (*a fig*)

¡olé! [o'le] bravo!

óleo ['oleo] *m* Öl *n*; *pint* Ölgemälde *n*

oleoducto [oleo'ðukto] *m* Ölleitung *f*, Pipeline *f*

oler [o'lɛr] (2i) riechen (nach *a*)
olfato [ɔl'fato] *m* Geruchssinn *m*; *fig* Gespür *n*
olimpíada [olim'piaða] *f* Olympiade *f*
olímpico [o'limpiko] olympisch (*a fig*); **juegos** *m/pl* **~s** Olympische Spiele *n/pl*
oli|va [o'liβa] *f* Olive *f*; **~vo** [oli'βo] *m* Öl-, Olivenbaum *m*
olla [ˈoʎa] *f* (Koch-)Topf *m*; **~ a presión** Dampf-, Schnellkochtopf *m*
olmo [ˈolmo] *m* Ulme *f*; **pedir peras al ~** Unmögliches verlangen
olor [o'lɔr] *m* Geruch *m*; **~oso** [olo'roso] wohlriechend
olvi|dadizo [ɔlβiða'ðiθo] vergeßlich; **~dar** [~'dar] (1a) vergessen; **~do** [ɔl'βiðo] *m* Vergessenheit *f*
ombligo [ɔm'bliɣo] *m* Nabel *m*
omi|sión [omi'sjɔn] *f* Auslassung *f*; Unterlassung *f*; **~tir** [omi'tir] (3a) unterlassen; übergehen; auslassen
omnipoten|cia [ɔmnipo'tenθja] *f* Allmacht *f*; **~te** [~'tente] allmächtig
omnívoro [ɔm'niβoro] **1.** *adj* allesfressend; **2.** *m* Allesfresser *m*
omóplato *anat* [o'moplato] *m* Schulterblatt *n*
once [ˈonθe] **1.** elf; **2.** *m dep* Elf *f*
oncología *§* [ɔnkolo'xia] *f* Onkologie *f*
ond|a [ˈonda] *f* Welle *f*; **~ corta** (*larga, media, ultracorta*) Kurz- (Lang-, Mittel-, Ultrakurz-)welle *f*; **~ear** [~de'ar] (1a) flattern, wehen
ondula|ción [ɔndula'θjɔn] *f* Wellenbewegung *f*; **~do** [~'laðo] gewellt
oneroso [one'roso] kostspielig
onomástico [ono'mastiko] *m* Namenstag *m*
opaco [o'pako] undurchsichtig
ópalo *min* [ˈopalo] *m* Opal *m*
opci|ón [ɔb'θjɔn] *f* Wahl *f*; Option *f*; **~onal** [~θjo'nal] wahlweise
ópera [ˈopera] *f* Oper *f*
opera|ble [ope'raβle] operierbar; **~ción** [~'θjɔn] *f* Operation *f* (*a* × *u §*); **~ retorno** *Esp* Rückreiseverkehr *m*; **~r** (1a) operieren; **~rse** *§* sich operieren lassen
operativo [opera'tiβo] wirksam; *inform* **sistema** *m* **~** Betriebssystem *n*
opereta ♪ [ope'reta] *f* Operette *f*
opin|ar [opi'nar] (1a) meinen, glauben; **~ión** [~'njɔn] *f* Meinung *f*
opio [ˈopjo] *m* Opium *n*

opone|nte [opo'nente] *su* Gegner(in *f*) *m*; **~r** [~'ner] (2r) entgegensetzen, -stellen; (*resistencia*) leisten; **~rse** sich widersetzen
oportu|nidad [oportuni'ðað] *f* Gelegenheit *f*; Chance *f*; **~nista** [~'nista] *m* Opportunist *m*; **~no** [~'tuno] gelegen; angebracht; günstig
oposición [oposi'θjɔn] *f* Widerstand *m*; *pol* Opposition *f*; **oposiciones** *pl Esp* Auswahlprüfung *f für Staatsstellen*
opre|sión [opre'sjɔn] *f* Unterdrückung *f*; **~sor** [~'sɔr] *m* Unterdrücker *m*
oprimir [opri'mir] (3a) (be-, unter-)drücken
optar [ɔp'tar] (1a) optieren, sich entscheiden (für *por*)
ópti|ca [ˈoptika] *f* Optik *f*; **~co** [~ko] **1.** *adj* optisch; **2.** *su* Optiker(in *f*) *m*
optimis|mo [opti'mizmo] *m* Optimismus *m*; **~ta** [~'mista] **1.** *adj* optimistisch; **2.** *su* Optimist(in *f*) *m*
óptimo [ˈoptimo] optimal
opuesto [o'pwesto] entgegengesetzt; (*en frente*) gegenüberliegend
opulen|cia [opu'lenθja] *f* Üppigkeit *f*; Überfluß *m*; **~to** [~'lento] üppig
ora [ˈora]: **~ ... ~** bald ... bald
oración [ora'θjɔn] *f* Gebet *n*; *gram* Satz *m*
oráculo [o'rakulo] *m* Orakel *n*
orador [ora'ðɔr] *m* Redner *m*
oral [o'ral] mündlich; *§* oral
orangután [oraŋgu'tan] *m* Orang-Utan *m*
orar [o'rar] (1a) beten
oratorio ♪ [ora'torjo] *m* Oratorium *n*
órbita [ˈorβita] *f astr* Umlaufbahn *f*; *anat* Augenhöhle *f*
orden [ˈorðen] **a)** *m* Ordnung *f*; Reihenfolge *f*; **~ del día** Tagesordnung *f*; **b)** *f* Befehl *m*; ♰ Auftrag *m*; *rel, hist* Orden *m*; **por ~ de** im Auftrag von; **~ación** [~na'θjɔn] *f rel* Priesterweihe *f*; **~ado** [~'naðo] ordentlich; **~ador** [~'ðɔr] *m* Computer *m*; **~ de a bordo** *auto* Bordcomputer *m*; **~ personal** Personal Computer *m*, PC *m*; **~anza** [~'nanθa] **a)** *f* Anordnung *f*; Verordnung *f*; **b)** *m* Amtsbote *m*; × Ordonnanz *f*; **~ar** [~'nar] (1a) ordnen, aufräumen; (*mandar*) anordnen, befehlen; (*sacerdote*) weihen
ordeñar [ɔrðe'ɲar] (1a) melken

ordinario [orði'narjo] gewöhnlich; (*vulgar*) ordinär

orégano ♀ [o'regano] *m* Oregano *m*

oreja [o'rexa] *f* Ohr *n*

orfan|ato [orfa'nato] *m* Waisenhaus *n*; **~dad** [~'ðað] *f* Verwaisung *f*; (**pensión** *f de*) **~** Waisenrente *f*

orfebre [or'feβre] *m* Goldschmied *m*; **~ría** [~bre'ria] *f* Goldschmiedekunst *f*

organero [orga'nero] *m* Orgelbauer *m*

orgánico [or'ganiko] organisch

organigrama [organi'grama] *m* Organisationsschema *n*

organillo [orga'niʎo] *m* Drehorgel *f*; Leierkasten *m*

organis|mo [orga'nizmo] *m* Organismus *m*; **~ta** [~'nista] *su* Organist(in *f*) *m*

organiza|ción [organiθa'θjon] *f* Organisation *f*; **~dor** [~'ðor] *m* Organisator *m*; Veranstalter *m*; **~r** [~'θar] (1f) organisieren; veranstalten

órgano ['organo] *m* ♪ Orgel *f*; *anat u fig* Organ *n*

orgasmo [or'gazmo] *m* Orgasmus *m*

orgía [or'xia] *f* Orgie *f*

orgullo [or'guʎo] *m* Stolz *m*; Hochmut *m*; **~so** [~'ʎoso] stolz (auf **de**); hochmütig

orien|tación [orjenta'θjon] *f* Orientierung *f*; **~ profesional** Berufsberatung *f*; **~tal** [~'tal] orientalisch; östlich; Ost...; **~tar** [~'tar] (1a) orientieren; beraten; **~tarse** sich zurechtfinden; **~te** [o'rjente] *m* Osten *m*; Orient *m*

orificio [ori'fiθjo] *m* Öffnung *f*, Loch *n*

origen [o'rixen] *m* Ursprung *m*; Herkunft *f*; *fig* Ursache *f*

origina|l [orixi'nal] **1.** *adj* ursprünglich; Original...; originell; **2.** *m* Original *n*; **~lidad** [~nali'ðað] *f* Ursprünglichkeit *f*; Originalität *f*; **~r** [~'nar] (1a) verursachen; **~rio** [~'narjo] ursprünglich; (*nativo*) stammend (aus **de**)

orilla [o'riʎa] *f* Rand *m*; Ufer *n*

orín [o'rin] *m* Rost *m*

orina [o'rina] *f* Urin *m*; **~l** [ori'nal] *m* Nachttopf *m*; **~r** [~'nar] (1a) urinieren

oriundo [o'rjundo] stammend, gebürtig (aus **de**)

orla [orla] *f* Borte *f*; Rand *m*

ornamen|tar [ornamen'tar] (1a) verzieren; **~to** [~'mento] *m* Verzierung *f*, Ornament *n*; **~s** *pl* Priestergewänder *n/pl*

orna|r [or'nar] (1a) schmücken; **~to** [or'nato] *m* Schmuck *m*

ornitología [ornitolo'xia] *f* Vogelkunde *f*

oro [oro] *m* Gold *n*; **prometer el ~ y el moro** das Blaue vom Himmel versprechen; **~s** *pl* (*naipes*) *etwa*: Karo *n*

orondo [o'rondo] dick; *fig* eingebildet

oropel [oro'pel] *m* Flittergold *n*

orquesta [or'kesta] *f* Orchester *n*

orquídea ♀ [or'kiðea] *f* Orchidee *f*

ortiga ♀ [or'tiga] *f* Brennessel *f*

orto|doncia ✱ [orto'donθja] *f* Kieferorthopädie *f*; **~doxo** [~'ðogso] orthodox; **~grafía** [~gra'fia] *f* Rechtschreibung *f*; **~pedia** [~'peðja] *f* Orthopädie *f*; **~pédico** [~'peðiko] orthopädisch

oruga [o'ruga] *f* Raupe *f*

orujo [o'ruxo] *m* Trester *m*

orza ['orθa] *f* Steintopf *m*

orzuelo ✱ [or'θuelo] *m* Gerstenkorn *n*

os [os] euch

osa ['osa] *f* Bärin *f*; ♀ **Mayor** (**Menor**) *astr* Großer (Kleiner) Bär

osa|día [osa'ðia] *f* Kühnheit *f*, Wagemut *m*; **~do** [o'saðo] kühn

osar [o'sar] (1a) wagen

oscila|ción [osθila'θjon] *f* Schwingung *f*; *a fig* Schwankung *f*; **~r** [~'lar] (1a) schwingen; schwanken

oscu|recer [oskure'θer] (2d) **1.** *v/t* verdunkeln; **2.** *v/i* dunkel werden; **~ridad** [~ri'ðað] *f* Dunkelheit *f*, *a fig* Dunkel *n*; **~ro** [os'kuro] dunkel (*a fig y color*)

óseo ['oseo] knöchern; Knochen...

oso ['oso] *m* Bär *m*

osten|sible [osten'siβle] offensichtlich; deutlich; **~tación** [~ta'θjon] *f* (Zur-)Schaustellung *f*; **hacer ~ de** sich brüsten mit; **~tar** [~'tar] (1a) zur Schau stellen; (*cargo, título*) innehaben

ostra ['ostra] *f* Auster *f*

otitis ✱ [o'titis] *f* Ohrenentzündung *f*; **~ media** Mittelohrentzündung *f*

otoñ|al [oto'ɲal] herbstlich; **~o** [o'toɲo] *m* Herbst *m*

otorga|miento [otorga'mjento] *m* Bewilligung *f*; Erteilung *f*; Gewährung *f*; **~r** [~'gar] (1h) bewilligen; gewähren

otorrinolaringólogo [otorrinolariŋ'gologo] *m* Hals-Nasen-Ohrenarzt *m*

otro ['otro] **1.** *adj* andere(r, s); **2.** *pron* ein anderer; noch ein; **el ~ día** neulich; **al ~ día** am nächsten Tag

ova|ción [oβa'θjon] *f* Ovation *f*; **~cionar** [~θjo'nar] (1a) *j-m* zujubeln

oval [o'bal], **~ado** [~'laðo] oval
ovario *anat* [o'barĭo] *m* Eierstock *m*
oveja [o'bexa] *f* Schaf *n*; **~ negra** *fig* schwarzes Schaf *n*
ovillo [o'biλo] *m* Knäuel *n*
ovino [o'bino] Schaf...
ovulación [obula'θĭon] *f* Eisprung *m*
óvulo ['obulo] *m* Eizelle *f*

oxidar [ɔgsi'ðar] (1a) oxidieren; **~se** rosten
óxido ['ɔgsiðo] *m* Oxid *n*
oxígeno [ɔg'sixeno] *m* Sauerstoff *m*
oyente [o'jente] *su* Hörer(in *f*) *m*; Gasthörer(in *f*) *m*
ozono [o'θono] *m* Ozon *n*; **agujero** *m* **(en la capa) de ~** Ozonloch *n*

P

P, p [pe] *f* P, p *n*
pabellón [pabe'λɔn] *m* Pavillon *m*; ⚓ Flagge *f*; **~ (de la oreja)** Ohrmuschel *f*
pacer [pa'θɛr] (2d) weiden
pacien|cia [pa'θĭenθĭa] *f* Geduld *f*; **~te** [~te] **1.** *adj* geduldig; **2.** *su* Patient(in *f*) *m*
pacifica|ción [paθifika'θĭɔn] *f* Befriedung *f*; **~r** [~'kar] (1g) befrieden; *fig* besänftigen
pa|cífico [pa'θifiko] friedfertig; friedlich; **~cifista** [~θi'fista] *m* Pazifist *m*
pacotilla [pako'tiλa] *f* Schund *m*; **de ~** minderwertig, Schund...
pac|tar [pak'tar] (1a) **1.** *v/t* vereinbaren; **2.** *v/i* paktieren; **~to** [p'akto] *m* Vertrag *m*; Pakt *m*
pade|cer [paðe'θɛr] (2d) **1.** *v/t* erleiden, erdulden; **2.** *v/i* leiden; **~cimiento** [~θi'mĭento] *m* Leiden *n*
padra|stro [pa'ðrastro] *m* Stiefvater *m*; *fig* Rabenvater *m*; **~zo** F [~'ðraθo] *m* herzensguter Vater *m*
padre ['paðre] *m* Vater *m*; *rel* Pater *m*; **~ espiritual** Beichtvater *m*; **~s** *pl* Eltern *pl*; **~nuestro** [~'nŭestro] *m* Vaterunser *n*
padrino [pa'ðrino] *m* Taufpate *m*; **~ (de boda)** Trauzeuge *m*
padrón [pa'ðrɔn] *m* Einwohnerverzeichnis *n*
paella [pa'eλa] *f* Paella *f* (*typisches Reisgericht*)
paga ['paga] *f* Zahlung *f*; Lohn *m*; ✕ Sold *m*; **~ y señal** Anzahlung *f*; **~dero** [~'ðero] zahlbar; **~duría** [~ðu'rĭa] *f* Zahlstelle *f*
paga|na [pa'gana] *f* Heidin *f*; **~no** [~'gano] **1.** *adj* heidnisch; **2.** *m* Heide *m*

pagar [pa'gar] (1h) zahlen; bezahlen
pagaré [paga're] *m* Schuldschein *m*
página ['paxina] *f* Seite *f*
pago [pago] *m* (Be-)Zahlung *f*; **~ al contado** Barzahlung *f*; **~ anticipado** Vorauszahlung *f*; **~ a cuenta** Akontozahlung *f*; **~ a plazos** Ratenzahlung *f*; **~ suplementario** Nachzahlung *f*
país [pa'is] *m* Land *n*; **~ de origen** Herkunftsland *n*; **~ en (vías de) desarrollo** Entwicklungsland *n*; **~ exportador** Exportland *n*; **~ miembro** Mitgliedsland *n*
paisa|je [pai'saxe] *m* Landschaft *f*; **~jista** [~'xista] *m* Landschaftsmaler *m*; **~no** [~'sano] *m* Zivilist *m*; (*del mismo país*) Landsmann *m*; **de ~** in Zivil
paja ['paxa] *f* Stroh *n*; (*para beber*) Strohhalm *m*; **hombre** *m* **de ~** *fig* Strohmann *m*; **~r** [~'xar] *m* Scheune *f*
pajarita [paxa'rita] *f* (*corbata*) Fliege *f*
pájaro [paxaro] *m* Vogel *m*; *fig* Schlaukopf *m*; **~ bobo** Pinguin *m*
paje ['paxe] *m* Page *m*
pakistaní [pakista'ni] **1.** *adj* pakistanisch; **2.** *m* Pakistaner *m*
pala ['pala] *f* Schaufel *f*; (*raqueta*) Schläger *m*
palabr|a [pa'labra] *f* Wort *n* (*a fig*); **bajo ~** auf Ehrenwort; **coger a alg la ~** j-n beim Wort nehmen; **tomar la ~** das Wort ergreifen; **~ería** [~bre'rĭa] *f* leeres Gerede *n*; **~ota** [~'brota] *f* derber Ausdruck *m*; Schimpfwort *n*
palacio [pa'laθĭo] *m* Palast *m*, Schloß *n*; **~ de Justicia** Justizpalast *m*
paladar [pala'ðar] *m* Gaumen *m*; *fig* Geschmack *m*

palanca [pa'laŋka] f Hebel m
palanqueta [palaŋ'keta] f Brecheisen n, -stange f
palatino [pala'tino] Palast..., Hof...; anat Gaumen...
palco ['palko] m teat Loge f
palestino [pales'tino] **1.** adj palästin(ens)isch; **2.** m Palästinenser m
paleta [pa'leta] **a)** f pint Palette f; ⊙ Schaufel f; (de albañil) Kelle f; **b)** m reg Maurer m
paletilla [pale'tiʎa] f Schulterblatt n
palia|r [pa'ljar] (1b) lindern; fig abhelfen (dat), beheben; **~tivo** [~'tiβo] m Linderungsmittel n; fig Notbehelf m
palide|cer [paliðe'θer] (2d) erbleichen, erblassen; **~z** [~'δeθ] f Blässe f
pálido ['paliðo] bleich, blaß
palillo [pa'liʎo] m Zahnstocher m; ♪ Trommelstock m; **~s** pl Eßstäbchen n/pl
paliza [pa'liθa] f Tracht f Prügel; fig harte Arbeit f; **~da** [~'θaða] f Pfahlwerk n, Palisade f
palma ['palma] f Palme f; (hoja) Palm(en)zweig m; (de la mano) Handteller m, -fläche f; **llevarse la ~** den Sieg erringen; **~da** [~'maða] f Schlag m (mit der flachen Hand); **dar ~s** in die Hände klatschen; **~rés** [~'res] m Siegerliste f; **~rio** [~'marjo] offenkundig
palmera [pal'mera] f Palme f; (gastr pasta) Schweinsohr n
palmito [pal'mito] m Palmenherz m
palmo ['palmo] m Spanne f, Handbreit f
palo ['palo] m Stock m; Stab m; (mango) Stiel m; ♣ Mast m; (naipes) Farbe f; **~ de golf** Golfschläger m; **~s** pl Stockhiebe m/pl, Prügel pl
palo|ma [pa'loma] f Taube f; **~ mensajera** Brieftaube f; **~mitas** [~'mitas] f/pl Puffmais m, Popcorn m
palosanto ✿ [palo'santo] m Kakifrucht f
palpa|ble [pal'paβle] tastbar, fühlbar; fig deutlich; **~r** [~'par] (1a) betasten, befühlen
palpita|ción [palpita'θjon] f Herzklopfen n; **~nte** [~'tante] fig brennend; **~r** [~'tar] (1a) schlagen, klopfen
paludismo ✱ [palu'ðismo] m Malaria f
palustre [pa'lustre] Sumpf...
pamela [pa'mela] f Florentiner Hut m
pampa ['pampa] f Pampa f
pan [pan] m Brot n; **~ francés** Am Brötchen n; **~ integral** Vollkornbrot n; **~ de molde** Kastenbrot n; **~ rallado** Paniermehl n; **~ tostado** Toastbrot n
pana ['pana] f Kord(samt) m
panacea [pana'θea] f Allheilmittel n
panade|ría [panaðe'ria] f Bäckerei f; **~ro** [~'ðero] m Bäcker m
panadizo ✱ [pana'ðiθo] m Nagelbettentzündung f
panal [pa'nal] m Wabe f
panameño [pana'meɲo] **1.** adj panamaisch; **2.** m Panamaer m
pancarta [paŋ'karta] f Plakat n; Transparent n, Spruchband n
páncreas ['paŋkreas] m Bauchspeicheldrüse f, Pankreas n
pande|reta [pande'reta] f, **~ro** [~'ðero] m Tamburin m
pandilla [pan'diʎa] f Bande f, Clique f
panecillo [pane'θiʎo] m Brötchen n
panel [pa'nel] m Tafel f; △ Paneel n
panera [pa'nera] f Brotkorb m
panfleto [pam'fleto] m Pamphlet n
pánico ['paniko] m Panik f
pano|cha [pa'notʃa] f, **~ja** [~'noxa] f Maiskolben m
pano|rama [pano'rama] m Panorama n; Rundblick m; **~rámico** [~'ramiko]: **vista f -a** Rundblick m; Aussicht f
pantalla [pan'taʎa] f Lampenschirm m; TV, inform Bildschirm m; (cine) Leinwand f; **~** (**antisónica** (od **acústica**) Lärmschutzwand f; **~ panorámica** Breitwand f; **pequeña ~** fig Fernsehen n
pantalón [panta'lon] m Hose f; **~ de peto** Latzhose f; **~ de pinzas** Bundfaltenhose f; **llevar los pantalones** F fig die Hosen anhaben
pantano [pan'tano] m Sumpf m; (embalse) Stausee m
pantera [pan'tera] f Panther m
pantomi|ma [panto'mima] f Pantomime f; **~mo** [~'mimo] m Pantomime m
pantorrilla [panto'rriʎa] f Wade f
panty ['panti] m Strumpfhose f
pan|za [pan'θa] f Bauch m, Wanst m; **~zudo** [~'θuðo] dickbäuchig
pañal [pa'nal] m Windel f; fig **estar aún en ~es** noch in den Kinderschuhen stecken
paño ['paɲo] m Tuch n; Stoff m
pañuelo [pa'ɲwelo] m Taschentuch n; (de cabeza) Kopftuch n; (de cuello)

papa 208

Halstuch *n*; *el mundo es un* ~ die Welt ist ein Dorf
papa ['papa] **1.** *m* Papst *m*; **2.** *f Am* Kartoffel *f*
papá [pa'pa] *m* Papa *m*; F ~**s** *pl* Eltern *pl*
papada [pa'paða] *f* Doppelkinn *n*
papagayo [papa'gajo] *m* Papagei *m*
papal [pa'pal] päpstlich
papaya ✿ [pa'paja] *f* Papaya *f*
papel [pa'pɛl] *m* Papier *n*; (*hoja*) Zettel *m*; *teat u fig* Rolle *f*; ~ *carbón* Kohlepapier *n*; ~ *de cartas* Briefpapier *n*; ~ *continuo* Endlospapier *n*; ~ *de embalar* Packpapier *n*; ~ *higiénico* Toilettenpapier *n*; ~ *de música* (*od pautado*) Notenpapier *n*; ~ *pintado* Tapete *f*; ~ *secante* Löschpapier *n*; *hacer buen* (*mal*) ~ e-e gute (schlechte) Figur machen; *ser* ~ *mojado* nichts wert sein; ~**eo** [~'leo] Papierkram *m*; -krieg *m*; ~**era** [~'lera] *f* Papierkorb *m*; ~**ería** [~'ria] *f* Schreibwarenhandlung *f*; ~**eta** [~'leta] *f* Zettel *m*
paperas [pa'peras] *f/pl* Mumps *m*
papilla [pa'piʎa] *f* Brei *m*
paquebote [pake'bote] *m* Passagierdampfer *m*
paquete [pa'kete] *m* Paket *n* (*a* ✿ *u fig*); F (*moto*) Beifahrer *m*; ✿ *pequeño* ~ Päckchen *n*
par [par] **1.** *adj* (*número*) gerade; *a la* ~ gleichzeitig; ✝ *al pari*; *de* ~ *en* ~ sperrangelweit (offen); *sin* ~ unvergleichlich; **2.** *m* Paar *n*; *un* ~ *de* zwei
para ['para] **1.** (*dirección*) nach; *salir* ~ abreisen nach; **2.** (*tiempo*) für; bis; ~ *siempre* für immer; ~ *Pascua* zu Ostern; **3.** (*finalidad*) ~ (*inf*) um zu (*inf*); ~ *ti* für dich; ~ *eso* dafür, dazu; ~ *que* (*subj*) damit; ¿~ *qué*? wozu?
parabién [para'bien] *m* Glückwunsch *m*
parábola [pa'rabola] *f* ℞ *u fig* Parabel *f*; *rel* Gleichnis *n*
para|brisas [para'brisas] *m* Windschutzscheibe *f*; ~**caídas** [~ka'iðas] *m* Fallschirm *m*; ~**caidista** [~kai'ðista] *m* Fallschirmspringer *m*; ~**choques** [~'tʃokes] *m auto* Stoßfänger *f*
parada [pa'raða] *f* Anhalten *n*; Stilllegung *f*; Aufenthalt *m*; (*de autobús, etc*) Haltestelle *f*; ✕ Parade *f*; ~ *de taxis* Taxistand *m*
paradero [para'ðero] *m* Verbleib *m*; Aufenthaltsort *m*

parado [pa'raðo] **1.** *adj* stillstehend; (*persona*) arbeitslos; *Am* aufrecht; **2.** *m* Arbeitslose(r) *m*
para|doja [para'ðoxa] *f* Paradox *n*; ~**dójico** [~'ðoxiko] paradox
parador [para'ðor] *m Esp* staatliches Hotel *n*
parafina [para'fina] *f* Paraffin *n*
par|afrasear [parafrase'ar] (1a) umschreiben; ~**áfrasis** [~'rafrasis] *f* Umschreibung *f*
paraguas [pa'raɣuas] *m* Regenschirm *m*
paraguayo [para'ɣuajo] **1.** *adj* paraguayisch; **2.** *m* Paraguayer *m*
paragüero [para'ɣuero] *m* Schirmständer *m*
paraíso [para'iso] *m* Paradies *n*
paraje [pa'raxe] *m* Gegend *f*
parale|la [para'lela] *f* ℞ Parallele *f*; *dep* ~**s** *pl* Barren *m*; ~**lo** [~'lelo] **1.** *adj* parallel; **2.** *m* Vergleich *m*, Parallele *f*; *geo* Breitengrad *m*
parálisis [pa'ralisis] *f* Lähmung *f*
para|lítico [para'litiko] **1.** *adj* gelähmt; **2.** *m* Gelähmte(r) *m*; ~**lización** [~liθa'θion] *f* Lähmung *f* (*a fig*); ~**lizar** [~li'θar] (1f) lähmen (*a fig*)
parámetro [pa'rametro] *m* Parameter *m*; *fig* Faktor *m*
parangón [paraŋ'gon] *m* Vergleich *m*; *sin* ~ ohnegleichen
paraninfo [para'nimfo] *m* Aula *f*
parapente [para'pente] *m* Gleitschirmfliegen *n*, Paragliding *n*
parape|tarse [parape'tarse] (1a) sich verschanzen; ~**to** [~'peto] *m* Brüstung *f*
parapléjico ℐ [para'plexiko] querschnitt(s)gelähmt
parar [pa'rar] (1a) **1.** *v/t* anhalten, stoppen; ⊙ abstellen, abschalten; **2.** *v/i* halten; (*cesar*) aufhören (zu *de*); *ir a* ~ *a* auf *et* hinauswollen; F (*irgendwo*) landen; *sin* ~ unaufhörlich; ~**se** stehenbleiben; *Am* aufstehen
pararrayos [para'rrajos] *m* Blitzableiter *m*
parásito [pa'rasito] *m* Schmarotzer *m*, Parasit *m* (*a fig*); ~**s** *pl* (*radio*) Störgeräusche *n/pl*
parasol [para'sol] *m* Sonnenschirm *m*; *auto, fot* Sonnenblende *f*
parcela [par'θela] *f* Parzelle *f*
parche ['partʃe] *m* Flicken *m*; (*de ojo*)

Augenklappe *f; fig* Notbehelf *m*
parcial [par'θial] teilweise; Teil...; *fig* parteiisch; **~idad** [~li'ðað] *f* Parteilichkeit *f*
parco ['parko] spärlich, karg; **~ en palabras** wortkarg
pardo ['parðo] (grau)braun
pare|cer [pare'θer] (2d) **1.** *v/i* scheinen; aussehen wie; *me parece bien* das finde ich richtig; *a lo que parece* anscheinend; *¿qué te parece?* was meinst du (dazu)?; *~se* sich gleichen; *~se a alg* j-m ähnlich sein; **2.** *m* Meinung *f*, Ansicht *f*; (*apariencia*) Aussehen *m*; *al ~* anscheinend; **~cido** [~'θiðo] **1.** *adj* ähnlich; **2.** *m* Ähnlichkeit *f*
pared [pa'reð] *f* Wand *f*; Mauer *f*
pareja [pa'rexa] *f* Paar *n*; (Tanz-, *etc*) Partner *m*
parente|la [paren'tela] *f* Verwandtschaft *f*; **~sco** [~'tesko] *m* Verwandtschaft(sverhältnis *n*) *f*
paréntesis [pa'rentesis] *m* Klammer *f*; *fig* Unterbrechung *f*, Pause *f*; *entre ~* in Klammern; *fig* nebenbei bemerkt
paridad [pari'ðað] *f* Gleichheit *f*; ✝ Parität *f*
pariente [pa'riente] **1.** *adj* verwandt; **2.** *su* Verwandte(r *m*) *f*
parir [pa'rir] (3a) gebären; (*animal*) werfen
parisiense [pari'siense] **1.** *adj* aus Paris; **2.** *su* Pariser(in*f*) *m*
parking ['parkiŋ] *m* Parkplatz *m*, -haus *n*
parlamen|tar [parlamen'tar] (1a) verhandeln; **~tario** [~'tario] **1.** *adj* parlamentarisch; **2.** *m* Parlamentarier *m*; **~to** [~'mento] *m* Parlament *n*; ♀ *Europeo* Europa-Parlament *n*
parné P [par'ne] *m* F Zaster *m*
paro ['paro] *m* Stillstand *m*; (*desempleo*) Arbeitslosigkeit *f*; **~ (laboral)** Streik *m*; ✱ **~ cardíaco** Herzstillstand *m*; *en ~* arbeitslos
parodia [pa'roðia] *f* Parodie *f*; **~r** [~'ðiar] (1b) parodieren
parpade|ar [parpaðe'ar] (1a) blinzeln; **~o** [~'ðeo] *m* Blinzeln *n*
párpado ['parpaðo] *m* Augenlid *n*
parque ['parke] *m* Park *m*; Heirats-, *~ infantil* Kinderspielplatz *m*; *~ nacional* Nationalpark *m*; *~ natural* Naturschutzpark *m*; *~ tecnológico* Technologiepark *m*
parqué, parquet [par'ke, ~'ket] *m* Parkett *n*

parquímetro [par'kimetro] *m* Parkuhr *f*
parra ['parra] *f* Weinranke *f*; *hoja f de ~ fig* Feigenblatt *n*
párrafo ['parrafo] *m* Paragraph *m*; *tip* Absatz *m*
parranda F [pa'rranda] *f*: *andar (od irse) de ~* bummeln gehen
parrilla [pa'rriʎa] *f* Rost *m*; Grill *m*; Grillrestaurant *n*; *a la ~* gegrillt; **~da** [~'ʎaða] *f* Grillplatte *f*
párroco ['parroko] *m* Pfarrer *m*
parroquia [pa'rrokia] *f* Pfarrei *f*, Gemeinde *f*; ✝ Kundschaft *f*; **~no** [~'kiano] *m* Pfarrkind *n*; ✝ (Stamm-)Kunde *m*
parte ['parte] **a)** *m* Bericht *m*; *dar ~ a alg* j-n benachrichtigen; **b)** *f* Teil *m*; (*cantidad*) Anteil *m*; ⚖ Seite *f*, Partei *f*; ♪, *teat* Part *m*; *~ del león* Löwenanteil *m*; *~ integrante* Bestandteil *m*; *estar de ~ de alg* auf j-s Seite stehen; *formar ~ de* gehören zu; *tomar ~ en* teilnehmen an; *de ~ de* (im Namen) von; *por mi ~* meinerseits; *en ~* zum Teil, teilweise; *en ninguna ~* nirgends; *en otra ~* anderswo; *la mayor ~ de* die meisten; *por otra ~* andererseits; *en todas ~s* überall
partera [par'tera] *f* Hebamme *f*
parterre [par'terre] *m* Blumenbeet *n*
partición [parti'θion] *f* Teilung *f*
participa|ción [partiθipa'θion] *f* Teilnahme *f*; ✝ Beteiligung *f*, Anteil *m*; (*anuncio*) Anzeige *f*; **~nte** [~'pante] *su* Teilnehmer(in *f*) *m*; **~r** [~'par] (1a) **1.** *v/t* mitteilen; **2.** *v/i* teilnehmen, beteiligt sein (an *dat en*)
participio *gram* [parti'θipio] *m* Partizip *n*
partícula [par'tikula] *f* Teilchen *n*, Partikel *f*
particular [partiku'lar] **1.** *adj* besonders; (*privado*) Privat...; *en ~* im besonderen; **2.** *m* Privatperson *f*; *sin otro ~* nichts weiter; *sobre el ~* darüber, hierzu; **~idad** [~lari'ðað] *f* Besonderheit *f*; Eigentümlichkeit *f*
parti|da [par'tiða] *f* Abreise *f*, Abfahrt *f*; (*juego*) Partie *f*; ✝ Posten *m*; *~ de nacimiento* (*defunción, matrimonio*) Geburts- (Sterbe-, Heirats-)urkunde *f*; **~dario** [~'ðario] *m* Anhänger *m*; *ser ~ de* dafür sein, daß; **~do** [~'tiðo] *m* *pol* Partei *f*; *dep* Spiel *n*; *sacar ~ de* Nutzen ziehen aus; *tomar ~* Partei ergreifen
partir [par'tir] (3a) **1.** *v/t* teilen; (*romper*)

partitura

zerbrechen; (*nueces*) knacken; **2.** *v/i* abreisen; ~ *de fig* ausgehen von; *a* ~ *de hoy* von heute an
partitura ♪ [parti'tura] *f* Partitur *f*
parto ['parto] *m* Geburt *f*
parturienta [partu'rienta] *f* Wöchnerin *f*
parvulario [parbu'larĩo] *m* Kindergarten *m*; Vorschule *f*
párvulo ['parbulo] *m* Kleinkind *n*
pasa ['pasa] *f* Rosine *f*; ~ *de Corinto* Korinthe *f*
pasable [pa'saβle] passabel
pasa|da [pa'saða] *f* Durchgang *m*; *de* ~ beiläufig; *mala* ~ übler Streich *m*; **~dero** [~'ðero] erträglich; **~dizo** [~'ðiθo] *m* enger Gang *m*; Steg *m*
pasado [pa'saðo] **1.** *adj* vergangen; (*comida*) verdorben; ~ *de moda* veraltet; **2.** *m* Vergangenheit *f*
pasador [pasa'ðor] *m* Spange *f*; ⚙ Riegel *m*; (*colador*) Sieb *n*
pasaje [pa'saxe] *m* Durchgang *m*; (*fragmento*) Passage *f*, Stelle *f*; ⚓, ✈ Passagiere *m/pl*; ~ *de avión* Flugschein *m*; **~ro** [~'xero] **1.** *adj* vorübergehend; **2.** *m* Reisende(r) *m*; Fahrgast *m*, Passagier *m*; *Am* Hotelgast *m*
pasa|mano(s) [pasa'mano(s)] *m* Geländer *n*; **~montañas** [~mon'taɲas] *m* Klappmütze *f*
pasante [pa'sante] *m* Praktikant *m*
pasaporte [pasa'porte] *m* Reisepaß *m*
pasar [pa'sar] (1a) **1.** *v/t* über-, durchqueren; *a fig* überschreiten; *auto* überholen; (*dar*) (über)geben, reichen; *gastr* passieren, (durch)sieben; (*soportar*) erdulden, durchmachen; (*tiempo*) verbringen; (*examen*) ablegen; ~ *a máquina* abtippen; **~lo bien** sich gut amüsieren; **2.** *v/i* vorbei-, vorübergehen, -fahren; (*tiempo*) vergehen; (*en el juego*) passen; (*suceder*) geschehen, passieren; ~ *a* übergehen auf, zu; ~ *de todo* F auf alles pfeifen; ~ *por* gehen (*od* kommen) durch; *fig* gelten als; *dejar* ~ durchlassen; *fig* geschehen lassen; *poder* ~ *sin a/c* et entbehren können; *puede* ~ das geht (gerade noch); *¡pase!* herein!; *¿qué pasa?* was ist los?; *¿qué te pasa?* was ist mit dir (los?); **~se** (*al enemigo*) überlaufen; *fig* zu weit gehen; (*comida*) schlecht werden; ~ *de listo* überschlau sein (wollen)

pasarela [pasa'rela] *f* Laufsteg *m*; ⚓ Gangway *f*, Landungssteg *m*
pasatiempo [pasa'tĩempo] *m* Zeitvertreib *m*
Pascua ['paskŭa] *f* Ostern *n*; ~ (*de Navidad*) Weihnachten *n*; *¡felices* **~s!** fröhliche Weihnachten!; frohes Fest!
pase ['pase] *m* Passierschein *m*; Freikarte *f*; (*fútbol*) Paß *m*; ~ *de modelos* Modenschau *f*
pase|ante [pase'ante] *m* Spaziergänger *m*; **~ar** [~'ar] (1a) **1.** *v/t* spazierenführen; **2.** *v/i u* **~arse** spazierengehen; **~o** [pa'seo] *m* Spaziergang *m*; (*avenida*) Promenade *f*; ~ *marítimo* Uferpromenade *f*; *dar un* ~ e-n Spaziergang machen; F *mandar a* ~ schroff abweisen
pasillo [pa'siʎo] *m* Flur *m*, Gang *m*; ~ *aéreo* Flugschneise *f*
pasión [pa'sĩon] *f* Leidenschaft *f*; *a rel* Passion *f*
pasi|vidad [pasiβi'ðað] *f* Passivität *f*; **~vo** [pa'siβo] **1.** *adj* passiv; **2.** *m* *gram* Passiv *n*; ✝ Soll *n*
pas|mar [paz'mar] (1a) verblüffen; **~marse** starr sein, (er)staunen; **~mo** ['pazmo] *m* Verblüffung *f*
paso ['paso] *m* Schritt *m* (*a fig*); (*huella*) (Fuß-)Spur *f*; (*acción*) Durchgang *m*; Durchreise *f*, -zug *m*; (*cruce*) Übergang *m*; *geo* (Berg-)Paß *m*; ~ *a nivel* (schienengleicher) Bahnübergang *m*; ~ (*de contador*) *tel* (Gebühren-)Einheit *f*; ~ *elevado* Überführung *f*; ~ *ligero* Laufschritt *m*; ~ *de peatones* Fußgängerüberweg *m*; ~ *inferior od subterráneo* Unterführung *f*; ~ *en falso* Fehltritt *m*; *a cada* ~ auf Schritt u Tritt; *a dos* ~**s** ganz in der Nähe; *de* ~ beiläufig, nebenbei; *salir al* ~ *a alg* j-m entgegentreten
pasota F [pa'sota] *m* F Null-Bock-Typ *m*; Aussteiger *m*
pasta ['pasta] *f* Paste *f*; *gastr* Teig *m*; P (*dinero*) F Zaster *m*; **~s** *pl* Gebäck *n*; **~s** (*alimenticias*) Nudeln *f/pl*, Teigwaren *f/pl*; **~s** *de té* Teegebäck *n*
pastel [pas'tel] *m* Kuchen *m*; Pastete *f*; *color m* ~ Pastellfarbe *f*; (*pintura f al*) ~ Pastell *n*; **~ería** [~tele'ria] *f* Konditorei *f*; **~ero** [~'lero] *m* Konditor *m*
paste(u)rizar [paste(ŭ)ri'θar] (1f) pasteurisieren
pastilla [pas'tiʎa] *f* Pastille *f*; (*de chocolate*) Tafel *f*; (*de jabón*) Stück *n*

pasto ['pasto] *m* Weide *f*; (*alimento*) Futter *n*; **ser ~ de las llamas** ein Raub der Flammen werden; **~r** [~'tor] *m* Hirt *m*, Schäfer *m*; *rel* Pastor *m*; **~ alemán** *zo* deutscher Schäferhund *m*

pata ['pata] *f* Pfote *f*, Tatze *f*, Pranke *f*; Bein *n*; *fig* ~ **de gallo** Krähenfüße *n*; F *estirar la* ~ F abkratzen; F *meter la* ~ sich blamieren; F *mala* ~ Pech; *a cuatro* ~*s* auf allen vieren; **~da** [~'taða] *f* Fußtritt *m*; **~lear** [~le'ar] (1a) strampeln; trampeln

patata [pa'tata] *f* Kartoffel *f*; **~s** *pl fritas* Pommes frites *pl*; Chips *pl*

paté [pa'te] *m* (Leber-)Pastete *f*

patear F [pate'ar] (1a) **1.** *v/t* mit Füßen treten; **2.** *v/i* trampeln

paten|tar [paten'tar] (1a) patentieren; **~te** [~'tente] **1.** *adj* offen; klar; **2.** *f* Patent *n*

pater|nal [pater'nal] väterlich; Vater...; **~nidad** [~ni'dað] *f* Vaterschaft *f*; **~no** [~'terno] väterlich; Vater...

pat|ético [pa'tetiko] pathetisch; **~etismo** [~'tizmo] *m* Pathos *n*

patíbulo [pa'tibulo] *m* Galgen *m*; Schafott *n*

patillas [pa'tiʎas] *f/pl* Backenbart *m*, F Koteletten *pl*

patín [pa'tin] *m* Schlittschuh *m*; ~ (*acuático*) Tretboot *n*; ~ (*de ruedas*) Rollschuh *m*

patina|dor *m* [patina'ðor] Schlittschuh *od* Rollschuhläufer *m*; **~je** [~'naxe] *m* Schlittschuhlaufen *n*; ~ *artístico* Eiskunstlauf *m*; ~ (*sobre ruedas*) Rollschuhlaufen *n*; ~ *de velocidad* Eisschnellauf *m*; **~r** [~'nar] (1a) Schlittschuh *od* Rollschuh laufen; *auto* schleudern; **~zo** [~'naθo] *m*: *dar un* ~ *auto* ins Schleudern geraten; *fig* sich blamieren

patinete [pati'nete] *m* (Kinder-)Roller *m*

patio ['patio] *m* (Innen-)Hof *m*; ~ (*de recreo*) Schulhof *m*; ~ *de butacas* *teat* Parkett *n*, Parterre *n*

pato ['pato] *m* Ente *f*; F *pagar el* ~ et ausbaden müssen

pato|logía [patolo'xia] *f* Pathologie *f*; **~lógico** [~'loxiko] krankhaft; pathologisch

patoso F [pa'toso] ungeschickt

patraña [pa'traɲa] *f* Schwindel *m*, Lüge(ngeschichte) *f*

patria ['patria] *f* Vaterland *n*; F ~ *chica* Heimat *f*

patriarca [pa'triarka] *m* Patriarch *m*; **~l** [~'kal] patriarchalisch (*a fig*)

patri|monio [patri'monio] *m* Erbe *n*; Vermögen *n*; **~ota** [~'triota] *su* Patriot (-in *f*) *m*; **~otismo** [~'tizmo] *m* Patriotismus *m*

patrocin|ador [patroθina'ðor] *m* Sponsor *m*, Förderer *m*; **~ar** [~'nar] (1a) fördern, sponsern; **~io** [~'θinio] *m* Schirmherrschaft *f*; Förderung *f*

patrón [pa'tron] *m rel* Schutzheilige(r) *m*; *bsd Am* Arbeitgeber *m*, Chef *m*; (*dueño*) (Haus-)Wirt *m*; ⚓ Schiffsführer *m*; (*de costura*) (Schnitt-)Muster *n*

patro|na [pa'trona] Arbeitgeberin *f*, Chefin *f*; *rel* Schutzheilige *f*; (*dueña*) Hauswirtin *f*; **~nal** [patro'nal] **1.** *adj* Arbeitgeber...; *fiesta* ~ Patronatsfest *n*; **2.** *f* Arbeitgeberverband *m*; **~nato** [~'nato] *m* Patronat *n*; **~no** [~'trono] *m Esp* Arbeitgeber *m*

patrull|a [pa'truʎa] *f* Patrouille *f*; Streife *f*; **~ar** [~'ʎar] (1a) patrouillieren; **~ero** ⚓ [~'ʎero] *m* Patrouillenboot *n*

paulatino [paula'tino] allmählich

pausa ['pausa] *f* Pause *f*; **~do** [~'saðo] ruhig; langsam

pauta ['pauta] *f fig* Regel *f*, Norm *f*

pava ['paba] *f* Truthenne *f*, Pute *f*

pavimen|tar [pabimen'tar] (1a) pflastern; **~to** [~'mento] *m* Bodenbelag *m*; Straßenpflaster *n*

pavo ['pabo] *m* Truthahn *m*, Puter *m*; ~ *real* Pfau *m*

pavonearse [pabone'arse] (1a) sich brüsten

pavor [pa'bor] *m* Schreck *m*, Entsetzen *n*; **~oso** [pabo'roso] schrecklich, entsetzlich

payaso [pa'jaso] *m* Clown *m*

payés [pa'jes] *m* Bauer *m* aus *Katalonien od* von den *Balearen*

paz [paθ] *f* Friede(n) *m*; *fig* Ruhe *f*; *dejar en* ~ in Ruhe lassen; *quedar en* ~ quitt sein; *hacer las paces* sich versöhnen

peaje [pe'axe] *m* Autobahngebühr *f*

peatón [pea'ton] *m* Fußgänger *m*

peca ['peka] *f* Sommersprosse *f*

peca|do [pe'kaðo] *m* Sünde *f*; ~ *mortal* Todsünde *f*; **~dor** [~'ðor] *m* Sünder *m*; **~r** [~'kar] (1g) sündigen

pecera [pe'θera] *f* Goldfischglas *n*

pecho ['petʃo] *m* Brust *f*, Busen *m*; **dar el ~** stillen; **tomar** *a/c* **a ~** sich et zu Herzen nehmen

pechuga [pe'tʃuga] *f* Bruststück *n des Geflügels*; F Busen *m*

pecoso [pe'koso] sommersprossig

pectoral [pɛkto'ral] Brust...

pecuario [pe'kŭario] Vieh...

peculiar [peku'liar] eigen(tümlich); **~idad** [~ri'dað] *f* Eigentümlichkeit *f*; Besonderheit *f*

pecuniario [peku'niario] Geld...

peda|gogía [peðago'xia] *f* Pädagogik *f*; **~gógico** [~'goxiko] pädagogisch

pedal [pe'ðal] *m* Pedal *n*; **~ de freno** Bremspedal *n*; **~ear** [~le'ar] (1a) radeln

pedante [pe'ðante] **1.** *adj* pedantisch; **2.** *m* Pedant *m*; **~ría** [~'ria] *f* Pedanterie *f*

pedazo [pe'ðaθo] *m* Stück *n*; **hacer ~s** F kaputtmachen

pedestal [peðes'tal] *m* Sockel *m*

pedia|tra [pe'ðiatra] *su* Kinderarzt *m*, -ärztin *f*; **~tría** [~'tria] *f* Kinderheilkunde *f*

pedicura [peðiˈkura] *f* Fußpflege *f*; *(persona)* Fußpflegerin *f*

pedi|do [pe'ðiðo] *m* Auftrag *m*, Bestellung *f*; **~r** [~'ðir] (3l) (er)bitten; *(exigir)* fordern; verlangen; ✝, *gastr* bestellen; **~** *a/c* **a alg** j-n um et bitten

pedo V ['peðo] *m* Furz *m*

pedrisco [pe'ðrisko] *m* Hagel(schlag) *m*

pega ['pega] *f fig* Schwierigkeit *f*; **poner ~s** et auszusetzen haben; **tener una ~** e-n Haken haben; **~dizo** [~'ðiθo] klebrig; ♪ leicht ins Ohr gehend; **~joso** [~'xoso] klebrig; *fig* aufdringlich; **~mento** [~'mento] *m* Klebstoff *m*

pegar [pe'ɣar] (1h) **1.** *v/t* (an)kleben; *(golpear)* schlagen, (ver)prügeln; *(golpe)* versetzen; *(grito)* ausstoßen; *(tiro)* abgeben; ⚕ anstecken mit; **no ~ ojo** kein Auge zutun; **2.** *v/i* haften, kleben; **~ con** passen zu; **~se** festkleben; *(comida)* anbrennen; ♪ **~ (al oído)** ins Ohr gehen; **~ un tiro** sich erschießen

pegatina [pega'tina] *f* Aufkleber *m*

peina|do [peĭ'nado] *m* Frisur *f*; **~dor** [~'dor] *m* Frisiermantel *m*; **~r** [~'nar] (1a) kämmen

peine ['peĭne] *m* Kamm *m*; **~ta** [peĭ'neta] *f* Einsteckkamm *m*

pela F ['pela] *f* Pesete *f*; **~dilla** [~'ðiʎa] *f* Zuckermandel *f*; **~do** [~'laðo] geschoren; **~duras** [~'ðuras] *f/pl* (Obst-)Schalen *f/pl*; **~je** [~'laxe] *m* Fell *n*

pelar [pe'lar] (1a) schälen; *fig* rupfen

peldaño [pɛl'daɲo] *m* Stufe *f*; *(de escalera)* Sprosse *f*

pelea [pe'lea] *f* Kampf *m*; Streit *m*; **~r** [~'ar] kämpfen; raufen; **~rse** sich streiten, sich zanken

pelele [pe'lele] *m* Strampelhose *f*

pelete|ría [pelete'ria] *f* Pelzwaren *f/pl*; *(tienda)* Pelzgeschäft *n*; **~ro** [~'tero] *m* Kürschner *m*, Pelzhändler *m*

peliagudo [pelia'guðo] *fig* heikel

pelícano [pe'likano] *m* Pelikan *m*

película [pe'likula] *f* Häutchen *n*; *(cine)* Film *m*; **~ del Oeste** Wildwestfilm *m*; **~ en color** Farbfilm *m*; **~ muda** Stummfilm *m*; **~ policíaca** Kriminalfilm *m*; **~ sonora** Tonfilm *m*; F **de ~** traumhaft

peligr|ar [peli'grar] (1a) in Gefahr sein; **~o** [~'ligro] *m* Gefahr *f*; **correr ~** Gefahr laufen; **poner en ~** gefährden; **~oso** [~'groso] gefährlich

pelirrojo [peli'rroxo] rothaarig

pellejo [pe'ʎexo] *m* Fell *n* (*a fig*); **salvar el ~** mit heiler Haut davonkommen

pelliz|car [peʎiθ'kar] (1g) kneifen; **~co** [pe'ʎiθko] *m* Kneifen *n*; *fig* Bissen *m*; *(de sal, etc)* Prise *f*

pelo ['pelo] *m* Haar *n*; **no tener un ~ de tonto** *fig* nicht auf den Kopf gefallen sein; **no tener ~s en la lengua** *fig* nicht auf den Mund gefallen sein; **por un ~** um ein Haar; **por los ~s** gerade noch; **tomar el ~ a alg** *fig* j-n auf den Arm nehmen; **los ~s se le ponen de punta** *fig* die Haar stehen ihm zu Berge; *fig* **con ~s y señales** haargenau

pelo|ta [pe'lota] *f* Ball *m*; **~** *(vasca)* Pelotaspiel *n*; P **en ~(s)** splitternackt; **~tari** [~'tari] *m* Pelotaspieler *m*; **~tilla** F [~'tiʎa] *f*: **hacer la ~ a alg** j-m um den Bart gehen; **~tón** [~'ton] *m* ✕ Trupp *m*; *dep* Feld *n*; **~ de ejecución** Erschießungskommando *n*

peluca [pe'luka] *f* Perücke *f*

peluche [pe'lutʃe] *m* Plüsch *m*

peludo [pe'luðo] (stark) behaart

peluqu|era [pelu'kera] *f* Friseuse *f*; **~ería** [~'ria] *f* Friseursalon *m*; **~ de caballeros** Herrenfriseur *m*; **~ de señoras** Damenfriseur *m*; **~ero** [~'kero] *m* Friseur *m*; **~ín** [~'kin] *m* Haarteil *n*, Toupet *n*

pelusa [pe'lusa] f Flaum m; Fussel f
pelvis anat ['pɛlbis] f Becken n
pena ['pena] f Strafe f; fig Kummer m, Leid n; (dificultad) Mühe f; ~ **capital** (od **de muerte**) Todesstrafe f; **vale** (od **merece**) **la** ~ es lohnt sich; **dar** ~ leid tun; **sin** ~ **ni gloria** sang- u klanglos; **¡qué** ~! wie schade!; **a duras** ~**s** mit knapper Not
penal [pe'nal] **1.** adj Straf...; **2.** m Strafanstalt f; ~**ización** [~liθa'θjon] f Bestrafung f; dep Strafpunkt m; ~**izar** [~'θar] (1f) bestrafen
penalty [pe'nalti] m dep Strafstoß m, Elfmeter m
penar [pe'nar] (1a) (be)strafen
pendenci|a [pen'denθja] f Zank m; ~**ero** [~'θjero] streitsüchtig
pen|der [pen'dɛr] (2a) hängen; ~**diente** [~'djente] **1.** adj hängend; fig unerledigt; ⚖ schwebend, anhängig; ~ **de solución** ungelöst; **2. a)** m Ohrring m; **b)** f Abhang m; Gefälle n
péndulo ['pendulo] m Pendel n
pene anat ['pene] m Penis m
penetra|ción [penetra'θjon] f Eindringen n; Durchdringung f; fig Scharfsinn m; ~**nte** [~'trante] durchdringend; (olor) penetrant; fig scharf(sinnig); ~**r** [~'trar] (1a) **1.** v/t durchdringen; **2.** v/i eindringen (in **en**)
penicilina [peniθi'lina] f Penicillin n
península [pe'ninsula] f Halbinsel f
penitencia [peni'tenθja] f Buße f; ~**rio** [~'θjarjo] Straf...; **centro** m ~ Strafanstalt f
penitente [peni'tente] su Büßer(in f) m
penoso [pe'noso] schmerzlich; (trabajoso) beschwerlich
pensa|dor [pensa'ðor] m Denker m; ~**miento** [~'mjento] m Gedanke m; Denken n; ♀ Stiefmütterchen n; ~**r** [~'sar] (1k) **1.** v/t durchdenken; aus-, nachdenken; (proyectar) vorhaben, zu tun gedenken; **2.** v/i denken (an **en**); (opinar) meinen; **sin** ~ (**lo**) unvermutet; ~**tivo** [~'tiβo] nachdenklich
pensi|ón [pen'sjon] f Rente f; (hotel) Pension f; ~ **alimenticia** Unterhalt(srente) m; ~ **completa** Vollpension f; ~ **media** ~ Halbpension f; ~**onista** [~sjo'nista] m Rentner m
pen|tágono [pen'tagono] m Fünfeck n; ~**tagrama** [~ta'grama] m ♪ Liniensystem n; ⁀**tecostés** [~tekos'tes] m Pfingsten n
penúltimo [pe'nultimo] vorletzte(r, -s)
penumbra [pe'numbra] f Halbschatten m; Halbdunkel n
penuria [pe'nurja] f Mangel m, Not f
peña ['peɲa] f Fels m; (grupo) Freundeskreis m; Stammtisch(runde f) m; ~**sco** [pe'nasko] m Felsblock m
peñón [pe'ɲon] m Felskuppe f
peón [pe'on] m Hilfsarbeiter m; (ajedrez) Bauer m; Am Landarbeiter m; ~ **caminero** Straßenwärter m
peonía ♀ [peo'nia] f Pfingstrose f
peonza [pe'onθa] f Kreisel m
peor [pe'or] comparativo: schlechter; schlimmer; **tanto** ~ um so schlimmer
pepi|nillo [pepi'niʎo] m Essiggurke f; ~**no** [pe'pino] m Gurke f
pepita [pe'pita] f Obstkern m
peque|ñez [peke'neθ] f Kleinheit f; ~**ño** [pe'keɲo] klein; fig gering; **desde** ~ von klein auf; ~**ñoburgués** [~ßur'ges] klein-, spießbürgerlich
per|a ['pera] f Birne f; ~**l** [pe'ral] m Birnbaum m
perca zo ['pɛrka] f Barsch m
percance [pɛr'kanθe] m Zwischenfall m; Mißgeschick n
percatarse [pɛrka'tarse] (1a): ~ **de** wahrnehmen, bemerken
percebe zo [pɛr'θeβe] m Entenmuschel f
percep|ción [pɛrθeβ'θjon] f Wahrnehmung f; (de dinero) Bezug m; (de impuestos, etc) Erhebung f; ~**tible** [~θeβ'tiβle] wahrnehmbar
perch|a ['pɛrtʃa] f Stange f; (colgador) Kleiderbügel m; ~**ero** [~'tʃero] m Garderobe(nständer m) f
percibir [pɛrθi'βir] (3a) wahrnehmen; (sueldo, etc) beziehen
percusión [pɛrku'sjon] f ♪ Schlaginstrumente n/pl
perde|dor [pɛrðe'ðor] m Verlierer m; ~**r** [~'ðɛr] (2g) verlieren; (tren, ocasión, etc) verpassen, versäumen; fig zugrunde richten, verderben; **echar a** ~ ruinieren; zunichte machen; **echarse a** ~ (alimentos) verderben; ~ **de vista** aus den Augen verlieren; ~**rse** verlorengehen; (extraviarse) sich verirren; fig zugrunde gehen; verderben
perdición [pɛrði'θjon] f Verderben n

pérdida ['pɛrðiða] f Verlust m; **no tener ~** nicht zu verfehlen sein
perdigón [pɛrði'gɔn] m junges Rebhuhn n; **perdigones** pl Schrot m, n
perdiz [pɛr'ðiθ] f Rebhuhn n
perdón [pɛr'ðɔn] m Verzeihung f; Vergebung f; **pedir ~** um Verzeihung bitten
perdona|ble [pɛrðo'naβle] verzeihlich; **~r** [~'nar] (1a) verzeihen; vergeben; (deuda, etc) erlassen; (vida) schenken
perdura|ble [pɛrðu'raβle] dauerhaft; **~r** [~'rar] (1a) (an)dauern, anhalten
perece|dero [pereθe'ðero] vergänglich; (alimentos) (leicht) verderblich; **~r** [~'θɛr] (2d) umkommen, sterben
peregri|nación [peregrina'θjɔn] f Wallfahrt f, Pilgerfahrt f; **~nar** [~'nar] (1a) pilgern; **~no** [~'grino] m Pilger m
perejil ♣ [pere'xil] m Petersilie f
perentorio [peren'torjo] dringlich; unaufschiebbar
pere|za [pe'reθa] f Faulheit f; Trägheit f; **~zoso** [~'θoso] 1. adj faul, träge; 2. m F Faulpelz m, a zo Faultier n
perfec|ción [pɛrfɛg'θjɔn] f Vollendung f; Vollkommenheit f; **a la ~** perfekt; **~cionamiento** [~θjona'mjento] m Vervollkommnung f; **~cionar** [~θjo'nar] (1a) vervollkommnen; (mejorar) verbessern; **~to** [~'fɛkto] 1. adj vollkommen, perfekt; 2. m gram Perfekt n
perfidia [pɛr'fiðja] f Treulosigkeit f; Niedertracht f
pérfido ['pɛrfiðo] treulos; heimtückisch
perfil [pɛr'fil] m Profil n (a ⊙); Umriß m; **~ado** [~'laðo] profiliert (a fig); (cara) scharf geschnitten; **~ar** [~'lar] (1a) umreißen; **~arse** sich abzeichnen
perfora|ción [pɛrfora'θjɔn] f Bohren n; Bohrloch n; a ⚕ Durchbruch m; **~dor** [~'ðɔr] m Locher m; **~dora** [~'ðora] f Bohrmaschine f; **~r** [~'rar] (1a) (durch)bohren; lochen
perfum|ar [pɛrfu'mar] (1a) parfümieren; **~e** [~'fume] m Parfüm m, fig Duft m; **~ería** [~'ria] f Parfümerie f
pergamino [pɛrga'mino] m Pergament n
pericia [pe'riθja] f Erfahrung f; Sachkenntnis f
periferia [peri'fɛrja] f Peripherie f; Stadtrand m
perifollo ♣ [peri'foʎo] m Kerbel m
perímetro [pe'rimetro] m Umfang m

periódico [pe'rjoðiko] 1. adj periodisch; 2. m Zeitung f
perio|dismo [perjo'ðizmo] m Journalismus m; **~dista** [~'ðista] su Journalist(in f) m; **~dístico** [~'ðistiko] journalistisch
período [pe'rioðo], **periodo** [~'rioðo] m Periode f (a ✱); Zeitraum m
peripecia [peri'peθja] f Wechselfall m; Zwischenfall m
peripuesto F [peri'pwɛsto] geschniegelt
peri|quete F [peri'kete]: **en un ~** im Nu; **~quito** [~'kito] m Wellensittich m
periscopio [peris'kopjo] m Sehrohr n, Periskop n
peri|taje [peri'taxe] m Gutachten n; **~to** [~'rito] 1. adj erfahren; sachkundig; 2. m Sachverständige(r) m; Gutachter m
perito|neo [perito'neo] m Bauchfell n; **~nitis** [~'nitis] f Bauchfellentzündung f
perju|dicar [pɛrxuði'kar] (1g) schaden (dat), schädigen; **~dicial** [~'θjal] schädlich; **~icio** [~'xuiθjo] m Schaden m; Nachteil m; **sin ~ de** unbeschadet (gen)
perju|rar [pɛrxu'rar] (1a) e-n Meineid schwören; **~rio** [~'xurjo] m Meineid m
perla ['pɛrla] f Perle f (a fig); **~ cultivada** Zuchtperle f; F **de ~s** wie gerufen
permane|cer [pɛrmane'θɛr] (2d) bleiben; fortdauern; **~ncia** [~'nɛnθja] f Fortdauer f; Verweilen n; (estancia) Aufenthalt m; **~nte** [~'nɛnte] 1. adj bleibend; (constante) ständig; 2. f Dauerwelle f
permeable [pɛrme'aβle] durchlässig
permi|sible [pɛrmi'siβle] zulässig; **~sivo** [~'siβo] permissiv; **~so** [~'miso] m Erlaubnis f; Genehmigung f; ✕ Urlaub m; **~ de circulación** Kraftfahrzeug-, Kfz.-Schein m; **~ de conducir** Führerschein m; **~ de residencia** Aufenthaltsgenehmigung f; **con ~** mit Verlaub; **estar con** (od **de**) **~** auf Urlaub sein; **~tir** [~'tir] (3a) erlauben, gestatten; zulassen
permuta [pɛr'muta] f Tausch m
pernicioso [pɛrni'θjoso] schädlich
perno ['pɛrno] m Bolzen m
pernoctar [pɛrnɔk'tar] (1a) übernachten
pero ['pero] aber; jedoch
perogrullada F [perogru'ʎaða] f Binsenwahrheit f
peroné [pero'ne] m Wadenbein n
perpendicular [pɛrpɛndiku'lar] lot-, senkrecht

perpetrar [pɛrpe'trar] (1a) begehen

perpetu|ar [pɛrpe'tŭar] (1e) verewigen; **~idad** [~tŭi'dad] f Fortdauer f; **a ~** auf Lebenszeit; lebenslänglich; **~o** [~'petŭo] fortdauernd; lebenslänglich; *fig* ewig

perple|jidad [pɛrplɛxi'dad] f Bestürzung f; **~jo** [~'plɛxo] verblüfft, perplex

perr|a ['pɛrra] f Hündin f; **~era** [pɛ-'rrera] f Hundezwinger m; **~o** ['pɛrro] m Hund m; **~ de aguas**, **~ de lanas** Pudel m; **~ faldero** Schoßhund m; **~ caliente** Hot Dog m

persa ['pɛrsa] **1.** adj persisch; **2.** su Perser(in f) m

perse|cución [pɛrseku'θĭon] f Verfolgung f; **~guidor** [~gi'dɔr] m Verfolger m; **~guir** [~'gir] (3l u 3d) verfolgen

persevera|ncia [pɛrsebe'ranθĭa] f Beharrlichkeit f; Ausdauer f; **~nte** [~'rante] beharrlich; **~r** [~'rar] (1a) ausharren; **~ en** beharren auf (dat)

persiana [pɛr'sĭana] f Jalousie f; **~ (enrollable)** Rolladen m

persignarse [pɛrsig'narse] (1a) sich bekreuzigen

persis|tencia [pɛrsis'tenθĭa] f Andauern n, Fortbestand m; **~tente** [~'tente] andauernd; **~tir** [~'tir] (3a) andauern, anhalten

persona [pɛr'sona] f Person f; **en ~** persönlich; **~je** [~'naxe] m Persönlichkeit f; teat, lit Person f; **~l** [~'nal] **1.** adj persönlich; **2.** m Personal n; P Leute pl; **✓ ~ de tierra** Bodenpersonal m; **~lidad** [~li'dad] f Persönlichkeit f; **~rse** [~'narse] (1a) persönlich erscheinen

personificar [pɛrsonifi'kar] (1g) personifizieren, verkörpern

perspectiva [pɛrspek'tiba] f Perspektive f; fig Aussicht f

perspica|cia [pɛrspi'kaθĭa] f Scharfblick m; **~z** [~'kaθ] scharfsinnig

persua|dir [pɛrsŭa'dir] (3a) überreden; (convencer) überzeugen; **~sión** [~'sĭon] f Überredung f; Überzeugung f; **~sivo** [~'sibo] überzeugend

pertene|cer [pɛrtene'θɛr] (2d) gehören (zu dat a); **~ciente** [~'θĭente] zugehörig (dat a); **~ncia** [~'nenθĭa] f Zugehörigkeit f; **~s** pl Eigentum n

pérti|ga ['pɛrtiga] f Stange f; **~go** [~go] m Deichsel f

pertina|cia [pɛrti'naθĭa] f Hartnäckigkeit f; **~z** [~'naθ] hartnäckig

pertinente [pɛrti'nente] einschlägig; sachgemäß; (oportuno) treffend, passend

pertre|char [pɛrtre'tʃar] (1a) ausrüsten; herrichten; **~chos** [~'tretʃos] m/pl Geräte n/pl

perturba|ción [pɛrturba'θĭon] f Störung f; pol Unruhe f; **~do** [~'bado]: **~ (mental)** geistesgestört; **~dor** [~'dɔr] **1.** adj störend; verwirrend; **2.** m Ruhestörer m; **~r** [~'bar] (1a) stören; verwirren; (inquietar) beunruhigen

peruano [peru'ano] **1.** adj peruanisch; **2.** m, **-a** f Peruaner(in f) m

perver|sidad [pɛrbɛrsi'dad] f Verderbtheit f; Perversität f; **~sión** [~'sĭon] f Entartung f; Perversion f; **~so** [~'bɛrso] verderbt; pervers; **~tir** [~'tir] (3i) verderben; **~tirse** (sittlich) verkommen

pesa ['pesa] f Gewicht(stein m) n; dep Hantel f; **~bebés** [~be'bes] m Säuglingswaage f; **~cartas** [~'kartas] m Briefwaage f; **~dez** [~'deθ] f Schwere f; fig Schwerfälligkeit f; Beschwerlichkeit f; **~dilla** [~'diʎa] f Alpdruck m, -traum m; **~do** [pe'sado] schwer; (molesto) lästig; (aburrido) langweilig; (persona) aufdringlich; **~dumbre** [~'dumbre] f Kummer m

pésame ['pesame] m Beileid n; **dar el ~** sein Beileid aussprechen

pesar [pe'sar] (1a) **1.** v/t (ab)wiegen; fig abwägen; **2.** v/i wiegen; fig leid tun; **a ~ de** trotz; **a ~ de todo** trotz allem; **3.** m Leid n; Kummer m; Bedauern n

pesca ['peska] f Fischfang m; Fischerei f; **~ submarina** Unterwasserjagd f; **~dería** [~de'ria] f Fischgeschäft n; **~dero** m [~'dero] Fischhändler m; **~dilla** [~'diʎa] f junger Seehecht m; **~do** [~'kado] m gastr Fisch m; **~dor** [~'dɔr] m Fischer m; **~ (de caña)** Angler m; **~nte** [~'kante] m Kutschbock m; **~r** [~'kar] (1g) fischen; fig F erwischen; **~ con caña** angeln; fig **~ en río revuelto** im trüben fischen

pescuezo [pes'kŭeθo] m Genick n, Nacken m

pese [pe'se]: **~ a** trotz; **~ a que** obwohl

pesebre [pe'sebre] m Krippe f

peseta [pe'seta] f Pesete f

pesimis|mo [pesi'mizmo] m Pessimismus m; **~ta** [~'mista] **1.** adj pessimistisch; **2.** su Pessimist(in f) m

pésimo ['pesimo] sehr schlecht
peso ['peso] *m* Gewicht *n* (*a fig*); *fig* Last *f*; (*balanza*) Waage *f*; **~ pesado** (*boxeo*) Schwergewicht *n*; **~ pluma** Federgewicht *n*; *fig* **de ~** (ge)wichtig
pesquero [pes'kero] **1.** *adj* Fisch...; Fischer..., Fischerei...; **2.** *m* Fischdampfer *m*
pesquisa [pes'kisa] *f* Nachforschung *f*; Fahndung *f*
pestañ|a [pes'taɲa] *f* Wimper *f*; **~ear** [~taɲe'ar] (1a) blinzeln; **sin ~** ohne mit der Wimper zu zucken
peste ['peste] *f* ✱ Pest *f*; *fig* Gestank *m*; **echar ~s** schimpfen (auf **contra**)
pesticida [pesti'θiða] *m* Schädlingsbekämpfungsmittel *n*, Pestizid *n*
pestilen|cia [pesti'lenθia] *f* Gestank *m*; **~te** [~'lente] stinkend
pestillo [pes'tiʎo] *m* Riegel *m*
petaca [pe'taka] *f* Tabaksbeutel *m*
pétalo ['petalo] *m* Blütenblatt *n*
petardo [pe'tarðo] *m* Feuerwerkskörper *m*
petic|ión [peti'θjon] *f* Bitte *f*; Gesuch *n*; **a ~ de** auf Wunsch (*gen*); **~onario** [~θio'narjo] *m* Bittsteller *m*
petimetre [peti'metre] *m* Geck *m*
petirrojo [peti'rroxo] *m* Rotkehlchen *n*
peto ['peto] *m* Brustlatz *m*
pétreo ['petreo] Stein..., steinern
petrificar [petrifi'kar] (1g) versteinern (*a fig*)
petróleo [pe'troleo] *m* Erdöl *n*
petro|lero [petro'lero] **1.** *adj* Erdöl...; **2.** *m* ⚓ (Öl-)Tanker *m*; **~química** [~'kimika] *f* Petrochemie *f*
petulan|cia [petu'lanθia] *f* Anmaßung *f*; **~te** [~'lante] anmaßend; dreist
peyorativo [pejora'tiβo] pejorativ, abwertend
pez [peθ] **1.** *m* Fisch *m*; **~ espada** Schwertfisch *m*; F *fig* **~ gordo** F hohes Tier; **2.** *f* Pech *n*
pezón [pe'θon] *m* Brustwarze *f*
pezuña [pe'θuɲa] *f* Klaue *f*
piadoso [pja'ðoso] barmherzig; (*devoto*) fromm
pia|nista [pja'nista] *su* Pianist(in *f*) *m*; **~no** ['pjano] *m* Klavier *n*; **~ de cola** Flügel *m*
piar [pi'ar] (1c) piep(s)en
pica ['pika] *f* Spieß *m*; Reitbahn *f*; **~dillo** [pika'ðiʎo] *m gastr*

Haschee *n*; **~do** [pi'kaðo] (*diente*) faul; (*fruta*) angefault; (*mar*) kabbelig; *fig* pikiert; **~dor** [~'ðor] *m taur* Picador *m*; ⚔ Hauer *m*; **~dora** [~'ðora] *f* Alleschneider *m*; **~ de carne** Fleischwolf *m*; **~dura** [~'ðura] *f* Insektenstich *m*
picante [pi'kante] scharf, (*a fig*) pikant
pica|pedrero [pikape'ðrero] *m* Steinmetz *m*; **~pleitos** F [~'pleitos] *m* Winkeladvokat *m*; **~porte** [~'porte] *m* Türklinke *f*, -klopfer *m*
picar [pi'kar] (1g) **1.** *v/t* stechen; (*serpiente*) beißen; (*ave*) picken; (*piedra*) behauen; (*carne*, *etc*) hacken; *fig* reizen; **2.** *v/i* brennen; jucken; (*sol*) stechen; (*pez*) anbeißen; **~ muy alto** hinauswollen; **~se** (*comida*) schlecht werden; (*mar*) unruhig werden; F *fig* einschnappen; **~día** [~'ðia] *f* Schlauheit *f*; Gerissenheit *f*; **~esco** [~'resko] novela *f* **-a** Schelmenroman *m*
pícaro ['pikaro] **1.** *adj* spitzbübisch; durchtrieben; **2.** *m* Schelm *m* (*a lit*), Schlingel *m*, F Lausbub *m*
pichi ['pitʃi] *m* Trägerrock *m*
pichón [pi'tʃon] *m* junge Taube *f*
pico ['piko] *m* Schnabel *m*; (*de una vasija*) Tülle *f*; (*punta*) Spitze *f*; (*herramienta*) Spitzhacke *f*; *geo* Bergspitze *f*; *zo* Specht *m*; **cien pesetas y ~** et über 100 Peseten; **a las tres y ~** kurz nach 3 Uhr
picor [pi'kor] *m* Jucken *n*; Brennen *n*
picota [pi'kota] *f* Schandpfahl *m*; *fig* **poner en la ~** an den Pranger stellen
picotear [pikote'ar] (1a) picken
pictograma [pikto'grama] *m* Piktogramm *n*
pictórico [pik'toriko] malerisch; Mal...
pido ['piðo] *s* pedir
pie [pje] *m* Fuß *m*; **~ plano** Platt-, Senkfuß *m*; **~ valgo** Knickfuß *m*; **a ~** zu Fuß; **a ~s juntillas** mit beiden Füßen zugleich; *fig* felsenfest; **de ~** stehend; **en ~ de guerra** auf Kriegsfuß; **de ~s a cabeza** von Kopf bis Fuß; **estar de ~** stehen; **no tener ni ~s ni cabeza** weder Hand noch Fuß haben; **ponerse de ~** aufstehen; F **poner ~s en polvorosa** sich aus dem Staub machen; **seguir en ~** weiterhin bestehen
piedad [pje'ðað] *f* Frömmigkeit *f*; (*compasión*) Mitleid *n*; Erbarmen *n*
piedra ['pjeðra] *f* Stein *m*; **~ de escándalo** Stein *m* des Anstoßes; **~ filosofal**

pirámide

Stein *m* der Weisen; ~ **preciosa** Edelstein *m*; ~ **de toque** Prüfstein *m*; **colocar** (*od* **poner**) **la primera** ~ den Grundstein legen
piel [pi̯ɛl] *f* Haut *f*; *zo* Fell *n*; Pelz *m*; ♀ Schale *f*; (*cuero*) Leder *n*
pienso ['pi̯enso] **1.** *s* **pensar; 2.** *m* Viehfutter *n*
pierdo ['pi̯ɛrðo] *s* **perder**
pierna ['pi̯ɛrna] *f* Bein *n*; *gastr* Keule *f*; ~ **de ternera** Kalbshaxe *f*
pieza ['pi̯eθa] *f* Stück *n* (*a teat*. ♪); (*habitación*) Zimmer *n*; (*de juego*) Stein *m*, Figur *f*; ~ **de repuesto** (*od* **de recambio**) Ersatzteil *n*
pífano ♪ ['pifano] *m* Querpfeife *f*
pifia ['pifi̯a] *f fig* Schnitzer *m*
pigmeo [pig'meo] *m* Pygmäe *m*
pignorar [pigno'rar] (1a) *m* verpfänden
pijama [pi'xama] *m* Pyjama *m*, Schlafanzug *m*
pila ['pila] *f* (Spül-)Becken *n*; (*montón*) Stapel *m*; ⚡ Batterie *f*; ~ **bautismal** Taufbecken *n*; ~ **botón** Knopfbatterie *f*
pilar [pi'lar] *m* Pfeiler *m*, *fig* Stütze *f*
píldora ['pildora] *f* Pille *f*; ~ (**anticonceptiva**) (Antibaby-)Pille *f*; **dorar la** ~ *fig* die Pille versüßen
pileta [pi'leta] *f Am* Schwimmbassin *n*
pilla|je [pi'ʎaxe] *m* Raub *m*; Plünderung *f*; **~r** [pi'ʎar] (1a) plündern; F erwischen
pill|o [pi'ʎo] **1.** *adj* schlau; durchtrieben; **2.** *m* Spitzbube *m*; **~uelo** [pi'ʎu̯elo] *m* Schlingel *m*; F Lausbub *m*
pilo|tar [pilo'tar] (1a) ✈, *auto* lenken; **~to** [~'loto] **1.** *m* Pilot *m*; (*de carreras*) Rennfahrer *m*; ⚡ Kontrollampe *f*; ~ **antiniebla trasero** *auto* Nebelschlußleuchte *f*; ~ **automático** ✈ Autopilot *m*; ~ **de pruebas** Testpilot *m*; **2.** *adj* Pilot...; *programa m* ~ Pilotprogramm *n*
piltrafa [pil'trafa] *f fig* Wrack *n*
pimentón [pimen'tɔn] *m* Paprika(pulver *n*) *m*
pimien|ta [pi'mi̯enta] *f* Pfeffer *m*; **~to** [~to] *m* Paprikaschote *f*
pimpante F [pim'pante] forsch; (*elegante*) flott
pinacoteca [pinako'teka] *f* Pinakothek *f*
pinar [pi'nar] *m* Pinien-, Kiefernwald *m*
pincel [pin'θel] *m* Pinsel *m*
pincha|r [pin'tʃar] (1a) **1.** *v/t* stechen; ✍ e-e Spritze geben; *fig* aufstacheln; F (*teléfono*) anzapfen; **2.** *v/i auto* e-n Platten haben; **~rse** F fixen; **~zo** [~'tʃaθo] *m* Einstich *m*; Stichwunde *f*; *auto* Reifenpanne *f*; *fig* Stichelei *f*
pinche ['pintʃe] *m* Küchenjunge *m*
pinchito [pin'tʃito] *m gastr* Spießchen *n*
pincho F ['pintʃo] *m* Stachel *m*
pingüino [piŋ'gu̯ino] *m* Pinguin *m*
pinitos [pi'nitos] *m/pl fig* erste Versuche *m/pl*
pino ['pino] *m* Pinie *f*; Kiefer *f*
pinta ['pinta] *f* F Aussehen *n*; **tener buena** ~ gut aussehen; **~da** [pin'taða] *f* Wandschmiererei *f*; *zo* Perlhuhn *n*; **~r** [~'tar] (1a) malen; (an)streichen; *fig* schildern; F **no** ~ **nada** nichts zu sagen haben; **~rse** sich schminken
pintor [pin'tɔr] *m* Maler *m*; ~ (**de brocha gorda**) Anstreicher *m*; **~esco** [~to'resko] malerisch
pintura [pin'tura] *f* Anstrich *m*; (*arte*) Malerei *f*; (*cuadro*) Gemälde *n*; (*material*) Farbe *f*
pinza ['pinθa] *f* (Wäsche-)Klammer *f*; *zo* Schere *f*; (*costura*) Abnäher *m*; **~s** *pl* Zange *f*, Pinzette *f*
pinzón *zo* [pin'θɔn] *m* Fink *m*
piña ['piɲa] *f* Tannen-, Kiefern-, Pinienzapfen *m*; *fig* Gruppe *f*; ~ (**tropical**) Ananas *f*
piñón [pi'ɲɔn] *m* Pinienkern *m*; ⊙ kleines Zahnrad *n*
pío ['pio] *adj* fromm; F **no decir ni** ~ keinen Piep sagen
piojo ['pi̯oxo] *m* Laus *f*
piolet [pi̯o'lɛt] *m* Eispickel *m*
pionero [pi̯o'nero] *m* Pionier *m* (*a fig*)
pipa ['pipa] *f* (Tabaks-)Pfeife *f*; ♀ Kern *m*; **~s** *pl* Sonnenblumenkerne *m/pl*
pipeta [pi'peta] *f* Pipette *f*
pipí F [pi'pi] *m*: **hacer** ~ Pipi machen
pique ['pike] *m*: ⚓ **echar a** ~ versenken; *fig* zugrunde richten; **irse a** ~ untergehen
piqué [pi'ke] *m* (*tejido*) Pikee *m*
piqueta [pi'keta] *f* Spitzhacke *f*; Pickel *m*
piquete [pi'kete] *m* Pfahl *m*; (Zelt-)Hering *m*; ⚔ Trupp *m*; (*de huelga*) Streikposten *m*
pira ['pira] *f* Scheiterhaufen *m*
pira|gua ⚓ [pi'raɣu̯a] *f* Kanu *n*; Paddelboot *n*; **~güismo** [~'gu̯izmo] *m* Kanusport *m*
pirámide [pi'ramiðe] *f* Pyramide *f*

pira|ta [pi'rata] *m* Seeräuber *m*, Pirat *m*; **~aéreo** Luftpirat *m*; **edición** *f* **~** Raubdruck *m*; **~tería** [~te'ria] *f* Piraterie *f*
pirenaico [pire'naiko] pyrenäisch, Pyrenäen...
pirómano [pi'romano] *m* Pyromane *m*
piropo [pi'ropo] *m* Schmeichelei *f*, Kompliment *n*
piro|tecnia [piro'tɛgnia] *f* Pyrotechnik *f*, Feuerwerkerei *f*; **~técnico** [~'tɛgniko] *m* Feuerwerker *m*
pirueta [pi'rueta] *f* Pirouette *f*
pis F ['pis] *m*: **hacer ~** Pipi machen
pisa|da [pi'saða] *f* Fußspur *f*; Fußstapfe *f*; **~papeles** [~pa'peles] *m* Briefbeschwerer *m*; **~r** [pi'sar] (1a) treten (auf *ac*); betreten
pisci|cultura [pisθikul'tura] *f* Fischzucht *f*; **~factoría** [~fakto'ria] *f* Fischzuchtanstalt *f*
piscina [pis'θina] *f* Schwimmbecken *n*, -bad *n*; **~ cubierta** Hallenbad *n*
Piscis *astr* ['pisθis] *m* Fische *m/pl*
piscolabis [pisko'laβis] *m* Imbiß *m*; *Am* Aperitif *m*
piso ['piso] *m* (Fuß-)Boden *m*; (*planta*) Stock(werk *n*) *m*; (*vivienda*) Wohnung *f*; **~ franco** konspirative Wohnung *f*
pisotear [pisote'ar] (1a) zertreten; *fig* mit Füßen treten
pista ['pista] *f* Spur *f*, Fährte *f*; *dep* Bahn *f*, Piste *f*; ✈ Rollfeld *n*; **~ de aterrizaje** ✈ Landebahn *f*; **~ de baile** Tanzfläche *f*; **~ de circo** Manege *f*; **~ de despegue** ✈ Startbahn *f*; **~ de tenis** Tennisplatz *m*; **seguir la ~ a alg** j-m nachspüren
pistacho [pis'tatʃo] *m* Pistazie *f*
pistilo ♀ [pis'tilo] *m* Stempel *m*
pisto|la [pis'tola] *f* Pistole *f*; **~lero** [~'lero] *m* Pistolenschütze *m*; Bandit *m*; **~letazo** [~le'taθo] *m* Pistolenschuß *m*
pistón [pis'ton] *m* Kolben *m*; Ventil *n*
pita ♀ ['pita] *f* Agave *f*
pita|da [pi'taða] *f* Pfiff *m*; *desp* Auspfeifen *n*; **~r** [~'tar] (1a) **1.** *v/t* auspfeifen; **2.** *v/i* pfeifen; F klappen; *Am* rauchen; **salir pitando** F abhauen
pitido [pi'tiðo] *m* Pfiff *m*
piti|llera [piti'ʎera] *f* Zigarettenetui *n*; **~llo** F [pi'tiʎo] *m* Zigarette *f*
pito ['pito] *m* (Triller-)Pfeife *f*; V Penis *m*
pitón [pi'ton] *m zo* Pythonschlange *f*
pitonisa [pito'nisa] *f* Wahrsagerin *f*
pitorro [pi'tɔrrɔ] *m* Tülle *f*

pizarra [pi'θarra] *f* Schiefer *m*; (*tablero*) (Schiefer-)Tafel *f*
pizca ['piθka] *f* Bißchen *n*; *gastr* Prise *f*; **ni ~** F keine Spur
placa ['plaka] *f* Platte *f*; (*letrero*) Schild *n*; (*chapa*) Plakette *f*; **~ de matrícula** *auto* Nummernschild *n*
placen|ta *anat* [pla'θenta] *f* Plazenta *f*, Mutterkuchen *m*; **~tero** [~'tero] behaglich, gemütlich
placer [pla'θer] **1.** *v/i* (2x) gefallen; **2.** *m* Lust *f*; Vergnügen *n*; Freude *f*
plácido ['plaθiðo] ruhig; gemütlich
plafón [pla'fon] *m* Deckenlampe *f*
plaga ['plaga] *f* Plage *f*; ✿ Schädling *m*; **~do** [~'gado] verseucht; **~ de** wimmelnd von
plagi|ar [pla'xiar] (1b) plagiieren, abschreiben; **~o** ['plaxio] *m* Plagiat *n*
plaguicida [plagi'θiða] *m* Pflanzenschutzmittel *n*
plan [plan] *m* Plan *m*; **en ~ de** als; F **a todo ~** ganz groß
plana ['plana] *f* (Blatt-)Seite *f*; **~ mayor** ⚔ Stab *m*; *fig* Mitarbeiterstab *m*; **en primera ~** auf der Titelseite
plancha ['plantʃa] *f* Platte *f*; (*utensilio*) Bügeleisen *n*; F Blamage *f*; **~ de vapor** Dampfbügeleisen *n*; F **tirarse una ~** sich blamieren; **no precisa ~** bügelfrei; **~do** [~'tʃaðo] *m* Bügeln *n*; **~dora** [~tʃa'ðora] *f* Büglerin *f*; **~ eléctrica** Heimbügler *m*; **~r** [~'tʃar] (1a) bügeln
plane|ador [planea'ðor] *m* Segelflugzeug *n*; **~ar** [~'ar] (1a) **1.** *v/t* planen; **2.** *v/i* ✈ gleiten
planeta [pla'neta] *m* Planet *m*; **~rio** [~'tario] *m* Planetarium *n*
planicie [pla'niθie] *f* Ebene *f*
planifica|ción [planifika'θiɔn] *f* Planung *f*; **~ familiar** Familienplanung *f*; **~r** [~'kar] (1g) planen
plano ['plano] **1.** *adj* eben; flach; **de ~** geradeheraus; **2.** *m* Fläche *f*; Ebene *f* (*a* Ⓐ); △ Grundriß *m*; (*de la ciudad*) Stadtplan *m*; **primer ~** Vordergrund *m*; *fot* Nahaufnahme *f*; **segundo ~** Hintergrund *m* (*a fig*)
planta ['planta] *f* ♀ Pflanze *f*; (*del pie*) Fußsohle *f*; △ Stock(werk *n*) *m*; ⊙ Anlage *f*; **~ baja** Erdgeschoß *n*; **edificio de nueva ~** Neubau *m*; **~ recicladora** Wiederaufbereitungsanlage *f*; **~ción** [~'θion] *f* Pflanzung *f*; Plantage *f*; **~r**

poblar

[~'tar] (1a) (be)pflanzen; **~ en la calle** *fig* auf die Straße setzen; **~rse** F *fig* sich aufpflanzen

plante|amiento [plantea'miento] *m* (Frage-, Problem-)Stellung *f*; **~ar** [~'ar] (1a) (*problema, cuestión*) aufwerfen

plantilla [plan'tiʎa] *f* Einlegesohle *f*; ⊙ Schablone *f*; (*personal*) Belegschaft *f*

plantón [plan'tɔn] *m*: **F dar un ~ a alg** j-n versetzen

plasma ['plazma] *m* Plasma *n*; **~r** [~'mar] (1a) formen, gestalten; **~rse** s-n Niederschlag finden (in *dat en*)

plasticidad [plastiθi'dað] *f* Plastizität *f*; *fig* Bildhaftigkeit *f*

plástico ['plastiko] **1.** *adj* plastisch (*a fig*); **artes** *f/pl* **-as** bildende Künste *f/pl*; **2.** *m* Kunststoff *m*, Plastik *n*

plata ['plata] *f* Silber *n*; *Am* Geld *n*

plataforma [plata'fɔrma] *f* Plattform *f*; **~ de lanzamiento** Abschußrampe *f*; **~ petrolera** (*od* **de sondeo**) Bohrinsel *f*

plátano ['platano] *m* (*árbol*) Platane *f*; (*fruta*) Banane *f*

platea *teat* [pla'tea] *f* Parkett *n*

plate|ado [plate'aðo] versilbert; **~ría** [~'ria] *f* Silberzeug *n*; **~ro** [~'tero] *m* Silberschmied *m*

platicar [plati'kar] (1g) plaudern

platillo [pla'tiʎo] *m* Untertasse *f*; (*de la balanza*) Waagschale *f*; **~ volante**, *Am* **volador** fliegende Untertasse *f*; **♪ ~s** *m/pl* Becken *n/pl*

platin|a [pla'tina] *f*: **~ (a cassettes)** Kassettendeck *n*; **~o** [~'tino] *m* Platin *n*

plato ['plato] *m* Teller *m*; *gastr* Gericht *n*; Gang *m*; **~ combinado** Tellergericht *n*; **~ del día** Tagesgericht *n*; **~ preparado, ~ precocinado** Fertiggericht *n*

plató [pla'to] *m* Filmkulisse *f*

platónico [pla'toniko] platonisch

plausible [plau̯'sible] einleuchtend, plausibel

playa ['plaja] *f* Strand *m*

playero [pla'jero] Strand...

plaza ['plaθa] *f* Platz *m*; (*mercado*) Markt(platz) *m*; **~ de toros** Stierkampfarena *f*

plazo ['plaθo] *m* Frist *f*; (*pago*) Rate *f*; **a corto** (*largo, medio*) **~** kurz- (lang-, mittel)fristig; **a ~s** auf Raten; **~ de entrega** Lieferfrist *f*; **~ de vencimiento** Laufzeit *f*

pleamar [plea'mar] *f* Flut *f*

plebe ['plebe] *f* Plebs *m*; **~yo** [ple'bejo] plebejisch; gemein

plebiscito [plebis'θito] *m* Volksabstimmung *f*, -entscheid *m*

plega|ble [ple'gable] (zs.-)klappbar, Klapp...; **~r** [~'gar] (1h *u* 1k) (zs.-)falten; ⊙ falzen; **~rse** sich fügen (*dat* **a**)

plegaria [ple'garia] *f* (Bitt-)Gebet *n*

plei|tear [plei̯te'ar] (1a) prozessieren; **~to** ['pleito] *m* Prozeß *m*, (Rechts-)Streit *m*; **poner** (**un**) **~** e-n Prozeß anstrengen (**gegen a**)

pleni|lunio [pleni'lunio] *m* Vollmond *m*; **~potenciario** [~poten'θiario] *m* Bevollmächtigte(r) *m*

plenitud [pleni'tuð] *f* Fülle *f*; Vollkraft *f*

pleno ['pleno] **1.** *adj* voll; **~ empleo** *m* Vollbeschäftigung *f*; **en ~ día** am hellichten Tag; **en ~ invierno** mitten im Winter; **2.** *m* Vollversammlung *f*; Plenum *n*

pletórico [ple'toriko] strotzend (von *dat* **de**)

pleu|ra *anat* ['pleu̯ra] *f* Brustfell *n*; **~resía** [~re'sia] *f* Brustfellentzündung *f*

pliego ['pliego] **1.** *s* **plegar**; **2.** *m* (*papel*) Bogen *m*

pliegue ['pliege] *m* Falte *f*

plinto ['plinto] *m dep* Kasten *m*

plom|ada [plo'maða] *f* Lot *n*; Senkblei *n*; **~ero** [~'mero] *m* *Am* Klempner *m*

plomo ['plomo] *m* Blei *n*; ∮ Sicherung *f*; **con pies de ~** vorsichtig; **con ~** verbleit; **sin ~** bleifrei, unverbleit

pluma ['pluma] *f* Feder *f*; **~je** [~'maxe] *m* Gefieder *n*

plumero [plu'mero] *m* Staubwedel *m*; (*plumier*) Federkasten *m*

plumier [plu'mier] *m* Federkasten *m*

plural [plu'ral] *m* Plural *m*

pluripartidismo [pluriparti'dizmo] *m* Mehrparteiensystem *n*

plus [plus] *m* Zulage *f*; **~marca** [pluz'marka] *f dep* Rekord *m*; **~valía** [~ba'lia] *f* Mehrwert *m*; Wertzuwachs *m*

plutonio [plu'tonio] *m* Plutonium *n*

pobla|ción [pobla'θion] *f* Bevölkerung *f*; (*poblado*) Ortschaft *f*; **~ activa** erwerbstätige Bevölkerung *f*; **~do** [po'blaðo] **1.** *adj* bevölkert, (dicht)bewohnt; **2.** *m* Ortschaft *f*; **~dor** [~'ðor] *m* Siedler *m*; **~r** [~'blar] (1m) bevölkern; besiedeln; ℅ bepflanzen (mit **de**)

pobre ['pobre] 1. *adj* arm; *fig* ärmlich, armselig; 2. *su* Arme(r *m*) *f*; **~za** [~'breθa] *f* Armut *f*

pocilga [po'θilga] *f* Schweinestall *m* (*a fig*)

pócima ['poθima] *f* Arzneitrank *m*

poco ['poko] wenig; *un ~ (de)* ein bißchen, etwas; *~ a ~* allmählich, nach und nach; *dentro de ~* in Kürze, bald; *hace ~* vor kurzem; *por ~* beinahe, fast; *por si fuera ~* und obendrein

podar ✍ [po'ðar] (1a) beschneiden

poder [po'ðɛr] 1. (2t) können; dürfen; *~ a alg* j-m überlegen sein; *no ~ con* nicht fertig werden mit; F nicht aushalten können; *no ~ más* nicht mehr können; *no ~ menos de inf* nicht umhin können zu *inf*; *a más no ~* aus Leibeskräften, F was das Zeug hält; *puede ser* vielleicht; *¿se puede?* darf man eintreten?; 2. *m* Macht *f*; *bsd pol* Gewalt *f*; (*capacidad*) Fähigkeit *f*; Kraft *f*; ⚖ Vollmacht *f*

pode|río [poðe'rio] *m* Macht *f*; **~roso** [~'roso] mächtig

podio [po'ðio] *m* Podium *n*

podólogo ✱ [po'ðologo] *m* Facharzt *m* für Fußleiden

podr|edumbre [poðre'dumbre] *f* Fäulnis *f*; **~ido** [po'ðriðo] faul, verfault; *a fig* verdorben

poe|ma [po'ema] *m* Dichtung *f*; **~sía** [poe'sia] *f* Gedicht *n*; *a fig* Poesie *f*; **~ta** [po'eta] *m* Dichter *m*

poético [po'etiko] poetisch, dichterisch

poetisa [poe'tisa] *f* Dichterin *f*

polaco [po'lako] 1. *adj* polnisch; 2. *m*, -a [~ka] *f* Pole *m*, Polin *f*

polar [po'lar] Polar...; Pol...; **~izar** [~ri'θar] (1f) polarisieren

polea ⊙ [po'lea] *f* Riemenscheibe *f*; Laufrad *n*

polémi|ca [po'lemika] *f* Polemik *f*; **~co** [~'lemiko] polemisch

polen ♧ ['polen] *m* Blütenstaub *m*, Pollen *m*

poli|cía [poli'θia] 1. *f* Polizei *f*; 2. *su* Polizist(in *f*) *m*; **~cíaco** [~'θiako] Polizei...; Kriminal...; **~cial** [~'θial] polizeilich, Polizei...

poli|clínica [poli'klinika] *f* Poliklinik *f*; **~cromo** [~'kromo] vielfarbig, bunt; **~deportivo** [~ðepor'tiβo] *m* Sportanlage *f*; **~facético** [~fa'θetiko] vielseitig; **~fónico** [~'foniko] polyphon; **~gamia** [~'gamia] *f* Polygamie *f*; **~gloto** [~'gloto] vielsprachig, polyglott

polilla [po'liʎa] *f* Motte *f*

polio(mielitis) ✱ ['polio(mie'litis)] *f* Kinderlähmung *f*

pólipo ['polipo] *m* Polyp *m* (✱ *u zo*)

politécnico [poli'tɛgniko] polytechnisch

polít|ica [po'litika] *f* Politik *f*; **~co** [~'litiko] 1. *adj* politisch; (*parentesco*) Schwieger...; 2. *m* Politiker *m*

póliza ['poliθa] *f* Steuermarke *f*; *~ de seguro* Versicherungspolice *f*

polizón [poli'θon] *m* blinder Passagier *m*

pollería [poʎe'ria] *f* Geflügelhandlung *f*

pollo ['poʎo] *m* junges Huhn *n*; *gastr* Hähnchen *n*

polluelo [po'ʎuelo] *m* Küken *n*

polo ['polo] *m geo*, ⚡, *fig* Pol *m*; *dep* Polo *n*; (*helado*) Eis *n* am Stiel; (*camisa*) Polohemd *n*

polonesa [polo'nesa] *f* Polonaise *f*

poltrona [pɔl'trona] *f* Lehnstuhl *m*

polución [polu'θion] *f* Verschmutzung *f*

polvareda [pɔlβa'reða] *f* Staubwolke *f*; *levantar una ~* Staub aufwirbeln (*a fig*)

polvera [pɔl'βera] *f* Puderdose *f*

polvo ['pɔlβo] *m* Staub *m*; Pulver *n*; **~s** *pl* Puder *m*

pólvora ['pɔlβora] *f* Schießpulver *n*

polvo|riento [pɔlβo'riento] staubig; **~rín** [~'rin] *m fig* Pulverfaß *n*

pomada [po'maða] *f* Salbe *f*

pomelo [po'melo] *m* Grapefruit *f*

pómez ['pomeθ]: (*piedra f*) *~* Bimsstein *m*

pomo ['pomo] *m* Türknauf *m*

pomp|a ['pompa] *f* Pracht *f*, Pomp *m*; *~ de jabón* Seifenblase *f*; **~s** *pl fúnebres* Beerdigungsinstitut *n*; **~oso** [~'poso] pomphaft, pompös

pómulo ['pomulo] *m* Backenknochen *m*

ponche ['pontʃe] *m* Punsch *m*

poncho *Am* ['pontʃo] *m* Poncho *m*

pondera|do [ponde'raðo] überlegt; ausgewogen; **~r** [~'rar] (1a) abwägen

ponen|cia [po'nenθia] *f* Referat *n*; **~te** [~'nente] *m* Referent *m*

poner [po'ner] (2r) setzen; stellen; legen; (*nombre*) geben; (*cara*) machen; (*mesa*) decken; (*ropa*) anziehen; *tel* verbinden (*mit con*); (*radio*, *etc*) anmachen; (*cine*, *teat*) bringen; *~ + adj* machen, *p ej ~ furioso* wütend machen; *pongamos*

que (*subj*) nehmen wir an, daß; **~se** (*ropa*) anziehen; (*sombrero, gafas*) aufsetzen; (*sol*) untergehen; **~ +** *adj* werden, *p ej* **~ pálido** blaß werden; **~ a** (*inf*) anfangen zu (*inf*)
poney ['poni] *m* Pony *n*
pongo ['poŋgo] *s* **poner**
pontifi|cado [pontifi'kaðo] *m* Pontifikat *n*; **~cal** [~'kal] päpstlich; bischöflich
popa ⚓ ['popa] *f* Heck *n*
popula|cho [popu'latʃo] *m* Pöbel *m*; **~r** [~'lar] volkstümlich, Volks...; populär; **~ridad** [~lari'ðað] *f* Popularität *f*; Beliebtheit *f*; **~rizar** [~lari'θar] (1f) populär machen
populoso [popu'loso] volkreich
póquer ['poker] *m* Poker *m*
poquito [po'kito]: **un ~** ein bißchen
por [por] (*causa*) wegen, durch; (*pasivo*) durch, von; (*precio*) für; **~ Navidad** zu Weihnachten; **~ un año** für ein Jahr; **... ~ hora** ... pro Stunde; (*lugar*) **~ Toledo** über *bzw* durch Toledo; **♣ dos ~ dos** zwei mal zwei; **~ mí** meinetwegen; **¿~ qué?** warum?; **~ lo que, ~ lo cual** weswegen, weshalb; **~ difícil que sea** so schwierig es auch sein mag
porcelana [porθe'lana] *f* Porzellan *n*
porcentaje [porθen'taxe] *m* Prozentsatz *m*
porche ['portʃe] *m* Säulengang *m*; Vorhalle *f*
porcino [por'θino] Schweine...
porción [por'θion] *f* Portion *f*; (*parte*) Teil *m*
pordiosero *m* [porðio'sero] Bettler *m*
porfia|do [porfi'aðo] hartnäckig; **~r** [~'ar] (1c) beharren (auf *en*)
pormenor [porme'nor] *m* Einzelheit *f*; **~izar** [~nori'θar] (1f) genau beschreiben
porno ['porno] Porno...; **~grafía** [~gra'fia] *f* Pornographie *f*; **~gráfico** [~'grafiko] pornographisch
poro ['poro] *m* Pore *f*; **~so** [~'roso] porös
poroto *Am* [po'roto] *m* Bohne *f*
porque ['porke] weil
porqué [por'ke] *m* Ursache *f*, Grund *m*
porquería [porke'ria] *f* Schweinerei *f*; (*suciedad*) Dreck *m* (*a fig*)
porra ['porra] *f* (Gummi-)Knüppel *m*
porrillo F [po'rriʎo]: **a ~** in Hülle und Fülle
porro F ['porro] *m* Joint *m*

porrón [po'rron] *m* Trinkgefäß aus Glas mit langer Tülle
portaaviones [portaa'βiones] *m* Flugzeugträger *m*
porta|da [por'taða] *f* Portal *n*; *tip* Titelblatt *n*; **~dor** [~ta'ðor] *m* Träger *m* (*a* 🐾); ✝ Inhaber *m*; Überbringer *m*
porta|equipajes [portaeki'paxes] *m auto* Gepäckträger *m*; **~esquís** [~es'kis] *m auto* Skiträger *m*; **~estandarte** [~estan'darte] *m* Fahnenträger *m*; **~folios** [~'folios] *m* Aktenkoffer *m*; **~fotos** [~'fotos] *m* Fotorahmen *m*
portal [por'tal] *m* Portal *n*; Hauseingang *m*
porta|minas [porta'minas] *m* Drehbleistift *m*; **~monedas** [~mo'neðas] *m* Geldbörse *f*, Portemonnaie *m*; **~objeto(s)** [~oβ'xeto(s)] *m* Objektträger *m*
portarse [por'tarse] (1a) sich benehmen
portátil [por'tatil] tragbar; Reise..., Hand...
portaviones [porta'βiones] *m* Flugzeugträger *m*
portavoz [porta'βoθ] *su* Sprachrohr *n* (*a fig*); Sprecher(in *f*) *m*
portazo [por'taθo] *m*: **dar un ~** die Tür zuschlagen
porte ['porte] *m* ✝ Porto *n*; ✝ Fracht *f*; *fig* Haltung *f*; ✝ **a ~ debido** unfrei
portento [por'tento] *m* Wunder *n*; **~so** [~'toso] wunderbar
porteño [por'teɲo] aus Buenos Aires
porte|ra [por'tera] *f* Pförtnerin *f*; Hausmeisterin *f*; **~ría** [~'ria] *f* Pförtnerloge *f*; *dep* Tor *n*; **~ro** [~'tero] *m* Pförtner *m*; Hausmeister *m*; *dep* Torwart *m*; **~ electrónico** automatischer Türöffner *m* (mit Sprechanlage)
pórtico ['portiko] *m* Säulengang *m*
portorriqueño [portorri'keɲo] aus Puerto Rico
portuario [por'tuario] Hafen...
portu|gués [portu'ges] **1.** *adj* portugiesisch; **2.** *m*, **~guesa** [~'gesa] *f* Portugiese *m*, Portugiesin *f*
porvenir [porβe'nir] *m* Zukunft *f*
pos [pos]: **en ~ de alg** hinter j-m her
posada [po'saða] *f* Gasthaus *n*
posaderas [posa'ðeras] *f/pl* Gesäß *n*
posar [po'sar] (1a) Modell stehen, posieren; **~se** (*ave, etc*) sich setzen; ✈ aufsetzen
posdata [poz'ðata] *f* Nachschrift *f*

pose ['pose] f Pose f
pose|edor [pose e'dor] m Besitzer m, Inhaber m; **~er** [~'ɛr] (2e) besitzen; **~ído** [~'ido] besessen; **~sión** [~'sĭon] f Besitz m; **tomar ~ de** Besitz ergreifen von; (*cargo*) antreten; **~ivo** [~'sibo] besitzergreifend; *gram* **pronombre** m **~** Possessivpronomen n; **~so** [~'seso] m Besessene(r) m
posguerra [pos'gerra] f Nachkriegszeit f
posibili|dad [posibili'dad] f Möglichkeit f; **~tar** [~'tar] (1a) ermöglichen
posible [po'sible] möglich; **hacer (todo) lo ~** sein möglichstes tun
posición [posi'θĭon] f Stellung f; Position f
positivo [posi'tibo] 1. *adj* positiv; 2. *m fot* Positiv m
poso ['poso] m Bodensatz m
posponer [pospo'nɛr] (2r) hintansetzen
postal [pos'tal] 1. *adj* Post...; 2. (*tarjeta f*) **~** Postkarte f
poste ['poste] m Pfosten m; Pfeiler m; Mast m
póster ['pɔstɛr] m Poster n, m
postergar [poster'gar] (1a) zurücksetzen, -stellen; übergehen
posteri|dad [posteri'dad] f Nachwelt f; **~or** [~'rĭor] spätere(r, -s); hintere(r, -s); **~oridad** [~rĭori'dad] f: **con ~** nachträglich
postguerra [pos'gerra] s **posguerra**
postigo [pos'tigo] m Fensterladen m
postizo [pos'tiθo] 1. *adj* falsch, künstlich; 2. *m* Haarteil n, Toupet n
postor [pos'tɔr] m Bieter m; **al mejor ~** meistbietend
postra|ción [postra'θĭon] f Kniefall m; *fig* Niedergeschlagenheit f; **~r** [~'trar] (1a) niederwerfen; **~rse** niederknien
postre ['pɔstre] m Nachtisch m; **a la ~** zu guter Letzt
postrero [pos'trero] letzte(r, -s)
postulado [pɔstu'lado] m Postulat n; Forderung f
póstumo ['pɔstumo] post(h)um m; (*obra*) nachgelassen
postura [pos'tura] f Stellung f; Haltung f; (*subasta*) Gebot n; *fig* Einstellung f
potable [po'table] trinkbar
potaje [po'taxe] m Gemüseeintopf m, -suppe f
potasio [po'tasĭo] m Kalium n
pote ['pote] m Topf m

potencia [po'tenθĭa] f Macht f; ⊕ Stärke f, Kraft f; Leistung f; *biol* Potenz f; **en ~** potentiell; **gran ~** Großmacht f; **~l** [~'θĭal] 1. *adj* möglich; potentiell; 2. *m* Potential n
potente [po'tente] stark; *biol* potent
potestad [potes'tad] f: **patria ~** elterliche Gewalt f
potro ['potro] m Fohlen n; *dep* Bock m
pozo ['poθo] m Brunnen m; ⚒ Schacht m; **~ negro** Abortgrube f; *fig* **~ sin fondo** Faß n ohne Boden
práctica ['praktika] f Übung f; Praxis f; **~s** *pl* Praktikum n; **poner en ~** verwirklichen
practica|ble [prakti'kable] ausführbar; (*camino*) befahrbar; **~nte** [~'kante] f Arztgehilfe m; **~r** [~'kar] (1g) ausüben, betreiben, praktizieren; *dep* treiben
práctico ['praktiko] 1. *adj* praktisch; 2. *m* Praktiker m; ⚓ Lotse m
pra|dera [pra'dera] f Wiese f; *Am* Prärie f; **~do** ['prado] m Wiese f
pragmático [prag'matiko] pragmatisch
preámbulo [pre'ambulo] m Präambel f, Einleitung f; **sin ~s** ohne Umschweife
preaviso [prea'biso] m Vorankündigung f; **sin ~** fristlos
prebenda [pre'benda] f Pfründe f
precario [pre'karĭo] prekär; heikel
precaución [prekaŭ'θĭon] f Vorsicht f; **por ~** vorsorglich; **tomar precauciones** Vorsichtsmaßnahmen treffen
precav|er [preka'bɛr] (2a) vorbeugen (*dat*); **~erse** sich schützen (gegen *de*); **~ido** [~'bido] vorsichtig
prece|dencia [preθe'denθĭa] f Vorrang m; Vortritt m; **~nte** [~'dente] 1. *adj* vorhergehend; 2. *m* Präzedenzfall m; **~r** [~'dɛr] (2a) vorhergehen, vorangehen
precepto [pre'θepto] m Gebot n
preciarse [pre'θĭarse] (1b): **~ de** sich rühmen (*gen*)
precin|tar [preθin'tar] (1a) versiegeln; plombieren; **~to** [~'θinto] m Verschluß m; (Zoll-)Plombe f
precio ['preθĭo] m Preis m; **~ al contado** Barzahlungspreis m; **~ al por mayor** Großhandelspreis m; **~ de compra** Einkaufspreis m; **~ de coste** Selbstkostenpreis m; **~ de lanzamiento** Einführungspreis m; **~ de venta al público** Ladenpreis m; **a buen ~** preiswert; **no**

tener ~ unbezahlbar sein; **~sidad** [~siˈdað] f Kostbarkeit f; **~so** [~ˈθioso] kostbar, wertvoll; (*bonito*) reizend

precipi|cio [preθiˈpiθio] m Abgrund m; **~tación** [~pitaˈθiɔn] f Übereilung f, Hast f; *met* Niederschlag m; **~tado** [~ˈtaðo] **1.** *adj* übereilt, hastig; **2.** m 🜷 Niederschlag m; **~tar** [~ˈtar] (1a) hinabstürzen; *fig* übereilen; **~tarse** (sich) stürzen; *fig* sich überstürzen

preci|samente [preθisaˈmente] genau; gerade; präzisieren; (*necesitar*) brauchen; **~sión** [~ˈsiɔn] f Genauigkeit f; Präzision f; **~so** [~ˈθioso] nötig, notwendig; (*exacto*) genau; präzis(e)

precocidad [prekoθiˈdað] f Frühreife f

preconcebido [prekɔnθeˈβiðo] vorbedacht; **idea** f **-a** vorgefaßte Meinung f

precoz [preˈkɔθ] frühreif; Früh...

precursor [prekurˈsɔr] m Vorläufer m, Vorbote m

prede|cesor [predeθeˈsɔr] m Vorgänger m; **~cir** [~ˈθir] (3p) voraussagen

predestinar [predestiˈnar] (1a) vorherbestimmen

predica|do *gram* [prediˈkaðo] m Prädikat n; **~dor** [~ˈðɔr] m Prediger m; **~r** [~ˈkar] (1g) predigen

predicción [prediɣˈθiɔn] f Vorhersage f

predilec|ción [predileɣˈθiɔn] f Vorliebe f; **~to** [~ˈleɣto] Lieblings...; bevorzugt

predis|posición [predispɔsiˈθiɔn] f Anlage f; ♣ Anfälligkeit f; **~puesto** [~ˈpu̯esto] voreingenommen (gegen **contra**); ♣ anfällig (für **a**)

predomin|ante [predomiˈnante] vorherrschend; **~ar** [~ˈnar] (1a) vorherrschen, überwiegen; **~io** [~ˈminio] m Vorherrschaft f; Übergewicht n

preescolar [preeskoˈlar] Vorschul...

prefabricado [prefabriˈkaðo] vorgefertigt, Fertig...

prefacio [preˈfaθio] m Vorwort n

prefe|rencia [prefeˈrenθia] f Vorzug m; Vorliebe f; ~ (**de paso**) Vorfahrt f; **de** ~ vornehmlich; **~rente** [~ˈrente] bevorrechtigt; bevorzugt; **~rible** [~ˈrible] vorzuziehen; **~rido** [~ˈriðo] Lieblings...; **~rir** [~ˈrir] (3i) vorziehen

prefijo [preˈfixo] m *gram* Vorsilbe f, Präfix n; *tel* Vorwahl f

pre|gón [preˈɣɔn] m öffentliches Ausrufen n; (*discurso*) Fest-, Eröffnungsrede f; **~gonar** [~ɣoˈnar] (1a) öffentlich ausrufen; *fig* ausposaunen

pregunta [preˈɣunta] f Frage f; **~r** [~ˈtar] (1a) fragen (nach *dat por*)

prehistórico [preisˈtoriko] vorgeschichtlich, prähistorisch

prejubilación [prexubilaˈθiɔn] f Vorruhestand m

prejuicio [preˈxu̯iθio] m Vorurteil n; **sin** ~ **de** unbeschadet (*gen*)

prelado [preˈlaðo] m Prälat m

preliminar [prelimiˈnar] einleitend, Vor...

preludio [preˈluðio] m ♪ Vorspiel n (*a fig*), Präludium n; *fig* Einleitung f

prematuro [premaˈturo] **1.** *adj* verfrüht; vorzeitig; **2.** m Frühgeburt f

premedita|ción [premediˈtaθiɔn] f Vorbedacht m; **con** ~ vorsätzlich; **~r** [~ˈtar] (1a) vorher überlegen

premi|ar [preˈmi̯ar] (1b) belohnen; mit e-m Preis auszeichnen; **~o** [ˈpremio] m Preis m; (*recompensa*) Belohnung f, Prämie f; (*lotería*) Gewinn m

premonición [premoniˈθiɔn] f Vorgefühl n, Vorahnung f

premura [preˈmura] f Dringlichkeit f; Eile f; ~ **de tiempo** Zeitdruck m

prenda [ˈprenda] f Pfand n; (*ropa*) Kleidungsstück n; **no soltar** ~ sehr verschwiegen sein

prendedor [prendeˈðɔr] m Brosche f

prender [prenˈdɛr] (2a; *part a* **preso**) **1.** *v/t* festnehmen; (*sujetar*) befestigen; **2.** *v/i* Feuer fangen; ♪ Wurzel fassen

prensa [ˈprensa] f Presse f; ~ **del corazón** (*od* **amarilla**) f Regenbogenpresse f; **en** ~ im Druck; **~r** [~ˈsar] (1a) pressen; (*uva*) keltern

preña|do [preˈɲaðo] schwanger; (*animal*) trächtig; **~r** [~ˈɲar] (1a) schwängern

preñez [preˈɲeθ] f Schwangerschaft f; *zo* Trächtigkeit f

preocupa|ción [preokupaˈθiɔn] f Besorgnis f, Sorge f; **~do** [~ˈpaðo] besorgt; **~r** [~ˈpar] (1a) Sorgen machen; **~rse** sich Sorgen machen (um *por*); ~ **de** sich kümmern um; *¡no se preocupe!* seien Sie unbesorgt!

prepara|ción [preparaˈθiɔn] f Vorbereitung f; **~do** [~ˈraðo] m Präparat n; **~r** [~ˈrar] (1a) vorbereiten; (*comida*) zubereiten; **~tivos** [~raˈtibos] m/pl Vorbe-

reitungen f/pl; **~torio** [~ra'torĭo] vorbereitend
preponderar [preponde'rar] (1a) überwiegen; vorherrschen
preposición gram [preposi'θĭon] f Präposition f
prepoten|cia [prepo'tenθĭa] f Vorherrschen n; Übermacht f; **~te** [~'tente] übermächtig
prepucio anat [pre'puθĭo] m Vorhaut f
presa ['presa] f Beute f; (de agua) Staudamm m, Talsperre f
presa|giar [presa'xĭar] (1b) vorher-, voraussagen; **~io** [~'saxĭo] m Vorbedeutung f; Vorzeichen n
presbicia [prez'biθĭa] f Alters(weit)sichtigkeit f
présbita ['prezbita] weitsichtig
prescin|dible [presθin'dible] entbehrlich; **~dir** [~'dir] (3a): **~ de** absehen von; verzichten auf
prescri|bir [preskri'bir] (3a; part prescrito) 1. v/t vorschreiben; ✻ verschreiben; 2. v/i ⚖ verjähren; **~pción** [~krib'θĭon] f Vorschrift f; ⚖ Verjährung f; ✻ Verordnung f
presencia [pre'senθĭa] f Gegenwart f; Anwesenheit f; **de buena ~** gutaussehend; **~r** [~'θĭar] (1b) beiwohnen (dat), dabeisein bei (dat)
presenta|ción [presenta'θĭon] f Vorstellung f; Präsentierung f; (aspecto) Aufmachung f; **~dor** [~'dor] m TV, etc Ansager m; **~r** [~'tar] (1a) vorstellen; (mostrar) bieten; auf-, vorweisen; **~rse** erscheinen; auftreten
presente [pre'sente] 1. adj gegenwärtig; anwesend; 2. m Gegenwart f; gram Präsens n
presen|timiento [presenti'mĭento] m Vorgefühl n, Ahnung f; **~tir** [~'tir] (3i) ahnen
preserva|ción [preserba'θĭon] f Bewahrung f; Schutz m; **~r** [~'bar] (1a) bewahren, schützen (vor de); **~tivo** [~ba'tibo] m Präservativ n
presiden|cia [presi'denθĭa] f Präsidentschaft f; Vorsitz m; **~ta** [~'denta] f Präsidentin f; **~te** [~'dente] m Vorsitzende(r) m; Präsident m; **~ del Consejo** Ministerpräsident m; **~ de la junta directiva** Vorstandsvorsitzende(r) m
presi|diario [presi'dĭarĭo] m Sträfling m; **~dio** [~'sidĭo] m Zuchthaus n

presidir [presi'dir] (3a) den Vorsitz führen bei (dat); vorstehen (dat)
presi|ón [pre'sĭon] f Druck m; **~ sanguínea** Blutdruck m; **~ de los neumáticos** Reifendruck m; **~onar** [~sĭo'nar] (1a) drücken; fig unter Druck setzen
preso ['preso] 1. part v prender; 2. m Häftling m; **~ preventivo** Untersuchungshäftling m
prestación [presta'θĭon] f Leistung f; **~ social** Sozialleistung f
préstamo ['prestamo] m Darlehen n
prestar [pres'tar] (1a) (aus-, ver)leihen; (servicio, ayuda) leisten; **~se** sich anbieten; sich hergeben (zu a)
presteza [pres'teθa] f Schnelligkeit f
prestidigitador [prestidixita'dor] m Zauberer m, Taschenspieler m
prestigio [pres'tixĭo] m Ansehen n, Prestige n; **~so** [~'xĭoso] angesehen
presumi|ble [presu'mible] vermutlich; **~do** [~'mido] eingebildet; **~r** [~'mir] (3a) 1. v/t vermuten, annehmen; 2. v/i angeben (mit dat de)
presun|ción [presun'θĭon] f Vermutung f; (engreimiento) Überheblichkeit f, Dünkel m; **~to** [~'sunto] vermeintlich; angeblich; **~tuoso** [~'tŭoso] eingebildet, überheblich
presu|poner [presupo'ner] (2r) voraussetzen; **~puesto** [~'pŭesto] m Kostenvoranschlag m; ✝ Haushalt m, Budget n
presuroso [presu'roso] eilig
preten|cioso [preten'θĭoso] anmaßend; angeberisch; **~der** [~'der] (2a) fordern, beanspruchen; (afirmar) vorgeben, behaupten; (intentar) versuchen; **~diente** [~'dĭente] m Bewerber m; **~sión** [~'sĭon] f Anspruch m; Am Dünkel m; **~sioso** Am [~'sĭoso] dünkelhaft, eingebildet
pretex|tar [pretes'tar] (1a) vorgeben, vorschützen; **~to** [~'testo] m Vorwand m; Ausrede f
prevaricación [prebarika'θĭon] f Amts-, Pflichtverletzung f
preven|ción [preben'θĭon] f Vorkehrung f; a ✻ Vorbeugung f, Verhütung f; **~ido** [~be'nido] vorbereitet; (cauto) vorsichtig; **~ir** [~'nir] (3s) verhüten; vorbeugen (dat); (avisar) warnen
prever [pre'ber] (2v) voraussehen
previo ['prebĭo] vorhergehend
previsible [prebi'sible] voraussehbar;

~ión [~'sion] f Voraussicht f; **~ del tiempo** Wettervorhersage f; **~or** [~'sor] vorsichtig; **~to** [~'bisto] vor(aus)gesehen; *tener ~* vorsehen, vorhaben
prieto ['prieto] eng; knapp; *Am* dunkel
prima ['prima] f Kusine f; ✝ Prämie f
prima|cía [prima'θia] f Vorrang m; **~r** [~'mar] (1a) vorherrschen, überwiegen
primario [pri'marjo] primär
primavera [prima'bera] f Frühling m; ⚘ Primel f, Schlüsselblume f; **~l** [~'ral] Frühlings..., frühlingshaft
primero [pri'mero] **1.** *adj* erste(r, -s); *de -a* erstklassig; *a ~s de enero* Anfang Januar; **2.** *adv* zuerst
primitivo [primi'tiβo] ursprünglich; primitiv
primo ['primo] m Vetter m; **~génito** [~'xenito] m Erstgeborene(r) m
primordial [primor'djal] grundlegend, wesentlich
primoroso [primo'roso] vorzüglich; vortrefflich
prímula ⚘ ['primula] f Primel f
prin|cesa [prin'θesa] f Fürstin f; Prinzessin f; **~cipado** [~θi'paðo] m Fürstentum m
principal [prinθi'pal] **1.** *adj* Haupt..., hauptsächlich; *lo ~* die Hauptsache f; **2.** *m* erster Stock *m*
príncipe ['prinθipe] *m* Fürst *m*; Prinz *m*; *~ azul fig* Märchenprinz *m*; *~ heredero* Erb-, Kronprinz *m*
princi|piante [prinθi'pjante] *m* Anfänger *m*; **~pio** [~'θipjo] *m* Anfang *m*; (*concepto*) Grundsatz *m*, Prinzip *n*; *~ activo* Wirkstoff *m*; *al ~* anfangs; *en ~* grundsätzlich, im Prinzip; *a ~s de mayo* Anfang Mai
pringoso [prin'goso] fettig; schmierig
priori|dad [priori'ðað] f Vorrang *m*, Priorität f; *auto* Vorfahrt f; **~tario** [~'tarjo] vorrangig
prisa ['prisa] f Eile f; *a toda ~* in aller Eile; *darse ~* sich beeilen; *correr ~* eilig sein; *tener ~* es eilig haben
prisi|ón [pri'sjon] f Gefängnis *n*; *~ incomunicado* Einzelhaft f; *~ preventiva* Untersuchungshaft f; **~onero** [~sjo'nero] *m* Gefangene(r) *m*; *caer ~ in* Gefangenschaft geraten
prismáticos [priz'matikos] *m/pl* Feldstecher *m*, Fernglas *n*
priva|ción [priβa'θjon] f Beraubung f; Entzug m; (*carencia*) Entbehrung f; **~do** [~'βaðo] privat, Privat...; **~r** [~'βar] (1a) berauben; entziehen; **~rse:** *~ de a/c* auf et verzichten; **~tizar** [~ti'θar] (1f) privatisieren
privile|giar [priβile'xjar] (1b) bevorzugen; privilegieren; **~gio** [~'lexjo] *m* Vorrecht *n*, Privileg *n*
pro [pro] *m*: *en ~ de* zum Nutzen von; *el ~ y el contra* das Für und Wider
proa ⚓ ['proa] f Bug *m*
proba|bilidad [proβaβili'ðað] f Wahrscheinlichkeit f; **~ble** [~'βaβle] wahrscheinlich
proba|do [pro'βaðo] erprobt, bewährt; **~dor** [~'ðor] *m* Anproberaum *m*; **~r** [~'βar] (1m) **1.** *v/t* erproben, ausprobieren; (*a comida*) probieren; (*ropa*) (*mst ~se*) anprobieren; (*demostrar*) beweisen; **2.** *v/i* (gut) bekommen
probeta [pro'βeta] f Reagenzglas *n*
proble|ma [pro'βlema] *m* Problem *n*; ⚚ Aufgabe f; **~mática** [~'matika] f Problematik f; **~mático** [~'matiko] problematisch
probo ['proβo] rechtschaffen
procaz [pro'kaθ] unverschämt, frech
proce|dencia [proθe'ðenθja] f Herkunft f; **~dente** [~'ðente] (her)stammend, kommend (aus *de*); (*oportuno*) angebracht; **~der** [~'ðer] **1.** (2a) (her)kommen, stammen (aus *de*); (*actuar*) vorgehen; (*ser oportuno*) angebracht sein; *~ a* übergehen zu; **2.** *m* Verhalten *n*; Vorgehen *n*, **~dimiento** [~ði'mjento] *m* Verfahren *n* (*a* ⚖ *u* ⚙)
procesa|do [proθe'saðo] *m* Angeklagte(r) *m*; **~dor** [~'ðor] *m* *inform* Prozessor *m*; *~ de textos* Textverarbeitungssystem *n*; **~miento** [~'mjento] *m* Gerichtsverfahren *n*: gerichtliche Verfolgung f; **~r** [~'sar] (1a) gerichtlich verfolgen
procesión [proθe'sjon] f Prozession f
proceso [pro'θeso] *m* Prozeß *m*; *~ de datos* (*textos*) Daten- (Text-)verarbeitung f
proclama|ción [proklama'θjon] f Proklamation f, Verkündigung f; **~r** [~'mar] (1a) ausrufen, proklamieren
procre|ación [prokrea'θjon] f Fortpflanzung f; **~ar** [~'ar] (1a) zeugen, fortpflanzen
procura|dor [prokura'ðor] *m* (*nicht plä-*

procurar 226

dierender) Anwalt *m*; **~r** [~'rar] (1a) besorgen, verschaffen; **~** *inf* versuchen zu
prodigalidad [prodigali'ðað] *f* Verschwendung *f*; Überfluß *m*
prodigio [pro'ðixio] *m* Wunder *n*; *niño m ~* Wunderkind *n*; **~so** [~ði'xioso] wunderbar
pródigo [pro'ðiɣo] verschwenderisch; *el hijo ~* der verlorene Sohn
produc|ción [proðuɣ'θiɔn] *f* Erzeugung *f*, Produktion *f*, Herstellung *f*; **~ir** [~'θir] (3o) erzeugen, herstellen, produzieren; (*causar*) hervorrufen; **~irse** sich ereignen, eintreten; **~tividad** [~ɣtiβi'ðað] *f* Produktivität *f*; **~tivo** [~'tiβo] produktiv; **~to** [~'ðukto] *m* Produkt *n*, Erzeugnis *n*; **~ nacional bruto** Bruttosozialprodukt *n*; **~tor** [~'tɔr] **1.** *adj* erzeugend; **2.** *m* Erzeuger *m*; Hersteller *m*; (*a cine*) Produzent *m*
proeza [pro'eθa] *f* Heldentat *f*
profa|nación [profana'θiɔn] *f* Entweihung *f*; Schändung *f*; **~nar** [~'nar] (1a) entweihen; schänden; **~no** [~'fano] **1.** *adj* profan; weltlich; **2.** *m* Laie *m*
profe|cía [profe'θia] *f* Prophezeiung *f*, **~rir** [~'rir] (3i) aussprechen; (*grito, etc*) ausstoßen; **~sar** [~'sar] (1a) (*profesión*) ausüben; *rel* bekennen; **~sión** [~'siɔn] *f* Beruf *m*; **~sional** [~sio'nal] **1.** *adj* berufsmäßig, Berufs...; **2.** *su* Fachmann *m*, Fachfrau *f*; *dep* F Profi *m*; **~ liberal** Freiberufler *m*; **~sor** [~fe'sɔr] Lehrer *m*; **~ universitario** (Universitäts-)Dozent *m*; **~sorado** [~so'raðo] *m* Lehramt *n*; (*profesores*) Lehrerschaft *f*, Lehrkörper *m*
profe|ta [pro'feta] *m*, **~tisa** [~'tisa] *f* Prophet(in *f*) *m*; **~tizar** [~'θar] (1f) prophezeien
profético [pro'fetiko] prophetisch
profiláctico ✱ [profi'laktiko] vorbeugend, prophylaktisch
prófugo ['profuɣo] **1.** *adj* flüchtig; **2.** *m* ✕ Fahnenflüchtige(r) *m*
profun|didad [profundi'ðað] *f* Tiefe *f*; **~dizar** [~di'θar] (1f) vertiefen; *fig* auf den Grund gehen (*dat*); **~do** [~'fundo] tief
profu|sión [profu'siɔn] *f* Übermaß *n*; Überfluß *m*; **~so** [~'fuso] verschwenderisch; reichlich
progenitor [prɔxeni'tɔr] *m* Erzeuger *m*; **~es** *pl* Eltern *pl*
programa [pro'ɣrama] *m* Programm *n*;

~ de estudios Lehrplan *m*; **~ción** [~'θiɔn] *f* Programmierung *f*; **~dor** [~'ðɔr] *m* Programmierer *m*; **~r** [~'mar] (1a) planen; *inform* programmieren
progre|sar [proɣre'sar] (1a) Fortschritte machen; fortschreiten; **~sivo** [~'siβo] progressiv; fortschreitend; **~so** [~'ɣreso] *m* Fortschritt *m*
prohibi|ción [proiβi'θiɔn] *f* Verbot *n*; **~r** [~'βir] (3a) verbieten; **~tivo** [~βi'tiβo] prohibitiv; (*precio*) unerschwinglich
prohombre [pro'ɔmbre] *m* Prominente(r) *m*
prójimo ['proximo] *m* Nächste(r) *m*, Mitmensch *m*
prole ['prole] *f* Nachkommenschaft *f*; **~tariado** [~ta'riaðo] *m* Proletariat *n*; **~tario** [~'tario] **1.** *adj* proletarisch; **2.** *m* Proletarier *m*
prolifera|ción [prolifera'θiɔn] *f* ✱ Wucherung *f*; *fig* Zunahme *f*; **~r** [~'rar] (1a) sich vermehren
prolífico [pro'lifiko] fruchtbar
prolijo [pro'lixo] weitschweifig
prólogo ['proloɣo] *m* Vorwort *n*, Prolog *m*
prolonga|ción [prolɔnɡa'θiɔn] *f* Verlängerung *f*; **~do** [~'ɡaðo] ausgedehnt, lang(e dauernd); **~r** [~'ɡar] (1h) verlängern; **~rse** lange dauern
promedio [pro'meðio] *m* Durchschnitt *m*; **en ~** durchschnittlich
prome|sa [pro'mesa] *f* Versprechen *n*; **~tedor** [~te'ðɔr] vielversprechend; **~ter** [~'ter] (2a) versprechen; **~terse** sich verloben; **~tida** [~'tiða] *f* Verlobte *f*, Braut *f*; **~tido** [~'tiðo] *m* Verlobte(r) *m*, Bräutigam *m*
prominen|cia [promi'nenθia] *f* (Boden-)Erhebung *f*; ✱ Auswuchs *m*; **~te** [~'nente] vorstehend, vorspringend; (*ilustre*) prominent
promo|ción [promo'θiɔn] *f* Beförderung *f*; *fig* Förderung *f*; **~cionar** [~θio'nar] (1a) fördern; **~tor** [~'tɔr] *m* Förderer *m*, Promotor *m*
promulgar [promul'ɡar] (1h) verkünden; *fig* verbreiten
pronombre *gram* [pro'nɔmbre] *m* Fürwort *n*, Pronomen *n*
pro|nosticar [pronɔsti'kar] (1g) vorhersagen; **~nóstico** [~'nɔstiko] *m* Vorhersage *f*; ✱ Prognose *f*; **~ del tiempo** Wettervorhersage *f*

pron|titud [prɔnti'tuð] *f* Schnelligkeit *f*; **~to** ['prɔnto] **1.** *adj* schnell; **de ~** plötzlich; **por lo ~** vorläufig; **2.** *adv* bald; *(temprano)* früh; **¡hasta ~!** bis bald!
pronuncia|ción [pronunθja'θjɔn] *f* Aussprache *f*; **~do** [~'θjaðo] deutlich, betont; **~r** [~'θjar] (1b) aussprechen; *(discurso)* halten; **~rse** sich äußern; ✗ sich erheben
propaga|ción [propaga'θjɔn] *f* Ver-, Ausbreitung *f*; **~nda** [~'ganda] *f* Propaganda *f*, Werbung *f*; **~r** [~'gar] (1h) verbreiten; *biol* fortpflanzen
propalar [propa'lar] (1a) verbreiten; F ausposaunen
propasarse [propa'sarse] (1a) zu weit gehen
propen|sión [propen'sjɔn] *f* Neigung *f*; Hang *m*; **~so** [~'penso] geneigt (zu **a**); **ser ~ a** neigen zu; ✱ anfällig sein für
propiamente [propja'mente] eigentlich
propicio [pro'piθjo] günstig
propie|dad [propje'ðað] *f* Eigentum *n*; Besitz *m*; *(cualidad)* Eigenschaft *f*; **~tario** *m* [~'tarjo] Eigentümer *m*; Besitzer *m*
propina [pro'pina] *f* Trinkgeld *n*; **~r** [~'nar] (1a; *paliza, etc*) verpassen
propio ['propjo] eigen; *(mismo)* selbst; **~ de** bezeichnend für
proponer [propo'nɛr] (2r) vorschlagen; **~se** sich vornehmen
propor|ción [propor'θjɔn] *f* Verhältnis *n*; Proportion *f*; **en ~ a** im Verhältnis zu; **~cional** [~θjo'nal] verhältnismäßig; proportional; **~cionar** [~'nar] (1a) verschaffen, besorgen
proposición [proposi'θjɔn] *f* Vorschlag *m*; Antrag *m*
propósito [pro'posito] *m* Absicht *f*; Vorsatz *m*; **a ~** übrigens; *(adecuado)* gelegen, erwünscht; beiläufig gesagt; **de ~** absichtlich; **fuera de ~** ungelegen
propuesta [pro'pŭesta] *f* Vorschlag *m*
propugnar [propug'nar] (1a) eintreten für, verfechten
propuls|ar [propul'sar] (1a) antreiben; *fig* fördern; **~ión** [~'sjɔn] *f* Antrieb *m*; **~ a reacción** Düsenantrieb *m*
prorra|ta [prɔ'rrata] *f*: **a ~** anteilmäßig; **~tear** [~te'ar] (1a) anteilmäßig verteilen
prórroga ['prɔrroga] *f* Verlängerung *f*; Aufschub *m*
prorrogar [prɔrro'gar] (1h) verlängern; aufschieben

prorrumpir [prɔrrum'pir] (3a) ausbrechen (in *ac* **en**)
prosa ['prosa] *f* Prosa *f*; **~ico** [~'saïko] prosaisch; banal
proscribir [prɔskri'bir] (3a; *part* **proscrito**) ächten; *(prohibir)* verbieten
proseguir [prose'gir] (3d *u* 3l) **1.** *v/t* fortsetzen; **2.** *v/i* weitermachen
prospección ✗ [prɔspɛk'θjɔn] *f* Schürfen *n*
prospecto [prɔs'pɛkto] *m* Prospekt *m*
prospe|rar [prɔspe'rar] (1a) gedeihen, florieren; Erfolg haben; **~ridad** [~ri'ðað] *f* Gedeihen *n*; Wohlstand *m*
próspero ['prɔspero] blühend; erfolgreich
próstata *anat* ['prɔstata] *f* Prostata *f*
prostíbulo [prɔs'tibulo] *m* Bordell *n*
prostitu|ción [prɔstitu'θjɔn] *f* Prostitution *f*; **~ir(se)** [~'ir(se)] (3g) (sich) prostituieren; **~ta** [~'tuta] *f* Prostituierte *f*
protagoni|sta [protago'nista] *su* Held(in *f*) *m*; Hauptdarsteller(in *f*) *m*, -person *f*; **~zar** [~ni'θar] (1f) die Hauptrolle spielen
protec|ción [protɛg'θjɔn] *f* Schutz *m*; **~tor** [~tɛk'tɔr] **1.** *adj* schützend; Schutz...; **2.** *m* (Be-)Schützer *m*
proteger [protɛ'xɛr] (2c) (be)schützen (vor *de*); **~gido** [~'xiðo] *m* Schützling *m*
proteína [prote'ina] *f* Protein *n*
protésico [pro'tesiko] *m*: **~ dental** Zahntechniker *m*
prótesis ['protesis] *f* Prothese *f*
protesta [pro'testa] *f* Protest *m*; **~nte** [~'tante] **1.** *adj* protestantisch; **2.** *su* Protestant(in *f*) *m*; **~ntismo** [~'tizmo] *m* Protestantismus *m*; **~r** [~'tar] (1a) protestieren; ✝ *(letra)* zu Protest gehen lassen
protocolo [proto'kolo] *m* Protokoll *n*
prototipo [proto'tipo] *m* Prototyp *m*
provecho [pro'betʃo] *m* Vorteil *m*, Nutzen *m*; ✝ Profit *m*; **¡buen ~!** guten Appetit!; **sacar ~ de** Nutzen ziehen aus; **~so** [~'tʃoso] nützlich; einträglich
provee|dor [probee'ðɔr] *m* Lieferant *m*; **~r** [~'ɛr] (2e; *part* **provisto**) beliefern, versehen (mit *de*); **~rse** sich versorgen (mit *de*)
provenir [probe'nir] (3s) (her)kommen, stammen (von, aus *de*)
prover|bial [probɛr'bjal] sprichwörtlich; **~bio** [~'bɛrbjo] *m* Sprichwort *n*

providencia [probi'denθia] *f* Vorsehung *f*

provincia [pro'binθia] *f* Provinz *f*; **~l** [~'θial] Provinz...; **~no** [~'θiano] **1.** *adj* Provinz..., provinziell (*a desp*); **2.** *m* Provinzler *m*

provi|sión [probi'sĭon] *f* Vorrat *m*; ✝ **~ de fondos** Deckung *f*; **provisiones** *pl* Proviant *m*; **~sional** [~sĭo'nal], **~sorio** *Am* [~'sorio] vorläufig, provisorisch

provisto [pro'bisto] *s* **proveer**

provoca|ción [proboka'θion] *f* Herausforderung *f*, Provokation *f*; **~dor** [~'dor] *s* **~tivo**; **~r** [~'kar] (1g) herausfordern, provozieren; (*causar*) verursachen, bewirken; **~tivo** [~ka'tibo] herausfordernd, provozierend

proxeneta [prɔgse'neta] *m* Zuhälter *m*

próximamente [prɔgsima'mente] demnächst

proximidad [prɔgsimi'dad] *f* Nähe *f*

próximo ['prɔgsimo] nahe; nächste(r, -s)

proyec|ción [projeg'θion] *f* Projektion *f*; **~tar** [~jek'tar] (1a) projizieren; (*película*) vorführen; (*planear*) planen; **~til** [~'til] *m* Geschoß *n*; **~to** [~'jekto] *m* Entwurf *m*; Projekt *n*, Plan *m*; **en ~** geplant; **~tor** [~'tor] *m* Projektor *m*

pruden|cia [pru'denθia] *f* Klugheit *f*; (*cautela*) Vorsicht *f*; **~cial** [~'θial] klug, vernünftig; (*plazo, etc*) angemessen; **~te** [~'dente] klug, vernünftig; (*cauto*) vorsichtig

prueba ['prŭeba] *f* Beweis *m*, Nachweis *m*; (*ensayo*) Probe *f*, Versuch *m*; *tip* Abzug *m*; **a (título de) ~** auf Probe, probeweise; **a ~ de agua** wasserdicht; **a ~ de bala** (**de bomba**) kugel- (bomben-)sicher; **a ~ de fuego** feuerfest; **poner a ~** auf die Probe stellen

pruebo ['prŭebo] *s* **probar**

prurito [pru'rito] *m* ✱ Hautjucken *n*, Juckreiz *m*; *fig* Kitzel *m*

prusiano [pru'sĭano] **1.** *adj* preußisch; **2.** *m* Preuße *m*

psic|oanálisis [psikoa'nalisis] *f* Psychoanalyse *f*; **~ología** [~lɔ'xia] *f* Psychologie *f*; **~ológico** [~'lɔxiko] psychologisch; **~ólogo** [~'kɔlogo] *m* Psychologe *m*; **~ópata** [~'kɔpata] *su* Psychopath(in *f*) *m*; **~osis** [~'kɔsis] *f* Psychose *f*

psiquia|tra [psi'kĭatra] *su* Psychiater(in *f*) *m*; **~tría** [~'tria] *f* Psychiatrie *f*

psíquico ['psikiko] psychisch, seelisch

púa ['pua] *f* Stachel *m*; (*de peine*) Zinke *f*, Zahn *m*; ♪ Plektron *n*

pubertad [puber'tad] *f* Pubertät *f*

publi|cación [publika'θion] *f* Veröffentlichung *f*; Herausgabe *f*; **~car** [~'kar] (1g) veröffentlichen, herausgeben; **~cidad** [~θi'dad] *f* Öffentlichkeit *f*; ✝ Werbung *f*, Reklame *f*; **~ luminosa** Neon-, Lichtreklame *f*; **~cista** [~'θista] *m* Publizist *m*; **~citario** [~θi'tarĭo] Werbe...

público ['publiko] **1.** *adj* öffentlich; **en ~** öffentlich; **hacer ~** bekanntmachen; **2.** *m* Publikum *n*

puchero [pu'tʃero] *m* Kochtopf *m*; *gastr* Eintopf(gericht *n*) *m*

pucho *Am* ['putʃo] *m* Zigarettenstummel *m*

pude ['pude] *s* **poder**

púdico ['pudiko] schamhaft

pudiente [pu'dĭente] wohlhabend

pudín [pu'din] *m* Pudding *m*

pudo ['pudo] *s* **poder**

pudor [pu'dor] *m* Scham(haftigkeit *f*) *f*; **~oso** [~do'roso] schamhaft

pudrirse [pu'drirse] (3a) (ver)faulen

pueblo ['pŭeblo] *m* Volk *n*; (*poblado*) Dorf *n*

puedo ['pŭedo] *s* **poder**

puente ['pŭente] *m* Brücke *f* (*a* ✈); ⚓ Deck *n*; ♪ Steg *m*; **~ aéreo** Luftbrücke *f*; **~ colgante** Hängebrücke *f*; **~ levadizo** Zugbrücke *f*; **hacer ~** an e-m Werktag zwischen zwei Feiertagen nicht arbeiten

puerco ['pŭerko] **1.** *adj* schweinisch; schmutzig; **2.** *m* Schwein *n* (*a fig*); **~ espín** Stachelschwein *n*

pueri|cultora [pŭerikul'tora] *f* Säuglingspflegerin *f*; **~tura** [~'tura] *f* Säuglings-, Kinderpflege *f*

pueril [pŭe'ril] kindisch

puerro ❦ ['pŭerro] *m* Lauch *m*, Porree *m*

puerta ['pŭerta] *f* Tür *f*; Tor *n*; **~ de servicio** Hintertür *f*; **a ~ cerrada** unter Ausschluß der Öffentlichkeit

puerto ['pŭerto] *m* Hafen *m*; (*de montaña*) (Berg-)Paß *m*; **~ de destino** Zielhafen *m*; **~ fluvial** Binnenhafen *m*; **~rriqueño** [~rri'keno] **1.** *adj* aus Puerto Rico; **2.** *m* Puertoricaner *m*

pues [pŭes] *cj* da; denn; also; **¡~ bien!** also gut!; **~ sí** freilich, doch

puesta ['pŭesta] *f* Einsatz *m*; *astr* Untergang *m*; **~ en escena** *teat* Inszenierung

f; **~ en marcha** ⊙ Inbetriebnahme f; auto Anlassen n; **~ en práctica** Verwirklichung f
puesto ['pŭesto] **1.** s poner; **2.** m (lugar) Platz m; (empleo) Stelle f, Posten m; (de venta) (Verkaufs-)Stand m; **~ de socorro** Unfallstation f; **~ de trabajo** Arbeitsplatz m; **3.** cj ~ **que** weil, da (ja)
púgil ['puxil] m Boxer m
pugilato [puxi'lato] m Boxkampf m
pugna ['pugna] f fig Kampf m, Streit m; **~r** [~'nar] (1a) kämpfen
puja|nte [pu'xante] ✝ aufstrebend; **~r** [~'xar] (1a) (subasta) höher bieten
pul|critud [pulkri'tuð] f Sauberkeit f; Sorgfalt f; **~cro** [ˈpulkro] sauber; sorgfältig
pulga ['pulga] f Floh m; **~da** [~'gaða] f (medida) Zoll m
pulgar [pul'gar] m Daumen m
pulgón [pul'gon] m Blattlaus f
puli|do [pu'liðo] poliert, blank; **~mentar** [~men'tar] (1a) polieren; **~mento** [~'mento] m Politur f; **~r** [~'lir] (3a) polieren; fig ausfeilen
pulla ['puʎa] f Stichelei f
pulm|ón [pul'mon] m Lunge f; **~onar** [~mo'nar] Lungen...; **~onía** [~'nia] f Lungenentzündung f
pulpa ['pulpa] f Fruchtfleisch n
púlpito ['pulpito] m Kanzel f
pulpo ['pulpo] m Polyp m
pul|sación [pulsa'θjon] f Pulsschlag m; (piano, máquina de escribir) Anschlag m; **~sador** [~'ðor] m ⊙ Knopf m; **~sar** [~'sar] (1a) **1.** v/t (botón, tecla) drücken; **2.** v/i pulsieren, schlagen; **~sera** [~'sera] f Armband n; **~so** ['pulso] m Puls(schlag) m; fig Kraftprobe f; ✱ **tomar el ~** den Puls fühlen
pulular [pulu'lar] (1a) wimmeln
pulveriza|dor [pulβeriθa'ðor] m Zerstäuber m; **~r** [~'θar] (1f) zerstäuben
puna Am ['puna] f Höhenkrankheit f
punción ✱ [pun'θjon] f Punktion f
pundonor [pundo'nor] m Ehrgefühl n
puni|ble [pu'nible] strafbar; **~ción** [~'θjon] f Bestrafung f
punta ['punta] f Spitze f; (extremo) Ende n; fig Spur f; Am Anzahl f; **a ~ de pistola** mit vorgehaltener Pistole; **de ~ en blanco** F pickfein; **sacar ~** anspitzen; **~da** [~'taða] f (Nadel-)Stich m

puntal [pun'tal] m Stützbalken m; fig Stütze f
puntapié [punta'pĭe] m Fußtritt m
punte|ría [punte'ria] f Zielen n; **tener buena ~** ein guter Schütze sein; **~ro** [~'tero] Spitzen...
puntiagudo [puntĭa'guðo] scharf, spitz
puntill|a [pun'tiʎa] f (encaje) Spitze f; taur Genickstoß m; **de ~s** auf Zehenspitzen; **~oso** [~'ʎoso] (über)empfindlich
punto ['punto] m Punkt m (a fig); (puntada) Stich m; **~ de partida** Ausgangspunkt m; **~ de vista** Gesichts-, Standpunkt m; **~ muerto** auto Leerlauf m; **~ y coma** Semikolon n; **a ~** bereit; **estar a ~** fertig sein; gastr gar sein; **a ~ de nieve** (clara) steifgeschlagen; **estar a ~ de** inf im Begriff sein zu; **hacer ~** stricken; **hasta cierto ~** bis zu e-m gewissen Grade; **hasta qué ~** inwieweit; **a las tres en ~** Punkt drei Uhr; **géneros** m/pl **de ~** Strick-, Wirkwaren f/pl; **dos ~s** Doppelpunkt m
puntua|ción [puntŭa'θjon] f Zeichensetzung f; dep Punktwertung f; **~l** [~'tŭal] pünktlich; (medidas, etc) gezielt; **~lidad** [~li'ðað] f Pünktlichkeit f; **~lizar** [~'θar] (1f) klarstellen
punzante [pun'θante] (dolor) stechend; **herida a ~** Stichwunde f
puñado [pu'naðo] m Handvoll f (a fig)
puñal [pu'nal] m Dolch m; **~ada** [~'laða] f Dolchstich m, -stoß m
puñetazo [puɲe'taðo] m Faustschlag m
puño ['puɲo] m Faust f; (de camisa) Manschette f; (de bastón, etc) Griff m; **de (su) ~ y letra** eigenhändig
pupi|la [pu'pila] f Pupille f; **~laje** [~'laxe] m auto (laufende) Wartung f; **~lo** [~'pilo] m Mündel m; Zögling m
pupitre [pu'pitre] m Pult n
puré [pu're] m Püree n
pureza [pu'reθa] f Reinheit f
purga ['purga] f pol Säuberung f; **~nte** [~'gante] m Abführmittel n; **~r** [~'gar] (1h) ✱ abführen; pol säubern; **~torio** [~'torĭo] rel (~'torĭo] m Fegefeuer n
purificar [purifi'kar] (1g) reinigen
puritano [puri'tano] **1.** adj puritanisch; **2.** m Puritaner m
puro ['puro] **1.** adj rein; (casto) keusch; (mero) bloß, lauter; **2.** m Zigarre f
púrpura ['purpura] f Purpur m

purpúreo [pur'pureo] purpurfarben
purulento [puru'lento] eiternd
pus [pus] *m* Eiter *m*
puse ['puse] *s* **poner**
pusilánime [pusi'lanime] kleinmütig; verzagt

pústula ✱ ['pustula] *f* Pustel *f*
puta P ['puta] *f* Hure *f*, Nutte *f*
putre|facción [putrefag'θion] *f* Fäulnis *f*; Verwesung *f*; **~facto** [~'fakto] verfault, verwest
pútrido ['putriðo] verfault; faulig

Q

Q, q [ku] *f* Q, q *n*
que [ke] **1.** *pron rel* welche(r, -s); der, die, das; *el* (*la, lo*) *~* der- (die-, das)jenige, welcher (welche, welches); **2.** *cj* daß; *comparativo* als; *¡~ entre!* er soll eintreten!; *¡~ usted descanse!* schlafen Sie gut!; *~ sí* bestimmt; ja (doch)!; *~ no* bestimmt nicht; nein (doch)!; *eso sí ~ no* das bestimmt nicht; *yo ~ tú* ich an deiner Stelle; *¡a ~ no!* wetten, daß nicht!
qué [ke] *pron interr* welche(r, -s)?; was?; *¡~!* welch!, was für ein!; *¡~ guapo!* wie hübsch!; *¡~ va!* ach was!; *¡y ~!* na und?; *¿a mí ~?* was geht mich das an?; *un no sé ~* ein gewisses Etwas; *el ~ dirán* das Gerede (der Leute)
quebra|dero [kebra'ðero] *m*: *~(s) de cabeza* Kopfzerbrechen *n*; *~do* [~'braðo] *m* ⚕ Bruch *m*
quebranta|huesos *zo* [kebranta'uesos] *m* Bart-, Lämmergeier *m*; *~r* [~'tar] (1a) zerbrechen, zerschlagen; (*ley, etc*) brechen; *fig* zerrütten; *~rse* zerbrechen
quebrar [ke'brar] (1k) **1.** *v/t* (zer)brechen; **2.** *v/i* Bankrott machen; *~se* zerbrechen
quedar [ke'ðar] (1a) bleiben; (*sobrar*) übrigbleiben; *~ bien* (*mal*) gut (schlecht) abschneiden *od* ausfallen; (*vestido*) gut (schlecht) stehen; *~ bien con alg* e-n guten Eindruck bei j-m machen; *~ en* verabreden; *~ por hacer* noch zu tun sein; *por mí que no quede* an mir soll's nicht liegen; *queda mucho* es fehlt noch viel; *¿en qué quedamos?* wie wollen wir nun verbleiben?; *~se* bleiben; *~ con a/c* behalten; (*comprar*) et nehmen; *~ ciego*

blind werden; *~ sin dinero* kein Geld mehr haben; *~ sin comer* nichts zu essen bekommen
quedo ['keðo] ruhig; still; leise
quehacer [kea'θer] *m* Arbeit *f*; Aufgabe *f*; *~es pl* Beschäftigung *f*
quej|a ['kexa] *f* Klage *f*; Beschwerde *f*; *~arse* [ke'xarse] (1a) sich beklagen *od* beschweren (bei *a*; über *de*); *~ido* [ke'xiðo] *m* Jammern *n*; *~umbroso* [kexum'broso] jämmerlich; wehleidig
quema ['kema] *f* Verbrennung *f*; *~dura* ✱ [~'ðura] *f* Brandwunde *f*, Verbrennung *f*; *~ de sol* Sonnenbrand *m*; *~r* [ke'mar] (1a) **1.** *v/t* verbrennen; versengen; **2.** *v/i* brennend heiß sein; *~rse* sich verbrennen; (*comida*) anbrennen; (*casa, etc*) abbrennen; *~rropa* [kema'rropa]: *a ~* aus nächster Nähe
quepo ['kepo] *s* **caber**
queque *Am* ['keke] *m* Kuchen *m*
querella [ke'reʎa] *f* Streit *m*; ⚖ Strafantrag *m*; *~rse* [~'ʎarse] (1a) ⚖ klagen; Strafantrag stellen (gegen **contra**)
querer [ke'rer] (2u) wollen; mögen; (*amar*) lieben; *~ decir* bedeuten, heißen; *sin ~* unabsichtlich; *sea como quiera* wie dem auch sei; *como quiera que* da, weil
queri|da [ke'riða] *f* Geliebte *f*; *~do* [~'riðo] **1.** *adj* geliebt; lieb; **2.** *m* Geliebte(r) *m*
queroseno [kero'seno] *m* Kerosin *m*
queso ['keso] *m* Käse *m*; *~ de bola* Edamer Käse *m*; *~ para untar* Streichkäse *m*; F *darla con ~* j-n anschmieren
quicio ['kiθio] *m* Türangel *f*; *sacar a alg de ~* F j-n aus dem Häuschen bringen

quiebra ✝ ['kĭebra] *f* Bankrott *m*, Konkurs *m*
quien [kĭen] *pron rel* wer; welche(r, -s); der, die, das; *hay* ~ manch einer; einige
quién [kĭen] *pron interr* wer?
quienquiera [kĭen'kĭera] irgendwer; wer auch immer
quiero ['kĭero] *s querer*
quie|to ['kĭeto] ruhig; **~tud** [kĭe'tuđ] *f* Ruhe *f*
quijada [ki'xađa] *f* Kiefer *m*; Kinnbakken *m*, -lade *f*
quilate [ki'late] *m* Karat *f*
quilla ⚓ ['kiʎa] *f* Kiel *m*
quimera [ki'mera] *f* Hirngespinst *n*
quími|ca ['kimika] *f* Chemie *f*; **~co** [~ko] **1.** *adj* chemisch; *producto* *m* ~ Chemikalie *f*; **2.** *m* Chemiker *m*
quimioterapia [kimĭote'rapĭa] *f* Chemotherapie *f*
quina ['kina] *f* Chinarinde *f*
quincalla [kiŋ'kaʎa] *f* Eisen-, Blechwaren *f/pl*
quince ['kinθe] fünfzehn; *dentro de* ~ *días* in vierzehn Tagen; **~na** [~'θena] *f* vierzehn Tage *m/pl*
quiniela [ki'nĭela] *f* Totoschein *m*; **~s** *pl* Toto *n*
quinientos [ki'nĭentos] fünfhundert
quinina [ki'nina] *f* Chinin *n*
quinta ['kinta] *f* Landhaus *m*; ⚔ Jahrgang *m*; ♪ Quint(e) *f*
quintaesencia [kintae'senθĭa] *f* Quintessenz *f*

quintal [kin'tal] *m*: ~ *métrico* Doppelzentner *m*
quinteto ♪ [kin'teto] *m* Quintett *n*
quintillizos [kinti'ʎiθos] *m/pl* Fünflinge *m/pl*
quinto ['kinto] **1.** *adj* fünfte(r, -s); **2.** *m* Rekrut *m*
quíntuplo ['kintuplo] fünffach
quiosco ['kĭosko] *m* Kiosk *m*
quirófano [ki'rofano] *m* Operationssaal *m*
quiromancia [kiro'manθĭa] *f* Chiromantie *f*, Handlesekunst *f*
quirúrgico [ki'rurxiko] chirurgisch
quise ['kise] *s querer*
quisquilloso [kiski'ʎoso] kleinlich; (*susceptible*) empfindlich
quiste 🕀 ['kiste] *m* Zyste *f*
quita|esmalte [kitaez'malte] *m* Nagellackentferner *m*; **~manchas** [~'mantʃas] *m* Fleckenentferner *m*; **~nieves** [~'nĭebes] *m* Schneepflug *m*
quitar [ki'tar] (1a) (weg)nehmen; entfernen; (*mesa*) abdecken; ~ *el polvo* Staub wischen; **~se** (*ropa*) ausziehen; (*sombrero*) abnehmen; ~ *a alg de encima* F sich j-n vom Halse schaffen; *se me quitó un peso de encima* mir fiel ein Stein vom Herzen
quitasol [kita'sɔl] *m* Sonnenschirm *m*
quizá(s) [ki'θa(s)] vielleicht
quórum ['korun] *m* Quorum *n*; *alcanzar el* ~ beschlußfähig sein

R

R, r ['ere] *f* R, r *n*
rabanito [rraba'nito] *m* Radieschen *n*
rábano 🌶 ['rrabano] *m* Rettich *m*; ~ *picante* Meerrettich *m*
rabia ['rrabĭa] *f* Wut *f*; 🕀 Tollwut *f*; *dar* ~ wütend machen; **~r** [~'bĭar] (1b) wüten, toben
rabino [rra'bino] *m* Rabbiner *m*
rabioso [rra'bĭoso] wütend; 🕀 tollwütig
rabo ['rrabo] *m* Schwanz *m*
rach|a ['rratʃa] *f* Windstoß *m*, Bö *f*; *buena* (*mala*) ~ Glücks- (Pech-)strähne *f*; **~eado** [~tʃe'ađo] (*viento*) böig
racial [rra'θĭal] Rassen...
racimo [rra'θimo] *m* Büschel *n*; (*de uvas*) Traube *f*
ración [rra'θĭon] *f* Ration *f*; Portion *f*
raciona|l [rraθĭo'nal] vernünftig, rational; rationell; **~miento** [~'mĭento] *m* Rationierung *f*; **~r** [~'nar] (1a) rationieren
rada ['rrađa] *f* Reede *f*

radar [rra'dar] *m* Radar *m od n*
radia|ción [rradia'θion] *f* Strahlung *f*; **~ctividad** [~ktibi'dad] *f* Radioaktivität *f*; **~ctivo** [~'tibo] radioaktiv; **~dor** [~'dor] *m* Heizkörper *m*; *auto* Kühler *m*; **~nte** [~'diante] strahlend (*a fig*); **~r** [~'diar] (1b) ausstrahlen; (*radio*) senden
radica|l [rradi'kal] **1.** *adj* gründlich; *a pol* radikal; ✗ Wurzel...; **2.** *m pol* Radikale(r) *m*; *gram* Stamm *m*; **~lismo** [~'lizmo] *m* Radikalismus *m*; **~r** [~'kar] (1g) wurzeln; **~ en** beruhen auf (*dat*)
radio ['rradio] **a)** *m* ⚕ Radius *m*; ⊙, *anat* Speiche *f*; 🜚 Radium *n*; *fig* Umkreis *m*; **b)** *f* Radio *n*; Rundfunk *m*; **~aficionado** [~afiθio'nado] *m* Funkamateur *m*; **~cassette** [~ka'set] *m* Radiorecorder *m*; **~difusión** [~difu'sion] *f* Rundfunk *m*; **~escucha** [~es'kutʃa] *su* Rundfunkhörer(in) *m*; **~fónico** [~'foniko] Rundfunk..., Radio...; **~grafía** [~gra'fia] *f* Röntgenbild *n*; **~grafiar** [~gra'fiar] (1b) röntgen, durchleuchten; **~grama** [~'grama] *m* Funkspruch *m*; **~logía** ⚕ [~lo'xia] *f* Röntgenologie *f*; **~novela** [~no'bela] *f* Hörspiel *n*; **~patrulla** [~pa'truʎa] *f* Funkstreife *f*; **~scopia** ⚕ [~dios'kopia] *f* Durchleuchtung *f*; **~taxi** [~dio'taksi] *m* Funktaxi *n*; **~teléfono** [~te'lefono] *m* Funksprechgerät *n*; **~telegrafista** [~telegra'fista] *m* Funker *m*; **~terapia** [~te'rapia] *f* Strahlentherapie *f*; **~yente** [~'jente] *su* Rundfunkhörer(in) *m*
ráfaga ['rrafaga] *f* Windstoß *m*; ⚔ (Geschoß-)Garbe *f*
rafia ['rrafia] *f* Bast *m*
raído [rra'ido] abgeschabt; abgetragen
raíl [rra'il] *m* Eisenbahnschiene *f*
raíz [rra'iθ] *f* Wurzel *f* (*a fig*); **~ cuadrada** ✗ Quadratwurzel *f*; **a ~ de** auf Grund von; **echar raíces** Wurzeln schlagen (*a fig*)
ralentí *auto* [rralen'ti] *m* Leerlauf *m*
ralla|dor [rraʎa'dor] *m* Reibe *f*; **~r** [~'ʎar] (1a) reiben
rally(e) ['rrali] *m* Rallye *f*
ralo ['rralo] spärlich; dünn
rama ['rrama] *f* Ast *m*; Zweig *m* (*a fig*); **andarse por las ~s** sich verzetteln; **~je** [~'maxe] *m* Geäst *n*; **~l** [~'mal] *m* 🚂 Nebenstrecke *f*
rambla ['rrambla] *f* ausgetrocknetes Flußbett; *reg* Promenade *f*

ramera [rra'mera] *f* Dirne *f*
ramifi|cación [rramifika'θion] *f* Verzweigung *f*; **~carse** [~'karse] (1g) sich verzweigen
ramo ['rramo] *m* Zweig *m* (*a fig*); ✝ Branche *f*; **~ (de flores)** (Blumen-)Strauß *m*
rampa ['rrampa] *f* Rampe *f*; (*cuesta*) Steigung *f*
ramplón [rram'plon] schäbig; geschmacklos
rana ['rrana] *f* Frosch *m*; **salir ~** mißraten; **hombre m ~** Froschmann *m*
rancho ['rrantʃo] *m* ⚔ Verpflegung *f*; *Am* Viehfarm *f*, Ranch *f*
rancio [rran'θio] ranzig; (*viejo*) alt
rango ['rrango] *m* Rang *m*
ranura [rra'nura] *f* Nut(e) *f*, Rille *f*; (*para monedas*) Schlitz *m*
rapapolvo F [rrapa'polbo] *m* Rüffel *m*
rapar [rra'par] (1a) abrasieren; ganz kurz schneiden
rapaz [rra'paθ] **1.** *adj* raubgierig; (*ave f*) **~** Raubvogel *m*; **2.** *m* Junge *m*
rape ['rrape] *m* (*pez*) Seeteufel *m*
rapé [rra'pe] *m* Schnupftabak *m*
rapidez [rrapi'deθ] *f* Schnelligkeit *f*
rápido ['rrapido] **1.** *adj* schnell; **2.** *m* Eilzug *m*; (*de río*) Stromschnelle *f*
rapiña [rra'piɲa] *f* Raub *m*
raposa [rra'posa] *f* Fuchs *m*
rap|tar [rrap'tar] (1a) entführen; **~to** ['rrapto] *m* Entführung *f*; Raub *m*
raqueta [rra'keta] *f* (Tennis-)Schläger *m*
raqu|ítico [rra'kitiko] rachitisch; *fig* verkümmert; **~itismo** [~'tizmo] *m* Rachitis *f*
rareza [rra'reθa] *f* Seltenheit *f*; *fig* Seltsamkeit *f*
raro ['rraro] selten; (*extraño*) seltsam, sonderbar
ras [rras] *m*: **a ~ de** dicht über
rasante [rra'sante] rasant; flach; **vuelo** *m* **~** Tiefflug *m*
rasca|cielos [rraska'θielos] *m* Wolkenkratzer *m*; **~r(se)** [rras'kar(se)] (1g) (sich) kratzen
ras|gado [rraz'gado] geschlitzt; (*ojos*) mandelförmig; **~gar** [~'gar] (1h) zerreißen; (auf)schlitzen; **~go** ['rrazgo] *m* Strich *m*; *fig* (Wesens-, Charakter-)Zug *m*; **~s** *pl* Gesichtszüge *m/pl*; **a grandes ~s** in großen Zügen; **~gón** [~'gon] *m* Riß *m*

rasguñ|ar [rrazgu'nar] (1a) (zer)kratzen; schrammen; **~o** [~'guɲo] *m* Kratzer *m*, Schramme *f*; ✻ Kratzwunde *f*
raso ['rraso] **1.** *adj* flach; (*liso*) glatt; (*cielo*) wolkenlos; **soldado** *m* **~** Gemeine(r) *m*; **2.** *m* Satin *m*; **al ~** im Freien
raspa ['rraspa] *f* Gräte *f*; **~do** ✻ [~'paðo] *m* Auskratzung *f*; **~r** [~'par] (1a) ab-, auskratzen; ausradieren
rastre|ar [rrastre'ar] (1a) nachspüren; (*terreno*) durchkämmen; **~ro** [~'trero] schleppend; kriechend; *fig* niederträchtig; *perro m* **~** Spürhund *m*
rastri|llar [rrastri'ʎar] (1a) harken; eggen; **~llo** [~'triʎo] *m* Rechen *m*, Harke *f*
rastro ['rrastro] *m* Spur *f*; ✒ Rechen *m*, Harke *f*; ♀ Trödelmarkt *m*; *sin dejar* **~** spurlos; **~jo** [~'troxo] *m* Stoppeln *f/pl*; (*campo*) Stoppelfeld *n*
rasurar [rrasu'rar] (1a) rasieren
rata ['rrata] *f* Ratte *f*
rate|ar [rrate'ar] (1a) F klauen; **~ro** [~'tero] *m* Taschendieb *m*
raticida [rrati'θiða] *m* Rattengift *n*
ratifica|ción [rratifika'θiɔn] *f* Ratifizierung *f*; **~r** [~'kar] (1g) bestätigen; *pol* ratifizieren
rato ['rrato] *m* Weile *f*; Augenblick *m*; *a* **~s** hin u wieder; *a cada* **~** ständig; *al poco* **~** kurz darauf; *hay para* **~** das kann noch (länger) dauern; *pasar el* **~** sich die Zeit vertreiben
rat|ón [rra'tɔn] *m a inform* Maus *f*; **~onera** [~to'nera] *f* Mausefalle *f*
raudo ['rrauðo] schnell, ungestüm
raya ['rraja] *f* Strich *m*, Linie *f*; (*del pelo*) Scheitel *m*; (*guión*) Gedankenstrich *m*; *zo* Rochen *m*; **~ (del pantalón)** Bügelfalte *f*; *a* **~s** gestreift; *tener a* **~** in Schach halten; *pasar de (la)* **~** zu weit gehen; **~do** [rra'jaðo] gestreift; **~r** [~'jar] (1a) *v/t* schraffieren; lin(i)ieren; **2.** *v/i a fig* grenzen (*an en*)
rayo ['rrajo] *m* Strahl *m*; (*relámpago*) Blitz *m*; **~s X** Röntgenstrahlen *m/pl*
raza ['rraθa] *f* Rasse *f*
razón [rra'θɔn] *f* Vernunft *f*; Verstand *m*; (*motivo*) Grund *m*; (*derecho*) Recht *n*; *dar la* **~** recht geben; *entrar en* **~** zur Vernunft kommen; *perder la* **~** den Verstand verlieren; *(no) tener* **~** (un)recht haben
razona|ble [rraθo'naβle] vernünftig; (*precio*) angemessen; **~miento** [~'mien-

to] *m* Gedankengang *m*; Überlegung *f*
re ♪ [rrɛ] *m* D *n*
rea ['rrea] *f* Angeklagte *f*
reacci|ón [rreag'θiɔn] *f* Reaktion *f*; **~ en cadena** Kettenreaktion *f*; **~onar** [~θio'nar] (1a) reagieren (*auf ac a*); **~onario** [~'narjo] reaktionär
reacio [rrɛ'aθio] widerspenstig; **~ a** abgeneigt (*dat*)
reac|tivar [rrɛakti'βar] (1a) reaktivieren; *bsd* ✝ ankurbeln; **~tor** [~'tɔr] *m* Reaktor *m*; ✈ Düsenflugzeug *n*
reagrupar [rrɛagru'par] (1a) umgruppieren
reaju|star [rrɛaxus'tar] (1a) angleichen; **~ste** [~'xuste] *m* Angleichung *f*; **~ ministerial** *pol* Kabinettsumbildung *f*
real [rrɛ'al] wirklich, tatsächlich, real; (*del rey*) königlich
realeza [rrɛa'leθa] *f* Königtum *n*
reali|dad [rrɛali'ðað] *f* Wirklichkeit *f*, Realität *f*; *en* **~** in Wirklichkeit; eigentlich; **~smo** [~'lizmo] *m* Realismus *m*, **~sta** [~'lista] **1.** *adj* realistisch; **2.** *m* Realist *m*; **~zable** [~li'θaβle] ausführbar; **~zación** [~θa'θiɔn] *f* Verwirklichung *f*; Durchführung *f*; **~zador** [~'ðɔr] *m* Regisseur *m*; **~zar** [~'θar] (1f) verwirklichen, ausführen; *Am* ausverkaufen; **~zarse** sich verwirklichen, wahr werden
realquilar [rrɛalki'lar] (1a) untervermieten
realzar [rrɛal'θar] (1f) hervorheben
reanimar [rrɛani'mar] (1a) wiederbeleben; **~se** wieder aufleben
reanudar [rrɛanu'ðar] (1a) wiederaufnehmen
reaparecer [rrɛapare'θɛr] (2d) wieder erscheinen
reapertura [rrɛapɛr'tura] *f* Wiedereröffnung *f*; ⚖ Wiederaufnahme *f* (*des Verfahrens*)
rearme [rrɛ'armɛ] *m* (Wieder-)Aufrüstung *f*; Nachrüstung *f*
rebaja [rrɛ'βaxa] *f* Rabatt *m*; Ermäßigung *f*; **~s** *pl* Schlußverkauf *m*; **~r** [~'xar] (1a) (preis) herabsetzen; *fig* erniedrigen; **~rse** sich erniedrigen
rebanada [rrɛβa'naða] *f* (Brot-)Scheibe *f*
rebaño [rrɛ'βaɲo] *m* Herde *f* (*a fig*)
rebasar [rrɛβa'sar] (1a) überschreiten (*a fig*)

rebatible

rebati|ble [rrɛba'tible] widerlegbar; **~r** [~'tir] (3a) widerlegen
rebato [rrɛ'bato] *m* Sturmläuten *n*; *tocar a ~* Sturm läuten
rebeca [rrɛ'beka] *f* Strickjacke *f*
rebeco [rrɛ'beko] *m* Gemse *f*
rebel|arse [rrɛbe'larse] (1a) sich empören, rebellieren; **~de** [~'belde] **1.** *adj* rebellisch, widerspenstig; ✱ hartnäckig; **2.** *m* Rebell *m*; **~día** [~'dia] *f* Rebellion *f*; Widerspenstigkeit *f*; ⚖ Nichterscheinen *n des Angeklagten*; **en ~** ⚖ in Abwesenheit; **~ión** [rrɛbe'lion] *f* Rebellion *f*, Aufstand *m*
rebosar [rrɛbo'sar] (1a) überlaufen; **~ de** strotzen vor
rebo|tar [rrɛbo'tar] (1a) **1.** *v/t* zurückschlagen; **2.** *v/i* auf-, abprallen; **~te** [~'bote] *m* Rückprall *m*; **de ~** als Folge
rebozar [rrɛbo'θar] (1f) *gastr* panieren
rebuscado [rrɛbus'kaðo] gekünstelt
rebuznar [rrɛbuð'nar] (1a) (*asno*) schreien, iahen
recabar [rrɛka'bar] (1a) ansuchen um, ersuchen
reca|dero [rrɛka'ðero] *m* Bote(ngänger) *m*; **~do** [~'kaðo] *m* Bestellung *f*; Nachricht *f*; Besorgung *f*; *dejar un ~* e-e Nachricht hinterlassen
recaída [rrɛka'iða] *f* Rückfall *m*
recal|car [rrɛkal'kar] (1g) betonen; **~citrante** [~θi'trante] störrisch, verstockt
recalentar [rrɛkalɛn'tar] (1k) überhitzen; (*comida*) aufwärmen
recam|biar [rrɛkam'biar] (1b) auswechseln; auswechseln; **~bio** [~'kambio] *m* Umtausch *m*; Ersatz *m*; *de ~* Ersatz...; (*pieza f de*) *~* Ersatzteil *n*
recapacitar [rrɛkapaθi'tar] (1a) überdenken; genau überlegen
recapitular [rrɛkapitu'lar] (1a) kurz wiederholen, zs.-fassen
recar|gar [rrɛkar'gar] (1h) überladen (*a fig*), überlasten; (*precio*) aufschlagen; **~go** [~'kargo] *m* Aufschlag *m*
reca|tado [rrɛka'taðo] zurückhaltend; **~to** [~'kato] *m* Zurückhaltung *f*; (*pudor*) Sittsamkeit *f*
recauchutar [rrɛkautʃu'tar] (1a) (*neumático*) runderneuern
recau|dación [rrɛkauða'θion] *f* Erhebung *f*; Einnahme *f*; **~dar** [~'ðar] (1a) (*impuestos*) erheben; (*dinero*) einnehmen; **~do** [~'kauðo] *m*: *a buen ~* wohlverwahrt

rece|lar [rrɛθe'lar] (1a) argwöhnen; **~ de** mißtrauen (*dat*); **~lo** [~'θelo] *m* Argwohn *m*; Mißtrauen *n*; **~loso** [~'loso] argwöhnisch; mißtrauisch
recep|ción [rrɛθɛb'θion] *f* Empfang *m*; Aufnahme *f*; Rezeption *f*; **~cionista** [~θio'nista] *su* Empfangschef *m*, -dame *f*; **~tación** ⚖ [~θɛpta'θion] *f* Hehlerei *f*; **~tor** [~'tor] *m* Empfänger *m* (*a radio*)
recesión [rrɛθe'sion] *f* Rezession *f*
receta [rrɛ'θeta] *f* Rezept *n* (*a* ✱); *con ~ médica* rezeptpflichtig; *sin ~ médica* rezeptfrei; **~r** [~θe'tar] (1a) ✱ verschreiben
recha|zar [rrɛtʃa'θar] (1f) ab-, zurückweisen; ablehnen; **~zo** [~'tʃaθo] *m* Zurückweisung *f*; Ablehnung *f*
rechinar [rrɛtʃi'nar] (1a) quietschen, knarren; knirschen
rechistar F [rrɛtʃis'tar] (1a): *sin ~* ohne Widerspruch
recibi|da *Am* [rrɛθi'biða] *f* Empfang *m*, Aufnahme *f*; **~dor** [~'ðor] *m* Empfangszimmer *n*; Diele *f*; **~miento** [~'miento] *m* Empfang *m*; **~r** [~'bir] (3a) empfangen, erhalten; (*acoger*) aufnehmen
recibo [rrɛ'θibo] *m* Empfang *m*; (*documento*) Quittung *f*
recicla|je [rrɛθi'klaxe] *m* Recycling *n*; **~r** [~'klar] (1a) wiederverwerten, -aufbereiten
recién [rrɛ'θiɛn] neu..., frisch...; *Am* soeben; kürzlich; *~ nacido* neugeboren; *~ pintado* frisch gestrichen
reciente [rrɛ'θiɛnte] jüngst; frisch; neu; *de ~ publicación* soeben erschienen; **~mente** [~'mente] kürzlich; neulich
recinto [rrɛ'θinto] *m* Bereich *m*, Gebiet *n*; *~ ferial* Messegelände *n*
recio [rrɛ'θio] stark, kräftig
recipiente [rrɛθi'piɛnte] *m* Gefäß *n*; Behälter *m*
recíproco [rrɛ'θiproko] gegenseitig
reci|tal [rrɛθi'tal] *m* (Solo-)Konzert *n*; *~ poético* Dichterlesung *f*; **~tar** [~'tar] (1a) vortragen, rezitieren
reclama|ción [rrɛklama'θion] *f* Reklamation *f*, Beanstandung *f*; **~r** [~'mar] (1a) **1.** *v/t* reklamieren, beanstanden; (*exigir*) (zurück)fordern; **2.** *v/i* Einspruch erheben; sich beschweren
reclamo [rrɛ'klamo] *m* Lockvogel *m*;

Lockruf *m*; *Am* Reklamation *f*; **~publicitario** Reklame *f*
reclinar [rrεkli'nar] (1a) (an-, zurück)lehnen; **~se** sich (an)lehnen
reclu|ir [rrεklu'ir] (3g) einschließen, -sperren; **~sión** [~'sion] *f* ♊ Haft *f*; **~so** [~'kluso] *m* Häftling *m*; Sträfling *m*
recluta [rrε'kluta] *m* Rekrut *m*; **~miento** [~'miento] *m* ⚔ Aushebung *f*; **~r** [~'tar] (1a) ⚔ rekrutieren; (*trabajadores*) anwerben
recobrar [rrεko'brar] (1a) wiederbekommen, -erlangen; **~se** sich erholen (von *de*)
recodo [rrε'koðo] *m* Biegung *f*
recoge|dor [rrεkoxε'ðor] *m* Kehrschaufel *f*; **~pelotas** [~pe'lotas] *m* Balljunge *m*; **~r** [rrεko'xεr] (2c) aufheben; (*reunir*) sammeln; (*guardar*) weg-, aufräumen; (*acoger*) aufnehmen; (*ir a*) ~ abholen
recogi|da [rrεko'xiða] *f* Sammeln *n*, Abholen *n*; ⚙ Leerung *f*; **~ de la basura** Müllabfuhr *f*; **~miento** [~'miento] *m* Zurückgezogenheit *f*
recolec|ción [rrεkolεg'θion] *f* Sammlung *f*; ♈ Ernte *f*; **~tar** [~lεk'tar] (1a) sammeln; ♈ ernten
recomenda|ble [rrεkomen'daβle] empfehlenswert; **~ción** [~θion] *f* Empfehlung *f*; **~r** [~'dar] (1k) empfehlen
recompensa [rrεkom'pensa] *f* Belohnung *f*; **en ~ de** zum Lohn für; **~r** [~'sar] (1a) belohnen; entschädigen
reconcilia|ción [rrεkonθilia'θion] *f* Versöhnung *f*; **~r(se)** [~'liar(se)] (1b) (sich) versöhnen
reconfortar [rrεkomfor'tar] (1a) stärken; trösten
recono|cer [rrεkono'θεr] (2d) (wieder)erkennen; ⚔ untersuchen; (*terreno*) erkunden; (*admitir*) anerkennen (als *por*); (*confesar*) zugeben; **~cido** [~'θiðo] dankbar (für *por*); **~cimiento** [~θi'miento] *m* Anerkennung *f*; ⚔ Untersuchung *f*; (*gratitud*) Dankbarkeit *f*; ⚔ Aufklärung *f*
reconquista [rrεkoŋ'kista] *f* Wiedereroberung *f*; **~r** [~'tar] (1a) zurückerobern
reconstru|cción [rrεkonstrug'θion] *f* Wiederaufbau *m*; **~ir** [~'ir] (3g) wiederaufbauen; *fig* rekonstruieren
recopila|ción [rrεkopila'θion] *f* Zs.-stellung *f*; **~r** [~'lar] (1a) zs.-stellen, zs.-tragen

récord ['rrεkor] *m* Rekord *m*
recordar [rrεkor'ðar] (1m) sich erinnern an (*ac*); **~ a/c a alg** j-n an et (*ac*) erinnern
recorr|er [rrεko'rrεr] (2a) durchlaufen, -fahren; bereisen; (*texto*) überfliegen; (*trayecto*) zurücklegen; **~ido** [~'rriðo] *m* Strecke *f*
recor|tar [rrεkor'tar] (1a) beschneiden, ausschneiden; **~tarse** sich abzeichnen; **~te** [~'korte] *m* Ausschnitt *m*
recostar(se) [rrεkos'tar(se)] (1m) (sich) an-, zurücklehnen
recre|ar [rrεkre'ar] (1a) ergötzen, erquicken; **~ativo** [~a'tiβo] unterhaltend; Vergnügungs...; **salón m ~** Spielhalle *f*; **~o** [~'kreo] *m* Erholung *f*, Entspannung *f*; (Schul-)Pause *f*
recrimina|ción [rrεkrimina'θion] *f* An-, Beschuldigung *f*; **~r** [~'nar] (1a) Vorwürfe machen; beschuldigen
recrude|cer(se) [rrεkruðe'θεr(se)] (2d) (sich) verschlimmern, (sich) verschlechtern; **~cimiento** [~θi'miento] *m* Verschlimmerung *f*; Verschärfung *f*
recta ['rrεkta] *f* Gerade *f*; **~ final** *dep* Zielgerade *f*; *fig* Endrunde *f*
rec|tangular [rrεktaŋgu'lar] rechteckig; ♁ rechtwinklig; **~tángulo** [~'taŋgulo] *m* Rechteck *n*
recti|ficar [rrεktifi'kar] (1g) berichtigen; verbessern; (*río, etc*) begradigen; **~tud** [~'tuð] *f* Richtigkeit *f*; *fig* Rechtschaffenheit *f*
recto ['rrεkto] **1.** *adj* gerade; *fig* redlich; **2.** *m* Mastdarm *m*
rector [rrεk'tor] *m* Rektor *m*
recubrir [rrεku'brir] (3a; *part* **recubierto**) überziehen (mit *de*)
recuento [rrε'kuento] *m* Zählung *f*; (*de votos*) Auszählung *f*
recuerdo [rrε'kuεrðo] *m* Erinnerung *f*; (*objeto*) Andenken *n*, Souvenir *n*; **dar ~s** Grüße ausrichten
recupera|ción [rrεkupera'θion] *f* Wiedererlangung *f*; Rückgewinnung *f*; ⚕ Genesung *f*; **curso** *m* **de ~** Nachholkurs *m*; **~r** [~'rar] (1a) wiedererlangen; (*tiempo*) nach-, aufholen; **~rse** sich erholen
recurrir [rrεku'rrir] (3a) sich wenden (an *ac* **a**); greifen (zu *dat* **a**); ♊ Berufung einlegen
recurso [rrε'kurso] *m* Zuflucht *f*; *fig*

recusar 236

Ausweg *m*; ⚥ ~ **de apelación** Berufung *f*; ~**s** *pl* (Geld-)Mittel *n/pl*; **sin** ~**s** mittellos
recusar [rreku'sar] (1a) verwerfen; ⚥ ablehnen
red [rreð] *f* Netz *n* (*a fig*); *fig* **caer en la** ~ ins Garn gehen
redac|ción [rreðag'θjon] *f* Abfassung *f*; Redaktion *f*; (*escolar*) Aufsatz *m*; ~**tar** [~ðak'tar] (1a) ver-, abfassen, redigieren; ~**tor** [~'tɔr] *m* Verfasser *m*; Redakteur *m*
redada [rre'ðaða] *f* Fischzug *m*; (*de policía*) Razzia *f*
redil [rre'ðil] *m* Pferch *m*; Hürde *f*
redimir [rreði'mir] (3a) *rel* erlösen
rédito ['rreðito] *m* Rendite *f*
redob|lar [rreðo'βlar] (1a) **1.** *v/t* verdoppeln; **2.** *v/i* ♩ Trommelwirbel schlagen; ~**le** [~'ðoβle] *m* Trommelwirbel *m*
redomado [rreðo'maðo] gerissen
redon|da [rre'ðɔnda] *f* ♩ ganze Note *f*; **a la** ~ rundherum; im Umkreis; ~**dear** [~ðe'ar] (1a) abrunden; ~**do** [~'ðɔndo] rund; *fig* glatt; eindeutig; **en** ~ rundherum; *fig* rundweg
reduc|ción [rreðug'θjon] *f* Verminderung *f*; Herabsetzung *f*; ⚕ Einrenkung *f*; ~**cido** [~'θiðo] klein; gering; ~**cir** ['θir] (3o) vermindern; herabsetzen; ein-, beschränken, reduzieren; ✂ niederwerfen; ⚙ einrenken, einrichten; ~**cirse** sich einschränken; sich beschränken (auf *ac* **a**)
redun|dancia [rreðun'danθja] *f* Überfluß *m*; *lit* Redundanz *f*; ~**dante** [~'dante] weitschweifig; überflüssig; ~**dar** [~'ðar] (1a) sich auswirken, gereichen (zu *dat* **en**)
reduplicar [rreðupli'kar] (1g) verdoppeln; verstärken
reeducar [rreeðu'kar] (1g) umschulen
reele|cción [rreeleg'θjon] *f* Wiederwahl *f*; ~**gir** [~'xir] (3c *u* 3l) wiederwählen
reembol|sar [rreembɔl'sar] (1a) zurückzahlen; erstatten; ~**so** [~'bolso] Rückzahlung *f*; **contra** ~ gegen Nachnahme
reempla|zar [rreempla'θar] (1f) ersetzen; vertreten; ~**zo** [~'plaθo] *m* Ersatz *m*
reestructura|ción [rreestruktura'θjon] *f* Umstrukturierung *f*; ~**r** [~'rar] (1a) umstrukturieren
reexpedir [rreespe'ðir] (3l) nachsenden

referencia [rrefe'renθja] *f* Hinweis *m*, Verweis *m*; ✝ Bezug *m*; ~**s** *pl* Referenzen *f/pl*; **con** ~ **a** mit Bezug auf (*ac*)
referéndum [rrefe'rendun] *m* Volksabstimmung *f*, Referendum *n*
refer|ente [rrefe'rente]: ~ **a** bezüglich (*gen*), mit Bezug auf (*ac*); ~**ir** [~'rir] (3i) erzählen, berichten; ~**irse** sich beziehen (auf *ac* **a**)
refina|do [rrefi'naðo] raffiniert (*a fig*); ~**miento** [~'mjento] *m* Verfeinerung *f*; *fig* Raffinement *n*; ~**r** [~'nar] (1a) verfeinern; ⊙ raffinieren
refinería ⊙ [rrefine'ria] *f* Raffinerie *f*
refle|jar [rrefle'xar] (1a) (wider)spiegeln (*a fig*) reflektieren; ~**jo** [~'flexo] **1.** *adj* Reflex...; **2.** *m* Reflex *m*; ~**xión** [~fleg'sjon] *f* Spiegelung *f*, Reflexion *f*; *fig* Überlegung *f*; ~**xionar** [~sjo'nar] (1a) überlegen, nachdenken; ~**xivo** [~'sißo] nachdenklich; *gram* reflexiv
reflujo [rre'fluxo] *m* Rückfluß *m*
refociliarse [rrefoθi'ljarse] (1a) sich weiden (an *dat* **en**)
reforesta|ción *bsd Am* [rreforesta'θjon] *f* Aufforstung *f*; ~**r** [~'tar] (1a) (wieder)aufforsten
reforma [rre'fɔrma] *f* Reform *f*; *rel* Reformation *f*; ~**s** *pl* Umbau *m*; ~**r** [~'mar] (1a) umgestalten; reformieren; △ umbauen; ~**rse** sich bessern; ~**torio** [~ma'tɔrjo] *m* Erziehungsanstalt *f*
reformismo [rrefɔr'mismo] *m* Reformpolitik *f*
reforzar [rrefɔr'θar] (1f *u* 1m) verstärken
refrac|ción *fís* [rrefrag'θjon] *f* Brechung *f*; ~**tar** [~frak'tar] (1a) (*rayos*) brechen; ~**tario** [~'tarjo] widerspenstig; ⊙ feuerfest
refrán [rre'fran] *m* Sprichwort *n*
refranero [rrefra'nero] *m* Sprichwörtersammlung *f*
refregar [rrefre'γar] (1h *u* 1k) reiben, scheuern
refrendar [rrefren'dar] (1a) gegenzeichnen; *fig* bestätigen
refres|cante [rrefres'kante] erfrischend; ~**car** [~'kar] (1g) **1.** *v/t* erfrischen; (ab)kühlen; **2.** *v/i* sich abkühlen; ~**co** [~'fresko] *m* Erfrischung(sgetränk *n*) *f*
refrigera|ción [rrefrixera'θjon] *f* Kühlung *f*; ~**rar** [~'rar] (1a) (ab)kühlen; ~**rio** [~'xerjo] *m* Imbiß *m*

refuerzo [rrɛ'fŭɛrθo] *m* Verstärkung *f*
refu|giado [rrɛfu'xiaðo] *m* Flüchtling *m*; **~giarse** [~'xiarse] (1b) (sich) flüchten; **~gio** [~'fuxio] *m* Zuflucht *f*; (*casa*) Schutzhütte *f*; (*tráfico*) Verkehrsinsel *f*; **~ (*anti*)atómico** Atombunker *m*
refun|dición [rrɛfundi'θion] *f* Neubearbeitung *f*; **~dir** [~'dir] (3a) neu bearbeiten; umarbeiten
refunfuñar [rrɛfumfu'nar] (1a) brummen; murren
refutar [rrɛfu'tar] (1a) widerlegen
rega|dera [rrɛɣa'ðera] *f* Gießkanne *f*; **~dío** [~'ðio] *m* Bewässerungsland *n*
regala|do [rrɛɣa'laðo] geschenkt (*a fig*); (*vida*) bequem; **~r** [~'lar] (1a) schenken; (*deleitar*) beschenken; bewirten
regaliz [rrɛɣa'liθ] *m* Lakritze *f*
regalo [rrɛ'ɣalo] *m* Geschenk *n*
regaña|dientes [rrɛɣana'ðientes]: **a ~** zähneknirschend; **~r** [~'nar] (1a) ausschimpfen
regar [rrɛ'ɣar] (1h *u* 1k) bewässern; (be)gießen; (*calle*) sprengen
regata [rrɛ'ɣata] *f* Regatta *f*
regat|ear [rrɛɣate'ar] (1a) feilschen; *dep* dribbeln; **~eo** [~'teo] *m* Feilschen *n*; *dep* Dribbeln *n*
regazo [rrɛ'ɣaθo] *m* Schoß *m* (*a fig*)
regenerar [rrɛxene'rar] (1a) regenerieren; erneuern
regen|tar [rrɛxen'tar] (1a) verwalten; leiten; **~te** [~'xente] *su* Verwalter(in *f*) *m*; *pol* Regent(in *f*) *m*
régimen ['rrɛximen] *m pol* Regime *n*; *✱* Diät *f*
regimiento ✕ [rrɛxi'miento] *m* Regiment *n*
regio ['rrɛxio] königlich; *fig* prächtig
regi|ón [rrɛ'xion] *f* Region *f*, Gegend *f*; Gebiet *n*; **~onal** [~xio'nal] regional
regir [rrɛ'xir] (3l *u* 3c) **1.** *v/t* regieren; leiten; **2.** *v/i* gültig sein
regis|trar [rrɛxis'trar] (1a) durchsuchen; (*anotar*) registrieren, eintragen; (*grabar*) aufnehmen; **~trarse** zu verzeichnen sein; **~tro** [~'xistro] *m* Verzeichnis *n*; Register *n* (*a ♪*); (*policial*) Durchsuchung *f*; ☉ Klappe *f*; Schieber *m*; **~ civil** Standesamt *n*; **~ domiciliario** Haussuchung *f*; **~ de la propiedad** Grundbuch *n*
regla ['rrɛɣla] *f* Regel *f* (*a ✱*); Norm *f*; (*utensilio*) Lineal *n*; **en ~** in Ordnung; **por ~ general** im allgemeinen

reglamen|tación [rrɛɣlamenta'θion] *f* Regelung *f*; Ordnung *f*; **~tar** [~'tar] (1a) regeln; **~tario** [~'tario] vorschriftsmäßig; **~to** [~'mento] *m* Vorschrift *f*; (Haus-, Betriebs-)Ordnung *f*
regoci|jar [rrɛɣoθi'xar] (1a) erfreuen; **~jo** [~'θixo] *m* Freude *f*; Jubel *m*
regodearse F [rrɛɣoðe'arse] (1a) sich weiden (**an** *dat* **en**)
regre|sar [rrɛɣre'sar] (1a) zurückkehren; **~so** [~'ɣreso] *m* Rückkehr *f*
reguero [rrɛ'ɣero] *m* Rinnsal *n*; *fig* **~ de pólvora** Lauffeuer *n*
regula|ble [rrɛɣu'laβle] regulierbar; **~ción** [~'θion] *f* Regulierung *f*; Regelung *f*; **~r** [~'lar] **1.** *adj* regelmäßig; geordnet; (*normal*) normal, regulär; (*mediano*) (mittel)mäßig; **2.** *v/t* (1a) regeln, ordnen; ☉ einstellen, regulieren; **~ridad** [~ri'ðað] *f* Regelmäßigkeit *f*; **~rizar** [~'θar] (1f) regeln, ordnen
regusto [rrɛ'ɣusto] *m* Nachgeschmack *m* (*a fig*)
rehabilita|ción [rrɛaβilita'θion] *f* Rehabilitation *f* (*a ✱*); △ Renovierung *f*; **~r** [~'tar] (1a) rehabilitieren
rehén [rrɛ'en] *m* Geisel *f*; **toma *f* de rehenes** Geiselnahme *f*
rehogar [rrɛo'ɣar] (1h) schmoren, dünsten
rehuir [rrɛu'ir] (3g) vermeiden; aus dem Weg gehen (*dat*)
rehusar [rrɛu'sar] (1a) ablehnen
reimpresión [rrɛimpre'sion] *f tip* Nachdruck *m*
reina ['rrɛina] *f* Königin *f*; (*ajedrez*) Dame *f*; **~do** [~'naðo] *m* Regierung(szeit) *f*; **~nte** [~'nante] regierend; *a fig* herrschend; **~r** [~'nar] (1a) regieren; *a fig* herrschen
reinci|dente 𝕋𝕋 [rrɛinθi'ðente] rückfällig; **~dir** [~'ðir] (3a) rückfällig werden
reincorporar [rrɛinkorpo'rar] (1a) wiedereingliedern; **~se** zurückkehren (**an**, **in**, **auf** *ac* **a**)
reino ['rrɛino] *m* Königreich *n*; *fig* Reich *n*
reinte|grar [rrɛinte'ɣrar] (1a) wiedereinsetzen; (*devolver*) zurückerstatten; **~grarse** zurückkehren (**an**, **in** *ac* **a**); **~gro** [~'teɣro] *m* Rückkehr *f*; (*devolución*) Rückzahlung *f*
reír [rrɛ'ir] (3m) lachen; **~se** lachen; **~ de** sich lustig machen über (*ac*)

reiterar [rrɛite'rar] (1a) wiederholen
reivindica|ción [rrɛibindika'θĭon] f Forderung f; **~r** [~'kar] (1g) fordern, beanspruchen
rej|a ['rrɛxa] f Gitter n; ⚒ Pflugschar f; **~illa** [~'xiʎa] f Gitter n; ⚏ Gepäcknetz n
rejoneador [rrɛxonea'dɔr] m Stierkämpfer m zu Pferd
rejuvene|cer [rrɛxubɛne'θɛr] (2d) verjüngen; **~cimiento** [~θi'mĭento] m Verjüngung f
relaci|ón [rrɛla'θĭon] f Beziehung f; Verhältnis n; (*informe*) Bericht m; (*lista*) Aufstellung f, Verzeichnis n; **-ones económicas** Wirtschaftsbeziehungen f/pl; **-ones públicas** Öffentlichkeitsarbeit f; **~onar** [~θĭo'nar] (1a) in Verbindung bringen (mit *dat* **con**)
relaja|ción [rrɛlaxa'θĭon] f Entspannung f; **~r** [~'xar] (1a) entspannen (*a fig*); (auf)lockern; **~rse** erschlaffen; sich entspannen
relamer [rrɛla'mɛr] (2a) ablecken; **~se** sich die Lippen lecken
relámpago [rrɛ'lampago] m Blitz m
relampaguear [rrɛlampage'ar] (1a) (auf)blitzen; wetterleuchten
relatar [rrɛla'tar] (1a) erzählen, schildern
relati|vidad [rrɛlatibi'dad] f Relativität f; **~vo** [~'tibo] relativ (*a gram*); **~ a** bezüglich (*gen*)
relato [rrɛ'lato] m Erzählung f; Bericht m; **~r** [~'tɔr] m *Am* Berichterstatter m
relegar [rrɛlɛ'gar] (1h) verweisen, verbannen
rele|vante [rrɛlɛ'bante] bedeutend; hervorragend; **~var** [~'bar] (1a) befreien (von *de*); (*destituir*) entlassen; (*sustituir*) ablösen; **~vo** [rrɛ'lɛbo] m Ablösung f; **carrera f de ~s** Staffellauf m
rellano [rrɛ'ʎano] m Treppenabsatz m
relle|nar [rrɛʎɛ'nar] (1a) füllen (*a gastr*); (*impreso*) ausfüllen; **~no** [~'ʎɛno] **1.** *adj* voll; gefüllt; **2.** *m* Füllung f (*a gastr*)
relieve [rrɛ'lĭɛbe] m Relief n; **poner de ~** hervorheben
religi|ón [rrɛli'xĭon] f Religion f; **~osa** [~'xĭoso] f Nonne f; **~osidad** [~si'dad] f Frömmigkeit f; **~oso** [~'xĭoso] **1.** *adj* religiös; fromm; **2.** *m* Mönch m
relinchar [rrɛlin't͡ʃar] (1a) wiehern
reliquia [rrɛ'likĭa] f Reliquie f
reloj [rrɛ'lɔx] m Uhr f; **~ de arena** Sanduhr f; **~ digital** Digitaluhr f; **~ de pulsera** Armbanduhr f; **~ de sol** Sonnenuhr f; **~ería** [~loxe'ria] f Uhrengeschäft n; **~ero** [~'xero] m Uhrmacher m
reluc|iente [rrɛlu'θĭente] glänzend; **~ir** [~'θir] (3f) glänzen, strahlen
remache [rrɛ'mat͡ʃe] m Niete f
remanente [rrɛma'nente] m Überrest m; † Restbetrag m
remar [rrɛ'mar] (1a) rudern
rema|tar [rrɛma'tar] (1a) abschließen, vollenden; *Am* versteigern; **~te** [~'mate] m Abschluß m; (*fútbol*) Schuß m aufs Tor; † Ausverkauf m; *Am* Versteigerung f; **de ~** völlig
remedar [rrɛmɛ'dar] (1a) nachahmen
reme|diar [rrɛme'dĭar] (1b) abhelfen (*dat*); *fig* ändern; (ver)hindern; **~dio** [~'medĭo] m Abhilfe f; ✚ Heilmittel n; **no hay más ~ que** es bleibt nichts anderes übrig als
remendar [rrɛmen'dar] (1k) flicken
remero [rrɛ'mero] m Ruderer m
remesa [rrɛ'mesa] f Sendung f
remiendo [rrɛ'mĭendo] m Flicken m
remil|gado [rrɛmil'gado] zimperlich; geziert; **~go** [~'milgo] m Ziererei f; Getue n
reminiscencia [rrɛminis'θenθĭa] f Erinnerung f; Anklang m
remi|sión [rrɛmi'sĭon] f Nachlassen n; *rel* Vergebung f; (*envío*) Übersendung f; **~te** [~'mite] m Absender m; **~tente** [~'tente] *su* Absender(in f) m; **~tir** [~'tir] (3a) **1.** *v/t* verweisen (*auf ac* **a**); (*enviar*) (über)senden; **2.** *v/i* nachlassen; **~tirse** sich berufen (auf *ac* **a**)
remo ['rremo] m Ruder n; (*deporte*) Rudern n
remodelar [rremode'lar] (1a) umgestalten
remo|jar [rremɔ'xar] (1a) einweichen; **~jo** [~'mɔxo] m Einweichen n; **poner a ~** einweichen
remolacha [rremo'lat͡ʃa] f Rübe f; **~ azucarera** Zuckerrübe f; **~ roja** rote Bete f
remol|cador ⚓ [rremɔlka'dɔr] m Schlepper m; **~car** [~'kar] (1g) ⚓ schleppen; *auto* abschleppen
remolino [rremo'lino] m Wirbel m (*a fig*)
remolque [rrɛ'mɔlke] m Abschleppen n; *auto* Anhänger m; **llevar a ~** (ab)schleppen

remontarse [rrɛmɔn'tarsɛ] (1a) *fig* zurückgehen (auf *ac* **a**)

remordimiento [rrɛmɔrði'mjɛnto] *m* Gewissensbiß *m*

remoto [rrɛ'moto] entlegen; (weit) entfernt

remover [rrɛmo'βɛr] (2h) umrühren; (*quitar*) entfernen; *fig* aufwühlen

remplazar [rrɛmpla'θar] (1f) *s* **reemplazar**

remunera|ción [rrɛmunɛra'θjɔn] *f* Bezahlung *f*; Vergütung *f*; **~r** [~'rar] (1a) vergüten; (*recompensar*) belohnen

rena|cer [rrɛna'θɛr] (2d) *fig* wiederaufleben; **~cimiento** [~θi'mjɛnto] *m* Wiedergeburt *f*; 2 Renaissance *f*

renacuajo [rrɛna'kŭaxo] *m* Kaulquappe *f*

renal [rrɛ'nal] Nieren...

rencilla [rren'θiʎa] *f* Streiterei *f*

rencor [rrɛŋ'kɔr] *m* Groll *m*; **guardar ~ a alg** j-m et nachtragen; **~oso** [~ko'roso] nachtragend

rendi|ción [rrɛndi'θjɔn] *f* Bezwingung *f*; Übergabe *f*; **~ de cuentas** Abrechnung *f*; **~do** [~'ðiðo] erschöpft; (*sumiso*) ergeben; **~ja** [~'dixa] *f* Spalt *m*; **~miento** [~di'mjɛnto] *m* Leistung(sfähigkeit) *f*; ✝ Ertrag *m*; **~r** [~'ðir] (3l) **1.** *v/t* (*vencer*) bezwingen; ✕ übergeben; (*beneficio*) abwerfen, einbringen; **2.** *v/i* sich rentieren; **~rse** sich ergeben

renega|do [rrɛnɛ'gaðo] **1.** *adj* abtrünnig; **2.** *m* Renegat *m*; **~r** [~'gar] (1h *u* 1k) ableugnen

renglón [rrɛŋ'glɔn] *m* Zeile *f*; ✝ Posten *m*; **a ~ seguido** gleich danach

renitente [rrɛni'tɛntɛ] widerspenstig, renitent

reno ['rrɛno] *m* Ren(tier) *n*

renom|brado [rrɛnɔm'braðo] berühmt; **~bre** [~'nɔmbrɛ] *m* Ruhm *m*, Ruf *m*

renova|ción [rrɛnoβa'θjɔn] *f* Erneuerung *f*; Renovierung *f*; **~r** [~'βar] (1m) erneuern; renovieren

renquear [rrɛŋkɛ'ar] (1a) hinken

renta ['rrɛnta] *f* Rente *f*, Ertrag *m*; (*ingresos*) Einkommen *n*; (*alquiler*) Miete *f*; **de ~ fija** festverzinslich; **~ per cápita** Pro-Kopf-Einkommen *n*; **~bilidad** [~βili'ðað] *f* Rentabilität *f*; **~ble** [~'table] rentabel; lohnend; **~r** [~'tar] (1a) einbringen

renuncia [rrɛ'nunθia] *f* Verzicht *m*; **~r** [~'θiar] (1b) verzichten (auf *ac* **a**)

reñi|do [rrɛ'niðo] zerstritten; (*combate*) erbittert; **estar ~ con** F verkracht sein mit; *fig* unvereinbar sein mit; **~r** [rrɛ'nir] (3h *u* 3l) **1.** *v/t* ausschimpfen; **2.** *v/i* sich zanken, sich streiten

reo ['rrɛo] *m* Angeklagte(r) *m*

reojo [rrɛ'ɔxo]: **mirar de ~** verstohlen ansehen

reorganizar [rrɛɔrgani'θar] (1f) neugestalten; umorganisieren

reorientación [rrɛɔriɛnta'θjɔn] *f* Umstellung *f*; Neuorientierung *f*

repara|ble [rrɛpa'raβlɛ] ersetzbar; wiedergutzumachen(d); **~ción** [~'θjɔn] *f* Reparatur *f*; *fig* Wiedergutmachung *f*; **~r** [~'rar] (1a) ausbessern, reparieren; (*daño*) (wieder)gutmachen; **~ en a/c** et bemerken; **no ~ en gastos** keine Kosten scheuen

reparo [rrɛ'paro] *m* Bedenken *n*; Einwand *m*; **poner ~s a** Einwände erheben gegen (*ac*)

repar|tición [rrɛparti'θjɔn] *f* Verteilung *f*; **~tida** *Am* [~'tiða] *f s* **reparto**; **~tidor** [~ti'ðɔr] *m* Verteiler *m*; (*de periódicos*) Austräger *m*; **~tir** [~'tir] (3a) ver-, austeilen; (*correo*) zustellen, austragen; (*beneficio*) ausschütten; **~to** [~'parto] *m* Verteilung *f*; ✝ Ausschüttung *f*; ✆ Zustellung *f*; *teat* Besetzung *f*

repa|sar [rrɛpa'sar] (1a) durchsehen; (*lección*) wiederholen; ⊙ überprüfen; **~so** [rrɛ'paso] *m* Durchsicht *f*; ⊙ Überprüfung *f*

repatriar [rrɛpa'triar] (1b) repatriieren; **~se** heimkehren

repele|nte [rrɛpɛ'lɛntɛ] **1.** *adj* abstoßend (*a fig*); **2.** *m* Insektenschutzmittel *n*; **~r** [~'lɛr] (2a) abweisen; *fig* abstoßen

repen|te [rrɛ'pɛntɛ] *m*: **de ~** plötzlich; **~tino** [~'tino] plötzlich

repercu|sión [rrɛpɛrku'sjɔn] *f* Widerhall *m* (*a fig*); Rückwirkung *f*; **~tir** [~'tir] (3a) widerhallen; *fig* sich auswirken (auf *ac* **en**)

repertorio [rrɛpɛr'tɔrio] *m* Verzeichnis *n*; *teat* Repertoire *n*

repe|tición [rrɛpɛti'θjɔn] *f* Wiederholung *f*; **~tir** [~'tir] (3l) wiederholen

repi|car [rrɛpi'kar] (1g) (*campanas*) läuten; **~que** [~'pikɛ] *m* Glockenläuten *n*

repisa [rrɛ'pisa] *f* Konsole *f*

replegarse [rrɛplɛ'garsɛ] (1h *u* 1k) ✕ sich zurückziehen

repleto [rrɛ'pleto] (bis oben hin) voll
réplica ['rrɛplika] f Erwiderung f; (*copia*) Replik f, Nachbildung f
replicar [rrɛpli'kar] (1g) erwidern
repliegue [rrɛ'pljeɡe] m Falte f; Knick m; ✕ Rückzug m
repobla|ción [rrɛpobla'θjɔn] f Wiederbevölkerung f; **~ *forestal*** Wiederaufforstung f; **~r** [~'blar] (1m) wiederbevölkern; wiederaufforsten
repollo [rrɛ'poʎo] m (Weiß-)Kohl m; **~ *morado*** *Am* Rotkohl m
reponer [rrɛpo'nɛr] (2r) ersetzen; (*replicar*) antworten; *teat* wiederaufführen; **~se** sich (wieder) erholen
repor|taje [rrɛpɔr'taxe] m Reportage f; **~ *gráfico*** Bildbericht m; **~tero** [~'tero] m Reporter m; **~ *gráfico*** Bildberichterstatter m
repo|sacabezas [rrɛposaka'beθas] m *auto* Kopfstütze f; **~sado** [~'sado] ruhig, gelassen; **~sar** [~'sar] (1a) ruhen; sich ausruhen; **~sera** *Am* [~'sera] f Liege f
reposición [rrɛposi'θjɔn] f Wiedereinsetzung f; (*cine*) Wiederaufführung f; *teat* Neuinszenierung f
reposo [rrɛ'poso] m Ruhe f
repostar [rrɛpɔs'tar] (1a) (*gasolina*) auf-, nachtanken
repostería [rrɛpɔste'ria] f Konditoreiwaren f/pl
repren|der [rrɛprɛn'dɛr] (2a) tadeln, vorwerfen; **~sión** [~'sjɔn] f Tadel m, Rüge f
represa [rrɛ'presa] f *Am* Staudamm m
represalia [rrɛpre'salja] f Vergeltung(smaßnahme) f, Repressalie f
represar [rrɛpre'sar] (1a) stauen
representa|ción [rrɛpresenta'θjɔn] f Darstellung f; *teat* Aufführung f; ✝ Vertretung f; **~ *proporcional*** Verhältniswahlrecht n; **~nte** [~'tante] m Vertreter m; *teat* Darsteller m; **~r** [~'tar] (1a) vertreten; (*significar*) bedeuten; *a teat* darstellen; (*obra*) aufführen; **~tivo** [~ta'tibo] repräsentativ
represión [rrɛpre'sjɔn] f Unterdrückung f; *psic* Verdrängung f; **~vo** [~'sibo] repressiv
repri|menda [rrɛpri'menda] f Verweis m; **~mir** [~'mir] (3a) unterdrücken; *psic* verdrängen
reproba|ble [rrɛpro'baβle] verwerflich; **~ción** [~'θjɔn] f Mißbilligung f; **~r** [~'bar] (1m) mißbilligen
repro|chable [rrɛpro'tʃaβle] tadelnswert; **~char** [~'tʃar] (1a) vorwerfen; **~che** [~'protʃe] m Vorwurf m; Tadel m; ***sin*** *~* tadellos
reproduc|ción [rrɛproduɡ'θjɔn] f Reproduktion f; Wiedergabe f; *biol* Fortpflanzung f; **~ir** [~'θir] (3o) nachbilden, reproduzieren; wiedergeben; **~irse** sich fortpflanzen
reptil [rrɛp'til] m Reptil n
república [rrɛ'publika] f Republik f; **~ *federal*** Bundesrepublik f
republicano [rrɛpubli'kano] **1.** *adj* republikanisch; **2.** m Republikaner m
repu|diar [rrɛpu'djar] (1b) ablehnen; (*mujer*) verstoßen; (*herencia*) ausschlagen; **~dio** [~'pudjo] m Verstoßung f; Ablehnung f
repuesto [rrɛ'pwesto] m Vorrat m, ⊙ Ersatzteil n; ***de*** *~* Ersatz..., Reserve...
repugna|ncia [rrɛpuɡ'nanθja] f Widerwille m, Ekel m; **~nte** [~'nante] abstoßend, widerlich; **~r** [~'nar] (1a) abstoßen, anekeln
repul|sa [rrɛ'pulsa] f Ablehnung f, **~sión** [~'sjɔn] f Abneigung f, Widerwille m; **~sivo** [~'sibo] abstoßend
reputa|ción [rrɛputa'θjɔn] f Ruf m; Name m; **~do** [~'tado] angesehen; berühmt
reque|rimiento [rrɛkeri'mjento] m Aufforderung f; Bitte f; **~rir** [~'rir] (3i) auffordern; bitten; (*necesitar*) erfordern
requesón [rrɛke'sɔn] m Quark m
réquiem ['rrɛkjɛm] m Requiem n
requisa [rrɛ'kisa] f Inspektion f; ✕ Requisition f; **~r** [~'sar] (1a) ✕ requirieren; *Am* durchsuchen
requisito [rrɛki'sito] m Erfordernis n; Formalität f
res [rres] f Stück n Vieh; *Am* Rind n
resabio [rrɛ'saβjo] m Nachgeschmack m
resaca [rrɛ'saka] f Dünung f; Sog m; F Kater m
resaltar [rrɛsal'tar] (1a) hervor-, herausragen (*a fig*); (*hacer*) ~ hervorheben
resarcir [rrɛsar'θir] (3b) entschädigen (für *de*); **~se** sich schadlos halten (für *de*)
resba|ladizo [rrɛzbala'diθo] rutschig; **~lar** [~'lar] (1a) ausrutschen; *auto* schleudern; **~lón** [~'lɔn] m *fig* Ausrutscher m

rescatar [rreska'tar] (1a) loskaufen; auslösen; *fig* retten, bergen; **~te** [~'kate] *m* Rettung *f*, Bergung *f*; (*dinero*) Lösegeld *n*

rescindir [rresθin'dir] (3a) (*contrato*) aufheben, kündigen; **~sión** [~θi'sjon] *f* Aufhebung *f*, Kündigung *f*

resentido [rresen'tiðo] nachtragend; **~miento** [~'mjento] *m* Groll *m*; Ressentiment *n*; **~rse** [~'tirse] (3i): **~ de** (noch) spüren; die Nachwirkungen spüren

reseña [rre'seɲa] *f* Beschreibung *f*; *lit* Rezension *f*; **~r** [~'nar] (1a) beschreiben; *lit* besprechen, rezensieren

reserva [rre'serβa] *f* Reserve *f* (*a* ⚔); (*de plaza*, *etc*) Reservierung *f*, Buchung *f*; *fig* Zurückhaltung *f*; (*zona*) Reservat *n*; **~ (biológica)** Naturschutzgebiet *n*; **sin ~s** vorbehaltlos; **~do** [~'βaðo] reserviert (*a fig*); zurückhaltend; **~r** [~'βar] (1a) reservieren; buchen; (*guardar*) aufsparen; **~rse** sich *et* vorbehalten

resfriado [rresfri'aðo] *m* Erkältung *f*; Schnupfen *m*; **~rse** [~'arse] (1c) sich erkälten; *fig* sich abkühlen

resfrío *Am* [rres'frio] *m* Erkältung *f*

resguardar [rrezɣwar'ðar] (1a) bewahren, schützen (vor *de*); **~do** [~'ɣwarðo] *m* Schutz *m*; (*documento*) Beleg *m*, Schein *m*

residencia [rresi'ðenθja] *f* Wohnsitz *m*; Residenz *f*; **~ de ancianos** Altersheim *n*; **~ de estudiantes** Studentenheim *n*; **~dencial** [~'θjal] Wohn...; **~dente** [~'ðente] **1.** *adj* wohnhaft; **2.** *m* Bewohner *m*; ✝ Deviseninländer *m*; **~dir** [~'ðir] (3a) wohnen; residieren; **~ en** *fig* liegen in; **~duo** [~'siðuo] *m* Rest *m*; Rückstand *m*; **~s** *pl* Abfall *m*; **~s radiactivos** Atommüll *m*

resignación [rresigna'θjon] *f* Resignation *f*; **~rse** [~'narse] (1a) sich abfinden (mit *con*); resignieren

resina [rre'sina] *f* Harz *m*

resistencia [rresis'tenθja] *f* Widerstand *m* (*a* ⚡); Widerstandskraft *f*; **~tente** [~'tente] widerstandsfähig; ⊕ haltbar; beständig (gegen *a*); **~tir** [~'tir] (3a) **1.** *v/i* widerstehen (*dat*); **2.** *v/t* ertragen, aushalten; **~tirse** sich sträuben (gegen *ac* **a**)

resolución [rresolu'θjon] *f* (Auf-)Lösung *f*; (*decisión*) Entscheidung *f*, Beschluß *m*; *fig* Entschlossenheit *f*; **~to** [~'luto] entschlossen

resolver [rresol'βer] (2h; *part* **resuelto**) (auf)lösen; (*decidir*) beschließen; **~se** sich entschließen (zu **a**)

resonancia [rreso'nanθja] *f* Resonanz *f*; *fig* Anklang *m*, Echo *n*; **~r** [~'nar] (1m) widerhallen (*a fig*)

resoplar [rreso'plar] (1a) schnauben

resorte [rre'sorte] *m* Sprungfeder *f*; *fig* Triebfeder *f*; Mittel *n*

respaldar [rrespal'dar] (1a) unterstützen; **~darse** sich anlehnen; **~do** [~'palðo] *m* Rückenlehne *f*; *fig* Rückendeckung *f*, Unterstützung *f*

respectar [rrespek'tar] (1a) angehen; *por lo que respecta a* ... was ... betrifft; **~tivo** [~'tiβo] betreffend; jeweilig; **~to** [~'pekto] *m*: (**con**) **~ a** hinsichtlich (*gen*), **a este ~** in dieser Hinsicht

respetable [rrespe'taβle] achtbar; ansehnlich; **~tar** [~'tar] (1a) achten, respektieren; **~to** [~'peto] *m* Achtung *f*; Respekt *m*; **~tuoso** [~'tuoso] respektvoll

respiración [rrespira'θjon] *f* Atmung *f*; **~rar** [~'rar] (1a) atmen; *fig* aufatmen; **~ratorio** [~'torjo] Atmungs...; Atem...; **~ro** [~'piro] *m fig* Atem-, Verschnaufpause *f*

resplandecer [rresplande'θer] (2d) glänzen, strahlen; **~dor** [~'dor] *m* Glanz *m*; Schein *m*

responder [rrespon'der] (2a) antworten, erwidern; **~ a** antworten auf (*ac*), beantworten; (*corresponder*) entsprechen (*dat*); 🐾 reagieren auf (*ac*); **~ de** verantwortlich sein für; haften für; **~dón** F [~'ðon] F schnippisch

responsabilidad [rresponsaβili'ðað] *f* Verantwortlichkeit *f*; Verantwortung *f* (für **de**); ⚖ Haftung *f*; **~ civil** Haftpflicht *f*; **~bilizarse** [~'θarse] (1f) die Verantwortung übernehmen (für *ac* **de**); haftbar **~ble** [~'saβle] verantwortlich (für **de**); haftbar

respuesta [rres'pwesta] *f* Antwort *f*; *en* **~ a** in Beantwortung (*gen*)

resquemor [rreske'mor] *m* Groll *m*

resta ⚕ ['rresta] *f* Subtrahieren *n*

restablecer [rrestaβle'θer] (2d) wiederherstellen; **~cerse** sich erholen, genesen; **~cimiento** [~θi'mjento] *m* Wiederherstellung *f*; 🐾 Genesung *f*

restante [rres'tante] **1.** *adj* restlich; **2.** *m* Überrest *m*; **~r** [~'tar] (1a) **1.** *v/t* subtrahieren, abziehen; **2.** *v/i* übrigbleiben

restauración 242

restaura|ción [rrestaŭra'θjon] f Wiederherstellung f; Restaurierung f; **~nte** [~'rante] m Restaurant n; **~ de autoservicio** Selbstbedienungsrestaurant n; **~r** [~'rar] (1a) wiederherstellen; restaurieren

restitu|ción [rrestitu'θjon] f Rückerstattung f; **~ir** [~tu'ir] (3g) zurückerstatten, -geben

resto ['rresto] m Rest m; **los ~s mortales** die sterbliche Hülle f

restregar [rrestre'gar] (1h u 1k) reiben, scheuern

restricción [rrestrik'θjon] f Einschränkung f; **-ones** pl **a la importación** Importbeschränkungen f/pl

restringir [rrestriŋ'xir] (3c) ein-, beschränken

resucitar [rresuθi'tar] (1a) 1. v/t wiedererwecken; 2. v/i (wieder) auferstehen

resuelto [rre'sŭelto] 1. part v **resolver**; 2. adj entschlossen; beherzt

resulta|do [rresul'tado] m Ergebnis n, Resultat n; **~r** [~'tar] (1a) sich ergeben; sich herausstellen (als)

resu|men [rre'sumen] m Zs.-fassung f; **~mir** [~su'mir] (3a) zs.-fassen

resu|rgir [rresur'xir] (3c) wiedererscheinen; **~rrección** [~surrek'θjon] f Auferstehung f

retablo [rre'taβlo] m Altarbild n

retaguardia ✕ [rreta'gŭardja] f Nachhut f

retal [rre'tal] m Stoffrest m

retama ♀ [rre'tama] f Ginster m

retar [rre'tar] (1a) herausfordern

retar|dar [rretar'ðar] (1a) verzögern; aufschieben; **~darse** sich verspäten; **~do** [~'tarðo] m Aufschub m; Verzögerung f

retén [rre'ten] m Brandwache f

reten|ción [rreten'θjon] f Zurückbehaltung f; Einbehaltung f; **-ones** pl (Verkehrs-)Stau m; **~er** [~te'ner] (2l) zurück(be)halten

retina [rre'tina] f Netzhaut f

retira|da [rreti'raða] f Rückzug m (a ✕); Entzug m; **~do** [~'raðo] außer Dienst; (alejado) abgelegen; (vida) zurückgezogen; **~r** [~'rar] (1a) zurückziehen; (quitar) wegnehmen; (dinero) abheben

retiro [rre'tiro] m Ruhestand m; (pensión) Ruhegeld n; fig Zurückgezogenheit f; ✕ Abschied m

reto ['rreto] m Herausforderung f

retocar [rreto'kar] (1g) überarbeiten; fot retuschieren

retoño [rre'toɲo] m ♀ Schößling m, Sproß m; fig Sprößling m

retoque [rre'toke] m Überarbeitung f; fot Retusche f

retorcer [rretor'θer] (2b u 2h) verdrehen (a fig); (ropa) (aus)wringen; **~se** sich krümmen, sich winden

retóri|ca [rre'torika] f Rhetorik f; **~co** [~'toriko] rhetorisch

retor|nar [rretor'nar] (1a) 1. v/t zurückgeben; 2. v/i zurückkehren; **~no** [~'torno] m Rückkehr f; (devolución) Rückgabe f

retozar [rreto'θar] (1f) hüpfen; (herum)tollen

retracta|ción [rretrakta'θjon] f Widerruf m; **~r** [~'tar] (1a) widerrufen; **~rse** (sein Wort) zurücknehmen

retra|er [rretra'er] (2p) zurückziehen; (devolver) wiederbringen; **~erse** sich zurückziehen; **~ído** [~'iðo] zurückgezogen; fig zurückhaltend

retransmi|sión [rretranzmi'sjon] f Übertragung f; **~ en diferido** Aufzeichnung f; **~ en directo** Direktübertragung f, Live-Sendung f; **~tir** [~'tir] (3a) übertragen

retra|sado [rretra'saðo] zurückgeblieben (a ⚕); **~sar** [~'sar] (1a) verzögern; aufschieben; (reloj) zurückstellen; **~sarse** sich verzögern; (reloj) nachgehen; ⚙, etc sich verspäten; **~so** [~'traso] m Verzögerung f; ⚙ Verspätung f

retra|tar [rretra'tar] (1a) porträtieren; fot aufnehmen; fig schildern; **~to** [~'trato] m Porträt n; **~robot** Phantombild n

retre|ta ✕ [rre'treta] f Zapfenstreich m; **~te** [~'trete] m Klosett n

retribu|ción [rretriβu'θjon] f Vergütung f; Entlohnung f; **~ir** [~'ir] (3g) vergüten; bezahlen

retro|activo [rretroak'tiβo] rückwirkend; **~ceder** [~θe'ðer] (2a) zurückweichen; **~ceso** [~'θeso] m Zurückweichen n; fig Rückschritt m; Rückschlag m

retrógrado [rre'troɣraðo] fig rückständig, rückschrittlich

retro|spectiva [rretrospek'tiβa] f Rückschau f, Retrospektive f; **~spectivo** [~'tiβo] rückblickend, -schauend; **~visor** [~βi'sor] m Rückspiegel m

retumbar [rretum'bar] (1a) dröhnen
reuma(tismo) ≠ ['rreuma('tizmo)] *m* Rheuma(tismus *m*) *n*; ~ **articular** Gelenkrheumatismus *m*
reunifi|cación [rreunifika'θjon] *f pol* Wiedervereinigung *f*; ~**car** [~'kar] (1g) wiedervereinigen
reuni|ón [rreu'njon] *f* Versammlung *f*; Sitzung *f*; ~**r** [~'nir] (3a) sammeln, zs.-tragen; (*personas*) versammeln; ~**rse** sich treffen, zs.-kommen
revaloriza|ción [rrebaloriθa'θjon] *f* Aufwertung *f*; ~**r** [~'θar] (1f) aufwerten
revaluar [rreba'lŭar] (1e) aufwerten
revancha [rre'bantʃa] *f* Revanche *f*
revela|ción [rrebela'θjon] *f* Enthüllung *f*; ~**do** *fot* [~'laðo] *m* Entwickeln *n*; ~**dor** [~'ðor] **1.** *adj* aufschlußreich; **2.** *m fot* Entwickler *m*; ~**r** [~'lar] (1a) enthüllen; *fot* entwickeln
reven|der [rreben'der] (2a) weiterverkaufen; ~**ta** [~'benta] *f* Weiterverkauf *m*
reventar [rreben'tar] (1k) **1.** *v/i* platzen (*a fig* vor **de**), bersten; **2.** *v/t* zum Platzen bringen; kaputtmachen; (*molestar*) rasend machen; ~**se** zerplatzen
reventón [rreben'ton] *m auto* Reifenpanne *f*
reveren|cia [rrebe'renθja] *f* Ehrfurcht *f*; (*inclinación*) Verbeugung *f*; ~**do** [~'rendo] *rel* ehrwürdig; ~**te** [~'rente] ehrerbietig, respektvoll
rever|sible [rreber'sible] umkehrbar; (*ropa*) beidseitig tragbar; ~**so** [~'berso] *m* Rückseite *f*; Kehrseite *f* (*a fig*)
revés [rre'bes] *m* Rückseite *f*; *fig* Mißgeschick *n*; (*tenis*) Rückhand(schlag *m*) *f*; **al** ~ umgekehrt
revesti|miento [rrebesti'mjento] *m* ⊙ Verkleidung *f*; Belag *m*; Überzug *m*; ~**r** [~'tir] (3l) verkleiden; belegen; überziehen (mit **de**)
revi|sar [rrebi'sar] (1a) nach-, durchsehen; nachprüfen; ⊙ überholen; ~**sión** [~'sjon] *f* Überprüfung *f*; Revision *f*; *auto* Inspektion *f*; ⊙ Überholung *f*; ~**sor** [~'sor] *m* Kontrolleur *m*; 🚆 Schaffner *m*; ~**sta** [~'bista] *f* Zeitschrift *f*; *teat* Revue *f*; ✕ (Truppen)Besichtigung *f*; **pasar ~ a** ✕ besichtigen; (die Front) abschreiten; ~**stero** [~'tero] *m* Zeitungsständer *m*
revoca|ble [rrebo'kable] widerruflich; ~**ción** [~ka'θjon] *f* Widerruf *m*; Aufhebung *f*; ~**r** [~'kar] (1g) widerrufen, aufheben; (*pared*) tünchen
revolcar [rrebol'kar] (1g *u* 1m) zu Fall bringen; ~**se** sich (herum)wälzen
revol|tijo [rrebol'tixo] *m* Wirrwarr *m*; ~**toso** [~'toso] aufsässig; (*niño*) ungezogen
revolu|ción [rrebolu'θjon] *f* Revolution *f*; *astr* Umlauf *m*; ⊙ Umdrehung *f*; ~**cionar** [~θjo'nar] (1a) revolutionieren; ~**cionario** [~θjo'narjo] **1.** *adj* revolutionär; **2.** *m* Revolutionär *m*
revólver [rre'βolβer] *m* Revolver *m*
revolver [rrebol'βer] (2h; *part* **revuelto**) umrühren; umwühlen; (*desordenar*) durchea.-bringen; *fig* aufwühlen
revoque [rre'βoke] *m* Verputz *m*
revuelo [rre'βŭelo] *m* Durcheinander *n*; Aufruhr *m*
revuel|ta [rre'βŭelta] *f* Aufruhr *m*, Revolte *f*; ~**to** [rre'βŭelto] **1.** *part v* **revolver**; **2.** *adj* unruhig; (*desordenado*) durcheinander; (*mar*) aufgewühlt
rey [rrei] *m* König *m* (*a ajedrez*)
reyerta [rre'jerta] *f* Streit *m*, Zank *m*
rezaga|do [rreθa'gaðo] *m* Nachzügler *m*; ~**rse** [~'garse] (1h) zurückbleiben
re|zar [rre'θar] (1f) beten; (*texto*) lauten; ~**zo** ['rreθo] *m* Beten *n*; Gebet *n*
rezumarse [rreθu'marse] (1a) durchsickern (*a fig*)
ría ['rria] *f fjordähnliche* Flußmündung *f*
ria|chuelo [rria'tʃŭelo] *m* Flüßchen *n*; Bach *m*; ~**da** [rri'aða] *f* Hochwasser *n*
ribera [rri'bera] *f* Ufer *n*
ribete [rri'bete] *m* Saum *m*; Besatz *m*; *fig* ~**s** *pl* Anzeichen *n/pl*; Anflug *m*
ricino ♣ [rri'θino] *m* Rizinus *m*
rico ['rriko] **1.** *adj* reich (an **en**); (*comida*) köstlich; *F* lecker; (*niño*) niedlich; **2.** *m* Reiche(r) *m*; *nuevo* ~ Neureiche(r) *m*
ridicu|lez [rriðiku'leθ] *f* Lächerlichkeit *f*; ~**lizar** [~li'θar] (1f) lächerlich machen
ridículo [rri'ðikulo] lächerlich; **hacer el** ~ sich lächerlich machen, sich blamieren; **poner en** ~ lächerlich machen
ríe ['rrie] *s* **reír**
riego [rri'ego] *m* Bewässerung *f*; ~ **sanguíneo** Durchblutung *f*
riel [rriɛl] *m* (Gardinen-)Stange *f*; 🚆 Schiene *f*
rienda ['rrienda] *f* Zügel *m* (*a fig*); **dar ~ suelta** freien Lauf lassen

riesgo ['rrjezɣo] *m* Risiko *n*; Gefahr *f*; **a ~ de** auf die Gefahr hin, zu; **correr (el) ~** Gefahr laufen; **~so** *Am* [rrjez'ɣoso] riskant

rifa ['rrifa] *f* Verlosung *f*, Tombola *f*; **~r** [rri'far] (1a) verlosen

rifle ['rrifle] *m* Büchse *f*, Gewehr *n*

rigidez [rrixi'ðeθ] *f* Starrheit *f*; *fig* Strenge *f*

rígido ['rrixiðo] starr; *fig* streng

rigor [rri'ɣor] *m* Strenge *f*, Härte *f*; **en ~** strenggenommen; **ser de ~** unerläßlich (*od* Vorschrift) sein

riguro|sidad [rriɣurosi'ðað] *f* Strenge *f*; **~so** [~'roso] streng; rigoros; unerbittlich

rima ['rrima] *f* Reim *m*; **~s** *f/pl* Verse *m/pl*; **~r** [rri'mar] (1a) reimen; sich reimen (auf *ac con*)

rimbombante [rrimbom'bante] hochtönend; bombastisch

rímel ['rrimel] *m* Wimperntusche *f*

rin|cón [rriŋ'kon] *m* Winkel *m*, Ecke *f*; **~conera** [~ko'nera] *f* Ecktisch *m*; Eckschrank *m*

ring [rriŋ] *m* (Box-)Ring *m*

rinoceronte [rrinoθe'ronte] *m* Nashorn *n*

riña ['rriɲa] *f* Zank *m*, Streit *m*

riñón [rri'ɲon] *m* Niere *f*; **costar un ~** ein Heidengeld kosten

río ['rrio] **1.** *m* Fluß *m*, Strom *m*; **2.** *s reír*

ripio ['rripjo] *m fig* Flickwort *n*; **no perder ~** sich nichts entgehen lassen

riqueza [rri'keθa] *f* Reichtum *m*; **~s del subsuelo** Bodenschätze *m/pl*

risa ['rrisa] *f* Lachen *n*; **dar ~** zum Lachen sein; **tomar a ~** nicht ernst nehmen

risotada [rriso'taða] *f* schallendes Gelächter *n*

ristra ['rristra] *f* Schnur *f mit Knoblauch, Zwiebeln usw*

risueño [rri'sweɲo] lachend; heiter

rítmico ['rriðmiko] rhythmisch

ritmo ['rriðmo] *m* Rhythmus *m*

rito ['rrito] *m* Ritus *m*

ritual [rri'twal] **1.** *adj* rituell; **2.** *m* Ritual *n*

rival [rri'βal] *su* Rivale *m*, Rivalin *f*; **~idad** [~βali'ðað] *f* Rivalität *f*; **~izar** [~'θar] (1f) wetteifern, rivalisieren

riza|do [rri'θaðo] lockig; kraus; **~r** [~'θar] (1f) kräuseln

rizo ['rriθo] *m* Locke *f*; (*tela*) Frottee *n*, *m*

robar [rro'βar] (1a) stehlen; (be)rauben

roble ♀ ['rroβle] *m* Eiche *f*

roblón Ⓞ [rro'βlon] *m* Niet *m*

robo ['rroβo] *m* Raub *m*; Diebstahl *m*; **~ con fractura** Einbruch(diebstahl) *m*; **~ con homicidio** Raubmord *m*

robot ['rroβot] *m* Roboter *m*

robótica [rro'βotika] *f* Robotik *f*

robus|tecer [rroβuste'θer] (2d) stärken; **~tez** [~'teθ] *f* Kraft *f*; Stärke *f*; **~to** [~'βusto] stark, robust

roca ['rroka] *f* Fels(en) *m*

roce ['rroθe] *m* Reibung *f*; *fig* Reiberei *f*

rociar [rro'θjar] (1c) besprengen

rocín [rro'θin] *m* Gaul *m*, Klepper *m*

rocío [rro'θio] *m* Tau *m*

rococó [rroko'ko] *m* Rokoko *n*

rocoso [rro'koso] felsig

rodaballo *zo* [rroða'βaʎo] *m* Steinbutt *m*

rodada [rro'ðaða] *f* Radspur *f*, Wagenspur *f*

roda|ja [rro'ðaxa] *f* Scheibe *f*; **~je** [~'ðaxe] *m* (*cine*) Drehen *n*, Dreharbeiten *f/pl*; *auto* Einfahren *n*; **en ~** wird eingefahren

rodamiento Ⓞ [rroða'mjento] *m* Lager *n*; **~ de bolas** Kugellager *n*

rodapié △ [rroða'pje] *f* Fußleiste *f*

rodar [rro'ðar] (1m) **1.** *v/i* rollen; (*caer*) herunterrollen; (*dar vueltas*) sich drehen; **2.** *v/t* (*cine*) drehen; *auto* einfahren

rode|ar [rroðe'ar] (1a) umgeben (mit *de*); umringen; **~o** [~'ðeo] *m* Umweg *m*; *fig* Ausflucht *f*; *Am* Rodeo *m od n*; **sin ~s** ohne Umschweife

rodi|lla [rro'ðiʎa] *f* Knie *n*; **de ~s** kniend; **hincarse** (*od* **ponerse**) **de ~s** niederknien; **~llera** [~ði'ʎera] *f* Knieschützer *m*; **~llo** [~'ðiʎo] *m* Rolle *f*; Walze *f*; *gastr* Nudelholz *n*

rododendro ♀ [rroðo'ðendro] *m* Rhododendron *m*

Rodríguez F [rro'ðriɣeθ]: **estar de ~** Strohwitwer sein

roe|dor [rroe'ðor] *m* Nagetier *n*; **~r** [~'er] (2za) (ab)nagen; nagen an (*a fig*)

roga|r [rro'ɣar] (1h *u* 1m) bitten; **hacerse** (**de**) **~** sich bitten lassen; **~tiva** [~ɣa'tiβa] *f* Bittgebet *n*

ro|jizo [rro'xiθo] rötlich; **~jo** ['rroxo] rot

rol [rrol] *m* Rolle *f*

rollizo [rro'ʎiθo] rundlich; stramm

rollo ['rroʎo] *m* Rolle *f*; *fot* Rollfilm *m*; **es un ~** das ist stinklangweilig

romance [rrɔ'manθe] *m* Romanze *f* (*a fig*)

románico [rrɔ'maniko] **1.** *m* Romanik *f*; **2.** *adj* romanisch

romanista [rrɔma'nista] *m* Romanist *m*

romano [rrɔ'mano] römisch

rom|anticismo [rrɔmanti'θizmo] *m* Romantik *f*; **~ántico** [~'mantiko] romantisch

rombo ['rrɔmbo] *m* Rhombus *m*, Raute *f*

rome|ría [rrɔme'ria] *f* Wallfahrt *f*; **~ro** [~'mero] *m* Pilger *m*; ♀ Rosmarin *m*

romo ['rrɔmo] stumpf

rompe|cabezas [rrɔmpeka'beθas] *m* Puzzle *n*; **~hielos** ♣ [~'jelos] *m* Eisbrecher *m*; **~huelgas** *Am* [~'ŭelgas] *m* Streikbrecher *m*; **~olas** [~'olas] *m* Wellenbrecher *m*

romper [rrɔm'per] (2a; *part roto*) **1.** *v/t* (zer)brechen, F kaputtmachen; zerreißen; abbrechen (*a fig*); **2.** *v/i*: **~ a** (plötzlich) anfangen zu; **~ con alg** mit j-m brechen; **~se** zerbrechen, F kaputtgehen

ron [rrɔn] *m* Rum *m*

roncar [rrɔŋ'kar] (1g) schnarchen

ronco ['rrɔŋko] heiser, rauh

ronda ['rrɔnda] *f* Runde *f*; (*patrulla*) Streife *f*; **~r** [~'dar] (1a) die Runde machen; bummeln; **~ las mil pesetas** etwa tausend Peseten betragen

ron|quera [rrɔŋ'kera] *f* Heiserkeit *f*; **~quido** [~'kiðo] *m* Schnarchen *n*

ronronear [rrɔnrrɔne'ar] (1a) schnurren

roñ|a ['rrɔɲa] *f* Räude *f*, Krätze *f*; **~oso** [rrɔ'ɲoso] räudig; *fig* knauserig

ropa ['rrɔpa] *f* Kleidung *f*; **~ de cama** Bettwäsche *f*; **~ interior** Unterwäsche *f*; **~vejero** [~be'xero] *m* Trödler *m*

ropero [rrɔ'pero] *m* Kleiderschrank *m*

rorro F ['rrɔrro] *m* Baby *n*

ros ✕ [rrɔs] *m* Käppi *n*

rosa ['rrɔsa] **1.** *adj* rosa; **2.** *f* Rose *f*; **verlo todo de color de ~** alles in rosigem Licht sehen; **~do** [rrɔ'saðo] **1.** *adj* rosenrot; **2.** *m* Rosé(wein) *m*

rosal [rrɔ'sal] *m* Rosenstrauch *m*

rosario *rel* [rrɔ'sario] *m* Rosenkranz *m*

rosbif [rrɔz'bif] *m* Roastbeef *n*

rosca ['rrɔska] *f* ⊕ Gewinde *n*; *gastr* Kranz *m*; **pasarse de ~** *fig* zu weit gehen

rosetón △ [rrɔse'tɔn] *m* Rosette *f*

rosquilla [rrɔs'kiʎa] *f* Brezel *f*

rostro ['rrɔstro] *m* Gesicht *n*, Antlitz *n*

rota|ción [rrɔta'θiɔn] *f* Drehung *f*; Umdrehung *f*; **~ de cultivos** ↗ Fruchtwechsel *m*; **~torio** [~'torio] rotierend

roto ['rrɔto] **1.** *s romper*; **2.** *adj* zerbrochen, F kaputt

rótula ['rrɔtula] *f* Kniescheibe *f*

rotula|dor [rrɔtula'ðɔr] *m* Filzstift *m*; **~r** [~'lar] (1a) beschriften

rótulo [rrɔ'tulo] *m* Aufschrift *f*; (*letrero*) Schild *n*

rotun|damente [rrɔtunda'mente] rundweg, -heraus; **~do** [~'tundo] entschieden, kategorisch

rotura [rrɔ'tura] *f* (Zer-)Brechen *n*; Bruch *m*; *a* ✱ Riß *m*

roturar ↗ [rrɔtu'rar] (1a) urbar machen; roden

roya ♀ [rrɔja] *f* Rost *m*

roza|dura [rrɔθa'ðura] *f* Schramme *f*, Kratzer *m*; **~r** [~'θar] (1f) streifen; (leicht) berühren

rubéola ✱ [rru'beola] *f* Röteln *pl*

rubí [rru'bi] *m* Rubin *m*

rubi|a ['rrubia] *f* Blondine *f*; **~o** ['rrubio] blond; *fig* hell

rublo ['rrublo] *m* Rubel *m*

rubor [rru'bɔr] *m* (Scham-)Röte *f*; Scham(gefühl *n*) *f*; **~izarse** [~bori'θarse] (1f) (scham)rot werden, erröten

rúbrica ['rrubrika] *f* Schnörkel *m am Namenszug*; *fig* Überschrift *f*

rubricar [rrubri'kar] (1g) abzeichnen

ruda ♀ ['rruða] *f* Raute *f*

rudeza [rru'ðeθa] *f* Rauheit *f*; Derbheit *f*; Schroffheit *f*

rudimen|tario [rruðimen'tario] rudimentär; **~to** [~'mento] *m* Rudiment *n*; **~s** *pl* Grundbegriffe *m/pl*

rudo ['rruðo] roh; plump; (*duro*) rauh; hart

rueca ['rrŭeka] *f* Spinnrocken *m*

rue|da ['rrŭeða] *f* Rad *n*; **~ de prensa** Pressekonferenz *f*; **~do** [~ðo] *m* *taur* Arena *f*

ruego ['rrŭego] **1.** *s rogar*; **2.** *m* Bitte *f*

rufián [rru'fian] *m* Zuhälter *m*; *fig* Gauner *m*

rugby ['rrugbi] *m* Rugby *n*

rugi|do [rru'xiðo] *m* Brüllen *n*; **~r** [~'xir] (3c) brüllen; toben

rugo|sidad [rrugosi'ða(ð)] *f* Runzel *f*; *fig* Unebenheit *f*; **~so** [~'goso] runz(e)lig

ruibarbo & [rrui'barβo] *m* Rhabarber *m*

ruido ['rruiðo] *m* Lärm *m*; Geräusch *n*; **~ de fondo** Geräuschkulisse *f*; **~so** [~'ðoso] lärmend, geräuschvoll; *fig* aufsehenerregend

ruin [rruin] niederträchtig; (*avaro*) schäbig

ruin|a ['rruina] *f* Ruine *f* (*a fig*); ✝ Ruin *m*; **amenazar ~** einzustürzen drohen; **~oso** [~'noso] baufällig; ✝ ruinös

ruiseñor [rrɥise'ɲɔr] *m* Nachtigall *f*

ruleta [rru'leta] *f* Roulett *n*

rulo ['rrulo] *m* Lockenwickler *m*

rumano [rru'mano] **1.** *adj* rumänisch; **2.** *m* Rumäne *m*

rumbo ['rrumbo] *m* Kurs *m*; *fig* Weg *m*; Richtung *f*; (*esplendor*) Prunk *m*, Pracht *f*; (*generosidad*) Freigebigkeit *f*; **~so** [~'boso] prächtig, prunkhaft; (*generoso*) freigebig

rumia|nte [rru'mjante] *m* Wiederkäuer *m*; **~r** [~'mjar] (1b) wiederkäuen

rumor [rru'mɔr] *m* Gerücht *n*; **~ear** [~more'ar] (1a) munkeln

rupestre [rru'pestre]: **pintura ~** Höhlenmalerei *f*

ruptura [rrup'tura] *f* (Ab-)Bruch *m*

rural [rru'ral] ländlich; Land...

ruso ['rruso] **1.** *adj* russisch; **2.** *m*, **-a** *f* [~sa] Russe *m*, Russin *f*

rústico ['rrustiko] ländlich, Land...; rustikal; **en -a** (*libro*) broschiert

ruta ['rruta] *f* Weg *m*; Route *f*

rutilante [rruti'lante] glänzend, schimmernd

rutina [rru'tina] *f* Routine *f*; **~rio** [~'narjo] routine-, gewohnheitsmäßig

S

S, s ['ese] *f* S, s *n*

sábado ['saβaðo] *m* Sonnabend *m*, Samstag *m*; ♀ **Santo** (*od* **de Gloria**) Kar-, Ostersamstag *m*

sábana ['saβana] *f* Bettuch *n*; **~ ajustable** Spannbettuch *n*

sabana [sa'βana] *f* Savanne *f*

sabandija [saβan'dixa] *f* Gewürm *n*

sabañón [saβa'ɲon] *m* Frostbeule *f*

sabelotodo [saβelo'toðo] *m* Besserwisser *m*

saber [sa'βer] (2n) **1.** *v/t* wissen; können; (*tener noticia*) erfahren; **hacer ~** mitteilen; **¡qué sé yo!** keine Ahnung!; **no que yo sepa** nicht daß ich wüßte; **a ~** nämlich; **2.** *v/i* schmecken (nach **a**); **me sabe mal** es ist mir unangenehm; **3.** *m* Wissen *n*; Können *n*

sabi|do [sa'βiðo] bekannt; **~duría** [~ðu'ria] *f* Weisheit *f*; Wissen *n*; **~endas** [sa'βjendas]: **a ~** wissentlich; **~hondo** F [~'ɔndo] *m* Besserwisser *m*

sabio ['saβjo] **1.** *adj* weise; gelehrt; **2.** *m* Weise(r) *m*, Gelehrte(r) *m*

sab|lazo [sa'βlaθo] *m* Säbelhieb *m*; F **dar un ~ a alg** F j-n anpumpen; **~le** ['saβle] *m* Säbel *m*

sabor [sa'βor] *m* Geschmack *m*; **~ear** [saβore'ar] (1a) genießen

sabot|aje [saβo'taxe] *m* Sabotage *f*; **~ear** [~te'ar] (1a) sabotieren

sabroso [sa'βroso] schmackhaft; *Am* herrlich

sabueso [sa'βweso] *m* Spürhund *m*; *fig* Schnüffler *m*

saca ['saka] *f* Post-, Geldsack *m*; **~corchos** [~'kɔrtʃos] *m* Korkenzieher *m*; **~puntas** [~'puntas] *m* Bleistiftanspitzer *m*

sacar [sa'kar] (1g) herausziehen, -nehmen, -holen; entnehmen (*libro, etc*) herausbringen; (*lengua*) herausstrecken; (*muela*) ziehen; (*billete*) lösen; (*foto*) machen; **~ adelante** vorantreiben; durchbringen; **~ a bailar** zum Tanz auffordern; **~ en claro** klarstellen; **~ de paseo** spazierenführen

sacarina [saka'rina] *f* Sa(c)charin *n*, Süßstoff *m*

sacerdo|te [saθer'ðote] *m* Priester *m*; **~tisa** [~ðo'tisa] *f* Priesterin *f*

saci|ar [sa'θiar] (1b) sättigen; *fig* befriedigen; **~edad** [saθie'dað] *f* Sättigung *f*; **hasta la ~** bis zum Überdruß

saco ['sako] *m* Sack *m*; *Am* Sakko *m*; **~ de dormir** Schlafsack *m*; **no echar a/c en ~ roto** et beherzigen

sacramento [sakra'mento] *m* Sakrament *n*

sacrifica|do [sakrifi'kaðo] aufopfernd; **~r** [~'kar] (1g) opfern; (*res*) schlachten; **~rse** sich aufopfern (für *ac por*)

sacri|ficio [sakri'fiθio] *m* Opfer *n*; **~legio** [~'lexio] *m* Sakrileg *n*; Frevel *m*

sacrílego [sa'krilego] gotteslästerlich; frevelhaft

sacris|tán [sakris'tan] *m* Küster *m*; **~tía** [~'tia] *f* Sakristei *f*

sacro ['sakro] heilig

sacudi|da [saku'ðiða] *f* Erschütterung *f*; Stoß *m*; **~dor** [~'ðor] *m* Teppichklopfer *m*; **~r** [~'ðir] (3a) schütteln, rütteln; erschüttern; (*alfombra*) (aus)klopfen

sádico ['saðiko] **1.** *adj* sadistisch; **2.** *m* Sadist *m*

sadismo [sa'ðizmo] *m* Sadismus *m*

saeta [sa'eta] *f* Pfeil *m*

safari [sa'fari] *m* Safari *f*

saga ['saga] *f* Sage *f*

saga|cidad [sagaθi'ðað] *f* Scharfsinn *m*; Spürsinn *m*; **~z** [sa'gaθ] (3a) schlau; scharfsinnig

Sagitario *astr* [saxi'tario] *m* Schütze *m*

sagra|do [sa'grado] heilig; **~rio** [sa'grario] *m* Tabernakel *n*

sagú [sa'gu] *m* Sago *m*

sainete [sai'nete] *m* Schwank *m*

sajón [sa'xon] **1.** *adj* sächsisch; **2.** *m* Sachse *m*

sal [sal] *f* Salz *n*; *fig* Mutterwitz *m*; **~ común** Kochsalz *n*

sala ['sala] *f* Saal *m*; ⚖ Kammer *f*; **~ de espera** Wartesaal *m*, -zimmer *n*; **~ de estar** Wohnzimmer *n*; **~ de fiestas** Vergnügungslokal *n*

salado [sa'lado] salzig; *fig* witzig; geistreich

salaman|dra [sala'mandra] *f* Salamander *m*; **~quesa** [~maŋ'kesa] *f* (Mauer-) Gecko *m*

salar [sa'lar] (1a) salzen

sala|rial [sala'rial] Lohn...; **~rio** [~'lario] *m* Lohn *m*; **~ base** Grundlohn *m*; **~ mínimo** Mindestlohn *m*

salazón [sala'θon] *m* Einsalzen *n*

salchi|cha [sal'tʃitʃa] *f* Würstchen *n*; **~chón** [~tʃi'tʃon] *m* Hartwurst *f*

sal|dar [sal'dar] (1a) ✝ begleichen; (*vender*) ausverkaufen; *fig* beilegen; **~do** ['saldo] *m* ✝ Saldo *m*; (*venta*) Ausverkauf *m*; **~ acreedor** (*deudor*) Haben-(Soll-)Saldo *m*

salero [sa'lero] *m* Salzstreuer *m*; *fig* Anmut *f*; **~so** F [~'roso] anmutig; charmant; witzig

salida [sa'liða] *f* Ausgang *m*; Ausfahrt *f*; (*partida*) Abfahrt *f*; ✈ Abflug *m*; *dep* Start *m*; ✝ Absatz *m*; (*ocurrencia*) (witziger) Einfall *m*; **~ del sol** Sonnenaufgang *m*; **~ de emergencia** Notausgang *m*; **~ de tono** ungehörige Bemerkung *f*

saliente [sa'liente] **1.** *adj* vorspringend; *fig* hervorstechend; *pol* ausscheidend; **2.** *m* Vorsprung *m*

sali|na [sa'lina] *f* Salzbergwerk *n*, Saline *f*; **~nidad** [~lini'ðað] *f* Salzgehalt *m*; **~no** [~'lino] salzig

salir [sa'lir] (3r) ausgehen; hinausgehen; weggehen; abreisen, abfahren; *astr* aufgehen; (*libro*) erscheinen; **~ adelante** vorwärtskommen; **~ bien** (**mal**) gut (schlecht) ablaufen *od* geraten; **~ caro** teuer zu stehen kommen; **~ ileso** unverletzt bleiben; **~ a alg** j-m ähneln; **~ con alg** F mit j-m gehen; **~ perdiendo** den kürzeren ziehen; **a lo que salga** auf gut Glück; **~se** (*líquido*) auslaufen; **~ de** abweichen von (*dat*); **~ con la suya** s-n Kopf durchsetzen

saliva [sa'liβa] *f* Speichel *m*

salmo ['salmo] *m* Psalm *m*

salmón [sal'mon] *m* Lachs *m*

salmonelas [salmo'nelas] *f/pl* Salmonellen *f/pl*

salmonete *zo* [salmo'nete] *m* Rotbarbe *f*

salmuera [sal'mŭera] *f* Salzlake *f*

salobre [sa'loβre] salzig; **agua** *f* **~** Brackwasser *n*

salón [sa'lon] *m* Saal *m*; Salon *m*; (*sala de estar*) Wohnzimmer *n*; **~ de actos** Festsaal *m*; Aula *f*; **~ de baile** Ballsaal *m*; **~ de belleza** Kosmetiksalon *m*

salpica|dero [salpika'dero] *m* auto Instrumentenbrett *n*; **~dura** [~'dura] *f* Spritzer *m*; **~r** [~'kar] (1g) bespritzen

salpimentar [salpimen'tar] (1k) mit Salz u Pfeffer würzen

sal|sa ['salsa] *f* Soße *f*; *fig* Würze *f*; **~sera** [~'sera] *f* Soßenschüssel *f*

saltamontes [salta'mɔntes] *m* Heuschrecke *f*

saltar [sal'tar] (1a) **1.** *v/i* springen, hüpfen; (*romperse*) zerspringen; ~ *a la vista fig* ins Auge springen; **2.** *v/t* überspringen (*a fig*); (*hacer*) ~ (in die Luft) sprengen; **~se** *fig* überspringen

saltea|dor [saltea'dor] *m* Straßenräuber *m*; **~r** [~'ar] (1a) überfallen; *gastr* (an)braten

saltimbanqui [saltim'baŋki] *m* Gaukler *m*

salto ['salto] *m* Sprung *m*; ~ **de agua** Wasserfall *m*; ~ **de altura** Hochsprung *m*; ~ **de caballo** Rösselsprung *m*; ~ **de longitud** Weitsprung *m*; ~ **con pértiga** Stabhochsprung *m*; ~ **triple** Dreisprung *m*

saltón [sal'tɔn] hervorstehend; *ojos m/pl* **saltones** Glotzaugen *n/pl*

salubre [sa'luβre] gesund

salud [sa'luð] *f* Gesundheit *f*; **¡(a su) ~!** auf Ihr Wohl!, prost!; **~able** [~'ðaβle] heilsam; gesund; **~ador** [~ða'ðɔr] *m* Quacksalber *m*

salu|dar [salu'ðar] (1a) (be)grüßen; **~do** [~'luðo] *m* Gruß *m*; Begrüßung *f*; **~tación** [~ta'θjɔn] *f* Begrüßung *f*

salva ✕ ['salβa] *f* Salve *f*; **~s de ordenanza** Salutschüsse *m/pl*

salva|ción [salβa'θjɔn] *f* Rettung *f*; *ejército m de* ~ Heilsarmee *f*; **~do** [~'βaðo] *m* Kleie *f*; **~dor** [~'ðɔr] **1.** *adj* rettend; **2.** *m* Retter *m*; *rel* Heiland *m*; **~guardar** [~ɣwar'ðar] (1a) bewahren; schützen; **~guardia** [~'ɣwarðja] *f* Geleitbrief *m*; *fig* Schutz *m*

salvaje [sal'βaxe] wild; *fig* roh, brutal

salva|manteles [salβaman'teles] *m* Untersetzer *m*; **~mento** [~'mento] *m* Rettung *f*; Bergung *f*

salvar [sal'βar] (1a) retten; bergen; (*distancia*) zurücklegen; (*obstáculo, etc*) überwinden

salvavidas [salβa'βiðas] *m* Rettungsring *m*; (*chaleco m*) ~ Schwimmweste *f*

salvia ♀ ['salβja] *f* Salbei *m od f*

salvo ['salβo] **1.** *adj* unbeschädigt, heil; *a* ~ in Sicherheit; **2.** *adv*, *prp* außer; ~ *que* es sei denn (,daß); **~conducto** [~kɔn'dukto] *m* Passierschein *m*

San [san] *vor Namen:* heilig

sana|r [sa'nar] (1a) **1.** *v/t* heilen; **2.** *v/i* gesund werden; **~torio** [~'tɔrjo] *m* Sanatorium *n*

sanci|ón [san'θjɔn] *f* Bestätigung *f*; Genehmigung *f*; ⚖ Strafe *f*; **~onar** [~θjo'nar] (1a) bestätigen; ⚖ bestrafen

sandalia [san'dalja] *f* Sandale *f*

sandez [san'deθ] *f* Dummheit *f*

sandía ♀ [san'dia] *f* Wassermelone *f*

sandwich ['sanbitʃ] *m* Sandwich *n*

saneamiento [sanea'mjento] *m* Sanierung *f*; **~ar** [~'ar] (1a) sanieren

san|grar [saŋ'grar] (1a) **1.** *v/t* zur Ader lassen; **2.** *v/i* bluten; **~gre** ['saŋgre] *f* Blut *n*; *a* ~ *fría* kaltblütig; *echar* ~ bluten; *pura* ~ Vollblut *n*; **~gría** [~'gria] *f* Aderlaß *m* (*a fig*); (*bebida*) Rotweinbowle *f*; **~griento** [~'grjento] blutig; **~guijuela** [~gi'xwela] *f* Blutegel *m*; **~guina** [~'gina] *f*: (*naranja*) ~ Blutorange *f*; **~guinario** [~gi'narjo] blutdürstig, grausam; **~guíneo** [~'gineo] Blut...; **~guinolento** [~gino'lento] blutbefleckt; blutig

sani|dad [sani'ða(ð)] *f* Gesundheit *f*; Gesundheitswesen *n*; **~tario** [~'tarjo] **1.** *adj* gesundheitlich, Gesundheits...; sanitär; **2.** *m* ✕ Sanitäter *m*; **~s** *pl* sanitäre Einrichtungen *f/pl*

sano ['sano] gesund; ~ *y salvo* wohlbehalten

santa ['santa] *f* Heilige *f*

santiamén F [santja'men] *m*: *en un* ~ im Nu

santidad [santi'ðað] *f* Heiligkeit *f*

santificar [santifi'kar] (1g) heiligen

santiguarse [santi'ɣwarse] (1i) sich bekreuzigen

santo ['santo] **1.** *adj* heilig; **2.** *m* Heilige(r) *m*; (*fiesta*) Namenstag *m*; ~ *y seña* Losungswort *n*; *¿a ~ de qué?* wieso?; *Todos los ~s* Allerheiligen *n*

santuario [san'twarjo] *m* Heiligtum *n*

saña ['saɲa] *f* (blinde) Wut *f*

sapo ['sapo] *m* Kröte *f*

saque [sake] *m* (*fútbol*) Anstoß *m*; (*tenis*) Aufschlag *m*; ~ *de esquina* Eckstoß *m*; **~ar** [~'ar] (1a) plündern; **~o** [~'keo] *m* Plünderung *f*

sarampión ♂ [saram'pjɔn] *m* Masern *pl*

sar|casmo [sar'kazmo] *m* Sarkasmus *m*; **~cástico** [~'kastiko] sarkastisch

sarcófago [sar'kofaɣo] *m* Sarkophag *m*

sardina [sar'ðina] *f* Sardine *f*

sardónico [sar'ðoniko] sardonisch

sargento [sar'xento] *m* Unteroffizier *m*

sarmiento [sar'mjento] *m* Weinrebe *f*; Rebholz *n*
sarna ✱ ['sarna] *f* Krätze *f*
sarro ['sarro] *m* Zahnstein *m*
sartén [sar'ten] *f* Pfanne *f*; F *tener la ~ por el mango* das Heft in der Hand haben
sastr|a ['sastra] *f* Schneiderin *f*; **~e** ['sastre] *m* Schneider *m*; **~ería** [~'ria] *f* Schneiderei *f*
satánico [sa'taniko] teuflisch
satélite [sa'telite] *m* Satellit *m*; *~ de comunicaciones* Nachrichtensatellit *m*; *~ meteorológico* Wettersatellit *m*
satén [sa'ten] *m* Satin *m*
sátira ['satira] *f* Satire *f*
sat|írico [sa'tiriko] satirisch; **~irizar** [~'θar] (1f) verspotten
satis|facción [satisfag'θjon] *f* Genugtuung *f*; (*contento*) Befriedigung *f*, Zufriedenheit *f*; **~facer** [~fa'θer] (2s) zufriedenstellen; befriedigen; (*pagar*) bezahlen; **~factorio** [~fak'torjo] befriedigend, zufriedenstellend; **~fecho** [~'fetʃo] zufrieden; befriedigt; *darse por ~* sich zufriedengeben
satura|ción [satura'θjon] *f* Sättigung *f*; **~r** [~'rar] (1a) sättigen
sauce ⚘ ['sauθe] *m* Weide *f*; *~ llorón* Trauerweide *f*
saúco [sa'uko] *m* Holunder *m*
sauna [sa'una] *f* Sauna *f*
savia ['sabja] *f* Pflanzensaft *m*
saxofón [sagso'fon] *m*, **saxófono** [~'sofono] *m* Saxophon *n*
saz|ón [sa'θon] *f* Reife *f*; *a la ~* damals; **~onar** [saθo'nar] (1a) *gastr* würzen
scooter ['skuter] *m* Motorroller *m*
se [se] sich; *~ dice* man sagt
sé [se] *s saber*
sebo ['sebo] *m* Talg *m*
seca|dor [seka'ðor] *m* ⊙ Trockner *m*, Trockenhaube *f*; *~ (de mano)* Fön *m*; **~dora** [~'ðora] *f* (Wäsche-)Trockner *m*; *~no* [se'kano] *m* unbewässertes Land *n*
secar [se'kar] (1g) trocknen, abtrocknen; **~se** (ver-, aus)trocknen
secci|ón [seg'θjon] *f* Einschnitt *m* (*a* ✱); (*parte*) Abschnitt *m*; ⚕ Querschnitt *m*; ✝ Abteilung *f*; **~onar** [~θjo'nar] (1a) durchtrennen, -schneiden
seco ['seko] trocken; *fig* kurz angebunden; *parar en ~* plötzlich anhalten
secre|ción [sekre'θjon] *f* Absonderung *f*; Sekret *n*; **~tar** [~'tar] (1a) absondern
secreta|ria [sekre'tarja] *f* Sekretärin *f*; *~ de dirección* Chefsekretärin *f*; **~ría** [~'ria] *f*, **~riado** [~'rjaðo] *m* Sekretariat *n*; **~rio** [~'tarjo] *m* Sekretär *m*
secre|ter [sekre'ter] *m* (*mueble*) Sekretär *m*; **~to** [se'kreto] **1.** *adj* geheim, heimlich; Geheim...; **2.** *m* Geheimnis *n*; *~ a voces* offenes Geheimnis *n*; *en ~* insgeheim, heimlich
secta ['sekta] *f* Sekte *f*
sector [sek'tor] *m* Sektor *m* (*a fig*)
secuela [se'kwela] *f* Folge *f* (*a* ✱)
secuencia [se'kwenθja] *f* Sequenz *f*
secuest|rador [sekwestra'ðor] *m* Entführer *m*; **~rar** [~'trar] (1a) entführen; ⚖ beschlagnahmen; **~ro** [se'kwestro] *m* Entführung *f*; ⚖ Beschlagnahme *f*
secular [seku'lar] hundertjährig; *rel* weltlich
secund|ar [sekun'dar] (1a) unterstützen; **~io** [~'darjo] zweitrangig, sekundär
sed [seð] *f* Durst *m*; *fig* Gier *f*, Drang *m*
seda ['seða] *f* Seide *f*; *fig como una ~* wie am Schnürchen
sedal [se'ðal] *m* Angelschnur *f*
sedante [se'ðante] *m* Beruhigungsmittel *n*
sede ['seðe] *f* Sitz *m*; *la Santa ♀* der Heilige Stuhl; **~ntario** [seðen'tarjo] seßhaft
sediento [se'ðjento] durstig
sedimento [seði'mento] *m* Bodensatz *m*; Ablagerung *f*
sedoso [se'ðoso] seidig
seduc|ción [seðug'θjon] *f* Verführung *f*; **~ir** [~'θir] (3o) verführen; *fig* verlocken; **~tor** [~ðuk'tor] **1.** *adj* verführerisch; **2.** *m* Verführer *m*
sega|dora [seɣa'ðora] *f* Mähmaschine *f*; **~trilladora** *f* Mähdrescher *m*; **~r** [se'ɣar] (1h *u* 1k) mähen; *fig* zerstören
seglar [se'ɣlar] **1.** *adj* weltlich; **2.** *m* Laie *m*
segmento [seɣ'mento] *m* Segment *n*
segui|da [se'ɣiða] *en ~* sofort; **~do** [se'ɣiðo] hinter-, nacheinander; **~dor** [seɣi'ðor] *m* Anhänger *m*; **~miento** [~'mjento] *m* Verfolgung *f*
seguir [se'ɣir] (3l *u* 3d) **1.** *v/t* folgen (*dat*); befolgen; **2.** *v/i* fortfahren, weitermachen; andauern; (*noch*) bleiben; *~ haciendo a/c* et weiter *bzw* immer noch tun

según [se'gun] **1.** *prp* nach (*dat*), gemäß (*dat*); ~ *él* nach s-r Meinung; ~ *y como* je nachdem; ~ *y como* je nachdem
segun|dero [segun'dero] *m* Sekundenzeiger *m*; ~**do** [se'gundo] **1.** *adj* zweite(r); **2.** *m* Sekunde *f*
segu|ridad [seguri'dað] *f* Sicherheit *f*; ⚤ *Social* Sozialversicherung *f*; ~**ro** [se'guro] **1.** *adj* sicher, gewiß; **2.** *adv* bestimmt; **3.** *m* Versicherung *f*; ⊙ Sicherung *f*; ~ *a todo riesgo* (Voll-)Kaskoversicherung *f*; ~ *de equipajes* Reisegepäckversicherung *f*; ~ *de ocupantes* Insassenversicherung *f*; *ir sobre* ~ ganz sichergehen
seis [seis] sechs; ~**cientos** [seis'θientos] sechshundert
seísmo [se'izmo] *m* Erdbeben *n*
selec|ción [selek'θion] *f* Auswahl *f*; *dep* ~ *nacional* Nationalmannschaft *f*; ~**cionar** [~θio'nar] (1a) auswählen; ~**to** [se'lekto] ausgewählt; *fig* erlesen
sellar [se'ʎar] (1a) (ver)siegeln; stempeln; *fig* besiegeln
sello [se'ʎo] *m* Siegel *n*; (*de goma*) Stempel *m* (*a fig*); ✉ Briefmarke *f*
selva ['selba] *f* Wald *m*; ~ *virgen* Urwald *m*
semáforo [se'maforo] *m* Verkehrsampel *f*; 🚦 Signal *n*; ~ *para peatones* Fußgängerampel *f*
semana [se'mana] *f* Woche *f*; ~ *inglesa* Fünftagewoche *f*; ⚤ *Santa* Karwoche *f*; *entre* ~ wochentags; ~*l* [~'nal] wöchentlich; ~*rio* [~'narjo] *m* Wochenschrift *f*
semblante [sem'blante] *m* Gesicht *n*; *fig* Aspekt *m*
sembra|do [sem'braðo] *m* Saatfeld *n*; ~**dora** [~'ðora] *f* Drill-, Sämaschine *f*; ~*r* [~'brar] (1k) (aus)säen; *fig* verbreiten
semejan|te [seme'xante] ähnlich; (*tal*) solch, so ein; ~**za** [~'xanθa] *f* Ähnlichkeit *f*
semen *biol* ['semen] *m* Samen *m*; ~**tal** [semen'tal] *m* Zuchttier *n*; (*caballo*) Hengst *m*
semes|tral [semes'tral] halbjährlich; halbjährig; ~**tre** [~'mestre] *m* Semester *n*, Halbjahr *n*
semi|circular [semiθirku'lar] halbkreisförmig; ~*círculo* [~'θirkulo] *m* Halbkreis *m*; ~*conductor* ⚡ [~konduk'tor] *m* Halbleiter *m*; ~*corchea* ♪ [~kor'tʃea] *f* Sechzehntelnote *f*; ~*final* [~fi'nal] *f dep* Halbfinale *n*
semill|a ⚘ [se'miʎa] *f* Samen *m*; ~**ero** [~'ʎero] *m* Pflanzschule *f*; *fig* Brutstätte *f*
seminari|o [semi'narjo] *m* Seminar *n*; ~**sta** [~na'rista] *m* Seminarist *m*
sémola ['semola] *f* Grieß *m*
sempiterno [sempi'terno] ewig
senado [se'nado] *m* Senat *m*; ~*r* [~'dor] *m* Senator *m*
senci|llez [senθi'ʎeθ] *f* Einfachheit *f*; Schlichtheit *f*; ~**llo** [~'θiʎo] einfach; schlicht
sen|da ['senda] *f*, ~**dero** [~'dero] *m* Fußweg *m*, Pfad *m*
sen|dos ['sendos], ~**das** ['sendas] je ein
senectud [senek'tuð] *f* Greisenalter *n*
senil [se'nil] greisenhaft, senil
seno ['seno] *m* Busen *m*; ⚕ Sinus *m*; *fig* Schoß *m*; *anat* ~ *frontal* Stirnhöhle *f*
sensac|ión [sensa'θion] *f* Empfindung *f*; Gefühl *n*; *fig* Sensation *f*; *causar* ~ Aufsehen erregen; ~**onal** [~θio'nal] aufsehenerregend, sensationell; ~**onalista** [~'lista] sensationslüstern; *prensa* ~ Skandalpresse *f*
sensa|tez [sensa'teθ] *f* Besonnenheit *f*; ~**to** [~'sato] vernünftig
sensi|bilidad [sensibili'ðað] *f* Empfindlichkeit *f*; Empfindsamkeit *f*; ~**ble** [~'sible] empfindlich (*gegen* a); *a fig* fühlbar
sensual [sen'sual] sinnlich; ~**idad** [~li'ðað] *f* Sinnlichkeit *f*
senta|da [sen'tada] *f* Sitzblockade *f*; ~**do** [~'tado] sitzend; *estar* ~ sitzen; ~*r* [~'tar] (1k) **1.** *v/t* setzen; **2.** *v/i* ~ *bien* (*mal*) gut (schlecht) bekommen (*vestido*) gut (schlecht) stehen; ~*rse* sich setzen
sentencia [sen'tenθia] *f* ⚖ Urteil *n*; (*dicho*) Ausspruch *m*
senti|do [sen'tiðo] **1.** *adj* tiefempfunden; innig; **2.** *m* Sinn *m*; Bedeutung *f*; (*dirección*) Richtung *f*; ~ *común* gesunde(r) Menschenverstand *m*; ~ *del deber* Pflichtgefühl *n*; ~ *de giro obligatorio* Kreisverkehr *m*; ~ *del humor* Sinn *m* für Humor; *perder el* ~ das Bewußtsein verlieren; ~**mental** [~men'tal] gefühlvoll, sentimental; ~**miento** [~'miento] *m* Gefühl *n*, Empfindung *f*
sentir [sen'tir] (3i) *v/t* fühlen; empfin-

den; spüren; (*lamentar*) **bedauern; lo siento** es tut mir leid; **~se** sich fühlen

seña [ˈseɲa] *f* Zeichen *n*; **~s** *pl* Anschrift *f*, Adresse *f*; **~s personales** Personenbeschreibung *f*; **hacer ~s** winken

señal [seˈɲal] *f* Zeichen *n*; Signal *n*; ✝ Anzahlung *f*; **~ de prioridad** (*od preferencia*) Vorfahrtsschild *n*; **~ de prohibición** Verbotsschild *n*; **~ de tráfico** Verkehrszeichen *n*; **en ~ de** zum Zeichen *gen*; **~ado** [~ˈlaðo] *fig* bedeutsam; **~ar** [~ˈlar] (1a) kennzeichnen; (*indicar*) anzeigen; aufweisen; zeigen auf; (*fijar*) festsetzen; **~izar** [~liˈθar] (1f) be-, ausschildern

señor [seˈɲor] *m* Herr *m*; (*dueño*) Besitzer *m*; **~a** [seˈɲora] *f* Frau *f*; (*dama*) Dame *f*; **~ial** [~ˈrial] herrschaftlich; **~ita** [~ˈrita] *f* Fräulein *n*; junge Dame *f*; **~ito** [~ˈrito] *m* junger Herr *m*

señuelo [seˈɲuelo] *m* Lockvogel *m*

separa|ción [sepaɾaˈθion] *f* Trennung *f*; **~ de bienes** Gütertrennung *f*; **~do** [~ˈrado] getrennt, einzeln; **por ~** mit getrennter Post; **~r** [~ˈrar] (1a) trennen; (*del cargo*) entlassen; **~rse** sich trennen; **~ta** [~ˈrata] *f* Sonderdruck *m*; **~tista** [~ˈtista] *m* Separatist *m*

sepelio [seˈpelio] *m* Begräbnis *n*

sepia [ˈsepia] *f* Tintenfisch *m*

septentrional [septentɾioˈnal] nördlich, Nord-

septicemia 🞰 [septiˈθemia] *f* Blutvergiftung *f*

septiembre [seˈtiembɾe] *m* September *m*

séptimo [ˈseptimo] siebente(r, -s)

sepul|cro [seˈpulkɾo] *m* Grab(stätte *f*) *n*; **~tar** [~ˈtar] (1a) begraben (*a fig*); **~tura** [~ˈtuɾa] *f* Bestattung *f*; (*tumba*) Grab *n*; **~turero** [~ˈreɾo] *m* Totengräber *m*

sequedad [sekeˈðað] *f* Trockenheit *f*; *fig* Unfreundlichkeit *f*

sequía [seˈkia] *f* Dürre *f*

séquito [ˈsekito] *m* Gefolge *n*

ser [ser] **1.** *v/i* (2w) sein; (*pasivo*) werden; **~ de** (*pertenecer*) gehören (zu) (*dat*); **de no ~ así** andernfalls; **a no ~ que** falls nicht; **o sea** das heißt; **¡eso es!** (das) stimmt!; gut so!; **¿a cómo es?** was kostet es?; **sea lo que sea** wie dem auch sei; **2.** *m* Sein *n*; Wesen *n*

serbio [ˈserβio] serbisch

sere|nar(se) [sereˈnaɾ(se)] (1a) (sich) beruhigen; **~nata** ♪ [~ˈnata] *f* Serenade

f; **~nidad** [~niˈðað] *f* Gelassenheit *f*; **~no** [seˈreno] **1.** *m* Nachtwächter *m*; **2.** *adj* gelassen; (*tiempo*) heiter

serial [seˈrial] **1.** *adj* seriell; **2.** *m* *TV*, *radio* Serie *f*; Sendereihe *f*

serie [ˈserie] *f* Serie *f*; Reihe *f*; **de ~** serienmäßig; **en ~** Serien...; **fuera de ~** außergewöhnlich

ser|iedad [serieˈðað] *f* Ernst *m*; (*formalidad*) Zuverlässigkeit *f*; **~io** [ˈseɾio] ernst; (*formal*) seriös, zuverlässig; **en ~** im Ernst; **tomar en ~** ernst nehmen

sermón [serˈmon] *m* Predigt *f*; F Standpauke *f*

sero|negativo [seronegaˈtiβo] HIV-negativ; **~positivo** [~posiˈtiβo] HIV-positiv

serpen|tear [serpenteˈar] (1a) sich schlängeln; **~tina** [~ˈtina] *f* Serpentine *f*; (*papel*) Luft-, Papierschlange *f*

serpiente [serˈpiente] *f* Schlange *f*

serra|nía [serraˈnia] *f* Bergland *n*; **~no** [seˈrrano] **1.** *adj* Berg...; **2.** *m* Gebirgsbewohner *m*

serr|ar [seˈrrar] (1k) sägen; **~ín** [seˈrrin] *m* Sägemehl *m*; **~ucho** ⊙ [seˈrrutʃo] *m* Fuchsschwanz *m*

servi|ble [serˈβible] brauchbar; **~cial** [~biˈθial] hilfsbereit, gefällig; **~cio** [~ˈβiθio] *m* Dienst *m*; *gastr etc* Bedienung *f*, Service *m*; **~ de averías** Pannendienst *m*; **~ discrecional** Sonderfahrt *f*; **~s** *pl* Toilette *f*; **~ militar** Wehrdienst *m*; **~ pos(t)venta** Kundendienst *m*; **~ sustitutorio** (Wehr-)Ersatzdienst *m*; **fuera de ~** ⊙ außer Betrieb; **~dor** [~ˈðor] *m* Diener *m*; **~dumbre** [~ˈðumbɾe] *f* Dienerschaft *f*, Gesinde *n*; *fig* Knechtschaft *f*; **~l** [~ˈβil] knechtisch; unterwürfig

servi|lleta [serβiˈʎeta] *f* Serviette *f*; **~tero** [~ˈteɾo] *m* Serviettenring *m*

servir [serˈβir] (3l) **1.** *v/t* bedienen; (*comida*) auftragen, servieren; **2.** *v/i* dienen (*a* ✕); **~ de** dienen als; **~ para** taugen zu (*dat*); **~se** sich bedienen, zugreifen

sésamo ❧ [ˈsesamo] *m* Sesam *m*

sesenta [seˈsenta] sechzig

sesión [seˈsion] *f* Sitzung *f*; (*cine*) Vorstellung *f*

seso [ˈseso] *m* Gehirn *n*; *fig* Verstand *m*; **~s** *pl gastr* Hirn *n*

seta ❧ [ˈseta] *f* Pilz *m*

setecientos [sete'θientos] siebenhundert

setenta [se'tenta] siebzig

setiembre [se'tiembre] m September m

seto ['seto] m Zaun m; ~ *vivo* Hecke f

seudo... ['seŭdo] Pseudo...

seudónimo [seŭ'donimo] m Pseudonym n

seve|ridad [seberi'ðað] f Strenge f; **~ro** [se'bero] streng; (*serio*) ernst

sexo ['sekso] m Geschlecht n; (*sexualidad*) Sex m

sexto ['sesto] 1. *adj* sechste(r, -s); 2. m Sechstel n

sexual [sek'sŭal] sexuell; Geschlechts...; **~idad** [~li'ðað] f Sexualität f

shock [ʃɔk] m Schock m; ~ *cultural* Kulturschock m

si [si] 1. *cj* wenn; ob; ~ *no* falls nicht; sonst; *como* ~ als ob; 2. m ♩ H n; ~ *bemol* B n

sí [si] 1. *pron* sich; *por* ~ *solo* von selbst; *seguro de* ~ *mismo* selbstsicher; 2. *adv* ja; 3. m Ja(wort) m

sico... *s psico...*

sida ✱ ['siða] m Aids n

sidecar [siðe'kar] m Beiwagen m

sideral [siðe'ral] Stern(en)...

siderurgia [siðe'rurxia] f Eisen- u Stahlindustrie f

sidra ['siðra] f Apfelwein m

siembra ['siembra] f Saat f

siempre ['siempre] immer; *de* ~ von jeher; *lo de* ~ immer wieder dasselbe; ~ *que* sofern; (*cada vez*) immer wenn

sien [sien] f Schläfe f

siento ['siento] *s sentar u sentir*

sierra ['sierra] f Säge f; *geo* Bergkette f; ~ *circular* Kreissäge f

siervo ['sierbo] m Leibeigene(r) m

siesta ['siesta] f Mittagsruhe f, Siesta f

siete ['siete] sieben

sífilis ✱ ['sifilis] f Syphilis f

sifón [si'fon] m Siphon m

sigla ['sigla] f Sigel n; Abkürzung f

siglo ['siglo] m Jahrhundert n

signa|r [sig'nar] (1a) unterzeichnen; **~rse** sich bekreuzigen; **~tario** [~na'tario] m Unterzeichner m

significa|ción [signifika'θion] f, **~do** [~'kaðo] m Bedeutung f; Sinn m; **~r** [~'kar] (1g) bedeuten; **~tivo** [~'tibo] bezeichnend; bedeutsam

signo ['signo] m Zeichen n

siguiente [si'giente] folgend; *¡el* ~*!* der nächste, bitte!

sílaba ['silaba] f Silbe f

silb|ar [sil'bar] (1a) pfeifen; **~ato** [~'bato] m Pfeife f; **~ido** [~'biðo] m Pfiff m

silencia|dor [silenθia'ðor] m Schalldämpfer m; *auto* Auspufftopf m; **~ar** [~'θiar] (1b) verschweigen; **~o** [si'lenθio] m Schweigen n; *fig* Ruhe f, Stille f; **~oso** [~'θioso] still, schweigsam

silicio 🜛 [si'liθio] m Silizium n

silicona 🜛 [sili'kona] f Silikon n

silla ['siʎa] f Stuhl m; ~ (*de montar*) Sattel m; **~r** [si'ʎar] m Quaderstein m

sillín [si'ʎin] m Fahrradsattel m

sillón [si'ʎon] m Sessel m; ~ *de ruedas* Rollstuhl m

silo ['silo] m Silo m

silueta [si'lŭeta] f Silhouette f

silvestre [sil'bestre] wild

silvicultura [silbikul'tura] f Forstwirtschaft f

simbólico [sim'boliko] symbolisch

símbolo ['simbolo] m Symbol n

sim|etría [sime'tria] f Symmetrie f; **~étrico** [si'metriko] symmetrisch

simiente [si'miente] f Samen m

simi|lar [simi'lar] ähnlich; (*análogo*) gleichartig; **~litud** [~li'tuð] f Ähnlichkeit f

sim|patía [simpa'tia] f Sympathie f; **~pático** [~'patiko] sympathisch, nett

sim|ple ['simple] einfach; (*mero*) bloß; (*ingenuo*) einfältig; **~pleza** [~'pleθa] f Einfalt f; **~plicidad** [~pliθi'ðað] f Einfachheit f; **~plificar** [~pli'fikar] (1g) vereinfachen

simposio [sim'posio] m Symposium n

simula|ción [simula'θion] f Vortäuschung f; **~cro** [~'lakro] m Trugbild n; ~ *de* Schein..., vorgetäuscht; **~r** [~'lar] (1a) vortäuschen; simulieren

simultáneo [simul'taneo] gleichzeitig; Simultan...

sin [sin] ohne; ~ *más* ohne weiteres; ~ *que* ohne daß

sinagoga [sina'goga] f Synagoge f

since|rarse [sinθe'rarse] (1a) sich aussprechen; **~ridad** [~ri'ðað] f Aufrichtigkeit f; **~ro** [~'θero] aufrichtig, ehrlich

sincronizar [sinkroni'θar] (1f) synchronisieren

sindica|l [sindi'kal] Gewerkschafts...;

~lista [~ka'lista] *su* Gewerkschaftler(in *f*) *m*; **~to** [~'kato] *m* Gewerkschaft *f*
síndico ['sindiko] *m* Justitiar *m*
síndrome ['sindrome] *m* Syndrom *n*
sinfín [sim'fin] *m* Unmenge *f*
sinf|onía ♪ [simfo'nia] *f* Symphonie *f*; **~ónico** [~'foniko] symphonisch
singular [singu'lar] **1.** *adj* einzeln; *fig* einzig(artig); außergewöhnlich; **2.** *m gram* Singular *m*; **~idad** [~ri'ðað] *f* Eigenart *f*
sinies|trado [sinïes'traðo] verunglückt; be-, geschädigt; **~tro** [si'niestro] **1.** *adj fig* unheilvoll; unheimlich; **2.** *m* Unglück(sfall *m*) *n*, Schadensfall *m*
sinnúmero [sin'numero] *m* Unzahl *f*
sino ['sino] **1.** *m* Schicksal *n*; **2.** *prp* außer; **3.** *cj* sondern; **no sólo ... ~ también** nicht nur ... sondern auch
sinónimo [si'nonimo] *m* Synonym *n*
sintaxis [sin'taksis] *f* Syntax *f*
síntesis ['sintesis] *f* Synthese *f*
sintético [sin'tetiko] synthetisch
síntoma ['sintoma] *m* Symptom *n*
sintomático [sinto'matiko] symptomatisch; bezeichnend
sintoniza|dor [sintoniθa'ðor] *m* Tuner *m*; **~r** [~'θar] (1f) (*emisora*) einstellen
sinuoso [si'nũoso] gewunden
sinusitis ✱ [sinu'sitis] *f*: **~ (frontal)** Stirnhöhlenentzündung *f*
sinvergüenza [simberˈɣ̃uenθa] *m* unverschämter Kerl *m*
siquiera [si'kiera] **1.** *cj* auch wenn; **2.** *adv* wenigstens; **ni ~** nicht einmal
sirena [si'rena] *f* Sirene *f*
sirio [si'rio] **1.** *adj* syrisch; **2.** *m* **-a** *f* Syrer(in *f*) *m*
sirve ['sirbe] *s servir*
sirvien|ta [sir'bienta] *f* Dienstmädchen *n*; **~te** [~'biente] *m* Diener *m*
sisar [si'sar] (1a) F Schmu machen
sisear [sise'ar] (1a) auszischen
sismógrafo [siz'mografo] *m* Seismograph *m*
siste|ma [sis'tema] *m* System *n*; **~ monetario** Währungssystem *n*; *inform* **~ operativo** Betriebssystem *n*; **~ social** Gesellschaftssystem *n*; **~mático** [~'matiko] systematisch
sitiar [si'tiar] (1b) belagern
sitio [si'tio] *m* Platz *m*; Ort *m*; Stelle *f*; ⚔ Belagerung *f*
situa|ción [sitũa'θion] *f* Lage *f*; Situation

f; **~do** [si'tũaðo] gelegen; **bien ~** gutsituiert; **estar ~** liegen; **~r** [si'tũar] (1e) legen; stellen; **~rse** (*acción*) sich abspielen; *dep* sich plazieren
slalom ['slalom] *m* Slalom *m*
smog [smog] *m* Smog *m*
sobaco [so'bako] *m* Achselhöhle *f*
soba|do [so'baðo] abgegriffen; abgedroschen; **~r** [so'bar] (1a) F befummeln
sobera|nía [sobera'nia] *f* Souveränität *f*; **~no** [~'rano] **1.** *adj* souverän; *fig* erhaben; **2.** *m* Souverän *m*, Herrscher *m*
sober|bia [so'βerβia] *f* Stolz *m*, Hochmut *m*; **~bio** [~βio] stolz, hochmütig; *fig* prächtig
sobor|nar [sobor'nar] (1a) bestechen; **~no** [~'borno] *m* Bestechung *f*; **~s** *pl* Bestechungsgelder *n/pl*, Schmiergelder *n/pl*
sobra ['sobra] *f*: **de ~** im Überfluß; **saber de ~** nur allzu gut wissen; **~s** *pl* (Speise-)Reste *m/pl*, Überbleibsel *n/pl*; **~nte** [so'brante] **1.** *adj* übrig(bleibend); **2.** *m* Überrest *m*; (*excedente*) Überschuß *m*; **~r** [so'βar] (1a) übrigbleiben, übrig sein; *a fig* überflüssig sein
sobre ['sobre] **1.** *m* Briefumschlag *m*; **2.** *prp* auf; (*encima de*) über; **~ todo** vor allem; **~ las tres** gegen drei Uhr
sobre|alimentación [sobrealimenta-'θion] *f* Überernährung *f*; **~calentar** [~kalen'tar] (1k) überhitzen; **~capacidad** [~kapaθi'ðað] *f* Überkapazität *f*; **~cargar** [~kar'ɣar] (1h) überladen, -lasten; **~cogedor** [~koxe'ðor] erschreckend; **~cogerse** [~ko'xerse] (2c) zs.-fahren, erschrecken; **~cubierta** [~ku'βierta] *f* Schutzumschlag *m*; **~dosis** [~'ðosis] *f* Überdosis *f*; **~estimar** [~esti'mar] (1a) überschätzen; **~exponer** [~espo'ner] (2r) *fot* überbelichten; **~humano** [~u'mano] übermenschlich; **~impresión** [~impre'sion] *f TV* Einblenden *n*; **~llevar** [~ʎe'bar] ertragen; **~manera** [~ma'nera] außerordentlich; **~mesa** [~'mesa] *f*: **de ~** nach Tisch; Tisch...; **~natural** [~natu'ral] übernatürlich; **~nombre** [~'nombre] *m* Beiname *m*
sobrentenderse [sobrenten'derse] (2g) sich von selbst verstehen
sobre|pasar [sobrepa'sar] (1a) übertreffen, übersteigen; **~peso** [~'peso] *m* Übergewicht *n*; **~ponerse** [~po'nerse]

sobreprecio 254

(2r); ~ **a** sich hinwegsetzen über; **~precio** [~'preθio] *m* Aufpreis *m*; **~producción** [~produg'θion] *f* Überproduktion *f*; **~saliente** [~sa'liente] hervorragend; (*nota*) sehr gut; **~salir** [~sa'lir] (3r) heraus-, hervorragen; **~saltar(se)** [~sal'tar(se)] (1a) erschrecken; **~salto** [~'salto] *m* jäher Schrecken; **~tasa** [~'tasa] *f* Aufschlag *m*, Zuschlag *m*; **~todo** [~'toðo] *m bsd Am* Mantel *m*; **~valorar** [~balo'rar] (1a) überbewerten; **~venir** [~be'nir] (3s) plötzlich geschehen od eintreten; **~vivir** [~bi'bir] (3a) überleben; **~volar** [~bo'lar] (1m) überfliegen
sobriedad [soβrie'ðað] *f* Genügsamkeit *f*; Nüchternheit *f*
sobri|na [so'βrina] *f* Nichte *f*; **~no** [~'βrino] *m* Neffe *m*
sobrio ['soβrio] mäßig; nüchtern
socarrón [soka'rron] schlau; verschmitzt
socavón [soka'βon] *m* Erdeinsturz *m*
socia|ble [so'θiaβle] gesellig; umgänglich; **~l** [so'θial] gesellschaftlich; sozial; **~lismo** [~'lizmo] *m* Sozialismus *m*; **~lista** [~'lista] **1.** *adj* sozialistisch; **2.** *su* Sozialist(in *f*) *m*
sociedad [soθie'ðað] *f* Gesellschaft *f*; (*asociación*) Verein *m*; **~ anónima** Aktiengesellschaft *f*; **~ del bienestar** Wohlstandsgesellschaft *f*; **~ de consumo** Konsumgesellschaft *f*; **~ del despilfarro** Wegwerfgesellschaft *f*
socio [so'θio] *m* Mitglied *n*; ✝ Teilhaber *m*; Gesellschafter *m*
soci|ología [soθiolo'xia] *f* Soziologie *f*; **~ólogo** [so'θiologo] *m* Soziologe *m*
socorr|er [soko'rrer] (2a) unterstützen; helfen (*dat*); **~ismo** [~'rrizmo] *m* Erste Hilfe *f*; Rettungswesen *n*; **~ista** [~'rrista] *su* (Lebens-)Retter(in *f*) *m*; Helfer(in *f*) *m*; **~o** [so'korro] *m* Hilfe *f*; Beistand *m*
soda ['soða] *f* Soda(wasser) *n*
sodio ['soðio] *m* Natrium *n*
soez [so'eθ] gemein; obszön
sofá [so'fa] *m* Sofa *n*; **~-cama** Bett-, Schlafcouch *f*
sofisticado [sofisti'kaðo] affektiert; raffiniert
sofo|cante [sofo'kante] erstickend; **~car** [~'kar] (1g) ersticken; *fig* beschämen; **~co** [so'foko] *m* Erstickungsanfall *m*; Atemnot *f*; *fig* Verdruß *m*
software ['softwea] *m* Software *f*

soga ['soga] *f* Seil *n*; Strick *m*
soja ⚥ ['soxa] *f* Soja(bohne) *f*
sol [sol] *m* Sonne *f*; ♪ G *n*; **tomar el ~** sich sonnen
solamente [sola'mente] nur; erst
solapa [so'lapa] *f* Klappe *f*, Revers *n od m*; **~do** [~'paðo] hinterhältig
solar [so'lar] **1.** *m* Baugelände *n*, Bauplatz *m*; **2.** *adj* Sonnen...
solar|io, ~um [so'lario, ~'lariun] *m* Solarium *n*
solda|da ⚔ [sol'daða] *f* Wehrsold *m*; **~do** [~'daðo] *m* Soldat *m*
solda|dor [solda'ðor] *m* Lötkolben *m*; (*persona*) Schweißer *m*; **~dura** [~'dura] *f* Löten *n*; Schweißen *n*; **~r** [~'dar] (1m) schweißen; löten
soleado [sole'aðo] sonnig
soledad [sole'ðað] *f* Einsamkeit *f*
solem|ne [so'lemne] feierlich; **~nidad** [~ni'ðað] *f* Feierlichkeit *f*
soler [so'lɛr] (2h) pflegen (zu)
solfeo [sol'feo] *m* Musiklehre *f*
solicita|ción [soliθita'θion] *f* Gesuch *n*; Bewerbung *f*; **~do** [~'taðo] begehrt; umworben; **~nte** [~'tante] *m* Antragsteller *m*; **~r** [~'tar] (1a) beantragen; (*empleo, etc*) sich bewerben um
solícito [so'liθito] eifrig; hilfsbereit
solicitud [soliθi'tuð] *f* Gesuch *n*; Antrag *m*; *fig* Sorgfalt *f*; Eifer *m*
solidar|idad [soliðari'ðað] *f* Solidarität *f*; **~o** [~'ðario] solidarisch; **~zarse** [~ðari'θarse] (1f) sich solidarisch erklären (mit *dat con*)
solidez [soli'ðeθ] *f* Festigkeit *f*; Solidität *f*; *fig* Zuverlässigkeit *f*
sólido ['soliðo] fest; haltbar; solide
solista ♪ [so'lista] *su* Solist(in *f*) *m*
solita|ria [soli'taria] *f* Bandwurm *m*; **~rio** [~'tario] **1.** *adj* einsam; **2.** *m* Einzelgänger *m*; (*joya*) Solitär *m*; **hacer ~s** Patiencen legen
soliviantar [soliβian'tar] (1a) aufreizen, -hetzen; empören
solla *zo* ['soʎa] *f* Scholle *f*
sollo|zar [soʎo'θar] (1f) schluchzen; **~zo** [so'ʎoθo] *m* Schluchzen *n*
solo ['solo] **1.** *adj* allein; (*único*) einzig; **a solas** (ganz) allein; **2.** *m* ♪ Solo *n*
sólo ['solo] nur; erst
solomillo [solo'miʎo] *m* Filet *n*
solsticio [sols'tiθio] *m* Sonnenwende *f*
soltar [sol'tar] (1m) losmachen; loslas-

sen; (*preso*) freilassen; (*palabra*) ausstoßen; **~se** sich lösen, aufgehen; *fig* aus sich herausgehen

solte|ra [sol'tera] *f* Junggesellin *f*; **~ro** [~'tero] **1.** *adj* ledig, unverheiratet; **2.** *m* Junggeselle *m*; **~rona** [~'rona] *f* alte Jungfer *f*

soltura [sol'tura] *f* Gewandtheit *f*

solu|ble [so'luble] löslich; **~ción** [~'θjɔn] *f* Lösung *f* (*a fig*); **~cionar** [~θjo'nar] (1a) lösen

solven|cia [sol'benθia] *f* Zahlungsfähigkeit *f*; **~te** [~'bente] zahlungsfähig, solvent

sombra ['sɔmbra] *f* Schatten *m*; **~ de ojos** Lidschatten *m*; F *estar a la* **~** im Kittchen sitzen

sombrero [sɔm'brero] *m* Hut *m*; **~ de copa** Zylinder *m*

som|brilla [sɔm'briʎa] *f* Sonnenschirm *m*; **~brío** [~'brio] *f* schattig; *fig* düster

somero [so'mero] oberflächlich

someter [some'tɛr] (2a) unterwerfen; (*exponer*) vorlegen, unterbreiten; **~se** sich fügen; **~ a** sich unterziehen (*dat*)

somier [so'mjɛr] *m* Sprungfedermatratze *f*

som|nífero [sɔm'nifero] *m* Schlafmittel *n*; **~nolencia** [~no'lenθia] *f* Schläfrigkeit *f*

son [son] *m* Klang *m*; **en ~ de paz** in friedlicher Absicht

sonado [so'nado] aufsehenerregend; F (*loco*) verrückt

sonajero [sona'xero] *m* (Kinder-)Rassel *f*

sonámbulo [so'nambulo] **1.** *adj* mondsüchtig; **2.** *m* Schlaf-, Nachtwandler *m*

sonar [so'nar] (1m) klingen; (er)tönen; (*timbre*) klingeln, läuten; **me suena** das kommt mir bekannt vor; **~se** sich die Nase putzen

sonata ♪ [so'nata] *f* Sonate *f*

sond|a ['sɔnda] *f* Sonde *f* (*a* ⚓); ⚓ Lot *n*; **~(e)ar** [~'dar, ~de'ar] (1a) sondieren (*a fig*); ⚓ loten; **~eo** [~'deo] *m* Sondierung *f*; Lotung *f*; **~** (*de opinión*) Umfrage *f*; Meinungsforschung *f*

soneto [so'neto] *m* Sonett *n*

sonido [so'nido] *m* Ton *m*, Laut *m*; Klang *m*; Schall *m*

sono|ridad [sonori'dad] *f* Klangfülle *f*; **~ro** [so'noro] klangvoll; wohlklingend

son|reír [sɔnrrɛ'ir] (3m) lächeln; **~riente** [~'rriente] lächelnd; **~risa** [~'rrisa] *f* Lächeln *n*

sonro|jarse [sɔnrrɔ'xarse] (1a) erröten; **~jo** [~'rrɔxo] *m* Schamröte *f*; Erröten *n*

sonsacar [sɔnsa'kar] (1g) entlocken; *fig j-n* ausholen

soña|dor [soɲa'dɔr] **1.** *adj* träumerisch; verträumt; **2.** *m* Träumer *m*; **~r** [so'ɲar] (1m) träumen (von *dat* **con**)

soñoliento [soɲo'liento] schläfrig

sopa ['sopa] *f* Suppe *f*

sopapo F [so'papo] *m* Ohrfeige *f*

sope|ra [so'pera] *f* Suppenschüssel *f*; **~ro** [~ro] Suppen...

sopesar [sope'sar] (1a) *fig* abwägen

sopetón [sope'tɔn]: **de ~** unversehens; plötzlich

sop|lar [so'plar] (1a) **1.** *v/i* blasen, pusten; (*viento*) wehen; **2.** *v/t* vorsagen; (*delatar*) F verpfeifen; (*quitar*) F klauen; **~lete** ⊙ [so'plete] *m* Gebläse *n*; (Schweiß-)Brenner *m*; **~lo** ['soplo] *m* Hauch *m*; *fig* Wink *m*; **en un ~** im Nu; **~lón** [so'plɔn] *m* F Petzer *m*

sopor [so'pɔr] *m* Benommenheit *f*; **~ífero** [sopo'rifero] einschläfernd

sopor|table [sopor'table] erträglich; **~tar** [~'tar] (1a) stützen, tragen; *fig* ertragen; **~te** [so'porte] *m* Stütze *f* (*a fig*); ⊙ Träger *m*; Ständer *m*

soprano ♪ [so'prano] **a)** *m* Sopran *m*; **b)** *f* Sopranistin *f*

sorb|er [sɔr'bɛr] (2a) schlürfen; *fig* aufeinsaugen; **~ete** [~'bete] *m* Sorbett *n*; Fruchteis *n*; **~o** ['sɔrbo] *m* Schluck *m*

sordera [sɔr'dera] *f* Taubheit *f*

sordidez [sɔrdi'deθ] *f* Schmutz *m*; *fig* Schäbigkeit *f*

sórdido [sɔrdido] schmutzig; (*avaro*) geizig

sordo ['sɔrdo] taub; schwerhörig; *fig* dumpf; **~mudo** [~'muðo] *m* taubstumm

sorna ['sɔrna] *f* hämischer Tonfall *m*; Ironie *f*; **con ~** hämisch

soroche Am [so'rotʃe] *m* Höhenkrankheit *f*

sorpre|ndente [sɔrpren'dente] überraschend; erstaunlich; **~nder** [~'dɛr] (2a) überraschen; **~sa** [~'presa] *f* Überraschung *f*; **~sivo** Am [~pre'sibo] überraschend

sor|tear [sɔrte'ar] (1a) aus-, verlosen; *fig* ausweichen, aus dem Wege gehen (*dat*);

sorteo

~teo [~'teo] *m* Verlosung *f*, Auslosung *f*; (*lotería*) Ziehung *f*
sortija [sɔr'tixa] *f* (Finger-)Ring *m*; (*rizo*) Locke *f*
sortilegio [sɔrti'lexi̯o] *m* Zauberei *f*, Hexerei *f*
sosa ['sosa] *f* Soda *f od* n; Natron *n*
sose|gado [sose'gaðo] ruhig, gelassen; **~gar** [~'gar] (1h u 1k) beruhigen
sosia(s) ['sosi̯a(s)] *m* Doppelgänger *m*
sosiego [so'si̯ego] *m* Ruhe *f*; Gelassenheit *f*
soso ['soso] fade (*a fig*)
sospech|a [sos'petʃa] *f* Verdacht *m*; Argwohn *m*; **~ar** [~pe'tʃar] (1a) vermuten; argwöhnen; **~ de alg** j-n verdächtigen; **~oso** [~pe'tʃoso] verdächtig
sostén [sɔs'ten] *m* Stütze *f* (*a fig*); (*prenda*) Büstenhalter *m*
soste|ner [sɔste'ner] (2l) (unter)stützen; (unter)halten; (*afirmar*) behaupten; **~nerse** sich halten; **~nido** ♪ [~'niðo] **1.** *adj* erhöht; *fa* ~ Fis *n*; **2.** *m* Kreuz *n*
sota ['sota] *f* (*naipe*) Bube *m*
sotana [so'tana] *f* Soutane *f*
sótano ['sotano] *m* Keller(geschoß *n*) *m*
sotavento ⚓ [sota'bento] *m* Lee(seite) *f*
soterrar [sote'rrar] (1k) vergraben
soto ['soto] *m* Gehölz *n*, Wäldchen *n*
soviético *hist* [so'bi̯etiko] sowjetisch
soy [sɔi̯] *s* **ser**
soya *Am* ['soi̯a] *f* Sojabohne *f*
stand [stand] *m* (Messe-)Stand *m*
stock [stɔk] *m* Lagerbestand *m*; *tener es ~* auf Lager haben
su, sus [su, sus] sein(e); ihr(e); Ihr(e)
sua|ve ['su̯aβe] weich; sanft; mild; **~vidad** [~βi'ðað] *f* Weichheit *f*; Sanftheit *f*; Milde *f*; **~vizante** [~'θante] *m* Weichspüler *m*; **~vizar** [~βi'θar] (1f) *fig* mildern
subarrendar [subarren'dar] (1k) unterverpachten
subasta [su'βasta] *f* Versteigerung *f*, Auktion *f*; **~r** [~'tar] (1a) versteigern
subcampeón [subkampe'ɔn] *m dep* Vizemeister *m*
subconsciente [subkɔns'θi̯ente] **1.** *adj* unterbewußt; **2.** *m* Unterbewußtsein *n*
subcutáneo ✱ [subku'taneo] subkutan
subdesarrollado [subdesarro'ʎaðo] unterentwickelt
subdirector [subdirek'tɔr] *m* stellvertretender Direktor *m*

súbdito ['subdito] *m* Untergebene(r) *m*; Staatsangehörige(r) *m*
subdivi|dir [subdiβi'dir] (3a) unterteilen; **~sión** [~'si̯on] *f* Unterabteilung *f*; Unterteilung *f*
subestimar [subesti'mar] (1a) unterschätzen
subi|da [su'βiða] *f* (An-)Steigen *n*; Aufstieg *m*; **~ de precios** Preissteigerung *f*; **~do** [~'βiðo] (*precio*) hoch; (*color*) kräftig, intensiv
subinquilino *m*, **-a** *f* [subiŋki'lino, ~'lina] Untermieter(in *f*) *m*
subir [su'βir] (3a) **1.** *v/t* hinauftragen, -bringen, -fahren; (*precio*) erhöhen; **2.** *v/i* (an)steigen; hinaufgehen, -fahren, -steigen; (*a un vehículo*) einsteigen; (*suma*) sich belaufen (auf *ac* **a**)
súbito ['subito] plötzlich
subjetivo [subxe'tiβo] subjektiv
subjuntivo *gram* [subxun'tiβo] *m* Konjunktiv *m*
subleva|ción [suβleβa'θi̯on] *f* Aufstand *m*; **~r** [~'βar] (1a) aufwiegeln; empören; **~rse** sich erheben
sublime [su'βlime] erhaben
submari|nismo [submari'nizmo] *m* Unterwassersport *m*; **~nista** [~'nista] *m* Sporttaucher *m*; **~no** [~'rino] **1.** *adj* unterseeisch; **2.** *m* Unterseeboot *n*
subnormal [subnɔr'mal] (geistig) zurückgeblieben
suboficial ✕ [subofi'θi̯al] *m* Unteroffizier *m*
subordina|do [subɔrdi'naðo] **1.** *adj* untergeordnet; **2.** *m* Untergebene(r) *m*; **~r** [~'nar] (1a) unterordnen
subproducto [subpro'ðukto] *m* Nebenprodukt *n*
subrayar [subrra'jar] (1a) unterstreichen; *fig a* hervorheben
subsanar [subsa'nar] (1a) wiedergutmachen; beheben
subscr... [sust..] *s* **suscr...**
subsecretario [subsekre'tari̯o] *m pol* Staatssekretär *m*
subsidio [sub'siði̯o] *m* Beihilfe *f*; Zuschuß *m*; **~ de paro** Arbeitslosengeld *n*; **~ por hijos** Kindergeld *n*
subsist|encia [subsis'tenθi̯a] *f* Lebensunterhalt *m*; (*permanencia*) Fortbestand *m*; **~ir** [~'tir] (3a) (fort)bestehen, anhalten; (*vivir*) leben
subst... [sust...] *s* **sust...**

sub|suelo [sub'sŭelo] *m* Untergrund *m*; **~teniente** [~te'nĭente] *m* Leutnant *m*; **~terfugio** [~tɛrfuxĭo] *m* Ausflucht *f*; Vorwand *m*; **~terráneo** [~tɛ'rraneo] **1.** *adj* unterirdisch; **2.** *m* Untergrundbahn *f*; **~título** [~'titulo] *m* Untertitel *m*; **~tropical** [~tropi'kal] subtropisch; **~urbano** [~ur'bano] vorstädtisch; Vorort...; **~urbio** [su'burβĭo] *m* Vorort *m*, Vorstadt *f*

subvenci|ón [subben'θĭon] *f* Subvention *f*; Zuschuß *m*; **~onar** [~θĭo'nar] (1a) subventionieren

subversi|ón [subber'sĭon] *f* Umsturz *m*; **~vo** [~'sibo] subversiv

sub|yacente [subja'θente] darunterliegend; **~yugar** [~ju'gar] (1h) unterjochen; bezwingen

sucedáneo [suθe'daneo] *m* Ersatz(produkt *n*) *m*

suce|der [suθe'ðɛr] (2a) folgen (auf *ac a*); (*ocurrir*) geschehen; zustoßen; **¿qué sucede?** was ist los?; **~sión** [~'sĭon] *f* Folge *f*; **~** (*al trono*) Thronfolge *f*; **~sivo** [~'sibo] folgend; **en lo ~** von nun an, künftig; **~so** [su'θeso] *m* Ereignis *n*; Vorfall *m*; **~sor** [suθe'sor] *m* Nachfolger *m*

suciedad [suθĭe'dad] *f* Schmutz *m*

sucinto [su'θinto] kurz, knapp

sucio [su'θĭo] schmutzig; dreckig

suculento [suku'lento] saftig; nahrhaft

sucumbir [sukum'bir] (3a) unterliegen; erliegen

sucursal [sukur'sal] *f* Zweigstelle *f*, Filiale *f*

sudamericano [suðameri'kano] südamerikanisch

sudar [su'dar] (1a) schwitzen

sud|este [su'ðeste] *m* Südosten *m*; **~oeste** [suðo'este] *m* Südwesten *m*

sudor [su'ðor] *m* Schweiß *m*; **~oso** [~'roso] verschwitzt

sue|ca ['sŭeka] *f* Schwedin *f*; **~co** ['sŭeko] **1.** *adj* schwedisch; **2.** *m* Schwede *m*; **F hacerse el ~** sich dumm stellen

sueg|ra ['sŭegra] *f* Schwiegermutter *f*; **~ro** ['sŭegro] *m* Schwiegervater *m*; **~s** *pl* Schwiegereltern *pl*

suela ['sŭela] *f* (Schuh-)Sohle *f*

sueldo ['sŭeldo] *m* Gehalt *n*

suelo ['sŭelo] **1.** *s* soler; **2.** *m* Boden *m*, Fußboden *m*

suelto ['sŭelto] **1.** *adj* lose; frei; (*pelo*) offen; (*separado*) einzeln; **2.** *m* Kleingeld *n*

sueño ['sŭeɲo] **1.** *s* soñar; **2.** *m* Schlaf *m*; Traum *m*; **tener ~** müde sein

suero ♂ ['sŭero] *m* Serum *n*

suerte ['sŭɛrte] *f* Schicksal *n*; Los *n*; (*fortuna*) Glück *n*; **mala ~** Pech *n*; **de ~ que** so daß; **por ~** zum Glück; **toda ~ de** jede Art von; **~ro** *Am* [~'tero] *m* Glückspilz *m*

suéter ['sŭeter] *m* Pullover *m*

suficiente [sufi'θĭente] genügend, ausreichend

sufijo *gram* [su'fixo] *m* Suffix *n*

sufra|gar [sufra'gar] (1h) (*gastos*) bestreiten; **~gio** [su'fraxĭo] *m* Wahlrecht *n*; (*voto*) Stimme *f*

sufri|do [su'frido] geduldig; **~miento** [~'mĭento] *m* Leiden *n*; **~r** [~'frir] (3a) leiden; (*tolerar*) dulden, ertragen

suge|rencia [suxe'renθĭa] *f* Anregung *f*; Vorschlag *m*; **~rir** [~'rir] (3i) anregen, vorschlagen; nahelegen; **~stión** [suxes'tĭon] *f* Beeinflussung *f*, Suggestion *f*; **~stionar** [~tĭo'nar] (1a) suggerieren

suici|da [sŭi'θiða] *su* Selbstmörder(in *f*) *m*; **~darse** [~'ðarse] (1a) Selbstmord begehen; **~dio** [~'θiðĭo] *m* Selbstmord *m*

suizo ['sŭiθo] **1.** *adj* schweizerisch; **2.** *m*, **-a** *f* [~θa] Schweizer(in *f*) *m*

sujeta|dor [suxeta'ðor] *m* Büstenhalter *m*; **~r** [~'tar] (1a) unterwerfen; (*fijar*) befestigen; festhalten

sujeto [su'xeto] **1.** *adj* befestigt; **~ a** unterworfen; **2.** *m* (*tema*) Stoff *m*, Gegenstand *m*; (*persona*) Person *f*; *gram* Subjekt *n*

sulfamida [sulfa'mida] *f* Sulfonamid *n*

sultán [sul'tan] *m* Sultan *m*

suma ['suma] *f* Summe *f*; Betrag *m*; ♃ Addition *f*; **en ~** kurz (und gut); **~mente** [~'mente] höchst, äußerst; **~r** [su'mar] (1a) zs.-zählen, addieren; betragen; **~rse** sich anschließen (*dat a*); **~rio** [~'rĭo] **1.** *adj* zs.-gefaßt; summarisch; **2.** *m* Zs.-fassung *f*; ⚖ Ermittlungsverfahren *n*

sumergi|ble [sumɛr'xible] *m* Unterseeboot *n*; **~r** [~'xir] (3c) ein-, untertauchen; **~rse** tauchen; versinken; *fig* sich versenken (in *ac* **en**)

sumidero [sumi'dero] *m* Abfluß *m*; Gully *m*

suminis|trador [suministra'ðor] *m* Lieferant *m*; **~trar** [~'trar] (1a) liefern; **~tro** [~'nistro] *m* Lieferung *f*
sumi|sión [sumi'sjon] *f* Unterwerfung *f*; *fig* Ergebenheit *f*; **~so** [~'miso] unterwürfig; gehorsam
sumo ['sumo] höchst(r, -s); äußerste(r, -s); **a lo ~** höchstens
suntuoso [sun'tŭoso] prächtig; prunkvoll
supeditar [supeði'tar] (1a) abhängig machen (von *dat* **a**)
super|able [supe'raβle] überwindbar; **~ar** [~'rar] (1a) übertreffen; überwinden
superávit [supe'raβit] *m* Überschuß *m*
superchería [supertʃe'ria] *f* Betrug *m*
superdotado [superðo'tado] hochbegabt
superfi|cial [superfi'θjal] oberflächlich (*a fig*); **~cialidad** [~θjali'ðað] *f* Oberflächlichkeit *f*; **~cie** [~'fiθje] *f* Oberfläche *f*; Fläche *f*
superfluo [su'perfluo] überflüssig
superior [supe'rjor] **1.** *adj* höher; höchst; Ober...; *fig* überlegen; **ser ~ a** übertreffen (*ac*); **2.** *m* Vorgesetzte(r) *m*; **~idad** [~rjori'ðað] *f* Überlegenheit *f*
super|lativo [superla'tiβo] *gram* Superlativ *m*; **~mercado** [~mer'kaðo] *m* Supermarkt *m*; **~numerario** [~nume-'rarjo] überzählig; außerplanmäßig; **~sónico** [~'soniko] Überschall...
supersti|ción [supersti'θjon] *f* Aberglaube *m*; **~cioso** [~'θjoso] abergläubisch
supervisar [superβi'sar] (1a) überwachen
supervi|vencia [superβi'βenθja] *f* Überleben *n*; **~viente** [~'βjente] **1.** *adj* überlebend; **2.** *m* Überlebende(r) *m*
suplemen|tario [suplemen'tarjo] zusätzlich; **~to** [~'mento] *m* Ergänzung *f*; (*de periódico*) Beilage *f*; 🚆 Zuschlag *m*; **~ por horas extra** Überstundenzuschlag *m*
suplen|cia [su'plenθja] *f* Stellvertretung *f*; **~te** [~'plente] *m* Stellvertreter *m*
supletorio [suple'torjo] zusätzlich; (*teléfono m*) **~** Nebenapparat *m*
suplicar [supli'kar] (1g) bitten, flehen
suplicio [su'pliθjo] *m* Folter *f*; *fig* Qual *f*
supo ['supo] *s* **saber**
supo|ner [supo'ner] (2r) voraussetzen; annehmen, vermuten; (*significar*) bedeuten; **~sición** [~si'θjon] *f* Vermutung

f; **~sitorio** 💊 [~si'torjo] *m* Zäpfchen *n*
supranacional [supranaθjo'nal] übernational
supre|macía [suprema'θia] *f* Überlegenheit *f*; **~mo** [su'premo] oberste(r, -s); höchste(r, -s)
supresión [supre'sjon] *f* Abschaffung *f*; Aufhebung *f*; Streichung *f*
suprimir [supri'mir] (3a) abschaffen; aufheben; streichen
supuesto [su'pŭesto] **1.** *adj* vermeintlich; angeblich; **~ que** vorausgesetzt, daß; **por ~** selbstverständlich; **2.** *m* Annahme *f*
supurar [supu'rar] (1a) eitern
sur [sur] *m* Süden *m*
sur|car [sur'kar] (1g) furchen; *fig* durchqueren; **~co** [~'surko] *m* Furche *f*; (*disco*) Rille *f*
surf|(ing) ['surf(iŋ)] *m* Surfen *n*; **~ a vela** Windsurfen *n*; **practicar el ~** surfen; **~ista** [~'fista] *su* Surfer(in *f*) *m*
surgir [sur'xir] (3c) *fig* auftauchen, erscheinen
surti|do [sur'tiðo] **1.** *adj* ♀ sortiert; gemischt; **2.** *m* Sortiment *n*; Auswahl *f*; **~dor** [~'ðor] *m* Springbrunnen *m*; **~ (de gasolina)** Zapfsäule *f*; **~r** [~'tir] (3a) versorgen, beliefern; 💲 **efecto** wirken; **~rse** sich eindecken (mit *dat* **de**)
suscepti|bilidad [susθeptiβili'ðað] *f* Empfindlichkeit *f*; **~ble** [~'tiβle] empfindlich
suscitar [susθi'tar] (1a) hervorrufen
suscri|bir [suskri'βir] (3a; *part* **suscrito**) unterschreiben; ♀ zeichnen; **~se a a/c** et abonnieren; **~pción** [~'θjon] *f* Abonnement *n*; ♀ Zeichnung *f*; **~ptor** [~krip'tor] *m* Abonnent *m*
suspen|der [suspen'der] (2a) aufhängen; (*obras etc*) einstellen; (*del cargo*) suspendieren; (*estudiante*) durchfallen lassen; (*sesión*) aufheben; **~se** [~'pense] *m* Spannung *f*; **~sión** [~'sjon] *f* Aufhängen *n*; *fig* Einstellung *f*; Unterbrechung *f*; 💲 Federung *f*; **~ de pagos** Zahlungseinstellung *f*; **~so** [~'penso] **1.** *adj* (*estudiante*) durchgefallen; **en ~** in der Schwebe; **tener en ~** auf die Folter spannen; **2.** *m* (*nota*) nicht bestanden
suspi|cacia [suspi'kaθja] *f* Mißtrauen *n*; **~caz** [~'kaθ] argwöhnisch; mißtrauisch
suspi|rar [suspi'rar] (1a) seufzen; **~ por** *et* ersehnen; **~ro** [~'piro] *m* Seufzer *m*

sustanci|a [susˈtanθia] *f* Substanz *f*; Stoff *m*; **~al** [~'θial] wesentlich; **~oso** [~'θioso] nahrhaft; gehaltvoll
sustantivo [sustanˈtibo] *m* Hauptwort *n*, Substantiv *n*
susten|tar [sustenˈtar] (1a) stützen, tragen; (*mantener*) unterhalten; **~to** [~'ten-to] *m* Lebensunterhalt *m*
substitu|ción [sustituˈθion] *f* (Stell-)Vertretung *f*; Ersetzung *f*; Ersatz *m*; **~ir** [~tuˈir] (3g) ersetzen; **~to** [~'tuto] *m* (Stell-)Vertreter *m*
susto [ˈsusto] *m* Schreck(en) *m*
sustra|cción [sustragˈθion] *f* Entwendung *f*; ᴀ Subtraktion *f*; **~er** [~'ɛr] (2p) entwenden; ᴀ subtrahieren; **~erse** sich entziehen
susurr|ar [susuˈrrar] (1a) flüstern; *fig* murmeln, säuseln; **~o** [suˈsurro] *m* Flüstern *n*; Säuseln *n*, Murmeln *n*
sutil [suˈtil] dünn, fein; (*agudo*) scharfsinnig; **~eza** [~tiˈleθa] *f* Feinheit *f*; Scharfsinn *m*; Spitzfindigkeit *f*
sutura ⚕ [suˈtura] *f* Naht *f*
suyo, suya [ˈsujo, ˈsuja] sein(e); ihr(e); Ihr(e); **hacer ~** sich zu eigen machen; **ir a lo ~** auf s-n Vorteil bedacht sein

T

T, t [te] *f* T, t *n*
tabaco [taˈbako] *m* Tabak *m*
tábano *zo* [ˈtabano] *m* Bremse *f*
taberna [taˈberna] *f* Schenke *f*, Taverne *f*
tabique [taˈbike] *m* Zwischen-, Trennwand *f*; *anat* Scheidewand *f*
tabla [ˈtabla] *f* Brett *n*; Platte *f*; Tafel *f*; (*lista*) Tabelle *f*; **~ de materias** Inhaltsverzeichnis *n*; **~ de multiplicar** Einmaleins *n*; **~ de planchar** Bügelbrett *n*; **~ de salvación** *fig* letzte Rettung *f*; **~ de surf** Surfbrett *n*; **hacer ~ rasa** reinen Tisch machen; **~s** *pl* Bühne *f*, *fig* Bretter *n/pl*; (*ajedrez*) Remis *n*; **~do** [taˈblaðo] *m* Gerüst *n*; Podium *n*
table|ro [taˈblero] *m* Tafel *f*; Platte *f*; (*de juego*) Spielbrett *n*; **~ de mandos** Schalttafel *f*; *auto* Armaturenbrett *n*; **~ta** [taˈbleta] *f* (*de chocolate*) Tafel *f*; ⚕ Tablette *f*
tablón [taˈblon] *m*: **~ de anuncios** Schwarze(s) Brett *n*, Anschlagbrett *n*
tabú [taˈbu] *m* Tabu *n*
taburete [tabuˈrete] *m* Schemel *m*, Hokker *m*
tacaño [taˈkaɲo] knauserig
tacha [ˈtatʃa] *f* Fehler *m*; Makel *m*; **~r** [taˈtʃar] (1a) tadeln; (*borrar*) ausstreichen
tácito [ˈtaθito] stillschweigend
taciturno [taθiˈturno] schweigsam
taco [ˈtako] *m* ⊕ Dübel *m*; (*billar*) Stock *m*; (*bloc*) (Abreiß-)Block *m*; (*de queso*, *etc*) Würfel *m*; (*palabrota*) Schimpfwort *n*; *Am* (Schuh-)Absatz *m*
tacógrafo *auto* [taˈkografo] *m* Fahrtenschreiber *m*
tacón [taˈkon] *m* (Schuh-)Absatz *m*
táctic|a [ˈtaktika] *f* Taktik *f*; **~o** [ˈtaktiko] taktisch
tacto [ˈtakto] *m* Tastsinn *m*; *fig* Takt *m*; **falta *f* de ~** Taktlosigkeit *f*
tafetán [tafeˈtan] *m* Taft *m*
tafilete [tafiˈlete] *m* Saffian(leder *n*) *m*
tahona [taˈona] *f* Bäckerei *f*
tahúr [taˈur] *m* (Gewohnheits-)Spieler *m*; Falschspieler *m*
taimado [taiˈmado] schlau; *F* gerieben
taja|da [taˈxaða] *f* Schnitte *f*, Scheibe *f*; **~nte** [~ˈxante] *fig* scharf, schneidend, kategorisch
tal [tal] **1.** *pron* solche(r, -s); derartige(r, -s); **un ~** ein gewisser; **2.** *adv* so, derart; **~ como** genauso wie; **~ vez** vielleicht; **¿qué ~?** wie geht's?; **~ cual** so wie; **3.** *cj* **con ~ que** *subj* vorausgesetzt, daß
tala [ˈtala] *f* Fällen *n*; Abholzen *n*
tala|dradora [talaðraˈðora] *f* Bohrmaschine *f*; **~drar** [~ˈðrar] (1a) (durch-)bohren; **~dro** [taˈlaðro] *m* Bohrer *m*
talante [taˈlante] *m* Art *f*, Wesen *n*; **de buen** (**mal**) **~** gut- (schlecht-)gelaunt

talar [ta'lar] (1a) (*árbol*) fällen
talco ['talko] *m* Talk *m*
talento [ta'lento] *m* Talent *n*; Begabung *f*
talismán [talis'man] *m* Talisman *m*
talla ['taʎa] *f* Wuchs *m*; Gestalt *f*; (*de vestido, etc*) Größe *f*; (*de diamantes*) Schliff *m*; (*escultura*) Schnitzerei *f*; ✂ Musterung *f*; **~r** [ta'ʎar] (1a) (*madera*) schnitzen; (*piedra*) meißeln; (*diamantes*) schleifen; ✂ mustern
tallarín [taʎa'rin] *m* Bandnudel *f*
talle ['taʎe] *m* Taille *f*; (*figura*) Figur *f*
taller [ta'ʎer] *m* Werkstatt *f*; Atelier *n*; **~ concesionario** Vertragswerkstatt *f*; **~ de reparación** Reparaturwerkstatt *f*
tallo ⚥ ['taʎo] *m* Stengel *m*, Stiel *m*
talón [ta'lon] *m* Ferse *f*; ✝ Abschnitt *m*; Schein *m*; F Scheck *m*; **~ de entrega** Lieferschein *m*
talonario [talo'narjo] *m*: **~ de cheques** Scheckheft *n*; **~ de recibos** Quittungsblock *m*
talud [ta'luð] *m* Böschung *f*
tamaño [ta'maɲo] **1.** *adj* so groß; derartig; **2.** *m* Größe *f*; Format *n*
tambalearse [tambale'arse] (1a) hin und her schwanken, taumeln
también [tam'bjen] auch
tambor [tam'bor] *m* Trommel *f* (a ⊚); (*persona*) Trommler *m*; (*de bordar*) Stickrahmen *m*; **~il** [~bo'ril] *m* Handtrommel *f*; **~ilear** [~rile'ar] (1a) trommeln (*a fig*)
tamiz [ta'miθ] *m* (feines) Sieb *n*; **~ar** [tami'θar] (1f) sieben
tampoco [tam'poko] auch nicht
tampón [tam'pon] *m* Stempelkissen *n*; ✻ Tampon *m*
tan [tan] so, so sehr; **~ siquiera** wenigstens; **~ sólo** nur
tanda ['tanda] *f* Reihe *f*, Serie *f*; (*turno*) Schicht *f*; *Am* (Serien-)Vorstellung *f*
tanga ['taŋga] *m* Tanga *m*
tang|ente ⚥ [taŋ'xente] *f* Tangente *f*; *salirse por la* **~** F sich drücken; **~ible** [~'xible] greifbar (*a fig*)
tango ['taŋgo] *m* Tango *m*
tanque ['taŋke] *m* Tank *m*; ✂ Panzer *m*
tante|ar [tante'ar] (1a) *fig* sondieren; **~o** [tan'teo] *m* *dep* Spielstand *m*
tanto ['tanto] **1.** *adj u pron* so viel; so groß; **~s** *pl* einige, etliche; *a* **~s** *del mes* den soundsovielten des Monats; *otro* **~** noch einmal soviel; dasselbe; **2.** *adv* so,

so sehr; ebenso(viel, -sehr); derart; so lange; **~ más (menos)** um so mehr (weniger); **~ mejor** um so besser; *no es* (*od hay*) *para* **~** es ist nicht so schlimm; *estar al* **~** auf dem laufenden sein; *por* (*lo*) **~** daher; *¡y* **~***!* und ob!; **3.** *cj en* **~** *que* während; **...** *como* **...** sowohl ... als auch ...; **4.** *m* (bestimmte) Menge *f od* Summe *f*; *dep* Punkt *m*; Tor *n*; **~ por ciento** Prozentsatz *m*
tapa ['tapa] *f* Deckel *m*; *gastr* **~s** *pl* Appetithappen *m/pl*; **~cubos** [~'kubos] *m auto* Radkappe *f*; **~dera** [~'dera] *f* (Topf-)Deckel *m*; *fig* Deckmantel *m*; **~dillo** [~'diʎo]: *de* **~** heimlich; **~do** *Am* [ta'paðo] *m* (Damen-)Mantel *m*; **~r** [ta'par] (1a) zudecken; (*agujero*) stopfen; (*ocultar*) verhüllen, verdecken
tapete [ta'pete] *m* Tischdecke *f*; *poner sobre el* **~** *fig* aufs Tapet bringen
tapia ['tapja] *f* Lehmmauer *f*; Mauer *f*; **~r** [ta'pjar] (1b) zumauern
tapice|ría [tapiθe'ria] *f* Wandbehang *m*; Tapisserie *f*; (*tienda*) Polsterei *f*; **~ro** [~'θero] *m* Polsterer *m*
tapioca [ta'pjoka] *f* Tapioka *f*
tapiz [ta'piθ] *m* (Wand-)Teppich *m*; **~ar** [tapi'θar] (1f) beziehen; polstern
tapón [ta'pon] *m* Korken *m*, Pfropfen *m*, Stöpsel *m*; **~ de rosca** Schraubverschluß *m*
taponar [tapo'nar] (1a) verkorken; ✻ tamponieren
tapujo [ta'puxo] *m*: *sin* **~** klipp u klar
taqu|igrafía [takigra'fia] *f* Stenographie *f*; **~igrafiar** [~fi'ar] (1c) stenographieren; **~ígrafo** [ta'kigrafo] *m* Stenograph *m*
taquilla [ta'kiʎa] *f* (Karten-)Schalter *m*
taquimecanógrafa [takimeka'nografa] *f* Stenotypistin *f*
taquímetro [ta'kimetro] *m auto* Tacho(meter) *m*
tara ['tara] *f* ✝ Tara *f*, Leergewicht *n*; *fig* Mangel *m*; **~do** [ta'raðo] fehlerhaft
tarántula *zo* [ta'rantula] *f* Tarantel *f*
tararear [tarare'ar] (1a) trällern
tard|anza [tar'danθa] *f* Verzögerung *f*; Verspätung *f*; **~ar** [~'dar] (1a) zögern; lange ausbleiben; (lange) dauern *od* brauchen; *a más* **~** spätestens; *sin* **~** unverzüglich
tarde ['tarðe] **1.** *adv* spät, zu spät; *de en* **~** von Zeit zu Zeit; **2.** *f* Nachmittag

telegrafista

m; früher Abend m; ¡**buenas ~s!** guten Tag!; guten Abend!
tardío [tar'ðio] spät; Spät...
tardo [ˈtarðo] langsam; schwerfällig
tarea [taˈrea] f Arbeit f; Aufgabe f
tarifa [taˈrifa] f Tarif m; Gebühr f; **tel ~ urbana** Ortstarif m
tarima [taˈrima] f Podium n
tarjeta [tarˈxeta] f Karte f; **~ de crédito** Kreditkarte f; **~ dorada** 🚊 Seniorenpaß m; **~ de embarque** ✈ Bordkarte f; **~ eurocheque** Euroscheckkarte f; **~ Interrail** Interrail-Karte f; **~ multiviaje** Streifenkarte f; **~ perforada** Lochkarte f; **~ postal** Postkarte f; **~ de respuesta** Rückantwortkarte f; **~ de teléfono** Telefonkarte f; **~ de visita** Visitenkarte f
tarro [ˈtarro] m Topf m, Tiegel m
tarso anat [ˈtarso] m Fußwurzel f
tarta [ˈtarta] f Torte f
tartamu|dear [tartamuðeˈar] (1a) stottern; **~do** [~ˈmuðo] m Stotterer m
tártaro 🍷 [ˈtartaro] m Weinstein m
tartera [tarˈtera] f Tortenform f
tarugo [taˈruɣo] m Pflock m, Dübel m, Zapfen m
tasa [ˈtasa] f Gebühr f, Taxe f; **~ de inflación** Inflationsrate f; **~ción** [~ˈθjon] f Schätzung f, Taxierung f; **~r** [taˈsar] (1a) schätzen, taxieren
tasca F [ˈtaska] f Kneipe f
tatara|buelo m, **-a** f [tataraˈβwelo, ~ˈβwela] Ururgroßvater m, -mutter f; **~nieto** [~ˈnjeto] m Ururenkel m
tatua|je [taˈtwaxe] m Tätowierung f; **~r** [~ˈtwar] (1d) tätowieren
taurino [tauˈrino] Stier(kampf)...
Tauro astr [ˈtauro] m Stier m; ♉ **maquia** [~ˈmakja] f Stierkämpferkunst f
taxi [ˈtaɡsi] m Taxi n; **~ aéreo** Lufttaxi n
taxímetro [taɡˈsimetro] m Fahrpreisanzeiger m
taxista [taɡˈsista] su Taxifahrer(in f) m
taza [ˈtaθa] f Tasse f
tazón [taˈθon] m große Tasse f
te [te] dir, dich
té [te] m Tee m
tea [ˈtea] f Fackel f; Kienspan m
tea|tral [teaˈtral] Theater...; fig theatralisch; **~tro** [teˈatro] m Theater n; fig Schauplatz m; **~ al aire libre** Freilichtbühne f
tebeo [teˈβeo] m Comic-Heft n
teca [ˈteka] f Teakholz n

techo [ˈtetʃo] m Dach n; (interior) Zimmerdecke f; fig Obergrenze f; **~ solar** auto Sonnendach n
tecla [ˈtekla] f Taste f; **~do** [teˈklaðo] m Tastatur f
teclear [tekleˈar] (1a) die Tasten anschlagen; F klimpern
técni|ca [ˈteɣnika] f Technik f; **~co** [ˈteɣniko] **1.** adj technisch; **2.** m Techniker m
tecnología [teɣnoloˈxia] f Technologie f; **alta ~, ~ punta** Spitzentechnologie f, High-Tech n
tedio [ˈteðjo] m Langeweile f; Überdruß m
teja [ˈtexa] f Dachziegel m; **~do** [teˈxaðo] m Dach n
tejano [teˈxano] m Texaner m; **~s** pl Jeans pl
teje|dor m [texeˈðor] m Weber m; **~manej|e** F [~maˈnexe] m Intrigenspiel n; **~r** [teˈxer] (2a) weben; Am stricken
tejido [teˈxiðo] m Gewebe n (a anat); **~s** pl Textilien pl
tejo ♣ [ˈtexo] m Taxus m, Eibe f
tejón zo [teˈxon] m Dachs m
tela [ˈtela] f Stoff m; Gewebe n; (lienzo) Leinwand f; **~ metálica** Maschendraht m; **poner en ~ de juicio** anzweifeln
telar [teˈlar] m Webstuhl m; teat Schnürboden m
telaraña [telaˈraɲa] f Spinnwebe f
tele|arrastre [teleaˈrrastre] m Schlepplift m; **~cabina** [~kaˈβina] f Kabinenlift m; **~comunicaciones** [~komunikaˈθjones] f/pl Fernmeldewesen n; **~copiadora** [~kopjaˈðora] f Fernkopierer m; **~diario** TV [~ˈðjarjo] m Tagesschau f; **~dirigido** [~ðiriˈxiðo] ferngelenkt, -gesteuert; **~férico** [~ˈferiko] m Drahtseilbahn f; **~film(e)** [~ˈfilm(e)] m Fernsehfilm m
tele|fonear [telefoneˈar] (1a) telefonieren; **~fonema** Am [~foˈnema] m Telefongespräch n; **~fónico** [~ˈfoniko] telefonisch; **~fonista** [~foˈnista] su Telefonist(in f) m
teléfono [teˈlefono] m Telefon n; **~ público** Münzfernsprecher m; **~ de tarjeta** Kartentelefon n; **~ de teclado** Tastentelefon n
telegr|afía [teleɣraˈfia] f Telegrafie f; **~afiar** [~ˈfjar] (1c) telegrafieren; **~áfico** [~ˈɣrafiko] telegrafisch; **~afista** [~ɣraˈfista] su Telegrafist(in f) m

telégrafo [te'legrafo] *m* Telegraf *m*
telegrama [tele'grama] *m* Telegramm *n*
tele|novela [teleno'bela] *f* Fernsehspiel(serie *f*) *n*; **~objetivo** [~obxe'tibo] *m* Teleobjektiv *n*; **~patía** [~pa'tia] *f* Telepathie *f*, Gedankenübertragung *f*
teles|cópico [teles'kopiko] ausziehbar; **~copio** [~'kopjo] *m* Teleskop *n*
tele|silla [tele'siʎa] *f* Sessellift *m*; **~spectador** [~spekta'dɔr] *m* Fernsehzuschauer *m*; **~squí** [~s'ki] *m* Schilift *m*; **~texto** [~'testo] *m* Videotext *m*; **~tipo** [~'tipo] *m* Fernschreiber *m*; **~vidente** [~bi'dente] *m* Fernsehzuschauer *m*; **~visar** [~'sar] (1a) *im Fernsehen* senden, übertragen; **~visión** [~'sjɔn] *f* Fernsehen *n*; **~** *por cable* Kabelfernsehen *n*; **~ en color** Farbfernsehen *n*; **~ vía satélite** Satellitenfernsehen *n*; **~visivo** [~'sibo] Fernseh...; **~visor** [~'sɔr] *m* Fernsehgerät *n*; **~ en color** Farbfernseher *m*
télex ['teleɡs] *m* Telex *n*, Fernschreiben *n*
telón [te'lɔn] *m teat* Vorhang *m*; **~ de fondo** *fig* Hintergrund *m*
tema ['tema] *m* Thema *n*
temática [te'matika] *f* Thematik *f*
tembl|ar [tem'blar] (1k) zittern; **~or** [~'blɔr] *m* Zittern *n*; **~ de tierra** Erdbeben *n*; **~oroso** [~blo'roso] zitt(e)rig
temer [te'mɛr] (2a) fürchten; **~ario** [teme'rarjo] verwegen, tollkühn; **~idad** [~ri'dad] *f* Verwegenheit *f*, Tollkühnheit *f*; **~oso** [~'roso] furchtsam, ängstlich
temible [te'mible] furchterregend
temor [te'mɔr] *m* Furcht *f*, Angst *f*
tempera|mento [tempera'mento] *m* Temperament *n*; **~tura** [~ra'tura] *f* Temperatur *f*
tempes|tad [tempes'tad] *f* Sturm *m*; Unwetter *n*; **~tuoso** [~'tuoso] stürmisch
templa|do [tem'plado] maßvoll, gemäßigt; (*agua*) lauwarm; (*clima*) mild; **~nza** [~'planθa] *f* Mäßigung *f*; (*del clima*) Milde *f*; **~r** [~'plar] (1a) mäßigen; temperieren; ⊙ härten
templo [te'mplo] *m* Tempel *m*; Kirche *f*
tempo|rada [tempo'rada] *f* Zeitraum *m*; Jahreszeit *f*; Saison *f*; *teat* Spielzeit *f*; **~ alta** Hoch-, Hauptsaison *f*; **~** *baja* Vor- *od* Nachsaison *f*; **~ral** [~'ral] **1.** *adj* zeitweilig; *rel* weltlich; **2.** *m* Sturm *m*; Unwetter *n*; *anat* Schläfenbein *n*

temporero [tempo'rero]: (*trabajador m*) **~** Saisonarbeiter *m*
temprano [tem'prano] frühzeitig; Früh...; *adv* (zu) früh
tenacidad [tenaθi'dad] *f* Zähigkeit *f*; Hartnäckigkeit *f*
tenaz [te'naθ] zäh; hartnäckig
tenazas [te'naθas] *f/pl* Zange *f*
tenca *zo* ['teŋka] *f* Schleie *f*
tenden|cia [ten'denθia] *f* Neigung *f*; Tendenz *f*; Trend *m*; **~cioso** [~den'θjoso] tendenziös
tender [ten'dɛr] (2g) **1.** *v/t* ausbreiten; (*cuerda*) spannen; (*cable*) verlegen; (*ropa*) aufhängen; **2.** *v/i* neigen (*zu* **a**); **~se** sich hinlegen, sich ausstrecken
tende|rete [tende'rete] *m* Verkaufsstand *m*; **~ro** [~'dero] *m* Ladeninhaber *m*
tendido [ten'dido] *m taur* Sperrsitz *m*; ⚡ Verlegung *f v* Leitungen; Leitung *f*
tendón *anat* [ten'dɔn] *m* Sehne *f*
tenebroso [tene'broso] finster; düster (*a fig*)
tenedor [tene'dɔr] *m* Gabel *f*; ✝ Inhaber *m*
tenencia [te'nenθia] *f* Besitz *m*; **~ (*ilícita*) de armas** (unerlaubter) Waffenbesitz *m*
tener [te'nɛr] (2l) haben, besitzen; (*sostener*) (fest)halten; **~ puesto** (*vestido, etc*) anhaben; **~ 10 años** 10 Jahre alt sein; **~ a bien** *inf* so freundlich sein, zu; **~ por** halten für; **~ que** müssen; **no ~ que** nicht brauchen; **(no) ~ que ver con** (nichts) zu tun haben mit (*dat*); **~se** sich festhalten; **~ por** sich halten für
tenería [tene'ria] *f* Gerberei *f*
tengo ['teŋgo] *s* tener
tenia ['tenia] *f* Bandwurm *m*
teniente [te'njente] *m* ✕ Oberleutnant *m*; **~ de alcalde** zweiter Bürgermeister *m*; **~ coronel** Oberstleutnant *m*; **~ general** Generalleutnant *m*
tenis ['tenis] *m* Tennis *n*; **~ de mesa** Tischtennis *n*; **~ta** [te'nista] *su* Tennisspieler(in *f*) *m*
tenor [te'nɔr] *m* Wortlaut *m*, Tenor *m*; ♪ Tenor *m*; **a ~ de** laut, gemäß
ten|sar [ten'sar] (1a) spannen, straffen; **~sión** [~'sjɔn] *f* Spannung *f* (*a* ⚡ *u fig*); ✦ **~ (*arterial*)** Blutdruck *m*; **~so** ['tenso] gespannt (*a fig*)
tentación [tenta'θjɔn] *f* Versuchung *f*
tentáculo *zo* [ten'takulo] *m* Fangarm *m*

tenta|dor [tentaˈdor] verführerisch, verlockend; **~r** [~ˈtar] (1k) betasten; *(atraer)* (ver)locken; versuchen; **~tiva** [~taˈtiba] f Versuch m

tentempié F [tentemˈpie] m Imbiß m

tenue [ˈtenŭe] dünn; schwach

teñir [teˈɲir] (3h u 3l) färben; *fig* tönen

teología [teoloˈxia] f Theologie f

teológico [teoˈlɔxiko] theologisch

teólogo [teˈologo] m Theologe m

teorema [teoˈrema] m Lehrsatz m

teoría [teoˈria] f Theorie f

teórico [teˈoriko] theoretisch

tera|péutico [teraˈpeŭtiko] therapeutisch; **~pia** [teˈrapia] f Therapie f

tercer [terˈθer] *s tercero*; **~a** ♪ [~ˈθera] f Terz f; **~mundista** [~munˈdista] der Dritten Welt; **~o** [~ˈθero] dritte(r, -s); *el Tercer Mundo* die Dritte Welt

terceto ♪ [terˈθeto] m Terzett n

terciar [terˈθiar] (1b) *(mediar)* vermitteln; *(intervenir)* eingreifen; **~ciario** [~ˈθiario] tertiär; **~cio** [ˈterθio] m Drittel n

terciopelo [terθioˈpelo] m Samt m

terco [ˈterko] starrköpfig; zäh

tergiversa|ción [terxibersaˈθiɔn] f (Wort-)Verdrehung f; **~r** [~ˈsar] (1a) verdrehen

terma|l [terˈmal] Thermal...; **~s** [ˈtermas] f/pl Thermalquellen f/pl

térmico [ˈtermiko] thermisch, Wärme...

termina|ción [terminaˈθiɔn] f Beendigung f; *gram* Endung f; **~l** [~ˈnal] **1.** *adj* End..., Schluß...; **2.** *m inform* Terminal n; **3.** f Endstation f; ✈ Terminal n; **~ de autobuses** Busbahnhof m; **~nte** [~ˈnante] entscheidend; kategorisch; **~r** [~ˈnar] (1a) **1.** v/t beenden; abschließen; **2.** v/i zu Ende gehen, enden; **~rse** zu Ende sein

término [ˈtermino] m Ende n, Schluß m; *(plazo)* Frist f; Termin m; *(palabra)* Ausdruck m; *por ~ medio* im Durchschnitt; **~ municipal** Gemeindegebiet n; **~ técnico** Fachausdruck m; **en último ~** letzten Endes; notfalls

terminología [terminoloˈxia] f Terminologie f

termo [ˈtermo] m Thermosflasche f

termómetro [terˈmometro] m Thermometer n; **~ clínico** Fieberthermometer n

termostato [termosˈtato] m Thermostat m

terne|ra [terˈnera] f Kalbfleisch n; *zo* (Kuh-)Kalb n; **~ro** [~ˈnero] m (Stier-)Kalb n

terno [ˈterno] m dreiteiliger (Herren-) Anzug m

ternura [terˈnura] f Zartheit f; Zärtlichkeit f

terquedad [terkeˈdad] f Hartnäckigkeit f; Eigensinn m

terrado [teˈrrado] m flaches Dach n; (Dach-)Terrasse f

terraplén [terraˈplen] m (Bahn-, Straßen-)Damm m

terrateniente [terrateˈniente] m (Groß-) Grundbesitzer m

terraza [teˈrraθa] f Terrasse f

terremoto [terreˈmoto] m Erdbeben n

terre|nal [terreˈnal] irdisch; **~no** [teˈrreno] m Boden m; Gelände n; Grundstück n; *fig* Bereich m, Gebiet m

terrestre [teˈrrestre] Erd...; Land...; irdisch

terrible [teˈrrible] schrecklich; furchtbar

territo|rial [territoˈrial] Gebiets...; **~rio** [~ˈtorio] m Gebiet n

terrón [teˈrron] m Erdklumpen m; *(de azúcar)* Stück n

terror [teˈrror] m Schrecken m; Entsetzen n; Terror m; **~ífico** [terroˈrifiko] schreckenerregend; **~ismo** [~ˈrizmo] m Terrorismus m; **~ista** [~ˈrista] *su* Terrorist(in f) m

terso [ˈterso] glatt; *(estilo)* flüssig

tertulia [terˈtulia] f Gesellschaft f; Stammtisch m

tesina [teˈsina] f Diplomarbeit f

tesis [ˈtesis] f These f; **~ doctoral** Doktorarbeit f

tesitura [tesiˈtura] f ♪ Stimmlage f

tesón [teˈsɔn] m Beharrlichkeit f

teso|rería [tesoreˈria] f Schatzamt n; **~rero** [~ˈrero] m Schatzmeister m; Kassenwart m; **~ro** [teˈsoro] m Schatz m; **~ (público)** Staatskasse f

test [test] m Test m

testaferro [testaˈferro] m *fig* Strohmann

testamen|tario [testamenˈtario] testamentarisch, Testaments...; **~to** [~ˈmento] m Testament n; *Antiguo ⁜, Nuevo ⁜* Altes, Neues Testament n

testaru|dez [testaruˈdeθ] f Starrköpfigkeit f; **~do** [~ˈrudo] starrköpfig

testículo [tesˈtikulo] m Hoden m

testi|ficar [testifi'kar] (1g) bezeugen, bekunden; **~go** [~'tiɡo] *su* Zeuge *m*, Zeugin *f*; *dep* (Staffel-)Stab *m*; **~ de cargo** Belastungszeuge *m*; **~ ocular** (*od presencial*) Augenzeuge *m*; **~monIar** [~timo'niar] (1b) bezeugen; aussagen; **~monio** [~'monio] *m* Zeugnis *n*; Zeugenaussage *f*

teta ['teta] *f* Zitze *f*; P Brust *f*

tétanos ☠ ['tetanos] *m* Wundstarrkrampf *m*, Tetanus *m*

tetera [te'tera] *f* Teekanne *f*

tétrico ['tetriko] trübselig; finster

textil [tes'til] **1.** *adj* Textil...; **2.** **~es** *m/pl* Textilien *pl*

tex|to ['testo] *m* Text *m*; **~tual** [tes'tual] wörtlich

textura [tes'tura] *f* Gewebe *n*; ⊕ Textur *f*; *fig* Struktur *f*

tez [teθ] *f* Gesichtsfarbe *f*, Teint *m*

ti [ti] dir, dich

tía ['tia] *f* Tante *f*; *desp* Weib(sbild) *n*); **~ abuela** Großtante *f*

tibia *anat* ['tibia] *f* Schienbein *n*

tibio ['tibio] lau(warm); *fig* lau

tiburón [tibu'ron] *m* Hai(fisch) *m*

tic ☠ [tik] *m* Tick *m*

ticket [ti'ket] *m* Kassenzettel *m*, Bon *m*

tiempo ['tiempo] *m* Zeit *f*; *met* Wetter *n*; **~ libre** Freizeit *f*; **primer ~** *dep* erste Halbzeit *f*; **a ~** rechtzeitig; **a su ~** zu gegebener Zeit; **antes de ~** vorzeitig; **con ~** früh genug, rechtzeitig; **de un ~ a esta parte** seit einiger Zeit; **desde hace mucho ~** seit langem; **hace buen (mal) ~** es ist gutes (schlechtes) Wetter

tienda ['tienda] *f* Laden *m*, Geschäft *n*; **~ de campaña** Zelt *n*; **ir de ~s** e-n Einkaufsbummel machen

tierno ['tierno] zart, weich; *fig* zärtlich

tierra ['tierra] *f* Erde *f*; Land *n*; (*suelo*) Boden *m*; (*patria*) Heimat *f*; **~ firme** Festland *n*; **echar por ~** zunichte machen; **echar ~ a a/c** et vertuschen; **tomar ~** ✈ landen

tieso ['tieso] steif, starr

tiesto ['tiesto] *m* Blumentopf *m*

tifón [ti'fon] *m* Taifun *m*

tifus ☠ ['tifus] *m* Typhus *m*

tigre ['tiɡre] *m* Tiger *m*; *Am* Jaguar *m*; **~sa** [ti'ɡresa] *f* Tigerin *f*

tije|ra [ti'xera] *f* (*mst pl* **~s**) Schere *f*; **de ~** Klapp...; **~reta** *zo* [~'reta] *f* Ohrwurm *m*

tila ['tila] *f* Lindenblütentee *m*

til|dar [til'dar] (1a) bezeichnen (als **de**); **~de** ['tilde] *m od f gram* Tilde *f*

tilo ♣ ['tilo] *m* Linde *f*

tima|dor [tima'dor] *m* Schwindler *m*; **~r** [ti'mar] (1a) F übers Ohr hauen; neppen

timbal [tim'bal] *m* ♪ Kesselpauke *f*; **~ero** [~ba'lero] *m* Paukenschläger *m*

tim|brar [tim'brar] (1a) stempeln; **~bre** ['timbre] *m* Stempel *m*; Stempelmarke *f*; *Am* Briefmarke *f*; (*campanilla*) Klingel *f*; ♪ Klangfarbe *f*, Timbre *n*; **tocar el ~** klingeln, läuten

timidez [timi'deθ] *f* Schüchternheit *f*

tímido ['timiðo] schüchtern, scheu

timo ['timo] *m* Schwindel *m*; Betrug *m*

timón [ti'mon] *m* ⚓, ✈ *u fig* Steuer *n*, Ruder *n*

timonel ⚓ [timo'nel] *m* Steuermann *m*

tímpano ['timpano] *m* △ Giebelfeld *n*; *anat* Trommelfell *n*

tina ['tina] *f* Bottich *m*; Wanne *f*; **~ja** [ti'naxa] *f* großer Tonkrug *m*

tinerfeño [tiner'feɲo] aus Teneriffa

tinglado [tiŋ'ɡlaðo] *m* (Bretter-)Schuppen *m*; *fig* Intrige *f*; Klüngel *m*

tinieblas [ti'nieblas] *f/pl* Finsternis *f*

tino ['tino] *m* Geschick *n*; Treffsicherheit *f*; *fig* Fingerspitzengefühl *n*

tinta ['tinta] *f* Tinte *f*; **~ china** Tusche *f*; **de buena ~** aus sicherer Quelle

tinte ['tinte] *m* Färben *n*; (*colorante*) Farbstoff *m*; F (chemische) Reinigung *f*; **~ro** [~'tero] *m* Tintenfaß *n*

tintinear [tintine'ar] (1a) klirren; bimmeln

tinto ['tinto] gefärbt; (*vino m*) **~** Rotwein *m*; **~rería** [~re'ria] *f* Färberei *f*; chemische Reinigung *f*

tintura [tin'tura] *f* Tinktur *f*

tiña ☠ ['tiɲa] *f* Grind *m*

tío ['tio] *m* Onkel *m*; F Kerl *m*; **~ abuelo** Großonkel *m*

tiovivo [tio'biβo] *m* Karussell *n*

típico ['tipiko] typisch (**für de**)

tipo ['tipo] *m* Typ *m* (*a* F *fig*); Art *f*; **~ de cambio** Wechselkurs *m*; **~ de descuento** Diskontsatz *m*; **~ impositivo** Steuersatz *m*; **~ de interés** Zinssatz *m*; **tener buen ~** e-e gute Figur haben; **~grafía** [~ɡra'fia] *f* Buchdruckerkunst *f*; **~gráfico** [~'ɡrafiko] typographisch

tipógrafo [ti'poɡrafo] *m* Buchdrucker *m*

tira ['tira] *f* Streifen *m*; **~chinas** [~'tʃinas] *m* (Stein-)Schleuder *f*

tira|da [ti'raða] *f* Wurf *m*; *tip* Auflage *f*; *de una* ~ in e-m Zug; **~do** [ti'raðo] *fig* spottbillig; **~dor** [~'ðor] *m* Schütze *m*; ⚙ Griff *m*; **~je** *Am* [ti'raxe] *m tip* Auflage *f*; **~líneas** [~'lineas] *m* Reißfeder *f*

tiranía [tira'nia] *f* Tyrannei *f*

tiránico [ti'raniko] tyrannisch

tira|nizar [tirani'θar] (1f) tyrannisieren; **~no** [ti'rano] *m* Tyrann *m*

tirante [ti'rante] **1.** *adj* gespannt (*a fig*); straff; **2.** *m* Träger *m*; **~s** *pl* Hosenträger *m/pl*; **~z** [~'teθ] *f* Spannung *f* (*a fig*)

tirar [ti'rar] (1a) **1.** *v/t* werfen; weg-, umwerfen; (*casa*) abreißen; (*disparar*) abfeuern; (*línea*) ziehen; (*dinero*) verschleudern; *tip* drucken; abziehen; **2.** *v/i* ziehen; (*disparar*) schießen; ~ *a la derecha* nach rechts einbiegen; ~ *a* neigen zu; *a todo* ~ höchstens; *ir tirando* sich durchschlagen; **~se** sich stürzen

tiritar [tiri'tar] (1a) frösteln, zittern

tiro ['tiro] *m* Wurf *m*; (*disparo*) Schuß *m*; ~ *con arco* Bogenschießen *n*; ~ *al blanco* Scheibenschießen *n*; ~ *al plato* Tontaubenschießen *n*; *de* ~*s largos* F piekfein

tiroides [ti'roiðes] *m* Schilddrüse *f*

tirón [ti'ron] *m* Zug *m*, Ruck *m*; *de un* ~ auf einmal

tiroteo [tiro'teo] *m* Schießerei *f*

tisana [ti'sana] *f* Kräutertee *m*

títere ['titere] *m* Marionette *f*; *a fig* Hampelmann *m*; (*teatro m de*) **~s** *pl* Kasperletheater *n*; *no dejar* ~ *con cabeza* kurz u klein schlagen

titiritero [titiri'tero] *m* Puppenspieler *m*

titubear [titube'ar] (1a) schwanken; *fig* zögern

titula|do [titu'laðo] *m* Inhaber *m* e-s (akademischen) Titels; **~r** [~'lar] **1.** (1a) betiteln; **2.** *m* Inhaber *m*; *tip* Schlagzeile *f*; *auto* Fahrzeugschein *m*

título ['titulo] *m* Titel *m*; ✝ Wertpapier *n*; *a* ~ *de* (in der Eigenschaft) als; **~s** *pl de crédito* (*cine*) Vorspann *m*

tiza ['tiθa] *f* Kreide *f*

toall|a [to'aʎa] *f* Handtuch *n*; *fig tirar la* ~ das Handtuch werfen; **~ero** [toa'ʎero] *m* Handtuchhalter *m*

tobera [to'bera] *f* Düse *f*

tobillo [to'biʎo] *m* Fußknöchel *m*

tobogán [tobo'gan] *m* Rutschbahn *f*

toca ['toka] *f* Haube *f*; **~discos** [~'diskos] *m* Plattenspieler *m*; **~do** [to'kaðo] *m* Frisur *f*; Kopfputz *m*; **~dor** [~'ðor] *m* Toiletten-, Frisiertisch *m*

tocante [to'kante]: (*en lo*) ~ *a* was ... anbetrifft; bezüglich (*gen*)

tocar [to'kar] (1g) **1.** *v/t* berühren (*a fig*), anfassen; ♪ spielen; **2.** *v/i* gebühren, zukommen; (*concernir*) betreffen; *me toca a mí* ich bin an der Reihe

tocayo, -a *f* [to'kajo, ~ja] Namensvetter *m*, -schwester *f*

tocino [to'θino] *m* Speck *m*

tocólogo 🩺 [to'kologo] *m* Geburtshelfer *m*

tocón [to'kon] *m* Baumstumpf *m*

todavía [toða'bia] noch (immer)

todo ['toðo] **1.** *adj* ganze(r, -s); jeder; alles; **~s** *pl* alle; ~ *cuanto* alles was; **~s** *los días* jeden Tag; **2.** *adv* ganz, völlig; *ante* ~, *sobre* ~ vor allem; *con* ~ jedoch, trotzdem; *del* ~ ganz u gar; *no del* ~ nicht ganz; **3.** *m* Ganze(s) *n*

todopoderoso [toðopode'roso] allmächtig; *rel el* 2 der Allmächtige

toga ['toga] *f* Toga *f*; Robe *f*

toldo ['toldo] *m* Sonnendach *n*

tolera|ble [tole'raβle] erträglich; **~ncia** [~'ranθia] *f* Toleranz *f*; **~nte** [~'rante] tolerant; **~r** [~'rar] (1a) dulden, tolerieren; (*aguantar*) er-, vertragen

toma ['toma] *f* Nehmen *n*; ✕ Einnahme *f*; ~ *de corriente* Stromanschluß *m*; ~ *del poder* Machtergreifung *f*; ~ *de posesión* Besitznahme *f*, Amtsantritt *m*; ~ *de posición* Stellungnahme *f*; ~ *de tierra* ⚡ Erdung *f*; ✈ Landung *f*; **~dura** [~'ðura] *f* F: ~ *de pelo* Neckerei *f*; (*timo*) Schwindel *m*; **~r** [to'mar] (1a) nehmen; annehmen; einnehmen (*a* ✕); (*café, etc*) trinken; ~ *por* halten für

tomate [to'mate] *m* Tomate *f*; *ponerse como un* ~ puterrot werden

tomavistas [toma'βistas] *m* Filmkamera *f*

tomillo 🌿 [to'miʎo] *m* Thymian *m*

tomo ['tomo] *m* Band *m*

tona|da [to'naða] *f* Lied *n*, Weise *f*; **~lidad** [~li'ðað] *f* ♪ Tonart *f*

tonel [to'nel] *m* Tonne *f*; Faß *n*; **~ada** [tone'laða] *f* Tonne *f*; **~aje** ⚓ [~'laxe] *m* Tonnage *f*; **~ero** [~'lero] *m* Böttcher *m*

tongo ['tongo] *m dep* Schiebung *f*

tóni|ca ['tonika] *f* ♪ Tonika *f*; *gastr* To-

tónico

nikwasser *n*; **~co** ['toniko] **1.** *adj* ♪ tonisch; ✱ stärkend; **2.** *m* ✱ Tonikum *n*

tono ['tono] *m* Ton *m* (*a fig*); Tonart *f*; **a ~** (dazu) passend; **de buen (mal) ~** (un)schicklich; **darse ~** sich wichtig machen

ton|tear [tɔnte'ar] (1a) (herum)albern; flirten; **~tería** [~'ria] *f* Dummheit *f*, Albernheit *f*; *fig* Lappalie *f*; **~to** ['tonto] **1.** *adj* dumm; albern; **2.** *m* Dummkopf *m*; **hacer el ~** sich albern benehmen; **hacerse el ~** sich dumm stellen

topacio [to'paθio] *m* Topas *m*

topar [to'par] (1a) zs.-stoßen; **~ con** stoßen auf (*ac*)

tope ['tope] *m* Spitze *f*; 🚗 Puffer *m*; Prellbock *m*; ⊙ Anschlag(stift) *m*; **a ~, hasta los ~s** bis obenhin voll

tópico ['topiko] **1.** *adj* ✱ äußerlich, örtlich; **2.** *m* Gemeinplatz *m*

topo ['topo] *m* Maulwurf *m*

topografía [topogra'fia] *f* Topographie *f*

topónimo [to'ponimo] *m* Ortsname *m*

toque ['toke] *m* Berührung *f*; ♪ Tusch *m*; Signal *n*; *fig* Note *f*, Touch *m*; **~ de queda** Sperrstunde *f*; ✗ Zapfenstreich *m*; *fig* **dar el último ~ a** den letzten Schliff geben

tórax ['toraɣs] *m* Brustkorb *m*

torbellino [tɔrbe'ʎino] *m* Wirbel *m*; Strudel *m*; Wirbelwind *m* (*a fig*)

torce|dura [tɔrθe'dura] *f* Krümmrung *f*; ✱ Zerrung *f*; **~r** [tɔr'θer] (2b *u* 2h) drehen; krümmen; verbiegen; (*ropa*) (aus)wringen; (*palabras, etc*) verdrehen; **~ a la derecha** rechts abbiegen; **~rse** sich verbiegen; *fig* ✱ schiefgehen; **~ el pie** sich den Fuß verstauchen

torcido [tɔr'θido] krumm; schief

tordo ['tɔrdo] *m* Drossel *f*

tore|ar [tore'ar] (1a) mit Stieren kämpfen; **~o** [to'reo] *m* Stierkampf *m*; **~ro** [to'rero] *m* Stierkämpfer *m*, Torero *m*

toril [to'ril] *m* Stierzwinger *m*

tormen|ta [tɔr'menta] *f* Gewitter *n*; *a fig* Sturm *m*; **~to** [~'mento] *m* Folter *f*; *fig* Qual *f*; **~toso** [~'toso] stürmisch

tornear ⊙ [tɔrne'ar] (1a) drechseln; drehen

torneo [tɔr'neo] *m* Turnier *n*

tornero [tɔr'nero] *m* Drechsler *m*; Dreher *m*

tornillo [tɔr'niʎo] *m* Schraube *f*

torniquete [tɔrni'kete] *m* Drehkreuz *n*; ✱ Aderpresse *f*

torno ⊙ ['tɔrno] *m* Drehbank *f*; Töpferscheibe *f*; **en ~ a** über; um ... herum

toro ['toro] *m* Stier *m*, Bulle *m*; **~ de lidia** Kampfstier *m*; **~s** *pl* Stierkampf *m*

toronja [to'rɔnxa] *f* Pomeranze *f*, Bitterorange *f*; *bsd Am* Grapefruit *f*

torpe ['tɔrpe] ungeschickt; schwerfällig

torpe|dear [tɔrpede'ar] (1a) torpedieren (*a fig*); **~dero** ⚓ [~'dero] *m* Torpedoboot *n*; **~do** [~'pedo] *m zo* Zitterrochen *m*; ⚓ Torpedo *m*

torpeza [tɔr'peθa] *f* Ungeschicklichkeit *f*; Schwerfälligkeit *f*

torre ['tɔrre] *f* Turm *m* (*tb ajedrez*); *reg* Villa *f*; **~ de comunicaciones** Funk- (und Fernseh)turm *m*; **~ de control** ✈ Kontrollturm *m*

torrefac|ción [tɔrrefaɣ'θiɔn] *f* Rösten *n*; **~to** [~'fakto] geröstet

torren|cial [tɔrren'θial]: **lluvia** *f* **~** strömender Regen *m*; **~te** [tɔ'rrente] *m* Sturzbach *m*; *fig* Flut *f*, Strom *m*

tórrido ['tɔrrido] heiß

torsión [tɔr'siɔn] *f* Drehung *f*

torta ['tɔrta] *f* Kuchen *m*; Fladen *m*; F Ohrfeige *f*

tortícolis ✱ [tɔr'tikolis] *m* steifer Hals *m*

tortilla [tɔr'tiʎa] *f* Omelett *n*; *Am* Maisfladen *m*; **~ española** Kartoffelomelett *n*

tórtola ['tɔrtola] *f* Turteltaube *f*

tortuga [tɔr'tuɣa] *f* Schildkröte *f*; **a paso de ~** im Schneckentempo

tortuoso [tɔr'tuoso] gewunden; krumm

tortura [tɔr'tura] *f* Folter *f*; *fig* Qual *f*; **~r** [~'rar] (1a) foltern, quälen (*a fig*)

tos [tɔs] *f* Husten *m*; **~ ferina** Keuchhusten *m*

tosco ['tɔsko] unbearbeitet, roh; *fig* ungehobelt

toser [to'ser] (2a) husten

tosta|da [tɔs'tada] *f* Toast *m*; **~do** [~'tado] geröstet; (*persona*) braun(gebrannt); **~dor** [~'dɔr] *m* Toaster *m*; **~r** [~'tar] (1m) rösten; bräunen

tostón [tɔs'tɔn] *m* gebratenes Spanferkel *n*; F *fig* Schinken *m*

total [to'tal] **1.** *adj* ganz, völlig, total; Gesamt...; **en ~** insgesamt; **2.** *adv* alles in allem; kurz (u gut); **3.** *m* Gesamtsumme *f*; **~idad** [~li'dad] *f* Gesamtheit *f*; **~izar** [~'θar] (1f) zs.-zählen; insgesamt betragen

touroperador [touropera'ðɔr] *m* Reiseveranstalter *m*

tóxico ['tɔgsiko] **1.** *adj* giftig; **2.** *m* Gift *n*

toxicómano [tɔgsi'komano] **1.** *adj* rauschgiftsüchtig; **2.** *m* Süchtige(r) *m*

tozudo [to'θuðo] dickköpfig

traba ['traba] *f* Band *n*, Fessel *f*; *fig* Hindernis *n*

traba|jador [trabaxa'ðɔr] **1.** *adj* arbeitsam, fleißig; **2.** *m* Arbeiter *m*; **~ eventual** Gelegenheitsarbeiter *m*; **~ extranjero** Gast-, Fremdarbeiter *m*; **~ semicualificado** angelernter Arbeiter *m*; **~jar** [~'xar] (1a) **1.** *v/i* arbeiten; **2.** *v/t* verarbeiten; **~jo** [~'baxo] *m* Arbeit *f*; *fig* Mühe *f*; **~ a destajo** Akkordarbeit *f*; **~ a domicilio** Heimarbeit *f*; **~ en equipo** Teamarbeit *f*; **~s pol forzados** Zwangsarbeit *f*; **~ temporal** Zeitarbeit *f*; **~ por turnos** Schichtarbeit *f*; **~joso** [~'xoso] mühsam

traba|lenguas [traba'leŋgŭas] *m* Zungenbrecher *m*; **~r** [tra'bar] (1a) verbinden; *fig* anknüpfen

tracción [trag'θiɔn] *f* Ziehen *n*, Zug *m*; ⊕ Zugkraft *f*; Antrieb *m*; **~ delantera (trasera)** Vorder- (Hinter)radantrieb *m*

tracoma 🕂 [tra'koma] *m* Trachom *n*

tractor [trak'tɔr] *m* Traktor *m*; **~ista** [~to'rista] *su* Traktorfahrer(in *f*) *m*

tradi|ción [traði'θiɔn] *f* Tradition *f*, Überlieferung *f*; **~cional** [~θio'nal] überliefert, traditionell

traduc|ción [traðug'θiɔn] *f* Übersetzung *f*; **~ir** [~ðu'θir] (3o) übersetzen; **~tor** [~ðuk'tɔr] *m*, **~tora** [~'tora] *f* Übersetzer(in *f*) *m*

traer [tra'ɛr] (2p) (her)bringen; mitbringen; *fig* mit sich bringen; **~ entre manos** vorhaben

trafica|nte *desp* [trafi'kante] *m* Händler *m*; **~ de drogas** Drogenhändler *m*; **~r** [~'kar] (1g) handeln (mit **en**)

tráfico ['trafiko] *m* Verkehr *m*; ✝ Handel *m*; **~ aéreo** Flugverkehr *m*; **~ de drogas** Drogenhandel *m*; **~ de influencias** Vetternwirtschaft *f*, F Filz *m*; **~ pesado** Schwerverkehr *m*; **~ rodado** Fahrverkehr *m*

traga|luz [traga'luθ] *m* Dachfenster *n*; Luke *f*; **~perras** F [~'pɛrras] *su* Spielautomat *m*

tragar [tra'gar] (1h) (ver)schlucken; (ver)schlingen; **no poder ~ a alg** j-n nicht ausstehen können

tragedia [tra'xeðia] *f* Tragödie *f* (*a fig*)

trágico ['traxiko] tragisch

tragicomedia [traxiko'meðia] *f* Tragikomödie *f*

trago ['trago] *m* Schluck *m*; **pasar un mal ~** Schweres durchmachen

tragón F [tra'gɔn] gefräßig

trai|ción [trai'θiɔn] *f* Verrat *m*; **alta ~** Hochverrat *m*; **~cionar** [~θio'nar] (1a) verraten; **~cionero** [~θio'nero] verräterisch; **~dor** [~'ðɔr] **1.** *adj* verräterisch; treulos; **2.** *m* Verräter *m*

traigo ['traigo] *s* **traer**

trailer ['trailɛr] *m* (Film-)Vorschau *f*; *auto* Sattelschlepper *m*

traje ['traxe] *m* Anzug *m*; Kleid *n*; **~ de baño** Badeanzug *m*; **~ (de) chaqueta** Damenkostüm *n*; **~ de etiqueta** Gesellschaftsanzug *m*; **~ hecho** Konfektionsanzug *m*; **~ de luces** Stierkämpfertracht *f*; **~ de noche** Abendkleid *n*; **~pantalón** Hosenanzug *m*; **~ regional** Tracht *f*; **~ sastre** Kostüm *n*

trajín [tra'xin] *m fig* Betrieb *m*, Hektik *f*

trajinar [traxi'nar] (1a) sehr beschäftigt sein; herumwirtschaften

trajo ['traxo] *s* **traer**

trama ['trama] *f fig* Komplott *n*; **~r** [tra'mar] (1a) *fig* anzetteln

tramita|ción [tramita'θiɔn] *f* (amtliche) Erledigung *f*; Formalitäten *f*/*pl*; **en ~** in Bearbeitung; **~r** [~'tar] (1a) (amtlich) erledigen; betreiben; bearbeiten

trámite ['tramite] *m* Dienstweg *m*; Formalität *f*

tramo ['tramo] *m* Strecke *f*; Abschnitt *m*

tramo|ya [tra'moja] *f teat* Bühnenmaschinerie *f*; **~yista** [~'jista] *m teat* Maschinist *m*; Kulissenschieber *m*

trampa ['trampa] *f* Falle *f* (*a fig*); (*puerta*) Falltür *f*; **F hacer ~s** mogeln

trampolín [trampo'lin] *m* Sprungbrett *n* (*a fig*); (*esquí*) Sprungschanze *f*

tramposo [tram'poso] **1.** *adj* betrügerisch; **2.** *m* Betrüger *m*, Schwindler *m*

tranca ['traŋka] *f* Sperrbalken *m*; **a ~s y barrancas** mit Ach u Krach

trance ['tranθe] *m* kritischer Augenblick *m*; (*hipnosis, etc*) Trance *f*; **a todo ~** auf jeden Fall, unbedingt

tranqui|lidad [traŋkili'ðað] *f* Ruhe *f*; Stille *f*; Gelassenheit *f*; **~lizante** [~'θante] *m* Beruhigungsmittel *n*; **~lizar**

tranquilo 268

[~'θar] (1f) beruhigen; **~lo** [~'kilo] ruhig; still; gelassen

trans... [trans] s a **tras...**; **~acción** [~saɡ'θjon] f ✝ Geschäft n; **~atlántico** [~sat'lantiko] **1.** adj überseeisch; **2.** m Überseedampfer m; **~bordador** [tranzborda'ðor] m ⚓ Fähre f; **~espacial** Raumfähre f; **~bordo** [~'borðo] m Umsteigen n; **hacer ~** umsteigen; **~cripción** [~krib'θjon] f Ab-, Umschrift f; **~ fonética** Lautschrift f; **~currir** [~ku'rrir] (3a) verstreichen, vergehen; **~curso** [~'kurso] m Verlauf m; **~eúnte** [~se'unte] m Passant m; Durchreisende(r) m

transfer|encia [transfe'renθja] f Übertragung f; ✝ Überweisung f; **~ de tecnología** Technologietransfer m; **~ible** [~'rible] übertragbar; **~ir** [~'rir] (3i) übertragen; ✝ überweisen

transforma|ción [transforma'θjon] f Umbildung f; Verwandlung f; **~dor** [~'ðor] m Transformator m; **~r** [~'mar] (1a) verwandeln; ändern

transfronterizo [transfronte'riθo] grenzüberschreitend

tránsfuga ['transfuɡa] m Überläufer m; ✕ Deserteur m

transfusión [transfu'sjon] f; ✽ **~ de sangre** Blutübertragung f

transgre|dir [tranzɡre'ðir] übertreten, verstoßen gegen; **~sión** [~'sjon] f Übertretung f

transición [transi'θjon] f Übergang m; **de ~** Übergangs...

transi|gente [transi'xente] nachgiebig; versöhnlich; **~gir** [~'xir] (3c) nachgeben

transi|stor [transis'tor] m Transistor m; **~table** [~'table] gangbar, befahrbar; **~tar** [~'tar] (1a) durchgehen, -reisen; verkehren; **~tivo** [~'tiβo] gram transitiv

tránsito ['transito] m Verkehr m; Transit m; **de ~** auf der Durchreise

transitorio [transi'torjo] vorübergehend; Übergangs...

transmi|sible [transmi'sible] übertragbar; **~sión** [~'sjon] f Übertragung f (a ✽); **~ en directo** Live-Sendung f, Direktübertragung f; **~tir** [~'tir] (3a) übertragen; senden

transparen|cia [transpa'renθja] f Durchsichtigkeit f; **~te** [~'rente] durchsichtig

transpira|ción [transpira'θjon] f Ausdünstung f; Schwitzen n; **~r** [~'rar] (1a) schwitzen

transpor|tar [transpor'tar] (1a) befördern, transportieren; ♪ transponieren; **~te** [~'porte] m Transport m; Beförderung f; **~s públicos** öffentliche Verkehrsmittel n/pl; **~tista** [~'tista] m Transportunternehmer m, Spediteur m

transversal [tranzber'sal] quer, Quer...

tranvía [tram'bia] m Straßenbahn f

trape|cio [tra'peθjo] m Trapez n; **~cista** [~'θista] su Trapezkünstler(in f) m

trapero [tra'pero] m Lumpensammler m

trapiche|ar [trapitʃe'ar] (1a) schachern; **~os** [~'tʃeos] m/pl Schliche m/pl, Kniffe m/pl

trapo ['trapo] m Lappen m; (Staub-, Wisch-)Tuch n; F **poner a alg como un ~** j-n herunterputzen

tráquea anat ['trakea] f Luftröhre f

traqueotomía ✽ [trakeoto'mia] f Luftröhrenschnitt m

traquetear [trakete'ar] (1a) rütteln, schütteln

tras [tras] (después) nach; (detrás) hinter; **uno ~ otro** hintereinander; **andar a/c** hinter et (dat) her sein

tras... [tras] s a **trans...**

trascend|encia [trasθen'denθja] f Bedeutung f; Tragweite f; **~ental** [~'tal] bedeutend; weitreichend; **~er** [~'θer] (2g) (noticia) durchsickern; **~ a** sich auswirken auf (ac)

trasegar [trase'ɡar] (1h u 1k) (líquido) umfüllen

trasero [tra'sero] **1.** adj hintere(r, -s); Hinter..., Rück...; **2.** m F Hintern m

trasfondo [tras'fondo] m fig Hintergrund m

trashumante ♪ [trasu'mante] Wander...

trasla|dar [trazla'ðar] (1a) (mueble) verrücken; (persona) versetzen; (cadáver, etc) überführen; (fecha) verschieben, verlegen; **~darse** sich begeben (nach **a**); umziehen; **~do** [~'laðo] m Versetzung f; Verlegung f; Umzug m; (turismo) Transfer m

trasnoch|ado [trazno'tʃaðo] fig veraltet, überholt; **~dor** [~'ðor] m Nachtschwärmer m; **~r** [~'tʃar] (1a) sich die Nacht um die Ohren schlagen

traspapelar [traspape'lar] (1a) verlegen; **~se** abhanden kommen

traspa|sar [traspa'sar] (1a) überschreiten (*a fig*); (*atravesar*) durchbohren; ⚕ übertragen; **~so** [~'paso] *m* Überschreitung *f*; ⚕ Übertragung *f*; Abtretung *f*; (*precio*) Abstandssumme *f*

traspié [tras'pie] *m* Stolpern *n*; **dar un ~** e-n Fehltritt tun (*a fig*)

trasplan|tar ✍ [trasplan'tar] (1a) verpflanzen; ✍ *a* transplantieren; **~te** [~'plante] *m* Verpflanzung *f*; Transplantation *f*

traste ['traste] *m* ♪ Bund *m*; F **dar al ~ con a/c** *a* kaputtmachen

traste|ría [traste'ria] *f* Trödelladen *m*; **~ro** [~'tero]: (*cuarto m*) ~ Rumpelkammer *f*; Abstellraum *m*

trastienda [tras'tienda] *f* Raum *m* hinter dem Laden

trasto ['trasto] *m* (altes) Möbelstück *n*; *fig* Nichtsnutz *m*; **~s** *pl* Zeug *n*, Kram *m*; **~s viejos** altes Gerümpel *n*

trastor|nar [trastor'nar] (1a) umstürzen; durchea.-bringen; (*perturbar*) verwirren; **~narse** verrückt werden; **~no** [~'torno] *m* Störung *f* (*a* ✍); **~ circulatorio** Kreislaufstörung *f*

trasvasar [traz'basar] (1a) umfüllen

trata ['trata] *f* Sklavenhandel *m*; **~ de blancas** Mädchenhandel *m*; **~ble** [tra'table] umgänglich; **~do** [~'tado] *m* Abhandlung *f*; ✝, *pol* Vertrag *m*; **~miento** [~'miento] *m* Behandlung *f* (*a* ✍); (*título*) Anrede *f*; **~ de datos** (*textos*) Daten- (Text)verarbeitung *f*; **~nte** [~'tante] *m* Händler *m*

tratar [tra'tar] (1a) 1. *v/t* behandeln (*a* ✍); 2. *v/i*: **~ con alg** mit j-m verkehren; **~ de** handeln von (*dat*); **~ de** (*inf*) versuchen zu (*inf*); **~ en** handeln mit (*dat*); **~se** sich handeln (um *ac de*)

trato ['trato] *m* Behandlung *f*; ✝ Abmachung *f*, Vertrag *m*; *fig* Umgang *m*; **malos ~s** Mißhandlung *f*; **¡~ hecho!** abgemacht!

trauma *psic* ['trauma] *m* Trauma *n*; **~tismo** ✍ [~'tizmo] *m* Trauma *n*, Verletzung *f*; **~tología** [~tolo'xia] *f* Unfallheilkunde *f*

través [tra'bes] *m*: **a ~ de** (quer) über; *a fig* durch; **de ~** schräg

travesaño [trabe'saɲo] *m* Querbalken *m*

travesía [trabe'sia] *f* Querstraße *f*; (*viaje*) Überfahrt *f*

travestí [trabes'ti] *m* Transvestit *m*

travesura [trabe'sura] *f* Streich *m*

travie|sa 🚇 [tra'biesa] *f* Schwelle *f*; **~so** [~'bieso] (*niño*) mutwillig, ausgelassen

trayecto [tra'jekto] *m* Strecke *f*; Weg *m*; **~ de tránsito** Transitstrecke *f*; **~ria** [~'toria] *f* Flug-, Geschoßbahn *f*; *fig* (Lebens-)Weg *m*, Bahn *f*

traza ['traθa] *f* Plan *m*; Trasse *f*; **~do** [tra'θaðo] *m* Entwurf *m*; Aufriß *m*; Verlauf *m*; **~r** [~'θar] (1f) entwerfen; (*línea, etc*) ziehen; *fig* umreißen

trazo ['traθo] *m* Strich *m*; Schriftzug *m*

trébol ♣ ['treβol] *m* Klee *m*

trece ['treθe] dreizehn; F **mantenerse en sus ~** hartnäckig bei s-r Meinung bleiben

trecho ['tretʃo] *m* Strecke *f*; Stück *n*; **a ~s** streckenweise; zeitweise

tregua ['treɣua] *f* Waffenruhe *f*; *fig* Pause *f*; **sin ~** unablässig

treinta ['treinta] dreißig

trekking ['trekiŋ] *m* Trekking *n*

tremendo [tre'mendo] fürchterlich, schrecklich, furchtbar; F riesig, toll

trementina [tremen'tina] *f* Terpentin *n*

tren [tren] *m* 🚇 Zug *m*; **~ de aterrizaje** ✈ Fahrgestell *n*; **~ directo** Schnellzug *m*; **~ de laminación** ⚙ Walzstraße *f*; **~ de mercancías** Güterzug *m*; **~ de pasajeros** Personenzug *m*, Reisezug *m*; **~ de vida** Lebensweise *f*

trenca ['treŋka] *f* Dufflecoat *m*

trenza ['trenθa] *f* Zopf *m*; **~r** [~'θar] (1f) flechten

trepador [trepa'ðor] **1.** *adj* kletternd, Kletter...; **2.** *m* Kletterer *m*; *fig* Karrieremacher *m*

trepanar ✍ [trepa'nar] (1a) trepanieren

trepar [tre'par] (1a) klettern

trepidar [trepi'ðar] (1a) beben, zittern

tres [tres] drei; **~cientos** [~'θientos] dreihundert

tresillo [tre'siʎo] *m* Couchgarnitur *f*; ♪ Triole *f*

treta ['treta] *f* List *f*; Kniff *m*

triangular [triaŋgu'lar] dreieckig

triángulo ['triaŋgulo] *m* Dreieck *n*; ♪ Triangel *m*

tribal [tri'bal] Stammes...

tribu ['triβu] *f* Stamm *m*

tribulación [triβula'θion] *f* Drangsal *f*; Leid *n*

tribuna [tri'βuna] *f* Tribüne *f*

tribunal [triβu'nal] *m* Gericht(shof *m*) *n*;

tributar

Prüfungsausschuß *m*; ~ **de cuentas** Rechnungshof *m*; ~ **de menores** Jugendgericht *n*

tribu|tar [triβu'tar] (1a) (Steuer) zahlen; *fig* zollen; **~tario** [~'tarĵo] Steuer...; steuerpflichtig; **~to** [tri'βuto] *m* Steuer *f*, Abgabe *f*; *fig* Tribut *m*

tri|ciclo [tri'θiklo] *m* Dreirad *n*; **~color** [~ko'lor] dreifarbig; **~cotar** [~'tar] (1a) stricken; **~cotosa** [~'tosa] *f* Strickmaschine *f*

trienio [tri'enjo] *m* Zeitraum *m* von drei Jahren

trigésimo [tri'xesimo] dreißigste(r, -s)

trigo ['triɣo] *m* Weizen *m*; ~ **sarraceno** Buchweizen *m*

trigonometría A [triɣonome'tria] *f* Trigonometrie *f*

trilla|do [tri'ʎaðo] *fig* abgedroschen; **~dora** [~ʎa'ðora] *f* Dreschmaschine *f*; **~r** [tri'ʎar] (1a) dreschen

trillizos [tri'ʎiθos] *m/pl* Drillinge *m/pl*

trimestr|al [trimes'tral] vierteljährlich; **~e** [~'mestre] *m* Vierteljahr *n*, Quartal *n*

trinca ['triŋka] *f* Dreiergruppe *f*

trinch|ar [trin'tʃar] tranchieren; **~era** [~'tʃera] *f* Schützengraben *m*; (*gabardina*) Trenchcoat *m*; **~ero** [~'tʃero] *m* Anrichte *f*

trineo [tri'neo] *m* Schlitten *m*

trinidad *rel* [trini'ðað] *f* Dreifaltigkeit *f*

trino ['trino] *m* Triller *m*

trinquete [triŋ'kete] *m* ⚓ Fockmast *m*; ⚙ Sperrklinke *f*

trío ['trio] *m* Trio *n*

tripa ['tripa] *f* Darm *m*; F Bauch *m*; **hacer de ~s corazón** sich ein Herz fassen

triple ['triple] **1.** *adj* dreifach; **2.** *m* das Dreifache *n*

triplica|do [tripli'kaðo]: **por ~** in dreifacher Ausfertigung; **~r** [~'kar] (1g) verdreifachen

trípode ['tripoðe] *m* Stativ *n*

tríptico ['triptiko] *m* Triptychon *n*

tripula|ción [tripula'θjon] *f* ⚓, ✈ Besatzung *f*; **~nte** [~'lante] *m* Besatzungsmitglied *n*; **~r** [~'lar] (1a) bemannen

triqui|na [tri'kina] *f* Trichine *f*; **~nosis** ✱ [~ki'nosis] *f* Trichinose *f*

triste ['triste] traurig; betrübt; **~za** [~'teθa] *f* Traurigkeit *f*

triturar [tritu'rar] (1a) zerkleinern, zermahlen

triun|fador [trĵumfa'ðor] **1.** *adj* triumphierend; siegreich; **2.** *m* Sieger *m*; **~fal** [~'fal] Triumph...; **~far** [~'far] (1a) triumphieren; *dep* siegen; **~fo** [~'trĵumfo] *m* Triumph *m*; *dep* Sieg *m*; (*naipes*) Trumpf *m*

trivial [tri'βjal] trivial, banal; **~idad** [~li'ðað] *f* Plattheit *f*; Gemeinplatz *m*

triza ['triθa] *f*: **hacer ~s** F kaputtmachen; **hecho ~s** F kaputt

trocar [tro'kar] (1g *u* 1m) (ein-, ver)tauschen (gegen *por*)

trocha ['trotʃa] *f* Pfad *m*; *Am* 🚆 Spurweite *f*

trofeo [tro'feo] *m* Trophäe *f*

troglodita [troɣlo'ðita] *m* Höhlenbewohner *m*

tromba ['tromba] *f* Wasserhose *f*

trombón ♪ [trom'bon] *m* Posaune *f*; (*persona*) Posaunist *m*

trombosis ✱ [trom'bosis] *f* Thrombose *f*

trompa ['trompa] *f* ♪ (Wald-)Horn *n*; *zo* Rüssel *m*; F *fig* Rausch *m*; **~zo** [~'paθo] *m* Stoß *m*; Zusammenstoß *m*

trompe|ta ♪ [trom'peta] **a)** *f* Trompete *f*; **b)** *m* = **~tista** [~'tista] *m* Trompeter *m*

trompicar [trompi'kar] (1g) strauchleln

tronar [tro'nar] (1m) donnern; *fig* wettern

troncho ['trontʃo] *m* Strunk *m*

tronco ['troŋko] *m* Baumstamm *m*; *anat* Rumpf *m*

trono ['trono] *m* Thron *m*

tropa ['tropa] *f* ✕ Truppe *f*; *fig* Trupp *m*

tropel [tro'pel] *m* (Menschen-)Menge *f*, Haufen *m*; **en ~** haufenweise

trope|zar [trope'θar] (1f *u* 1k) stolpern; ~ **con** stoßen an, auf (*ac*); **~zón** [~'θon] *m*: **dar un ~** stolpern

tropical [tropi'kal] tropisch, Tropen...

trópico *geo* ['tropiko] *m* Wendekreis *m*; **~s** *pl* Tropen *pl*

tropiezo [tro'pjeθo] *m* Hindernis *n*; Schwierigkeit *f*; *fig* Entgleisung *f*

trota|mundos [trota'mundos] *m* Globetrotter *m*; **~r** [~'tar] (1a) traben, trotten (*a fig*)

trote ['trote] *m* Trab *m*; **al ~** im Trab

trotón *zo* [tro'ton] *m* Traber *m*

trozo ['troθo] *m* Stück *n*

trucha ['trutʃa] *f* Forelle *f*; ~ **asalmonada** Lachsforelle *f*

truco ['truko] *m* Trick *m*

truculento [truku'lento] schaurig; blutrünstig

trueno ['trueno] *m* Donner *m*
trueque ['trueke] *m* Tausch *m*
trufa ❖ ['trufa] *f* Trüffel *f*; **~do** [~'fađo] getrüffelt
truhán [tru'an] *m* Gauner *m*
truncar [truŋ'kar] (1g) abschneiden; *fig* zunichte machen
tú [tu] du; *tratar de ~* duzen
tu, tus [tu, tus] dein(e)
tubérculo ❖ [tu'bɛrkulo] *m* Knolle *f*
tuberculo|sis 🗶 [tubɛrku'losis] *f* Tuberkulose *f*; **~so** [~'loso] tuberkulös
tubería [tube'ria] *f* (Rohr-)Leitung *f*
tubo ['tubo] *m* Röhre *f*, Rohr *n*; Tube *f*; (*flexible*) Schlauch *m*; **~ de ensayo** Reagenzglas *n*; **~ de escape** *auto* Auspuffrohr *n*; **~ fluorescente** Leuchtstoffröhre *f*
tuerca ⊙ ['tuerka] *f* Schraubenmutter *f*
tuerto ['tuɛrto] einäugig
tuétano ['tuetano] *m* (Knochen-)Mark *n*
tufo ['tufo] *m* Gestank *m*, F Mief *m*
tugurio [tu'gurĭo] *m* F Bruchbude *f*, Loch *n*
tul [tul] *m* Tüll *m*
tulipán ❖ [tuli'pan] *m* Tulpe *f*
tullido [tu'ʎiđo] **1.** *adj* gelähmt; **2.** *m* Krüppel *m*
tumba ['tumba] *f* Grab(stätte *f*) *n*
tum|bar [tum'bar] (1a) umwerfen; **~barse** sich hinlegen; **~bo** [tu'mbo] *m*: *dar* **~s** taumeln; **~bona** [~'bona] *f* Liege(stuhl *m*) *f*
tumor 🗶 [tu'mɔr] *m* Geschwulst *f*, Tumor *m*
tumult|o [tu'multo] *m* Aufruhr *m*, Tumult *m*; **~uoso** [~'tŭoso] stürmisch; lärmend
tuna ['tuna] *f* ❖ Feigenkaktus *m*; ♪ Studentenkapelle *f*; **~nte** [tu'nante] *m* Spitzbube *m*, Gauner *m*
tunda ['tunda] *f* Tracht *f* Prügel
tunecino [tune'θino] **1.** *adj* tunesisch; **2.** *m* Tunesier *m*
túnel ['tunɛl] *m* Tunnel *m*; **~ aerodinámico** (*od del viento*) Windkanal *m*; **~ de lavado** *auto* Waschstraße *f*
tungsteno [tuŋgs'teno] *m* Wolfram *n*

túnica ['tunika] *f* Tunika *f*
tuntún [tun'tun]: *al* (*buen*) **~** aufs Geratewohl
tupido [tu'piđo] dicht
turba ['turba] *f* Torf *m*; *fig* Haufen *m*, (Menschen-)Menge *f*
turbación [turba'θĭon] *f* Störung *f*; *fig* Bestürzung *f*
turbante [tur'bante] *m* Turban *m*
turbar [tur'bar] (1a) stören; *fig* bestürzen; **~se** in Aufregung *bzw* Verlegenheit geraten; sich beunruhigen
turbina [tur'bina] *f* Turbine *f*
turbio ['turbĭo] trübe; *fig* unsauber
turbo... [turbo] Turbo...; **~propulsor** [~propul'sɔr] *m* Turboproptriebwerk *n*
turbulen|cia [turbu'lenθĭa] *f* Turbulenz *f*; Unruhe *f*; Verwirrung *f*; **~to** [~'lento] ungestüm, wild, turbulent
turco ['turko] **1.** *adj* türkisch; **2.** *m*, **-a** [~ka] *f* Türke *m*, Türkin *f*
turis|mo [tu'rizmo] *m* Tourismus *m*, Fremdenverkehr *m*; *auto* Personenwagen *m*; **~ de mochila** Rucksacktourismus *m*; **~ta** [tu'rista] *su* Tourist(in *f*) *m*
turístico [tu'ristiko] touristisch, Touristen..., Fremdenverkehrs...
turnarse [tur'narse] (1a) sich abwechseln, sich ablösen
turno ['turno] *m* Reihe(nfolge) *f*; (*de trabajo*) Schicht *f*; *estar de* **~** Dienst haben; *por* **~**(*s*) abwechselnd; *es mi* **~** ich bin an der Reihe
turón *zo* [tu'rɔn] *m* Iltis *m*
turquesa [tur'kesa] *f* Türkis *m*
turrón [tu'rrɔn] *m span* Süßigkeit zu Weihnachten
tutear [tute'ar] (1a) duzen
tutela [tu'tela] *f* Vormundschaft *f*; *fig* Schutz *m*; *poner bajo* **~** entmündigen
tuteo [tu'teo] *m* Duzen *n*
tutor [tu'tɔr] *m* Tutor *m*; 🏛 Vormund *m*; ✿ Stützpfahl *m*; **~ía** [tuto'ria] *f* Vormundschaft *f*
tuya ❖ ['tuja] *f* Lebensbaum *m*, Thuja *f*
tuyo, tuya ['tujo, 'tuja] dein(e)

U

U, u [u] *f* U, u *n*
u [u] (*vor* **o** *od* **ho**) oder
ubi|cación [ubika'θion] *f Am* Unterbringung *f*; *bsd Am* Lage *f*, Standort *m*; **~cado** [~'kado] gelegen; *estar* ~ liegen; **~car** [~'kar] (1g) unterbringen; **~carse** *Am* sich befinden; **~cuo** [u'bikůo] allgegenwärtig
ubre ['uβre] *f* Euter *n*
ufa|narse [ufa'narse] (1a) sich brüsten, sich rühmen; **~no** [u'fano] eingebildet
ujier [u'xiɛr] *m* Gerichtsdiener *m*
úlcera ['ulθera] *f* Geschwür *n*
ulterior [ulte'rior] weiter, ferner; später
últimamente ['ultima'mente] in letzter Zeit
ulti|mar [ulti'mar] (1a) beenden, abschließen; *Am* töten; **~mátum** [~'matun] *m* Ultimatum *n*
último ['ultimo] letzte(r, -s); *por* ~ zuletzt; schließlich
ultra... [ultra] *in Zssgn* ultra...
ultra|derechismo [ultradere'tʃizmo] *m* Rechtsextremismus *m*; **~izquierdismo** [~iθkiɛr'dizmo] *m* Linksextremismus *m*
ultra|jar [ultra'xar] (1a) beleidigen; **~je** [ul'traxe] *m* Beleidigung *f*
ultramar [ultra'mar] *m* Übersee *f*; *de* ~ überseeisch
ultramarino [ultrama'rino] **1.** *adj* überseeisch; **2. ~s** *m/pl* Kolonialwaren *f/pl*
ultranza [ul'tranθa]: *a* ~ aufs Äußerste
ultra|sonido [ultraso'nido] *m* Ultraschall *m*; **~violeta** [~βio'leta] ultraviolett
ulular [ulu'lar] (1a) heulen
umbilical [umbili'kal] Nabel...
umbral [um'bral] *m* Türschwelle *f*; *fig* Schwelle *f*
umbr|ío [um'brio], **~oso** [~'broso] schattig
un, una [un, 'una] ein(e)
unánime [u'nanime] einmütig; einstimmig
unanimidad [unanimi'dad] *f* Einmütigkeit *f*, Einstimmigkeit *f*; *por* ~ einstimmig
unción [un'θion] *f* Salbung *f*
undécimo [un'deθimo] elfte(r, -s)
ungir [uŋ'xir] (3c) salben
ungüento [uŋ'ġuento] *m* Salbe *f*

úni|camente ['unikamente] nur, lediglich; **~co** [u'niko] einzig; *fig* einzigartig, einmalig
unicornio [uni'kɔrnio] *m* Einhorn *n*
uni|dad [uni'dad] *f* Einheit *f*; ✞ Stück *n*; ☤ ~ *de cuidados intensivos* (*od de vigilancia intensiva*) Intensivstation *f*; *inform* ~ *de disco* Diskettenlaufwerk *n*; **~do** [u'nido] vereinigt; verbunden
unifamiliar [unifami'liar] Einfamilien...
unifi|cación [unifika'θion] *f* Vereinheitlichung *f*; Vereinigung *f*; **~car** [~'kar] (1g) vereinen; vereinheitlichen
unifor|mar [unifor'mar] (1a) vereinheitlichen; **~me** [~'forme] **1.** *adj* gleichförmig; gleichmäßig; einheitlich; **2.** *m* Uniform *f*; **~midad** [~mi'dad] *f* Gleichförmigkeit *f*; Gleichmäßigkeit *f*
unilateral [unilate'ral] einseitig
unión [u'nion] *f* Vereinigung *f*; Einigkeit *f*; Verbindung *f*; ♀ *Europea* (*UE*) Europäische Union (EU); ♀ (*Económica y*) *Monetaria Europea* (*UME*) Europäische (Wirtschafts- und) Währungsunion *f* (EWU)
unir [u'nir] (3a) vereinigen; verbinden; zs.-fügen; ~ *se* sich zs.-schließen; ~ *a* sich anschließen an *ac*
unísono [u'nisono]: *al* ~ einstimmig
univer|sal [uniβer'sal] allgemein; universal; weltweit; **~sidad** [~si'dad] *f* Universität *f*; *a distancia* Fernuniversität *f*; **~sitario** [~si'tario] **1.** *adj* Universitäts...; **2.** *m* Akademiker *m*; Student *m*; **~so** [~'βerso] *m* Weltall *n*
uno ['uno] **1.** *pron* eine(r, -s); jemand, man; (*número*) eins; ~ *por* ~ einer nach dem andern; zu gleicher Zeit, zugleich; **~s** *pl* einige; *unas cien pesetas* etwa hundert Peseten; **2.** *m* Eins *f*
untar [un'tar] (1a) (ein)schmieren; (*pan*) bestreichen; *fig* bestechen, F schmieren
uña ['uɲa] *f anat* Nagel *m*; *zo* Huf *m*; Klaue *f*; *ser ~ y carne* ein Herz u e-e Seele sein
uranio [u'ranio] *m* Uran *n*
urba|nidad [urβani'dad] *f* Höflichkeit *f*; **~nismo** [~'nizmo] *m* Städtebau *m*; Stadtplanung *f*; **~nización** [~θa'θion] *f* Bebauung *f*; (*casas*) (Villen-, Häu-

vagabundo

ser-)Kolonie *f*; **plan** *m* **de ~** Bebauungsplan *m*; **~nizar** [~'θar] (1f) (*terreno*) erschließen, bebauen; **~no** [ur'bano] städtisch; Stadt...; (*guardia m*) **~** Stadtpolizist *m*

urbe ['urbe] *f* Groß-, Weltstadt *f*
urdir [ur'dir] (3a) anzetteln (*a fig*)
urea [u'rea] *f* Harnstoff *m*
uréter *anat* [u'reter] *m* Harnleiter *m*
uretra [u'retra] *f* Harnröhre *f*
urgen|cia [ur'xenθia] *f* Dringlichkeit *f*; 🞮 Notfall *m*; **de ~** Not...; Eil...; **~te** [~te] dringend; eilig
urgir [ur'xir] (3c) dringend sein
urinario [uri'nario] **1.** *adj* Harn...; **2.** *m* Pissoir *m*
urna ['urna] *f* Urne *f*; **~ electoral** Wahlurne *f*
urogallo *zo* [uro'gaʎo] *m* Auerhahn *m*
urólogo 🞮 [u'rologo] *m* Urologe *m*
urraca [u'rraka] *f* Elster *f*
urticaria 🞮 [urti'karia] *f* Nesselfieber *m*
uruguayo [uru'gŭajo] **1.** *adj* uruguayisch; **2.** *m* Uruguayer *m*
usado [u'saðo] gebraucht; abgenutzt
usanza [u'sanθa] *f* Brauch *m*, Sitte *f*
usar [u'sar] (1a) gebrauchen, benutzen; (*ropa*) tragen; **~ de** Gebrauch machen von (*dat*); **~se** gebräuchlich sein

uso ['uso] *m* Gebrauch *m*, Benutzung *f*, Verwendung *f*; (*usanza*) Brauch *m*, Sitte *f*
usted [us'teð] Sie; **tratar de ~** siezen
usual [u'sŭal] gebräuchlich, üblich
usuario [usu'ŭario] *m* Benutzer *m*
usufructo [usu'frukto] *m* Nießbrauch *m*, Nutznießung *f*
usu|ra [u'sura] *f* Wucher *m*; **~rero** [~'rero] *m* Wucherer *m*
usurpa|ción [usurpa'θiɔn] *f* Usurpation *f*; **~r** [~'par] (1a) usurpieren
utensilio [uten'silio] *m* Gerät *n*; **~s** *pl* Handwerkszeug *n*; Utensilien *pl*
útero *anat* ['utero] *m* Uterus *m*, Gebärmutter *f*
útil [u'til] **1.** *adj* nützlich; tauglich; **2. ~es** *m/pl* Gerät *n*, Werkzeug *n*
utili|dad [utili'ðað] *f* Nutzen *m*; **de ~ pública** gemeinnützig; **~zable** [~'θable] brauchbar, verwendbar; **~zación** [~θa'θiɔn] *f* Benutzung *f*; Verwendung *f*; Verwertung *f*; **~zar** [~'θar] (1f) benutzen; ver-, anwenden; verwerten
utillaje [uti'ʎaxe] *m* Geräte *n/pl*; Ausrüstung *f*
utopía [uto'pia] *f* Utopie *f*
utópico [u'topiko] utopisch
uva ['uba] *f* Traube *f*

V

V, v ['ube] *f* V, v *n*
va [ba] *s ir*
vaca ['baka] *f* Kuh *f*; (*carne*) Rindfleisch *n*; **~ lechera** Milchkuh *f*; **las ~s flacas** (**gordas**) die mageren (fetten) Jahre *n/pl*
vaca|ciones [baka'θiones] *f/pl* Ferien *pl*; Urlaub *m*; **~nte** [~'kante] **1.** *adj* unbesetzt, frei; **2.** *f* offene Stelle *f*; **cubrir una ~** e-e Stelle besetzen
vacia|do [ba'θiaðo] *m* Entleerung *f*; (*en molde*) Abguß *m*; **~r** [ba'θiar] (1c) (aus)leeren; (aus)räumen
vacila|ción [baθila'θiɔn] *f* Schwanken *n*; Unentschlossenheit *f*; **~nte** [~'lante] schwankend; **~r** [~'lar] (1a) schwanken; zaudern

vacío [ba'θio] **1.** *adj* leer; *fig* nichtssagend; hohl; **2.** *m* Leere *f*; (*hueco*) Lücke *f*; *fís* Vakuum *n*; **dejar un ~** *fig* e-e Lücke reißen
vacuna [ba'kuna] *f* Impfstoff *m*; **~ción** [~'θiɔn] Impfung *f*; **~ preventiva** Schutzimpfung *f*; **~r** [~'nar] (1a) impfen
vacuno [ba'kuno] **1.** *adj* Rind(er)...; **2.** *m* Rind *n*
vacuo ['bakŭo] *fig* leer
vado ['baðo] *m* Furt *f*; **~ permanente** Halteverbot *n vor Ausfahrten*
vagabun|dear [bagabunde'ar] (1a) umherstreichen, vagabundieren; **~do** [~'bundo] **1.** *adj* vagabundierend; (*pe-*

vagancia 274

rro) streunend; **2.** *m* Landstreicher *m*, Vagabund *m*

vaga|ncia [baˈganθia] *f* Landstreicherleben *n*; **(pereza)** Faulheit *f*; **~r** [~ˈgar] (1h) umherstreifen; faulenzen

vagina *anat* [baˈxina] *f* Scheide *f*

vago [ˈbago] **1.** *adj* faul; *fig* unbestimmt, vage; **2.** *m* Faulpelz *m*

vagón [baˈgɔn] *m* (Eisenbahn-)Wagen *m*, Waggon *m*; **~ cisterna** Tankwagen *m*; **~ directo** Kurswagen *m*; **~ frigorífico** Kühlwagen *m*; **~ de mercancías** Güterwagen *m*; **~ restaurante** Speisewagen *m*

vagoneta [bagoˈneta] *f* Lore *f*

vaho [ˈbao] *m* Dampf *m*, Dunst *m*

vaina [ˈbaina] *f* (Degen-, Messer-)Scheide *f*; ⚘ Hülse *f*, Schote *f*

vainica [baiˈnika] *f* Hohlsaum *m*

vainilla [baiˈniʎa] *f* Vanille *f*

vaivén [baiˈben] *m* Hin und Her *n*; Auf und Ab *n*

vajilla [baˈxiʎa] *f* Geschirr *n*

vale [ˈbale] *m* Gutschein *m*; **~dero** [~ˈdero] gültig

valen|cia 🝎 [baˈlenθia] *f* Valenz *f*, Wertigkeit *f*; **~tía** [~ˈtia] *f* Mut *m*, Tapferkeit *f*

valer [baˈlɛr] (2q) **1.** *v/t* (costar) kosten; *fig* einbringen; **2.** *v/i* wert sein; *(ser válido)* gelten, gültig sein; *(ser útil)* nützen, taugen; **más vale ...** es ist besser ...; **¡vale!** In Ordnung!; **~se: ~ de a/c** sich e-r Sache bedienen; zurückgreifen auf *(ac)*

valeriana ⚘ [baleˈriana] *f* Baldrian *m*

valía [baˈlia] *f* Wert *m*

validez [baliˈdeθ] *f* Gültigkeit *f*

válido [ˈbalido] gültig

valiente [baˈliente] tapfer, mutig

valija [baˈlixa] *f* Handkoffer *m*; **~ diplomática** Diplomatengepäck *n*

valioso [baˈlioso] wertvoll

valla [ˈbaʎa] *f* Zaun *m*, *f*; *dep* Hürde *f*; **~ protectora** Leitplanke *f*; **~ publicitaria** Reklametafel *f*; **~do** [baˈʎado] *m* Zaun *m*; Einzäunung *f*; **~r** [baˈʎar] (1a) einzäunen

valle [ˈbaʎe] *m* Tal *n*

valor [baˈlɔr] *m* Wert *m*; (coraje) Mut *m*; **~ cívico** Zivilcourage *f*; **~es** *pl* 🕆 Wertpapiere *n/pl*, Effekten *pl*; **~ación** [baloraˈθiɔn] *f* Bewertung *f*; Schätzung *f*; **~ar** [~ˈrar] (1a) schätzen; bewerten

vals [bals] *m* Walzer *m*

válvula [ˈbalbula] *f* Ventil *n*; Klappe *f* (*a anat*)

vampiro [bamˈpiro] *m* Vampir *m*

vanagloriarse [banagloˈriarse] (1b) prahlen (mit *dat* **de**)

vandalismo [bandaˈlizmo] *m* Vandalismus *m*

vándalo [ˈbandalo] *m* Vandale *m* (*a fig*)

vanguardia [banˈɡwardia] *f* ⚔ Vorhut *f*; *fig* Avantgarde *f*

vani|dad [baniˈdad] *f* Eitelkeit *f*; **~doso** [~ˈdoso] eitel, eingebildet

vano [ˈbano] eitel; nichtig; (inútil) vergeblich, unnütz; **en ~** vergebens

vapor [baˈpor] *m* Dampf *m*; Dunst *m*; ⚓ Dampfer *m*; **al ~** *gastr* gedämpft, gedünstet; **~ización** [baporiθaˈθiɔn] *f* Verdunstung *f*; **~izador** [~ˈdor] *m* Zerstäuber *m*; **~izar** [~ˈθar] (1f) zerstäuben; **~izarse** verdunsten; **~oso** [~ˈroso] *fig* leicht, duftig

vapulear F [bapuleˈar] (1a) durchprügeln; F fertigmachen

vaquero [baˈkero] *m* Rinderhirt *m*; *Am* Cowboy *m*; **~s** *pl* Jeans *pl*

vara [ˈbara] *f* Stab *m*; Stange *f*

varia|ble [baˈriable] veränderlich; unbeständig; **~ción** [~ˈθiɔn] *f* Veränderung *f*, Wechsel *m*; ♩ Variation *f*; **~do** [~ˈriado] verschieden(artig); abwechslungsreich; **~nte** [~ˈriante] *f* Variante *f*, Abwandlung *f*; **~r** [~ˈriar] (1c) **1.** *v/t* (ab-, ver)ändern; variieren; **2.** *v/i* wechseln; sich ändern

varicela 🜲 [bariˈθela] *f* Windpocken *f/pl*

varices 🜲 [baˈriθes] *f/pl* Krampfadern *f/pl*

variedad [barieˈdad] *f* Vielfalt *f*; ⚘ Sorte *f*; **~es** *pl* Varieté *n*

varilla [baˈriʎa] *f* Gerte *f*; (dünne) Stange *f*; (Brillen-)Bügel *m*

vario [ˈbario] verschieden; **~s** *pl* mehrere; **~pinto** F [~ˈpinto] bunt

varita [baˈrita] *f* kleiner Stab *m*; **~ mágica** Zauberstab *m*

var|ón [baˈrɔn] *m* männliche(s) Wesen *n*, Mann *m*; **~onil** [baroˈnil] männlich

vasallo [baˈsaʎo] *m* Vasall *m*

vas|co [ˈbasko] **1.** *adj* baskisch; **2.** *m*, **-a** [~ka] *f* Baske *m*, Baskin *f*; **~cuence** [~ˈkuenθe] *m* baskische Sprache *f*

vascular *anat* [baskuˈlar] Gefäß...

vasija [ba'sixa] f Gefäß n
vaso ['baso] m Glas n; anat Gefäß n
vástago ['bastago] m ♣ Schößling m; fig Sprößling m; ⊙ ~ *del émbolo* Kolbenstange f
vasto ['basto] weit; ausgedehnt
vaticilnar [batiθi'nar] (1a) wahrsagen, prophezeien; **~nio** [~'θinio] m Prophezeiung f, Voraussage f
vatio ⚡ ['batio] m Watt n
vaya ['baja] s *ir*
vea ['bea] s *ver*
vecinlal [beθi'nal] nachbarlich; **~dad** [beθin'dað] f Nachbarschaft f; (*alrededores*) Umgebung f; **~dario** [~'ðario] m Einwohnerschaft f
vecino [be'θino] 1. *adj* benachbart; 2. m Nachbar m; (*habitante*) Einwohner m
veda ['beða] f Schonzeit f; **~do** [be'ðaðo] m Gehege n; **~r** [be'ðar] (1a) verbieten
vega ['bega] f Aue f; fruchtbare Ebene f
vegetalción [bexeta'θion] f Pflanzenwuchs m, Vegetation f; **~l** [~'tal] 1. *adj* pflanzlich, Pflanzen...; 2. m Pflanze f; **~r** [~'tar] (1a) fig vegetieren; **~riano** [~ta'riano] 1. *adj* vegetarisch; 2. m Vegetarier m
vehemenlcia [bee'menθia] f Heftigkeit f; Ungestüm n; **~te** [~'mente] heftig; ungestüm
vehículo [be'ikulo] m Fahrzeug n; fig Träger m; ~ *todo terreno* Geländefahrzeug n
veinte ['bɛinte] zwanzig
vejalción [bexa'θion] f Belästigung f; Schikane f; **~r** [be'xar] (1a) schikanieren; drangsalieren; **~torio** [~'torio] demütigend; schikanös
vejez [be'xeθ] f (hohes) Alter n
vejiga *anat* [be'xiga] f Blase f
vela ['bela] f Kerze f; ⚓ Segel n; *dep* Segeln n; *en* ~ schlaflos, wach(end)
velalda [be'laða] f Abendveranstaltung f; Abendgesellschaft f; **~dor** [~'ðor] m *rundes Tischchen* n; **~r** [be'lar] (1a) 1. *v/t* bewachen, wachen bei (*dat*); (*cubrir con un velo*) verschleiern (*a fig*); 2. *v/i* wachen (über *ac por*); **~torio** [~'torio] m Totenwache f
veleidlad [beleiðað] f Anwandlung f; Laune f; **~oso** [~'ðoso] wankelmütig; launisch
velero [be'lero] m Segelschiff n
veleta [be'leta] f Wetterfahne f

vellIo ['beʎo] m Flaum m; (Körper-)Haar n; **~udo** [be'ʎuðo] haarig; zottig
velo ['belo] m Schleier m
velolcidad [beloθi'ðað] f Geschwindigkeit f; *auto* Gang m; ~ *de crucero* ⚓, ✈ Reisegeschwindigkeit f; ~ *máxima* Höchstgeschwindigkeit f; **~címetro** [~'θimetro] m Geschwindigkeitsmesser m; **~cista** [~'θista] m *dep* Sprinter m
velódromo [be'loðromo] m Radrennbahn f
velomotor [belomo'tor] m Mofa n
veloz [be'loθ] schnell
vena ['bena] f Vene f; *a fig* Ader f
venado [be'naðo] m Hirsch m; Rotwild n
venal [be'nal] käuflich; fig bestechlich; **~idad** [~li'ðað] f Bestechlichkeit f
vencedero † [benθe'ðero] fällig
vencedor [benθe'ðor] 1. *adj* siegreich; 2. m Sieger m
vencler [ben'θer] (2b) 1. *v/t* besiegen; fig überwinden; 2. *v/i* siegen; † (*plazo, etc*) ablaufen; (*pago*) fällig sein; **~imiento** [~θi'miento] † m Verfall(stag) m; Fälligkeit f
venda ['benda] f Binde f; **~je** [ben'daxe] m Verband m; **~r** [~'dar] (1a) verbinden
vendaval [benda'bal] m Sturm m
vendeldor [bende'ðor] m Verkäufer m; **~r** [~'ðer] (2a) verkaufen
vendimia [ben'dimia] f Weinlese f; **~dor** [~dimia'ðor] m Weinleser m; **~r** [~'miar] (1b) Weinlese halten
veneno [be'neno] m Gift n (*a fig*); **~so** [~'noso] giftig
veneralble [bene'raβle] ehrwürdig; **~ción** [~'θion] f Verehrung f; **~r** [~'rar] (1a) verehren
venéreo ♂ [be'nereo]: *enfermedad f* -*a* Geschlechtskrankheit f
venezolano [beneθo'lano] 1. *adj* venezolanisch; 2. m Venezolaner m
venga ['benga] s *venir*
vengaldor [benga'ðor] m Rächer m; **~nza** [~'ganθa] f Rache f; **~r** [~'gar] (1h) rächen; **~rse** sich rächen (an *dat de*; für *ac por*); **~tivo** [~'tiβo] rachsüchtig
vengo ['bengo] s *venir*
venia ['benia] f Erlaubnis f; **~l** [be'nial] verzeihlich; (*pecado*) läßlich
venilda [be'niða] f Ankunft f; **~dero** [~'ðero] kommend, (zu)künftig

venir [be'nir] (3s) kommen; *fig* herrühren, (ab)stammen (von *de*); ~ **bien** (*mal*) gut (schlecht) passen; ~ *a menos fig* herunterkommen; *el año que viene* nächstes Jahr; *viene a ser lo mismo* das läuft auf dasselbe hinaus; ~ *por* (F *a por*) (ab)holen; *¡venga!* los!; *¿a qué viene eso?* was soll das?; ~*se*: ~ *abajo* einstürzen; *fig* fehlschlagen

venoso [be'noso] venös, Venen...

venta ['benta] f Verkauf m, Absatz m; ~ *anticipada* Vorverkauf m; ~ *por correspondencia* Versandhandel m; *en* ~ zu verkaufen; ~*ja* [~'taxa] f Vorteil m; ~ *fiscal* Steuervergünstigung f; *llevar* ~ *a alg* e-n Vorsprung vor j-m haben; ~*joso* [~'xoso] vorteilhaft

venta|na [ben'tana] f Fenster n; ~*nilla* [~'niʎa] f Schalter m; ✓, *auto* Fenster n

ventila|ción [bentila'θjon] f Lüftung f; ~*dor* [~'dor] m Ventilator m; ~*r* [~'lar] (1a) lüften; *a fig* ventilieren

ventisca [ben'tiska] f Schneesturm m

vento|sa [ben'tosa] f Saugnapf m (*a zo*); ~*sidad* [~si'ðað] f Blähung f; ~*so* [~'toso] windig

ventral *anat* [ben'tral] Bauch...

ventrílocuo [ben'trilokwo] m Bauchredner m

ventu|ra [ben'tura] f Glück n; ~*roso* [~'roso] glücklich

ver [bɛr] (2v) *v/t* sehen; *hacer* ~ zeigen; *ir* (*od venir*) *a* ~ besuchen; *no poder* ~ *a alg* j-n nicht riechen können; (*no*) *tener* (*nada*) *que* ~ *con* ~ (nichts) zu tun haben mit; *volver a* ~ wiedersehen; *vamos a* ~ (wir wollen) mal sehen; *¡a* ~*!* mal sehen!; zeig mal!

vera ['bera] f Rand m; Ufer n

veracidad [beraθi'ðað] f Wahrhaftigkeit f

vera|neante [berane'ante] m Sommerfrischler m; ~*near* [~'ar] (1a) den Sommer(urlaub) verbringen; ~*neo* [~'neo] m Sommerfrische f; ~*niego* [~'njeɣo] sommerlich, Sommer...; ~*nillo* [~'niʎo] m Nachsommer m; ~ *de San Martín* Altweibersommer m; ~*no* [be'rano] m Sommer m

veras ['beras] f/pl: *de* ~ im Ernst; wirklich

veraz [be'raθ] wahrheitsliebend; wahrhaft

verbal [bɛr'bal] mündlich; *gram* verbal, Verb...

verbena [bɛr'bena] f Volksfest n; ♣ Eisenkraut n

verbo ['bɛrbo] m Verb n; ~*rrea* [~'rrea] f Geschwätzigkeit f; ~*sidad* [~si'ðað] f Wortschwall m

verdad [bɛr'ðað] f Wahrheit f; *a decir* ~ eigentlich; offen gesagt; *de* ~ im Ernst; wirklich; *¿~?* nicht wahr?; *es* ~ das stimmt; ~*ero* [~ða'ðero] wahr; wahrhaftig; wirklich

verde [bɛrðe] **1.** *adj* grün; (*fruta*) unreif; (*chiste*) unanständig; F *viejo m* ~ alter Lustgreis m; **2.** m Grün n; *los* ~*s pol* die Grünen; ~*ar* [~ðe'ar] (1a) grünen; ~*rón* [~'ron] m Grünfink m

verdo|r [bɛr'ðor] m (frisches) Grün n; ~*so* [~'ðoso] grünlich

verdugo [bɛr'ðuɣo] m Henker m

verdu|lero m [bɛrðu'lero] Gemüsehändler m; ~*ra* [~'ðura] f Gemüse n

vereda [be'reða] f Fußweg m; *Am* Gehsteig, Bürgersteig m

veredicto [bere'ðikto], m tt Spruch m der Geschworenen; *fig* Urteil n

vergel [bɛr'xɛl] m Ziergarten m

vergonzoso [bɛrɣon'θoso] schändlich, beschämend; (*tímido*) schamhaft; schüchtern

vergüenza [bɛr'ɣwenθa] f Scham f; (*infamia*) Schande f; *me da* ~ ich schäme mich; *tener* ~ sich schämen

verídico [be'riðiko] wahr; wahrheitsgetreu

verifica|ción [berifika'θjon] f (Über-, Nach-)Prüfung f, Kontrolle f; ~*r* [~'kar] (1g) nach-, überprüfen; ~*rse* sich bewahrheiten; (*tener lugar*) stattfinden

verja ['bɛrxa] f Gitter n

vermut [bɛr'mut] m Wermut m

vernáculo [bɛr'nakulo]: *lengua f* ~*a* Landessprache f

verosímil [bero'simil] wahrscheinlich; glaubhaft

verraco [be'rrako] m Eber m

verruga [be'rruɣa] f Warze f

versado [bɛr'saðo] bewandert, beschlagen (*in en*)

versar [bɛr'sar] (1a) handeln (von *dat sobre*)

vers|átil [bɛr'satil] vielseitig; (*voluble*) wankelmütig; ~*atilidad* [~satili'ðað] f Vielseitigkeit f; Wankelmut m

versículo [bɛr'sikulo] m Bibelvers m

versión [ber'sion] f Version f, Fassung f
verso ['berso] m Vers m
vértebra anat ['bertebra] f Wirbel m
vertebral [berte'bral] Wirbel...
vertedero [berte'dero] m: ~ (de basura) Müllabladeplatz m, Mülldeponie f
verter [ber'ter] (2g) (ein-, aus-, ver)gießen; (ver)schütten; auskippen
vertical [berti'kal] senkrecht
vertiente [ber'tiente] f Abhang m; Gefälle n
vertiginoso [bertixi'noso] schwindelerregend (a fig); fig atemberaubend
vértigo ['bertigo] m Schwindel m
vesícula [be'sikula] f Bläschen n; ~ biliar Gallenblase f
vespertino [besper'tino] Abend...; (periódico m) ~ Abendzeitung f
vestíbulo [bes'tibulo] m Vorhalle f; Diele f; teat Foyer m
vesti|do [bes'tiðo] m Kleid n; Am Anzug m; **~dura** [~'ðura] f Kleidung f; **rasgarse las ~s** fig sich entrüsten
vestigio [bes'tixio] m Spur f
vesti|menta [besti'menta] f Kleidung f; **~r** [~'tir] (3l) **1.** v/t anziehen, (be)kleiden; (llevar) anhaben, tragen; **2.** v/i sich kleiden; **~rse** sich ankleiden, -ziehen
vestuario [bes'tuario] m Kleidung f, Garderobe f; dep Umkleideraum m
veta ['beta] f Maserung f; ⚒ Gang m, Ader f
vetar pol [be'tar] (1a) sein Veto einlegen gegen
veterano [bete'rano] **1.** adj altgedient; **2.** m Veteran m
veterina|ria [beteri'naria] f Tierheilkunde f; **~rio** [~'nario] m Tierarzt m
veto ['beto] m Einspruch m, Veto n
vetusto [be'tusto] uralt
vez [beθ] f Mal n; (turno) Reihe(nfolge) f; **a la ~** gleichzeitig; **a su ~** seinerseits; **cada ~ que** jedesmal wenn; **de una ~** auf einmal; **de ~ en cuando** ab und zu; **en ~ de** statt, anstelle von; **érase una ~** es war einmal; **otra ~** ein andermal; nochmal; **rara ~** selten; **tal ~** vielleicht; **a veces** zuweilen, manchmal; **muchas veces** oft; **tantas veces** so oft; **varias veces** mehrmals
vía ['bia] **1.** f Weg m (a anat u fig); Bahn f; Straße f; Gleis n; **~ de agua** ⚓ Leck n; **~ estrecha** 🚂 Schmalspur f; **~ lenta** auto Kriechspur f; **por ~ de** mittels,

vidrioso

durch; **por ~ aérea** mit Luftpost; auf dem Luftweg; **2.** prp über, via
viable ['biable] lebensfähig; fig durchführbar
viaducto [bia'ðukto] m Viadukt m
via|jante [bia'xante] m (Geschäfts-)Reisende(r) m; **~jar** [~'xar] (1a) reisen; fahren; **~ por autostop** trampen; **~je** [bi'axe] m Reise f; Fahrt f; **~ colectivo** Gesellschaftsreise f, Gruppenreise f; **estar de ~** verreist sein; **irse** (od **salir**) **de ~** verreisen; **~jero** [bia'xero] m Reisende(r) m; Fahrgast m
vial [bi'al] Straßen...
viandante [bian'dante] m Wanderer m; Fußgänger m
viario [bi'ario] Straßen...
víbora ['bibora] f Viper f; Kreuzotter f; Am Schlange f
vibra|ción [bibra'θion] f Schwingung f, Vibration f; **~dor** [~'ðor] m Vibrator m; **~r** [bi'brar] (1a) schwingen, vibrieren
vicario [bi'kario] m Vikar m
vice... [biθe...] Vize...
viceversa [biθe'bersa] umgekehrt
vici|ado [bi'θiaðo] verdorben; (aire) schlecht; **~ar** [bi'θiar] (1b) verderben
vicio [bi'θio] m Laster n; Fehler m; schlechte Angewohnheit f; **~so** [bi'θioso] fehlerhaft; lasterhaft
vicisitud [biθisi'tuð] f Wechselfall m
víctima ['biktima] f Opfer n
victori|a [bik'toria] f Sieg m; **~oso** [~'rioso] siegreich
vid [bið] f Weinstock m, Rebe f
vida ['biða] f Leben n; **de por ~** auf Lebenszeit; **en ~** bei Lebzeiten; **en mi ~** noch nie (in m-m Leben); **ganarse la ~** s-n Lebensunterhalt verdienen; **salir con ~** mit dem Leben davonkommen
vidente [bi'ðente] su (Hell-)Seher(in f) m
vídeo ['biðeo] m Video n, Videorecorder m
video|cámara [biðeo'kamara] f Videokamera f; **~cassette** [~ka'set] f Videokassette f; **~film**(e) [~'film(e)] m Videofilm m; **~teca** [~'teka] f Videothek f; **~teléfono** [~te'lefono] m Bildtelefon n; **~tex** [~'teks] m Bildschirmtext m
vidri|era [bi'ðriera] f Glasfenster n; Am Schaufenster n; **~ería** [biðrie'ria] f Glaserei f; **~ero** [bi'ðrero] m Glaser m; **~o** ['biðrio] m Glas n; Glas-, Fensterscheibe f; **~oso** [bi'ðrioso] glasig

viejo ['bĩexo] **1.** *adj* alt; abgenutzt; **2.** *m*, **-a** *f* ['bĩexa] Alte(r) *m*, Alte *f*

vienés [bĩe'nes] **1.** *adj* wienerisch; **2.** *m* Wiener *m*

viento ['bĩento] *m* Wind *m*; **hace ~** es ist windig

vientre ['bĩentre] *m* Bauch *m*; Leib *m*; **bajo ~** Unterleib *m*

viernes ['bĩernes] *m* Freitag *m*; ♀ **Santo** Karfreitag *m*

viga ['biga] *f* Balken *m*; Träger *m*

vigencia [bi'xenθia] *f* Gültigkeit *f*; **~te** [~te] gültig

vigésimo [bi'xesimo] zwanzigste(r, -s)

vigilancia [bixi'lanθia] *f* Wachsamkeit *f*; Be-, Überwachung *f*; **~nte** [~'lante] **1.** *adj* wachsam; **2.** *m* Wächter *m*; Aufseher *m*; **~ nocturno** Nachtwächter *m*; **~r** [~'lar] (1a) (be)wachen; überwachen

vigilia [bi'xilia] *f* Nachtwache *f*; *rel* Abstinenz *f*

vigor [bi'gor] *m* Kraft *f*; ⚖ Gültigkeit *f*; **entrar en ~** in Kraft treten; **~oso** [~'roso] kräftig, stark

vil [bil] niederträchtig, gemein; **~eza** [bi'leθa] *f* Gemeinheit *f*

villa ['biʎa] *f* Kleinstadt *f*; *reg* Villa *f*

villancico [biʎan'θiko] *m* span Weihnachtslied *n*

vilo ['bilo]: **en ~** in der Schwebe (*a fig*); *fig* **estar en ~** in Ungewißheit schweben; **tener a alg en ~** j-n auf die Folter spannen

vinagre [bi'nagre] *m* Essig *m*; **~ras** [~'greras] *f/pl* Essig- und Ölgestell *n*

vinatería [binate'ria] *f* Weinhandlung *f*; **~ro** ['tero] *m* Weinhändler *m*

vinculación [biŋkula'θĩon] *f* Verknüpfung *f*; Bindung *f*; **~lar** [~'lar] (1a) (ver)binden; (ver)knüpfen

vínculo ['biŋkulo] *m* Bindung *f*, Band *n*

vinícola [bi'nikola] Weinbau...

vine ['bine], **vino** ['bino] *s* **venir**

vino ['bino] *m* Wein *m*; **~ blanco** Weißwein *m*; **~ espumoso** Schaumwein *m*; **~ de postre** Dessertwein *m*; **~ tinto** Rotwein *m*

viña ['bĩɲa] *f*, **~edo** [bi'ɲedo] *m* Weinberg *m*

vio ['bĩo] *s* **ver**

viola [bi'ola] *f* Bratsche *f*, Viola *f*

violáceo [bĩo'laθeo] violett

violación [bĩola'θĩon] *f* Vergewaltigung *f*; ⚖ Verletzung *f*; **~r** [~'lar] (1a) vergewaltigen; (*ley, etc*) verletzen

violencia [bĩo'lenθia] *f* Gewalt *f*; Heftigkeit *f*; **~to** [~'lento] heftig; gewaltsam; (*embarazoso*) peinlich, unangenehm; **estar ~** sich gehemmt fühlen

violeta ♣ [bĩo'leta] *f* Veilchen *n*

violín [bĩo'lin] *m* Geige *f*; **~linista** [~ʎi'nista] *su* Geiger(in *f*) *m*

violoncelista [bĩolonθe'lista] *su* Cellist(in *f*) *m*; **~celo** [~'θelo], **~chelo** [~'tʃelo] *m* Cello *n*

viraje [bi'raxe] *m* Kurve *f*, Wendung *f*; **~r** [~'rar] (1a) drehen, wenden

virgen ['birxen] **1.** *adj* jungfräulich, unberührt; **2.** *f* Jungfrau *f*; **~ginidad** [~xini'ðað] *f* Jungfräulichkeit *f*

Virgo *astr* ['birgo] *m* Jungfrau *f*

viril [bi'ril] männlich; mannhaft; **~idad** [biri'ðað] *f* Männlichkeit *f*

virrey [bir'rei̯] *m* Vizekönig *m*

virtual [bir'tu̯al] virtuell; möglich

virtud [bir'tuð] *f* Tugend *f*; (*facultad*) Fähigkeit *f*; **en ~ de** auf Grund (*gen*)

virtuosismo [birtu̯o'sismo] *m* Virtuosität *f*; **~so** [~'tu̯oso] **1.** *adj* tugendhaft; ♪ virtuos; **2.** *m* Virtuose *m*

viruela ♣ [bi'ru̯ela] *f* Pocken *f/pl*

virulencia [biru'lenθia] *f* ⚕ Virulenz *f*; *fig* Boshaftigkeit *f*; **~to** [~'lento] ⚕ virulent, bösartig; *fig* boshaft

virus ⚕ ['birus] *m* Virus *m*, *n*

viruta [bi'ruta] *f* Span *m*

visa *Am* ['bisa] *f*, **~do** [bi'saðo] *m* Visum *n*

víscera ['bisθera] *f* Eingeweide *n*

visceral [bisθe'ral] Eingeweide...; *fig* tief(sitzend)

viscoso [bis'koso] klebrig; zäh(flüssig)

visera [bi'sera] *f* Mützenschirm *m*; *hist* Visier *n*

visibilidad [bisibili'ðað] *f* Sicht *f*; **~le** [bi'sible] sichtbar

visigodo [bisi'goðo] *m* Westgote *m*

visillo [bi'siʎo] *m* Scheibengardine *f*

visión [bi'sĩon] *f* Sehen *n*; Sehvermögen *n*; (*aparición*) Vision *f*; Erscheinung *f*; *fig* Ansicht *f*

visita [bi'sita] *f* Besuch *m*; Besichtigung *f*; ⚡ Visite *f*; **~ de cumplido** Anstandsbesuch *m*; **~nte** [~'tante] *su* Besucher(in *f*) *m*; **~r** [~'tar] (1a) besuchen; besichtigen; ⚡ untersuchen

vislumbrar [bizlum'brar] (1a) *undeutlich* sehen; *fig* ahnen

visón [bi'sɔn] *m* Nerz *m*
visor *fot* [bi'sɔr] *m* Sucher *m*
víspera ['bispera] *f* Vorabend *m*; *en ~s de* am Vorabend von; kurz vor
vista ['bista] *f* Gesichtssinn *m*; Sehvermögen *n*; (*mirada*) Blick *m*, Anblick *m*; Ansicht *f*; Aussicht *f*; ⚖ (Gerichts-)Verhandlung *f*; *a primera ~* auf den ersten Blick; *con ~s a* im Hinblick auf; *de ~* vom Sehen; *en ~ de* in Anbetracht (*gen*); *estar a la ~* auf der Hand liegen; *hasta la ~* auf Wiedersehen; *hacer la ~ gorda fig* ein Auge zudrücken; *~zo* [bis'taθo] *m*: *echar un ~ a* e-n (flüchtigen) Blick werfen auf (*ac*)
visto ['bisto] **1.** *adj* gesehen; *está ~ que* es ist offensichtlich, daß; *~ que* in Anbetracht, daß; *bien* (*mal*) *~* (un)beliebt; *por lo ~* offenbar; **2.** *m*: *~ bueno* Sicht-, Genehmigungsvermerk *m*; *dar el ~ bueno* genehmigen, gutheißen; *~so* [bis'toso] auffällig; prächtig
visual [bi'sŭal] Seh...; visuell
vital [bi'tal] Lebens...; *fig* lebenswichtig; (*persona*) vital; *~icio* [~'liθio] lebenslänglich; *~idad* [~li'ðað] *f* Lebensfähigkeit *f*; *fig* Vitalität *f*
vitamina [bita'mina] *f* Vitamin *n*
vitícola [bi'tikola] Weinbau...
viticul|tor [bitikul'tɔr] *m* Winzer *m*; *~tura* [~'tura] *f* Weinbau *m*
vítores ['bitores] *m/pl* Hochrufe *m/pl*
vítreo ['bitreo] gläsern, Glas...
vitrina [bi'trina] *f* Glasschrank *m*; Vitrine *f*; *Am* Schaufenster *n*
vitrocerámica [bitroθe'ramika] *f* Glaskeramik *f*
viu|da ['bĭuða] *f* Witwe *f*; *~dez* [bĭu'ðeθ] *f* Witwen-, Witwerstand *m*; *~do* ['bĭuðo] **1.** *adj* verwitwet; **2.** *m* Witwer *m*; *quedarse ~* verwitwen
viva ['biba] **1.** *¡~!* hurra!, hoch!; es lebe ...! **2.** *m* Hoch *n*, Hochruf *m*
vivacidad [bibaθi'ðað] *f* Lebhaftigkeit *f*
vivaracho [biba'ratʃo] sehr lebhaft, lebenslustig
vivaz [bi'baθ] lebhaft; ♣ ausdauernd
vivencia [bi'benθia] *f* Erlebnis *n*
víveres ['biberes] *m/pl* Lebensmittel *pl*, Proviant *m*
vivero [bi'bero] *m* Baumschule *f*; (*de peces*) Fischteich *m*
viveza [bi'beθa] *f* Lebhaftigkeit *f*
vivienda [bi'bĭenda] *f* Wohnung *f*

viviente [bi'bĭente] lebend, lebendig
vivir [bi'bir] (3a) **1.** *v/t* erleben; verleben; **2.** *v/i* leben; wohnen; *~ al día* in den Tag hinein leben
vivo ['bibo] lebendig, lebhaft; (*listo*) schlau, clever
vizcaíno [biθka'ino] biskayisch
voca|blo [bo'kaβlo] *m* Wort *n*; Vokabel *f*; *~bulario* [~βu'larĭo] *m* Vokabular *n*, Wortschatz *m*
vocación [boka'θĭon] *f* Berufung *f*
vocal [bo'kal] **1.** *adj* Stimm..., Vokal...; **2. a)** *m* Beisitzer *m*; **b)** *f* Vokal *m*
voce|ar [boθe'ar] (1a) **1.** *v/t* (*mercancía*) ausrufen; F ausposaunen; *~ío* [~'io] *m* Geschrei *n*; *~ro* *bsd Am* [~'θero] *m* Sprecher *m*
vociferar [boθife'rar] (1a) schreien, zetern
voladura [bola'ðura] *f* Sprengung *f*
volante [bo'lante] **1.** *adj* fliegend; **2.** *m* *auto* Lenkrad *n*; (*del vestido*) Volant *m*
volar [bo'lar] **1.** *v/i* fliegen; *fig* eilen; verfliegen; **2.** *v/t* (in die Luft) sprengen
volatería [bolate'ria] *f* Geflügel *n*
volátil [bo'latil] 🦋 flüchtig; *fig* flatterhaft
volatilizar(se) [bolatiliˈθar(se)] (1f) (sich) verflüchtigen (*a fig*)
volcán [bɔl'kan] *m* Vulkan *m*; *~ico* [~'kaniko] vulkanisch
volcar [bɔl'kar] (1g *u* 1m) **1.** *v/t* umwerfen; **2.** *v/i* umkippen; *~se fig* sein Bestes tun
voleibol [bɔlɛi'bɔl] *m* Volleyball *m*
volquete [bɔl'kete] *m* Kippwagen *m*
voltaje ⚡ [bɔl'taxe] *m* Spannung *f*
volte|ar [bɔlte'ar] (1a) herumdrehen; umkehren; *Am* umwerfen; *~reta* [~'reta] *f* Purzelbaum *m*; Luftsprung *m*
voltio ⚡ ['bɔltĭo] *m* Volt *n*
volub|ilidad [boluβili'ðað] *f* Unbeständigkeit *f*; *~le* [~'luβle] unbeständig
volum|en [bo'lumen] *m* Umfang *m*; Volumen *n*; *tip* Band *m*; ↑ Lautstärke *f*; *~ de ventas* ✝ Umsatz *m*; *~inoso* [~mi'noso] umfangreich
volunta|d [bolun'tað] *f* Wille *m*; *a ~* nach Belieben; *última ~* letzte(r) Wille *m*; *~rio* [~'tarĭo] **1.** *adj* freiwillig; **2.** *m* Freiwillige(r) *m*; *~rioso* [~'rĭoso] zielstrebig; (*obstinado*) eigenwillig
voluptuo|sidad [boluptŭosi'ðað] *f* Wollust *f*; *~so* [~'tŭoso] wollüstig, sinnlich

volver

volver [bɔl'bɛr] (2h; *part* **vuelto**) **1.** v/t drehen, (um)wenden, umkehren; ~ *loco* verrückt machen; **2.** v/i umkehren; zurückkommen, -kehren, -fahren, -gehen; ~ *a hacer a/c* et wieder tun; ~ *en sí* wieder zu sich kommen; ~ *sobre a/c* auf et zurückkommen; **~se** sich umdrehen; *con adj*: werden, *p ej* ~ *pálido* blaß werden

vomitar [bomi'tar] (1a) (er)brechen, sich übergeben; *fig* ausspeien

vómito ['bomito] *m* (Er-)Brechen *n*

vora|cidad [boraθi'dað] *f* Gefräßigkeit *f*; **~z** [bo'raθ] gefräßig; *fig* gierig

vos [bos] *Am du*; **~otros** [bo'sotros] ihr; *dat, ac* euch

vota|ción [bota'θiɔn] *f* Abstimmung *f*; **~nte** [~'tante] *m* Stimmberechtigte(r) *m*; **~r** [bo'tar] (1a) (ab)stimmen; wählen

voto ['boto] *m* Gelübde *n*; *pol* Stimme *f*; ~ *de censura* Mißtrauensvotum *n*

voy [bɔi] *s ir*

voz [boθ] *f* Stimme *f*; (*palabra*) Wort *n*; ✕ ~ *de mando* Kommando *n*; *a* ~ *en cuello* (*od en grito*) aus vollem Halse; *a media* ~ halblaut; *en alta* (*baja*) *voz* laut (leise); *corre la* ~ es geht das Gerücht; *llevar la* ~ *cantante fig* den Ton angeben; *dar voces* laut rufen, schreien

vuelco ['bŭelko] **1.** *s volcar*; **2.** *m*: *dar un* ~ umstürzen

vuelo ['bŭelo] *m* Flug *m*; (*de la falda*) Weite *f*; ~ *acrobático* Kunstflug *m*; ~ *internacional* Ausland(s)flug *m*; ~ *nacional* Inland(s)flug *m*; ~ *nocturno* Nachtflug *m*; ~ *regular* Linienflug *m*; ~ *sin escala* Nonstopflug *m*; ~ *sin motor* Segelflug *m*; ~ *en picado* Sturzflug *m*

vuelta ['bŭelta] *f* (Um-)Drehung *f*; (*regreso*) Rückkehr *f*; Rückfahrt *f*; (*dinero*) Wechselgeld *n*; *dep* Tour *f*; Runde *f*; ~ *al mundo* Weltreise *f a la* ~ *de la esquina* gleich um die Ecke; *a* ~ *de correo* postwendend; *dar la* ~ umwenden, umkehren; *dar media* ~ kehrtmachen; *dar una* ~ e-n kleinen Spaziergang machen; *estar de* ~ zurück sein

vuelto ['bŭelto] **1.** *s volver*; **2.** *m Am* Wechselgeld *n*

vuelvo ['bŭelbo] *s volver*

vuestro, -a ['bŭestro, ~tra] euer

vulcanizar [bulkani'θar] (1f) vulkanisieren

vulgar [bul'gar] vulgär, gewöhnlich; **~idad** [~gari'ðað] Vulgarität *f*, Gewöhnlichkeit *f*; **~izar** [~'θar] (1f) allgemein verbreiten; **~mente** [~gar'mente] gemeinhin

vulgo ['bulgo] *m* gemeines Volk *n*, Pöbel *m*

vulne|rable [bulne'rable] verwundbar, verletzlich; **~rar** [~'rar] (1a) verletzen (*a fig*)

W

W, w [doble'ube] *f* W, w *n*
water ['bater] *m* Klo(sett) *n*, WC *n*
waterpolo [bater'polo] *m* Wasserball *m*

western ['bestern] *m* Wildwestfilm *m*
whisky ['gŭiski] *m* Whisky *m*
wolframio [bɔl'framio] *m* Wolfram *n*

X

X, x ['ekis] f X, x n ; **rayos** m/pl ~ Röntgenstrahlen m/pl
xen|ofobia [kseno'fobia] f Fremdenfeindlichkeit f; **~ófobo** [kse'nofobo] fremdenfeindlich
xilófono ♪ [ksi'lofono] m Xylophon n
xilografía [ksilogra'fia] f Holzschneidekunst f

Y

Y, y [i'griega] f Y, y n
y [i] und
ya [ja] schon; *(ahora)* jetzt; gleich; **~ lo creo** das will ich meinen!; **~ no** nicht mehr; **~ que** da (ja); **¡~!** ach so!; **~ ... ~ ...** bald ... bald ...
yacer [ja'θɛr] (2y) liegen; *(muerto)* begraben sein; *aquí yace* hier ruht
yacimiento ⚒ [jaθi'miento] m Fundort m, Lager n; Vorkommen n
yanqui ['janki] m Yankee m
yapa *Am* ['japa] f Zugabe f
yate ['jate] m Jacht f
yegua ['jeɣua] f Stute f
yema ['jema] f Eigelb n, Dotter m, n; ♀ Knospe f; **~ del dedo** Fingerkuppe f
yermo ['jermo] **1.** *adj* öde, wüst; **2.** m Ödland n
yerno ['jɛrno] m Schwiegersohn m
yerro ['jɛrrɔ] **1.** s **errar**; **2.** m Irrtum m

yesca ['jeska] f Zunder m
yesero [je'sero] m Stukkateur m
yeso ['jeso] m Gips m
yo [jo] ich
yodo ['jodo] m Jod n
yoga ['joga] m Joga n, Yoga n
yogur(t) [jo'gur] m Joghurt m
yuca ♀ ['juka] f Yucca f
yugo ['jugo] m Joch n *(a fig)*
yugoslavo [jugos'laβo] **1.** *adj* jugoslawisch; **2.** m, **-a** [~βa] f Jugoslawe m, -slawin f
yunque ['junke] m Amboß m *(a anat)*
yunta ['junta] f Gespann n
yuppie *od* **yuppy** ['jupi] m Yuppie m
yute ['jute] m Jute f
yuxta|poner [justapo'nɛr] (2r) nebenea-stellen; **~posición** [~posi'θion] f Nebenea-stellung f
yuyo *Am* ['jujo] m Unkraut n

Z

Z, z ['θeta] f Z, z n
zafarse [θa'farse] (1a) sich drücken (vor *de*)
zafarrancho ⚓ [θafa'rrantʃo] m Klarmachen n, Klarschiff n; *fig* Streit m, F Krach m; *¡~ de combate!* klar zum Gefecht!
zafio ['θafio] grob; derb

zafiro [θa'firo] m Saphir m
zafra ['θafra] f Zucker(rohr)ernte f
zaga ['θaga] f: *a la ~* hintenan; *ir a la ~* zurückbleiben; *no quedarse a la ~ a alg* j-m nicht nachstehen
zagal [θa'gal] m Hirtenjunge m; Bursche m; **~a** [θa'gala] f Hirtenmädchen n; junges Mädchen n

zaguán

zaguán [θa'g̈uan] *m* Diele *f*, Flur *m*
zaherir [θae'rir] (3i) F herunterputzen, abkanzeln
zahorí [θao'ri] *m* (Wünschel-)Rutengänger *m*
zalame|ría [θalame'ria] *f* Schmeichelei *f*; **~ro** [~'mero] **1.** *adj* schmeichlerisch; **2.** *m* Schmeichler *m*
zambo ['θambo] krumm-, X-beinig
zambomba ♪ [θam'bomba] *f* Reibtrommel *f*
zambra ['θambra] *f* Volksfest *n* der Zigeuner; *fig* Trubel *m*; F Rummel *m*
zambulli|da [θambu'ʎiða] *f* Untertauchen *n*; Kopfsprung *m*; **~rse** [~'ʎirse] (3h) (unter)tauchen; ins Wasser springen
zampar(se) [θam'par(se)] (1a) (hinunter)schlingen, F verdrücken
zanahoria [θana'ɔria] *f* Mohrrübe *f*
zanca|da [θaŋ'kaða] *f* langer Schritt *m*; **~dilla** [~ka'ðiʎa] *f* Beinstellen *n*; **echar la ~ a alg** j-m ein Bein stellen (*a fig*)
zanco [θaŋko] *m* Stelze *f*
zancudo [θaŋ'kuðo] **1.** *adj* stelzbeinig; **2.** *m Am* Stechmücke *f*
zanganear [θaŋgane'ar] (1a) herumlungern
zángano ['θaŋgano] *m zo* Drohne *f*; *fig* Faulenzer *m*
zanja ['θaŋxa] *f* Graben *m*; **~r** [~'xar] (1a) (*fosa*) ausheben; *fig* beseitigen; beilegen
zapa|dor ⚔ [θapa'ðor] *m* Pionier *m*; **~llo** [θa'paʎo] *m Am* Kürbis *m*; **~pico** [~'piko] *m* Picke *f*
zapa|ta ⊙ [θa'pata] *f* Hemmschuh *m*; Bremsklotz *m*; **~teado** [~te'aðo] *m* andalusischer Tanz *m*; **~tería** [~'ria] *f* Schuhmacherwerkstatt *f*; (*tienda*) Schuhgeschäft *n*; **~tero** [~'tero] *m* Schuhmacher *m*; **~tilla** [~'tiʎa] *f* Pantoffel *m*, Hausschuh *m*; *dep* Turnschuh *m*; **~to** [θa'pato] *m* Schuh *m*
zar [θar] *m* Zar *m*
zarabanda [θara'banda] *f* ♪ Sarabande *f*
zarandear [θarande'ar] (1a) sieben; *fig* schütteln
zarcillo [θar'θiʎo] *m* ♀ Ranke *f*
zarina [θa'rina] *f* Zarin *f*
zarpa ['θarpa] *f* Tatze *f*, Pranke *f*
zar|par ⚓ [θar'par] (1a) die Anker lichten; auslaufen; **~pazo** [~'paθo] *m* Prankenhieb *m*
zarza ['θarθa] *f* Brombeerstrauch *m*; **~mora** ♀ [~θa'mora] *f* Brombeere *f*
zarzuela [θar'θuela] *f* spanisches Singspiel *n*
zigzag [θig'θag] *m* Zickzack *m*; **~uear** [~θage'ar] (1a) im Zickzack gehen (*od* fahren)
zinc [θiŋk] *m* Zink *n*
zócalo ['θokalo] *m* Sockel *m*; Fußleiste *f*
zodíaco *astr* [θo'ðiako] *m* Tierkreis *m*
zona ['θona] *f* Zone *f*; **~ ajardinada** (*od verde*) Grünzone *f*; **~ azul** Kurzparkzone *f*; **~ peatonal** Fußgängerzone *f*; **~ de librecambio** Freihandelszone *f*; **~ de recreo** Erholungsgebiet *n*; **~ residencial** Wohngebiet *n*
zonzo *bsd Am* ['θonθo] geschmacklos; reizlos; dumm
zoo [θoo] *m* Zoo *m*; **~logía** [~ɔ'xia] *f* Zoologie *f*; **~lógico** [~'lɔxiko] zoologisch; *parque* **~** Zoo *m*, Tierpark *m*
zoólogo [θo'ologo] *m* Zoologe *m*
zopenco [θo'peŋko] *m* Trottel *m*
zoquete [θo'kete] *m* Holzklötzchen *n*; *fig* Dummkopf *m*
zorr|a [θorra] *f* Füchsin *f*; P Dirne *f*; **~o** ['θorro] **1.** *adj* listig, gerissen; **2.** *m* Fuchs *m*; *fig* schlauer Fuchs *m*
zorzal *zo* [θor'θal] *m* Drossel *f*
zozobra [θo'ðobra] *f* ⚓ Kentern *n*; *fig* Aufregung *f*; Angst *f*; **~r** [~'brar] (1a) ⚓ kentern; *fig* scheitern
zueco ['θueko] *m* Holzschuh *m*
zulo ['θulo] *m* Waffenversteck *n*
zum|bar [θum'bar] (1a) **1.** *v/i* summen; (*motor*) brummen; **me zumban los oídos** es saust mir in den Ohren; **2.** *v/t* verprügeln; **~bido** [θum'biðo] *m* Summen *n*; 🩺 Ohrensausen *n*
zumo ['θumo] *m* (Frucht-)Saft *m*
zurci|do [θur'θiðo] *m* Stopfen *n*; Flicken *n*; **~r** [~'θir] (3b) flicken; stopfen
zurdo ['θurðo] **1.** *adj* linkshändig; **2.** Linkshänder *m*
zurra ['θurra] *f* Tracht *f* Prügel; **~r** [θu'rrar] (1a) *fig* verprügeln
zurrón [θu'rron] *m* Hirtentasche *f*
zutano [θu'tano] *m* ein gewisser Herr X; *fulano y* **~** Herr X und Herr Y

Wörterverzeichnis Deutsch-Spanisch

A

A, a [a:] *n* (-; -) A, a *f*; *von A bis Z* de pe a pa, de cabo a rabo

Aal [a:l] *m* (-[e]s; -e) anguila *f*

Aas [a:s] *n* (-es; -e *u. pl*) carroña *f*; F *fig* (*pl* Äser) mal bicho *m*

ab [ap] **1.** *zeitlich*: a partir de, desde; ~ *und zu* de vez en cuando; **2.** *örtlich*: desde, de; ~ *Werk* puesto en fábrica

'**ab-ändern** (*sep*, -ge-, h) modificar, cambiar

'**Ab-art** *f* (-; -en) variedad *f*

'**Abbau** *m* (-[e]s; *sin pl*) ⚒ explotación *f*; ⚙ desmontaje *m*; *Preise, Personal*: reducción *f*; **2en** (*sep*, -ge-, h) ⚒ explotar; ⚙ desmontar; *Preise, Personal*: reducir

'**ab|beißen** (*irr, sep*, -ge-, h, → *beißen*) arrancar con los dientes; mordisquear; **~berufen** (*irr, sep*, h, → *berufen*) llamar, retirar; **~bestellen** (*sep*, h) anular; *Zeitung*: dar de baja; **~biegen** (*irr, sep*, -ge-, sn, → *biegen*): *nach links ~* girar *od* torcer a la izquierda

'**Abbildung** *f* (-; -en) ilustración *f*

'**ab|binden** (*irr, sep*, -ge-, h, → *binden*) ⚕ ligar; **~blasen** (*irr, sep*, -ge-, h, → *blasen*) *fig* F anular, desconvocar

'**abblend|en** (*sep*, -ge-, h) *auto* bajar las luces; **2licht** *n* luz *f* corta *od* de cruce

'**abbrechen** (*irr, sep*, -ge-, → *brechen*) **1.** *v/t* (h) romper (*a fig* Beziehungen usw); *Gebäude*: derribar; *Zelt*: levantar; (*unterbrechen*) interrumpir; **2.** *v/i* (sn) romperse

'**ab|bremsen** (*sep*, -ge-, h): (*scharf*) ~ frenar (en seco); **~brennen** (*irr, sep*, -ge-, → *brennen*) **1.** *v/t* (h) quemar; **2.** *v/i* (sn) quemarse; **~bringen** (*irr, sep*, -ge-, h, → *bringen*) *vom Weg*: apartar; desviar (*a fig*); *vom Vorhaben*: disuadir; **~bröckeln** (*sep*, -ge-, sn) *Verputz, Glasur etc*: desconcharse

'**Abbruch** *m* (-[e]s; *sin pl*) derribo *m*, demolición *f*; *der Beziehungen*: ruptura *f*

'**ab|buchén** (*sep*, -ge-, h) ✝ cargar en cuenta; **~bürsten** (*sep*, -ge-, h) *Kleidung*: cepillar; *Staub*: quitar

Abc [abe:'tse:] *n* (-; -) abecé *m*, alfabeto *m*

'**abdank|en** (*sep*, -ge-, h) abdicar; **2ung** *f* (-; -en) abdicación *f*

'**ab|decken** (*sep*, -ge-, h) descubrir; destapar; *Tisch*: quitar; (*bedecken*) cubrir, tapar; **~dichten** (*sep*, -ge-, h) tapar; ⚓ calafatear; **~drehen** (*sep*, -ge-, h) **1.** *v/t Gas, Wasser*: cerrar; ⚡ apagar; **2.** *v/i* ⚓, ✈ cambiar de rumbo

'**Abdruck** *m* (-[e]s; *sin pl*) impresión *f*; (*pl* -e) reproducción *f*; (*pl* ⸚e) (*Finger2*) huella *f*

'**abdrücken** (*sep*, -ge-, h) *Waffe*: disparar

'**Abend** [a:bənt] *m* (-s; -e) (*früher*) tarde *f*; (*später*) noche *f*; (*Veranstaltung*) velada *f*; *am ~* por la noche *bzw* tarde; *zu ~ essen* cenar; **~brot**, **~essen** *n* cena *f*; **~kasse** *f* taquilla *f*; **~kleid** *n* traje *m* de noche; **~kurs** *m* curso *m* de noche, clases *f/pl* nocturnas; **~mahl** *n rel* comunión *f*; *Bibel*: Cena *f*; **2s** ['-bənts] por la tarde *bzw* noche; **~veranstaltung** *f* velada *f*

'**Abenteu|er** ['a:bəntɔyər] *n* (-s; -) aventura *f*; **2erlich** aventurero; **~rer** *m* ['---rər] (-s; -), **~rerin** *f* (-; -nen) aventurero *m*, -a *f*

aber ['a:bər] *cj* pero; ~ *sicher!* ¡claro que sí!, *bsd Am* ¡cómo no!

'**Aber|glaube** *m* (-ns; *sin pl*) superstición *f*; **2gläubisch** ['--glɔybiʃ] supersticioso

'**ab-erkennen** ['ap?-] (*irr, sep*, h, → *erkennen*): *j-m et ~* privar a alg de a/c

'**abermals** [a:bərma:ls] de nuevo, otra vez

'**abfahren** ['ap-] (*irr, sep*, -ge-, → *fahren*) **1.** *v/t* (h) *Strecke*: recorrer; *Reifen*: gastar; **2.** *v/i* (sn) salir, partir (*nach* para); ⚓ zarpar (*nach* para)

'**Abfahrt** *f* (-; -en) salida *f*, partida *f* (*nach* para); *Schi*: descenso *m*; **2(s)bereit** listo para salir; **~slauf** *m Schi*: (carrera *f* de) descenso *m*; **~szeit** *f* hora *f* de salida

'**Abfall** *m* (-[e]s; ⸚e) desechos *m/pl*; (*Müll*) basura *f*; **~eimer** *m* cubo *m* de la basu-

abfallen

ra; **2en** (*irr, sep,* -ge-, *sn,* → *fallen*) caer; *Gelände:* ir en declive
'**abfällig** desfavorable; despectivo
'**ab|fangen** (*irr, sep,* -ge-, h, → *fangen*) *Brief usw:* interceptar; ✓ enderezar; **~färben** (*sep,* -ge-, h) desteñir
'**abfass|en** (*sep,* -ge-, h) redactar; **2ung** *f* (-; -en) redacción *f*
'**abfertig|en** (*sep,* -ge-, h) despachar; *Gepäck:* facturar; **2ung** *f* (-; -en) despacho *m;* facturación *f*
'**abfeuern** (*sep,* -ge-, h) disparar
'**abfind|en** (*irr, sep,* -ge-, h, → *finden*) compensar, indemnizar; *sich mit et* ~ conformarse con a/c; **2ung** *f* (-; -en) indemnización *f*
'**ab|flauen** ['-flauən] (*sep,* -ge-, sn) *Wind:* amainar; **~fliegen** (*irr, sep,* -ge-, sn, → *fliegen*) ✓ despegar; *j:* partir en avión
'**Abflug** ✓ *m* (-[e]s; ⸚e) despegue *m; j.-s:* salida *f* (en avión); **~halle** *f* sala *f* de embarque; **~(s)zeit** *f* hora *f* de salida
'**Abfluß** *m* (-sses; ⸚sse) salida *f;* desagüe *m;* **~rohr** *n* tubo *m* de desagüe
Abfuhr ['apfu:r] *f* (-; -en) *Müll:* recogida *f; fig* desaire *m,* desplante *m*
'**abführ|en** (*sep,* -ge-, h) *Geld:* pagar; ✱ purgar; *Verbrecher:* llevar detenido; **2mittel** *n* laxante *m,* purgante *m*
'**Abgabe** *f* (-; -n) entrega *f,* (*Steuer*) impuesto *m; Fußball:* pase *m*
'**Abgang** *m* (-s; *sin pl*) salida *f;* (*pl* ⸚e) teat mutis *m;* **~szeugnis** *n* certificado *m od* diploma *m* de fin de estudios
'**Abgas** *n* (-es; -e) gas *m* de escape; **2-arm** de bajo nivel contaminante; **~katalysator** *m* catalizador *m* de gases de escape
'**abgeben** (*irr, sep,* -ge-, h, → *geben*) entregar; *Gepäck:* consignar; *Schuß:* disparar; *Stimme:* emitir; *Fußball:* pasar; *sich* ~ *mit* ocuparse en *od* de
abge|brannt ['apgəbrant] *fig* estar sin blanca; **~droschen** ['-drɔʃən] *fig* trillado; **~härtet** ['--hɛrtət] endurecido; aguerrido
'**abgehen** (*irr, sep,* -ge-, sn, → *gehen*) salir; ⚓ zarpar; (*sich lösen*) desprenderse; *Knopf: sich* ~ *von* desistir de
'**abge|kartet** ['apgəkartət]: **~e Sache** *f* golpe *m* tramado; **~laufen** *Paß usw* caducado; **~legen** apartado, aislado; **~macht** ['--maxt]: ~! ¡de acuerdo!

'**Abgeordnete** ['-gə'ɔrdnətə] *m/f* (-n; -n) diputado *m,* -a *f*
'**Abgesandte** *m/f* (-n; -n) enviado *m,* -a *f,* delegado *m,* -a *f*
'**abgeschieden** ['-gəʃiːdən] solitario, aislado
'**abgesehen**: ~ *von* prescindiendo de, abstracción hecha de; *davon* ~ aparte de eso
'**abge|spannt** cansado, fatigado; **~tragen** gastado; **~wöhnen** desacostumbrar, deshabituar (*j-m et* a alg de a/c); *sich* (*dat*) *das Rauchen* ~ dejar de fumar
'**Ab|gott** *m* (-[e]s; ⸚er) ídolo *m;* **2göttisch** ['-gœtɪʃ]: ~ *lieben* idolatrar
'**abgrenzen** (*sep,* -ge-, h) delimitar; deslindar
'**Abgrund** *m* (-[e]s; ⸚e) abismo *m* (*a fig*), precipicio *m*
'**ab|hacken** (*sep,* -ge-, h) cortar (a hachazos); **~haken** (*sep,* -ge-, h) *in e-r Liste:* marcar, puntear; **~halten** (*irr, sep,* -ge-, h, → *halten*) (*hindern*) impedir; estorbar; *Sitzung:* celebrar
'**abhandeln** (*sep,* -ge-, h) *Thema:* tratar; *vom Preis* ~ regatear el precio
ab'handen [ap'handən]: ~ *kommen* perderse, extraviarse
'**Abhandlung** *f* (-; -en) tratado *m;* disertación *f*
'**Abhang** *m* (-[e]s; ⸚e) cuesta *f,* pendiente *f;* declive *m*
'**abhäng|en 1.** *v/t* (*sep,* -ge-, h) descolgar (*a fig Verfolger*); desenganchar; **2.** *v/i* (*irr, sep,* -ge-, h, → *hängen*) depender (*von* de); **~ig** dependiente (*von* de); **2igkeit** *f* (-; *sin pl*) dependencia *f*
'**ab|härten** (*sep,* -ge-, h): (*sich*) ~ (*gegen*) curtir(se) (contra); **~hauen** *v/i* (*sep,* -ge-, sn) F largarse
'**abheb|en** (*irr, sep,* -ge-, h, → *heben*) **1.** *v/t* levantar; *Karten:* cortar; *Geld:* retirar; *tel* descolgar; *fig sich* ~ destacarse (*von* de); **2.** *v/i* ✓ despegar; **2ung** *f* (-; -en) *Geld:* retirada *f*
'**ab|heften** (*sep,* -ge-, h) archivar; **~heilen** (*sep,* -ge-, sn) cicatrizarse; **~helfen** (*irr, sep,* -ge-, h, → *helfen*) (*dat*) remediar (*ac*), poner remedio a; **~hetzen** (*sep,* -ge-, h): *sich* ~ ajetrearse
'**Abhilfe** *f* (-; *sin pl*) remedio *m;* ~ *schaffen* poner remedio (*für ac* a)
'**ab|holen** (*sep,* -ge-, h) (ir a) buscar;

recoger; **~lassen** enviar por; **~holzen** (sep, -ge-, h) talar; desforestar; **~horchen** (sep, -ge-, h) ℱ auscultar; **~hören** (sep, -ge-, h) escuchar; tel intervenir

Abitu|r [abi'tuːr] n (-s; sin pl) bachillerato m; **~'rient** [--tu'rjɛnt] m (-en; -en), **~'rientin** f (-; -nen) bachiller m, f

'ab|kanzeln (sep, -ge-, h) F sermonear; **~kaufen** (sep, -ge-, h) comprar (**j-m et** a/c a alg); F fig creer; **~kehren** (sep, -ge-, h) (fegen) barrer; **sich ~** apartarse

'abklingen (irr, sep, -ge-, sn, → **klingen**) Ton: ir extinguiéndose; Schmerz: ir disminuyendo; **~klopfen** (sep, -ge-, h) ℱ percutir; **~kochen** (sep, -ge-, h) v/i hervir; **~kommen** (irr, sep, -ge-, sn, → **kommen**): **vom Thema ~** apartarse de; **vom Weg ~** perderse, extraviarse; **von e-r Absicht ~** abandonar

'Abkommen n (-s; -) convenio m, arreglo m

'abkratzen (sep, -ge-) **1.** v/t (h) raspar, rascar; **2.** v/i (sn) F fig diñarla

'abkühl|en (sep, -ge-, h) refrigerar; **sich ~** refrescarse; fig enfriarse; **₂ung** f (-; sin pl) enfriamiento m; refrigeración f

'abkürz|en (sep, -ge-, h) acortar (a Weg); Wort: abreviar; **₂ung** f (-; -en) abreviatura f; (Weg) atajo m

'abladen (irr, sep, -ge-, h, → **laden**) descargar

'Ablage f (-; -n) für Kleider: guardarropa m; v Akten: archivo m

'Ablagerung f (-; -en) geol sedimento m

'ablassen (sep, -ge-, h, → **lassen**) **1.** v/t Wasser, Dampf: dejar escapar; vom Preis: rebajar; **2.** v/i desistir (**von** de), renunciar (a)

'Ablauf m (-[e]s; ⁻e) salida f; desagüe m; (Verlauf) desarrollo m; (Frist usw) expiración f; **nach ~ e-s Jahres** al cabo de un año; **₂en** (irr, sep, -ge-, → **laufen**) **1.** v/i (sn) correr, salir; Frist, Vertrag: caducar; expirar; Handlung: desarrollarse; **gut ~** salir bien; **schlecht ~** acabar mal; **2.** v/t (h) Schuhe: gastar

'ablecken (sep, -ge-, h) lamer, chupar(se)

'ableg|en (sep, -ge-, h) deponer; Kleider: quitarse; Briefe: archivar; Fehler: corregir; Eid: prestar; Prüfung: hacer, pasar; **₂er** ₂ ['leːgər] m (-s; -) vástago m

'ablehn|en (sep, -ge-, h) rechazar, rehusar; Einladung: declinar; **₂ung** f (-; -en) negativa f

'ableiten (sep, -ge-, h) desviar (a Fluß); fig deducir, derivar

'ablenk|en (sep, -ge-, h) apartar, desviar; fig distraer; **₂ung** f (-; -en) distracción f

'ab|lesen (irr, sep, -ge-, h, → **lesen**) leer (**aus, von** en); Zähler usw: efectuar la lectura (de); **~liefern** (sep, -ge-, h) entregar

'ablös|en (sep, -ge-, h) desprender; despegar; **sich ~** turnarse; **₂ung** f (-; -en) desprendimiento m; ⚔ relevo m

'abmach|en (sep, -ge-, h) (losmachen) quitar; (vereinbaren) convenir, acordar; **₂ung** f (-; -en) acuerdo m, convenio m; **e-e ~ treffen** llegar a un acuerdo

'abmager|n (sep, -ge-, sn) adelgazar; **₂ungskur** f cura f de adelgazamiento

'abmeld|en (sep, -ge-, h): (**sich**) **~** dar(se) de baja; **₂ung** f (-; -en) baja f

'abmess|en (irr, sep, -ge-, h, → **messen**) medir; **₂ungen** f/pl dimensiones f/pl

'ab|montieren (sep, h) desmontar; **~mühen** (sep, -ge-, h): **sich ~** afanarse, ajetrearse; **~nagen** (sep, -ge-, h) roer

Abnahme ['-naːmə] f (-; -n) ✝ compra f; ℱ amputación f; (Verminderung) disminución f; **bei ~ von** tomando una partida de

'abnehmbar ['-neːmbaːr] desmontable; amovible; **~en** (irr, sep, -ge-, h, → **nehmen**) **1.** v/t quitar; Hut: quitarse; tel descolgar; ℱ amputar; Ware: comprar; **2.** v/i disminuir; Mond: menguar; an Gewicht: adelgazar; Tage: acortarse; **₂er** m (-s; -) comprador m

'Abneigung f (-; -en) antipatía f, aversión f (**gegen** a)

'abnutzen (sep, -ge-, h) (des)gastar

Abonn|ement [abɔnə'mã] n (-s; -s) abono m; suscripción f; **~ent** [--'nɛnt] m abonado m, suscriptor m; **₂ieren** (h) abonarse, suscribirse (**et** a a/c)

Ab-ordnung [ap-] f (-; -en) delegación f

'abpacken (sep, -ge-, h) empaquetar, envasar

'ab|pfeifen (irr, sep, -ge-, h, → **pfeifen**) Spiel: dar la pitada final; **~pflücken** (sep, -ge-, h) (re)coger; **~prallen** (sep, -ge-, sn) rebotar; **~quälen** (sep, -ge-, h): **sich ~** bregar; **~raten** (irr, sep, -ge-, h, → **raten**): **j-m** (v) **et ~** desaconsejar a/c a alg; **~räumen** (sep, -ge-, h) quitar

abrechnen

(*den Tisch* la mesa); *Schutt*: des(es)-combrar
'**abrechn|en** (*sep*, -ge-, h) *v/i* pasar cuentas; *fig* **mit j-m ~** ajustar las cuentas a alg; **2ung** *f* (-; -en) (*Konto2*) liquidación *f*; *fig* ajuste *m* de cuentas; **2ungs-zeitraum** *m* periodo *m* de liquidación
'**abreiben** (*irr, sep*, -ge-, h, → *reiben*) frotar; ⚡ friccionar
'**Abreise** *f* (-; -n) salida *f*, partida *f*; **2n** (*sep*, -ge-, sn) salir, partir (*nach* para); **~tag** *m* fecha *f* de salida
'**abreißen** (*irr, sep*, -ge-, → *reißen*) 1. *v/t* (h) arrancar; △ derribar, demoler; 2. *v/i* (sn) romperse
'**ab|richten** (*sep*, -ge-, h) *Tier*: amaestrar, adiestrar; **~riegeln** ['-ri:gəln] (*sep*, -ge-, h) echar el cerrojo a; *durch Polizei*: acordonar
'**Abriß** *m* (-sses, -sse) *v Gebäuden*: derribo *m*; (*Buch*) compendio *m*
'**Abruf** *m* (-[e]s; *sin pl*) llamamiento *m*; **auf ~** a demanda
'**abrunden** (*sep*, -ge-, h) redondear (*a fig*)
abrupt [-'rʊpt] abrupto
'**abrüst|en** (*sep*, -ge-, h) desarmar; **2ung** *f* (-; *sin pl*) desarme *m*
'**Absage** ['-za:gə] *f* (-; -n) negativa *f*; **2n** (*sep*, -ge-, h) *Veranstaltung*: suspender, desconvocar
'**absägen** (*sep*, -ge-, h) (a)serrar
'**Absatz** *m* (-es; ⸗e) (*Schuh*) tacón *m*; *Text*: párrafo *m*; ✝ venta *f*; **~förderung** *f* promoción *f* de ventas; **~gebiet** *n* mercado *m*, zona *f* de venta
'**abschaff|en** (*sep*, -ge-, h) suprimir, abolir; **2ung** *f* (-; *sin pl*) supresión *f*, abolición *f*
'**ab|schalten** (*sep*, -ge-, h) ⚡ desconectar; *Maschine*: parar; F *fig* relajarse; **~schätzen** (*sep*, -ge-, h) *Wert*: (e)valuar
'**Abscheu** *m* (-s; *sin pl*) horror *m* (**vor** *dat* de); asco *m* (de); **2lich** [-'ʃɔʏlɪç] abominable, horrible
'**ab|schicken** (*sep*, -ge-, h) enviar, expedir; **~schieben** (*irr, sep*, -ge-, h, → *schieben*) apartar; *Ausländer*: expulsar
'**Abschied** ['-ʃi:t] *m* (-[e]s; -e) despedida *f*; **~ nehmen** despedirse (**von** de)
'**abschießen** (*irr, sep*, -ge-, h, → *schießen*) disparar; *Rakete, Pfeil*: lanzar; *Flugzeug, Panzer*: derribar

'**Abschlag** *m* (-[e]s; ⸗e) descuento *m*, rebaja *f*; **2en** (*irr, sep*, -ge-, h, → *schlagen*) cortar; *Angriff*: rechazar; *Bitte*: rehusar, (de)negar
'**Abschlagszahlung** *f* pago *m* a cuenta *bzw* a plazos
'**abschleifen** (*irr, sep*, -ge-, h, → *schleifen*) pulir, rebajar
'**Abschlepp|dienst** *m* servicio *m* de grúa; **2en** (*sep*, -ge-, h) remolcar; **~wagen** *m* grúa *f*
'**abschließen** (*irr, sep*, -ge-, h, → *schließen*) 1. *v/t* (*beenden*) concluir, terminar; *Tür*: cerrar con llave; *Vertrag*: concluir; 2. *v/i* terminarse; **~d** definitivo; final; *adv* en conclusión
'**Abschluß** *m* (-sses; -sse) fin *m*; ✝ transacción *f*; *Vertrag*: conclusión *f*; **~prüfung** *f* examen *m* final
'**abschneiden** (*irr, sep*, -ge-, h, → *schneiden*) cortar (*a fig*); **gut ~** salir airoso
'**Abschnitt** *m* (-[e]s; -e) sección *f*; ⚔ segmento *m*; *tip* párrafo *m*; pasaje *m*; (*Kontroll2*) talón *m*; (*Zeit*) periodo *m*
'**ab|schrauben** (*sep*, -ge-, h) destornillar; **~schrecken** (*sep*, -ge-, h) intimidar, escarmentar; *pol* disuadir; *gastr* pasar por agua fría
'**abschreib|en** (*irr, sep*, -ge-, h, → *schreiben*) copiar (**von** de); ✝ amortizar; **2ung** *f* (-; -en) amortización *f*
'**Abschrift** *f* (-; -en) copia *f*
'**Abschürfung** *f* (-; -en) excoriación *f*
'**Abschuß** *m* (-sses; -sse) disparo *m*; ✈ derribo *m*; *Rakete*: lanzamiento *m*
abschüssig ['-ʃʏsɪç] en declive, escarpado
'**ab|schwächen** (*sep*, -ge-, h) *Stoß, Schall*: amortiguar; *fig* atenuar, suavizar; **~schweifen** (*sep*, -ge-, sn) apartarse (**von** de); **~schwellen** (*irr, sep*, -ge-, sn, → *schwellen*) deshincharse
'**abseh|bar** ['-ze:ba:r]: *in* **~*er Zeit*** dentro de poco, en breve; **~en** (*irr, sep*, -ge-, h, → *sehen*) prever, ver; *es abgesehen haben auf* (*ac*) poner la vista en; *von et* **~** prescindir de a/c
abseits ['-zaɪts] aparte; apartado; *dep* fuera de juego
'**absend|en** (*irr, sep*, -ge-, h, → *senden*) mandar, enviar; remitir; **2er** *m* (-s; -) remitente *m*, expedidor *m*; **😊 *an ~ zurück*** devuelto al remitente

absetz|bar ['-zɛtsbɑːr] ✝ *von der Steuer*: deducible; **~en** (*sep, -ge-*, h) **1.** *v/t* poner en el suelo; depositar; *j-n*: dejar '(*am Bahnhof* en la estación); *Beamten*: destituir; ✝ *Waren*: dar salida a, colocar; *Betrag*: deducir

Absicht *f* (-; -en) intención *f*, propósito *m*; **2lich** intencionado; *adv* adrede, de propósito

absitzen (*irr, sep,* -ge-, h, → *sitzen*): *e-e Strafe* ~ cumplir (una) condena

absolut [-zoˈluːt] absoluto; ~ *nicht* (no) ... en absoluto

absonder|lich [-ˈzɔndɐrliç] raro, extraño; '~**n** (*sep,* -ge-, h) separar, apartar; aislar; ✱ secretar; **2ung** *f* (-; -en) separación *f*; ✱ secreción *f*

abspenstig ['-ʃpɛnstiç]: ~ *machen* quitar; sonsacar

absperr|en (*sep,* -ge-, h) cerrar (con llave); *Wasser, Gas,* ⚡: cortar; *Straße*: cerrar; **2ung** *f* (-; -en) cierre *m*; corte *m*

abspiel|en (*sep,* -ge-, h) ♪ tocar; *Ball*: pasar; *sich* ~ suceder, ocurrir

Absprache *f* (-; -n) acuerdo *m*, convenio *m*

ab|sprechen (*irr, sep,* -ge-, h, → *sprechen*) *Recht, Verdienst usw*: negar; (*verabreden*) concertar; **~springen** (*irr, sep,* -ge-, h, → *springen*) saltar; *Knopf usw*: desprenderse; *fig* retirarse

Absprung *m* (-[e]s; -̈e) salto *m*

abspülen (*sep,* -ge-, h) lavar; *Geschirr*: fregar

abstamm|en (*sep,* -ge-, h) descender (*von de*); **2ung** *f* (-; *sin pl*) descendencia *f*, origen *m*

Abstand *m* (-[e]s; -̈e) *a fig* distancia *f* (**halten** guardar); intervalo *m*; *fig mit* ~ con mucho

abstatten ['-ʃtatən] (*sep,* -ge-, h) *Besuch*: hacer; *s-n Dank* ~ *für* dar las gracias por

abstauben (*sep,* -ge-, h) quitar el polvo (a), desempolvar; F *fig* birlar

abstech|en (*irr, sep,* -ge-, h, → *stechen*): ~ *von* contrastar con; **2er** *m* (-s; -): *e-n* ~ *machen nach* dar una vuelta por

abstehend *Ohr*: separado

absteige|n (*irr, sep,* -ge-, sn, → *steigen*) bajar, descender; *v Pferd, Fahrzeug*: apearse; *im Hotel*: hospedarse

abstell|en (*sep,* -ge-, h) dejar (*a Wagen,* depositar; *Radio, TV*: apagar; *Maschine*: parar; *Wasser, Gas*: cerrar, cortar; *Mißstand*: suprimir; **2gleis** *n* apartadero *m*; **2raum** *m* trastero *m*

abstempeln (*sep,* -ge-, h) timbrar; *Marken*: matasellar

Abstieg ['-ʃtiːk] *m* (-[e]s; -e) bajada *f*; descenso *m* (*a dep*); *fig* decadencia *f*

abstimm|en (*sep,* -ge-, h) **1.** *v/t* (*aufeinander*) armonizar; **2.** *v/i* ~ *über* (*ac*) votar (*ac*); **2ung** *f* (-; -en) votación *f*

Abstinenzler [-stiˈnɛntslər] *m* (-s; -) abstemio *m*

abstoß|en (*irr, sep,* -ge-, h, → *stoßen*) repeler; *fig* repugnar; **~end** repugnante

abstrakt [-ˈstrakt] abstracto

abstreiten (*irr, sep,* -ge-, h, → *streiten*) desmentir, negar

Abstrich *m* (-[e]s; -e) ✱ frotis *m*

abstuf|en ['-ʃtuːfən] (*sep,* -ge-, h) graduar; matizar; **2ung** *f* (-; -en) graduación *f*; matización *f*

Ab|sturz *m* (-[e]s; -̈e); caída *f*; **2stürzen** (*sep,* -ge-, sn) caer(se); ✈ *a* estrellarse; *im Gebirge*: despeñarse; *inform* colgarse

absuchen (*sep,* -ge-, h) registrar; *Gelände*: batir

absurd [-ˈzurt] absurdo

Abszeß [aps'tsɛs] *m* (-sses; -sse) absceso *m*

Abt [apt] *m* (-[e]s; -̈e) abad *m*

abtauen *v/t* (*sep,* -ge-, h) descongelar

Abtei [-ˈtaɪ] *f* (-; -en) abadía *f*

Abteil 🚂 [-ˈtaɪl] *n* (-[e]s; -e) compartim(i)ento *m*; '~**ung** *f* (-; -en) **a)** separación *f*; división *f*; **b)** [-ˈtaɪluŋ] sección *f*; departamento *m*; **~ungsleiter(in** *f*) *m* jefe *m*, -a *f* de departamento

abtippen F (*sep,* -ge-, h) pasar a máquina

Äbtissin [ɛpˈtɪsin] *f* (-; -nen) abadesa *f*

abtransportieren ['ap-] (*sep,* h) transportar

abtreib|en (*irr, sep,* -ge-, → *treiben*) **1.** *v/t* (h) ✱ abortar; **2.** *v/i* (sn) ⚓, ✈ desviarse, ir a la deriva; **2ung** ✱ *f* (-; -en) aborto *m* (provocado)

abtrennen (*sep,* -ge-, h) separar; *Genähtes*: descoser

abtret|en (*irr, sep,* -ge-, → *treten*) **1.** *v/t* (h) ceder; *Füße*: limpiarse; **2.** *v/i* (sn) retirarse; **2er** *m* (-s; -) felpudo *m*; **2ung** *f* (-; -en) cesión *f*

'ab|trocknen (*sep*, -ge-, h) enjugar, secar; **~tropfen** (*sep*, -ge-, sn) escurrir(se)
'ab|urteilen (*sep*, -ge-, h) juzgar; **~wägen** (wog ab, abgewogen, h) ponderar; *Worte*: medir; **~warten** (*sep*, -ge-, h) esperar, aguardar
abwärts ['-vɛrts] (hacia *od* cuesta) abajo
'abwasch|bar lavable; **~en** (*irr*, *sep*, -ge-, h, → *waschen*) lavar; *Geschirr*: fregar
'Abwasser n (-s; ⸚) (*mst pl*) aguas f/pl residuales
'abwechs|eln (*sep*, -ge-, h) variar; *regelmäßig*: alternar; **sich ~** turnarse; **~elnd** *adv* por turno; **℔ung** f (-; -en) variedad f; cambio m; **zur ~** para variar; **~lungsreich** variado
'Abwehr f (-; *sin pl*) defensa f (*a dep*); **℔en** (*sep*, -ge-, h) rechazar; *Schlag*: parar
'abweich|en (*irr*, *sep*, -ge-, sn, → *weichen*) apartarse, desviarse; (*anders sein*) diferir; **~end** diferente; **℔ung** f (-; -en) desviación f; divergencia f; *fig* discrepancia f
'ab|weisen (*irr*, *sep*, -ge-, h, → *weisen*) rechazar; **~wenden** (*irr*, *sep*, -ge-, h, → *wenden*) apartar; *fig* evitar, prevenir; **~werfen** (*irr*, *sep*, -ge-, h, → *werfen*) lanzar; *Reiter*: derribar; *Gewinn*: producir, arrojar; *Zinsen*: devengar
'abwert|en (*sep*, -ge-, h) devaluar (*a Währung*); **℔ung** f (-; -en) devaluación f
'abwesen|d ['-veːzənt] ausente; **℔heit** f (-; -en) ausencia f
'ab|wickeln (*sep*, -ge-, h) *Garn*: devanar; *fig* realizar; *fig* **sich ~** desarrollarse; **~wiegen** (*irr*, *sep*, -ge-, h, → *wiegen*) pesar; **~wischen** (*sep*, -ge-, h) limpiar; *Nasses*: enjugar, secar
'Abwurf m (-[e]s; ⸚e) lanzamiento m
'abwürgen (*sep*, -ge-, h) *Motor*: estrangular
'abzählen (*sep*, -ge-, h) contar
'abzahl|en (*sep*, -ge-, h) pagar a plazos; *Schuld*: saldar, liquidar; **℔ung** f (-; -en) pago m a plazos; **auf ~** a plazos
'Abzeichen n (-s; -) distintivo m
'ab|zeichnen (*sep*, -ge-, h) copiar, dibujar; *Schriftstück*: rubricar; *fig* **sich ~** perfilarse; vislumbrarse; **~ziehen** (*irr*, *sep*, -ge-, h, → *ziehen*) **1.** *v/t* (h) quitar (*das Bett* las sábanas); *tip* tirar; ⚔ restar, sustraer; ✝ deducir; *vom Lohn*: retener; *Truppen*: retirar; **2.** *v/i* (sn) irse, marcharse; *Rauch*: salir
'Abzug m (-[e]s; ⸚e) *fot* copia f; *tip* prueba f; *am Gewehr*: gatillo m; ✝ deducción f; *v Preis*: descuento m; *v Lohn*: retención f; (*sin pl*) ⚔ retirada f
abzüglich ['-tsyːklɪç] menos
Abzweigung ['-tsvaɪɡʊŋ] f (-; -en) bifurcación f
ach! [ax] ¡ah!; **~ so!** ¡(ah,) ya!
Achse ['aksə] f (-; -n) eje m; (*Welle*) árbol m
Achsel ['-səl] f (-; -n) hombro m; *mit den ~n zucken* encogerse de hombros; **'~höhle** f sobaco m, axila f
acht [axt] **1.** ocho; *in ~ Tagen* dentro de ocho días; **2.** ⚔ f (-; -en) ocho m
Acht [axt] f: *sich in ℔ nehmen* tener cuidado; *außer ℔ lassen* descuidar
'achte octavo; *am* (*od* **den**) **~n März** el ocho de marzo
'Acht|eck n (-[e]s; -e) octágono m
'Achtel ['axtəl] n (-s; -) octavo m; **~finale** n *dep* octavos m/pl de final
achten ['-tən] (ge-, h) **1.** *v/t* estimar, apreciar; respetar; **2.** *v/i ~ auf* (*ac*) fijarse en
achtens ['-təns] en octavo lugar
'Achter ['-tər] m (-s; -) bote m de a ocho; **'~bahn** f montaña f rusa
'acht|geben (*irr*, *sep*, -ge-, h, → *geben*) tener cuidado; **~ auf** (*ac*) cuidar de; **~hundert** ochocientos; **~los** descuidado; **℔stundentag** m jornada f de ocho horas
Achtung ['axtʊŋ] f (-; *sin pl*) estima(ción) f; **~ vor** (*dat*) respeto m a; **~!** ¡cuidado!, a ⚔ ¡atención!; *alle ~!* F ¡chapó!
achtzehn ['axtseːn] dieciocho
achtzig ['-sɪç] ochenta; *in den ~er Jahren* en los años ochenta
ächzen ['ɛçtsən] (ge-, h) gemir
'Acker ['akər] m (-s; ⸚) campo m; **~bau** m (-[e]s; *sin pl*) agricultura f
addieren [a'diːrən] (h) sumar, adicionar
Adel ['aːdəl] m (-s; *sin pl*) nobleza f
Ader ['aːdər] f (-; -n) vena f (*a fig u* ⚒), arteria f
Adjektiv ['atjɛktiːf] n (-s; -e) adjetivo m
Adler ['aːdlər] m (-s; -) águila f
adlig ['aːdlɪç] noble
Admiral [atmi'raːl] m (-s; -e) almirante m
adopt|ieren [adɔp'tiːrən] (h) adoptar;

Ąion [--'tsjo:n] *f* (-; -en) adopción *f*;
Ąivkind [--'ti:fkɪnt] *n* hijo *m* adoptivo
Adreßbuch [a'drɛsbu:x] *n* guía *f* comercial, *Am* directorio *m*
A'dress|e [a'drɛsə] *f* (-; -en) dirección *f*, señas *f*/*pl*; **~en-änderung** *f* cambio *m* de señas; **~enliste** *f* relación *f* de direcciones; **Ą'ieren** (h) dirigir (*an ac* a); poner las señas; **~'iermaschine** *f* máquina *f* para imprimir direcciones
Advent [at'vɛnt] *m* (-[e]s; *raro* -e) Adviento *m*
Adverb [-'vɛrp] *n* (-s; -bien) adverbio *m*
Affäre [a'fɛ:rə] *f* (-; -n) asunto *m*
Affe ['afə] *m* (-n; -n) mono *m*
affektiert [afɛk'ti:rt] afectado
Afrika|ner [afri'ka:nər] *m* (-s; -), **~nerin** *f* (-; -nen), **Ąnisch** africano *m*, -a *f*
After ['aftər] *m* (-s; -) ano *m*
Agave ♀ [a'ga:və] *f* (-; -n) agave *m*/*f*, pita *f*
Agent [a'gɛnt] *m* (-n; -n), **~in** *f* (-; -nen) agente *su*; representante *su*; **~ur** [--'tu:r] *f* (-; -en) agencia *f*
aggressiv [agrɛ'si:f] agresivo
A'grar|land [a'gra:rlant] *n* país *m* agrícola; **~markt** *m* mercado *m* agrícola; **~politik** *f* política *f* agraria
Ägypt|er [ɛ'gyptər] *m* (-s; -), **~erin** *f* (-; -nen), **Ąisch** egipcio *m*, -a *f*
ähneln ['ɛ:nəln] (ge-, h) parecerse a, (a)semejarse a
ahnen ['a:nən] (ge-, h) sospechar; (*Vorgefühl haben*) presentir
'Ahnen *m*/*pl* antepasados *m*/*pl*
'ähnlich ['ɛ:nlɪç] parecido, semejante; *j-m ~ sehen* parecerse a alg; *iron das sieht ihm ~!* ¡es una de las suyas; **Ąkeit** *f* (-; -en) parecido *m*, semejanza *f*
'Ahnung ['a:nʊŋ] *f* (-; -en) presentimiento *m*; (*Vorstellung*) idea *f*; F *keine ~!* ¡no tengo idea!; **Ąslos** desprevenido
Ahorn ♀ ['a:hɔrn] *m* (-s; -e) arce *m*
Ähre ['ɛ:rə] *f* (-; -n) espiga *f*
'Aids ['eɪdz] *n* (-; *sin pl*) SIDA *m*, sida *m*; **Ąkrank** enfermo de sida; **~test** *m* prueba *f* del sida
'Air|bag ['ɛ:rbɛg] *m* (-s; -s) *auto* bolsa *f* de aire; **~bus** *m* aerobús *m*, airbus *m*

Akadem|ie [akade'mi:] *f* (-; -en) academia *f*; **~iker** [--'de:mikər] *m* (-s; -), **~ikerin** *f* (-; -nen) universitario *m*, -a *f*; **Ąisch** [--'mɪʃ] académico; universitario

akklimatisieren [aklimati'zi:rən] (h) *a fig* aclimatar
Ak'kord [a'kɔrt] *m* (-[e]s; -e) ♪ acorde *m*; *im ~ arbeiten* trabajar a destajo; **~arbeit** *f* trabajo *m* a destajo
Akkordeon [-'deɔn] *n* (-s; -s) acordeón *m*
Akkordlohn [-'tlo:n] *m* salario *m* a destajo
Akku F ['aku] *m* (-s; -s), **~mulator** [--mu'la:tɔr] *m* (-s; -en [---la'to:rən]) acumulador *m*
Akkusativ ['--zati:f] *m* (-s; -e) acusativo *m*
Akne ['aknə] *f* (-; *sin pl*) acné *m*
Akrobat [akro'ba:t] *m* (-en; -en), **~in** *f* (-; -nen) acróbata *s u*
Akt [akt] *m* (-[e]s; -e) acto *m* (*a teat*); *Malerei:* desnudo *m*; **~e** *f* (-; -n) expediente *m*; acta *f*; *zu den ~n legen* archivar (*a fig*)
'Akten|deckel *m* carpeta *f*; **~koffer** *m* portafolios *m*, attaché *m*; **~mappe**, **~tasche** *f* cartera *f*; **~notiz** *f* apunte *m*; **~ordner** *m* clasificador *m*; **~schrank** *m* archivador *m*, clasificador *m*; **~zeichen** *n* referencia *f*
'Aktie ['aktsjə] *f* (-; -n) acción *f*; **~ngesellschaft** *f* sociedad *f* anónima; **~nmarkt** *m* mercado *m* de acciones; **~nmehrheit** *f* mayoría *f* de acciones
Aktion [ak'tsjo:n] *f* (-; -en) acción *f*; *Werbe*Ą *usw:* campaña *f*; **~är** [-jo'nɛ:r] *m* (-s; -e), **~ärin** *f* (-; -nen) accionista *su*
aktiv [ak'ti:f] activo; **Ąität** [-tivi'tɛ:t] *f* (-; -en) actividad *f*
aktuell [aktu'ɛl] actual, de actualidad
akustisch [a'kʊstɪʃ] acústico
akut [a'ku:t] agudo (*a* ♂)
Akzent [ak'tsɛnt] *m* (-[e]s; -e) acento *m*
akzept|abel [-tsɛp'ta:bəl] aceptable; **~ieren** (h) aceptar
A'larm [a'larm] *m* (-[e]s; -e) alarma *f*, alerta *f*; *blinder ~* falsa alarma *f*; *a fig* **~schlagen** dar la (voz de) alarma; **~anlage** *f* sistema *m od* dispositivo *m* de alarma; **Ą'ieren** (h) alarmar (*a fig*)
Alaun [a'laʊn] *m* (-s; *sin pl*) alumbre *m*
albern ['albərn] necio, tonto
Album ['-bʊm] *n* (-s; Alben) álbum *m*
Alge ['-gə] *f* (-; -n) alga *f*
Algebra ['-gebra] *f* (-; *sin pl*) álgebra *f*
Algeri|er [-'ge:rjər] *m* (-s; -), **~erin** *f* (-; -nen), **Ąsch** argelino *m*, -a *f*

Alibi ['ɑːlibi] n (-s; -s) coartada f
Alkohol ['ɛlkohoːl] m (-[e]s; -e) alcohol m; **2frei** sin alcohol; **~gehalt** m graduación f alcohólica; **~iker** [--'hoːlikər] m (-s; -), **~ikerin** f (-; -nen) alcohólico m, -a f; **2isch** [--'hoːliʃ] alcohólico; **~spiegel** m alcoholemia f; **~test** m prueba f de alcoholemia
all [al] 1. todo (-a); **~e** pl todos (-as), todo el mundo; **~e Länder** todos los países; **vor ~e** sobre todo; **~e drei Jahre** cada tres años; **~es** todo; **~es, was** (todo) cuanto; todo lo que; 2. ♀ n (-s; sin pl) universo m
'alle F acabado; **~ werden** acabarse
Allee [a'leː] f (-; -n) avenida f, paseo m
al'lein [a'laɪn] 1. adj solo; **~ der Gedanke** la sola idea; 2. adv sólo, solamente; **~stehend** solo; (ledig) soltero; Gebäude: aislado
allenfalls ['alən'fals] a lo más
aller... ['alər...]: in Zssgn mit Superlativ: el más ... (de todos); **~'beste** el mejor de todos; **~dings** [--'diŋs] en efecto; (einschränkend) sin embargo; **~!** ¡ya lo creo!; Am ¿cómo no?
Allergie [alɛr'giː] f (-; -n) alergia f, **2isch** [--'giʃ] alérgico (**gegen** a)
aller|hand ['alər'hant] toda clase de; **das ist ~!** ¡esto es el colmo!; **2heiligen** [--'haɪligən] n (-; sin pl) Todos los Santos; **~'höchstens** a lo sumo; **~'lei** toda clase de; **2'seelen** n (-; sin pl) día m de los (Fieles) Difuntos; **~seits** ['--'zaɪts] por todas partes
alles s **all**
alle|samt ['alə'zamt] todos juntos; **'2skleber** m (-s; -) pegamento m universal, F pegalotodo m; **~'zeit** siempre
allge'mein general; **im ~en** por lo (od en) general; **2-arzt** m médico m de medicina general; **2befinden** n estado m general; **2bildung** f cultura f general; **~gültig** universal; **2heit** f (-; sin pl) generalidad f; público m (en general); **~verständlich** comprensible para todos
Alli|anz [ali'ants] f (-; -en) alianza f, **~ierte** [--'iːrtə] m (-n; -n) aliado m
all|'jährlich anual; todos los años; **~mählich** [-'mɛːlɪç] paulatino; adv poco a poco; **'2rad-antrieb** m tracción f sobre las cuatro ruedas; **'2tag** m F vida f cotidiana; **'täglich** diario, cotidiano; fig corriente; **'~zu**, **'~zusehr**, **'~zuviel** demasiado
Alm [alm] f (-; -en) pasto m alpino
Almosen ['almoːzən] n (-s; -) limosna f
Alpdruck ['alpdruk] m (-[e]s; sin pl) pesadilla f
alpin [-'piːn] alpino, alpestre
als [als] zeitlich: cuando; nach Komparativ: que; vor Zahlen: de; **nichts ~** nada más que; **~ ob** como si; **~ Ausländer** como extranjero; **schon ~ Kind** ya de niño
also ['alzoː] cj por tanto, por consiguiente; **~ gut!** pues bien!
alt [alt] 1. adj viejo; (antik, ehemalig) antiguo; (gebraucht) usado; **wie ~ bist du?** ¿qué edad od cuántos años tienes?; **ich bin 20 Jahre ~** tengo 20 años (de edad); **gleich ~ sn** tener la misma edad; 2. ♀ m (-s; -) contralto m
Al'tar [al'taːr] m (-[e]s; -̈e) altar m; **~bild** n retablo m
'Alte ['altə] m/f (-n; -n) anciano m, -a f, viejo m, -a f; **~nheim** n residencia f de ancianos od para la tercera edad
'Alter n (-s; sin pl) edad f; (Greisen♀) vejez f; **im ~ von** a la edad de
älter ['ɛltər] más viejo; Person: mayor; **ein ~er Herr** un señor de (cierta) edad; **~ sn als** tener más años que
alterna'tiv [alternaˈtiːf] alternativo; ♀**e** [---'-və] f (-; -en) alternativa f, opción f; ♀**-energie** f energía f alternativa
'Alters|heim ['altərshaɪm] n asilo m od residencia f de ancianos; **~rente** f pensión f de vejez; **~versicherung** f seguro m de vejez; **~versorgung** f pensiones f/pl de vejez
'Alter|tum ['--tuːm] n (-s; sin pl) antigüedad f; **~tümer** ['--tyːmər] n/pl antigüedades f/pl; ♀**tümlich** antiguo, arcaico
'alt|modisch ['altmoːdiʃ] pasado de moda; anticuado; **2papier** n papel m viejo; **2stadt** f casco m antiguo; **2stadtsanierung** f saneamiento m del casco antiguo
Alu|folie [alu'foːljə] f hoja f de aluminio; **~minium** [--'miːnjum] n (-s; sin pl) aluminio m
am [am] = **an dem**
Amateur [amaˈtøːr] m (-s; -e) aficionado m; bsd dep: amateur m
ambulan|t [-bu'lant] 🩺 ambulatorio; ✚

ambulante; ♀z [--'lants] f (-; -en) (Klinik) ambulatorio m, dispensario m
'Ameise ['ɑːmaɪzə] f (-; -en) hormiga f; ~nhaufen m hormiguero m
Amerika|ner [ameri'kɑːner] m (-s; -), ~nerin f(-; -nen), ♀nisch americano m, -a f
Amnestie [amnɛs'tiː] f (-; -n) amnistía f
Ampel ['ampəl] f (-; -n) (Verkehrs♀) semáforo m, disco m
Ampere [-'pɛːr] n (-s; -) amperio m
Amphitheater [am'fiːteɑːtər] n anfiteatro m
Ampulle [-'pulə] f (-; -n) ampolla f
Ampu|tation [-putɑ'tsjoːn] f (-; -en) amputación f; ♀'tieren (h) amputar
Amsel ['-zəl] f (-; -n) mirlo m
Amt [amt] n (-[e]s; ~er) oficina f; (Posten) cargo m; (Tätigkeit) función f; (Aufgabe) misión f; (Behörde) servicio m; negociado m; ♀'ieren (h) actuar (als de); ♀ierend en funciones; '♀lich oficial
'Amts|-arzt m médico m oficial; ~gericht n juzgado m de primera instancia; ~zeit f duración f del cargo
amüs|ant [amy'zant] divertido; ~'ieren (h) (sich) ~ divertir(se)
an [an] a) prp al örtlich: am Tisch a la mesa; ~ der Wand en la pared; ~ der Straße junto a la carretera; am Tajo a orillas del Tajo; ~ e-m Ort en un sitio; b) zeitlich: am Tage de día; am Abend por la noche; am nächsten Montag el lunes que viene; am 5. April el cinco de abril; am folgenden Tag al día siguiente
Analphabet [anʔalfa'beːt] m (-en; -en) analfabeto m
Analyse [ana'lyːzə] f (-; -n) análisis m
Ananas ['ananas] f (-; -[se]) piña f (de América); Am ananá(s) m
Anarchie [anar'çiː] f (-; -n) anarquía f
Anatomie [anato'miː] f (-; sin pl) anatomía f
'Anbau m (-[e]s; sin pl) ✓ cultivo m; (pl -ten) △ anexo m; ♀en (sep, -ge-, h) ✓ cultivar; △ añadir; ampliar; ~möbel n/pl muebles m/pl por elementos
'anbehalten (sep, ge-, h, → behalten) Kleid usw: dejar puesto
an'bei adjunto
'anbeißen (irr, sep, -ge-, h, → beißen) v/t morder (en)

'anbelangen: was ... anbelangt en cuanto a ...
'anbeten (sep, -ge-, h) adorar
'Anbetracht: in ~ (gen) en consideración a, teniendo en cuenta
'an|bieten (irr, sep, -ge-, h, → bieten) ofrecer; ♀bieter m (-s; -) oferente m; ~binden (irr, sep, -ge-, h, → binden) atar (an ac a)
'Anblick m (-[e]s; -e) vista f; (Aussehen) aspecto m; ♀en (sep, -ge-, h) mirar
'an|brechen (irr, sep, -ge-, → brechen) 1. v/t (h) empezar; 2. v/i (sn) empezar; Tag: despuntar; Nacht: entrar; ~brennen (irr, sep, -ge-, sn, → brennen) v/i Speisen: quemarse; pegarse; angebrannt riechen oler a quemado; ~bringen (irr, sep, -ge-, h, → bringen) traer; (befestigen) fijar, colocar
'Anbruch m (-[e]s; sin pl) comienzo m; bei ~ des Tages al amanecer; bei ~ der Nacht al anochecer.
.An|dacht ['-daxt] f (-; sin pl) recogimiento m; (pl -en) (Gottesdienst) oficio m divino; ♀dächtig ['-dɛçtiç] devoto; fig atento
Andalus|ier [-da'luːzjər] m (-s; -), ~ierin f (-; -nen), ♀isch andaluz(a f) m
'andauern (sep, -ge-, h) continuar, persistir; ~d continuo, permanente
'Andenken n (-s; -) memoria f; recuerdo m; zum ~ an (ac) en recuerdo de
'ander ['-dər] otro; ~e otros; et ~es otra cosa; et ganz ~es algo muy distinto; nichts ~es als nada más que; alles ~e todo lo demás; alles ~e als todo menos que; unter ~em entre otras cosas; ~erseits ['--rɔrzaɪts] por otra parte
ändern ['ɛndərn] (-ge-, h) cambiar, modificar; s-e Meinung ~ cambiar de parecer; sich ~ cambiar
andernfalls ['andərnfals] de lo contrario
'anders ['-dərs] de otro modo, de otra manera; jemand ~ otra persona; ~wo en otra parte; ~wohin a otra parte
anderthalb ['-dərthalp] uno y medio; ~ Meter un metro y medio
Änderung ['ɛndəruŋ] f (-; -en) cambio m, modificación f
'andeut|en ['andɔʏtən] (sep, -ge-, h) indicar; dar a entender; ♀ung f (-; -en) indicación f; alusión f
'Andrang m (-[e]s; sin pl) afluencia f

'andrehen (sep, -ge-, h) Gas, Heizung: abrir; *das Licht* ~ dar la luz

aneignen ['-ʔaɪgnən] (sep, -ge-, h): **sich** (dat) ~ apropiarse; *Kenntnisse*: adquirir

an-ein'ander uno a bzw con otro; **~geraten** (irr, sep, sn, → *geraten*) tener un altercado (*mit* con)

an-erkannt ['--kant] reconocido; *fig* renombrado

'an-erkenn|en (irr, sep, h, → *erkennen*) reconocer, admitir; (*loben*) elogiar; **~end** elogioso; **2ung** f (-; sin pl) reconocimiento m

'anfahren (irr, sep, -ge-, → *fahren*) **1.** v/t (h) *Fußgänger*: atropellar; *fig* increpar; **2.** v/i (sn) *auto* arrancar

'Anfall ⚕ m (-[e]s; ⸚e) acceso m, ataque m; **2en** (irr, sep, -ge-, h, → *fallen*) v/t atacar, acometer

'anfällig ⚕ propenso (*für* a)

'Anfang m (-[e]s; ⸚e) principio m, comienzo m; ~ *Januar* a principios de enero; *von* ~ *an* desde un principio; **2en** (irr, sep, -ge-, h, → *fangen*) empezar, comenzar (*zu* inf a)

Anfänger ['-fɛŋɐ] m (-s; -), **~in** f (-; -nen) principiante m

'anfangs ['-faŋs] al principio

'an|fassen (sep, -ge-, h) (*berühren*) tocar; *mit* ~ echar una mano; **~fechten** (irr, sep, -ge-, h, → *fechten*) ⚖ impugnar; **~fertigen** (sep, -ge-, h) hacer, fabricar, elaborar; **~feuchten** ['-fɔʏçtən] (sep, -ge-, h) humedecer, mojar; **~feuern** (sep, -ge-, h) *fig* alentar, animar; **~fliegen** (irr, sep, -ge-, h, → *fliegen*) ✈ hacer escala en

'Anflug m (-[e]s; ⸚e) ✈ vuelo m de aproximación; *fig* deje m

'anforder|n (sep, -ge-, h) pedir (*von j-m* a); exigir; **2ung** f (-; -en) demanda f; exigencia f

'Anfrage f (-; -n) pregunta f; *pol* interpelación f; **2n** (sep, -ge-, h) preguntar (*bei* a); pedir informes (a)

'an|freunden ['-frɔʏndən] (sep, -ge-, h): *sich* ~ *mit* hacerse amigo de; **~fügen** (sep, -ge-, h) juntar, añadir

'anführ|en dirigir; *Liste*: encabezar; (*erwähnen*) mencionar; *Gründe*: alegar; *Zitat*: citar; (*täuschen*) F tomar el pelo a; **2er** m jefe m; *bsd pol, dep* líder m; **2ungszeichen** n/pl comillas f/pl

'Angabe f (-; -n) indicación f; información f; (*Anweisung*) instrucción f; F (*Prahlerei*) fanfarronada f; **~n** pl datos m/pl; *nach amtlichen* **~n** según datos oficiales

'angeb|en (irr, sep, -ge-, h, → *geben*) **1.** v/t indicar; (*aussagen*) declarar; *Namen, Ton*: dar; **2.** v/i F (*prahlen*) fanfarronear; **2er** m (-s; -) F fanfarrón m, farolero m; **~lich** ['-geːplɪç] supuesto, presunto; *adv* según dicen

'angeboren [-gəboːrən] innato; ⚕ congénito

'Angebot n (-[e]s; -e) a ✝ oferta f

ange|bracht ['--braxt] oportuno, conveniente; **~heitert** ['--haɪtɐt] achispado, F piripi

'angehen (irr, sep, -ge-, h) v/t (*betreffen*) referirse a; *was ... angeht* en cuanto a; *das geht mich nichts an* eso no me importa nada

'angehör|en (sep, h) (*dat*) pertenecer a, ser de; **2ige** ['---rɪgə] m (-n; -n) miembro m; (*Verwandte*) familiar m; *m-e* **~n** los míos, mi familia

Angeklagte ['-gəklaːktə] m/f (-n; -n) acusado m, -a f

Angel ['aŋəl] f (-; -n) caña f (de pescar); (*Tür*⸚) gozne m, quicio m

Angelegenheit ['aŋgəleːgənhaɪt] f (-; -en) asunto m

angelernt ['aŋgəlɛrnt]: **~er** *Arbeiter* m trabajador m semicalificado

'Angel|haken ['aŋəlhaːkən] m anzuelo m; **2n** (ge-, h) pescar (con caña); **~rute** f caña f de pescar; **~schnur** f sedal m

'ange|messen ['aŋgə-] adecuado; *Preis*: razonable; **~nehm** agradable, grato; *j*: simpático; **~nommen** ['--nɔmən]: *daß* supuesto que (*subj*)

'angesehen respetado; ✝ acreditado

'angesichts (*gen*) en vista de, delante de

Angestellte ['--ʃtɛltə] m/f (-n; -n) empleado m, -a f; **'~nversicherung** f seguro m de empleados

'ange|wiesen ['--viːzən]: ~ *sn auf* (*ac*) depender de; **~wöhnen** (sep, -ge-, h) acostumbrar (*j-m et* a alg a a/c); *sich* (*dat*) *et* ~ acostumbrarse a a/c; **2wohnheit** f (-; -en) costumbre f; *schlechte* ~ vicio m

Angina [aŋˈgiːna] f (-; -nen) angina(s) f(pl); ~ *pectoris* angina f de pecho

'angleichen ['an-] (irr, sep, -ge-, h, → *gleichen*) adaptar, ajustar

Angler ['aŋlər] *m* (-s; -), **~in** *f* (-; -nen) pescador(a *f*) *m* de caña
'angreif|en ['an-] (*irr, sep,* -ge-, h, → **greifen**) atacar (*a fig*); ℒ**er** *m* (-s; -), ℒ**erin** *f* (-; -nen) agresor(a *f*) *m*
'angrenzen (*sep,* -ge-, h): **~ an** (*ac*) lindar con
'Angriff *m* (-[e]s; -e) ataque *m* (*a fig*); **in ~ nehmen** acometer, abordar
Angst [aŋst] *f* (-; ⸚e) miedo *m* (**vor** a)
'ängstlig|en ['ɛŋstigən] (ge-, h): (*sich*) **~** inquietar(se); **~lich** ['-liç] miedoso; (*beunruhigt*) inquieto; (*scheu*) tímido
'an|gucken ['an-] (*sep,* -ge-, h) mirar; **~haben** (*irr, sep,* -ge-, h, → **haben**) *Kleidung:* llevar (puesto)
'anhalt|en (*irr, sep,* -ge-, h, → **halten**) **1.** *v/t* parar, detener; *Atem:* contener; **2.** *v/i* parar(se); (*dauern*) durar; ℒ**er** *m* (-s; -), ℒ**erin** *f* (-; -nen) autostopista *su;* **per ~ fahren** viajar por *od* hacer autostop; ℒ**s-punkt** *m* punto *m* de referencia
'Anhang *m* (-[e]s; ⸚e) apéndice *m*; (*sin pl*) *fig* partidarios *m/pl*; **ohne ~** sin familia
'anhäng|en (*sep,* -ge-, h) *v/t* colgar (**an** *ac* de); *Wagen:* enganchar; ℒ**er** *m* (-s; -) *pol* partidario *m*; *dep* aficionado *m*; (*Wagen*) remolque *m*; (*Schmuck*) colgante *m*; *am Koffer usw.:* etiqueta *f*; ℒ**erin** *f* (-; -nen) partidaria *f*; aficionada *f*; ℒ**erkupplung** *f* enganche *m* para remolque; **~lich** fiel; afecto (a)
'an|häufen (*sep,* -ge-, h) acumular, amontonar; **~heften** (*sep,* -ge-, h) fijar, pegar (**an** *ac* en); sujetar (a)
'Anhieb *m:* **auf ~** de golpe
'Anhöhe *f* (-; -n) colina *f*, cerro *m*
'anhören (*sep,* -ge-, h) escuchar; *sich gut ~* sonar bien
animieren [--'miːrən] (h) animar, estimular
A'nis [a'niːs] *m* (-[es]; -e) anís *m*
'Ankauf *m* (-[e]s; ⸚e) compra *f*
'Anker ['aŋkər] *m* (-s; -) ✧ ancla *f*; *Uhr:* áncora *f*; **vor ~ gehen**, **~ werfen** echar anclas; **vor ~ liegen** estar anclado *od* surto; ℒ**n** (*ge-,* h) anclar, fondear; **~platz** *m* fondeadero *m*
'Anklage ['an-] *f* (-; -n) acusación *f*; ℒ**n** (*sep,* -ge-, h) acusar (**wegen** de)
'anklammern (*sep,* -ge-, h): **sich ~ an** (*ac*) agarrarse a; *a fig* aferrarse a
'Anklang *m:* **~ finden** hallar buena acogida, ser bien acogido

'an|kleben (*sep,* -ge-, h) pegar, fijar; **~kleiden** (*sep,* -ge-, h): (*sich*) **~** vestir(se); **~klopfen** (*sep,* -ge-, h) llamar (a la puerta); **~knüpfen** (*sep,* -ge-, h) **1.** *v/t* anudar; *Gespräch:* entablar; *Beziehungen* ~ entrar en relaciones (**zu** *j-m* con alg); **2.** *v/i* **~ an** (*ac*) partir de
'ankommen (*irr, sep,* -ge-, sn, → **kommen**) llegar (**in** *dat* a); **das kommt darauf an** depende; **darauf kommt es nicht an** eso es lo de menos
'ankündig|en (*sep,* -ge-, h) anunciar; ℒ**ung** *f* (-; -en) anuncio *m*, aviso *m*
'Ankunft ['-kunft] *f* (-; *sin pl*) llegada *f*; **~s-tag** *m* fecha *f* de llegada
'ankurbeln (*sep,* -ge-, h) *Wirtschaft:* relanzar, reactivar; **~lächeln** (*sep,* -ge-, h) sonreír a
'Anlage *f* (-; -n) (*Anordnung*) disposición *f*; (*Geld*) inversión *f*; ⊙ instalación *f*; △ construcción *f*; (*Park*) jardín *m* público; (*Ferien*ℒ) complejo *m* turístico; (*Talent*) disposición *f*; talento *m*; (*Beilage*) anexo *m*; **in der ~** adjunto; **~berater** ♱ *m* asesor *m* de inversión; **~kapital** *n* capital *m* invertido *bzw* fijo
Anlaß ['las] *m* (-sses; -sse) motivo *m*; (*Gelegenheit*) ocasión *f*; **~ geben zu** dar lugar para
'anlass|en (*irr, sep,* -ge-, h, → **lassen**) *Kleider:* dejar puesto; *Licht:* no apagar; *auto* arrancar; ℒ**er** *m* (-s; -) arranque *m*
anläßlich ['-lɛsliç] (*gen*) con motivo *od* ocasión de
'Anlauf *m* (-[e]s; ⸚e) arranque *m*; *dep* (**e-n**) **~ nehmen** tomar impulso; ℒ**en** (*irr, sep,* -ge-, → **laufen**) **1.** *v/t* (h) ✧ hacer escala en; **2.** *v/i* (sn) *Maschine:* ponerse en marcha (*a fig*); *Glas:* empañarse
'anlege|n (*sep,* -ge-, h) **1.** *v/t* poner, colocar (**an** *ac* contra); *Gewehr:* apuntar; *Kapital:* invertir; ✎ aplicar; **2.** *v/i* ✧ atracar; ℒ**platz** *m*, ℒ**stelle** *f* ✧ embarcadero *m*; ℒ**r** ♱ *m* (-s; -) inversor *m*
'anlehnen (*sep,* -ge-, h) adosar (**an** *ac* a), arrimar (a), apoyar (contra); *Tür:* entornar
Anleihe ['-laɪə] *f* (-; -n) empréstito *m*
'anleit|en (*sep,* -ge-, h) guiar, instruir; ℒ**ung** *f* (-; -en) instrucciones *f/pl*
'Anlieg|en *n* (-s; -) deseo *m*, ruego *m*; petición *f*; ℒ**end** *Kleid:* ceñido, ajustado; *Brief:* adjunto; **~er** *m* (-s; -) vecino *m*

anlocken (sep, -ge-, h) atraer; **~lügen** (irr, sep, -ge-, h, → **lügen**): **j-n ~** mentir a algn; **~machen** (sep, -ge-, h) fijar; Feuer, Licht: encender; Salat: aderezar

'anmaß|en ['-maːsən] (sep, -ge-, h): **sich** (dat) et **~** arrogarse; **~end** presuntuoso, arrogante; **2ung** f (-; -en) presunción f, arrogancia f

'Anmeld|eformular ['-meldə-] n formulario m de inscripción; **2en** (sep, -ge-, h) avisar, anunciar; auto matricular; beim Zoll: declarar; **sich ~** inscribirse; polizeilich: darse de alta; beim Arzt: pedir hora; **~ung** f (-; -en) aviso m; inscripción f; alta f

'anmerk|en (sep, -ge-, h): **man merkt es ihm an** se le nota; **sich** (dat) **nichts ~ lassen** disimular; **2ung** f (-; -en) nota f

'Anmut f (-; sin pl) gracia f; **2ig** gracioso

'an|nageln (sep, -ge-, h) clavar; **~nähen** (sep, -ge-, h) coser

annähernd adv aproximadamente; **2ung** f (-; -en) acercamiento m

Annahme ['anaːmə] f (-; sin pl) aceptación f; Kind, Antrag usw: adopción f; (pl -n) (Vermutung) suposición f

annehm|bar ['ane:mbaːr] aceptable; **~en** (irr, sep, -ge-, h, → **nehmen**) aceptar, recibir; (zulassen) admitir; (vermuten) suponer; **sich e-r Sache ~** encargarse de a/c; **2lichkeit** f (-; -en) comodidad f

Annonc|e [a'nõːsə] f (-; -n) anuncio m; **2'ieren** (h) poner un anuncio

annullieren [anu'liːrən] (h) anular

anonym [ano'nyːm] anónimo

Anorak ['--rak] m (-s; -s) anorak m

'an-ordn|en (sep, -ge-, h) disponer; (befehlen) ordenar; **2ung** f (-; -en) disposición f (**treffen** tomar); (Befehl) orden f

'anpass|en (sep, -ge-, h) ajustar; **sich ~** adaptarse (**an** ac a); **2ung** f (-; -en) adaptación f; **~ungsfähig** adaptable

'Anpfiff m (-[e]s; -e) dep pitada f inicial; F fig bronca f

'an|pflanzen (sep, -ge-, h) plantar; cultivar; **~preisen** (irr, sep, -ge-, h, → **preisen**) elogiar, alabar

'Anprob|e f (-; -n) prueba f, ensayo m; **2ieren** (sep, h) probarse

'an|pumpen (sep, -ge-, h) F dar un sablazo a; **~rechnen** (sep, -ge-, h) cargar en cuenta; **hoch ~** agradecer mucho

'Anrecht n (-[e]s; -e) derecho m (**auf** ac a)

'Anrede f (-; -n) tratamiento m; **2n** (sep, -ge-, h) dirigir la palabra a; **mit Sie ~** tratar de usted; **mit du ~** tutear

'anreg|en (sep, -ge-, h) animar; a ✱ estimular; (vorschlagen) sugerir; Appetit: abrir; **~end** excitante; a ✱ estimulante; **2ung** f (-; -en) estímulo m; sugerencia f

'Anreiz m (-es; -e) estímulo m, incentivo m

'Anrichte ['-riçtə] f (-; -n) aparador m; **2n** (sep, -ge-, h) Speisen: aderezar; Schaden usw: ocasionar, causar

'Anruf m (-[e]s; -e) llamada f; **~be-antworter** m (-s; -) contestador m automático (de llamadas); **2en** (irr, sep, -ge-, h, → **rufen**) llamar

'anrühren (sep, -ge-, h) tocar; Farbe usw: mezclar; Teig: amasar

'Ansage ['-zaːgə] f (-; -n) TV usw: presentación f; **2n** (sep, -ge-, h) avisar, anunciar; **~r** m (-s; -), **~rin** f (-; -nen) Radio: locutor(a f) m; TV presentador(a f) m

'Ansammlung f (-; -en) reunión f; aglomeración f (a v Menschen)

'ansässig ['-zɛsiç] domiciliado (**in** dat en)

'anschaff|en (sep, -ge-, h) adquirir, comprar; **2ung** f (-; -en) adquisición f

'anschalten (sep, -ge-, h) Licht: encender; Gerät: conectar

'anschau|en (sep, -ge-, h) mirar; contemplar; **~lich** expresivo; **2ung** f (-; -en) (Meinung) opinión f; modo m de ver

'Anschein m (-[e]s; sin pl) apariencia f; **2end** adv por lo visto, al parecer

'Anschlag m (-[e]s; ⁻e) ⊙ tope m; ♪ a Schreibmaschine: pulsación f; (Plakat) letrero m, cartel m; (Mord2) atentado m (**auf** ac a); **~brett** n tablón m de anuncios; cartelera f; **2en** (sep, -ge-, **→ schlagen**) **1.** v/t (h) fijar (a Plakat); **2.** v/i (h u sn) dar (**an** ac contra); Hund (h): ladrar; (wirken) surtir efecto; **~säule** f columna f anunciadora; **~tafel** f tablón m de anuncios

'anschließen (irr, sep, -ge-, h, → **schließen**) unir; ∉ conectar, enchufar (**an** ac a, con); **sich ~ an** (ac) unirse, adherirse a; **~d** siguiente; adv a continuación

'Anschluß m (-sses; ⁻sse) ⊙ conexión f (a ∉); tel comunicación f; Gas, Wasser: acometida f; 🚆, ✈ enlace m, corres-

pondencia *f*; ~ **suchen** (**finden**) buscar (encontrar) compañía; ~**flug** *m* vuelo *m* de enlace; ~**zug** *m* tren *m* de enlace
'**anschnall|en** (*sep*, -ge-, h) sujetar, atar; *auto*, ✈ *sich* ~ abrocharse el cinturón; ♀**gurt** *m* cinturón *m* (de seguridad); ♀**pflicht** *f* uso *m* obligatorio del cinturón de seguridad
'**an|schnauzen** (*sep*, -ge-, h) F echar una bronca a; ~**schneiden** (*irr, sep*, -ge-, h, → *schneiden*) *fig* abordar
Anschovis [-'ʃoːvis] *f* (-; -) anchoa *f*
'**an|schrauben** (*sep*, -ge-, h) atornillar; ~**schreiben** *irr, sep*, -ge-, h, → *schreiben*) *j-n*: escribir a; ~ *lassen* comprar fiado; ~**schreien** (*irr, sep*, -ge-, h, → *schreien*) *j-n* gritar a alg
'**Anschrift** *f* (-; -en) dirección *f*, señas *f/pl*
'**anschwellen** (*irr, sep*, -ge-, sn, → *schwellen*) ✈ hincharse
'**ansehen 1.** *v/t* (*irr, sep*, -ge-, h, → *sehen*) mirar; ~ *für od als* (*ac*) considerar como; *man sieht es ihm an* se le ve en la cara; **2.** ♀ *n* (-s; *sin pl*) *fig* reputación *f*, prestigio *m*
'**ansehnlich** ['-zeːnlɪç] de buena presencia, vistoso; considerable
'**an|seilen** ['-zaɪlən] (*sep*, -ge-, h): *sich* ~ encordarse; ~**setzen** (*sep*, -ge-, h) juntar, unir; *Termin*: señalar, fijar; *Fett* ~ echar carnes
'**Ansicht** *f* (-; -en) vista *f*; (*Meinung*) parecer *m*, opinión *f*; ✝ *zur* ~ como muestra; ~**skarte** *f* postal *f* (ilustrada)
'**ansiedeln** (*sep*, -ge-, h) (*sich*) ~ asentar(se), establecer(se)
'**anspann|en** (*sep*, -ge-, h) *Pferd*: enganchar; *s-e Kräfte* ~ hacer un esfuerzo; ♀**ung** *f* (-; -en) tensión *f*
'**anspiel|en** (*sep*, -ge-, h) *dep* hacer el saque; *fig* ~ *auf* (*ac*) aludir a; ♀**ung** *f* (-; -en) alusión *f*
'**Ansporn** *m* (-[e]s; *sin pl*) estímulo *m*
'**Ansprache** *f* (-; -n) alocución *f*
'**ansprechen** (*irr, sep*, -ge-, h, → *sprechen*) dirigir la palabra a; ~**d** simpático, agradable
'**anspringen** *v/i* (*irr, sep*, -ge-, sn, → *springen*) *Motor*: arrancar
'**Anspruch** *m* (-[e]s; ⁓e) (*Recht*) derecho *m* (*auf* a); pretensión *f* (a); ~ *erheben auf* (*ac*) reclamar (*a/c*); reivindicar; *in* ~ *nehmen* recurrir a; ♀**slos** modesto, sin pretensiones; ♀**svoll** exigente

Anstalt ['-ʃtalt] *f* (-; -en) establecimiento *m*; institución *f*, instituto *m*
'**An|stand** *m* (-[e]s; *sin pl*) decencia *f*, decoro *m*; ♀**ständig** decente, decoroso
'**anstandshalber** ['-halbər] para guardar el decoro
'**anstarren** (*sep*, -ge-, h) mirar fijamente
anstatt [-'ʃtat] (*gen, zu inf*) en vez de
'**ansteck|en** (*sep*, -ge-, h) *v/t* prender; *Ring*: poner; *Zigarette*: encender; ✈ contagiar; ~**end** contagioso; ♀**ung** ✈ *f* (-; -en) contagio *m*, infección *f*
'**anstehen** (*irr, sep*, -ge-, h *u* sn, → *stehen*) (*Schlange stehen*) hacer cola
'**ansteigen** (*irr, sep*, -ge-, sn, → *steigen*) subir; *fig a* aumentar
an'stelle (*gen*) en lugar de, en vez de
'**anstell|en** (*sep*, -ge-, h) *Radio usw*: poner; *Personal*: emplear; *sich* (*hinten*) ~ hacer cola; *sich* (*un*)*geschickt* ~ darse buena (mala) maña; ♀**ung** *f* (-; -en) empleo *m*, colocación *f*
'**Anstieg** ['-ʃtiːk] *m* (-[e]s; -e) subida *f* (*a fig*)
'**anstift|en** (*sep*, -ge-, h) *j-n*: instigar (*zu ac* a); ♀**ung** *f* (-; -en) instigación *f*
'**anstimmen** (*sep*, -ge-, h) *Lied*: entonar
'**Anstoß** *m* (-es; ⁓e) (*Antrieb*) impulso *m*; *dep* saque *m* inicial; ~ *erregen* causar escándalo; ~ *nehmen* escandalizarse (*an dat* de, con); ♀**en** (*irr, sep*, -ge-, sn, → *stoßen*) *v/i* tropezar (*an ac* con), chocar (contra); *auf j-n* ~ brindar por alg
anstößig ['-ʃtøːsɪç] chocante, escandaloso
'**anstreichen** (*irr, sep*, -ge-, h, → *streichen*) pintar; *Stelle*: marcar
'**anstreng|en** ['-ʃtrɛŋən] (*sep*, -ge-, h) cansar; *sich* ~ esforzarse; ~**end** fatigoso, penoso; ♀**ung** *f* (-; -en) esfuerzo *m*
'**Anstrich** *m* (-[e]s; -e) (capa *f* de) pintura *f*
'**Ansturm** *m* (-[e]s; ⁓e) *fig* afluencia *f*
'**Anteil** *m* (-[e]s; -e) parte *f*; *fig* interés *m*; ~**nahme** *f* (-; -nɑːmə) *f* (-; *sin pl*) interés *m*; simpatía *f*
Antenne [-'tɛnə] *f* (-; -n) antena *f*
Anti... ['antiː..]: *in Zssgn* anti...; ~'**babypille** *f* píldora *f* (anticonceptiva); ~**biotikum** [--biˈoːtikum] *n* (-s; -tika) antibiótico *m*; ~**blo'ckiersystem** *n auto* sistema *m* antibloqueo (de frenos)
an'tik [-'tiːk] antiguo; ♀**e** *f* (-; *sin pl*) edad *f* antigua, antigüedad *f*
Anti|lope [-tiˈloːpə] *f* (-; -n) antílope *m*;

~pathie [--pa'ti:] f (-; sin pl) antipatía f
Anti|quariat [--kvar'ja:t] n (-[e]s; -e) librería f de lance od de ocasión; **~quitätengeschäft** [--kvi'tɛ:tən-] n tienda f de antigüedades
Antisemitismus [--zemi'tismus] m (-; sin pl) antisemitismo m
'Antrag ['-tra:k] m (-[e]s; ⁻e) (Gesuch) solicitud f; instancia f; **~sformular** n modelo m de instancia; **~steller** ['--ʃtɛlər] m (-s; -) solicitante m
'an|treffen (irr, sep, ge-, h, → **treffen**) encontrar; **~treiben** (irr, sep, ge-, h, → **treiben**) ⊙ accionar; ♐ ✈ propulsar; fig estimular; **~treten** (irr, sep, ge-, h, → **treten**) Reise: emprender; Arbeit: empezar
'Antrieb m (-[e]s; -e) ⊙ accionamiento m; impulso m (a fig); ✈, ⚓ propulsión f; **aus eigenem ~** espontáneamente
'Antritt m: **vor ~ der Reise** antes de emprender el viaje
'antun (irr, sep, ge-, h, → **tun**) Gewalt, Ehre: hacer; **sich** (dat) **et ~** atentar contra la propia vida
'Antwort ['antvɔrt] f (-; -en) contestación f, respuesta f; **2en** (ge-, h) contestar, responder (**auf** ac a); **~(post)karte** f tarjeta f postal-respuesta
'an|vertrauen (sep, -ge-, h) confiar; **sich j-m ~** confiarse a alg; **~wachsen** (irr, sep, -ge-, sn, → **wachsen**) fig crecer
'Anwalt ['-valt] m (-[e]s; ⁻e) abogado m
'anwärmen (sep, -ge-, h) calentar
'Anwärter m (-s; -) aspirante m, candidato m (**auf** ac a)
'anweis|en (irr, sep, -ge-, h, → **weisen**) ordenar; (anleiten) instruir; Geld: consignar, girar; Platz: indicar; **2ung** f (-; -en) instrucciones f/pl; (Geld) giro m
'anwend|en ['-vɛndən] (irr, sep, -ge-, h, → **wenden**) emplear, utilizar; aplicar (**auf** ac a); **2ersoftware** f software m aplicativo od de usuario; **2ung** f (-; -en) empleo m; aplicación f
'anwesen|d presente; **~ sein bei** asistir a; **2heit** f (-; sin pl) presencia f
'anwidern ['-vi:dərn] (sep, -ge-, h) repugnar
'Anzahl f (-; sin pl) número m, cantidad f; **2en** (sep, -ge-, h) pagar a cuenta; **~ung** f (-; -en) pago m a cuenta
'Anzeichen n (-s; -) señal f; (Vorzeichen) presagio m; ✱ síntoma m

'Anzeige ['-tsaɪɡə] f (-; -n) ✝ aviso m; (Zeitungs2) anuncio m; ♐ denuncia f; **2n** (sep, -ge-, h) indicar; (ankündigen) anunciar; avisar; ♐ denunciar
'anzieh|en (irr, sep, -ge-, h, → **ziehen**) v/t atraer (a fig); Kleidung: ponerse; Schraube, Bremse: apretar; **sich ~** vestirse; **~end** atrayente, atractivo; **2ung** f (-; sin pl) atracción f (a fig)
'Anzug m (-[e]s; ⁻e) traje m; conjunto m
anzüglich ['-tsy:klɪç] picante
'anzünd|en (sep, -ge-, h) encender; Haus: incendiar; **2er** m (-s; -) encendedor m
apathisch [a'pɑ:tɪʃ] apático
Aperitif [aperi'ti:f] m (-s; -s) aperitivo m
'Apfel ['apfəl] m (-s; ⁻) manzana f; **~baum** m manzano m; **~mus** n puré m de manzana; **~sine** [--'zi:nə] f (-; -n) naranja f; **~'sinenbaum** m naranjo m; **~wein** m sidra f
Apostel [a'pɔstəl] m (-s; -) apóstol m
Apo'theke [apo'te:kə] f (-; -n) farmacia f; **~r** m (-s; -), **~rin** f (-; -nen) farmacéutico m, -a f
Apparat [apa'rɑ:t] m (-[e]s; -e) aparato m; fot máquina f; tel teléfono m; **bleiben Sie am ~!** ¡no cuelgue!
Appartement [apart(ə)'mɑ̃:] n (-s; -s) apartamento m; estudio m
Appell [a'pɛl] m ⚔ llamada f; fig llamamiento m
Appe'tit [apə'ti:t] m (-[e]s; -e) apetito m; **guten ~!** ¡que aproveche!; **2lich** apetitoso; **~losigkeit** f falta f de apetito
Applaus [a'plaʊs] m (-es; sin pl) aplauso m
Apri'kose [apri'ko:zə] f (-; -n) albaricoque m, Am damasco m
A'pril [a'prɪl] m (-[s]; raro -e) abril m
Aquädukt [akvɛ'dʊkt] m (-[e]s; -e) acueducto m
Aquarell [akva'rɛl] n (-s; -e) acuarela f
Aquarium [a'kvɑ:rjʊm] n (-s; -rien) acuario m
Äquator [ɛ'kvɑ:tɔr] m (-s; sin pl) ecuador m
Ar [ɑ:r] n (-[e]s; -e, después de números inv) área f
Ära ['ɛ:ra] f (-; Ären) era f
Arab|er ['arabər] m (-s; -), **~erin** f (-; -nen), **2isch** [a'rɑ:bɪʃ] árabe su
'Arbeit ['arbaɪt] f (-; -en) trabajo m; (Werk) obra f; (Aufgabe) tarea f; **2en**

(ge-, h) trabajar; *Maschine*: funcionar, marchar

'Arbeiter *m* (-s; -), **'~in** *f* (-; -nen) trabajador(a *f*) *m*; obrero *m*, -a *f*; **~...** *m* in Zssgn mst obrero

'Arbeit|geber *m* patrono *m*; **~geberanteil** *m* cuota *f* patronal; **~geberverband** *m* (asociación *f*) patronal *f*; **~nehmer** *m* [´--ne:mər] *m* (-s; -) empleado *m*; **~nehmer-anteil** *m* cuota *f* del empleado

'Arbeits|-amt *n* oficina *f* de empleo; **~bedingungen** *f/pl* condiciones *f/pl* de trabajo; **~beschaffung** *f* creación *f* de empleo; **~erlaubnis** *f* permiso *m* de trabajo; **2fähig** capaz de trabajar; **~kampf** *m* lucha *f* laboral; **~kräfte** [´--krɛftə] *f/pl* mano *f* de obra; **2los** sin trabajo, parado, en paro; **~losengeld** *n* (-[e]s; -er) subsidio *m* de paro od de desempleo; **~losenversicherung** *f* seguro *m* contra el paro; **~losigkeit** *f* paro *m* (forzoso), desempleo *m*; **~platz** *m* puesto *m* de trabajo; (*Stelle*) empleo *m*; (*Ort*) lugar *m* de trabajo; **~tag** *m* jornada *f* laboral; **~teilung** *f* división *f* del trabajo; **2unfähig** incapaz para el trabajo; inválido; **~unfall** *m* accidente *m* de trabajo; **~zeit** *f* horas *f/pl* de trabajo, jornada *f* laboral; **~zeitverkürzung** *f* reducción *f* del horario laboral

Archäologie [arçeolo'giː] *f* (-; *sin pl*) arqueología *f*

Architekt [-çi'tɛkt] *m* (-en; -en), **~in** *f* (-; -nen) arquitecto *m*, -a *f*; **~ur** [---'tuːr] *f* (-; -en) arquitectura *f*

Archiv [-'çiːf] *n* (-s; -e) archivo *m*

Arena [a'reːna] *f* (-; -nen) arena *f*; *taur* plaza *f* de toros

arg [ark] malo; grave; (*sehr*) muy

Argentin|ier [argɛn'tiːnjər] *m* (-s; -), **~ierin** *f* (-; -nen), **2isch** argentino *m*, -a *f*

'Ärger ['ɛrgər] *m* (-s; *sin pl*) disgusto *m*; (*Unmut*) enfado *m*, enojo *m*; **2lich** *et*: enojoso; *j*: enfadado (*über ac* por); **2n** (ge-, h) enfadar, disgustar; *sich* **~** enfadarse; **~nis** *n* (-ses; -se) escándalo *m*

'arg|listig ['arklistiç] malicioso; **צּ** doloso; **~los** ingenuo

Argument [-gu'mɛnt] *n* (-[e]s; -e) argumento *m*

Arg|wohn ['arkvoːn] *m* (-s; *sin pl*) sospecha *f*; recelo *m*; **2wöhnisch** ['-vøːnɪʃ] receloso, suspicaz

Arie ['aːrjə] *f* (-; -n) aria *f*

arktisch ['arktɪʃ] ártico

arm [arm] pobre (**an** *dat* en)

Arm [arm] *m* (-[e]s; -e) brazo *m*; F *fig j*-*n* **auf den ~ nehmen** tomar el pelo a

Armaturenbrett [arma'tuːrənbrɛt] *n* tablero *m* de instrumentos, cuadro *m* de mandos

'Arm|band ['armbant] *n* (-[e]s; -er) pulsera *f*; **~band-uhr** *f* reloj *m* de pulsera; **~binde** *f* brazalete *m*; **⚕** cabestrillo *m*

Armee [ar'meː] *f* (-; -n) ejército *m*

Ärmel ['ɛrməl] *m* (-s; -) manga *f*

Armleuchter ['arm-] *m* candelabro *m*; P *fig* gilipollas *m* P

ärmlich ['ɛrmlɪç] *s* **armselig**

'Arm|reif ['armraɪf] *m* brazalete *m*; **2selig** pobre, miserable, mísero

Armut ['armuːt] *f* (-; *sin pl*) pobreza *f*

Aroma [a'roːma] *n* (-s; -men) aroma *m*

Arrest [a'rɛst] *m* (-[e]s; -e) arresto *m*

arrogant [aro'gant] arrogante

Arsch [arʃ] V *m* (-[e]s; -e) P culo *m*; **'~loch** V *fig n* P mierda *m*

Art [aːrt] *f* (-; -en) (*Weise*) manera *f*; (*Gattung*) clase *f*, categoría *f*; *a biol* especie *f*; (*Eigen2*) índole *f*

Ar'terie [ar'teːrjə] *f* (-; -n) arteria *f*; **~nverkalkung** *f* arteriosclerosis *f*

artig ['aːrtɪç] *Kind*: formal, bueno

Artikel [ar'tiːkəl] *m* (-s; -) artículo *m*

Artillerie [-tɪlə'riː] *f* (-; -n) artillería *f*

Artischocke **♀** [-ti'ʃɔkə] *f* (-; -n) alcachofa *f*

Artist [-'tɪst] *m* (-en; -en), **~in** *f* (-; -nen) artista *su* de circo, acróbata *su*

Arznei [artsˈnaɪ] *f* (-; -en), **~mittel** *n* medicamento *m*, fármaco *m*

Arzt [artst] *m* (-es; -e) médico *m*

Arzthelferin ['artsthɛlfərɪn] *f* auxiliar *f* de médico

'Ärzt|in ['ɛrtstɪn] *f* (-; -nen) médica *f*; **2lich** médico, facultativo

As [as] *n* (-ses; -se) *Karten u fig as m*

Asbest [-'bɛst] *m* (-[e]s; -e) amianto *m*

Asche ['aʃə] *f* (-; -n) ceniza *f*; **~nbecher** *m* cenicero *m*

Aschermittwoch [aʃər'mɪtvɔx] *m* miércoles *m* de ceniza

Asiat [az'jaːt] *m* (-en; -en), **~in** *f* (-; -nen), **2isch** asiático *m*, -a *f*

asozial ['azotsjaːl] antisocial

Aspekt [as'pɛkt] *m* (-[e]s; -e) aspecto *m*

Asphalt

Asphal|t [-'falt] *m* (-[e]s; -e) asfalto *m*; **♀'tieren** (h) asfaltar
Aspirin [aspi'ri:n] *Wz n* (-s; *sin pl*) aspirina *f* (*Wz*)
Assisten|t [asis'tɛnt] *m* (-en; -en), **~tin** *f* (-; -nen) asistente *su*, ayudante *su*; **~z-arzt** [-'-s⁹artst] *m* médico *m* ayudante
Ast [ast] *m* (-[e]s; ⁓e) rama *f*
Aster ♀ ['astər] *f* (-; -n) aster *m*
Asthma ['astma] *n* (-s; *sin pl*) asma *f*
Astro|logie [astrolo'gi:] *f* (-; *sin pl*) astrología *f*; **~naut** [--'naut] *m* (-en; -en) astronauta *m*; **~nomie** [--no'mi:] *f* (-; *sin pl*) astronomía *f*
A'syl [a'zy:l] *n* (-s; *sin pl*) asilo *m*; **~ant** [-zy'lant] *m* (-en; -en) asilado *m*; **~antrag** *m* petición *f* de asilo; **~bewerber** *m* solicitante *m* de asilo
Atelier [atəl'je:] *n* (-s; -s) taller *m*; *Malerei*, *Film*: estudio *m*
'Atem ['ɑ:təm] *m* (-s; *sin pl*) aliento *m*; respiración *f*; **außer ~** sin aliento; **~beschwerden** *f/pl* molestias *f/pl* respiratorias; **♀los** sin aliento; **~pause** *f fig* respiro *m*; **~zug** *m* inspiración *f*
Atheist [ate'ist] *m* (-en; -en), **~in** *f* (-; -nen), **♀isch** ateo *m*, -a *f*
Äther ['ɛ:tər] *m* (-s; *sin pl*) éter *m*
Athlet [at'le:t] *m* (-en; -en), **~in** *f* (-; -nen) atleta *su*
Atlas [-las] *m* **a)** (*Landkarte*) (-[ses]; At'lanten, -se) atlas *m*; **b)** (*Stoff*) (-[ses]; -se) raso *m*, satén *m*
atmen ['ɑ:tmən] (*ge-*, h) respirar
Atmosphäre [atmos'fɛ:rə] *f* (-; -n) atmósfera *f*; *fig* ambiente *m*
Atmung ['ɑ:tmuŋ] *f* (-; *sin pl*) respiración *f*
A'tom [a'to:m] *n* (-s; -e) átomo *m*; **♀ar** [ato'mɑ:r] atómico; **~bombe** *f* bomba *f* atómica; **~energie** *f* energía *f* atómica; **~kraftgegner** *m/pl* antinucleares *m/pl*; **~kraftwerk** *n* central *f* atómica *od* nuclear
Attaché [ata'ʃe:] *m* (-s; -s) agregado *m*
'Atten|tat ['atəntɑ:t] *n* (-[e]s; -e) atentado *m*; **~täter** *m* autor *m* de un atentado
Attest [a'test] *n* (-[e]s; -e) certificado *m*
attraktiv [atrak'ti:f] atractivo
Attrappe [a'trapə] *f* (-; -n) objeto *m* simulado *od* F de pega
au! [au] *int* ¡ay!
Aubergine [obɛr'ʒi:nə] *f* (-; -n) berenjena *f*

auch [aux] también; **~ nicht** tampoco; *oder* **~** o sea; *sowohl* **...** *als* **~** tanto ... como; **~ wenn** aun cuando
Audienz [au'djɛnts] *f* (-; -en) audiencia *f*
audiovisuell [audjovizu'ɛl] audiovisual
auf [auf] **1.** *prp* sobre; en, encima de; **~ dem Tisch** sobre la mesa; **~ dem Boden** en el suelo; **~ dem Land** en el campo; **~ der Straße** en la calle; **~ dieser Seite** por *od* de este lado; **~ Besuch** de visita; **~ deutsch** en alemán; **2.** *adv* (*offen*) abierto; (*aufgestanden*) levantado
'auf|-arbeiten (*sep*, -ge-, h) (*beenden*) terminar; (*erneuern*) renovar; **~atmen** (*sep*, -ge-, h) respirar (*a fig*)
'Aufbau *m* (-[e]s; *sin pl*) construcción *f*; ⊙ montaje *m*; (*Gliederung*) estructura *f*; organización *f*; ⚓ *pl* **~ten** superestructura *f*; **♀en** (*sep*, -ge-, h) construir; ⊙ montar; *fig* organizar
'auf|bauschen (*sep*, -ge-, h) hinchar (*a fig*); **~begehren** (*sep*, -ge-, h) protestar, rebelarse (*gegen* contra); **~bessern** (*sep*, -ge-, h) *Gehalt*: aumentar
'aufbewahr|en (*sep*, h) guardar, conservar; *für später*: reservar; **♀ung** *f* (-; *sin pl*) conservación *f*; (*Gepäck*) consigna *f*
'auf|bieten (*irr*, *sep*, -ge-, h, → *bieten*) *fig* movilizar; *Mittel*: poner en juego; **alle Kräfte ~** emplearse a fondo; **~blasen** (*irr*, *sep*, -ge-, h, → *blasen*) inflar, hinchar; **~bleiben** (*irr*, *sep*, -ge-, sn, → *bleiben*) quedar abierto; *nachts*: no acostarse, velar; **~blenden** (*sep*, -ge-, h) *auto* poner las luces de carretera; **~blicken** (*sep*, -ge-, h) alzar la vista; **~blühen** (*sep*, -ge-, sn) abrirse; *fig* florecer; prosperar; **~brauchen** (*sep*, -ge-, h) apurar; agotar; **~brechen** (*irr*, *sep*, -ge-, → *brechen*) **1.** *v*/*t* (h) abrir, romper; *gewaltsam*: forzar; **2.** *v*/*i* (sn) abrirse; (*fortgehen*) marcharse (*nach* para); **~bringen** (*irr*, *sep*, -ge-, h, → *bringen*) *Geld*: reunir; *Gerücht*: inventar; *Mode usw*: lanzar; *fig* irritar, enojar
'Aufbruch *m* (-[e]s; ⁓e) salida *f*, marcha *f*
'auf|brühen (*sep*, -ge-, h) *Tee*: hacer; **~decken** (*sep*, -ge-, h) destapar; *fig* descubrir, desvelar; **~drängen** (*sep*, -ge-, h): **sich j-m ~** importunar a alg; **~drehen** (*sep*, -ge-, h) *Hahn*: abrir
'aufdringlich importuno, pesado
aufein'ander [-'⁹ain'⁹andər] uno(s)

sobre otro(s); *zeitlich*: uno tras otro; ~**folgen** (*sep*, -ge-, sn) seguirse, sucederse; ~**folgend** sucesivo; ~**prallen** (*sep*, -ge-, sn), ~**stoßen** (*irr, sep*, -ge-, sn, → **stoßen**) entrechocarse; chocar (*a fig*)

'**Aufenthalt** ['aufˈɛnthalt] *m* (-[e]s; -e) estancia *f*; 🕭 parada *f*; ~**sgenehmigung** *f* permiso *m* de residencia; ~**s-ort** *m* paradero *m*

'**auf-erlegen** (*sep*, h) imponer

'**auf-ersteh|en** (*irr, sep,* sn, → **erstehen**) resucitar; 2**ung** *f* (-; *sin pl*) resurrección *f*

'**auf-essen** (*irr, sep*, -ge-, h, → **essen**): *alles* ~ comérselo todo

'**auffahr|en** v/i (*ir, sep,* -ge-, sn, → **fahren**) chocar (**auf** *ac* con); 2**t** *f* (-; -en) (*Rampe*) rampa *f*; (*Autobahn*) acceso *m*; 2**-unfall** *m* accidente *m* por alcance

'**auffallen** (*irr, sep*, -ge-, sn, → **fallen**) *fig* llamar la atención; ~**d**, '**auffällig** vistoso, llamativo

'**auffangen** (*irr, sep*, -ge-, h, → **fangen**) coger (al vuelo); *Funkspruch*: captar

'**auffass|en** (*sep*, -ge-, h) comprender, interpretar; ~ *als* considerar como; 2**ung** *f* (-; -en) concepción *f*; interpretación *f*; modo *m* de ver

'**auffinden** (*irr, sep*, -ge-, h, → **finden**) hallar, encontrar

'**aufforder|n** (*sep*, -ge-, h) invitar (**zu** a); *amtlich*: requerir; *zum Tanz* ~ sacar a bailar; 2**ung** *f* (-; -en) invitación *f*; requerimiento *m*

aufforst|en ['-fɔrstən] (*sep*, -ge-, h) repoblar; 2**ung** *f* (-; -en) repoblación *f* forestal

'**auf|fressen** (*irr, sep*, -ge-, h, → **fressen**) devorar; F comerse; ~**frischen** ['-frɪʃən] (*sep*, -ge-, h) refrescar (*a fig*)

'**aufführ|en** (*sep*, -ge-, h) (*nennen*) citar, mencionar; *teat* representar; ♪ ejecutar; *sich* ~ conducirse, portarse; *aufgeführt sn in e-r Liste*: figurar; 2**ung** *f* (-; -en) representación *f*; ♪ ejecución *f*

'**Aufgabe** *f* a) (-; -n) tarea *f*, función *f*; **b**) (-; *sin pl*) *Gepäck*: facturación *f*; ✉ envío *m*; (*Verzicht*) abandono *m*, renuncia *f*

'**aufgabeln** (*sep*, -ge-, h) F *fig* pescar

'**Aufgang** *m* (-[e]s; ⸚e) (*Treppe*) escalera *f*; (*sin pl*) *astr* salida *f*

'**aufgeben** (*irr, sep*, -ge-, h, → **geben**) *Brief*: echar al correo; *Telegramm, Annonce*: poner; *Gepäck*: facturar; *Rätsel*: (pro)poner; (*verzichten*) renunciar a; *Plan*: abandonar (*a v/i dep*); v/i resignarse; *die Hoffnung* ~ desesperar

'**Aufgebot** *n* (-[e]s; -e) (*Ehe*~) amonestaciones *f/pl*

'**aufgehen** (*irr, sep*, -ge-, sn, → **gehen**) abrirse; *astr* salir; *Vorhang*: levantarse; *Knoten*: deshacerse; *Naht*: descoserse

aufge|kratzt F ['-gəkratst] muy alegre; ~**legt** ['--leːkt]: ~ *sn zu* estar de humor para; *gut* (*schlecht*) ~ de buen (mal) humor; ~**regt** ['--reːkt] agitado, excitado; ~**schlossen** ['--ʃlɔsən] *fig* abierto (*für* a); ~**weckt** ['--vɛkt] *fig* (d)espabilado

'**aufgießen** (*irr, sep*, -ge-, h, → **gießen**) *Tee*: hacer, preparar

auf'grund: ~ (*von*) por razón de, a raíz de

'**Aufguß** *m* (-sses; ⸚sse) infusión *f*

'**aufhaben** (*irr, sep*, -ge-, h, → **haben**) *Hut*: tener puesto; *Geschäft*: tener abierto

aufhalten (*irr, sep*, -ge-, h, → **halten**) dejar *od* tener abierto; (*stoppen*) parar, detener; (*verzögern*) retardar; *sich* ~ permanecer

'**aufhäng|en** (*sep*, -ge-, h) colgar (**an** *dat* de *od* en); *Wäsche*: tender; 2**ung** *f* (-; -en) ✪ suspensión *f*

'**auf|heben** (*irr, sep*, -ge-, h, → **heben**) levantar (*a fig Tafel, Sitzung, Belagerung*); *vom Boden*: recoger; (*abschaffen*) abolir; (*aufbewahren*) guardar, conservar; *viel* 2**s machen von** hacer mucho ruido por; ~**heitern** ['-haɪtərn] (*sep*, -ge-, h) animar; *sich* ~ despejarse; ~**hellen** ['-hɛlən] (*sep*, -ge-, h): *sich* ~ aclararse; *Himmel*: despejarse; ~**hetzen** (*sep*, -ge-, h) incitar, instigar (**zu** a); ~**holen** (*sep*, -ge-, h) ganar terreno; *Zeit*: recuperar; ~**hören** (*sep*, -ge-, h) terminar, acabar; ~ *zu* cesar de, dejar de; ~**kaufen** (*sep*, -ge-, h) acaparar; ~**klaren** (*sep*, -ge-, h) *Wetter*: despejarse

'**aufklär|en** (*sep*, -ge-, h) aclarar, esclarecer; *j-n*: abrir los ojos (a); 2**ung** *f* (-; -en) aclaración *f*, esclarecimiento *m*

'**aufklebe|n** (*sep*, -ge-, h) pegar (*auf ac* en); 2**r** *m* (-s; -) pegatina *f*

'**auf|knöpfen** (*sep*, -ge-, h) desabotonar, desabrochar; ~**kochen** (*sep*, -ge-, h)

aufkommen 300

hervir; **~kommen** (*irr, sep,* -ge-, sn, → **kommen**) levantarse (*a Wind usw*); *Mode, Brauch*: introducirse; **~ für** *Kosten*: sufragar; *Schäden*: resarcir; **~laden** (*irr, sep,* -ge-, h, → **laden**) cargar (*a ⚡*)

'**Auflage** *f* (-; -n) *tip* edición *f*; (*Bedingung*) condición *f*

'**auflassen** (*irr, sep,* -ge-, h, → **lassen**) *Tür*: dejar abierto; *Hut*: dejar puesto

'**Auflauf** *m* (-[e]s; ⸚e) aglomeramiento *m*, tumulto *m*; *gastr* soufflé *m*

'**auflegen** (*sep,* -ge-, h) poner, colocar; *tel* colgar; *Buch*: editar

'**auflehn|en** (*sep,* -ge-, h): **sich ~** rebelarse, sublevarse (**gegen** contra); **2ung** *f* (-; -en) rebelión *f*, sublevación *f*

'**aufleuchten** (*sep,* -ge-, h) resplandecer, iluminarse

'**auflös|en** (*sep,* -ge-, h) deshacer, desatar; *Versammlung, Ehe,* 🜛: disolver; *in Wasser*: desleír, diluir; *Geschäft*: liquidar; **sich ~** descomponerse; **2ung** *f* (-; -en) solución *f*; disolución *f*; descomposición *f*

'**aufmach|en** (*sep,* -ge-, h) abrir; **sich ~ nach** ponerse en camino hacia; **2ung** *f* (-; -en) presentación *f*

'**aufmerksam** ['-mɛrkzaːm] atento (**auf** a); *j-n* **auf et ~ machen** llamar la atención de alg sobre a/c; **2keit** *f* (-; -en) atención *f*

aufmuntern ['-muntərn] (*sep,* -ge-, h) animar, estimular

'**Aufnahme** ['-naːmə] *f* (-; -en) acogida *f*; (*Zulassung*) admisión *f*; *e-s Kredits*: obtención *f*; *fot* foto *f*, vista *f*; (*Ton*2) grabación *f*; (*Film*2) toma *f*; **~prüfung** *f* examen *m* de ingreso

'**aufnehmen** (*irr, sep,* -ge-, h, → **nehmen**) (*aufheben*) recoger; *als Gast*: acoger, recibir; (*zulassen*) admitir; *in Listen, Wörterbücher*: incluir; *fot* fotografiar; *Ton*: grabar; *Gelder*: tomar prestado; *Protokoll*: levantar; *Arbeit*: comenzar; *Verbindung*: establecer

'**aufpassen** (*sep,* -ge-, h) prestar atención (**auf** a); tener cuidado (con); **auf** *j-n* **~** cuidar de alg; *paß auf!* ¡cuidado!

'**Aufprall** ['-pral] *m* (-[e]s; *sin pl*) choque *m*; (*Einschlag*) impacto *m*; **2en** (*sep,* -ge-, sn) chocar (**auf** *ac* contra)

'**aufpumpen** (*sep,* -ge-, h) inflar

'**aufputsch|en** (*sep,* -ge-, h) amotinar; **sich ~** tomar estimulantes; **2mittel** *n* estimulante *m*, excitante *m*

'**aufraffen** (*sep,* -ge-, h) *fig*: **sich ~** hacer un esfuerzo

'**aufräumen** (*sep,* -ge-, h) ordenar, arreglar

'**aufrecht** derecho, *a fig* recto; (*stehend*) en pie; **~erhalten** (*irr, sep,* h, → **erhalten**) sostener, mantener

'**aufreg|en** (*sep,* -ge-, h) agitar, excitar; **sich ~** excitarse (**über** *ac* por); **~end** excitante; **2ung** *f* (-; -en) agitación *f*, excitación *f*

'**aufreibend** agotador

'**aufreißen** (*irr, sep,* -ge-, h, → **reißen**) *v/t Tür*: abrir bruscamente; *Pflaster, Straße*: levantar

'**aufrichten** (*sep,* -ge-, h) poner derecho; levantar; (*trösten*) alentar

'**aufrichtig** sincero, franco; **2keit** *f* (-; *sin pl*) sinceridad *f*

'**Aufruf** *m* (-[e]s; -e) proclamación *f*; llamamiento *m*; 📞 llamada *f*

'**Auf|ruhr** *m* (-s; *sin pl*) alboroto *m*, revuelta *f*; **~rührer** *m* (-s; -) rebelde *m*

'**aufrunden** (*sep,* -ge-, h) redondear

'**aufrüst|en** (*sep,* -ge-, h) rearmar; **2ung** *f* (-; *sin pl*) rearme *m*

aufsässig ['-zɛsɪç] rebelde, levantisco

'**Aufsatz** *m* (-es; ⸚e) (*Zeitungs*2) artículo *m*; *lit* ensayo *m*

'**aufschieben** (*irr, sep,* -ge-, h, → **schieben**) *fig* aplazar

'**Aufschlag** *m* (-[e]s; ⸚e) choque *m*, impacto *m*; *Ball*: rebote *m*; *Tennis*: servicio *m*; (*Zuschlag*) recargo *m*, suplemento *m*; **2en** (*irr, sep,* -ge-, → **schlagen**) **1.** *v/t* (h) (*öffnen*) abrir; *Zelt, Bett*: armar; **2.** *v/i* (sn) chocar (**auf** *ac* contra), caer (en); (h) *Tennis*: servir; *Preis*: subir

'**aufschließen** *v/t* (*irr, sep,* -ge-, h, → **schließen**) abrir (con llave); **~schlußreich** instructivo

'**aufschneiden** (*irr, sep,* -ge-, h, → **schneiden**) **1.** *v/t* cortar; **2.** *v/i* fanfarronear; **2schnitt** *m gastr* fiambres *m/pl*

'**aufschrecken** (*sep,* -ge-) **1.** *v/t* (h) asustar; **2.** *v/i* (sn) sobresaltarse

'**aufschreiben** (*irr, sep,* -ge-, h, → **schreiben**) apuntar, anotar

'**Aufschrift** *f* (-; -en) inscripción *f*

'**Aufschub** *m* (-[e]s; ⸚e) aplazamiento *m*; ✝ demora *f*, prórroga *f*

'Aufschwung *m* (-[e]s; *sin pl*) *fig* auge *m*
'Aufseh|en *n*: ~ erregen hacer sensación; 2en-erregend sensacional, espectacular; ~er *m* (-s; -) vigilante *m*; *Museum:* celador *m*
'aufsetzen (*sep*, -ge-, h) **1.** *v/t* poner (*a Miene*); *Hut usw:* ponerse; *Text:* redactar; *sich* ~ incorporarse; **2.** *v/i* ✓ tomar tierra, posarse
'Aufsicht *f* (-; *sin pl*) vigilancia *f*
'auf|sitzen (*irr, sep*, -ge-, sn, → *sitzen*) *Reiter:* montar (a caballo); ~spannen (*sep*, -ge-, h) tender; *Schirm:* abrir; ~sperren (*sep*, -ge-, h) abrir (*weit* de par en par); ~spielen (*sep*, -ge-, h): *sich* ~ F darse tono; *sich* ~ *als* echárselas de; ~spießen (*sep*, -ge-, h) espetar; (*durchbohren*) atravesar con; *taur* coger; ~springen (*irr, sep*, -ge-, sn, → *springen*) *j:* levantarse de pronto; *Tür:* abrirse de golpe; *Haut:* agrietarse; ~spüren (*sep*, -ge-, h) dar con la pista de; (*finden*) descubrir, localizar
'Auf|stand *m* (-[e]s; ⁓e) sublevación *f*, insurrección *f*; 2ständisch ['-ʃtɛndiʃ] sedicioso; *die* ~en los insurrectos
'auf|stecken (*sep*, -ge-, h) *Haar:* sujetar con horquillas; F (*aufgeben*) abandonar; ~stehen (*irr, sep*, -ge-, sn, → *stehen*) levantarse; *Tür:* estar abierto
'aufsteige|n (*irr, sep*, -ge-, sn, → *steigen*) *a fig* subir, *a dep u fig* ascender; ✓ tomar altura; *Reiter usw:* montar; 2r *m* (-s; -) *fig* trepador *m*
'aufstell|en colocar, poner; ⚙ montar, instalar; *Mannschaft:* formar; *Liste, Rechnung:* hacer; *Rekord:* establecer; *Kandidaten:* designar; 2ung *f* (-; -en) (*Liste*) lista *f*; relación *f*
Aufstieg ['-ʃtiːk] *m* (-[e]s; -e) subida *f*, ascensión *f*; *beruflich:* ascenso *m* (*a dep*)
'auf|stoßen (*irr, sep*, -ge-, h, → *stoßen*) **1.** *v/t* abrir (de un empujón); **2.** *v/i* (*rülpsen*) eructar; ~stützen (*sep*, -ge-, h): (*sich*) apoyar(se) (*auf ac* en); ~suchen (*sep*, -ge-, h) *j-n:* ir a ver, visitar; ~tanken (*sep*, -ge-, h) echar gasolina; ~tauchen (*sep*, -ge-, sn) emerger; *fig* surgir; ~tauen (*sep*, -ge-) **1.** *v/t* (h) *Tiefkühlkost:* descongelar; **2.** *v/i* (sn) derretirse; *Flüsse:* deshelarse
'aufteilen (*sep*, -ge-, h) repartir
'Auftrag ['-traːk] *m* (-[e]s; ⁓e) encargo *m*; ✝ orden *f*, pedido *m*; (*Aufgabe*) cometido *m*, misión *f*; *im* ~ por poder, por orden (de); *im* ~ *von* de parte de; 2en (*irr, sep*, -ge-, h, → *tragen*) *Speisen:* servir; *Farbe:* aplicar; *j-m et* ~ encargar a/c a alg; ~geber *m* ✝ cliente *m*, comitente *m*; ~sbestätigung *f* confirmación *f* del pedido
'auf|treiben (*irr, sep*, -ge-, → *treiben*) F (*beschaffen*) conseguir; ~trennen (*sep*, -ge-, h) deshacer; *Naht:* descoser
'auftreten **1.** *v/i* (*irr, sep*, -ge-, sn, → *treten*) sentar el pie; *teat* entrar en escena; (*spielen*) actuar; (*vorkommen*) producirse; (*sich benehmen*) (com)portarse; ~ *als* hacer de; **2.** 2 *n* (-s; *sin pl*) aparición *f*; (*Benehmen*) comportamiento *m*
'Auftritt *m* (-[e]s; -e) *teat u fig* escena *f*; *des Schauspielers:* entrada *f* (en escena)
'auf|wachen (*sep*, -ge-, sn) despertar(se); ~wachsen (*irr, sep*, -ge-, → *wachsen*) criarse
'Aufwand ['-vant] *m* (-[e]s; *sin pl*) *an Geld:* dispendio *m*; (*Prunk*) boato *m*, lujo *m*
'aufwärmen (*sep*, -ge-, h) recalentar; *fig* desenterrar; *sich* ~ calentarse
aufwärts ['-vɛrts] (hacia) arriba
'auf|wecken (*sep*, -ge-, h) despertar; ~weichen (*sep*, -ge-, h) *v/t* reblandecer; ~weisen (*sep*, -ge-, h, → *weisen*) mostrar
'aufwend|en (*irr, sep*, -ge-, h, → *wenden*) emplear; *Geld: a* gastar; ~ig costoso; lujoso; 2ungen *f/pl* gastos *m/pl*
'aufwert|en (*sep*, -ge-, h) revalorizar; 2ung *f* (-; -en) revalorización *f*
'aufwickeln (*sep*, -ge-, h) arollar, enrollar; *Garn:* devanar; (*auswickeln*) desenrollar; *Haar:* poner los rulos a
Aufwiegler ['-viːɡlər] *m* (-s; -) agitador *m*, alborotador *m*
'auf|wirbeln (*sep*, -ge-, h) *Staub:* levantar; ~wischen (*sep*, -ge-, h) limpiar
'aufzähl|en (*sep*, -ge-, h) enumerar; *im einzelnen:* detallar; 2ung *f* (-; -en) enumeración *f*
'aufzeichn|en (*sep*, -ge-, h) dibujar; (*notieren*) apuntar; *TV* grabar; 2ung *f* (-; -en) apunte *m*, nota *f*; *TV usw:* grabación *f*; *in e-r* ~ en diferido
'aufzieh|en (*irr, sep*, -ge-, → *ziehen*) **1.** *v/t* (h) *Vorhang:* descorrer; *Schublade:* abrir; *Uhr:* dar cuerda a; *Kind:* criar; F

(foppen) tomar el pelo a; **2.** v/i (sn) Gewitter: amenazar; Wache: relevarse

'Aufzug m (-[e]s; ᵉe) (Fahrstuhl) ascensor m; teat acto m; desp Kleidung: atavío m, atuendo m

'aufzwingen (irr, sep, -ge-, h, → **zwingen**) imponer

Augapfel ['auk⁹apfəl] m globo m del ojo

Auge ['augə] n (-s; -n) ojo m; (Würfel) punto m; (Sehkraft) vista f; **kein ~ zutun** no pegar (el) ojo; **mit bloßem ~** a simple vista; **unter vier ~n** a solas; **ins ~ fallen** saltar a la vista

'Augen|-arzt m, **~ärztin** f oculista su, oftalmólogo m, -a f; **~blick** m momento m, instante m; **im ~ de** momento; **jeden ~ de** un momento a otro; **2blicklich** momentáneo; adv en seguida; (vorläufig) de momento; **~braue** f ceja f; **~brauenstift** m lápiz m de cejas; **~klinik** f clínica f oftalmológica; **~licht** n vista f; **~lid** n párpado m; **~maß** n: **nach ~** a ojo (de buen cubero); **~wimper** f pestaña f; **~zeuge** m testigo m presencial od ocular

August [-'gust] m (-; raro -e) agosto m

Auktion [auk'tsjo:n] f (-; -en) subasta f; **~ator** [-jo'na:tɔr] m (-s; -en [--na'to:rən]) subastador m

Aula ['aula] f (-; Aulen) salón m de actos; Universität: paraninfo m

Au-pair-Mädchen [o'pε:r-] n chica f au pair

aus [aus] **1.** prp (dat) **a)** örtlich, zeitlich, Stoff: de; **~ Berlin** de Berlín; **~ Gold** de oro; **~ dem Fenster** por la ventana; **~ e-m Glas trinken** beber en un vaso; **b)** Ursache: por; **~ Furcht** por miedo; **~ diesem Grunde** por esta razón; **2.** adv acabado, terminado; Licht: apagado; **alles ist ~** todo se acabó; **3.** 2 dep n (-; -) fuera m (de juego)

'aus-arbeit|en (sep, -ge-, h) elaborar; **2ung** f (-; -en) elaboración f

'aus|-arten (sep, -ge-, sn) degenerar (**in** ac en); **~atmen** (sep, -ge-, h) espirar

'Ausbau m (-[e]s; sin pl) ampliación f (a fig); **2en** (sep, -ge-, h) ampliar; fig desarrollar; intensificar; ⊕ desmontar

'ausbessern (sep, -ge-, h) reparar, arreglar; Kleidung: remendar

'ausbeut|en ['-bɔytən] (sep, -ge-, h) explotar (a j-n); **2er** m (-s; -) explotador m; **¹2ung** f (-; sin pl) explotación f

'ausbild|en (sep, -ge-, h) formar, instruir; **2ung** f (-; -en) formación f, instrucción f

'ausbleiben (irr, sep, -ge-, sn, → **bleiben**) no venir; faltar

'Ausblick m (-[e]s; -e) vista f

'ausbrechen (irr, sep, -ge-, sn, → **brechen**) evadirse; Krieg: estallar; Brand, Krankheit: declararse; Vulkan: entrar en erupción; **in Tränen ~** romper a llorar

'aus|breiten ['-braitən] (sep, -ge-, h) extender; fig difundir, propagar; **~brennen** (irr, sep, -ge-, → **brennen**) **1.** v/t (h) ✠ cauterizar; **2.** v/i (sn) quemarse

'Ausbruch m (-[e]s; ᵉe) (Vulkan) erupción f; 🏛 evasión f; 🏛 aparición f

'aus|brüten (sep, -ge-, h) incubar, empollar (a fig); **~bürgern** ['-byrgərn] (sep, -ge-, h) desnaturalizar; **~bürsten** (sep, -ge-, h) cepillar

'Ausdauer f (-; sin pl) perseverancia f, constancia f; **2nd** perseverante, constante

'ausdehn|en (sep, -ge-, h) extender; zeitlich: alargar; **2ung** f (-; -en) extensión f; expansión f; (Größe) dimensión f

'aus|denken (irr, sep, -ge-, h, → **denken**): **sich** (dat) **~** imaginarse, figurarse; **~drehen** (sep, -ge-, h) Licht: apagar

'Ausdruck m (-[e]s; sin pl) expresión f; (pl ᵉe) (Wort) término m; **zum ~ bringen** expresar

'ausdrück|en (sep, -ge-, h) exprimir; Zigarette: apagar; fig expresar; **~lich** expreso; adv expresamente

'ausdrucks|los inexpresivo; **~voll** expresivo; **2weise** f manera f de expresarse; estilo m

aus-ein-an'der separado; **~fallen** (irr, sep, -ge-, sn, → **fallen**) caer en pedazos; a fig desmoronarse; **~gehen** (irr, sep, -ge-, sn, → **gehen**) separarse; Menge: dispersarse; Meinungen: discrepar; **~nehmen** (irr, sep, -ge-, h, → **nehmen**) deshacer; desmontar; **~setzen** (sep, -ge-, h) fig explicar, exponer; **sich ~ mit** enfrentarse con; **2setzung** f (-; -en) (Streit) disputa f, discusión f

'Ausfahrt f (-; -en) a Autobahn: salida f; **~ freihalten** etwa: vado permanente

'Ausfall m (-[e]s; ᵉe) (Haar2) caída f; (Verlust) pérdida f; ⊕ avería f; **2en** (irr, sep, -ge-, sn, → **fallen**) Haar: caerse;

Auslandsgespräch

Ergebnis: resultar, salir; (*wegfallen*) no tener lugar, suspenderse; ℒ**end** agresivo; ∼**straße** *f* carretera *f* de salida
'**ausfertig**|**en** (*sep*, -ge-, h) extender, redactar; ℒ**ung** *f* (-; -en) extensión *f*, redacción *f*; *in doppelter* ∼ por duplicado
'**aus**|**findig**: ∼ *machen* descubrir, localizar, dar con; ∼**fließen** (*irr, sep*, -ge-, sn, → *fließen*) salir, derramarse
'**Ausflüchte** *f*/*pl*: ∼ *machen* buscar subterfugios
'**Ausflug** *m* (-[e]s; ⁓e) excursión *f*
'**ausfragen** (*sep*, -ge-, h) interrogar
Ausfuhr ['-fuːr] *f* (-; -en) exportación *f*
'**ausführen** (*sep*, -ge-, h) ejecutar, realizar; *Auftrag*: cumplir; ✝ exportar; (*darlegen*) exponer, explicar
'**Ausfuhrgenehmigung** *f* permiso *m* de exportación
'**ausführ**|**lich** ['-fyːrlɪç] detallado; *adv* con todo detalle; ℒ**ung** *f* (-; -en) ejecución *f*, realización *f*; (*Modell*) versión *f*; ∼**en** *pl* declaraciones *f*/*pl*
'**Ausfuhrzoll** *m* derecho *m* de exportación
'**ausfüllen** (*sep*, -ge-, h) llenar (*a fig*); *Formular*: rellenar
'**Ausgabe** *f* (-; -n) distribución *f*, reparto *m*; (*Geld*) gasto *m*; (*Aktien*) emisión *f*; (*Buch*) edición *f*
'**Ausgang** *m* (-[e]s; ⁓e) salida *f*; (*sin pl*) (*Ergebnis*) resultado *m*; *fig* desenlace *m*; ∼**s-punkt** *m* punto *m* de partida
'**ausgeben** (*irr, sep*, -ge-, h, → *geben*) distribuir; *Geld*: gastar; *Aktien*: emitir; *Fahrkarten*: expender; *sich* ∼ *für* hacerse pasar por
'**ausge**|**bucht** ['-gəbuːxt] completo; ∼**dehnt** ['-gədeːnt] extenso; ∼**fallen** raro, excéntrico; ∼**glichen** ['--glɪçən] equilibrado (*a fig*)
'**ausgehen** (*irr, sep*, -ge-, sn, → *gehen*) salir; *Ware*: agotarse; *Feuer, Licht*: apagarse; *Haare*: caerse; *Geld, Geduld*: acabarse; *gut* (*schlecht*) ∼ acabar bien (mal); *leer* ∼ quedarse con las ganas; ∼ *von* partir de
ausge|**lassen** ['-gə-] travieso, retozón; ∼**nommen** ['--nɔmən] (*ac*) excepto, menos; ∼**rechnet** ['--'rɛçnət] *adv* precisamente; ∼**schlossen** ['--'ʃlɔsən] excluido; ∼**!** ¡imposible!; ∼**sucht** ['--zuːxt] selecto; exquisito; ∼**zeichnet** ['--'tsaɪçnət] excelente; F estupendo

ausgiebig ['-giːbɪç] abundante; *adv* ampliamente
'**ausgießen** (*irr, sep*, -ge-, h, → *gießen*) verter; (*leeren*) vaciar
'**Ausgleich** *m* (-[e]s; *raro* -e) compensación *f*; *dep* empate *m*; ℒ**en** (*irr, sep*, -ge-, h, → *gleichen*) compensar; *dep* empatar
'**ausgleiten** (*irr, sep*, -ge-, sn, → *gleiten*) resbalar
'**ausgrab**|**en** (*irr, sep*, -ge-, h, → *graben*) desenterrar (*a fig*); ℒ**ung** *f* (-; -en) excavación *f*
'**Ausguß** *m* (-sses; ⁓sse) *Küche*: pila *f*
'**aushalten** (*irr, sep*, -ge-, h, → *halten*) resistir; (*ertragen*) aguantar, soportar
aushändigen ['-hɛndɪgən] (*sep*, -ge-, h) entregar
'**Aushang** *m* (-[e]s; ⁓e) cartel *m*
'**ausharren** (*sep*, -ge-, h) perseverar
'**aushelfen** (*irr, sep*, -ge-, h, → *helfen*) (*dat*) ayudar; sacar de apuros
'**Aushilf**|**e** *f* (-; -n) **a)** ayuda *f*; **b)** = ∼**skraft** *f* auxiliar *su*; sustituto *m*
'**aus**|**horchen** (*sep*, -ge-, h) sondear; ∼**kehren** (*sep*, -ge-, h) barrer; ∼**kennen** (*irr, sep*, -ge-, h, → *kennen*): *sich* ∼ *in* (*dat*) estar familiarizado con, conocer (*a*/*c*) (a fondo); ∼**klammern** (*sep*, -ge-, h) *fig* dejar a un lado; ∼**klopfen** (*sep*, -ge-, h) sacudir
'**auskommen** (*irr, sep*, -ge-, sn, → *kommen*): *mit j-m* ∼ entenderse con alg; *gut mjt j-m* ∼ llevarse bien con alg; *mit et* ∼ tener bastante de a/c; ∼ *ohne* pasarse sin
'**auskosten** (*sep*, -ge-, h) saborear
auskundschaften ['-kʊntʃaftən] (*sep*, -ge-, h) explorar; *fig* espiar
Auskunft ['-kʊnft] *f* (-; ⁓e) informe *m* (*erteilen* dar); (*a Schalter*) información *f*; ∼**sbüro** *n* agencia *f* de informes
'**aus**|**kuppeln** (*sep*, -ge-, h) *v*/*t u v*/*i* ⊙ desembragar; ∼**lachen** (*sep*, -ge-, h) reírse de; ∼**laden** (*irr, sep*, -ge-, h, → *laden*) descargar; ⚓ desembarcar
'**Auslage** *f* (-; -n) (*Waren*⊙) escaparate *m*; *pl* ∼**n** (*Geld*) gastos *m*/*pl*
'**Ausland** *n* (-[e]s; *sin pl*) extranjero *m*
'**Ausländ**|**er** ['-lɛndər] *m* (-s; -), ∼**erin** *f* (-; -nen) ℒ**isch** extranjero *m*, -a *f*
'**Auslands**|-**aufenthalt** *m* estancia *f* en el extranjero; ∼**auftrag** *m* pedido *m* del extranjero; ∼**gespräch** *n* tel conferen-

Auslandskrankenschein

cia *f* internacional; **~krankenschein** *m* volante *m* del seguro para el extranjero; **~markt** *m* mercado *m* exterior; **~porto** *n* tarifa *f* internacional

'auslassen (*irr, sep, -ge-, h, → lassen*) omitir; *Fett*: derretir; *fig Ärger usw*: descargar (*an dat* en, sobre)

'aus|laufen (*irr, sep, -ge-, sn, → laufen*) *Flüssigkeit*: derramarse; ♣ salir, zarpar; (*enden*) acabar (*in ac* en); *Vertrag usw*: expirar; **~leeren** (*sep, -ge-, h*) vaciar; *Glas*: apurar

'ausleg|en (*sep, -ge-, h*) revestir, cubrir (*mit* de); *Geld*: adelantar; (*deuten*) interpretar; **2eware** *f* moqueta *f*; **2ung** *f* (-; -en) interpretación *f*

'aus|leihen (*irr, sep, -ge-, h, → leihen*) prestar; *sich* (*dat*) **~** tomar prestado; **~lernen** (*sep, -ge-, h*) terminar el aprendizaje; **man lernt nie aus** siempre se aprende algo nuevo

'Auslese *f* (-; -n) selección *f*; *fig* élite *f*

'auslieferIn (*sep, -ge-, h*) entregar; ⚖ extraditar; **2ung** *f* (-; -en) entrega *f*; ⚖ extradición *f*

'auslosen (*sep, -ge-, h*) sortear

'auslös|en (*sep, -ge-, h*) *Pfand*: desempeñar; *fig* desencadenar; **2er** *m* (-s; -) *fot* disparador *m*

'ausmachen (*sep, -ge-, h*) *Licht, Radio, TV*: apagar; (*vereinbaren*) convenir; (*bedeuten*) importar

'Ausmaß *n* (-es; -e) dimensión *f*

'ausmessen (*irr, sep, -ge-, h, → messen*) medir

Ausnahme ['-nɑːmə] *f* (-; -n) excepción *f*; *mit* **~von** a excepción de, excepto

ausnahmsweise excepcionalmente

'ausnehmen (*irr, sep, -ge-, h, → nehmen*) *Tier*: destripar; (*ausschließen*) exceptuar

'aus|nutzen (*sep, -ge-, h*) aprovechar, aprovecharse de; (*mißbrauchen*) explotar; **~packen** (*sep, -ge-, h*) desembalar; *Koffer*: deshacer; F *fig* desembuchar; **~pfeifen** (*sep, -ge-, h, → pfeifen*) silbar, abuchear; **~plaudern** (*sep, -ge-, h*) propalar; **~plündern** (*sep, -ge-, h*) desvalijar; **~probieren** (*sep, h*) probar, ensayar

'Auspuff *auto m* (-s; -e) escape *m*; **~gas** *n* gas *m* de escape; **~rohr** *n* tubo *m* de escape; **~topf** *m* silenciador *m*

'aus|pumpen (*sep, -ge-, h*) achicar; ⚕ *Magen*: lavar; **~radieren** (*sep, h*) borrar; **~rauben** (*sep, -ge-, h*) robar, desvalijar; **~räumen** (*sep, -ge-, h*) vaciar; *Zimmer*: desamueblar; **~rechnen** (*sep, -ge-, h*) calcular

'Ausrede *f* (-; -n) excusa *f*; pretexto *m*; **2n** (*sep, -ge-, h*) **1.** *v/t*: *j-m et* **~** disuadir a alg de a/c; **2.** *v/i* acabar de hablar; **~lassen** dejar hablar

'ausreichen (*sep, -ge-, h*) bastar, ser suficiente; **~d** suficiente

'Ausreise *f* (-; -n) salida *f*; **~erlaubnis** *f* permiso *m* de salida; **2n** (*sep, -ge-, sn*) salir; **~visum** *n* visado *m* de salida

'aus|reißen (*irr, sep, -ge-, → reißen*) **1.** *v/t* (h) arrancar; **2.** *v/i* (sn) desgarrarse; F *fig* escaparse; **~renken** ['-reŋkən] (*sep, -ge-, h*) dislocar; **~richten** (*sep, -ge-, h*) alinear; (*erreichen*) conseguir; *Fest usw*: organizar; (*bestellen*) dar un recado; *e-n Gruß* **~** dar recuerdos

'ausrottien ['-rɔtən] (*sep, -ge-, h*) *fig* exterminar; **2ung** *f* (-; -en) exterminio *m*

'ausrücken (*sep, -ge-, sn*) F (*davonlaufen*) escaparse

'Ausruf *m* (-[e]s; -e) exclamación *f*; **2en** (*irr, sep, -ge-, h, → rufen*) exclamar; (*verkünden*) proclamar; **~ezeichen** *n* (signo *m* de) admiración *f*; **~ung** *f* (-; -en) proclamación *f*

'ausruhen (*sep, -ge-, h*) (*a sich*) descansar

'ausrüst|en (*sep, -ge-, h*) equipar; *fig* proveer (*mit* de); **2ung** *f* (-; -en) equipo *m*

'ausrutschen (*sep, -ge-, sn*) resbalar

'Aussage ['-zɑːɡə] *f* (-; -n) declaración *f* (*a* ⚖); **2n** (*sep, -ge-, h*) afirmar, *a* ⚖ declarar

'Aussatz ⚕ *m* (-es; *sin pl*) lepra *f*

'ausschalten (*sep, -ge-, h*) ⚡ desconectar; *Licht, Radio*: apagar; *fig* eliminar

Ausschank ['-ʃaŋk] *m* (-[e]s; *sin pl*) despacho *m* de bebidas

'ausscheid|en (*irr, sep -ge-, → scheiden*)**1.** *v/t* (h) eliminar; *Physiologie*: excretar; **2.** *v/i* (sn) retirarse (*aus* de); darse de baja (*aus* de); *dep* ser eliminado; **2ung** *f* (-; -en) *Physiologie*: excreción *f*; **2ungskampf** *m*, **2ungsspiel** *n* eliminatoria *f*

'aus|schiffen (*sep, -ge-, h*) desembarcar; **~schimpfen** (*sep, -ge-, h*) reñir, regañar; **~schlafen** (*irr, sep, -ge-, h, →**

schlafen) (*a sich*) dormir a su gusto
'Ausschlag *m* (-[e]s; ⁻e) 🌿 erupción *f*; *fis* desviación *f*; **den ~ geben** ser decisivo; **2en** (*irr, sep*, -ge-, h, → **schlagen**) 1. *v/t Auge, Zähne*: saltar; (*ablehnen*) rehusar, rechazar; 2. *v/i* 🌿 brotar, retoñar; *Pferd*: cocear, dar coces; *fis* oscilar; **2gebend** decisivo
'ausschließ|en (*irr, sep*, -ge-, h, → **schließen**) excluir; **~lich** exclusivo; *adv* exclusivamente
'Ausschluß *m* (-sses; ⁻sse) exclusión *f*
'aus|schneiden (*irr, sep*, -ge-, h, → **schneiden**) (re)cortar; *Bäume*: podar; **2schnitt** *m* (-[e]s; -e) recorte *m* (*a Zeitungs*2); *Kleid*: escote *m*
'ausschreib|en (*irr, sep*, -ge-, h, → **schreiben**) escribir en letra(s); ✝ (*ausstellen*) extender; *Aufträge*: sacar a concurso; **2ung** *f* (-; -en) concurso-subasta *m*
'Ausschreitungen *f/pl* excesos *m/pl*
'Ausschuß *m* (-sses; ⁻sse) comité *m*, comisión *f*; ⊙ (*sin pl*) desecho *m*; **~ware** *f* pacotilla *f*
'aus|schütteln (*sep*, -ge-, h) sacudir; **~schütten** (*sep*, -ge-, h) verter; vaciar; ✝ *Dividende*: repartir; **j-m sein Herz ~** desahogarse con alg
'ausschweifend ['-ʃvaɪfənt] licencioso, libertino; *Phantasie*: exuberante
'aussehen 1. *v/i* (*irr, sep*, -ge-, h, → **sehen**) tener cara (**wie** de); parecerse (**wie** a); *gut* (*schlecht*) **~** tener buena (mala) cara; 2. **2** *n* (-s; *sin pl*) aspecto *m*; apariencia *f*
'außen ['aʊsən] (a)fuera; **von ~** de (*od* por) fuera; **nach ~** hacia fuera; **2aufnahmen** *f/pl* exteriores *m/pl*; **2bordmotor** *m* (motor *m*) fueraborda *m*; **2dienst(leiter)** *m* (jefe *m* del) servicio *m* exterior
'Außenhandel *m* comercio *m* exterior; **~defizit** *n* déficit *m* del comercio exterior; **~überschuß** *m* excedente *m* del comercio exterior
'Außen|minister *m* ministro *m* de Asuntos Exteriores; **~politik** *f* política *f* exterior; **~seite** *f* exterior *m*; **~seiter** ['--zaɪtər] *m* (-s; -) solitario *m*; *dep* outsider *m*; **~spiegel** *auto m* retrovisor *m* exterior; **~stürmer** *m dep* (delantero *m*) extremo *m*
'außer ['aʊsər] 1. *prp* (*dat*) fuera de; (*neben*) además de; (*ausgenommen*) excepto, menos; *fig* **~ sich sn** estar fuera de sí; 2. *cj* **~ daß** excepto que; **~ wenn** a menos que, a no ser que (*subj*); **~dem** además
äußere ['ɔʏsərə] 1. *adj* exterior; 2. **2** *n* (-n; *sin pl*) exterior *m*
'außer|ehelich ['aʊsər'-] extraconyugal; *Kind*: ilegítimo, natural; **~gewöhnlich** extraordinario, excepcional; **~halb** 1. *prp* (*gen*) fuera de; 2. *adv* fuera, al exterior; **~irdisch** extraterrestre
äußerlich ['ɔʏsərliç] exterior; *a* 🌿 externo; *adv* por fuera
äußern ['-sərn] (ge-, h) expresar; *sich* **~** expresarse, manifestarse
außerordentlich ['aʊsər'ʔɔrdəntliç] extraordinario
äußerst ['ɔʏsərst] *adj* extremo; *Preis*: último; *adv* sumamente
außerstande [aʊsər'ʃtandə]: **~ sein zu** ser incapaz de
Äußerung ['ɔʏsəruŋ] *f* (-; -en) expresión *f*; manifestación *f*, declaración *f*
'aussetzen ['aʊs-] (*sep*, -ge-, h) 1. *v/t* exponer (*e-r Gefahr usw*: a); *Belohnung*: ofrecer; *et auszusetzen haben an* (*dat*) poner reparos a; 2. *v/i* ⊙ pararse
'Aussicht *f* (-; *sin pl*) vista *f*; (*pl* -en) *fig* probabilidad *f*, perspectiva *f* (*mst pl*) (**auf** *ac* de); **2slos** inútil; **~spunkt** *m* mirador *m*; **2sreich** prometedor
aussöhn|en ['-zøːnən] (*sep*, -ge-, h) reconciliar; **2ung** *f* (-; -en) reconciliación *f*
'aus|sortieren (*sep*, h) separar; (*auswählen*) seleccionar; **~spannen** (*sep*, -ge-, h) *v/i fig* descansar
'aussperr|en (*sep*, -ge-, h) *j-n*: cerrar la puerta a; **2ung** *f* (-; -en) cierre *m* patronal, lock-out *m*
'aus|spielen (*sep*, -ge-, h) 1. *v/t* jugar (*a fig gegeneinander* el uno contra el otro); 2. *v/i* ser mano, salir; **~spionieren** (*sep*, h) espiar
'Aussprache *f* (-; -n) pronunciación *f*; (*Gespräch*) discusión *f*, debate *m*
'aussprechen (*irr, sep*, -ge-, h, → **sprechen**) pronunciar; *Gedanken*: expresar; *sich mit j-m* **~** explicarse con alg; *sich* **~** *für* declararse en favor de
'Ausspruch *m* (-[e]s; ⁻e) dicho *m*
'aus|spucken (*sep*, -ge-, h) escupir;

ausspülen

~**spülen** (*sep*, -ge-, h) enjuagar (*a Mund*); *Wäsche*: aclarar
Ausstand *m* (-[e]s; ⁻e) huelga *f*; *in den* ~ *treten* declararse en huelga
ausstatt|en ['-ʃtatən] (*sep*, -ge-, h) equipar (*mit* de); ~**ung** *f* (-; -en) equipo *m*; *teat*, *Film*: decoración *f*, decorado *m*; *auto* equipamiento *m*
'**aus|stehen** (*irr*, *sep*, -ge-, h, → *stehen*) *v/t* sufrir, soportar; *j-n nicht* ~ *können* no poder aguantar a alg; ~**steigen** (*irr*, *sep*, -ge-, sn, → *steigen*) bajar, apearse; ♂ desembarcar; *fig* retirarse; ⚥**steiger** *m etwa*: pasota *m*
ausstell|en (*sep*, -ge-, h) exponer, exhibir; *Schriftstück*, *Scheck*: extender; ✝ *Wechsel*: librar, girar (*auf ac* contra); ⚥**er** *m* (-s; -) expositor *m*; ✝ librador *m*; girador *m*; ~**ung** *f* (-; -en) exposición *f*; ⚥**ungsgelände** *n* recinto *m* ferial; ⚥**ungsraum** *m* sala *f* de exposiciones
aussterben (*irr*, *sep*, -ge-, sn, → *sterben*) *a zo* desaparecer
Ausstieg ['-ʃtiːk] *m* (-[e]s; -e) salida *f*
'**aus|stopfen** (*sep*, -ge-, h) rellenar (*mit* de); *Tier*: disecar; ~**stoßen** (*irr*, *sep*, -ge-, h, → *stoßen*) *Schrei*: lanzar, dar; *j-n*: expulsar, excluir; ~**strahlen** (*sep*, -ge-, h) irradiar (*a fig*); *Radio*, *TV*: emitir; ~**strecken** (*sep*, -ge-, h) extender, estirar; ~**streichen** (*irr*, *sep*, -ge-, h, → *streichen*) tachar, borrar; ~**strömen** (*sep*, -ge-, sn) *v/i* salir, derramarse; *Gas*: escaparse; ~**suchen** (*sep*, -ge-, h) escoger

'**Austausch** *m* (-[e]s; *sin pl*) intercambio *m*; ⚙ recambio *m*; ⚥**bar** (inter)cambiable; ⚥**en** (*sep*, -ge-, h) (inter)cambiar; ⚙ recambiar; ~**student** *m* estudiante *m* de intercambio
austeilen (*sep*, -ge-, h) distribuir, repartir
Auster ['austɐr] *f* (-; -n) ostra *f*
'**austrag|en** (*irr*, *sep*, -ge-, h, → *tragen*) *a Briefe*: repartir; *dep* disputar; ⚥**ung** *f* (-; -en) *dep* disputa *f*
Australi|er [-'traːljər] *m* (-s; -), ~**erin** *f* (-; -nen) ⚥**isch** australiano *m*, -a *f*
'**aus|treiben** (*irr*, *sep*, -ge-, h, → *treiben*) expulsar; ~**treten** (*irr*, *sep*, -ge-, sn, → *treten*) *Gas usw*: escaparse, salir; *j*: darse de baja; retirarse (*aus* de); (*Toilette*) ir al lavabo; ~**trinken** (*irr*, *sep*, -ge-, h, → *trinken*) beberlo todo; *Glas*: apurar

'**Austritt** *m* (-[e]s; -e) salida *f*; retirada *f*, baja *f*; *Gas usw*: escape *m*
'**aus|trocknen** (*sep*, -ge-, h, *v/i* sn) (de)secar(se); ~**üben** (*sep*, -ge-, h) ejercer; *Amt*: desempeñar; *dep usw*: practicar
'**Ausverkauf** *m* (-[e]s; ⁻e) venta *f* total, liquidación *f*; ⚥**t** agotado
'**Auswahl** *f* (-; *sin pl*) selección *f* (*a dep*), elección *f* (*treffen* hacer)
auswählen (*sep*, -ge-, h) escoger
'**Auswander|er** *m* (-s; -) emigrante *m*; ⚥**n** (*sep*, -ge-, sn) emigrar; ~**ung** *f* (-; -en) emigración *f*
auswärt|ig ['-vɛrtɪç] de fuera; forastero; *pol* exterior; ~**s** ['-vɛrts] fuera
'**auswechseln** (*sep*, -ge-, h) cambiar; ⚙ recambiar
'**Ausweg** *m* (-[e]s; -e) salida *f* (*a fig*); ⚥**los** sin salida
'**ausweich|en** (*irr*, *sep*, -ge-, sn, → *weichen*) (*dat*) *Schlag*: esquivar (*ac*); *fig* eludir (*ac*); ~**end** evasivo
'**Ausweis** ['-vais] *m* (-es; -e) carnet *m*, carné *m*; (*Personal*⚥) documento *m* de identidad; ⚥**en** ['-zən] (*irr*, *sep*, -ge-, h, → *weisen*) expulsar; *sich* ~ identificarse; ~**papiere** *n/pl* documentación *f*; ~**ung** *f* (-; -en) expulsión *f*
auswendig de memoria
'**aus|werfen** (*irr*, *sep*, -ge-, h, → *werfen*) arrojar; *Angel*: lanzar; *Anker*: echar; ~**werten** (*sep*, -ge-, h) aprovechar, utilizar; *Daten*: evaluar
'**auswirk|en** (*sep*, -ge-, h): *sich* ~ repercutir (*auf ac* en); ⚥**ung** *f* (-; -en) repercusión *f*, efecto *m*
'**aus|wischen** (*sep*, -ge-, h) limpiar; *Schrift*: borrar; ~**wuchten** (*sep*, -ge-, h) *Rad*: equilibrar; ~**zahlen** (*sep*, -ge-, h) pagar; (*verlängern*) extender; *sich* ~ desnudarse; ~**zählen** (*sep*, -ge-, h) contar; *Stimmen*: escrutar; ⚥**zahlung** *f* (-; -en) pago *m*
'**auszeichn|en** (*sep*, -ge-, h) *a Waren*: marcar; *j-n*: condecorar; *sich* ~ distinguirse; ⚥**ung** *f* (-; -en) distinción *f*; condecoración *f*
'**auszieh|bar** ['-tsiːbaːr] extensible; ~**en** (*irr*, *sep*, -ge-, → *ziehen*) **1.** *v/t* (h) sacar; *Kind*: desnudar; *Kleid*: quitarse; (*verlängern*) extender; *sich* ~ desnudarse; **2.** *v/i* (sn) mudarse (de casa); marchar(se)
Auszubildende ['-tsubɪldəndə] *m/f* (-n; -n) aprendiz(a *f*) *m*

'Auszug m (-[e]s; ⸗e) Buch, Konto: extracto m; (Wohnung) mudanza f
Autarkie [autar'ki:] f (-; -n) autarquía f
authentisch [-'tɛntɪʃ] auténtico
'Auto ['auto] n (-s; -s) auto(móvil) m, coche m; ~bahn f autopista f; ~bahn-auffahrt f entrada f a la autopista; ~bahn-ausfahrt f salida f de la autopista; ~bahndreieck n cruce m de autopistas; ~bahngebühr f peaje m; ~bahnzubringer m (vía f de) acceso m a la autopista; ~biogra'phie f autobiografía f; ~bus m autobús m; (Reisebus) autocar m; ~fähre f transbordador m; ~fahrer(in f) m automovilista su; ~'gramm n (-s; -e) autógrafo m; ~karte f mapa m de carreteras; ~kino n autocine m; ~mat [-'ma:t] m (-en; -en) für Waren: expendedora f automática; ~matik [-'ma:tik] f (-; ⊚ -en) automatismo m; auto cambio m automático; ~mation [-'ma:tsjo:n] f (-; sin pl) automatización f; 2'matisch automático; ~mechaniker m mecánico m de automóviles; ~mo'bilklub m Automóvil Club m; 2nom [--'no:m] autónomo; ~nomie [--no'mi:] f (-; -n) autonomía f
Autor [-'tor] m (-s; -en [-'to:rən]), ~in [-'to:rɪn] f (-; -nen) autor(a f) m
'Auto|radio n autorradio f; ~reisezug m autotrén m, autoexpreso m; ~rennen n carrera f de automóviles
autoritä|r [--ri'tɛ:r] autoritario; 2t [---'tɛ:t] f (-; sin pl; j: -en) autoridad f
'Auto|schalter m Bank: autobanco m; ~schlüssel m llave f del coche; ~skooter ['--sku:tər] m (-s; -) auto m choque; ~vermietung f alquiler m de coches; ~waschanlage f tren m od túnel m de lavado
Avocado [avo'ka:do] f (-; -s) aguacate m
Axt [akst] f (-; Äxte) hacha f

B

B, b [be:] n (-; -) B, b f; ♪ si m bemol; B-Dur si m bemol mayor; b-Moll si m bemol menor
Baby ['be:bi] n (-s; -s) nene m, bebé m; ~sitter ['--sɪtər] m (-s; -) F canguro su
Bach [bax] m (-[e]s; ⸗e) arroyo m, riachuelo m
Backbord ['bak-] ⚓ n (-s; sin pl) babor m
Backe ['bakə] f (-; -n) mejilla f
backen ['-kən] (buk, backte, gebacken, h) cocer; in der Pfanne: freír; Kuchen: hacer
'Backen|bart m patillas f/pl.; ~knochen m pómulo m; ~zahn m muela f
Bäcker ['bɛkər] m (-s; -) panadero m; ~ei [--'raɪ] f (-; -en) panadería f
'Back|huhn ['bak-] n pollo m asado; ~ofen m horno m; ~pflaume f ciruela f pasa; ~pulver n levadura f en polvo; ~stein m ladrillo m
Bad [ba:t] n (-[e]s; ⸗er) baño m (a fot); (Ort) balneario m
'Bade-|anzug ['ba:də-] m traje m de baño, bañador m; ~gast m bañista m; ~gel ['--ge:l] n (-s; -e) gel m de baño; ~hose f bañador m; ~kappe f gorro m de baño; ~mantel m albornoz m; ~meister m bañero m; 2n (ge-, h) v/t bañar; v/i bañarse; ~ort m balneario m; ~strand m playa f; ~tuch n (-[e]s; ⸗er) toalla f de baño; ~wanne f bañera f; ~zimmer n (cuarto m de) baño m
Bagatelle [baga'tɛlə] f (-; -n) bagatela f
Bagger ['bagər] m (-s; -) excavadora f
Bahn [ba:n] f (-; -en) camino m, vía f; Geschoß: trayectoria f; dep pista f; 🚆 ferrocarril m; mit der ~ en tren; '~an-schluß m enlace m ferroviario; '~be-amte m ferroviario m; '~damm m terraplén m; 2n (ge-, h) (ebnen) allanar, aplanar; sich e-n Weg ~ abrirse paso; '~fahrt f viaje m en tren; '~hof m estación f; '~linie f línea f férrea; '~polizei f policía f de ferrocarriles; '~steig m andén m; '~übergang m paso m a nivel (beschränkt con barrera; unbeschränkt sin barrera)
Bahre [ba:rə] f (-; -n) camilla f

Baiser [bɛ'ze:] *n* (-s; -s) merengue *m*
Baisse [ˈbɛ:s(ə)] *f* (-; -n) baja *f*
Bakterie [bakˈteːrjə] *f* (-; -n) bacteria *f*
balancieren [balãˈsiːrən] (h) balancear
bald [balt] pronto, dentro de poco; ~ *darauf* poco después; *so* ~ *wie möglich* cuanto antes, lo más pronto posible
Baldrian [ˈbaldriːaːn] *m* (-s; -e) valeriana *f*
balg|en [ˈbalɡən] (ge-, h): *sich* ~ pelearse; 2e**'rei** *f* (-; -en) pelea *f*
Balken [ˈ-kən] *m* (-s; -) viga *f*, madero *m*
Balkon [-ˈkɔŋ, -ˈkoːn] *m* (-s, -s, -e) balcón *m*
Ball [bal] *m* (-[e]s; ̈-e) **a)** pelota *f*; (*Fußʠ*) balón *m*; ~ *spielen* jugar a la pelota; **b)** (*Tanz*) baile *m*
Ballast [ˈ-last] *m* (-[e]s; -e) lastre *m*
Ballett [-ˈlɛt] *n* (-[e]s; -e) ballet *m*
Ballon [baˈlõ] *m* (-s; -s) globo *m*
'Ballungs|gebiet [ˈbalʊŋsɡəbiːt] *n*, **~raum** *m* aglomeración *f* urbana
Balt|e [ˈ-tə] *m* (-n; -n), **~in** *f* (-; -nen), 2isch báltico *m*, -a *f*
Bambus [ˈbambʊs] *m* (-[ses]; -se) bambú *m*
banal [baˈnaːl] trivial, banal
Banane [-ˈnaːnə] *f* (-; -n) plátano *m*, *Am* banana *f*
Band [bant] **a)** *m* (-[e]s; ̈-e) tomo *m*, volumen *m*; **b)** *n* (-[e]s; ̈-er) cinta *f*; *anat* ligamento *m*; *auf* ~ *aufnehmen* grabar en cinta; **c)** *n* (-[e]s; -e) *fig* vínculo *m*, lazo *m*; **d)** ♪ [bɛnt] *f* (-; -s) conjunto *m*
Bandage [-ˈdaːʒə] *f* (-; -n) vendaje *m*
Bande [ˈ-də] *f* (-; -n) *a desp* banda *f*, pandilla *f*, cuadrilla *f*
bändigen [ˈbɛndiɡən] (ge-, h) domar; *fig* refrenar
Bandit [banˈdiːt] *m* (-en; -en) bandido *m*, bandolero *m*
'Band|maß [ˈbantmaːs] *n* cinta *f* métrica; **~scheibe** *anat f* disco *m* intervertebral; **~wurm** *m* tenia *f*, solitaria *f*
bang(e) [baŋ(ə)] inquieto; *mir ist* ~ tengo miedo (*vor dat* a)
Bank [baŋk] *f* **a)** (-; ̈-e) banco *m*; *ohne Lehne*: banqueta *f*; **b)** ♣ (-; -en) banco *m*; (*Spiel*) banca *f*; ˈ~**be·amte** *m* empleado *m* de banco
Bankett [-ˈkɛt] *n* (-[e]s; -e) banquete *m*, festín *m*
'Bank|halter *m* banquero *m*; **~ier** [-ˈjeː] *m* (-s; -e) banquero *m*; **~konto** *n* cuenta *f* bancaria; **~leitzahl** *f* clave *f* bancaria;

~note *f* billete *m* de banco; **~omat** [-oˈmaːt] *m* (-en; -en) cajero *m* automático; 2**rott** [-ˈrɔt] en quiebra; **ˈ~rott** *m* (-[e]s; -e) bancarrota *f*, quiebra *f*; ~ *machen* quebrar; **~verbindung** *f* (*Konto*) cuenta *f* bancaria
bar [baːr]: **~es Geld** dinero *m* contante; *gegen* ~, *in* ~ al contado; en efectivo, en metálico
Bar *f* (-; -s) bar *m* (americano); (*Theke*) barra *f*
Bär [bɛːr] *m* (-en; -en) oso *m*
Baracke [baˈrakə] *f* (-; -n) barraca *f*
Bardame [ˈbaːr-] *f* camarera *f* de bar
'bar|fuß [ˈbaːrfʊs] descalzo; 2**geld** *n* (-[e]s; *sin pl*) dinero *m* en efectivo; **~geldlos** por cheque, a través de cuentas
Bariton ♪ [ˈbaːritɔn] *m* (-s; -e) barítono *m*
Barkasse ⚓ [barˈkasə] *f* (-; -n) lancha *f*
Barkeeper [ˈbaːrkiːpər] *m* (-s; -) barman *m*
barm|herzig [barmˈhɛrtsɪç] misericordioso, caritativo; 2**keit** *f* (-; *sin pl*) misericordia *f*
Barmittel [ˈbaːrmɪtəl] *n*/*pl* fondos *m*/*pl* líquidos
'Barmixer *m* (-s; -) barman *m*
ba'rock [baˈrɔk], 2 *n*, *m* (-[s]; *sin pl*) barroco (*m*); 2**stil** *m* (estilo *m*) barroco; *in Spanien*: estilo *m* churrigueresco
Barometer [-roˈmeːtər] *n* (-s; -) barómetro *m*
Ba'ron [-ˈroːn] *m* (-s; -e) barón *m*; **~in** *f* (-; -nen) baronesa *f*
Barren [ˈ-rən] *m* (-s; -) (*Goldʠ*) barra *f*; (*Turnʠ*) (barras) paralelas *f*/*pl*
Barriere [-ˈrjɛːrə] *f* (-; -n) barrera *f*
Barrikade [-riˈkaːdə] *f* (-; -n) barricada *f*
Barsch [barʃ] *zo m* (-[e]s; -e) perca *f*
barsch brusco, seco
Barscheck [ˈbaːr-] *m* cheque *m* no cruzado
Bart [baːrt] *m* (-[e]s; ̈-e) barba *f*
'Barzahlung [ˈbaːr-] *f* pago *m* al contado; **~s-preis** *m* precio *m* al contado
Basar [baˈzaːr] *m* (-s; -e) bazar *m*
Base [ˈbaːzə] *f* (-; -n) ♠ base *f*
Baseball [ˈbɛːsbɔːl] *m* (-s; *sin pl*) béisbol *m*
basieren [baˈziːrən] (h) basarse (*auf dat* en)
Basilika [-ˈziliːkaː] *f* (-; -ken) basílica *f*

Basis ['bɑːzɪs] f (-; -sen) base f (a fig)
'Baskje ['baskə] m (-; -) vasco m; **~enmütze** f boina f; **~in** f (-; -nen) vasca f; **2isch** vasco; *Provinzen*: vascongado; *das* 2**e** el vascuence, el euskera
Baß ♪ [bas] m (-sses, ⸚sse) bajo m; **'~geige** f contrabajo m
Bast [bast] m (-[e]s; -e) **♀** líber m; rafia f
'basteln ['-təln] (ge-, h) dedicarse al bricolaje; 2**n** (-s; *sin pl*) bricolaje m
Batist ['tɪst] m (-[e]s; -e) batista f
Batterie [-təˈriː] f (-; -n) ⚔, ⚡ batería f; ⚡ *kleine*: pila f
Bau [baʊ] m (-[e]s; *sin pl*) construcción f; (*pl* -ten) (*Gebäude*) edificio m; (*Bauarbeiten*) obras f/pl; **'~arbeiten** f/pl obras f/pl; **'~arbeiter** m obrero m de la construcción; **'~art** m estilo m; ⊙ tipo m
Bauch [baʊx] m (-[e]s; ⸚e) vientre m; **'~fell-entzündung** f peritonitis f, **'~höhle** f cavidad f abdominal; **'~schmerzen** m/pl dolor m de vientre; **'~speicheldrüse** f páncreas m; **'~tanz** m danza f de vientre
bauen ['baʊən] (ge-, h) construir; △ edificar; 🌱 cultivar
Bauer ['-ər] **1.** m (-n; -n) campesino m; *Schach*: peón m; **2.** n (-s; -) jaula f
'Bäuer|in ['bɔyərɪn] f (-; -nen) campesina f; **2lich** campesino, rústico
'Bauern|haus ['baʊərn-] n casa f de campo; **~hof** m finca f, granja f
'bau|fällig ruinoso; ~ *sn* amenazar ruina; **2firma** f empresa f constructora; **2genehmigung** f permiso m de construcción; **2gerüst** n andamio m, andamiaje m; **2gewerbe** n (ramo m de la) construcción f; **2kunst** f arquitectura f
Baum [baʊm] m (-[e]s; ⸚e) árbol m
Baumeister ['-maɪstər] m aparejador m, arquitecto m
baumeln ['-məln] (ge-, h) bambolear(se)
'Baum|stamm m tronco m (de árbol); **~wolle** f algodón m
'Bauplatz ['baʊplats] m solar m
Bausch [baʊʃ] m (-[e]s; ⸚e) *Watte*: tampón m
'Bau|sparkasse f caja f de ahorros para la construcción; **~stelle** f obras f/pl; **~stil** m estilo m (arquitectónico); **~unternehmer** m contratista m (de obras); **~werk** n edificio m, construcción f
Bay|er ['baɪər] m (-n; -n), **~erin** f (-; -nen), **2risch** bávaro m, -a f

Bazillus [baˈtsɪlʊs] m (-; -len) bacilo m
be-'absichtig|en [bəˈʔapzɪçtɪɡən] (h) tener la intención (*zu* de), proponerse (*inf*); **~t** intencionado, intencional
be-'acht|en (h) fijarse en; (*berücksichtigen*) tener en cuenta; (*befolgen*) observar; *nicht* ~ no hacer caso de; **~lich** considerable; 2**ung** f (-; *sin pl*) atención f, consideración f, observancia f
Beamt|e [-'ʔamtə] m (-n; -n), **~in** f (-; -nen) funcionario m, -a f
beanspruchen [-'ʔanʃprʊxən] (h) pretender, exigir; *Zeit*: requerir
be-'anstand|en [-'ʔanʃtandən] (h) protestar, reclamar (*et* contra a/c); 2**ung** f (-; -en) objeción f; reclamación f
beantragen [-'ʔantraːɡən] (h) solicitar, pedir
be-'antwort|en (h) contestar (a), responder a; 2**ung** f: *in* ~ (*gen*) en contestación a
be-'arbeit|en (h) trabajar; ⊙ labrar; *Buch*: refundir; *teat, Film usw.*: adaptar; 2**ung** f (-; -en) ⊙ labrado m; *Buch*: refundición f, *teat usw.*: adaptación f; 2**ungsgebühr** f cuota f de gestión
Be-'atmung f (-; -en): (*künstliche*) ~ respiración f artificial
beaufsichtigen [-'ʔaʊfzɪçtɪɡən] (h) vigilar, inspeccionar
beauftrag|en [-'ʔaʊftraːɡən] (h): *j-n mit et* ~ encargar a/c a alg; 2**te** [-'-traːktə] m/f (-n; -n) encargado m, -a f
be-'bauen (h) △ edificar; (*erschließen*) urbanizar; 🌱 cultivar
beben ['beːbən] (ge-, h) temblar
Bécher ['bɛçɐr] m (-s; -) vaso m
Becken ['bɛkən] n (-s; -) pila f; (*Wasch*2) lavabo m; *geo* cuenca f; *anat* pelvis f; (*Schwimm*2) piscina f
be-'danken (h): *sich bei j-m für et* ~ dar las gracias a alg por a/c
Be-'darf [-'darf] m (-[e]s; *sin pl*) necesidades f/pl (*an dat* de); *bei* ~ si es necesario; **~shaltestelle** f parada f discrecional
be-'dauer|lich [-'daʊərlɪç] deplorable; **~n** (h) sentir; *j-n*: compadecer; 2**n** n (-s; *sin pl*) sentimiento m; *zu m-m* (*großen*) ~ (muy) a pesar mío; **~nswert** j: digno de lástima; *et*: lamentable
be-'deck|en (h) cubrir (*mit* de, con); tapar; **~t** *a Himmel*: cubierto
be-'denk|en (bedachte, bedacht, h) con-

Bedenken 310

siderar, pensar en; tener en cuenta; **♀en** n/pl dudas f/pl, escrúpulos m/pl; **~enlos** sin escrúpulos; **~lich** grave; (gewagt) arriesgado

be'deut|en (h) significar, querer decir; **das hat nichts zu ~** no tiene importancia; **~end** importante, considerable; j: eminente; **♀ung** f (-; -en) (Sinn) sentido m, significado m; (sin pl) (Wichtigkeit) importancia f; **~ungslos** insignificante

be'dien|en (h) servir; ✝ atender; ⊙ manejar; **sich ~** servirse (gen de) (a bei Tisch); **♀ung** f (-; -en) servicio m; ⊙ manejo m; (pl -en) (Kellnerin) camarera f; **♀ungs-anleitung** f instrucciones f/pl para el uso

Be'dingung [-'diŋuŋ] f (-; -en) condición f (**stellen** poner); **unter der ~, daß** a condición de que (subj); **♀slos** incondicional; adv sin reservas

be'droh|en (h) amenazar (**mit** con); **~lich** amenazador; crítico

be'drück|en (h) oprimir, agobiar; **~end** opresivo, vejatorio; deprimente

be'dürfen [bə'dyrfən] (bedurfte, bedurft, h) necesitar (**e-r Sache** a/c), hacer falta (a/c a alg)

Be'dürf|nis n (-ses; -se) necesidad f; **♀tig** necesitado, menesteroso

Beefsteak ['bi:fste:k] n (-s; -s) bistec m, bisté m

be-'eilen [bə-''aɪlən] (h): **sich ~** darse prisa; apresurarse (**zu** a)

be-'ein|drucken [-'ʔaɪndrukən] (h) impresionar; **~flussen** [-'flusən] (h) influir (en); influenciar; **~trächtigen** (h) perjudicar, mermar

be-'enden (h) acabar, terminar

be-'erben (h): **j-n ~** ser heredero de alg

be-'erdig|en [-'ʔeːrdigən] (h) enterrar; **♀ung** f (-; -en) entierro m; **♀ungs-institut** n funeraria f

Beere ['be:rə] f (-; -n) baya f

Beet [be:t] n (-[e]s; -e) bancal m; (Blumen♀) cuadro m, macizo m

befähig|en [bə'fɛ:igən] (h) habilitar, capacitar (**zu** para); **~t** [-'-içt] habilitado, capaz (**zu** a para)

be'fahr|bar [-'fa:rba:r] transitable; **~en** (befuhr, befahren, h) circular por

be'fallen (befiel, befallen, h) acometer (a Schlaf); ✱ afectar

be'fangen (scheu) tímido; (voreingenommen) parcial; **♀heit** f (-; sin pl) timidez f; parcialidad f

be'fassen (h): **sich ~ mit** ocuparse de

Be'fehl [-'fe:l] m (-[e]s; -e) orden f; (~sgewalt) mando m (**führen** tener, **über** ac de); **♀en** (befahl, befohlen, h) mandar, ordenar; **~shaber** [-'-ha:bər] m (-s; -) jefe m; comandante m

be'festigen (h) fijar, sujetar

befeuchten [-'fɔyçtən] (h) humedecer, mojar

be'find|en 1. v/refl (befand, befunden, h): **sich ~** hallarse, encontrarse; (sich fühlen) sentirse, estar; **2. ♀** n (-s; sin pl) (estado m de) salud f

be'folgen (h) seguir; Befehl, Gesetz: cumplir; Vorschrift: observar

be'förder|n (h) ✝ transportar; im Rang: promover, ascender; **♀ung** f (-; -en) transporte m; promoción f, ascenso m

be'frag|en (h) preguntar (**wegen** por); consultar; ✍ interrogar; **♀ung** f (-; -en) consulta f; (Umfrage) encuesta f

be'frei|en [-'fraɪən] (h) liberar; v Pflichten usw: dispensar, eximir; **sich ~** deshacerse (**von** de); **♀er** m (-s; -) libertador m; **~t** exento (**von** de); **♀ung** f (-; -en) liberación f; exención f

befreunden [-'frɔyndən] (h): **sich ~ mit** j-m: trabar amistad con; et: familiarizarse con; **befreundet sn mit** ser amigo de

be'fried|en [-'fri:dən] (h) pacificar; **~igen** [-'-digən] (h) satisfacer, contentar; **~igend** satisfactorio; **~igt** [-'-diçt] satisfecho, contento; **♀igung** f (-; sin pl) satisfacción f

be'fristet a plazo fijo

be'frucht|en (h) fecundar (a fig); **♀ung** f (-; -en) fecundación f

Be'fug|nis [-'fu:knɪs] f (-; -se) competencia f, autorización f; **♀t** autorizado (**zu** para)

Be'fund m (-[e]s; -e) a ✱ resultado m

be'fürcht|en (h) recelar, temer; **♀ung** f (-; -en) recelo m, temor m

befürworten [-'fy:rvɔrtən] (h) abogar por

begab|t [-'ga:pt] talentoso; **~ für** dotado para; **♀ung** [-'-buŋ] f (-; -en) talento m, dotes f/pl (**für** para)

be'geb|en (begab, begeben, h): **sich ~** ir, dirigirse (**nach** a); **♀heit** f (-; -en) suceso m, acontecimiento m

be'gegn|en [-'ge:gnən] (sn) encontrar (*j-m* a alg); ⁀**ung** *f* (-; -en) encuentro *m*
be'gehen (beging, begangen, h) *Fest*: celebrar; *Fehler, Verbrechen*: cometer
be'gehr|en [-'ge:rən] (h) desear, codiciar; *sehr begehrt* muy solicitado; ⁀**enswert** deseable, apetecible
be'geister|n [-'gaɪstərn] (h): (*sich*) ⁀ entusiasmar(se), apasionar(se) (*für* por); ⁀**t** entusiasmado (*von* con); ⁀**ung** *f* (-; *sin pl*) entusiasmo *m*
begierig [-'gi:rɪç] ávido, ansioso (*nach* de)
be'gießen (begoß, begossen, h) ⁀ regar; F (*feiern*) remojar
Be'ginn [-'gɪn] *m* (-[e]s; *sin pl*) comienzo *m*, principio *m*; *bei* ⁀ al comienzo; ⁀**en** (begann, begonnen, h) empezar, comenzar (*mit* con; *zu* a)
be'glaubig|en [-'glaʊbɪgən] (h) certificar, atestar; ⚖ *Unterschrift, Urkunde*: legalizar; ⁀**ung** *f* (-; -en) legalización *f*; ⁀**ungsschreiben** *n* (cartas *f/pl*) credenciales *f/pl*
be'gleichen (beglich, beglichen, h) arreglar, pagar
be'gleit|en (h) acompañar (*a ♪*); ⁀**er** (-s; -), ⁀**erin** *f* (-; -nen) acompañante *su*; (*Gefährte*) compañero *m*, -a *f*; ⁀**papiere** *n/pl* documentación *f* (anexa); ⁀**schreiben** *n* carta *f* adjunta; ⁀**ung** *f* (-; -en) acompañamiento *m* (*a ♪*); *in* ⁀ *von* en compañía de, acompañado de
beglückwünschen [bə'glyk-] (h) felicitar, dar la enhorabuena (*zu* por)
be'gnadig|en [-'gnɑ:dɪgən] (h) indultar; ⁀**ung** *f* (-; -en) indulto *m*
begnügen [-'gny:gən] (h): *sich* ⁀ *mit* contentarse con
be|'graben (begrub, begraben, h) enterrar (*a fig*); ⁀²'**gräbnis** [-'grɛ:pnɪs] *n* (-ses; -se) entierro *m*
be'greif|en (begriff, begriffen, h) comprender, entender; ⁀**lich** comprensible
be'grenz|en (h) limitar; reducir (*auf ac* a); ⁀**ung** *f* (-; -en) limitación *f*
Be'griff *m* (-[e]s; -e) concepto *m*, idea *f*; *im* ⁀ *sn zu* estar a punto de
be'gründ|en (h) fundar; *fig* motivar (*mit* por); ⁀**ung** *f* (-; -en) fundación *f*; motivación *f*
be'grüß|en (h) saludar; *fig* celebrar; ⁀**ung** *f* (-; -en) salutación *f*; (*Willkommen*) bienvenida *f*

be'günstig|en [-'gynstɪgən] (h) favorecer; ⁀**ung** *f* (-; -en) protección *f*
be'gut-achten (h) dictaminar sobre; (*prüfen*) examinar
begütert [-'gy:tərt] acaudalado
behag|en [-'hɑ:gən] (h) gustar, agradar; ⁀**lich** [-'hɑ:klɪç]: *sich* ⁀ *fühlen* sentirse a sus anchas
behalten (behielt, behalten, h) guardar, quedarse con; *im Gedächtnis*: retener
Behälter [-'hɛltər] *m* (-s; -) recipiente *m*
be'hand|eln (h) tratar (*a ♂*); ⁀**ung** *f* (-; -en) tratamiento *m* (*a ♂*)
be'harr|en (h) perseverar, persistir (*auf dat* en); ⁀**lich** perseverante, tenaz
be'haupt|en [-'haʊptən] (h) afirmar; *sich* ⁀ mantenerse; ⁀**ung** *f* (-; -en) afirmación *f*
be'helf|en (behalf, beholfen, h): *sich* ⁀ arreglarse; ⁀**smäßig** provisional, improvisado
beherbergen [-'hɛrbɛrgən] (h) hospedar, alojar
be'herrsch|en (h) dominar (*a fig*); *sich* ⁀ dominarse, contenerse; ⁀**ung** *f* (-; *sin pl*) dominación *f*
be'herz|igen [-'hɛrtsɪgən] (h) tomar a pecho; ⁀**t** [-'hɛrtst] valiente, arrojado
behilflich [-'hɪlflɪç]: *j-m bei et* ⁀ *sn* ayudar a alg en a/c
be'hinder|n (h) estorbar; *a Verkehr*: obstaculizar; ⁀**te** *m/f* (-n; -n) impedido *m*, -a *f*, minusválido *m*, -a *f*; ⁀**tengerecht** apto para minusválidos
Behörde [-'høːrdə] *f* (-; -n) autoridad *f*, administración *f*
be'hüten (h) guardar, preservar (*vor dat* de)
behutsam [-'huːtzɑːm] cauteloso; (*sorgsam*) cuidadoso
bei [baɪ] (*dat*) **a)** *örtlich*: junto a, cerca de; ⁀ *j-m* en casa de; ⁀ *m Bäcker* en la panadería; ⁀ *sich haben* llevar consigo; ⁀ *Calderón* en Calderón; **b)** *zeitlich*: durante; ⁀ *m Essen* durante *od* en la comida; ⁀ *Nacht* de noche; ⁀ *m-r Ankunft* a mi llegada; **c)** (*Umstände*) ⁀ *der Arbeit sn* estar trabajando; ⁀ *diesem Wetter* con este tiempo
'**beibringen** (*irr, sep*, -ge-, h, → **bringen**) *Niederlage*: infligir; (*lehren*) enseñar
'**Beicht|e** ['baɪçtə] *f* (-; -n) confesión *f*; ⁀**en** (ge-, h) **1.** *v/t* confesar; **2.** *v/i* confesarse; ⁀**stuhl** *m* confes(i)onario *m*

beide ['-də] *pl* ambos, los dos; ~s las dos cosas; *keiner von* ~n ni uno ni otro; *wir* ~ nosotros dos

beiderseits ['-dərzaits] a ambos lados de; recíprocamente

bei-ein'ander juntos (-as)

'Beifahrer(in *f*) *m* acompañante *su*

'Beifall *m* (-[e]s; *sin pl*) aplauso *m*; *j-m* ~ *spenden* aplaudir a alg; ~ *finden* *fig* tener gran aceptación (*bei* entre)

'beifügen (*sep*, -ge-, h) añadir; *e-m Schreiben*: acompañar, incluir

'Beigeschmack *m* gustillo *m*, saborcillo *m*; *fig* deje *m*

'Beihilfe *f* ayuda *f*, subsidio *m*; ⚖ complicidad *f*

Beil ['bail] *n* (-[e]s; -e) hacha *f*

'Beilage *f* suplemento *m*; *zum Brief*: anexo *m*; *gastr* guarnición *f*

'beiläufig *adv* de paso

'beilegen (*sep*, -ge-, h) *e-m Brief*: acompañar, adjuntar; *Streit*: dirimir, zanjar

'Beileid *n* (-[e]s; *sin pl*) *sein* ~ *aussprechen* dar el pésame

'beiliegend adjunto

beim [baim] = *bei dem*

'beimessen (*irr*, *sep*, -ge-, h, → *messen*) atribuir; *Wert* ~ dar importancia

Bein [bain] *n* (-[e]s; -e) pierna *f*; (*Tier*⚖, *Tisch*⚖) pata *f*; (*Knochen*) hueso *m*

'beinah(e) *adv* casi; *bei vb*: por poco

'Beinbruch *m* fractura *f* de (la) pierna

be'inhalten [bə'?inhaltən] (h) contener

beipflichten ['baipfliçtən] (*sep*, -ge-, h) (*dat*) aprobar (*ac*); *j-m* ~ adherirse a la opinión de alg

bei'sammen [bai'zamən] juntos, reunidos; ⚖*sein* *n* (-s; *sin pl*) reunión *f*; *geselliges*: tertulia *f*

'Beisein *n*: *im* ~ *von* en presencia de

bei'seite aparte; ~ *lassen* dejar a un lado

'beisetz|en (*sep*, -ge-, h) sepultar, dar sepultura a; ⚖*ung* *f* (-; -en) sepelio *m*

'Beispiel *n* (-[e]s; -e) ejemplo *m* (*zum* por); ⚖*haft* ejemplar; ⚖*sweise* por ejemplo

'beißen ['-sən] (biß, gebissen, h) morder; *Insekten*, *Rauch*: picar

'Bei|stand *m* (-[e]s; *sin pl*) ayuda *f*, asistencia *f*; ⚖*stehen* (*irr*, *sep*, -ge-, h, → *stehen*): *j-m* ~ ayudar *od* asistir a alg

'beisteuern (*sep*, -ge-, h) contribuir (*zu* a)

'Beitrag *m* (-[e]s; *⸚e*) contribución *f*; (*Mitglieds*⚖) cuota *f*; ⚖*en* (*irr*, *sep*, -ge-, h, → *tragen*) contribuir (*zu* a)

'bei|treten (*irr*, *sep*, -ge-, sn, → *treten*) *e-m Verein*: ingresar en; *e-r Partei*: afiliarse a; ⚖*tritt* *m* (-[e]s; -e) afiliación *f* (*zu* a); ingreso *m* (*en*)

'Beiwagen *m Motorrad*: sidecar *m*

Beize ['-tsə] *f* (-; -n) *für Holz*: barniz *m*; *gastr* adobo *m*

beizeiten [-'tsaitən] a tiempo

be'jahen [bə'ja:ən] (h) *Frage*: responder afirmativamente a; ⚖*d* afirmativo

bejahrt [-'ja:rt] entrado en años

be'kämpfen (h) luchar contra

be'kannt [-'kant] conocido (*bei* de); sabido (de); ~ *sn mit* conocer (*ac*); *mit j-m* ~ *machen* presentar a alg; ⚖*e m/f* (-; -n) conocido *m*, -a *f*; ⚖*gabe* *f* (-; *sin pl*), ⚖*machung* [-'maxuŋ] *f* (-; -en) publicación *f*; (*Mitteilung*) aviso *m*; *amtlich*: bando *m*; ~*machen* (*sep*, -ge-, h) dar a conocer, publicar; ⚖*lich* como es sabido; ⚖*schaft* *f* (-; *sin pl*) conocimiento *f*; *j-s* ~ *machen* conocer a alg

be'kehr|en (h) convertir (*zu* a); ⚖*ung* *f* (-; -en) conversión *f*

be'kenn|en (bekannte, bekannt, h) confesar; *sich schuldig* ~ reconocerse culpable; *sich* ~ *zu* declararse partidario de; ⚖*tnis* *n* (-ses; -se) confesión *f*; *des Glaubens*: profesión *f*

be'klag|en (h) lamentar; *sich* ~ quejarse (*über* *ac* de, *bei* *j-m* a); ~*enswert* deplorable; ⚖*te* [-'kla:ktə] *m/f* (-n; -n) ⚖ demandado *m*, -a *f*

be'kleckern (h) manchar

be'kleid|en (h) vestir; *Amt*: desempeñar; ⚖*ung* (-; -en) vestidos *m/pl*

Be'klemmung *f* (-; -en) opresión *f*, congoja *f*

be'kommen (bekam, bekommen) **1.** *v/t* (h) recibir; (*erlangen*) obtener, conseguir; *Krankheit*: contraer; *Schreck*: llevarse; *wieviel* ~ *Sie?* ¿cuánto le debo?; **2.** *v/i* (sn): *gut* (*schlecht*) ~ probar *od* sentar bien (mal)

be|'kräftigen (h) corroborar, confirmar; ~*kümmern* (h) afligir; ~*kunden* [-'kundən] (h) manifestar; ~*laden* (beludd, beladen, h): ~ *mit* cargar de

Belag [-'la:k] *m* (-[e]s; *⸚e*) (*Zahn*⚖) sarro *m*; (*Brot*⚖) fiambre *m*

be'lager|n (h) sitiar; *fig* asediar; ⚖*ung f* (-; -en) sitio *m*

Be'lang|e [-'laŋə] *m/pl* intereses *m/pl*; **los** insignificante, irrelevante

be'lasten (h) cargar (*mit* de); *mit Abgaben:* gravar (con); *j-s Konto mit et * cargar a/c en cuenta a alg

be'lästig|en [-'lɛstigən] (h) importunar, molestar; **ung** *f* (-; -en) molestia *f*

Belastung [-'lastuŋ] *f* carga *f* (a ⊕ *u fig*); *Konto:* adeudo *m*; 🜨 gravamen *m*

be'laufen (belief, belaufen, h): *sich auf* (ac) ascender a, importar (ac)

be'leb|en (h) (re)animar, **t** [-'le:pt] animado; *Ort:* concurrido

Be'leg [-'le:k] *m* (-[e]s; -e) justificante *m*, comprobante *m*; **en** [-'le:gən] (h) cubrir (*mit* con, de); *Sitz:* reservar; *Vorlesung:* matricularse para; (*beweisen*) probar; **schaft** [-'le:kʃaft] *f* (-; -en) personal *m*; **t** [-'le:kt] *Platz:* ocupado; *Zunge:* sucio; **es Brot** bocadillo *m*; sandwich *m*

be'lehr|en (h) instruir; **ung** *f* (-; -en) instrucción *f*

be'leidig|en [-'laidigən] (h) ofender, insultar; **end** ofensivo, insultante; **ung** *f* (-; -en) ofensa *f*, insulto *m*

be'lesen leído

be'leucht|en (h) alumbrar, iluminar; **ung** *f* (-; -en) alumbrado *m*; iluminación *f*

Belg|ier ['bɛlgjər] *m* (-s; -), **ierin** *f* (-; -nen), **isch** belga *su*

be'licht|en (h) [bə'lɪçtən] *fot* exponer; **ung** *f* (-; -en) exposición *f*; **ungsmesser** *m* fotómetro *m*

Be'lieb|en *n: nach a* discreción; **ig** cualquiera; **t** [-'li:pt] *j:* popular; *et:* en boga; **theit** *f* (-; *sin pl*) popularidad *f*

be'liefern (h) proveer, abastecer (*mit* de)

bellen ['bɛlən] (ge-, h) ladrar

be'lohn|en [bə'-] (h) recompensar; **ung** *f* (-; -en) recompensa *f*

be'lügen (belog, belogen, h) mentir (*j-n* a alg)

be'lustig|end [-'lustigənt] divertido; **ung** *f* (-; -en) diversión *f*

be|mächtigen [-'mɛçtigən] (h): *sich e-r Sache* (*gen*) ** apoderarse de a/c; **'malen** (h) pintar (*blau* de azul); **'mängeln** [-'mɛŋəln] (h) criticar, censurar

be'merk|bar: *sich machen* hacerse sentir, manifestarse; **en** (h) notar, darse cuenta de; (*sagen*) observar, decir; **enswert** notable; **ung** *f* (-; -en) observación *f*

be'mitleiden [-'mitlaidən] (h): *ich bemitleide ihn* me da lástima; **swert** digno de compasión

be'müh|en (h): *sich * esforzarse (*um* por), procurar (*inf*); ** *Sie sich nicht!* ¡no se moleste!; **ung** *f* (-; -en) esfuerzo *m* (*um* por); **en** *pl* gestiones *f/pl*

benachbart [-'naxba:rt] vecino

be'nachrichtig|en [-'na:xrɪçtigən] (h) avisar, informar, enterar; **ung** *f* (-; -en) información *f*, aviso *m*

benachteiligen [-'tailigən] (h) perjudicar

benehmen [bə'ne:mən] **1.** *v/refl* (benahm, benommen, h): *sich * conducirse, (com)portarse; **2.** **** *n* (-s; *sin pl*) conducta *f*, comportamiento *m*

be'neiden (h): *j-n um et * envidiar a/c a alg; **swert** envidiable

Bengel ['bɛŋəl] *m* (-s; -) rapaz *m*

benommen [bə'nɔmən] aturdido, atontado

be'nötigen (h) necesitar

be'nutz|en (h) usar, utilizar, *a Gelegenheit:* aprovechar; **er** *m* (-s; -) usuario *m*; **ung** *f* (-; *sin pl*) empleo *m*, uso *m*

Ben'zin [bɛn'tsi:n] *n* (-s; -e) *auto* gasolina *f*; 🔥 bencina *f*; **kanister** *m* bidón *m* de gasolina; **tank** *m* depósito *m* de gasolina; **uhr** *f* indicador *m* de gasolina

be-'obacht|en [bə'¹ʔo:baxtən] (h) observar; **er** *m* (-s; -) observador *m*; **ung** *f* (-; -en) observación *f*

be'pflanzen (h) plantar (*mit* de).

be'quem [-'kve:m] cómodo, confortable; *j:* perezoso; **lichkeit** *f* (-; *sin pl*) comodidad *f*; (*Trägheit*) pereza *f*

be'rat|en (beriet, beraten, h) **1.** *v/t* aconsejar; **2.** *v/i* deliberar; **er** *m* (-s; -) consejero *m*; **ung** *f* (-; -en) deliberación *f*; *a* ⚕ consulta *f*

be'rauben (h) robar (*j-n e-r Sache* a/c a alg), *fig* privar de

be'rechn|en (h) calcular; 🕇 cargar (en cuenta); **ung** *f* (-; -en) cálculo *m*; (*sin pl*) *fig* egoísmo *m*

be'rechtig|en [-'rɛçtigən] (h) autorizar, habilitar (*zu* para), **t** autorizado; *Sache:* fundado; **ung** *f* (-; *sin pl*) autorización *f*; derecho *m*

beredt [-'re:t] elocuente

Bereich

Be'reich *m* (-[e]s; -e) ámbito *m*; *fig* esfera *f*
bereichern [-'raiçərn] (h): **(sich)** ~ enriquecer(se) (**an** *dat* con)
Be'reifung *f* (-; -en) neumáticos *m/pl*
be'reisen (h) viajar por, recorrer
be'reit [-'rait] dispuesto (**zu** a); (*fertig*) listo; *sich* ~ *machen* prepararse, disponerse (**zu** a); ~**en** (h) *Essen*: preparar; *Freude, Schmerz usw*: causar, dar; ~**halten** (*irr*, *sep*, -ge-, h, → **halten**) tener preparado; ~**s** ya; 2**schaft** *f* (-; *sin pl*) disposición *f* (**zu** a); 2**schaftsdienst** *m* guardia *f*; ~**stellen** (*sep*, -ge-, h) preparar; poner a disposición; ~**willig** gustoso
be'reuen (h) arrepentirse de
Berg [bɛrk] *m* (-[e]s; -e) montaña *f*; 2'-**ab** cuesta abajo; 2'-**auf** cuesta arriba; '~**bahn** *f* ferrocarril *m* de montaña; '~**bau** *m* (-[e]s; *sin pl*) industria *f* minera
bergen ['bɛrgən] (barg, geborgen, h) salvar, rescatar
'**Berg|führer** ['bɛrk-] *m* guía *m* (de montaña); 2**ig** [-'gıç] montañoso; ~**kette** *f* sierra *f*; ~**mann** *m* (-[e]s; -leute) minero *m*; ~**rutsch** *m* desprendimiento *m* de tierras; ~**spitze** *f* pico *m*; ~**steigen** *n* alpinismo *m*, montañismo *m*; ~**steiger** *m* (-s; -), ~**steigerin** *f* (-; -nen) alpinista *su*, montañero *m*, -a *f*; ~**ung** *f* [-'gʊŋ] (-; -en) *f* salvamento *m*, rescate *m*; ~**wacht** *f* servicio *m* de salvamento en la montaña; ~**wandern** *n* excursión *f* a la montaña; ~**werk** *n* mina *f*
Be'richt [bə'rıçt] *m* (-[e]s; -e) relación *f*, informe *m*; (*Zeitungs*2) crónica *f*; (*Erzählung*) relato *m*; 2**en** (h) informar (*über ac* de, sobre); (*erzählen*) relatar; ~**erstatter** [-'-'ʔɛrʃtatər] *m* (-s; -) reportero *m*; *auswärtiger*: corresponsal *m*; 2**igen** [-'-tigən] (h) rectificar, corregir; ~**igung** *f* (-; -en) rectificación *f*
Berliner [bɛr'li:nər] *m* (-s; -), ~**in** *f* (-; -nen) berlinés *m*, -esa *f*
Bernstein ['bɛrnʃtain] *m* (-[e]s; *sin pl*) ámbar *m*
berüchtigt [bə'ryçtıçt] de mala fama
be'rücksichtig|en [-'rykzıçtıgən] (h) considerar, tener en cuenta; 2**ung** *f* (-; *sin pl*) consideración *f*
Be'ruf [-'ru:f] *m* (-[e]s; -e) profesión *f*, oficio *m*; **von** ~ de profesión; 2**en** (berief, berufen, h) nombrar (**zu** para);

sich ~ *auf* (*ac*) referirse a; 2**lich** profesional; ~**s-ausbildung** *f* formación *f* profesional; ~**s-beratung** *f* orientación *f* profesional; 2**s-tätig** que ejerce una profesión; activo; ~**ung** *f* (-; -en) vocación *f*; (*Ernennung*) nombramiento *m* (**zu** para); 🕱 apelación *f*; ~ *einlegen* apelar (*gegen* de)
be'ruhen (h): ~ *auf* (*dat*) basarse en
be'ruhig|en [-'ru:igən] (h): **(sich)** ~ calmar(se), tranquilizar(se); ~**end** tranquilizador; 2**ung** *f* (-; *sin pl*) calma *f*; 2**ungsmittel** ✱ *n* calmante *m*, sedante *m*
be'rühmt [-'ry:mt] famoso, célebre; 2**heit** *f* (-; -en *pl*) renombre *m*
be'rühr|en (h) tocar (*a fig*); *Gemüt*: afectar; 2**ung** *f* (-; -en) tacto *m*; *a fig* contacto *m*
be'sagen (h) (querer) decir, significar
besänftigen [-'zɛnftigən] (h) apaciguar, calmar
Be'satz *m* (-es; ⸚e) guarnición *f*; ~**ung** *f* (-; -en) ⚓, ✈ tripulación *f*
be'saufen P (besoff, besoffen, h): **sich** ~ F coger una trompa *od* una mona
be'schädig|en (h) deteriorar (*a* ✈), estropear; ⚓, ✈ averiar; 2**ung** *f* (h) deterioro *m*, desperfecto *m*
be'schaffen (h) proporcionar, procurar, facilitar; 2**heit** *f* (-; *sin pl*) condición *f*, estado *m*; índole *f*
be'schäftig|en [-'ʃɛftigən] (h) dar trabajo a; *fig* preocupar; *sich* ~ ocuparse (*mit* de, en); 2**ung** *f* (-; -en) ocupación *f*; empleo *m*
be'schäm|end vergonzoso; humillante; ~**t** avergonzado; 2**ung** *f* (-; *sin pl*) vergüenza *f*, confusión *f*
Bescheid [-'ʃait] *m* (-[e]s; -e) respuesta *f*; *j-m* ~ *geben* informar a alg; ~ *wissen über* (*ac*) estar enterado de
be'scheiden modesto; 2**heit** *f* (-; *sin pl*) modestia *f*
be'scheinig|en [-'ʃainigən] (h) certificar; 2**ung** *f* (-; -en) certificado *m*
be'schenken (h) obsequiar
Bescherung [-'ʃe:ruŋ] *f* (-; -en) reparto *m* de regalos; *schöne* ~! ¡estamos listos!
be|'schießen (beschoß, beschossen, h) hacer fuego *od* tirar sobre; ~'**schimpfen** (h) insultar, injuriar
Be'schlag *m*: *in* ~ *nehmen*, *mit* ~ *bele-*

gen incautarse de; *fig* acaparar (*a j-n*); **≈en 1.** (beschlug, beschlagen, h) **a)** *v/t Pferd:* herrar; **b)** *v/i u sich ~ Glas:* empañarse; **2.** *adj* entendido, versado; **~nahme** [-'knɑːmə] *f* (-; -n) embargo *m*, confiscación *f*; **≈nahmen** (h) confiscar, embargar

be'schleunig|en [-'ʃlɔʏnɪɡən] (h) acelerar; **≈ung** *f* (-; -en) aceleración *f*

be'schließen (beschloß, beschlossen, h) concluir, terminar; (*entscheiden*) resolver, decidir

Be'schluß *m* (-sses, ¨sse) resolución *f*, decisión *f*; acuerdo *m* (*fassen* tomar)

be'schmieren (h) untar; (*besudeln*) embadurnar; **~'schmutzen** (h) ensuciar, manchar; **~'schönigen** [-'ʃøːnɪɡən] (h) cohonestar, colorear

be'schränk|en [-'ʃrɛŋkən] (h) limitar (*auf ac* a); restringir, reducir; **~t** limitado; (*eng*) estrecho; *j:* de pocos alcances; **≈ung** *f* (-; -en) limitación *f*, restricción *f*

be'schreib|en (beschrieb, beschrieben, h) describir; **≈ung** *f* (-; -en) descripción *f*

be'schuldig|en [-'ʃʊldɪɡən] (h) culpar (*gen* de); inculpar; **≈ung** *f* (-; -en) inculpación *f*

be'schütz|en (h) proteger (**vor** *dat* de, contra); **≈er** *m* (-s; -) protector *m*

Be'schwer|de [-'ʃveːrdə] *f* (-; -n) ✝ queja *f*, reclamación *f*; ✽ **~n** *pl* dolores *m/pl*; molestias *f/pl*; **≈en** (h): *sich ~ über* quejarse de (*bei j-m* a alg)

be|'schwichtigen [-'ʃvɪçtɪɡən] (h) calmar, apaciguar; **~'schwindeln** (h) engañar; mentir (*j-n* a alg)

beschwipst [-'ʃvɪpst] F achispado

be'schwören (beschwor, beschworen, h) afirmar bajo juramento, jurar; *Geister:* conjurar

be'seitigen [-'zaɪtɪɡən] (h) eliminar (*a j-n*); *Hindernis:* allanar

Besen ['beːzən] *m* (-s; -) escoba *f*

besessen [bə'zɛsən] obsesionado (*von* con), poseso

be'setz|en *Stelle:* cubrir; ✕, *Platz:* ocupar; **~t** ocupado; *Bus usw:* completo; *teat* **~ sn** estar comunicando; **≈tzeichen** *n tel* señal *f* de ocupado; **≈ung** *f* (-; -en) ocupación *f*; *teat* reparto *m*

be'sichtig|en [-'zɪçtɪɡən] (h) visitar; inspeccionar; **≈ung** *f* (-; -en) visita *f*

be'siedeln (h) poblar; colonizar; **~lt: dicht ~** densamente poblado

be'siegen (h) vencer

be'sinn|en [-'zɪnən] (besann, besonnen, h): *sich ~* acordarse (*auf ac* de); *sich anders ~* cambiar de parecer; **≈ung** *f* (-; *sin pl*) conocimiento *m*, sentido *m*; *wieder zur ~ kommen* volver en sí

Be'sitz [-'zɪts] *m* (-[e]s; *sin pl*) posesión *f*; **≈en** (besaß, besessen, h) poseer; **~er** *m* (-s; -), **~erin** *f* (-; -nen) poseedor(a *f*) *m*; dueño *m*, -a *f*; (*Eigentümer*) propietario *m*, -a *f*

besoffen P [-'zɔfən] borracho

besohlen [~'zoːlən] (h) poner suelas a

Besoldung [-'zɔldʊŋ] *f* (-; -en) sueldo *m*

be'sonder [-'zɔndər] particular, especial; **≈heit** *f* (-; -en) particularidad *f*; **~s** especialmente, sobre todo

be'sonnen [-'zɔnən] prudente

be'sorg|en (h) (*verschaffen*) procurar; (*kaufen*) comprar; (*erledigen*) hacer; **≈nis** [~'zɔrknɪs] *f* (-; -se) preocupación *f*; **~nis-erregend** alarmante; **~t** preocupado (*um* por); **≈ung** *f* (-; -en) recado *m*

be'sprech|en (besprach, besprochen, h) discutir; *sich mit j-m ~* conferenciar con alg (*über ac* sobre); **≈ung** *f* (-; -en) entrevista *f*, conferencia *f*; (*Buch≈*) reseña *f*

be'spritzen (h) rociar; *mit Schmutz:* salpicar

'besser ['bɛsər] (*Komparativ v gut*) mejor; *um so ~* tanto mejor; *~ werden* mejorar; *es wäre ~* más valdría (*inf*); *~n* (ge-, h): *sich ~* mejorar(se); **≈ung** *f* (-; *sin pl*) mejora *f*; ✽ mejoría *f*; *gute ~!* ¡que se mejore!

best [bɛst] (*Superlativ v gut*) mejor; *am ~en, das ≈e* lo mejor; *der erste ~e* el primero que llegue; *zu Ihrem ≈en* para su bien

Be'stand [bə'ʃtant] *m* (-[e]s; *sin pl*) (*Dauer*) duración *f*; (*pl* ¨e) ✝ existencias *f/pl*; *von ~* durable

be'ständig estable (*a Wetter*), constante; (*andauernd*) continuo

Be'standteil *m* componente *m*, parte *f* integrante, elemento *m*

be'stätig|en [-'ʃtɛːtɪɡən] (h) confirmar; **≈ung** *f* (-; -en) confirmación *f*

be'statt|en [-'ʃtatən] (h) sepultar, inhu-

Bestattungsinstitut 316

mar; ⚭ungs-institut *n* funeraria *f*, pompas *f/pl* fúnebres

be'stech|en (bestach, bestochen, h) sobornar, corromper; ⚬lich corruptible; ⚭ung *f* (-; -en) soborno *m*; corrupción *f*; ⚭ungsgelder *n/pl* sobornos *m/pl*

Besteck [-'ʃtɛk] *n* (-[e]s; -e) cubierto *m*

be'stehen (bestand, bestanden, h) 1. *v/t Kampf*: sostener; *Examen*: aprobar; 2. *v/i* existir; ~ *auf* (*dat*) insistir en; ~ *in* (*dat*) consistir en; ~ *aus* constar de, componerse de

be'stehlen (bestahl, bestohlen, h) robar

be'steigen (bestieg, bestiegen, h) subir a, *Berg* a: escalar; *Pferd*: montar a

be'stell|en (h) ✝ encargar, pedir (*bei j-m* a alg); *Zimmer*: reservar; *Grüße*: dar; *j-n* ~ hacer venir a alg; *j-m et* ~ dar un recado a alg; ⚭er *m* (-s; -) comprador *m*; ⚭formular *n*, ⚭schein *m*, ⚭zettel *m* formulario *m od* nota *f od* hoja *f* de pedido; ⚭ung *f* (-; -en) ✝ pedido *m*

bestenfalls ['bɛstənfals] en el mejor de los casos

be'steuer|n [bə'-] (h) gravar con impuestos; ⚭ung *f* (-; *sin pl*) imposición *f*

be'stimm|en (h) determinar; (*entscheiden*) decidir; (*festsetzen*) fijar; (*aussehen*) destinar, designar; (*anordnen*) disponer; ⚬t determinado; (*sicher*) cierto, seguro; (*energisch*) categórico, terminante; *adv* seguramente; ⚭ung *f* (-; -en) destino *m*; (*Vorschrift*) prescripción *f*; ⚭ungs-ort *m* lugar *m* de destino

be'straf|en (h) castigar; ⚭ung *f* (-; -en) castigo *m*; pena *f*

be'strahl|en (h) ✱ irradiar; ⚭ung ✱ *f* (-; -en) irradiación *f*; radioterapia *f*

be|'streichen (bestrich, bestrichen, h) pintar; *Brot*: untar; ~'streiken (h) hacer huelga contra (*una empresa*); ~'streiten (bestritt, bestritten, h) negar; (*anfechten*) impugnar; *Kosten*: cubrir; ~'streuen (h) espolvorear (*mit* de); ~'stürmen (h) *fig* asediar

be'stürz|t [-'ʃtyrtst] consternado, perplejo; ⚭ung *f* (-; *sin pl*) consternación *f*

Be'such [-'zu:x] *m* (-[e]s; -e) visita *f*; ⚭en (h) visitar; *j-n*: ir a ver; *Schule*: ir a; *Versammlung*: asistir a; ~er *m* (-s; -), ~erin *f* (-, -nen) visitante *su*; ~szeit *f* horas *f/pl* de visita

be'tätig|en (h) ⚙ accionar; *sich* ~ actuar (*als* de); ⚭ung *f* (-; -en) actividad *f*; actuación *f*

be'täub|en [-'tɔybən] (h) ✱ anestesiar, narcotizar; *fig* aturdir; ⚭ung *f* (-; -en) anestesia *f*; ⚭ungsmittel *n* narcótico *m*

Bete ⚹ ['be:tə] *f* (-; -n): *rote* ~ remolacha *f* roja

be'teilig|en [bə'taɪlɪɡən] (h) hacer participar (*an dat* en); *sich* ~ *an* (*dat*) tomar parte en, participar en; ⚭te [-'lɪçtə] *m/f* (-n; -n) interesado *m*, -a *f*; ⚭ung *f* (-; -en) participación *f*

beten ['be:tən] (ge-, h) orar, rezar

beteuern [bə'tɔyərn] (h) aseverar

Beton [be'tɔ̃] *m* (-s; -s) hormigón *m*

be'ton|en [bə'to:nən] (h) acentuar, *fig* a subrayar; ⚭ung *f* (-; -en) acento *m* (*a fig*); acentuación *f*

Be'tracht [-'traxt] *m*: *in* ~ *ziehen* tomar en consideración; *in* ~ *kommen* venir al caso; ⚭en (h) contemplar; *fig* considerar (*als* como)

beträchtlich [-'trɛçtlɪç] considerable

Be'trag [-'traːk] *m* (-[e]s; ⚬e) importe *m*, cantidad *f*; ⚭en [-'-ɡən] 1. *v/t* (betrug, betragen, h) ascender a, elevarse a; *sich* ~ (com)portarse; 2. ⚭ *n* (-s; *sin pl*) comportamiento *m*, conducta *f*

Be'treff [-'trɛf] *m im Brief*: asunto *m*, objeto *m*; ⚭s (*gen*) respecto a, en cuanto a; ⚭en (betraf, betroffen, h) concernir, afectar; *was mich betrifft* en cuanto a mí; ⚭end respectivo, en cuestión

be'treiben (betrieb, betrieben, h) (*ausüben*) practicar, ejercer

be'tret|en 1. *v/t* (betrat, betreten, h) *Raum*: entrar en; 2. *adj* confuso

be'treu|en [-'trɔyən] (h) atender a; cuidar (a, de); ⚭er *m* (-s; -) *a dep* cuidador *m*; ⚭ung *f* (-; *sin pl*) cuidado *m*

Be'trieb [-'tri:p] *m* (-[e]s; -e) empresa *f*; (*sin pl*) ⚙ funcionamiento *m*, marcha *f*; servicio *m*; *fig* F jaleo *m*; *in* ~ *sn* funcionar; *außer* ~ fuera de servicio; no funciona; *in* ~ *setzen* poner en marcha; ⚭lich: ~*e Mitbestimmung f* cogestión *f* empresarial

Be'triebs|-ausgaben *f/pl* gastos *m/pl* de producción; ~gewinn *m* beneficios *m/pl* empresariales; ~kapital *n* capital *m* de explotación; ~leitung *f* dirección *f* (de la empresa); ~rat *m* comité *m* de empresa; ~system *n inform* sistema *m* operativo

be'trinken (betrank, betrunken, h): *sich ~* emborracharse, embriagarse
betroffen ['-trɔfən] *fig* confuso
be'trübt ['-tryːpt] afligido, triste
Betrug ['-truːk] *m* (-[e]s; *sin pl*) estafa *f*, engaño *m*; ⚖ fraude *m*
be'trüg|en (betrog, betrogen, h) engañar; *im Spiel:* hacer trampas; **2er** *m* (-s; -), **2erin** *f* (-; -nen) estafador(a *f*) *m*
be'trunken borracho
Bett [bɛt] *n* (-[e]s; -en) cama *f*; (*Fluß*2) cauce *m*; *zu ~ gehen* irse a la cama; *das ~ hüten* guardar cama; **'~couch** *f* sofá-cama *m*; **'~decke** *f* manta *f*; (*Überdecke*) colcha *f*
betteln ['-təln] (ge-, h) mendigar
'bett|lägerig ['-lɛːɡəriç]: *~ sn* guardar cama; **2laken** *n* sábana *f*
Bettler ['-lər] *m* (-s; -), **~in** *f* (-; -nen) mendigo *m*, -a *f*
'Bett|ruhe *f* reposo *m* en cama; **~(t)uch** *n* sábana *f*; **~vorleger** *m* alfombrilla *f*, pie *m* de cama; **~wäsche** *f* ropa *f* de cama
betucht [bə'tuːxt] F forrado de dinero
beugen ['bɔyɡən] (ge-, h) doblar; *fig* doblegar; *sich ~ fig* rendirse
Beule ['-lə] *f* (-; -n) bollo *m*, abolladura *f*; 🞸 chichón *m*
be-'unruhig|en [bəˈʔunruːiɡən] (h) inquietar, preocupar
be-'urlauben [-'ʔuːrlaubən] (h) dar permiso a; *vom Amt:* suspender
be-'urteil|en (h) juzgar (de); **2ung** *f* (-; -en) juicio *m*, dictamen *m*
Beute ['bɔytə] *f* (-; *sin pl*) botín *m*; presa *f* (*a fig*)
Beutel ['-təl] *m* (-s; -) bolsa *f*
be'völker|n [bəˈfœlkərn] (h) poblar; **2ung** *f* (-; -en) población *f*
be'vollmächtig|en [-'fɔlmɛçtiɡən] (h) apoderar, autorizar; **2te** ['--tiçtə] *m*/*f* (-n; -n) apoderado *m*, -a *f*; ⚖ mandatario *m*
be'vor antes (de) que (*subj*); antes de (*inf*); **~stehen** (*irr, sep*, -ge-, h, → *stehen*) estar próximo; **~zugen** [-ˈtsuːɡən] (h) preferir (*vor dat a*)
be'wach|en (h) vigilar; **~t** vigilado; **2ung** *f* (-; *sin pl*) vigilancia *f*
be'waffn|en [-'vafnən] (h) armar; **2ung** *f* (-; *sin pl*) armamento *m*
be'wahren (h) guardar; (*erhalten*) conservar; *~ vor* (*dat*) preservar de

be'währ|en (h): *sich ~* dar buen resultado; *j:* acreditarse; **~t** probado, acreditado; **2ung** *f:* ⚖ *mit ~* condicional
bewältigen [-'vɛltiɡən] (h) dominar; superar; *Arbeit:* llevar a cabo
bewandert [-'vandərt] versado, entendido (*in dat* en)
be'wässer|n [-'vɛsərn] (h) regar; **2ung** *f* (-; -en) riego *m*
be'weg|en [-'veːɡən] *v*/*t* **a)** (h) mover; *Gemüt:* conmover; **b)** (bewog, bewogen, h) (*veranlassen*) inducir, determinar; **2grund** [-'veːkɡrunt] *m* móvil; **~lich** [-'veːkliç] móvil; *Fest:* movible; *fig* ágil; **~t** *See:* agitado; (*gerührt*) emocionado; **2ung** [-'-ɡuŋ] *f* (-; -en) movimiento *m* (*a pol*); (*sin pl*) *fig* emoción *f*; **~ungslos** inmóvil
Be'weis [-'vaɪs] *m* (-es; -e) prueba *f* (*für* de), **2en** [-'-zən] (bewies, bewiesen, h) probar, demostrar; (*feststellen*) comprobar
be'werb|en (bewarb, beworben, h): *sich ~ um* solicitar (*ac*); **2er** *m* (-s; -), **2erin** *f* (-; -nen) candidato *m*, -a *f*; solicitante *su*, aspirante *su*; **2ung** *f* solicitud *f* (*um* de); **2ungsgespräch** *n* entrevista *f* personal; **2ungsschreiben** *n* solicitud *f* (de empleo)
bewerkstelligen [-'vɛrkʃtɛliɡən] (h) realizar, conseguir
be'wert|en [-'vøːlkən] (h) valorar; **2ung** *f* (-; -en) valoración *f*
be'willig|en [-'viliɡən] (h) conceder, otorgar; **2ung** *f* (-; -en) concesión *f*
be'wirken (h) causar, originar; (*erreichen*) conseguir
be'wirt|en [-'virtən] (h) obsequiar; **~schaften** (h) explotar; *Waren:* racionar; **2ung** *f* (-; -en) agasajo *m*
be'wohn|en (h) habitar; **2er** *m* (-s; -), **2erin** *f* (-; -nen) habitante *su*; *e-s Hauses:* vecino *m*, -a *f*
be'wölk|en [-'vœlkən] (h): *sich ~* nublarse; **~t** nublado, nuboso; **2ung** *f* (-; *sin pl*) nubosidad *f*
be'wunder|n [-'vundərn] (h) admirar; **~nswert** admirable; **2ung** *f* (-; *sin pl*) admiración *f*
be'wußt [-'vʊst] consciente; (*bekannt*) consabido, en cuestión; **~los** sin conocimiento; *~ werden* desmayarse; **2losigkeit** *f* (-; *sin pl*) desmayo *m*; **2sein** *n* (-s; *sin pl*) conciencia *f*; conocimiento *m*

be'zahl|en (h) pagar; **2ung** *f* (-; *sin pl*) pago *m*
be'zaubernd encantador
be'zeichn|en (h) marcar, señalar; (*bestimmen*) designar; **~ als** calificar de; **~end** significativo; **~ für** característico de; **2ung** *f* (-; -en) denominación *f*, nombre *m*
be'zeugen (h) atestiguar, dar fe de
bezichtigen [-'tsɪçtɪgən] (h) (*gen*) inculpar de
be'zieh|en (bezog, bezogen, h) **1.** *v/t Wohnung*: instalarse en, ocupar; *Gehalt*: cobrar, percibir; *Zeitung*: estar suscrito a; *Waren*: comprar (**aus** en, **von** a); *Bett*: poner ropa a; **2.** *v/refl Himmel*: encapotarse; **sich ~ auf** (*ac*) referirse a; **2er** *m* (-s; -), **2erin** *f* (-; -nen) comprador(a *f*) *m*; suscriptor(a *f*) *m*; **2ung** *f* (-; -en) relación *f*; (*Hinsicht*) respecto *m*; **in jeder ~** por todos conceptos; **in ~ stehen zu** estar relacionado con; **~ungsweise** o sea, o bien
Bezirk [-'tsɪrk] *m* (-[e]s; -e) *m* distrito *m*
Be|zug [-'tsu:k] *m* (-[e]s; **~e**) (*Überzug*) funda *f*, *fig* referencia *f*; (*sin pl*) (*Waren*2) compra *f*; *e-r Zeitung*: suscripción *f* a; *Bezüge pl* (*Gehalt*) emolumentos *m/pl*; **in 2 auf** (*ac*) respecto a *od* de; **2züglich** [-'tsy:klɪç] (*gen*) referente a, relativo a; **~zugnahme** [-'tsu:knɑ:mə] *f*: **unter ~ auf** (*ac*) con referencia a
be'zweifeln (h) dudar (**et** de a/c)
Bibel ['bi:bəl] *f* (-; -n) Biblia *f*
Biber ['-bər] *m* (-s; -) castor *m*
Bibliothe|k [biblio'te:k] *f* (-; -en) biblioteca *f*; **~kar** [--te'kɑ:r] *m* (-s; -e), **~karin** *f* (-; -nen) bibliotecario *m*, -a *f*
biblisch ['bi:blɪʃ] bíblico
bieg|en ['-gən] (bog, gebogen) **1.** *v/t* (h) torcer, doblar; (*krümmen*) encorvar; **2.** *v/i* (sn): **um die Ecke ~** doblar la esquina; **~sam** ['bi:kzɑ:m] flexible; **2ung** ['-gʊŋ] *f* (-; -en) recodo *m*, revuelta *f*
'Biene ['-nə] *f* (-; -n) abeja *f*; **~nkorb**, **~nstock** *m* colmena *f*
Bier [bi:r] *n* (-[e]s; -e) cerveza *f* (*helles* rubia; *dunkles* negra; *vom Faß* de barril); '**~brauerei** *f*, '**~lokal** *n* cervecería *f*; '**~garten** *m* cervecería *f* al aire libre
bieten ['bi:tən] (bot, geboten, h) ofrecer; *Versteigerung*: licitar, (*höher ~*) pujar; *sich ~* presentarse; *sich* (*dat*) **et nicht ~ lassen** no tolerar a/c

Bikini [bi'ki:ni] *m* (-s; -s) bikini *m*
Bilanz [-'lants] *f* (-; -en) balance *m*; (*Handels*2) balanza *f*
bilateral [-latə'rɑ:l] bilateral
Bild [bɪlt] (-[e]s; -er) imagen *f*; (*Gemälde*) cuadro *m*, pintura *f*; *Buch*: ilustración *f*; *im ~e sn* estar enterado *od* al corriente; **2en** ['-dən] (ge-, h) formar; *geistig*: instruir; '**2end** *Kunst*: plástico, gráfico
'**Bilder|buch** ['-dərbu:x] *n* libro *m* de estampas; **~galerie** *f* galería *f* de pintura
'**Bild|hauer** ['bɪlthaʊər] *m* (-s, -), **~hauerin** *f* (-; -nen) escultor(a *f*) *m*; **2lich** plástico; *Sinn*: figurado; **~nis** *n* (-ses; -se) retrato *m*; **~platte** *f* videodisco *m*; **~plattenspieler** *m* videotocadiscos *m*; **~röhre** *f* TV tubo *m* de imagen; **~schirm** *m* pantalla *f*; **am ~ arbeiten** trabajar con pantalla; **~schirmtext** *m* videotex *m*; **~ung** ['-dʊŋ] *f* (-; -en) formación *f*; (*sin pl*) *geistige*: cultura *f*; (*Aus*2) formación *f*, instrucción *f*
'**Billard** ['bɪljart] *n* (-s; -e) billar *m*; **~stock** *m* taco *m*
'**billig** ['bɪlɪç] barato, económico; **~en** ['--gən] (ge-, h) aprobar; **2flug** *m* vuelo *m* barato; **2lohnland** *n* país *m* de bajo nivel salarial
Bimsstein ['bɪmsʃtaɪn] *m* piedra *f* pómez
'**Binde** ['-də] *f* (-; -n) ☞ venda *f*; (*Damen*2) compresa *f*; **~haut-entzündung** *f* conjuntivitis *f*; **2n** (band, gebunden, h) atar; ligar (*a ♪*); *Buch*: encuadernar; *Krawatte*: anudar; **2nd** *fig* obligatorio; **~strich** *m* guión *m*
Bindfaden ['bɪntfɑ:dən] *m* cordel *m*
'**Bindung** ['-dʊŋ] *f* (-; -en) (*Ski*) fijación *f*; *fig* obligación *f*, compromiso *m* (*eingehen* contraer)
'**binnen** ['-ən] (*dat, a gen*) dentro de; *kurzem* dentro de poco; **2hafen** *m* puerto *m* interior *bzw* fluvial; **2markt** *m* mercado *m* interior; *EG*: mercado *m* único
Bio|graphie [biogra'fi:] *f* (-; -n) biografía *f*; **~logie** [--lo'gi:] *f* (-; *sin pl*) biología *f*; **2logisch** [--'lo:gɪʃ] biológico; **~ abbaubar** biodegradable; **~top** [--to:p] *n* (-s; -e) biotopo *m*
Birke ['bɪrkə] *f* (-; -n) abedul *m*
Birn|baum ['bɪrnbaʊm] *m* peral *m*; **~e** (-; -n) pera *f*; ⚡ bombilla *f*
bis [bɪs] **1.** *prp* **~ (zu, nach)** hasta; **von ...**

~ de ... a, desde ... hasta; **zwei ~ drei Tage** dos o tres días; **~ auf** (ac) (außer) excepto, menos, salvo; **2.** cj hasta que

Bischof ['bɪʃɔf] m (-s; ⁻e) obispo m

bischöflich ['-ʃø:flɪç] episcopal

bisher [bɪs'he:r] hasta ahora, hasta la fecha

Biskuit [-'kvɪt] n, m (-s; -s) bizcocho m

Bison ['bi:zɔn] m (-s; -s) bisonte m

Biß [bɪs] m (-sses; -sse) mordedura f (a 🐕); **2chen** ['-çən]: **ein ~** un poco

'Bissen ['bɪsən] m (-s; -) bocado m; **2ig** mordedor; fig mordaz

Bißwunde f mordedura f

Bistum ['bɪstu:m] n (-s; ⁻er) obispado m

biswellen [-'vaɪlən] a veces

'Bitte ['bɪtə] **1.** f (-; -n) ruego m; **ich habe e-e ~ an Sie** quisiera pedirle un favor; **2. 2** adv por favor; **nach Dank**: de nada; **wie ~?** ¿cómo dice(s)?; **2n** (bat, gebeten, h) pedir (**j-n um et** a/c a alg); **~ zu** (inf) od **daß** rogar que (subj)

'bitter ['bɪtər] amargo, agrio (beide a fig); Kälte: intenso; **2keit** f (-; sin pl) fig amargura f

Bitt|gesuch ['bɪt--] n, **~schrift** f solicitud f, súplica f

Blähungen ['blɛ:ʊŋən] f/pl flatos m/pl

Blam|age [bla'ma:ʒə] f (-; -n) vergüenza f; **2ieren** (h): **sich ~** F tirarse una plancha

blank [blaŋk] reluciente; brillante; F fig **~ sn** estar sin blanca; **2oscheck** ['-ko-] m cheque m en blanco

Bläschen 🐕 ['blɛːsçən] n (-s; -) vesícula f

'Blase ['blaːzə] f (-; -n) (Wasser2, Luft2) burbuja f; (Harn2) vejiga f; (Haut2) ampolla f; **~balg** m fuelle m; **2n** (blies, geblasen, h) soplar; ♪ tocar; **~n-entzündung** f cistitis f

Blasinstrument ['bla:sʔ-] n instrumento m de viento

blaß [blas] pálido; **~ werden** palidecer

Blatt [blat] n (-[e]s; ⁻er) hoja f; (Zeitung) periódico m

'blätter|n ['blɛtərn] (ge-, h) hojear (**in** dat a/c); **2teig** m hojaldre m

blau [blau] adj azul (a Blut); F (betrunken) borracho; **~er Fleck** cardenal m; **~äugig** ['-?ɔʏgɪç] de ojos azules; fig cándido; **2beere** ⅋ f arándano m; **2helm** m casco m azul

bläulich ['blɔʏlɪç] azulado

blaumachen F ['blaʊmaxən] (sep, -ge-, h) hacer fiesta

Blech [blɛç] n (-[e]s; -e) chapa f; lámina f; (Weiß2) hojalata f; **~büchse**, **~dose** f lata f; **2en** F (ge-, h) pagar, F aflojar la mosca; **~schaden** m daños m/pl en la carrocería

Blei [blaɪ] n (-[e]s; sin pl) plomo m

'Bleibe ['-bə] F f (-; raro -n) alojamiento m; **2n** (blieb, geblieben, sn) quedar(se); (weiterhin ~) seguir, continuar; (aus~) tardar (**lange** mucho); **es bleibt dabei** quedamos en lo convenido; **2nd** permanente, duradero; **2nlassen** (irr, sep, sin -ge-, h, → lassen) dejar; guardarse de (inf)

bleich [blaɪç] pálido; **~en** (ge-, h) blanquear

'blei|frei sin plomo; **2stift** m lápiz m; **2stiftspitzer** m sacapuntas m

'Blend|e ['blɛndə] f (-; -n) fot diafragma m; **2en** (ge-, h) cegar; fig deslumbrar; **2end** deslumbrante

Blick [blɪk] m (-[e]s; -e) mirada f; flüchtiger: ojeada f, vistazo m; (Aussicht) vista f; **auf den ersten ~** a primera vista; **e-n ~ werfen auf** echar una mirada a; **2en** (ge-, h) mirar (**auf** ac a); **sich ~ lassen** dejarse ver

blind [blɪnt] ciego (a fig); Glas: opaco; Alarm: falso; **~er Passagier** polizón m; **2darm** m intestino m ciego; **2darm-entzündung** f apendicitis f; **2heit** f (-; sin pl) ceguedad f (a fig), ceguera f; **~lings** ['-lɪŋs] a ciegas

'blink|en ['blɪŋkən] (ge-, h) centellear; hacer señales luminosas; **2er** m (-s; -) auto intermitente m; **2feuer** n, **2licht** n luz f intermitente

blinzeln ['blɪntsəln] (ge-, h) parpadear; guiñar

Blitz [blɪts] m (-es; -e) relámpago m; einschlagender: rayo m; **~ableiter** ['-?aplaɪtər] m (-s; -) pararrayos m; **2en** (ge-, h) relampaguear; fig brillar; **auto geblitzt werden** caer en un control de radar; **~licht** fot n flash m; **~schlag** m rayo m

Block [blɔk] m (-[e]s; -s, ⁻e) bloque m (a pol); (Häuser2) manzana f; (Schreib2) bloc m; **~ade** ['-'ka:də] f (-; -n) bloqueo m; **~flöte** f flauta f dulce; **2ieren** (h) bloquear

'blöd|(e) ['blø:t, ('-də)] estúpido, tonto,

Blödsinn bobo; ⎵sinn *m* (-s; *sin pl*) tontería *f*; ⎵sinnig idiota

blöken ['blø:kən] (ge-, h) *Schaf*: balar

blond ['blɔnt] rubio; ⎵ine [-'di:nə] *f* (-; -n) rubia *f*

bloß [blo:s] **1.** *adj* desnudo; (*nichts als*) mero, solo; *mit ⎵em Auge* a simple vista; **2.** *adv* (tan) sólo, solamente

Blöße ['blø:sə] *f* (-; -n) desnudez *f*; *sich e-e ⎵ geben* descubrir su punto flaco

bloßstellen ['blo:s-] (*sep*, -ge-, h) *fig* comprometer

Blouson [blu'zɔ̃] *n* (-s; -s) cazadora *f*

Bluff [blʊf, blœf] *m* (-s; -s) bluff *m*

blühen ['bly:ən] (ge-, h) florecer (*a fig*)

Blume ['blu:mə] *f* (-; -n) flor *f*; *Wein*: buqué *m*

Blumen|geschäft *n* floristería *f*; ⎵händler(in *f*) *m* florista *su*; ⎵kohl *m* coliflor *f*; ⎵strauß *m* ramo *m* de flores; ⎵topf *m* maceta *f*, tiesto *m*; ⎵vase *f* florero *m*

Bluse ['-zə] *f* (-; -n) blusa *f*

Blut [blu:t] *n* (-[e]s; *sin pl*) sangre *f*; ⎵alkohol *m* alcoholemia *f*; '⎵bank *f* (-; -en) banco *m* de sangre; '⎵bild *n* cuadro *m* hemático; '⎵druck *m* tensión *f* arterial; *den ⎵ messen* tomar la tensión

Blüte ['bly:tə] *f* (-; -n) flor *f* (*a fig*); (*sin pl*) *fig* prosperidad *f*

Blut|egel ['blu:t'e:gəl] *m* sanguijuela *f*; ⎵en (ge-, h) echar sangre, *a fig* sangrar; ⎵erguß *m* hematoma *m*; ⎵gefäß *n* vaso *m* sanguíneo; ⎵gerinnsel *n* coágulo *m*; ⎵gruppe *f* grupo *m* sanguíneo; ⎵ig sangriento (*a fig*); ⎵kreislauf *m* circulación *f* sanguínea; ⎵orange *f* naranja *f* sanguina; ⎵probe *f* análisis *m* de sangre; ⎵spender(in *f*) *m* donante *su* de sangre; ⎵stillend ['-ʃtilənt] hemostático; ⎵übertragung *f* transfusión *f* de sangre; ⎵ung *f* (-; -en) hemorragia *f*; ⎵vergiftung *f* septicemia *f*; ⎵wurst *f* morcilla *f*

Bö [bø:] *f* (-; -en) ráfaga *f*, racha *f*

Bob [bɔp] *m* (-s; -s) bob(sleigh) *m*

Bock [bɔk] *m* (-[e]s; ⎵e) macho *m*; (*Ziegen*⎵) macho *m* cabrío; ⊙ caballete *m*; (*Turngerät*) potro *m*; F *fig* **e-n ⎵ schießen** meter la pata; ⎵ig terco, obstinado, cabezón; '⎵wurst *f* salchicha *f*

Boden ['bo:dən] *m* (-s; ⎵) suelo *m*; tierra *f*; *e-s Gefäßes*: fondo *m*; (*Dach*⎵) desván *m*; ⎵personal ✈ *n* personal *m* de tierra; ⎵reform *f* reforma *f* agraria; ⎵schätze *m/pl* riquezas *f/pl* del subsuelo; ⎵turnen *n* ejercicios *m/pl* en el suelo

Bodybuilding ['bɔdibildiŋ] *n* (-s; *sin pl*) culturismo *m*

'Bogen ['bo:gən] *m* (-s; -) arco *m* (*a* ♪); (*Biegung*) curva *f*; (*Papier*⎵) hoja *f*, pliego *m*; ⎵gang *m* (-[e]s; ⎵e) arcada *f*; ⎵schießen *n* tiro *m* con arco

Bohle ['bo:lə] *f* (-; -n) tablón *m*

Bohne ['bo:nə] *f* (-; -n) judía *f*, alubia *f*; *grüne ⎵n* judías *f/pl* verdes; *dicke ⎵* haba *f*

bohnern ['-nərn] (ge-, h) encerar

'bohr|en ['-rən] (ge-, h) taladrar, horadar; *Brunnen*, *Schacht*: perforar; ⎵er *m* (-s; -) taladro *m*, barrena *f*; ⚙ torno *m*; ⎵insel *f* plataforma *f* petrolera; ⎵maschine *f* taladradora *f*; ⎵turm *m* torre *f* *od* castillete *m* de sondeo; ⎵ung *f* (-; -en) perforación *f*; sondeo *m*

Boiler ['bɔylər] *m* (-s; -) termo(sifón) *m*, calentador *m* de agua

Boje ['bo:jə] *f* (-; -n) boya *f*, baliza *f*

Bolivian|er [bolivi'ɑ:nər] *m* (-s; -), ⎵erin *f* (-; -nen), ⎵isch *adj* boliviano *m*, -a *f*

Bolzen ⊙ ['bɔltsən] *m* (-s; -) perno *m*

bombardieren [bɔmbar'di:rən] (h) bombardear (*a fig*)

Bombe ['-bə] *f* (-; -n) bomba *f*; ⎵nanschlag *m* atentado *m* con bomba; ⎵r *m* (-s; -) bombardero *m*

Bon [bɔ̃] *m* (-s; -s) vale *m*, bono *m*; (*Kassenzettel*) ticket *m*

Bonbon [-'bɔ̃] *m u n* (-s; -s) caramelo *m*

Bonus ['bo:nʊs] *m* (-[ses]; -se, Boni) gratificación *f*

Boot [bo:t] *n* (-[e]s; -e) bote *m*, barca *f*; '⎵sfahrt *f* paseo *m* en barca; '⎵sverleih *m* alquiler *m* de botes

Bord [bɔrt] *m* **a)** ♎ ⊕ *an ⎵* a bordo; *an ⎵ gehen* subir a bordo, embarcarse; *über ⎵ werfen* echar por la borda (*a fig*); **b)** *n* (-[e]s; -e) anaquel *m*; estante *m*; '⎵computer *m* auto ordenador *m* de a bordo *od* de viaje

Bordell [-'dɛl] *n* (-s; -e) burdel *m*

Bordkarte ['bɔrt-] ✈ *f* tarjeta *f* de embarque

borgen ['bɔrgən] (ge-, h) (*ausleihen*) prestar; (*entleihen*) tomar prestado

Borke ['-kə] *f* (-; -n) corteza *f*

Borsalbe ['bo:rzalbə] *f* ungüento *m* bórico

Börse ['bœrzə] f (-; -n) bolsa f; (Geld℠) monedero m; (Waren℠) lonja f
'**Börsen|bericht** m información f bursátil; **~makler** m corredor m de bolsa
Borste ['bɔrstə] f (-; -n) cerda f
Borte ['-tə] f (-; -n) ribete m; (Tresse) galón m
'**bösartig** ['bø:sˀɑːrtɪç] maligno (a ✱); **℠keit** f (-; sin pl) malignidad f
Böschung ['bœʃʊŋ] f (-; -en) repecho m; steile: talud m
böse ['bø:zə] malo; (ärgerlich) disgustado, enfadado (auf ac con)
'**bos|haft** ['bo:shaft] malicioso; **℠heit** f (-; sin pl) maldad f, malicia f
böswillig ['bø:svɪlɪç] malévolo
Bo'tan|ik [bo'tɑːnɪk] f (-; sin pl) botánica f; **℠isch** botánico
Bote ['bo:tə] m (-n; -n) mensajero m; für Gänge: recadero m
'**Botschaft** ['-ʃaft] f (-; -en) mensaje m; pol embajada f; **~er** m (-s; -), **~erin** f (-; -nen) embajador(a f) m
Bouillon [bul'jõ] f (-; -s) caldo m, consomé m
Boule'vard [bulə'vaːr] m (-s; -s) avenida f; **~presse** f prensa f amarilla
Boutique [bu'tiːk] f (-; -en) boutique f
Bowle [boːlə] f (-; -n) ponche m; (Gefäß) ponchera f
Box [bɔks] f (-; -en) box m; '**℠en** (ge-, h) boxear; '**~en** n (-s; sin pl) boxeo m; '**~er** m (-s; -) boxeador m; '**~kampf** m boxeo m
Boy [bɔy] m (-s; -s) Hotel: botones m
Boykott ['-kɔt] m (-[e]s; -s) boicot(eo) m; **℠ieren** (h) boicotear
'**Branche** ['brɑ̃ːʃə] f (-; -n) ramo m; **~nverzeichnis** n índice m comercial
Brand [brant] m (-[e]s; -̈e) incendio m; ✱ gangrena f; **in ~ geraten** inflamarse, incendiarse; **in ~ stecken** pegar fuego a; '**~blase** f ampolla f; '**~gefahr** f peligro m de incendio; '**~salbe** f pomada f para quemaduras; '**~schaden** m daño m causado por un incendio; '**~stiftung** f incendio m provocado; '**~ung** ['-dʊŋ] f (-; sin pl) oleaje m; **~wunde** f quemadura f
Branntwein ['brant-] m aguardiente m
Brasilian|er [brazil'jɑːnər] m (-s;-), **~erin** f (-; -nen), **℠isch** brasileño m, -a f
'**brat|en** ['brɑːtən] (briet, gebraten, h) asar; in der Pfanne: freír; **℠en** m (-s; -) asado m; **℠fisch** m pescado m frito; **℠huhn** n pollo m asado; **℠kartoffeln** f/pl patatas f/pl doradas; **℠ofen** m horno m; **℠pfanne** f sartén f; **℠rost** m parrilla f
Bratsche ♪ ['-ʃə] f (-; -n) viola f
'**Brat|spieß** m asador m; **~wurst** f salchicha f (frita)
Brauch [braux] m (-[e]s; -̈e) costumbre f, uso m; **℠bar** et: utilizable, útil; j: apto, útil (zu, für para); **℠en** (ge-, h) necesitar; Zeit: tardar; **man braucht nur zu** (inf) no hay más que (inf); '**~tum** n (-s; sin pl) costumbres f/pl
Braue ['brauə] f (-; -n) ceja f
Brauerei [--'raɪ] f (-; -en) cervecería f
braun [braun] marrón, pardo; Haut: moreno; Haar: castaño
'**Bräune** ['brɔynə] f (-; sin pl) (Sonnen℠) bronceado m; **℠n** (ge-, h) gastr dorar; tostar; Haut: broncear
'**braun|gebrannt** ['braʊngəbrant] bronceado; **℠kohle** f lignito m
'**Brause** ['brauzə] f (-; -n) ducha f; (Gießkannen℠) roseta f; **~(limonade)** f gaseosa f; **℠n** (ge-, h) Wind: soplar; Sturm, Meer: bramar
Braut [braut] f (-; -̈e) novia f
Bräutigam ['brɔytɪgam] m (-s; -e) novio m
Brautpaar ['braut-] n novios m/pl
brav [brɑːf] (ehrenhaft) honrado; (artig) bueno, formal
bravo! ['-vo:] ¡bravo!, ¡olé!
'**Brech|durchfall** ['brɛç-] ✱ m colerina f; **℠en** (brach, gebrochen) **1.** v/t (h) romper (a fig Schweigen, Blockade), quebrar; ✱ fracturar; Widerstand: vencer; Wort, Vertrag: faltar a; Gesetz, Frieden: violar; Rekord: superar; **2.** v/i (sn) romperse, quebrarse; (h) (er~) vomitar; **mit j-m ~** romper con alg; **~mittel** n vomitivo m; **~reiz** m náuseas f/pl
Brei [braɪ] m (-[e]s; -e) (Kinder℠) papilla f; v Erbsen, Kartoffeln: puré m
breit [braɪt] ancho; **drei Meter ~** tres metros de ancho; **℠e** f (-; -n) anchura f, ancho m; geo latitud f; **℠engrad** m grado m de latitud; **℠wand** f pantalla f panorámica
'**Brems|belag** ['brɛms-] m forro m de(l) freno; **~e** ['-zə] f (-; -n) freno m; zo tábano m; **℠en** (ge-, h) frenar (a fig) **~licht** ['-slɪçt] n luz f de frenado; **~pe-**

Bremspedal 322

dal n pedal m de freno; **~spur** f huella f de frenado; **~weg** m distancia f de frenado

'**brenn|bar** ['brɛnbɑːr] combustible, inflamable; **~en** (brannte, gebrannt, h) **1.** v/t *Branntwein:* destilar; *Ziegel:* cocer; **2.** v/i arder, quemar; *Licht:* estar encendido; *Sonne:* abrasar; 🔥 escocer; **♀e'rei** f destilería f; **♀holz** n leña f; **♀(n)essel** f ortiga f; **♀punkt** m foco m; **♀spiritus** m alcohol m de quemar; **♀stoff** m combustible m

Brett [brɛt] n (-[e]s; -er) tabla f; *dickes:* tablón m; (*Spiel♀*) tablero m; *Schwarzes* ~ tablón m de anuncios

Brezel ['breːtsəl] f (-; -n) rosquilla f

Brief [briːf] m (-[e]s; -e) carta f; **~bogen** m pliego m; **~bombe** f carta-bomba f; **~freund** m amigo m por correspondencia; **~geheimnis** n secreto m postal; **~kasten** m buzón m; **~kastenfirma** f empresa f ficticia *od* fantasma; **~kopf** m membrete m; (*Anrede*) encabezamiento m; **♀lich** por escrito *od* carta; **~marke** f sello m (postal), *Am* estampilla f; **~markensammler** m filatelista m; **~öffner** m abrecartas m; **~papier** n papel m de cartas; **~porto** n franqueo m; **~tasche** f cartera f; **~telegramm** n telegrama-carta f; **~träger** m cartero m; **~umschlag** m sobre m; **~wahl** f voto m por correo; **~wechsel** m correspondencia f

Brikett [briˈkɛt] n (-s; -s) briqueta f

Brillant [brilˈjant] m (-en; -en), **♀** *adj* brillante (m)

Brille ['brilə] f (-; -n) gafas f/pl; **~nfassung** f, **~ngestell** n montura f

bringen ['brɪŋən] (brachte, gebracht, h) (*her~*) traer; (*fort~*) llevar; (*begleiten*) acompañar; *Opfer:* hacer; *Glück*, *Unglück:* traer; *Film usw:* echar, dar; *fig mit sich* ~ llevar consigo; *es zu et* ~ abrirse camino, hacer carrera; *zum Lachen (Schweigen, Sprechen)* ~ hacer reír (callar, hablar)

Brise ['briːzə] f (-; -n) brisa f

Brit|e ['britə] m (-; -), **~in** f (-; -nen), **♀isch** británico m, -a f

Brocken ['brɔkən] m (-s; -) pedazo m

Brokkoli ['brɔkoli] pl brécoles m/pl

Brokat [broˈkɑːt] m (-[e]s; -e) brocado m

Brom 🧪 [broːm] n (-s; *sin pl*) bromo m

'**Brombeer|e** 🌿 ['brɔmbeːrə] f (zarza)mora f; **~strauch** m zarza f

Bronch|ien ['brɔnçiən] f/pl bronquios m/pl; **~itis** f (-; -tiden [-çiˈtiːdən]) bronquitis f

Bronze ['brɔ̃ːsə] f (-; -n) bronce m

Brosch|e ['brɔʃə] f (-; -n) broche m; **~üre** [-ˈʃyːrə] f (-; -n) folleto m

Brot [broːt] n (-[e]s; -e) pan m

Brötchen ['brøːtçən] n (-s; -) panecillo m

'**Brot|korb** ['broːt-] m panera f; **~schneidemaschine** f máquina f de cortar pan; **~schnitte** f rebanada f (de pan)

Bruch [brux] m (-[e]s; **⸚e**) rotura f; *fig* ruptura f; 🏥 fractura f; (*Leisten♀ usw*) hernia f; 🅰 quebrado m, fracción f; **~band** n (-[e]s; **⸚er**) braguero m; **~bude** F f chabola f, cuchitril m

'**Bruch|rechnung** ['bruxrɛçnuŋ] f cálculo m de fracciones; **~stück** m fragmento m; **~teil** m fracción f; **~zahl** f número m quebrado

Brücke ['brʏkə] f (-; -n) puente m (*a Zahn♀*)

Bruder ['bruːdər] m (-s; **⸚**) hermano m (*a rel*)

brüderlich ['bryːdərlɪç] fraternal

'**Brüh|e** ['bryːə] f (-; -n) caldo m; **~würfel** m cubito m de caldo

brüllen ['brʏlən] (ge-, h) bramar (*a Stier*); *Rind:* mugir; *j:* vociferar

'**brumm|en** ['brʊmən] (ge-, h) gruñir, rezongar; (*summen*) zumbar; **~ig** gruñón, regañón, rezongón

brünett [brʏˈnɛt] moreno

Brunft [brʊnft] f (-; **⸚e**) brama f

'**Brunnen** ['brʊnən] m (-s; -) pozo m; (*Quelle*) fuente f; **~kresse** 🌿 f berro m

Brunst [brʊnst] f (-; **⸚e**) celo m

brüsk [brʏsk] brusco

Brust [brʊst] f (-; **⸚e**) pecho m; (*Geflügel♀*) pechuga f; **~bein** n esternón m; **~bild** n retrato m de medio cuerpo

brüsten ['brʏstən] (ge-, h): *sich* ~ pavonearse, jactarse (*mit de*)

'**Brust|fell** ['brʊstfɛl] n pleura f; **~fell-entzündung** f pleuresía f; **~korb** m tórax m; **~krebs** m cáncer m de mama; **~schwimmen** n braza f

Brüstung ['brʏstʊŋ] f (-; -en) parapeto m, baranda f

'**Brust|warze** ['brʊstvartsə] f pezón m; **~weite** f perímetro m torácico

Bürgermeisterin

Brut ['bru:t] f (-; -en) cría f; (sin pl) (Brüten) incubación f; fig desp engendro m

brutal [bru'tɑ:l] brutal

brüten ['bry:tən] v/t u v/i (ge-, h) empollar, incubar

Brutkasten ['bru:t-] m incubadora f

'**brutto** ['bruto] bruto; ⁓**einkommen** n ingresos m/pl brutos; ⁓**sozialprodukt** n producto m nacional bruto

Bub ['bu:p] m (-en; -en) muchacho m; ⁓**e** ['-bə] m (-n; -n) (Karte) sota f

Buch [bu:x] n (-[e]s; ⁓er) libro m; '⁓**binder** m (-s; -) encuadernador m; ⁓**drukke'rei** f (taller m de) imprenta f

Buche ['bu:xə] f (-; -n) haya f

'**buchen** (ge-, h) † (a)sentar, contabilizar; Flug, Hotel usw: reservar

'**Bücher|brett** ['by:çər-] n estantería f; ⁓**ei** [-'raɪ] f (-; -en) biblioteca f; ⁓**regal** n estantería f, librería f; ⁓**schrank** m armario m para libros

'**Buch|führung** ['bu:x-] f teneduría f de libros; ⁓**halter** m (-s; -), ⁓**halterin** f (-; -nen) contable su; ⁓**haltung** f contabilidad f; ⁓**handel** m comercio m de libros; ⁓**händler(in** f) m librero m, -a f; ⁓**handlung** f librería f; ⁓**prüfer** m revisor m de cuentas

Büchse ['byksə] f (-; -n) caja f, bote m; (Blech2) lata f; (Gewehr) rifle m; ⁓**nfleisch** n carne f en conserva; ⁓**nmilch** f leche f condensada; ⁓**n-öffner** m abrelatas m

Buch|stabe ['bu:xʃta:bə] m (-s; -n) letra f, carácter m; großer ⁓ mayúscula f; kleiner ⁓ minúscula f; 2**stabieren** [-ʃta-'bi:rən] (h) deletrear

Bucht [buxt] f (-; -en) bahía f, ensenada f; kleine: abra f, cala f

'**Buchung** ['bu:xuŋ] f (-; -en) † asiento m; Reise usw: reserva f; ⁓**sbestätigung** f confirmación f de la reserva; ⁓**smaschine** f contabilizadora f

Buckel ['bukəl] m (-s; -) joroba f, giba f

bück|en ['bykən] (ge-, h): **sich ⁓** bajarse, agacharse; 2**ling** ['-liŋ] m gastr (-s; -e) arenque m ahumado

Bude ['bu:də] f (-; -n) puesto m, caseta f; F (Zimmer) cuarto m

Budget [by'dʒe:] n (-s; -s) presupuesto m

Büfett [by'fe:] n (-s; -s) (Möbel) aparador m; (Schanktisch) mostrador m; kaltes ⁓ bu(f)fet m frío

'**Büff|el** ['byfəl] m (-s; -) zo búfalo m; 2**eln** F (ge-, h) empollar

Bug ⚓ [bu:k] m (-[e]s; raro -e) proa f

'**Bügel** ['by:gəl] m (-s; -) (Kleider2) colgador m, percha f; (Brillen2) varilla f; ⁓**brett** n tabla f de planchar; ⁓**eisen** n plancha f; ⁓**falte** f raya f (del pantalón); 2**frei** no necesita plancha; 2**n** (ge-, h) planchar

Bühne ['by:nə] f (-; -n) escenario m, escena f; fig teatro m

Bühnen|bild n escenografía f, decorado m; ⁓**bildner** m ['-biltnər] (-s; -) escenógrafo m

Bulgar|e [bul'gɑ:rə] m (-n; -n), ⁓**in** f (-; -nen), 2**isch** búlgaro m, -a f

'**Bull|auge** ⚓ ['bul²-] n portilla f; ojo m de buey; ⁓**e** ['-lə] m (-n; -n) zo toro m; F desp polizonte m, P bofia m

'**Bummel** F ['buməl] m (-s; -) paseíto m; e-n ⁓ machen dar un garbeo; 2**n** (ge-, h) (trödeln) remolonear, ser lento; (sn) ⁓ gehen irse de juerga; (durch die Straßen) ⁓ callejear; ⁓**streik** m huelga f de celo; ⁓**zug** 🚂 m tren m botijo

bumsen ['-zən] (ge-, h) vulgär: joder

Bund [bunt] **a)** m (-[e]s; ⁓e) unión f; pol alianza f; (con)federación f; (Hosen2) pretina f; **b)** n (-[e]s; -e) haz m; (Schlüssel) manojo m

'**Bündel** ['byndəl] n (-s; -) lío m; (Kleider2) hato m; (Banknoten) fajo m

'**Bundes|bank** ['bundəs-] f (-; sin pl) Banco m Federal; ⁓**kanzler** m canciller m federal; ⁓**liga** f dep primera división f; ⁓**republik** f República f Federal; ⁓**staat** m Estado m federal; ⁓**wehr** f fuerzas f/pl armadas de la República Federal

Bündnis ['byntnis] n (-ses; -se) alianza f

Bungalow ['buŋgalo:] m (-s; -s) bungalow m, chalet m

bunt [bunt] en od de colores, multicolor; '2**stift** m lápiz m de color

Burg [burk] f (-; -en) castillo m

'**Bürge** ['byrgə] m (-n; -n) fiador m, garante m; 2**n** (ge-, h) responder (**für** j-n por; **für** et de); garantizar (ac)

'**Bürger** ['byrgər] m (-s; -), ⁓**in** f (-; -nen) (Staats2) ciudadano m, -a f; pol burgués m, -esa f; ⁓**initiative** f iniciativa f ciudadana; ⁓**krieg** m guerra f civil; 2**lich** civil (a 🏛), cívico; pol burgués; ⁓**e Küche** cocina f casera; ⁓**meister(in**

Bürgersteig 324

f) m alcalde(sa *f) m*; **~steig** *m* acera *f*; **~tum** *n* (-s; *sin pl*) burguesía *f*

Bürgschaft ['byrkʃaft] *f* (-; -en) fianza *f*, caución *f* (**leisten** dar, prestar); garantía *f*

Büro [by'roː] *n* (-s; -s) oficina *f*; despacho *m*; **~angestellte** *m/f* (-n; -n) oficinista *su*; **~arbeit** *f* trabajo *m* de oficina; **~bedarf** *m* material *m* de oficina; **~klammer** *f* sujetapapeles *m*, clip *m*

Bürokrat [-roˈkraːt] *m* (-en; -en) burócrata *m*; **~ie** [--kraˈtiː] *f* (-; -en) burocracia *f*; **2isch** [--ˈkraːtiʃ] burocrático

Bursche ['burʃə] *m* (-n; -n) mozo *m*

'**Bürste** ['byrstə] *f* (-; -n) cepillo *m*; **2n** (ge-, h) cepillar

Bus [bus] *m* (-ses; -se) autobús *m*; (*Reise2*) autocar *m*; (*Überland2*) coche *m* de línea; '**~bahnhof** *m* terminal *f* de autobuses

Busch [buʃ] *m* (-[e]s; ⁓e) mata *f*, arbusto *m*

Büschel ['byʃəl] *n* (-s; -) mechón *m*; *Gras usw*: manojo *m*

Buschmesser ['buʃ-] *n* machete *m*

'**Busen** ['buːzən] *m* (-s; -) pecho *m*; *fig* seno *m*; **~freund** *m* amigo *m* íntimo

'**Bus|fahrer(in** *f*) ['bus-] *m* conductor(a *f) m* de(l) autobús; **~haltestelle** *f* parada *f* de autobuses

Buße ['buːsə] *f* (-; -n) penitencia *f*; (*Geld2*) multa *f*

büßen ['byːsən] (ge-, h) expiar (**für** et a/c); *fig* pagar

'**Buß|geld** ['buːs-] *n* multa *f*; **~ u Bettag** *m* día *m* de oración y penitencia

Büste ['bystə] *f* (-; -n) busto *m*; **~nhalter** *m* sujetador *m*

Busverbindung ['bus-] *f* servicio *m* de autobuses

'**Butter** ['butər] *f* (-; *sin pl*) mantequilla *f*, *Am* manteca *f*; **~brot** *n* pan *m* con mantequilla; **~brotpapier** *n* papel *m* parafinado; **~dose** *f* mantequera *f*; **~milch** *f* suero *m* de manteca

Byte ['baɪt] *n* (-[s]; -[s]) byte *m*

C

C, c [tseː] *n* (-; -) C, c *f*; **♩** do *m*; **C-Dur** do *m* mayor; **c-Moll** do *m* menor.

Café [ka'feː] *n* (-s; -s) café *m*

Cafeteria *f* [kafeto'riːa] *f* (-; -s, -rien) cafetería *f*

'**camp|en** ['kɛmpən] (ge-, h) acampar, hacer camping; **2er** *m* (-s; -) campista *m*; **2ing** ['-pɪŋ] *n* (-s; *sin pl*) camping *m*; **2ingbus** *m* autocaravana *f*; **2ingplatz** *m* (terreno *m* de) camping *m*

Cape [keːp] *n* (-s; -s) capa *f*

Cello ['tʃɛlo] *n* (-s; -s, -li) violonc(h)elo *m*

Celsius ['tsɛlzjus]: *Grad* ~ grado(s) *m* (*pl*) centígrado(s)

Champagner [ʃamˈpanjər] *m* (-s; -) champaña *m*, champán *m*

Champignon ['-pinjɔ] *m* (-s; -s) champiñón *m*

'**Chance** ['ʃãsə] *f* (-; -n) posibilidad *f*, oportunidad *f*; **~ngleichheit** *f* igualdad *f* de oportunidades

Chao|s ['kaːɔs] *n* (-; *sin pl*) caos *m*; **2tisch** [ka'oːtiʃ] caótico

Charakter [kaˈraktər] *m* (-s; -tere [--ˈteːrə]) carácter *m*; **2'istisch** característico (**für** de)

charm|ant [ʃarˈmant] encantador; **2e** [ʃarm] *m* (-[e]s; *sin pl*) encanto *m*, atractivo *m*

'**Charter** ['tʃartər] *m* (-s; -s) fletamento *m*; **~flug** *m* vuelo *m* chárter; **~gesellschaft** *f* compañía *f* chárter; **~maschine** *f* avión *m* chárter; **2n** (ge-, h) fletar

Chauffeur [ʃoˈføːr] *m* (-s; -e) conductor *m*, chófer *m*

Chef [ʃɛf] *m* (-s; -s) jefe *m*; '**~arzt** *m* médico *m* jefe; **~in** *f* (-; -nen) jefa *f*; **~redakteur** *m* redactor *m* jefe; **~sekretärin** *f* secretaria *f* de dirección

Che|mie [çe'miː] *f* (-; *sin pl*) química *f*; **~faser** *f* fibra *f* sintética

Chem|ikalien [-miˈkaːljən] *f/pl* productos *m/pl* químicos; **~iker** ['çeːmikər] *m*

(-s; -), ⁓ikerin f (-; -nen), ⚹isch químico m, -a f

Chicorée ['ʃikoreː] f (-; sin pl) endibia f

Chiffr|e ['ʃifər, 'ʃifrə] f (-; -n) cifra f; ⚹ieren [-'friːrən] (h) cifrar

Chilen|e [tʃi'leːnə] m (-n; -n), ⁓in f (-; -nen), ⚹isch chileno m, -a f

Chines|e [çi'neːzə] m (-n; -n), ⁓in f (-; -nen), ⚹isch chino m, -a f

Chinin ⚹ [-'niːn] n (-s; sin pl) quinina f

Chip ['tʃip] m (-s; -s) inform: chip m; gastr ⁓s pl patatas f/pl fritas

Chirurg [çi'rʊrk] m (-en; -en) cirujano m; ⁓ie [--'giː] f (-; sin pl) cirugía f; ⁓in [-'rʊrgin] f (-; -nen) cirujana f; ⚹isch [-'giʃ] quirúrgico

Chlor ⚹ [kloːr] n (-s; sin pl) cloro m

Cholera ⚹ ['koləra] f (-; sin pl) cólera m

Cholesterin ⚹ [-lestə'riːn] n (-s; sin pl) colesterol m

Chor [koːr] m (-[e]s; ⁓e) coro m; ⁓eographie ['koreoɡra'fiː] f (-; -n) coreografía f

Christ [krist] m (-en; -en) cristiano m; '⁓baum m árbol m de Navidad; '⁓enheit f (-; sin pl) cristiandad f; '⁓entum n (-s; sin pl) cristianismo m; '⁓fest n (fiesta f de) Navidad f; '⁓in f (-; -nen) cristiana f; '⁓kind n Niño m Jesús; ⚹lich cristiano; ⁓us ['-tus] m (-ti; sin pl) Cristo m, Jesucristo m

Chrom ⚹ [kroːm] n (-s; sin pl) cromo m

Chromosom [kromo'zoːm] n (-s; -e) cromosoma m

'Chron|ik ['kroːnik] f (-; -en) crónica f; ⚹isch crónico; ⚹ologisch [krono'loːɡiʃ] cronológico

circa ['tsirka] s zirka

'Clique ['klikə] f (-; -n) pandilla f; camarilla f; ⁓nwirtschaft f pandillaje m, nepotismo m

Clown [klaun] m (-s; -s) payaso m

Cocktail ['kɔkteːl] m (-s; -s) cóctel m, combinado m

Code [koːd] m (-s; -s) código m; clave f

Comic ['kɔmik] m (-s; -s) cómic m

Com'puter [-'pjuːtər] m (-s; -) computadora f, ordenador m; ⁓ausdruck m listado m del ordenador; ⚹gesteuert [-'--ɡə'tɔyərt] con control por ordenador; ⚹gestützt [-'--ɡəʃtytst] asistido por computador(a); ⚹i'sieren (h) computerizar; ⁓kriminalität f delincuencia f informática; ⁓spiel n juego m electrónico; ⁓steuerung f control m por ordenador

Con'tainer [kɔn'teːnər] m (-s; -) contenedor m; ⁓schiff n buque m portacontenedores

Copyright [kɔpi'rait] n (-s; -s) copyright m

Cord [kɔrt] m (-s; sin pl) pana f

Couch [kautʃ] f (-; -es, -en) sofá m

Coupé [ku'peː] n (-s; -s) auto cupé m

Coupon [-'põ] m (-s; -s) cupón m

Cousin [ku'zɛ̃] m (-s; -s) primo m; ⁓e [-'ziːnə] f (-; -n) prima f

Cowboy ['kaubɔy] m (-s; -s) vaquero m

Creme [krɛːm] f (-; -s) crema f; fig die ⁓ la flor y nata

Croupier [kru'pjeː] m (-s; -s) cr(o)upier m

D

D, d [deː] n (-; -) D, d f; ♪ re m; D-Dur re m mayor; d-Moll re m menor

da [daː] 1. adv a) örtlich: (dort) ahí, allí; (hier) aquí; nichts ⁓! ¡nada de eso!; b) zeitlich: entonces; von ⁓ an desde entonces; 2. cj (weil) porque; ⁓ (ja) como, puesto que, ya que

da'bei [da'bai] (nahe) cerca, junto; (außerdem) además; (doch) sin embargo; con todo eso; ⁓ sn zu (inf) estar a punto de; estar (ger); er bleibt ⁓ insiste en ello; ⁓sein (irr, sep, -ge-, sn, → sein) asistir (bei a), participar (en)

dableiben ['daːblaibən] (irr, sep, -ge-, sn, → bleiben) quedarse

Dach [dax] n (-[e]s; ⁓er) tejado m; techo m; '⁓boden m desván m; ⁓decker ['-dɛkər] m (-s; -) tejador m; '⁓gepäck-

Dachgepäckträger

träger *m auto* baca *f*; '~**geschoß** *n* ático *m*; '~**gesellschaft** *f* holding *m*; '~**pappe** *f* cartón *m* piedra; ~**rinne** *f* canalón *m*; '~**verband** *m* organización *f* central; '~**ziegel** *m* teja *f*

Dackel ['dakəl] *m* (-s; -) (perro *m*) pachón *m*

dadurch [da'durç, 'da:durç] así, de es(t)e modo; ~, *daß* debido a que

dafür [da'fy:r, 'da:fyr] por es(t)o; (*Tausch*) en cambio; (*Belohnung*) en recompensa; (*Zweck*) para eso; ~ **sn** estar a *od* en favor de (eso); *ich kann nichts* ~ no es culpa mía

dagegen [da'ge:gən] contra eso; (*Vergleich*) comparado con eso; ~ **sn** estar en contra; *nichts* ~ *haben* no tener inconveniente

daheim [-'haim] en casa

daher ['da:he:r, da'he:r] **1.** *adv* de allí; de ahí; **2.** *cj* por eso, por lo tanto

dahin ['da:hin, da'hin] (hacia) allí; *bis* ~ hasta allí; *zeitlich*: hasta entonces

da'hinter detrás

damals ['da:ma:ls] (en aquel) entonces

Dame ['da:mə] *f* (-; -n) señora *f*; *Schach*: reina *f*; *Brettspiel*: dama *f*; *Spielkarte*: caballo *m*; *junge* ~ señorita *f*; ~ *spielen* jugar a las damas

'**Damen|bekleidung** *f* ropa *f* de señoras; ~**binde** *f* compresa *f*; ~**doppel** (~**einzel**) *n Tennis*: doble *m* (individual *m*) femenino; ~**friseur** *m* peluquero *m* para señoras; ~**mode** *f* moda *f* femenina; ~**moden** *f/pl* modas *f/pl* para señoras; ~**toilette** *f* servicio *m* de señoras

damit [da'mit] **1.** *adv* (a 'da:mit) con eso; **2.** *cj* para que (*subj*)

dämlich F ['dɛ:mliç] imbécil, tonto

Damm [dam] *m* (-[e]s; ⁓e) dique *m*; (*Erd⁓*) terraplén *m*

Dämmerung ['dɛmərʊŋ] *f* (-; *sin pl*) crepúsculo *m*; *in der* ~ entre dos luces

Dampf [dampf] *m* (-[e]s; ⁓e) vapor *m*; (*Dunst*) vaho *m*; ²**en** (ge-, h) echar humo

dämpfen ['dɛmpfən] (ge-, h) *Stimme*: bajar; ⊚ amortiguar (*a Stoß, Schall usw*)

'**Dampf|er** ['dampfər] *m* (-s; -) vapor *m*; ~**erfahrt** *f* viaje *m* en barco (de vapor); ~**kessel** *m* caldera *f*; ~**kochtopf** *m* olla *f* exprés *od* de vapor; ~**maschine** *f* máquina *f* de vapor; ~**schiff** *n* vapor *m*

danach [da'na:x, 'da:na:x] *zeitlich*: después (de esto), luego

Däne ['dɛ:nə] *m* (-n; -n) danés *m*

da'neben [da'ne:bən] junto, cerca, al lado; (*außerdem*) además; ~**gehen** (*irr, sep, -ge-, sn,* → *gehen*) F fracasar, fallar

'**Dän|in** ['dɛ:nin] *f* (-; -nen) danesa *f*; ²**isch** danés

Dank [daŋk] **1.** *m* (-[e]s; *sin pl*) gracias *f/pl*; agradecimiento *m*; *vielen* ~*!* ¡muchas gracias!; **2.** ² *prp* (*dat od gen*) gracias a; ²**bar** agradecido; ²**en** (ge-, h) *j-m für et* ~ dar las gracias a alg por a/c, agradecer a/c a alg; *danke* (*sehr*)*!* ¡(muchas) gracias!; '~**schreiben** *n* carta *f* de agradecimiento

dann [dan] luego, después; (*daraufhin*) entonces; ~ *und wann* de vez en cuando

daran [da'ran, 'da:ran] en ello; *dicht* (*od nahe*) ~ muy cerca; *nahe* ~ *sn, zu* (*inf*) estar a punto de (*inf*); *ich bin dran* es mi turno, me toca a mí

darauf [da'rauf, 'da:rauf] **1.** *zeitlich*: después (de esto), luego; *ein Jahr* ~ un año después; *am Tage* ~ al día siguiente; **2.** *örtlich*: encima; ~**hin** ['--'hin] a lo cual, en vista de ello; (*dann*) entonces

daraus [da'raus, da:raus] de ahí, de eso

Darbietungen ['da:rbitʊŋən] *f/pl* programa *m*

darin [da'rin, 'da:rin] en eso; dentro

'**darleg|en** ['da:rle:gen] (*sep, -ge-, h*) exponer, explicar; ²**ung** *f* (-; -en) explicación *f*, exposición *f*

'**Darlehen** ['-le:ən] *n* (-s; -) préstamo *m*; ~**ssumme** *f* importe *m* del préstamo

Darm [darm] *m* (-[e]s; ⁓e) intestino *m*

'**darstell|en** ['da:r-] (*sep, -ge-, h*) representar; *teat a* interpretar; (*beschreiben*) describir; ²**er** *m* (-s; -) *teat a* actor *m*, intérprete *m*; ²**erin** *f* (-; -nen) actriz *f*, intérprete *f*; ²**ung** *f* (-; -en) representación *f*; *teat a* interpretación *f*; (*Beschreibung*) descripción *f*

darüber [da'ry:bər, 'da:ry:bər] sobre eso; *örtlich*: encima

darum [da'rum, 'da:rum] *cj* por es(t)o

darunter [da'rʊntər] (por) debajo; (*weiter unten*) más abajo; (*dazwischen*) entre ellos

das [das] es(t)o, ello, aquello; ~ *alles* todo es(t)o; ~, *was* lo que

dasein ['da:zaɪn] (*irr, sep,* -ge-, sn, → **sein**) estar presente, haber venido; (*vorhanden sn*) existir

daß [das] que; **so ~** de modo que

Datei [da'taɪ] *f* (-; -en) fichero *m* de datos

'**Daten** ['da:tən] *pl* datos *m/pl;* ~**bank** *f* (-; -en) banco *m* de datos; ~**material** *n* datos *m/pl;* ~**schutz** *m* protección *f* de datos; ~**träger** *m* portador *m* de datos; ~**typist** *m* (-en; -en), ~**typistin** *f* (-; -nen) perforista *su;* ~**verarbeitung** *f* proceso *m* (*od* tratamiento *m*) de datos (*elektronische* electrónico)

datieren [da'ti:rən] (h) fechar; datar (*von* de)

Dativ ['da:ti:f] *m* (-s; -e) dativo *m*

'**Dattel** ['datəl] *f* (-; -n) dátil *m;* ~**palme** *f* palmera *f* datilera

'**Datum** ['da:tum] *n* (-s; *pl* Daten) fecha *f;* ~**s-angabe** *f* indicación *f* de la fecha; ~**(s)stempel** *m* fechador *m*

'**Dauer** ['daʊər] *f* (-; *sin pl*) duración *f;* (*Fort*♀) continuidad *f; auf die ~* a la larga; ~**arbeitslosigkeit** *f* paro *m* permanente; ~**auftrag** *m* orden *f* permanente; ♀**haft** duradero; *Stoff:* resistente; ~**karte** *f* abono *m;* pase *m;* ♀**n** (ge-, h) durar; *lange ~* tardar mucho; ♀**nd** continuo, permanente; ~**welle** *f* permanente *f*

Daumen ['-mən] *m* (-s; -) pulgar *m; fig j-m den ~ halten* desear suerte a alg, hacer votos por alg

'**Daune** ['daʊnə] *f* (-; -n) plumón *m;* ~**ndecke** *f* edredón *m*

da'von [da'fɔn] de ello, de esto; ~**kommen** (*irr, sep,* -ge-, sn, → **kommen**) escapar; *mit dem Leben ~* salir con vida; ~**laufen** (*irr, sep,* -ge-, sn, → **laufen**) echar a correr, huir

davor [-'fo:r] delante

da'zu [-'tsu:] a es(t)o; (*Zweck*) para esto, con este fin; (*noch*) ~ además; *nicht ~ kommen* no tener tiempo (para ello); ~**gehören** (*sep,* h): *~ zu* formar parte de; ~**kommen** (*irr, sep,* -ge-, sn, → **kommen**) *et:* sobrevenir; (*noch*) ~ añadirse

dazwischen [-'tsvɪʃən] entre (*od* en medio de) ellos *bzw* esto; de por medio

Debatte [de'batə] *f* (-; -n) debate *m,* discusión *f*

Deck ⚓ [dɛk] *n* (-s; -s) cubierta *f*

Decke ['dɛkə] *f* (-; -n) cubierta *f; wollene:* manta *f;* (*Bett*♀) colcha *f;* (*Tisch*♀) mantel *m;* (*Zimmer*♀) techo *m*

Deckel ['-kəl] *m* (-s; -) tapa *f,* tapadera *f*

'**deck|en** ['-kən] (ge-, h) cubrir (*a* ✝, ⚔, *zo*); *Tisch:* poner; *dep* marcar; ♀**ung** (-; *sin pl*) cobertura *f,* provisión *f* de fondos; *dep* marcaje *m*

Decoder [di'koʊdər] *m* (-s; -) *TV* descodificador *m*

defekt [de'fɛkt] **1.** *adj* defectuoso; (*beschädigt*) deteriorado; **2.** ♀ *m* (-[e]s; -e) defecto *m;* desperfecto *m*

Defensive [-fɛn'zi:və] *f* (-; *sin pl*) defensiva *f*

defin|ieren [-fi'ni:rən] (h) definir; ♀**ition** [--ni'tsjo:n] *f* (-; -en) definición *f*

Defizit ['de:fitsit] *n* (-s; -e) déficit *m*

Degen ['de:gən] *m* (-s; -) espada *f*

degradieren [degra'di:rən] (h) degradar

dehn|en ['de:nən] (ge-, h) dilatar, extender; ♀**ung** (-; -en) dilatación *f,* extensión *f*

Deich [daɪç] *m* (-[e]s; -e) dique *m*

dein [daɪn] tu; *der ~e* (el) tuyo; ~**erseits** ['-nərzaɪts] por tu parte; ~**esgleichen** ['-nəs̩glaɪçən] tu(s) igual(es); ~**etwegen** por ti; (*negativ*) por tu culpa

Dekan [de'ka:n] *m* (-s; -e) decano *m*

Deklination [-klina'tsjo:n] *f* (-; -en) declinación *f*

Dekor|ateur [-kora'tø:r] *m* (-s; -e) decorador *m;* ~**ation** [---'tsjo:n] *f* (-; -en) decoración *f; teat* decorado *m*

Dele|gation [-lega'tsjo:n] *f* (-; -en) delegación *f;* ~'**gierte** *m/f* (-n; -n) delegado *m,* -a *f*

Delika'tesse [delika'tɛsə] *f* (-; -n) (*Speise*) manjar *m od* plato *m* exquisito; ~**ngeschäft** *n* tienda *f* de comestibles finos

Delikt [-'likt] *n* (-s; -e) delito *m*

Delphin [dɛl'fi:n] *m* (-s; -e) delfín *m*

Delta ['-ta] *n* (-s; -s) delta *m*

Dementi [de'mɛnti] *n* (-s; -s) mentís *m*

'**dem|entsprechend** ['de:m²ɛnt'ʃprɛçənt] conforme a eso; en consecuencia; ~**nach** según eso; ~**nächst** dentro de poco

Demokrat [demo'kra:t] *m* (-en; -en) demócrata *m;* ~**ie** [--kra'ti:] *f* (-; -n) democracia *f;* ♀**isch** [--'kra:tiʃ] democrático; (*Person*) demócrata

demolieren [--'li:rən] (h) demoler

Demonstr|ant [-mɔn'strant] *m* (-en; -en)

manifestante *m*; ~**ation** [--stra'tsjo:n] *f* (-; -en) demonstración *f*; *pol* manifestación *f*; ℒ**ieren** (h) demostrar; *pol* manifestarse

'**demütig** ['de:myːtɪç] humilde; ~**en** ['---gən] (ge-, h) humillar; ℒ**ung** *f* (-; -en) humillación *f*

'**denk|bar** ['dɛŋkbaːr] imaginable; ~**en** (dachte, gedacht, h) pensar (**an** *ac* en); *sich et* ~ figurarse, imaginarse; *ich denke nicht daran!* ¡ni pensarlo!; ~ *Sie nur!* ¡imagínese!

'**Denkmal** *n* (-[e]s; ~er) monumento *m*; ~(**s**)**schutz** *m* (-es; *sin pl*): *unter* ~ *stellen* declarar monumento nacional

'**denk|würdig** memorable; ℒ**zettel** *m* (-s; -) lección *f*

den|n [dɛn] pues, porque; *mehr ~ je* más que nunca; ~**noch** ['-nɔx] sin embargo, no obstante, a pesar de todo

Denunz|iant [denun'tsjant] *m* (-en; -en) delator *m*, denunciante *m*; ℒ**ieren** (h) delatar, denunciar

Deo ['deo] *n* (-s; -s), **Deodorant** [deˀodo'rant] *n* (-s; -s, -e) desodorante *m*

Depo'nie [-po'niː] *f* (-; -en) vertedero *m* (de basuras)

Depot [-'poː] *n* (-s; -s) depósito *m*

Depres|sion [-prɛ'sjoːn] *f* (-; -en) depresión *f* (*a* ✝); ~**siv** [--'siːf] depresivo

der, die, das [deːr, diː, das] **1.** *Artikel* el, la, lo; **2.** *Relativpronomen*: que, quien; el (la) que, el (la) cual

derartig tal, semejante

derb [dɛrp] (*grob*) rudo, grosero

deren ['deːrən] cuyo (-a); del cual, de la cual

der'gleichen tal, semejante

der-, die-, dasjenige ['deːr-, 'diː-, 'dasjeːnɪgə] el, la, lo que

dermaßen ['-maːsən] tanto; *vor adj u adv*: tan

der-, die-, dasselbe [deːr-, diː-, 'daszɛlbə] el mismo, la misma, lo mismo (*wie* que)

Deser'teur [dezɛr'tøːr] *m* (-s; -e) desertor *m*; ℒ**ieren** (sn) desertar

des|gleichen [dɛs'glaɪçən] igualmente, asimismo; ~**halb** por eso

De'sign [di'zaɪn] *n* (-s; -s) diseño *m*; ~**er** *m* (-s; -), ~**erin** *f* (-; -nen) diseñador(a *f*) *m*

Desinfektion [dɛsˀɪnfɛk'tsjoːn] *f*; ~**smittel** *n* desinfectante *m*

desinfi'zieren (h) desinfectar

Desktop publishing ['dɛsktɔp 'pablɪʃɪŋ] *n* (-; *sin pl*) desktop publishing *m*

dessen ['dɛsən] *s* **deren**; ~'**ungeachtet** no obstante

Dessert [dɛ'seːr] *n* (-s; -s) postre *m*

destillieren [dɛsti'liːrən] (h) destilar

desto [-'to] tanto; ~ *besser!* ¡(tanto) mejor!

deswegen ['-veːgən] por eso

Detail [de'taj] *n* (-s; -s) detalle *m*, pormenor *m*

Detektiv [detɛk'tiːf] *m* (-s; -e) detective *m*

'**deut|en** ['dɔʏtən] (ge-, h) **1.** *v/t* interpretar; **2.** *v/i* ~ *auf* (*ac*) indicar, señalar; ~**lich** distinto, claro; ℒ**lichkeit** *f* (-; *sin pl*) claridad *f*

deutsch [dɔʏtʃ] alemán (*auf* en); '**ℒe** *m*/*f* (-n; -n) alemán *m*, -ana *f*

Deutung ['-tʊŋ] *f* (-; -en) interpretación *f*

De'visen [de'viːzən] *pl* divisas *f*/*pl*; ~**kontrolle** *f* control *m* de divisas; ~**kurs** *m* cotización *f* de moneda extranjera

Dezember [-'tsɛmbər] *m* (-[s]; *raro* -) diciembre *m*

dezent [-'tsɛnt] decoroso; *Farbe, Kleid*: discreto

Dia ['diːa] *n* (-s; -s) diapositiva *f*

Diabet|es [diaˈbeːtɛs] *m* (-; *sin pl*) diabetes *f*; ~**iker** [--'tikər] *m* (-s; -) diabético *m*

Diagnose [--'gnoːzə] *f* (-; -n) diagnóstico *m*

diagonal, ℒ**e** *f* [--goˈnɑːl(ə)] (-; -n) diagonal (*f*)

Diagramm [--'gram] *n* (-s; -e) diagrama *m*

Dialekt [--'lɛkt] *m* (-[e]s; -e) dialecto *m*

Dialog [--'loːk] *m* (-s; -e) diálogo *m*

Diamant [--'mant] *m* (-n; -en) diamante *m*

Diapositiv [--pozi'tiːf] *n* (-s; -e) diapositiva *f*

Diät [di'ɛːt] *f* (-; -en) dieta *f*, régimen *m* (*halten* observar); ~**en** *pl* dietas *f*/*pl*

dich [dɪç] te; *betont*: (a) ti

dicht [dɪçt] denso; *Gebüsch, Haar, Gewebe*: tupido, espeso; (*undurchlässig*) impermeable; ~ *bei*, ~ *an* (muy) cerca de; '~**en** (ge-, h) *v/i* hacer versos; '**ℒer** *m* (-s; -) poeta *m*; '**ℒerin** *f* (-; -nen) poetisa *f*; **ℒung** *f* (-; -en) poesía *f*, ⊙ junta *f*

dick [dɪk] grueso; (*beleibt*) gordo; (*geschwollen*) hinchado; ~ *werden Person*:

engordar; '~flüssig espeso; '2kopf m, ~köpfig ['-kœpfiç] cabezudo (m)
die [di:] s der
Dieb [di:p] m (-[e]s; -e) ladrón m; ~in ['-bin] f (-; -nen) ladrona f; ~stahl ['di:pʃta:l] m (-[e]s; ⁻e) robo m, hurto m; '~stahlversicherung f seguro m contra el robo
Diele ['-lə] f (-; -n) (*Vorraum*) vestíbulo m, zaguán m
dien|en ['-nən] (ge-, h) servir (*als* de; *zu* para); 2er m (-s; -) criado m
Dienst [di:nst] m (-es; -e) servicio m; *außer ~* (*Abk a D*) jubilado, ✗ retirado; ~ haben estar de servicio; *j-m e-n* (*schlechten*) ~ *erweisen* hacer un favor (un flaco servicio) a alg
Dienstag ['-ta:k] m (-s; -e) martes m
'Dienst|alter ['di:nst?-] n antigüedad f; 2bereit *Apotheke*: de guardia; ~boten m/pl servidumbre f; 2frei libre (de servicio); ~grad ✗ m grado m
'Dienstleistung f (prestación f de) servicio m; ~sgewerbe n sector m de servicio; ~s-unternehmen n empresa f de servicios
'dienst|lich oficial, de oficio; 2mädchen n criada f; 2reise f viaje m oficial; 2stelle f delegación f, negociado m; 2stunden f/pl horas f/pl de servicio; 2vorschrift f reglamento m (de servicio); 2wagen m coche m oficial; ~weg m vía f od trámite m oficial
dies s *dieser*; '~bezüglich correspondiente; *adv* (con) respecto a es(t)o
'Diesel|motor ['di:zəlmo:tor] m (motor m) diesel m; ~öl n gasoil m, gasóleo m
dieser, diese, die(se)s ['di:zər, '-zə, '-(zə)s] este, -a; *su* éste, -a, esto; ese, -a; *su* ése, -a, eso
dies|jährig ['di:sjɛ:riç] de este año; ~mal ['-ma:l] esta vez; ~seits ['-zaits] de este lado
Dietrich ['di:triç] m (-s; -e) ganzúa f
Differen'tial *auto* [diferɛn'tsja:l] n (-s; -e), ~getriebe n diferencial m
Differenz [--'rɛnts] f (-; -en) diferencia f (*a Streit*)
digi'tal [-gi'ta:l] digital; 2-anzeige f indicador m digital; 2rechner m calculadora f digital; 2-uhr f reloj m digital
Dik'tat [dik'ta:t] m (-[e]s; -e) dictado m (*nach* al); ~or [-'-tor] m (-s; -en [-ta'to:rən]) dictador m; ~ur [-la'tu:r] f (-; -en) dictadura f
dik'tieren [-'ti:rən] (h) dictar
Dill ❀ [dil] m (-[e]s; -e) eneldo m
'DIN|-Format ['di:n-] n formato m DIN; ~Norm f norma f DIN
Ding [diŋ] n (-[e]s; -e, F -er) cosa f; objeto m; *vor allen ~en* ante todo; '~sda F m/f (-; *sin pl*) F fulano m, -a f
Diözese [diø'tse:zə] f (-; -n) diócesis f
Diphtherie [difte'ri:] f (-; *sin pl*) difteria f
Diplom [di'plo:m] n (-[e]s; -e) diploma m
Diplomat [-plo'ma:t] m (-en; -en), 2isch diplomático (m); ~ie [--ma'ti:] f (-; *sin pl*) diplomacia f
dir [di:r] te; *betont*: a ti; *mit* ~ contigo
di'rekt [di'rekt] directo; 2flug m vuelo m directo; 2ion [--'tsjo:n] f (-; -en) dirección f, ✝ a gerencia f; 2or [-'-tor] m (-s; -en [--'to:rən]), 2orin [--'to:rin] f (-; -nen) director(a f) m; ✝ gerente *su*; 2-übertragung f *Radio, TV*: (re)transmisión f en directo; 2verkauf m venta f directa; 2werbung f publicidad f directa
Dirig|ent [-ri'gɛnt] m (-en; -en) director m de orquesta; 2'ieren (h) dirigir
Dirne ['dirnə] f (-; -n) prostituta f
Dis'kette [dis'kɛtə] f (-; -n) disquete m; ~nlaufwerk n unidad f de disco
Diskjockey ['diskdʒɔki] m (-s; -s) disc-jockey m, F pinchadiscos m
Disko ['disko] f (-; -s) disco f
Dis'kont [-'kɔnt] m (-s; -e) descuento m; ~satz m tipo m de descuento
Diskothek [-ko'te:k] f (-; -en) discoteca f
diskret [-'kre:t] discreto
diskrimi'nier|en [-krimi'ni:rən] (h) discriminar; 2ung f (-; -en) discriminación f
Diskussion [-ku'sjo:n] f (-; -en) discusión f
'Diskuswerfen n (-s; *sin pl*) lanzamiento m de disco
diskutieren [-ku'ti:rən] (h) discutir
disqualifizieren [-kvalifi'tsi:rən] (h) descalificar
Distanz [-'tants] f (-; -en) distancia f
Distel ['-təl] f (-; -n) cardo m
Disziplin [-tsi'pli:n] f (-; *sin pl*) disciplina f; (*pl* -en) (*Fach*) asignatura f
Divi'dende ✝ [divi'dɛndə] f (-; -n) dividendo m; 2dieren [--'di:rən] (h) dividir

Division 330

(*durch* por); ~**sion** [--'zjo:n] *f* (-; -en) división *f*

D-Mark ['de:mark] *f* marco *m* alemán

doch [dɔx] pues; (*indessen*) sin embargo; (*bejahend*) sí; **ja** ~ que sí

Dock ⚓ [dɔk] (-s; -s) dársena *f*; dique *m*

Dogge ['dɔgə] *f* (-; -n) dogo *m*

'**Doktor** ['dɔktɔr] *m* (-s; -en [-'to:rən]) doctor *m*

Dokument [doku'mɛnt] *n* (-[e]s; -e) documento *m*; ~**arfilm** [---'tɑ:rfilm] *m* documental *m*

Dolch [dɔlç] *m* (-[e]s; -e) puñal *m*

Dollar ['-lar] *m* (-s; -s) dólar *m*

'**dolmetsch|en** ['-mɛtʃən] (ge-; h) interpretar; ♀**er** *m* (-s; -), ~**erin** *f* (-; -nen) intérprete *su*

Dom [do:m] *m* (-s; -e) catedral *f*

Domäne [do'mɛ:nə] *f* (-; -n) *fig* dominio *m*

Domino ['do:mino] *n* (-s; -s) dominó *m*

'**Donner** ['dɔnər] *m* (-s; -) trueno *m*; ♀**n** (ge-; h) tronar; ~**s-tag** *m* jueves *m*; ~**wetter!** ¡caramba!

doof F [do:f] tonto, imbécil

dopen ['do:pən] (ge-; h) dopar

'**Doppel** ['dɔpəl] *n* (-s; -) doble *m* (*a dep*); duplicado *m*; ~**besteuerung** *f* doble imposición *f*; ~**besteuerungs-abkommen** *n* convenio *m* para evitar la doble imposición; ~**bett** *n* cama *f* de matrimonio; ♀**punkt** *m* dos puntos *m/pl*; ♀**t** doble; por duplicado; *das* ♀**e** el doble; ~**zentner** *m* quintal *m* métrico; ~**zimmer** *n* habitación *f* doble

Dorf [dɔrf] *n* (-[e]s; ⸚er) pueblo *m*, aldea *f*

Dorn [dɔrn] *m* (-[e]s; -en) espina *f*; (*pl -e*) ⚙ espiga *f*

Dörrobst ['dœrˀɔpst] *n* (-[e]s; 0) fruta *f* pasa *od* seca

Dorsch [dɔrʃ] *m* (-es; -e) bacalao *m*

dort [dɔrt] allí, allá; ahí; ~**hin** (hacia) allí, allá

Dose ['do:zə] *f* (-; -n) caja *f*; (*Konserven*♀) lata *f*; ~**nöffner** *m* abrelatas *m*

Dosis ['do:zis] *f* (-; -sen) dosis *f*, toma *f*

Dotter ['dɔtər] *m u n* (-s; -) yema *f* (de huevo)

Dozent [do'tsɛnt] *m* (-en; -en), ~**in** *f* (-; -nen) profesor(a *f*) *m*

'**Drache** ['draxə] *m* (-ns; -n) dragón *m*; ~**n** *m* (-s; -) (*Papier*♀) cometa *f*; ~**nfliegen** *n* vuelo *m* en ala-delta

Dragée [dra'ʒe:] *n* (-s; -s) gragea *f*

Draht [drɑ:t] *m* (-[e]s; ⸚e) alambre *m*; *dünner*: hilo *m*; '~**bürste** *f* cepillo *m* metálico; '~**seilbahn** *f* teleférico *m*

Drama ['drɑ:ma] *n* (-s; -men) drama *m* (*a fig*); ~**tiker** [dra'mɑ:tikər] *m* (-s; -) autor *m* dramático, dramaturgo *m*; ♀**tisch** [-'mɑ:tiʃ] dramático

dran F [dran] *s daran*

Drang [draŋ] *m* (-[e]s; *sin pl*) (*Trieb*) afán *m*, sed *f* (*nach* de)

'**dräng|eln** F ['drɛŋəln] (ge-, h) apretujar; ~**en** (ge-, h) **1.** *v/t* empujar; *fig* atosigar; *zur Eile*: meter prisa; *sich* ~ agolparse; **2.** *v/i Zeit*: apremiar; *et*: correr prisa

drauf F [drauf] *s darauf*; ♀**gänger** ['-gɛŋər] *m* (-s; -) hombre *m* de rompe y rasga

draußen ['drausən] (a)fuera; (*im Freien*) al aire libre

drechseln ['drɛksəln] (ge-, h) tornear

Dreck F [drɛk] *m* (-[e]s; *sin pl*) (*Schlamm*) barro *m*; (*Schmutz*) suciedad *f*; *fig* porquería *f*; ♀**ig** sucio

'**Dreh|-arbeiten** ['dre:-] *f/pl Film*: rodaje *m*; ~**bank** *f* (-; ⸚e) torno *m*; ♀**bar** giratorio; ~**buch** *n Film*: guión *m*; ♀**en** (ge-, h) volver, dar vueltas a; *Zigarette*: liar; *Film*: rodar; *im Kreis*: hacer girar; *sich* ~ girar (*um* sobre); *Unterhaltung*: versar sobre; ~**kreuz** *n* torniquete *m* ~**orgel** *f* organillo *m*; ~**tür** *f* puerta *f* giratoria; ~**ung** *f* (-; -en) vuelta *f*, rotación *f*; ~**zahl** *f* número *m* de revoluciones; ~**zahlmesser** *m* (-s; -) cuentarrevoluciones *m*

drei [drai] **1.** tres; **2.** ♀ *f* (-; -en) tres *m*; '♀**bettzimmer** *n* habitación *f* de tres camas; ♀**eck** ['-ˀɛk] *n* (-[e]s; -e) triángulo *m*; '~**eckig** triangular; ~**erlei** ['-ərlai] de tres clases; '~**fach** ['-fax] triple; '~**farbig** tricolor; '~**hundert** trescientos; ~**jährig** ['-jɛ:riç] de tres años, trienal; ♀**königstag** *m* (fiesta *f* de los) Reyes *m/pl*; ~**mal** ['-mɑ:l] tres veces

'**Drei|rad** *n* triciclo *m*; ♀**sprachig** ['-ʃprɑ:xiç] trilingüe; ♀**spurig** ['-ʃpu:riç] de tres carriles

'**dreißig** ['-siç] treinta; ~**ste** trigésimo

dreist [draist] atrevido, fresco

dreistellig ['-ʃtɛliç] de tres dígitos

Drei'sternehotel *n* hotel *m* de tres estrellas

'**drei|stöckig** ['-ʃtœkiç] de tres pisos;

~tägig ['-tɛgiç] de tres días; **~'viertel** tres cuartos; **~zehn** trece; **~zehnte** décimo tercero

'dresch|en (drosch, gedroschen, h) trillar; **2maschine** f trilladora f

dress|ieren [drɛ'si:rən] (h) amaestrar, adiestrar; **2ur** [-'su:r] f (-; -en) amaestramiento m, adiestramiento m

dribbeln ['dribəln] (ge-, h) dep regatear, driblar

Drilling ['driliŋ] m (-s; -e) trillizo m

drin F [drin] s darin

'dringen ['driŋən] (drang, gedrungen) **a)** (sn): **~ aus** salir de; **~ durch** (in ac) penetrar por (en); **~ bis** llegar hasta; **b)** (h): **~ auf** (ac) insistir en; **~ urgente**; *Verdacht*: fundado

drinnen ['drinən] (por) dentro

dritt [drit]: **zu ~** entre los tres; **zu ~ sn** ser tres; **'~e** tercero; **2 Welt** f Tercer Mundo m; **'2el** n (-s; -) tercio m; **'~ens** tercero, en tercer lugar

'Droge ['dro:gə] (-; -n) droga f (*weiche* blanda; *harte* dura); **~nberatungsstelle** f centro m de asistencia a los drogadictos; **~nhandel** m narcotráfico m; **~nhändler** m narcotraficante m; **~nkonsum** m consumo m de drogas; **~nsüchtige** su (-n; -n) drogadicto m, -a f; **~rie** [dro:gə'ri:] f (-; -n) droguería f

drohen ['dro:ən] (ge-, h) amenazar

dröhnen ['drø:nən] (ge-, h) retumbar, resonar

Drohung ['dro:uŋ] f (-; -en) amenaza f

drollig ['drɔliç] gracioso; chusco

drosseln ['drɔsəln] (ge-, h) *fig* frenar, reducir

drüben ['dry:bən] al otro lado

Druck [druk] m (-[e]s) **a)** (pl -¨e) presión f (a *fig*); **b)** (pl -e) tip imprenta f; (*Bild*) estampa f

drucken ['drukən] (ge-, h) imprimir

'drücken ['drykən] (ge-, h) apretar (a *Schuh usw*); *Knopf*, *Taste*: pulsar; *Hand*: estrechar; (*schieben*) empujar; **sich ~** zafarse (**vor** de); escurrir el bulto; **~d** abrumador (a *fig*); *Hitze*: sofocante

Drucker ['drukər] m (-s; -) impresor m; (*Computer*) impresora f

Drücker ['drykər] m (-s; -) (*Tür2*) picaporte m

Druck|erei [drukə'raı] f (-; -en) imprenta f; **'~fehler** m errata f; **'~knopf** m botón m automático; **⊙** botón m, pulsador m; **'~luft** f aire m comprimido; **'~sache** ⊗ f impreso m; **'~schrift** f: *in ~* en letra de molde

drum F [drum] s darum

'drunt|en ['druntən] (allá) abajo; **~er: es geht alles ~ und drüber** todo está patas arriba

Drüse ['dry:zə] f (-; -n) glándula f

Dschungel ['dʒuŋəl] m (-s; -) jungla f

du [du:] tú

Dübel ['dy:bəl] m (-s; -) taruga m; taco m

ducken ['dukən] (ge-, h): **sich ~** acurrucarse, agazaparse; *fig* doblegarse

Dudelsack ['du:dəlzak] m gaita f

Duft [duft] m (-[e]s; -¨e) olor m; (*Wohlgeruch*) perfume m; **'2en** (ge-, h) oler bien; **~ nach** oler a

dulden ['duldən] (ge-, h) (*ertragen*) aguantar; (*gestatten*) tolerar

dumm [dum] tonto, estúpido; **'2heit** f (-; *sin pl*) tontería f, estupidez f; (*Handlung*) (pl -en) bobada f, tontería f; **'2kopf** m imbécil m

dumpf [dumpf] *Stimme*, *Schmerz*: sordo; *Luft*: pesado

'Dumping ✝ ['dampiŋ] n (-s; *sin pl*) dumping m; **~preis** m precio m de dumping

Düne ['dy:nə] f (-; -n) duna f

'dünge|n ['dyŋən] (ge-, h) abonar, fertilizar; estercolar; **2r** m (-s; -) abono m, fertilizante m; (*Mist*) estiércol m

dunkel ['duŋkəl] oscuro (a *fig u in Zssgn mit Farben*); *Teint*: moreno; (*finster*) tenebroso; **~ werden** oscurecer

Dünkel ['dyŋkəl] m (-s; *sin pl*) presunción f

'Dunkel|heit ['duŋkəl-] f (-; *sin pl*) oscuridad f; **~kammer** f cámara f oscura; **2rot** rojo oscuro

dünn [dyn] delgado; *Kaffee*: flojo; *Luft*: enrarecido; (*fein*) fino, débil; **'~besiedelt** poco poblado

Dunst [dunst] m (-[e]s; *sin pl*) vapor m; (pl -¨e) vaho m

dünsten ['dynstən] (ge-, h) estofar

dunstig ['dunstiç] brumoso

Duplikat [dupli'ka:t] n (-[e]s; -e) duplicado m; copia f

Dur ♪ [du:r] n (-; *sin pl*) modo m mayor

durch [durç] **1.** *prp* (ac) por; (*quer ~*) a través de; (*mittels*) mediante; **2.** *adv* **~ und ~** de parte a parte; a fondo; *die*

ganze Nacht ~ (durante) toda la noche; **'~arbeiten** (*sep*, -ge-, h) **1.** *v/t* estudiar (a fondo); **2.** *v/i* trabajar sin descanso; **'~'aus** del todo; a todo trance; **~ nicht** de ningún modo; **~ nicht leicht** nada fácil; **'~blättern** (*sep*, -ge-, h) hojear; **²blutung** *f* (-; *sin pl*) riego *m* sanguíneo; **~bohren** (h) traspasar, atravesar; **~braten: gut durchgebraten** bien hecho; **~brechen** (durchbrach, durchbrochen, h) romper; atravesar; *fig* infringir; **'~brennen** (*irr, sep*, -ge-, sn, → *brennen*) *Sicherung*: fundirse; *fig* fugarse, escaparse; **'~drehen** (*sep*, -ge-, h) **1.** *v/t Fleisch*: picar; **2.** *v/i* F *fig* perder los nervios; **~'dringen** (durchdrang, durchdrungen, h) penetrar; **'~dringend** penetrante

durch-ein'ander 1. *adv* mezclado(s), revuelto(s); *fig* confuso; **2.** ≙ *n* (-s; *sin pl*) confusión *f*; jaleo *m*, F follón *m*, caos *m*; **~bringen** (*irr, sep*, -ge-, h, → *bringen*) desordenar; *fig* confundir

'durch|fahren (*irr, sep*, -ge-, sn, → *fahren*) pasar por (*nicht halten*) no parar; **²fahrt** *f* paso *m*; travesía *f*; **'~fall** *m* ✱ diarrea *f*; *fig* fracaso *m*; **~fallen** (*irr, sep*, -ge-, sn, → *fallen*) fracasar; *Examen*: **ich bin durchgefallen** me han suspendido; **'~finden** (*irr, sep*, -ge-, h, → *finden*): (*sich*) **~** orientarse; **'~führbar** ['-fy:rbar] realizable; **'~führen** (*sep*, -ge-, h) *fig* llevar a cabo, realizar; **²führung** *f* (-; -en) realización *f*; **²gang** *m* (-[e]s; ⸚e) paso *m*; **'~gehen** (*irr, sep*, -ge-, → *gehen*) **1.** *v/i* (sn) pasar (*durch* por); *Pferd*: desbocarse; **fig et** *~* **lassen** F hacer la vista gorda; **2.** *v/t* (h u sn) repasar; **'~gehend** 🛇 directo; **~ geöffnet** abierto a mediodía; **~e Arbeitszeit** jornada *f* intensiva; **'~greifen** (*irr, sep*, -ge-, h, → *greifen*) *fig* tomar medidas eficaces; **'~halten** (*irr, sep*, -ge-, h, → *halten*) no cejar, mantenerse firme; **'~kommen** (*irr, sep*, -ge-, sn, → *kommen*) (lograr) pasar; *fig* salir airoso (de); ✱ curarse; *Examen*: aprobar; (*auskommen*) defenderse; **'~kreuzen** (h) *fig* desbaratar, contrariar; **'~lassen** (*irr, sep*, -ge-, h, → *lassen*) dejar pasar; **'~lässig** permeable; **'~laufen** (*irr, sep*, -ge-, sn, → *laufen*) *Wasser*: pasar; **~laufen** (durchlief, durchlaufen, h) recorrer; **²lauf-erhitzer** *m* (-s; -) calentador *m* continuo; **'~lesen** (*irr, sep*, -ge-, h, → *lesen*) recorrer, leer; **~'leuchten** (h) ✱ examinar con rayos X; **²leuchtung** ✱ *f* (-; -en) radioscopia *f*; **~löchern** [-'lœçərn] (h) agujerear; **'²messer** *m* (-s; -) diámetro *m*; **~näßt** [-'nɛst] mojado, calado; **~'queren** [-'kveːrən] (h) atravesar; **'~rechnen** (*sep*, -ge-, h) calcular; **'²reise** *f*: *auf der* **~** de paso, de tránsito; **²reisende** *m* transeúnte *m*; **²reisevisum** *n* visado *m* de tránsito; **'~reißen** (*irr, sep*, -ge-, → *reißen*) **1.** *v/t* (h) rasgar, romper; **2.** *v/i* rasgarse, romperse; **²sage** *f* (-; -en) mensaje *m* personal; **~'schauen** (h) *fig* calar las intenciones de; **'²schlag** *m* (-[e]s; ⸚e) 💻 copia *f*; **'~schlagen** (*irr, sep*, -ge-, h, → *schlagen*) *v/t* cortar, partir; *sich* **~** *fig* defenderse; **'~schlagend** eficaz; *Erfolg*: completo, rotundo; **²schlagpapier** *n* papel *m* de copia; **'~schneiden** (*irr, sep*, -ge-, h, → *schneiden*) cortar, partir en dos

'Durchschnitt *m* (-[e]s; -e) promedio *m*, término *m* medio (*im* por); **²lich** medio; (*mittelmäßig*) regular, mediocre; *adv* por término medio; **~s-einkommen** *n* ingresos *m/pl* medios; **~s-temperatur** *f* temperatura *f* media

'durch|sehen (*irr, sep*, -ge-, h, → *sehen*) **1.** *v/i* mirar (*durch* por); **2.** *v/t* examinar, revisar; **'~setzen** (*sep*, -ge-, h) conseguir; *Willen*: imponer; *sich* **~** imponerse; **²sicht** *f* revisión *f*, repaso *m*; **'~sichtig** transparente; **~'sickern** (*sep*, -ge-, sn) *a fig* filtrarse, rezumar; **'~sprechen** (*irr, sep*, -ge-, h, → *sprechen*) discutir punto por punto; **'~streichen** (*irr, sep*, -ge-, h, → *streichen*) tachar, borrar; **~'suchen** (h) registrar; *j-n*: cachear; **²suchung** *f* (-; -en) registro *m*; cacheo *m*; **~trieben** [-'triːbən] taimado; **~'wachsen** *Speck*: entreverado; **²wahl(nummer** *f*) *tel f* (-; *sin pl*) extensión *f*; **'~wählen** (*sep*, -ge-, h) *tel* marcar directamente; **~weg** ['-vɛk] sin excepción; **~'wühlen** (h) revolver; **'~zählen** (*sep*, -ge-, h) recontar; **'~ziehen** (*irr, sep*, -ge-, → *ziehen*) **1.** *v/t* (h) hacer pasar (*durch* por); **2.** *v/i* (sn) pasar (*durch* por); **'²zug** *m* (-[e]s; *sin pl*) (*Luft*) corriente *f* de aire

dürfen ['dyrfən] (durfte, gedurft, h)

poder; **darf ich?** ¿puedo?, ¿me permite?; **nicht ~** no deber
dürftig ['dʏrftiç] escaso; *(ärmlich)* pobre; mezquino
dürr [dʏr] árido; *Holz:* seco; *j:* flaco; **♀e** *f* (-; -n) aridez *f*; sequía *f*
Durst [durst] *m* (-es; *sin pl*) sed *f* (**nach** de); **♀ig: ~** *sn* tener sed
'Dusche ['du:ʃə, 'duʃə] *f* (-; -n) ducha *f*; **♀n** (ge-, h) ducharse, tomar una ducha
'Düse ⊙ ['dy:zə] *f* (-; -n) tobera *f*; **~antrieb** *m* propulsión *f* a reacción *od* a chorro; **~nflugzeug** *n* avión *m* a reacción
düster ['dy:stər] tenebroso; *fig* sombrío
'Dutzend ['dutsənt] *n* (-s; -e) docena *f*; **♀weise** por docenas
duzen ['du:tsən] (ge-, h) tutear
Dy'na|mik [dy'na:mik] *f* (-; *sin pl*) *fig* dinamismo *m*; **♀misch** dinámico; **~mit** [-'na:mit] *n* (-s; *sin pl*) dinamita *f*; **~mo** [-'na:mo] *m* (-s; -s) dínamo *f*
D-Zug ['de:tsu:k] *m* tren *m* directo, rápido *m*

E

E, e [e:] *n* (-; -) E, e *f*; ♪ mi *m*; ***E-Dur*** mi *m* mayor; ***e-Moll*** mi *m* menor
Ebbe ['ɛbə] *f* (-; -n) marea *f* baja
'eben ['e:bən] **1.** *adj* plano; *bsd Boden:* llano; ***zu ~er Erde*** en el piso bajo; **2.** *adv* precisamente, justamente; ***er ist ~ angekommen*** acaba de llegar; **♀e** *f* (-; -n) llanura *f*; ⚹ plano *m*; *fig* nivel *m*; **~falls** igualmente, también; **~so** lo mismo (***wie*** que); **~ groß wie** tan grande como; **~soviel** tanto (***wie*** como); **~sowenig** tan poco (***wie*** como)
ebnen ['e:bnən] (ge-, h) allanar (*a fig*), aplanar
Echo ['ɛço] *n* (-s; -s) eco *m* (*a fig*)
echt [ɛçt] auténtico; verdadero; *Haar:* natural
'Eck|ball ['ɛkbal] *m dep* córner *m*, saque *m* de esquina; **~e** *f* (-; -n) *innen:* rincón *m*; *außen:* esquina *f*; **gleich um die ~** a la vuelta de la esquina; **♀ig** angular, anguloso; **~lohn** *m* salario *m* de referencia; **~zahn** *m* colmillo *m*
Economyklasse [i'kɔnəmiklasə] *f* clase *f* económica
'edel ['e:dəl] noble; *Metall:* precioso; **♀metall** *n* metal *m* precioso; **♀stahl** *m* acero *m* inoxidable; **♀stein** *m* piedra *f* preciosa
Efeu ['e:fɔy] *m* (-s; *sin pl*) yedra *f*
Effekt [ɛ'fɛkt] *m* (-[e]s; -e) efecto *m*
effizien|t [ɛfi'tsjɛnt] eficiente; **♀z** [--'tsjɛnts] *f* (-; -en) eficiencia *f*

EG-... [e:ge:] comunitario, de la CE(E)
egal [e'ɡɑ:l] igual; ***das ist mir ~*** me da igual *od* lo mismo
Egel *zo* ['e:ɡəl] *m* (-s; -) sanguijuela *f*
Egge ['ɛɡə] *f* (-; -n) rastra *f*, grada *f*
Ego|ismus [eɡo'ʔismus] *m* (-; *sin pl*) egoísmo *m*; **~ist** *m* (-en; -en), **~'istin** *f* (-; -nen), **♀'istisch** egoísta *su*
ehe ['e:ə] antes de que (*subj*)
'Ehe ['e:ə] *f* (-; -n) matrimonio *m*; **~bruch** *m* adulterio *m*; **~frau** *f* esposa *f*, mujer *f*; **~leute** *pl* esposos *m/pl*; ♊ cónyuges *m/pl*; **♀lich** conyugal, matrimonial; *Kind:* legítimo
ehemalig ['--ma:liç] antiguo
'Ehe|mann *m* marido *m*, esposo *m*; **~paar** *n* matrimonio *m*
eher ['e:ər] antes (*als* que); más temprano; *(lieber)* más bien; **je ~, desto besser** cuanto antes mejor
'Ehe|ring *m* anillo *m* de boda, alianza *f*; **~scheidung** *f* divorcio *m*; **~schließung** *f* casamiento *m*
ehrbar ['e:rba:r] honrado, honesto
'Ehre ['e:rə] *f* (-; -n) honor *m*, honra *f*; *(Ruf)* reputación *f*; **zu ~n von** en honor de; **♀n** (ge-, h) honrar, respetar; **sehr geehrter Herr X, ...** estimado señor (X): ...
'Ehren|amt *n* cargo *m* honorífico; **♀amtlich** a título honorífico; **~bürger** *m* ciudadano *m* de honor; **~gast** *m* huésped *m od* invitado *m* de honor;

ehrenhaft

⁓**haft** honorable, decoroso; ⁓**mitglied** *n* miembro *m* honorario; ⁓**rechte** *n/pl*: **bürgerliche** ⁓**e** derechos *m/pl* civiles *od* cívicos; ⁓**sache** *f* cuestión *f* de honor; ℒ**voll** honroso, honorífico; ⁓**wort** *n* (-[e]s; *sin pl*) palabra *f* de honor (*auf* bajo)

'**ehr**|**erbietig** ['e:rʔɛrbi:tiç] respetuoso, reverente; ℒ**furcht** *f* respeto *m*, veneración *f*; ⁓**fürchtig** ['-fʏrçtiç] respetuoso; ℒ**gefühl** *n* (-[e]s; *sin pl*) pundonor *m*; ℒ**geiz** *m* ambición *f*; ⁓**geizig** ambicioso; ⁓**lich** honrado; (*aufrichtig*) sincero; ⁓ **gesagt** a decir verdad; ℒ**lichkeit** *f* (-; *sin pl*) honradez *f*; ℒ**ung** *f* (-; -en) homenaje *m*; ⁓**würdig** venerable; respetable; *Geistlicher:* reverendo

Ei [aɪ] *n* (-[e]s; -er) huevo *m* (**weiches** pasado por agua; **hartes** duro)

'**Eich**|**e** ['aɪçə] *f* (-; -n) roble *m*; (*Stein*ℒ) encina *f*; ⁓**el** *f* (-; -n) ♀ bellota *f*; ℒ**en** (ge-, h) *Maße, Gewichte:* contrastar; ⁓**hörnchen** *n* ardilla *f*

Eid [aɪt] *m* (-[e]s; -e) juramento *m*; **e-n** ⁓ **leisten** prestar juramento

Eidechse ['-dɛksə] *f* (-; -n) lagarto *m*; *kleine:* lagartija *f*

eidesstattlich ['-dəsʃtatlɪç]: ⁓**e Erklärung** *f* declaración *f* jurada

Eidgenosse ['aɪtɡənɔsə] *m* confederado *m*

Eidotter ['aɪdɔtər] *m* yema *f*

'**Eier**|**becher** ['-ərbɛçər] *m* huevera *f*; ⁓**kuchen** *m* tortilla *f*; ⁓**likör** *m* licor *m* de huevos; ⁓**schale** *f* cáscara *f* (de huevo); ⁓**stock** *m anat* ovario *m*

'**Eifer** ['-fər] *m* (-s; *sin pl*) celo *m*, empeño *m*; (*Streben*) afán *m*; ⁓**sucht** *f* (-; *sin pl*) celos *m/pl*; ℒ**süchtig** celoso (**auf** de)

eifrig ['-frɪç] solícito; celoso; aplicado; *adv* con empeño *od* ahínco

Eigelb ['-ɡɛlp] *n* (-s; -) yema *f*

'**eigen** ['-ɡən] propio; (*eigentümlich*) particular, peculiar; **auf** ⁓**e Rechnung** ✝ por cuenta propia; ℒ**-art** *f* (-; -en) particularidad *f*; ⁓**artig** particular; (*seltsam*) raro; ℒ**bedarf** *m* necesidades *f/pl* personales; ℒ**finanzierung** *f* autofinanciación *f*; ⁓**händig** ['-hɛndɪç]: ⁓ (**geschrieben**) (escrito) de mi *usw* puño y letra; ⁓ **übergeben** entregar en propia mano; ℒ**heim** *n* casa *f* propia; ℒ**heit** *f* (-; -en) particularidad *f*; singularidad *f*; ℒ**kapital** *n* capital *m* propio; ⁓**mäch-**

334

tig arbitrario; ℒ**name** *m* nombre *m* propio; ⁓**nützig** ['-nʏtsɪç] interesado, egoísta; ℒ**schaft** *f* (-; -en) propiedad *f*; *j-s:* cualidad *f*; **in s-r** ⁓ **als** en su calidad de; ⁓**sinnig** obstinado, terco; ⁓**tlich** ['-tlɪç] **1.** *adj* verdadero; **2.** *adv* en el fondo, a decir verdad; ℒ**tum** *n* (-s; *sin pl*) propiedad *f*; ℒ**tümer** ['--tyːmər] *m* (-s; -), ℒ**tümerin** *f* (-; -nen) propietario *m*, -a *f*; ⁓**tümlich** ['--tyːmlɪç] (*seltsam*) raro; ℒ**tumswohnung** *f* piso *m* de propiedad; ⁓**willig** voluntarioso; peculiar

'**eign**|**en** ['aɪɡnən] (ge-, h): **sich** ⁓ **zu** *od* **für** ser apropiado *od* adecuado para; ℒ**ung** *f* (-; *sin pl*) aptitud *f*; ℒ**ungs-test** *m* test *m od* prueba *f* de aptitud

'**Eil**|**bote** ['aɪlboːtə] *m*: ⚡ **durch** ⁓**n** por expreso; ⁓**brief** *m* carta *f* urgente; ⁓**e** *f* (-; *sin pl*) prisa *f* (*oft pl*); **es hat keine** ⁓ no corre prisa; **ich bin in** ⁓ tengo prisa; ℒ**en** ['-lən] (ge-, sn) correr; (h) *Sache:* urgir, correr prisa; **sich** ⁓ darse prisa; **eilt!** ¡urgente!; ⁓**gut** *n*: **als** ⁓ por gran velocidad; ℒ**ig** apresurado; (*dringlich*) urgente; **es** ⁓ **haben** tener prisa; ⁓**zug** 🚆 *m* rápido *m*

Eimer ['-mər] *m* (-s; -) cubo *m*

ein [aɪn] un(o), -a; **es ist** ⁓ **Uhr** es la una; **der** ⁓**e oder andere** uno que otro; ⁓ **und derselbe** el mismo

einander [aɪ'nandər] uno(s) a otro(s)

'**ein-arbeit**|**en** (*sep*, -ge-, h): **sich** ⁓ **in** (*ac*) iniciarse en, familiarizarse con; ℒ**ung** *f* (-; -en) iniciación *f*

Einäscherung ['-ʔɛʃəruŋ] *f* (-; -en) incineración *f*, cremación *f*

'**ein-atmen** (*sep*, -ge-, h) inspirar, aspirar

'**Einbahnstraße** *f* calle *f* de dirección única

'**Ein**|**band** *m* (-[e]s; ⁓e) encuadernación *f*; ℒ**bändig** ['-bɛndɪç] de *od* en un tomo

'**einbau**|**en** (*sep*, -ge-, h) montar, instalar; *in die Wand:* empotrar; ℒ**küche** *f* cocina *f* funcional; ℒ**schrank** *m* armario *m* empotrado

'**einberuf**|**en** (*irr*, *sep*, h, → **berufen**) convocar; ✕ llamar a filas; ℒ**ung** *f* (-; -en) convocación *f*; ✕ llamamiento *m* a filas

'**Einbettzimmer** *n* habitación *f* individual

'**einbeziehen** (*irr*, *sep*, h, → **beziehen**) incluir

'einbiegen (*irr, sep,* -ge-, sn, → *biegen*) torcer (*nach* a)
'einbild|en (*sep,* -ge-, h): *sich* (*dat*) ~ imaginarse, figurarse; *sich et* ~ *auf* (*ac*) presumir de; **♀ung** *f* (-; *sin pl*) imaginación *f*; ilusión *f*; (*Dünkel*) presunción *f*
'einbrech|en (*irr, sep,* -ge-, sn, → *brechen*) *v/i Dieb*: cometer un robo con fractura; ~ *in* (*ac*) escalar (*ac*); **♀er** *m* (-s; -) ladrón *m*, desvalijador *m* de pisos
'einbringen (*irr, sep,* -ge-, h, → *bringen*) *Ernte*: recoger; *Nutzen*: rendir, producir; *Antrag*: presentar
'Einbruch *m* (-[e]s; ⁓e) robo *m* con fractura; *bei* ~ *der Nacht* al anochecer
'einbürger|n ['-byrgərn] (*sep,* -ge-, h) naturalizar; *sich* ~ *fig* generalizarse; **♀ung** *f* (-; -en) naturalización *f*
'Ein|buße *f* (-; -n) pérdida *f*; **♀büßen** (*sep,* -ge-, h) perder
'ein|checken ['-tʃɛkən] (*sep,* -ge-, h) facturar; **⁓cremen** (*sep,* -ge-, h) poner(se) crema
'ein|dämm|en ['-dɛmən] (*sep,* -ge-, h) contener (*a fig*); **⁓decken** (*sep,* -ge-, h): *sich* ~ *mit* aprovisionarse de
eindeutig ['-dɔytiç] inequívoco, claro
'eindring|en (*irr, sep,* -ge-, sn, → *dringen*) penetrar (*in ac* en, *a fig*); ✕ invadir (*ac*); *ich* insistente; *adv* encarecidamente; **♀ling** ['-drɪŋlɪŋ] *m* (-s; -e) intruso *m*
'Ein|druck *m* (-[e]s; ⁓e) impresión *f*; **♀drücken** (*sep,* -ge-, h) (*zerbrechen*) romper; *Tür*: forzar; **♀drucksvoll** ['-drʊksfɔl] impresionante
einengen ['-ʔɛŋən] (*sep,* -ge-, h) estrechar; *fig* coartar; limitar
einer ['aɪnər] **1.** uno, alguno; **2.** *m* (-s; -) ⚓ unidad *f*; ⛵ esquife *m*; **⁓lei** ['-'-laɪ]: *das ist* ~ es lo mismo, es igual; **'♀lei** *n* (-s; *sin pl*) monotonía *f*, uniformidad *f*; **⁓seits** ['-'zaɪts] por un lado, por una parte
einfach ['-fax] sencillo, simple; *fig* modesto; **⁓e Fahrt** *f* 🚆 ida *f*
'einfahr|en (*irr, sep,* -ge-, → *fahren*) **1.** *v/t* (h) rodar (*ac*); **2.** *v/i* (sn): ~ *in* (*ac*) entrar en; ✕ bajar a; **♀t** *f* (-; -en) entrada *f*; (*Tor*) puerta *f* cochera
'Einfall *m* (-[e]s; ⁓e) ✕ invasión *f*; *fig* idea *f*; **♀en** (*irr, sep,* -ge-, sn, → *fallen*) (*einstürzen*) derrumbarse; ✕ invadir (*in ac*); *es fällt mir ein* se me ocurre; *was fällt Ihnen ein!* ¡cómo se atreve!
einfältig ['-fɛltiç] ingenuo, simple
'Einfamilienhaus *n* casa *f* unifamiliar
'einfarbig unicolor; *Kleidung*: liso
'ein|fetten (*sep,* -ge-, h) engrasar, untar; **⁓finden** (*irr, sep,* -ge-, h, → *finden*): *sich* ~ acudir, personarse; **⁓flößen** (*sep,* -ge-, h) *Arznei*: administrar; *Furcht*: infundir
'Einflugschneise *f* corredor *m* de entrada
'Einfluß *m* (-sses; ⁓sse) influencia *f*, influjo *m* (*auf ac* en, sobre); **♀reich** influyente
einförmig ['-fœrmiç] uniforme; *fig* monótono
'ein|frieren (*irr, sep,* -ge-, h, → *frieren*) *v/t* congelar (*a fig*); **⁓fügen** (*sep,* -ge-, h) insertar
'Einfuhr ['-fuːr] *f* (-; -en) importación *f*; *Zoll*: *a* entrada *f*; **⁓beschränkungen** *f/pl* restricciones *f/pl* a la importación
'einführen (*sep,* -ge-, h) introducir; ✝ importar; *Mode, neue Artikel*: lanzar; *j-n*: iniciar (*in ac* en); *in ein Amt*: instalar
'Einfuhr|genehmigung ['aɪnfuːr-] *f* permiso *m* de importación; **⁓land** *n* país *m* importador
'Einführung *f* (-; -en) introducción *f*; **⁓s-angebot** *n* oferta *f* de lanzamiento; **⁓s-preis** *m* precio *m* de lanzamiento
'Einfuhrzoll ['-fuːr-] *m* derecho *m* de entrada
'einfüllen (*sep,* -ge-, h) envasar; *in Flaschen*: embotellar
'Eingabe *f* (-; -n) solicitud *f*; *Computer*: entrada *f*; **⁓gerät** *n* dispositivo *m* de entrada
'Eingang *m* (-[e]s; ⁓e) entrada *f* (*a v Waren*); *v Geld*: ingreso *m*; **⁓sbestätigung** *f* acuse *m* de recibo; **⁓sdatum** *n* fecha *f* de entrada; **⁓sstempel** *m* sello *m* de entrada
'eingeben (*irr, sep,* -ge-, h, → *geben*) *Arznei*: dar; *fig* inspirar; *inform* introducir
'eingebildet imaginario; *j*: presumido
'Eingeborene *m/f* (-n; -n) indígena *su*
Eingebung ['-geːbʊŋ] *f* (-; -en) inspiración *f*
'eingehen (*irr, sep,* -ge-, → *gehen*) **1.** *v/t* (h, sn) *Ehe, Verpflichtung*: contraer;

eingehend 336

Wette: hacer; **2.** *v/i* (sn) *Briefe:* llegar; *Gelder:* ingresar (en caja); ⚕, *Tier:* morirse; *Stoff:* encogerse; **~ auf** (ac) consentir en; aceptar (ac); **~d** fig detallado; *adv* a fondo

'**ein|geschrieben** ⚹ certificado, Am registrado; **2geweide** ['-vaɪdə] n/pl vísceras f/pl; tripas f/pl; **~gewöhnen** (sep, -ge-, h): **sich ~** acostumbrarse

'**eingießen** (*irr, sep, -ge-, h, → gießen*) echar, verter; **~gleisig** 🚂 ['-glaɪzɪç] de vía única; **~gliedern** (sep, -ge-, h) incorporar (*in ac* a), integrar (en); **~graben** (*irr, sep, -ge-, h, → graben*) enterrar; **~greifen** (*irr, sep, -ge-, h, → greifen*) intervenir (*in ac* en); **2griff** m (-[e]s; -e) intervención f; ✱ *a* operación f; **~halten** (*irr, sep, -ge-, h, → halten*) v/t (*beachten*) cumplir (con); observar, respetar; *Richtung:* seguir

einhändig ['-hɛndɪç] manco

'**einhängen** (sep, -ge-, h) colgar (*a tel*)

'**einheimisch** del país, nacional; *zo,* ⚘ indígena; **2e** m/f (-n; -n) indígena *su*

'**Einheit** ['-haɪt] f (-; -en) unidad f; *tel* paso m; (*sin pl*) (*Ganzes*) conjunto m; **2lich** uniforme; **~s-preis** m precio m único

'**einholen** (sep, -ge-, h) **1.** v/t (*erreichen*) alcanzar; *Zeit:* recuperar; *Auskunft:* tomar; *Erlaubnis:* pedir; **2.** v/i: **~ (gehen)** ir de compras; **~hüllen** (sep, -ge-, h) envolver

'**einig** ['aʊnɪç] acorde, conforme; (*geeint*) unido; **sich ~ sn (werden)** estar (ponerse) de acuerdo; **~e** ['--gə] pl algunos, unos; **~en** ['--gən] (ge-, h) unir; **sich ~** ponerse de acuerdo (*über ac* sobre); **~ermaßen** [-gər'maːsən] en cierto modo; (*leidlich*) F regular; **~es** algo; **2keit** f (-; *sin pl*) conformidad f; (*Eintracht*) concordia f; **2ung** ['--guŋ] f (-; -en) acuerdo m

einjährig ['-jɛːrɪç] de un año; ⚘ anual

'**Einkauf** m (-[e]s; ⸚e) compra f; *Einkäufe machen* hacer compras; **2en** (sep, -ge-, h) comprar; **~ gehen** ir de compras

'**Einkaufs|bummel** f m: **e-n ~ machen** ir de tiendas; **~preis** m precio m de compra; **~wagen** m carrito m de compras; **~zentrum** n centro m comercial

'**einkehren** (sep, -ge-, sn) entrar (en un restaurante, *etc*); **~klammern** (sep, -ge-, h) poner entre paréntesis

'**Einklang** m (-[e]s; *sin pl*) acorde m; **in ~ bringen** concertar, armonizar

'**ein|kleiden** (sep, -ge-, h) vestir; **~klemmen** (sep, -ge-, h) apretar, coger (*in ac* entre); *eingeklemmter Bruch* hernia f estrangulada

'**Einkommen** n (-s; -) ingresos m/pl, renta f; **~steuer** f impuesto m sobre la renta

Einkünfte ['-kʏnftə] pl ingresos m/pl

'**einlad|en** (*irr, sep, -ge-, h → laden*) *et:* cargar; *j-n:* invitar (**zu** a); *zum Essen:* a convidar; **2ung** f (-; -en) invitación f

'**Einlage** f (-; -n) *im Brief:* anexo m; (*Kapital*) aportación f; (*Bank2*) imposición f; (*Schuh2*) plantilla f ortopédica

'**Ein|laß** ['-las] m (-sses; ⸚sse) entrada f, admisión f; **2lassen** (*irr, sep, -ge-, h, → lassen*) dejar entrar; **sich ~ auf** (ac) meterse en, embarcarse

'**Einlauf** m (-[e]s; ⸚e) ✱ lavativa f, enema m; **2en** (*irr, sep, -ge-, sn, → laufen*) entrar, llegar; *Stoff:* encogerse; **~leben** (sep, -ge-, h): **sich ~** aclimatarse

'**einlege|n** (sep, -ge-, h) poner, meter (*in ac* en); (*in Essig*) **~** poner en vinagre; **2sohle** f plantilla f

'**einleit|en** (sep, -ge-, h) iniciar; *Verhandlungen: a* entablar; **~end** preliminar; **2ung** f (-; -en) introducción f

,**einliefer|n** (sep, -ge-, h) ✱ hospitalizar, ingresar (en el hospital); **2ung** f (-; -en) ✱ hospitalización f

'**einlösen** (sep, -ge-, h) *Scheck:* cobrar; *Pfand:* rescatar; *Versprechen:* cumplir

'**einmal** una vez; (*künftig*) un día; *auf ~* de una vez; (*plötzlich*) de repente; *noch ~* otra vez; *nicht ~* ni siquiera; **~ig** único (*a fig*)

'**Einmarsch** m entrada f

'**einmieten** (sep, -ge-, h): **sich ~** alquilar una habitación

'**einmisch|en** (sep, -ge-, h): **sich ~** mezclarse (*in ac* en), intervenir (en); **2ung** f (-; -en) intervención f

'**ein|münden** (sep, -ge-, sn) desembocar (*a Straße*); **~mütig** ['-myːtɪç] unánime

'**Ein|nahme** ['-naːmə] f (-; -n) ⚔ toma f; ✝ ingreso m; *a v Steuern:* recaudación f; **2nehmen** (*irr, sep, -ge-, h, → nehmen*) tomar (*a* ⚔ *u* ✱); *Stelle, Platz:*

Einsetzung

ocupar; *Geld*: recibir, cobrar; *a Steuern*: recaudar; *fig* prevenir (**für** a favor de)

'**Ein-öde** *f* (-; -n) desierto *m*, soledad *f*

'**ein|ordnen** (*sep*, -ge-, h) clasificar; *auto sich rechts* ~ tomar la fila de la derecha; **~packen** (*sep*, -ge-, h) empaquetar, embalar; **~parken** (*sep*, -ge-, h) aparcar; **~pflanzen** (*sep*, -ge-, h) plantar; *fig* implantar

'**ein|prägen** (*sep*, -ge-, h) estampar, grabar (*a fig*); *sich* (*dat*) *et* ~ grabarse a/c en la memoria; **~programmieren** (*sep*, h) programar; **~quartieren** ['-kvarti:rən] (*sep*, h) alojar; ✕ *a* acantonar; **~rahmen** (*sep*, -ge-, h) encuadrar (*a fig*), poner un marco a; **~räumen** (*sep*, -ge-, h) colocar (en su sitio); (*zugestehen*) conceder; (*zugeben*) admitir; **~reden** (*sep*, -ge-, h) hacer creer (*j-m et* a/c a algn); **~reiben** (*irr*, *sep*, -ge-, h, →*reiben*) frotar, friccionar; **~reichen** (*sep*, -ge-, h) presentar

einreihig ['-raiiç] de una (sola) fila

'**Einreise** *f* (-; -n) entrada *f*; **2n** (*sep*, -ge-, sn) entrar; **~visum** *n* visado *m* (*Am* visa *f*) de entrada

'**ein|reißen** (*irr*, *sep*, -ge-, →*reißen*) **1.** *v/t* (h) rasgar; *Mauer*: derribar; **2.** *v/i* (sn) *fig* extenderse, arraigarse; **~renken** ['-rɛŋkən] (*sep*, -ge-, h) 🦴 reducir; *fig* arreglar

'**einricht|en** (*sep*, -ge-, h) arreglar; organizar; disponer; (*ausstatten*) equipar; **2ung** *f* (-; -en) institución *f*; (*Wohnungs*2) mobiliario *m*; ⊙ dispositivo *m*

eins [aɪns] **1.** uno; *um* ~ a la una; **2.** 2 *f* (-; -en) uno *m*; (*Note*) sobresaliente *m*

'**einsam** ['-za:m] solitario, solo; aislado; **2keit** *f* (-; *sin pl*) soledad *f*

'**Einsatz** *m* (-es; ᵉe) *Spiel*: puesta *f*; (*Verwendung*) empleo *m*; *unter ~ des Lebens* arriesgando la vida

'**einschalten** (*sep*, -ge-, h) insertar; ⚡ conectar; *Licht*: dar; *Radio*: poner; ⊙ poner en marcha; *j-n*: acudir a; *auto den ersten Gang* ~ poner la primera; **2quote** *f TV* índice *m* de audiencia

'**ein|schätzen** (*sep*, -ge-, h) tasar (*a Steuer*); evaluar, valorar; **~schenken** (*sep*, -ge-, h) echar (de beber); **~schicken** (*sep*, -ge-, h) enviar; **~schieben** (*irr*, *sep*, -ge-, h, → *schieben*) interponer, intercalar

'**ein|schiffen** (*sep*, -ge-, h): (*sich*) ~ embarcar(se) (*nach* para); **2ung** *f* (-; -en) embarque *m*; *j-s*: embarco *m*

'**ein|schlafen** (*irr*, *sep*, -ge-, sn, → *schlafen*) *a Glied*: dormirse; **~schläfern** ['-ʃlɛːfərn] (*sep*, -ge-, h) adormecer

'**Einschlag** *m* (-[e]s; ᵉe) *Blitz*: caída *f*; *Kugel*: impacto *m*; **2en** (*irr*, *sep*, -ge-, h, →*schlagen*) **1.** *v/t Tür*: derribar; *Nagel*: clavar; *Paket*: envolver; *Laufbahn*, *Weg*: seguir; **2.** *v/i Blitz*: caer; *Geschoß*: hacer impacto

einschlägig ['-ʃlɛːgɪç] pertinente; *Geschäft*: del ramo

'**einschleichen** (*irr*, *sep*, -ge-, h, ~ *schleichen*): *sich* ~ colarse; *Fehler*: deslizarse

'**einschließ|en** (*irr*, *sep*, -ge-, h, → *schließen*) encerrar; *fig* comprender; **~lich** (*gen*) incluso, inclusive

'**einschnappen** (*sep*, -ge-, sn) cerrarse de golpe; *fig* picarse, amoscarse

'**ein|schneidend** *fig* radical; **2schnitt** *m* (-[e]s; -e) incisión *f* (*a* ⚕); corte *m*; *fig* momento *m* crucial

'**einschränk|en** ['-ʃrɛŋkən] (*sep*, -ge-, h) reducir, limitar; restringir; *sich* ~ reducir los gastos; **~end** restrictivo; **2ung** *f* (-; -en) reducción *f*, limitación *f*; restricción *f*

'**Einschreib|ebrief** *m*, **~en** *n* (-s; -) carta *f* certificada; **2en** (*irr*, *sep*, -ge-, h, → *schreiben*) inscribir (*in ac* en); ✉ certificar, *Am* registrar; *sich* ~ inscribirse; *Universität*, *Kurs*: matricularse; **~ung** *f* (-; -en) inscripción *f*; matrícula *f*

'**ein|schreiten** (*irr*, *sep*, -ge-, sn, → *schreiten*) intervenir; **~schüchtern** (*sep*, -ge-, h) intimidar, amedrentar; **~sehen** (*irr*, *sep*, -ge-, h, → *sehen*) (*begreifen*) comprender; *Irrtum*: reconocer

einseitig ['-zaɪtɪç] unilateral; (*parteiisch*) parcial

'**einsend|en** (*irr*, *sep*, -ge-, h, → *senden*) remitir, enviar; **2er** *m* (-s; -) remitente *m*; **2eschluß** *m* cierre *m* de admisión; **2ung** *f* (-; -en) envío *m*

'**einsetz|en** (*sep*, -ge-, h) **1.** *v/t* poner, colocar; *Leben*: arriesgar; *Anzeige*: insertar; *in ein Amt*: instalar; *Ausschuß*: constituir; (*anwenden*) emplear; *sich* ~ *für* abogar por, interceder a favor de; **2.** *v/i* empezar; **2ung** *f* (-; *sin pl*) coloca-

ción *f*; institución *f*; instalación *f*
'**Einsicht** *f* (-; *sin pl*) (*Prüfung*) examen *m*; (*pl* -en) (*Verständnis*) comprensión *f*; ~ **nehmen in** (*ac*) examinar (*ac*); **zur** ~ **kommen** entrar en razón; ♀**ig** razonable; comprensivo
'**Einsiedler** *m* (-s; -) ermitaño *m*
'**einspar**|**en** (*sep*, -ge-, h) economizar, ahorrar; ♀**ung** *f* (-; -en) economía *f*, ahorro *m* (**an** *dat* de)
'**ein**|**sperren** (*sep*, -ge-, h) encerrar; *in ein Gefängnis*: encarcelar; **~spielen** (*sep*, -ge-, h) ♪ (*aufnehmen*) grabar; *Film*: dar en taquilla; *gut aufea eingespielt sn* formar un buen equipo; **~springen** (*irr*, *sep*, -ge-, sn, → *springen*): *für j-n* ~ sustituir a alg
'**einspritz**|**en** (*sep*, -ge- h) ♂ inyectar; ♀**motor** *m* motor *m* de inyección; ♀**ung** *f* (-; -en) inyección *f*
'**Einspruch** *m* (-[e]s, ⸚e) reclamación *f*; protesta *f*; *pol* veto *m*; ~ **erheben** protestar
einst [aɪnst] (*zukünftig*) algún día; (*früher*) en otros tiempos
'**Einstand** *m* (-[e]s; *sin pl*) *Tennis*: igualdad *f*
'**ein**|**stecken** (*sep*, -ge-, h) *Geld*: embolsar; *Brief*: echar; *Hieb usw*: encajar; **~steigen** (*irr*, *sep*, -ge-, sn, → *steigen*) subir (**in** *ac* a); ~! ¡viajeros, al tren!
'**einstell**|**en** (*sep*, -ge-, h) *Arbeiter*: contratar; (*aufhören*) parar, cesar; suspender (*a Zahlung usw*); ⊙ regular, ajustar; *Vergaer usw*: poner a punto; *fot* enfocar; *Rekord*: igualar; *sich* ~ *auf* (*ac*) prepararse para, adaptarse a; ♀**ung** *f* (-; -en) ⊙ ajuste *m*, regulación *f*; *fot* enfoque *m*; (*Ende*) suspensión *f*; *v Arbeitern*: contratación *f*; *fig* actitud *f*; ♀**ungsgespräch** *n* entrevista *f* personal
'**Einstieg** ['-ʃtiːk] *m* (-[e]s; -e) entrada *f*
'**einstimmig** *fig* unánime; *adv* por unanimidad
'**einstufen** (*sep*, -ge-, h) clasificar
'**Ein**|**sturz** *m* (-es; ⸚e) hundimiento *m*; ♀**stürzen** (*sep*, -ge-, sn) hundirse, derrumbarse
einstweilen ['aɪnstvaɪlən] por de pronto
eintägig ['aɪntɛːɡɪç] de un día
'**ein**|**tauchen** (*sep*, -ge-, h) *v/t* mojar; sumergir; **~tauschen** (*sep*, -ge-, h) trocar, cambiar (**gegen** por)

'**einteil**|**en** (*sep*, -ge-, h) dividir (*in ac* en); clasificar; *Zeit*: disponer; ~**ig** de una pieza; ♀**ung** *f* (-; -en) división *f*; clasificación *f*; disposición *f*
eintönig ['-tøːnɪç] monótono
'**Eintopf**(**gericht** *n*) *m* (-[e]s; ⸚) plato *m* único; puchero *m*
'**Ein**|**tracht** *f* (-; *sin pl*) concordia *f*, armonía *f*; ♀**trächtig** *adv* en armonía
'**Ein**|**trag** ['-traːk] *m* (-[e]s; ⸚e) s *Eintragung*; ♀**tragen** ['--ɡən] (*irr*, *sep*, -ge-, h, → *tragen*) inscribir, registrar; *fig* ocasionar; *sich* ~ inscribirse; ♀**träglich** ['-trɛːklɪç] lucrativo; ♀**tragung** ['-traːɡʊŋ] *f* (-; -en) inscripción *f*
'**ein**|**treffen** (*irr*, *sep*, -ge-, sn, → *treffen*) llegar; (*geschehen*) realizarse, cumplirse; **~treten** (*irr*, *sep*, -ge-, sn, → *treten*) entrar; *fig* ingresar (**in** *ac* en); (*geschehen*) suceder; **~** *für* abogar por
'**Eintritt** *m* (-[e]s; -e) entrada *f* (*a fig*); *in Verein usw*: ingreso *m*; **~skarte** *f* entrada *f*, localidad *f*, *Am* boleto *m*; **~s-preis** *m* precio *m* de entrada
'**ein**|**trocknen** (*sep*, -ge-, h) secarse; **~üben** (*sep*, -ge-, h) estudiar; *teat* ensayar
'**Einver**|**nehmen** *n* (-s; *sin pl*) acuerdo *m*; *im* ~ *mit* de acuerdo con; ♀**standen** conforme, de acuerdo (**mit** con); ~**ständnis** *n* (-ses; *sin pl*) acuerdo *m*; consentimiento *m*
'**Einwand** *m* (-[e]s; ⸚e) objeción *f*
'**Einwander**|**er** *m* (-s; -), ~**in** *f* (-; -nen) inmigrante *m*; ♀**n** (*sep*, -ge-, sn) inmigrar; ♀**ung** *f* (-; -en) inmigración *f*
einwandfrei ['-vantfraɪ] intachable, impecable
'**einwechseln** (*sep*, -ge-, h) cambiar
'**Einwegflasche** *f* envase *m* no retornable
'**einweih**|**en** (*sep*, -ge-, h) inaugurar; *j-n*: iniciar (**in** *ac* en); ♀**ung** *f* (-; -en) inauguración *f*
'**ein**|**weisen** (*irr*, *sep*, -ge-, h, → *weisen*) *ins Krankenhaus*: ingresar, internar; (*anleiten*) iniciar (**in** *ac* en); **~wenden** (*irr*, *sep*, -ge-, h, → *wenden*) objetar (**gegen** a); **~werfen** (*irr*, *sep*, -ge-, h, → *werfen*) *Fenster*: romper; *Brief*: echar; *fig Bemerkung*: deslizar; **~wickeln** (*sep*, -ge-, h) envolver
'**einwillig**|**en** ['-vɪlɪɡən] (*sep*, -ge-, h)

Ellenbogen

consentir (*in ac* en); ⁓**ung** *f* (-; -en) consentimiento *m*

'**einwirken** (*sep*, -ge-, h) actuar, influir (*auf ac* en, sobre)

Einwohner ['-vo:nər] *m* (-s; -), ⁓**in** *f* (-; -nen) habitante *su*; *e-r Ortschaft*: vecino *m*, -a *f*; ⁓'**melde-amt** *n* oficina *f* de empadronamiento

'**Einwurf** *m* (-[e]s; ⁓e) 🏀 (boca *f* del) buzón *m*; *für Münzen*: ranura *f*; *dep* saque *m* de banda

'**Einzahl** *f* (-; *sin pl*) *gram* singular *m*; ⁓**en** (*sep*, -ge-, h) pagar, ingresar; ⁓**ung** *f* (-; -en) pago *m*, ingreso *m*; ⁓**ungsbeleg** *m* resguardo *m* de ingreso

'**Einzäunung** ['-tsɔynuŋ] *f* (-; -en) cerca *f*, vallado *m*

'**Einzel** ['-tsəl] *n* (-s; -) *Tennis*: individual *m*; ⁓**bett** *n* cama *f* individual; ⁓**handel** *m* comercio *m* al por menor; ⁓**handelsgeschäft** *n* tienda *f* de venta al por menor; ⁓**händler** *m* detallista *m*; ⁓**heit** *f* detalle *m*, pormenor *m*; ⁓**n** singular; (*besonder*) particular; (*lose*) suelto; (*abseits*) aislado; *im* ⁓**en** en detalle; *ins* ⁓**e gehen** entrar en detalles; *jeder* ⁓**e** cada uno; ⁓**zimmer** *n* habitación *f* individual; ⁓**zimmerzuschlag** *m* suplemento *m* por habitación individual

'**einziehen** (*irr*, *sep*, -ge-, →*ziehen*) 1. *v/t* (h) *Steuern*: recaudar; *Geld*: retirar; 🔨 confiscar; ⚔ llamar a filas; ✈ *Fahrgestell*: replegar; 2. *v/i* (sn) entrar; *Wohnung*: instalarse

einzig ['-tsiç] solo, único; ⁓ *u allein* (única y) exclusivamente; ⁓**artig** singular; único

'**Einzug** *m* (-[e]s; ⁓e) entrada *f* (*in ac* en); *Wohnung*: instalación *f* (en); ⁓**sbereich** *m* área *f* de influencia; perímetro *m*

Eis [aıs] *n* (-es; *sin pl*) hielo *m*; (*Speise*⁓) helado *m*; ⁓ *am Stiel* polo *m*; '⁓**bahn** *f* pista *f* de hielo; '⁓**becher** *m* copa *f* de helado; '⁓**berg** *m* iceberg *m*; '⁓**creme** *f* helado *m*; '⁓**diele** *f* heladería *f*

Eisen ['aızən] *n* (-s; *sin pl*) hierro *m*

'**Eisenbahn** *f* ferrocarril *m*; ⁓**beamte**, ⁓**er** *m* (-s; -) ferroviario *m*; ⁓**fähre** *f* transbordador *m*; ⁓**knotenpunkt** *m* nudo *m* ferroviario; ⁓**schiene** *f* carril *m*, rail *m*; ⁓**wagen** *m* coche *m*, vagón *m*

'**eisen|haltig** ['--haltiç] ferruginoso; ⁓**waren(handlung** *f*) *f*/*pl* ferretería *f*

eisern ['-zərn] de hierro; férreo (*a fig*); ⁓**er Vorhang** *teat* telón *m* metálico; *pol* telón *m* de acero

'**eis|gekühlt** ['aısgəky:lt] helado; ⁓**hockey** *n* hockey *m* sobre hielo; ⁓**ig** ['aızıç] glacial (*a fig*); ⁓**kaffee** *m* café *m* con helado; blanco y negro *m*; ⁓**kalt** helado; glacial; ⁓**(kunst)lauf** *m* patinaje *m* (artístico) sobre hielo; ⁓**laufen** (*irr*, *sep*, -ge-, sn, →*laufen*) patinar sobre hielo; ⁓**läufer(in** *f*) *m* patinador(a *f*) *m*; ⁓**pickel** *m* piolet *m*; ⁓**revue** *f* revista *f* sobre hielo; ⁓**würfel** *m* cubito *m* de hielo; ⁓**zeit** *f* período *m* glacial

'**eitel** ['aıtəl] vanidoso; ⁓**keit** *f* (-; *raro* -en) vanidad *f*

Eiter ['-tər] *m* (-s; *sin pl*) pus *m*; ⁓**n** (ge-, h) supurar

Eiweiß ['-vaıs] *n* (-es; -e) clara *f* (del huevo); 🧬 proteína *f*

'**Ekel** ['e:kəl] 1. *m* (-s; *sin pl*) asco *m*; (*Widerwille*) repugnancia *f* (*vor dat* a, de); 2. F *n* (-s; -) tío *m* asqueroso; ⁓**haft**, ⁓**ig** asqueroso; ⁓**n** (ge-, h) *j-n*: dar asco a; *sich* ⁓ *vor* tener asco de

Ekzem 🩺[ɛk'tse:m] *n* (-s; -e) eczema *m*

elastisch [e'lastıʃ] elástico

Elefant [ele'fant] *m* (-en; -en) elefante *m*

elegant [--'gant] elegante

Elektri|ker [e'lɛktrikər] *m* (-s; -) electricista *m*; ⁓**sch** [-'-triʃ] eléctrico; ⁓**zität** [---tsi'tɛ:t] *f* (-; *sin pl*) electricidad *f*; ⁓**zi'tätswerk** *n* central *f* eléctrica

E'lektro|gerät [-'-tro-] *n* (aparato *m*) electrodoméstico *m*; ⁓**geschäft** *n* (tienda *f* de) electrodomésticos *m*/*pl*; ⁓**herd** *m* cocina *f* eléctrica

Elek'tron [--'tro:n] *n* (-s; -en) electrón *m*; ⁓**enblitz(gerät** *n*) *m* *fot* flash *m* electrónico; ⁓**ik** [-'-'nik] *f* (-; *sin pl*) electrónica *f*; ⁓**isch** electrónico

Elektro'techni|k [--'tro'tɛçnik] *f* electrotecnia *f*; ⁓**sch** electrotécnico

Element [ele'mɛnt] *n* (-[e]s; -e) elemento *m*; ⁓**ar** [---'ta:r] elemental

Elend ['e:lɛnt] 1. *n* (-s; *sin pl*) miseria *f*; (*Unglück*) desgracia *f*; 2. ⁓ *adj* mísero, miserable; desgraciado

elf [ɛlf], ⁓ *f* (-; -en) once (*m*) (*a dep*); '⁓**enbein** *n* (-s; *sin pl*) marfil *m*; ⁓'**meter** *m* *dep* penalty *m*; '⁓**te** undécimo

Elite [e'li:tə] *f* (-; -n) lo más selecto, crema *f*, élite *f*

Ell(en)bogen ['ɛl(ən)-] *m* (-s; -) codo *m*

Ellipse [ɛ'lipsə] f (-; -n) elipse f

Elsäss|er ['ɛlzɛsər] m (-s; -), ~**in** f (-; -nen), ℒ**isch** alsaciano m, -a f

'**Eltern** ['l-tərn] pl padres m/pl; ~**haus** n casa f paterna; ℒ**los** huérfano

Email [e'maːj] n (-s; -s) esmalte m

Emanzipation [emantsipa'tsjoːn] f (-; -en) emancipación f

Embargo [ɛm'barɡo] n (-s; -s) embargo m

Emis'sion [emi'sjoːn] f (-; -en) emisión f; ~**swerte** m/pl valores m/pl de emisión

Emp'fang [ɛm'pfaŋ] m (-[e]s; ~e) recepción f; (Ankunft) ✝ recibo m; (Aufnahme) acogida f; **den** ~ **bestätigen** acusar recibo; ℒ**en** (empfing, empfangen, h) recibir; acoger

Emp'fäng|er ['-pfɛŋər] m (-s; -), ~**erin** f (-; -nen) ⊕ destinatario m, -a f; m Radio: receptor m; ~**lich** susceptible, sensible (**für** a); ℒ**nisverhütend:** ~**es Mittel** anticonceptivo m, contraceptivo m

Emp'fangs|bestätigung ['-pfaŋs-] f acuse m de recibo; ~**chef** m jefe m de recepción, recepcionista m; ~**dame** f recepcionista f

empfehl|en [-'pfeːlən] (empfahl, empfohlen, h) recomendar; ~**enswert** recomendable; ℒ**ung** f (-; -en) recomendación f; ℒ**ungsschreiben** n carta f de recomendación

empfind|en [-'pfɪndən] (empfand, empfunden, h) sentir, experimentar; ~**lich** ['-pfɪntlɪç] sensible (**gegen** a); (leicht gekränkt) susceptible; ℒ**ung** f (-; -en) (Sinne) sensación f; (Gemüt) sentimiento m

empor [-'poːr] (hacia) arriba

Empore [-'poːrə] f (-; -n) (Kirche) coro m (alto)

empörend [-'pøːrənt] escandaloso

Em'porkömmling [-'poːrkœmlɪŋ] m (-s; -e) advenedizo m, arribista m

em'pör|t [-'pøːrt] escandalizado; ℒ**ung** f (-; sin pl) indignación f

emsig ['-ziç] asiduo

'**End|e** ['ɛndə] n (-s; -n) örtlich: extremo m, final m; zeitlich: fin m, final m, término m; **am** ~ al final; por fin; **am** ~ **des Monats** a fines del mes; **letzten** ~**s** al fin y al cabo; **zu** ~ **gehen** tocar a su fin; ℒ**en** (ge-, h) acabar; terminar (-se); Frist: expirar; ℒ**gültig** ['ɛntɡʏltɪç] definitivo

Endivie ⚘ [-'diːvjə] f (-; -n) escarola f

'**End|lagerung** ['ɛnt-] f almacenamiento m final; ℒ**lich** adv finalmente, en fin, por fin; ℒ**los** infinito; interminable; ~**spiel** n final f; ~**station** f (estación f) terminal f od final f; ~**ung** ['-duŋ] f (-; -en) desinencia f, terminación f

Ener'gie [enɛr'ɡiː] f (-; -en) energía f (a fig); ~**quelle** f fuente f de energía; ~**versorgung** f abastecimiento m energético

energisch [-'-ɡɪʃ] enérgico

eng [ɛŋ] estrecho; angosto; Freundschaft: íntimo; Kleid: ceñido; ~**er machen** estrechar; ~'**anliegend** ajustado, ceñido; ℒ**e** f (-; sin pl) estrechez f; **in die** ~ **treiben** poner entre la espada y la pared

Engel ['-əl] m (-s; -) ángel m

'**Engländer** ['-lɛndər] m (-s; -) inglés m; ⊕ llave f inglesa; ~**in** f (-; -nen) inglesa f

englisch ['-lɪʃ] inglés

'**Engpaß** m desfiladero m; fig cuello m de botella

Enkel ['ɛŋkəl] m (-s; -), ~**in** f (-; -nen) nieto m, -a f

enorm [e'nɔrm] enorme

Ensemble [ã'sãblə] n (-s; -s) conjunto m (a ♪ u Mode); teat compañía f

entartet [ɛnt'ʔɑːrtət] degenerado

ent'behr|en [-'beːrən] (h) (nicht haben) carecer de; (vermissen) echar de menos; ~ **können** poder prescindir de; ~**lich** superfluo

Ent'bindung f (-; -en) ⚕ alumbramiento m, parto m; ~**heim** n casa f de maternidad

entblößen [-'bløːsən] (h) desnudar, descubrir

ent'deck|en (h) descubrir; ℒ**er** m (-s; -) descubridor m; ℒ**ung** f (-; -en) descubrimiento m

Ente ['ɛntə] f (-; -n) pato m, ánade m; fig bulo m

ent'eign|en [ɛnt'aɪɡnən] (h) expropiar; ℒ**ung** f (-; -en) expropiación f

ent-'**erben** (h) desheredar; ~'**fallen** (entfiel, entfallen, sn) caer; Name: olvidarse; (wegfallen) quedar suprimido; Anteil: tocar (**auf** ac a); ~'**falten** (h) desplegar (a fig); fig **sich** ~ desarrollarse

ent'fern|en [-'fɛrnən] (h) alejar, apartar; (beseitigen) quitar; ~**t** alejado, aparta-

Entschuldigung

do; *a Verwandte*: lejano; **10 km ~ von** a diez kilómetros de; ⟨ung *f* (-; -en) distancia *f*; alejamiento *m*; *fig* eliminación *f*; ⟨ungsmesser *m* (-s; -) telémetro *m*

ent|'fesseln (h) desencadenar; ~'fliehen (entfloh, entflohen, sn) huir, fugarse

ent'führ|en (h) secuestrar; *Mädchen*: raptar; ⟨er *m* (-s; -) secuestrador *m*; raptor *m*; ⟨ung *f* (-; -en) secuestro *m*; rapto *m*

ent'gegen (*dat*) al encuentro de, hacia; *fig* en contra de, contrario a; ~gehen (*irr, sep*, -ge-, sn, →gehen) (*dat*) ir al encuentro de; ~gesetzt opuesto, contrario (a); ⟨kommen *n* (-s; *sin pl*) complacencia *f*; ~nehmen (*irr, sep*, -ge-, h, →nehmen) recibir, aceptar; ~stellen (*sep*, -ge-, h) oponer; ~treten (*irr, sep*, -ge-, sn, →treten) (*dat*) *fig* hacer frente a; oponerse a

ent'gegn|en [-'ge:gnən] (h) replicar; ⟨ung *f* (-; -en) réplica *f*

ent'gehen (entging, entgangen, sn) (*dat*) escapar de; **sich et (nicht) ~ lassen** (no) perderse a/c

Entgelt [-'gɛlt] *n* (-[e]s; -e) remuneración *f*

ent'gleis|en [-'glaɪzən] (sn) descarrilar; ⟨ung *f* (-; -en) descarrilamiento *m*; *fig* desliz *m*, plancha *f*

ent'halt|en (enthielt, enthalten, h) contener; encerrar; *fig* comprender; **sich ~** (*gen*) abstenerse de; ~sam abstemio; ⟨ung *f* (-; -en) *pol* abstención *f*

ent|'härten (h) *Wasser*: ablandar; ~'heben (enthob, enthoben, h) dispensar (*gen* de); *des Amtes*: relevar (de)

ent'hüll|en (h) descubrir; *fig* revelar; ⟨ung *f* (-; -en) revelación *f*

ent|'kalken (h) descalcificar; ~'kleiden (h) desnudar; ~koffeiniert [-kofeɪ'niːrt] descafeinado; ~'kommen (entkam, entkommen, sn) escaparse; ~'korken (h) descorchar, destapar; ~kräften [-'krɛftən] (h) debilitar, extenuar

ent'lad|en (entlud, entladen, h) descargar (*a ⚡*); ⟨ung *f* (-; -en) descarga *f*

ent'lang a lo largo de

entlarven [-'larfən] (h) desenmascarar

ent'lass|en (entließ, entlassen, h) despedir; *Beamte*: separar (del cargo), destituir; ⚕ dar de alta; **aus dem Gefängnis ~** poner en libertad; ⟨ung *f* (-; -en) despido *m*; *Beamte*: separación *f*; ⚕ alta *f*

ent'last|en (h) descargar; *Verkehr*: descongestionar; ⟨ung *f* (-; -en) descarga *f*; descongestión *f*

ent|'laufen (entlief, entlaufen, sn) evadirse, escaparse; ~'ledigen [-'leːdɪɡən] (h): **sich ~** deshacerse, desembarazarse (*gen* de); ~'legen remoto, alejado; ~'leihen (entlieh, entliehen, h) tomar prestado; ~locken (h) sonsacar, arrancar

entmündig|en [-'myndɪɡən] (h) poner bajo tutela; ⟨ung *f* (-; -en) interdicción *f* civil

entmutig|en [-'muːtɪɡən] (h) desalentar, desanimar; ⟨ung *f* (-; -en) desaliento *m*, desánimo *m*

ent|'nehmen (entnahm, entnommen, h) tomar, sacar; *Geld*: retirar; *fig* concluir (*aus* de); ~rahmt [-'rɑːmt] desnatado; ~'rätseln (h) descifrar; ~'reißen (entriß, entrissen, h) arrebatar, arrancar; ~'richten (h) satisfacer, pagar; ~'rinnen (entrann, entronnen, sn) escaparse (*dat* de)

ent'rüst|en (h): **sich ~** indignarse; ⟨ung *f* (-; *sin pl*) indignación *f*

Entsafter [-'zaftər] *m* (-s; -) licuadora *f*

ent'sagen (h) (*dat*) renunciar a, desistir de

ent'schädig|en (h) indemnizar; compensar; ⟨ung *f* (-; -en) indemnización *f*; compensación *f*

ent'schärfen (h) *Bombe usw*: desactivar; *fig* quitar hierro a

ent'scheid|en (entschied, entschieden, h) decidir (*über ac* de, sobre); **sich ~ für** decidirse por; ~end decisivo; ⟨ung *f* (-; -en) decisión *f* (*treffen* tomar)

entschieden [-'ʃiːdən] decidido; enérgico; firme

ent'schließ|en (entschloß, entschlossen, h): **sich ~** decidirse, resolverse (*zu* a)

entschlossen [-'ʃlɔsən] resuelto, decidido; ⟨heit *f* (-; *sin pl*) resolución *f*, firmeza *f*

Ent'schluß *m* (-sses; ⸗sse) resolución *f*, decisión *f* (*fassen* tomar)

ent'schuldig|en [-'ʃʊldɪɡən] (h) disculpar, excusar; perdonar; **sich ~** disculparse, excusarse; **~ Sie!** ¡perdone!; ⟨ung *f* (-; -en) disculpa *f*, excusa *f*; ~! ¡perdón!; **j-n um ~ bitten** pedir perdón a alg

entsetzen

ent'setz|en (h): (*sich*) ~ horrorizar(se), espantar(se) (*über ac* de); ℒ**en** *n* (-s; *sin pl*) horror *m*, espanto *m*; ~**lich** horrible, espantoso, *a* F *fig* terrible

ent'sinnen (entsann, entsonnen, h): *sich* ~ (*gen*) acordarse de

Entsorgung [-'zɔrguŋ] *f* (-; -en) eliminación *f* de desechos

ent'spann|en (h): *fig sich* ~ relajarse; ℒ**ung** *f* (-; -en) relajación *f*; *pol* distensión *f*

ent'sprech|en (entsprach, entsprochen, h) (*dat*) corresponder a; *e-r Erwartung*: responder a; ~**end** correspondiente; ℒ**ung** *f* (-; -en) correspondencia *f*; equivalente *m*

ent'springen (entsprang, entsprungen, sn) *Fluß*: nacer; *fig* proceder (*aus* de)

ent'steh|en (entstand, entstanden, sn) nacer, originarse; ℒ**ung** *f* (-; -en) nacimiento *m*; origen *m*

ent'stellen (h) desfigurar

ent'täusch|en (h) desengañar, desilusionar; decepcionar; ℒ**ung** *f* (-; -en) desengaño *m*, desilusión *f*; decepción *f*

ent'waffn|en (h) desarmar (*a fig*); ℒ**ung** *f* (-; -en) desarme *m*

Ent'warnung *f* (-; -en) fin *m* de alarma

ent'wässern (h) desaguar, drenar

'entweder: ~ ... *oder* o ... o...; sea ... o sea ...

ent|'weichen (entwich, entwichen, sn) escapar(se); ~**'wenden** (h) hurtar, robar; ~**'werfen** (entwarf, entworfen, h) bosquejar, esbozar; *Plan*: trazar

ent'wert|en (h) depreciar; *Briefmarken*: matasellar, inutilizar; *Fahrschein*: cancelar; ℒ**er** *m* (-s; -) cancelador *m* de billetes; ℒ**ung** *f* (-;-en) depreciación *f*

ent'wick|eln (h) desarrollar (*a fig*); *fot* revelar; *sich* ~ desarrollarse; ℒ**lung** *f* (-; -en) desarrollo *m*; evolución *f*; ℒ**lungshelfer** *m* cooperante *m*; ℒ**lungshilfe** *f* ayuda *f* al desarrollo; ℒ**lungsland** *n* país *m* en vías de desarrollo; ℒ**lungspolitik** *f* política *f* de desarrollo

ent'wirren [-'virən] (h) desenredar, desenmarañar; ~**'wischen** F (sn) escaparse; ~**'wöhnen** [-'vø:nən] (h) *Kind*: destetar; *Süchtige*: desintoxicar

ent'würdigend degradante; humillante

Ent'wurf *m* (-[e]s; ⁻e) bosquejo *m*, esbozo *m*; (*Plan*) plan *m*, proyecto *m*

ent'wurzeln (h) desarraigar

ent'zieh|en (entzog, entzogen, h) retirar; *j-m et* ~ privar a alg de a/c; *sich* ~ sustraerse a; ℒ**ung** *f* (-; -en) privación *f*; ℒ**ungskur** *f* cura *f* de desintoxicación

entziffern [-'tsifərn] (h) descifrar

ent'zück|en 1. *v/t* (h) encantar; **2.** ℒ *n* (-s; *sin pl*) encanto *m*; ~**d** encantador

Ent'zug *m* (-[e]s; *sin pl*) retirada *f*; ~**s-erscheinungen** *f/pl* síndrome *m* de abstinencia, F mono *m*

ent'zünd|en (h) encender; inflamar (*a 🞸 u fig*); ℒ**ung** 🞸 *f* (-; -en) inflamación *f*

ent'zwei [-'tsvai] roto; ~**gehen** (*irr, sep*, -ge-, sn, →**gehen**) romperse

Enzian 🞸 ['ɛntsjɑːn] *m* (-s; -e) genciana *f*

Epi|demie [epide'miː] *f* (-; -en) epidemia *f*; ~**sode** [--'zoːdə] *f* (-; -n) episodio *m*

Epoche [e'pɔxə] *f* (-; -n) época *f*

Epos ['eːpɔs] *n* (-; Epen) epopeya *f*

er [eːr] él

Erachten [ɛr'ʔaxtən] *n*: *m-s* ~*s* a mi parecer

erbarmen [ɛr'barmən] **1.** *v/t* (h): *sich* ~ (*gen*) compadecerse de; **2.** ℒ *n* (-s; *sin pl*) lástima *f*, compasión *f*

erbärmlich [-'bɛrmlɪç] deplorable; miserable

erbarmungslos [-'barmuŋsloːs] despiadado; *adv* sin piedad

er'bau|en (h) construir, levantar; *fig* (*sich*) ~ edificar(se) (*an dat* con); ℒ**er** *m* (-s; -) constructor *m*; ℒ**ung** *f* (-; *sin pl*) construcción *f*; edificación *f* (*a fig*)

'Erbe ['ɛrbə] **a)** *m* (-n; -n) heredero *m*; **b)** *n* (-s; *sin pl*) herencia *f*; ℒ**n** (ge-, h) heredar

erbeuten [-'bɔytən] (h) apresar

erbieten [ɛr'biːtən] (erbot, erboten, h): *sich* ~ *zu* ofrecerse a

Erbin ['-bin] *f* (-; -nen) heredera *f*

er'bitten (erbat, erbeten, h) pedir, solicitar

erbittert [-'bitərt] irritado, exasperado; *Kampf*: encarnizado

erblich ['ɛrplɪç] hereditario

er'blicken (h) ver, divisar

er'blind|en [-'blindən] (sn) perder la vista, quedar(se) ciego; ℒ**ung** *f* (-; -en) pérdida *f* de la vista

erbrechen [ɛr'brɛçən] **1.** *v/t* (erbrach, erbrochen, h) 🞸 (*a sich* ~) vomitar; **2.** ℒ *n* (-s; *sin pl*) 🞸 vómito *m*

'Erbschaft ['ɛrpʃaft] *f* (-; -en) herencia *f*; ~**ssteuer** *f* impuesto *m* sobre sucesiones

Erhebung

Erbse ['-sə] f (-; -n) guisante m, Am arveja f

'Erbstück n objeto m heredado

'Erd|ball ['eːrt-] m globo m terráqueo; **~beben** n terremoto m, temblor m de tierra; seísmo m; **~beere** f fresa f; (Garten~) fresón m; Am frutilla f; **~boden** m (-s; sin pl) suelo m, tierra f; **dem ~ gleichmachen** arrasar

'Erde ['eːrdə] f (-; raro -n) tierra f; (Boden) suelo m; **2n** (ge-, h) ⚡ poner od conectar a tierra

erdenklich [ɛr'dɛŋklɪç] imaginable

'Erd|gas ['eːrtgaːs] n gas m natural; **~geschoß** n piso m bajo, planta f baja; **~halbkugel** f hemisferio m

erdicht|en [ɛr'dɪçtən] (h) imaginar, fingir, inventar; **~et** ficticio, fingido

erdig ['eːrdɪç] terroso, térreo; Geschmack: a tierra

'Erd|karte ['eːrt-] f mapamundi m; **~kugel** f globo m; **~kunde** f geografía f; **~mandel** g f chufa f; **~nuß** f cacahuete m, Am maní m

'Erd-öl n petróleo m; **~gesellschaft** f compañía f petrolera; **~industrie** f industria f petrolífera

erdrosseln [ɛr'drɔsəln] (h) estrangular

er'drücken (h) aplastar (a fig); **~d** aplastante (a Mehrheit); Beweis: contundente

'Erd|rutsch ['eːrtrutʃ] m (-[e]s; -e) corrimiento m od desprendimiento m de tierras; **~teil** m continente m

erdulden [ɛr'dʊldən] (h) sufrir; soportar

er-'eign|en [ɛr'ʔaɪgnən] (h): **sich ~** suceder, acontecer, ocurrir; **2nis** n (-ses; -se) suceso m, acontecimiento m

er'fahr|en 1. v/t (erfuhr, erfahren, h) saber, enterarse de; (erleben) experimentar; **2. adj** experimentado, versado; **2ung** f (-; -en) experiencia f (aus por)

er'fassen (h) coger, Am agarrar; Daten usw: fichar; Text: capturar; fig comprender

er'find|en (erfand, erfunden, h) inventar; **2er** m (-s; -) inventor m; **~erisch** inventivo, ingenioso; **2ung** f (-; -en) invento m; invención f

Er'folg ['-fɔlk] m (-[e]s; -e) éxito m; resultado m; **2en** [-'-gən] (sn) suceder, tener lugar; efectuarse; verificarse; **2los** sin éxito; **2reich** eficaz; feliz; adv con éxito

er'forder|lich [-'fɔrdərlɪç] preciso, necesario; **~n** (h) requerir, exigir, necesitar; **2nis** n (-ses; -se) necesidad f; requisito m

er'forsch|en (h) explorar; (untersuchen) investigar; **2ung** f (-; -en) exploración f; investigación f

er'freu|en (h) alegrar, regocijar; **sich ~** (gen) bzw **sich ~ an** (dat) gozar, disfrutar de; **~lich** agradable

er'frieren (erfror, erfroren, sn) morir de frío

erfrisch|en [-'frɪʃən] (h): (sich) **~** refrescar(se); **2ung** f (-; -en) refresco m

er'füll|en (h) llenar (mit de; a fig); Pflicht usw: cumplir (con); Bitte usw: corresponder a; **sich ~** cumplirse; **2ung** f (-; -en) cumplimiento m, realización f

er'gänz|en [-'gɛntsən] (h) completar; **~end** complementario; **2ung** f (-; -en) complemento m

er'geb|en 1. v/t (ergab, ergeben, h) a ⚔ dar (por resultado); **sich ~** resultar (aus de); ⚔ rendirse; **2. adj** adicto; devoto; leal; **2nis** [-'geːpnɪs] n (-ses; -se) resultado m; fig fruto m; **~nislos** sin resultado

er'gehen (erging, ergangen, sn): **über sich ~ lassen** soportar (con paciencia); **wie ist es Ihnen ergangen?** ¿cómo le ha ido?

ergiebig [-'giːbɪç] productivo, lucrativo

er'gießen (ergoß, ergossen, h): **sich ~** derramarse; Fluß: desembocar (**in** ac en)

er'greifen (ergriff, ergriffen, h) coger, Am agarrar; Maßnahmen, Wort: tomar; Gelegenheit: aprovechar; Gemüt: conmover, emocionar

ergriffen [-'grɪfən] conmovido

er'gründen (h) (ermitteln) averiguar

er'haben fig sublime; **~ über** (ac) superior a; (por) encima de

Er'halt m (-[e]s; sin pl) recibo m, recepción f; **2en** (erhielt, erhalten, h) (bewahren) conservar; mantener; (bekommen) recibir

erhältlich [-'hɛltlɪç] en venta (**bei** en)

er'hängen (h): (sich) **~** ahorcar(se)

er'heb|en (erhob, erhoben, h) levantar (a Stimme), alzar; fig elevar; Steuern: recaudar; **sich ~** levantarse; pol sublevarse; **~lich** [-'heːplɪç] considerable; **2ung** f (-; -en) (Aufstand) insurrección f; (Umfrage) encuesta f

erhellen [-'hɛlən] (h) iluminar

erhitzen [-'hitsən] (h) calentar

er'höh|en [-'hø:ən] (h) (*steigern*) aumentar (*um* en); ℒ**ung** *f* (-; -en) aumento *m*, subida *f*

er'holen (h): **sich** ~ reposar, descansar; ⚕, ✝ recuperarse

Erholung [-'ho:luŋ] *f* (-; *sin pl*) reposo *m*, descanso *m*; ⚕, ✝ recuperación *f*; **~s-urlaub** *m* vacaciones *f/pl* de reposo

er'inner|n [-'ᵖinərn] (h): *j-n* **an et** (*ac*) ~ recordar a/c a alg; **sich ~ an** (*ac*) acordarse de, recordar (*ac*); ℒ**ung** *f* (-; -en) recuerdo *m*; (*Gedächtnis*) memoria *f*; **zur ~ an** en recuerdo *od* memoria de

erkält|en [-'kɛltən] (h): **sich ~** resfriarse, constiparse; ℒ**ung** *f* (-; -en) resfriado *m*, constipado *m*

er'kenn|en (erkannte, erkannt, h) reconocer (**an** *dat*, **als** por); (*wahrnehmen*) percibir, distinguir; **sich zu ~ geben** darse a conocer; **~tlich** [-'kɛntliç]: **sich ~ zeigen** mostrarse reconocido (**für** por); ℒ**nis** *f* (-; -se) conocimiento *m*

Erker ['ɛrkər] *m* (-s; -) mirador *m*

er'klär|en (h) explicar; (*äußern*) declarar; **~lich** explicable; ℒ**ung** *f* (-; -en) explicación *f*; declaración *f* (**abgeben** hacer)

er'klingen (erklang, erklungen, sn) (re)sonar

er'krank|en (sn) caer enfermo, enfermar; ℒ**ung** *f* (-; -en) enfermedad *f*

er'kund|en [-'kundən] (h) explorar; **~igen** [-'-digən] (h): **sich ~** informarse (**nach** *dat*, **über** *ac* de, sobre); ℒ**igung** *f* (-; -en) información *f*; informe *m* (**einziehen** tomar)

erlangen [-'laŋən] (h) obtener, conseguir, lograr

Erlaß [-'las] *m* (-sses; -sse) decreto *m*; *Schuld*, *Strafe*: remisión *f*

er'lassen (erließ, erlassen, h) *Gesetz*: promulgar; *j-m et* ~ dispensar a alg de a/c

erlaub|en [-'laubən] (h) permitir; ℒ**nis** [-'laupnis] *f* (-; *sin pl*) permiso *m*

er'läuter|n [-'lɔytərn] (h) explicar; ℒ**ung** *f* (-; -en) explicación *f*

er'leb|en (h) ver, presenciar; (*erfahren*) experimentar; ℒ**nis** [-'le:pnis] *n* (-ses; -se) aventura *f*; experiencia *f*

er'ledig|en [-'le:digən] (h) terminar, arreglar; *Arbeit*: despachar; *Auftrag*: ejecutar; **~t** F *fig* (*erschöpft*) F hecho polvo; ℒ**ung** *f* (-; *sin pl*) despacho *m*; arreglo *m*; ejecución *f*

er'leichter|n [-'laiçtərn] (h) *Schmerz usw*: aliviar; (*vereinfachen*) facilitar; ℒ**ung** *f* (-; -en) alivio *m*; **~en** *pl* facilidades *f/pl*

er'|leiden (erlitt, erlitten, h) sufrir, experimentar; **~'lernen** (h) aprender; **~'logen** [-'lo:gən] falso, inventado

Erlös [-'lø:s] *m* (-es; -e) producto *m*

er'löschen (erlosch, erloschen, sn) apagarse; ⚖ expirar, extinguirse

er'lös|en salvar; *rel a* redimir; *fig* librar (**von** *de*); ℒ**ung** *f* (-; *sin pl*) liberación *f*; *rel* redención *f*, salvación *f*

er'mächtig|en [-'mɛçtigən] (h) autorizar (**zu** para); ℒ**ung** *f* (-; -en) autorización *f*, poder *m*

er'mahn|en (h) exhortar, amonestar; ℒ**ung** *f* (-; -en) exhortación *f*, amonestación *f*

er'mäßig|en (h) reducir, rebajar; ℒ**ung** *f* (-; -en) reducción *f*, rebaja *f*

Er'messen *n* (-s; *sin pl*) juicio *m*, criterio *m*; **nach freiem ~** a discreción

er'mitt|eln [-'mitəln] (h) averiguar, indagar; ℒ**lung** *f* (-; -en) indagación *f*; pesquisa *f* (**anstellen** hacer)

er|möglichen [-'mø:kliçən] (h) hacer posible, facilitar; **~'morden** (h) asesinar; **~müden** [-'my:dən] *v/t* (h) (*v/i* [sn]) cansar(se), fatigar(se); **~muntern** [-'muntərn] (h) animar

er'mutig|en [-'mu:tigən] (h) alentar, animar; ℒ**ung** *f* (-; -en) animación *f*

er'nähr|en (h) nutrir; alimentar; ℒ**ung** *f* (-; *sin pl*) nutrición *f*, alimentación *f*

er'nenn|en (ernannte, ernannt, h) nombrar (**zum General** general); ℒ**ung** *f* (-; -en) nombramiento *m*

er'neu|ern [-'nɔyərn] (h) renovar, restaurar; (*wiederholen*) reiterar; ℒ**erung** *f* (-; -en) renovación *f*; **~t** de nuevo

erniedrigen [-'ni:drigən] (h) envilecer, humillar

Ernst [ɛrnst] **1.** *m* (-es; *sin pl*) seriedad *f*; gravedad *f*; *im* ~ en serio, de veras; *das ist mein* ~ hablo en serio; **2.** ℒ *adj* serio; grave; ~ **nehmen** tomar en serio; **'ℒhaft**, **'ℒlich** serio; grave

'Ernte ['ɛrntə] *f* (-; -n) cosecha *f*; recolección *f*; ℒ**n** (ge-, h) cosechar (*a fig*)

ernüchtern [ɛr'nyçtərn] (h) desembriagar; *fig* desilusionar

er'ober|er [-'ˀoːbərər] *m* (-s; -) conquistador *m*; **2n** (h) conquistar (*a fig*); **~ung** *f* (-; -en) conquista *f*

er-'öffn|en (h) abrir; *feierlich*: inaugurar; **2ung** *f* (-; -en) apertura *f*; inauguración *f*

er'örter|n [-'ˀœrtərn] (h) discutir; **2ung** *f* (-; -en) discusión *f*

E'rot|ik [eˈroːtik] *f* (-; *sin pl*) erotismo *m*; **2isch** erótico

er'press|en [ɛr'-] (h) hacer chantaje (a), extorsionar; **2er** *m* (-s; -), **2erin** *f* (-; -nen) chantajista *su*; **2ung** *f* (-; -en) chantaje *m*, extorsión *f*

er'proben (h) probar, ensayar

er'raten (erriet, erraten, h) adivinar, acertar

er'reg|en (h) excitar; irritar; **2er** ✶ *m* (-s; -) agente *m* patógeno; **~t** [-'-kt] excitado; *Debatte*: acalorado; **2ung** *f* (-; -en) excitación *f*; irritación *f*

er'reich|bar [-'raiçbaːr] asequible; al alcance (*für* de); **~en** (h) alcanzar; *fig* conseguir, lograr; *Ort*: llegar a

er|'richten (h) erigir, levantar; (*gründen*) establecer, fundar; **~'ringen** (errang, errungen, h) conseguir; ganar; **~'röten** (sn) ruborizarse

Errungenschaft [-'ruŋənʃaft] *f* (-; -en) *fig* progreso *m*, avance *m*

Er'satz *m* (-es; *sin pl*) sustitución *f* (**als ... für** en ... de); re(e)mplazo *m*; (*Entschädigung*) compensación *f*; (*Produkt*) sucedáneo *m*; **~dienst** ⚔ *m* servicio *m* sustitutorio; **~reifen** *m* neumático *m* de repuesto; **~teil** *n* (pieza *f* de) recambio *m*, repuesto *m*

er'schein|en (erschien, erschienen, sn) parecer; aparecer; comparecer; *Buch*: publicarse; **2ung** *f* (-; -en) aparición *f* (*a Geist*); fenómeno *m*; (*Aussehen*) aspecto *m*

er|'schießen (erschoß, erschossen, h) fusilar; **~'schlagen** (erschlug, erschlagen, h) matar (a golpes)

er'schließ|en (erschloß, erschlossen, h) *Märkte*: abrir; *Gelände*: urbanizar; **2ung** *f* (-; -en) urbanización *f*; **2ungskosten** *pl* gastos *m/pl* de urbanización

er'schöpf|en (h) agotar (*a fig*); **2ung** *f* (-; *sin pl*) agotamiento *m*

er|'schrecken 1. *v/t* (h) asustar; **2.** *v/i* (erschrak, erschrocken, sn) asustarse (*über ac* de); espantarse; **~schrocken** [-'ʃrɔkən] asustado

er'schütter|n [-'ʃytərn] (h) sacudir; *fig* conmover; **2ung** *f* (-; -en) sacudida *f*; conmoción *f* (*a fig*)

erschweren [-'ʃveːrən] (h) dificultar

erschwinglich [-'ʃvɪŋlɪç] *Preis*: razonable

er|'sehen (ersah, ersehen, h) ver (*aus* de); **~'setzen** (h) re(e)mplazar, sustituir; *Schaden*: reparar

er'sichtlich evidente, manifiesto

er'spar|en (h) ahorrar (*a fig*); economizar; **2nis** *f* (-; -se) ahorro *m*, economía *f* (*an dat* de)

erst [eːrst] **1.** *adj* **~e** primer(o); **~e(r) Klasse** (de) primera clase; **am ~en Mai** el primero de mayo; **fürs ~e** de momento; **2.** *adv* (*zuerst*) primero; (*vorher*) antes; **~ morgen** sólo mañana

er'starr|en [ɛr'-] (sn) ponerse rígido; **~t vor Kälte**: transido

er'statt|en [-'ʃtatən] (h) *Kosten*: re(e)mbolsar; *Anzeige ~*: presentar una denuncia; **2ung** *f* (-; -en) re(e)mbolso *m*

Erstaufführung [ˈeːrstˀ-] *f* estreno *m*

er'staun|en [ɛr'-] *v/t* (h) (*v/i* [sn]) asombrar(se), admirar(se) (*über ac* de); **2en** *n* (-s; *sin pl*) asombro *m*, sorpresa *f*; **~lich** asombroso, sorprendente

erste [ˈeːrstə] *s* **erst**

erstechen [ɛr'-] (erstach, erstochen, h) acuchillar, apuñalar

erstens [ˈeːrstəns] primero, en primer lugar

erstick|en [ɛr'ʃtɪkən] *v/t* (h) (*v/i* [sn]) ahogar(se); asfixiar(se); *fig* sofocar (-se) (*an dat* de)

erstklassig [ˈeːrstklasɪç] de primera categoría *od* calidad

er'streb|en [-'ʃtreːbən] (h) aspirar a; **~swert** deseable

er'strecken (h): **sich ~** extenderse (*auf, über ac* por, sobre)

er|'tappen (h) coger, sorprender; **~'tönen** (sn) (re)sonar

Ertrag [-ˈtraːk] *m* (-[-e]s; ⁓e) rendimiento *m*; **2en** [-'-gən] (ertrug, ertragen, h) soportar, sufrir, aguantar

erträglich [-ˈtrɛːklɪç] soportable

er|'tränken (h): (*sich*) **~** ahogar(se); **~'trinken** (ertrank, ertrunken, sn) ahogarse

erübrigen [-'ˀyːbrɪgən] (h) ahorrar; **sich ~** no ser necesario

er'wachen (sn) despertar(se)

er'wachsen *adj* adulto, mayor; ♀e *m/f* (-n; -n) adulto *m*, -a *f*

Erwägung [-'vɛːɡʊŋ] *f* (-; -en) consideración *f*; *in ~ ziehen* tomar en consideración

er'wähn|en (h) mencionar; ♀ung *f* (-; -en) mención *f*

er'wärmen (h) calentar

er'wart|en (h) esperar; contar con; ♀ung *f* (-; -en) espera *f*

er'wecken (h) despertar (*a fig*)

er'weisen (erwies, erwiesen, h) probar; *Ehre*: rendir; *Dienst*: hacer; *sich ~ als* resultar

er'weiter|n [-'vaɪtərn] (h) ensanchar; *fig* ampliar, extender; ♀ung *f* (-; -en) ensanche *m*; extensión *f*

Er'werb [-'vɛrp] *m* (-[e]s; -e) adquisición *f*; ♀en [-'bən] (erwarb, erworben, h) adquirir; *a fig* ganar; ♀slos [-'vɛrpsloːs] parado; ♀s-tätig asalariado; *~e Bevölkerung* población *f* activa

er'wider|n [-'viːdərn] (h) replicar (*auf ac* a); *Besuch, Gruß*: devolver; ♀ung *f* (-; -en) réplica *f*

er'wischen (h) atrapar, coger

erwünscht [-'vʏnʃt] deseado; oportuno

er'würgen (h) estrangular

Erz [ɛrts] *n* (-es; -e) mineral *m*

er'zähl|en [ɛr'tsɛːlən] (h) contar; ♀ung *f* (-; -en) narración *f*; *lit* cuento *m*

'Erz|bischof ['ɛrtsbɪʃɔf] *m* arzobispo *m*; **~bistum** *n* arzobispado *m*

er'zeug|en (h) (*herstellen*) producir; (*hervorrufen*) provocar; ♀er *m* (-s; -) ✝ productor *m*; ♀erland *n* país *m* productor; ♀erpreis *m* precio *m* al productor; ♀nis [-'tsɔʏknɪs] *n* (-ses; -se) producto *m*; ♀ung *f* (-; -un) ✝ *f* (-; *sin pl*) producción *f*

er'zieh|en [ɛr'tsiːən] (erzog, erzogen, h) educar; ♀er *m* (-s; -), ♀erin *f* (-; -nen) pedagogo *m*, -a *f*; educador(a *f*) *m*

Er'ziehung *f* (-; *sin pl*) educación *f*

er'zielen (h) obtener, conseguir

er'zürnen (h) irritar, enojar

er'zwingen (erzwang, erzwungen, h) obtener por la fuerza

es [ɛs] le, la, lo; *betont*: e(s)to; ello; *ich weiß ~* lo sé; *oft unübersetzt*: *~ scheint* parece; *~ schneit* está nevando; *so ist ~* así es; *ich bin ~* soy yo; *~ gibt* hay

Esel ['eːzəl] *m* (-s; -) asno *m*, burro *m* (*a fig*)

Eskimo ['ɛskimo] *m* (-s; -s) esquimal *m*

Espresso [-'prɛso] *m* (-[s]; -s) *etwa*: café *m* solo

Essay ['ɛseː] *m* (-s; -s) ensayo *m*

'eß|bar ['ɛsbaːr] comestible; ♀besteck *n* cubierto *m*

'essen ['ɛsən] **1.** *v/t, v/i* (aß, gegessen, h) comer; *zu Mittag ~* comer, almorzar; *zu Abend ~* cenar; **2.** ♀ *n* (-s; -) comida *f*; ♀smarke *f* ficha *f* para comida; ♀szeit *f* hora *f* de comer

'Essig ['ɛsɪç] *m* (-s; -e) vinagre *m*; **~gurke** *f* pepinillo *m* en vinagre

'Eß|löffel ['ɛslœfəl] *m* cuchara *f*; **~tisch** *m* mesa *f* de comedor; **~zimmer** *n* comedor *m*

Est|e ['ɛstə] (-n; -n), **~in** (-; -nen), ♀nisch ['-nɪʃ] estoniano *m*, -a *f*

Estragon ♀ ['ɛstragɔn] *m* (-s; *sin pl*) estragón *m*

E'tage [e'taːʒə] *f* (-; -n) piso *m*; **~nbett** *n* litera *f*

Etappe [-'tapə] *f* (-; -n) etapa *f*

Etat [-'taː] *m* (-s; -s) presupuesto *m*

Eti'kett [eti'kɛt] *n* (-[e]s; -e[n], -s) rótulo *m*, etiqueta *f*; **~e** *f* (-; *sin pl*) etiqueta *f*

etliche ['ɛtlɪçə] *pl* algunos; unos

Etui [ɛ'tviː] *n* (-s; -s) estuche *m*

'etwa ['ɛtva] aproximadamente; *~ dreißig* unos treinta; **~ig** eventual

'etwas [-vas] algo; un poco (de)

euch [ɔʏç] a vosotros (-as); *unbetont*: os

euer ['ɔʏər] vuestro (-a)

Eule ['-lə] *f* (-; -n) lechuza *f*

euretwegen ['-rət-] por vosotros

Euro... ['ɔʏro] euro..., ... comunitario

Euro *m* (**EUR**) euro *m*; *die Einführung des ~* el lanzamiento *m* del euro; **~cent** *m* céntimo *m*; **~krat** *m* eurócrata *m/f*; **~tunnel** *m* eurotúnel *m*

Euro'pä|er [--'pɛːər] *m* (-s; -), **~erin** *f* (-; -nen) europeo *m*, -a *f*

europäisch europeo; ♀er *Gerichtshof m* (*EuGH*) Tribunal *m* (Europeo) de Justicia; ♀e *Investitionsbank f* (*EIB*) Banco *m* Europeo de Inversiones; ♀e *Kommission f* Comisión *f* Europea; ♀es *Parlament n* Parlamento *m* Europeo; ♀er *Rat m* Consejo *m* europeo; ♀er *Rechnungshof m* Tribunal *m* de Cuentas Europeo; ♀e *Union f* (*EU*) Unión *f* Europea (UE); ♀e *Währungseinheit f* unidad *f* monetaria europea; ♀es *Währungsinstitut n* (*EWI*) Instituto *m* Monetario Europeo (IME); ♀es *Währungs-*

system n (EWS) Sistema m Monetario Europeo (SME); ~e (*Wirtschafts- und*) *Währungsunion* f (EWU, EWWU) Unión f (Económica y) Monetaria Europea (UME); ~e *Zentralbank* f (EZB) Banco m Central Europeo (BCE)
Eu'ropa|parlament [ɔy'roːpa-] n Parlamento m Europeo (PE); ~rat m Consejo m de Europa
'**Euroscheck|karte** f) m (tarjeta f) eurocheque m
Euter ['-tər] n (-s; -) ubre f
evangel|isch [evaŋ'geːliʃ] protestante; ~ium [--'geːljum] n (-s; -lien) evangelio m
eventuell [evɛntu'ɛl] eventual
'**ewig** ['eːvɪç] eterno, perpetuo; ~keit f (-; raro -en) eternidad f
exakt [ɛ'ksakt] exacto
Examen [ɛ'ksaːmən] n (-s; -, -ina) examen m; *ein* ~ *ablegen* pasar un examen, examinarse
Exekutive [ɛkseku'tiːvə] f (-; -n) (poder m) ejecutivo m
Exemplar [ɛksɛm'plaːr] n (-s; -e) ejemplar m
Exil [ɛ'ksiːl] n (-s; -e) destierro m, exilio m; *ins* ~ *gehen* exiliarse

Exi'stenz [ɛksis'tɛnts] f (-; -en) existencia f; ~minimum n mínimo m vital
existieren [--'tiːrən] (h) existir
Expansion [ɛkspan'zjoːn] f (-; -en) expansión f
Expedition [-pedi'tsjoːn] f (-; -en) expedición f
Experiment [--ri'mɛnt] n (-[e]s; -e) experimento m
Experte [-'pɛrtə] m (-n; -n) perito m, experto m
explo|dieren [-plo'diːrən] (sn) estallar, explosionar; ~sion [--'zjoːn] f (-; -en) explosión f
Ex'port [-'pɔrt] m (-[e]s; -e) exportación f; ~eur [--'tøːr] m (-s; -e) exportador m; ~ieren [--'tiːrən] (h) exportar; ~land n país m exportador; ~überschuß m excedente m de exportación
'**extra** ['-tra] extra; por separado, aparte; (*absichtlich*) expresamente; ~blatt n edición f especial
extrem [-'treːm] ~ n (-s; -e) extremo (m); ~ist [-tre'mist] m (-en; -en), ~istin f (-; -nen) extremista m
exzentrisch [-'tsɛntriʃ] excéntrico
Exzeß [-'tsɛs] m (-sses; -sse) exceso m

F

F, f [ɛf] n (-; -) F, f f; ♪ fa m; *F-Dur* fa m mayor; *f-Moll* fa m menor
'**Fabel** ['faːbəl] f (-; -n) fábula f; ~haft excelente, F estupendo
Fa'brik [fa'briːk] f (-; -en) fábrica f; factoría f; ~ant [-bri'kant] m (-en; -en) fabricante m; ~arbeiter(in f) m trabajador(a f) m fabril *od* de fábrica; ~at [--'kaːt] n (-[e]s; -e) producto m; ~ation [--ka'tsjoːn] f (-; -en) fabricación f
Fach [fax] n (-[e]s; ~er) compartim(i)ento m; *im Schrank*: casilla f; (*Lehr*~) asignatura f, disciplina f; (*Branche*) ramo m; '~arbeiter(in f) m trabajador(a f) m especializado (-a); '~arbeitermangel m falta f de trabajadores especializados; '~arzt m, '~ärztin f especialista su; '~ausdruck m (-[e]s; ~e) término m técnico

Fächer ['fɛçər] m (-s; -) abanico m
'**Fach|frau** ['fax-] f especialista f, profesional f; ~gebiet n especialidad f; ~geschäft n establecimiento m especializado *od* del ramo; ~kräfte f/pl personal m cualificado; ~mann m (-[e]s; -leute) profesional m, especialista m; ~messe f feria f monográfica
'**Fackel** ['fakəl] f (-; -n) antorcha f; ~zug m desfile m de antorchas
fad(e) [faːt, '-də] soso, insípido (*a fig*)
'**Faden** ['-dən] m (-s; ~) hilo m (*a fig*)
'**fähig** ['fɛːiç] capaz (*zu* de); apto (*zu* para); ~keit f (-; -en) capacidad f; aptitud f
'**fahnd|en** ['faːndən] (h): *nach j-m* ~ buscar a alg; ~ung f (-; -en) búsqueda f
Fahne ['faːnə] f (-; -n) bandera f
'**Fahr|ausweis** ['faːrʔ-] m billete m, Am

Fahrbahn

boleto *m*; ~**bahn** *f* calzada *f*; ~**bereitschaft** *f* parque *m* móvil
Fähre ['fɛːrə] *f* (-; -n) transbordador *m*, ferry(-boat) *m*
'**fahr|en** ['faːrən] (fuhr, gefahren) **1.** *v/t* (h) *auto* conducir; *Last*: acarrear; transportar; *j-n*: llevar; **2.** *v/i* (sn) ir (*mit* en), viajar (en); (*ab*~) salir; *rechts* ~ circular por la derecha; ~ *durch* atravesar (*ac*), pasar por; 2**er** *m* (-s; -), 2**erin** *f* (-; -nen) conductor(a) *f*; 2**erflucht** *f* fuga *f* del conductor (después de un accidente); 2**erlaubnis** *f* permiso *m* de conducir; 2**gast** *m* viajero *m*; pasajero *m*; *Taxi*: cliente *m*; 2**gemeinschaft** *f* viaje *m* compartido; 2**gestell** *n* chasis *m*; ~ tren *m* de aterrizaje
'**Fahrkarte** *f* billete *m*, *Am* boleto *m*; ~**n-automat** *m* máquina *f* expendedora de billetes; ~**nschalter** *m* despacho *m* de billetes, *Am* boletería *f*
'**fahrlässig** negligente; imprudente
'**Fahr|lehrer** *m* profesor *m* de autoescuela; ~**plan** *m* horario *m*; 2**planmäßig** regular; ~**preis** *m* precio *m* del viaje; ~**prüfung** *f* examen *m* de conducción; ~**rad** *n* bicicleta *f*, F bici *f*; ~**radverleih** *m* alquiler *m* de bicicletas; ~**radweg** *m* carril-bici *m*; ~**schein** *m* billete *m*, *Am* boleto *m*; ~**schule** *f* autoescuela *f*; ~**spur** *f* carril *m*; ~**stuhl** *m* ascensor *m*
Fahrt [faːrt] *f* (-; -en) viaje *m*; recorrido *m*; (*Ausflug*) excursión *f*
Fährte ['fɛːrtə] *f* (-; -n) rastro *m*, huella *f*, pista *f*
'**Fahrt|enschreiber** ['faːrtən-] *m* tacógrafo *m*; ~**richtung** *f* dirección *f*; ~**werk** *n* ✈ tren *m* de aterrizaje; ~**zeug** *n* vehículo *m*; ~**zeughalter** *m* titular *m* del vehículo
fair [fɛːr] leal, correcto; *dep* limpio
Faksimile [fak'ziːmilə] *n* (-s; -s) facsímil(e) *m*
Faktor ['faktɔr] *m* (-s; -en [-'toːrən]) factor *m*
Fakultät [fakul'tɛːt] *f* (-; -en) facultad *f*
Falke ['falkə] *m* (-n; -n) halcón *m* (*a fig*)
Fall [fal] *m* (-[e]s; *sin pl*) caída *f* (*a fig*); (*pl* ~e) (*Angelegenheit*) caso *m*; **auf jeden** ~ en todo caso; **auf keinen** ~ de ningún modo; **für alle Fälle** por si acaso
Falle ['falə] *f* (-; -n) trampa *f* (*a fig*)

fallen ['falən] (fiel, gefallen, sn) caer; (*stürzen*) caerse; (*sinken*) bajar
fällen ['fɛlən] (ge-, h) *Baum*: cortar, talar; *Urteil*: dictar
fällig ['fɛliç] vencedero, pagadero; ~ *werden* vencer; 2**keit** *f* (-; -en) vencimiento *m*
falls [fals] (en) caso (de) que (*subj*); si
'**Fallschirm** *m* paracaídas *m*; ~**springer(in** *f*) *m* paracaidista *m*
falsch [falʃ] falso (*a fig*); *Haar*, *Zähne*: postizo; (*künstlich*) artificial; (*unehrlich*) pérfido, alevoso; *adv* mal; ~ *gehen* *Uhr* andar mal
'**fälsch|en** [fɛlʃən] (ge-, h) falsear; falsificar; 2**er** *m* (-s; -) falsificador *m*
'**Falsch|geld** [falʃgɛlt] *n* moneda *f* falsa; ~**heit** *f* (-; *sin pl*) falsedad *f*
fälschlich ['fɛlʃliç] *adv* por error
Faltboot ['faltboːt] *n* bote *m* plegable
Falte ['faltə] *f* (-; -n) pliegue *m* (*werfen* hacer); (*Runzel*) arruga *f*; 2**n** (ge-, h) plegar, doblar; *Hände*: juntar; ~**nrock** *m* falda *f* plisada
Falter ['-tər] *m* (-s; -) *zo* mariposa *f*
faltig ['-tiç] plisado; *Haut*: arrugado
familiär [famil'jɛːr] familiar
Familie [-'miːljə] *f* (-; -n) familia *f*
Fa'milien|betrieb *m* empresa *f* familiar; ~**mitglied** *n* miembro *m* de la familia, familiar *m*; ~**name** *m* apellido *m*; ~**stand** *m* (-[e]s; *sin pl*) estado *m* civil
Fan [fɛn] *m* (-s; -s) fan *m*; *bsd dep* hincha *m*, forofo *m*
Fanat|iker [fa'naːtikər] *m* (-s; -), ~**ikerin** *f* (-; -nen), 2**isch** fanático, -a *f*
Fang [faŋ] *m* (-[e]s; *sin pl*) (*Fangen*) captura *f*; (*Gefangenes*) presa *f*; (*Fisch*2) pesca *f*; ²**en** (fing, gefangen, h) coger, *Am* agarrar; *Dieb*: capturar, prender
'**Farb|band** ['farpbant] *n* cinta *f*; ~**e** ['-bə] *f* (-; -n) color *m*; (*Anstrich*2) pintura *f*; (*Färbung*) colorido *m*; *Kartenspiel*: palo *m*; 2**echt** de color sólido
färben ['fɛrbən] (ge-, h) teñir (*blau* de azul); colorar, colorear
'**farben|blind** ['farbənblint] daltoniano; ~**froh** vistoso, varipinto
'**Farb|fernsehen** *n* televisión *f* en color; ~**fernseher** *m* televisor *m* en color; ~**film** *m* película *f* en color; ~**foto** *n* foto *f* en color; 2**ig** ['-biç] de color; colorea-

do; ⁓**los** incoloro; ⁓**stift** m lápiz m de color; ⁓**stoff** m colorante m
Färbung ['fɛrbuŋ] f (-; -en) coloración f, tinte m
Farn [farn] m (-[e]s; -e) helecho m
Fasan [fa'zaːn] m (-[e]s; -e[n]) faisán m
Fasching ['-ʃiŋ] m (-s; raro -e, -s) carnaval m
Fa'schis|mus [-'ʃismus] m (-; sin pl) fascismo m; ⁓**t** m (-en; -en), ⁓**tin** f (-; -nen), ℒ**tisch** fascista su, F facha m
Faser ['-zər] f (-; -n) fibra f
Faß ['fas] n (Fasses; Fässer) tonel m; barril m
Fassade [fa'saːdə] f (-; -n) fachada f
Faßbier n cerveza f de barril
fassen ['fasən] (ge-, h) coger (**an** dat de, por), Am agarrar; Plan: concebir; fig (verstehen) comprender; **der Saal faßt 300 Personen** en la sala caben 300 personas; **sich kurz ⁓** ser breve
Fassung ['fasuŋ] f (-; -en) ⚡ portalámpara m; (Wortlaut) versión f; (sin pl) seelische: serenidad f; **aus der ⁓ bringen** (geraten) desconcertar(se); ℒ**slos** desconcertado; ⁓**svermögen** n capacidad f, cabida f; fig comprensión f
fast [fast] casi; cerca de
fasten ['-tən] 1. v/i (ge-, h) ayunar; 2. ℒ n (-s; sin pl) ayuno m; ℒ**zeit** f cuaresma f
Fast|nacht f (martes m de) carnaval m; ⁓**tag** m día m de ayuno
fatal [fa'taːl] fatal
fauchen ['fauxən] (ge-, h) bufar
faul [faul] (verfault) podrido; (träge) perezoso, vago; fig dudoso; '⁓**en** (ge-, sn) pudrirse, corromperse
'faulenz|en ['-lɛntsən] (h) holgazanear; ℒ**er** m (-s; -) holgazán m
'Faul|heit ['-haɪt] f (-; sin pl) pereza f; ⁓**pelz** F m perezoso m, holgazán m, gandul m
Faust [faust] f(-; ⁓e) puño m; **auf eigene ⁓** por su (propia) cuenta; '⁓**handschuh** m manopla f; '⁓**schlag** m puñetazo m
Fazit ['faːtsit] n (-s; -s) resultado m
Februar ['feːbruar] m (-[s]; raro -e) febrero m
'fecht|en ['fɛxtən] (focht, gefochten, h) esgrimir; ℒ**en** n (-s; sin pl) esgrima f; ℒ**er** m (-s; -), ℒ**erin** f (-; -nen) esgrimidor(a) f/m
'Feder ['feːdər] f (-; -n) pluma f; ⚙ resorte m, muelle m; ⁓**ball** m volante m; Spiel: bádminton m; ⁓**bett** n edredón m; ⁓**gewicht** n dep peso m pluma; ⁓**halter** m portaplumas m; ℒ n (ge-, h) ⚙ ser elástico; ℒ**nd** ⚙ elástico; ⁓**ung** ⚙ f (-; -en) suspensión f; ⁓**zeichnung** f dibujo m a la pluma
Fee [feː] f (-; -n) hada f
'Fege|feuer ['feːgəfɔyər] n purgatorio m; ℒ n (ge-, h) barrer
fehl [feːl]: **⁓ am Platz sn** estar fuera de lugar; '**ℒbetrag** m déficit m
fehlen ['-lən] 1. v/i (ge-, h) hacer falta; (abwesend sein) estar ausente; **was fehlt Ihnen?** ¿qué le pasa?; **es fehlt uns an** (dat) nos (hace) falta a/c; **das fehlte (gerade) noch!** ¡sólo faltaba eso!; **du fehlst mir sehr** te echo mucho de menos; 2. ℒ n (-s; sin pl) falta f; ausencia f
'Fehler ['-lər] m (-s; -) falta f, error m; defecto m; moralischer: vicio m; ℒ**frei**, ℒ**los** sin defecto; sin falta; correcto; ℒ**haft** defectuoso; incorrecto
'Fehl|geburt f aborto m (espontáneo); ⁓**schlag** m fallo m, fracaso m; ⁓**schlagen** (irr, sep, -ge-, sn, → **schlagen**) fallar, fracasar; frustrarse; ⁓**tritt** m paso m en falso; fig desliz m; ⁓**zündung** ⚙ f encendido m defectuoso
Feier ['faɪər] f (-; -n) celebración f; (Fest) fiesta f; festividad f, ceremonia f; ⁓**abend** m fin m del trabajo; ⁓ **machen** terminar el trabajo; ℒ**lich** solemne; ℒ n (ge-, h) 1. v/t celebrar; 2. v/i hacer fiesta; ⁓**tag** m día m festivo, (día m de) fiesta f
feig(e) [faɪk, '-gə] cobarde
Feige ⚘ ['-gə] f (-; -n) higo m; ⁓**nbaum** m higuera f
'Feig|heit ['faɪkhaɪt] f(-; sin pl) cobardía f; ⁓**ling** [-liŋ] m (-s; -e) cobarde m
'Feile ['-lə] f (-; -n) lima f; ℒ n (ge-, h) limar (a fig)
feilschen ['-ʃən] v/i (ge-, h) regatear (**um et** a/c)
fein [faɪn] fino (a fig); (dünn) delgado; sutil; (zart) delicado
Feind [faɪnt] m (-[e]s; -e), ⁓**in** f (-; -nen) enemigo m, -a f; ℒ**lich** enemigo; '⁓**schaft** f enemistad f; ℒ**selig** hostil
'fein|fühlig ['-fyːlɪç] sensible, delicado; ℒ**gefühl** n delicadeza f; ℒ**kostgeschäft** n tienda f de comestibles finos; ℒ**mechanik** f mecánica f de precisión;

Feinschmecker

♀schmecker ['-ʃmɛkər] *m* (-s; -) gastrónomo *m*; **♀waschmittel** *n* detergente *m* para ropa delicada

Feld [fɛlt] *n* (-es; -er) campo *m* (*a fig*); *Schach*: casilla *f*; *dep* pelotón *m*; *fig* dominio *m*; **~bett** *n* catre *m*; **~webel** ['-ve:bəl] *m* (-s; -) sargento *m* primero; **'~weg** *m* camino *m* vecinal; **'~zug** *m* campaña *f*

Felge ['fɛlgə] *f* (-; -n) llanta *f*

Fell [fɛl] *n* (-[e]s; -e) piel *f*; pellejo *m*; *fig* ein dickes **~ haben** tener buenas espaldas

Fels [fɛls] *m* (-en; -en), **~en** [-zən] *m* (-s; -) roca *f*; (*Block*) peña *f*; **~enküste** *f* acantilado *m*; **♀ig** rocoso

femi'nin|in [femi'ni:n] femenino, *f*; **~istisch** feminista (*f*)

Fenchel ⚘ ['fɛnçəl] *m* (-s; *sin pl*) hinojo *m*

Fenster ['fɛnstər] *n* (-s; -) ventana *f*; *e-s Wagens*: ventanilla *f*; **~brett** *n* alféizar *m*; **~glas** *n* vidrio *m* (común); **~laden** *m* contraventana *f*; postigo *m*; **~leder** *n* gamuza *f*; **~platz** *m* asiento *m* de ventanilla; **~rahmen** *m* bastidor *m*; **~scheibe** *f* cristal *m*, vidrio *m*

'Ferien ['fe:rjən] *pl* vacaciones *f*/*pl*; **~arbeit** *f* trabajo *m* durante las vacaciones; **~dorf** *n* pueblo *m* de vacaciones; **~haus** *n* casa *f* de vacaciones *bzw* de verano; **~kurs** *m* cursillo *m* de vacaciones; **~ort** *m* lugar *m* de vacaciones *bzw* de verano; **~wohnung** *f* apartamento *m* de vacaciones

Ferkel ['fɛrkəl] *n* (-s; -) cochinillo *m*, lechón *m*

fern [fɛrn] lejano, distante; *adv* lejos; *der* **♀e Osten** el Extremo Oriente

'Fern|-amt ☏ *n* central *f* interurbana; **~bedienung** *f* mando *m* a distancia

'Fern|e *f* (-; *raro* -n) lejanía *f*; *aus der* **~** de lejos; *in der* **~** a lo lejos; **♀er** además, *adv* más; **~fahrer** *m* camionero *m* de grandes rutas; **~gespräch ☏** *n* conferencia *f* interurbana; **♀gesteuert** teledirigido; **~glas** *n* gemelos *m*/*pl*, prismáticos *m*/*pl*; **~heizung** *f* calefacción *f* a distancia; **~licht** *auto n* (-[e]s; *sin pl*) luz *f* de carretera; **~meldetechnik** *f* técnica *f* de telecomunicaciones; **~rohr** *n* telescopio *m*; **~schnellzug** *m* tren *m* expreso de largo recorrido; **~schreiben** *n* télex *m*; **~schreiber** *m* teletipo *m*

'Fernseh... ['-ze:...]: *in Zssgn oft* televisi-

350

vo; **~en** *n* (-s; *sin pl*) televisión *f*, F tele *f*; *im* **~ übertragen** televisar; **♀en** (*irr*, *sep*, -ge-, h, → *sehen*) mirar *od* ver la televisión; **~er** (-s; -) *m* televisor *m*; **~film** *m* telefilm *m*; **~gerät** *n* televisor *m*; **~sendung** *f* emisión *f* televisiva; **~spiel** *n* telenovela *f*; **~zuschauer(in** *f*) *m* telespectador(a *f*) *m*, televidente *su*

'Fernsicht *f* vista *f* (panorámica)

'Fernsprech... ['-ʃprɛç...]: *in Zssgn oft* telefónico; *s a Telefon*; **♀en ☏**, **~amt** *n* central *f* telefónica; **~auftragsdienst** *m* servicio *m* de encargos

'Fern|steuerung *f* mando *m* a distancia, control *m* remoto; **~verkehr** *m* transporte *m* a gran distancia; **~verkehrsstraße** *f* vía *f* interurbana; **~zug** *m* tren *m* de largo recorrido

Ferse ['fɛrzə] *f* (-; -n) talón *m*

'fertig ['-tiç] acabado, hecho; (*bereit*) dispuesto, listo; F (*erschöpft*) hecho polvo; **~!** ¡ya está!; *mit et* **~ sn** haber terminado a/c; **~bringen** (*irr*, *sep*, -ge-, h, → *bringen*) lograr (hacer), conseguir; **♀gericht** *n* plato *m* precocinado; **♀haus** *n* casa *f* prefabricada; **♀keit** *f* (-; -en) destreza *f*, habilidad *f*; **~machen** (*sep*, -ge-, h) terminar, acabar; *sich* **~** prepararse, disponerse; **♀produkt** *n* producto *m* acabado; **♀ung** ['-guŋ] *f* (-; *sin pl*) fabricación *f*

'Fessel ['fɛsəl] *f* (-; -n) traba *f* (*a fig*); **♀n** (ge-, h) atar, encadenar; *fig* cautivar, fascinar; **♀nd** cautivador, fascinante

fest [fɛst] firme (*a fig*); sólido; fijo (*a Preis*); *Schlaf*: profundo

Fest *n* (-[e]s; -e) fiesta *f*; *frohes* **~!** ¡felices Pascuas!; **~beleuchtung** *f* iluminación *f*; **~essen** *n* banquete *m*; **~geld** *n* depósito *m* a plazo fijo; **♀halten** (*irr*, *sep*, -ge-, h, → *halten*) 1. *v/t* retener; *sich* **~ an** (*dat*) agarrarse a; 2. *v/i* perseverar (*an dat* en)

'festig|en ['-igən] (ge-, h) consolidar; *fig* estabilizar; **♀er** *m* (-s; -) (*Haar♀*) fijapelo *m*; **♀keit** ['-içkaɪt] *f* (-; *sin pl*) solidez *f*; estabilidad *f*; *fig* firmeza *f*

'Festland *n* (-[e]s; *sin pl*) tierra *f* firme, continente *m*; **♀legen** (*sep*, -ge-, h) fijar; *sich* **~** comprometerse (*auf ac* a)

'festlich ['-liç] de fiesta; solemne; **♀keit** *f* (-; -en) fiesta *f*, festividad *f*

'fest|machen (*sep*, -ge-, h) sujetar; **⚓** amarrar; *fig* concretar; **♀nahme**

['-nɑ:mə] f (-; -n) detención f; ~**nehmen** (irr, sep, -ge-, h, → nehmen) detener; 2**preis** ✠ m precio m fijo; 2**saal** m salón m de fiestas; ~**setzen** (sep, -ge-, h) fijar; vertraglich: estipular; 2**spiele** n/pl festival m; ~**stehen** (irr, sep, -ge-, h, → stehen) fig ser seguro; ~**stellen** (sep, -ge-, h) fig averiguar, comprobar, constatar; 2**stellung** f (-; -en) averiguación f, comprobación f, constatación f; 2**tag** m (día m de) fiesta f

Festung ['fɛstʊŋ] f (-; -en) fortaleza f

'**fest**|**verzinslich** de renta fija; 2**zug** m desfile m

fett [fɛt] **1.** adj graso; j: gordo; tip im negrita; **2.** 2 n (-[e]s; -e) grasa f; '~**arm** pobre en grasa(s); '~**ig** grasiento

feucht [fɔʏçt] húmedo; 2**biotop** n biotopo m húmedo; '2**igkeit** f (-; sin pl) humedad f

'**Feuer** ['fɔʏər] n (-s; -) fuego m (a ⚔ u fig); (Brand) incendio m; fig ardor m; ~**fangen** inflamarse; fig entusiasmarse; ~**bestattung** f cremación f, incineración f; 2**fest** refractario; 2**gefährlich** inflamable; ~**leiter** f escalera f de incendios; ~**löscher** m extintor m (de incendios); ~**melder** m avisador m de incendios; 2**n** (ge-, h) hacer fuego (a ⚔); ~**wehr** f (-; -en) (cuerpo m de) bomberos m/pl; ~**wehrmann** m bombero m; ~**werk** n fuegos m/pl artificiales; ~**zeug** n encendedor m, mechero m

feurig ['fɔʏrɪç] ardiente; fig fogoso, impetuoso; Wein: generoso

Fichte ['fɪçtə] f (-; -n) abeto m rojo

'**Fieber** ['fi:bər] n (-s; sin pl) fiebre f; 2**haft**, 2**ig** febril (a fig); ~**mittel** n febrífugo m; 2**n** (ge-, h) tener fiebre; ~**thermometer** n termómetro m clínico

Figur [fi'gu:r] f (-; -en) figura f; Schach: pieza f; **e-e gute ~ haben** tener buen tipo

figürlich ['-'gy:rlɪç] figurado

Filet [-'le:] n (-s; -s) (Fisch2) filete m; (Lende) lomo m; ~**steak** n bistec m de solomillo

Filiale [fil'jɑ:lə] f (-; -n) sucursal f

Film [fɪlm] m (-[e]s; -e) película f, film(e) m; fot carrete m; ~**atelier** n estudio m cinematográfico; '2**en** (ge-, h) rodar, filmar; '~**festspiele** n/pl festival m cinematográfico; '~**kamera** f tomavistas

m; '~**schauspieler**(**in** f) m actor m (actriz f) de cine; '~**star** m estrella f de cine; '~**verleih** m (Firma) (casa f) distribuidora f

'**Filter** ['fɪltər] m u n (-s; -) filtro m; 2**n** (ge-, h) filtrar; ~**papier** n papel m (de) filtro; ~**zigarette** f cigarrillo m de filtro

Filz [fɪlts] m (-es; -e) fieltro m; '2**en** (ge-, h) F fig registrar, cachear; '~**stift** m rotulador m

Final|**e** [fi'nɑ:lə] n (-s; -) ♪ final m; dep final f; 2**ist** [-na'lɪst] m (-en; -en), ~**istin** f (-; -nen) finalista su

Fi'nanz|**amt** [-'nants?amt] n Delegación f de Hacienda; ~**en** f/pl finanzas f/pl; 2**iell** [--'tsjel] financiero; 2**ieren** [--'tsi:rən] (h) financiar; ~**ierung** [--'tsi:rʊŋ] f (-; -en) financiación f, financiamiento m; ~**minister**(**ium** n) m ministro m (ministerio m) de Hacienda

'**find**|**en** (fand, gefunden, h) hallar, encontrar; **~ Sie nicht?** ¿no le parece?; 2**erlohn** m gratificación f

'**Finger** ['fɪŋər] m (-s; -) dedo m; **kleine**(**r**) ~ meñique m; ~**abdruck** m (-[e]s; ⸚e) huella f dactilar; ~**hut** m dedal m; ⁑ digital m; ~**nagel** m uña f

Fink [fɪŋk] m (-en; -en) pinzón m

Finn|**e** ['fɪnə] m (-n; -n), ~**in** f (-; -nen), 2**isch** finlandés m, -esa f

'**finster** [-stər] oscuro; fig sombrío; 2**nis** f (-; -se) oscuridad f; tinieblas f/pl

'**Firm**|**a** ['fɪrma] f (-; -men) casa f, empresa f; ~**enname** m razón f social

Firmung rel ['-mʊŋ] f (-; -en) confirmación f

Firnis ['-nɪs] m (-ses; -se) barniz m

Fisch [fɪʃ] m (-[e]s; -e) pez m; als Speise: pescado m; '2**en** (ge-, h) pescar

'**Fischer** ['-ʃər] m (-s; -) pescador m; ~**boot** n barco m pesquero; ~**dorf** n pueblo m de pescadores; ~**ei** [--'raɪ] f (-; sin pl) pesca f; ~'**eihafen** m puerto m pesquero

'**Fisch**|**fang** m (-[e]s; sin pl) pesca f; ~**gericht** n plato m de pescado; ~**geschäft** n pescadería f; ~**händler**(**in** f) m pescadero m, -a f; ~**markt** m mercado m de pescado; ~**suppe** f sopa f de pescado; ~**zucht** f piscicultura f

Fistel ['fɪstəl] f (-; -n) ⚕ fístula f

fit [fɪt] en buena forma; 2**neß-Center** ['-nɛs-sɛntər] n (-s; -) gimnasio m; '2**neß-Raum** m sala f de gimnasia

fix [fiks] ✝ fijo; F ligero, rápido; ~ **und fertig** listo; ~**e Idee** idea f fija; '~**en** (ge-, h) pincharse; '2**er** F m (-s; -) yonqui m

fixieren [-'ksi:rən] (h) fijar; (*scharf ansehen*) mirar fijamente

FKK [efkɑː'kɑː] f (-; *sin pl*) (des)nudismo m; ~**Camp** [--'-kɛmp] n (-s; -s) campamento m nudista; ~**Strand** m playa f nudista; ~**Urlaub** m vacaciones f/pl en una playa nudista

flach [flax] (*eben*) llano (*a Teller*); plano; (*seicht*) poco profundo; *fig* trivial

Fläche ['flɛçə] f (-; -n) superficie f

Flachland 'flax-] n (-[e]s; *sin pl*) llanura f

Flachs ♀ [flaks] m (-es; *sin pl*) lino m

flackern ['flakərn] (ge-, h) vacilar, titilar; *Feuer*: flamear

Fladen ['flɑːdən] m (-s; -) torta f

Flagge ['flagə] f (-; -n) bandera f; ♣ pabellón m

Flak [flak] f (-; -[s]) defensa f antiaérea

Flakon [fla'kõ] m (-s; -s) frasquito m

Flame ['flɑːmə] m (-n; -n), **Flämin** ['flɛːmin] f (-; -nen) flamenco m, -a f

flämisch ['flɛːmiʃ] flamenco

Flamme ['flamə] f (-; -n) llama f

Flanell [fla'nɛl] m (-s; -e) franela f

Flanke ['flaŋkə] f (-; -n) flanco m (*a* ⚔); *Fußball*: centro m

Fläschchen ['flɛʃçən] n (-s; -) frasco m

'**Flasche** ['flaʃə] f (-; -n) botella f; (*Säuglings*2) biberón m; F *fig* berzotas m; ~**nbier** n cerveza f embotellada; ~**nöffner** m abridor m; ~**npfand** n depósito m; ~**nwein** m vino m embotellado

flattern ['flatərn] (ge-, h u sn) *Vogel*: aletear; (h) *Fahne*: ondear

flau [flau] flojo (*a* ✝)

Flaum [flaum] m (-[e]s; *sin pl*) vello m; *Vögel*: plumón m; ♀ pelusilla f

Flaute ['flautə] f (-; -n) ♣ calma f (chicha); ✝ estancamiento m

'**Flecht|e** ['flɛçtə] f (-; -n) (*Haar*) trenza f; ✱ herpe(s) m; ♀ liquen m; 2**en** (flocht, geflochten, h) trenzar

Fleck [flɛk] m (-[e]s; -en) mancha f; (*Stelle*) sitio m, punto m; ~**en-entferner** m (-s; -) quitamanchas m; '~**fieber** n tifus m exantemático; '2**ig** manchado; '~**typhus** m → **Fleckfieber**

Fledermaus ['fleːdər-] f murciélago m

Flegel ['-gəl] m (-s; -) *fig* bruto m, mal educado m

flehen ['fleːən] (ge-, h) suplicar, implorar (*um et ac*)

Fleisch [flaiʃ] n (-[e]s; *sin pl*) carne f; '~**brühe** f caldo m, consomé m; '~**er** m (-s; -) carnicero m; '~**klößchen** n albóndiga f; '2**los** *Kost*: vegetariano, sin carne; '~**vergiftung** f botulismo m; '~**wolf** m triturador m de carne

Fleiß [flais] m (-es; *sin pl*) aplicación f, diligencia f; 2**ig** aplicado, trabajador

'**flicken** ['flikən] (ge-, h) remendar; 2**en** m (-s; -) remiendo m; *Reifen*: parche m; 2**zeug** n caja f de parches

Flieder ['fliːdər] m (-s; -) lila f

Fliege ['-gə] f (-; -n) *zo* mosca f (*a Bart*); (*Krawatte*) lazo m, pajarita f

'**fliegen** ['-gən] (flog, geflogen, sn) v/i volar; ir en avión; F *fig* ser despedido; *in die Luft* ~ hacer explosión; 2**gewicht** n *dep* peso m mosca; 2**klatsche** f matamoscas m; 2**pilz** ♀ m oronja f falsa

'**Flieger** ['-gər] m (-s; -) aviador m, piloto m; (*Flugzeug*) avión m; ~**in** f (-; -nen) aviadora f

fliehen ['fliːən] (floh, geflohen, sn) huir (*vor dat* de), fugarse

Fliese ['-zə] f (-; -n) baldosa f; (*Kachel*) azulejo m

'**Fließ|band** ['fliːs-] n (-[e]s; ⸚er) cadena f de montaje; 2**en** (floß, geflossen, sn) correr, fluir; ~ *durch* pasar por; 2**end** *Wasser*: corriente; *Stil*, *Verkehr*: fluido; ~ *sprechen* hablar con soltura

flimmern ['flimərn] (ge-, h) titilar, vibrar

flink [fliŋk] ágil; vivo

Flinte ['flintə] f (-; -n) escopeta f

flippern ['flipərn] (ge-, h) F jugar al millón

Flirt [flœrt, flirt] m (-s; -s) flirteo m; '2**en** (ge-, h) flirtear

'**Flitter** ['flitər] m (-s; *sin pl*) lentejuela f; ~**wochen** f/pl luna f de miel

Flocke ['flokə] f (-; -n) copo m

Floh [floː] m (-[e]s; ⸚e) pulga f; '~**markt** m mercadillo m (de viejo)

Flora ['floːra] f (-; Floren) flora f

Florett [flo'rɛt] n (-[e]s; -e) florete m

Floß [floːs] n (-es; ⸚e) balsa f

Flosse ['flɔsə] f (-; -n) aleta f

Flöte ['fløːtə] f (-; -n) flauta f

flott [flɔt] F *fig* elegante; (*schnell*) ágil; rápido; *Leben*: alegre; 2**e** f (-; -n) flota f; (*Kriegs*2) armada f

Fluch [fluːx] m (-[e]s; ⸚e) maldición f;

(*Kraftwort*) palabrota *f*, taco *m*; '**Ƨen** (ge-, h) jurar, maldecir
Flucht [fluxt] *f* (-; -en) huida *f*, fuga *f*; ***in die ~ schlagen*** poner en fuga
'**flücht|en** ['flyçtən] (ge-, sn) huir, escaparse; ***sich ~*** refugiarse; **~ig** *fig* fugaz, pasajero; (*oberflächlich*) superficial; **Ƨling** ['-liŋ] *m* (-s; -e) *pol* refugiado *m*
Flug [flu:k] *m* (-[e]s; ⸚e) vuelo *m*; '**~-abwehr** ⚔ *f* defensa *f* antiaérea; '**~bahn** *f* trayectoria *f*; '**~ball** *m* *Tennis*: volea *f*; '**~blatt** *n* octavilla *f*
Flügel ['fly:gəl] *m* (-s; -) ala *f*; (*Tür*Ƨ, *Fenster*Ƨ) hoja *f*, batiente *m*; ♪ piano *m* de cola
'**Flug|gast** ['flu:k-] *m* pasajero *m*; **~gesellschaft** *f* compañía *f* aérea; **~hafen** *m* aeropuerto *m*; **~kapitän** *m* comandante *m* (de a bordo); **~linie** *f* línea *f* aérea; **~lotse** *m* controlador *m* aéreo; **~lotsenstreik** *m* huelga *f* de (los) controladores aéreos; **~plan** *m* horario *m* de vuelo; **~platz** *m* aeródromo *m*; **~reise** *f* viaje *m* en avión; **~schein** *m* pasaje *m*, billete *m* de avión; **~schreiber** *m* caja *f* negra; **~sicherung** *f* control *m* aéreo *od* de vuelo; **~steig** *m* área *f* de embarque; **~ticket** *n* pasaje *m*; **~zeit** *f* duración *f* del vuelo
'**Flugzeug** *n* avión *m*; **~-entführer** *m* secuestrador *m* aéreo; **~-entführung** *f* secuestro *m* aéreo; **~träger** *m* porta(a)viones *m*
Flunder ['flundər] *f* (-; -n) *zo* platija *f*
Flur [flu:r] *m* (-[e]s; -e) pasillo *m*
Fluß [flus] *m* (-sses; ⸚sse) río *m*; **Ƨ-'abwärts** (**Ƨ-'aufwärts**) río *od* aguas abajo (arriba); '**~bett** *n* cauce *m*, lecho *m*; '**~fisch** *m* pez *m* de río
'**flüssig** ['flysiç] líquido (*a* ☤); fluido (*a Stil*, *Verkehr*); ☤ disponible; **Ƨkeit** *f* (-; -en) líquido *m*
flüstern ['flystərn] (ge-, h) cuchichear
Flut [flu:t] *f* (-; -en) marea *f* alta, pleamar *f*; *fig* torrente *m*, profusión *f*; '**~licht** *n* luz *f* difusa; '**~welle** *f* ola *f* de la marea
Föderalismus [fœdera'lismus] *m* (-; *sin pl*) federalismo *m*
Fohlen ['fo:len] *n* (-s; -) potro *m*
Föhn [fø:n] *m* (-[e]s; -e) viento *m* cálido del sur, foehn *m*
Föhre ⚘ ['fø:rə] *f* (-; -n) pino *m* (silvestre)
'**Folge** ['fɔlgə] *f* (-; -n) (*Reihe*) serie *f*; (*Aufeinander*Ƨ) sucesión *f*; (*Fortsetzung*) continuación *f*; (*Ergebnis*) consecuencia *f*; ***zur ~ haben*** tener por consecuencia; **Ƨn** (ge-, sn) (*dat*) seguir; (*nachfolgen*) suceder (***auf*** *ac* a); (*gehorchen*) obedecer; (*sich ergeben*) resultar (***aus*** de); **Ƨnd** siguiente; **Ƨndermaßen** ['--dərma:sən] como sigue; **Ƨrn** (ge-, h) concluir, deducir (***aus*** de); **~rung** *f* (-; -en) conclusión *f*, deducción *f*
'**folg|lich** ['fɔlkliç] por consiguiente, por (lo) tanto; **~sam** obediente
Folie ['fo:ljə] *f* (-; -n) hoja *f*
Folk ['fɔlk] *m* (-s; *sin pl*) folk *m*; **~lore** [-'lo:rə] *f* (-; *sin pl*) folklore *m*; **~'lore-abend** *m* velada *f* folklórica; '**~musik** *f* música *f* folk
'**Folter** ['fɔltər] *f* (-; -n) tortura *f*, tormento *m* (*a fig*); *fig* ***auf die ~ spannen*** tener en suspenso; **Ƨn** (ge-, h) torturar
Fön [fø:n] *Wz* *m* (-[e]s; -e) secador *m* de pelo *od* de mano
Fonds ☤ [fɔ̃] *m* (-; - [fɔ̃s]) fondo *m*
fönen ['fø:nən] (ge-, h) secar con secador de pelo *od* de mano
Fontäne [fɔn'tɛ:nə] *f* (-; -n) surtidor *m*
fordern ['fɔrdərn] (ge-, h) pedir (***et v j-m*** a/c a alg); *stärker*: exigir; *pol* reivindicar
'**förder|n** ['fœrdərn] (ge-, h) fomentar, promover; *j-n*: favorecer; ⚒ extraer; **Ƨung** *f* (-; -en) fomento *m*; ⚒ extracción *f*
Forderung ['fɔrdəruŋ] *f* (-; -en) exigencia *f*; *pol* reivindicación *f*; ☤ (***ausstehende***) **~en** créditos *m*/*pl*
Forelle [fo'rɛlə] *f* (-; -n) trucha *f*
Form [fɔrm] *f* (-; -en) forma *f*; (*Kuchen*Ƨ) molde *m*; (***gut, schlecht***) ***in ~ sn*** estar en (buena, baja) forma; **~alität** [-mali'tɛ:t] *f* (-; -en) formalidad *f*; *pl* trámites *m*/*pl*; **~at** [-'ma:t] *n* (-[e]s; -e) tamaño *m*; formato *m*; '**~blatt** *n* formulario *m*; '**~el** *f* (-; -n) fórmula *f*; **Ƨell** [-'mɛl] formal, ceremonioso; '**Ƨen** (ge-, h) formar (*a fig*)
förmlich ['fœrmliç] formal, ceremonioso
Formu|lar [fɔrmu'la:r] *n* (-[e]s; -e) impreso *m*, formulario *m*; **Ƨ'lieren** (h) formular
'**forsch|en** ['-ʃən] (ge-, h) investigar; buscar (***nach j-m*** a alg); **Ƨer** *m* (-s; -), **Ƨerin** *f* (-; -nen) investigador(a *f*) *m*; explorador(a *f*) *m*; **Ƨung** *f* (-; -en) investigación

F

f; exploración *f*; ²**ungs-auftrag** *m* encargo *m* de investigación; ²**ungszentrum** *n* centro *m* de investigación

Forst [fɔrst] *m* (-[e]s; -e[n]) bosque *m*; monte *m*

Förster ['fœrstər] *m* (-s; -) guarda *m* forestal, guardabosque *m*

Forstwirtschaft ['fɔrst-] *f* (-; *sin pl*) silvicultura *f*

fort [fɔrt]: ~ *sn j*: haberse ido *od* marchado; *er*: haber desaparecido; *in e-m* ~ sin interrupción, continuamente; *und so* ~ y así sucesivamente; etcétera; '~**bestehen** (*irr, sep,* h, →*bestehen*) persistir, perdurar, subsistir; ²**bildung(skurs** *m*) *f* (curs(ill)o *m* de) perfeccionamiento *m*; ²**dauer** *f* continuación *f*; ~**fahren** (*irr, sep,* -ge-, → *fahren*) **a**) (sn) salir (*nach* para); **b**) (h) continuar, seguir (*mit* con, *zu ger*); ~**gehen** (*irr, sep,* -ge-, sn, → *gehen*) marcharse; '~**geschritten** adelantado, avanzado; '~**laufend** seguido, continuo; ²**pflanzung** *f* (-; *sin pl*) biol reproducción *f*; '~**schaffen** (*sep,* -ge-, h) (*befördern*) llevar; ²**schritt** *m* (-[e]s; -e) progreso *m*; '~**schrittlich** avanzado; progresista; '~**setzen** (*sep,* -ge-, h) continuar, seguir; ²**setzung** *f* (-; -en) continuación *f*; ~ *folgt* continuará; '~**während** continuo, perpetuo; '~**werfen** (*irr, sep,* -ge-, h, →*werfen*) tirar

'**Foto** [foːto] *n* (-s; -s) foto *f*; ~**apparat** *m* máquina *f* fotográfica; ~**geschäft** *n* tienda *f* de artículos fotográficos; ~**graf** [--ˈgraːf] *m* (-en; -en) fotógrafo *m*; ~**grafie** [--graˈfiː] *f* fotografía *f*; ²**graˈfieren** (h) fotografiar; ~**grafin** [--ˈgraːfɪn] *f* (-; -nen) fotógrafa *f*; ~**koˈpie** *f* fotocopia *f*; ²**koˈpieren** (h) fotocopiar

Foul [faul] *n* (-s; -s) *dep* falta *f*

Foyer [foaˈjeː] *n* (-s; -s) foyer *m*

Fracht [fraxt] *f* (-; -en) ♣, ✈ flete *m*; 🚂 transporte *m*; (*Ladung*) carga *f*; ♣ cargamento *m*; (*Gebühr*) porte *m*; '~**brief** *m* carta *f* de porte; ♣ conocimiento *m*; '~**er** *m* (-s; -) carguero *m*, buque *m* de carga; ²**frei** franco de porte *bzw* ♣ de flete; '~**kosten** *pl* gastos *m/pl* de transporte; ♣ flete *m*; '~**schiff** *n s Frachter*

Frack [frak] *m* (-[e]s; ⸚e) frac *m*

'**Frage** ['fraːgə] *f* (-; -n) pregunta *f* (*stellen* hacer); (*Problem*) cuestión *f*, problema *m*; *in* ~ *stellen* poner en duda; *in* ~ *kommen* entrar en consideración; *das kommt nicht in* ~*!* ¡nada de eso!, ¡ni hablar!; ~**bogen** *m* cuestionario *m*; ²**n** (ge-, h) preguntar (*nach* por); (*ausfragen*) interrogar; *es fragt sich* queda por saber; ~**zeichen** *n* (signo *m* de) interrogación *f*

'**fraglich** ['fraːklɪç] en cuestión; (*unsicher*) incierto; '~**würdig** dudoso

Frakˈtion [frakˈtsjoːn] *f* (-; -en) *pol* grupo *m* parlamentario; ~**svorsitzende** *m* (-n; -n) jefe *m* del grupo parlamentario; ~**szwang** *m* disciplina *f* del voto

Franc ['frɑ̃] *m* (-; -[s]) franco *m* (*französischer, belgischer*) francés, belga)

'**Franken** ['fraŋkən] *m* (-s; -): *Schweizer* ~ franco *m* suizo

franˈkier|en [-ˈkiːrən] (h) franquear; ²**maschine** *f* máquina *f* de franquear

franko ['-ko] libre de porte

Franse ['franzə] *f* (-; -n) franja *f*

Franzˈ|ose [-ˈtsoːzə] *m* (-n; -n) francés *m*; ~**ösin** [-ˈtsøːzɪn] *f* (-; -nen) francesa *f*; ²**ösisch** [-ˈtsøːzɪʃ] francés

Frau [frau] *f* (-; -en) mujer *f*; señora *f* (*a Anrede*)

'**Frauen**|~**arzt** *m*, ~**ärztin** *f* ginecólogo *m*, -a *f*; ~**bewegung** *f* feminismo *m*; ~**klinik** *f* clínica *f* ginecológica

Fräulein ['frɔʏlaɪn] *n* (-s; -) señorita *f*

frech [frɛç] descarado, F fresco; '²**heit** *f* (-; -en) desfachatez *f*, F frescura *f*

frei [frai] libre (*von* de); exento (de); *Stelle*: vacante; *Beruf*: liberal; (*kostenlos*) gratuito; ✈ ~ *Haus* franco (a domicilio; ~*er Tag* día *m* libre *od* de asueto; *im* ²*en* al aire libre

'**Frei|bad** *n* piscina *f* al aire libre; ~**berufler** *m* (-s; -) profesional *m* liberal; ²**beruflich**: ~ *tätig sn* ejercer una profesión liberal; ~**exemplar** *n* ejemplar *m* gratuito; ~**gabe** *f* desembargo *m*, desbloqueo *m*; ²**geben** (*irr, sep,* -ge-, h, →*geben*) desembargar, desbloquear; *für den Verkehr* ~ abrir al tráfico; ²**gebig** ['-geːbɪç] liberal, generoso; ~**gepäck** *n* equipaje *m* libre, franquicia *f* de equipaje; ²**haben** (*irr, sep,* -ge-, h, →*haben*) tener libre; ~**hafen** *m* puerto *m* franco; ~**handel** *m* librecambio *m*; ~**handelszone** *f* zona *f* de librecambio

'**Freiheit** *f* (-; -en) libertad *f*; ²**lich** li-

fröstein

beral; ~**sstrafe** f pena f privativa de libertad

'**Frei|karte** f entrada f gratuita; ~**körperkultur** f (-; sin pl) (des)nudismo m; 2**lassen** (irr, sep, -ge-, h, → lassen) poner en libertad, soltar; ~**lassung** f (-; -en) puesta f en libertad; ~**lauf** m am Fahrrad: rueda f libre; 2**lich** claro, desde luego; ~**lichtbühne** f teatro m al aire libre; 2**machen** (sep, -ge-, h) & franquear; ~**maurer** m masón m; 2**mütig** ['-my:tiç] franco, sincero; adv con franqueza; ~**spruch** m absolución f; ~**stoß** m dep golpe m franco; ~**tag** m viernes m; ~**treppe** f escalinata f; ~**umschlag** m sobre m franqueado; 2**willig**, ~**willige** ['-viligə] m/f (-n; -n) voluntario m, -a f

Freizeit f tiempo m libre, (ratos m/pl de) ocio m; ~**angebot** n ofertas f/pl para el tiempo libre; ~**gestaltung** f aprovechamiento m del tiempo libre; ~**kleidung** f ropa f de tiempo libre

fremd [frɛmt] (unbekannt) desconocido; (seltsam) extraño; (orts~) forastero; (ausländisch) extranjero; '~**artig** extraño, raro; 2**e** ['-də] **1.** f: in der ~ en el extranjero; **2.** m/f (-n; -n) forastero m, -a f; (Ausländer) extranjero m, -a f

'**Fremden|führer(in** f) m ['frɛmdən-] guía su; ~**verkehr** m turismo m; ~**verkehrs-amt** n oficina f de turismo; ~**zimmer** n habitación f

Fremd|finanzierung ['frɛmt-] f financiación f ajena; ~**kapital** n capital m ajeno; ~**sprache** f idioma m extranjero, lengua f extranjera; ~**sprachensekretärin** f secretaria f con idiomas; 2**sprachlich** en idioma extranjero; Unterricht: de idiomas; ~**währung** f moneda f extranjera; ~**wort** n (-[e]s; ~er) extranjerismo m

Frequenz [fre'kvɛnts] f (-; -en) frecuencia f

Fresko ['frɛsko] n (-s; -ken) fresco m

fressen ['frɛsən] (fraß, gefressen, h) Tiere: comer; P tragar; Raubtier: devorar; 2**n** (-s; sin pl) comida f; P bazofia f

'**Freud|e** ['frɔydə] f (-; -n) alegría f (machen dar); placer m; **mit** ~**n** con mucho gusto; 2**ig** alegre; adv de buena gana

freuen ['-ən] (ge-, h): **sich** ~ alegrarse (**über** ac de); **sich** ~ **auf** (ac) esperar con ilusión; **es freut mich, daß** ... me alegro que ...; **das freut mich** lo celebro

Freund [frɔynt] m (-[e]s; -e) amigo m; (Anhänger) aficionado m (gen a); ~**in** ['-din] f (-; -nen) amiga f; 2**lich** ['frɔyntliç] amable; Wetter: agradable; Farbe: alegre; **das ist sehr ~ von Ihnen** es usted muy amable; '~**lichkeit** f (-; sin pl) amabilidad f, afabilidad f; ~**schaft** f (-; -en) amistad f; 2**schaftlich** amistoso

Frieden ['fri:dən] m (-s; sin pl) paz f (a fig); **im** ~ en tiempos de paz

'**Friedens|bewegung** f movimiento m pacifista; ~**nobelpreis** m Premio m Nobel de la Paz; ~**politik** f política f de paz

'**fried|fertig** ['fri:tfɛrtiç] pacífico; 2**hof** m cementerio m; ~**lich** pacífico, tranquilo; ~**liebend** amante de la paz

frieren ['fri:rən] (fror, gefroren, h) helar(se); j: tener frío; **es friert** hiela; **mich friert** tengo frío

Fries [fri:s] m (-es; -e) △ friso m

Frikadelle [frika'dɛlə] f (-; -n) hamburguesa f; ~**ssee** [--'se:] n (-s; -s) fricasé m

frisch [friʃ] fresco (a fig Wetter); (neu) nuevo; Wäsche: limpio; ~ **gestrichen!** ¡recién pintado!; 2**e** f (-; sin pl) frescura f, fresco m; fig vigor m

Friseu|r [fri'zø:r] m (-s; -e) peluquero m; ~**se** [-'zø:zə] f (-; -n) peluquera f

fri'sier|en [-'zi:rən] (h) peinar; 2**salon** m salón m de peluquería

Frist [frist] f (-; -en) plazo m; (Termin) término m; 2**los** sin (pre)aviso

Frisur [fri'zu:r] f (-; -en) peinado m

Frit|euse [-'tø:zə] f (-; -n) freidora f; 2**eren** [-'ti:rən] (h) freír

froh [fro:] contento (**über** ac de); (fröhlich) alegre; (glücklich) feliz

'**fröhlich** ['frø:liç] alegre; 2**keit** f (-; sin pl) alegría f

fromm [frɔm] piadoso; devoto

Fron|leichnam(sfest n) m [fro:n-] (-[e]s; sin pl) día m del Corpus m

Front [frɔnt] f (-; -en) △ fachada f; ✕ frente m (a Wetter); '~**antrieb** m tracción f delantera

Frosch [frɔʃ] m (-[e]); ~**e**) rana f; '~**mann** m (-[e]s; ~er) hombre-rana m

Frost [frɔst] m (-[e]s; ~e) helada f; '~**beule** f sabañón m

frösteln ['frœstəln] (ge-, h) tiritar de frío

'frost|ig ['frɔstɪç] frío (*a fig*); ⚹**schutzmittel** *n* anticongelante *m*

Frottee [frɔ'te:] *n od m* (-[s]; -s) (tejido *m* de) rizo *m*

frot'tier|en [-'ti:rən] (h) frotar; ⚹**tuch** *n* toalla *f* de rizo (esponjoso)

Frucht [fruxt] *f* (-; ⸚e) fruto *m* (*a fig*); '⚹**bar** fértil, fecundo (*a fig*); '⸚**barkeit** *f* (-; *sin pl*) fertilidad *f*, fecundidad *f*; '⸚**eis** *n* sorbete *m*; '⸚**los** *fig* inútil, infructuoso; '⸚**saft** *m* zumo *m* de fruta

früh [fry:] temprano; **heute** (**morgen**) ~ esta (mañana por la) mañana; **zu ~ kommen** llegar antes de tiempo; ⚹**e** *f*: **in aller ~** muy de madrugada; '⚹**e** **1.** *adj* (*ehemalig*) antiguo, ex...; (*vorhergehend*) precedente, anterior; **2.** *adv* antes; '⸚**estens** lo más pronto; ~ **morgen** no antes de mañana; '⚹**jahr** *n*, ⚹**ling** ['-lɪŋ] *m* (-s; -e) primavera *f*; '⸚**'morgens** de madrugada; '⸚**reif** precoz; '⚹**stück** *n* (-[e]s; -e) desayuno *m*; '⸚**stücken** (ge-, h) desayunar; '⚹**stücksbüfett** *n* buffet *m* de desayuno; '⚹**stücksfernsehen** *n* televisión *f* matutina; '⸚**zeitig** temprano; (*rechtzeitig*) a tiempo

Frust F [frust] *m* (-[e]s; *sin pl*) F frustre *m*; ⚹**rieren** [-'tri:rən] F frustrar

Fuchs [fuks] *m* (-es; ⸚e) zorro *m*; (*Pferd*) alazán *m*; '⸚**schwanz** *m* ⊙ serrucho *m*

Fuge ['fu:gə] *f* (-; -n) ⊙ juntura *f*; ♪ fuga *f*; **aus den ~n gehen** deshacerse (*a fig*)

füg|en ['fy:gən] (ge-, h): **sich ~** someterse (*in ac* a); '⸚**sam** ['fy:kza:m] dócil

'fühl|bar ['fy:lba:r] palpable; *fig* sensible; perceptible; ~**en** (ge-, h) (*tasten*) palpar; (*empfinden*) sentir; **sich wohl ~** sentirse bien; ⚹**er** *m* (-s; -) *zo* antena *f*

'führen ['fy:rən] (ge-, h) **1.** *v/t* conducir (*a auto*); llevar (*a Namen, Bücher, Leben usw*); (*leiten*) dirigir, guiar; ✈ pilotar; ⚔ *u* ⚓ mandar; *Ware*: tener, vender; **2.** *v/i* llevar, conducir; *bsd dep* estar en (*od* ir a la) cabeza; **zu nichts ~** no conducir a ninguna parte; ~**d** dirigente, líder

'Führer ['fy:rər] *m* (-s; -) conductor *m*; ✈ piloto *m*; (*Fremden*⚹) guía *m*; (*Buch*) guía *f*; (*Leiter*) jefe *m*, pol líder *m* (*a dep*); ~**in** *f* (-; -nen) conductora *f*; (*Fremden*⚹) guía *f*; ⸚**schein** *m* carnet *m* od permiso *m* de conducir

'Führung ['fy:ruŋ] *f* (-; *sin pl*) dirección *f*; (*Geschäfts*⚹) gerencia *f*; gestión *f*; *pol u dep* liderato *m*; ⚔ *u* ⚓ mando *m*; (*pl* -en) (*Besichtigung*) visita *f* guiada; **in ~ liegen** (**gehen**) estar (ponerse) en cabeza; ⸚**szeugnis** *n* certificado *m* de buena conducta

Fuhrunternehmen ['fu:r⸚-] *n* empresa *f* de transportes

'Füll|e ['fylə] *f* (-; *sin pl*) abundancia *f*; ⚹**en** (ge-, h) llenar; *gastr* rellenar; ~**en** (-s; -) *zo* potro *m*; ~**er** F *m* (-s; -), ⸚**federhalter** *m* (pluma *f*) estilográfica *f*; ~**ung** *f* (-; -en) relleno *m* (*a gastr*); (*Zahn*⚹) empaste *m*

Fund [funt] *m* (-[e]s; -e) hallazgo *m*

Fundament [-da'mɛnt] *n* (-[e]s; -e) fundamento *m* (*a fig*)

'Fund|büro ['funt-] *n* oficina *f* de objetos perdidos; ⸚**sache** *f* objeto *m* hallado

fünf [fynf] **1.** cinco; **2.** ⚹ *f* (-; -en) cinco *m*; '⸚**fach** quíntuplo; '⸚**hundert** quinientos; '⚹**kampf** *m dep* pentatlón *m*; '⸚**mal** cinco veces; ⚹**'sternehotel** *n* hotel *m* de cinco estrellas; ⚹**'tagewoche** *f* semana *f* inglesa; ⚹**tel** *n* (-s; -) quinto *m*; '⸚**tens** (en) quinto (lugar); ~**te** (-) quinto; '⸚**zehn** quince; ⸚**zig** ['-tsɪç] cincuenta

Funk [fuŋk] *m* (-s; *sin pl*) radio *f*; ~**amateur** *m* radioaficionado *m*

'Funke ['fuŋkə] *m* (-ns; -n) chispa *f* (*sprühen* echar); ⚹**n** (ge-, h) brillar, centellear; ⚹**n** (ge-, h) transmitir por radio; ~**n** *m* (-s; -) chispa *f*; ~**r** *m* (-s; -) radio(telegrafista) *m*

'Funk|haus *n* estación *f* emisora; ~**spruch** *m* radiograma *m*; ~**streife** (**nwagen** *m*) *f* (coche *m*) radiopatrulla *f*

Funktion [-'tsjo:n] *f* (-; -en) función *f*; ⚹**ieren** [-tsjo'ni:rən] (h) funcionar

für [fy:r] *Zweck, Bestimmung, Ziel*: para; (*um ... willen*) por; *Preis*: por; (*an Stelle von*) en lugar de, en vez de; (*zugunsten von*) a *od* en favor de; *Wort* **~** *Wort* palabra por palabra; *Tag* **~** *Tag* día tras día; **was ~ ein?** ¿qué (clase de)? (*a als Ausruf*); **das** ⚹ **und Wider** el pro y el contra

Furche ['furçə] *f* (-; -n) surco *m*

Furcht [furçt] *f* (-; *sin pl*) temor *m*, miedo *m* (**vor** *a*, de); '⚹**bar** terrible, horrible, tremendo

fürcht|en ['fyrçtən] (ge-, h) temer; *sich ~*

tener miedo (**vor** *dat* a); **~erlich** ['tərliç] terrible, horrible
'**furcht|los** ['furçtlo:s] sin miedo; **~sam** miedoso, medroso
füreinander [fyr⁾ain'andər] el uno para el otro; unos para otros
Furnier [fur'ni:r] *n* (-s; -e) chapa *f* de madera
Für|sorge ['fy:rzɔrgə] *f* (-; *sin pl*) asistencia *f*; *öffentliche*: asistencia *f* pública *bzw* social; **~sorger** *m* (-s; -), **~sorgerin** *f* (-; -nen) asistente *su* social; **~sprache** *f* intercesión *f*
Fürst [fyrst] *m* (-en; -en) príncipe *m*; **~entum** *n* (-s; ⁓er) principado *m*; '**~in** *f* (-; -nen) princesa *f*
Furt [furt] *f* (-; -en) vado *m*
Furunkel ✱ [fu'ruŋkəl] *m* (-s; -) furúnculo *m*, divieso *m*
Fürwort ['fy:r⁺] *n* (-[e]s; ⁓er) pronombre *m*
Furz V [furts] *m* (-es; ⁓e) pedo *m*; **2en** V (ge-, h) soltar un pedo
Fusion [fu'zjo:n] *f* (-; -en) fusión *f*; **2ieren** [-zjo'ni:rən] (h) fusionar
Fuß [fu:s] *m* (-es; ⁓e) pie *m* (*a fig*); *Tier, Möbel*: pata *f*; **zu** ~ a pie; '**~abtreter** *m* limpiabarros *m*

'**Fußball** *m* balón *m*; (*Spiel*) fútbol *m*; **~er** F *m* (-s; -) futbolista *m*; **~mannschaft** *f* (**~platz** *m*) equipo *m* (campo *m*) de fútbol; **~spiel** *n* partido *m* de fútbol; **~spieler(in** *f*) *m* futbolista *su*; **~toto** *n* quinielas *f/pl*
'**Fuß|boden** *m* piso *m*, suelo *m*; **~bremse** *f* freno *m* de pie; **~gänger** ['-gɛŋər] *m* (-s; -) peatón *m*; **~gänger-ampel** *f* semáforo *m* para peatones; **~gänger-überweg** *m* paso *m* de peatones; **~gängerzone** *f* zona *f* peatonal; **~marsch** *m* marcha *f* a pie, caminata *f*; **~note** *f* nota *f* (al pie de la página); **~pflege** *f* pedicura *f*; **~sohle** *f* planta *f* del pie; **~spur** *f* huella *f*, pisada *f*; **~tritt** *m* puntapié *m*, F patada *f*; **~weg** *m* camino *m* para peatones
Futter ['futər] *n* (-s; *sin pl*) alimento *m*; (*pl* -) (*Stoff* 2) forro *m*
Futteral [--'ra:l] *n* (-s; -e) estuche *m*
'**fütter|n** ['fytərn] (ge-, h) *Vieh*: echar de comer a; *Kind*: dar de comer a; *Kleid*: forrar; **2ung** *f* (-; -en) alimentación *f*
Futur [fu'tu:r] *n* (-s; *sin pl*) futuro *m*

G

G, g [ge:] *n* (-; -) G, g *f*; ♪ sol *m*; **G-Dur** sol mayor; **g-Moll** sol menor
Gabe [gɑ:bə] *f* (-; -n) regalo *m*; donativo *m*; *fig* don *m*, talento *m*
'**Gabel** ['-bəl] *f* (-; -n) ✗ horca *f*, horquilla *f* (*a Fahrrad* 2); (*Eß* 2) tenedor *m*; **2n** (ge-, h): *sich* ~ bifurcarse
gackern ['gakərn] (ge-, h) cacarear
'**gaff|en** ['gafən] (ge-, h) mirar boquiabierto; **2er** *m* (-s; -) mirón *m*
Gage ['gɑ:ʒə] *f* (-; -n) sueldo *m*, *fr* cachet *m*
gähnen ['gɛ:nən] (ge-, h) bostezar
Gala-abend ['gala⁾-] *m* gala *f*; *teat* función *f* de gala
galant [-'lant] galante
Galeere [-'le:rə] *f* (-; -n) galera *f*
Galerie [-ləˈri:] *f* (-; -n) galería *f*

'**Galgen** ['galgən] *m* (-s; -) horca *f*, patíbulo *m*; **~frist** *f* plazo *m* de gracia
Galicier [ga'li:tsjər] *m* (-s; -), **~ierin** *f* (-; -nen), **2isch** gallego *m*, -a *f*
'**Galle** [galə] *f* (-; *sin pl*) bilis *f*, hiel *f*; **~nblase** *f* vesícula *f* biliar; **~nstein** *m* cálculo *m* biliar
Galopp [-'lɔp] *m* (-s; -e, -s) galope *m*; **2'ieren** (sn) galopar
gamm|eln ['gaməln] (ge-, h) gandulear; **2ler** F *m* (-s; -lər) melenudo *m*
Gang [gaŋ] *m* (-[e]s; *sin pl*) (*Verlauf*) curso *m*; (*Gangart*) (modo *m* de) andar *m*; (*pl* ⁓e) (*Flur*) pasillo *m*; (*Spazier* 2) vuelta *f* (**machen** dar); (*Bewegung, bsd* ⊙) marcha *f*; *auto a*: velocidad *f*; (*Besorgung*) recado *m* (**machen** hacer); (*Mahlzeit*) plato *m*; **in vollem** ~**e** *sn*

gängig

estar en plena actividad; *in ~ bringen, setzen* poner en marcha; *auto im zweiten ~ fahren* ir en segunda

gängig ['gɛnɪç] corriente; ✝ de fácil salida

Gangschaltung ['ɡaŋʃaltʊŋ] f cambio m de marchas

Gangster ['ɡɛŋstər] m (-s; -) gángster m

Gangway ['-vei] f (-; -s) ✈ escalerilla f; ⚓ pasarela f

Ganove [ɡa'noːvə] m (-n; -n) tunante m, truhán m

Gans [gans] f (-; ⸚e) ganso m, oca f

Gänse|blümchen ['ɡɛnzəblyːmçən] n (-s; -) margarita f; **~braten** m ganso m asado; **~füßchen** ['-fyːsçən] n/pl comillas f/pl; **~haut** f fig carne f de gallina; **~leberpastete** f paté m de fuagrás; **~marsch** m: *im ~* en fila india

ganz [ɡants] **1.** *adj* entero; todo; (*heil*) intacto; (*vollständig*) completo; (*völlig*) total; *den ~en Tag* todo el día; *e-e ~e Woche* una semana entera; **2.** *adv* enteramente; completamente; totalmente; *vor adj u adv* muy; (*ziemlich*) bastante; *~ und gar* absolutamente; totalmente; *~ und gar nicht* de ningún modo, en absoluto; *nicht ~* no del todo; ²*e n* (-n; *sin pl*) conjunto m; todo m

Ganztagsarbeit ['ɡantstɑːksʔarbaɪt] f trabajo m de jornada entera

gar [ɡɑːr] **1.** *adj*: *~ sn* estar en su punto; **2.** *adv*: *~ nicht* en absoluto, de ningún modo; *~ nicht einfach* nada fácil; *~ nichts* absolutamente nada

Garage [ɡa'rɑːʒə] f (-; -n) garaje m

Garan'tie [-ran'tiː] f (-; -en) garantía f; ²**ren** (h) garantizar; **~schein** m certificado m de garantía

Garbe ['ɡarbə] f (-; -n) gavilla f

Garde'robe [-də'roːbə] f (-; -n) (*Raum*) guardarropa m; (*Flur*²) recibidor m (*mural*); (*sin pl*) (*Kleider*) ropa f, vestidos m/pl; **~nmarke** f ficha f del guardarropa; **~nständer** m percha f

Gardine [-'diːnə] f (-; -n) cortina f

gären ['ɡɛːrən] (gärte, gor, gegoren, h) fermentar

Garn [ɡarn] n (-[e]s; -e) hilo m

Garnele *zo* [ɡar'neːlə] f (-; -n) camarón m; *größere* gamba f

Garnison [-niˈzoːn] f (-; -en) guarnición f

Garnitur [-'tuːr] f (-; -en) (*Zs.gehöriges*) juego m; *~ Bettwäsche* juego m de cama

---

'**Garten** ['-tən] m (-s; ⸚) jardín m; (*Nutz*²) huerto m; **~geräte** n/pl útiles m/pl de jardinería; **~lokal** n restaurante m con jardín; **~möbel** n/pl muebles m/pl de jardín

Gärtner ['ɡɛrtnər] m (-s; -), **~in** f (-; -nen) jardinero m, -a f; (*Handels*²) horticultor(a f) m; **~ei** [-'raɪ] f (-; -en) horticultura f; jardinería f

Gärung ['ɡɛːrʊŋ] f (-; -en) fermentación f; *fig* efervescencia f

Gas [ɡɑːs] n (-es; -e) gas m; *auto ~ geben* acelerar; **~ wegnehmen** cortar *od* quitar el gas; '**~anzünder** m encendedor m de gas; '**~brenner** m mechero m de gas; '**~flasche** f bombona f de gas; '**~hahn** m llave f del gas; '**~hebel** m *auto* acelerador m; '**~heizung** f calefacción f de gas; '**~herd** m cocina f de gas; '**~maske** f careta f antigás; '**~pedal** n *auto* acelerador m

Gasse ['ɡasə] f (-; -n) calleja f, callejón m

Gast [ɡast] m (-[e]s; ⸚e) huésped m; invitado m; (*im Restaurant, Hotel*) cliente m; '**~arbeiter** m trabajador m extranjero

'**Gäste|buch** ['ɡɛstəbuːx] n álbum m de visitantes; **~haus** n casa f de huéspedes; **~zimmer** n cuarto m de huéspedes

'**gast|freundlich** ['ɡast-] hospitalario; ²**freundschaft** f (-; *sin pl*) hospitalidad f; ²**geber** m anfitrión m; ²**geberin** f anfitriona f; ²**haus** n, ²**hof** m fonda f, hostería f; ²**land** n país m de acogida; **~lich** hospitalario

Gastronomie [ɡastroˈmiː] f (-; *sin pl*) gastronomía f

'**Gast|stätte** ['ɡastʃtɛtə] f restaurante m; **~wirt** m fondista m; hostelero m; **~wirtschaft** f restaurante m

'**Gas|uhr** ['ɡɑːsʔuːr] f contador m de gas; **~vergiftung** f intoxicación f por gas(es); **~werk** n fábrica f de gas.

'**Gatt|ie** ['ɡatə] m (-n; -n) esposo m; **~in** f (-; -nen) esposa f

Gaul [ɡaʊl] m (-[e]s; ⸚e) caballo m; *desp* rocín m

Gaumen ['ɡaʊmən] m (-s; -) paladar m

Gauner ['-nər] m (-s; -) truhán m, estafador m, timador m; **~ei** [-'raɪ] f (-; -en) estafa f, timo m

Gazelle [ɡa'tsɛlə] f (-; -n) gacela f

Gebäck [ɡə'bɛk] n (-[e]s; -e) pastelería f, pasteles m/pl

Gebärde [-'bɛːrdə] f (-; -n) ademán m
ge'bär|en [-'bɛːrən] (gebar, geboren, h) parir; *Mensch*: dar a luz; **⁕mutter** f *anat* matriz f, útero m
Gebäude [-'bɔydə] n (-s; -) edificio m
Gebell [-'bɛl] n (-[e]s; *sin pl*) ladrido m
geben ['geːbən] (gab, gegeben, h) dar; (*reichen*) a pasar; (*über⁓*) entregar; (*gewähren*) conceder; *teat* representar; *Film*: poner; **es gibt** hay; **was gibt's?** ¿qué hay?; ¿qué pasa?; **es wird Regen ~** va a llover; **sich ~** (*aufhören*) cesar, calmarse
Geber ['geːbər] m (-s; -), **⁓in** f (-; -nen) (*Spender*) donador(a f) m
Gebet [gə'beːt] n (-[e]s; -e) oración f
Gebiet [-'biːt] n (-[e]s; -e) región f, zona f, territorio m; *fig* campo m, terreno m; **⁕erisch** [-'toriʃ] imperioso, categórico
Gebilde [-'bɪldə] n (-s; -) forma(ción) f; figura f; (*Erzeugnis*) creación f
ge'bildet culto, instruido
Ge'birg|e [-'bɪrgə] n (-s; -) montaña f; sierra f; **⁕ig** montañoso
Ge'birgs|bewohner [-'bɪrksbəwoːnər] m montañés m; **⁓zug** m cordillera f
Gebiß [-'bɪs] n (-sses; -sse) dentadura f (*künstliche*) postiza)
Gebläse [-'blɛːzə] n (-s; -) ⊙ soplete m; ventilador m
ge|blümt [-'blyːmt] floreado; **⁓bogen** [-'boːgən] curvo, encorvado
geboren [-'boːrən] nacido; **⁓ in** a natural de; **~ werden** nacer
Gebot [-'boːt] n (-[e]s; -e) mandamiento m (*a rel*); orden f; *Auktion*: postura f, *höheres*: puja f
ge'braten asado; *in der Pfanne*: frito
Ge'brauch [-'braʊx] m (-[e]s; *sin pl*) uso m; utilización f, empleo m; (*pl ⁓e*) (*Sitte*) costumbre f; **~ machen von** servirse de; **⁕en** (h) usar; utilizar, emplear; servirse de; **zu ~ sn** servir (**zu** para)
gebräuchlich [-'brɔyçlɪç] usual, en uso; (*allgemein*) corriente
Ge'brauchs|anweisung [-'braʊxs-] f instrucciones f/pl para el uso, modo m de empleo; **⁕fertig** listo para el uso
ge'braucht [-'braʊxt] usado; de ocasión; de segunda mano; **⁕wagen** m coche m usado *od* de segunda mano
Gebrüder [-'bryːdər] pl hermanos m/pl
Gebrüll [-'brʏl] n (-[e]s; *sin pl*) *Löwe*: rugido m; *fig* griterío m, vocerío m
Gebühr [-'byːr] f (-; -en) derecho m; tarifa f, tasa f; **~ bezahlt** porte pagado
ge'bühren (h) *j-m*: corresponder a; **⁓d** debido; conveniente; *adv* debidamente; **⁕einheit** f tel paso m (de contador); **⁕erhöhung** f aumento m de tasas; **⁓frei** exento de tasas; **⁕ordnung** f tarifa f; ✝ arancel m; **⁓pflichtig** [-'--pflɪçtɪç] sujeto a derechos; *Autobahn*: de peaje
gebunden [-'bʊndən] *Buch*: encuadernado; *fig* ligado
Ge'burt [-'bʊrt] f (-; -en) nacimiento m; **vor (nach) Christi ~** antes (después) de Jesucristo; **⁓enkontrolle** f control m de natalidad; **⁓enrückgang** m disminución f de la natalidad; **⁕enschwach** de baja natalidad; **⁕enstark** de alta natalidad; **⁓enziffer** f natalidad f
gebürtig [-'byrtɪç] natural (**aus** de)
Ge'burts|datum [ge'buːrts-] n fecha f de nacimiento; **⁓ort** m lugar m de nacimiento; **⁓tag** m cumpleaños m; **~ haben** cumplir años; **⁓urkunde** f partida f de nacimiento
Gebüsch [-'bʏʃ] n (-[e]s; -e) matorral m
Ge'dächtnis [-'dɛçtnɪs] n (-ses; -se) memoria f; (*Andenken*) recuerdo m; **zum ~ an** (*ac*) en memoria de; **⁓feier** f acto m conmemorativo
Gedanke [-'daŋkə] m (-ns; -n) pensamiento m; idea f; **kein ~!** ¡ni pensarlo!; ¡ni por pienso!; **sich ⁓n machen über** (*ac*) preocuparse por
ge'danken|los irreflexivo, inconsiderado; **⁕strich** m raya f
Gedärme [-'dɛrmə] n/pl intestinos m/pl, F tripas f/pl
Gedeck [-'dɛk] n (-[e]s; -e) cubierto m
gedeihen [-'daɪən] (gedieh, gediehen, sn) prosperar, desarrollarse
ge'denk|en (gedachte, gedacht, h) (*gen*) acordarse de; *ehrend*: conmemorar *ac*; (*beabsichtigen*) pensar (**zu** *inf*); **⁕feier** f acto m conmemorativo; **⁕stein** m (**⁕tafel** f) lápida f (placa f) conmemorativa; **⁕tag** m aniversario m
Gedicht [gə'dɪçt] n (-[e]s; -e) poesía f
gediegen [-'diːgən] *fig* sólido; formal
Gedränge [-'drɛŋə] n (-s; *sin pl*) (*Menschen⁕*) gentío m, muchedumbre f
Ge'duld [-'dʊlt] f (-; *sin pl*) paciencia f;

gedulden

ℒen [-'-dən] (h): *sich ~* tener paciencia; **ℒig** paciente, sufrido

geeignet [-'ʔaɪɡnət] apropiado, adecuado; *j:* apto (*für, zu* para)

Gefahr [-'faːr] *f* (-; -en) peligro *m*; (*Risiko*) riesgo *m*; *~ laufen zu* correr peligro *od* el riesgo de; *in ~ sn* estar en peligro; *auf die ~ hin, zu* a riesgo de

ge'fähr|den [-'fɛːrdən] (h) poner en peligro; comprometer; *~lich* peligroso, arriesgado

Gefährt|e [-'fɛːrtə] *m* (-n; -n), *~in* f (-; -nen) compañero *m*, -a *f*

Gefälle [-'fɛlə] *n* (-s; -) declive *m*, pendiente *f*; *a fig* desnivel *m*

gefallen [-'falən] **1.** *v/i* (gefiel, gefallen, h) gustar, agradar; *wie gefällt es Ihnen?* ¿qué le parece?; *sich et ~ lassen* tolerar a/c; **2.** ℒ *n:* ~ *finden an* tomar gusto a; **3.** ℒ *m* (-s; -) favor *m*; *j-m e-n ~ tun* hacer un favor a alg

ge'fällig [-'fɛlɪç] complaciente; agradable; *j-m ~ sn* complacer a alg; ℒ**keit** *f* (-; *sin pl*) complacencia *f* (*aus* por); (*pl* -en) (*Dienst*) favor *m*

ge'fangen [-'faŋən] prisionero; cautivo; ℒ**e** *m* (-n; -n) prisionero *m* (a ⚔); 🜀 preso *m*; *~nehmen* (*irr, sep*, -ge-, h, *~nehmen*) ⚔ hacer prisionero; ℒ**schaft** *f* (-; *sin pl*) ⚔ cautividad *f*, cautiverio *m*

Ge'fängnis [-'fɛŋnɪs] *n* (-ses; -se) cárcel *f*, prisión *f*; *~strafe* *f* (pena *f* de) prisión *f*; *~wärter* *m* carcelero *m*

Gefäß [-'fɛːs] *n* (-es; -e) vaso *m* (*a* 🜊), recipiente *m*

gefaßt [-'fast] sereno; *sich ~ machen auf* (*ac*) prepararse para

Gefecht [-'fɛçt] *n* (-[e]s; -e) combate *m*

Gefieder [-'fiːdər] *n* (-s; -) plumaje *m*

Geflecht [-'flɛçt] *n* (-[e]s; -e) trenzado *m*; (*Drahtℒ*) enrejado *m*

Ge'flügel [-'flyːɡəl] *n* (-s; *sin pl*) aves *f/pl* (de corral); *~handlung* *f* pollería *f*; *~zucht* *f* avicultura *f*

Geflüster [-'flʏstər] *n* (-s; *sin pl*) cuchicheo *m*

Gefolge [-'fɔlɡə] *n* (-s; -) séquito *m*

ge|fragt [-'fraːkt] † solicitado; *~fräßig* [-'frɛːsɪç] voraz, glotón

Gefreite ⚔ [-'fraɪtə] *m* (-n; -n) cabo *m*

ge'frier|en (gefror, gefroren, sn) helar(se), congelarse; ℒ**fach** *n* congelador *m*; ℒ**punkt** *m: unter dem ~* bajo cero; *~truhe* *f* congelador *m*

gefügig [-'fyːɡɪç] dócil; dúctil

Ge'fühl [-'fyːl] *n* (-[e]s; -e) sentimiento *m*; sensación *f*; (*Ahnung*) presentimiento *m*; (*~ssinn*) tacto *m*; (*Sinn*) sentido *m* (*für* de); ℒ**los** insensible (*gegen* a); ℒ**voll** sensible; sentimental

ge'gebenenfalls [-'ɡeːbənən-] dado el caso, eventualmente

gegen ['ɡeːɡən] (*ac*) contra; *Richtung, Zeit:* hacia; *Verhalten:* con, para con; *Tausch:* en cambio de; *Vergleich:* en comparación con; *~ Abend* hacia la noche; (*gut*) *~ ... Mittel:* (bueno) para *od* contra

'Gegen|angriff *m* contraataque *m*; *~befehl* *m* contraorden *f*; *~besuch* *m*: *j-m e-n ~ machen* devolver la visita a alg

Gegend ['ɡeːɡənt] *f* (-; -en) región *f*; comarca *f*; (*Landschaft*) paisaje *m*

gegen-ein-ander uno(s) contra otro(s)

'Gegen|fahrbahn *f* carril *m* contrario; *~gewicht* *n* contrapeso *m* (*a fig*); *~gift* *n* contraveneno *m*, antídoto *m*; *~licht* *n*: *bei ~* a contraluz; *~mittel* *n* remedio *m*, antídoto *m* (*a fig*); *~partei* 🜀 *f* parte *f* contraria; *~satz* *m* contraste *m*; oposición *f*; *im ~ zu* en contraposición a; ℒ**sätzlich** ['--zɛtslɪç] opuesto, contrario; *~seite* *f* lado *m* opuesto; 🜀 parte *f* contraria; *~seitig* mutuo, recíproco; *~seitigkeit* *f* (-; *sin pl*) reciprocidad *f*; mutualidad *f*; *auf ~* mutuo; *~spieler(in* *f*) *m* adversario *m*, -a *f*; *~stand* *m* objeto *m*; (*Thema*) asunto *m*, tema *m*; ℒ**ständlich** ['--[ʃ]tɛntlɪç] concreto; material; *~stimme* *f* voto *m* en contra; *~teil* *n* lo contrario; *im ~* al contrario

gegen-über 1. *adv* enfrente; **2.** *prp* (*dat*) enfrente de, frente a; (*verglichen mit*) comparado con; (*Verhalten*) para con, con; *~liegend* [-'--liːɡənt] de enfrente; *~stehen* (*irr, sep*, -ge-, h, *~ stehen*) (*dat*) estar enfrente de; *sich ~* estar frente a frente; *~stellen* (*sep*, -ge-, h) oponer; 🜀 confrontar; ℒ**stellung** *f* 🜀 confrontación *f*

'Gegen|verkehr *m* circulación *f* en sentido contrario; *~wart* ['--vart] *f* (-; *sin pl*) *j-s:* presencia *f*; (*Zeit*) actualidad *f*; *gram* presente *m*; ℒ**wärtig** ['--vɛrtɪç] presente; (*jetzt*) actual; *adv* actualmente; *~wehr* *f* (-; *sin pl*) defensa *f*, resistencia *f*; *~wert* *m* contravalor *m*, equivalente *m*; ~**wind** *m* viento *m* contrario; ⁀**zeichnen** (*sep*, -ge-, h) refrendar

'**Gegner** ['ge:gnər] *m* (-s; -), ~**in** *f* (-; -nen) adversario *m*, -a *f* (*a dep*); rival *su*

Gehackte [-'haktə] *n* (-n; *sin pl*) carne *f* picada

Gehalt [-'halt] **1.** *m* (-[e]s; -e) contenido *m* (*an dat* de), *fig* valor *m*, sustancia *f*; **2.** *n* (-[e]s; ⁀er) sueldo *m*; ~**s-abrechnung** *f* nómina *f*; ⁀**s-ansprüche** *m/pl* pretensiones *f/pl* económicas; ~**s-empfänger** *m* asalariado *m*; ~**s-erhöhung** *f* aumento *m* de sueldo; ~**sgruppe** *f* categoría *f* de sueldo; ~**s-konto** *n* domiciliación *f* de la nómina; ⁀**voll** sustancioso, sustancial

gehässig [-'hɛsɪç] hostil; odioso

Gehäuse [-'hɔyzə] *n* (-s; -) caja *f* (*a Uhr*⁀); (*Etui*) estuche *m*; *auto* cárter *m*

ge'heim [-'haɪm] secreto *m*; (*verborgen*) oculto; (*heimlich*) clandestino; ⁀**dienst** *m* servicio *m* secreto

Ge'heimnis [-'-nɪs] *n* (-ses; -se) secreto *m* (*offenes* a voces); misterio *m*; ⁀**voll** misterioso

Ge'heim|nummer *f* número *m* personal; ~**polizei** *f* policía *f* secreta

'**gehen** ['ge:ən] **1.** *v/i* (ging, gegangen, sn) ir (*nach, zu* a; *zu j-m* a casa de, a ver a); andar, marchar, caminar; ✆ funcionar; (*weg*~) irse, marcharse, salir; *rechts* ~ tomar la derecha; *gut* ~ ✝ *Ware*: venderse bien; *es geht mir gut* estoy bien; *falsch* ~ *Uhr*: andar mal; *wie geht es Ihnen?* ¿cómo está Vd.?, ¿cómo le va?; *wie geht's?* ¿qué tal?; *das geht nicht* no puede ser; ~ *auf Fenster*: dar a; ~ *durch* pasar por; ~ *in* (*ac*) entrar en; *ins Theater* ~ ir al teatro; ~ *über* (*ac*) atravesar; cruzar (*ac*); 🚗 pasar por; *es geht nichts über ...* (no hay) nada mejor que ...; *es geht um ...* se trata de ...; **2.** ⁀ *n* (-s; *sin pl*) marcha *f*; *dep* marcha *f* atlética; *das* ~ *fällt ihm schwer* le cuesta andar; ~**lassen** (*irr*, *sep*, *sin* -ge-, h, → *lassen*): *sich* ~ descuidarse

Geheul [-'hɔyl] *n* (-[e]s; *sin pl*) aullido *m*

Gehilf|e [-'hɪlfə] *m* (-n; -n), ~**in** *f* (-; -nen) ayudante *m*, -a *f*, asistente *m*, -a *f*

Ge'hirn [-'hɪrn] *n* (-[e]s; -e) cerebro *m*; ⚕ encéfalo *m*; ~**erschütterung** *f* conmoción *f* cerebral; ~**haut** *f* meninge *f*; ~**haut-entzündung** *f* meningitis *f*;

~**schlag** *m* apoplejía *f*; ~**wäsche** *f* lavado *m* de cerebro

gehoben [-'ho:bən] *Stellung, Stil*: elevado

Gehör [-'hø:r] *n* (-[e]s; *sin pl*) oído *m*; ~ *schenken* dar oídos; ~ *finden* ser escuchado

gehorchen [-'hɔrçən] (h) (*dat*) obedecer

ge'hör|en [-'hø:rən] (h) (*dat*) ser de, pertenecer a; formar parte (*zu* de); *das gehört mir* es mío; *das gehört nicht hierher* no es del caso; *das gehört sich nicht* eso no se hace; *wie es sich gehört* como es debido; ~**ig** (*passend*) conveniente; (*gebührend*) debido

gehorsam [-'ho:rza:m] **1.** *adj* obediente; **2.** ⁀ *m* (-s; *sin pl*) obediencia *f*

Geh|steig ['ge:ʃtaɪk] *m*, ~**weg** *m* acera *f*

Geier ['gaɪər] *m* (-s; -) buitre *m*

Geige ['gaɪgə] *f* (-; -n) violín *m*; ~ *spielen* tocar el violín; ~**r** *m* (-s; -), ~**rin** *f* (-; -nen) violinista *su*

geil [gaɪl] *j*: lascivo; F cachondo; (*toll*) chupi

Geisel ['-zəl] *f* (-; -n) rehén *m*; ~**nahme** ['--na:mə] *f* (-; -n) toma *f* de rehenes

Geißel ['-səl] *f* (-; -n) *fig* azote *m*

Geist [gaɪst] *m* (-es; -er) espíritu *m*; mente *f*; (*Witz*) ingenio *m*; (*pl* -er) (*Gespenst*) fantasma *m*, espectro *m*; *den* ~ *aufgeben* entregar el alma a Dios; *der Heilige* ~ el Espíritu Santo

Geister|bahn *f* túnel *m* de los sustos; ~**fahrer** *m* conductor *m* suicida *bzw* homicida

'**geistes|abwesend** ['-stəs-] distraído; ⁀**blitz** *m* salida *f*, ocurrencia *f*; ⁀**gegenwart** *f* presencia *f* de ánimo; ⁀**gestört** ['--gəʃtø:rt] perturbado (mental); ~**krank** enfermo mental; ⁀**wissenschaften** *f/pl* letras *f/pl*; humanidades *f/pl*; ⁀**zustand** *m* estado *m* mental

geistig [-'-ɪç] espiritual; mental, intelectual; *Getränk*: espirituoso

'**geistlich** ['-lɪç] espiritual; (*kirchlich*) eclesiástico, clerical; ♪ sagrado; ⁀**e** *m* (-n; -n) sacerdote *m*; clérigo *m*; *protestantischer*: pastor *m*

'**geist|los** ['-lo:s] falto de ingenio, insípido; ~**reich** ingenioso

Geiz [gaɪts] *m* (-es; *sin pl*) avaricia *f*; '~**hals** *m* avaro *m*; '⁀**ig** avaro

Gejammer [gə'jamər] *n* (-s; *sin pl*) lamentaciones *f/pl*

Geklapper [-'klapər] *n* (-s; *sin pl*) tableteo *m*
gekocht [-'kɔxt] cocido
gekonnt [-'kɔnt] *fig* logrado, bien hecho
Gekritzel [-'kritsəl] *n* (-s; *sin pl*) garrapatos *m/pl*, garabatos *m/pl*
gekünstelt [-'kynstəlt] artificial; afectado, amanerado
Gelächter [-'lɛçtər] *n* (-s; -) risa *f*, carcajada *f*; *in ~ ausbrechen* soltar una carcajada
gelähmt [-'lɛːmt] paralizado
Gelände [-'lɛndə] *n* (-s; -) terreno *m*; **~fahrzeug** *n* vehículo *m* (para) todo terreno; **2gängig** para todo terreno
Geländer [-'lɛndər] *n* (-s; -) (*Treppen2*) pasamano *m*
gelangen [-'-ən] (sn) llegar (**zu** a); conseguir, lograr (**zu et** a/c)
ge'lassen [-'lasən] sereno, impasible; **2heit** *f* (-; *sin pl*) serenidad *f*
Gelatine [ʒela'tiːnə] *f* (-; -n) gelatina *f*
geläufig [gə'lɔyfiç] corriente; (*vertraut*) familiar; *sprechen*: con soltura
gelaunt [-'launt]: *gut* (*schlecht*) ~ de buen (mal) humor
gelb [gɛlp] amarillo; **'~lich** amarillento; **'2sucht** *f* (-; *sin pl*) ictericia *f*
Geld [gɛlt] *n* (-[e]s; -er) dinero *m*, *Am* plata *f*; **~er** *pl* fondos *m/pl*; **~anlage** *f* inversión *f*; **~automat** *m* cajero *m* automático; **'~beutel** *m* monedero *m*; **'~buße** *f* multa *f*; '**~einwurf** *m* ranura *f* (para echar la moneda); **~geber** *m* socio *m* capitalista; inversor *m*; '**~institut** *n* instituto *m* bancario; '**~schein** *m* billete *m* de banco; '**~schrank** *m* caja *f* fuerte *od* de caudales; '**~strafe** *f* multa *f*; '**~stück** *n* moneda *f*; '**~umlauf** *m* circulación *f* monetaria; '**~umtausch** *m* cambio *m* de moneda; '**~wechsel** *m* cambio *m* (de moneda); '**~wert** *m* valor *m* monetario
Gelee [ʒɔ'leː] *n* (-s; -s) jalea *f*
gelegen [gə'leːgən] *örtlich*: situado, *bsd Am* ubicado; (*passend*) a propósito; *das kommt mir sehr ~* me viene de perlas
Ge'legenheit *f* (-; -en) ocasión *f*; *bei dieser ~* con este motivo; **~s-arbeit** *f* trabajo *m* ocasional *od* eventual; **~skauf** *m* ocasión *f*, F ganga *f*
gelegentlich [-'--tliç] *adj* ocasional; eventual; *adv* en ocasiones

gelehr|ig [-'leːriç] dócil; **~t, 2te** *m/f* (-n; -n) sabio *m*, -a *f*, erudito *m*, -a *f*
Geleit [-'lait] *n* (-[e]s; -e) séquito *m*; ✕ escolta *f*; *freies ~* salvoconducto *m*; **2en** (h) acompañar; ✕ escoltar
Ge'lenk [-'lɛŋk] *n* (-[e]s; -e) 🐾 articulación *f*; ⊙ juntura *f*
gelernt [-'lɛrnt] (*von Beruf*) de oficio
Geliebte [-'liːptə] *m/f* (-n; -n) amado *m*, -a *f*; *desp* amante *su*, querida *f*
gelingen [-'liŋən] **1.** *v/i* (gelang, gelungen, sn) salir bien; *es gelingt mir, zu* (*inf*) consigo (*inf*); *ihm gelingt alles* todo le sale bien; **2.** 2 *n* (-s; *sin pl*) éxito *m*
gellend [gɛlənt] estridente
geloben [gə'loːbən] (h) prometer (solemnemente)
'gelten ['gɛltən] (galt, gegolten, h) valer, ser válido; *Gesetz*: estar en vigor; *~ lassen* admitir, dejar pasar; *~ als* pasar por; *das gilt dir* eso va por ti; *das gilt nicht* eso no vale; **~d** vigente; *~ machen* hacer valer, alegar
'Geltung (-; *sin pl*) valor *m*; (*Gültigkeit*) validez *f*; (*Ansehen*) crédito *m*, prestigio *m*, autoridad *f*; *zur ~ bringen* hacer valer; *zur ~ kommen* resaltar
Gelübde [gə'lypdə] *n* (-s; -) voto *m*
ge'lungen [-'luŋən] logrado
gemächlich [-'mɛːçliç] *adv* despacio
Ge'mälde [-'mɛːldə] *n* (-s; -) cuadro *m*, pintura *f*; **~ausstellung** *f* (**~galerie** *f*) exposición *f* (museo *m*, galería *f*) de pinturas
ge'mäß [-'mɛːs] **1.** *adj* adecuado (a); **2.** *prp* (*dat*) según, conforme a; **~igt** [-'-siçt] moderado; *Klima*: templado
gemein [-'main] común; (*gewöhnlich*) ordinario, vulgar; (*niedrig*) vil, infame
Ge'meinde [-'də] *f* (-; -n) *Verwaltung*: municipio *m*; (*Pfarr2*) parroquia *f*; **~amt** *n* ayuntamiento *m*; **~rat** *m* concejo *m* municipal; (*Person*) concejal *m*; **~verwaltung** *f* administración *f* municipal; **~wahlen** *f/pl* elecciones *f/pl* municipales
Ge'mein|heit *f* (-; *sin pl*) bajeza *f*, infamia *f*; (*pl* -en) (*Handlung*) mala jugada *f*; **2nützig** [-'-nytsiç] de utilidad pública; **~platz** *m* tópico *m*, lugar *m* común; **2sam** común; colectivo; *adv* en común
Ge'meinschaft *f* comunidad *f*, colectivi-

Gerät

dad *f*; ℤ**lich** común, colectivo; **~s-antenne** *f* antena *f* colectiva
ge'messen [-'mɛsən] mesurado; (*ernst*) grave
Ge'misch [-'miʃ] *n* (-[e]s; -e) mezcla *f*; ℤt mezclado, mixto
Gemse ['gɛmzə] *f* (-; -n) gamuza *f*
Ge'müse [gə'my:zə] *n* (-s; -) verdura *f*, hortalizas *f/pl*, legumbres *f/pl*; **~garten** *m* huerto *m*; **~laden** *m* verdulería *f*
Ge'müt [-'my:t] *n* (-[e]s; -er) *sin pl* alma *f*, ánimo *m*, corazón *m*; ℤ**lich** *et*: agradable, acogedor, íntimo; (*bequem*) confortable; *j*: jovial; **es sich ~ machen** ponerse cómodo; **~s-art** *f* carácter *m*; índole *f*, temperamento *m*
Gen [ge:n] *biol n* (-s; -e) gen(e) *m*
ge'nau [gə'naʊ] exacto, preciso; (*sorgfältig*) minucioso; **~ um 8 Uhr** a las ocho en punto; **~ wie** lo mismo que, igual que; **es ~ nehmen** ser escrupuloso; **~ kennen** conocer a fondo; ℤ**igkeit** *f* (-; *sin pl*) exactitud *f*, precisión *f*; **~so: ~ ... wie** tan ... como
ge'nehmi|gen [-'ne:migən] (h) autorizar, permitir; ℤ**gung** *f* (-; -en) autorización *f*, aprobación *f*, permiso *m*; **~gungs-pflichtig** [-'---pfliçtiç] sujeto a autorización
geneigt [-'naɪkt] inclinado, *fig a* dispuesto (*zu* a)
Gene'ral [gene'ra:l] *m* (-s; -e, *≠e*) general *m*; **~direktor** *m* director *m* general; **~probe** *teat f* ensayo *m* general; **~streik** *m* huelga *f* general
Generation [--ra'tsjo:n] *f* (-; -en) generación *f*
Generator [--'ra:tɔr] *m* (-s; -en [--ra-'to:rən]) generador *m*
generell [--'rɛl] general
Genesung [gə'ne:zuŋ] *f* (-; *sin pl*) convalecencia *f*
gen|etisch [gə'ne:tiʃ] (-; genético; ℤ**forschung** ['ge:n-] *f* investigación *f* genética
genial [gen'ja:l] genial
Genick [gə'nik] *n* (-[e]s; -e) nuca *f*, cerviz *f*
Genie [ʒe'ni:] *n* (-s; -s) ingenio *m*, genio *m* (*a Person*)
genieren [-'ni:rən] (h): **sich ~** avergonzarse
genießen [gə'ni:sən] (genoß, genossen, h) saborear; *fig* disfrutar de, gozar de

Genitiv ['ge:niti:f] *m* (-s; -e) genitivo *m*
Ge'noss|e [gə'nɔsə] *m* (-n; -n), **~in** *f* (-; -nen) compañero *m*, -a *f*; camarada *su* (*a pol*); **~enschaft** *f* (-; -en) cooperativa *f*; ℤ**enschaftlich** cooperativo; **~enschaftsbank** *f* banco *m* cooperativo
genug [-'nu:k] bastante, suficiente; **~!** ¡basta!; **~ haben von** estar harto de
Ge'nüge [-'ny:gə] *f*: **zur ~** lo suficiente; ℤ**n** (h) bastar, ser suficiente; ℤ**nd** suficiente, bastante
genügsam [-'ny:kza:m] contentadizo, modesto
Genugtuung [-'nu:ktu:uŋ] *f* (-; *sin pl*) satisfacción *f* (**leisten** dar)
Genuß [gə'nus] *m* (-sses; *≠*sse) goce *m*, placer *m*, gozo *m*
Geograph|ie [geogra'fi:] *f* (-; *sin pl*) geografía *f*; ℤ**isch** [--'gra:fiʃ] geográfico
Geo|logie [--lo'gi:] *f* (-; *sin pl*) geología *f*; **~metrie** [--me'tri:] *f* (-; *sin pl*) geometría *f*
Ge'päck [gə'pɛk] *n* (-[e]s; *sin pl*) equipaje *m*; **~abfertigung** *f* facturación *f* de equipajes; **~annahme** *f* recepción *f* de equipajes; **~aufbewahrung** *f* consigna *f*; **~ausgabe** *f* entrega *f* de equipajes; **~kontrolle** *f* control *m* de equipajes; **~netz** *n* rejilla *f*; **~schalter** *f* taquilla *f* de equipajes; **~schein** *m* resguardo *f* (de consigna); **~stück** *m* bulto *m*; **~träger** *m* portaequipajes *m*; (*Person*) mozo *m* (de estación); **~versicherung** *f* seguro *m* de equipajes; **~wagen** *m* furgón *m*
gepfeffert [-'pfɛfərt] *fig Preis*: exorbitante; *Witz*: verde
ge'rade [-'ra:də] **1.** *adj* recto (*a fig*); *Haltung*: derecho (*a fig*); (*unmittelbar*) directo; *Zahl*: par; **2.** *adv* (*genau*) precisamente; (*soeben*) ahora mismo; **~ dabei sn zu** *inf* estar + *ger*; **ich wollte ~ ...** estaba a punto de ...; **er ist ~ (an)gekommen** acaba de llegar; **3.** ℤ *f* (-; -n) 𝐀 *u dep* recta *f*; **~'aus** (*immer*) ~ (todo) derecho, todo seguido; **~her'aus** francamente, con franqueza; **~stehen** (*irr, sep*, -ge-, h, →**stehen**) *fig* responder (**für** de); **~wegs** [-'--ve:ks] derecho, directamente; **~zu** verdaderamente
Geranie ℤ [-'ra:njə] *f* (-; -n) geranio *m*
Gerät [-'rɛ:t] *n* (-[e]s; -e) utensilio *m*; (*Apparat*) aparato *m*

geraten [-'rɑːtən] (geriet, geraten, sn) (*gelangen*) llegar (**nach** *dat*, **in** *ac* a), ir a parar (a); (*gelingen*) salir bien; **außer sich ~** perder los estribos; **~ in** (*ac*) caer en; **in Schwierigkeiten ~** encontrar dificultades

Geräteturnen [-'rɛːtəturnən] *n* gimnasia *f* con aparatos

Geratewohl [-rɑːtə'voːl] *n*: **aufs ~** al azar, a lo que salga

geräumig [-'rɔymiç] espacioso; amplio

Ge'räusch [-'rɔyʃ] *n* (-[e]s; -e) ruido *m*; **2los** silencioso, sin ruido; **2voll** ruidoso

gerben ['gɛrbən] (ge-, h) curtir

gerecht [-'rɛçt] justo; *Strafe*: merecido; **~ werden** *dat*: hacer justicia a alg; **2igkeit** *f* (-; *sin pl*) justicia *f*

Gerede [-'reːdə] *n* (-s; *sin pl*) habladurías *f/pl*, chismes *m/pl*

gereizt [-'raitst] irritado

Ge'richt [-'riçt] *n* (-[e]s; -e) **1.** ⚖ tribunal *m*; *niederes*: juzgado *m*; *höheres*: audiencia *f*, *Am* corte *f*; **vor ~** en juicio; **vor ~ bringen** llevar a juicio; **2.** (*Speise*) plato *m*; **2lich** ⚖ judicial

Ge'richts|akten [-'riçtsˀaktən] *f/pl* autos *m/pl*; **~barkeit** *f* (-; *sin pl*) jurisdicción *f*; **~gebäude** *n* Palacio *m* de Justicia; **~stand** *m* tribunal *m* competente; **~verhandlung** *f* vista *f* (de una causa); **~vollzieher** [-'-fɔltsiːər] *m* (-s; -) agente *m* ejecutivo; **~weg** *m* vía *f* judicial

ge'ring [-'riŋ] pequeño; (*fügig*) insignificante; (*wenig*) poco, escaso; **~er** menor; inferior (**als** a); **nicht im ~sten** de ninguna manera; **~schätzig** [-'-ʃɛtsiç] desdeñoso; *Ton*: despectivo

gerinnen [-'rinən] (gerann, geronnen, sn) *Blut*: coagularse; *Milch*: cuajarse

gerissen [-'risən] *fig* taimado, astuto, zorro

Ger'man|en [gɛr'mɑːnən] *m/pl* germanos *m/pl*; **2isch** germano; germánico

gern(e) ['gɛrn(ə)] con mucho gusto, de buena gana; **ich lese ~** me gusta leer; **j-n ~ haben** querer a alg; **~ geschehen!** de nada; **ich möchte ~** quisiera

Gerste ['gɛrstə] *f* (-; -n) cebada *f*

Gerte ['gɛrtə] *f* (-; -n) vara *f*

Geruch [gə'rux] *m* (-[e]s; ⁻e) olor *m*; (*sin pl*) (*Sinn*) olfato *m*

Gerücht [-'ryçt] *n* (-[e]s; -e) rumor *m*; **es geht das ~** corre el rumor *od* la voz

Gerümpel [-'rympəl] *n* (-s; *sin pl*) cachivaches *m/pl*, trastos *m/pl* viejos

Gerundium *gram* [ge'rundjum] *n* (-s; -dien) gerundio *m*

Gerüst [-'ryst] *n* (-[e]s; -e) (*Bau*⚙) andamio *m*, *a fig* armazón *f*

gesalzen [-'zaltsən] salado

ge'samt [-'zamt] total, entero; **2ausgabe** *f* edición *f* completa; **2heit** *f* (-; *sin pl*) totalidad *f*, conjunto *m*; **2schule** *f* escuela *f* integrada; **2summe** *f* total *m*

Ge'sandt|e [-'zantə] *m* (-n; -n) enviado *m*; *pol* ministro *m* (plenipotenciario); **~schaft** *f* (-; -en) legación *f*

Ge'sang [-'zaŋ] *m* (-[e]s; ⁻e) canto *m*; **~verein** *m* orfeón *m*, coral *f*

Gesäß [-'zɛːs] *n* (-es; -e) nalgas *f/pl*

Ge'schäft [-'ʃɛft] *n* (-[e]s; -e) (*Handel*) negocio *m*; transacción *f*; (*Laden*) tienda *f*; (*Firma*) casa *f*; **ein ~ abschließen** cerrar un trato; **2lich** comercial; *adv* por asuntos de negocio

Ge'schäfts|abschluß *m* conclusión *f* de un negocio; **~anteil** *m* participación *f*; **~aufgabe** *f* liquidación *f od* cese *m* del negocio; **~brief** *m* carta *f* comercial; **~frau** *f* mujer *f* de negocios; **~freund** *m* corresponsal *m*; **~führer(in** *f*) *m* gerente *su*, administrador(a *f*) *m*; **~führung** *f* gerencia *f*, gestión *f*; **~jahr** *n* ejercicio *m*; **~leitung** *f* dirección *f*; **~mann** *m* (-[e]s; -leute) hombre *m* de negocios, comerciante *m*; **~ordnung** *f* reglamento *m*; **~papiere** *n/pl* papeles *m/pl* de negocio; **~reise** *f* viaje *m* de negocios; **~stelle** *f* oficina *f*; **~stunden** *f/pl* horas *f/pl* de oficina *od* de despacho; horario *m* comercial; **~träger** *m pol* encargado *m* de negocios; **~verbindung** *f* relación *f* comercial; **~viertel** *n* barrio *m* comercial; **~zeit** *f s* **~stunden**

geschehen [-'ʃeːən] **1.** *v/i* (geschah, geschehen, sn) suceder, ocurrir, pasar; **was auch ~ mag** pase lo que pase; **2.** 2 *n* (-s; *sin pl*) suceso *m*, acontecimiento *m*

gescheit [-'ʃait] inteligente, sensato

Geschenk [-'ʃɛŋk] *n* (-[e]s; -e) regalo *m*

Ge'schicht|e [-'ʃiçtə] *f* (-; *sin pl*) historia *f*; (*Erzählung*) cuento *m*; **2lich** histórico

Ge'schick|lichkeit [-'ʃiklɪçkaɪt] *f* (-; *sin pl*) habilidad *f*, destreza *f*; **2t** hábil, mañoso; **sich ~ anstellen** darse maña

geschieden [gə'ʃiːdən] divorciado

Ge'schirr [-'ʃir] n (-[e]s; -e) vajilla f; (Kaffee2, Tee2) juego m, servicio m; **~spülmaschine** f lavaplatos m, lavavajillas m; **~tuch** n paño m de cocina

Ge'schlecht [-'ʃleçt] n (-[e]s; -er) sexo m; gram género m; (Abstammung) familia f, linaje m, raza f; 2**lich** sexual

Ge'schlechts|krankheit f enfermedad f venérea; **~teile** m/pl genitales m/pl; **~verkehr** m relaciones f/pl sexuales; **~wort** n (-[e]s; -er) gram artículo m

geschlossen [-'ʃlɔsən] cerrado; teat **~!** no hay función

Ge'schmack [-'ʃmak] m (-[e]s; "e, F "er) sabor m; gusto m (a fig); **~ finden an** (dat) tomar gusto a; 2**los** insípido, soso; fig cursi, de mal gusto; **~losigkeit** f (-; sin pl) fig mal gusto m, falta f de gusto; **~(s)sache** f cuestión f de gusto; **~(s)sinn** m gusto m; 2**voll** de buen gusto

geschmeidig [-'ʃmaidiç] flexible; ágil

Geschöpf [-'ʃœpf] n (-[e]s; -e) criatura f

Ge'schoß [-'ʃɔs] n (-sses; -sse) proyectil m; △ piso m, planta f

Geschrei [-'ʃraɪ] n (-[e]s; sin pl) gritos m/pl, voces f/pl

Geschütz [-'ʃyts] n (-es; -e) cañón m

Geschwader [-'ʃvɑːdər] n (-s; -) ♣ escuadra f; ✈ escuadrón m

Ge'schwätz [-'ʃvɛts] n (-es; sin pl) parloteo m; chismes m/pl; 2**ig** locuaz, hablador, parlanchín

geschweige [-'ʃvaɪgə]: **~ denn** y mucho menos; por no hablar de

ge'schwind [-'ʃvɪnt] rápido, veloz; 2**igkeit** [-'dɪçkaɪt] f (-; -en) velocidad f, rapidez f; 2**igkeitsbeschränkung** f limitación f de velocidad; 2**igkeitsmesser** m auto tacómetro m; 2**igkeitsüberschreitung** f exceso m de velocidad

Geschwister [-'ʃvɪstər] pl hermanos m/pl

geschwollen [-'ʃvɔlən] fig ampuloso

Geschworene [-'ʃvoːrənə] m/f (-n; -n) jurado m, -a f

Geschwulst ✱ [-'ʃvʊlst] f (-; "e) tumor m; (Schwellung) hinchazón f

Geschwür ✱ [-'ʃvyːr] n (-[e]s; -e) úlcera f

Ge'sell|e [-'zɛlə] m (-n; -n) compañero m; (Handwerks2) oficial m; **~enbrief** m etwa: certificado m de oficial; **~enprüfung** f etwa: examen m de oficial; 2**ig** sociable; social

Ge'sellschaft [-'zɛlʃaft] f (-; -en) compañía f (a ✝); sociedad f (a ✝); (Vereinigung) reunión f; (Abend2) velada f; **~ leisten** hacer compañía; **~er** m (-s; -) ✝ socio m, asociado m; 2**lich** social

Ge'sellschafts|ordnung f orden m social; **~politik** f política f social; **~reise** f viaje m colectivo; **~schicht** f capa f od estrato m social; **~spiel** n juego m de sociedad; **~system** n sistema m social

Ge'setz [-'zɛts] n (-es; -e) ley f; **~buch** n código m; **~eskraft** f fuerza f legal; 2**gebend** legislativo; **~geber** m legislador m; **~gebung** f (-; -en) legislación f; 2**lich** legal; 2**los** anárquico; 2**mäßig** legítimo; fig regular

gesetzt [-'zɛtst] fig serio, grave; **~ (den Fall), daß** supongamos que (subj)

ge'setzwidrig ilegal

Gesicht [-'zɪçt] n (-[e]s; -er) cara f; **zu ~ bekommen** (llegar a) ver; **ein langes ~ machen** quedar con un palmo de narices; **das ~ wahren** salvar la cara

Ge'sichts|farbe f tez f; **~kreis** m horizonte m; **~punkt** m punto m de vista; **~wasser** n loción f facial; **~zug** m rasgo m, pl facciones f/pl

Gesindel [-'zɪndəl] n (-s; sin pl) chusma f, canalla f

gesinnt [-'zɪnt]: **j-m freundlich ~ sn** sentir simpatía hacia alg; **feindlich ~** hostil

Gesinnung [-'zɪnʊŋ] f (-; -en) opinión f, convicción f

gesittet [-'zɪtət] civilizado

Gesöff [-'zœf] F n (-[e]s; -e) brebaje m

gespannt [-'ʃpant] a fig tenso, tirante; **~ sn auf** (ac) estar curioso por saber; estar ansioso de

Gespenst [-'ʃpɛnst] n (-[e]s; -er) fantasma m, espectro m

Gespött [-'ʃpœt] n (-[e]s; sin pl) burla f; ironía f; **(sich) zum ~ machen** poner(se) en ridículo

Ge'spräch [-'ʃprɛːç] n (-[e]s; -e) conversación f; tel conferencia f, llamada f; 2**ig** comunicativo, locuaz; **~s-partner(in)** f m interlocutor(a) f m

Ge'stalt [-'ʃtalt] f (-; -en) forma f, figura f; (Wuchs) estatura f; lit personaje m; 2**en** (h) formar; crear; organizar; **~ung**

geständig [-'ʃtɛndiç] confeso; ~ **sn** confesar; **2nis** [-'ʃtɛntnis] *n* (-ses; -se) confesión *f*; *ein* ~ *ablegen* confesar

Gestank [-'ʃtaŋk] *m* (-[e]s; *sin pl*) hedor *m*, mal olor *m*

gestatten [-'ʃtatən] (h) permitir, autorizar; ~ *Sie!* con su permiso

Geste ['gɛstə] *f* (-; -n) ademán *m*; *fig* detalle *m*, rasgo *m*

gestehen [gə-'ʃte:ən] (gestand, gestanden, h) confesar

Gestein [-'ʃtaɪn] *n* (-[e]s; -e) roca *f*

Gestell [-'ʃtɛl] *n* (-[e]s; -e) (*Bock*) caballete *m*; (*Fuß2*) pedestal *m*; (*Regal*) estante *m*

gestern ['gɛstərn] ayer; ~ *morgen* ayer por la mañana; ~ *abend* anoche

Gestirn [gə-'ʃtɪrn] *n* (-[e]s; -e) astro *m*

gestorben [-'ʃtɔrbən] muerto

gestreift [-'ʃtraɪft] rayado, listado

gestrig ['gɛstrɪç] de ayer

Gestrüpp [gə-'ʃtrʏp] *n* (-[e]s; -e) matorral *m*, maleza *f*

Gestüt [-'ʃty:t] *n* (-[e]s; -e) acaballadero *m*

Ge'such [-'zu:x] *n* (-[e]s; -e) instancia *f*, solicitud *f*; (*Bittschrift*) petición *f*; 2t † demandado, solicitado; (*geziert*) rebuscado

ge'sund [-'zʊnt] sano; (*heilsam*) saludable (*a fig*), salubre; ~ *werden* = ~*en* [-'-dən] (sn) sanar, curarse

Ge'sundheit [-'zʊnthaɪt] *f* (-; *sin pl*) salud *f*; salubridad *f*; *~! beim Niesen*: ¡Jesús!; *bei guter* ~ bien de salud; 2**lich** higiénico, sanitario; *wie geht's Ihnen* ~*?* ¿cómo va de salud?; ~**s-amt** *n* delegación *f* de sanidad; ~**sgefährdend**, 2**sschädlich** perjudicial para la salud; ~**s-politik** *f* política *f* sanitaria; ~**swesen** *n* sanidad *f*; ~**szeugnis** *n* certificado *m* de sanidad; ~**szustand** *m* estado *m* de salud

Gesundung [-'-dʊŋ] *f* (-; *sin pl*) restablecimiento *m* (*a fig*), *fig* saneamiento *m*

Getöse [-'tø:zə] *n* (-s; *sin pl*) estrépito *m*, estruendo *m*, fragor *m*

Ge'tränk [-'trɛŋk] *n* (-[e]s; -e) bebida *f*; ~**-automat** *m* máquina *f* automática de bebidas; ~**ekarte** *f* carta *f* de vinos

getrauen [-'traʊən] (h): *sich* ~ *zu* atreverse a

Ge'treide [-'traɪdə] *n* (-s; -) cereales *m/pl*; ~**bau** *m* (-[e]s; *sin pl*) cultivo *m* de cereales; ~**ernte** *f* cosecha *f* de cereales

getrennt [-'trɛnt] separado; *adv* aparte; *zahlen*: por separado; ~ *leben* vivir separados

getreu(lich) [-'trɔy(liç)] fiel, leal

Ge'triebe [-'tri:bə] *n* (-s; -) ☼ engranaje *m*; *auto* caja *f* de cambios; ~**öl** *n* aceite *m* de la caja de cambios; ~**schaden** *m* avería *f* de la caja de cambios

Getue [gə-'tu:ə] *n* (-s; *sin pl*) afectación *f*, aspavientos *m/pl*

Gewächs ['-vɛks] *n* (-es; -e) planta *f*; ✱ tumor *m*

gewachsen [-'vaksən]: *gut* ~ de buen tipo; *fig j-m (e-r Sache)* ~ *sn* estar a la altura de alg (a/c)

Gewächshaus ['-vɛkshaʊs] *n* invernadero *m*

gewagt [-'va:kt] arriesgado, atrevido

Gewähr [-'vɛːr] *f* (-; *sin pl*) garantía *f*; seguridad *f*; *ohne* ~ sin garantía, sin compromiso

ge'währ|en [-'vɛːrən] (h) conceder, otorgar; *Bitte*: acceder a; ~ *lassen* dejar hacer; ~**leisten** (h) garantizar

Gewahrsam [-'vaːrzaːm] *m* (-s; *sin pl*) custodia *f*; *in* ~ bajo custodia

Ge'walt [-'valt] *f* (-; -en) (*Macht*) poder *m*; autoridad *f*; (*sin pl*) (*Zwang*) fuerza *f*, violencia *f*; *höhere* ~ fuerza *f* mayor; *mit* ~ a la fuerza; *mit aller* ~ *fig* a todo trance; ~ *anwenden* valerse de la fuerza; *die* ~ *verlieren über* (*ac*) perder el control de; 2**ig** poderoso; *fig* enorme; 2**sam** violento, brutal; *adv* a la fuerza; 2**tätig** violento, brutal

ge'wandt [-'vant] (*flink*) ágil, ligero; (*geschickt*) hábil, diestro; 2**heit** *f* (-; *sin pl*) agilidad *f*; habilidad *f*, destreza *f*

Ge'wässer [-'vɛsər] *n* (-s; -) agua *f*/*pl*; ~**schutz** *m* protección *f* de las aguas

Gewebe [-'ve:bə] *n* (-s; -) tejido *m*

Gewehr [-'veːr] *n* (-[e]s; -e) fusil *m*; (*Jagd2*) escopeta *f*

Geweih [-'vaɪ] *n* (-[e]s; -e) cornamenta *f*

Ge'werbe [-'vɛrbə] *n* (-s; -) industria *f*; (*Beruf*) oficio *m*; ~**aufsicht** *f* inspección *f* industrial; ~**freiheit** *f* libertad *f* profesional; ~**genehmigung** *f* licencia *f* profesional; ~**schein** *m* licencia *f* (de oficio)

ge'werb|lich [-'vɛrplɪç] industrial; **~mäßig** profesional

Ge'werkschaft [-'vɛrkʃaft] *f* (-; -en) sindicato *m*; **~(l)er** *m* (-s; -), **~(l)erin** *f* (-; -nen) sindicalista *su*; **2lich** sindical(ista); **~sbund** *m* confederación *f* de sindicatos; **~svertreter** *m* representante *m* sindical

Ge'wicht [-'viçt] *n* (-[e]s; -e) peso *m*; (*~sstein*) pesa *f*; *nach ~* al peso; *~ legen auf* (*ac*) dar importancia a; **~heben** *n dep* levantamiento *m* de pesos, halterofilia *f*; **2ig** *fig* de (mucho) peso, importante

Gewimmel [-'vɪməl] *n* (-s; *sin pl*) hormigueo *m*, hervidero *m*

Gewinde [-'vɪndə] *n* (-s; -) ⊕ rosca *f*, filete *m*

Ge'winn [-'vɪn] *m* (-[e]s; -e) ganancia *f*; ✝ beneficio *m*; (*Lotterie2*) premio *m*; **~ausschüttung** *f* reparto *m* de beneficios; **2beteiligung** *f* participación *f* en los beneficios; **2bringend** provechoso, lucrativo; **2en** (gewann, gewonnen, h) ganar; ✗ extraer; (*erlangen*) conseguir, obtener; **2end** *fig* simpático; **~er** *m* (-s; -), **~erin** *f* (-; -nen) ganador(a *f*) *m*; vencedor(a *f*) *m*; *bei Preisausschreiben, Toto usw*: acertante *su*; **~spanne** *f* margen *f* de beneficios; **~ung** *f* (-; *sin pl*) obtención *f*; ✗ extracción *f*

gewiß [-'vɪs] **1.** *adj* cierto, seguro; *ein gewisser Martínez* un tal Martínez; **2.** *adv* seguramente; *aber ~!* ¡claro que sí!

Ge'wissen [-'vɪsən] *n* (-s; -) conciencia *f*; **2haft** escrupuloso, concienzudo; *adv* a conciencia; **2los** sin escrúpulo(s); **~sbisse** *m/pl* remordimientos *m/pl*

gewissermaßen [-visər'maːsən] en cierto modo

Gewißheit [-'vɪshaɪt] *f* (-; *sin pl*) certeza *f*, seguridad *f*

Ge'witt|er [-'vɪtər] *n* (-s; -) tormenta *f*; **2rig** [-'-rɪç] tormentoso

gewitzt [-'vɪtst] listo, astuto

gewöhnen [-'vøːnən] (h): (*sich*) *~ an* (*ac*) acostumbrar(se) a, habituar(se) a

Ge'wohnheit [-'voːnhaɪt] *f* (-; -en) costumbre *f*; *aus ~* por costumbre; **2smäßig** habitual; **~srecht** *n* derecho *m* consuetudinario; **~s-trinker** *m* bebedor *m* habitual

gewöhnlich [-'vøːnlɪç] ordinario, corriente; (*üblich*) usual, habitual; (*unfein*) vulgar; *adv* de ordinario, normalmente; *wie ~* como de costumbre

gewohnt [-'voːnt] acostumbrado (*et*, **an** *ac* a), habituado (a)

Gewöhnung [-'vøːnʊŋ] *f* (-; *sin pl*) habituación *f*

Gewölbe [-'vœlbə] *n* (-s; -) bóveda *f*

gewollt [-'vɔlt] intencionado

Gewühl [-'vyːl] *n* (-[e]s; *sin pl*) muchedumbre *f*, gentío *m*; (*Durcheinander*) barullo *m*

gewunden [-'vʊndən] *a fig* sinuoso, tortuoso

Ge'würz [-'vʏrts] *n* (-es; -e) condimento *m*, especia *f*; **~gurke** *f* pepinillo *m* en vinagre; **~nelke** *f* clavo *m*

Gezeiten [-'tsaɪtən] *pl* marea *f*

geziert [-'tsiːrt] afectado

Gezwitscher [-'tsvɪtʃər] *n* (-s; *sin pl*) gorjeo *m*

gezwungen [-'tsvʊŋən] *fig* forzado; (*geziert*) afectado

Gicht [gɪçt] *f* (-; *sin pl*) ✙ gota *f*

Giebel ['giːbəl] *m* (-s; -) frontón *m*

Gier [giːr] *f* (-; *sin pl*) avidez *f* (*nach* de), codicia *f*; **2ig** ávido (*nach* de)

'gießen ['giːsən] (goß, gegossen, h) verter, echar; ⊕ fundir; *en Formen*: vaciar; ✿ regar; *es gießt* (*in Strömen*) F llueve a cántaros; **2e'rei** *f* (-; -en) fundición *f*; **2kanne** *f* regadera *f*

Gift [gɪft] *n* (-[e]s; -e) veneno *m* (*a fig*); tóxico *m*; **'~gas** *n* gas *m* tóxico *od* asfixiante; **2ig** venenoso; ✙ tóxico; *fig* mordaz; **'~igkeit** *f* (-; *sin pl*) venenosidad *f*; toxicidad *f*; **'~müll** *m* desechos *m/pl* tóxicos; **'~pilz** *m* hongo *m* venenoso; **'~schlange** *f* serpiente *f* venenosa

Gi'gant [gi'gant] *m* (-en; -en) gigante *m*; **2isch** gigantesco

'Gipfel [gɪpfəl] *m* (-s; -) cumbre *f* (*a pol*), cima *f* (*a fig*); *fig das ist der ~!* ¡es el colmo!; **~konferenz** *f* (conferencia *f* en la) cumbre *f*; **~punkt** *m* punto *m* culminante (*a fig*); **~treffen** *n* cumbre *f*

Gips [gɪps] *m* (-es; -e) *a* ✿ yeso *m*, escayola *f*; **2en** (ge-, h) enyesar; **'~verband** ✙ *m* vendaje *m* enyesado, escayola *f*

Giraffe [gi'rafə] *f* (-; -n) jirafa *f*

Girlande [gɪr'landə] *f* (-; -n) guirnalda *f*

'Giro ['ʒiːro] *n* (-s; -s) giro *m*, transferencia *f*; **~konto** *n* cuenta *f* corriente; **~ver-**

kehr *m* operaciones *f/pl* en cuenta corriente

Gitarr|e [gi'tarə] *f* (-; -n) guitarra *f*; **~ist** [-'rist] *m* (-en; -en) guitarrista *m*

Gitter [gitər] *n* (-s; -) reja *f*, verja *f*; **~fenster** *n* ventana *f* enrejada

Glanz [glants] *m* (-es; *sin pl*) brillo *m*, lustre *m*; *fig* esplendor *m*

'**glänzen** ['glɛntsən] (ge-, h) brillar (*a fig*); resplandecer; **~d** brillante; *fig* magnífico, espléndido

Glas [glɑːs] *n* (-es; *sin pl*) vidrio *m*, cristal *m*; (*pl* **~er**) (*Trink*2) vaso *m*, *mit Fuß*: copa *f*; '**~aal** *zo m* angula *f*; **~er** ['-zər] *m* (-s; -) vidriero *f*; **~e'rei** *f* (-; -en) vidriería *f*

'**gläsern** ['glɛːzərn] de cristal, de vidrio

glas|ieren [gla'ziːrən] (h) *gastr Kuchen*: glasear; *Früchte*: garapiñar; *Keramik*: vidriar; **~ig** ['glɑːzɪç] vidrioso (*a fig*)

'**Glas'scheibe** [ɡlɑːs-] *f* cristal *m*, vidrio *m*; **~scherbe** *f*, **~splitter** *m* casco *m* de vidrio; **~tür** *f* puerta *f* vidriera *od* de crystal

Glasur [glaˈzuːr] *f* (-; -en) vidriado *m*; *gastr* baño *m* de azúcar

glatt [glat] **1.** *adj* liso (*a Haar*); pulido; (*schlüpfrig*) resbaladizo; **2.** *adv* sin dificultad; (*rundweg*) rotundamente

Glätte ['glɛtə] *f* (-; *sin pl*) (*Straßen*2) estado *m* resbaladizo

Glatteis ['glatʔaɪs] *n* hielo *m* (resbaladizo)

'**glätten** ['glɛtən] (ge-, h) alisar

glattrasiert ['glatrɑziːrt] apurado

'**Glatz|e** ['glatsə] *f* (-; -en) calva *f*; **e-e ~ bekommen** ponerse calvo; **~kopf** *m*, **2köpfig** ['-kœpfɪç] calvo (*m*)

'**Glaube** ['glaʊbə] *m* (-ns; *sin pl*) fe (*an ac* en), creencia *f* (en); (*Religion*) religión *f*; **2n** (ge-, h) creer (*an ac* en); (*meinen*) pensar; *ich glaube, ja* (*nein*) creo que sí (no); *es ist nicht zu ~* parece mentira

'**Glaubensbekenntnis** *n* confesión *f*; credo *m* (*a pol*)

glaubhaft ['glaʊphaft] digno de crédito, creíble

'**gläubig** ['glɔʏbɪç] creyente; **2e** ['-bɪɡə] *m* (-n; -n) creyente *m*; *pl a* fieles *m/pl*; **2er** ✝ *m* (-s; -) acreedor *m*

glaubwürdig ['glaʊp-] digno de crédito, fidedigno

gleich [glaɪç] igual; mismo; (*sofort*) en seguida, ahora mismo; *das* **~e** lo mismo; *das ist mir ~* me da igual *od* lo mismo; *~heute* hoy mismo; *~darauf* al poco rato, acto seguido; *ich komme ~!* ¡ya voy!; *bis ~!* ¡hasta luego!

'**gleich|altrig** ['-ʔaltrɪç] de la misma edad; **~artig** similar, semejante; **~bedeutend** idéntico (*mit dat* a), equivalente (a); **~berechtigt** con los mismos derechos; **2berechtigung** *f* igualdad *f* de derechos; **~bleibend** invariable; **~en** (glich, geglichen, h) (*dat*) parecerse a, semejar a; **~falls** ['-fals] asimismo, igualmente; *danke, ~!* ¡gracias, igualmente!; **~förmig** ['-fœrmɪç] uniforme; **2gewicht** *n* (-[e]s; *sin pl*) equilibrio *m*; *ins ~ bringen* equilibrar; **~gültig** indiferente; **2gültigkeit** *f* indiferencia *f*; **2heit** *f* (-; *sin pl*) igualdad *f*; **2heitsgrundsatz** *m* principio *m* de igualdad; **~lautend** idéntico; *Abschrift*: conforme; **~machen** (*sep*, -ge-, h) igualar, *a fig* nivelar; **~mäßig** simétrico; regular; **2mut** *m* (-[e]s; *sin pl*) ecuanimidad *f*; (*Ruhe*) serenidad *f*; **~setzen** (*sep*, -ge-, h), **~stellen** (*sep*, -ge-, h) (*dat*) equiparar a; **2strom** ⚡ *m* corriente *f* continua; **2ung** A *f* (-; -en) ecuación *f*; **~wertig** ['-veːrtɪç] equivalente; **~zeitig** simultáneo; *adv* al mismo tiempo

Gleis 🚆 [glaɪs] *n* (-es; -e) vía *f*

'**gleit|en** ['glaɪtən] (glitt, geglitten, sn) resbalar, deslizarse; ✈ planear; **~de Arbeitszeit** *f* horario *m* flexible; **2flug** *m* vuelo *m* planeado; **2schutz** *m* antideslizante *m*; **2zeit** *f* horario *m* flexible

'**Gletscher** ['glɛtʃər] *m* (-s; -) glaciar *m*; **~spalte** *f* grieta *f* (de glaciar)

Glied [gliːt] *n* (-[e]s; -er) miembro *m*; (*Ketten*2) eslabón *m*; **männliches ~** miembro *m* viril; **2ern** ['-dərn] (ge-, h) dividir (*in ac* en); desglosar (en); clasificar; '**~erung** *f* (-; -en) división *f*; desglose *m*; clasificación *f*; **~maßen** ['gliːtmɑːsən] *pl* miembros *m/pl*, extremidades *f/pl*

glimmen ['glɪmən] (glomm, geglommen, h) arder sin llama

glitschig ['glɪtʃɪç] resbaladizo; *Aal usw*: escurridizo

'**glitzern** ['glɪtsərn] (ge-, h) centellear, brillar; **~d** centelleante, brillante

global [glo'bɑːl] global

Globus ['glo:bus] m (-[ses]; -ben) globo m (terráqueo)

Glocke ['glɔkə] f (-; -n) campana f; (Vieh2) esquila f; ⚡ timbre m

'Glocken|blume ⚡ f campánula f; **~geläut(e)** n toque m od repique m de campanas; **~spiel** n carillón m; **~turm** m campanario m

'Glotz|e ['glɔtsə] F f (-; -n) caja f tonta; **2en** (ge-, h) mirar boquiabierto

Glück [glyk] n (-[e]s; sin pl) dicha f, felicidad f; (**~sfall**) suerte f, fortuna f; **zum ~** por suerte, afortunadamente; **auf gut ~** a la buena de Dios; **j-m ~ wünschen** felicitar a, dar la enhorabuena a; **viel ~!** ¡que tenga(s) suerte!; **2en** (ge-, sn) salir bien; **es glückt mir zu** logro (inf); **'2lich** feliz, dichoso; **2licherweise** afortunadamente

'Glücks|fall [glyksfal] m suerte f; **~kind** n, **~pilz** m: **er ist ein ~** ha nacido de pie; **~spiel** n juego m de azar

glück|strahlend radiante de felicidad; **2wunsch** m felicitación f; **herzlichen ~!** ¡enhorabuena!, ¡mis felicitaciones!; **2wunschtelegramm** n telegrama m de felicitación

'Glüh|birne ⚡ ['gly:birnə] f bombilla f; **2en** (ge-, h) v/i arder (a fig, **vor** dat de); estar incandescente; **2end** incandescente; fig ardiente (a fig, a Gesicht), ferviente; Hitze: abrasador; **~lampe** f bombilla f; **~wein** m vino m caliente; **~würmchen** ['-vyrmçən] n (-s; -) zo luciérnaga f

Glut [glu:t] f (-; -en) ardor m (a fig); (Kohlen2) brasa f, ascua f

Glyzerin [glitsə'ri:n] n (-s; sin pl) glicerina f

Gnade ['gna:də] f gracia f (a rel); (Gunst) favor m; **um ~ bitten** pedir perdón

'Gnaden|frist f plazo m de gracia; **2los** sin piedad; **~stoß** m golpe m de gracia (a fig)

gnädig ['gnɛ:diç] (nachsichtig) indulgente; **~e Frau!** ¡señora!

Gobelin [gobə'lɛ̃] m (-s; -s) tapiz m

Gold [gɔlt] n (-es; sin pl) oro m; **'~barren** m lingote m de oro; **'~barsch** m gallineta f nórdica; **2en** ['-dən] de oro; dorado; **~e Hochzeit** bodas f/pl de oro; **~fisch** m pez m rojo; **'2gelb** (amarillo) dorado; **'~grube** f mina f de oro; fig a filón m; **2haltig** ['-haltiç] aurífero; **2ig** ['-diç] mono, encantador; **'~medaille** f medalla f de oro; **'~plombe** f empaste m de oro; **'~preis** m precio m del oro; **'~schmied** m orfebre m

Golf [gɔlf] **a)** m (-s; -e) geo golfo m; **b)** n (-s; sin pl) dep golf m; **'~ball** m pelota f de golf; **'~spieler** m golfista m; **'~platz** m campo m de golf

Gondel ['gɔndəl] f (-; -n) góndola f; e-s Ballons: barquilla f

Gong [gɔŋ] m (-s; -s) gong m, batintín m; **'2gönn|en** ['gœnən] (ge-, h): **nicht ~** envidiar; **sich et ~** regalarse con a/c; **ich gönne es dir** me alegro por ti; **2er** m (-s; -), **2erin** f (-; -nen) protector(a f) m; bienhechor(a f) m

Gorilla [go'rila] m (-s; -s) gorila m (a fig)

Gosse ['gɔsə] f (-; -n) arroyo m (a fig)

Got|ik ['go:tik] f (-; sin pl) (estilo m) gótico m; **2isch** gótico

Gott [gɔt] m (-es; "er) Dios m; heidnisch: dios m; **mein ~!** ¡Dios mío!; **um ~es willen!** ¡por amor de Dios!; **~ sei Dank!** ¡gracias a Dios!

'Gottes|dienst m culto m, oficio m divino; **~lästerung** f blasfemia f

Gött|in ['gœtin] f (-; -nen) diosa f; **2lich** divino (a fig)

gott|lob! [gɔt'lo:p] ¡gracias a Dios!; **'~los** ateo, impío; **'~verlassen** Ort: perdido; **'2vertrauen** n confianza f en Dios

Götze ['gœtsə] m (-n; -n), **~nbild** n ídolo m

Grab [gra:p] n (-es; "er) tumba f, fosa f, sepultura f; **2en** [gra:bən] (ge-, h) cavar; **~en** m (-s; ") foso m; zanja f; (Straßen2) cuneta f; ✕ trinchera f; **~mal** ['gra:p-] n (-s; "er, -e) monumento m fúnebre; **'~stätte** f sepulcro m, sepultura f; **'~stein** m lápida f sepulcral

Grad [gra:t] m (-[e]s; -e) grado m; **5 ~ Wärme (Kälte)** cinco grados sobre (bajo) cero

Graf [gra:f] m (-en; -en) conde m

Graffito [gra'fito] m, n (-; -ti) pintada f

Gräfin ['grɛ:fin] f (-; -nen) condesa f

Gram [gra:m] m (-[e]s; sin pl) pena f, pesar m

grämen ['grɛ:mən] (ge-, h): **sich ~** afligirse (**über** ac de)

Gramm [gram] n (-[e]s; -e) gramo m; **100 ~** cien gramos

Gram'matik [gra'matik] *f* (-; -en) gramática *f*; sch gramatical

Gra'nat [-'nɑːt] *m* (-[e]s; -e) *min* granate *m*; ~apfel *m* granada *f*; ~e ✕ *f* (-; -n) granada *f*

Granit [gra'niːt] *m* (-[e]s; -e) granito *m*

Grapefruit ['greːpfruːt] *f* (-; -s) pomelo *m*

'Graph|ik [grɑˈfik] *f* (-; -en) artes *f/pl* gráficas; (*Zeichnung*) gráfico *m*; ~iker *m* (-s; -) dibujante *m* (publicitario), grafista *m*; isch gráfico

Graphologie [grafolo'giː] *f* (-; *sin pl*) grafología *f*

Gras [grɑːs] *n* (-es; ¨er) hierba *f* (*a f Marihuana*); en ['grɑːzən] (ge-, h) pacer, pastar

gräßlich ['grɛslɪç] horrible, atroz

Grat [grɑːt] *m* (-[e]s; -e) cresta *f*

Gräte ['grɛːtə] *f* (-; -n) espina *f*

Gratifikation [gratifika'tsjoːn] *f* (-; -en) gratificación *f*

gratiniert [--'niːrt] *gastr* gratinado

gratis ['grɑːtis] gratis, gratuitamente

Gratul|ant [gratu'lant] *m* (-en; -en) congratulante *m*, felicitante *m*; ~ation [--la'tsjoːn] *f* (-; -en) felicitación *f*; ieren (h) felicitar (*j-m zu et* a alg por a/c)

grau [grau] gris (*a fig*); *Haar*: cano; 'brot *n* pan *m* moreno; '~en (ge-, h) *Tag*: apuntar; *der Morgen graut* amanece; *mir graut vor* tengo horror a; en *n* (-s; -) horror *m*; '~enhaft, '~envoll horrible, espantoso; '~haarig cano(so)

gräulich ['grɔʏlɪç] grisáceo

Graupeln ['graupəln] *f/pl* granizo *m* menudo

'grausam cruel; keit *f* (-; -en) crueldad *f*

gravieren [gra'viːrən] (h) grabar; ~d grave

Graz|ie ['grɑːtsjə] *f* (-; *sin pl*) gracia *f*; iös [gra'tsjøːs] gracioso

'greif|bar ['graifbɑːr] tangible (*a fig*); ✝ disponible; ~en (griff, gegriffen, h) coger, *Am reg* tomar, agarrar; *zu e-m Mittel* ~ recurrir a; *um sich* ~ propagarse

Greis [grais] *m* (-es; -e) anciano *m*; enhaft ['graizən-] senil; '~in *f* (-; -nen) anciana *f*

grell [grɛl] *Licht*: deslumbrante; *Farbe*: llamativo, chillón; *Ton*: estridente

Gremium ['greːmjum] *n* (-s; -mien) entidad *f*, organismo *m*

'Grenz|e ['grɛntsə] *f* (-; -n) límite *m* (*a fig*); (*Landes*) frontera *f*; en (ge-, h) lindar, confinar (*an ac* con); *fig* rayar (en); enlos ilimitado; inmenso; ~formalitäten *f/pl* formalidades *f/pl* al pasar la frontera; ~gebiet *n* región *f* od zona *f* fronteriza; ~kontrolle *f* control *m* fronterizo; ~polizei *f* policía *f* de fronteras; ~schutz *m* protección *f* de la frontera; ~stein *m* mojón *m* fronterizo; ~übergang *m* paso *m* fronterizo; überschreitend transfronterizo; ~verkehr *m* tráfico *m* fronterizo

'Greu|el ['grɔʏəl] *m* (-s; -), ~eltat *f* atrocidad *f*; lich horrible, atroz, espantoso

Griebe ['griːbə] *f* (-; -n) chicharrón *m*

Griech|e ['griːçə] *m* (-n; -s), ~in *f* (-; -nen), isch griego *m*, -a *f*

Grieß [griːs] *m* (-es; -e) sémola *f*; ✱ arenillas *f/pl*

Griff [grɪf] *m* (-[e]s; -e) asidero *m*; empuñadura *f*; (*Messer*) mango *m*; *e-r Schublade*: tirador *m*; (*Koffer*) asa *f*; *im* ~ *haben* dominar; bereit al alcance de la mano

Grill [grɪl] *m* (-[e]s; -e) parrilla *f*; (*Garten*) barbacoa *f*; '~e *f* (-; -n) *zo* grillo *m*; *fig* capricho *m*; en (ge-, h) asar a la parrilla; '~fest *n* barbacoa *f*; '~restaurant *n* parrilla *f*, asador *m*

Grimasse [gri'masə] *f* (-; -n) mueca *f*, gesto *m* (*schneiden* hacer)

grinsen ['-zən] (ge-, h) (son)reír irónicamente

'Grippe ✱ ['grɪpə] *f* (-; -n) gripe *f*; ~welle *f* epidemia *f* de gripe

grob [groːp] grueso; (*roh*) bruto; (*plump*) tosco, grosero; *Ton*: bronco; *Fehler*: grave; heit *f* (-; -en) grosería *f*

Grog [grɔk] *m* (-s; -s) grog *m*

grölen ['grøːlən] F (ge-, h) berrear

Groll [grɔl] *m* (-[e]s; *sin pl*) rencor *m*; en (ge-, h): *j-m* ~ guardar rencor a alg

Groschen [grɔʃən] *m* (-s; -) moneda *f* de 10 pfennigs

groß [groːs] gran(de); (*weit*) extenso, amplio; (*hoch*) alto (*a v Wuchs*); *mein* ~er *Bruder* mi hermano mayor; *im* ~en (*und*) *ganzen* en general, en conjunto; *größer werden* crecer, aumentar; 'aktionär *m* accionista *m* mayorita-

gruppieren

rio; '~artig grandioso, magnífico; 'ℒaufnahme f Film: primer plano m; 'ℒbank f gran banco m; 'ℒbetrieb m (-[e]s; -e) gran empresa f; 'ℒbuchstabe m mayúscula f

Größe ['grø:sə] f (-; -n) grandeza f, (Ausdehnung) extensión f; (Umfang) tamaño m, dimensión f; (Höhe) altura f; (Körperℒ, Kleiderℒ) talla f; (Person) celebridad f

Großeltern ['gro:s?-] pl abuelos m/pl

Größenwahn ['grø:sən-] m megalomanía f

'Groß|grundbesitz ['gro:sgruntbəzits] m latifundio m; ~grundbesitzer m terrateniente m, latifundista m; ~handel m comercio m al por mayor; ~handelspreis m precio m al por mayor; ~händler m mayorista m, comerciante m al por mayor; ~industrie f gran industria f

'groß|jährig [gro:sjɛ:riç] mayor de edad; ℒmacht f gran potencia f; ℒmama F f abuelita f; ℒmut f (-; sin pl) generosidad f; ℒmutter f abuela f; ℒpapa F m abuelito m; ℒraum m: der ~ Madrid el gran Madrid; ℒraumbüro n despacho m colectivo; ℒschreibung f empleo m de mayúsculas; ~spurig ['-ʃpu:riç] arrogante; ℒstadt f gran ciudad f; urbe f; ~städtisch de gran ciudad; ℒstadtverkehr m tráfico m de gran ciudad; ℒtankstelle f estación f de servicio

größtenteils ['grø:stəntails] por la mayor parte

'groß|tun ['gro:stu:n] (irr, sep, -ge-, h, →tun): (sich) ~ mit jactarse de; 'ℒunternehmen n gran empresa f; 'ℒvater m abuelo m; 'ℒwetterlage f situación f meteorológica general; 'zügig generoso, liberal; 'ℒzügigkeit f (-; sin pl) generosidad f, liberalidad f

Grotte ['grɔtə] f (-; -n) gruta f

Grübchen ['gry:pçən] n (-s; -) hoyuelo m

Grube ['gru:bə] f (-; -n) hoyo m; ⚒ mina f, pozo m

grübeln ['gry:bəln] (ge-, h) cavilar

Gruft [gruft] f (-; ⸚e) cripta f

grün [gry:n] verde; ~e Versicherungskarte f carta f verde; (wieder) ~ werden (re)verdecer; die ℒen los verdes; ins ℒe al campo; 'ℒanlage f zona f verde

Grund [grunt] m (-[e]s; sin pl) fondo m; (Boden) suelo m; (pl ⸚e) (Vernunftℒ) razón f, argumento m; (Bewegℒ) motivo m; (Ursache) causa f; ~ und Boden bienes m/pl raíces; aus diesem ~e por esta razón; auf ~ von en razón de, en virtud de; im ~e genommen en el fondo; 'ℒbedingung f ('~begriff m) condición f (noción f) fundamental; '~besitz m bienes m/pl raíces, terrenos m/pl; '~besitzer(in f) m propietario m, -a f (de tierras); '~buch n registro m de la propiedad

'gründ|en ['gryndən] (ge-, h) fundar; ℒer m (-s; -), ℒerin f (-; -nen) fundador(a f) m

'Grund|gebühr ['grunt-] f tarifa f básica; ~gesetz n ley f fundamental; ~kapital n capital m social; ~lage f base f, fundamento m; ℒlegend fundamental

'gründlich ['gryntliç] profundo; (gewissenhaft) minucioso; adv a fondo; ℒkeit f (-; sin pl) minuciosidad f

'grund|los ['grunt-] fig infundado, inmotivado; adv sin fundamento; ℒnahrungsmittel n/pl alimentos m/pl básicos

Gründonnerstag [gry:n'dɔnərsta:k] m Jueves m Santo

'Grund|rechte ['grunt-] n/pl derechos m/pl fundamentales; ~riß m △ plano m, planta f; ~satz m principio m; ℒsätzlich ['-zɛtsliç] fundamental; adv en od por principio; ~schule f escuela f primaria; ~stein m: den ~ legen poner la primera piedra (a fig); ~steuer f impuesto m sobre bienes inmuebles; ~stück n finca f; (Bauplatz) terreno m, solar m; (bebaut) inmueble m

Gründung ['gryndun] f (-; -en) fundación f

grund|verschieden ['grunt-] completamente distinto; ℒwasser n (-s; sin pl) agua f subterránea; ℒzahl f número m cardinal

'Grün|fläche ['gry:n-] f espacio m verde; ~gürtel m cinturón m verde; ~kohl m col f verde; ℒlich verdoso; ~span m (-[e]s; sin pl) cardenillo m; ~streifen m Autobahn: (franja f) mediana f

grunzen ['gruntsən] (ge-, h) gruñir

'Grupp|e ['grupə] f (-; -n) grupo m; ~en-aufnahme f, ~enbild n (retrato m en) grupo m; ~enreise f viaje m colectivo od en grupo; ℒ'ieren (h) agrupar

gruselig

gruselig ['gru:zəliç] horripilante, escalofriante
Gruß [gru:s] *m* (-es; ⁻e) saludo *m*, salutación *f*; **viele Grüße!** muchos recuerdos; **mit herzlichen Grüßen** con un cordial saludo
grüßen ['gry:sən] (ge-, h) saludar; **j-n (vielmals) ~ lassen** dar (muchos) recuerdos a alg; **~ Sie ihn von mir** salúdele de mi parte
'guck|en [gukən] F (ge-, h) mirar; **≈loch** *n* mirilla *f*
Gulasch ['gulaʃ] *n* (-[e]s; -s, -e) estofado *m* a la húngara
Gulden ['guldən] *m* (-s; -) florín *m*
'gültig ['gyltiç] valedero; 🚗 válido; *Münze:* de curso legal; **≈keit** *f* (-; *sin pl*) validez *f*
'Gummi [gumi] *m u n* (-s; *sin pl*) goma *f*, caucho *m*; **~band** *n* (-[e]s; ⁻er) cinta *f* elástica, elástico *m*; **~handschuh** *m* guante *m* de goma; **~knüppel** *m* porra *f*; **~stiefel** *m*/*pl* botas *f*/*pl* de goma; **~zug** *m* elástico *m*
Gunst [gunst] *f*: **zu m-n ~en** en mi favor
günstig ['gynstiç] favorable; (*vorteilhaft*) ventajoso
'Gurgel [gurgəl] *f* (-; -n) garganta *f*; **≈n** (ge-, h) hacer gárgaras
Gurke [-'kə] *f* (-; -n) pepino *m*; **saure ~** pepinillo *m* en vinagre
Gurt [gurt] *m* (-[e]s; -e) cinturón *m*; *a* ⊙ correa *f*
'Gürtel ['gyrtəl] *m* (-s; -) cinturón *m* (*a fig*); **~reifen** *m* neumático *m* radial
'Gurt|muffel ['gurtmufəl] *m* (-s; -) persona *f* que se niega a utilizar el cinturón de seguridad; **~pflicht** *f s* **Anschnallpflicht**
Guß [gus] *m* (-sses; ⁻sse) (*Regen*) aguacero *m*, chaparrón *m*; (*Zucker*≈) baño *m* de azúcar; **'~eisen** *n* hierro *m* colado
gut [gu:t] buen(o); *adv* bien; **es ist**

(*schon*) **~** (ya) está bien; **sei so ~ und ...** haz el favor de (*inf*); **~ sn für** servir para; **e-e ~e Stunde** una hora larga; **im ~en** por las buenas; **du hast es ~!** ¡qué suerte tienes!; **das ist ~ möglich** es muy posible
Gut [gu:t] *n* (-[e]s; ⁻er) bien *m*; propiedad *f*; (*Land*≈) finca *f*; **Am** hacienda *f*; **'~achten** *n* (-s; -) dictamen *m*, peritaje *m*; '**~achter** *m* (-s; -) perito *m*; '**≈-artig** 🌱 benigno; '**~dünken** *n*: **nach ~** a discreción; '**~e** *n* (-n; *sin pl*): **das ~** lo bueno; **~s tun** hacer bien; **alles ~!** ¡mucha suerte!
Güte ['gy:tə] *f* (-; *sin pl*) bondad *f*; ✝ calidad *f*
'Güter ['-tər] *n*/*pl* bienes *m*/*pl*; ✝ mercancías *f*/*pl*; **~bahnhof** *m* estación *f* de mercancías; **~verkehr** *m* transporte *m* de mercancías; **~zug** 🚂 *m* tren *m* de mercancías
'gut|gehen ['gu:tge:ən] (*irr, sep,* -ge-, sn, →*gehen*): **es wird alles ~** todo saldrá bien; **es sich ~ lassen** darse buena vida; **~gelaunt** ['-gəlaʊnt] de buen humor; **~gläubig** de buena fe; **≈haben** *n* (-s; -) haber *m*, saldo *m* activo
'güt|ig ['gy:tiç] bueno; bondadoso; **~lich** amistoso, amigable
'gut|machen ['gu:tmaxən] (*sep,* -ge-, h) reparar; *Unrecht:* desagraviar; **~mütig** ['-my:tiç] bondadoso, bonachón; **≈sbesitzer(in** *f*) *m* propietario *m*, -a *f* de una finca; **≈schein** *m* vale *m*; **~schreiben** (*irr, sep,* -ge-, h, →*schreiben*) ✝ abonar (en cuenta); **≈schrift** *f* abono *m* (en cuenta); **≈shof** *m* granja *f*; **~tun** (*irr, sep,* -ge-, h, →*tun*) hacer *od* sentar *od* probar bien
Gymnas|ium [gym'nɑ:zjum] *n* (-s; -sien) instituto *m* de bachillerato; **~tik** ['-nastik] *f* (-; *sin pl*) gimnasia *f*
Gynäkolog|e [gyneko'lo:gə] *m* (-n; -n), **~in** *f* (-; -nen) ginecólogo *m*, -a *f*

H

H, h [haː] *n* (-; -) H, h *f*; ♪ si *m*; *H-Dur* si mayor; *h-Moll* si menor.

Haar [haːr] *n* (-[e]s; -e) pelo *m*; (*Kopf*≈) a cabello *m*; *sich die* ≈*e schneiden lassen* cortarse el pelo; *um ein* ≈ por un pelo; '≈**ausfall** *m* caída *f* del pelo; '≈**bürste** *f* cepillo *m* para el cabello; ≈**en** (ge-, h) perder el pelo; '≈**entferner** *m* (-s; -) depilatorio *m*; '≈**festiger** *m* fijador *m*, fijapelo *m*; '≈**genau** exactamente; con pelos y señales; ≈**ig** peludo; *am Körper*: velloso; F *fig* peliagudo; '≈**klammer** *f* clip *m*; '≈**nadel** *f* horquilla *f*; '≈**nadelkurve** *f* curva *f* en herradura; '≈**netz** *n* redecilla *f*; '≈**schneiden, ≈schnitt** *m* corte *m* de pelo; '≈**spange** *f* pasador *m*; '≈**spray** *m od n* laca *f*, spray *m*; '≈**sträubend** espeluznante, horripilante; '≈**teil** *n* bisoñé *m*, peluquín *m*; '≈**trockner** *m* (-s; -) secador *m*; '≈**waschmittel** *n* champú *m*; '≈**wasser** *n* loción *f* capilar

Habe ['haːbə] *f* (-; *sin pl*) bienes *m/pl*, fortuna *f*

haben ['-bən] **1.** (hatte, gehabt, h): **a)** (*Hilfsverb*) haber; **b)** *v/t* (*besitzen*) tener; *was hast du?* ¿qué te pasa?; *da wir's!* ¡ya lo decía yo!, ¡aquí estamos!; ≈ *zu inf* (*müssen*) tener que, haber de; *nichts zu essen* ≈ no tener nada que comer; ≈ *wollen* querer, desear; **2.** ✝ ≈ *n* (-s; *sin pl*) haber *m*, crédito *m*

'**Haben|saldo** ✝ *m* saldo *m* acreedor; '≈**seite** *f* lado *m* acreedor, haber *m*; ≈**zinsen** *m/pl* intereses *m/pl* acreedores

'**Habgier** ['haːpgiːr] *f* codicia *f*; ≈**ig** codicioso

Habicht ['haːbɪçt] *m* (-[e]s; -e) azor *m*

'**Habseligkeiten** ['haːbzeːlɪçkaɪtən] *f/pl* efectos *m/pl*, trastos *m/pl*

'**Hack|braten** ['hak-] *m* asado *m* de carne picada; ≈**e** *f* (-; -n) azada *f*, azadón *m*; (*Spitz*≈) pico *m*; ≈**en** (ge-, h) *Vogel*: picotear; *Fleisch*: picar; *Holz*: cortar; ≈**fleisch** *n* carne *f* picada

'**Hafen** ['haːfən] *m* (-s; -̈) puerto *m* (*a fig*); ≈**anlagen** *f/pl* instalaciones *f/pl* portuarias; ≈**behörde** *f* autoridad *f* portuaria; ≈**gebühren** *f/pl* derechos *m/pl* portuarios; ≈**polizei** *f* policía *f* del puerto; ≈**stadt** *f* ciudad *f* portuaria, puerto *m*; ≈**viertel** *n* barrio *m* portuario

'**Hafer** ['-fər] *m* (-s; -) avena *f*; ≈**flocken** *f/pl* copos *m/pl* de avena

Haft [haft] *f* (-; *sin pl*) detención *f*; ≈**bar** responsable (*für* de); '≈**befehl** *m* orden *f* de detención; ≈**en** (ge-, h) (*kleben*) estar pegado a; ≈ *für* responder de

Häftling ['hɛftlɪŋ] *m* (-s; -e) detenido *m*, preso *m*

'**Haftpflicht** ['haft-] *f* responsabilidad *f* civil; ≈**versicherung** *f* seguro *m* de responsabilidad civil

'**Haft|schalen** *f/pl* lentes *f/pl* de contacto, lentillas *f/pl*; ≈**ung** *f* (-; -en) responsabilidad *f*

Hagebutte ['haːgəbʊtə] *f* (-; -n) escaramujo *m*, agavanza *f*

'**Hagel** ['-gəl] *m* (-s; *sin pl*) granizo *m*; ≈**korn** *n* grano *m* de granizo; ≈**n** (ge-, h) granizar

hager ['-gər] enjuto, flaco

Hahn [haːn] *m* (-[e]s; -̈e) gallo *m*; (*Wasser*≈) grifo *m*; (*Gas*≈) llave *f*

Hähnchen ['hɛːnçən] *n* (-s; -) pollo *m*

Hai [haɪ] *m* (-[e]s; -e), '≈**fisch** *m* tiburón *m*

'**Häkel|arbeit** ['hɛːkəl'arbaɪt] *f* labor *f* de ganchillo; ≈**n** (ge-, h) hacer ganchillo; ≈**nadel** *f* ganchillo *m*

'**Haken** ['haːkən] *m* (-s; -) gancho *m* (*a Boxen*); garfio *m*; *für Kleider*: percha *f*; *für Öse*: corchete *m*; ≈ *u Öse* broche *m*; ≈**kreuz** *n* cruz *f* gamada

halb [halp] medio; *adv* a medias; ≈ *drei* (*Uhr*) las dos y media; *e-e* ≈ *e Stunde* media hora; ≈ *angezogen* a medio vestir; '≈**amtlich** oficioso

'**Halbe** ['-bə] *f* (-n; -[n]) medio litro *m* de cerveza

'**Halb|fabrikat** *n* producto *m* semiacabado; ≈**fertig** a medio hacer; ≈**fett** *Käse*: semigraso; ≈**finale** *n dep* semifinal *f*; ≈**ieren** [-'biːrən] (h) dividir en dos partes iguales, partir por la mitad; ≈**insel** *f* península *f*; ≈**jahr** *n* semestre *m*; ≈**jährig** ['-jɛːrɪç] de seis meses; ≈**jährlich** semestral; *adv* cada seis meses; ≈**kreis** *m* semicírculo *m*; hemiciclo *m*; ≈**kugel** *f* hemisferio *m*; ≈**laut** a media voz;

Halbmast 374

~mast: auf ~ a media asta; ~messer m radio m; 2monatlich quincenal, bimensual; ~mond m media luna f; ~pension f media pensión f; ~schatten m penumbra f; ~schlaf m duermevela m; ~schuh m zapato m (bajo); ~starke m (-n; -n) gamberro m; 2stündig ['-ʃtyndiç] de media hora; 2tags: ~ arbeiten hacer media jornada; ~tags-arbeit f trabajo m de media jornada; ~tagskraft f empleado m, -a f de media jornada; 2trocken semiseco; 2voll a medio llenar; 2wegs ['-ve:ks] a medio camino; fig casi; F (leidlich) regular; ~zeit f dep medio tiempo m; erste (zweite) ~ primer (segundo) tiempo m

Hälfte ['-ʃtyndiç] f (-; -n) mitad f; **zur** ~ a mitad; a medias

Halle ['halə] f (-; -n) sala f; vestíbulo m; (Hotel) hall m; (Ausstellung) pabellón m

Halleluja [hale'lu:jaː] n (-s; -s) aleluya f

hallen ['halən] (ge-, h) resonar; 2**bad** n piscina f cubierta

hallo ['halo]: ~! ¡oiga!; (Gruß) ¡hola!; tel ¡diga!

Halm [halm] m (-[e]s; -e) tallo m

Halo|gen|lampe [halo'ge:n-] f lámpara f halógena; ~scheinwerfer m faro m halógeno

Hals [hals] m (-es; ¨e) (Kehle) garganta f; **aus vollem** ~**e** a voz en cuello, lachen: a carcajadas, F **es hängt mir zum** ~(**e**) **heraus** F estoy hasta la coronilla; ~**band** n (-[e]s; ¨er) collar m; '~**entzündung** ⚕ f inflamación f de la garganta, angina(s) f(/pl); ~**kette** f collar m; '~**Nasen-'Ohren-Arzt** m otorrinolaringólogo m; ~**schmerzen** m/pl dolor m de garganta; 2**starrig** ['-ʃtariç] tozudo, obstinado; ~**tuch** n bufanda f; pañuelo m (de cuello); '~**weh** n (-s; sin pl) dolor m de garganta

Halt [halt] **1.** m (-[e]s; -e) parada f, alto m; (sin pl) (Stütze) apoyo m, sostén m (a fig); **2.** 2! ¡alto!

'**haltbar** ['-baːr] sólido; resistente; 2**keitsdatum** n fecha f de caducidad

lalten ['-tən] (hielt, gehalten, h) **1.** v/t tener; (zurück~) retener; (ein~) observar; Rede: pronunciar; Zeitung: estar suscrito a; Versprechen, Wort: cumplir; ~ **für** creer, considerar como; tomar por; ~ **von** pensar de; **was** ~ **Sie davon?** ¿qué le parece?; **viel von j-m** ~ tener a alg en gran aprecio; **2.** v/i (haltmachen) parar(se), detenerse; (festsitzen) estar fijo; **zu j-m** ~ estar de parte de alg; **3.** v/refl: **sich** ~ (frisch bleiben) conservarse; a Wetter: mantenerse; **sich an et** (ac) ~ atenerse a; **sich rechts** ~ llevar la derecha; **sich** ~ **für** tenerse por

Halter ['-tər] m (-s; -) (Griff) asidero m; (Besitzer) dueño m; auto titular m

'**Halte|stelle** f parada f; ~**verbot** auto n prohibición f de parar; ~**verbotsschild** n señal f de prohibición de parar

'**haltmachen** (sep, -ge-, h) pararse, hacer alto

Haltung ['haltuŋ] f (-; raro -en) posición f, postura f; (Auftreten) actitud f

hämisch ['hɛːmiʃ] malicioso

Hammel ['haməl] m (-s; -) carnero m; ~**braten** m asado m de carnero; ~**keule** f pierna f de carnero

Hammer ['hamər] m (-s; ¨) martillo m

hämmern ['hɛmərn] (ge-, h) martill(e)ar

Hämorrhoiden ⚕ [hɛːmɔrɔ'iːdən] pl hemorroides f/pl; almorranas f/pl

Hampelmann ['hampəlman] m (-[e]s; ¨er) títere m, a fig fantoche m

Hamster ['-stər] m (-s; -) zo hámster m; ~**er** m (-s; -) acaparador m; 2**n** (ge-, h) acaparar

Hand [hant] f (-; ¨e) mano f; **mit der** ~ a mano; **an** ~ **von** por medio de; a base de; **zu Händen von** a la atención de; **j-s rechte** ~ **sn** ser el brazo derecho de alg; **weder** ~ **noch Fuß haben** no tener ni pies ni cabeza; **auf der** ~ **liegen** ser evidente; '~**arbeit** f trabajo m manual; weibliche: labor f; '~**ball** m balonmano m; '~**bremse** f freno m de mano; '~**buch** n manual m

'**Hände|druck** ['hɛndədruk] m (-[e]s; ¨e) apretón m de manos; ~**klatschen** n palmas f/pl

Handel ['handəl] m (-s; sin pl) comercio m; (~sverkehr) tráfico m (mit de); **im** ~ en venta; ~ **treiben** negociar, tratar (mit et en a/c)

handeln ['handəln] (ge-, h) obrar, actuar; † comerciar, tratar, negociar (mit en); (feilschen) regatear; ~ **von** tratar de; **sich** ~ **um** tratarse de

'**Handels-abkommen** n acuerdo m comercial; ~**bank** f (-; -en) banco m co-

haschen

mercial; ~**beziehungen** f/pl relaciones f/pl comerciales; ~**bilanz** f balanza f comercial; ~**bilanzdefizit** n (~**bilanzüberschuß** m) déficit m (excedente m) de la balanza; ~**gesellschaft** f sociedad f od compañía f mercantil; ~**kammer** f Cámara f de Comercio; ~**korrespondenz** f correspondencia f comercial; ~**marine** f marina f mercante; ~**recht** n derecho m mercantil; ~**register** n registro m mercantil; ~**schiff** n buque m mercante; ~**schranken** f/pl barreras f/pl comerciales; ~**schule** f escuela f de comercio; ~**spanne** f margen m comercial; 2**üblich** usual en el comercio; ~**unternehmen** n empresa f mercantil od comercial; ~**vertrag** m tratado m comercial; ~**vertreter** m representante m (de comercio); ~**vertretung** f agencia f comercial

'**Hand**|**feger** ['hantfeːgər] m escobilla f; ~**fläche** f palma f (de la mano); ~**gelenk** n muñeca f; 2**gemacht** hecho a mano; ~**gemenge** n pelea f (cuerpo a cuerpo); ~**gepäck** n equipaje m de mano; ~**granate** f granada f de mano; 2**haben** (handhabte, gehandhabt, h) manejar, manipular; ~**karren** m carretilla f; ~**koffer** m maleta f; ~**kuß** m besamanos m; ~**langer** ['-laŋər] m (-s; -) peón m

'**Händler** ['hɛndlər] m (-s; -), ~**in** f (-; -nen) comerciante su, negociante su

handlich ['hant-] manejable

'**Handlung** ['handluŋ] f (-; -en) acción f; acto m; *teat, lit* argumento m; ✝ comercio m, tienda f; ~**sreisende** m viajante m; ~**sweise** f modo m de obrar

'**Hand**|**rücken** ['hant-] m dorso m de la mano; ~**schellen** f/pl esposas f/pl; ~**schlag** m apretón m de manos; **per ~** con un apretón de manos

'**Handschrift** f letra f, escritura f; (*Werk*) manuscrito m; 2**lich** escrito a mano

'**Handschuh** m guante m; ~**fach** n *auto* guantera f; ~**nummer** f número m de la mano

'**Hand**|**stickerei** f bordado m a mano; ~**tasche** f bolso m (de mano); ~**tuch** n toalla f; ~**umdrehen** n: **im ~** en un santiamén; ~**voll** f (-; -) puñado m (*a fig*)

'**Handwerk** n (-[e]s; -e) oficio m; artesanía f; ~**er** m (-s; -), ~**erin** f (-; -nen) artesano m, -a f; 2**lich** artesanal; ~**sbetrieb** m empresa f artesanal; ~**szeug** n útiles m/pl

Hanf [hanf] m (-[e]s; *sin pl*) cáñamo m

Hang [haŋ] m (-[e]s; ~e) pendiente f; (*sin pl*) *fig* inclinación f (**zu** a)

'**Hänge**|**brücke** ['hɛŋə-] f puente m colgante; ~**lampe** f lámpara f colgante; ~**matte** f hamaca f

'**hängen** ['-ən] **1.** v/i (hing, gehangen, h) colgar, pender (**an** *dat* de); estar colgado *od* suspendido; *fig* ~ **an** (*dat*) tener apego a; **2.** v/t (ge-, h) colgar, suspender; (*an den Galgen*) ahorcar; ~**bleiben** (*irr, sep,* -ge-, *sn,* → **bleiben**) quedar enganchado (**an** *dat* en)

Hansestadt ['hanzəʃtat] f ciudad f (h)anseática

Hanswurst [hans'vurst] m (-[e]s; ~e) bufón m, payaso m

Hanteln ['hantəln] f/pl pesas f/pl

hantieren [-'tiːrən] (h) manejar, manipular (**mit et** a/c)

Happen ['hapən] m (-s; -) bocado m

Hardware [haː(r)dwɛː(r)] f (-; -s) hardware m

Harfe ['harfə] f (-; -n) arpa f

Harke ['-kə] f (-; -n) rastrillo m

harmlos ['harmloːs] inofensivo (*a Person u* ✵), in(n)ocuo

Harmon|**ie** [harmo'niː] f (-; -n) armonía f (*a fig*); 2**isch** [-'moːniʃ] ♪ armónico; *fig a* armonioso; ~**isierung** [-moni'ziːruŋ] f (-; *sin pl*) armonización f

Harn [harn] m (-[e]s; -e) orina f; '~**blase** f vejiga f; '~**röhre** f uretra f

Harpune [-'puːnə] f (-; -n) arpón m

hart [hart] duro (*a fig u Ei*); (*fest*) firme; (*streng*) riguroso (*a Winter*), severo; *Währung:* duro, fuerte

Härte ['hɛrtə] f (-; -n) dureza f (*a fig*); rigor m

'**Hart**|**faserplatte** ['hartfaːzərplatə] f plancha f de fibra dura; 2**gekocht** *Ei*: duro; ~**geld** n (-es; *sin pl*) moneda f metálica; 2**herzig** duro de corazón; 2**näckig** ['-nɛkiç] terco, obstinado; *Krankheit:* persistente; ~**näckigkeit** f (-; *sin pl*) terquedad f, obstinación f

Harz [harts] m (-es; -e) resina f

Haschee [ha'ʃeː] n (-s; -s) picadillo m (de carne)

'**hasch**|**en** ['-ən] (ge-, h) F fumar porros; ~ **nach et** tratar de atrapar a/c;

Haschisch 376

isch n (-[s]; sin pl) hachís m, F chocolate m
Hase ['haːzə] m (-n; -n) liebre f
'Hasel|nuß ['-zəlnus] f avellana f; **strauch** m avellano m
'Hasen|braten ['-zənbraːtən] m asado m de liebre; **fuß** m cobarde m, gallina f
Haß [has] m (-sses; sin pl) odio m (*gegen, auf ac* a)
hassen ['hasən] (ge-, h) odiar
häßlich ['hɛslɪç] feo (*a fig*); **keit** f (-; sin pl) fealdad f
Hast [hast] f (-; sin pl) prisa f, precipitación f; **en** (ge-, sn) precipitarse; **ig** precipitado; *adv* a toda prisa
Haube ['haubə] f (-; -n) cofia f; (*Nonnen*) toca f; *auto* capó m
Hauch [haux] m (-[e]s; sin pl) (*Atem*) aliento m; (*Wind*) soplo m; *fig* (*Spur*) toque m; asomo m; **en** (ge-, h) soplar
hauen ['hauən] (hieb, haute, gehauen, h) (*schlagen*) golpear, pegar; **sich ~** pelear, reñir
Haufen ['haufən] m (-s; -) montón m (*a fig*); (*Leute*) tropel m
'häuf|en ['hɔyfən] (ge-, h): (**sich**) ~ amontonar(se), *a fig* acumular(se); *Fälle*: **sich ~** menudear; **ig** frecuente; *adv* con frecuencia; **igkeit** f (-; sin pl) frecuencia f
Haupt ['haupt] n (-[e]s; er) cabeza f; (*Führer*) jefe m, cabeza m; **'aktionär** m accionista m mayoritario *bzw* principal; **'bahnhof** m estación f central; **'bestandteil** m elemento m principal; **'darsteller(in** f) m protagonista *su*; **eingang** m entrada f principal; **gericht** *gastr* n plato m principal *od* fuerte; **'geschäftsstraße** f calle f comercial principal; **gewinn** m primer premio m, F gordo m
Häuptling ['hɔyptlɪŋ] m (-s; -e) jefe m de tribu; (*Indianer*) cacique m
'Haupt|mann ['haupt-] m (-s; -leute) capitán m; **person** f *a fig* personaje m principal, protagonista m; **post-amt** n Central f de Correos; **quartier** m cuartel m general; **reisezeit** f temporada f alta; **rolle** f *a fig* papel m principal; **sache** f lo esencial, lo principal; **sächlich** principal; esencial; *adv* principalmente, sobre todo; **saison** f temporada f alta; **schul-abschluß** m *etwa*: certificado m de escolaridad;

schule f *etwa*: Educación f General Básica (EGB), segundo ciclo; **stadt** f capital f; **straße** f calle f principal *od* mayor; **verkehrsstraße** f arteria f (principal); **verkehrszeit** f horas f/pl punta; **versammlung** f junta f general; **wohnsitz** m domicilio m principal
Haus [haus] n (-es; er) casa f; *teat* sala f; *Parlament*: Cámara f; **nach ~e** a casa; **zu ~e** en casa; **außer ~e** fuera de casa; **'angestellte** f empleada f de hogar, criada f; **'apotheke** f botiquín m; **'arbeit** f tareas f/pl domésticas, trabajos m/pl caseros; (*Schule*) deberes m/pl; **'arzt** m médico m de cabecera; **'besetzer** m ocupante m ilegal de casas, F ocupa m; **'besetzung** f ocupación f ilegal de casas; **'besitzer(in** f) m propietario m, -a f; **diener** m mozo m
hausen ['hauzən] (ge-, h) vivir; (*wüten*) hacer estragos
'Haus|flur ['hausfluːr] m vestíbulo m, zaguán m; **frau** f ama f de casa; **gast** m *im Hotel*: cliente m; **gehilfin** f s **angestellte**; **gemacht** casero; de fabricación casera; **halt** m (-[e]s; -e) casa f; (*Etat*) presupuesto m; **den ~ führen** llevar la casa; **hälterin** ['-hɛltərɪn] f (-; -nen) ama f de llaves; **haltsdefizit** n déficit m presupuestario; **haltsplan** m presupuesto m; **herr** m amo m *od* dueño m de la casa
Hausierer [hauˈziːrər] m (-s; -) vendedor m ambulante, buhonero m
häuslich ['hɔyslɪç] doméstico; *a Person*: casero; *Leben*: hogareño
'Haus|mädchen ['haus-] n criada f; **mannskost** f comida f casera; **marke** f marca f de la casa; **meister(in** f) m conserje *su*, portero m, -a f; **mittel** n remedio m casero; **nummer** f número m de (la) casa; **ordnung** f reglamento m interior; **rat** m enseres m/pl domésticos; **schlüssel** m llave f de (la) casa; **schuh** m zapatilla f
Hausse ✝ ['hoːs(ə)] f (-; -n) alza f
'Haus|suchung ['hauszuːxuŋ] f (-; -en) f registro m domiciliario; **tier** n animal m doméstico; **tür** f puerta f de la calle; **verwalter** m administrador m; **wirt(in** f) m casero m, -a f; **wirtschaft** f economía f doméstica; **zelt** n tienda f chalet
Haut [haut] f (-; e) piel f (*a v Obst*); (*bsd*

Heimweh

*Gesichts*2) cutis *m*; **bis auf die ~ durchnäßt** calado hasta los huesos; **'~abschürfung** *f* desolladura *f*, excoriación *f*; **'~arzt** *m* dermatólogo *m*; **'~ausschlag** *m* exantema *m*; **'~creme** *f* crema *f* cutánea; **'2-eng** muy ceñido, pegado al cuerpo; **'~farbe** *f* color *m* de la piel; **'~pflege** *f* cuidado *m* de la piel

Havarie ⚓ [hava'ri:] *f* (-; -n) avería *f*

Hebamme ['he:ʔamə] *f* (-; -n) comadrona *f*, partera *f*

'Hebe|bühne ['he:bə-] *f* plataforma *f* elevadora; **~l** *m* (-s; -) palanca *f*; **2n** (hob, gehoben, h) levantar, alzar; ⊙ elevar; *fig* favorecer; aumentar; F *e-n ~ (trinken)* empinar el codo; *sich ~ Vorhang:* levantarse; *fig Stimmung:* animarse; **~r** *m* (-s; -) sifón *m*; *auto* gato *m*

hebräisch [he'brɛːɪʃ] hebreo

Hecht [hɛçt] *m* (-[e]s; -e) lucio *m*; **'~sprung** *m* salto *m* de carpa

Heck [hɛk] *n* (-[e]s; -e, -s) ⚓ popa *f*; *auto* parte *f* trasera; **'~e** *f* (-; -n) seto *m* (vivo); **'~enrose** *f* escaramujo *m*; **'~klappe** *f* auto portón *m* trasero; **'~motor** *m* motor *m* trasero; **'~scheibe** *f* auto lun(et)a *f* trasera *(heizbare térmica)*; **'~scheibenwischer** *m* limpiaparabrisas *m* trasero

Heer [heːr] *n* (-[e]s; -e) ejército *m*

Hefe ['he:fə] *f* (-; -e) levadura *f*

Heft [hɛft] *n* (-[e]s; -e) *(Schreib*2*)* cuaderno *m*; *(Zeitschrift)* número *m*; *(Griff)* mango *m*; **'2en** (ge-, h) sujetar; fijar (**an** *ac* en); *(nähen)* hilvanar; **'~faden** *m* hilo *m* de hilvanar

heftig ['tiç] violento, vehemente; **2keit** *f* (-; *sin pl*) violencia *f*, vehemencia *f*

'Heft|klammer *f* grapa *f*; **~maschine** *f* grapadora *f*, cosedora *f*; **~pflaster** *n* esparadrapo *m*; **~zwecke** *f* chincheta *f*

hegen ['he:gən] (ge-, h) cuidar de; *Hoffnung:* abrigar

Hehle|r ['he:lər] *m* (-s; -), **~rin** *f* (-; -nen) encubridor(a) *f) m*; **~rei** *f* (-; -en) encubrimiento *m*

Heide¹ ['haɪdə] *m* (-n; -n) pagano *m*

'Heide² *f* (-; -n) brezal *m*; landa *f*; **~kraut** *n* brezo *m*

Heidelbeere ['daɪbeːrə] *f* arándano *m*

'Heiden|angst F *f* miedo *m* cerval; **~geld** F *n* dineral *m*; **~lärm** F *m* ruido *m* infernal

heidnisch ['haɪdnɪʃ] pagano

heikel ['haɪkəl] delicado, precario; *Person:* exigente, delicado

Heil [haɪl] **1.** *n* (-[e]s; *sin pl*) salud *f*; *rel* salvación *f*; **sein ~ versuchen** probar fortuna; **2.** ☉ *adj* entero, intacto; *(gesund)* sano (y salvo)

Heiland ['haɪlant] *m* (-[e]s; *sin pl*) Salvador *m*

'Heil|bad *n* estación *f* termal, balneario *m*; **2bar** *curable*; **~butt** *m* (-[e]s; -e) hipogloso *m*, halibut *m*; **2en** (ge-) **1.** *v/t* (h) curar; **2.** *v/i* (sn) curarse, sanar; **~gymnastik** *f* gimnasia *f* terapéutica; **~gymnastin** *f* (-; -nen) fisioterapeuta *f*

'heilig ['haɪlɪç] santo; sagrado; *die 2en Drei Könige* los Reyes Magos; *der 2e Abend* = **2-'abend** *m* Nochebuena *f*; **2e** *m/f* (-n; -n) santo *m*, -a *f*; **2enschein** *m* nimbo *m*, aureola *f*; **2keit** ['-lɪçkaɪt] *f* (-; *sin pl*) santidad *f*; **2sprechung** *f* (-; -en) canonización *f*; **2tum** *n* (-s; -̈er) santuario *m*

'Heil|kraft *f* virtud *f* curativa; **~kraut** *n* hierba *f* medicinal; **~mittel** *n* remedio *m*; medicamento *m*; **~praktiker** *m etwa:* naturópata *m*; **~quelle** *f* aguas *f/pl* mineromedicinales; **2sam** saludable *(a fig)*; **~s-armee** *f* Ejército *m* de Salvación; **~ung** *f* (-; -en) cura(ción) *f*

Heim [haɪm] **1.** *n* (-[e]s; -e) hogar *m*, casa *f*; *(Anstalt)* asilo *m*; *(Wohn*2*)* residencia *f*. **2.** 2 *adv* a casa; **'~arbeit** *f* trabajo *m* a domicilio

'Heimat ['-maːt] *f* (-; *sin pl*) patria *f*, país *m* (natal); *engere:* patria *f* chica; **~adresse** *f* dirección *f* habitual; **~hafen** ⚓ *m* puerto *m* de matrícula; **~land** *n* patria *f*

'Heim|chen ['-çən] *n* (-s; -) *zo* grillo *m*; **~computer** *m* ordenador *m* doméstico; **~fahrt** *f* viaje *m* de vuelta; **2gehen** *(irr, sep, -ge-, sn, → gehen)* volver a casa; **2isch** local; del país; *fig* familiar; **~kehr** ['-keːr] *f* (-; *sin pl*) vuelta *f*, regreso *m* (a casa); **2kehren** *(sep, -ge-, sn)*, **2kommen** *(irr, sep, -ge-, sn, → kommen)* volver a casa

heimlich ['-lɪç] secreto; clandestino; *adv* en secreto

'Heim|reise *f* viaje *m* de vuelta; **~spiel** *n dep* partido *m* en casa; **2tückisch** pérfido; ⚕ alevoso; **2wärts** ['-verts] a casa; **~weg** ['-veːk] *m* vuelta *f*; **~weh** *n* (-[e]s;

Heimwerker

sin pl) nostalgia *f*, añoranza *f*; ~**werker** *m* (-s; -) bricolador *m*

'**Heirat** ['haɪraːt] *f* (-; -en) casamiento *m*; **♀en** (ge-, h) casarse (*j-n* con alg)

'**Heirats**|**antrag** *m* petición *f* de mano; **~schwindler** *m* timador *m* de matrimonio; **~urkunde** *f* acta *f* de matrimonio; **~vermittlung** *f* agencia *f* matrimonial

'**heiser** ['-zər] ronco, enronquecido; **♀keit** *f* (-; *sin pl*) ronquera *f*

heiß [haɪs] (muy) caliente; *Klima*: cálido; *Wetter*: caluroso; *fig* ardiente; **mir ist ~** tengo calor; **es ist (sehr) ~** hace (mucho) calor

'**heißen** ['-] (hieß, geheißen, h) llamarse; (*mit Familiennamen*) apellidarse; (*bedeuten*) querer decir, significar; **das heißt** es decir; **es heißt, daß** se dice que; **wie heißt das auf spanisch?** ¿cómo se dice eso en español?

'**heißlaufen** (*irr, sep*, -ge-, sn, → **laufen**) *Motor*: (re)calentarse

'**heiter** ['haɪtər] sereno; (*fröhlich*) alegre; despejado; **♀keit** *f* (-; *sin pl*) serenidad *f*, alegría *f*; (*Gelächter*) risas *f/pl*

'**heiz**|**en** ['-tsən] (ge-, h) calentar; *Ofen*: encender; **♀er** *m* (-s; -) fogonero *m*; **♀gerät** *n* calefactor *m*; **♀kissen** *n* almohadilla *f* eléctrica; **♀körper** *m* radiador *m*; **♀lüfter** *m* termoventilador *m*; **♀material** *n* combustible *m*; **♀-öl** *n* fuel(-oil) *m*; **♀ung** *f* (-; -en) calefacción *f*

Hektar [hɛk'taːr] *n* (-s; -[e]) hectárea *f*

hektisch ['-tɪʃ] febril, agitado

Held [hɛlt] *m* (-en; -en) héroe *m*

'**helden**|**haft** ['hɛldən-] heroico; **♀tat** *f* hazaña *f*

Heldin [-dɪn] *f* (-; -nen) heroína *f*

'**helf**|**en** ['-fən] (half, geholfen, h) (*dat*) ayudar; (*beistehen*) socorrer, asistir; (*nützen*) servir, ser útil (**zu** para); **es hilft (alles) nichts!** no hay remedio; **sich** (*dat*) **zu ~ wissen** arreglárselas, defenderse; **♀er** *m* (-s; -), **♀erin** *f* (-; -nen) ayudante *su*, asistente *su*

hell [hɛl] claro (*a Farbe, Stimme, Haar*); (*erleuchtet*) iluminado; *fig* (*gescheit*) espabilado; **am ~en Tage** en pleno día; '**~blau** azul claro; '**~blond** rubio claro; '**♀igkeit** *f* (-; *sin pl*) claridad *f*; luminosidad *f*; '**♀seher(in** *f*) *m* vidente *su*

Helm [hɛlm] *m* (-[e]s; -e) casco *m*

Hemd [hɛmt] *n* (-[e]s; -en) camisa *f*; '**~bluse** *f* blusa *f* camisera; '**~blusenkleid** *n* (vestido *m*) camisero *m*

Hemisphäre [hemi'sfɛːrə] *f* (-; -n) hemisferio *m*

'**hemm**|**en** ['hɛmən] (ge-, h) detener, parar; frenar; (*hindern*) impedir; *seelisch*: cohibir; **♀nis** *n* (-ses; -se) obstáculo *m*; traba *f*; **♀ung** *f* (-; -en) *seelische* cohibición *f*; (*Bedenken*) escrúpulo *m*; **~ungslos** desenfrenado; sin escrúpulos

Hengst [hɛŋst] *m* (-es; -e) caballo *m* padre, semental *m*

Henkel ['hɛŋkəl] *m* (-s; -) asa *f*

Henker ['-kər] *m* (-s; -) verdugo *m*

Henne ['hɛnə] *f* (-; -n) gallina *f*

her [heːr] aquí, acá; **~ damit!** ¡démelo!; **von ... ~** desde; **es ist lange ~, daß** hace mucho tiempo que

her'ab [hɛ'rap] hacia abajo; **von oben ~** de arriba (abajo); *fig* altanero; **~lassen** (*irr, sep*, -ge-, h, → **lassen**) bajar, descender; **~lassend** condescendiente, altanero; **~setzen** (*sep*, -ge-, h) reducir, bajar (*a Preis*); *fig* desacreditar; denigrar; **♀setzung** *f* (-; -en) reducción *f*; *fig* denigración *f*; **~steigen** (*irr, sep*, -ge-, sn, → **steigen**) descender, bajar

her'an [hɛ'ran] por aquí; **näher ~** más cerca; **~kommen** (*irr, sep*, -ge-, sn, → **kommen**) acercarse; *fig* **an sich ~ lassen** aguardar (con paciencia); **~treten** (*irr, sep*, -ge-, sn, → **treten**) *fig* **an j-n ~** dirigirse a alg

her'auf [hɛ'raʊf] hacia arriba; **~holen** (*sep*, -ge-, h) subir; **~kommen** (*irr, sep*, -ge-, sn, → **kommen**) subir; **~setzen** (*sep*, -ge-, h) *Preis*: aumentar, subir

her'aus [hɛ'raʊs] fuera; afuera; **von innen ~** desde dentro; **~ mit der Sprache!** ¡explíquese!, F ¡desembucha!; **~bekommen** (*irr, sep*, h, → **bekommen**) lograr sacar; (*entdecken*) descubrir; averiguar; *Geld*: recibir la vuelta; **~bringen** (*irr, sep*, -ge-, h, → **bringen**) sacar; *Buch*: publicar; *fig* averiguar; **~finden** (*irr, sep*, -ge-, h, → **finden**) descubrir; **~fordern** (*sep*, -ge-, h) provocar, desafiar; **~fordernd** provocador, provocativo; **♀forderung** *f* (-; -en) provocación *f*, desafío *m*; **♀gabe** *f* (-; -n) entrega *f*, restitución *f*; *e-s Buches*: publicación *f*; **~geben** (*irr, sep*, -ge-, h, → **geben**) devolver, restituir; *Buch*: publicar, editar; *Geld*: dar la vuelta;

können Sie ~? ¿tiene cambio?; **2geber** m editor m; **~holen** (sep, -ge-, h) sacar (aus de); **~kommen** (irr, sep, -ge-, sn, → **kommen**) salir (a ☩); (bekanntwerden) descubrirse; Ergebnis: resultar; Buch: publicarse; **~nehmen** (irr, sep, -ge-, h, → **nehmen**) sacar; retirar; sich (dat) et ~ permitirse a/c; **~rücken** (sep, -ge-, h): **Geld ~** F aflojar la mosca; **~stellen** (sep, -ge-, h) (hervorheben) hacer resaltar, subrayar; **sich ~ als** resultar; **~strecken** (sep, -ge-, h) sacar (a Zunge); **den Kopf zum Fenster ~** asomar la cabeza a la ventana

herb [hɛrp] acerbo; a fig áspero; Wein: seco

her'bei [hɛrˈbaɪ] (por) aquí, acá; **~holen** (sep, -ge-, h) ir a buscar

Herberge ['hɛrbɛrgə] f (-; -n) albergue m, posada f

herbringen ['heːr-] (irr, sep, -ge-, h, → **bringen**) traer

Herbst [hɛrpst] m (-[e]s; -e) otoño m; **im ~** en otoño; **2lich** otoñal

Herd [heːrt] m (-[e]s; -e) (Küchen2) cocina f; fig u ⚡ foco m

Herde ['heːrdə] f (-; -n) rebaño m, manada f; fig tropel m

her'ein [hɛˈraɪn] (hacia) adentro, hacia el interior; **~!** ¡adelante!; **~fallen** (irr, sep, -ge-, sn, → **fallen**) F llevarse un chasco; **~kommen** (irr, sep, -ge-, sn, → **kommen**) entrar; pasar; **~legen** (sep, -ge-, h) F tomar el pelo

'Her|fahrt ['heːr-] f viaje m de ida; **2fallen** (irr, sep, -ge-, sn, → **fallen**): **~ über** (ac) abalanzarse sobre; fig arremeter contra; **~gang** m (-[e]s; sin pl) lo ocurrido; (Verlauf) desarrollo m; **2geben** (irr, sep, -ge-, h, → **geben**) entregar, dar; fig **sich ~ zu** prestarse a

Hering ['heːrɪŋ] m (-s; -e) arenque m; (Zelt2) piquete m

'her|kommen ['heːrkɔmən] (irr, sep, -ge-, sn, → **kommen**) venir; acercarse; fig provenir de; **komm her!** ¡ven acá!; ¡acércate!; **2kömmlich** ['-kœmlɪç] tradicional; **2kunft** ['-kʊnft] f (-; sin pl) origen m, procedencia f; **2kunftsland** n país m de origen

hermetisch [hɛrˈmeːtɪʃ] hermético

Hero'in [heroˈiːn] n (-s; sin pl) heroína f; **2süchtig** heroinómano

hero|isch [-ˈroːɪʃ] heroico; **2'ismus** [-roˈɪsmʊs] m (-; sin pl) heroísmo m

Herr [hɛr] m (-[e]n; -en) señor m (a Anrede), caballero m; (Besitzer) dueño m, amo m; **meine (Damen und) ~en!** ¡(señoras y) señores!

'Herren|anzug m traje m de caballero; **~bekleidung** f ropa f para caballeros; **~doppel** (**~einzel**) n Tennis: doble (individual) m masculino; **~drehen**; **~friseur** m peluquería f de caballeros; **2los** sin dueño; abandonado; **~mode** f moda f masculina; **~schneider** m sastre m para caballeros; **~toilette** f servicio m de caballeros

Herrgott ['-gɔt] m (-[e]s; sin pl): **unser ~** Nuestro Señor

herrichten ['hɛːrrɪçtən] (sep, -ge-, h) preparar; Zimmer: arreglar; **sich ~** arreglarse

'Herr|in ['hɛrɪn] f señora f; dueña f; **2isch** imperioso, autoritario; **2lich** magnífico, espléndido; **~schaft** f **a)** (-; sin pl) dominio m, dominación f; es of Fürsten: reinado m; pol soberanía f; **die ~ verlieren über** (ac) perder el control de; **b)** pl: **die ~en** los señores

'herrsch|en ['hɛrʃən] (ge-, h) dominar; reinar (a fig); **2er** m (-s; -), **2erin** f (-; -nen) soberano m, -a f; **2erhaus** n dinastía f; **~süchtig** autoritario, despótico

herrühren ['hɛːryːrən] (sep, -ge-, h) (pro)venir (von de)

herstell|en (sep, -ge-, h) hacer, fabricar, producir; Verbindung: establecer; **2er** m (-s; -) fabricante m, productor m; **2ung** f (-; sin pl) producción f, fabricación f

herüber [hɛˈryːbər] hacia aquí od acá

her'um [-ˈrʊm] alrededor de (a zeitlich); **hier** (**dort**) **~** por aquí (allí); **~** (sep, -ge-, h) dar la vuelta a; Kopf: volver; **sich ~volverse**; **~fahren** (irr, sep, -ge-, sn, → **fahren**) **~ um** dar la vuelta a; **~führen** (sep, -ge-, h) acompañar, hacer de guía para; **~ in** (dat) llevar por; **~gehen** (sep, -ge-, sn, → **gehen**) j: pasearse (por); et: circular; Zeit: pasar; **~ um** dar la vuelta a; **~kommen** (irr, sep, -ge-, sn, → **kommen**) correr mundo; **weit ~** ver mucho mundo; **nicht ~ um** no poder evitar (ac); **~laufen** (sep, -ge-, sn, → **laufen**) correr de un lado a otro; **~ um**

herumlungern

correr alrededor de; *frei* ~ andar suelto; ~**lungern** (*sep*, -ge-, h) holgazanear, gandulear; ~**reichen** (*sep*, -ge-, h) hacer circular, pasar; ~**reisen** (*sep*, -ge-, sn) viajar mucho; ~ **in** (*dat*) recorrer (*ac*); ~**sprechen** (*irr*, *sep*, -ge-, h, → **sprechen**): **sich** ~ divulgarse; ~**treiben** (*irr*, *sep*, -ge-, h, →**treiben**): **sich** ~ andar vagando (**in** *dat* por), vagabundear

her'unter [-'runtər] (hacia) abajo; ~**bringen** (*irr*, *sep*, -ge-, h, → **bringen**) bajar; ~**hauen** (*sep*, -ge-, h): *j-m e-e* ~ pegarle una bofetada a alg; ~**lassen** (*irr*, *sep*, -ge-, h, → **lassen**) bajar

her'vor [hɛr'fo:r] adelante; (*heraus*) fuera; **hinter** ... (*dat*) ~ (por) detrás de; ~**bringen** (*irr*, *sep*, -ge-, h, → **bringen**) producir, crear; *Worte*: proferir; ~**gehen** (*irr*, *sep*, -ge-, sn, → **gehen**) (*sich ergeben*) resultar (*aus* de); *als Sieger* ~ salir vencedor; ~**heben** (*irr*, *sep*, -ge-, h, → **heben**) *fig* poner de relieve, hacer resaltar, subrayar; ~**ragen** (*sep*, -ge-, h) *a fig* sobresalir; *fig* distinguirse (*aus* de); ~**ragend** saliente; *fig* excelente; ~**rufen** (*irr*, *sep*, -ge-, h, → **rufen**) *fig* ocasionar, provocar; ~**tun** (*irr*, *sep*, -ge-, h, → **tun**): **sich** ~ distinguirse

Herweg ['hɛr:ve:k] *m*: *auf dem* ~ al venir

Herz [hɛrts] *n* (-ens; -en) corazón *m* (*a fig u Karten*); *von ganzem* ~**en** de todo corazón; **am** ~**en liegen** preocupar, interesar mucho; *sich et zu* ~**en nehmen** tomar a/c a pecho; '~**anfall** *m* ataque *m* cardíaco *od* al corazón; '~**beschwerden** *f/pl* trastornos *m/pl* cardíacos

'Herzens|lust *f*: *nach* ~ a mis (tus, sus) anchas; ~**wunsch** *m* vivo deseo *m*

'herz|-ergreifend conmovedor; **⁀fehler** *m* lesión *f* cardíaca; ~**haft** valiente, resuelto; ~**er Schluck** buen trago

herzig ['hɛrtsɪç] mono

'Herz-infarkt *m* infarto *m* de miocardio; ~**klopfen** *n* palpitaciones *f/pl* (del corazón); **⁀krank** cardíaco; **⁀leiden** *n* afección *f* cardíaca; **⁀lich** cordial, afectuoso; ~ **gern** con mucho gusto; ~**lichkeit** *f* (-; *sin pl*) cordialidad *f*; **⁀los** sin corazón, insensible

'Herzog ['hɛrtso:k], ~**in** ['--gɪn] *f* (-; -nen) duque(sa *f*) *m*

'Herz|schlag *m* latido *m* del corazón;

380

(*Anfall*) apoplejía *f*; ~**schrittmacher** *m* marcapasos *m*; ~**spezialist** *m* cardiólogo *m*; ~**verpflanzung** *f* trasplante *m* de corazón

'Hetz|e ['hɛtsə] *f* (-; *sin pl*) (*Eile*) prisas *f/pl*, precipitación *f*; *fig* instigación *f*; *pol* agitación *f*; **⁀en** (ge-, h) **1.** *v/t Hund*: azuzar; (*antreiben*) dar prisa a; **2.** *v/i* (*sich beeilen*) apresurarse, darse prisa; **gegen** *j-n* ~ agitar los ánimos contra alg; **⁀erisch** agitador; ~**jagd** *f* cacería *f*

Heu [hɔy] *n* (-[e]s; *sin pl*) heno *m*

Heuch|elei [-çə'laɪ] *f* (-; *sin pl*) hipocresía *f*; ~**ler** ['-çlər] *m* (-s; -), ~**lerin** *f* (-; -nen) hipócrita *su*

heulen ['-lən] (ge-, h) aullar; (*weinen*) llorar

'Heu|schnupfen ⚕ *m* fiebre *f* del heno; ~**schrecke** ['-ʃrɛkə] *f* (-; -n) langosta *f*, saltamontes *m*

'heut|e ['-tə] hoy; ~ **morgen** (**abend**) esta mañana (noche); ~ **vor acht Tagen** hace ocho días; ~ **in acht Tagen** de hoy en ocho días; *noch* ~ hoy mismo; ~**ig** de hoy; actual; ~**zutage** de hoy (en) día

'Hexe ['hɛksə] *f* (-; -n) bruja *f*; ~**njagd** *f* *fig* caza *f* de brujas; ~**nschuß** ⚕ *m* lumbago *m*; ~**rei** *f* (-; -en) brujería *f*

Hieb [hi:p] *m* (-[e]s; -e) golpe *m*

hier [hi:r] aquí; (*Adresse*) en ésta; ciudad; ~ *bei Aufruf*: ¡presente!; ~ (*nimm*)! ¡toma!; ~ **bin ich** aquí estoy; ~ **ist** (**sind**) aquí está(n); *von* ~ **aus** de(sde) aquí

'hier|auf ['hi:rauf] *örtlich*: sobre esto; *zeitlich*: después de esto, luego; ~**aus** de aquí, de esto; ~**bei** en esto; ~**bleiben** (*irr*, *sep*, -ge-, sn, → **bleiben**) quedarse (aquí); ~**durch** por *od* con esto; así; ~**her** aquí, acá; ~**herum** por aquí; ~**hin** aquí; ~ *u dorthin* por aquí allá; ~**in** en esto *od* ello; ~**mit** con esto *od* ello; *Brief*: con la presente

'hier|über ['hi:ry:bər] de *od* sobre esto; ~**unter** debajo de esto; entre estos; ~**von** de esto; ~**zu** a esto

hiesig ['hi:zɪç] de aquí; ✝ de esta plaza

Hi-Fi-Anlage ['haɪfi?-, 'haɪfaɪ?] *f* equipo *m* de alta fidelidad

'Hilfe ['hɪlfə] *f* (-; -n) ayuda *f*, asistencia *f*; auxilio *m*, socorro *m*; *Erste* ~ primeros auxilios; (*zu*) ~! ¡socorro!; *mit* ~ *von* con (la) ayuda de; por medio de; ~ *leisten* prestar auxilio (*j-m* a alg); *um* ~

hinter

bitten bzw rufen pedir auxilio; **~ruf** *m* grito *m* de socorro
'**hilflos** desamparado, desvalido
'**Hilfs|-arbeiter** *m* peón *m*; **2bedürftig** necesitado, menesteroso; **2bereit** servicial; **~bereitschaft** *f* complacencia *f*; **~kraft** *f* auxiliar *su*; **~mittel** *n* (re)medio *m*; **~verb** *n* verbo *m* auxiliar
Himbeere ['himbeːrə] *f* (-; -n) frambuesa *f*
'**Himmel** ['himəl] *m* (-s; -) cielo *m*; *um ~s willen!* ¡por (el amor de) Dios!; *unter freiem ~* al aire libre; **2blau** (azul) celeste; **~fahrt** *f* (-; *sin pl*) Ascensión *f*; *Mariä ~* Asunción *f*; **~reich** *n* (-[e]s; *sin pl*) reino *m* de los cielos
'**Himmelsrichtung** *f* punto *m* cardinal
'**himmlisch** celeste, celestial; *fig* magnífico, divino
hin [hin] hacia allí *od* allá; F (*kaputt*) estropeado; *~ und zurück* ida y vuelta; *~ und wieder* a veces, de vez en cuando; *~ und her* de un lado para otro, de acá para allá; *~ und her gehen* ir y venir
hin'ab [hi'nap] hacia abajo; **~gehen** (*irr, sep, -ge-, sn, → gehen*) bajar, descender
hin'auf [hi'nauf] hacia arriba; **~fahren** (*irr, sep, -ge-, sn, → fahren*), **~gehen** (*irr, sep, -ge-, sn, → gehen*) subir; **~setzen** *Preis:* aumentar, subir; **~steigen** (*irr, sep, -ge-, sn, → steigen*) subir (*auf ac* a); ascender; **~tragen** (*irr, sep, -ge-, h, → tragen*) subir
hin'aus [hi'naus] (hacia) afuera; *~!* ¡fuera (de aquí)!; *zum Fenster ~* por la ventana; *über ... ~* más allá de; **~gehen** (*irr, sep, -ge-, sn, → gehen*) salir; *~ auf* (*ac*) *Fenster:* dar a; *~ über* (*ac*) pasar de, rebasar (*ac*); **~laufen** (*irr, sep, -ge-, sn, → laufen*) salir corriendo; *fig ~ auf* (*ac*) ir a parar a *od* en, acabar en; *auf dasselbe ~* ser lo mismo; **~lehnen** (*sep, -ge-, h*): *sich ~* asomarse; **~schieben** (*irr, sep, -ge-, h, → schieben*) *fig* aplazar; **~werfen** (*irr, sep, -ge-, h, → werfen*) echar, tirar; *j-n:* echar a la calle
'**Hinblick** *m*: *im ~ auf* (*ac*) en atención a, en vista de
'**hinder|lich** ['dərlɪç] embarazoso, molesto; contrario; **~n** (*ge-, h*) impedir (*j-n an et dat* a alg hacer a/c); (*stören*) estorbar; **2nis** *n* (-ses; -se) obstáculo *m*;

2nislauf *m*, **2nisrennen** *n* carrera *f* de obstáculos
hindeuten ['ˈdɔytən] (*ge-, h*): *~ auf* (*ac*) señalar a, *a fig* indicar (*ac*)
hindurch ['ˈdʊrç] *zeitlich:* durante; *durch* (*ac*) *~* a través de; por; *den ganzen Tag ~* (durante) todo el día
hin'ein [hi'nain] (hacia) adentro; *in* (*ac*) *... ~* en; *bis tief in die Nacht ~* hasta muy entrada la noche; **~fahren** (*irr, sep, -ge-, sn, → fahren*) entrar; **~gehen** (*irr, sep, -ge-, sn, → gehen*) entrar; *fig* caber; **~passen** (*sep, -ge-, h*) caber; **~ziehen** (*irr, sep, -ge-, h, → ziehen*) *fig* implicar (*in ac* en)
'**hin|fahren** ['hɪnfaːrən] (*irr, sep, -ge-, → fahren*) **1.** *v/t* (h) llevar; transportar; **2.** *v/t* (sn) ir (a); **2fahrt** *f* viaje *m* de ida; **~fallen** (*irr, sep, -ge-, sn, → fallen*) caer al suelo, caerse; **~fällig** caduco, decrépito; (*ungültig*) nulo, sin validez; **2flug** *m* vuelo *m* de ida
'**Hin|gabe** ['hɪnɡaːbə] *f* (-; *sin pl*) abnegación *f*, devoción *f*; **2geben** (*irr, sep, -ge-, h, → geben*) dar; *sich ~* entregarse a (*a Frau*), abandonarse a; (*sich widmen*) dedicarse a; **2'gegen** en cambio; **2gehen** (*irr, sep, -ge-, sn, → gehen*) ir (a)
'**hinken** ['hɪŋkən] (*ge-, h*) cojear (*a fig*); **~d** cojo
'**hin|knien** ['hɪnkniːən] (*sep, -ge-, sn*) (*a sich* [h]) ponerse de rodillas; **~kriegen** F (*sep, -ge-, h*) arreglar, lograr; *ich kriege es nicht hin* no me sale; **~legen** (*sep, -ge-, h*) poner, colocar; *sich ~* echarse, tenderse; **~nehmen** (*irr, sep, -ge-, h, → nehmen*) *fig* tolerar, soportar; **2reise** *f* viaje *m* de ida; **~reißend** arrebatador, irresistible; **~richten** (*sep, -ge-, h*) ejecutar; **2richtung** *f* (-; -en) ejecución *f*; **~schicken** (*sep, -ge-, h*) enviar, mandar; **~setzen** (*sep, -ge-, h*) poner, colocar; *sich ~* sentarse; **2sicht** *f*: *in dieser ~* a este respecto; **~sichtlich** (*gen*) con respecto a, en cuanto a; **2spiel** *n dep* partido *m* de ida; **~stellen** (*sep, -ge-, h*) poner, colocar; *~ als* presentar como; *j-n:* tachar, tildar de
'**hinten** ['hɪntən] (por) detrás, atrás; (*im Hintergrund*) en el fondo; *von ~* por detrás; *nach ~* hacia atrás; *von ~* detrás; *fig* a escondidas
'**hinter** ['-tər] **1.** *prp* (*wo? dat, wohin? ac*)

detrás de, tras; *~ et kommen* descubrir a/c; *~ sich lassen* dejar atrás; adelantar; *fig ~ j-m stehen* respaldar a alg; **2.** *adj* trasero, posterior; **2-achse** *f* eje *m* trasero; **2bliebene** [--'bli:bənə] *m/pl* deudos *m/pl*; **~ein'ander** uno tras otro; *drei Tage ~* tres días seguidos; **2gedanke** *m* segunda intención *f*; **~'gehen** (hinterging, hintergangen, h) engañar, embaucar; **2grund** *m* fondo *m*; *teat* foro *m*; *fot* segundo plano *m*; **2halt** *m* (-[e]s; -e) emboscada *f*; **~'her** después, posteriormente; **2hof** *m* patio *m* trasero; **2kopf** *m* occipucio *m*; **~'lassen** (hinterließ, hinterlassen, h) dejar; *im Testament*: legar; *e-e Nachricht ~* dejar recado; **~'legen** (h) depositar; **~listig** pérfido, alevoso; **2n** F *m* (-; -) trasero *m*; **2rad** *n* rueda *f* trasera; **2rad-antrieb** *m* tracción *f* trasera; **~rücks** ['--ryks] por detrás; *fig* con alevosía, a traición; **2seite** *f* lado *m* posterior; **2teil** *n* parte *f* posterior *od* trasera; F trasero *m*; **2treppe** *f* escalera *f* de servicio; **2tür** *f* puerta *f* trasera; **~'ziehen** (hinterzog, hinterzogen, h) defraudar; **2'ziehung** *f* defraudación *f*, fraude *m*

hin'über [hi'ny:bər] al otro lado; *fig ~ sn* estar estropeado; **~gehen** (*irr*, *sep*, -ge-, sn, → *gehen*) pasar al otro lado

Hin- und 'Rückfahrt *f* ida *f* y vuelta

hin'unter [hi'nuntər] (hacia) abajo; **~gehen** (*irr*, *sep*, -ge-, sn, → *gehen*) bajar; **~schlucken** (*sep*, -ge-, h) tragar (*a fig*)

Hinweg ['hinve:k] *m*: *auf dem ~* a la ida

hin'weg [-'vɛk]: *über ...* (*ac*) ~ por encima de; **~setzen** (*sep*, -ge-, h): *sich ~ über* (*ac*) sobreponerse a, no hacer caso de

'Hin|weis ['-vaɪs] *m* (-es; -e) indicación *f*; (*Verweis*) referencia *f* (*auf ac* a); **2weisen** (*irr*, *sep*, -ge-, h, → *weisen*): *~ auf* (*ac*) indicar (*ac*); *darauf ~, daß* señalar *od* observar que; **~weisschild** *n* rótulo *m* indicador; **2werfen** (*irr*, *sep*, -ge-, h, → *werfen*) tirar (al suelo); *Arbeit*: abandonar; *Wort*: dejar caer; **2ziehen** (*irr*, *sep*, -ge-, h, → *ziehen*): *sich ~ zeitlich*: prolongarse

hin'zu además; **~fügen** (*sep*, -ge-, h) añadir; **~kommen** (*irr*, *sep*, -ge-, sn, → *kommen*) sobrevenir; añadirse

Hirn [hirn] *n* (-[e]s; -e) cerebro *m*; *gastr* sesos *m/pl*; **'~haut** *f* meninge *f*; **'~haut-entzündung** *f* meningitis *f*

Hirsch [hirʃ] *m* (-[e]s; -e) ciervo *m*

Hirse ['hirzə] *f* (-; -n) mijo *m*

Hirt [hirt] *m* (-en; -en), **'~in** *f* (-n; -nen) pastor(a *f*) *m*

Hispanist [hispa'nist] *m* (-en; -en), **~in** *f* (-; -nen) hispanista *su*

hissen ['-ən] (ge-, h) izar, enarbolar

Hi'stori|ker [-'to:rikər] *m* (-s; -) historiador *m*; **2sch** histórico

Hit [hit] *m* (-[s]; -s) (canción *f* de) éxito *m*; ✝ éxito *m* de venta; **'~liste** *f* lista *f* de éxitos; **'~parade** *f* hit-parade *m*

'Hitz|e ['-sə] *f* (-; *sin pl*) calor *m*; *fig a* ardor *m*; **~ewelle** *f* ola *f* de calor; **2ig** fogoso, impetuoso; *Debatte*: acalorado; **~kopf** *m* hombre *m* colérico; **~schlag** ⚕ *m* insolación *f*

HI'V-|negativ [hɑ:i:'faʊ-] seronegativo, VIH negativo; **~positiv** seropositivo, VIH positivo

Hobby ['hɔbi] *n* (-s; -s) hobby *m*

'Hobel ['ho:bəl] *m* (-s; -) cepillo *m* (de carpintero); **2n** (ge-, h) (a)cepillar

hoch [ho:x] **1.** *adj* (*s a* ***höher, höchst***) alto; *a Stellung*, *Preis*: elevado; *Ton*: agudo; *Alter*: avanzado; *adv* (*sehr*) muy; *wie ~ ist ...?* ¿qué altura tiene ...?; *wie ~ ist der Preis?* ¿qué precio tiene?; *~ oben* en lo alto; *drei Meter ~* tres metros de alto; (*er lebe*) *~!* ¡viva!; F *das ist mir zu ~* no lo comprendo; **2.** **2** *n* (-s; -s) (*Wetter*) zona *f* de alta presión, anticiclón *m*

'Hoch|-achtung *f* gran estima *f*, respeto *m*; *mit vorzüglicher ~* = **2-achtungsvoll** *im Brief*: atentamente; **~-altar** *m* altar *m* mayor; **~bau** *m* construcción *f* sobre tierra; **~betrieb** *m* (-[e]s; *sin pl*) actividad *f* intensa; **2deutsch** alto alemán; **~druck** *m* (-[e]s; *sin pl*) alta presión *f*; **~druckgebiet** *n* zona *f* de alta presión; **~-ebene** *f* altiplanicie *f*; meseta *f*; **2-empfindlich** *fot* suprasensible; **2-erfreut** encantado; **~form** *f*: *in ~ sn* estar en plena forma; **~frequenz** *f* alta frecuencia *f*; **~gebirge** *n* alta montaña *f*; **~genuß** *m* delicia *f*; **2geschlossen** *Kleid*: cerrado; **~geschwindigkeitszug** *m* tren *m* de alta velocidad; **2gewachsen** alto de estatura; **~haus** *n* edificio *m* singular; **2heben** (*irr*, *sep*, -ge- h, → *heben*) levantar, alzar; **~kon-**

junktur f gran prosperidad f; alta coyuntura f; **~land** n tierra f alta; **~mut** m orgullo m, altanería f; **2mütig** ['-my:tɪç], altanero, orgulloso; **2näsig** ['-nɛ:zɪç] F encopetado; **~ofen ⊕** m alto horno m; **~rufe** m/pl vivas m/pl, vítores m/pl; **~saison** f temporada f alta; **~schul-abschluß** m título m universitario; **~schule** f escuela f superior; universidad f; **~schulreife** f madurez f universitaria; **~seefischerei** f pesca f de altura; **~sommer** m pleno verano m; **~spannung** ⚡ f alta tensión f; **~sprung** m salto m de altura

höchst [hø:çst] (*Superlativ v* **hoch**) el más alto; *fig* sumo, máximo; *adv* sumamente, altamente

Hochstapler ['ho:xʃta:plər] m (-s; -) estafador m, caballero m de industria

höchst|ens ['hø:çstəns] a lo más, a lo sumo; **2geschwindigkeit** f velocidad f máxima *od* punta; **2leistung** f rendimiento m máximo; **2maß** n máximo m (**an** *dat* de); **2preis** m precio m máximo *od* tope; **2stand** m (-[e]s, ̈-e) nivel m máximo

'hoch|trabend ['ho:x-] altisonante; **2verrat** m alta traición f; **2wasser** n inundación f, crecida f; **~wertig** de gran valor

'Hochzeit ['hɔxtsaɪt] f (-; -en) boda f; **~sreise** f viaje m de boda(s) *od* de novios

'hocke|n ['hɔkən] (ge-, h) estar en cuclillas; **2r** m (-s; -) taburete m

Höcker ['hœkər] m (-s; -) giba f (*a Kamel*), corcova f

Hockey ['hɔke] n (-s; *sin pl*) hockey m (sobre hierba)

Hode ['ho:də] f (-; -n), **~n** m (-s; -) testículo m

Hof [ho:f] m (-[e]s; ̈-e) patio m; (*Bauern*2) granja f; (*Fürsten*2) corte f

hoffen ['hɔfən] (ge-, h) esperar (**auf et** a/c); **~tlich** ['--tlɪç]: **~ kommt er** espero que venga

'Hoffnung ['-nʊŋ] f (-; -en) esperanza f (**auf** *ac* en); **in der ~ zu** (*inf*) en espera de (*inf*); **2slos** desesperado

'höflich ['hø:flɪç] cortés; **2keit** f (-; *sin pl*) cortesía f

Höhe ['hø:ə] f (-; -n) altura f (*a* ♈, ♄, ♉); altitud f (*a über dem Meeresspiegel*); **auf der ~ von** a la altura de; **in gleicher ~** al mismo nivel; **in die ~** (hacia) arriba; ✝ **in ~ von** por el importe de; **das ist die ~!** ¡es el colmo!

'Hoheit ['ho:haɪt] f (-; *sin pl*) *pol* soberanía f; (*pl* -en) *Titel*: Alteza f; **~gebiet** n territorio m (de soberanía); **~gewässer** n/pl aguas f/pl territoriales *od* jurisdiccionales; **~szeichen** n emblema m nacional

'Höhen|krankheit ['hø:ən-] f mal m de las alturas, *Am* puna f, soroche m; **~kur-ort** m estación f de altura; **~messer** m altímetro m; **~sonne** ☀ f lámpara f de rayos ultravioletas; **~unterschied** m diferencia f de nivel

'Höhepunkt m punto m culminante (*a fig*)

höher ['hø:ər] (*Komparativ v* **hoch**) más alto; *fig* superior, mayor; **~e Schule** instituto m de segunda enseñanza

hohl [ho:l] hueco, vacío; *fig* huero

Höhle ['hø:lə] f (-; -n) caverna f, cueva f; gruta f; *anat* cavidad f; (*Tier*2) madriguera f, *größere*: guarida f (*a Räuber*2)

'Hohl|maß ['ho:l-] n medida f de capacidad; **~raum** m hueco m; **~weg** m desfiladero m, cañada f

Hohn [ho:n] m (-[e]s; *sin pl*) (*Spott*) escarnio m, sarcasmo m; (*Verachtung*) desdén m; **j-m zum ~** a despecho de alg

höhnisch ['hø:nɪʃ] irónico, sarcástico

Holdinggesellschaft ['hɔ:ldɪŋ-] f (sociedad f) holding f

holen ['ho:lən] (ge-, h) ir a buscar, ir (a) por; *Arzt*: llamar; **~ lassen** mandar buscar, mandar (a) por; *Krankheit*: **sich** (*dat*) **~** pescar

Holländ|er ['hɔləndər] m (-s; -), **~erin** f (-; -nen), **2isch** holandés m, -esa f

'Hölle ['hœlə] f (-; -n) infierno m (*a fig*); **~nlärm** m ruido m infernal

höllisch ['-lɪʃ] infernal; **~ aufpassen** andar con muchísimo cuidado

Hollywoodschaukel ['hɔlivud-] f balancín m

holp(e)rig ['hɔlp(ə)rɪç] áspero, desigual, fragoso

Holunder [ho'lʊndər] m (-s; -) saúco m

Holz [hɔlts] n (-es; ̈-er) madera f; (*Brenn*2) leña f

hölzern ['hœltsərn] de madera; *fig* torpe

'Holz|fäller ['hɔltsfɛlər] m (-s; -) leñador m; **2ig** leñoso; **~industrie** f industria f maderera; **~kohle** f carbón m vegetal;

Holzschnitt 384

~schnitt *m* grabado *m* en madera; ~schnitzer *m* tallista *m*; ~schuh *m* zueco *m*; ~weg ['-ve:k] *m*: **auf dem ~ sn** estar equivocado; ~wolle *f* virutas *f/pl*
Homöo|path [homøo'pɑ:t] *m* (-en; -en) homeópata *m*; 2**isch** homeopático
homosexuell [-mozɛksu'ɛl], 2**e** *m* (-n; -n) homosexual (*m*), invertido (*m*)
Honig ['ho:niç] *m* (-s; -e) miel *f*; ~**kuchen** *m* pan *m* de especias
Honor|ar [hono'rɑ:r] *n* (-s; -e) honorarios *m/pl*; 2'**ieren** (h) pagar, remunerar; *fig* apreciar
Hopfen ♂ ['hɔpfən] *m* (-s; *sin pl*) lúpulo *m*
hopsen ['hɔpsən] (ge-, sn) brincar
'**hör|bar** ['hø:r-] oíble, audible, perceptible; 2**brille** *f* gafas *f/pl* acústicas
horchen ['hɔrçən] (ge-, h) escuchar (**auf et** *ac* a/c)
'**hören** ['hø:rən] (ge-, h) oír; (*zu~*) escuchar; (*gehorchen*) obedecer; (*erfahren*) oír decir, enterarse; **auf j-n ~** hacer caso a alg; **hör mal!** ¡escucha!; ¡oye!; **von sich ~ lassen** dar noticias suyas; 2**sagen** *n*: **vom ~** de oídas
'**Hör|er** ['hø:rər] *m* (-s; -) *tel* auricular *m*; ~**er** *m*, ~**erin** *f* (-; -nen) oyente *su*; ~**funk** *m* radio *f*; ~**gerät** *n* audífono *m*
Horizont [hori'tsɔnt] *m* (-[e]s; -e) horizonte *m* (*a fig*); 2**al** [---'tɑ:l] horizontal
Hormon [hɔr'mo:n] *n* (-s; -e) hormona *f*
Horn [hɔrn] *n* (-[e]s; ⁓er) cuerno *m*, asta *f*; ♪ trompa *f*
Hörnchen ['hœrnçən] *n* (-s; -) (*Gebäck*) croissant *m*
Hornhaut ['hɔrnhaʊt] *f* callosidad *f*; *Auge*: córnea *f*
Hornisse [hɔr'nɪsə] *f* (-; -n) avispón *m*
Horoskop [hɔrɔs'ko:p] *n* (-s; -e) horóscopo *m*
'**Hör|saal** ['hø:r-] *m* aula *f*; *großer*: paraninfo *m*; ~**spiel** *n* pieza *f* radiofónica
horten ['hɔrtən] (ge-, h) atesorar
Hörweite ['hø:r-] *f*: **in** (**außer**) ~ al (fuera del) alcance del oído
'**Hose** ['ho:zə] *f* (-; -n) pantalón *m*; ~**n-anzug** *m* traje *m* pantalón; ~**nrock** *m* falda *f* pantalón; ~**nschlitz** *m* bragueta *f*; ~**nträger** *m/pl* tirantes *m/pl*
Hostess [hɔs'tɛs] *f* (-; -en) azafata *f* de relaciones públicas
Hostie [-'tjə] *f* (-; -n) *rel* hostia *f*
Ho'tel [ho'tɛl] *n* hotel *m*; ~**gewerbe** *n* industria *f* hotelera; ~**halle** *f* vestíbulo

m, hall *m*; ~**ier** [-təl'je:] *m* (-s; -s) hotelero *m*; ~**verzeichnis** *n* lista *f* de hoteles; ~**zimmer** *n* habitación *f* de hotel
Hubraum ['hu:p-] *m* cilindrada *f*, cubicaje *m*
hübsch [hypʃ] bonito; *j*: guapo
'**Hubschrauber** ['hu:pʃraʊbər] *m* (-s; -) helicóptero *m*; ~**landeplatz** *m* helipuerto *m*
'**huckepack** ['hukəpak] a cuestas; 2-**Verkehr** *m* transporte *m* combinado ferrocarril-carretera
Huf [hu:f] *m* (-[e]s; -e) uña *f*, (*Pferde*2) casco *m*; '~**eisen** *n* herradura *f*; '~**schmied** *m* herrador *m*
'**Hüft|e** ['hyftə] *f* (-; -n) cadera *f*; ~**gelenk** *n* articulación *f* de la cadera; ~**gürtel** *m*, ~**halter** *m* faja *f*
'**Hügel** ['hy:gəl] *m* (-s; -) colina *f*, cerro *m*; 2**ig** accidentado
Huhn ['hu:n] *n* (-[e]s; ⁓er) gallina *f*
Hühnchen ['hy:nçən] *n* (-s; -) pollo *m*; **mit j-m ein ~ zu rupfen haben** tener una cuenta pendiente con alg
'**Hühner|auge** ♂ ['-nər'aʊgə] *n* callo *m*; ~**brühe** *f* caldo *m* de gallina; ~**ei** *n* huevo *m* de gallina; ~**farm** *f* granja *f* avícola; ~**stall** *m* gallinero *m*
Hülle ['hylə] *f* (-; -n) envoltura *f*, (*Schutz*2) funda *f*; (*Umschlag*) cubierta *f*; **in ~ und Fülle** en abundancia
Hülse ['hylzə] *f* ♀ vaina *f*; (*Schale*) cáscara *f*; ~**nfrüchte** *f/pl* legumbres *f/pl* secas
human [hu'mɑ:n] humano; ~**itär** [-mani'tɛ:r] humanitario
Hummel ['-əl] *f* (-; -n) *zo* abejorro *m*
Hummer ['-ər] *m* (-s; -) bogavante *m*
Hu'mor [hu'mo:r] *m* (-s; *sin pl*) humor *m*; humorismo *m*; ~**ist** [-mo'rɪst] *m* (-en; -en) humorista *m*; 2**istisch** [--'rɪstɪʃ] humorístico; 2**los** sin humor; 2**voll** humorístico, lleno de humor
humpeln ['humpəln] (ge-, h *u* sn) cojear
Hund [hunt] *m* (-[e]s; -e) perro *m*
'**Hunde|futter** ['hundə-] *n* alimento *m* *od* comida *f* para perros; ~**hütte** *f* perrera *f*; '2'**müde** F hecho polvo
'**hundert** ['-dərt] cien(to); **zu** 2**en** a centenares; ~**fach**, ~**fältig** [--'fɛltɪç] céntuplo; 2'**jahrfeier** *f* centenario *m*; ~**jährig** ['--jɛ:rɪç] centenario; ~**prozentig** ['--protsɛntɪç] cien por cien (*a fig*); ~**ste** centésimo
Hündin ['hyndɪn] *f* (-; -nen) perra *f*

ihrerseits

Hundstage ['hunts-] *m/pl* canícula *f*
Hüne ['hy:nə] *m* (-n; -n) gigante *m*
'**Hunger** ['huŋər] *m* (-s; *sin pl*) hambre *f* (*nach* de); ~**haben** tener hambre; ~**kur** *f* dieta *f* absoluta; ~**lohn** *m* sueldo *m* de hambre; *für e-n* ~ por una miseria; 2**n** (ge-, h) pasar hambre; (*fasten*) ayunar; ~**snot** *f* hambre *f*; ~**streik** *m* huelga *f* de hambre
hungrig ['-riç] hambriento; ~ *sein* tener hambre
'**Hupe** ['hu:pə] *f* (-; -n) bocina *f*, claxon *m*; 2**n** (ge-, h) tocar la bocina *od* el claxon
hüpfen ['hypfən] (ge-, sn) brincar, dar brincos
Hupverbot ['hu:pfɛrbo:t] *n* prohibición *f* de señales acústicos
'**Hürde** ['hyrdə] *f* (-; -n) *dep* valla *f*; *fig* obstáculo *m*; ~**nlauf** *m* carrera *f* de vallas
Hure ['hu:rə] P *f* (-; -n) ramera *f*, P puta *f*
hur|**ra!** [hu'ra:] ¡hurra!; 2**ruf** *m* hurra *m*
hüsteln ['hy:stəln] (ge-, h) toser ligeramente
'**husten** ['hu:stən] **1.** *v/i* (ge-, h) toser; **2.** 2 *m* (-s; -) tos *f*; 2**mittel** *n* pectoral *m*; 2**saft** *m* jarabe *m* pectoral

Hut[1] [hu:t] *m* (-[e]s; ⸚e) sombrero *m*; *fig* ~ *ab!* F ¡chapó!
Hut[2] *f*: *auf der* ~ *sn* estar sobre aviso
hüten ['hy:tən] (ge-, h) guardar; *sich vor et* ~ guardarse de a/c; F *ich werde mich* ~*!* ¡ni hablar!
Hut|**geschäft** ['hu:tgəʃɛft] *n*, ~**laden** *m* sombrerería *f*
'**Hütte** ['hytə] *f* (-; -n) choza *f*, cabaña *f*; ⊙ planta *f* metalúrgica; (*Berg*2) refugio *m*; ~**nwerk** *n* planta *f* metalúrgica
Hyäne [hy'ɛ:nə] *f* (-; -n) hiena *f*
Hyazinthe [-a'tsɪntə] *f* (-; -n) jacinto *m*
Hydrant [-'drant] *m* (-en; -en) boca *f* de riego
hydraulisch [-'draʊlɪʃ] hidráulico
Hy'**gien**|**e** [-'gje:nə] *f* (-: *sin pl*) higiene *f*; 2**isch** higiénico
Hymne ['hymnə] *f* (-; -n) himno *m*
Hypno|**se** [hyp'no:zə] *f* (-; -n) hipnosis *f*; 2**ti**'**sieren** [-noti'zi:rən] (h) hipnotizar
Hypo'**thek** [-po'te:k] *f* (-; -en) hipoteca *f*; *mit e-r* ~ *belasten* hipotecar; 2**arisch** [--te'ka:rɪʃ] hipotecario; ~**enzinsen** *m/pl* intereses *m/pl* hipotecarios
Hysterie [hyste'ri:] *f* (-; *sin pl*) histerismo *m*; 2**isch** [-'te:rɪʃ] histérico

---

I

I, i [i:] *n* (-; -) I, i *f*; *i wo!* ¡qué va!
I'ber|**er** [i'be:rər] *m* (-s; -) ibero *m*; 2**isch** ibérico
ich [iç] yo; ~ *bin es* soy yo
ideal [ide'a:l], 2 *n* (-s; -e) ideal (*m*); 2**ismus** [--a'lɪsmus] *m* (-; *sin pl*) idealismo *m*; 2**ist** [---'list] *m* idealista *m*
Idee [i'de:] *f* (-; -n) idea *f*, (*Einfall*) ocurrencia *f*
identi|**fizieren** [idɛntifi'tsi:rən] (h) identificar; ~**sch** [-'tɪʃ] idéntico (*mit* a); 2**tät** [---'tɛ:t] *f* (-; *sin pl*) identidad *f*
Ideolog|**ie** [ideolo'gi:] *f* (-; -en) ideología *f*; 2**isch** [---'lo:gɪʃ] ideológico
idiomatisch [ɪdjo'ma:tɪʃ] idiomático
Idiot [i'djo:t] *m* (-en; -en) 2**isch** idiota (*m*)

Idol [i'do:l] *n* (-[e]s; -e) ídolo *m*
I'**dyll** [i'dyl] *n* (-s; -e), ~**e** *f* (-; -n) idilio *m*; 2**isch** idílico
Igel ['i:gəl] *m* (-s; -) erizo *m*
ignorieren [ɪgno'ri:rən] (h) *et*: no hacer caso de; *j-n*: fingir no conocer
ihm [i:m] a él; *tonlos*: le
ihn [i:n] a él; *tonlos*: le, lo
ihnen ['i:nən] **1.** a ellos (-as); *tonlos*: les; **2.** 2 a usted(es); *tonlos*: le(s)
ihr [i:r] **1.** a ella; *tonlos*: le; **2.** *Nominativ pl von du*) vosotros (-as); **3.** *besitzanzeigend*: su, *pl* sus; 2(e) su(s); *der, die, das* ~**e** el suyo, la suya, lo suyo; *~er* (*gen v sie*) *sg* de ella, *pl* de ellos (-as)
ihrerseits ['i:rərzaɪts], 2 de *od* por su parte

---

9 Eurowtb. Span.

ihresgleichen ['i:rəs'glaiçən] su(s) igual(es)

ihretwegen por (causa de) ella, ellos, ellas; ≳ ~ por usted(es)

illegal ['ilega:l] ilegal

illegitim ['--giti:m] ilegítimo

illoyal ['iloaja:l] desleal

Illusion [ilu'zjo:n] *f* (-; -en) ilusión *f*

Illustr|ation [ilustra'tsjo:n] *f* (-; -en) ilustración *f*; ≳**ierte** [--'tri:rtə] *f* (-n; -n) revista *f* (ilustrada)

im [im] = **in dem**

'Image ['imidʒ] *n* (-s; -s) imagen *f* (pública); ~**pflege** *f* cuidado *m* de la imagen

'Imbiß ['imbis] *m* (-sses; -sse) bocado *m*, colación *f*; ~**bude** *f* chiringuito *m*; ~**stube** *f* cafetería *f*, (snack-)bar *m*

Imitation [imita'tsjo:n] *f* (-; -en) imitación *f*

Imker ['imkər] *m* (-s; -) apicultor *m*

immer ['imər] siempre; **auf** *od* **für** ~ para siempre; ~ **besser** (**mehr**; **weniger**) cada vez mejor (más; menos); ~ **noch** todavía; ~'**hin** de todos modos; (**wenigstens**) al menos; ~'**zu** sin parar

Immo'bilien [imo'bi:ljən] *bienes m/pl* inmuebles; ~**makler** *m* agente *m* de la propiedad inmobiliaria

immun [i'mu:n] inmune, inmunizado (**gegen** contra); ≳**ität** [imuni'tɛ:t] *f* (-; *sin pl*) inmunidad *f*

Imperialismus [-perja'lismus] *m* (-; *sin pl*) imperialismo *m*

'impf|en ['-pfən] (ge-, h) vacunar (**gegen** contra); ≳**paß** *m* (≳**schein** *m*) carnet *m* (certificado *m*) de vacunación; ~**stoff** *m* vacuna *f*; ≳**ung** *f* (-; -en) vacunación *f*

impo'nieren [-po'ni:rən] (h) infundir respeto, imponer; ~**d** imponente

Im'port [-'pɔrt] *m* (-s; -e) importación *f*; ~**beschränkungen** *f/pl* restricciones *f/pl* a la importación; ~**eur** [--'tø:r] *m* (-s; -e) importador *m*; ≳**ieren** [--'ti:rən] (h) importar

imposant [-po'zant] imponente

impotent ['--tɛnt] impotente

imprägnieren [-prɛ:g'ni:rən] (h) impermeabilizar

Impressionismus [-presjo'nismus] *m* (-; *sin pl*) impresionismo *m*

improvisieren [improvi'zi:rən] (h) improvisar

Impuls [-'puls] *m* (-es; -e) impulso *m*

imstande [-'ʃtandə]: ~ **sn zu** ser capaz de; estar en condiciones de

in [in]: **a)** *örtlich:* en; (*innerhalb*) dentro de; ~ **die Schule gehen** ir a la escuela; **b)** *zeitlich:* en; dentro de; ~ **der Nacht** durante la noche; *im Winter* en invierno; ~ **diesen Tagen** estos días

inbegriffen ['inbəgrifən] incluido, inclusive

in'dem mientras; ~ **er dies sagte** diciendo esto

Inder ['indər] *m* (-s; -), ~**in** *f* (-; -nen) indio *m*, -a *f*

Index ['indɛks] *m* (-es; -e, Indizes ['-di:tse:s]) índice *m*

Indian|er [-'dja:nər] *m* (-s; -), ~**erin** *f* (-; -nen), ≳**isch** indio *m*, -a *f*

indirekt ['-dirɛkt] indirecto

indisch ['-diʃ] indio

indiskret ['-diskre:t] indiscreto

individuell [-dividu'ɛl] individual

industrialisieren [-dustriali'zi:rən] (h) industrializar

Indu'strie [--'tri:] *f* (-; -n) industria *f*; ~ **und Handelskammer** *f* Cámara *f* de Comercio e Industria; ~**gebiet** *n* región *f* industrial

industriell [--stri'ɛl], ≳**e** *m* (-n; -n) industrial (*m*)

Indu'striestaat [indus'tri:-] *m* Estado *m* industrial(izado)

in-ein'ander uno(s) en (*od* dentro de) otro(s)

Infarkt 𝒮[-'farkt] *m* (-[e]s; -e) infarto *m*

Infek'tion [-fɛk'tsjo:n] *f* (-; -en) infección *f*; ~**skrankheit** *f* enfermedad *f* infecciosa

Infinitiv ['-finiti:f] *m* (-s; -e) infinitivo *m*

infizieren [--'tsi:rən] (h) infectar, contagiar

Infla'tion [-fla'tsjo:n] *f* (-; -en) inflación *f*; ~**srate** *f* tasa *f* *od* índice *m* de inflación

infolge [-'fɔlgə] (*gen*) debido a, a consecuencia de; ~'**dessen** por consiguiente, por lo tanto

Infor'matik [-fɔr'ma:tik] *f* (-; *sin pl*) informática *f*; ~**er** *m* (-s; -) informático *m*

Informa'tion [-ma'tsjo:n] *f* informe *m*, información *f*; ~**sbüro** *n* oficina *f* de información; ~**smaterial** *n* material *m* informativo; ~**sschalter** *m* ventanilla *f* de información

infor'mieren (h): (*sich*) ~ informar(se) (*über ac* de *od* sobre), enterar(se) (de)

'infra|rot ['fraro:t] infrarrojo; **≈struktur** *f* infraestructura *f*

Ingenieur [-ʒenjøːr] *m* (-s; -e) ingeniero *m*

Ingwer ♀ ['ɪŋvər] *m* (-s; *sin pl*) jengibre *m*

Inhaber ['ɪnhaːbər] *m* (-s; -), **~in** *f* (-; -nen) titular *su*; *e-s Geschäfts usw*: propietario *m*, -a *f*, dueño *m*, -a *f*; ✝ *e-s Papiers*: portador(a *f*) *m*, tenedor(a *f*) *m*

inhalieren [-ha'liːrən] (h) inhalar

'Inhalt ['-halt] *m* (-[e]s; -e) contenido *m*; (*Raum≈*) capacidad *f*, volumen *m*; (*Gesprächs≈*) tema *m*; **~sverzeichnis** *n* tabla *f* de materias, índice *m*

Initiative [inɪtsja'tiːvə] *f* (-; -n) iniciativa *f* (**ergreifen** tomar)

Injektion [injɛk'tsjoːn] *f* inyección *f*

inklusive [-klu'ziːvə] inclusive, incluido; **≈preis** [--'ziːf] *m* precio *m* global

inkonsequent ['-kɔnzɛkvɛnt] inconsecuente

'Inland ['-lant] *n* (-[e]s; *sin pl*) interior *m* (del país); **~flug** *m* vuelo *m* nacional

inländisch ['-lɛndɪʃ] nacional, del país; interior

'Inlands|geschäft ['inlants-] *n* transacción *f* en el mercado interior; **~gespräch** *n* conferencia *f* nacional; **~markt** *m* mercado *m* interior

inmitten [-'mɪtən] (*gen*) en medio de

'innen ['ɪnən] dentro, en el interior; *nach* **~** adentro; **≈architekt(in** *f*) *m* decorador(a *f*) *m* de interiores; **≈minister(ium** *n*) *m* ministro *m* (ministerio *m*) del Interior; **≈politik** *f* política *f* interior; **≈stadt** *f* centro *m od* casco *m* urbano

'inner ['ɪnər] interior; *a* ✱ interno; **~betrieblich** interempresarial; **≈eien** [--'raɪən] *f/pl* tripas *f/pl*; *Geflügel*: menudillos *m/pl*; **≈e** *n* (-n; *sin pl*) interior *m*; **~halb** (*gen*) *örtlich*: dentro de; *zeitlich*: en; en el plazo de; **~lich** interior, interno; *adv* por dentro

'in-offiziell no oficial; oficioso

Inquisition [inkvizi'tsjoːn] *f* (-; *sin pl*) inquisición *f*

ins [ɪns] = *in das*

'Insasse ['ɪnzasə] *m* (-n; -n) ocupante *m*; *e-s Hauses*: inquilino *m*; **~nversicherung** *f* seguro *m* de ocupantes

insbesondere [ɪnsbə'zɔndərə] especialmente, particularmente, en particular

'Inschrift ['ɪnʃrift] *f* (-; -en) inscripción *f*

In'sekt [-'zɛkt] (-[e]s; -en) insecto *m*; **~enmittel** *n* insecticida *m*; **~enschutzmittel** *n* repelente *m*; **~enstich** *m* picadura *f* de insecto

Insel ['ɪnzəl] *f* (-; -n) isla *f*

Inser|at [-zə'raːt] *n* (-[e]s; -e) anuncio *m*; **≈ieren** (h) poner un anuncio

insgesamt [ɪnsgə'zamt] en total, en conjunto

insofern [-'zoːfɛrn] en eso; [-zo'fɛrn] en tanto que

'insolven|t ['ɪnzɔlvɛnt] insolvente; **≈z** ['--vɛnts] *f* (-; -en) insolvencia *f*

Inspektion [-ʃpɛk'tsjoːn] *f* (-; -en) inspección *f*; *auto* revisión *f*

Installateur [-stala'tøːr] *m* (-s; -e) instalador *m*; (*Wasser*) fontanero *m*

instand [-'ʃtant]: **~** *halten* mantener, entretener; **~** *setzen* arreglar, reparar

inständig ['-ʃtɛndɪç]: **~** *bitten* instar

Instantgetränk [in'stant-] *n* bebida *f* instantánea

In'stanz ⚖ [-'ʃtants] *f* (-; -en) instancia *f*; **~enweg** *m* trámite *m*; *auf dem* **~** por vías de trámite

Instinkt [-'ʃtɪŋkt] *m* (-[e]s; -e) instinto *m*

Institut [-sti'tuːt] *n* (-[e]s; -e) instituto *m*; **~ion** [--tu'tsjoːn] *f* (-; -en) institución *f*

Instru'ment [-stru'mɛnt] *n* (-[e]s; -e) instrumento *m*; **~enbrett** *n* tablero *m* de mando *od* de instrumentos

Insulin [-zu'liːn] *n* (-s; *sin pl*) insulina *f*

Inszenierung [-stse'niːruŋ] *f* (-; -en) puesta *f* en escena

intellektuell [intɛlɛktu'ɛl] intelectual

intelligen|t [--li'gɛnt] inteligente; **≈z** [---'gɛnts] *f* (-; *sin pl*) inteligencia *f*

Intendant [-tɛn'dant] *m* (-en; -en) *teat, TV, Radio*: director *m*

inten'siv [--'ziːf] intenso; ✒ intensivo; **≈station** *f* unidad *f* de vigilancia intensiva

Inter'city [intɛr'sɪti] *m* (-[s]; -[s]) Intercity *m*; **~Netz** *n* red *f* de trenes Intercity; **~Zug** *m* tren *m* Intercity; **~Zuschlag** *m* suplemento *m* de Intercity

interess|ant [-t(ə)rɛ'sant] interesante; **≈e** [-t(ə)'resə] *n* (-s; -n) interés *m* (*für* por); **≈ent** [---'sɛnt] *m* (-en; -en) interesado *m*; **~ieren** [---'siːrən] (h): (*sich*) **~** interesar(se) (*für* por)

intern [-'tɛrn] interno; **~ational** [-tərnatsjo'naːl] internacional

Internist *m* [--'nist] *m* (-en; -en) (médico *m*) internista *m*

Interrail-Karte [--'reıl-] *f* tarjeta *f* Interrail

Inter|vention [-vɛn'tsjoːn] *f* (-; -en) intervención *f*; **~view** ['--vjuː] *n* (-s; -s) entrevista *f*, interviú *f*; **2'viewen** [b] (h) entrevistar

intim [-'tiːm] íntimo
intolerant ['-tɔlərant] intolerante
intransitiv ['-tranzitiːf] intransitivo
Intrig|e [-'triːgə] *f* (-; -n) intriga *f*; **2ieren** [-tri'giːrən] (h) intrigar
Invalide [-va'liːdə] *m* (-n; -n) inválido *m*
Invasion [-va'zjoːn] *f* (-; -en) invasión *f*
Inven|tar [-vɛn'taːr] *n* (-s; -e) inventario *m*; **~tur** [--'tuːr] *f* (-; -en) inventario *m*; **~ machen** hacer el inventario
investieren [-vɛs'tiːrən] (h) invertir
Investi|tion [--ti'tsjoːn] *f* (-; -en) inversión *f*; **~sgüter** *n/pl* bienes *m/pl* de equipo; **~shilfe** *f* subvención *f* para inversiones; **~s-programm** *n* programa *m* de inversiones

inwie|fern, ~'weit hasta qué punto; en qué medida
in'zwischen entretanto
irdisch ['irdiʃ] terrestre
Ire ['iːrə] *m* (-n; -n) irlandés *m*
'irgend ['irgənt]: **~ etwas** algo; **~ jemand** alguien; **~ein** algún; **~einer** alguno; alguien; **'~'wann** algún día;

~'welche algunos; **'~'wie** de cualquier modo; **~wo** en alguna parte
Ir|in ['iːrin] *f* (-; -nen) irlandesa *f*; **2isch** irlandés
Iron|ie [iro'niː] *f* (-; *sin pl*) ironía *f*; **2isch** [i'roːniʃ] irónico
'irr|(e) ['ir(ə)] *f* enajenado, demente, *a fig* loco; **2e** *m/f* (-n; -n) loco *m*, -a *f*; **~eführen** (*sep*, -ge-, h) engañar, desorientar; **~en** (ge-, sn) errar (*a herum~*); (h) (*a sich*) ~ estar equivocado, equivocarse; **2en-anstalt** *f* manicomio *m*
irrig ['iriç] equivocado, erróneo
'Irr|licht *n* fuego *m* fatuo; **~sinn** *m* (-[e]s; *sin pl*) demencia *f*, locura *f*; **~tum** *m* (-s; -er) error *m*, equivocación *f*; **im ~ sn** estar equivocado, **2tümlich** ['-tyːmliç] erróneo; *adv* por equivocación
Ischias *f* ['iʃjas] *m od n* (-; *sin pl*) ciática *f*
Islam ['islam, -'laːm] *m* (-; *sin pl*) islam(ismo) *m*
Isländ|er ['iːslɛndər] *m* (-s; -), **~erin** *f* (-; -nen), **2isch** islandés *m*, -esa *f*
Iso'lier|band [izo'liːr-] *n* (-[e]s; -er) cinta *f* aislante; **2en** (h) aislar; *Gefangene:* a incomunicar; **~ung** (-; -en) *f* aislamiento *m*
Israeli [isra'eːli] *m* (-; -s), **2isch** israelí (*m*)
Italien|er [ital'jɛːnər] *m* (-s; -), **~erin** *f* (-; -nen), **2isch** italiano *m*, -a *f*

J

J, j [jɔt] *n* (-; -) J, j *f*
ja [jaː] *adv* sí; **~ doch** (claro) que sí; **~ sagen** decir que sí; **~ sogar** incluso; **wenn ~** si es así; **da ist er ~!** ¡ahí viene!
Jacht [jaxt] *f* (-; -en) yate *m*; **~klub** *m* club *m* náutico
'Jacke ['jakə] *f* (-; -n) chaqueta *f*, *Am* saco *m*; **~nkleid** *n* traje *m* de chaqueta
Jackett [ʒa'kɛt] *n* (-s; -s) chaqueta *f*, americana *f*, *Am* saco *m*
Jagd [jaːkt] *f* (-; -en) caza *f*; **auf die ~ gehen** ir de caza; **'~flugzeug** *n* (avión *m* de) caza *m*; **~hund** *m* perro *m* de caza; **'~revier** *n* coto *m*; **'~schein** *m* licencia *f* de caza
jagen ['jaːgən] (ge-, h) cazar; *fig* (sn) correr (*nach* tras); (*eilen*) correr a toda velocidad
Jäger ['jɛːgər] *m* (-s; -) cazador *m*; ✈ caza *m*
Jahr [jaːr] *n* (-[e]s; -e) año *m*; *voriges od letztes* **~** el año pasado; *nächstes* **~** el año que viene; *nach* **~en** después de muchos años; *vor zwei* **~en** hace dos años; **'~buch** *n* anuario *m*; **'2elang** durante muchos años

'Jahres|-abonnement *n* abono *m bzw* suscripción *f* anual; **~abschluß ☩** *m* balance *m* anual; **~ausgleich** *m* reajuste *m* anual de impuestos; **~bericht** *m* informe *m* anual; **~bilanz** *f* balance *m* anual; **~einkommen** *n* renta *f* anual; **~hauptversammlung** *f* junta *f* general ordinaria; **~tag** *m* aniversario *m*; **~umsatz** *m* cifra *f* anual de ventas; **~zahl** *f* año *m*; **~zeit** *f* estación *f* (del año)

'Jahr|gang *m* (-s; ∺e) año *m*; *Universität*: promoción *f*; *Wein*: cosecha *f*; **~'hundert** *n* (-s; -e) siglo *m*; **~'hundertwende** *f* fin *m* de siglo

jährlich ['jɛːrliç] anual; *adv* al año

Jahr|markt ['jɑːrmarkt] *m* feria *f*; **~'tausend** *n* (-s; -e) milenio *m*; **~'tausendwende** *f* fin *m* de milenio; **~'zehnt** [-'tseːnt] *n* (-[e]s; -e) década *f*, decenio *m*

jähzornig ['jɛːtsɔrniç] irascible

Jalousie [ʒaluˈziː] *f* (-; -n) celosía *f*, persiana *f*

Jammer ['jamər] *m* (-s; *sin pl*) (*Elend*) miseria *f*; **es ist ein ~** es una lástima

jämmerlich ['jɛmərliç] lastimoso, lamentable; (*elend*) miserable

jammern ['jamərn] (ge-, h) quejarse, lamentarse (*über ac* de)

Januar ['januaːr] *m* (-[s]; -e) enero *m*

Japan|er [-'pɑːnər] *m* (-s; -), **~erin** *f* (-; -nen), **2isch** japonés *m*, -esa *f*

jäten ['jɛːtən] (ge-, h) escardar

Jauche ['jauxə] *f* (-; -n) estiércol *m* líquido

jauchzen ['-tsən] (ge-, h) lanzar gritos de júbilo

jawohl [jaˈvoːl] sí, ciertamente

Jazz [dʒɛs] *m* (-; *sin pl*) jazz *m*; **~'band** *f* conjunto *m* de jazz

je [jeː] (*jemals*) nunca, jamás; (*pro*) cada uno; **~ zwei** de dos en dos; (*von jedem*) dos de cada uno; **~ Person** por persona; **~ ... desto ...** cuanto más ... (tanto) más ...; **~ nach** según; **~ nachdem, ob** según que

Jeans [dʒiːns] *pl* tejanos *m/pl*, (pantalones *m/pl*) vaqueros *m/pl*

jede|nfalls ['jeːdən'fals] en todo caso, de todas maneras; **~'r**, **~**, **~s** *adj* cada; *substantivisch*: cada uno; (*irgendein*) cualquier(a); **~rmann** todo el mundo; **~rzeit** en todo momento; a cualquier hora; **~smal** cada vez (*wenn* que)

je'doch sin embargo, no obstante

Jeep [dʒiːp] *Wz m* (-s; -s) jeep *m* (*Wz*)

jeher ['jeːˈheːr]: *von* **~** (desde) siempre

jemals ['-mɑːls] jamás; (*schon einmal*) alguna vez

jemand ['-mant] alguien, alguno; *verneint*: nadie, ninguno

jene|r ['-nər], **~**, **~s** aquél, aquélla, aquello (*adj ohne Akzent*)

'jenseit|ig ['jɛnzaitiç] del otro lado; opuesto; **~s** (*gen*) al otro lado de; más allá de

Jesu'it [jezuˈit] *m* (-en; -en) jesuita *m*; **~en-orden** *m* Compañía *f* de Jesús

Jesus ['jeːzʊs] *m* (*sin pl*) Jesús *m*; **~ Christus** *m* Jesucristo *m*

Jet [dʒɛt] *m* (-[s]; -s) jet *m*; **~-set** [-sɛt] (-s; *sin pl*) jet *f*

jetzig ['jɛtsiç] actual

jetzt [jɛtst] ahora, actualmente; *bis* **~** hasta la fecha; *eben* **~** ahora mismo; *von* **~ an** (de ahora) en adelante

'jeweil|ig ['jeːvailiç] respectivo, correspondiente; **~s** respectivamente

Job [dʒɔp] F *m* (-s; -s) trabajo *m*; empleo *m* (provisional); **2ben** ['dʒɔbən] F (ge-, h) trabajar, F currar; **~ber** ['-bər] *m* (-s; -) F currante *m*; **~sharing** ['dʒɔpʃɛːriŋ] *n* (-[s]; *sin pl*) trabajo *m* compartido; **'~vermittlung** *f* agencia *f* de colocación

Jockei ['dʒɔki] *m* (-s; -s) jockey *m*

Jod [joːt] *n* (-[e]s; *sin pl*) yodo *m*

Joga ['-gɑ] *n od m* (-[s]; *sin pl*) yoga *m*

Jogging ['dʒɔgiŋ] *n* (-s; *sin pl*) footing *m*

Joghurt ['joːgʊrt] *m od n* (-[e]s; *sin pl*) yogur(t) *m*

Jo'hannis|beere ☩ [joˈhanisbeːrə] *f* grosella *f*; **~käfer** *m* luciérnaga *f*

johlen ['joːlən] (ge-, h) dar voces, chillar

Joint [dʒɔint] *m* (-s; -s) F porro *m*; **~venture** ['-vɛntʃər] *n* (-[s]; -[s]) joint-venture *f*

Journalist [ʒʊrnaˈlist] *m* (-en; -en), **~in** *f* (-; -nen) periodista *su*

'Jubel ['juːbəl] *m* (-s; *sin pl*) (gritos *m/pl* de) alegría *f*; **2n** (ge-, h) dar gritos de alegría

Jubiläum [jubiˈlɛːum] *n* (-s; -läen) aniversario *m*

'juck|en ['jʊkən] (ge-, h) picar; escocer; **2reiz** *m* picor *m*

Jude ['juːdə] *m* (-n; -n) judío *m*

'Jüd|in ['jyːdin] *f* (-; -nen) judía *f*; **2isch** judío; *Religion*: judaico

'Jugend ['juːɡənt] *f* (-; *sin pl*) juventud *f*;

~arbeitslosigkeit f paro m juvenil; **2frei** Film: apto para menores; **~herberge** f albergue m juvenil; **~kriminalität** f delincuencia f juvenil; **2lich** juvenil; **~liche** m/f (-n; -n) menor su; adolescente su; **~stil** m (-s; sin pl) modernismo m; **~zentrum** n centro m juvenil

Jugoslaw|e [jugo'slaːvə] m (-n; -n), **~in** f (-; -nen), **2isch** yugoslavo m, -a f
Juli ['juːli] m (-[s]; -s) julio m
Jumbo-Jet ['jumbo-] m Jumbo m
jung [juŋ] joven; Aktie, Wein: nuevo; **~er Mann** (**~es Mädchen**) joven m (f)
Junge ['juŋə]: **a)** m (-n; -n) muchacho m, chico m; **kleiner ~** chiquillo m; **b)** n (-n; -n) cría f; Hund, Raubtiere: cachorro m; **~ werfen** od **bekommen** parir
Jünger ['jyŋər] **1.** m (-s; -) discípulo m; **2.** 2 (Komparativ v jung) más joven; Bruder usw: menor
'Jung|frau f virgen f; astr Virgo m; **~geselle** m soltero m; **~gesellin** f (-; -nen) soltera f

Jüngling ['jyŋliŋ] m (-s; -e) adolescente m, joven m
jüngst [jyŋst] adj (Superlativ v jung) el (la) más joven; Bruder usw: menor; zeitlich: reciente, último; **das ~e Gericht** el juicio final
Jungunternehmer ['juŋʔ-] m joven empresario m
Juni ['juːni] m (-[s]; -s) junio m
'junior ['juːniɔr] hijo, a dep junior; **2chef** m hijo m del jefe
Jura ['juːra] ⚖ pl: **~ studieren** estudiar derecho
Ju'rist [ju'rist] m (-en; -en), **~in** f (-; -nen) jurista su; **2isch** jurídico
Jury ['ʒyːri] f (-; -s) jurado m
Justitiar [justi'tsjaːr] m (-s; -e) síndico m, asesor m jurídico
Ju'stiz [-'tiːts] f (-; sin pl) justicia f; **~minister(ium** n) m ministro m (ministerio m) de Justicia
Juwel [ju'veːl] n (-s; -en) joya f (a fig); **~ier** [-vəˈliːr] m (-s; -e) joyero m
Jux F [juks] m (-es; -e) broma f; **aus ~** de (en, por) broma, F de cachondeo

K

K, k [kaː] n (-; -) K, k f
Kabarett [kaba'rɛt] n (-s; -s, -e) cabaret m (literario)
'Kabel ['kaːbəl] n (-s; -) cable m; **~anschluß** m cableado m; **~fernsehen** n televisión f por cable
Kabeljau ['--jaʊ] m (-s; -s, -e) bacalao m (fresco)
Kabine [ka'biːnə] f (-; -n) cabina f; ⚓ camarote m
Kabinett [-bi'nɛt] n (-s; -e) gabinete m (a pol)
Kabrio ['kaːbrio] n (-s; -s), **~lett** [kabrio'lɛt] n (-s; -s) descapotable m
Kachel ['kaxəl] f (-; -n) azulejo m; (Boden2) baldosa f
Käfer ['kɛːfər] m (-s; -) escarabajo m
'Kaffee ['kafeː, ka'feː] m (-s; -s) café m; **schwarzer ~** café m solo; **~ mit Milch** cortado m; **~fahrt** f etwa: excursión f

publicitaria; **~kanne** f cafetera f; **~maschine** f cafetera f eléctrica; **~mühle** f molinillo m de café; **~tasse** f taza f de café
Käfig ['kɛːfiç] m (-s; -e) jaula f
kahl [kaːl] calvo; (geschoren) pelado; ❀ deshojado; Wand usw: desnudo
Kahn [kaːn] m (-[e]s; ⸚e) bote m, barca f
Kai [kaɪ] m (-s; -s) muelle m
'Kaiser ['-zər] m (-s; -) emperador m; **~in** f (-; -nen) emperatriz f; **2lich** imperial; **~reich** n imperio m; **~schnitt** ✂ m (operación f) cesárea f
Ka'jüt|boot [ka'jyːt-] m barco m con camarote(s); **~e** f (-; -n) camarote m
Kakao [-'kaːo] m (-s; -s) cacao m; (Getränk) chocolate m
'Kaktus ['kaktus] m (-; Kakteen [-'teːən]) cacto m, cactus m; **~feige** f higo m chumbo

Kalb [kalp] n (-[e]s; ⸚er) ternero m; **'⸚fleisch** n ternera f; **'⸚sbraten** m asado m de ternera; **⸚schachse** ['-haksə] f (-; -n) pierna f de ternera

Ka'lender [ka'lɛndər] m (-s; -) calendario m; (Termin2) agenda f; **⸚jahr** n año m civil

Kaliber [ka'li:bər] n (-s; -) calibre m (a fig)

Kalif [ka'li:f] m (-en; -en) califa m

Kalium ['ka:ljum] n (-s; sin pl) potasio m

Kalk [kalk] m (-[e]s; -e) cal f; **'⸚stein** m (piedra f) caliza f

Kalkul|ation [-kula'tsjo:n] f (-; -en) cálculo m; **2ieren** [--'li:rən] (h) calcular

kalt [kalt] frío (a fig); **es ist ⸚** hace frío; **mir ist ⸚** tengo frío; **⸚ werden** enfriarse; **⸚e Küche** platos m/pl fríos; **⸚blütig** ['-bly:tiç] adv a sangre fría

'Kälte ['kɛltə] f (-; sin pl) frío m; fig frialdad f; **zehn Grad ⸚** diez grados bajo cero; **⸚periode** f periodo m de frío; **⸚welle** f ola f de frío

'Kalt|front ['kaltfrɔnt] f frente m frío; **⸚miete** f alquiler m neto

Kalzium ['kaltsjum] n (-s; sin pl) calcio m

Kamel [ka'me:l] n (-[e]s; -e) camello m; F fig burro m

Kamera ['-mərə] f (-; -s) cámara f

Kame'rad [-'ra:t] m (-en; -en), **⸚in** [--'di:n] f (-; -nen) camarada su, compañero m, -a f; **⸚schaft** f (-; -en) compañerismo m

Kameramann ['--raman] m (-[e]s; ⸚er, -leute) operador m, cámara m

Ka'mille ❦ [-'milə] f (-; -n) manzanilla f; **⸚ntee** m (infusión f de) manzanilla f

Kamin [-'mi:n] m (-s; -e) chimenea f

Kamm [kam] m (-[e]s; ⸚e) peine m; (Zier2) peineta f; (zo, Gebirgs2) cresta f

kämmen ['kɛmən] (ge-, h) peinar

'Kammer ['kamər] f (-; -n) cuarto m; pol, ⊙ cámara f; ⚖ sala f; **⸚musik** f música f de cámara

Kammgarn ['-garn] n estambre m

Kampf [kampf] m (-[e]s; ⸚e) lucha f (a fig); combate m; dep encuentro m

kämpfe|n ['kɛmpfən] (ge-, h) combatir; a fig luchar (**um** por); (sich schlagen) pelear; **2r** m (-s; -) combatiente m; a fig luchador m

'Kampf|richter ['kampf-] m árbitro m; **⸚stier** m toro m de lidia; **2-unfähig** fuera de combate

kampieren [kam'pi:rən] (h) acampar

Kanad|ier [ka'na:djər] m (-s; -), **⸚ierin** f (-; -nen), **2isch** canadiense su

Kanal [-'na:l] m (-[e]s; ⸚e) TV canal m; (Bewässerungs2) acequia f; (Abfluß2) alcantarilla f; **⸚isation** [-naliza'tsjo:n] f (-; -en) canalización f; **2i'sieren** (h) canalizar

Kanarienvogel ['-na:rjən-] m canario m

Kandid|at [-di'da:t] m (-en; -en), **⸚atin** f (-; -nen) candidato m, -a f; **⸚atur** [--da'tu:r] f (-; -en) candidatura f; **2ieren** [--'di:rən] (h) presentar su candidatura (**für** a, para)

kandieren [-'di:rən] (h) escarchar, garapiñar

Kandiszucker ['kandis-] m azúcar m cande

Känguruh ['kɛŋguru:] n (-s; -s) canguro m

Kaninchen [ka'ni:nçən] n (-s; -) conejo m

Kanister [-'nistər] m (-s; -) lata f, bidón m

Kanne ['kanə] f jarro m; jarra f

Kanon ['ka:nɔn] m (-s; -s) canon m

Ka'none [ka'no:nə] f (-; -n) cañón m; F fig as m; **⸚nschuß** m cañonazo m

Kantate ♪ [kan'ta:tə] f (-; -n) cantata f

'Kant|e ['-tə] f (-; -n) canto m; (Rand) borde m; **2ig** anguloso (a Gesicht)

Kantine [-'ti:nə] f (-; -n) (Betriebs2) comedor m colectivo

Kanton [-'to:n] m (-s; -e) cantón m

Kanu ['ka:nu, ka'nu:] n (-s; -s) canoa f, piragua f; **⸚fahrer(in** f) m piragüista su

Kanüle ⚕ [ka'ny:lə] f (-; -n) cánula f

Kanzel ['kantsəl] f (-; -n) púlpito m

Kanz|lei [kants'lai] f (-; -en) pol cancillería f; (Anwalts2) bufete m; **⸚ler** ['-lər] m (-s; -) canciller m

Kap [kap] n (-s; -s) cabo m

Kapazi'tät [kapatsi'tɛ:t] f (-; -en) capacidad f; fig autoridad f; **⸚s-auslastung** f utilización f de la capacidad

Ka'pell|e [-'pɛlə] f (-; -n) capilla f; ♪ banda f (de música); conjunto m (musical); **⸚meister** m director m de orquesta

Kaper ❦ ['ka:pər] f (-; -n) alcaparra f

kapern ['-pərn] (ge-, h) apresar, capturar

kapieren F [ka'pi:rən] (h) F caer

Kapi'tal [kapi'ta:l] n (-s; -ien) capital m; **⸚anlage** f inversión f de capital; **⸚aufwand** m aportación f de capital;

Kapitalerhöhung

~erhöhung f ampliación f de capital; ~ertrag(s)steuer f) m (impuesto m sobre la) renta f del capital; ~flucht f evasión f od fuga f de capitales; ~hilfe f ayuda f en forma de capital; ⁂l'sieren (h) capitalizar; ~ismus [--ta'lismus] m (-; sin pl) capitalismo m; ~ist [---'list] m (-en; -en), ⁂istisch [---'listiʃ] capitalista (m); ~markt m mercado m de capitales

Kapi'tän [--'tɛːn] m (-s; -e) capitán m (a dep); ✈ comandante m

Kapitel [-'taːl] n (-s; -) capítulo m

Kapitul|ation [--tulaˈtsjoːn] f (-; -en) capitulación f; ⁂'ieren (h) capitular

Kaplan [-'plɑːn] m (-s; ¨e) capellán m; coadjutor m

Kappe ['kapə] f (-; -n) gorra f; (Bade⁂) gorro m

Kapsel ['kapsəl] f (-; -n) cápsula f

ka'putt F [ka'put] roto; (müde) rendido, hecho polvo; ~gehen (irr, sep, -ge-, sn, → gehen) romperse; ~machen (sep, -ge-, h) estropear, romper

Kapuze [-'puːtsə] f (-; -n) capucha f

Karaffe [-'rafe] f (-; -n) garrafa f

Karambolage [-rambo'lɑːʒə] f (-; -n) choque m, colisión f

Karamel [-ra'mɛl] m (-s; sin pl) caramelo m

Karat [-'rɑːt] n (-[e]s; -[e]) quilate m; ~e [-'-tə] n (-; sin pl) karate m

Karawane [-ra'vɑːnə] f (-; -n) caravana f (a fig)

Kardanwelle [kar'dɑːn-] f árbol m cardán

Kardi'nal [-di'nɑːl] m (-s; ¨e) cardenal m; ~zahl f número m cardinal

Karfreitag [kaːr'-] m Viernes m Santo

kariert [ka'riːrt] cuadriculado; Stoff: a od de cuadros

Karies ['kɑːries] f (-; sin pl) caries f

Karikatur [karika'tuːr] f (-; -en) caricatura f

Karneval ['-nəval] m (-s; -e) carnaval m

Karo ['kɑːro] n (-s; -s) cuadro m; Kartenspiel: oros m/pl

Karosserie [karɔsə'riː] f (-; -n) carrocería f

Karotte [-'rɔtə] f (-; -n) zanahoria f

Karpfen ['karpfən] m (-s; -) carpa f

'Karre ['karə] f (-; -n), ~n m (-s; -) carro m; (Schub⁂) carretilla f

Karriere [kar'jɛːrə] f (-; -n) carrera f

Karsamstag [kaːr'-] m Sábado m de Gloria

Karte ['kartə] f (-; -n) (Fahr⁂) billete m; Am boleto m; (Besuchs⁂, Post⁂) tarjeta f (a Fußball); (Spiel⁂, Speise⁂) carta f; (Land⁂, Straßen⁂) mapa m; (Eintritts⁂) entrada f; **nach der ~ essen** comer a la carta; **~n spielen** jugar a las cartas

Kar'tei [-'taɪ] f (-; -en) fichero m; ~karte f ficha f; ~kasten m fichero m; ~leiche f etwa: ficha f inútil

Kar'tell ✝ [-'tɛl] n (-s; -e) cártel m; ~gesetz n ley f sobre cárteles

'Karten|spiel ['kartən-] n juego m de naipes od de cartas; (Karten) baraja f; ~telefon n teléfono m de tarjeta; ~verkauf m venta f de localidades; ~vorverkauf m venta f anticipada de localidades

Kar'toffel [-'tɔfəl] f (-; -n) patata f, Am papa f; ~brei m, ~püree n puré m de patatas; ~chips m/pl patatas f/pl fritas; ~salat m ensalada f de patatas

Karton [-'tɔ̃] m (-s; -s) cartón m; (Schachtel) caja f de cartón; ⁂iert [-to'niːrt] encartonado

Karussell [karu'sɛl] n (-s; -e, -s) tiovivo m, caballitos m/pl

Karwoche ['kaːr-] f Semana f Santa

'Käse ['kɛːzə] m (-s; -) queso m; ~glocke f quesera f; ~kuchen m tarta f de queso

Kaserne [ka'zɛrnə] f (-; -n) cuartel m

Kasino [ka'ziːno] n (-s; -s) casino m

Kasperletheater ['kaspərlə-] n (teatro m de) guiñol m

Kasse ['kasə] f (-; -n) caja f; teat usw: taquilla f

'Kassen|arzt m médico m del seguro; ~bestand m dinero m en caja; ~bon m ticket m; ~patient(in f) m paciente su del seguro; ~zettel m ticket m

Kas'sette [ka'sɛtə] f fot chasis m; ♪, TV cassette su, casete su; Bücher: estuche m; ~nrecorder [---re'kɔrdər] m (magnetófono m a) cassette m

kas'sier|en [-'siːrən] (h) ✝ cobrar; Ser m (-s; -), Serin f (-; -nen) cajero m, -a f

Kastagnette [kastan'jɛtə] f (-; -n) castañuela f

Ka'stanie [-'tɑːnjə] f (-; -n) castaña f; ~nbaum m castaño m

Kasten ['-tən] m (-s; ¨) caja f

Ka'still|ier [-'tiːljər] m (-s; -), ~ierin f (-; -nen), Sisch castellano m, -a f

Kat [kat] *m* (-s; -s) *auto* catalizador *m*
Katalan|e [kata'lɑːnə] *m* (-n; -n), **~in** *f* (-; -nen), **♀isch** catalán *m*, -ana *f*
Kata'log [--'loːk] *m* (-[e]s; -e) catálogo *m*; **~preis** *m* precio *m* de catálogo
Kataly'sator [--ly'zaːtɔr] *m* (-s; -toren [---za'toːrən]) catalizador *m*; **~auto** *n* coche *m* con catalizador
Katarrh [-'tar] *m* (-s; -e) catarro *m*
katastrophal [-tastro'faːl] catastrófico; **♀e** [--'stroːfə] *f* (-; -n) catástrofe *f*
Kategor|ie [-tego'riː] *f* (-; -n) categoría *f*; **♀isch** [--'goːriʃ] categórico
Kater ['kɑːtər] *m* (-s; -) gato *m*; F *fig* **e-n ~ haben** tener resaca
Kathedrale [-te'drɑːlə] *f* (-; -n) catedral *f*
Katholi|k [-to'liːk] *m* (-en; -en), **~ikin** [-; -nen], **♀isch** [-'toːliʃ] católico *m*, -a *f*
Kätzchen ['kɛtsçən] *n* (-s; -) gatito *m*, minino *m*; ₰ amento *m*
Katze ['katsə] *f* (-; -n) gato *m*; (*Weibchen*) gata *f*
'Katzen|-auge ⊙ *n* catafoto *m*, ojo *m* de gato; **~sprung** *m*; *fig* **es ist nur ein ~ (von hier)** está a dos pasos de aquí
kauen ['kauən] (ge-, h) mascar, masticar
Kauf [kauf] *m* (-[e]s; ⁻e) compra *f*; **~anreiz** *m* incentivo *m* comercial; **♀en** (ge-, h) comprar
Käufer ['kɔyfər] *m* (-s; -), **~in** *f* (-; -nen) comprador(a *f*) *m*
'Kauf|frau ['kauf--] *f* comerciante *f*; **~haus** *n* grandes almacenes *m/pl*; **~kraft** *f* (-; *sin pl*) poder *m* adquisitivo
'Kauf|mann ['kaufman] *m* (-[e]s; -leute) comerciante *m*, negociante *m*; **♀männisch** [-'mɛniʃ] comercial, mercantil; **~preis** *m* precio *m* de compra; **~vertrag** *m* contrato *m* de compraventa
Kaugummi ['kauɡumi] *m od n* (-s; -s) goma *f* de mascar, chicle *m*
kaum [kaum] apenas; **wohl ~!** no lo creo
Kautabak ['kautaːbak] *m* tabaco *m* de mascar
Kaution [-'tsjoːn] *f* (-; -en) fianza *f*, caución *f*
Kautschuk ['kautʃuk] *m* (-s; -e) caucho *m*
Kaval|ier [kava'liːr] *m* (-s; -e) caballero *m*; **~erie** [--lə'riː] *f* (-; -n) caballería *f*
Kaviar ['kɑːviar] *m* (-s; -e) caviar *m*
Kegel [keːɡəl] *m* (-s; -) ⚭ cono *m*; *Spiel*: bolo *m*; **~bahn** *f* bolera *f*; **♀n** (ge-, h) jugar a los bolos

'Kehl|e ['keːlə] *f* (-; -n) garganta *f*; **~kopf** *m* laringe *f*
'kehr|en ['keːrən] (ge-, h) (*fegen*) barrer; (*wenden*) volver; **j-m den Rücken ~** volver la espalda a alg (*a fig*); **♀reim** *m* estribillo *m*; **~seite** *f* revés *m*; *fig* **die ~ der Medaille** el reverso de la medalla
Keil [kail] *m* (-[e]s; -e) cuña *f*; **'~absatz** *m* tacón *m* cuña; **~e'rei** F *f* (-; -en) pelea *f*, camorra *f*; **'~riemen** ⊙ *m* correa *f* trapezoidal
Keim [kaim] *m* (-[e]s; -e) germen *m* (*a fig*); **♀en** (ge-, h *u sn*) germinar (*a fig*); **♀frei** esterilizado; ✚ aséptico
kein [kain] no + *Verb*; (no ...) ningún; **ich habe ~e Zeit** no tengo tiempo; **ich habe ~ Buch** no tengo ningún libro; **~er** ninguno; **~erlei** ['-nərlai] ningún; **~esfalls** en ningún caso; **~eswegs** ['-nəsveːks] de ninguna manera, de ningún modo; **'~mal** ni una sola vez, nunca
Keks [keːks] *m od n* (-[es]; -e) galleta *f*
Kelle ['kɛlə] *f* (-; -n) cucharón *m*
Keller [-lər] *m* (-s; -) sótano *m*; **~ei** [--'rai] *f* (-; -en) bodega *f*
Kellner ['kɛlnər] *m* (-s; -), **~in** *f* (-; -nen) camarero *m*, -a *f*
keltisch ['-tiʃ] celta
'kenn|en ['kɛnən] (kannte, gekannt, h) conocer; (*wissen*) saber; **~enlernen** (*sep*, -ge-, h) (llegar a) cónocer; **♀er** (-s; -) conocedor *m*, entendido *m*; **♀tnis** ['-tnis] *f* (-; -se) conocimiento *m*; **zur ~ nehmen** tomar (buena) nota de; **♀zeichen** *n* característica *f*; *auto* matrícula *f*; **besondere ~** señas *f/pl* particulares; **~zeichnend** característico (**für** de); **♀ziffer** *f bei Inseraten usw*: referencia *f*
kentern ⚓ ['kɛntərn] (ge-, sn) zozobrar
Keramik [ke'rɑːmik] *f* (-; -en) cerámica *f*
Kerbe ['kɛrbə] *f* (-; -n) muesca *f*
Kerl F [kɛrl] *m* (-s; -e) tío *m*, tipo *m*; *desp* individuo *m*, sujeto *m*
Kern [kɛrn] *m* (-[e]s; -e) (*Kirsch♀ usw*) hueso *m*, (*Apfel♀ usw*) pepita *f*; (*Zell♀, Atom♀*) núcleo *m* (*a fig*); *fig* esencia *f*; '**~energie** *f* energía *f* nuclear; '**~forschung** *f* investigación *f* nuclear; '**~fusion** *f* fusión *f* nuclear; '**~gesund** rebosando salud; '**~kraftgegner** *m/pl* antinucleares *m/pl*; '**~kraftwerk** *n* central *f* nuclear; '**~reaktor** *m* reactor *m* nuclear; '**~spaltung** *f* fisión *f* nuclear;

'**~waffe** f arma f nuclear; '**2waffenfrei** desnuclearizado

'**Kerze** ['kɛrtsə] f (-; -n) vela f; *rel* cirio m; (*Zünd2*) bujía f; **~nhalter** m candelero m

Kessel ['kɛsəl] m (-s; -) ⊕ caldera f; (*Koch2*) olla f, marmita f

'**Kette** ['kɛtə] f (-; -n) cadena f; (*Hals2*) collar m; **~nreaktion** f reacción f en cadena

Ketzer ['kɛtsər] m (-s; -) hereje m

'**keuch|en** ['kɔyçən] (ge-, h) jadear; **2husten** ♂ m tos f ferina

Keule ['-lə] f (-; -n) maza f; *gastr* pierna f; (*Wild2*) pernil m

keusch [kɔyʃ] casto

Kfz.-Brief [kaʔɛftsɛt-] m carta f de vehículo; **~Schein** m permiso m de circulación; **~Steuer** f impuesto m sobre los vehículos de motor; **~Werkstatt** f taller m de reparación de automóviles

'**Kicher|erbse** ['kiçər-] f garbanzo m; **2n** (ge-, h) reírse a socapa

'**Kiefer** ['ki:fər] m (-s; -) *anat* mandíbula f, quijada f. **2.** ♀ f (-; -n) pino m; **~höhle** *anat* f seno m maxilar

Kiel [ki:l] m (-[e]s; -e) ⊕ quilla f; '**~wasser** ⊕ n (-s; -) estela f

Kieme ['ki:mə] f (-; -n) branquia f

Kies [ki:s] m (-es; -e) grava f; gravilla f; F (*Geld*) pasta f; **~el** ['ki:zəl] m (-s; -), '**~elstein** m guijarro m; canto m

Kilo ['ki:lo] n (-s; -[s]), **~'gramm** n kilo (-gramo) m; **~'meter** m kilómetro m; **~'meterzähler** m cuentakilómetros m; **~'watt** n kilovatio m; **~'wattstunde** f kilovatio-hora m

Kind [kint] n (-[e]s; -er) niño m; *m-e ~er* mis hijos

'**Kinder|arzt** ['-dər-] m, **~ärztin** f pediatra su; **~betreuung** f cuidado m de los niños; **~fahrkarte** f billete m infantil; **~freibetrag** m deducción f (fiscal) por hijos; **~garten** m parvulario m, jardín m de infancia; **~gärtnerin** f maestra f de párvulos; **~geld** n subsidio m por hijos; **~heilkunde** f pediatría f; **~krankheit** f enfermedad f de la infancia; **~lähmung** ♂ f parálisis f infantil, poliomielitis f; '**2lich** facilísimo; *das ist ~* es coser y cantar; **~mädchen** n niñera f; **2reich**: *~e Familie* familia f numerosa; **~spiel** n juego m de niños (*a fig*); **~spielplatz** m parque m infantil; **~wagen** m cochecito m de niño

'**Kindes|alter** ['-dəs?altər] n niñez f; **~entführung** f rapto m de menores

'**Kind|heit** ['kinthait] f (-; *sin pl*) niñez f, infancia f; **2isch** ['-diʃ] infantil, pueril; *im Alter:* chocho; **2lich** infantil, de niño; *fig* ingenuo; *Liebe:* filial

Kinn [kin] n (-[e]s; -e) barbilla f; '**~haken** m gancho m a la mandíbula

Kino ['ki:no] n (-s; -s) cine m

Kiosk [ki'ɔsk] m (-[e]s; -e) kiosko m, quiosco m

'**Kipp|e** ['kipə] f (-; -n) F (*Zigaretten2*) colilla f; *auf der ~ stehen fig* estar en el alero; **2en** (ge-) **1.** *v/t* (h) volcar; **2.** *v/i* (sn) perder el equilibrio

Kirche ['kirçə] f (-; -n) iglesia f

'**Kirchen|musik** f música f sacra; **~steuer** f impuesto m eclesiástico

'**Kirch|hof** m cementerio m; **2lich** eclesiástico; **~turm** m campanario m; **~weih** f (-; -en) fiesta f patronal

Kirmes ['kirməs] f kermes f, verbena f; (*Messe*) feria f

Kirsch [kirʃ] m (-[e]s; -) kirsch m; '**~e** f (-; -n) cereza f; *saure ~* guinda f; '**~wasser** n (-s; ⸗) kirsch m

'**Kissen** ['kisən] n (-s; -) almohada f; (*Sofa2*) cojín m; **~bezug** m funda f

Kiste ['kistə] f (-; -n) caja f

Kitsch [kitʃ] m (-[e]s; *sin pl*) cursilería f; '**2ig** cursi, de mal gusto

Kitt [kit] m (-[e]s; -e) masilla f

'**Kittchen** F ['-çən] n (-s; -) chirona f; *ins ~ stecken* meter en chirona

Kittel ['-əl] m (-s; -) bata f

'**kitten** ['-ən] (ge-, h) enmasillar; *fig* arreglar

'**Kitz|el** ['kitsəl] m (-s; *sin pl*) cosquilleo m, cosquillas f/pl; *a fig* comezón f; **2(e)lig** cosquilloso; *fig* peliagudo, delicado; '**2eln** (ge-, h) cosquillear, hacer cosquillas

Kiwi ['ki:vi] f (-; -s) kiwi m

kläffen ['klɛfən] (ge-, h) dar ladridos agudos

'**Klage** ['kla:gə] f (-; -n) lamentación f, (*Beschwerde*) queja f; ⚖ querella f, demanda f, acción f, pleito m; *~ erheben gegen j-n* poner pleito a alg, presentar una demanda contra alg; **2n** (ge-, h) quejarse (*über ac* de); (*weh~*) lamentar-

Klerus

se (*über ac* de); ⚖ poner pleito (*gegen* a, *wegen* por)
'**Kläger** ['klɛːɡər] *m* (-s; -), **~in** *f* (-; -nen) ⚖ demandante *su*
kläglich ['klɛːklɪç] lastimero; lastimoso; *Rolle usw*: lamentable; triste
klamm [klam] **1.** *adj* (*feucht*) mojado; *vor Kälte*: rígido; **2.** ♀ *f* (-; -en) barranco *m*
'**Klammer** ['-mər] *f* (-; -n) grapa *f*; (*Wäsche*♀) pinza *f*; (*Büro*♀) clip *m*; *tip runde*: paréntesis *m*, *eckige*: corchete *m*; *in* **~n setzen** poner entre paréntesis; ♀**n** (ge-, h): *sich* **~ an** (*ac*) agarrarse a
Klang [klaŋ] *m* (-[e]s; **~e**) sonido *m*; *harmonischer*: son *m*; (*Stimme*) timbre *m*; '**~farbe** *f* timbre *m*; ♀**voll** sonoro
'**Klapp|bett** ['klap-] *n* cama *f* plegable; **~e** *f* (-; -n) (*Deckel*) tapa *f*; ⊛ *u anat* válvula *f*; F *halt die* **~!** ¡cierra el pico!; ♀**en** (ge-, h) F *fig* ir *od* marchar bien; *das klappt prima* esto va que chuta
'**Klapper** ['-pər] *f* (-; -n) carraca *f*, matraca *f*; (*Kinder*♀) sonajero *m*; ♀**n** (ge-, h) tabletear; **~schlange** *f* serpiente *f* de cascabel
'**Klapp|messer** *n* navaja *f* de muelle; **~rad** *n* bicicleta *f* plegable; **~sitz** *m* asiento *m* plegable; **~stuhl** *m* silla *f* plegable
Klaps [klaps] *m* (-es; -e) palmadita *f*
klar [klaːr] claro (*a fig*); *Himmel*: despejado; *sich über et im* **~en sein** darse cuenta de a/c
'**Klär|anlage** ['klɛːrˀ-] *f* planta *f* depuradora; ♀**en** (ge-, h) clarificar; *fig* aclarar
Klarheit ['klaːrhaɪt] *f* (-; *sin pl*) claridad *f*
Klarinette ♪ [klari'nɛtə] *f* (-; -n) clarinete *m*
'**klar|machen** ['klaːr-] (*sep*, -ge-, h) aclarar, explicar; **~stellen** (*sep*, -ge-, h) poner en claro, puntualizar
Klärung ['klɛːrʊŋ] *f* (-; -en) clarificación *f*; *fig* aclaración *f*
Klasse ['klasə] *f* (-; -n) clase *f*; F **~!** ¡estupendo!
'**Klassi|k** ['-sɪk] *f* (-; *sin pl*) clasicismo *m*; **~ker** *m* (-s; -), ♀**sch** clásico (*m*)
Klatsch [klatʃ] *m* (-es; -e) chismes *m/pl*; ♀**en** (ge-, h) F *fig* (*schwatzen*) chismorrear; (*in die Hände*) **~** dar palmadas; (*Beifall*) **~** aplaudir; '♀'**naß** F hecho una sopa
'**Klaue** ['klaʊə] *f* (-; -n) uña *f*; *Raubtiere*,

Vögel: garra *f*; *fig* mala letra *f*; ♀**n** (ge-, h) F soplar, birlar, mangar
Klausel ['-zəl] *f* (-; -n) cláusula *f*
Kla'vier [kla'viːr] *n* (-[e]s; -e) piano *m*; **~spielen** tocar el piano; **~konzert** *n* (*Stück*) concierto *m* para piano; (*Veranstaltung*) recital *m* de piano; **~spieler(in** *f*) *m* pianista *su*
'**Kleb|eband** ['kleːbə-] *n* cinta *f* (auto)adhesiva; ♀**en** (ge-, h) **1.** *v/t* pegar; *j-m e-e* **~** pegarle un tortazo a alg; **2.** *v/i* pegar, estar pegado (*an dat* a); ♀**rig** pegajoso; **~stoff** ['kleːpʃtɔf] *m* pegamento *m*, adhesivo *m*; **~streifen** *m* cinta *f* adhesiva
Klecks [klɛks] *m* (-es; -e) mancha *f*; (*Tinten*♀) borrón *m*
Klee [kleː] *m* (-s; *sin pl*) trébol *m*; '**~blatt** *n* hoja *f* de trébol
Kleid [klaɪt] *n* (-es; -er) vestido *m*, traje *m*
'**Kleider|ablage** ['klaɪdərˀ-] *f* guardarropa *m*; **~bügel** *m* percha *f*, colgador *m*; **~bürste** *f* cepillo *m* (para ropa); **~haken** *m* colgadero *m*; **~schrank** *m* ropero *m*, guardarropa *m*; **~ständer** *m* percha *f*, perchero *m*
'**Kleidung** ['-dʊŋ] *f* (-; *sin pl*) ropa *f*; vestidos *m/pl*; **~sstück** *n* prenda *f* de vestir
Kleie ['klaɪə] *f* (-; *sin pl*) salvado *m*
klein [klaɪn] pequeño; menudo; (*unbedeutend*) insignificante; *Wuchs*: bajo; *von* **~ auf** desde niño; '♀**-anzeigen** *f/pl* anuncios *m/pl* por palabras; '♀**buchstabe** *m* minúscula *f*; '♀**bus** *m* microbús *m*; '♀**gedruckte** *n* (-n; *sin pl*) letra *f* menuda; '♀**geld** *n* (-[e]s; *sin pl*) calderilla *f*; (*dinero*) suelto *m*; '♀**händler** *m* detallista *m*; '♀**igkeit** *f* (-; -en) menudencia *f*, bagatela *f*; '♀**kind** *n* niño *m* de corta edad; '**~laut** apocado; '**~lich** (*genau*) meticuloso; (*geizig*) mezquino; '♀**od** ['-ˀoːt] *n* (-[e]s; -e) joya *f* (*a fig*), alhaja *f*; '♀**stadt** *f* ciudad *f* pequeña; '**~städtisch** provinciano; '♀**wagen** *m* coche *m* pequeño
'**Klemme** ['klɛmə] *f* (-; -n) pinza *f*; ⚡ borne *m*; F *fig in der* **~ sitzen** estar en un apuro; ♀**n** (ge-, h) *Tür usw*: encajar mal; *sich den Finger* **~** pillarse el dedo
Klempner ['klɛmpnər] *m* (-s; -) hojalatero *m*; (*Installateur*) fontanero *m*; lampista *m*
Klerus ['kleːrus] *m* (-; *sin pl*) clero *m*

Klette ♀ ['klεtə] *f* (-; -n) lampazo *m*, bardana *f*

'**kletter|n** ['-tərn] (ge-, sn) trepar (**auf** *ac* a); **auf e-e Mauer:** escalar (*ac*); ♀**pflanze** ♀ *f* planta *f* trepadora

Klient [kli'εnt] *m* (-en; -en), ~**in** *f* (-; -nen) cliente *su*

'**Klima** ['kli:ma] *n* (-s; -s) clima *m* (*a fig*); ~**anlage** *f* aire *m* acondicionado; ~**katastrophe** *f* catástrofe *f* climática; ♀**tisch** [kli'ma:tiʃ] climático; ~**veränderung** *f* cambio *m* climático

Klinge ['klɪŋə] *f* (-; -n) hoja *f*, cuchilla *f*

'**Klingel** ['-əl] *f* (-; -n) campanilla *f*; (*Tür*♀) timbre *m*; ~**knopf** *m* botón *m* del timbre; ♀**n** (ge-, h) tocar el timbre; **an der Tür:** llamar; *tel* sonar

klingen ['-ən] (klang, geklungen, h) sonar

Klinik ['kli:nɪk] *f* (-; -en) clínica *f*

Klinke ['klɪŋkə] *f* (-; -n) picaporte *m*

Klippe ['klɪpə] *f* (-; -n) peña *f*, roca *f*; ⚓ escollo *m* (*a fig*)

klirren ['kliːrən] (ge-, h) sonar; *Gläser usw*: tintinear; *Fenster*: vibrar

Klischee [kli'ʃeː] *n* (-s; -s) clisé *m*, cliché *m* (*a fig*); ~**vorstellung** *f* idea *f* tipificada

Klo F [kloː] *n* (-s; -s) s *Klosett*

klopfen ['klɔpfən] (ge-, h) golpear; *Herz*: latir; *Motor*: picar; *an die Tür*: llamar; **es klopft** llaman

Klops [klɔps] *m* (-es; -e, -̈e) albóndiga *f*

Klo'sett [klo'zεt] *n* (-s; -s) retrete *m*, excusado *m*; ~**bürste** *f* escobilla *f* de retrete; ~**papier** *n* papel *m* higiénico

Kloß [kloːs] *m* (-es; -̈e) albóndiga *f*

Kloster ['kloːstər] *n* (-s; -̈) convento *m*; monasterio *m*

Klotz [klɔts] *m* (-es; -̈e) bloque *m*; (*Hack*♀) tajo *m*; *fig* zoquete *m*

Klub [klʊp] *m* (-s; -s) club *m*, círculo *m*; '~**sessel** *m* sillón *m*

Kluft [kluft] *f* (-; -̈e) abismo *m* (*a fig*)

klug [kluːk] inteligente; (*vernünftig*) sensato; (*vorsichtig*) prudente; ♀**heit** *f* (-; *sin pl*) inteligencia *f*; prudencia *f*; sensatez *f*

Klumpen ['klʊmpən] *m* (-s; -) (*Erde*) terrón *m*; *gastr* grumo *m*

knabbern ['knabərn] (ge-, h) mordisquear (**an** *et dat* a/c)

Knabe ['knaːbə] *m* (-n; -n) muchacho *m*

Knäckebrot ['knεkəbroːt] *n* pan *m* crujiente

knacken ['knakən] (ge-, h) **1.** *v/t* cascar; *Geldschrank*: forzar; **2.** *v/i* crujir

Knall [knal] *m* (-[e]s; -e) estallido *m*; (*Schuß*) estampido *m*, detonación *f*; F *fig* **e-n ~ haben** estar chiflado; '♀**en** (ge-, h) estallar; hacer detonación; **es knallt** se oye un disparo; ♀**rot** rojo subido

knapp [knap] (*eng*) estrecho, justo, apretado; (*dürftig*) escaso; *adv* apenas; **mit ~er Not** a duras penas; **~ sn** escasear; '♀**heit** *f* (-; *sin pl*) escasez *f*; (*Enge*) estrechez *f*

knarren ['knarən] (ge-, h) *Tür*, *Räder*: chirriar, rechinar

Knast F [knast] *m* (-[e]s; -e, -̈e) F chirona *f*

knattern ['knatərn] (ge-, h) crepitar; *Motorrad*: petardear

Knäuel ['knɔʏəl] *n od m* (-s; -) ovillo *m*; *v Menschen*: aglomeración *f*

'**knautsch|en** ['knautʃən] (ge-, h) *v/i* arrugarse; ♀**zone** *f auto* zona *f* de absorción de impactos

Knebel ['kneːbəl] *m* (-s; -) (*Mund*♀) mordaza *f*

'**kneif|en** ['knaɪfən] (kniff, gekniffen, h) **1.** *v/t* pellizcar; **2.** F *v/i* rajarse; ♀**zange** *f* alicates *m/pl*, tenazas *f/pl*

Kneipe ['-pə] *f* (-; -n) tasca *f*

kneten ['kneːtən] (ge-, h) amasar; *Ton usw*: modelar

Knick [knɪk] *m* (-[e]s; -e) codo *m*; (*Falte*) doblez *m*; ♀**en** (ge-, h) doblar

Knie [kniː] *n* (-; - ['kniːə]) rodilla *f*; ⊙ codo *m*; **auf ~n** de rodillas; ~**beuge** ['-bɔʏgə] *f* (-; -n) flexión *f* de rodillas; ♀**n** ['kniː(ə)n] (ge-, h) estar de rodillas; (**sich ~**) arrodillarse; ~**scheibe** *f* rótula *f*; '~**strumpf** *m* media *f* corta *od* de sport

Kniff [knɪf] *m* (-[e]s; -e) (*Falte*) pliegue *m*; *fig* truco *m*

knipsen ['knɪpsən] (ge-, h) picar, perforar; *fot* hacer *od* sacar una foto

knirschen ['knɪrʃən] (ge-, h) crujir; **mit den Zähnen ~** rechinar los dientes

knistern ['knɪstərn] (ge-, h) crujir; *Feuer*: crepitar

'**knitter|frei** ['-tərfraɪ] inarrugable; ~**n** (ge-, h) arrugarse

'**Knoblauch** ['knoːp, 'knɔb-] *m* (-[e]s; *sin pl*) ajo *m*; ~**zehe** *f* diente *m* de ajo

Knöchel ['knœçəl] *m* (-s; -) (*Finger♀*) nudillo *m*; (*Fuß♀*) tobillo *m*
'**Knochen** ['knɔxən] *m* (-s; -) hueso *m*; ~**bruch** *m* fractura *f*
Knödel ['knø:dəl] *m* (-s; -) albóndiga *f*
Knolle ['knɔlə] *f* (-; -n) tubérculo *m*; (*Zwiebel*♀) bulbo *m*
Knopf [knɔpf] *m* (-[e]s; ~e) botón *m*; ⊚ *a* pulsador *m*; '~**loch** *n* ojal *m*
Knorpel ['knɔrpəl] *m* (-s; -) cartílago *m*
Knospe ['knɔspə] *f* (-; -n) botón *m*
'**knot|en** ['kno:tən] (ge-, h) anudar; ♀**en** *m* (-s; -) nudo *m* (*a* ⊕ *u fig*); ♀**enpunkt** 🚂 *m* empalme *m*, nudo *m* (ferroviario)
knüpfen ['knypfən] (ge-, h) anudar; (*binden*) atar; *Knoten*: hacer
Knüppel ['knypəl] *m* (-s; -) garrote *m*, palo *m*; (*Gummi*♀) porra *f*
knurren ['knurən] (ge-, h) gruñir
knusprig ['knuspriç] crujiente
knutschen F ['knu:tʃən] (ge-, h) besuquear
k.o. [ka'o:]: *j-n* ~ *schlagen* noquear a alg; F ~ *sn* F estar hecho polvo
Koali'tion [koali'tsjo:n] *f* (-; -en) coalición *f*; ~**sregierung** *f* gobierno *m* de coalición
Koch [kɔx] *m* (-[e]s; ~e) cocinero *m*; '~**buch** *n* libro *m* de cocina; ♀**en** (ge-, h) **1.** *v/t* cocer; cocinar; guisar; *Tee usw*: preparar, hacer; **2.** *v/i* cocinar, guisar; *Wasser usw*: hervir; '~**er** *m* (-s; -) hornillo *m* (eléctrico); '♀**fertig** listo para cocinar; '~**gelegenheit** *f* derecho *m* a cocina
Köchin ['kœçin] *f* (-; -nen) cocinera *f*
'**Koch|kunst** ['kɔxkunst] *f* arte *m* culinario; ~**löffel** *m* cucharón *m*; ~**nische** *f* rincón *m* cocina; ~**topf** *m* olla *f*, marmita *f*
Köder ['kø:dər] *m* (-s; -) cebo *m*
Koffe'in [kɔfe'i:n] *n* (-s; *sin pl*) cafeína *f*; ♀**frei** descafeinado, sin cafeína
'**Koffer** ['kɔfər] *m* (-s; -) maleta *f*; ~**kuli** (-s; -s) carrito *m* (para equipajes); ~**radio** *n* radio *f* portátil; ~**raum** *n* auto maletero *m*
Kognak ['kɔnjak] *m* (-s; -s) coñac *m*
Kohl [ko:l] *m* (-[e]s; -e) col *f*, berza *f*
Kohle ['-lə] *f* (-; -n) carbón *m*
'**Kohlen|becken** *n* brasero *m*; ~**bergwerk** *f* mina *f* de carbón; ~**dioxid** [--'di:ɔksi:t] *n* dióxido *m* de carbono; ~**hydrat** ['--hydra:t] *n* (-[e]s; -e) hidrato *m* de carbono; ~(**mon**)**oxid** *n* (mon)óxido *m* de carbono; ~**säure** *f* ácido *m* carbónico; ~**stoff** 🜚 *m* carbono *m*; ~'**wasserstoff** *m* hidrocarburo *m*

'**Kohle|papier** *n* papel *m* carbón; ~**tablette** *f* comprimido *m* de carbón; ~**zeichnung** *f* dibujo *m* al carbón
'**Kohl|kopf** *m* repollo *m*; ~**rabi** [-'ra:bi] *m* (-[s]; -[s]) colinabo *m*; ~**rübe** *f* naba *f*
Koka'in [koka'i:n] *n* (-s; *sin pl*) cocaína *f*; ♀**süchtig, ~süchtige** *m/f* cocainómano *m*, -a *f*
kokettieren [kɔkɛ'ti:rən] (h) coquetear
Kokosnuß ['ko:kɔs-] *f* coco *m*
Koks [ko:ks] *m* (-es; -e) coque *m*; (*sin pl*) F (*Kokain*) nieve *f*
Kolben ['kɔlbən] *m* (-s; -) (*Gewehr*♀) culata *f*; ⊚ émbolo *m*, pistón *m*; 🌽 mazorca *f*
Kolik 🛉 [ko:lik] *f* (-; -en) cólico *m*
Kollaps 🛉 ['kɔlaps] *m* (-es; -e) colapso *m*
Kolleg [-'le:k] *n* (-s; -s, -ien[-gjən]) curso *m*, clase *f*; ~**e** [-'-gə] *m* (-n; -n), ~**in** *f* (-; -nen) colega *su*; ~**ium** [-'-gjum] *n* (-s; -ien[-gjən]) colegio *m*; *v Lehrern*: *a* claustro *m*, cuerpo *m* docente
Kollek|te [-'lɛktə] *f* (-; -n) cuestación *f*, colecta *f*; ~**tion** [--'tsjo:n] *f* (-; -en) colección *f*; ♀**tiv** [--'ti:f] colectivo; ~**tiv** *n* (-s; -e) colectividad *f*, grupo *m*
Kollision [kɔli'zjo:n] *f* (-; -en) colisión *f*, choque *m*
Kölnischwasser [kœlniʃ'vasər] *n* (agua *f* de) colonia *f*
kolon|ial [kolo'nja:l] colonial; ♀**ie** [--'ni:] *f* (-; -n) colonia *f*; ~**isieren** [--ni'zi:rən] (h) colonizar; ♀**ist** [--'nist] *m* (-en; -en) colono *m*
Kolonne [-'lɔnə] *f* (-; -n) columna *f*; (*Arbeits*♀) brigada *f*; (*Auto*♀) fila *f*, caravana *f*; (*Fahrzeug*♀) convoy *m*
Koloß [-'lɔs] *m* (-sses; -sse) coloso *m*
Kolumbian|er [kolum'bja:nər] *m* (-s; -), ~**erin** *f* (-; -nen), ♀**isch** colombiano *m*, -a *f*
Kombi ['kɔmbi] *m* (-s; -s) camioneta *f*; ~**nation** [--na'tsjo:n] *f* (-; -en) combinación *f*; *Skisport*: combinada *f*; ♀'**nieren** (h) combinar
Komet [ko'me:t] *m* (-en; -en) cometa *m*
Komfort [kɔm'fo:r] *m* (-s; *sin pl*) comodidades *f/pl*, confort *m*; ♀**abel** [-fɔr'ta:bəl] confortable, cómodo

'Kom|ik ['ko:mik] *f* (-; *sin pl*) comicidad *f*; **~iker** *m* (-s; -) cómico *m*; **2isch** cómico; *fig* extraño, raro
Komitee [komi'te:] *n* (-s; -s) comité *m*
Komma ['kɔma] *n* (-s; -s, -ata) coma *f*
Kommand|ant [kɔman'dant] *m* (-en; -en), **~eur** [-'dø:r] *m* (-s; -e) comandante *m*; **2ieren** (h) **1.** *v/t* (co)mandar; **2.** *v/i* tener el mando
Kommando [-'do] *n* (-s; -s) mando *m*; (*Abteilung*) comando *m*, destacamento *m*; (*Ruf*) voz *f* de mando
'kommen ['kɔmən] (kam, gekommen, sn) (*zum Sprechenden hin*) venir; (*vom Sprechenden weg*) ir; (*an~*) llegar; (*zurück~*) volver; *ich komme* (**schon**)*!* ¡(ya) voy!; *wie kommt es, daß ...?* ¿cómo es posible que ...?; **~ lassen** hacer venir; mandar por; **~ auf** (*ac*) *Anteil*: tocar a/c; (*sich entsinnen*) recordar a/c; (*kosten*) venir a costar; **~ durch** pasar por; *hinter et* **~** descubrir a/c; *um et* **~** perder a/c; *das kommt von ...* eso se debe a; *das kommt davon!* ahí lo ves; así aprenderás; (*wieder*) *zu sich* **~** volver en sí; **~d** *zeitlich*: venidero, futuro; (*nächster*) que viene, próximo
Kommentar [-mɛn'tɑ:r] *m* (-s; -e) comentario *m*
Kor:merz [-'mɛrts] *m* (-es; *sin pl*) comercio *m*; **2ialisieren** [--tsjali'zi:rən] (h) comercializar; **2iell** [-'tsjɛl] comercial
Kommiss|ar [-mi'sɑ:r] *m* (-s; -e) comisario *m*; **~ion** [--'sjo:n] *f* (-; -en) comisión *f*
Kommode [-'mo:də] *f* (-; -n) cómoda *f*
Kommun|alwahlen [-mu'nɑ:l-] *f/pl* elecciones *f/pl* municipales *od* comunales; **~e** [-'mu:nə] *f* (-; -n) comuna *f*
Kommuni|kation [-munika'tsjo:n] *f* (-; -en) comunicación *f*; **~on** [-mun'jo:n] *f* (-; -en) comunión *f*; **~smus** [-mu'nismus] *m* (-; *sin pl*) comunismo *m*; **~st** [-'nist] *m* (-en; -en), **~stin** *f* (-; -nen), **2stisch** comunista *su*
Komödie [-'mø:djə] *f* (-; -n) comedia *f*
Kompa|gnon [kɔmpa'njɔ̃] *m* (-s; -s) socio *m*; **~nie** [--'ni:] *f* (-; -n) compañía *f*
Komparativ *gram* ['--rati:f] *m* (-s; -e) comparativo *m*
Kompaß ['-pas] *m* (-sses; -sse) brújula *f*; ⁜ compás *m*
kompatibel [-pa'ti:bəl] compatible
Kompensation [-pɛnza'tsjo:n] *f* (-; -en) *f* compensación *f*

kompe'ten|t [-pə'tɛnt] competente; **2z** [--'tɛnts] *f* (-; -en) competencia *f*; **2bereich** *m* (ámbito *m* de) competencia *f*
komplett [-'plɛt] completo
Komplex [-'plɛks] *m* (-es; -e) complejo *m* (*a psic*); conjunto *m*
Kompli|kation [-plika'tsjo:n] *f* (-; -en) complicación *f*; **~ment** [--'mɛnt] *n* (-[e]s; -e) cumplido *m*; **2zieren** [--'tsi:rən] (h) complicar
kompo|nieren [-po'ni:rən] (h) componer; **2nist** [--'nist] *m* (-en; -en), **2nistin** *f* (-; -nen) compositor(a *f*) *m*
Kompott [-pɔt] *n* (-s; -e) compota *f*
Kompresse ⁜ [-'prɛsə] *f* (-; -n) compresa *f*
Kompro|miß [-pro'mis] *m* (-sses; -sse) compromiso *m*, arreglo *m*; **~mittieren** [--mi'ti:rən] (h) comprometer
Kondensmilch [kɔn'dɛns-] *f* leche *f* condensada
Kondition [-di'tsjo:n] *f* (-; -en) condición *f*; (*sin pl*) *dep a* forma *f* física
Konditorei [-dito'raɪ] *f* (-; -en) pastelería *f*
Kondom [-'do:m] *n* (-s; -e) condón *m*
Konfekt [-fɛkt] *n* (-[e]s; -e) bombones *m/pl*; confites *m/pl*
Konfektion [-'tsjo:n] *f* (-; *sin pl*) confección *f*; **~s...** in *Zssgn*: de confección
Konferenz [-fə'rɛnts] *f* (-; -en) conferencia *f*
Konfession [-fɛ'sjo:n] *f* (-; -en) confesión *f*; religión *f*
Konfitüre [-fi'ty:rə] *f* (-; -n) confitura *f*
Konflikt [-'flikt] *m* (-[e]s; -e) conflicto *m*
Kongreß [-'grɛs] *m* (-sses; -sse) congreso *m*
'König ['kø:niç] *m* (-s; -e) rey *m* (*a Schach u Karte*); **~in** ['--gin] *f* (-; -nen) reina *f*; **2lich** [-'nikliç] real; **~reich** *n* reino *m*
Konju|gation [kɔnjuga'tsjo:n] *f* (-; -en) conjugación *f*; **2'gieren** (h) conjugar
Konjunkt|ion [-juŋk'tsjo:n] *f* (-; -en) conjunción *f*; **~iv** ['--ti:f] *m* (-s; -e) subjuntivo *m*; **~ur** [--'tu:r] *f* (-; -en) coyuntura *f*; **2urell** [--tu'rɛl] coyuntural
konkret [-'kre:t] concreto
Konkur'r|ent [-ku'rɛnt] *m* (-en; -en) competidor *m*; **~enz** [--'rɛnts] *f* (-; *sin pl*) competencia *f*; (*pl -en*) (*Konkurrenten*) competidores *m/pl*; **2enzfähig** capaz de competir, competitivo; **~enzkampf** *m* lucha *f* competitiva; **2ieren**

[--'ri:rən] (h) competir (*mit dat* con)
Kon'kurs [-'kurs] *m* (-es; -e) quiebra *f*; ~ **machen** quebrar; ~ **anmelden** declararse en quiebra; ~**masse** *f* masa *f od* activo *m* de la quiebra; ~**verwalter** *m* síndico *m* de la quiebra
können ['kœnən] **1.** (konnte, gekonnt, h) poder; (*gelernt haben*) saber; **Deutsch ~** saber alemán; **es kann sn, daß** puede ser *od* es posible que; **so gut ich kann** lo mejor que pueda; **2.** 2 *n* (-s; *sin pl*) capacidad *f*; habilidad *f*
konse'quen|t [konze'kvɛnt] consecuente; 2**z** [--'kvɛnts] *f* (-; -en) consecuencia *f*
konservat|iv ['-zɛrva'ti:f], 2**ive** *m*/*f* conservador(a *f*) *m*; 2**orium** [--'to:rjum] *n* (-s; -rien [rjən]) conservatorio *m*
Kon'ser|ve [-'-və] *f* (-; -n) conserva *f*; ~**venbüchse** *f*, ~**vendose** *f* lata *f* (de conservas); 2**vieren** (h) conservar; ~**vierung** *f* (-; *raro* -en) conservación *f*; ~**vierungsmittel** *n* conservante *m*
Konsonant [-zo'nant] *m* (-en; -en) consonante *f*
konstant [-'stant] constante
konstru|ieren [-stru'i:rən] (h) construir; 2**ktion** [-struk'tsjo:n] *f* (-; -en) construcción *f*; ~**ktiv** [--'ti:f] constructivo
Konsul ['-zul] *m* (-s; -n) cónsul *m*; ~**at** [--'la:t] *n* (-(e)s; -e) consulado *m*
Kon'sum [-'zu:m] *m* (-s; *sin pl*) consumo *m*; ~**artikel** *m* artículo *m* de consumo; ~**ent** [-zu'mɛnt] *m* (-en; -en), ~**entin** *f* (-; -nen) consumidor(a *f*) *m*; ~**genossenschaft** *f* cooperativa *f* de consumo; ~**güter** *n*/*pl* bienes *m*/*pl* de consumo
Kon'takt [-'takt] *m* (-(e)s; -e) contacto *m*; ~**linse** *f* lente *f* de contacto, lentilla *f*
Kontinent ['-tinɛnt] *m* (-(e)s; -e) continente *m*
'**Konto** ['-to] *n* (-s; -ten) cuenta *f*; ~**auszug** *m* extracto *m* de cuenta; ~**inhaber** *m* titular *m* de una cuenta; ~**nummer** *f* número *m* de la cuenta
Kontoristin *f* [-to'ristin] (-; -nen) oficinista *f*
Kontostand ['-toʃtant] *m* estado *m* de la cuenta
Kontrast [-'trast] *m* (-(e)s; -e) contraste *m*
Kon'troll|abschnitt [-'trɔlʔapʃnit] *m* talón *m* de control; ~**e** *f* (-; -n) control *m*; inspección *f*, revisión *f*; *Zoll:* registro *m*; ~**eur** [--'lø:r] *m* (-s; -e) inspector

m; 🚂 revisor *m*; 2'**ieren** (h) controlar, comprobar; revisar; ~(**l)ampe** *f* piloto *m*
Konvention [-vɛn'tsjo:n] *f* (-; -en) convención *f*; ~**alstrafe** [--tsjo'nɑ:l-] *f* sanción *f* contractual; 2**ell** [---'nɛl] convencional
Konversati|on [-vɛrza'tsjo:n] *f* (-; -en) conversación *f*; ~**slexikon** *n* diccionario *m* enciclopédico
konver'tier|bar [--'ti:rbɑ:r] convertible; 2**barkeit** *f* (-; *sin pl*) convertibilidad *f*
Konzentr|ation [-tsɛntra'tsjo:n] *f* (-; -en) concentración *f*; ~**ati'onslager** *n* campo *m* de concentración; 2**ieren** [--'tri:rən] (h) concentrar
Konzern [-'tsɛrn] *m* (-s; -e) consorcio *m*; grupo *m*
Konzert [-'tsɛrt] *n* (-(e)s; -e) concierto *m*; (*Solisten* 2) recital *m*
Konzession [-tse'sjo:n] *f* (-; -en) concesión *f* (*a fig*), licencia *f*
Konzil [-'tsi:l] *n* (-(e)s; -e) concilio *m*
Kooper|ation [koʔopera'tsjo:n] *f* (-; *sin pl*) cooperación *f*; 2**ativ** [----'ti:f] cooperativo; 2'**ieren** (h) cooperar
Koordin|ation [-ʔɔrdina'tsjo:n] *f* (-; -en) coordinación *f*; 2'**ieren** (h) coordinar
Kopf [kɔpf] *m* (-(e)s; ⸚e) cabeza *f*; ~ **hoch!** ¡ánimo!; *fig* **den ~ verlieren** perder la cabeza; **sich et in den ~ setzen** meterse a/c en la cabeza; **von ~ bis Fuß** de pies a cabeza; '~**bahnhof** *m* estación *f* terminal; '~**ende** *n* cabecera *f*; '~**hörer** *m* auricular *m*; '~**kissen** *n* almohada *f*; '2**los** *fig* atolondrado; '~**rechnen** *n* cálculo *m* mental; ~**salat** *m* lechuga *f*; '~**schmerzen** *m*/*pl* dolor *m* de cabeza; '~**schmerztablette** *f* analgésico *m*; '~**sprung** *m* zambullida *f* de cabeza; '~**stütze** *f* *auto* reposacabezas *m*; '~**tuch** *n* pañuelo *m* (de cabeza); 2'**über** de cabeza; '~**zerbrechen** *n* (-s; *sin pl*) quebradero *m* de cabeza
Ko'pie [ko'pi:] *f* (-; -n) copia *f*; 2**ren** (h) copiar (*a fig*); ~**rer** *m* (-s; -), ~**rgerät** *n* copiadora *f*
Kopilot ['ko:pilo:t] *m* copiloto *m*
'**Koppel** ['kɔpəl] *f* (-; -n) (*Weide*) dehesa *f*; 2**n** (ge-, h) *a* ⊕ *u* ⚡ acoplar
Koproduktion ['ko:-] *f* coproducción *f*
Koralle [ko'ralə] *f* (-; -n) coral *m*
Koran [ko'rɑ:n] *m* (-s; -e) Corán *m*
Korb [kɔrp] *m* (-(e)s; ⸚e) (*Hand* 2) cesta *f*;

Korbball 400

hoher: cesto *m*, canasto *m*; *flacher*: canasta *f*; *fig* **e-n ~ geben** dar calabazas; '**~ball** *m* (-s; *sin pl*) baloncesto *m*; '**~flasche** *f* bombona *f*, damajuana *f*; '**~möbel** *n/pl* ('**~sessel** *m*) muebles *m/pl* (sillón *m*) de mimbre

Kord [kɔrt] *m* (-[e]s; -e, -s) pana *f*; '**~hose** *f* pantalón *m* de pana

Kork [kɔrk] *m* (-[e]s; -e) corcho *m*; '**~en** (-s; -) tapón *m* (de corcho), corcho *m*; **~enzieher** [--tsiːər] *m* (-s; -) sacacorchos *m*

Korn [kɔrn] **a)** *n* (-[e]s; ⁀er) grano *m*; (*sin pl*) (*Getreide*) cereales *m/pl*; **b)** *m* (-[e]s; -) (*Schnaps*) aguardiente *m* de trigo; '**~blume** *f* aciano *m*

'**Körper** ['kœrpər] *m* (-s; -) cuerpo *m*; **~bau** *m* (-[e]s; *sin pl*) constitución *f*; 2**behindert** minusválido, impedido; **~größe** *f* estatura *f*, talla *f*; 2**lich** corporal, físico; **~pflege** *f* higiene *f*, aseo *m* personal; **~schaft** *f* (-; -en) corporación *f*; **~schaftssteuer** *f* impuesto *m* de sociedades; **~teil** *m* parte *f* del cuerpo

Korps [koːr] (-; - [koːrs]) cuerpo *m*

korrekt [kɔˈrɛkt] correcto

Korrek'tur [--ˈtuːr] *f* (-; -en) corrección *f*; **~band** *n* (-[e]s; ⁀er) cinta *f* correctora; **~fahne** *f* prueba *f*, galerada *f*

Korrespond|ent [-rɛspɔnˈdɛnt] *m* (-en; -en), **~entin** *f* (-; -nen) encargado *m*, -a *f* de la correspondencia; (*Zeitungs*2) corresponsal *su*; **~enz** [---ˈdɛnts] *f* (-; -en) correspondencia *f*; 2**ieren** (h) mantener correspondencia (*mit* con)

Korridor ['-ridoːr] *m* (-s; -e) corredor *m*, pasillo *m*

korrigieren [--ˈgiːrən] (h) corregir

korrupt [-ˈrupt] corrupto; 2**ion** [--ˈtsjoːn] *f* (-; -en) corrupción *f*

Kors|e ['kɔrzə] *m* (-n; -n), **~in** *f* (-; -nen), 2**isch** corso *m*, -a *f*

Korsett [-ˈzɛt] *n* (-[e]s; -s, -e) corsé *m*

Kos'met|ik [kɔsˈmeːtik] *f* (-; *sin pl*) cosmética *f*; **~ikerin** *f* esteticista *f*; **~ikkoffer** *m* neceser *m*; **~iksalon** *m* salón *m* de belleza; 2**isch** cosmético

Kost [kɔst] *f* (-; *sin pl*) alimentación *f*, comida *f*; dieta *f*

'**kostbar** ['-baːr] precioso; costoso; 2**keit** *f* (-; -en) preciosidad *f*

'**kosten** ['kɔstən] (ge-, h) **1.** *v/i* costar, valer; **2.** *v/t* gustar, probar; **3.** 2 *m* gastos *m/pl*; coste *m*, costos *m/pl*; 🏛 costas *f/pl*; **auf ~ von** a expensas (*od* costas) de; 2**dämpfung** *f* (-; -en) moderación *f* od contención *f* de los gastos; **~deckend** que cubre los gastos; 2**erstattung** *f* devolución *f* de los gastos; 2**-explosion** *f* explosión *f* de gastos; 2**faktor** *m* factor *m* coste; **~günstig** económico; **~los** gratuito; *adv* gratis; **~pflichtig** ['--pflɪçtɪç] de pago (obligatorio); 2**vor-anschlag** *m* presupuesto *m*

köstlich ['kœstlɪç] delicioso, exquisito

'**Kost|probe** ['kɔst-] *f* degustación *f*; *fig* prueba *f*; 2**spielig** ['-ʃpiːlɪç] costoso

Kostüm [kɔsˈtyːm] *n* (-s; -e) traje *m*; (*Damen*2) traje *m* de chaqueta; (*Masken*2) disfraz *m*

Kot [koːt] *m* (-[e]s; *sin pl*) barro *m*, lodo *m*; (*Exkremente*) excrementos *m/pl*

Kote'lett [kɔt(ə)ˈlɛt] *n* (-s; -s) chuleta *f*, *Am* costeleta *f*; **~en** *f/pl* (*Bart*) patillas *f/pl*

Kotflügel ['koːt-] *m* guardabarros *m*

kotzen P ['kɔtsən] (ge-, h) vomitar, arrojar

Krabbe ['krabə] *f* (-; -n) camarón *m*; gamba *f*

Krach [krax] *m* (-[e]s; *sin pl*) ruido *m*, estrépito *m*; (*pl* ⁀e) (*Streit*) bronca *f*; 2**en** (ge-, h) dar estampidos, estallar

krächzen ['krɛçtsən] (ge-, h) graznar

Kraft [kraft] *f* (-; ⁀e) fuerza *f*; *a* 🏛 vigor *m*; *bsd* ⚙ potencia *f*; *a* ⚡ *u fig* energía *f*; **in ~ sn** (*treten, setzen*) estar (entrar, poner) en vigor; '**~brühe** *f* caldo *m*, consomé *m*; '**~fahrer(in** *f*) *m* automovilista *su*; '**~fahrzeug** *n* automóvil *m*; *s a Kfz-...*; '**~fahrzeugsteuer** *f* impuesto *m* sobre los vehículos de motor; '**~fahrzeugversicherung** *f* seguro *m* del automóvil

kräftig ['krɛftɪç] fuerte, vigoroso; (*nahrhaft*) sustancioso

'**kraft|los** ['kraftloːs] débil, flojo; 2**probe** *f* prueba *f* (de fuerza); 2**stoff** *m* carburante *m*; 2**wagen** *m* automóvil *m*, coche *m*; 2**werk** ⚡ *n* central *f* eléctrica

'**Kragen** ['kraːgən] *m* (-s; ⁀) cuello *m*; **~weite** *f* medida *f* del cuello

'**Krähe** ['krɛːə] *f* (-; -n) corneja *f*; 2**n** (ge-, h) *Hahn*: cantar

Krake *zo* ['kraːkə] *m* (-n; -n) pulpo *m*

Kralle ['kralə] *f* (-; -n) uña *f*, garra *f*

Kram [kraːm] *m* (-[e]s; *sin pl*) trastos

Kriminalität

m/pl, chismes *m/pl;* '**~laden** *m* tenducho *m*

Krampf [krampf] *m* (-[e]s; ⸚e) espasmo *m,* calambre *m;* '**~ader** *f* variz *f;* **⁀haft** convulsivo, espasmódico; *adv fig* por todos los medios

Kran [kraːn] *m* (-[e]s; ⸚e) grúa *f*

krank [kraŋk] enfermo; **~ werden** ponerse enfermo; **sich ~ melden** darse de baja (por enfermo); '**⁀e** *m/f* (-n; -n) enfermo *m,* -a *f*

kränken ['krɛŋkən] (ge-, h) ofender, herir

'**Kranken|geld** ['kraŋkən-] *n* subsidio *m* de enfermedad; **~haus** *n* hospital *m;* **ins ~ bringen** ingresar en un hospital; **~kasse** *f* caja *f* de enfermedad; **~pfleger(in)** *m* enfermero *m,* -a *f;* **~schein** *m* volante *m* del seguro; **~schwester** *f* enfermera *f;* **~versicherung** *f* seguro *m* de enfermedad; **~wagen** *m* ambulancia *f*

'**krank|haft** morboso, enfermizo; patológico; **⁀heit** *f* (-; -en) enfermedad *f*

kränklich ['krɛŋkliç] enfermizo

Kränkung ['krɛŋkuŋ] *f* (-; -en) ofensa *f,* agravio *m*

Kranz [krants] *m* (-es; ⸚e) corona *f*

Krapfen ['krapfən] *m* (-s; -) buñuelo *m*

Krater ['kraːtər] *m* (-s; -) cráter *m*

Krätze ⚕ ['krɛtsə] *f* (-; *sin pl*) sarna *f*

'**kratz|en** ['kratsən] (ge-, h) rascar; *(ritzen)* arañar; *(schaben)* raspar; **⁀er** *m* (-s; -) arañazo *m,* rasguño *m; auf Möbeln:* raya *f*

kraulen ['kraulən] (ge-, h) rascar suavemente; *Schwimmen:* nadar a crol

kraus [kraus] crespo, rizado

Kraut [kraut] *n* (-[e]s; ⸚er) hierba *f;* (*sin pl*) *(Kohl)* col *f*

Kräutertee ['krɔytər-] *m* infusión *f* de hierbas, tisana *f*

Krawall [kra'val] *m* (-[e]s; -e) tumulto *m,* alboroto *m*

Krawatte [-'vatə] *f* (-; -n) corbata *f*

Krebs [kreːps] *m* (-es; -e) cangrejo *m;* ⚕ cáncer *m; astr* Cáncer *m;* '**⁀erregend** cancerígeno; **~geschwulst** *f* tumor *m* canceroso

Kre'dit [kre'diːt] *m* (-[e]s; -e) crédito *m;* **auf ~** a crédito; **~hai** *m* tiburón *m* financiero; **~institut** *n* instituto *m* de crédito; **~karte** *f* tarjeta *f* de crédito; **~rahmen** *m* límites *m/pl* del crédito; **⁀würdig** digno de crédito, solvente

Kreide ['kraɪdə] *f* (-; -n) tiza *f*

Kreis [kraɪs] *m* (-es; -e) círculo *m;* *(Bezirk)* distrito *m*

'**Kreis|el** ['-zəl] *m* (-s; -) peonza *f;* **⁀n** (ge-, sn) girar; *Blut, Geld:* circular

'**kreis|förmig** ['kraɪsfœrmiç] circular; **⁀lauf(mittel)** *n* *(m* (medicamento *m* para la) circulación *f;* **⁀laufstörung** *f* trastorno *m* circulatorio; **⁀verkehr** *m* sentido *m* de giro obligatorio

Krematorium [krema'toːrjum] *n* (-s; -ien [-rjən]) crematorio *m*

Krempe ['krɛmpə] *f* (-; -n) ala *f*

Kreol|e [kre'oːlə] *m* (-n; -n), **~in** *f* (-; -nen) criollo *m,* -a *f*

krepieren [-'piːrən] (sn) *Tier:* reventar; P *Mensch:* P diñarla

Krepp [krɛp] *m* (-s; -s, -e) crespón *m*

Kresse ♣ ['krɛsə] *f* (-; -n) berro *m*

Kreuz [krɔyts] *n* (-es; -e) cruz *f* (*a fig*); *anat* riñones *m/pl;* ♪ sostenido *m; Kartenspiel:* bastos *m/pl;* '**~band** ⚕ *n:* **unter ~** bajo faja; '**⁀en** (ge-, h): **(sich) ~** cruzar(se) *(a biol);* '**~er** ⚓ *m* (-s; -) crucero *m;* '**~fahrt** ⚓ *f* crucero *m;* **⁀förmig** ['-fœrmiç] cruciforme; '**~gang** *m* (-[e]s; ⸚e) claustro *m;* '**~igung** ['-iguŋ] *f* (-; -en) crucifixión *f;* '**~otter** *f* víbora *f* (común); '**⁀ung** (-; -en) cruce *m* (*a biol*); '**~worträtsel** *n* crucigrama *m*

'**kriech|en** ['kriːçən] (kroch, gekrochen, sn) arrastrarse; deslizarse (*durch* por); *Tier:* reptar; *desp* adular (*vor j-m* a alg); **~erisch** rastrero, servil; **⁀spur** *f* carril *m* para vehículos lentos; **⁀tempo** *n:* **im ~** a paso de tortuga

Krieg [kriːk] *m* (-[e]s; -e) guerra *f;* **~ führen** hacer la guerra; **⁀en** F ['-gən] (ge-, h) obtener, recibir; *Krankheit:* F pescar; '**⁀erisch** belicoso, guerrero; **⁀führend** ['kriːkfyːrənt] beligerante

'**Kriegs|beschädigte** ['kriːksbəʃɛːdiçtə] *m* mutilado *m* de guerra; **~dienst** *m* servicio *m* militar; **~dienstverweigerer** *m* (-s; -) objetor *m* de conciencia; **~erklärung** *f* declaración *f* de guerra; **~gefangene** *m* prisionero *m* de guerra; **~schiff** *n* buque *m* de guerra; **~verbrecher** *m* criminal *m* de guerra

Krimi ['krimi] F *m* (-s; -s) novela *f bzw* película *f* policíaca

Krimi'nal|be-amte [--'naːlbə'amtə] *m* agente *m* de la policía criminal; **~film** *m* película *f* policíaca; **~ität** [--naliˈtɛːt] *f*

Kriminalpolizei 402

(-; *sin pl*) delincuencia *f*, criminalidad *f*; **~polizei** *f* brigada *f* de investigación criminal; **~roman** *m* novela *f* policíaca
kriminell [--'nɛl] criminal
Krippe ['kripə] *f* (-; -n) pesebre *m*; (*Weihnachts*2) a belén *m*; (*Kinder*2) guardería *f* infantil
'**Krise** ['kri:zə] *f* (-; -n) crisis *f*; **~nstab** *m* Estado *m* mayor de crisis
Kristall [kris'tal] *n* (-[e]s; *sin pl*) *u Mineralogie*: *m* (*pl* -e) cristal *m*
Kriti|k [kri'ti:k] *f* (-; -en) crítica *f*; (*Rezension*) reseña *f*; **~ker** ['kri:tikər] *m* (-s; -), 2**sch** crítico (*m*); 2**sieren** [kriti'zi:rən] (h) criticar; reseñar
kritzeln ['kritsəln] (ge-, h) garrapatear
Kroat|e ['kro:a:tə] *m* (-n; -n), **~in** *f* (-; -nen), 2**isch** croata *su*
Krokette [krɔ'kɛtə] *f* (-; -n) *gastr* croqueta *f*
Krokodil [-ko'di:l] *n* (-[e]s; -e) cocodrilo *m*
'**Kron|e** ['kro:nə] *f* (-; -n) corona *f*; (*Zahn*2) funda *f*; **~leuchter** *m* araña *f*; **~prinz** *m* príncipe *m* heredero
Krönung ['krø:nuŋ] *f* (-; -en) coronación *f* (*a fig*)
Kropf [krɔpf] *m* (-[e]s; ⁓e) buche *m*, papo *m*; ⚕ bocio *m*
Kröte ['krø:tə] *f* (-; -n) sapo *m*
Krücke ['krykə] *f* (-; -n) muleta *f*
Krug [kru:k] *m* (-[e]s; ⁓e) jarra *f*, cántaro *m*; (*Wasser*2, *Kühl*2) botijo *m*
Krümel ['kry:məl] *m* (-s; -) miga(ja) *f*
krumm [krum] corvo; *Rücken:* encorvado; *Beine, Nase:* torcido; *fig* tortuoso
'**krümm|en** ['krymən] (ge-, h) encorvar; doblar; torcer; *sich vor Schmerzen (Lachen)* ~ retorcerse de dolor (risa); 2**ung** *f* (-; -en) (*Weg*2, *Fluß*2) recodo *m*
Kruste ['krustə] *f* (-; -n) costra *f* (*a* 🍖); (*Brot*2) corteza *f*
Kruzifix [krutsi'fiks] *n* (-es; -e) crucifijo *m*
Krypta ['krypta] *f* (-; -ten) cripta *f*
Kuban|er [ku'ba:nər] *m* (-s; -), **~erin** *f* (-; -nen), 2**isch** cubano *m*, -a *f*
Kübel ['ky:bəl] *m* (-s; -) cubo *m*
Kubik... [ku'bi:k...]: *in Zssgn:* cúbico
Kubismus [ku'bismus] *m* (-; *sin pl*) cubismo *m*
Küche ['kyçə] *f* (-; -n) cocina *f*
'**Kuchen** ['ku:xən] *m* (-s; -) pastel *m*; **~form** *f* molde *m* (para pasteles)

'**Küchen|geschirr** ['kyçən-] *n* batería *f* de cocina; **~herd** *m* cocina *f*; **~kräuter** *n/pl* hierbas *f/pl* culinarias
'**Kuckuck** *zo* ['kukuk] *m* (-s; -e) cuclillo *m*, cuco *m*; **~s-uhr** *f* reloj *m* de cucú
Kufe ['ku:fə] *f* (-; -n) (*Schlitten*2) patín *m*
'**Kugel** ['ku:gəl] *f* (-; -n) bola *f*; ☾ esfera *f*; (*Geschoß*) bala *f*; *dep* peso *m*; 2**förmig** ['--fœrmiç] esférico; **~kopf(maschine** *f*) *m* (máquina *f* de escribir de) bola *f* portatipos; **~lager** *n* rodamiento *m* de bolas; **~schreiber** *m* bolígrafo *m*; **~stoßen** *n dep* lanzamiento *m* de peso
Kuh [ku:] *f* (-; ⁓e) vaca *f*
kühl [ky:l] fresco; *fig* frío, reservado; **~(er) werden** refrescar; **~en** (ge-, h) enfriar; *a* ⊙ refrigerar; 2**er** *auto m* (-s; -) radiador *m*; 2**erhaube** *f* capó *m*; 2**flüssigkeit** *f* líquido *m* de refrigeración; '2**schrank** *m* nevera *f*, frigorífico *m*; '2**tasche** *f* nevera *f* portátil, bolsa *f* termo; '2**truhe** *f* congelador *m* (horizontal); 2**wasser** *n auto* agua *f* del radiador
kühn [ky:n] atrevido, osado
Küken ['ky:kən] *n* (-s; -) polluelo *m*
Kuli [ku:li] *m* (-s; -s) culi *m*; (*Kugelschreiber*) F boli *m*
kulinarisch [kuli'nɑ:riʃ] culinario
Kul|tur [-'tu:r] *f* (-; *sin pl*) ✓ cultivo *m*; *fig* cultura *f*; (*pl* -en) *e-s Volkes:* civilización *f*; **~abkommen** *n* acuerdo *m* cultural; **~angebot** *n* oferta *f* cultural; **~austausch** *m* intercambio *m* cultural; **~beutel** *m* bolsa *f* de aseo; 2**ell** [-tu'rɛl] cultural; **~programm** *n* programa *m* cultural; **~schock** *m* shock *m* cultural
Kultusminister(ium *n*) ['kultus-] ministro *m* (ministerio *m*) de Cultura
Kümmel ['kyməl] *m* (-s; -) comino *m*
Kummer ['kumər] *m* (-s; *sin pl*) pena *f*
kümmern ['kymərn] (ge-, h) preocupar; *sich ~ um* ocuparse de
Kumpel ['kumpəl] *m* (-s; -) ⛏ minero *m*; F compañero *m*
kündbar ['kyntba:r] revocable; *Vertrag:* rescindible
'**Kunde** ['kundə] *m* (-n; -n) cliente *m*; **~ndienst** *m* servicio *m* pos(t)venta; asistencia *f* técnica
Kundgebung ['kuntge:buŋ] *f* (-; -en) manifestación *f*
'**kündig|en** ['kyndigən] (ge-, h) *j-m:* des-

pedir (*ăc*); *j*: despedirse; *Vertrag*: rescindir; **2ung** *f* (-; -en) despido *m*; (*Vertrag*) rescisión *f*; **2ungsfrist** *f* plazo *m* de denuncia; **2ungsschutz** *m* protección *f* contra el despido
Kund|in ['kundin] *f* (-; -nen) clienta *f*; **~schaft** ['kuntʃaft] *f* (-; *sin pl*) clientela *f*
künftig ['kynftiç] venidero; futuro; *adv* de ahora en adelante
Kunst [kunst] *f* (-; ⸚e) arte *m* (*pl f*); *fig* ***das ist keine ~*** eso lo hace cualquiera; **'~akademie** *f* escuela *f* de Bellas Artes; **'~ausstellung** *f* exposición *f* de arte; **'~dünger** *m* abono *m* químico; **'~faser** *f* fibra *f* sintética; **'2fertig** hábil; **'~geschichte** *f* historia *f* del arte; **'~griff** *m* artificio *m*, truco *m*; **'~handwerk** *n* artesanía *f*; **'~leder** *n* cuero *m* artificial
'Künstler ['kynstlər] *m* (-s; -), **~in** *f* (-; -nen) artista *su*; **2isch** artístico
künstlich ['-liç] artificial; ⚙ *a* sintético; (*unecht*) falso; *Gebiß*: postizo
'Kunst|sammlung ['kunst-] *f* colección *f* de arte; **~schätze** *m*/*pl* tesoros *m*/*pl* artísticos; *e-s Landes*: patrimonio *m* artístico; **~stoff** *m* plástico *m*; **~stück** *n* muestra *f* de habilidad; ***das ist kein ~*** así cualquiera; **~werk** *n* obra *f* de arte
'Kupfer ['kupfər] *n* (-s; *sin pl*) cobre *m*; **~stich** *m* grabado *m* (en cobre)
Kuppe ['kupə] *f* (-; -n) (*Berg2*) cima *f*, cumbre *f*; (*Finger2*) yema *f*
Kuppel ['-pəl] *f* (-; -n) cúpula *f*; **~ei** [--'laı] *f* (-; *sin pl*) ⚖ proxenetismo *m*
'kupp|eln (ge-, h) *auto* embragar; **2lung** ['-luŋ] *f* (-; -en) ⚙ acoplamiento *m*; *auto* embrague *m*
Kur [ku:r] *f* (-; -en) cura *f*
Kür [ky:r] *f* (-; -n) *dep* ejercicios *m*/*pl* libres; *Eislauf*: figuras *f*/*pl* libres
'Kur|aufenthalt ['kurʔ-] *m* (estancia *f* con fines de) cura *f*; **~bad** *n* balneario *m*
'Kurbel ['kurbəl] *f* (-; -n) manivela *f*; **~welle** *f* cigüeñal *m*
Kürbis ['kyrbis] *m* (-ses; -se) calabaza *f*
'Kur|gast ['ku:r-] *m* bañista *m*; **~haus** *n* establecimiento *m* balneario; **2ieren** [ku'ri:rən] (h) curar
'Kur|ort ['ku:rʔɔrt] *m* estación *f* balnearia *bzw* termal; **~pfuscher** *m* curandero *m*, charlatán *m*

Kurs [kurs] *m* (-es; -e) ⚓, ✈ rumbo *m* (*a fig*); (*Lehrgang*) curso *m*, cursillo *m*; ✝ cambio *m*, cotización *f*; **'~abfall** *m* descenso *m* de las cotizaciones; **'~anstieg** *m* alza *f* de las cotizaciones; **'~buch** 🚂 *n* guía *f* de ferrocarriles
Kürschner ['kyrʃnər] *m* (-s; -) peletero *m*
'Kurs|teilnehmer(in *f*) *m* ['kurs-] cursillista *su*; **~wagen** 🚂 *m* coche *m* directo
Kurtaxe ['ku:rtaksə] *f* tasa *f* sobre los bañistas.
Kurve ['kurvə] *f* (-; -n) curva *f*
kurz [kurts] corto; *a zeitlich*: breve; *fig* sucinto, conciso; ***~ und gut*** en suma, en fin; ***~ darauf*** poco después; ***nach ~er Zeit*** al poco rato; ***~ nach 7*** a las siete y pico; (***bis***) ***vor ~em*** (hasta) hace poco; ***zu ~ kommen*** quedarse con las ganas; **'2-arbeit** *f* jornada *f* reducida; **~ärmelig** ['-ʔɛrməliç] de manga corta
'Kürze ['kyrtsə] *f* (-; *sin pl*) brevedad *f*; ***in ~*** en breve, dentro de poco; **2n** (ge-, h) acortar; (*mindern*) reducir; *Text*: abreviar
kurz|erhand ['kurtsər'hant] sin más ni más; **~fristig** ['-fristiç] a corto plazo; **'2geschichte** *f* relato *m* corto
kürzlich ['kyrtsliç] recientemente
'Kurz|parkzone ['kurts-] *f* zona *f* azul; **~schluß** ⚡ *m* cortocircuito *m*; **~schrift** *f* taquigrafía *f*; **2sichtig** ['-ziçtiç] miope, corto de vista; **2-'um** en una palabra
Kürzung ['kyrtsuŋ] *f* (-; -en) abreviación *f*; reducción *f*
'Kurz|waren ['kurts-] *f*/*pl* mercería *f*; **2weilig** divertido; **~welle** *f* onda *f* corta
Kusine [-'zi:nə] *f* (-; -n) prima *f*
Kuß [kus] *m* (-sses; ⸚sse) beso *m*; **'2-echt** indeleble, a prueba de besos
küssen ['kysən] (ge-, h) besar
'Küste ['kystə] *f* (-; -n) costa *f*; (*Gebiet*) litoral *m*; **~ngewässer** *n*/*pl* aguas *f*/*pl* costaneras; **~nschiffahrt** *f* cabotaje *m*; **~nschutz** *m* protección *f* de las costas
Küster ['kystər] *m* (-s; -) sacristán *m*
'Kutsch|e ['kutʃə] *f* (-; -n) coche *m* (de caballos); **~er** *m* (-s; -) cochero *m*
Kutteln ['kutəln] *f*/*pl* callos *m*/*pl*
Kuvert [ku'vɛ:r] *n* (-s; -s) sobre *m*

K

L

L, l [ɛl] *n* (-; -) L, l *f*
labil [la'bi:l] inestable
Labor [la'bo:r] *n* (-s; -s, -e) laboratorio *m*; **~ant** [-bo'rant] *m* (-en; -en), **~antin** *f* (-; -nen) auxiliar *su* de laboratorio
Lache ['laxə] *f* (-; -n) charco *m*
'lächeln ['lɛçəln] **1.** *v/i* (ge-, h) sonreír; **2.** &2 *n* (-s; *sin pl*) sonrisa *f*; **~d** sonriente
lachen ['laxən] **1.** *v/i* (ge-, h) reír(se) (*über ac* de); *laut* ~ soltar una carcajada; **2.** &2 *n* (-s; *sin pl*) risa *f*; *mir ist nicht zum* ~ no estoy para bromas
lächerlich ['lɛçərliç] ridículo; ~ *machen* poner en ridículo; *sich* ~ *machen* hacer el *od* quedar en ridículo
Lachs [laks] *m* (-es; -e) salmón *m*
Lack [lak] *m* (-[e]s; -e) laca *f*; barniz *m*; *auto* pintura *f*; &2**ieren** (h) barnizar; **~leder** *n* charol *m*
'Lade|fläche ['la:də-] *f* superficie *f* de carga; **~gerät** ⚡ *n* cargador *m*; **~gewicht** *n* peso *m* en carga; ⚓ tonelaje *m*
laden ['-dən] (lud, geladen, h) cargar (*a* ⚡ *u Waffe*)
Laden (-s; ⸚) tienda *f*; (*Fenster*&2) contraventana *f*, persiana *f*; **~dieb** *m* ladrón *m* de tiendas; **~diebin** *f* F mechera *f*; **~diebstahl** *m* robo *m* en tiendas; **~preis** *m* precio *m* de venta al público; **~schluß** *m* (-sses; *sin pl*) cierre *m* de los comercios; **~schlußgesetz** *n* ley *f* (sobre el horario) de cierre de los comercios; **~schlußzeit** *f* (horario *m* de) cierre *m* de los comercios; **~tisch** *m* mostrador *m*
'Lad|eraum ⚓ *m* bodega *f*; **~ung** *f* (-; -en) carga *f* (*a* ⚡); *bsd* ⚓ cargamento *m*; ⚖ citación *f*
Lage ['la:gə] *f* (-; -n) situación *f*; (*Stellung*) posición *f*; (*Zustand*) estado *m*; (*Standort*) sitio *m*; (*Schicht*) capa *f*; *in der* ~ *sn zu* estar en condiciones de
'Lager [-gər] *n* (-s; -) *a pol* campo *m*; ⚓ almacén *m*, depósito *m*; *auf* ~ *haben* ⚓ tener en almacén; **~bestand** *m* existencias *f/pl* en almacén; **~feuer** *n* hoguera *f*; **~haltung(skosten** *pl*) *f* (gastos *m/pl* de) almacenaje *m*; **~haus** *n* almacén *m*; &2*n* (ge-, h) **1.** *v/i* acampar; ⚓ estar almacenado; *Wein*: estar en bodega. **2.** *v/t* ⚓ almacenar; **~raum** *m* depósito *m*; **~ung** *f* (-; *sin pl*) almacenamiento *m*, almacenaje *m*
Lagune [la'gu:nə] *f* (-; -n) laguna *f*
lahm [la:m] cojo; *fig* flojo, débil
'lähm|en ['lɛ:mən] (ge-, h) paralizar (*a fig*); &2**ung** *f* (-; -en) parálisis *f*; *fig* paralización *f*
Laib [laip] *m* (-[e]s; -e): ~ *Brot* pan *m*
Laie ['laiə] *m* (-n; -n) *rel* laico *m*, lego *m*; *fig* profano *m*, lego *m*
Laken ['la:kən] *n* (-s; -) sábana *f*
Lakritze [la'kritsə] *f* (-; -n) regaliz *m*
lallen ['lalən] (ge-, h) balbucear
Lama ['la:ma] *n* (-s; -s) *zo* llama *f*
Lamm [lam] *n* (-[e]s; ⸚er) cordero *m*
'Lampe ['lampə] *f* (-; -n) lámpara *f*; **~nfieber** *n*: ~ *haben* tener nervios; **~nschirm** *m* pantalla *f*
Lampion [-'pjɔ̃] *m* (-s; -s) farolillo *m*
Land [lant] *n* (-[e]s; ⸚er) (*Fest*&2) tierra *f*; (*Grundstück*) terreno *m*; (*Gegensatz Stadt*) campo *m*; *pol* país *m*; *auf dem* ~ en el campo; *an* ~ *gehen* desembarcar
'Land|ebahn ✈ ['landə:n] *f* pista *f* de aterrizaje; **~e-erlaubnis** *f* permiso *m* de aterrizaje; &2**en** (ge-, sn) ⚓ arribar, tomar puerto; *j*: desembarcar; ✈ aterrizar, tomar tierra; **~enge** ['lant'ɛŋə] *f* istmo *m*; **~eplatz** [-'dəplats] *m* desembarcadero *m*
Länderspiel ['lɛndər-] *n* partido *m* internacional
'Landes|farben ['landəs-] *f/pl* colores *m/pl* nacionales; **~innere** *n* interior *m* (del país); **~sprache** *f* lengua *f* nacional; **~verrat** *m* alta traición *f*
'Land|gericht ['lant-] *n etwa*: audiencia *f* provincial; **~gut** *n* finca *f*, *Am* hacienda *f*; **~haus** *n* casa *f* de campo; **~karte** *f* mapa *m*; **~kreis** *m* distrito *m*
ländlich ['lɛntliç] rural, campesino
Landschaft ['lantʃaft] *f* (-; -en) paisaje *m*
Lands|mann ['lants-] *m* (-[e]s; -leute), **~männin** *f* [-'mɛnin] *f* (-; -nen) compatriota *su*, paisano *m*, -a *f*
'Land|straße ['lant-] *f* carretera *f*; **~streicher** [-'ʃtraiçər] *m* (-s; -) vagabundo *m*; **~streitkräfte** *f/pl* fuerzas *f/pl* terrestres; **~tag** *m* dieta *f*

laufend

¹**Landung** ['landuŋ] f (-; -en) ⚓ arribada f; j-s: desembarco m; ✈ aterrizaje m; ~**sbrücke** f desembarcadero m; ~**ssteg** m pasarela f

¹**Land|weg** ['lant-] m: *auf dem* ~ por vía terrestre; ~**wein** m vino m del país; ~**wirt** m agricultor m; ~**wirtschaft** f agricultura f; ²**wirtschaftlich** agrícola

lang [laŋ] largo; *ein(en) Meter* ~ sn tener un metro de largo; *ein Jahr* ~ durante un año; ~**ärmelig** ['-ˀɛrməliç] de manga larga

lange ['laŋə] adv mucho tiempo; *wie* ~? ¿cuánto tiempo?; *seit* ~m desde hace mucho tiempo; ~ *brauchen* tardar mucho

Länge ['lɛŋə] f (-; -n) largo m; ⚚ fis, geo longitud f; (*Dauer*) duración f; *in die* ~ *ziehen* dar largas a

langen ['laŋən] (ge-, h) (*genügen*) bastar, ser suficiente; F *jetzt langt's mir aber!* ¡estoy harto!

Längengrad ['lɛŋəngraːt] m grado m de longitud

länger ['lɛŋər] más largo; *zeitlich*: más (tiempo)

Langeweile ['laŋəvailə] f (-; *sin pl*) aburrimiento m; ~ *haben* aburrirse

¹**lang|fristig** ['-fristiç] a largo plazo; ~**jährig** de muchos años; ²**lauf** m esquí m de fondo; ²**laufski** m esquí m de fondo; ~**lebig** ['-leːbiç] ✝ duradero

länglich ['lɛŋliç] oblongo, alargado

längs [lɛŋs] (*gen od dat*) a lo largo de

¹**lang|sam** ['laŋzaːm] lento; adv despacio; ²**samkeit** f (-; *sin pl*) lentitud f; ²**spielplatte** f (disco m) microsurco m, elepé m

längst [lɛŋst] desde hace mucho tiempo; ~ *nicht* ni con mucho

Languste [laŋ'gustə] f (-; -n) langosta f

¹**lang|weilen** ['-vailən] (ge-, h): (*sich*) ~ aburrir(se); ~**weilig** ['-vailiç] aburrido, pesado; ²**welle** f ⚡ onda f larga; ~**wierig** ['-viːriç] largo; *Krankheit*: lento

Lappen ['-pən] m (-s; -) trapo m

Lärche ⚘ ['lɛrçə] f (-; -n) alerce m

Lärm [lɛrm] m (-[e]s; *sin pl*) ruido m; v *Menschen*: bullicio m, alboroto m, barullo m; ²**en** (ge-, h) hacer ruido; ²**end** ruidoso; ~**schutz** m protección f contra el ruido; ~**schutzwall** m pantalla f antirruidos

Laser ['leːzər] m (-s; -) láser m

lassen ['lasən] (ließ, gelassen, h) dejar; (*zu*~) permitir; (*unter*~) abstenerse de; (*veran*~) hacer, mandar; *laß uns gehen!* ¡vámonos!; *laß das sein!* ¡déjalo!; *sich ein Kleid machen* ~ hacerse un vestido

Last [last] f (-; -en) carga f (*a fig*); *fig* peso m; *j-m zur* ~ *fallen* ser una carga para alg; *zu* ~*en von* a cargo de; '~*auto* n camión m; ²**en** (ge-, h) pesar (*auf dat* sobre); '~**en-aufzug** m montacargas m; '~**er**: **a)** n (-s; -) vicio m; **b)** F m (-s; -) camión m

lasterhaft ['lastərhaft] vicioso

lästern ['lɛstərn] (ge-, h): ~ *über j-n* difamar a alg, hablar mal de alg

lästig ['lɛstiç] molesto; (*aufdringlich*) importuno

¹**Last|(kraft)wagen** ['last-] m camión m; ~**schrift** ✝ f adeudo m, cargo m (en cuenta); ~**wagenfahrer** m camionero m; ~**zug** m camión m con remolque

La'tein [la'tain] n (-s; *sin pl*) latín m; ²**-amerikanisch** latinoamericano; ²**isch** latino

Laterne [-'tɛrnə] f (-; -n) linterna f; (*Straßen*²) farol m, farola f; ~**npfahl** m poste m de farol

latschen ['laːtʃən] (ge-, sn) F arrastrar los pies

¹**Latte** ['latə] f (-; -n) listón m (*a Hochsprung*); (*Zaun*²) ripia f; ~**nzaun** m empalizada f

Lätzchen ['lɛtsçən] n (-s; -) babero m

Latzhose ['lats-] f pantalón m de peto

lau [lau] tibio (*a fig*)

Laub [laup] n (-[e]s; *sin pl*) follaje m, hojas f/pl; '~**baum** m árbol m de hoja caduca *bzw* de fronda; ~**e** ['-bə] f (-; -n) cenador m, glorieta f; ~**frosch** ['laupfrɔʃ] m rana f verde

Lauch ⚘ [laux] m (-s; -e) puerro m

lauern ['lauərn] (ge-, h): ~ *auf* (*ac*) acechar (*ac*)

Lauf [lauf] m (-[e]s; -̈e) carrera f (*a dep*); (*Gewehr*²) cañón m; (*Fluß*²) curso m; (*sin pl*) (*Ver*²) curso m; *im* ~*e der Zeit* con el tiempo; '~**bahn** f carrera f; ²**en** (lief, gelaufen, sn) correr (*a Wasser*); *Strecke*: recorrer; (*zu Fuß gehen*) andar, ir andando *od* a pie; *Maschine*: marchar; *Film*: proyectarse; ²**end** corriente; *auf dem* ~*en sn* (*halten*) estar (tener) al corriente, estar (poner) al tanto

Läufer

Läufer ['lɔyfər] *m dep* corredor *m*; (*Teppich*) alfombra *f* de escalera *bzw* de pasillo; *Schach*: alfil *m*

Lauffeuer ['lauf-] *n fig*: *sich wie ein ~ verbreiten* difundirse como un reguero de pólvora

läufig ['lɔyfiç] *zo* en celo

'**Lauf|masche** ['lauf-] *f* carrera *f*; **~paß** *m*: *j-m den ~ geben* mandar a alg a paseo; **~schritt** *m* paso *m* de carrera; **~stall** *m für Kinder*: parque *m*; **~steg** *m* pasarela *f*; **~werk** *n inform* unidad *f* de disco; **~zeit** *f* plazo *m* de vencimiento

Lauge ['laugə] *f* (-; -n) lejía *f*; (*Wasch*²) colada *f*

'**Laun|e** ['-nə] *f* (-; -n) humor *m*; (*Grille*) capricho *m*; *gute* (*schlechte*) *~ haben* estar de buen (mal) humor; **²enhaft**, **²isch** caprichoso, veleidoso

Laus [laus] *f* (-; ⁓e) piojo *m*; '**~bub** ['-bu:p] *m* (-s; -en) pilluelo *m*

lauschen ['lauʃən] (ge-, h) escuchar; *heimlich*: estar a la escucha

lausig ['lauzɪç] miserable; *Kälte*: que pela

laut [laut] **1.** *adj* alto; sonoro; (*lärmend*) ruidoso; *adv* en voz alta; **2.** *prp* (*gen*) según; **3.** ² *m* (-[e]s; -e) sonido *m*; *keinen ~ von sich geben* no decir ni pío; '**²e ♩** *f* (-; -n) laúd *m*; '**~en** (ge-, h) *Text*: decir, rezar

läuten ['lɔytən] **1.** *v/i u v/t* (ge-, h) tocar; *Glocken*: repicar; (*klingeln*) llamar; **2.** ² *n* (-s; *sin pl*) toque *m* de campanas

'**laut|los** ['laut-] silencioso; **²schrift** *f* transcripción *f* fonética; **²sprecher** *m* altavoz *m*, *Am* altoparlante *m*; **²stärke** *f* intensidad *f* (de sonido); potencia *f*; *Radio*: volumen *m*

lauwarm ['lauvarm] templado

Lava ['lɑ:va] *f* (-; Laven) lava *f*

Lavendel ♀ [la'vɛndəl] *m* (-s; -) espliego *m*, lavanda *f*

Lawine [-'vi:nə] *f* (-; -n) alud *m*, avalancha *f* (*beide a fig*)

Lazarett [latsa'rɛt] *n* (-[e]s; -e) hospital *m* militar

'**leben** ['le:bən] **1.** *v/i* vivir; existir; *~ Sie wohl!* ¡adiós!; *es lebe ...!* ¡viva ...!; **2.** ² *n* (-s; -) vida *f*; existencia *f*; (*Geschäftigkeit*) animación *f*, movimiento *m*; *am ~ sn* estar con vida; *ums ~ kommen* perder la vida; *am ~ bleiben* quedar con vida; sobrevivir; *sich das ~ nehmen* suicidarse; *sein ~ lang* (durante) toda su vida; **~d** vivo

lebendig [le'bɛndɪç] viviente; vivo (*a fig*); (*rege*) vivaz; **²keit** *f* (-; *sin pl*) viveza *f*; vivacidad *f*

'**Lebens|-abend** ['le:bəns-] *m* vejez *f*; **~alter** *n* edad *f*; **~bedingungen** *f/pl* condiciones *f/pl* de vida; **~dauer** *f* (duración *f* de la) vida *f*; ☉ duración *f*; **~erwartung** *f* esperanza *f od* expectativa *f* de vida; **²fähig** viable; **~freude** *f* alegría *f* de vivir; **~gefahr** *f* peligro *m* de muerte; *unter ~* con riesgo de la vida; **²gefährlich** muy peligroso; **~gefährte** *m* compañero *m* de vida; **~haltungskosten** *pl* coste *m* de la vida; **²länglich** *Strafe*: perpetuo; *Rente usw*: vitalicio; **~lauf** *m* currículum *m* vitae

'**Lebensmittel** *n/pl* víveres *m/pl*, comestibles *m/pl*; **~abteilung** *f* sección *f* de alimentación; **~geschäft** *n* tienda *f* de comestibles; **~preise** *m/pl* precios *m/pl* de los alimentos; **~vergiftung** *f* intoxicación *f* alimenticia

'**lebens|müde** cansado *od* harto de vivir; **~notwendig** de primera necesidad; vital; **²standard** *m* nivel *m* de vida; **²stellung** *f* empleo *m* vitalicio; **²unterhalt** *m* subsistencia *f*; sustento *m*; (*sich*) *sn ~ verdienen* ganarse la vida; **²versicherung** *f* seguro *m* de vida; **²wandel** *m* conducta *f*; vida *f*; **²weise** *f* modo *m* de vivir; *gesunde ~* vida *f* sana; **~wichtig** vital; **²zeichen** *n* señal *f* de vida; **²zeit** *f* vida *f*; *auf ~* a perpetuidad, de por vida

'**Leber** ['-bər] *f* (-; -n) hígado *m*; **~entzündung** *f* hepatitis *f*; **~fleck** *m* lunar *m*; **~pastete** *f* foie-gras *m*; **~wurst** *f* embutido *m* de hígado

'**Lebewesen** *n* (-s; -) ser *m* vivo

'**leb|haft** ['le:phaft] vivo; *fig* animado; *Verkehr*: intenso; **²haftigkeit** *f* (-; *sin pl*) viveza *f*; vivacidad *f*; animación *f*; **²kuchen** *m* pan *m* de especias; **~los** sin vida, inanimado

leck [lɛk]: *~ sn ♃* hacer agua; *Gefäß*: tener agujeros; '**~en** (ge-, h) *v/t u v/i* lamer; *fig sich die Finger ~ nach* chuparse los dedos por

'**lecker** ['-kər] sabroso; apetitoso; **²bissen** *m* manjar *m* exquisito

'**Leder** ['le:dər] *n* (-s; -) cuero *m* (*a* F *Fußball*); *weiches*: piel *f*; **~(-ein)band** *m*

Leiden

encuadernación f en piel; **~handschuh** m guante m de piel; **~hose** f pantalón m de cuero; **~jacke** f chaqueta f de cuero; **~waren** f/pl artículos m/pl de piel; marroquinería f

ledig ['leːdɪç] soltero; **2e** ['--gə] m/f (-n; -n) soltero m, -a f; **~lich** ['--klɪç] solamente

Lee ⚓ [leː] f (-; sin pl) sotavento m

leer [leːr] vacío; Papier: en blanco; Platz: libre, desocupado; ⚡ Batterie: descargado; fig vano; **~ stehen** Haus usw: estar desocupado; **~ werden** vaciarse; **2e** f (-; sin pl) vacío m; **~en** (ge-, h) vaciar; Glas: a apurar; den Briefkasten ~ recoger las cartas; **2gut** n (-[e]s; sin pl) envases m/pl vacíos; **2lauf** m (-[e]s; sin pl) ⚙ marcha f en vacío; auto ralentí m, punto m muerto; (pl ~e) fig actividad f inútil; **'~stehend** desocupado; **2taste** f Schreibmaschine: espaciador m; **2ung** f (-; -en) 📮 recogida f

legal [leˈɡaːl] legal

Legasthenie [-gasteˈniː] f (-; sin pl) dislexia f

Legat [-ˈɡaːt] **1.** m (-en; -en) legado m; **2.** n (-[e]s; -e) legado m

legen ['leːɡən] (ge-, h) poner (a Eier); colocar; meter; Haare: marcar; **sich ~** echarse; (nachlassen) calmarse; Wind: amainar; (aufhören) cesar

Legende [leˈɡɛndə] f (-; -en) leyenda f

leger [-ˈʒɛːr] informal, desenvuelto

Legierung [leˈɡiːrʊŋ] f (-; -en) aleación f

Legislatjive [leːɡɪslaˈtiːvə] f (-; -en) (poder m) legislativo m; **~urperiode** [---ˈtuːrpɛrjoːda] f legislatura f

legitim [-ɡiˈtiːm] legítimo

Lehm [leːm] m (-[e]s; -e) barro m; **'~ziegel** m adobe m

'Lehnje ['leːnə] f (-; -n) respaldo m; (Arm2) brazo m; **2en** (ge-, h): **(sich) ~ an** (ac) od **gegen** apoyar(se) contra, arrimar(se) contra; **sich ~ aus** asomarse a; **~sessel** m sillón m, butaca f

'Lehrjbuch ['leːr-] n libro m de texto; (Handbuch) manual m; **~e** f (-; -n) rel, fil doctrina f; (Lehrzeit) aprendizaje m; (Warnung) lección f; **das wird mir e-e sn** me servirá de lección; **2en** (ge-, h) enseñar (**zu** a; **j-n etc** a/c a alg); **~er** m (-s; -), **~erin** f (-; -nen) profesor(a f) m (-s; -), (Volksschule) maestro m, -a f; **~erschaft** f (-; sin pl) profesorado m, cuerpo m docente; **~fach** n asignatura f; **~gang** m (-[e]s; ⸚e) curso m, cursillo m; **~gangs-teilnehmer(in** f) m cursillista su; **~jahr** n año m de aprendizaje; **~kraft** f profesor m; **~ling** ['-lɪŋ] m (-s; -e) aprendiz(a f) m; **~mittel** n/pl material m didáctico; **~pfad** m itinerario m didáctico; **~plan** m plan m od programa m de estudios; **2reich** instructivo; **~stelle** f plaza f od puesto m de aprendiz(aje); **~stuhl** m cátedra f; **~zeit** f aprendizaje m

Leib [laɪp] m (-[e]s; -er) cuerpo m; (Bauch) vientre m; abdomen m; **bei lebendigem ~** vivo; **mit ~ u Seele** con cuerpo y alma

'Leibes|kräfte f/pl ['-bəskrɛftə]: **aus ~n** a más no poder; **~übungen** f/pl gimnasia f, ejercicios m/pl físicos; **~visitation** ['--vizitatsjoːn] f (-; -en) cacheo m

'Leib|gericht ['laɪp-] n plato m favorito; **2haftig** [-ˈhaftɪç] mismo; en persona; **~wächter** m guardaespaldas m

Leiche ['laɪçə] f (-; -n) cadáver m

'leichen|blaß cadavérico, lívido; **2schauhaus** n depósito m de cadáveres, gal morgue f; **2wagen** m coche m fúnebre; **2zug** m cortejo m od comitiva f fúnebre

Leichnam ['laɪçnaːm] m (-s; -e) cadáver m

leicht [laɪçt] ligero (a fig), bsd Am liviano; Fehler, Krankheit: leve; (einfach) fácil (**zu** inf de), sencillo; **'2-athlet(in** f) m atleta su; **'2-athletik** f atletismo m (ligero); **'~bekleidet** ligero de ropa; **'~entzündlich** fácilmente inflamable; **'~fallen** (irr, sep, ge-, sn, → **fallen**) resultar fácil; **'~fertig** ligero; descuidado; frívolo; **'2gewicht** n dep peso m ligero; **'~gläubig** crédulo; **'2igkeit** f (-; sin pl) facilidad f; (Behendigkeit) ligereza f, agilidad f; **'2metall** n metal m ligero; **'2sinn** m (-s; sin pl) ligereza f; **'~sinnig** ligero; imprudente; **'~verdaulich** ['-fɛrdaʊlɪç] fácil de digerir; **'~verderblich** perecedero

leid [laɪt]: **es tut mir ~** lo siento; **er tut mir ~** me da pena; **~en** ['-dən] (litt, gelitten, h) **1.** v/i sufrir (**an** dat de); 🩺 padecer (**an** dat de); **2.** v/t **gut ~ können** querer bien; **nicht ~ können** no poder tragar; **2en** n (-s; -) sufrimiento m; 🩺 afección f

Leidenschaft 408

'**Leidenschaft** *f* (-; -en) pasión *f* (*für* por); ℒ**lich** apasionado
leid|er ['-dər] desgraciadamente, por desgracia; ℒ**tragende** ['laɪttraːgəndə] *m/f*: **die ~n** la familia del difunto; *fig* **der ~ sn** ser la víctima
Leierkasten ['laɪər-] *m* organillo *m*
'**Leih|bibliothek** ['laɪ-] *f*, **~bücherei** *f* biblioteca *f* con servicio de préstamo; ℒ**en** (lieh, geliehen, h): **j-m et ~** prestar a/c a alg; **et von j-m ~** tomar prestado a/c de alg; **~gebühr** *f* (derechos *m/pl* de) alquiler *m*; **~haus** *n* casa *f* de préstamos; **~mutter** *f* madre *f* alquilada *od* de alquiler; **~wagen** *m* coche *m* de alquiler (sin chófer); ℒ**weise** prestado
Leim [laɪm] *m* (-[e]s; -e) cola *f*
'**Leine** [-nə] *f* (-; -n) cuerda *f*; **an der ~ führen** *Hund*: llevar atado
'**Lein|en** ['-nən] *n* (-s; -) lino *m*, tela *f*; **~samen** *m* linaza *f*; **~wand** *f* lienzo *m* (*a pint*); *Film*: pantalla *f*
leise ['-zə] silencioso; *Stimme*: bajo, *adv* en voz baja; (*schwach*) ligero (*a Schlaf*); *adv* sin (hacer) ruido; **~(r) stellen** *Radio*: bajar
Leiste ['-stə] *f* (-; -en) listón *m*; △ filete *m*; *anat* ingle *f*
leisten ['-stən] (ge-, h) hacer; *Zahlung*: efectuar; ⊙ rendir; producir; *Arbeit*: ejecutar; *Dienst, Eid, Hilfe*: prestar; *Sicherheit*: ofrecer; **sich** (*dat*) **et ~** permitirse a/c; **das kann ich mir nicht ~** no puedo permitirme este lujo
'**Leistenbruch** ♂ *m* hernia *f* inguinal
'**Leistung** ['-stʊŋ] *f* (-; -en) *allgemein*: rendimiento *m* (*a* ⊙, ✚ *u e-r Person*); ⊙ *a* potencia *f*; (*Arbeit*) trabajo *m*; (*Dienst*) prestación *f* (*a e-r Versicherung*); (*Erfolg*) resultado *m*; ℒ**sfähig** productivo; eficaz; *j*: eficiente; **~sgesellschaft** *f* sociedad *f* de rendimiento; **~s-prinzip** *n* principio *m* del rendimiento; **~ssport** *m* deporte *m* de competición
Leitartikel ['laɪtʔartiːkəl] *m* editorial *m*, artículo *m* de fondo
'**leiten** ['-tən] (ge-, h) conducir (*a* ⚡); guiar; *fig* dirigir; **~d** ⚡ conductor; ✚ directivo; **~e Angestellte** *m* alto empleado *m*
'**Leiter** ['-tər] **a)** *m* (-s; -) director *m* (*a* ♪); jefe *m*; ✚ gerente *m*; *fís* conductor *m*; **b)** *f* (-; -n) escalera *f* (de mano); **~in** *f* (-; -nen) directora *f*
'**Leit|faden** *m* (*Buch*) manual *m*, compendio *m*; **~planke** *f* valla *f* protectora
'**Leitung** *f* (-; *sin pl*) dirección *f*; (*pl* -en) ⊙ conducción *f*; (*Rohr*ℒ) tubería *f*; ⚡, *tel* línea *f*; **~srohr** *n* tubo *m*; **~swasser** *n* agua *f* del grifo
Lektion [lɛk'tsjoːn] *f* (-; -en) lección *f* (*a fig*)
Lektüre ['-tyːrə] *f* (-; -n) lectura *f*
'**Lende** ['lɛndə] *f* (-; -n) lomo *m* (*a gastr*); **~nbraten** *m*, **~nstück** *n* solomillo *m*
'**lenk|en** ['lɛŋkən] (ge-, h) dirigir; *auto* conducir, guiar (*a fig*); ℒ**rad** *n* volante *m*; ℒ**radschloß** *n* cerradura *f* de dirección; ℒ**stange** *f* guía *f*, manillar *m*; ℒ**ung** *f* (-; -en) *auto* dirección *f*
Lepra ['leːpra] *f* (-; *sin pl*) lepra *f*
Lerche ['lɛrçə] *f* (-; -n) alondra *f*
lernen ['lɛrnən] (ge-, h) aprender; estudiar; **lesen usw ~** aprender a leer, *etc*
lesbar ['leːsbaːr] legible, leíble
lesbisch ['lɛsbɪʃ] lésbico
'**Lese** ['leːzə] *f* (-; -n) (*Wein*ℒ) vendimia *f*
'**lese|n** ['-zən] (las, gelesen, h) leer; *Messe*: decir; *Trauben ~* vendimiar; ℒ**r** *m* (-s; -), ℒ**rin** *f* (-; -nen) lector(a *f*) *m*; **~rlich**, legible; ℒ**rzuschrift** *f* carta *f* al director; ℒ**saal** *m* sala *f* de lectura; ℒ**stoff** *m* lectura *f*, ℒ**zeichen** *n* señal *f*, registro *m*
'**Lesung** *f* (-; -en) lectura *f*
'**Lett|e** ['lɛta] *m* (-n; -n), **~in** *f* (-; -nen), ℒ**isch** letón *m*, -ona *f*
letzt [lɛtst] último; (*äußerst*) extremo; **~es Jahr** el año pasado; **in ~er Zeit** últimamente; **zu guter** ℒ por último; F **das ist das** ℒ**e!** ¡es lo último!; '**~ere** este último
'**Leucht|e** ['lɔyçtə] *f* (-; -n) lámpara *f*; ℒ**en** (ge-, h) (*glänzen*) brillar, resplandecer; **~en** *n* (-s; *sin pl*) brillo *m*, resplandor *m*; ℒ**end** luminoso (*a fig*); radiante; **~er** *m* (-s; -) candelabro *m*; **~feuer** *n* fanal *m*; **~käfer** *m* luciérnaga *f*; **~reklame** *f* publicidad *f* luminosa, anuncio *m* luminoso; **~stoffröhre** *f* tubo *m* fluorescente; **~turm** *m* faro *m*; **~zifferblatt** *n* esfera *f* luminosa
leugnen ['lɔygnən] **1.** *v/t* (ge-, h) negar; **2.** ℒ *n* (-s; *sin pl*) negación *f*
Leukämie [-kɛ'miː] *f* (-; -n) leucemia *f*
'**Leute** ['-tə] *pl* gente *f*; **die jungen ~** los

Liegestuhl

jóvenes; *die kleinen* ~ la gente humilde
Leutnant ['lɔytnant] *m* (-s; -s) segundo teniente *m*; alférez *m*
Lexikon ['lɛksikɔn] *n* (-s; -ka) diccionario *m*; (*Konversations*2) enciclopedia *f*
Liane [li'a:nə] *f* (-; -n) bejuco *m*, liana *f*
Libanes|e [-ba'ne:zə] *m* (-n; -n), ******in** *f* (-; -nen), **2isch** libanés *m*, -esa *f*
Libelle [-'bɛlə] *f* (-; -n) libélula *f*
liberal [libə'ra:l], **2e** *m*/*f* (-n; -n) liberal *su*
Libero ['li:bəro] *m* (-s; -s) líbero *m*
Libretto [li'brɛto] *n* (-s; -s, -tti) libreto *m*, letra *f*
Licht [liçt] *n* (-[e]s; -er, *fis sin pl*) luz *f*; (*Beleuchtung*) *a* alumbrado *m*; ~ *machen* dar la luz; *ans* ~ *bringen* (*kommen*) sacar (salir) a la luz; *fig j-n hinters* ~ *führen* engañar a alg; '~**bild** *n* foto(grafía) *f*; '~**bildervortrag** *m* conferencia *f* con proyecciones; '~**blick** *m* rayo *m* de esperanza; '**2durchlässig** tra(n)slúcido; '**2echt** resistente a la luz; '**2empfindlich** sensible a la luz; '**2en** (ge-, h): *die Anker* ~ levar anclas; '~**hupe** *f* bocina *f* luminosa; '~**maschine** *f* dínamo *f*; '~**reklame** *f* publicidad *f* luminosa; '~**schacht** *m* patio *m* de luces; '~**schalter** *m* interruptor *m*; '~**schutzfaktor** *m* factor *m* de protección solar; '~**signal** *n* señal *f* luminosa *od* óptica; '~**strahl** *m* rayo *m* de luz; '**2undurchlässig** opaco; '~**ung** *f* (-; -en) calvero *m*, claro *m*
Lid [li:t] *n* (-[e]s; -er) párpado *m*; '~**schatten** *m* sombra *f* de ojos
lieb [li:p] querido; (*angenehm*) agradable; (*liebenswürdig*) amable; *es wäre mir* ~, *wenn* ... me gustaría que (*subj*); *seien Sie so* ~ *und* ... hágame el favor de (*inf*)
Liebe ['li:bə] *f* (-; *sin pl*) amor *m* (*zu* a, por); cariño *m*; *aus* ~ *zu* por amor a; ~**lei** [--'laɪ] *f* (-; -en) amorío *m*, flirteo *m*
'**lieben** [-bən] (ge-, h) querer; amar; *ich liebe es nicht, daß* no me gusta que (*subj*); **2de** ['--də] *m*/*f* (-n; -n) amante *su*, enamorado *m*, -a *f*; '~**swürdig** amable; **2swürdigkeit** *f* (-; *sin pl*) amabilidad *f*
lieber ['-bər] *adv* más bien; ~ *haben od mögen od wollen* preferir
'**Liebes|brief** ['li:bəs-] *m* carta *f* de amor; ~**erklärung** *f* declaración *f* (de amor); ~**kummer** *m* penas *f*/*pl* de amor; ~**paar** *n* amantes *m*/*pl*, pareja *f* de enamorados
'**liebevoll** afectuoso, cariñoso
'**lieb|gewinnen** (*irr, sep*, h, → **gewinnen**) tomar cariño a; ~**haben** (*irr, sep*, -ge-, h, → **haben**) querer; **2haber** ['-ha:bər] *m* (-s; -) amante *m*; (*Kunst usw*) aficionado *m*; **2habe'rei** *f* (-; -en) afición *f*; **2haberin** *f* (-; -nen) amante *f*; aficionada *f*; ~**lich** *j*: lindo, gracioso; *Gegend*: ameno; **2ling** ['-lɪŋ] *m* (-s; -e) favorito *m*; (*Kosewort*) cariño *m*; **2lings...**: *in Zssgn* favorito, predilecto; ~**los** sin cariño, duro; **2reiz** *m* atractivo *m*, encanto *m*; **2schaft** *f* (-; -en) amores *m*/*pl*, amorío *m*
'**liebst** [li:pst] preferido, favorito
Lied [li:t] *n* (-[e]s; -er) canción *f*; (*Kunst*2) lied *m*
Lieder|abend ['li:dərᵒ-] *m* recital *m*; ~**buch** *n* cancionero *m*
liederlich ['--lɪç] desordenado; *Arbeit*: desaliñado; *Leben*: disoluto; *adv* sin esmero, superficialmente
'**Liedermacher** *m* cantautor *m*
Liefer|ant [li:fə'rant] *m* (-en; -en) suministrador *m*, proveedor *m*; **2bar** disponible; **2frist** *f* plazo *m* de entrega; **2n** ['-fərn] (ge-, h) suministrar; (*übergeben*) entregar; ~**schein** *m* talón *m* de entrega; ~**ung** *f* (-; -en) suministro *m*; entrega *f*; ⚑ fascículo *m*; ~**wagen** *m* camioneta *f* de reparto, furgoneta *f*
Liege [li:gə] *f* (-; -n) tumbona *f*
'**liegen** ['-gən] (lag, gelegen, h) *Sachen*: estar (puesto); *Person*: estar echado; (*sich befinden*) hallarse, encontrarse; *Stadt usw*.: estar situado; *das Zimmer liegt zur Straße* la habitación da a la calle; *10 km von* ... ~ estar a diez kilómetros de ...; *die Schwierigkeit liegt darin, daß* la dificultad reside en que consiste en que; *woran liegt es?* ¿a qué se debe?; *es liegt an ihm* depende de él; (*Schuld*) es culpa suya; *mir liegt daran* me importa; *das liegt mir* se me da bien; es lo mío; ~**bleiben** (*irr, sep*, -ge-, sn, → **bleiben**) quedarse acostado; *Arbeit*: quedar sin acabar; *auto* tener una avería; ~**lassen** (*irr, sep*, -ge-, h, → **lassen**) dejar; (*vergessen*) olvidar
'**Liege|platz** *m* ⚓ atracadero *m*; ⚑ litera *f*; ~**sitz** *m* asiento *m* reclinable *bzw* abatible; ~**stuhl** *m* hamaca *f*, gandula *f*;

Liegewagen

~wagen 🚃 *m* coche-literas *m*, litera *f*
Lift [lıft] *m* (-[e]s; -e) ascensor *m*; **'~boy** *m* (-s; -s) ascensorista *m*
Liga ['liːga] *f* (-; -gen) liga *f* (*a dep*)
Likör [liˈkøːr] *m* (-s; -e) licor *m*
lila ['liːla] (de color) lila
Lilie ['liːljə] *f* (-; -n) lirio *m* blanco
Limonade [limoˈnɑːdə] *f* (-; -n) limonada *f*
Limousine [limuˈziːnə] *f* (-; -n) limusina *f*, sedán *m*
'Linde ['lındə] *f* (-; -n) tilo *m*; **~nblütentee** *m* tila *f*
'linder|n ['-dərn] (ge-, h) suavizar, mitigar; (*erleichtern*) aliviar; *Schmerz*: calmar; **2ung** *f* (-; *sin pl*) mitigación *f*; alivio *m*
Lineal [lineˈɑːl] *n* (-s; -e) regla *f*
'Linie ['liːnjə] *f* (-; -n) línea *f*; *fig* in erster ~ en primer lugar; *auf die ~ achten* cuidar la línea; **~nbus** *m* coche *m* de línea; **~nflug** *m* vuelo *m* (de línea) regular; **~nflugzeug** *n*, **~nmaschine** *f* avión *m* de línea; **~nrichter** *m* *dep* juez *m* de línea, linier *m*; **~ntaxi** *n* taxi *m* de línea
lin(i)ieren [lin(i)ˈiːrən] (h) rayar
link [lıŋk] izquierdo; **~er Hand** a la izquierda; **2e** *f* (-n; -n) izquierda *f* (*a pol*); **2e** *m*/*f* (-n; -n) izquierdista *su*; **'~isch** torpe
links [lıŋks] a la izquierda; **2-abbieger** ['-apbiːgər] *m* (-s; -) vehículo *m* que gira a la izquierda; **2e-'außen** *m* (-; -) *dep* extremo *m* izquierda; **2-extremismus** *m* ultraizquierdismo *m*; **2händer** ['-hɛndər] *m* (-s; -) zurdo *m*; **'~radikal** de la extrema izquierda
Linse ['lınzə] *f* (-; -n) & lenteja *f*; *Optik*: lente *f*
'Lippe ['lıpə] *f* (-; -n) labio *m*; **~nstift** *m* lápiz *m* labial *od* de labios
lispeln ['lıspəln] *v*/*i* (ge-, h) cecear
List [lıst] *f* (-; -en) astucia *f*
Liste ['lıstə] *f* (-; -n) lista *f*, relación *f*
listig ['lıstıç] astuto
Litau|er ['lıtauər] *m* (-s; -), **~erin** *f* (-; -nen), **2isch** lituano *m*, -a *f*
Liter ['liːtər] *m* *od* *n* (-s; -) litro *m*
litera|risch [litəˈraːrıʃ] literario; **2tur** [--raˈtuːr] *f* (-; -en) literatura *f*
Litfaßsäule ['lıtfaszɔylə] *f* columna *f* de anuncios
Live-Sendung ['laıfzɛnduŋ] *f* (re)transmisión *f* en directo

Lizenz [liˈtsɛnts] *f* (-; -en) licencia *f*
Lkw [ɛlkaːˈveː] *m* (-s; -s) *s* **Lastwagen**
Lob [loːp] *n* (-[e]s; *sin pl*) elogio *m*, alabanza *f*; **2en** ['-bən] (ge-, h) alabar; **2enswert** laudable; **'~rede** *f* elogio *m*, panegírico *m*
Loch [lɔx] *n* (-[e]s; ⸚er) agujero *m*; (*Öffnung*) abertura *f*, orificio *m*; (*Höhlung*) hoyo *m* (*a Golf*); hueco *m*; F (*Kerker*) calabozo *m*; F (*Wohnung*) tugurio *m*; **2en** (ge-, h) perforar; *Fahrkarte*: picar; **'~er** *m* (-s; -) *Büro*: taladro *m*
'Loch|karte ['lɔxkartə] *f* ficha *f* perforada; **~streifen** *m* cinta *f* perforada
Locke ['lɔkə] *f* (-; -n) rizo *m*, bucle *m*
'locken ['-kən] (ge-, h) *Haar*: (*sich*) ~ rizar(se); (*an~*) atraer; **2wickel** *m* rulo *m*, bigudí *m*
'locker ['-kər] flojo; (*lose*) suelto; *fig* laxo; **~n** (ge-, h) aflojar; *fig* relajar; **2ung** *f* (-; -en) aflojamiento *m*; relajamiento *m*
lockig ['lɔkıç] rizado
Loden ['loːdən] *m* (-s; -) loden *m*
Löffel ['lœfəl] *m* (-s; -) cuchara *f*; *größerer*: cucharón *m*
Loge ['loːʒə] *f* (-; -n) palco *m*
Logi|k ['loːgık] *f* (-; *sin pl*) lógica *f*; **2sch** lógico
Lohn [loːn] *m* (-[e]s; ⸚e) salario *m*; (*sin pl*) *fig* recompensa *f*, premio *m*; **'~empfänger** *m* asalariado *m*; **2en** (ge-, h) pagar; *es lohnt sich* vale *od* merece la pena; **2end** ventajoso; lucrativo, rentable; **'~erhöhung** *f* aumento *m* de sueldo; **'~forderung** *f* reivindicación *f* salarial; **'~gruppe** *f* categoría *f* salarial; **'~liste** *f* nómina *f*; **'~steuer** *f* impuesto *m* sobre los salarios; **'~steuerjahres-ausgleich** *m* reajuste *m* anual de impuestos (sobre el salario); **'~steuerkarte** *f* tarjeta *f* de impuestos sobre el salario; **'~stopp** *m* congelación *f* salarial
Loipe ['lɔypə] *f* (-; -n) pista *f* de fondo
Lok [lɔk] *f* (-; -s) *s* **Lokomotive**
Lo'kal [loˈkaːl] **1.** *n* (-[e]s; -e) local *m*; (*Gaststätte*) restaurante *m*; café *m*; **2.** 2 *adj* local; **~blatt** *n* (**~presse** *f*) periódico *m* (prensa *f*) local; **~verbot** *n* prohibición *f* de admisión
Lokomotiv|e [lokomoˈtiːvə] *f* (-; -n) locomotora *f*; **~führer** [---ˈtiːffyːrər] *m* maquinista *m*

Lorbeer ['lɔrbe:r] *m* (-s; -en) laurel *m*
Los [lo:s] *n* (-es; -e) (*Schicksal*) suerte *f*, destino *m*; *das Große* ~ *ziehen* sacar el gordo
los [lo:s] suelto; (*frei*) libre; ~*!* ¡vamos!; *was ist* ~*?* ¿qué pasa?
losbinden ['lo:sbindən] (*irr, sep,* -ge-, *h,* → *binden*) desatar; soltar
'**Lösch|blatt** ['lœʃblat] *n* (papel *m*) secante *m*; **2en** (ge-, h) *Licht, Durst:* apagar; *Brand: a* extinguir; *Schrift, Tonband:* borrar; ⚓ *Ladung:* desembarcar; *Schuld, Konto:* cancelar
lose ['lo:zə] suelto; (*beweglich*) movible; (*unverpackt*) a granel
Lösegeld ['lø:zə-] *n* (-[e]s; -er) rescate *m*
losen ['lo:zən] (ge-, h) echar suertes
lösen ['lø:zən] (ge-, h) soltar (*a Bremse*); *Knoten usw:* deshacer; 🜛 disolver; *Aufgabe, Problem:* resolver, solucionar; *Rätsel:* adivinar; *Vertrag:* anular; *Fahrkarte:* sacar; *Verbindung:* romper
'**los|gehen** (*irr, sep,* -ge-, sn, → *gehen*) partir, ponerse en marcha; (*sich lösen*) desprenderse; *Schuß:* dispararse; F (*anfangen*) empezar; *auf j-n* ~ arremeter contra alg (*a fig*); ~**lassen** (*irr, sep,* -ge-, h → *lassen*) soltar (*a fig*)
löslich ['lø:slɪç] soluble
los|lösen ['lo:slø:zən] (*sep,* -ge-, h): (*sich*) ~ desprender(se); ~**reißen** (*irr, sep,* -ge-, h, → *reißen*) arrancar
'**Lösung** ['lø:zuŋ] *f* (-; -en) solución *f* (*a* 🜛); separación *f*; *Vertrag:* anulación *f*; ~**smittel** *n* disolvente *m*
loswerden ['lo:sve:rdən] (*irr, sep,* -ge-, sn, → *werden*) desembarazarse de; deshacerse de
Lot [lo:t] *n* (-[e]s; -e) ⚓ perpendicular *f*; △ plomada *f*; ⚓ sonda *f*
löten ['lø:tən] (ge-, h) soldar
Lotion [lo'tsjo:n *od* 'loufən] *f* (-; -en *od* -s) loción *f*
Lotse [lo'tsə] *m* (-n; -n) ⚓ práctico *m*
Lotterie [lɔtə'ri:] *f* (-; -n) lotería *f*
Lotto ['lɔ-to:] *n* (-s; -s) lotería *f*
'**Löw|e** ['lø:və] *m* (-n; -n) león *m*; ~**enzahn** ♣ *m* diente *m* de león; ~**in** ['-vin] *f* (-; -nen) leona *f*
loyal [loa'ja:l] leal; **2ität** [-jali'tɛ:t] *f* (-; *sin pl*) lealtad *f*
Luchs [luks] *m* (-es; -e) lince *m* (*a fig*)
Lücke ['lykə] *f* (-; -n) vacío *m*; hueco *m*; *fig* a laguna *f*; *fig e-e* ~ *reißen* (*füllen*)

dejar (llenar) un vacío; ~**nbüßer** *m* tapagujeros *m*
Luder ['lu:dər] *n* (-s; -) carroña *f*; P *fig* bestia *f*, mal bicho *m*
Luft [luft] *f* (-; ⸚e) aire *m*; *in frischer* ~ al aire libre; (*frische*) ~ *schöpfen* tomar el aire; F *in die* ~ *gehen* subirse a la parra; *an die* ~ *setzen* echar a la calle; '~**angriff** *m* ataque *m* aéreo; '~**aufnahme** *f*, '~**bild** *n* fotografía *f* aérea; '~**ballon** *m* globo *m*; **2dicht** impermeable al aire; ~**druck** *m* (-[e]s; *sin pl*) presión *f* atmosférica
lüften ['lyftən] (ge-, h) airear, ventilar; *Geheimnis:* revelar, desvelar
'**Luft|fahrt** ['luftfa:rt] *f* (-; *sin pl*) aeronáutica *f*, aviación *f*; ~**feuchtigkeit** *f* humedad *f* atmosférica; ~**fracht** *f* carga *f* aérea; **2gekühlt** ['-gəky:lt] refrigerado por aire; ~**gewehr** *n* escopeta *f* de aire comprimido; ~**kissen** *n* colchón *m* de aire; ~**kissenboot** *n* aerodeslizador *m*; **2krank** mareado; ~ *werden* marearse; ~**krankheit** *f* mareo *m*; ~**kur-ort** *m* estación *f* climática; **2leer** vacío; ~**linie** *f* línea *f* directa; ✈ línea *f* aérea; ~**loch** *n* ✈ bache *m*; ~**matratze** *f* colchón *m* neumático; ~**pirat** *m* pirata *m* aéreo; ~**post** *f*: *mit* ~ por avión; ~**postleichtbrief** *m* aerograma *m*; ~**pumpe** *f Fahrrad etc:* bomba *f* de inflar; ~**raum** *m* espacio *m* aéreo; ~**reifen** *m* neumático *m*; ~**röhre** *anat f* tráquea *f*; ~**schiff** *n* aeronave *f*; ~**schiffahrt** *f* navegación *f* aérea; ~**schutzkeller** *m* refugio *m* antiaéreo; ~**streitkräfte** *f/pl* fuerzas *f/pl* aéreas; ~**stützpunkt** ✕ *m* base *f* aérea; ~**taxi** *n* taxi *m* aéreo; ~**temperatur** *f* temperatura *f* del aire
Lüftung ['lyftuŋ] *f* (-; -en) ventilación *f*
'**Luft|veränderung** ['luft-] *f* cambio *m* de aires; ~**verkehr** *m* tráfico *m* aéreo; ~**verschmutzung** *f* contaminación *f* atmosférica; ~**waffe** *f* fuerza *f* aérea; ~**weg** ['-ve:k] *m* vía *f* aérea; *auf dem* ~ por vía aérea; ~**widerstand** *m* resistencia *f* del aire; ~**zug** *m* (-[e]s; *sin pl*) corriente *f* de aire
'**Lüg|e** ['ly:gə] *f* (-; -n) mentira *f*; **2en** (log, gelogen, h) mentir; ~**ner** [-nər] *m* (-s; -), ~**nerin** *f* (-; -nen), **2nerisch** mentiroso *m*, -a *f*
Luke ['lu:kə] *f* (-; -n) tragaluz *m*; ⚓ escotilla *f*

Lump [lump] *m* (-en; -en) canalla *m*
Lumpen ['-pən] *m* (-s; -) harapo *m*, andrajo *m*; (*Putz*2) trapo *m*
Lunchpaket ['lan(t)ʃ-] *n* bolsa *f* de merienda
Lunge ['luŋə] *f* (-; -n) pulmón *m*
'Lungen|-entzündung *f* pulmonía *f*, neumonía *f*; **~flügel** *m* lóbulo *m* pulmonar; **~krebs** ♂ *m* cáncer *m* de pulmón
Lupe ['luːpə] *f* (-; -n) lupa *f*; *fig* **unter die ~ nehmen** pasar por el tamiz
Lust [lust] *f* (-; *sin pl*) ganas *f/pl*; (*Vergnügen*) placer *m*; **(keine) ~ haben zu** (no) tener ganas de; **hättest du ~ auszugehen?** ¿te gustaría salir?
lüstern ['-tərn] voluptuoso, lascivo
'lust|ig ['lustiç] alegre; (*belustigend*) divertido, gracioso; **sich ~ machen über** (*ac*) burlarse de; **~los** desanimado; ✝ poco animado; **2spiel** *n* comedia *f*
lutherisch ['luːtəriʃ] luterano
'lutsch|en ['lutʃən] (ge-, h) chupar; **am Daumen ~** chuparse el dedo; **2er** *m* (-s; -) pirulí *m*
Luv ⚓ [luːf] *f* (-; *sin pl*) barlovento *m*
luxuriös [luksur'jøːs] lujoso
'Luxus ['-ksus] *m* lujo *m*; **~artikel** *m* artículo *m* de lujo; **~hotel** *n* hotel *m* de lujo
Lymphknoten ['lymf-] *m* ganglio *m* linfático
lynchen ['lynçən] (ge-, h) linchar
'Lyri|k ['lyːrik] *f* (-; *sin pl*) (poesía *f*) lírica *f*; **~ker** *m* (-s; -) poeta *m* lírico; **2sch** lírico

M

M, m [ɛm] *n* (-; -) M, m *f*
'Mach|art ['maxˀɑːrt] *f* hechura *f*; forma *f*; **2bar** factible, practicable
machen ['-ən] (ge-, h) *v/t* hacer; poner, volver (+ *adj*); *Appetit, Freude usw*: dar; **das macht nichts** no importa; **da kann man nichts ~** no hay nada que hacer; **was macht ...?** ¿qué es de ...?; **wieviel macht das?** ¿cuánto es?
Macher ['maxər] *m* (-s; -) cerebro *m*
Macht [maxt] *f* (-; *sin pl*; *pl* ⸚e) (*Staat*) potencia *f*; **an der ~ sn** estar en el poder; **'~apparat** *m* aparato *m* del poder; **'~befugnis** *f* poder *m*; autoridad *f*; **'~bereich** *m* esfera *f* de influencia; **~haber** ['-haːbər] *m* (-s; -) dirigente *m*; potentado *m*
mächtig ['mɛçtiç] poderoso, potente; F *fig* enorme
'Macht|kampf ['maxt-] *m* lucha *f* por el poder; **2los** sin poder, impotente
'Mädchen ['mɛːtçən] *n* (-s; -) chica *f*, muchacha *f*; (*Kind*) niña *f*; (*Dienst*2) criada *f*; **junges ~** joven *f*; **~name** *m* apellido *m* de soltera
made in ['meɪd ɪn] made in

'Mad|e ['mɑːdə] *f* (-; -n) cresa *f*, gusano *m*; **2ig** agusanado
Madonna [ma'dɔna] *f* (-; -nen) Virgen *f*
Mafia ['mafja] *f* (-; *sin pl*) mafia *f*
Magazin [maga'tsiːn] *n* (-s; -e) almacén *m*, depósito *m*; (*Zeitschrift*) revista *f* ilustrada
'Magen ['mɑːgən] *m* (-s; ⸚) estómago *m*; **~bitter** *m* (-s; -) estomacal *m*; **~geschwür** *n* úlcera *f* gástrica *od* del estómago; **~krebs** ♂ *m* cáncer *m* de(l) estómago; **~schmerzen** *m/pl* dolor(es) *m(pl)* de estómago
'mager ['-gər] flaco; *Fleisch*: magro; **2keit** *f* (-; *sin pl*) flaqueza *f*; **2milch** *f* leche *f* desnatada
Mag|ie [ma'giː] *f* (-; *sin pl*) magia *f*; **2isch** ['mɑːgiʃ] mágico (*a fig*)
Ma'gnet [ma'gneːt] *m* (-en, -[e]s; -e[n]) imán *m*; **~band** *n* cinta *f* magnética; **~krebs** ♂ *m* cáncer *m*; **2isch** magnético; **~karte** *f* tarjeta *f* magnética; **~nadel** *f* aguja *f* iman(t)ada; **~platte** *f* disco *m* magnético
Mahagoni [maha'goːni] *n* (-s; *sin pl*) caoba *f*
'Mäh|drescher ['mɛːdrɛʃər] *m* (-s; -) se-

gadora-trilladora *f*; **2en** (ge-, h) segar; *Gras*: a cortar

mahlen ['mɑːlən] (mahlte, gemahlen, h) moler

'**Mahlzeit** *f* comida *f*; (*gesegnete*) ~! ¡que aproveche!

Mähmaschine ['mɛː-] *f* segadora *f*; (*Gras*2) guadañadora *f*

Mahnbescheid ['mɑːn-] *m* carta *f* admonitoria

Mähne ['mɛːnə] *f* (-; -n) melena *f* (*a fig*); (*Pferde*2) crines *f/pl*

'**mahn|en** ['mɑːnən] (ge-, h) advertir; exhortar (*zu* a); *j-n an et* ~ recordar a/c a alg; **2gebühr** *f* recargo *m* de apremio; **2ung** *f* (-; -en) advertencia *f*; ✝ reclamación *f*

Mai [maɪ] *m* (-[e]s; *raro* -e) mayo *m*; '~**glöckchen** *n* (-s; -) muguete *m*; '~**käfer** *m* abejorro *m*

Mais [maɪs] *m* (-es; -e) maíz *m*; '~**kolben** *m* mazorca *f*

Majestät [majɛs'tɛːt] *f* (-; -en) majestad *f*

Major [-'joːr] *m* (-s; -e) comandante *m*; ~**an** ♣ [-'joːraːn *od* 'mɑːjoran] *m* (-s; -e) mejorana *f*

makaber [-'kɑːbər] macabro

'**Makel** [mɑːkəl] *m* (-s; -) mancha *f*, tacha *f*; **2los** intachable

Make-up [meɪk'ʔap] *n* (-s; -s) maquillaje *m*

Makkaroni [maka'roːni] *pl* macarrones *m/pl*

'**Makler** ['mɑːklər] *m* (-s; -) corredor *m*, agente *m*; ~**gebühr** *f* corretaje *m*

Makrele [ma'kreːlə] *f* (-; -n) caballa *f*

Makrone [-'kroːnə] *f* (-; -n) macarrón *m*

Mal [mɑːl] **1.** *n* (-[e]s; -e) **a)** (*Zeichen*) marca *f*; (*pl* ~**er**) (*Denk*2) monumento *m*; **b)** vez *f*; **zum ersten** ~ por primera vez; 2 2 2 dos por dos; *mit e-m* ~ de repente; **2.** 2 *adv* F = *einmal*

Malaria [-'lɑːrja] *f* (-; *sin pl*) paludismo *m*, malaria *f*

'**mal|en** ['mɑːlən] (ge-, h) pintar (*a fig*); **2er** *m* (-s; -) pintor *m*; (*Anstreicher*) pintor *m* (de brocha gorda); **2e'rei** *f* (-; -en) pintura *f*; **2erin** *f* (-; -nen) pintora *f*; ~**erisch** pintoresco; **2kasten** *m* caja *f* de colores *od* de pinturas

Malve ♣ ['malvə] *f* (-; -n) malva *f*

'**Malz|bier** ['malts-] *n* cerveza *f* de malta; ~**kaffee** *m* (café *m* de) malta *f*

Mama [ma'mɑː, F 'mama] *f* (-; -s) mamá *f*

man [man] se; uno; ~ **spricht Deutsch** se habla alemán; ~ **wundert sich** uno se extraña; ~ **sagt** dicen; ~ **muß** hay que

'**Management** ['mɛnɪdʒmənt] *n* (-; *sin pl*) dirección *f*, gerencia *f*; **2en** (ge-, h) manejar, organizar; ~**er** *m* (-s; -) ejecutivo *m*; *dep usw* mánager *m*

manch [manç] alguno; más de un(o); ~**e** algunos; varios; ~**es** mucho, muchas cosas; '~**mal** algunas veces, a veces, de vez en cuando

Mandarine [manda'riːnə] ♣ *f* (-; -n) mandarina *f*

Mandat [-'dɑːt] *n* (-[e]s; -e) mandato *m*

'**Mandel** ['mandəl] *f* (-; -n) ♣ almendra *f*; ♂ amígdala *f*; ~**baum** *m* almendro *m*; ~**entzündung** *f* amigdalitis *f*

Mandoline ♪ [-doˈliːnə] *f* (-; -n) mandolina *f*

Manege [ma'neːʒə] *f* (-; -n) pista *f* de circo

'**Mangel** ['maŋəl] *m* (-s; ¨) (*Fehler*) defecto *m*; (*Fehlen*) falta *f*, escasez *f* (*an dat* de); *aus* ~ *an* (*dat*) por falta de; ~**beruf** *m* profesión *f* con escasez de personal; **2haft** defectuoso; insuficiente; **2n** (ge-, h) (*fehlen*) faltar, hacer falta (*j-m an et* a/c a alg); **2s** (*gen*) por falta de; ~**ware** *f* artículo *m* escaso; ~ *sn* escasear

Mangold ♣ ['maŋɡɔlt] *m* (-[e]s; -e) acelga(s) *f*(*pl*)

Manie [ma'niː] *f* (-; -n) manía *f*

Manieren [-'niːrən] *f/pl* modales *m/pl*

Manifest [-ni'fɛst] *n* (-[e]s; -e) manifiesto *m*

Mani'küre [--'kyːrə] *f* (-; -n) manicura *f* (*a Person*); **2n** (h) hacer la manicura

Manipul|ation [--pula'tsjoːn] *f* (-; -en) manipulación *f*; **2ieren** (h) manipular

Mann [man] *m* (-[e]s; ¨er) hombre *m*; (*Ehe*2) marido *m*

Männchen ['mɛnçən] *n* (-s; -) hombrecillo *m*; *zo* macho *m*

Mannequin [manəˈkɛ̃] *n* (-s; -s) maniquí *f*, modelo *f*

mannigfaltig ['maniçfaltiç] vario, variado, diverso

männlich ['mɛnlɪç] masculino (*a gram*); *zo* macho

'**Mannschaft** ['manʃaft] *f* (-; -en) equipo *m* (*a dep*); ⚓, ✈ tripulación *f*; ~**skapitän** *m* *dep* capitán *m* (del equipo)

Manöver [ma'nøːvər] *n* (-s; -) maniobra *f* (*a fig*)

Man'sarde [man'zardə] *f* (-; -n) buhardilla *f*, mansarda *f*; **~nwohnung** *f* ático *m*

Man'schette [-'ʃɛtə] *f* (-; -n) puño *m*; **~nknopf** *m* gemelo *m*

'Mantel ['-təl] *m* (-s; ¨) abrigo *m*; **~tarif** *m* convenio *m* tipo; **~tarifvertrag** *m* convenio *m* colectivo tipo

manuell [manu'ɛl] manual

Manuskript [--'skript] *n* (-[e]s; -e) manuscrito *m*

Mappe ['mapə] *f* (-; -n) (*Akten*2, *Schul*2) cartera *f*; (*Ordner*) carpeta *f*

'Märchen ['mɛːrçən] *n* (-s; -) cuento *m* (de hadas); **~buch** *n* libro *m* de cuentos; 2haft fabuloso

Marder ['mardər] *m* (-s; -) marta *f*

Margarine [-ga'riːnə] *f* (-; -n) margarina *f*

Marienbild [ma'riːənbilt] *n* imagen *f* de la Virgen, madona *f*

Marihuana [-rihu'aːna] *n* (-s; *sin pl*) marihuana *f*

Marinade [--'naːdə] *f* (-; -n) escabeche *m*

Ma'rine [-'riːnə] *f* (-; -n) marina *f*; **~stützpunkt** *m* base *f* naval

marinieren [-ri'niːrən] (h) poner en escabeche, escabechar

Mario'nette [mario'nɛtə] *f* (-; -n) títere *m*, marioneta *f* (*a fig*); **~ntheater** *n* teatro *m* de títeres

Mark [mark] **1.** *n* (-[e]s; *sin pl*) tuétano *m*, meollo *m* (*alle a fig*); (*Frucht*2) pulpa *f*; **2.** *f inv* ✝ marco *m*

'Marke ['-kə] *f* (-; -n) marca *f* (*a* ✝); (*Spiel*2) ficha *f*; (*Brief*2) sello *m*, Am estampilla *f*; **~nartikel** ✝ *m* artículo *m* de marca; **~nbewußtsein** *n* (**~nerzeugnis** *n*) conciencia *f* (artículo *m*) de marca; **~n-image** *n* imagen *f* de una marca; **~ntreue** *f* fidelidad *f* a una marca; **~nzeichen** *n* marca *f* (comercial)

'Marketing ['markətiŋ] *n* (-s; *sin pl*) marketing *m*; **~abteilung** *f* sección *f* de marketing

markier|en [-'kiːrən] (h) marcar (*a* ✝); señalar; (*beschriften*) rotular; F simular; **2ung** *f* (-; -en) marca *f*, marcación *f*; señalización *f*

Markise [-'kiːzə] *f* (-; -n) toldo *m*; marquesina *f*

Markknochen ['mark-] *m* hueso *m* con tuétano

Markt [markt] *m* (-[e]s; ¨e) mercado *m*; Gemeinsamer ~ Mercado *m* Común; auf den ~ bringen lanzar al mercado; zum ~ gehen ir a la plaza; **'~analyse** *f* análisis *m* del mercado; **'~anteil** *m* cuota *f* de mercado; **'**2**beherrschend** que domina el mercado; **'~forschung** *f* estudio *m* del mercado; **'~führer** *m* líder *m* (en el mercado); **'~halle** *f* mercado *m* cubierto; **'~lücke** *f* hueco *m* de la demanda; **~platz** *m* mercado *m*, plaza *f*; **'~wert** *m* valor *m* de mercado; **'~wirtschaft** *f*: (*freie*) ~ economía *f* de mercado (libre); 2**wirtschaftlich** de (la) economía de mercado

Marmelade [marmə'laːdə] *f* (-; -n) mermelada *f*

'Marmor ['-mɔr] *m* (-s; -e) mármol *m*

Marok'kan|er [-rɔ'kaːnər] *m* (-s; -), **~erin** *f* (; -nen), 2**isch** marroquí *su*

Marone [-'roːnə] *f* (-; -n) castaña *f*

Marsch [marʃ] *m* (-[e]s; ¨e) marcha *f* (*a* ♪); 2**ieren** (sn) marchar

Märtyrer ['mɛrtyrər] *m* (-s; -), **~in** *f* (-; -nen) mártir *su*

Mar'xis|mus [mar'ksismus] *m* (-s; *sin pl*) marxismo *m*; **~t** *m* (-en; -en), **~tin** *f* (-; -nen), 2**tisch** marxista *su*

März [mɛrts] *m* (-; *raro* -e) marzo *m*

Marzipan [martsi'paːn] *n* (-s; -e) mazapán *m*

Masche ['maʃə] *f* (-; -n) malla *f*; (*Strick*2) punto *m*; F *fig* truco *m*

Maschin|e [-'ʃiːnə] *f* (-; -n) máquina *f*; ✈ avión *m*; **mit der ~ schreiben** escribir a máquina; 2**ell** [-ʃi'nɛl] a máquina

Ma'schinen|bau [-ʃiːnən-] *m* (-[e]s; *sin pl*) construcción *f* de máquinas; **~fabrik** *f* fábrica *f* de maquinaria; 2**geschrieben** escrito a máquina, mecanografiado; **~gewehr** *n* ametralladora *f*; **~pistole** *f* metralleta *f*, pistola *f* ametralladora; **~schreiben** *n* (-s; *sin pl*) mecanografía *f*

Maschinist [maʃi'nist] *m* (-en; -en) maquinista *m*

'Maser|n [maːzərn] ✤ *pl* sarampión *m*; **~ung** *f* (-; -en) vetas *f/pl*

'Mask|e ['maskə] *f* (-; -n) máscara *f*; (*Schutz*2) careta *f*, (*Verkleidung*) disfraz *m*; **~enbildner** *m* (-s; -) maquillador *m*; 2**'ieren** (h) disfrazar (**als** de)

Maß [maːs] *n* (-es; -e) medida *f*; (*Mäßigung*) moderación *f*; **nach ~** a (la) medida; **in hohem ~e** en alto grado; **in dem**

Meerrettich

~e **wie** a medida que, conforme; ~ **nehmen** tomar medida

Massage [ma'saːʒə] *f* (-; -n) masaje *m*

Masse ['masə] *f* (-; -n) masa *f*; *v Menschen*: a muchedumbre *f*

'Massen|abfertigung ['masən-] *f* tratamiento *m* masificado; ~**absatz** *m* venta *f* en gran escala; ~**andrang** *m* afluencia *f* masiva; ~**arbeitslosigkeit** *f* desempleo *m* masivo; ~**entlassung** *f* despido *m* masivo; ²**haft** en grandes cantidades, en masa; ~**karambolage** *f* choque *m od* colisión *f* en cadena; ~**medien** *n/pl* medios *m/pl* de comunicación social; ~**tourismus** *m* turismo de masas; ~**verkehrsmittel** *n/pl* medios *m/pl* de transporte colectivo; ²**weise** en masa

Mas'seur [ma'søːr] *m* (-s; -e), ~**in** *f* (-; -nen) masajista *su*

'maß|gebend ['maːs-], ~**geblich** ['-geːpliç] *j*: competente; *et*: decisivo, determinante

massieren [ma'siːrən] (h) ♣ dar un masaje (a)

'mäßig ['mɛːsiç] moderado; *Preis*: módico; *im Essen*: frugal; *im Trinken*: sobrio; (*mittel-*) mediocre, regular; ~**en** ['--gən] (ge-, h): (*sich*) ~ moderar(se); (*mildern*) suavizar; ²**ung** *f* (-; *sin pl*) moderación *f*

Massiv [ma'siːf] *n* (-s; -e) macizo *m*

'Maß|krug ['maːs-] *m* jarro de litro; ²**los** desmesurado; inmenso; ~**nahme** ['-naːmə] *f* (-; -n) medida *f*; ~**nahmenkatalog** *m* catálogo *m* de medidas; ~**stab** *m auf Karten usw*: escala *f*; *fig in großem* ~ en gran escala

Mast [mast]: **1.** *f* (-; -en) engorde *m*, ceba *f*; **2.** *m* (-[e]s; -e[n]) ✠ palo *m*, mástil *m*; (*Leitungs²*) poste *m*; ~**darm** *m* recto *m*

mästen ['mɛstən] (ge-, h) engordar, cebar

Materi'al [materi̯aːl] *n* (-s; -ien [-i̯ən]) material *m*; ~**fehler** *m* defecto *m* de material

Materie ['teːri̯ə] *f* (-; -n) materia *f*

materiell [-ter'i̯ɛl] material

Mathema|tik [-təma'tiːk] *f* (-; *sin pl*) matemáticas *f/pl*; ²**tisch** [-'maːtiʃ] matemático

Matinee [-ti'neː] *f* (-; -n) función *f* matinal

Matratze [-'tratsə] *f* (-; -n) colchón *m*

Matrize [-'triːtsə] *f* (-; -n) matriz *f*

Matrose [-'troːzə] *m* (-n; -n) marinero *m*

matt [mat] débil, flojo, fatigado; (*glanzlos*) mate (*a fot*); *Stimme, Augen, Farbe*: apagado; *Glas*: opaco; *Schach*: mate; '²**e** *f* (-; -n) estera *f*; (*Fuß²*) felpudo *m*; '²**scheibe** *f TV* pequeña pantalla *f*

Mauer ['mau̯ər] *f* (-; -n) muro *m*; (*Stadt²*) muralla *f*; (*Wand*) pared *f*

Maul [mau̯l] *n* (-[e]s; ~er) boca *f*; (*Schnauze*) hocico *m*; '~**esel** *m* burdégano *m*; '~**korb** *m* bozal *m*; '~**tier** *m* mulo *m*, macho *m*; '~ **und 'Klauenseuche** *f* glosopeda *f*, fiebre *f* aftosa; '~**wurf** *m* (-[e]s; ~e) topo *m*

Maure ['mau̯rə] *m* (-n; -n) moro *m*

Maurer ['-rər] *m* (-s; -) albañil *m*

'Maur|in ['-rin] *f* (-; -nen) mora *f*; ²**isch** moro

Maus [mau̯s] *f* (-; ~e) *a inform* ratón *m*; '~**efalle** ['mau̯zə-] *f* ratonera *f*

Maut ['mau̯t] *f* (-; -en) peaje *m*; ~**gebühr** *f* peaje *m*; '~**stelle** *f* (-; -n) estación *f* (carretera *f*) de peaje

maxi|mal [maksi'maːl] máximo; *adv* como máximo; a lo sumo; ²**mierung** [--'miːruŋ] *f* (-; -en) maximización *f*

Mayonnaise [majɔ'nɛːzə] *f* (-; -n) mayonesa *f*

Mäzen [mɛ'tseːn] *m* (-s; -e) mecenas *m*

Me'chani|ker [me'çaːnikər] *m* (-s; -) mecánico *m*; ²**sch** mecánico; *fig a* maquinal; ~**'sierung** [---'ziːruŋ] *f* (-; -en) mecanización *f*; ~**smus** [--'nismus] *m* (-; -men) mecanismo *m*

meckern ['mɛkərn] (ge-, h) *Ziege*: balar; F *fig* poner reparos a todo; quejarse

Medaille [me'daljə] *f* (-; -n) medalla *f*

'Medien ['meːdi̯ən] *n/pl* medios *m/pl* de comunicación; ~**spektakel** *n* (-s; -) espectáculo *m* multimedia

Medikament [medika'mɛnt] *n* (-[e]s; -e) medicamento *m*, medicina *f*

Medium ['meːdi̯um] *n* (-s; -dien [-di̯ən]) medio *m*

Medi'zin [medi'tsiːn] *f* (-; -en; *als Fach sin pl*) medicina *f*; ²**isch** médico; (*arzneilich*) medicinal

Meer [meːr] *n* (-[e]s; -e) mar *su*; '~**aal** *m* congrio *m*; '~**blick** *m* vista *f* al mar; '~**enge** *f* estrecho *m*; '~**esfrüchte** *f/pl* mariscos *m/pl*; '~**esspiegel** *m* nivel *m* del mar; '~**rettich** *m* rábano *m* picante;

Meersalz

'~salz n sal f marina; '~schweinchen ['-ʃvaɪnçən] n (-s; -) conejillo m de Indias, cobayo m; '~wasser n agua f de mar

Mehl [meːl] n (-[e]s; -e) harina f

mehr [meːr] más (*als* que, *vor Zahlen*: de); *nicht ~ zeitlich*: ya no; *nichts ~* nada más; *~ oder weniger* más o menos; *et nicht ~* (*wieder*) *tun* no volver a hacer a/c

'**Mehr|-arbeit** f trabajo m adicional; **~aufwand** m, **~ausgabe** f aumento m de gastos; gasto m adicional; **~einnahme** f aumento m de ingresos; (*Überschuß*) excedente m; **2ere** ['-rərə] varios, diversos; **2fach** múltiple; *adv* repetidas veces; **~heit** f (-; -en) mayoría f; **~heitswahlrecht** n sistema m mayoritario; **~kosten** pl gastos m/pl suplementarios od adicionales; **2mals** ['-maːls] varias od repetidas veces; **~parteiensystem** n pluripartidismo m; **2stimmig** ['-ʃtɪmɪç] de varias voces; **~wegflasche** f botella f recuperable; **~wert** m plusvalía f; **~wertsteuer** f impuesto m sobre el valor añadido; **~zahl** f (-; sin pl) mayoría f; *gram* plural m

Meile [ˈmaɪlə] f (-; -n) legua f; (*See*2) milla f

mein [maɪn] mi; *der meine* el mío; *die* **2en** los míos

Meineid ['-ʔaɪt] m perjurio m; *e-n ~ leisten* jurar en falso, perjurar

meinen ['-nən] (ge-, h) pensar, creer, opinar; (*sagen wollen*) querer decir; *was ~ Sie dazu?* ¿qué le parece?; *das will ich ~!* ¡ya lo creo!; *wie Sie ~* como Vd. quiera; *er meint es gut* tiene las mejores intenciones

meinerseits ['-nərzaɪts] por (od de) mi parte

'**meinet|wegen** ['-nət-] por mí (*kann er gehen* que se vaya); *~!* ¡sea!; **~willen**: *um ~* por mí

'**Meinung** ['-nʊŋ] f (-; -en) opinión f, parecer m; *m-r ~ nach* en mi opinión; a mi modo de ver; **~sforschung** f sondeo m de opinión; **~sforschungs-institut** n instituto m de sondeo; **~s-umfrage** f encuesta f demoscópica

Meise ['-zə] zo f (-; -n) paro m

Meißel ['-səl] m (-s; -) escoplo m; *des Bildhauers*: cincel m

meist [maɪst]: *das ~e, die ~en* la mayoría od mayor parte (de); *am ~en* más; *s a ~ens*; **2begünstigungsklausel** f cláusula f de nación más favorecida; '**~ens** la mayoría de las veces, en general

'**Meister** ['-stər] m (-s;-) maestro m; *dep* campeón m; **2haft** magistral; *adv* con maestría; **~in** f (-; -nen) *dep* campeona f; **~schaft** f (-; *sin pl*) maestría f; *dep* (pl -en) campeonato m; **~stück** n obra f maestra; **~werk** n obra f maestra

'**Melde|behörde** f ['mɛldə-] f oficina f de registro; **2n** (ge-, h) declarar; (*ankündigen*) anunciar; (*anzeigen*) denunciar; (*mitteilen*) informar, dar parte (*j-m* et a alg de a/c); *sich ~* presentarse (*bei* a); *tel* contestar; *polizeilich*: registrarse; (*an~*) inscribirse; **~pflicht** f declaración f obligatoria (*a* ✱); *amtlich*: registro m obligatorio; **~zettel** m hoja f de inscripción bzw de registro

Meldung ['-dʊŋ] f (-; -en) (*Nachricht*) noticia f; (*Anzeige*) denuncia f; (*Mitteilung*) aviso m; parte m; (*Bericht*) informe m; (*An*2) inscripción f

Melisse ♀ [meˈlɪsə] f (-; -n) melisa f

melken ['mɛlkən] (molk, gemolken, h) ordeñar

Melodie [melo'diː] f (-; -n) melodía f

Melone [-'loːnə] f (-; -n) melón m; (*Wasser*2) sandía f

Memoiren [memoˈɑːrən] pl memorias f/pl

'**Menge** ['mɛŋə] f (-; -n) cantidad f; (*große Anzahl*) multitud f; (*Menschen*2) a muchedumbre f; *e-e ~* (*su*) gran número de; **~nrabatt** m descuento m por cantidad

Mensa ['mɛnza] f (-; -s, Mensen) comedor m universitario

Mensch [mɛnʃ] m (-en; -en) hombre m; persona f; *jeder ~* todo el mundo; *kein ~* nadie

'**Menschen|freund** m filántropo m; **~kenntnis** f conocimiento m de los hombres; **2leer** despoblado; desierto; **~menge** f multitud f, muchedumbre f; gentío m; **~rechte** n/pl derechos m/pl humanos od del hombre; **2scheu** huraño; **~seele** f: *keine ~* ni un alma (viviente); **~skind!** F ¡hombre!; **2-unwürdig** inhumano; **~verstand** m: *gesunder ~* sentido m común; **2würdig** humano

Mensch|heit f (-; sin pl) humanidad f; ℒ**lich** humano; **~lichkeit** f (-; sin pl) humanidad f

Menstruation [mɛnstrua'tsjoːn] f (-; -en) menstruación f

Mentalität [-tali'tɛːt] f (-; -en) mentalidad f

Menü [me'nyː] n (-s; -s) menú m (a in-form), minuta f; (Gedeck) cubierto m (fijo)

Menuett [menu'ɛt] n (-[e]s; -e) minué m

Meridian [meri'djaːn] m (-s; -e) meridiano m

'Merk|blatt ['mɛrk-] n hoja f informativa od explicativa; ℒ**en** (ge-, h) notar, darse cuenta de; **sich et ~** recordar a/c; ℒ**lich** perceptible; (beträchtlich) considerable; **~mal** n (-s; -e) señal f; (Kennzeichen) característica f; ℒ**würdig** curioso, raro, extraño

Mesner ['mɛsnər] m (-s; -) sacristán m

Meß|band ['mɛs-] n (-[e]s; ⸗er) cinta f métrica; ℒ**bar** mensurable

'Messe ['mɛsə] f (-; -n) rel misa f; ✝ feria f; **~ausweis** m pase m (de la feria); **~besucher(in)** m (f ✝ feriante su; **~gelände** n recinto m ferial

messen ['-sən] (maß, gemessen, h) medir; **sich ~ mit** competir con

'Messeneuheit f novedad f de la feria

'Messer ['-sər] n (-s; -) cuchillo m; (Klapp⸗) navaja f; **~stich** m cuchillada f

'Messe|stadt f ciudad f de ferias; **~stand** m stand m

Messing ['mɛsiŋ] n (-s; sin pl) latón m

Messung ['mɛsuŋ] f (-; -en) medición f

Me'tall [me'tal] n (-s; -e) metal m; **~arbeiter** m (obrero m) metalúrgico m; **~industrie** f industria f metalúrgica; **~urgie** [-ur'giː] f (-; sin pl) metalurgia f; ℒ**verarbeitend** metalúrgico

Meteor [-te'oːr] m (-s; -en) meteorito m; **~ologe** [--oro'loːgə] m (-n; -n) meteorólogo m; **~ologie** [----lo'giː] f (-; sin pl) meteorología f

'Meter ['meːtər] m, a n (-s; -) metro m; **~maß** n (-es; -e) (Band) cinta f métrica; (Zollstock) metro m (plegable)

Me'thode [me'toːdə] f (-; -n) método m; ℒ**isch** metódico

metrisch ['meːtriʃ] métrico

Metropole [metro'poːlə] f (-; -n) metrópoli f

Mette ['mɛtə] f (-; -n) maitines m/pl

Mettwurst ['mɛtvurst] f especie de butifarra ahumada

Metzge|r ['mɛtsgər] m (-s; -) carnicero m; **~'rei** f (-; -en) carnicería f

Meuterei [mɔʏtə'raɪ] f (-; -en) motín m

Mexikan|er [mɛksi'kaːnər] m (-s; -), **~erin** f (-; -nen), ℒ**isch** mejicano m, -a f

miauen [mi'aʊən] (h) maullar

mich [miç] me; betont: a mí

Mieder ['miːdər] n (-s; -) corpiño m; (Korsett) corsé m, faja f

Miene ['miːnə] f (-; -n) cara f

mies F [miːs] malo, feo; ℒ**muschel** f mejillón m

'Miet|dauer ['miːt-] f duración f del alquiler; **~e** f (-; -n) alquiler m; ℒ**en** (ge-, h) alquilar; **~er** m (-s; -), **~erin** f (-; -nen) inquilino m, -a f; **~kauf** m alquiler-venta m; **~vertrag** m contrato m de alquiler (Wohnung: de inquilinato); **~wagen** m coche m de alquiler; **~wohnung** f piso m de alquiler

Migräne [mi'grɛːnə] f (-; -n) jaqueca f

'Mikro|chip ['mikro-] m microchip m; **~fiche** ['--fiʃ] m, n (-s; -s) microficha f; **~film** m microfilm(e) m; **~phon** [--'foːn] n (-s; -e) micrófono m; **~skop** [--'skoːp] n (-s; -e) microscopio m; **~wellenherd** m horno m microondas

Milch [milç] f (-; sin pl) leche f; **'~glas** n cristal m opalino; '**~kaffee** m café m con leche; '**~mixgetränk** m batido m; '**~pulver** n leche f en polvo; '**~reis** m arroz m con leche; '**~straße** astr f vía f láctea; '**~tüte** f bolsa f de leche; '**~zahn** m diente m de leche

mild [milt], **~e** ['-də] suave; Wetter: apacible; Klima: templado; j: indulgente; Strafe: leve; ℒ**e** ['-də] f (-; sin pl) suavidad f; j-s: indulgencia f; **~ern** (ge-, h) templar, suavizar; (lindern) mitigar, aliviar; **~der Umstand** circunstancia f atenuante

Milieu [mil'jøː] n (-s; -s) ambiente m, medio m

Mili'tär [mili'tɛːr] n (-s; sin pl) ejército m; soldados m/pl; **er ist beim ~** está en filas; **~attaché** m agregado m militar; ℒ**isch** militar

Militarismus [--ta'rismus] m (-; sin pl) militarismo m

Milli|arde [mil'jardə] f (-; -n) mil millones m/pl; **~meter** [mili'-] m, a n milímetro m

Million 418

Million [mil'joːn] f (-; -en) millón m; ~**är** [-joˈnɛːr] m (-s; -e), ~**ärin** f (-; -nen) millonario m, -a f
Milz [milts] f (-; -en) bazo m
Mimose ♀ [miˈmoːzə] f (-; -n) mimosa f, sensitiva f
Minarett [minaˈrɛt] n (-s; -e) alminar m, minarete m
'**minder** ['mindər] menor; (geringer) inferior; adv menos; 2**einnahme** f déficit m de ingresos; 2**heit** f (-; -en) minoría f; 2**heitsregierung** f gobierno m minoritario; ~**jährig** menor (de edad); ~**n** (ge-, h) reducir, disminuir; 2**ung** f (-; -en) reducción f, disminución f; ~**wertig** ['--veːrtiç] (de calidad) inferior; de escaso valor
'**mindest** ['-dəst]: *das* ~*e* lo menos; *nicht das* ~*e* ni lo más mínimo; *nicht im* ~*en* de ningún modo; ~**ens** por lo (od al) menos; como mínimo; 2**gebot** n postura f mínima; 2**lohn** m salario m mínimo
Mine ['miːnə] f (-; -n) a Kugelschreiber: mina f
Mine'ral [mineˈraːl] n (-s; -e) mineral m; ~**öl** n aceite m mineral; ~**ölsteuer** f impuesto m sobre los aceites minerales; ~**quelle** f fuente f de aguas minerales; ~**wasser** n agua f mineral
'**Mini**|**bus** ['mini-] m microbús m; ~**golf** n a Anlage: minigolf m; ~**rock** m minifalda f
Mi'nister [-'nistər] m (-s; -), ~**in** f (-; -nen) ministro m, -a f; ~**ium** [--'teːrjum] n (-s; -ien) ministerio m; ~**präsident(in** f) m Presidente m, -a f del Consejo; primer(a) ministro m (-a f); Esp presidente m del gobierno
'**minus** ['miːnus] **1.** adv menos; *3 Grad* ~ tres grados bajo cero; **2.** 2 n inv → 2**betrag** m ↑ déficit m; 2**zeichen** n (signo m de) menos m
Mi'nute [miˈnuːtə] f (-; -n) minuto m; ~**nzeiger** m minutero m
mir [miːr] me; betont: a mí; *mit* ~ conmigo; *ein Freund von* ~ un amigo mío
Mirabelle ♀ [miraˈbɛlə] f (-; -n) ciruela f amarilla od mirabel
'**Misch**|**brot** ['miʃ-] n pan m integral; 2**en** (ge-, h) mezclar; Karten: barajar; *sich* ~ *in* (ac) (entre)meterse en; ~**gemüse** n macedonia f de verduras; ~**ung** f (-; -en) mezcla f

miserabel [mizəˈrɑːbəl] miserable; malísimo, pésimo
'**Miß**|**-achtung** ['misʔ-] f (-; sin pl) desprecio m, desdén m; ~**bildung** f (-; -en) deformación f; deformidad f; 2'**billigen** (h) desaprobar; '~**brauch** m (-s; ~e) abuso m; 2'**brauchen** (h) abusar de (a Frau); 2**bräuchlich** ['-brɔyçliç] abusivo; ~**erfolg** m fracaso m; ~**ernte** f mala cosecha f
'**Miß**|**fallen** ['misfalən] n (-s; sin pl) desagrado m, disgusto m; ~**geschick** n mala suerte f, desgracia f, adversidad f; 2'**glücken** (sn) fracasar, malograrse; salir mal; 2'**handeln** (h) maltratar; ~'**handlung** f malos tratos m/pl
Mission [misˈjoːn] f (-; -en) misión f; ~**ar** [-joˈnɑːr] m (-s; -e) misionero m
'**Miß**|**klang** ['misklaŋ] m disonancia f (a fig); 2**lingen** [-'liŋən] (mißlang, mißlungen, sn) fracasar; *j-m* ~ salir mal a alg; ~**mut** m mal humor m; 2'**trauen** (h) (dat) desconfiar de; ~**trauen** n (-s; sin pl) desconfianza f; ~**trauensvotum** n voto m de censura; 2**trauisch** desconfiado (**gegen** de); receloso; 2**verständlich** equívoco; ~**verständnis** n (-ses; -se) equivocación f, malentendido m; 2**verstehen** (mißverstand, mißverstanden, h) entender od interpretar mal; ~**wirtschaft** f (-; sin pl) desgobierno m, mala gestión f
Mist [mist] m (-[e]s; sin pl) estiércol m; F fig porquería f; (Unsinn) tonterías f/pl; '~**haufen** m estercolero m
mit [mit] (dat) con; Mittel: por; por medio de; *~ der Post* por correo; *~ dem Zug* en tren; *~ 20 Jahren* a los veinte años; *~ blonden Haaren* de cabellos rubios
'**Mit**|**arbeit** f colaboración f, cooperación f; 2**arbeiten** (sep, -ge-, h) colaborar, cooperar (*bei* en); ~**arbeiter(in** f) m colaborador(a f) m; ~**arbeiterstab** m equipo m de colaboradores; ~**bestimmung** f (-; sin pl) cogestión f; 2**bringen** (irr, sep, -ge-, h, → *bringen*) traer; ~**bringsel** ['-briŋzəl] n (-s; -) pequeño regalo m; ~**eigentümer(in** f) m copropietario m, -a f; 2**ein-'ander** uno(s) con otro(s); juntos; ~**esser** ⚥ m comedón m, espinilla f; 2**fahren** (irr, sep, -ge-, sn, → *fahren*) ir (*mit* con), acompañar (a); ~**fahrerzentrale** f cen-

mögen

tral *f* de viajes compartidos; ~**fahrgelegenheit** *f* viaje *m* compartido; ~**gefühl** *n* simpatía *f*; (*Beileid*) pésame *m*; ~**glied** *n* miembro *m*; *e-s Vereins usw*: socio *m*; ~**gliedsbeitrag** *m* cuota *f* (de socio); ~**gliedskarte** *f* carnet *m* de socio); ~**gliedsland** *n* país *m* miembro; 2**kommen** (*irr, sep,* -ge-, sn, → **kommen**) ir (*mit* con), acompañar (a); *fig* (poder) seguir; ~**laut** *gram m* consonante *f*; 2**leid** *n* (-[e]s; *sin pl*) compasión *f*; piedad *f*; 2**leidig** compasivo; 2**machen** (*sep,* -ge-, h) ser de la partida; participar (*bei* en); *Mode usw*: seguir; (*ertragen*) sufrir; 2**nehmen** (*irr, sep,* -ge-, h, → **nehmen**) llevarse, llevar consigo; *hart, arg* ~ dejar malparado; ~**reisende** *m/f* compañero *m*, -a *f* de viaje; 2**reißen** (*irr, sep,* -ge-, h, → **reißen**) arrastrar; *fig* entusiasmar; apasionar; 2**schreiben** (*irr, sep,* -ge-, h, → **schreiben**) tomar apuntes; 2**schuldig** cómplice (*an dat* en); 2**spielen** (*sep,* -ge-, h) tomar parte en el juego; *j-m übel* ~ jugar una mala partida a alg

'**Mittag** ['mɪtaːk] *m* (-[e]s; -e) mediodía *m*; *zu* ~ *essen* almorzar, comer; ~**essen** *n* almuerzo *m*, comida *f*; 2**s** a mediodía; ~**shitze** *f* calor *m* de mediodía; ~**s-pause** *f* hora *f* de almorzar; ~**sruhe** *f*, ~**sschlaf** *m* siesta *f*; ~ *halten* dormir la siesta; ~**szeit** *f* (hora *f* del) mediodía *m*

Mitte ['mɪtə] *f* (-; -n) medio *m*, centro *m*; ~ *Mai* a mediados de mayo

'**mitteil|en** ['mɪt-taɪlən] (*sep,* -ge-, h) comunicar, participar; avisar, informar (de); 2**ung** *f* (-; -en) comunicación *f*, participación *f*

'**Mittel** ['mɪtəl] *n* (-s; -) medio *m*; (*Ausweg*) recurso *m*; ℞ remedio *m*; *pl* (*Geld*2) *a* recursos *m/pl*, fondos *m/pl*; ~**alter** *n* (-s; *sin pl*) Edad *f* Media; 2**alterlich** medieval; 2**amerikanisch** centroamericano; ~**finger** *m* dedo *m* medio *od* de corazón; 2**fristig** *a* medio plazo; 2**groß** de tamaño mediano; *j*: de estatura mediana; ~**klasse** *f* categoría *f* media; ~**klassewagen** *m* coche *m* de categoría media; ~**los** sin medios *od* recursos; 2**mäßig** mediocre; mediano, regular; ~**meerklima** *n* clima *m* mediterráneo; ~**meerraum** *m* región *f* mediterránea; ~**ohr-entzündung** *f* otitis *f*

media; ~**punkt** *m* centro *m* (*a fig*); 2**s** (*gen*) por medio de, mediante; ~**stand** *m* clase *f* media; ~**streifen** *m Autobahn*: (franja *f*) mediana *f*; ~**welle** *f* onda *f* media

mitten ['mɪtən]: ~ *in* en medio de; en el centro de; ~ *im Winter* en pleno invierno

Mitternacht ['-tərnaxt] *f* medianoche *f* (*um* a)

mittler ['-lər] *adj* medio *m*; central; (*durchschnittlich*) mediano

Mittwoch ['-vɔx] *m* miércoles *m*

mit|unter [mɪt'ʔʊntər] de vez en cuando; 2**wirkung** *f* (-; *sin pl*) cooperación *f*, concurso *m*, participación *f*; *unter* ~ *von* con la colaboración de

'**Mix|er** ['mɪksər] *m* (-s; -) barman *m*; (*Gerät*) batidora *f*; ~**getränk** *n* batido *m*

'**Möbel** ['møːbəl] *n* (-s; -) mueble *m*; ~**wagen** *m* camión *m* de mudanzas

mobilisieren [mobili'ziːrən] (h) *a fig* movilizar

möbliert [mø'bliːrt] amueblado

'**Mode** ['moːdə] *f* (-; -n) moda *f*; *neueste* ~ última moda; (*in*) ~ *sn* estar de moda *od fig* en boga; ~**farbe** *f* color *m* de moda; ~**geschäft** *n* tienda *f* de modas

Modell [mo'dɛl] *n* (-s; -e) modelo *m*; (*Person*) modelo *su*; △ maqueta *f*

'**Mode|macher** ['moːdə-] *m* modisto *m*; ~**nschau** *f* desfile *m* de modelos

Moder|ator [mode'raːtɔr] *m* (-s; -toren [-'toːrən]), ~**a'torin** [-ra'toːrɪn] *f* (-; -nen) *TV usw*: moderador(a *f*) *m*, presentador(a *f*) *m*; 2**ieren** [--'riːrən] (h) moderar, presentar

modern [mo'dɛrn] moderno; 2**i'sierung** *f* (-; -en) modernización *f*

'**Mode|salon** ['moːdəzaləŋ] *m* salón *m* de modas; ~**schmuck** *m* bisutería *f*; ~**schöpfer** *m* modisto *m*; ~**zeitschrift** *f* revista *f* de modas

modisch ['-dɪʃ] de moda

Mofa ['moːfa] *n* (-s; -s) velomotor *m*

mogeln ['moːgəln] F (ge-, h) hacer trampa

mögen ['møːgən] (mochte, gemocht, h) (*können, dürfen*) poder; (*wünschen*) querer; *a Speise*: gustar; *lieber* ~ preferir; *ich mag ihn sehr gern* le aprecio mucho; *ich möchte* (*gern*) quisiera; (*es*) *mag sn* puede ser, es posible

'möglich ['mø:kliç] posible; *alles ~e* todo lo posible; *das ist gut od leicht ~* es muy posible; *~er'weise* posiblemente; a lo mejor; ♀*keit* f (-; -en) posibilidad f; *~st: sein ~es tun* hacer todo lo posible; *~ bald* cuanto antes

Mohammedan|er [mohame'da:nər] m (-s; -), *~erin* f (-; -nen), ♀*isch* mahometano m, -a f

Mohn ♀ [mo:n] m (-[e]s; -e) adormidera f; (*Klatsch*♀) amapola f

Möhre ♀ ['mø:rə] f (-; -n), **Mohrrübe** ['mo:ry:bə] f zanahoria f

Mokka ['mɔka] m (-s; -s) moca m

Mole ⚓ ['mo:lə] f (-; -n) muelle m

Molkerei [mɔlkə'raı] f (-; -en) lechería f

Moll ♪ [mɔl] n (-; *sin pl*) modo m menor

mollig ['-liç] (*rundlich*) regordete

Moment [mo'mɛnt] m (-[e]s; -e) momento m, instante m; ♀*an* [--'ta:n] momentáneo; *adv* de momento

Monarchie [monar'çi:] f (-; -n) monarquía f

'Monat ['mo:nat] m (-[e]s; -e) mes m; ♀*lich* mensual; *adv* por (*od* al) mes; *100 Mark ~* cien marcos mensuales; *~s-einkommen* n ingresos m/pl mensuales; sueldo m mensual; *~skarte* f billete m *od* abono m mensual; *~srate* f mensualidad f; *~sschrift* f revista f mensual

Mönch [mœnç] m (-[e]s; -e) monje m, fraile m

Mond [mo:nt] m (-[e]s; -e) luna f; '*~finsternis* f eclipse m lunar; '*~schein* m claro m de luna; *im ~* a la luz de la luna

monetär [mone'tɛ:r] monetario, ♀*ten* [-'ne:tən] F pl F pasta f

Monitor ['mo:nitɔr] m (-s; -en [-'to:rən]) monitor m

Mono|gramm [mono'gram] n (-s; -e) monograma m; *~log* [--'lo:k] m (-[e]s; -e) monólogo m; *~pol* [--'po:l] n (-s; -e) monopolio m; ♀*ton* [--'to:n] monótono

Mon|stranz [mɔn'strants] f (-; -en) custodia f; *~strum* ['-strum] n (-s; -ren) monstruo m

Montag ['mo:nta:k] m lunes m

Mon|tage [mɔn'ta:ʒə] f (-; -n) montaje m (*a Film*); ensamblaje m; *~tan-industrie* [mɔn'ta:n-] f industria f del carbón y del acero; *~tan-union* f Comunidad f Europea del Carbón y del Acero; *~teur* [-'tø:r] m (-s; -e) montador m; mecánico m; ♀*tieren* (h) montar, ensamblar; instalar

Moor [mo:r] n (-[e]s; -e) pantano m; '*~bad* n baño m de lodo *od* fango

Moos ♀ [mo:s] n (-es; -e) musgo m; (*sin pl*) F (*Geld*) F pasta f

Mop [mɔp] m (-s; -s) mopa f

Moped ['mo:pɛt] n (-s; -s) ciclomotor m

Mo'ral [mo'ra:l] f (-; *sin pl*) (*Sittenlehre*) moral f (*a* ⚔ *der Truppe*); *e-r Fabel*: moraleja f; (*Tugend*) moralidad f; ♀*isch* moral

Mo'rast [-'rast] m (-[e]s; -e) fango m, lodo m, cieno m; ♀*ig* fangoso

Morchel ['mɔrçəl] f (-; -n) colmenilla f

Mord [mɔrt] m (-[e]s; -e) asesinato m; ♀*en* ['-dən] (ge-, h) asesinar

Mörder ['mœrdər] m (-s; -), *~in* f (-; -nen) asesino m, -a f

'Mord|kommission ['mɔrt-] f brigada f de homicidios; *~skrach* F m ruido m infernal; *~versuch* m tentativa f de asesinato

'Morgen ['mɔrgən] **1.** m (-s; -) mañana f; *guten ~* buenos días; *heute* ♀ esta mañana; *gestern* ♀ ayer por la mañana; *~ in 14 Tagen* de mañana en quince días; *~grauen* n: *im ~* al amanecer; *~rock* m bata f; ♀*s* por la mañana, de (la) mañana; *~zeitung* f (periódico m) matutino m **2.** ♀ *adv* mañana;

morgig ['-giç] de mañana

Morphium ['mɔrfium] n (-s; *sin pl*) morfina f

morsch [mɔrʃ] podrido

Mörtel ['mœrtəl] m (-s; -) mortero m

Mosaik [moza'i:k] n (-s; -en) mosaico m

Moschee [mɔ'ʃe:] f (-; -n) mezquita f

Mos'kito [mɔs'ki:to] m (-s; -s) mosquito m; *~netz* n mosquitero m

Moslem ['-lɛm] m (-s; -s) musulmán m

Most [mɔst] m (-[e]s; -e) mosto m; (*Apfel*♀) sidra f

Mostrich ['-triç] m (-s; *sin pl*) mostaza f

Motel [mo'tɛl] n (-s; -s) motel m

Motiv [-'ti:f] n (-s; -e) motivo m (*a* ♪)

Motor ['mo:tɔr, mo'to:r] m (-s; -en [-'to:rən]) motor m; *~boot* n gasolinera f, (lancha f) motora f; *~haube* f capó m; ♀*isieren* [-tori'zi:rən] (h) motorizar; *~öl* n aceite m para motores; *~rad* n motocicleta f, F moto f; *~ fahren* ir en moto(cicleta); *~radfahrer(in* f) m motociclista su; *~roller* m escúter m;

muskulös

~schaden *m* avería *f* del motor; **~sport** *m* motorismo *m*

'Motte ['mɔtə] *f* (-; -n) polilla *f*; **~nkugel** *f* bola *f* antipolilla

Möwe ['møːvə] *f* (-; -n) gaviota *f*

Mücke ['mykə] *f* (-; -n) mosquito *m*; **~nstich** *m* picadura *f* de mosquito

'müd|e ['myːdə] cansado, fatigado; **2igkeit** *f* (-; *sin pl*) cansancio *m*, fatiga *f*

muffig [mufiç]: **~ riechen** oler a encerrado

Mühe ['myːə] *f* (-; -n) trabajo *m*, esfuerzo *m*; molestia *f*; **sich** (*dat*) **~ geben zu** (*inf*) esforzarse por; **sich** (*dat*) **die ~ machen zu** (*inf*) tomarse la molestia de; **2los** sin esfuerzo

muhen ['muːən] (ge-, h) mugir

Mühle ['myːlə] *f* (-; -n) molino *m*

mühsam ['-zaːm] penoso; laborioso

Mulatt|e [mu'latə] *m* (-n; -n), **~in** *f* (-; -nen) mulato *m*, -a *f*

Mulde ['muldə] *f* (-; -n) (*Erd*2) hondonada *f*

Müll [myl] *m* (-s; *sin pl*) basura *f*(*pl*); '**~abfuhr** *f* recogida *f* de basuras; '**~beutel** *m* bolsa *f* de basura

Mullbinde ['mulbɪndə] *f* venda *f* de gasa

'Müll|container ['myl-] *m* contenedor *m* de basuras; **~deponie** *f* vertedero *m* de basuras; **~eimer** *m* cubo *m* de (la) basura

Müller ['-lər] *m* (-s; -) molinero *m*

'Müll|fahrer *m*, **~mann** F *m* basurero *m*; **~schlucker** *m* (-s; -) evacuador *m* de basuras; **~tonne** *f* cubo *m* de basura; **~verbrennungsanlage** *f* planta *f* incineradora de basuras

'multi... ['multi] multi...; 2 F *m* (-s; -s) multinacional *f*; **~kulturell** multicultural; **~lateral** multilateral; **~national** multinacional

multiplizieren [--pli'tsiːrən] (h) multiplicar

Mumie ['muːmjə] *f* (-; -n) momia *f*

Mumps 𝄞 [mumps] *m* (-; *sin pl*) paperas *f/pl*, parotiditis *f*

Mund [munt] *m* (-[e]s; ̈er) boca *f*; **den ~ halten** callar la boca; '**~art** *f* dialecto *m*

münden ['myndən] (ge-, sn, h) desembocar (*in ac* en)

Mundharmonika ['munt-] *f* armónica *f*

mündig ['myndɪç] mayor de edad

mündlich ['myntlɪç] oral; verbal

M-und-S-Reifen ['ɛmʔunt'ɛs-] *m/pl* neumáticos *m/pl* para barro y nieve

Mundstück ['munt-] *n* boquilla *f* (*a* ♪)

Mündung ['myndʊŋ] *f* (-; -en) (*Fluß*2) desembocadura *f*; (*Gewehr*2) boca *f*

'Mund|wasser ['munt-] *n* agua *f* dentífrica; **~werk** *n*: **ein gutes ~ haben** tener mucha labia; **~zu-'Mund-Beatmung** *f* (respiración *f* de) boca a boca *m*

Munition [muni'tsjoːn] *f* (-; *sin pl*) munición *f*

Münster ['mʏnstər] *n* (-s; -) catedral *f*

munter ['mʊntər] alegre, vivo; (*wach*) despierto

'Münz|e ['mʏntsə] *f* (-; -n) moneda *f*; (*Gedenk*2) medalla *f*; **~(en)sammler** *m* numismático *m*; **~fernsprecher** *m* teléfono *m* público de monedas; **~tankstelle** *f* gasolinera *f* de monedas

'mürbe ['mʏrbə] (*brüchig*) frágil; (*zart*) tierno (*a Fleisch*); (*durchgekocht*) bien cocido; 2**teig** *m* pastaflora *f*

'Murmel [murməl] *f* (-; -n) canica *f*; 2**n** (ge-, h) murmurar; **~tier** *n* marmota *f*

murren ['mʊrən] (ge-, h) murmurar, quejarse (*über ac* de)

mürrisch ['mʏrɪʃ] gruñón, malhumorado

Mus [muːs] *n* (-es; -e) compota *f*

'Muschel ['mʊʃəl] *f* (-; -n) concha *f*; *gastr* (*Mies*2) mejillón *m*; (*Venus*2) almeja *f*; *tel* auricular *m*; **~schale** *f* concha *f*

Museum [mu'zeːum] *n* (-s; -seen) museo *m*

Musik [mu'ziːk] *f* (-; *sin pl*) música *f*

Musika|lienhandlung [muzi'kaːljən-] *f* casa *f* de música; 2**lisch** [--'kaːlɪʃ] musical; **~ sn** tener talento musical

Mu'sik|box [-'ziːkbɔks] *f* máquina *f* tocadiscos; **~er** ['muːzikər] *m* (-s; -), **~erin** *f* (-; -nen) músico *m*, -a *f*; **~instrument** *n* instrumento *m* de música; **~stück** *n* pieza *f* de música

musizieren [-zi'tsiːrən] (h) hacer música

Muskat [mus'kaːt] *m* (-[e]s; -e), **~nuß** *f* nuez *f* moscada

Muskateller [-ka'tɛlər] *m* (-s; -), **~wein** *m* (vino *m*) moscatel *m*

'Muskel ['-kəl] *m* (-s; -n) músculo *m*; **~kater** F *m* agujetas *f/pl*; **~krampf** *m* calambre *m*; **~zerrung** 𝄞 *f* distensión *f* muscular

muskulös [-ku'løːs] muscoloso

Muße 422

Muße ['muːsə] *f* (-; *sin pl*) ocio *m*
müssen ['mysən] (mußte, gemußt, h) (*äußerer Zwang*) tener que; (*innerer Zwang*) deber; (*Annahme*) **er muß zu Hause sn** debe de estar en casa; **man muß** hay que (*inf*)
müßig ['myːsɪç] desocupado; (*nutzlos*) inútil
'**Muster** ['mustər] *n* (-s; -) modelo *m* (*a fig*); (*Stoff*2) dibujo *m*; ✝ muestra *f* (*ohne Wert* sin valor); 2**gültig**, 2**haft** ejemplar; **~kollektion** *f* muestrario *m*; **~messe** *f* feria *f* de muestras; 2**n** (ge-, h) examinar; F tallar; **~ung** *f* (-; -en) ✗ revisión *f* médica
Mut [muːt] *m* (-[e]s; *sin pl*) ánimo *m*, valor *m*; **j-m ~ machen** alentar a alg; **den ~ verlieren** desanimarse; **nur ~!** ¡ánimo!; '2**ig** animoso, valiente; '2**los** desanimado, desalentado
'**mutmaß|lich** ['-mɑːsliç] presunto, supuesto, probable; 2**ung** *f* (-; -en) conjetura *f*, presunción *f*
'**Mutter** ['mutər] *f* **a)** (-; ⸚) madre *f*; **b)** (-; -n) (*Schrauben*2) tuerca *f*; **~'gottes** *f* (-; *sin pl*) Nuestra Señora *f*
'**mütterlich** ['mytərliç] maternal; materno; **~erseits** [---çərzaɪts] (por el lado) materno
'**Mutter|liebe** ['mutər-] *f* amor *m* maternal; **~mal** *n* lunar *m*; **~milch** *f* leche *f* materna; **~schaft** *f* (-; *sin pl*) maternidad *f*; **~schafts-urlaub** *m* vacaciones *f/pl* por maternidad; **~schutz** *m* protección *f* de la maternidad; **~sprache** *f* lengua *f* materna; **~tag** *m* día *m* de la Madre
Mutti F ['muti] *f* (-; -s) mamá *f*, mamaíta *f*
mutwillig ['muːt-] malicioso; travieso; (*vorsätzlich*) intencionado
Mütze ['mʏtsə] *f* (-; -n) gorro *m*; (*Schirm*2) gorra *f*
mysteri|ös [mysteˈrjøːs] misterioso; 2**um** [-ˈteːrjum] *n* (-s; -ien [-jən]) misterio *m*
'**Mysti|k** ['mystik] *f* (-; *sin pl*) mística *f*; 2**sch** místico
Myth|ologie [mytoloˈgiː] *f* (-; -n) mitología *f*; **~os** ['myːtɔs] *m* (-; -then) mito *m*

N

N, n [ɛn] *n* (-; -) N, n *f*
na! F [na] ¡pues!; **~ so was!** ¡vaya!; ¡hombre!; **~ und?** ¿y qué?; **~ ja!** ¡bueno!
Nabe ⊙ ['naːbə] *f* (-; -n) cubo *m*
Nabel ['-bəl] *m* (-s; -) ombligo *m*
nach [naːx] **1.** *prp* (*dat*): **a)** *räumlich*: a; para; hacia; **~ Spanien fahren** ir a España; **~ Madrid (ab)reisen** salir para Madrid; **~ Osten** hacia el este; **b)** *zeitlich in Reihenfolge*: después de; **~ drei Tagen** a los tres días; **~ zehn Jahren** al cabo de diez años; **zehn Minuten ~ drei** (a) las tres y diez; **~ Ihnen!** ¡Vd. primero!; **einer ~ dem ander(e)n** uno tras otro; **c)** (*gemäß*) según, conforme a; **~ m-r Meinung** en mi opinión; **~ m-m Geschmack** a mi gusto; **~ der neuesten Mode** a la última moda; **2.** *adv*: **~ und ~** poco a poco; **~ wie vor** ahora (*od* hoy) como antes; **das ist ~ wie vor interessant** esto sigue siendo interesante
'**nachahm|en** [-ˈʔaːmən] (*sep*, -ge-, h) imitar; 2**ung** *f* (-; -en) imitación *f*; (*Fälschung*) falsificación *f*
'**Nachbar** ['naxbaːr] *m* (-n; -n), **~in** *f* (-; -nen) vecino *m*, -a *f*; **~schaft** *f* (-; *sin pl*) vecindad *f*; vecinos *m/pl*
'**nach|bestellen** ['naːx-] (*sep*, h) hacer un pedido suplementario; 2**bestellung** *f* pedido *m* suplementario; 2**bildung** *f* (-; -en) copia *f*, imitación *f*; reproducción *f*; **~blicken** (*sep*, -ge-, h) (*dat*) seguir con los ojos
nachdem [nax'deːm] después (de) que; después de (*inf*)
'**nach|denken** ['naːxdɛŋkən] reflexionar (*über ac* sobre); meditar (sobre); pensar (*ac*); **~denklich** pensativo; 2**druck** *m* (-s; *sin pl*) ahínco *m*, énfasis *m*; tip (*pl*

-e) reproducción f, reimpresión f; ~ **legen auf** (ac) poner énfasis en, insistir en; **~drücklich** ['-dryklɪç] enérgico; **~eifern** (sep, -ge-, h) emular; '**~ei'nander** uno tras otro

'**Nach**|**folge** f (-; sin pl) sucesión f; ℒ**folgen** (sep, -ge-, sn) suceder a; ℒ**folgend** siguiente; consecutivo; **~folger** m (-s; -), **~folgerin** f (-; -nen) sucesor(a f) m; **~forschen** (sep, -ge-, h) investigar, indagar; **~forschung** f (-; -en) investigación f, indagación f; *Vergnügungen*: **~frage** ✝ f (-; -n) demanda f (*nach* de); ℒ**fragen** (sep, -ge-, h) preguntar; ℒ**füllen** (sep, -ge-, h) rellenar; ℒ**geben** (*irr*, *sep*, -ge-, h, → **geben**) ceder; *Preise*: bajar; *Stoff*: dar de sí; ◎ ser elástico; **~gebühr** f sobretasa f; ℒ**gehen** (*irr*, *sep*, -ge-, sn, → **gehen**) *j-m*: ir tras, seguir (*ac*); *e-r Sache*: ocuparse de; *Geschäften*: dedicarse a; *Vergnügungen*: entregarse a; *Uhr*: ir atrasado; **~geschmack** m gustillo m, resabio m; *fig* deje m; ℒ**giebig** ['-giːbɪç] flexible, elástico; *fig* indulgente, transigente (*gegenüber* con); '²**her** después; más tarde; *bis* ~! ¡hasta luego!; **~hilfestunde** f clase f particular (de repaso); ℒ**holen** (sep, -ge-, h) recuperar

'**Nachkomme** ['-kɔmə] m (-n; -n) descendiente m; ℒ**n** (*irr*, *sep*, -ge-, sn, → **kommen**) (dat) seguir (a fig); *später*: llegar más tarde; *e-r Pflicht*: cumplir con; *e-r Bitte*: acceder a

'**Nach**|**kriegszeit** f posguerra f; **~laß** ['-las] m (-sses; ⸚sse) ✝ rebaja f, descuento m; ⚖ herencia f; ℒ**lassen** (*irr*, *sep*, -ge-, h, → **lassen**) v/i (*sich vermindern*) disminuir; *Wind*: amainar; *Schmerz*: ceder

nachlässig ['-lɛsɪç] negligente, descuidado

Nachlaßverwalter ['naːxlas-] m administrador m de la herencia

'**nach**|**laufen** (*irr*, *sep*, -ge-, sn, → **laufen**) (dat) correr tras; perseguir; **~liefern** (sep, -ge-, h) entregar más tarde; enviar lo que falta; **~lösen** (sep, -ge-, h) *Fahrkarte*: tomar un suplemento; **~machen** (sep, -ge-, h) imitar, copiar

'**Nachmittag** m (-s; -e) tarde f; *heute* ℒ esta tarde; *morgen* ℒ mañana por la tarde; ℒ**s** por la tarde; **~s...**: *in Zssgn* de la tarde

'**Nach**|**nahme** ['-naːmə] f (-; -n) re(e)mbolso m (*gegen* contra); **~name** m apellido m; ℒ**prüfen** (sep, -ge-, h) verificar, comprobar; ℒ**rechnen** (sep, -ge-, h) repasar (una cuenta); ℒ**reisen** (sep, -ge-, sn) (dat) seguir (ac)

'**Nachricht** ['-rɪçt] f (-; -en) noticia f, información f; **~en** *pl TV*, *Radio*: noticias f/pl; **~en-agentur** f agencia f de noticias; **~ensatellit** m satélite m de comunicaciones

'**Nach**|**saison** f temporada f baja; ℒ**schicken** (sep, -ge-, h) s **nachsenden**; **~schlagewerk** n obra f de consulta; **~schlüssel** m llave f falsa; ℒ**sehen** (*irr*, *sep*, -ge-, h, → **sehen**) (*prüfen*) examinar; **~**, *ob* ir a ver si; *j-m et* ~ (*verzeihen*) dejar pasar, perdonar a/c a alg; **~sende-antrag** m solicitud f de reexpedición; ℒ**senden** (*irr*, *sep*, -ge-, h, → **senden**) reexpedir, hacer seguir; **~sichtig** ['-zɪçtɪç] indulgente; **~speise** f postre m; ℒ**sprechen** (*irr*, *sep*, -ge-, h, → **sprechen**) repetir

nächst [nɛçst] *Entfernung*: el más cercano; *Reihenfolge*: próximo (*a zeitlich*); *Verwandte*: más cercano; *Weg*: más corto; **~e Woche** la semana que viene (*od* próxima); *in ~er Zeit* próximamente; *der ~e, bitte!* ¡el siguiente!; ℒ**e** m/f (-n; -n) (*Mitmensch*) prójimo m, -a f

'**nachstellen** (sep, -ge-, h) *Uhr*: retrasar; ◎ ajustar

Nacht [naxt] f (-; ⸚e) noche f; *bei* ~ de noche; *heute* ℒ esta noche; *gute* ~! ¡buenas noches!; '**~dienst** m servicio m nocturno

'**Nachteil** ['naːxtail] m desventaja f, inconveniente m; *zum* ~ *von* en perjuicio de; ℒ**ig** desventajoso, perjudicial

'**Nacht**|**essen** ['naxt²-] n cena f; **~fahrverbot** n prohibición f de circular de noche; **~flug** m vuelo m nocturno; **~hemd** m camisón m

Nachtigall ['-tigal] f (-; -en) ruiseñor m

'**Nachtisch** ['naːxtɪʃ] m postre m

'**Nacht**|**leben** ['naxt-] n vida f nocturna; **~lokal** n club m nocturno; **~portier** m portero m de noche

'**nach**|**tragen** ['naːx-] (*irr*, *sep*, -ge-, h, → **tragen**) (*hinzufügen*) añadir; *j-m et* ~ guardar rencor a alg por a/c; **~tragend** rencoroso; **~träglich** ['-trɛːklɪç] ulterior, posterior; *adv* posteriormente

Nacht|ruhe ['naxt-] *f* reposo *m* nocturno; ⁀s de noche, durante la noche
'Nacht|schicht *f* turno *m* de noche; **⁀schwester** *f* enfermera *f* de noche; **⁀tisch** *m* mesita *f* de noche; **⁀tischlampe** *f* lámpara *f* de cabecera; **⁀wächter** *m* vigilante *m* nocturno, sereno *m*
'Nachweis ['na:xvais] *m* (-es; -e) prueba *f*; ⁀**en** (*irr, sep, -ge-, h,* → *weisen*) probar, demostrar
'Nach|wirkung *f* consecuencia *f*, repercusión *f*; **⁀wuchs** *m* (-es; *sin pl*) *fig* nueva generación *f*; *bsd dep* cantera *f*; F (*Kinder*) prole *f*; ⁀**zahlen** (*sep, -ge-, h*) pagar un suplemento; ⁀**zählen** (*sep, -ge-, h*) recontar; **⁀zahlung** *f* pago *m* suplementario; **⁀zügler** ['-tsy:glər] *m* (-s; -) rezagado *m*
Nacken ['nakən] *m* (-s; -) nuca *f*, cerviz *f*
nackt [nakt] desnudo (*a fig*); F en cueros; ⁀**badestrand** *m* playa *f* nudista
Nadel ['na:dəl] *f* (-; -n) aguja *f* (*a* ⊙); (*Steck*⁀) alfiler *m*; ♣ pinocha *f*; **⁀baum** *m* conífera *f*; **⁀öhr** *n* ojo *m* de la aguja; **⁀stich** *m* alfilerazo *m* (*a fig*); **⁀wald** *m* bosque *m* de coníferas
Nagel ['na:gəl] *m* (-s; ⁀e) *anat* uña *f*; ⊙ clavo *m*; **den** ⁀ **auf den Kopf treffen** dar en el clavo; **⁀bürste** *f* cepillo *m* de uñas; **⁀feile** *f* lima *f* de uñas; **⁀lack** *m* laca *f* de uñas, esmalte *m* para uñas; **⁀lackentferner** *m* quitaesmalte *m*; ⁀**n** (*ge-, h*) clavar; ⁀**neu** flamante; **⁀schere** *f* tijeras *f*/*pl* para uñas; **⁀zange** *f* cortaúñas *m*
'nage|n ['-gən] (*ge-, h*) roer (**an** *et dat* a/c); ⁀**tier** *n* roedor *m*
nah [na:] cercano; próximo (*a zeitlich*); *adv* cerca; ⁀ **bei** *od* **an** (*dat*) cerca de, junto a; **von** ⁀**em** de cerca; ⁀**aufnahme** *f* primer plano *m*; ⁀**e** *s* **nah**; ⁀**bereich** *m* S-, U-Bahn: ámbito *m* periférico
Nähe ['nɛ:ə] *f* (-; *sin pl*) proximidad *f*, cercanía *f*; **in der** ⁀ (**von**) cerca (de)
'nahe|legen (*sep, -ge-, h*) sugerir, recomendar; ⁀**liegend** *fig* evidente
nähen ['nɛ:ən] (*ge-, h*) coser; ⚕ suturar
'näher ['-ər] (*Komparativ v* **nahe**) más cercano *od* próximo; más cerca; *Weg:* más corto; ⁀**kennen** conocer de cerca; ⁀**e** *n* (-n; *sin pl*) más detalles *m*/*pl*
Naherholungsgebiet ['na:?-] *n* zona *f* periférica de recreo

nähern ['nɛ:ərn] (*ge-, h*): (**sich**) ⁀ acercar(se), aproximar(se)
nahezu ['na:atsu:] casi
'Näh|garn ['nɛ:garn] *n* hilo *m* (de coser); **⁀maschine** *f* máquina *f* de coser; **⁀nadel** *f* aguja *f*
nahrhaft ['na:rhaft] nutritivo, sustancioso
'Nahrung ['na:ruŋ] *f* (-; *sin pl*) alimento *m*; (*Kost*) comida *f*; dieta *f*; **⁀smittel** *n* alimento *m*; *pl a* víveres *m*/*pl*; **⁀smittelvergiftung** *f* intoxicación *f* alimenticia
Nährwert ['nɛ:r-] *m* valor *m* nutritivo
Naht [na:t] *f* (-; ⁀e) costura *f*; ⚕ sutura *f*; ⁀**los** sin costura; *fig* sin fisura; ⁀ **braun** completamente moreno
'Nahverkehr ['na:fɛrkɛ:r] *m* tráfico *m* a corta distancia; 🚗 tráfico *m* de cercanías; **⁀szug** *m* tren *m* de cercanías
Nähzeug ['nɛ:tsɔyk] *n* útiles *m*/*pl bzw* neceser *m* de costura
naiv [na'i:f] ingenuo; *Kunst:* naif
Name ['na:mə] *m* (-ns; -n) nombre *m*; (*Familien*⁀) apellido *m*; **im** ⁀**n von** en nombre de; **dem** ⁀**n nach** de nombre
'Namens-tag *m* (día *m* del) santo *m*
'nam|entlich ['-məntliç] nominal; *adv* (*besonders*) particularmente; ⁀**haft** renombrado, notable
nämlich ['nɛ:mliç] *adv* a saber, es decir; *begründend:* es que ...
nanu! [na'nu:] ¡hombre!; ¡atiza!
Napf [napf] *m* (-[e]s; ⁀e) (*Freß*⁀) comedero *m*
Narbe ['narbə] *f* (-; -n) cicatriz *f*
Narkose ⚕ [-'ko:zə] *f* (-; -n) narcosis *f*, anestesia *f*
Narr [nar] *m* (-en; -en) loco *m*; ⁀**ensicher** a toda prueba
'Närr|in ['nɛrin] *f* (-; -nen) loca *f*; ⁀**isch** loco
Narzisse [nar'tsisə] *f* (-; -n) narciso *m*
'nasch|en ['naʃən] (*h*) ser goloso; ⁀ **von** comer de; ⁀**haft** goloso
Nase ['na:zə] *f* (-; -n) nariz *f*; F **pro** ⁀ por barba; *j-n an der* ⁀ **herumführen** tomar el pelo a alg; *s-e* ⁀ *in alles stecken* meter las narices en todo; **die** ⁀ **voll haben** F estar hasta las narices
'Nasen|bluten ~ **haben** sangrar por la nariz; ⁀**loch** *n* ventana *f* de la nariz; **⁀spitze** *f* punta *f* de la nariz
Nashorn ['na:s-] *n* rinoceronte *m*

naß [nas] mojado; (*feucht*) húmedo; ~ **machen** (*werden*) mojar(se)
Nassauer F ['-sauɐr] *m* (-s; -) gorrón *m*
Nässe ['nɛsə] *f* (-; *sin pl*) humedad *f*
naßkalt ['naskalt] frío y húmedo
Nation [na'tsjo:n] *f* (-; -en) nación *f*
natio'nal [-tsjo'na:l] nacional; ♀**feiertag** *m* fiesta *f* nacional; ♀**gericht** *n* (♀**getränk** *n*) plato *m* (bebida *f*) nacional; ♀**hymne** *f* himno *m* nacional; ♀**ität** [--nali'tɛ:t] *f* (-; -en) nacionalidad *f*; ♀**mannschaft** *f* dep selección *f* nacional; ♀**park** *m* parque *m* nacional; ♀**sozialismus** *m* hist nacionalsocialismo *m*; ♀**tracht** *f* traje *m* nacional
Natri|um ['nɑ:trium] *n* (-s; *sin pl*) sodio *m*; ~**on** ['-trɔn] *n* (-s; *sin pl*) sosa *f*, F bicarbonato *m*
Natter ['natɐr] *f* (-; -n) culebra *f*
Na'tur [na'tu:r] *f* (-; *raro* -en) naturaleza *f* (*a Wesensart*); (*Körperbeschaffenheit*) constitución *f*; **von** ~ (**aus**) por naturaleza; ♀**alisieren** [-turali'zi:rən] (h) naturalizar, nacionalizar; ~**erscheinung** *f* fenómeno *m* natural; ~**katastrophe** *f* catástrofe *f* natural, cataclismo *m*; ~**lehrpfad** *m* itinerario *m* pedagógico *od* didáctico
natürlich [-'ty:rliç] natural; *adv* naturalmente; (*aber*) ~**l** ¡claro que sí!
Na'tur|park [na'tu:r-] *m* parque *m* natural; ~**schutz** *m* protección *f* de la naturaleza; ~**schützer** *m* (-s; -), ~**schützerin** *f* (-; -nen) protector(a *f*) *m od* defensor(a *f*) *m* de la naturaleza; ~**schutzgebiet** *n* reserva *f* natural *od* ecológica; ~**schutzpark** *m* parque *m* natural; ~**wissenschaften** *f/pl* ciencias *f/pl* naturales
Nazi ['nɑ:tsi] *m* (-s; -s) nazi *m*
'**Nebel** ['ne:bəl] *m* (-s; -) niebla *f*; (*Dunst*) bruma *f*; ♀**ig** *s* **neblig**; ~**scheinwerfer** *auto m* faro *m* antiniebla; ~**schlußleuchte** *f* luz *f* antiniebla trasera
'**neben** ['-bən] (*wo?* *dat, wohin?* *ac*) junto a, al lado de; (*dazu*) (*dat*) además de; ~'**an** al lado; ♀**anschluß** *m* tel extensión *f*; ~'**bei** de paso; (*außerdem*) además; ♀**beschäftigung** *f* ocupación *f* accesoria; ~**ein'ander** uno al lado de otro; ♀**eingang** *m* entrada *f* lateral; ♀**erwerb** *m* ganancia *f* adicional; ~**fluß** *m* afluente *m*; ♀**gebäude** *n* dependencia *f*, anexo *m*; ♀**kosten** *pl* gastos *m/pl* accesorios; ♀**produkt** *n* subproducto *m*; ♀**rolle** *f* papel *m* secundario; ♀**sache** *f* cosa *f* de poca importancia; **das ist** ~ eso es lo de menos; ♀**stelle** *f* e-*r Behörde*: delegación *f*; *tel* extensión *f*; ♀**straße** *f* calle *f* lateral; *Landstraße*: carretera *f* secundaria; ♀**wirkung** *f* efecto *m* secundario
neblig ['-bliç] nebuloso; **es ist** ~ hace niebla
necken ['nɛkən] (ge-, h) embromar, burlarse de
Neffe ['nɛfə] *m* (-n; -n) sobrino *m*
negativ ['ne:gati:f], ♀ *fot n* (-s; -e) negativo (*m*)
nehmen ['-mən] (nahm, genommen, h) tomar (*a Bus, Taxi*); coger, *in Am reg nur* agarrar; (*an-*) aceptar; (*weg-*) quitar; *beim Einkauf*: quedarse (con); **mit sich** (*dat*) ~ llevarse; *et*: **zu sich** (*dat*) ~ tomar
Neid [naɪt] *m* (-[e]s; *sin pl*) envidia *f* (**erregen** dar); ♀**isch** ['-dɪʃ] envidioso (*auf ac* de)
'**neig|en** ['naɪgən] (ge-, h): (**sich**) ~ inclinar(se); *fig* tender (**zu** a); ♀**ung** *f* (-; -en) inclinación *f*; *fig* propensión *f*, tendencia *f*
nein [naɪn] no; ~ **sagen** decir que no
Nelke ['nɛlkə] *f* (-; -n) clavel *m*; (*Gewürz*♀) clavo *m*
'**nenn|en** ['nɛnən] (nannte, genannt, h) llamar; (*erwähnen*) mencionar; (*bezeichnen als*) calificar de; ~**enswert** notable; ♀**wert** ✝ *m* valor *m* nominal
'**Neon** ['ne:ɔn] *n* (-s; *sin pl*) neón *m*; ~**reklame** *f* publicidad *f* luminosa; ~**röhre** *f* tubo *m* de neón
Nepp F [nɛp] *m* (-s; *sin pl*) timo *m*; '♀**en** (ge-, h) timar
Nerv [nɛrf] *m* (-s; -en) nervio *m*; **j-m auf die** ~**en fallen** F dar la lata a alg
'**Nerven|arzt** *m* neurólogo *m*; ~**entzündung** *f* neuritis *f*; ~**heil-anstalt** *f* clínica *f* mental *od* psiquiátrica; ~**krank** neurótico; ~**säge** F *f* pelma(zo *m*) *su*, pesado *m*; ~**zusammenbruch** *m* crisis *f* nerviosa
nerv|ös [-'vø:s] nervioso (**machen** poner); ♀**osität** [-vozi'tɛ:t] *f* (-; *sin pl*) nerviosismo *m*
Nerz [nɛrts] *m* (-es; -e) visón *m* (*a Pelz*)
Nesselfieber ['nɛsəl-] ✱ *n* urticaria *f*

Nest [nɛst] *n* (-[e]s; -er) nido *m*; *fig* (*Ort*) poblacho *m*

nett [nɛt] (*angenehm*) agradable; (*freundlich*) simpático; (*hübsch*) bonito; *das ist ~ von dir* eres muy amable

'netto ['-to], **2...:** *in Zssgn* neto; **2einkommen** *n* ingresos *m/pl* netos

Netz [nɛts] *n* (-es; -e) red *f* (*a fig*); (*Haar2*) redecilla *f*; (*Gepäck2*) rejilla *f*; **'~anschluß** *ź m* conexión *f* a la red; **'~haut** *anat f* retina *f*; **'~hemd** *n* camiseta *f* de malla; **'~karte** *f* abono *m*

neu [nɔy] nuevo; (*kürzlich*) reciente, fresco; moderno; F (*unerfahren*) novel; **~este Mode** última moda *f*; *was gibt es 2es?* ¿qué hay de nuevo?; *von ~em* de nuevo; **'~artig** nuevo; moderno; **'2bau** *m* (-[e]s; -ten) construcción *f* nueva; **'2bauviertel** *n* barrio *m* de edificios nuevos; **'2bauwohnung** *f* vivienda *f* de nueva construcción *od* planta; **'2erung** *f* (-; -en) innovación *f*; **2gier(de)** ['-giːr(də)] *f* (-; *sin pl*) curiosidad *f*; **'~gierig** curioso (*auf ac* por saber); **'2heit** *f* (-; -en) novedad *f*; **2igkeit** *f* (-; -en) noticia *f*

'Neujahr *n* año *m* nuevo; **~s-tag** *m* día *m* de año nuevo

neu|lich el otro día; **2mond** *m* luna *f* nueva

neun [nɔyn] **1.** nueve; **2.** *2 f* (-; -en) nueve *m*; **'~hundert** novecientos; **'~tausend** nueve mil; **'~te** noveno; **'~tens** en noveno lugar; **'~zehn** diecinueve; **'~zehnte** décimonoveno; **'~zig** ['-tsiç] noventa; **'~zigste** nonagésimo

Neuralgie ♣ [nɔyral'giː] *f* (-; -n) neuralgia *f*

neutral [-'traːl] neutro; *pol* neutral; **2ität** [-traliˈtɛːt] *f* (-; *sin pl*) neutralidad *f*

nicht [nɪçt] no; *~ wahr?* ¿verdad?; *auch ~* tampoco; *wenn ~* si no

Nichte ['nɪçtə] *f* (-; -n) sobrina *f*

nichtig *ﷺ* nulo; *für ~ erklären* declarar nulo

'Nichtraucher *m* no fumador *m*; **~abteil** *n* (**~zone** *f*) compartimento *m* (zona *f*) de no fumadores

nichts [nɪçts] (no...) nada; *für ~ und wieder ~* por nada; *~ mehr* nada más

'Nichtschwimmer *m* no nadador *m*; **~becken** *n* piscina *f* para no nadadores

nichts|destoweniger [nɪçtsdɛstoˈveːnigər] sin embargo, no obstante; **'~sagend** insignificante; **2tuer** ['-tuːər] *m* (-s; -) gandul *m*, vago *m*

'Nichtzutreffende *n*: **~s streichen** táchese lo que no proceda

Nickel ['nɪkəl] *n* (-s; *sin pl*) níquel *m*

nicken ['nɪkən] (ge-, h) inclinar la cabeza; *zustimmend:* asentir con la cabeza

nie [niː] (*bei Verben* no ...) nunca, jamás; *~ mehr* nunca jamás

'nieder ['-dər] **1.** *adj* bajo; **2.** *adv* abajo; *~ mit ...!* ¡abajo ...!; **~geschlagen** abatido, deprimido; **~knien** (*sep*, -ge-, sn) arrodillarse; **2lage** *f* derrota *f*; **2länder** ['-lɛndər] *m* (-s; -), **2länderin** *f* (-; -nen), **~ländisch** neerlandés *m*, -esa *f*; **~lassen** (*irr*, *sep*, -ge-, h → **lassen**) bajar; *sich ~* instalarse; establecerse; **2lassung** *f* (-; -en) establecimiento *m*; (*Zweig2*) sucursal *f*; **~legen** (*sep*, -ge-, h) poner en el suelo; *Arbeit:* abandonar; *sein Amt ~* dimitir de su cargo; *sich ~* acostarse; **2schlag** *m* ♣ precipitado *m*; *mst pl* (*Regen*) precipitaciones *f/pl*; **~schlagen** (*irr*, *sep*, -ge-, h, → **schlagen**) *j-n:* derribar; *Augen:* bajar; *Aufstand:* reprimir; **~schlags-arm** (**~schlagsreich**) de escasas (de abundantes) precipitaciones; **~trächtig** vil, infame; **2ung** *f* (-; -en) terreno *m* bajo; (*Ebene*) llanura *f*; **~werfen** (*irr*, *sep*, -ge-, h, → **werfen**) derribar; *Aufstand:* reprimir

niedlich ['niːtlɪç] bonito, lindo; F mono

niedrig ['niːdrɪç] bajo; *fig a* vil; infame

nie|mals ['-maːls] (*bei Verben* no...) nunca, jamás; **~mand** ['-mant] (no ...) nadie; ninguno; *es ist ~ da* no hay nadie

Niere ['-rə] *f* (-; -n) riñón *m* (*a gastr*)

'Nieren|-entzündung *f* nefritis *f*; **~stein** *m* cálculo *m* renal

'nieseln ['-zəln] (ge-, h) lloviznar; **2regen** *m* llovizna *f*

niesen ['-zən] **1.** *v/i* (ge-, h) estornudar; **2.** *2 n* (-s; *sin pl*) estornudo *m*

Niete ['niːtə] *f* (-; -n) billete *m* de lotería no premiado; F *fig* cero *m* a la izquierda

Niko|tin [niko'tiːn] *n* (-s; *sin pl*) nicotina *f*; **2-arm** bajo en nicotina

Nilpferd ['niːl-] *n* hipopótamo *m*

nipp|en ['nɪpən] (ge-, h) probar (*an dat* a/c); **2sachen** *f/pl* chucherías *f/pl*, belotes *m/pl*

nirgend|s ['nirgənts], **~(s)wo** (*bei Verben* no...) en ninguna parte
Nische ['ni:ʃə] *f* nicho *m*; hornacina *f*
Nitrat [ni'tra:t] *n* (-[e]s; -e) nitrato *m*
Niveau [ni'vo:] *n* (-s; -s) nivel *m* (*a fig*)
'Nobelhotel ['no:bəl-] *n* hotel *m* de lujo
Nobelpreis(träger) [no'bɛlpraɪs(trɛ:gər)] *m* premio *m* Nobel
noch [nɔx] todavía, aún; **~ immer** todavía; **~ nicht** aún no; **~ nie** nunca, jamás; **~ ein(er)** otro; **~ et** otra cosa; **et?** ¿algo más?; **~ heute** hoy mismo; **auch das ~!** ¡lo que faltaba!; **~mals** ['--ma:ls] otra vez, una vez más
Nockenwelle ['nɔkən-] *f* árbol *m* de levas
Nomad|e [no'ma:də] *m* (-n; -n), **2isch** nómada (*m*)
nomi'nal [-mi'na:l] nominal; **2-einkommen** *n* (**2wert** *m*) renta *f* (valor *m*) nominal
Nomi|nativ ['--nati:f] *m* (-s; -e) nominativo *m*; **2'nieren** (h) nombrar
No-name-produkt ['noʊneim-] *n* producto *m* sin marca (registrada)
Nonne ['nɔnə] *f* (-; -n) monja *f*
Nonstopflug [nɔn'stɔpflu:k] *m* vuelo *m* sin escala
Nord... [nɔrt...]: *in Zssgn* septentrional, del Norte; **~ameri'kaner(in** *f*) *m*, **2-ameri'kanisch** norteamericano, -a *f*; **~en** ['-dən] *m* (-s; *sin pl*) norte *m*; **2isch** nórdico
nördlich ['nœrtlɪç] del norte, septentrional; **~ von** al norte de
'Nord|licht ['nɔrtlɪçt] *n* aurora *f* boreal; **~'ost(en)** *m* nordeste *m*; **~pol** *m* polo *m* norte *od* ártico; **~'west(en)** *m* noroeste *m*; **~wind** *m* viento *m* del norte
nörgeln ['nœrgəln] (ge-, h) criticarlo todo
Norm [nɔrm] *f* (-; -en) norma *f*; regla *f*
nor'mal ['-ma:l], **2...**: *in Zssgn* normal; **2benzin** *n* gasolina *f* normal; **~isieren** [-mali'zi:rən] (h) normalizar; **2verbraucher** F *m* ciudadano *m* de a pie
Norweger [-'ve:gər] *m* (-s; -), **~erin** *f* (-; -nen), **2isch** noruego *m*, -a *f*
Not [no:t] *f* (-; *sin pl*) (*Mangel*) necesidad *f*; (*Elend*) miseria *f*; (*pl* **~**e) (*Bedrängnis*) apuro *m*; **~ leiden** estar en la miseria; **zur ~** si no hay más remedio
Notar [no'ta:r] *m* (-s; -e) notario *m*; **~iat** [-tar'ja:t] *n* (-[e]s; -e) notaría *f*; **2iell** [--'jɛl] notarial; *adv* ante notario

'Not|arzt ['no:tʔ-] *m* médico *m* de urgencia *bzw* de guardia; **~arztwagen** *m* coche *m* del médico de urgencia; **~ausgang** *m*, **~ausstieg** *m* salida *f* de emergencia; **~bremse** 𝄢 *f* freno *m* de alarma; **~dienst** *m* servicio *m* de urgencias; **2dürftig** apenas suficiente; provisional
Note ['no:tə] *f* (-; -n) nota *f* (*a* ♪ *u fig*); (*Bank*2) billete *m* (de banco); ♪ **~n** *pl* música *f*
'Noten|pult *n*, **~ständer** *m* atril *m*
'Not|fall ['no:tfal] *m* caso *m* de apuro *od* de emergencia; ♂ urgencia *f*; **2falls** en caso de apuro; **2gedrungen** forzoso; *adv* por fuerza; **~hafen** *m* puerto *m* de refugio
no'tier|en [no'ti:rən] (h) apuntar; ✝ cotizar; **2ung** ✝ *f* (-; -en) cotización *f*
'nötig ['nø:tɪç] preciso, necesario; **~ haben** necesitar, precisar; **~en** ['--gən] (ge-, h) obligar, forzar (**zu** *inf* a); **sich ~ lassen** hacerse de rogar; **~en'falls** si es preciso
No'tiz [no'ti:ts] *f* (-; -en) nota *f*, apunte *m*; (*Zeitungs*2) noticia *f*; **sich ~en machen** tomar apuntes; **~ nehmen von** tomar nota de; **~block** *m* bloc *m* de notas; **~buch** *n* libreta *f*, agenda *f*
'Not|lage ['no:tla:gə] *f* apuro *m*; emergencia *f*; **2landen** ✈ (-ge-, sn) hacer un aterrizaje forzoso; **~landung** ✈ *f* aterrizaje *m* forzoso *od* de emergencia; **2leidend** necesitado, indigente; **~lösung** *f* solución *f* provisional; **~lüge** *f* mentira *f* disculpable
'Not|ruf ['no:tru:f] *m tel* llamada *f* de socorro; **~rufnummer** *f* número *m* de emergencia; **~rufsäule** *f* poste *m* de socorro; **~signal** *n* señal *f* de alarma; **~sitz** *m* traspontín *m*; **~stand** *m pol* estado *m* de emergencia; **~standsgebiet** *n* zona *f* siniestrada *bzw* catastrófica; **~verband** ♂ *m* vendaje *m* provisional; **~wehr** *f* (-; *sin pl*) legítima defensa *f* (**aus** en); **2wendig** preciso, necesario; **~wendigkeit** *f* (-; -en) necesidad *f*
Nougat ['nu:gat] *m*, *n s* **Nugat**
Novelle [no'vɛlə] *f* (-; -n) novela *f* corta
November [-'vɛmbər] *m* (-s; -) noviembre *m*

Nu

Nu [nu:] *m*: **im ~** en un abrir y cerrar de ojos, en un santiamén

Nuance [ny'ɑ̃sə] *f* (-; -n) matiz *m*

'nüchtern ['nyçtərn] en ayunas; *(nicht betrunken)* que no está bebido; *(mäßig)* sobrio; *(sachlich)* realista, objetivo; *(unromantisch)* prosaico; *(besonnen)* sensato

'Nudel ['nu:dəl] *f* (-; -n): **~n** *pl* pastas *f/pl* (alimenticias); *(Faden2)* fideos *m/pl*; **~holz** *n* rodillo *m*; **~suppe** *f* sopa *f* de fideos

Nudist [nu'dist] *m* (-en; -en) (des)nudista *m*

Nugat ['nu:gat] *m* od *n* (-s; -s) turrón *m* de chocolate

nuklear [nukle'a:r], **2...**: *in Zssgn* nuclear

null [nul] **1.** cero; **2.** 2 *f* (-; -en) cero *m*; *fig* nulidad *f*, cero *m* a la izquierda; **'2punkt** *m* (punto *m*) cero *m*; **'2tarif** *m* tarifa *f* cero; **'2wachstum** ✝ *n* crecimiento *m* cero

numerieren [numə'ri:rən] (h) numerar

'Nummer ['-mər] *f* (-; -n) número *m*; *auto* matrícula *f*; **~konto** *n* cuenta *f* numerada *od* cifrada; **~schild** *auto n* placa *f* de matrícula

nun [nu:n] *(jetzt)* ahora; *ein- bzw überleitend*: pues (bien); **und ~?** ¿y ahora qué?; **von ~ an** de ahora en adelante; **'~mehr** (desde) ahora

nur [nu:r] sólo, solamente; **~ noch** tan sólo; no ... más que; **nicht ~, sondern auch** no sólo, sino también; **~ zu!** ¡adelante!

Nuß [nus] *f* (-; Nüsse) nuez *f*; *(Hasel2)* avellana *f*; **'~baum(holz** *n***)** *m* nogal *m*; **~knacker** ['-knakər] *m* (-s; -) cascanueces *m*

Nutte P ['nutə] *f* (-; -n) P ramera *f*, fulana *f*, puta *f*

'nutz|en ['nutsən] (*a* **nützen** ['nytsən]) (ge-, h) **1.** *v/i* servir, ser útil *(zu* para); **es nützt nichts** es inútil; **2.** *v/t* aprovechar, utilizar; **2en** (-s; *sin pl*) utilidad *f*; *(Vorteil)* provecho *m*; ✝ beneficio *m*; **~ ziehen aus** sacar provecho de; **zum ~ von** a beneficio de; **2fahrzeug** *n* vehículo *m* industrial; **2last** *f* carga *f* útil

'nützlich ['nytsliç] útil, provechoso; **2keit** *f* (-; *sin pl*) utilidad *f*

'nutz|los ['nutslo:s] inútil; **2losigkeit** *f* (-; *sin pl*) inutilidad *f*; **2nießer** ['-ni:sər] *m* (-s; -) beneficiario *m*; **2ung** *f* (-; -en) aprovechamiento *m*, utilización *f*; *a* ♪ explotación

Nylon ['nailɔn] *n Wz* (-s; *sin pl*) nilón *m*

Nymphe ['nymfə] *f* (-; -n) ninfa *f*

O

O, o [o:] *n* (-; -) O, o *f*

Oase [o'(')a:zə] *f* (-; -n) oasis *m* (*a fig*)

ob [ɔp] si; **als ~** como si *(subj)*; **so tun als ~** fingir *(inf)*; **und ~!** ¡ya lo creo!

'Obdach ['ɔpdax] *n* (-[e]s; *sin pl*) abrigo *m*, refugio *m*; **2los** *m/f* **~lose** *m/f* (-n; -n) persona *f* sin hogar

Obduktion ☛ [-duk'tsjo:n] *f* (-; -en) autopsia *f*

'oben ['o:bən] arriba; **nach ~** hacia arriba; **von ~ herab** *fig* con altivez; **von ~ bis unten** de arriba abajo; **~'auf** (por) encima; **~'drein** además, por añadidura; **~erwähnt** arriba mencionado; **'~'hin** superficialmente

ober ['o:bər] **1.** superior; **2.** 2 *m* (-s; -) camarero *m*

'Ober...: *in Zssgn oft* superior; **~arm** *m* brazo *m*; **~arzt** *m* médico *m* adjunto; **~befehl** *m* mando *m* supremo; **~bürgermeister** *m* (primer) alcalde *m*; **~deck** *n* ⚓ cubierta *f* superior; *Bus*: imperial *f*; **~fläche** *f* superficie *f*; **2flächlich** ['-fleçliç] superficial; **2halb** *(gen)* por encima de, más arriba de; **~haupt** *n* jefe *m*; **~hemd** *n* camisa *f* (de vestir); **~in** *f* (-; -nen) *rel* superiora *f*; **2-irdisch** ⊕ aéreo; **~kellner** *m* jefe *m* de comedor; *französisch*: maître *m*; **~kiefer** *m* maxilar *m* superior; **~körper**

Ölbaum

m busto *m*; ~**leder** *n* pala *f*; ~**leitung** *f* dirección *f* general; ⚡ línea *f* aérea; ~**leutnant** *m* teniente *m*; ~**lippe** *f* labio *m* superior; ~**schenkel** *m* muslo *m*; ~**schule** *f* Instituto *m* de Enseñanza Media; ~**schwester** *f* jefe *f* de enfermeras; 2**st** superior; supremo; ~**st** ✕ *m* (-en; -en) coronel *m*; ~**teil** *n* parte *f* superior; *v Kleidung a*: cuerpo *m*

obgleich [ɔp'glaiç] aunque, bien que

Obhut ['ɔp'huːt] *f* (-; *sin pl*) guardia *f*, protección *f*; *j-n in s-e ~ nehmen* proteger a alg

obig ['oːbiç] arriba mencionado

Objekt [ɔp'jɛkt] *n* (-[e]s; -e) objeto *m*; *gram* complemento *m*; *fig* proyecto *m*; 2**iv** [--'tiːf], ~**iv** *fot n* (-s; -e) objetivo (*m*)

Obligation [ɔbliga'tsjoːn] *f* (-; -en) obligación *f*

Oboe [o'boːə] *f* (-; -n) oboe *m*

Observatorium [ɔpzɛrva'toːrjum] *n* (-s; -ien [-jən]) observatorio *m*

Obst [oːpst] *n* (-[e]s; *sin pl*) fruta *f*; '~**bau** *m* (-[e]s; *sin pl*) fruticultura *f*; '~**baum** *m* (árbol *m*) frutal *m*; '~**garten** *m* huerto *m* (frutal); '~**händler(in** *f*) *m* frutero *m*, -a *f*; '~**handlung** *f* frutería *f*; '~**kuchen** *m* tarta *f* de frutas; '~**messer** *n* cuchillo *m* para frutas; '~**plantage** *f* plantación *f* frutal; '~**salat** *m* macedonia *f* (de frutas)

obszön [ɔps'tsøːn] obsceno

Obus ['oːbus] *m* (-ses; -se) trolebús *m*

obwohl [ɔp'voːl] = *obgleich*

'**Ochse** ['ɔksə] *m* (-n; -n) buey *m*; ~**nschwanzsuppe** *f* sopa *f* de rabo de buey

öde ['øːdə] *adj* desierto; *fig* aburrido

oder ['oːdər] o, *vor o u* ho: u; ~ *aber* o bien

Ofen ['oːfən] *m* (-s; ⸚) estufa *f*; (*Back*2) horno *m*

offen ['ɔfən] abierto; *Stelle*: vacante; (*freimütig*) franco; (*unentschieden*) pendiente; ~ *gesagt* dicho con franqueza, a decir verdad

offen'bar ['--'baːr] manifiesto; evidente; *adv* por lo visto; 2**ung** *f* (-; -en) revelación *f*

'**Offen**|**heit** *f* (-; *sin pl*) franqueza *f*, sinceridad *f*; 2**herzig** franco, sincero; 2**kundig** manifiesto, notorio; 2**lassen** (*irr, sep, -ge-, h*, → *lassen*) dejar abierto;

fig dejar en suspenso; 2'**sichtlich** manifiesto, evidente

Offensive [ɔfɛn'ziːvə] *f* (-; -n) ofensiva *f*

'**öffentlich** ['œfəntliç] público; *adv* en público; 2**keit** *f* (-; *sin pl*) público *m*; *a* 𝔯𝔷 publicidad *f*; 2**keits-arbeit** *f* relaciones *f*/*pl* públicas; '~'**rechtlich** de derecho público

Offerte [ɔ'fɛrtə] *f* (-; -n) oferta *f*

offiziell [ɔfi'tsjɛl] oficial

Offizier [--'tsiːr] *m* (-s; -e) oficial *m*

'**öffn**|**en** ['œfnən] (ge-, h) abrir; 2**er** *m* (-s; -) abridor *m*; 2**ung** *f* (-; -en) abertura *f* (*a Loch*); *bsd pol u fig* apertura *f*; 2**ungszeiten** *f*/*pl* horas *f*/*pl* de apertura

oft [ɔft] a menudo, con frecuencia; *nicht* ~ pocas veces; *wie* ~? ¿cuántas veces?; ~**mals** '-maːls] *s oft*

ohne ['oːnə] *prp* (*ac*) sin; ~ *zu* (*inf*) sin (*inf*); *cj* ~ *daß* sin que (*subj*); ~'**gleichen** sin igual, sin par; ~'**hin** de todos modos

'**Ohn**|**macht** ['oːnmaxt] *f* (-; -en) ⚔ desmayo *m*, desvanecimiento *m*; *in* ~ *fallen* desmayarse; 2**mächtig** ⚔ desmayado; ~ *werden* desmayarse

Ohr [oːr] *n* (-[e]s; -en) oreja *f*; (*Innen*2, *Gehör*) oído *m*; *bis über die* ~*en verliebt* perdidamente enamorado; *j-n übers* ~ *hauen* dar gato por liebre a alg

Öhr [øːr] *n* (-[e]s; -e) ojo *m* (de la aguja)

'**Ohren**|**arzt** ['oːrənʔaːrtst] *m* otólogo *m*; 2**betäubend** ensordecedor; ~**sausen** *n* zumbido *m* de los oídos; ~**schmerzen** *m*/*pl* dolor *m* de oídos

'**Ohr**|**feige** ['oːrfaigə] *f* bofetada *f*, F torta *f*; 2**feigen** [-gn] (h) abofetear; ~**läppchen** [-lɛpçən] *n* (-s; -) lóbulo *m* de la oreja; ~**ring** *m* pendiente *m*

'**Öko**|**bewegung** ['øko-] *f* movimiento *m* ecologista; ~**laden** *m* tienda *f* ecológica; ~**loge** *m* (-n; -n) ecólogo *m*; ~**logie** [--loˈgiː] *f* (-; *sin pl*) ecología *f*; 2**logisch** [--ˈloːgiʃ] ecológico; ~**nomie** [--noˈmiː] *f* (-; -n) economía *f*; 2**nomisch** [--ˈnoːmiʃ] económico; ~**system** *n* ecosistema *m*

Ok'tan [ɔk'taːn] *n* (-s; *sin pl*) octano *m*; ~**zahl** *f* octanaje *m*

Oktave [-'taːvə] *f* (-; -n) octava *f*

Oktober [-'toːbər] *m* (-[s]; -) octubre *m*

ökumenisch [økuˈmeːniʃ] ecuménico

Öl [øːl] *n* (-[e]s; -e) aceite *m*; (*Erd*2) petróleo *m*; *pint* óleo *m*; '~**baum** *m* olivo *m*

Oldtimer

Oldtimer ['ouldtaɪmər] m (-s; -) coche m antiguo od de época

'öl|en ['ø:lən] (ge-, h) aceitar; ⊙ engrasar; ⁓**farbe** f pintura f al óleo; ⁓**gemälde** n (pintura f al) óleo m; ⁓**heizung** f calefacción f de fuel-oil

O'live [o'li:və] f (-; -n) aceituna f; ⁓**nbaum** m olivo m; ⁓**n-öl** n aceite m de oliva

olivgrün [o'li:fgry:n] verde oliva

'Öl|kanister ['ø:l-] m (-s; -) bidón m de aceite; ⁓**kanne** f aceitera f; ⁓**leitung** f oleoducto m; ⁓**pest** f marea f negra; ⁓**sardine** f sardina f en aceite; ⁓**stand(-anzeiger)** m (indicador m del) nivel m de aceite; ⁓**tanker** m petrolero m; ⁓**teppich** m capa f de aceite; ⁓**wechsel** m auto cambio m de aceite

Olympi|ade [olym'pja:də] f (-; -n) Olimpíada f; ⁓**sch** [-'lympiʃ] olímpico; ⁓**e Spiele** n/pl juegos m/pl olímpicos

Oma F ['o:ma] f (-; -s) abuelita f

Omelett [ɔm(ə)'lɛt] n (-[e]s; -s) tortilla f

Omnibus ['ɔmnibʊs] m (-ses; -se) autobús m; (Reise⁓) autocar m

Onkel ['ɔŋkəl] m (-s; -) tío m

Opa F ['o:pa] m (-s; -s) abuelito m

Oper ['o:pər] f (-; -n) ópera f

Operati'on [opəra'tsjo:n] f (-; -en) operación f; ⁓**ssaal** m quirófano m

Operette [--'rɛtə] f (-; -n) opereta f

ope'rieren (h) operar; **sich ⁓ lassen** operarse

Opernsänger(in f) m ['o:pərn-] cantante su de ópera

'Opfer ['ɔpfər] n (-s; -) (das man bringt) sacrificio m (a fig); (das man wird) víctima f (a fig); ⁓**n** (ge-, h) sacrificar (a fig); ⁓**stock** m cepillo m

Opium ['o:pjʊm] n (-s; sin pl) opio m

Opportunismus [ɔpɔrtu'nɪsmʊs] m (-; sin pl) oportunismo m

Oppositi'on [ɔpozi'tsjo:n] f (-; -en) oposición f; ⁓**ell** [---tsjo'nɛl] de la oposición; ⁓**s-partei** f partido m de oposición

Optiker ['ɔptikər] m (-s; -), ⁓**in** f (-; -nen) óptico m, -a f

Optimist [--'mɪst] m (-en; -en), ⁓**in** f (-; -nen) optimista su; ⁓**isch** optimista

optisch ['--tiʃ] óptico

O'range [o'rã:ʒə] f (-; -n) naranja f; ⁓ (de color) naranja; ⁓**ade** [--'ʒa:də] f (-; -n) naranjada f; ⁓**nbaum** m naranjo m; ⁓**nsaft** m zumo m de naranja

Oratorium [ora'to:rjʊm] n (-s; -ien [-jən]) ♪ oratorio m

Orchester [ɔr'kɛstər] n (-s; -) orquesta f

Orchidee [-çi'de:ə] f (-; -n) orquídea f

'Orden ['-dən] m (-s; -) rel orden f; (Ehrenzeichen) condecoración f; ⁓**s-schwester** f religiosa f, monja f

ordentlich ['---tliç] ordenado (a Person); (anständig) formal, decente; Mitglied, Professor: numerario; adv como es debido

'Order ✝ ['-dər] f (-; -n) orden f; ⁓**n** (ge-, h) pedir

ordinär [ɔrdi'nɛ:r] vulgar

'ordn|en ['ɔrdnən] (ge-, h) ordenar, a Haar: arreglar; (an⁓) disponer; (sortieren) clasificar; ⁓**er** m (-s; -) (Mappe) clasificador m, archivador m

'Ordnung ['-nʊŋ] f (-; sin pl) orden m; **in ⁓ bringen** poner en orden; fig arreglar; **in ⁓** en orden; Papiere: en regla; **in ⁓!** ¡conforme!; ⁓**sgemäß** debidamente; ⁓**sstrafe** f multa f; ⁓**swidrig** contrario al orden, irregular; ⁓**szahl** f número m ordinal

Or'gan [-'ga:n] n (-s; -e) órgano m (a fig); ⁓**bank** f (-; -en) banco m de órganos; ⁓**isation** [--ganiza'tsjo:n] f (-; -en) organización f; ⁓**isch** orgánico; ⁓**i'sieren** (h) organizar; ⁓**ist** ♪ [-ga'nɪst] m (-en; -en), ⁓**istin** f (-; -nen) organista su; ⁓**spender(in** f) m donante su de órganos; ⁓**transplantation** f trasplante m de órganos

Orgel ['-gəl] f (-; -n) órgano m

Orient ['o:rjɛnt] m (-s; sin pl) oriente m; ⁓'**alisch** [ɔrjɛn'tɑ:liʃ] oriental; ⁓'**ieren** (h): (sich) ⁓ orientar(se) (über ac sobre); ⁓'**ierung** f (-; -en) orientación f

origi'n|al [origi'na:l], ⁓ n (-s; -e) a fig original (m); ⁓**alverpackung** f envase m original; ⁓**ell** [---'nɛl] original; raro

Orkan [ɔr'ka:n] m (-[e]s; -e) huracán m

Ornament [-na'mɛnt] n (-[e]s; -e) ornamento m, adorno m

Ort [ɔrt] m (-[e]s; -e) lugar m, sitio m; s a ⁓**schaft**

Orthographie [ɔrtogra'fi:] f (-; -n) ortografía f

Ortho'päd|e [--'pɛ:də] m (-n; -n), ⁓**in** f (-; -nen) ortopedista su; ⁓**isch** ortopédico

örtlich ['œrtliç] local (a 🎨)

orts-ansässig ['ɔrts-] domiciliado en el lugar

Ortschaft ['ɔrtʃaft] f (-; -en) población f, lugar m

'orts|fremd ['ɔrts-] forastero; ℒge**spräch** n tel conferencia f urbana; ℒ**schild** n señal f indicadora de población; ℒ**tarif** m tarifa f urbana; ℒ**zeit** f hora f local

Öse ['øːzə] f (-; -n) corchete m

Ost [ɔst] m inv este m; '∼...: in Zssgn oriental; '∼**block** m hist pol bloque m oriental; '∼**en** m (-s; sin pl) este m; oriente m; *der Nahe* ∼ el Próximo Oriente

'Oster|ei ['oːstərʔaɪ] n huevo m de Pascua; ∼'**montag** m lunes m de Pascua; ∼**n** n inv, a pl Pascua f (de Resurrección)

Österreich|er ['øːstəraɪçər] m (-s; -), ∼**erin** f (-; -nen), ℒ**isch** austríaco m, -a f

Oster|samstag [oːstərˈzamstaːk] m Sábado m Santo od de Gloria; ∼'**sonntag** m Domingo m de Resurrección od de Pascua; '∼**woche** f Semana f Santa

östlich ['œstlɪç] oriental, del este; ∼ *von* al este de

Ostwind ['ɔstvɪnt] m viento m del este

Otter ['ɔtər] f (-; -n) víbora f

Ouvertüre [uvɛr'tyːrə] f (-; -n) obertura f

oval [o'vaːl] oval

Overall ['oːvərɔːl] m (-s; -s) mono m

Oxid [ɔ'ksiːt] n (-s; -e) óxido m; ℒ**ieren** [-si'diːrən] v/i (sn) oxidarse

Ozean ['oːtseaːn] m (-s; -e) océano m

O'zon [o'tsoːn] m (-s; sin pl) ozono m; ∼**loch** n agujero m (en la capa) de ozono; ∼**schicht** f capa f de ozono

P

P, p [peː] n (-; -) P, p f

Paar [paːr] **1.** n (-[e]s; -e) et: par m; j: pareja f; **2.** ℒ adj: ein ∼ unos cuantos, algunos, unos; '∼**lauf** m dep patinaje m por parejas; 'ℒ**mal**: ein ∼ algunas veces; 'ℒ**weise** de dos en dos, a pares; por parejas

Pacht [paxt] f (-; sin pl) arriendo m, arrendamiento m; ℒ**en** (ge-, h) arrendar

Pächter ['pɛçtər] m (-s; -), ∼**in** f (-; -nen) arrendatario m, -a f

Pachtvertrag ['paxt-] m contrato m de arrendamiento

Pack [pak] n (-s; sin pl) gentuza f, chusma f

Päckchen ['pɛkçən] n (-s; -) ✿ pequeño paquete m; *Zigaretten*: paquete m

'pack|en ['pakən] (ge-, h) (*ein*∼) empaquetar, embalar; *Koffer*: hacer (la maleta); (*fassen*) agarrar; *fig* cautivar; ℒ**en** m (-s; -) bulto m; paquete m; ∼**end** *fig* cautivador; ℒ**er** m (-s; -) embalador m; ℒ**papier** n papel m de embalar od de estraza; ℒ**ung** f (-; -en) paquete m; ✱ envoltura f

'Paddel ['padəl] n (-s; -) canalete m; ∼**boot** n piragua f, canoa f; ℒ**n** (ge-, h) ir en piragua

Page ['paːʒə] m (-n; -n) (*Hotel*ℒ) botones m

Pa'ket [pa'keːt] n (-[e]s; -e) paquete m; bulto m; ∼**karte** f boletín m de expedición; ∼**post** f servicio m de paquetes postales

Pakt [pakt] m (-[e]s; -e) pacto m

Palast [pa'last] m (-[e]s; ⁓e) palacio m

Palm|e ['palmə] f palmera f; F *fig j-n auf die* ∼ *bringen* sacar a alg de quicio; ∼'**sonntag** m Domingo m de Ramos

Pampelmuse [pampəl'muːzə] f (-; -n) toronja f, pomelo m

pa'nier|en [pa'niːrən] (h) rebozar, empanar; ℒ**mehl** n pan m rallado

'Pan|ik ['paːnɪk] f (-; -en), ℒ**isch** pánico (m)

'Panne [panə] f (-; -n) avería f; *fig* contratiempo m; F plancha f; ∼**ndienst** m servicio m de averías; ∼**nhilfe** f auxilio m en carretera

Panorama [pano'raːma] n (-s; -men) panorama m

panschen ['panʃən] (ge-, h) F *mit Wasser* F bautizar

Pan'toffel [-'tɔfəl] *m* (-s; -n) zapatilla *f*; **~held** F *m* bragazas *m*

'Panzer ['-tsər] *m* (-s; -) (*Rüstung*) coraza *f*; *zo* caparazón *m*; ⚔ tanque *m*; ~...: *in Zssgn oft* blindado, acorazado; **2n** (ge-, h) blindar, acorazar; **~schrank** *m* caja *f* fuerte

Papa [pa'pa:, '-pa] *m* (-s; -s) papá *m*

Papagei [-pa'gai] *m* (-s; -en) papagayo *m*, loro *m*

Pa'pier [-'pi:r] *n* (-s; -e) papel *m*; (*Urkunde*) documento *m*; **~e** *pl* a documentación *f*; ✝ valores *m/pl*; **~geld** *n* papel *m* moneda; **~korb** *m* papelera *f*; **~serviette** *f* (**~taschentuch**) *n* servilleta *f* (pañuelo *m*) de papel

Pappe ['-pə] *f* (-; -n) cartón *m*

'Pappel ⚘ ['-pəl] *f* (-; -n) álamo *m*, chopo *m*; **~allee** *f* alameda *f*

'Papp|karton *m*, **~schachtel** *f* caja *f* de cartón

'Paprika ['paprika] *m* (-s; -[s]) pimiento *m*; *gemahlen*: pimentón *m*; **~schote** *f* pimiento *m*

Papst [pa:pst] *m* (-[e]s; ⁓e) papa *m*

päpstlich ['pe:pstliç] papal, pontificio

Parabol... [para'bo:l...]: *in Zssgn* parabólico

Parade [-'ra:də] *f* (-; -n) ⚔ desfile *m*, revista *f*

Paradies [-ra'di:s] *n* (-es; -e) paraíso *m*; **2isch** [---'zɪʃ] paradisíaco

paradox [--'dɔks] paradójico

Paragraph [--'gra:f] *m* (-en; -en) párrafo *m*; ⚖ artículo *m*

parallel [--'le:l] paralelo (*zu* a); **2e** *f* (-; -n) paralela *f*, *fig* paralelo *m*

Paratyphus ['-raty:fus] *m* paratifoidea *f*

Parfüm [par'fy:m] *n* (-s; -s, -e) perfume *m*; **~erie** [-fymə'ri:] *f* (-; -n) perfumería *f*

pari ✝ ['pa:ri] a la par

Parität [pari'tɛ:t] *f* (-; *sin pl*) paridad *f*

Park [park] *m* (-s; -s) parque *m*; **~and-ride-System** [pa:rkənd'raɪd-] *n* sistema *m* «park-and-ride», aparcamientos *m/pl* de disuasión; **'2en** (ge-, h) *v/t* u *v/i* aparcar; **~en** *n* (-s; *sin pl*) aparcamiento *m*, estacionamiento *m*

Parkett [par'kɛt] *n* (-s; -e) parqué *m*, entarimado *m*; *teat* patio *m* de butacas, platea *f*

'Park|haus ['park-] *n* garaje-aparcamiento *m*, parking *m*; **~kralle** *f* cepo *m*; **~lücke** *f* hueco *m* (para aparcar); **~möglichkeit** *f* posibilidad *f* de aparcar; **~scheibe** *f* disco *m* de estacionamiento; **~uhr** *f* parquímetro *m*; **~verbot** *n* prohibición *f* de estacionamiento

Parlament [parla'mɛnt] *n* (-[e]s; -e) parlamento *m*; **2arisch** [---'ta:rɪʃ] parlamentario

Parodie [paro'di:] *f* (-; -n) parodia *f* (*auf ac* de)

Par'tei [par'taɪ] *f* (-; -en) partido *m*; ⚖ parte *f*; **~ ergreifen** tomar partido (*für* por); **2isch** parcial

Parterre [-'tɛr] *n* (-s; -s) piso *m* bajo, planta *f* baja; *teat* platea *f*

Partie [-'ti:] *f* (-; -n) partida *f* (*a Schach usw*); *dep* partido *m*; ✝ lote *m*

Partizip [-ti'tsi:p] *n* (-s; -ien) participio *m*

'Partner ['partnər] *m* (-s; -), **~in** *f* (-; -nen) ✝ socio *m*, -a *f*; *dep* compañero *m*, -a *f*; (*Tanz2 usw*) pareja *f*; **~schaft** *f* (-; -en) cooperación *f*; participación *f*; **~städte** *f/pl* ciudades *f/pl* gemelas

Party ['pa:rti] *f* (-s; -s, -ties) guateque *m*

Paß [pas] *m* (Passes; Pässe) *geo* puerto *m*, paso *m*; (*Reise2*) pasaporte *m*

Passage [-'sa:ʒə] *f* (-; -en) pasaje *m*

Passa'gier [-sa'ʒi:r] *m* (-s; -e) viajero *m*; ⚓, ✈ pasajero *m*; *pl a* pasaje *m*; **~schiff** *n* buque *m* de pasajeros; paquebote *m*

Passant [-'sant] *m* (-en; -en), **~in** *f* (-; -nen) transeúnte *su*

Paßbild ['pasbilt] *n* foto(grafía) *f* de pasaporte

'passen ['pasən] (ge-, h) convenir (*für*, *zu* a); ir bien (con); *Kleidung*: sentar *od* ir bien; *Spiel*: pasar; **in et** (*ac*) **~** caber en; **zueinander ~** llevarse bien; **das paßt mir (nicht)** (no) me viene bien; **~d** conveniente, apropiado

pas'sier|en [-'si:rən] **1.** *v/i* (sn) (*geschehen*) pasar, suceder, ocurrir; **2.** *v/t* (h) pasar (*a gastr*), atravesar; **2schein** *m* pase *m*

Passion [-'sjo:n] *f* (-; -en) pasión *f*; *rel* Pasión *f*

passiv [-'si:f, -'si:f] **1.** *adj* pasivo; **2.** 2 *gram n* (-s; -e) voz *f* pasiva; **2a** [-'-va] *pl* ✝ pasivo *m*; **2ität** [-sivi'tɛ:t] *f* (-; *sin pl*) pasividad *f*

'Paß|kontrolle ['paskɔntrɔlə] *f* control *m*

de pasaportes; ~straße f carretera f de puerto de montaña
Paste ['pastə] f (-; -n) pasta f
Pastell [-'tɛl] n (-[e]s; -e) pastel m
Pastete [-'te:tə] f (-; -n) (Teig℘) empanada f; (Fleisch℘, Leber℘) paté m
Pastor ['-tɔr] m (-s; -en [-'to:rən]) pastor m
'Pate ['pɑ:tə] m (-n; -n) padrino m; **~nkind** n ahijado m, -a f
Pa'tent [pa'tɛnt] n (-[e]s; -e) patente f; **~amt** n oficina f de patentes; Esp registro m de la propiedad industrial; ℘**ieren** (h) patentar
Pater ['pɑ:tər] m (-s; -, -tres) padre m
pathetisch [pa'te:tɪʃ] patético
Patient [-'tsjɛnt] m (-en; -en), **~in** f (-; -nen) paciente su
Patin ['pɑ:tin] f (-; -nen) madrina f
patriotisch [patri'o:tɪʃ] patriótico
Patron [-'tro:n] m (-s; -e) rel patrono m, patrón m; F fig tío m
Patrone [-'-nə] f (-; -n) cartucho m
Patsche ['patʃə] f: *in der* **~** *sitzen* estar en un apuro
patzig ['-tsɪç] insolente; F fresco
'Pauke ♪ ['paʊka] f (-; -n) bombo m; ℘**n** (ge-, h) F fig empollar
pau'schal [paʊ'ʃɑ:l], ℘**...**: *in Zssgn mst* global; ℘**e** f (-; -n) suma f global; ℘**reise** f viaje m (con) todo incluido
'Paus|e ['-zə] f (-; -n) pausa f; ♪ a silencio m; Konzert usw: descanso m; teat a entreacto m; Schule: recreo m; ℘**enlos** continuamente, sin cesar
Pavillon ['paviljõ] m (-s; -s) pabellón m; (Verkaufs℘) quiosco m
Pazi'fis|mus [patsi'fɪsmus] m (-; sin pl) pacifismo m; ℘**tisch** pacifista
Pech [pɛç] n (-s; -e) pez f; (sin pl) fig mala suerte f, F mala pata f; **~strähne** f mala racha f; **'~vogel** m F cenizo m; *ein* **~** *sn* tener mala pata
Pedal [pe'dɑ:l] n (-[e]s; -e) pedal m
Pe'dant [-'dant] m (-en; -en) hombre m meticuloso; ℘**isch** meticuloso
Pediküre [-di'ky:rə] f (-; -n) pedicura f (a Person)
'Pegel [pe'gəl] m (-s; -) fluviómetro m; *a* **=** **~stand** m nivel m del agua
peilen ['paɪlən] (ge-, h) sondear; ⚓ a marcar; fig *die Lage* **~** tantear el terreno
peinlich ['paɪnlɪç] penoso; Frage: delicado; Lage: precario, embarazoso; (un-

angenehm) desagradable; **~ genau** meticuloso
Peitsche ['paɪtʃə] f (-; -n) látigo m
Pelikan ['pe:likɑ:n] m (-s; -e) pelícano m
'Pell|e ['pɛlə] f (-; -n) piel f; ℘**en** (ge-, h) pelar; **~kartoffeln** f/pl patatas f/pl cocidas sin pelar
Pelz [pɛlts] m (-es; -e) piel f; '**~geschäft** n peletería f; '**~händler** m peletero m; '**~jacke** f chaquetón m de piel; '**~mantel** m abrigo m de piel(es)
'Pendel ['pɛndəl] n (-s; -) péndulo m; *der Uhr*: péndola f; ℘**n** (ge-, h *u* sn) oscilar; fig ir y venir; **~verkehr** m tráfico m de vaivén
Pendler [pɛndlər] m (-s; -) trabajador m que diariamente viaja entre su casa y su lugar de trabajo
Penis ['pe:nis] m (-; -se) pene m
Penizillin [penitsi'li:n] n (-s; sin pl) penicilina f
'penne|n F ['pɛnən] (ge-, h) dormir; ℘**r** m (-s; -) vagabundo m
Pension [pã'zjo:n] f (-; -en) pensión f (*a Heim*); (*Alters*℘) a jubilación f; ✕ retiro m; **~är** [-zjo'nɛ:r] m (-s; -e), **~ärin** f (-; -nen) pensionista su; ℘**ieren** (h): (*sich*) **~** (*lassen*) jubilar(se); ℘**iert** jubilado; **~ierung** f (-; -en) jubilación f; ✕ retiro m
per [pɛr] por; **~** *Adresse* en casa de
perfekt [-'fɛkt] adj perfecto
Pergament [-ga'mɛnt] n (-[e]s; -e) pergamino m
Periode [per'jo:də] f (-; -n) periodo m, período m; ✱ *a* regla f
Periphe'rie [perife'ri:] f (-; -n) periferia f; **~geräte** n/pl inform periféricos m/pl
'Perle ['pɛrlə] f (-; -n) perla f (*a fig Person*); Rosenkranz: cuenta f; ℘**n** (ge-, h) burbujear (*a Sekt*); **~mutt** n (-s; sin pl) nácar m
Pers|er ['-zər] m (-s; -) persa m; (Teppich) alfombra f persa; **~ianer** [-'zja:nər] m (-s; -) astracán m
Person [-'zo:n] f (-; -en) persona f; teat personaje m
Perso'nal [-zo'nɑ:l] n (-s; sin pl) personal m; **~abbau** m reducción f del personal *od* de la plantilla; **~abteilung** f departamento m de personal; **~ausweis** m documento m nacional de identidad, Am cédula f personal; **~computer** m ordenador m personal; **~ien** [-'-jən] pl

Personalmangel

datos m/pl personales; ~**mangel** m escasez f de personal; ~**vertretung** f representación f del personal
Per'sonen|aufzug [-'zo:nən?-] m ascensor m; ~(**kraft**)**wagen** m turismo m; ~**schaden** m daño m personal; ~**zug** m (tren m) correo m; (Reisezug) tren m de viajeros
per'sönlich [-'zø:nliç] personal; adv en persona; ♀**keit** f (-; -en) personalidad f; (bedeutender Mensch) personaje m
Perspektive [-spɛk'ti:və] f (-; -n) perspectiva f
Peru'an|er [peru'ɑ:nər] m (-s; -), ~**erin** f (-; -nen), ♀**isch** peruano m, -a f
Perücke [pɛ'rykə] f (-; -n) peluca f
pervers [pɛr'vɛrs] perverso
Pesete [pe'ze:tə] f (-; -n) peseta f
Pessi'mist [pɛsi'mist] m (-en; -en), ~**in** f (-; -nen), ♀**isch** pesimista su
Pest ☙ [pɛst] f (-; sin pl) peste f (a fig)
Petersilie [petər'zi:ljə] f (-; -n) perejil m
Pe'troleum [-'tro:leum] n (-s; sin pl) petróleo m; ~**lampe** f quinqué m
Pfad [pfɑ:t] m (-[e]s; -e) senda f, sendero m; '~**finder** m explorador m
Pfahl [pfɑ:l] m (-[e]s; ⸚e) palo m
Pfand [pfant] n (-[e]s; ⸚er) prenda f; (Flaschen♀) depósito m (para el envase); '~**flasche** f botella f retornable
pfänden ['pfɛndən] (h) embargar
'Pfand|haus ['pfant-] n monte m de piedad, casa f de empeños; ~**leiher** m (-s; -) prestamista m
Pfändung ['pfɛnduŋ] f (-; -en) embargo m
'Pfann|e ['pfanə] f (-; -n) sartén f; ~**kuchen** m crepe m; Berliner ~ buñuelo m berlinés
Pfarr|ei [pfa'raɪ] f (-; -en) parroquia f; '~**er** m (-s; -) pastor m; katholisch: cura m, párroco m; '~**haus** n casa f parroquial
Pfau [pfau] m (-[e]s; -en) pavo m real
'Pfeffer ['pfɛfər] m (-s; -) pimienta f; ~**kuchen** m pan m de especias; ~**minze** ♣ f menta f; ~**minztee** m infusión f de menta; ♀**n** (ge-, h) echar pimienta a
'Pfeif|e ['pfaɪfə] f (-; -n) pito m; (Tabaks♀) pipa f; ~ **rauchen** fumar en pipa; ♀**n** (pfiff, gepfiffen, h) silbar, pitar; F fig **ich pfeife darauf** me importa un pito

Pfeil [pfaɪl] m (-[e]s; -e) flecha f; (Wurf♀) dardo m; '~**er** m (-s; -) pilar m
Pfennig ['pfɛniç] m (-s; -e, después de números en pl inv) pfennig m
Pferd [pfe:rt] n (-[e]s; -e) caballo m (a Schach); Turnen: potro m con aros; **zu** ~**e** a caballo
'Pferde|rennen ['pfe:rdə-] n carrera f de caballos, concurso m hípico; ~**schwanz** m cola f de caballo (a Frisur); ~**stall** m cuadra f, caballeriza f; ~**stärke** f (Abk PS) caballo m de vapor
Pfiff [pfif] m (-[e]s; -e) silbido m; pitada f, pitido m; fig truco m; '~**erling** ['pfɛfər- ['fɛr-liŋ] m (-s; -e) cantarela f; **keinen ~ wert sn** no valer nada; ♀**ig** astuto, ladino; '~**igkeit** f (-; -en) astucia f
'Pfingst|en ['pfiŋstən] n (-; -) Pentecostés m; ~**rose** ♣ f peonía f
Pfirsich ['pfirziç] m (-s; -e) melocotón m, Am durazno m; ~**baum** m melocotonero m; duraznero m
'Pflanz|e ['pflantsə] f (-; -n) planta f, vegetal m; ~**en...**: in Zssgn oft vegetal; ♀**en** (ge-, h) plantar; ~**er** m (-s; -) colono m; plantador m; ♀**lich** vegetal; ~**ung** f (-; -en) plantación f
'Pflaster ['pflastər] n (-s; -) pavimento m; empedrado, adoquinado m; ⚕ emplasto m, parche m; (Heft♀) esparadrapo m; '~**maler** m persona f que pinta sobre la acera; ♀**n** (ge-, h) empedrar, adoquinar; ~**stein** m adoquín m
Pflaume ['pflaumə] f (-; -n) ciruela f; ~**nbaum** m ciruelo m
'Pfleg|e ['pfle:gə] f (-: sin pl) cuidados m/pl; ⚕ asistencia f; ☉ mantenimiento m; fig cultivo m; ♀**eleicht** de fácil lavado; ♀**en** (ge-, h) cuidar (de); atender a (a ⚕); fig cultivar; ~ **zu** (inf) soler, acostumbrar (inf); ~**er** m (-s; -), ~**erin** f (-; -nen) cuidador(a f) m; ⚕ enfermero m, -a f
Pflicht [pfliçt] f (-; -en) deber m, obligación f; '~**...**: in Zssgn oft obligatorio; ♀**bewußt** cumplidor; '~**bewußtsein** n sentido m del deber; '~**erfüllung** f cumplimiento m del deber; '~**fach** n asignatura f obligatoria; ♀**gemäß** debido; adv conforme a su deber; ♀**vergessen** descuidado; desleal; '~**versicherung** f seguro m obligatorio
Pflock [pflɔk] m (-[e]s; ⸚e) estaquilla f
pflücken ['pflykən] (ge-, h) coger

Pflug [pflu:k] m (-[e]s; ⁓e) arado m
pflügen ['pfly:gən] (ge-, h) arar
Pforte ['pfɔrtə] f (-; -n) puerta f
'Pförtner ['pfœrtnər] m (-s; -) portero m; conserje m; ⁓**loge** f portería f
Pfosten ['pfɔstən] m (-s; -) poste m
Pfote ['pfo:tə] f (-; -n) pata f
Pfropfen ['pfrɔpfən] m (-s; -) tapón m
pfui! ['pfui] ¡qué asco!
Pfund [pfunt] n (-[e]s; -e, *después de números en pl inv*) libra f (**Sterling** esterlina); *beim Einkauf*: medio kilo m
'pfusch|en ['pfuʃən] (ge-, h) chapucear; ⁓**er** m (-s; -) chapucero m
Pfütze ['pfʏtsə] f (-; -n) charco m
Phanta'sie [fanta'zi:] f (-; -n) imaginación f, fantasía f; ⁓**ren** (h) fantasear, *a* 𝓕 desvariar
phantastisch [-'tastɪʃ] *a fig* fantástico
pharmazeutisch [farma'tsɔʏtɪʃ] farmacéutico
Phase ['fɑ:zə] f (-; -n) fase f
Philolog|e [-'lo:gə] m (-en; -en), ⁓**in** f (-; -nen) filólogo m, -a f; ⁓**ie** [--lo'gi:] f (-; -n) filología f
Philosoph [--'zo:f] m (-en; -en) filósofo m; ⁓**ie** [--zo'fi:] f (-; -en) filosofía f; ⁓**isch** [--'zo:fɪʃ] filosófico
Photo ['fo:to] n u *Zssgn* → **Foto**
Phrase ['frɑ:zə] f (-; -n) frase f; *pl a* palabrería f
Physik [fy'zi:k] f (-; *sin pl*) física f; ⁓**alisch** [-zi'kɑ:lɪʃ], ⁓**er** ['fy:zikər] m (-s; -), ⁓**erin** f (-; -nen) físico m, -a f
physisch ['fy:zɪʃ] físico
Pianist [pia'nɪst] m (-en; -en), ⁓**in** f (-; -nen) pianista *su*
picheln F ['piçəln] (ge-, h) F empinar el codo
'Pick|el ['pikəl] m (-s; -) pico m; 𝓕 grano m; ⁓**en** (ge-, h) picotear; (*hacken*) picar
'Picknick n ['-nik] n (-s; -s) merienda f al aire libre, picnic m; ⁓**en** (ge-, h) hacer (un) picnic
piep(s)en ['pi:p(s)ən] (ge-, h) piar; F *bei dir piept's wohl?* ¿estás loco?
Pier ⚓ [pi:r] m (-s; -e) desembarcadero m
Pik [pi:k] **1.** n (-s; -s) *Kartenspiel*: espadas f/pl; **2.** m F *e-n ⁓ auf j-n haben* tener tirria a alg; ⁓**ant** [pi'kant] picante
'Pilger ['pɪlgər] m (-s; -), ⁓**in** f (-; -nen) peregrino m, -a f, romero m, -a f; ⁓**fahrt** f peregrinación f, romería f

Pille ['pɪlə] f (-; -n) píldora f (*a die ⁓*)
Pi'lot [pi'lo:t] m (-en; -en) piloto m; ⁓**projekt** n proyecto m piloto
Pilz [pɪlts] m (-es; -e) hongo m, seta f
pingelig F ['pɪŋəlɪç] meticuloso
Pinie ♣ ['pi:njə] f (-; -n) pino m
pinkeln P ['pɪŋkəln] (ge-, h) P mear
'Pinsel ['pɪnzəl] m (-s; -) pincel m; *grober*: brocha f; ⁓**n** (ge-, h) pincelar (*a* 𝓕)
Pinzette [-'tsetə] f (-; -n) pinzas f/pl
Pionier [pio'ni:r] m (-s; -e) ⚔ zapador m; *fig* pionero m
Pipeline ['paɪplaɪn] f (-; -s) oleoducto m; (*Gas*) gasoducto m
Pirat [pi'rɑ:t] m (-en; -en) pirata m
Pistazie ♣ [pɪs'tɑ:tsjə] f (-; -n) pistacho m
Piste ['-tə] f (-; -n) pista f
Pistole [-'to:lə] f (-; -n) pistola f
Pizz|a ['pɪtsa] f (-; -s) pizza f; ⁓**eria** [-tsə'ri:a] f (-; -s) pizzería f
'Plage ['plɑ:gə] f (-; -n) molestia f; ⁓**n** (ge-, h) molestar, fastidiar; *sich ⁓* ajetrearse
Plakat [pla'kɑ:t] n (-[e]s; -e) cartel m
Plakette [-'ketə] f (-; -n) placa f; (*Ankleber*) pegatina f
Plan [plɑ:n] m (-[e]s; ⁓e) plan m, proyecto m; △ plano m (*a die Stadt⁓*); '⁓**e** f (-; -n) toldo m, lona f; '⁓**en** (ge-, h) planear, proyectar
Planet [pla'ne:t] m (-en; -en) planeta m
planieren [-'ni:rən] (h) aplanar, nivelar
Planke ['plaŋkə] f (-; -n) tabla f, tablón m
'plan|los ['plɑ:nlo:s] sin método; ⁓**mäßig** metódico; 👓, ✔ regular
Planschbecken ['planʃ-] n piscina f para niños
Plantage [plan'tɑ:ʒə] f (-; -n) plantación f
'Plan|ung ['plɑ:nʊŋ] f (-; -en) planificación f; ⁓**wirtschaft** f economía f dirigida, dirigismo m
plappern ['plapərn] (ge-, h) charlar, parlotear
plärren ['plɛrən] (ge-, h) berrear; (*heulen*) lloriquear
'Plast|ik ['plastik] **1.** f (-; -en) (*Kunstwerk*) escultura f; **2.** n (-s; *sin pl*) plástico m; ⁓**iktüte** f bolsa f de plástico; ⁓**isch** plástico (*a fig*)
Platane [pla'tɑ:nə] f (-; -n) plátano m
Platin [pla'ti:n] n (-s; *sin pl*) platino m
plätschern ['plɛtʃərn] (ge-, h) chapalear; *Bach*: murmurar

platt [plat] llano, plano; aplastado; *fig* trivial, banal; F (*erstaunt*) perplejo; F **e-n ℒen haben** tener un reventón *bzw* un pinchazo

Platte ['platə] *f* (-; -n) placa *f*, plancha *f*; (*Steinℒ*) losa *f*; (*Schallℒ*) disco *m*; (*Gericht*) plato *m*; F (*Glatze*) calva *f*

'Plätt|eisen ['plɛt?-] *n* (-s; -) plancha *f*; **ℒen** (ge-, h) planchar

'Plattenspieler ['platən-] *m* tocadiscos *m*

'Platt|form ['platfɔrm] *f* plataforma *f* (*a fig*); **ℒfuß** *m* pie *m* plano; F *auto* pinchazo *m*

Platz [plats] *m* (-es; ⸚e) plaza *f*; (*Sitzℒ*) asiento *m*; (*Stelle*) sitio *m*, lugar *m*; *dep* campo *m*; **ℒ nehmen** tomar asiento; **ℒ machen** hacer sitio; abrir paso; **'ℒanweiser** [-?anvaɪzər] *m* (-s; -), **ℒanweiserin** *f* (-; -nen) acomodador(a *f*) *m*

Plätzchen ['plɛtsçən] *n* (-s; -) rincón *m*; *gastr* pasta *f*

'platz|en ['platsən] (ge-, sn) estallar (*a* ⚡); *Reifen usw*: reventar (*a fig vor Lachen, Stolz usw*); F *fig* (*scheitern*) frustrarse; **ℒkarte** *f* reserva *f* de asiento; **ℒregen** *m* chaparrón *m*, aguacero *m*, chubasco *m*; **ℒwunde** *f* herida *f*

plaudern ['plaʊdərn] (ge-, h) charlar, F estar de paliqué

Playboy ['plɛɪ-] *m* (-s; -s) play-boy *m*

Pleite ['plaɪtə] *f* (-; -n) quiebra *f*; *fig* fracaso *m*; **ℒ machen** quebrar; **ℒ sn** estar en quiebra; F estar sin blanca

Pleuelstange ['plɔʏəl-] *f* biela *f*

Plisseerock [pli'se:rɔk] *m* falda *f* plisada

Plomb|e ['plɔmbə] *f* (-; -n) precinto *m*; (*Zahnℒ*) empaste *m*; **ℒ'ieren** (h) precintar; *Zahn*: empastar

plötzlich ['plœtslɪç] repentino, súbito; *adv* de repente

plump [plʊmp] grosero; (*schwerfällig*) pesado; (*ungeschickt*) torpe; **ℒsen** ['-sən] (ge-, sn) caer(se) pesadamente; **'ℒsklo** *n* letrina *f*

Plunder ['plʊndər] *m* (-s; *sin pl*) trastos *m/pl*, cachivaches *m/pl*

'plünder|n ['plʏndərn] (ge-, h) pillar, saquear; **ℒung** *f* (-; -en) pillaje *m*, saqueo *m*

Plural ['plu:ra:l] *m* (-s; -e) plural *m*

plus [plus] **1.** *adv* más; **3 Grad ℒ** tres grados sobre cero; **2. ℒ** *n* (-; -) superávit *m*, excedente *m*; *fig* ventaja *f*

Plüsch [ply:ʃ] *m* (-[e]s; -e) felpa *f*

Pluszeichen ['plus-] *n* (signo *m* de) más *m*

Po F [po:] *m* (-s; -s) *s* **Popo**

Pöbel ['pø:bəl] *m* (-s; *sin pl*) populacho *m*, chusma *f*

pochen ['pɔxən] (ge-, h) *Herz*: latir, palpitar; *fig* **ℒ auf** (*ac*) insistir en; (*fordern*) reclamar (*ac*)

'Pocken ⚕ ['pɔkən] *f/pl* viruela *f*; **ℒ(schutz)impfung** *f* vacunación *f* antivariólica

Podium ['po:djʊm] *n* (-s; -dien [-djən]) podio *m*, estrado *m*

Poesie [poe'zi:] *f* (-; -n) poesía *f*

Po'et [-'e:t] *m* (-en; -en) poeta *m*; **ℒin** *f* (-; -nen) poetisa *f*; **ℒisch** poético

Pointe [po'ɛ̃tə] *f* (-; -n) agudeza *f*; *e-s Witzes*: gracia *f*

Pokal [po'ka:l] *m* (-[e]s; -e) copa *f*

'Poker ['po:kər] *n* (-s; *sin pl*) póker *m*, póquer *m*; **ℒn** (ge-, h) jugar al póker

Pol [po:l] *m* (-[e]s; -e) polo *m* (*a* ⚡)

Polarkreis [po'la:r-] *m* círculo *m* polar (**nördlicher** ártico; **südlicher** antártico)

Pole ['po:lə] *m* (-n; -n) polaco *m*

Police [po'li:sə] *f* (-; -n) póliza *f*

polieren [-'li:rən] (h) pulir, sacar brillo a; *Möbel*: lustrar

Poliklinik ['po:li-] *f* policlínica *f*

Polin ['-lin] *f* (-; -nen) polaca *f*

Politesse [poli'tɛsə] *f* (-; -n) auxiliar *f* de policía

Polit|ik [poli'ti:k] *f* (-; -en) política *f*; **ℒiker** [-'li:tikər] *m* (-s; -), **ℒikerin** *f* (-; -nen), **ℒisch** [-'ti:ʃ] político *m*, (mujer *f*) política *f*

Politur [--'tu:r] *f* (-; -en) lustre *m*, brillo *m*; *Mittel*: abrillantador *m*

Poli|zei [--'tsaɪ] *f* (-; -en) policía *f*; **ℒbeamte** *m* agente *m* de policía; **ℒrevier** *n* comisaría *f*; **ℒstaat** *m* Estado *m* policía; **ℒstreife** *f* patrulla *f* de policía; **ℒstunde** *f* hora *f* de cierre; **ℒwache** *f* puesto *m* de policía; comisaría *f*

Poli'zist [--'tsist] *m* (-en; -en) policía *m*; **ℒin** *f* (-; -nen) (mujer *f*) policía *f*

Pollen ⚘ ['pɔlən] *m* (-s; -) polen *m*

polnisch ['pɔlnɪʃ] polaco

Polo ['po:lo] *n* (-s; -s) polo *m*; **ℒhemd** *n* (camisa *f*) polo *m*

'Polster ['pɔlstər] *n* (-s; -) acolchado *m*; (*Kissen*) cojín *m*; **ℒmöbel** *n/pl* muebles *m/pl* tapizados

Präservativ

poltern ['pɔltərn] (ge-, h) hacer ruido
Poly... ['pɔly...]: *in Zssgn mst* poli...; **~gamie** [--ga'mi:] *f* (-; *sin pl*) poligamia *f*
Polyp [-'ly:p] *m* (-en; -en) 🐟 *u zo* pólipo *m*; F (*Polizist*) polizonte *m*
Pomade [-'ma:də] (-; -n) pomada *f*
Pommes ['pɔməs] *od* **~ frites** *fr* [pɔm'frit] *pl* patatas *f*/*pl* fritas
Pomp [pɔmp] *m* (-[e]s; *sin pl*) pompa *f*
Pony ['pɔni] **a)** *n* (-s; -s) poney *m*; **b)** *m* (-s; -s) (*Frisur*) flequillo *m*
Pool ['pu:l] *m* (-s; -s) pool *m*; **'~billard** *n* billar *m* americano
'Pop|gruppe ['pɔp-] *f* grupo *m* pop; **~musik** *f* música *f* pop
Popo F [po'po:] *m* (-s; -s) pompis *m*
populär [-pu'lɛːr] popular
Pore ['po:rə] *f* (-; -n) poro *m*
Pornograph|ie [pɔrnogra'fi:] *f* (-; *sin pl*) pornografía *f*; **ℨisch** [--'graːfiʃ] pornográfico
porös [po'røːs] poroso
Porree ⚘ ['pɔre:] *m* (-s; -s) puerro *m*
Portal [pɔr'taːl] *n* (-s; -e) portal *m*
Portemonnaie [pɔrtmɔ'neː] *n* (-s; -s) monedero *m*
Portier [pɔr'tjeː] *m* (-s; -s) portero *m*, conserje *m*
Portion [-'tsjoːn] *f* ración *f*; porción *f*
'Porto ['-to] *n* (-s; -s, -ti) porte *m*, franqueo *m*; **~ bezahlt** porte pagado; **ℨfrei** franco de porte
Porträt [-'trɛː] *n* (-s; -s) retrato *m*
Portugies|e [-tu'giːzə] *m* (-n; -n), **~in** *f* (-; -nen), **ℨisch** portugués *m*, -esa *f*
Portwein ['pɔrt-] *m* oporto *m*
Porzellan [pɔrtsə'laːn] *n* (-s; -e) porcelana *f*
Posaune ♪ [po'zaʊnə] *f* (-; -n) trombón *m*
Position [pozi'tsjoːn] *f* (-; -en) posición *f*; ⚓ situación *f*
positiv ['--tiːf] **1.** *adj* positivo; **2.** ℨ *fot n* (-s; -e) positivo *m*
Posse ['pɔsə] *f* (-; -n) farsa *f*
Post [pɔst] *f* (-; *sin pl*) correo *m*; (*Gebäude*) (oficina *f* de) correos *m*/*pl*; **auf die ~ bringen** llevar al correo; **mit der ~** por correo; **mit getrennter ~** por (correo) separado
'Post|amt *n* oficina *f od* estafeta *f* de correos; **~anweisung** *f* giro *m* postal; **~bote** *m* cartero *m*

Posten ['pɔstən] *m* (-s; -) puesto *m*, empleo *m*; ✝ partida *f*, lote *m*; ⚔ centinela *m*; **~ stehen** montar la guardia; *fig* **nicht auf dem ~ sn** no sentirse bien
Poster [pɔstər] *m*, *n* (-s; -) póster *m*
'Post|fach *n* apartado *m* de correos, *Am* casilla *f*; **~karte** *f* (tarjeta *f*) postal *f*; **ℨlagernd** lista de correos; **~leitzahl** *f* código *m* postal; **~scheck** *m* cheque *m* postal; **~scheck-amt** *n* oficina *f* de cheques postales; **~scheckkonto** *n* cuenta *f* de cheques postales; **~schließfach** *n s* **~fach**; **~sparbuch** *n* libreta *f od* cartilla *f* de ahorro postal; **~sparkasse** *f* caja *f* postal de ahorros; **~stempel** *m* matasellos *m*; **ℨwendend** a vuelta de correo; **~wertzeichen** *n* sello *m* (de correo), *Am* estampilla *f*; **~wurfsendung** *f* envío *m* colectivo; impresos *m*/*pl* sin dirección
Poularde [pu'lardə] *f* (-; -n) pularda *f*
Pracht [praxt] *f* (-; *sin pl*) esplendor *m*; suntuosidad *f*
prächtig ['prɛçtiç] magnífico, espléndido, suntuoso
prägen ['prɛːgən] (ge-, h) imprimir, estampar; *Münzen, Wort*: acuñar; *fig* marcar
'prahl|en ['praːlən] (ge-, h) vanagloriarse, jactarse (*mit* de); **ℨerei** [-lə'raɪ] *f* (-; -en) fanfarronería *f*, jactancia *f*
Prakti|kant [prakti'kant] *m* (-en; -en), **~kantin** *f* (-; -nen) practicante *su*; (*Rechtsanwaltsℨ*) pasante *su*; **~kum** ['--kum] *n* (-s; -ka) prácticas *f*/*pl*; **ℨsch** práctico; **~er Arzt** médico *m* (de medicina) general; **ℨzieren** [--'tsiːrən] (h) practicar; *Arzt*: ejercer
Praline [pra'liːnə] *f* (-; -n) bombón *m*
prall [pral] (*straff*) tirante; (*voll*) repleto, relleno; *Ballon usw*: henchido; *in der* **~en Sonne** a pleno sol; **'~en** (ge-, sn) chocar (*auf ac*, *gegen* contra, con)
Prämie ['prɛːmjə] *f* (-; -n) premio *m*; ✝ prima *f*
prämi(i)eren [prɛ'miːrən, -mi'iːrən] (h) premiar
Pranke ['praŋkə] *f* (-; -n) garra *f*, pata *f*
Präposition [prɛpozi'tsjoːn] *f* (-; -en) preposición *f*
Präsens *gram* ['prɛːzɛns] *n* (-; -sentia [prɛ'zɛntsja]) presente *m*
Präservativ [prezɛrva'tiːf] *n* (-s; -e) preservativo *m*

Präsident

Präsi|dent [-zi'dɛnt] m (-en; -en), **~in** f (-; -nen) presidente m, -a f; **~schaft** f (-; -en) presidencia f
Praxis ['praksis] f (-; sin pl) práctica f; (pl Praxen) 🏛 bufete m; ✚ consultorio m; (Sprechstunde) consulta f
präzis [prɛ'tsiːs] preciso, exacto; **~ion** [-tsi'zjoːn] f (-; sin pl) precisión f
predig|en ['preːdigən] (ge-, h) predicar; **~er** m (-s; -) predicador m; **~t** ['-diçt] f (-; -en) sermón m (a fig)
Preis [praɪs] m (-es; -e) precio m; (Belohnung) premio m; **um jeden ~** a toda costa, cueste lo que cueste; **um keinen ~** de ningún modo; **'~anstieg** m aumento m od subida f de precios; **'~ausschreiben** n concurso m
Preiselbeere ['praɪzəl-] f arándano m encarnado
'Preis|erhöhung ['praɪsʔ-] f aumento m de precios; **~ermäßigung** f reducción f de precios; **~gekrönt** ['-gəkrøːnt] premiado; **~lage** f categoría f de precios; **~liste** f lista f de precios; **~nachlaß** m rebaja f, descuento m; **~niveau** n nivel m de precios; **~richter** m miembro m del jurado; juez m; **~senkung** f disminución f od rebaja f de (los) precios; **~wert** barato; adv a buen precio
'prell|en ['prɛlən] (ge-, h) ✚ contusionar; fig estafar (j-n um et a/c a alg); **~ung** ✚ f (-; -en) contusión f
Premier|e [prəm'jeːrə] f (-; -n) estreno m; **~minister(in** f) m [prəm'jeː-] primer(a) ministro m, -a f
'Presse ['prɛsə] f (-; -n) prensa f (a ⊙); **~agentur** f agencia f de prensa; **~freiheit** f libertad f de prensa; **~konferenz** f conferencia f od rueda f de prensa; **2n** (ge-, h) apretar; a ⊙ prensar
'Preßluft ['prɛs-] f (-; sin pl) aire m comprimido; **~hammer** m martillo m neumático
prickeln ['prikəln] (ge-, h) picar; Sekt: burbujear; Glieder: hormiguear; **~d** picante; excitante
Priester ['priːstər] m (-s; -) sacerdote m, cura m; **~in** f (-; -nen) sacerdotisa f
prima ['priːma] ✚ de primera calidad; F estupendo, formidable
primär [pri'mɛːr], **2...** primario
Primel ❦ ['priːməl] f (-; -n) primavera f
primitiv [primi'tiːf] primitivo
Prinz [prints] m (-en; -en) príncipe m; **~essin** [-'tsɛsin] f (-; -nen) princesa f
Prinzip [-'tsiːp] n (-s; -ien [jen]) principio m; **im ~** en principio; **2iell** [-tsi'pjɛl] en od por principio
Priorität [priori'tɛːt] f (-; -en) prioridad f
Prise ['priːzə] f (-; -n) ⚓ presa f; (Salz) pellizco m, chispa f
pri'vat [pri'vaːt] particular, privado; **2besitz** m, **2-eigentum** n propiedad f privada; **2fernsehen** n televisión f privada; **2leben** n vida f privada; **2patient(in** f) m paciente su particular; **2person** f particular m; **2quartier** n alojamiento m en una casa particular; **2sache** f asunto m particular; **~versichert: ~ sn** tener un seguro privado; **2wirtschaft** f (-; sin pl) economía f privada
Privileg [-vi'leːk] n (-[e]s; -ien [-gjən]) privilegio m
pro [proː] por; **~ Kopf** por cabeza; per cápita; **~ Person** por persona; **~ Stück** por (od la) pieza; **~ Tag** al día
'Probe ['proːbə] f (-; -n) prueba f; ✚ muestra f; **auf ~** a prueba; **auf die ~ stellen** poner od someter a prueba; **~fahrt** f viaje m de prueba; **2n** (ge-, h) ensayar; **2weise** a (título de) prueba; **~zeit** f período m de ensayo od de prueba
probieren [proː'biːrən] (h) probar (a Speise), ensayar
Problem [-'bleːm] n (-s; -e) problema m; **2atisch** [-ble'maːtiʃ] problemático
Produkt [-'dukt] n (-[e]s; -e) producto m; **~ion** [--'tsjoːn] f (-; -en) producción f; **~ionskosten** pl costes m/pl de producción; **2iv** [--'tiːf] productivo; **~ivität** [--tiviˈtɛːt] f (-; sin pl) productividad f
Produz|ent [-du'tsɛnt] m (-en; -en) productor m; fabricante m; **2ieren** [--'tsiːrən] (h) producir, fabricar
Professor [-'fɛsɔr] m (-s; -en [-'soːrən]), **~in** [--'soːrin] f (-; -nen) catedrático m, -a f (de universidad); als Titel: profesor(a f) m
Profi F ['proːfi] m (-s; -s) profesional m
Profil [proˈfiːl] n (-s; -e) perfil m; (Reifen2) dibujo m; 🚗 gálibo m
Pro'fit [-'fiːt] m (-[e]s; -e) provecho m; beneficio m; **2ieren** [-fi'tiːrən] (h) ganar, salir ganando **(von, bei** en); aprovecharse (de); **2-orientiert** con ánimo de lucro

Prognose [-'gnoːzə] f (-; -n) pronóstico m (a 🐟)
Pro'gramm ['gram] n (-s; -e) programa m; **~gestaltung** f programación f; **♀ieren** [--'miːrən] (h) programar; **~'ierer** m (-s; -) programador m; **~'iersprache** f lenguaje m de programación
progressiv [-grɛ'siːf] progresivo
Projekt [-'jɛkt] n (-[e]s; -e) proyecto m, plan m
Prokurist [-ku'rist] m (-en; -en) apoderado m
Prolet|ariat [-letar'jaːt] n (-[e]s; -e) proletariado m; **~arier** [--'taːrjər] m (-s; -) proletario m
Promenade [-mə'naːdə] f (-; -n) paseo m
Promille ['milə] n (-[s]; -) tanto m por mil
promi'nen|t [-mi'nɛnt] prominente, eminente, destacado; **♀te** su (-n; -n) celebridad f; eminencia f
Promo|tion [-mo'tsjoːn] f (-; -en) doctorado m; **♀vieren** [--'viːrən] (h) doctorarse
Pronomen [pro'noːmən] n (-s; -, -mina) pronombre m
Propaganda [-pa'ganda] f (-; sin pl) propaganda f
Propeller [-'pɛlər] m (-s; -) hélice f, propulsor m
prophezeien [-fe'tsaɪən] (h) profetizar; predecir; pronosticar
prophylaktisch [-fy'laktɪʃ] profiláctico, preventivo
Proportion [-pɔr'tsjoːn] f (-; -en) proporción f; **♀al** [--'tsjoː'naːl] proporcional
Prosa ['proːza] f (-; sin pl) prosa f
prosit! ['proːzɪt] ¡(a su) salud!; **~ Neujahr!** ¡feliz año nuevo!
Prospekt [pro'spɛkt] m (-[e]s; -e) prospecto m, folleto m
Prostata anat ['prɔstata] f (-; -tae ['--tɛː]) próstata f
Prostitu|ierte [-stitu'iːrtə] f (-n; -n) prostituta f; **~tion** [---'tsjoːn] f (-; sin pl) prostitución f
Protest [-'tɛst] m (-[e]s; -e) protesta f; ✝ protesto m; **~ant** [--'tant] m (-en; -en), **~'antin** f (-; -nen), **♀antisch** protestante su; **♀ieren** (h) protestar
Prothese 🐟 [-'teːzə] f (-; -n) prótesis f
Protokoll [-to'kɔl] n (-s; -e) acta f; a diplomatisches: protocolo m; **(das) ~ führen** redactar el acta; **♀ieren** (h) levantar acta; protocolizar

Proviant [pro'vjant] m (-s; -e) provisiones f/pl, víveres m/pl
Provinz [-'vɪnts] f (-; -en) provincia f
Provis|ion [-vi'zjoːn] f (-; -en) ✝ comisión f; **♀orisch** [--'zoːrɪʃ] provisional
provozieren [-vo'tsiːrən] (h) provocar
Pro'zent [-'tsɛnt] n (-[e]s; -e) (tanto m) por ciento; **~satz** m porcentaje m
Prozeß [-'tsɛs] m (-sses; -sse) proceso m; ⚖ a pleito m; **e-n ~ führen** seguir una causa
prozessieren [--'siːrən] (h) pleitear, litigar
Prozession [--'sjoːn] f (-; -en) procesión f
Pro'zeßkosten pl costas f/pl procesales
'prüf|en ['pryːfən] (ge-, h) examinar; (nach~) revisar; comprobar; verificar; ⊙ ensayar; **♀er** m (-s; -) examinador m; **♀ling** ['-lɪŋ] m (-s; -e) examinando m
'Prüfung ['-fʊŋ] f (-; -en) examen m; prueba f (a fig); ⊙ ensayo m; **e-e ~ machen** pasar un examen; **~s-ausschuß** m, **~skommission** f comisión f examinadora
'Prügel ['-ɡəl] m (-s; -) palo m; pl (Schläge) paliza f, palos m/pl; **♀n** (ge-, h) pegar, dar una paliza; **sich ~** andar a palos
Prunk [prʊŋk] m (-[e]s; sin pl) fasto m, boato m, suntuosidad f; **♀voll** suntuoso, fastuoso
Pseudonym [psɔydo'nyːm] n (-s; -e) seudónimo m
'Psych|e ['psyçə] f (-; -n) (p)sique f; **♀isch** (p)síquico
Psycho|'loge [psyço'loːɡə] m (-n; -n) (p)sicólogo m; **~logie** [--lo'ɡiː] f (-; sin pl) (p)sicología f; **~'login** f (-; -nen) (p)sicóloga f; **~thera'pie** f (p)sicoterapia f
Pubertät [pubɛr'tɛːt] f (-; sin pl) pubertad f
Publi|kation [publika'tsjoːn] f (-; -en) publicación f; **~kum** ['--kʊm] n (-s; sin pl) público m; **♀zieren** [--'tsiːrən] (h) publicar
Pudding ['pʊdɪŋ] m (-s; -e, -s) pudín m
Pudel ['puːdəl] m (-s; -) perro m de aguas od de lanas, caniche m
Puder ['-dər] m (-s; -) polvos m/pl
Puff [pʊf] **a)** m (-[e]s; ⸚e) (Stoß) empujón m, empellón m; **b)** P m (-s; -s) (Bordell) casa f de putas

Pullover [pu'lo:vər] *m* (-es; -) jersey *m*
Puls [puls] *m* (-es; -e) pulso *m*; **den ~ fühlen** tomar el pulso (*a fig*); '**~ader** *f* arteria *f*; '**~schlag** *m* pulsación *f*
Pult [pult] *n* (-[e]s; -e) pupitre *m*
'**Pulver** ['pulfər] *n* (-s; -) polvo *m*; ⚔ pólvora *f*; **~kaffee** *m* café *m* en polvo; **~schnee** *m* nieve *f* en polvo
'**Pump|e** ['pumpə] *f* (-; -n) bomba *f*; **2en** (h) bombear; F *fig* prestar
Punkt [puŋkt] *m* (-[e]s; -e) punto *m*; *im Stoff*: lunar *m*; **~ für ~** punto por punto; **~ drei Uhr** a las tres en punto; **2ieren** [-'ti:rən] (h) puntear; ✱ puncionar
pünktlich ['pyŋktliç] puntual; *adv* con puntualidad
Punsch [punʃ] *m* (-[e]s; -e) ponche *m*
Pupille [pu'pilə] *f* (-; -n) pupila *f*, F niña *f* del ojo
'**Puppe** ['pupə] *f* (-; -n) muñeca *f*; *teat* títere *m*, marioneta *f*; **~nspiel** *n* (teatro *m* de) guiñol *m*; **~nwagen** *m* cochecito *m* de muñeca
pur [pu:r] puro
purpurrot ['purpur-] purpúreo
'**Puste** F ['pu:stə] *f* (-; *sin pl*) aliento *m*; **2n** (ge-, h) soplar
'**Pute** ['pu:tə] *f* (-; -n) pava *f*; **~r** *m* (-s; -) pavo *m*
Putsch [putʃ] *m* (-[e]s; -e) intentona *f*; golpe *m* (de Estado)
Putz [puts] *m* (-es; *sin pl*) atavío *m*; adorno *m*; △ revoque *m*; **2en** (ge-, h) limpiar; fregar; *Zähne*: lavar; **sich** (*dat*) **die Nase ~** sonarse; '**~frau** *f* mujer *f* de limpieza *od* de faenas; asistenta *f*; '**~mittel** *n* producto *m* de limpieza; limpiador *m*
Puzzle ['pazl] *n* (-s; -s) rompecabezas *m*, puzzle *m*
Pyjama [py'dʒa:ma, -'ja:ma] *m* (-s; -s) pijama *m*
Pyramide [-ra'mi:də] *f* (-; -n) pirámide *f*

Q

Q, q [ku:] *n* (-; -) Q, q *f*
Qua|drat [kva'dra:t] *n* (-[e]s; -e) cuadrado *m*; **~....:** *in Zssgn* = **2isch** cuadrado; **~meter** *m* u *n* metro *m* cuadrado; **~meterpreis** *m* precio *m* por metro cuadrado
Qual [kva:l] *f* (-; -en) pena *f*; tormento *m*, tortura *f*; martirio *m*
quälen ['kvɛ:lən] (ge-, h) atormentar, torturar, molestar
Quali|fikation [kvalifika'tsjo:n] *f* (-; -en) calificación *f*; (*Fähigkeit*) capacidad *f*, aptitud *f*; **2fi'zieren** [---'tsi:rən] (h) calificar; **2fi'ziert** calificado, cualificado; **~tät** [--'tɛ:t] *f* (-; -en) ✝ calidad *f*; (*Eigenschaft*) cualidad *f*; **2tativ** [--ta'ti:f] cualitativo
Qualle ['-lə] *f* (-; -n) medusa *f*
Qualm [kvalm] *m* (-[e]s; *sin pl*) humo *m* espeso; humareda *f*; '**2en** (ge-, h) humear, echar humo
qualvoll ['kva:lfɔl] doloroso; angustioso, congojoso; atormentador
Quant|ität [kvanti'tɛ:t] *f* (-; -en) cantidad *f*; **2itativ** [--ta'ti:f] cuantitativo
Quarantäne [karan'tɛ:nə] *f* (-; -n) cuarentena *f*
Quark [kvark] *m* (-s; *sin pl*) requesón *m*
Quart|al [kvar'ta:l] *n* (-s; -e) trimestre *m*; **~ett** [-'tet] *n* (-[e]s; -e) cuarteto *m*
Quartier [-'ti:r] *n* (-s; -e) alojamiento *m*; habitación *f*; ⚔ acantonamiento *m*, cuartel *m*
Quarz [kvarts] *m* (-es; -e) cuarzo *m*; '**~uhr** *f* reloj *m* de cuarzo
Quatsch F [kvatʃ] *m* (-es; *sin pl*) tonterías *f/pl*, pamplinas *f/pl*, F chorradas *f/pl*
Quecksilber ['kvɛksilbər] *n* (-s; *sin pl*) mercurio *m*, azogue *m*
'**Quell|e** ['kvelə] *f* (-; -n) manantial *m*, fuente *f* (*a fig*); **aus sicherer ~** de fuente fidedigna, de buena tinta; **2en** (quoll, gequollen, sn) brotar, manar; (*auf~*) hincharse; *fig* emanar, proceder; **~ensteuer** *f* retención *f* fiscal en la

fuente *od* en origen; **~wasser** *n* agua *f* de manantial

quer [kveːr] transversal; *adv* a (*od* de) través; **~ über** *et* (*ac*) **gehen** atravesar, cruzar (*ac*); **~feldein** [-felt'ʔaɪn] a campo traviesa; **¹~schnitt** *m* corte *m od* sección *f* transversal; **'~schnitt(s)gelähmt** parapléjico (por corte medular); **²straße** *f* travesía *f*

'quetsch|en ['kvɛtʃən] (ge-, h) magullar; (*breit~*) aplastar; **Ձung** *f* (-; -en) contusión *f*; magulladura *f*

quietschen ['kviːtʃən] (ge-, h) chillar; *Tür*: rechinar

Quintett ♪ [kvɪn'tɛt] *n* (-[e]s; -e) quinteto *m*

'Quitt|e ⚘ ['kvɪtə] *f* (-; -n) membrillo *m*; **Ձieren** (h) dar recibo de; **~ung** *f* (-; -en) recibo *m*; **~ungsblock** *m* talonario *m* de recibos

Quiz [kvɪs] *n* (-; -) concurso *m* radiofónico *od* televisivo; **'~master** ['-maːstər] *m* (-s; -) presentador *m* de concursos

'Quote ['kvoːtə] *f* (-; -n) cuota *f*; (*Anteil*) contingente *m*; cupo *m*; **~nregelung** *f* reparto *m* por cuotas

Quotient [kvo'tsjɛnt] *m* (-en; -en) cociente *m*

R

R, r [ɛr] *n* (-; -) R, r *f*

Ra'batt ✂ [ra'bat] *m* (-[e]s; -e) descuento *m*, rebaja *f*; **~e ⚘** *f* (-; -n) arriate *m*

Rabe [raːbə] *m* (-n; -n) cuervo *m*

rabiat [ra'bjaːt] furioso

Rache ['raxə] *f* (-; *sin pl*) venganza *f*

Rachen ['raxən] *m* (-s; -) faringe *f*; (*Maul*) boca *f*; *a fig* fauces *f/pl*

rächen ['rɛçən] (ge-, h): (*sich*) **~** vengar(-se) (*an dat* de; *für* por)

Rad [raːt] *n* (-[e]s; ~er) rueda *f*; (*Fahr⌂*) bicicleta *f*

Ra'dar [ra'daːr] *m od n* (-s; *sin pl*) radar *m*; **~falle** *Vkw f* control *m* por (*od* de) radar; **~kontrolle** *f* control *m* por radar

Radau F [-'daʊ] *m* (-s; *sin pl*) alboroto *m*, ruido *m*; jaleo *m*

Rädelsführer ['rɛːdəlsfyːrər] *m* (-s; -) cabecilla *m*

'rad|fahren ['raːtfaːrən] (*irr, sep*, -ge-, sn, → *fahren*) ir en bicicleta; **Ձfahrer(in** *f*) *m* ciclista *su*

ra'dier|en [ra'diːrən] (h) borrar; **Ձgummi** *m* (-s; -s) goma *f* de borrar; **Ձung** *f* (-; -en) *pint* aguafuerte *m*

Radieschen ⚘ [-'diːsçən] *n* (-s; -) rabanito *m*

radikal [-di'kaːl] radical; *pol a* extremista

'Radio ['raːdjo] *n* (-s; -s) radio *f*; *in Zssgn s a* **Rundfunk...**; **Ձ-ak'tiv** radiactivo;

~aktivi'tät *f* (-; *sin pl*) radiactividad *f*; **~apparat** *m* aparato *m* de radio; **~recorder** ['--rekɔrdər] *m* (-s; -) radiocassette *m*

Radius ['-djus] *m* (-; -dien) radio *m*

'Rad|kappe ['ratkapə] *f* tapacubos *m*; **~rennbahn** *f* velódromo *m*; **~rennen** *n* carrera *f* ciclista; **~sport** *m* ciclismo *m*; **~tour** *f* excursión *f* en bicicleta; **~wanderung** *f* cicloturismo *m*; **~weg** *m* pista *f* para ciclistas, F carril-bici *m*

raffiniert [rafi'niːrt] *fig* astuto; *et*: sofisticado

ragen ['raːgən] (ge-, h) elevarse

Ragout [ra'guː] *n* (-s; -s) *gastr* ragú *m*

'Rahmen ['raːmən] *m* (-s; -) marco *m* (*a fig*); ⊙ armazón *m u f*; *am Fahrrad*: cuadro *m*; **~bedingungen** *f/pl* condiciones *f/pl* básicas; **~gesetz** *n* ley *f* marco *od* básica; **~vertrag** *m* acuerdo *m* marco

Rakete [ra'keːtə] *f* (-; -n) cohete *m*; ⚔ *a* misil *m*

Rallye ['rali] *f* (-; -s) rally(e) *m*

rammen ['ramən] (ge-, h) (*ein~*) pisar; ⚓ embestir (*a auto*), abordar

Rampe ['-pə] *f* (-; -n) 🚚 rampa *f*, muelle *m* (de carga)

Ramsch [ramʃ] *m* (-es; -e) pacotilla *f*

Rand [rant] *m* (-[e]s; ~er) borde *m*, orilla *f*; (*Buch*) margen *m*; (*Saum*) orla *f*;

randalieren 442

(*Stadt*) periferia *f*; (*Wald*) linde *m*; **zu ~e kommen mit** *et* poder con a/c; **⁀alieren** [-da'li:rən] (h) alborotar; **'~bemerkung** *f* nota *f* marginal, anotación *f*; *fig* glosa *f*, comentario *m*; **~erscheinung** *f* fenómeno *m* secundario; **'~löser** ['-lø:zər] *m* (-s; -) *Schreibmaschine*: desbloqueador *m* de márgenes; **'~notiz** *f* acotación *f*; **'~steller** ['-ʃtɛlər] *m* (-s; -) *Schreibmaschine*: marginador *m*; **'~streifen** *Vkw m* arcén *m*

Rang [raŋ] *m* (-[e]s; ⁀e) categoría *f*; clase *f*; rango *m*; (*~stufe*) grado *m* (*a* ⚔); (*Stand*) condición *f*; *teat* anfiteatro *m*, galería *f*

rangieren 🚂 [rã'ʒi:rən] (h) maniobrar, hacer maniobras

'Ranke ['-kə] *f* (-; -n) zarcillo *m*; (*Wein*⁀) pámpano *m*, sarmiento *m*; **⁀n** (ge-, h) echar pámpanos; (*a sich ~*) trepar

ranzig ['rantsiç] rancio

rar [ra:r] raro, escaso; **⁀ität** [rari'tɛ:t] *f* (-; -en) objeto *m* raro; curiosidad *f*

rasch [raʃ] veloz; rápido; *adv* a pronto, de prisa; **~eln** ['-ʃəln] (ge-, h) crujir; *Laub*: susurrar

'rasen ['ra:zən] (ge-, h) rabiar; *Sturm*: desencadenarse; (sn) (*schnell fahren*) correr a toda velocidad; **2 m** (-s; -) césped *m*; **~d** rabioso; *Schmerz*: atroz; *Geschwindigkeit*: vertiginoso; **2mäher** ['--mɛ:ər] *m* (-s; -) cortacésped(es) *m*

Raserei [--'rai] *f* (-; -en) *auto* velocidad *f* vertiginosa

Ra'sier|apparat [ra'zi:r⁀-] *m* máquina *f* de afeitar; **~creme** *f* crema *f* de afeitar; **⁀en** (h) afeitar; **~klinge** *f* (**~messer** *n*, **~pinsel** *m*) hoja *f* (navaja *f*, brocha *f*) de afeitar; **~seife** *f* jabón *m* de afeitar; **~wasser** *n* loción *f* (para después del afeitado); **~zeug** *n* (-[e]s; *sin pl*) utensilios *m/pl* de afeitar

'Rasse ['-sə] *f* (-; -n) raza *f*; **~ntrennung** *f* segregación *f* racial; *Gegner der* **~** integracionista *m*; **~n-unruhen** *f/pl* disturbios *m/pl* raciales

'rass|ig castizo; *Tier*: de casta; **~isch** racial

Ras'sis|mus [-'sismus] *m* (-; *sin pl*) racismo *m*; **⁀tisch** racista

Rast [rast] *f* (-; *sin pl*) descanso *m*; (*Halt*) parada *f*, alto *m*; **⁀en** (ge-, h) descansar; hacer (un) alto; **'~platz** *m* área *f* de descanso; **'~stätte** *f* restaurante *m* de carretera; *Autobahn*: área *f* de servicio

Rasur [ra'zu:r] *f* (-; -en) afeitado *m*

Rat [ra:t] *m* (-[e]s; *sin pl*) (*~schlag*) consejo *m*; (*pl* ⁀e) (*Berater*) consejero *m*; (*Stadt*⁀) concejo *m*; (*Person*) concejal *m*; *zu ~e ziehen* (*ac*) aconsejarse con; consultar a; *um ~ fragen* (*ac*) pedir consejo a

'Rate ['-tə] *f* (-; -n) plazo *m*; **⁀n** (riet, geraten, h) aconsejar; (*er~*) adivinar; **~nkauf** *m* compra *f* a plazos; **⁀nweise** a plazos; **~nzahlung** *f* pago *m* a plazos

'Rathaus *n* ayuntamiento *m*

ratifizieren [ratifi'tsi:rən] (h) ratificar

Ration [ra'tsjo:n] *f* (-; -en) ración *f*; porción *f*; **⁀al** [-jo'na:l] racional; **⁀alisieren** [--nali'zi:rən] (h) racionalizar; **~ali'sierung** *f* (-; -en) racionalización *f*; **⁀ell** [--'nɛl] racional, económico; **⁀ieren** [--'ni:rən] (h) racionar

'rat|los ['ra:tlo:s] perplejo; **~sam** aconsejable; indicado, conveniente

'Rätsel ['rɛ:tsəl] *n* (-s; -) acertijo *m*, adivinanza *f*; *fig* enigma *m*

'Ratte ['ratə] *f* (-; -n) rata *f*

Raub [raup] *m* (-[e]s; *sin pl*) robo *m*; (*Entführung*) secuestro *m*; rapto *m*; (*Überfall*) atraco *m*; (*Beute*) presa *f*; **'~bau** *m* (-[e]s; *sin pl*) explotación *f* abusiva; **⁀en** ['-bən] (ge-, h) robar; *fig* quitar; **~tier** *n* animal *m* de presa, fiera *f*; **'~überfall** *m* atraco *m* a mano armada; **'~vogel** *m* ave *f* de rapiña *od* de presa; (ave *f*) rapaz *f*

Rauch [raux] *m* (-[e]s; *sin pl*) humo *m*; **⁀en** (ge-, h) **1.** *v/i* echar (*Ofen*: hacer) humo; humear; **2.** *v/t u v/i* fumar; **2 verboten!** prohibido fumar; **~er** *m* (-s; -), **'~erin** *f* (-; -nen) fumador(a *f*) *m*; **~er-abteil** *n* compartimiento *m* de fumadores

'Räucher|kerze ['rɔyçər-] *f* pebete *m*; **⁀n** (ge-, h) ahumar

'rauch|ig ['rauxiç] lleno de humo; humoso, humeante; **2verbot** *n* prohibición *f* de fumar; **2vergiftung** *f* intoxicación *f* por humo; **2waren** *f/pl* tabacos *m/pl*; (*Pelze*) peletería *f*; **2wolke** *f* humareda *f*

rauh [rau] áspero; *Klima*: rudo; *Stimme*: ronco; *fig* rudo, duro

Raum [raum] *m* (-[e]s; ⁀e) espacio *m*; (*Platz*) sitio *m*, lugar *m*; (*Gebiet*) zona *f*;

Rechtshänder

abgegrenzt: recinto *m*; (*Räumlichkeit*) local *m*; (*Zimmer*) pieza *f*, habitación *f*, cuarto *m*

'**räumen** ['rɔymən] (ge-, h) quitar; *Gebiet*: evacuar (a ✕); *Saal etc*: desalojar; *Wohnung*: desocupar; ✝ *Lager*: vaciar; (*frei machen*) despejar

'**Raum|fähre** ['raumfɛːrə] *f* transbordador *m od* lanzadera *f* espacial; **~fahrer** *m* astronauta *m*; **~fahrt** *f* (-; *sin pl*) astronáutica *f*; **~flug** *m* vuelo *m* espacial; **~inhalt** *m* volumen *m*, capacidad *f*

'**räumlich** ['rɔymlɪç] espacial; **~ begrenzt** localizado; 2**keit** *f* (-; -en) local *m*

'**Raum|schiff** ['raʊm-] *n* astronave *f*, nave *f* espacial; **~station** *f* estación *f* espacial *od* orbital

'**Räumung** ['rɔymʊŋ] *f* (-; -en) evacuación *f*; desalojamiento *m*; despejo *m*; ⚖ desahucio *m*; **~sverkauf** ✝ *m* liquidación *f* de (las) existencias; liquidación *f* total

Raupe ['raʊpə] *f* (-; -n) zo oruga *f*; **~nschlepper** ⊙ *m* tractor-oruga *m*

raus! F [raʊs] ¡fuera!

Rausch [raʊʃ] *m* (-[e]s; ⁓e) borrachera *f*; *a fig* embriaguez *f*; *s-n* **~ ausschlafen** F dormir la mona; '2**en** (ge-, h) murmurar; susurrar; crujir; '**~gift** *n* estupefaciente *m*, droga *f*; '**~giftbekämpfung** ['-bəkɛmpfʊŋ] *f* (-; *sin pl*) lucha *f* antidroga; '**~gifthandel** *m* tráfico *m* de drogas, narcotráfico *m*; '**~gifthändler** *m* traficante *m* de drogas, narcotraficante *m*; '**~giftkriminalität** *f* delincuencia *f* en relación con la droga; '2**giftsüchtig** toxicómano, drogadicto

räuspern ['rɔyspərn] (ge-, h): *sich* **~** carraspear

Razzia ['ratsja] *f* (-; -ien) batida *f*, redada *f*

reagieren [reʔaˈgiːrən] (h) reaccionar (*auf ac* a)

Reaktion [-ʔakˈtsjoːn] *f* (-; -en) reacción *f*; 2**är** [--tsjoˈnɛːr] reaccionario

Reaktor [-ʔaktor] *m* (-s; -en [-ˈtoːrən]) reactor *m*

reˈal [-ˈaːl] real; efectivo; 2**-einkommen** *n* renta *f* real; **~iˈsieren** [-aliˈziːrən] (h) realizar; 2**ˈismus** *m* (-; *sin pl*) realismo *m*; **~ˈistisch** realista; 2**iˈtät** [-aliˈtɛːt] *f* (-; -en) realidad *f*; 2**schule** *f* escuela *f* secundaria con seis cursos

Rebe ['reːbə] *f* (-; -n) vid *f*; (*Zweig*) sarmiento *m*

Rebell [reˈbɛl] *m* (-en; -en) rebelde *m*; 2**ˈieren** (h) rebelarse; sublevarse

'**Rechen** ✎ ['rɛçən] **1.** *m* (-s; -) rastrillo *m*; **2.** ♀ *v/i* (ge-, h) rastrillar

'**Rechen|fehler** *m* error *m* de cálculo; **~maschine** *f* (máquina *f*) calculadora *f*; **~schaft** *f* (-; *sin pl*) cuenta *f*; **~ ablegen über** dar cuenta de; rendir cuentas de; *zur* **~ ziehen wegen** pedir cuenta(s) por; **~schaftsbericht** *m* informe *m*

'**rechn|en** ['rɛçnən] (ge-, h) calcular; computar; (*zählen*) contar; **~ mit** (*dat*) contar con; 2**er** *m* (-s; -) (*Gerät*) calculadora *f*; **~erisch** aritmético, calculatorio; 2**ung** *f* (-; -en) cálculo *m*, operación *f* aritmética; ✝ (*Waren*2) factura *f*; *auf* **~ von** por cuenta de; *in* **~ stellen** poner en cuenta

'**Rechnungs|ablage** *f* archivo *m* de facturas; **~betrag** ✝ *m* importe *m* de la factura; **~führung** *f* (-; *sin pl*) contabilidad *f*; **~jahr** *n* ejercicio *m*; **~legung** *f* (-; -en) rendición *f* de cuentas; **~prüfer** *m* (-s; -) auditor *m*

recht [rɛçt] derecho; ♙ recto (*richtig*) justo; (*passend*) conveniente, oportuno; *zur* **~en Zeit** a tiempo; *ganz* **~** exactamente, exacto; **~ haben** tener razón; *j-m* **~ geben** dar (la) razón a alg

Recht [rɛçt] *n* (-[e]s; -e, *a sin pl*) derecho *m*; *von* **~s wegen** de derecho; *ein* **~ haben auf, das* **~ haben zu** tener derecho a; *zu* **~ bestehen** ser legal; 2**-eckig** rectangular; 2**fertigen** (h) justificar; 2**haberisch** ergotista; 2**lich** ⚖ jurídico; legal; 2**los** sin derecho(s); 2**mäßig** legítimo; legal

rechts [rɛçts] a (*od* por) la derecha; 2**-abbieger** ['-apbiːgər] *m* (-s; -) Vkw vehículo *m* que gira a la derecha

'**Rechts|-anspruch** ⚖ *m* derecho *m* (*auf ac* a); **~anwalt** *m*, **~anwältin** *f* abogado *m*, -a *f*; **~ˈaußen** *m* (-s; -) *dep* extremo *m* derecha; **~berater** *m* asesor *m* jurídico

'**Rechtschreibung** ['rɛçt-] *f* ortografía *f*

'**rechts|-extrem** ['rɛçts?-] de la extrema derecha; 2**-extremismus** ['-ɛkstremɪsmʊs] *m* (-; *sin pl*) extremismo *m* de derecha, ultraderechismo *m*; 2**fall** *m* caso *m* jurídico; 2**frage** *f* cuestión *f* jurídica; 2**händer** ['-hɛndər] *m* (-s; -)

rechtskräftig 444

diestro *m*; ⁓**kräftig** válido; 2**mittel** *n* recurso *m* (*einlegen*) interponer)

Rechtsprechung ['rɛçt∫prɛçuŋ] *f* (-; -en) jurisprudencia *f*; jurisdicción *f*

'**rechts|radikal** ['rɛçtsradika:l] ultraderechista; 2**schutz** *m* protección *f* jurídica *od* legal; 2**schutzversicherung** *f* seguro *m* de asistencia jurídica; 2**staat** *m* Estado *m* de derecho; 2**streit** *m* litigio *m*; 2**weg** ['-ve:k] *m* vía *f* judicial; *den* ⁓ *beschreiten* tomar medidas judiciales; ⁓**widrig** ilegal

'**recht|wink(e)lig** ['rɛçtvɪŋk(ə)lɪç] rectangular; ⁓**zeitig** oportuno; *adv* a tiempo

Redak't|eur [redak'tø:r] *m* (-s; -e), ⁓**eurin** *f* (-; -nen) redactor(a *f*) *m*; ⁓**ion** [-'tsjo:n] *f* (-; -en) redacción *f*

'**Rede** ['re:də] *f* (-; -n) discurso *m*; *feierliche*: oración *f*; alocución *f*; (*Worte*) palabras *f*/*pl*; (*Ausdrucksweise*) lenguaje *m*; *die* ⁓ *sn von* tratarse de; *j-n zur* ⁓ *stellen* pedir explicaciones a alg; *nicht der* ⁓ *wert sn* no tener importancia; *davon kann keine* ⁓ *sn* no hay que pensarlo; ⁓**freiheit** *f* (-; *sin pl*) libertad *f* de palabra; 2**gewandt** diserto, elocuente; 2**n** (ge-, h) hablar (*über ac* de); (*nicht*) *mit sich* ⁓ *lassen* ser tratable (intransigente); ⁓**wendung** *f* locución *f*, modismo *m*, giro *m*

Redner ['re:dnər] *m* (-s; -) orador *m*

redselig ['re:tze:lɪç] locuaz

reduzieren [redu'tsi:rən] (h) reducir (*auf ac* a)

'**Reede** ['re:də] *f* (-; -n) rada *f*; ⁓**r** *m* (-s; -) armador *m*; ⁓**rei** [-'raɪ] *f* (-; -en) compañía *f* naviera

reell [re'ɛl] efectivo, real; *Ware*: bueno; *Geschäft*: serio, sólido; *Preis*: razonable

Refer|at [refə'ra:t] *n* (-[e]s; -e) informe *m*, ponencia *f*; (*Verwaltungsabteilung*) negociado *m*; ⁓**ent** [-'rɛnt] *m* (-en; -en) ponente *m*; ⁓**enz** [-'rɛnts] *f* (-; -en) referencia *f*; ⁓**en** *pl bei Bewerbung*: *a* informes *m*/*pl*

reffen ♧ ['rɛfən] (ge-, h) arrizar

reflektieren [reflɛk'ti:rən] (h) *fis* reflejar; ⁓ *auf* (*ac*) interesarse por

Reflex [-'flɛks] *m* (-es; -e) reflejo *m*

Re'form [-'fɔrm] *f* (-; -en) reforma *f*; ⁓**ation** [--ma'tsjo:n] *f* (-; *sin pl*) Reforma *f*; ⁓**ator** [-'ma:tɔr] *m* (-s; -en [-ma'to:rən]) reformador *m*; 2**ieren** (h) reformar; ⁓**politik** *f* política *f* reformista, reformismo *m*

Refrain [rə'frɛ̃] *m* (-s; -s) estribillo *m*

Regal [re'ga:l] *n* (-s; -e) estante *m*; *großes*: estantería *f*

Regatta ♧ [-'gata] *f* (-; -ten) regata *f*

rege ['re:gə] activo; vivo; *Unterhaltung*: animado; *Geist*: despierto

'**Regel** ['-gəl] *f* (-; -n) regla *f* (*a* ♂); norma *f*; *in der* ⁓ por regla general; 2**mäßig** regular; regulado; periódico; 2**n** (ge-, h) regular (*a Verkehr*); arreglar; *gesetzlich*: reglamentar; ⁓**ung** *f* (-; -en) regulación *f*; arreglo *m*; reglamentación *f*; 2**widrig** irregular

'**Regen** ['-gən] *m* (-s; -) lluvia *f*; ⁓**bogen** *m* arco *m* iris; ⁓**mantel** *m* impermeable *m*; ⁓**schauer** *m* chubasco *m*; ⁓**schirm** *m* paraguas *m*; ⁓**tag** *m* día *m* lluvioso *od* de lluvia; ⁓**tropfen** *m* gota *f* de lluvia; ⁓**wetter** *n* (-s; *sin pl*) tiempo *m* lluvioso; ⁓**wolke** *f* nube *f* de lluvia; ⁓**wurm** *m* lombriz *f* de tierra; ⁓**zeit** *f* estación *f* de las lluvias

Regie *teat, Film* [re'ʒi:] *f* (-; *sin pl*) dirección *f*; ⁓ *führen* dirigir

re'gier|en [-'gi:rən] (h) *v/t u.* ⁓ *über* (*ac*) gobernar; (*herrschen*) reinar; 2**ung** *f* (-; -en) gobierno *m*

Re'gierungs|bezirk *m* distrito *m*; ⁓**form** *f* régimen *m* político; ⁓**krise** *f* (⁓**partei** *f*) crisis *f* (partido *m*) gubernamental; ⁓**zeit** *f* reinado *m*

Regime [-'ʒi:m] *n* (-s; - [-mə]) régimen *m*

Regiment [-gi'mɛnt] *n* (-[e]s; -er) ✕ regimiento *m*

Region [-gjo:n] *f* (-; -en) región *f*; 2**al** [-gjo'na:l] regional

Regisseur [-ʒi'sø:r] *m* (-s; -e) director *m*, *Film*: a realizador *m*

Regist|er [-'gɪstər] *n* (-s; -) registro *m* (*a* ♪); *im Buch*: tabla *f* de materias, índice *m*; ⁓**ratur** [--tra'tu:r] *f* (-; -en) archivo *m*; 2**rieren** (h) registrar

Regler ['re:glər] *m* (-s; -) ⊛ regulador *m*

'**regn|en** ['re:gnən] (ge-, h) llover; ⁓**erisch** lluvioso

Re'greß *n* [re'grɛs] *m* (-sses; -sse) recurso *m*; 2**pflichtig** [-'pflɪçtɪç] obligado a indemnización

regul|är [regu'lɛ:r] regular; normal; ⁓'**ieren** (h) regular, regular; ⊛ ajustar

Reh [re:] *n* (-[e]s; -e) corzo *m*

Rehabilitation [rehabilita'tsjo:n] f (-; -en) rehabilitación f (*a ⚕*); **2tieren** [----'ti:rən] (h) rehabilitar

'**reib|en** [raɪbən] (rieb, gerieben, h) frotar; *leicht:* rozar; *gastr* rallar; (*ab-*) restregar; **2e'reien** f/pl fig roces m/pl, fricciones f/pl; **~ungslos** fig sin dificultades

reich [raɪç] 1. *adj* rico (**an** *dat* en); **~ werden** enriquecerse; 2. **2** n (-[e]s; -e) imperio m; reino m (*a fig*); '**~en** (ge-, h) 1. *v/t* pasar, alargar, tender; 2. *v/i* llegar, extenderse; (*genügen*) ser suficiente; **~haltig** ['-haltɪç] abundante; '**~lich** copioso; abundante; *adv* bastante; en abundancia; **2tum** m (-s; *¨*er) riqueza f; '**2weite** f alcance m; **außer ~** fuera de alcance

reif [raɪf] maduro; **~ werden** madurar

Reif m (-[e]s; *sin pl*) (*Rauh2*) escarcha f; '**~e** f (-; *sin pl*) madurez f; '**2en** (ge-, h) a) (sn) madurar; b) **es reift** hay escarcha

'**Reifen** m (-s; -) aro m, cerco m; (*Rad2*) neumático m; **~druck** m presión f de los neumáticos; **~panne** f pinchazo m, reventón m; **~wechsel** m cambio m de neumático

'**Reife|prüfung** f examen m de bachillerato (superior); **~zeugnis** n certificado m od título m de bachiller

reiflich ['-lɪç]: **es sich ~ überlegen** pensarlo bien

'**Reihe** ['raɪə] f (-; -n) fila f (*a* ⚔); *Bäume, Knöpfe etc:* hilera f; (*Serie*) serie f; (*Linie*) línea f; **der ~ nach** por turno; **~nfolge** f sucesión f, orden m; turno m; **~nhaus** n chalet m adosado

Reim [raɪm] m (-[e]s; -e) rima f; '**2en** (ge-, h): (*sich*) **~** rimar (**auf** *ac* con)

rein [raɪn] limpio; puro (*a fig*); claro; **ins ~e kommen mit** *et* resolver (*ac*), **mit** *j-m:* arreglarse con; **ins ~e schreiben** poner *od* sacar en limpio

'**Rein|fall** F m fracaso m, F chasco m; **~gewinn** m beneficio m neto; **~heit** f (-; *sin pl*) limpieza f; pureza f (*a fig*); nitidez f; **2igen** (ge-, h) limpiar; a *fig* purificar; *chemisch ~* limpiar *od* lavar en seco; **~igung** f (-; -en) limpieza f; purificación f; *chemische ~* limpieza f *od* lavado m en seco; (*Laden*) tintorería f, F tinte m; **~igungsmittel** n limpiador m; detergente m; **2rassig** de raza pura,

castizo; **~schrift** f copia f en limpio

Reis ⚘ [raɪs] m (-es; *sin pl*) arroz m

'**Reise** ['raɪzə] f (-; -n) viaje m; **~andenken** n recuerdo m (de viaje); **~apotheke** f botiquín m (de viaje); **~büro** n agencia f de viajes; **~fieber** n nerviosismo m ante el viaje; **~führer** m (*Buch*) guía f; (*Person*) guía m; **~gepäck** n equipaje m; **~gepäckversicherung** f seguro m de equipajes; **~gesellschaft** f grupo m de turistas; **~leiter(in** f) m guía *su* (turístico, -a); (guía *su*) acompañante *su*; **2n** (ge-, sn) viajar; **~nach** ir a; **~nde** m/f (-n; -n) viajero m, -a f; ✈ viajante m; **~paß** m pasaporte m; **~route** f itinerario m; ruta f; **~ruf** Vkw m mensaje m para automovilistas que se encuentran de viaje; **~scheck** m cheque m de viaje; **~spesen** pl gastos m/pl de viaje; **~tasche** f bolsa f de viaje; **~verkehr** m tráfico m de viajeros; turismo m; **~versicherung** f seguro m de viaje; **~wetterbericht** m previsión f meteorológica (para el viaje); **~ziel** n destino m (del viaje)

'**Reiß|brett** ['raɪs-] n tablero m de dibujo; **2en** (riß, gerissen) 1. *v/t* (h) arrancar; **an sich ~** arrebatar; *fig* apoderarse de; **in Stücke ~** hacer pedazos; **sich ~ um** (*ac*) disputarse (*ac*); 2. *v/i* (sn) romperse; quebrarse; **2end** *Tier:* feroz; *Strom:* impetuoso; *Schmerz:* lancinante; **2erisch** chillón; **~verschluß** m (cierre m de) cremallera f; **~zwecke** f (-; -n) chincheta f

'**reit|en** ['raɪtən] (ritt, geritten, sn) *v/i* ir *od* montar a caballo; cabalgar; **2er** (-s; -) jinete m; (*Kartei*) guión m de fichero; **2erin** f (-; -nen) amazona f; **2hose** f pantalón m de montar; **2lehrer** m maestro m de equitación; **2pferd** n caballo m de silla; **2peitsche** f látigo m; **2sport** m deporte m hípico, equitación f; **2stiefel** m bota f de montar; **2weg** ['-ve:k] m camino m de herradura

Reiz [raɪts] m (-es; -e) excitación f (*a* ⚕); (*An2*) estímulo m; (*Lieb2*) atractivo m, encanto m; '**2en** (ge-, h) estimular, excitar; (*erzürnen*) irritar; (*locken*) atraer; tentar; **2end** encantador, atractivo; '**~klima** n (-s; *sin pl*) clima m estimulante; '**2los** sin atractivo; '**~ung** f (-; -en) excitación f; irritación f (*a* ⚕)

Reklamation [rekla'matsjo:n] *f* (-; -en) reclamación *f*

Reklam|e [-'kla:mə] *f* (-; -n) propaganda *f*; publicidad *f*; **≈ieren** [-kla'mi:rən] (h) reclamar (*bei j-m* a)

rekonstru|ieren [-kɔnstru'i:rən] (h) reconstruir; **≈ktion** [---k'tsjo:n] *f* (-; -en) reconstrucción *f*

Rekonvaleszent [-kɔnvalɛs'tsɛnt] *m* (-en; -en) convaleciente *m*

Rekord [-'kɔrt] *m* (-[e]s; -e) (plus)marca *f*, récord *m* (*in Zssgn*: **aufstellen** establecer; **brechen, schlagen** batir)

Rektor ['rɛktɔr] *m* (-s; -en [-'to:rən]) *Universität*: rector *m*; *Schule*: director *m*

relativ [rela'ti:f] relativo

Relief [rə'ljɛf] *n* (-s; -s, -e) relieve *m*

Religi|on [reli'gjo:n] *f* (-; -en) religión *f*; **≈ös** [-'gjø:s] religioso; *Kunst*: sacro

Reling ⚓ ['re:lɪŋ] *f* (-; -s) borda *f*

Reliquie [re'li:kvjə] *f* (-; -n) reliquia *f*

Renaissance [rənɛ'sãs] *f* (-; *sin pl*) Renacimiento *m*

Rendez'vous [rãde'vu:] *n* (-; - [-'vu:s]) cita *f*; **≈manöver** *n Raumfahrt*: maniobra *f* de encuentro

Rendite ✝ [rɛn'di:tə] *f* (-; -n) rédito *m*; rentabilidad *f*

'Renn|bahn ['rɛn-] *f* pista *f*; **≈boot** *n* bote *m* de carreras; **≈en** (rannte, gerannt, sn) correr; **gegen ~** dar contra a/c; **~en** *n* (-s; -) carrera *f*; **~fahrer** *m* corredor *m*, piloto *m* de carreras; **~pferd** *n* caballo *m* de carreras; **~sport** *m* carreras *f/pl*; **~strecke** *f* pista *f*, recorrido *m*; **~wagen** *m* coche *m* de carreras

renommiert [rɛno'mi:rt] renombrado; famoso

reno'vier|en [-no'vi:rən] (h) renovar; **≈ung** *f* (-; -en) renovación *f*

rent|abel [rɛn'ta:bəl] rentable; **≈abilität** [-tabili'tɛ:t] *f* (-; *sin pl*) rendimiento *m*; rentabilidad *f*; **'≈e** *f* (-; -n) (*aus Kapital*) renta *f*; (*soziale*) pensión *f*; **'≈enversicherung** *f* seguro *m* de pensión; **'≈ieren** (h): **sich ~** ser rentable; *fig* valer la pena; **'≈ner** *m* (-s; -), **'≈nerin** *f* (-; -nen) pensionista *su*

Repara|'tur [repara'tu:r] *f* (-; -en) reparación *f*; **~turwerkstatt** *f* taller *m* de reparaciones; **≈ieren** (h) reparar

Report|age [-pɔr'ta:ʒə] *f* (-; -n) reportaje *m*; **~er** [-'pɔrtər] *m* (-s; -) reportero *m*

Repräsen|tant [-prɛzɛn'tant] *m* (-en; -en) representante *m*; **≈tativ** [----'ti:f] representativo; **≈tieren** (h) representar

Repressalien [-prɛ'sa:ljən] *f/pl* represalias *f/pl*

reprivati'sier|en ✝ [-privati'zi:rən] (h) desnacionalizar; **≈ung** ✝ *f* (-; -en) desnacionalización *f*

Repro|duktion [-produk'tsjo:n] *f* (-; -en) reproducción *f*; **≈du'zieren** (h) reproducir

Reptil [rɛp'ti:l] *n* (-[e]s; -lien) reptil *m*

Republik [repu'bli:k] *f* (-; -en) república *f*; **≈anisch** [--bli'ka:nɪʃ] republicano

Reservat [-zɛr'va:t] *n* (-[e]s; -e) reserva *f*

Re'serv|e [-'ve] *f* (-; -n) reserva *f*; *in Zssgn* ⚔ u ✝ de reserva; ⊙ de recambio, de repuesto; **~rad** *n auto* rueda *f* de repuesto; **~etank** *m* depósito *m* de reserva; **≈ieren** (h) reservar; **≈iert** *a fig* reservado; **~ierung** *f* (-; -en) reserva *f*

Resid|enz [-zi'dɛnts] *f* (-; -en) residencia *f*; **≈ieren** (h) residir

resignieren [-zig'ni:rən] (h) resignarse

resolut [-zo'lu:t] resuelto, decidido

Respekt [rɛs'pɛkt] *m* (-[e]s; *sin pl*) respeto *m* (*vor dat* a); **≈ieren** (h) respetar

Ressort [-'sɔ:r] *n* (-s; -s) negociado *m*, departamento *m*; sección *f*; (*Zuständigkeit*) incumbencia *f*

Rest [rɛst] *m* (-[e]s; -e) resto *m*; 🐾, ⊙ residuo *m*; (*Speise*) sobras *f/pl*; (*Stoff*) retal *m*

Restaur|ant [rɛsto'rã] *n* (-s; -s) restaurante *m*; **≈ieren** [-tau'ri:rən] (h) restaurar

'Rest|bestand ['rɛst-] ✝ *m* existencias *f/pl* restantes; **~betrag** ✝ *m* saldo *m*, remanente *m*; **≈los** entero, total; **~posten** ✝ *m* restante *m*; **~urlaub** *m* vacaciones *f/pl* no gastadas; **~zahlung** ✝ *f* pago *m* restante

Resul|tat [rezul'ta:t] *n* (-[e]s; -e) resultado *m*; **≈tieren** (h) resultar

retten ['rɛtən] (ge-, h) salvar

Rettich ♧ ['-tɪç] *m* (-s; -e) rábano *m*

'Rettung *f* (-; -en) salvación *f*, *a* ⚓ salvamento *m*, rescate *m*; **~saktion** *f* operación *f* de rescate; **~sboot** *n* bote *m* salvavidas; **~sring** *m* salvavidas *m*

Revanch|e [rə'vãʃə] *f* (-; -n) desquite *m*, *gal* revancha *f*; **≈ieren** (h): **sich ~ für** tomar el desquite *od* la revancha de; *für e-e Einladung etc*: devolver

revidieren [revi'di:rən] (h) revisar

Revier [-'vi:r] *n* (-s; -e) *Forst:* coto *m*; ⚔ distrito *m*; *Polizei:* comisaría *f*

Revision [-vi'zjo:n] *f* (-; -en) revisión *f*; (*Zoll*) registro *m*; ⚖ recurso *m* de casación (**einlegen** interponer)

Revolt|e [-'vɔltə] *f* (-; -en) revuelta *f*, motín *m*; **2ieren** (h) rebelarse (*a fig*), amotinarse

Revolution [-volu'tsjo:n] *f* (-; -en) revolución *f*; **2är** [---jo'nɛ:r] revolucionario

Revolver [-'vɔlvər] *m* (-s; -) revólver *m*

Revue [rə'vy:] *f* (-; -n) *teat* revista *f*

Re'zept 💊 [re'tsɛpt] *n* (-[e]s; -e) receta *f*; **2frei** sin receta médica; **~ion** [--'tsjo:n] *f* (-; -en) *Hotel:* recepción *f*; **2pflichtig** [-'-pflɪçtɪç] con receta médica

R-Gespräch ['ɛrgəʃprɛːç] *n tel* conferencia *f* de cobro revertido

Rhabarber ✿ [ra'barbər] *m* (-s; *sin pl*) ruibarbo *m*

Rheumatismus 💊 [rɔyma'tɪsmus] *m* (-; -men) reumatismo *m*

Rhythmus ['rytmʊs] *m* (-; -men) ritmo *m*

richt|en ['rɪçtən] (ge-, h) dirigir (**auf, an** *ac* a); *Aufmerksamkeit:* fijar (**auf** en, sobre); *Waffe:* apuntar (**auf** sobre); ⚙ ajustar; arreglar; ⚖ juzgar; sentenciar; **sich ~ nach** ajustarse a; atenerse a; **2er** ⚖ *m* (-s; -) juez *m*; **~ig** justo; correcto; exacto; (*echt*) verdadero, auténtico; **~!** ¡eso es!; **ganz ~!** ¡perfectamente!; **für ~ halten** aprobar; **~ gehen** *Uhr:* andar bien; **~igstellen** (*sep*, -ge-, h) rectificar; **2linien** *f/pl* directivas *f/pl*; **2preis** 🕂 *m* precio *m* indicativo *od* de orientación; **2ung** *f* (-; -en) dirección *f*; *fig* orientación *f*; tendencia *f*; **~ungweisend** orientador; normativo

riechen ['ri:çən] (roch, gerochen, h) oler (**nach** a)

Riegel [-gəl] *m* (-s; -) cerrojo *m*; (*Tür etc*) pasador *m*; *am Schloß:* pestillo *m*; *Schokolade:* barra *f*; **e-r Sache e-n ~ vorschieben** poner coto a a/c

Riese ['-zə] *m* (-n; -n) gigante *m*

rieseln ['-zəln] (ge-, sn) correr; *Bach:* a murmurar; *Quelle:* manar

'Riesen|rad *n* noria *f*; **~schlange** *f* boa *f*; **~slalom** *m* slalom *m* gigante

'ries|ig ['-zɪç] gigantesco; *fig* colosal, enorme; **2in** *f* (-; -nen) giganta *f*

Riff [rɪf] *n* (-[e]s; -e) arrecife *m*

rigoros [rigo'ro:s] riguroso

Rille ['rɪlə] *f* (-; -n) ranura *f*; *der Schallplatte:* surco *m*

Rind [rɪnt] *n* (-[e]s; -er) bovino *m*, vacuno *m*; **~e** ['-də] *f* (-; -n) corteza *f* (*a Brot*♱); **'~erbraten** *m* asado *m* de vaca *od* de buey; **'~fleisch** *n* carne *f* de buey *od* de vaca; **'~sleder** *n* vaqueta *f*

Ring [rɪŋ] *m* (-[e]s; -e) anillo *m*; aro *m*; (*Eisen*♱) argolla *f*; (*Schmuck*♱) sortija *f*; (*Ehe*♱) alianza *f*; ⊙ anilla *f*; *Boxen:* ring *m*; (*Kreis*) círculo *m*; *dep* **~e** *pl* anillas *f/pl*; **~e** *pl* **um die Augen** ojeras *f/pl*; **'~buch** *n* cuaderno *m* de anillas

'ringel|n ['rɪŋəln] (ge-, h): **sich ~** enroscarse; *Haar:* ensortijarse; **2natter** *f zo* culebra *f* de agua

'ringen ['rɪŋən] (rang, gerungen, h) luchar (*a fig*; **um** por); **nach Atem ~** respirar con dificultad; **2er** *m* (-s; -) *dep* luchador *m*; **2finger** *m* anular *m*; **2kampf** *m* lucha *f*; **2richter** *m dep* árbitro *m*

rings [rɪŋs], **'~herum** alrededor (de)

Ringstraße ['rɪŋ-] *f* cinturón *m*; ronda *f*

'Rinn|e ['rɪnə] *f* (-; -n) (*Dach*♱) canal *m*; **2en** (rann, geronnen, sn) correr, fluir; (*tropfen*) gotear

'Rippe ['rɪpə] *f* (-; -n) *anat* costilla *f*; **~nfell-entzündung** *f* pleuresía *f*

Ris|iko ['ri:ziko] *n* (-s; -s, -ken) riesgo *m* (**eingehen** correr); **2kant** [rɪs'kant] arriesgado; **2'kieren** (h) arriesgar

Riß [rɪs] *m* (-sses; -sse) rotura *f*; desgarro *m* (*beide a fig*); *im Stoff:* roto *m*, desgarrón *m*; *Haut, Mauer:* grieta *f*; (*Spalt*) hendidura *f*, rendija *f*

rissig ['-sɪç] agrietado

Ritter ['rɪtər] *m* (-s; -) caballero *m*

Ritus ['ri:tʊs] *m* (-; -ten) rito *m*

'Rival|e [ri'va:lə] *m* (-n; -n), **~in** *f* (-; -nen) rival *su*, competidor(a *f*) *m*; **2isieren** [-vali'zi:rən] (h) rivalizar, competir

Roastbeef ['ro:stbi:f] *n* (-s; -s) rosbif *m*

Robbe ['rɔbə] *f* (-; -n) foca *f*

Roboter ['-bɔtər] *m* (-s; -) robot *m*

robust [ro'bʊst] robusto

röcheln ['rœçəln] *v/i* (ge-, h) respirar con dificultad

Rock [rɔk] *m* (-[e]s; ⸚e) (*Sakko*) chaqueta *f*; (*Frauen*♱) falda *f*; *Am* pollera *f*; **'~musik** *f* música *f* rock(era)

'Rodel|bahn ['ro:dəl-] *f* pista *f* de trineos *od* de luge; **2n** (ge-, h *od* sn) ir en trineo;

~(schlitten) m (-s; -) tobogán m, trineo m (pequeño), dep a gal luge f
roden ['ro:dən] (ge-, h) roturar; Wald: desmontar, talar
Rogen ['ro:gən] m (-s; -) huevas f/pl
Roggen ['rɔgən] m (-s; sin pl) centeno m
roh [ro:] crudo; (unbearbeitet) bruto; (tosco) rudo, grosero; brutal; '2bau ⚒ m (-[e]s; -ten) obra f bruta; '2kost f régimen m crudo; '2material n materia f prima; '2-öl n (petróleo m) crudo m
Rohr [ro:r] n (-[e]s; -e) ⚭ caña f; ⊙ tubo m
Röhre ['rø:rə] f (-; -n) tubo m; caño m; ⚡ válvula f, lámpara f; (Back2) horno m
'rohstoff|-arm ['ro:ʃtɔf-] pobre en materias primas; ~e m/pl materias f/pl primas; ~reich rico en materias primas
'Roll|aden ['rɔlɑ:dən] m persiana f (enrollable); ~bahn ✈ f pista f de rodadura; ~e f (-; -n) rollo m; (Walze) rodillo m, cilindro m; (Garn2) carrete m; (Flaschenzug) polea f; teat papel m (a fig); rol m; e-e ~ spielen desempeñar un papel; das spielt keine ~ no tiene importancia; 2en (ge-) 1. v/i (sn) rodar; 2. v/t (h) (auf~) arrollar; (ein~) enrollar; Wäsche: calandrar; ~er m (-s; -) (Spielzeug) patinete m; auto escúter m; ~film m carrete m, rollo m; ~kragen(pullover) m (jersey m de) cuello m cisne od alto; ~mops m gastr arenque m enrollado; ~schuh m patín m de ruedas; ~stuhl m sillón m de ruedas; ~stuhlfahrer(in f) m persona f en sillón de ruedas; ~treppe f escalera f mecánica
Ro'man [ro'mɑ:n] m (-[e]s; -e) novela f; ~ik [-'nik] f (-; sin pl) (estilo m) románico m; 2isch ⚒ románico; Sprache: a romance
Ro'man|tik [-'mantik] f (-; sin pl) romanticismo m; 2tisch romántico (a fig)
'Röm|er ['rø:mər] m (-s; -) (Glas) copa f (para vino blanco); ~er m (-s; -), ~erin f (-; -nen) romano m, -a f; 2isch romano
'röntgen ✗ ['rœntgən] (ge-, h) radiografiar; hacer una radiografía; 2-aufnahme f, 2bild n radiografía f; 2strahlen m/pl rayos m/pl X
'rosa ['ro:za] inv, ~farben rosa
'Rose [-zə] f (-; -n) ⚭ rosa f; ✗ erisipela f; ~nkohl m col f de Bruselas; ~nkranz rel m rosario m; ~nmontag [-zən'mo:ntɑ:k] m lunes m de carnaval
Rosine [ro'zi:nə] f (-; -n) pasa f

Rost [rɔst] m (-[e]s; sin pl) orín m, herrumbre f, óxido m; (pl -e) (Brat2) parrilla f, gril m; (Gitter2) rejilla f; '2en (ge-, sn od h) oxidarse
rösten ['rœstən] (ge-, h) tostar
'rost|frei ['rɔst-] inoxidable; ~ig oxidado, tomado de orín; 2schutzmittel n anticorrosivo m
rot [ro:t] rojo; encarnado; ~e Zahlen ✝ números m/pl rojos; das 2e Kreuz la Cruz Roja
'Röte|ln ['rø:təln] ✗ pl rubéola f; 2n (ge-, h): (sich) ~ enrojecer(se)
'Rot|käppchen ['ro:tkɛpçən] n (-s; sin pl) Caperucita f Roja; ~kohl m (col f) lombarda f; ~stift m lápiz m rojo; ~wein m vino m tinto; ~wild n venado m
Rouge ['ru:ʒ] n (-s; -s) colorete m
Roulade [ru'lɑ:də] f (-; -n) filete m relleno
Roulett [-'lɛt] n (-[e]s; -e) ruleta f
Route ['ru:tə] f (-; -n) ruta f, itinerario m
Routi|ne [ru'ti:nə] f (-; sin pl) rutina f; ~nekontrolle f control m rutinario; 2niert [-ti'ni:rt] experto, versado
Rowdy ['raudi] m (-s; -s) camorrista m, gamberro m
Rübe ['ry:bə] f (-; -n) remolacha f; weiße ~ nabo m; gelbe ~ zanahoria f; rote ~ remolacha f colorada
Rubel ['ru:bəl] m (-s; -) rublo m
Rubin [ru'bi:n] m (-s; -e) min rubí m
Rubrik [ru'bri:k] f (-; -en) rúbrica f; e-r Zeitung: sección f, columna f
Ruck [ruk] m (-[e]s; -e) ~ arranque m, (Stoß) empujón m; (Erschütterung) sacudida f
'Rück|antwort ['rykˀ-] f: ~ bezahlt respuesta f pagada; ~antwortkarte f tarjeta f de respuesta; ~blick fig m (mirada f) retrospectiva f; 2datieren (h) antedatar
rücken ['rykən] (ge-) 1. v/t (h) mover; empujar; 2. v/i (sn) moverse; (Platz machen) correrse
'Rücken m (-s; -) anat espalda f; (Buch2) lomo m; (Berg2) loma f; ~mark n médula f espinal; ~schwimmen n natación f de espalda; ~wind m viento m por atrás od ⚓ en popa
'rück|-erstatten (h) devolver; restituir; 2-erstattung f devolución f (a v Steuern); restitución f; reintegro m; 2fahr-

karte f billete m de ida y vuelta; **2fahrscheinwerfer** m auto luz f de marcha atrás; **2fahrt** f viaje m de regreso; **2fall** m ♂ recaída f, recidiva f; ✚ reincidencia f; **~fällig** reincidente; **~ werden** reincidir; **2flug** ✈ m vuelo m de regreso; **2frage** f demanda f de nuevos informes; **2gabe** f (-; sin pl) devolución f, restitución f; **2gang** m retroceso m; descenso m; baja f; ✝ recesión f; **~gängig**: **~ machen** anular; **2gewinnung** f recuperación f; **2grat** n (-[e]s; -e) anat espina f dorsal; a fig columna f vertebral; **2halt** f (-[e]s; sin pl) apoyo m, sostén m, respaldo m; **2kauf** m readquisición f, rescate m; **2kehr** ['-keːr] f (-; sin pl) vuelta f, regreso m; **2lage** f reserva f; **2lauf** ⊙ m (-[e]s; sin pl) retroceso m; **~läufig** retrógrado; inverso; **2licht** n (-[e]s; -er) auto luz f trasera; **2marsch** ⚔ m retirada f; **2porto** n porte m de vuelta; **2reise** f vuelta f; viaje m de regreso; **2reiseverkehr** m Esp operación f retorno

'**Rucksack** ['rukzak] m mochila f; **~tourist** m turista m de mochila

'**Rück|schlag** ['ryk-] m fig revés m; contratiempo m; **2schrittlich** reaccionario; **~seite** f parte f posterior od trasera; e-s Blattes: dorso m, vuelta f; e-r Münze: reverso m; **~sendung** f devolución f; **~sicht** f (-; -en) consideración f; **~ nehmen auf j-n** respetar a alg; **~ nehmen auf et** tomar en consideración a/c; **2sichtslos** ['-ziçtsloːs] desconsiderado; brutal; **2sichtsvoll** atento; considerado; **~sitz** m asiento m trasero; **~spiegel** m auto (espejo m) retrovisor m; **~spiel** n dep partido m de vuelta; **~sprache** f (-; -n) consulta f; **~ nehmen mit** ponerse al habla con; **2ständig** atrasado (a fig); **~stau** Vkw m (-s; -s) retención f; **~taste** f Schreibmaschine: tecla f de retroceso; **~tausch** ✝ m cambio m; **~tritt** m renuncia f; dimisión f; **~vergütung** f re(e)mbolso m; **~wand** f pared f del fondo; **2wärts** ['-verts] hacia atrás; **~wärtsgang** auto m marcha f atrás; **~weg** ['-veːk] m vuelta f; **auf dem ~** al volver

'**rück|wirkend** ['rykvirkənt] (de efecto) retroactivo; **~zahlbar** re(e)mbolsable; **2zahlung** f re(e)mbolso m; **2zug** ⚔ m (-[e]s; sin pl) retirada f; repliegue m

Rudel ['ruːdəl] n (-s; -) tropa f; (Wild) manada f

'**Ruder** ['-dər] n (-s; -) remo m; (Steuer) timón m (a fig); ⏦ barco m od bote m de remos; **2n** (ge-) v/t (h), v/i (a sn) remar; bogar; **~sport** m (deporte m del) remo m

Ruf [ruːf] m (-[e]s; -e) grito m; llamada f; (sin pl) (Ansehen) reputación f; '**2en** (rief, gerufen, h) llamar; (schreien) gritar; **wie gerufen** fig de perilla; '**~name** m nombre m de pila; '**~nummer** f número m de teléfono; '**~zeichen** n tel señal f de llamada

'**Ruhe** ['ruːə] f (-; sin pl) (Stille) silencio m, calma f; tranquilidad f; **in ~ lassen** dejar tranquilo od en paz; **sich zur ~ setzen** retirarse; Beamte: jubilarse; **~!** ¡silencio!; **angenehme ~!** ¡que descanse!; **2n** (ge-, h) descansar, reposar; Verkehr etc: estar paralizado; **~ lassen** Arbeit: suspender; **~stand** m (-[e]s; sin pl) jubilación f; retiro m; **im ~** jubilado, retirado; **in den ~ versetzen** jubilar; **~stätte** f retiro m, lugar m de descanso; **letzte ~** última morada f; **~störung** f perturbación f del orden público; **~tag** m día m de descanso

ruhig ['ruːiç] tranquilo, quieto; (still) silencioso

Ruhm [ruːm] m (-[e]s; sin pl) gloria f

rühmen ['ryːmən] (ge-, h) elogiar, alabar, ensalzar

'**ruhm|reich** ['ruːm-], **~voll** glorioso

Ruhr ✦ [ruːr] f (-; raro -en) disentería f

'**Rühr|ei** ['ryːrʔaɪ] n huevos m/pl revueltos; **2en** (ge-, h) **1.** v/t mover; (umˈ) revolver, remover; fig conmover; **2.** v/i tocar (an ac en); **3.** v/refl: **sich ~** moverse; **2end** conmovedor, emocionante; **~ung** f (-; sin pl) enternecimiento m, emoción f

Ruin [ruˈiːn] m (-s; sin pl) ruina f; **~e** f (-; -n) ruina f (a fig); **2ieren** [ruiˈniːrən] (h) arruinar; ✝ estropear

Rum [rum] m (-s; -) ron m

Ru'män|e [ruˈmɛːnə] m (-n; -n), **~in** f (-; -nen), **2isch** rumano m, -a f

'**Rummel** F ['rumal] m (-s; sin pl) F jaleo m; (Jahrmarkt) feria f; **~platz** m parque m de atracciones

Rumpf [rumpf] m (-es; ⸚e) anat tronco m; ⚓ casco m; ✈ fuselaje m

rund [runt] redondo; circular; adv en cifras redondas; '2blick m (-[e]s; -e) panorama m; 2e ['-də] f (-; -n) dep vuelta f; Boxen: asalto m; 2fahrt f vuelta f; circuito m

'Rundfunk ['-fuŋk] m (-s; sin pl) radio(difusión) f; ~gerät n radio f; ~sender m emisora f de radio; ~sendung f emisión f radiofónica

'Rund|gang m (-[e]s; -e) vuelta f (machen dar); ronda f; 2herum ['-hɛˈrum] en redondo; ~reise f viaje m circular, circuito m, gira f; ~schreiben n circular f; ~ung ['-duŋ] (-; -en) f redondez f, curva f; ~wanderweg m circuito m

Rüsche ['ry:ʃə] f (-; -n) volante m

Ruß [ru:s] m (-es; sin pl) hollín m, tizne m

Russe ['rusə] m (-n; -n) ruso m

Rüssel ['rysəl] m (-s; -) trompa f; Schwein: hocico m

rußig ['ru:sɪç] lleno de hollín

'Russ|in ['rusin] f (-; -nen) rusa f; 2isch ruso

'rüst|en ['rystən] (ge-, h) preparar; ⚔ armar; ~ig vigoroso; robusto; 2ung f (-; -en) armamento m; (Harnisch) armadura f; 2ungs-industrie f industria f de armamentos

'Rutsch|bahn ['rutʃ-] f deslizadero m; tobogán m; 2en (ge-, sn) deslizarse; resbalar; auto a patinar; ~gefahr f (-; sin pl) Vkw calzada f deslizante; 2ig resbaladizo; 2sicher antideslizante

rütteln ['rytəln] (ge-, h) sacudir, agitar

S

S, s [ɛs] n (-; -) S, s f

Saal [za:l] m (-[e]s; Säle) sala f; salón m

Saat [za:t] f (-; -en) (Säen) siembra f; (Samen) semillas f/pl, simientes f/pl

Säbel ['zɛ:bəl] m (-s; -) sable m

Sabot|age [zabo'ta:ʒə] f (-; -n) sabotaje m; ~eur [--'tø:r] m (-s; -e) saboteador m; 2ieren (h) sabotear

'Sach|bearbeiter(in f) m ['zaxbəʔarbaɪtər(in)] encargado m, -a f; ~beschädigung f daño m material; ~buch n libro m de divulgación científica

'Sach|e ['zaxə] f (-; -n) cosa f; (Gegenstand) objeto m; (Angelegenheit) asunto m; ᛭᛭ causa f; (Fall) caso m; (Begebenheit) suceso m; pl ~n (Habe) efectos m/pl; zur ~ kommen ir al grano; in ~n (gen) en materia de, ᛭᛭ en la causa; 2gemäß apropiado; ~kenntnis f conocimiento m de causa; pericia f; 2kundig experto, competente; 2lich objetivo; imparcial

sächlich gram ['zɛçlɪç] neutro

Sachschaden ['zax-] m daño m material

Sachse ['zaksə] m (-n; -n) sajón m

'Sächs|in ['zɛksɪn] f (-; -nen) sajona f; 2isch sajón

'Sach|verhalt ['zaxfɛrhalt] m (-[e]s; -e) estado m de cosas; circunstancias f/pl; 2verständig, ~verständige m/f (-n; -n) experto m, -a f, perito m, -a f; ~wert m valor m real

Sack [zak] m (-[e]s; -e) saco m; (Post2, Geld2) saca f; mit ~ und Pack con armas y bagajes; '~gasse f callejón m sin salida (a fig)

säen ['zɛ:ən] (ge-, h) v/t u v/i sembrar (a fig)

Safari [za'fa:ri] f (-; -s) safari m

Safe [sɛ:f] m (-s; -s) caja f fuerte od de caudales; (Bank2) caja f de seguridad

Saft [zaft] m (-[e]s; -e) jugo m; (Frucht2) zumo m; ♃ savia f; '2ig jugoso; suculento; F fig fuerte

Sage ['za:gə] f (-; -n) leyenda f

Säge ['zɛ:gə] f (-; -n) sierra f

sagen ['za:gən] (ge-, h) decir; sich (dat) nichts ~ lassen no hacer caso de nadie

sägen ['zɛ:gən] (ge-, h) (a)serrar

'Sahne ['za:nə] f (-; sin pl) nata f, crema f; ~torte f tarta f de crema

Sai'son [zɛ'zɔ̃] f (-; -s) temporada f; (Jahreszeit) estación f; 2-abhängig estacional; ~arbeiter m temporero m;

~ausverkauf m liquidación f por fin de temporada

'Saite ♪ ['zaɪtə] f (-; -n) cuerda f; **~n-instrument** n instrumento m de cuerda

Sakko ['zako] m od n (-s; -s) chaqueta f, americana f, Am saco m

Sakrament [-kra'mɛnt] n (-[e]s; -e) sacramento m

Salami [-'lɑːmi] f (-; -[s]) salami m

Salat [-'lɑːt] m (-[e]s; -e) ensalada f

Salbe ['zalbə] f (-; -n) pomada f; ungüento m

'Saldo † ['-do] m (-s; -den) saldo m; **~übertrag** m transporte m del saldo a nueva cuenta

Saline [za'liːnə] f (-; -n) salina f

Salmonellen [zalmo'nɛlən] pl salmonelas f/pl

Sa'lon [za'lõ] m (-s; -s) salón m; **~wagen** 🚃 m coche m salón

salopp [-'lɔp] descuidado; (*ungezwungen*) desenvuelto

Salpeter [zal'peːtər] m (-s; sin pl) salitre m, nitro m

Salut ⚔ [za'luːt] m (-[e]s; -e) salva f; **~ schießen** disparar una salva

Salve ['zalvə] f (-; -n) descarga f

Salz [zalts] n (-es; -e) sal f; **'~en** (pp mst gesalzen, h) salar; **'~ig** salado; **'~kartoffeln** f/pl patatas f/pl hervidas; **'~säure** f ácido m clorhídrico; **'~wasser** n agua f salada

'Samen ['zɑːmən] m (-s; -) ♀ semilla f; simiente f; *Physiologie*: semen m, esperma m; **~erguß** m eyaculación f

'Sammel|anschluß ['zaməl?-] ☏ tel m línea f colectiva; **~bestellung** † f pedido m colectivo; **~büchse** f hucha f, alcancía f; **2n** (ge-, h) coleccionar (*ein~*) recoger; (*anhäufen*) acumular; *Geld*: colectar, recaudar; amontonar; *sich ~* fig (re)concentrarse; **~platz**, **~punkt** m lugar m de reunión; **~transport** m transporte m colectivo

'Sammll|er ['-lər] m (-s; -), **~erin** f (-; -nen) coleccionista su; **~ung** f (-; -en) colección f; (*Geld2*) recaudación f, colecta f; cuestación f; fig (re)concentración f

Samstag ['-stɑːk] m sábado m

Samt [zamt] m (-[e]s; -e) terciopelo m

sämtliche ['zɛmtlɪçə] pl todos; **~ Werke** n/pl obras f/pl completas

Sanatorium [zana'toːrjum] n (-s; -rien [rjən]) sanatorio m

Sand [zant] m (-[e]s; -e) arena f; fig **den Kopf in den ~ stecken** esconder la cabeza bajo el ala

Sandale [-'dɑːlə] f (-; -n) sandalia f

'Sand|bank ['zantbaŋk] f (-; -̈e) banco m de arena; **2ig** [-'dɪç] arenoso; **~kasten** m cajón m de arena; **~stein** m (-[e]s; sin pl) (piedra f) arenisca f; gres m; **~strand** m playa f de arena

sanft [zanft] suave; (*zart*) tierno; (*mild*) dulce

'Sänger ['zɛŋər] m (-s; -), **~in** f (-; -nen) *teat* cantante su

sa'nier|en [za'niːrən] (h) sanear; **2ung** f (-; -en) saneamiento m

sani|'tär [-ni'tɛːr] sanitario; **2'tär-anlagen** f/pl instalaciones f/pl sanitarias; **2-'täter** m (-s; -) enfermero m; sanitario m

Sankt [zaŋkt] *vor Eigennamen*: San *od* Santo (m), Santa (f)

Sanktion [-'tsjoːn] f (-; -en) sanción f; **2ieren** [-tsjo'niːrən] (h) sancionar

Saphir ['zɑːfir, za'fiːr] m (-s; -e) zafiro m

Sar|delle [zar'dɛlə] f (-; -n) anchoa f; **~dine** [-'diːnə] f (-; -n) sardina f

Sarg [zark] m (-[e]s; -̈e) ataúd m, féretro m

Satan ['zɑːtan] m (-s; -e) satanás m

Satel'lit [zatɛ'liːt] m (-en; -en) satélite m (*a fig*); **~enfernsehen** n televisión f vía satélite; **~enstadt** f ciudad f satélite

Satire [-'tiːrə] f (-; -n) sátira f

satt [zat] harto; *Farbe*: intenso; **sich ~ essen** (comer hasta) saciarse; **et ~ sn** *od* **haben** fig estar harto de a/c

'Sattel ['-təl] m (-s; -̈) silla f; (*Fahrrad2*) sillín m; **2fest** firme en la silla; *fig* **~ in** (*dat*) versado en; **~schlepper** m semirremolque m

sättigen ['zɛtɪɡən] (ge-, h) saciar, hartar

Sattler ['zatlər] m (-s; -) guarnicionero m

Satz [zats] m (-es; -̈e) (*Sprung*) brinco m, salto m; (*Boden2*) sedimento m; (*zs.-gehörende Gegenstände*) juego m; v *Waren*: surtido m; *gram* frase f, oración f; ♪ movimiento m; *Tennis*: set m; **'~ung** f (-; -en) estatuto m; reglamento m; **'~zeichen** n signo m de puntuación

Sau [zaʊ] f (-; -en *u* -̈e) cerda f; puerca f; *a fig* guarra f, marrana f; P *fig* cerdo m, cochino m

sauber

sauber ['-bər] limpio, aseado; pulcro; (*sorgfältig*) esmerado

'säuber|n ['zɔybərn] (ge-, h) limpiar, asear; *pol* depurar; 2**ung** f (-; -en) limpieza f, aseo m; *pol* depuración f

'sauer ['zauər] agrio; ácido (*a* 🝛 *u Regen*); (*mühsam*) penoso, duro; ~ **werden** agriarse; *Milch:* cuajarse; 2**braten** m carne f adobada; 2**kirsche** f guinda f; 2**kraut** n (-[e]s; *sin pl*) chucrut m

säuerlich ['zɔyərlɪç] acídulo; avinagrado

'Sauer|stoff ['zauər-] m (-[e]s; *sin pl*) oxígeno m; ~**teig** m levadura f

saufen ['-fən] (soff, gesoffen, h) *Tier:* beber; P *j:* beber con exceso

'Säufer ['zɔyfər] m (-s; -), ~**in** f (-; -nen) borracho m, -a f

saugen ['zaugən] (sog, gesogen, h) chupar; *Kind:* mamar; (ge-, h) ⊙ aspirar, absorber; *Staub* ~ pasar la aspiradora

säugen ['zɔygən] (ge-, h) amamantar, lactar; *a Tier:* criar

Säugetier n mamífero m

'Säugling ['zɔyklɪŋ] m (-s; -e) niño m de pecho, lactante m; ~**s-pflege** f puericultura f; ~**ssterblichkeit** f mortalidad f infantil

'Säule ['zɔylə] f (-; -n) columna f; (*Pfeiler*) pilar m; ~**ngang** m (-[e]s; ¨e) columnata f; ~**nhalle** f pórtico m

Saum [zaum] m (-[e]s; ¨e) *am Kleid:* dobladillo m

'säum|en ['zɔymən] (ge-, h) **1.** *v/t* hacer un dobladillo en; orlar, ribetear; **2.** *v/i* tardar; retrasarse; ~**ig** *Zahler:* ✝ moroso

Sauna ['zauna] f (-; -s, -nen) sauna f

Säure ['zɔyrə] f (-; -n) acidez f; 🝛 ácido m

sausen ['zauzən] (ge-, h) *Wind:* silbar; F (sn) correr

Savanne [za'vanə] f (-; -n) sabana f

Saxophon [zakso'foːn] n (-s; -e) saxofón m, saxófono m

'S-Bahn ['ɛsbaːn] f (tren m) suburbano m; ~**hof** m estación f de(l) suburbano

'Schabe zo ['ʃaːbə] f (-; -n) cucaracha f; 2**n** (ge-, h) raer, raspar, rascar

schäbig ['ʃɛːbɪç] gastado, usado; *fig* mezquino, sórdido

Schablone [ʃa'bloːnə] f (-; -n) patrón m

Schach [ʃax] n (-s; *sin pl*) ajedrez m; ~ **bieten** dar jaque; **in ~ halten** *fig* tener

en jaque; ~**brett** n tablero m de ajedrez; '~**figur** f pieza f de ajedrez; 2'**matt** jaque mate; *fig* rendido; '~**spiel** n juego m de ajedrez

Schacht [ʃaxt] m (-[e]s; ¨e) pozo m (*a* ⚒); ~**el** f (-; -n) caja f; cartón m; *Zigaretten:* cajetilla f

Schachzug ['ʃaxtsuːk] m jugada f de ajedrez; *fig* **ein guter** ~ una buena jugada

schade ['ʃaːdə] lástima; **wie ~!** ¡qué lástima!

Schädel ['ʃɛːdəl] m (-s; -) cráneo m; ~**bruch** m fractura f del cráneo

'schaden ['ʃaːdən] **1.** *v/i* (ge-, h) dañar, perjudicar, causar daño; **das schadet ihm gar nichts** bien se lo merece; **2.** 2 m (-s; ¨) daño m; perjuicio m, detrimento m; ⊙ avería f; 2-**ersatz** m indemnización f (por daños y perjuicios); 2**freiheitsrabatt** m descuento m por libre de accidente; 2**sfall** m (caso m de) siniestro m; 2**sregulierung** f arreglo m de los daños

schadhaft ['ʃaːthaft] deteriorado; defectuoso; *Zahn:* cariado

schäd|igen ['ʃɛːdɪgən] (ge-, h) perjudicar; dañar; ~**lich** ['-tlɪç] nocivo, perjudicial, dañino; 2**ling** ['-lɪŋ] m (-s; -e) parásito m (animal *od* vegetal), plaga f

'Schad|stoff ['ʃaːt-] m sustancia f nociva, contaminante m; 2**stoff-arm** poco contaminante; 2**stofffrei** no contaminante

Schaf [ʃaːf] n (-[e]s; -e) oveja f; *fig* borrico m; **schwarzes** ~ oveja f negra

'Schäfer ['ʃɛːfər] m (-s; -) pastor m; ~**hund** m perro m pastor

schaffen ['ʃafən] **1.** (ge-, h) (*befördern*) llevar, transportar; (*arbeiten*) trabajar; (*fertigbringen*) lograr, conseguir; **2.** (schuf, geschaffen, h) (*er*~) crear; producir

'Schaffner ['-nər] m (-s; -), ~**in** f (-; -nen) cobrador(a *f*) m; 🚇 revisor(a *f*) m

Schafott [ʃa'fɔt] n (-[e]s; -e) patíbulo m, cadalso m

Schafpelz ['ʃaːfpɛlts] m zalea f

Schaft [ʃaft] m (-[e]s; ¨e) mango m, cabo m; (*Lanzen*2, *Fahnen*2) asta f; (*Stiefel*2) caña f; (*Säulen*2) fuste m; (*Gewehr*2) caja f

Schafzucht ['ʃaːftsuxt] f cría f de ganado lanar

Schal [ʃaːl] m (-s; -s, -e) chal m, bufanda f

Schale ['-lə] f (-; -n) (Eier&, Nuß&) cáscara f; v Früchten: piel f

schälen ['ʃɛːlən] (ge-, h) mondar, pelar

Schall [ʃal] m (-[e]s; -e, ⸚e) sonido m, son m; **&dämmend** ['-dɛmənt] insonorizante; **&dämpfer** m silenciador m; **'&dicht** insonorizado; **'&en** (ge-, h) (re)sonar; **⸚geschwindigkeit** f velocidad f del sonido; **'⸚mauer** f barrera f del sonido; **⸚platte** f disco m

'schalt|en ['ʃaltən] (ge-, h) ⚡ conmutar; conectar; ⚙ mandar; auto cambiar de velocidad od de marcha; F fig (begreifen) caer (en la cuenta); **&er** m (-s; -) ventanilla f; 🚇 etc taquilla f, despacho m de billetes; ⚡ conmutador m, interruptor m; **⸚erbeamte** m empleado m de la ventanilla; 🚇 taquillero m; **&erschluß** m cierre m de las ventanillas od taquillas; **⸚erstunden** f/pl horas f/pl de despacho; **&hebel** auto m palanca f de cambio de marchas; **&jahr** n año m bisiesto; **&pult** n pupitre m de mando od de control; **&tafel** ⚡ f cuadro m de distribución; **&ung** f (-; -en) ⚡ conmutación f, conexión f; auto cambio m de velocidad

Scham [ʃaːm] f (-; sin pl) vergüenza f; pudor m; anat partes f/pl (vergonzosas)

schämen ['ʃɛːmən] (ge-, h): **sich ⸚** tener vergüenza (gen de); avergonzarse (de); **ich schäme mich, zu** me da vergüenza (inf)

'Scham|gefühl ['ʃaːmɡəfyːl] n (-s; sin pl) pudor m; **⸚haar** n vello m pubiano; **&los** impúdico, indecente; (frech) desvergonzado, sinvergüenza

Schande ['ʃandə] f (-; sin pl) deshonra f; vergüenza f

schänden ['ʃɛndən] (ge-, h) deshonrar; Frau: violar; rel profanar

'Schand|fleck ['ʃant-] m mancha f, mancilla f; **⸚tat** f infamia f

Schanze ['ʃantsə] f (-; -n) Skisport: trampolín m (de saltos)

Schar [ʃaːr] f (-; -en) multitud f, grupo m; (Vögel) bandada f

scharf [ʃarf] cortante; afilado; agudo (a Blick, Verstand); Kritik: mordaz; Speise: picante; Geruch: acre, penetrante; Kurve: cerrado; Luft: frío; Wind: cortante; Ton: estridente; Gehör: fino; (deutlich) nítido; **⸚ bremsen** frenar en seco; **⸚ sn auf** (ac) codiciar (ac); **'&blick** m (-[e]s; sin pl) perspicacia f

'Schärfe ['ʃɛrfə] f (-; sin pl) agudeza f (a fig); (Schliff) corte m, filo m; **&n** (ge-, h) afilar; a fig aguzar

'Scharf|schütze ['ʃarf-] ⚔ m tirador m de precisión; **⸚sinn** m (-[e]s; sin pl) sagacidad f, perspicacia f

Scharlach [ʃarlax] m (-s; sin pl) (Farbe) escarlata f; 🩺 escarlatina f

Scharnier ['-niːr] n (-s; -e) bisagra f, charnela f

scharren ['ʃarən] (ge-, h) rascar; bsd Tier: escarbar

'Schatt|en ['ʃatən] m (-s; -) sombra f; **im ⸚** a la sombra; **in den ⸚ stellen** fig hacer sombra a, eclipsar; **⸚enkabinett** n gobierno m fantasma od en la sombra; **⸚enseite** f lado m de la sombra; fig inconveniente m; **⸚ierung** [-tiːruŋ] f (-; -en) sombreado m; matiz m; **&ig** sombroso, umbroso; sombrío

Schatz [ʃats] m (-es; ⸚e) tesoro m (a fig u Anrede)

schätzen ['ʃɛtsən] (ge-, h) apreciar, estimar; evaluar, tasar; **wie alt schätzt du ihn?** ¿cuántos años le echas?

Schatzmeister ['ʃats-] m tesorero m

'Schätz|preis ['ʃɛts-] m precio m estimado; **⸚ung** f (-; -en) apreciación f, estimación f; tasación f, evalúo m; (Hoch&) estima f; **&ungsweise** aproximadamente; **⸚wert** m valor m estimativo

Schau [ʃau] f (-; -en) vista f, aspecto m; visión f; **zur ⸚ stellen** exhibir; fig ostentar

schaudern ['-dərn] (ge-, h) estremecerse; **mich schaudert** siento escalofríos

schauen ['-ən] (ge-, h) mirar, ver

Schauer ['-ər] m (-s; -) estremecimiento m; (Regen&) aguacero m, chubasco m

'Schaufel ['-fəl] f (-; -n) pala f; **&n** (ge-, h) trabajar od mover con la pala; Grab(en): abrir; Schnee: quitar

'Schaufenster ['-fɛnstər] n escaparate m. Am vidriera f; **⸚bummel** m: **e-n ⸚ machen** ir a ver escaparates

'Schaukel ['-kəl] f (-; -n) columpio m; **&n** (ge-, h) v/t (v/i u sich) columpiar(se), balancear(se)

Schaum [ʃaum] m (-[e]s; ⸚e) espuma f; **zu ⸚ schlagen** Eiweiß: batir a punto de nieve

schäumen ['ʃɔymən] (ge-, h) hacer espuma, espumar

'**Schaum|gummi** ['ʃaum-] *m* goma *f* espuma; **ℒig** espumoso; **löscher** *m* extintor *m* de espuma; **stoff** *m* espuma *f*; **wein** *m* vino *m* espumoso

'**Schau|platz** ['ʃau-] *m* escenario *m*; teatro *m*; **ℒrig** horripilante; **spiel** *n* espectáculo *m*; pieza *f* de teatro, drama *m*; **spieler(in** *f*) *m* actor *m* (actriz *f*); **spielhaus** *n* teatro *m*

Scheck ✝ [ʃɛk] *m* (-s; -s) cheque *m*; F talón *m*; '**heft** *n* talonario *m* de cheques; '**karte** *f* tarjeta *f* de cheques; '**verkehr** ✝ *m* operaciones *f/pl* de cheques

'**Scheibe** ['ʃaibə] *f* (-; -n) disco *m*; ⊙ rodaja *f*; *Wurst*: *a* tajada *f*; *Brot*: rebanada *f*; *Schinken*: lonja *f*; *Zitrone etc*: raja *f*; (*Glas*ℒ) vidrio *m*, cristal *m*; (*Schieß*ℒ) blanco *m*; **nwasch-anlage** *auto f* lavaparabrisas *m*; **nwischer** *auto m* (-s; -) limpiaparabrisas *m*

'**Scheide** ['ʃaidə] *f* (-; -n) (*Degen*ℒ) vaina *f*; *anat* vagina *f*; **ℒn** (schied, geschieden) **1.** *v/t* separar; dividir; *Ehe*: divorciar; *sich* ** lassen** divorciarse (*von* de); **2.** *v/i* (sn) despedirse, irse; *aus dem Amt ~* cesar en el cargo

'**Scheidung** ['-duŋ] *f* (-; -en) separación *f*; ⚖ divorcio *m*

Schein [ʃain] *m* (-[e]s) **1.** (*sin pl*) luz *f*; claridad *f*; (*Glanz*) brillo *m*; *fig* apariencia *f*; *den ~ wahren* salvar las apariencias; *der ~ trügt* las apariencias engañan; **2.** (*pl* -e) (*Bescheinigung*) certificado *m*; (*Beleg*) resguardo *m*; (*Geld*ℒ) billete *m*; '**asylant** *m* (-en; -en) asilado *m* ficticio; '**bar** aparente; *adv* en apariencia; **ℒen** (schien, geschienen, h) brillar, lucir; *fig* parecer; *die Sonne scheint* hace sol; **werfer** ['-vɛrfər] *m* (-s; -) proyector *m*; *teat* a foco *m*; reflector *m*; *auto* faro *m*

Scheiße P ['ʃaisə] *f* (-; *sin pl*) mierda *f* (a *fig*)

'**Scheit|el** ['-təl] *m* (-s; -) coronilla *f*; A vértice *m*; (*Haar*ℒ) raya *f*; **ℒern** (ge-, sn) ⚓ naufragar (*a fig*); *fig* fracasar

Schellfisch ['ʃɛlfɪʃ] *m* eglefino *m*

Schelm [ʃɛlm] *m* (-[e]s; -e) pícaro *m*, bribón *m*; **ℒisch** pícaro

schelten ['-tən] (schalt, gescholten, h) reñir, reprender

Schema ['ʃeːma] *n* (-s; -s, -ata [ata] *u* Schemen) esquema *m*; **ℒtisch** [ʃeˈmaːtiʃ] esquemático

Schemel ['-məl] *m* (-s; -) taburete *m*; escabel *m*

Schenke ['ʃɛŋkə] *f* (-; -n) taberna *f*; bar *m*; F tasca *f*

Schenkel ['-kəl] *m* (-s; -) *anat* muslo *m*

'**schenk|en** ['-kən] (ge-, h) regalar; (*erlassen*) perdonar, dispensar; *Aufmerksamkeit*: dedicar; **ℒung** *f* (-; -en) donación *f*; '**ungssteuer** *f* impuesto *m* sobre donaciones; **ℒungs-urkunde** *f* acta *f* de donación

Scherbe ['ʃɛrbə] *f* (-; -n) casco *m*, pedazo *m*

Schere ['ʃeːrə] *f* (-; -n) tijeras *f/pl*

Scherz [ʃɛrts] *m* (-es; -e) broma *f*; *im ~* en broma; **ℒen** (ge-, h) bromear; burlarse, divertirse

scheu [ʃɔy] *adj* tímido; (*menschen*) huraño; *Pferd*: desbocado; espantadizo; *~ machen* (*werden*) espantar(se); '**en** (ge-, h) **1.** *v/t* temer; *keine Mühe ~* no regatear *od* escatimar esfuerzos; *keine Kosten ~* no reparar en gastos; **2.** *v/i Pferd*: desbocarse; espantarse; *sich ~ vor* (*dat*) recelarse de

'**Scheuer|bürste** ['-ərbyrstə] *f* cepillo *m* de fregar; **lappen** *m*, **tuch** *n* bayeta *f*; **ℒn** (ge-, h) fregar; (*reiben*) frotar

Scheuklappe ['-klapə] *f* anteojera *f*

Scheune ['ʃɔynə] *f* (-; -n) granero *m*; pajar *m*

Schi [ʃiː] *m s* Ski

Schicht [ʃɪçt] *f* (-; -en) capa *f*; (*Arbeiter*) equipo *m*; '**arbeit** *f* trabajo *m* por turnos; '**dienst** *m*: *~ haben* estar de turno; **ℒen** (ge-, h) apilar

schick [ʃɪk] elegante, chic; '**en** (ge-, h) enviar, expedir, mandar; *nach j-m ~* enviar por alg, mandar buscar a alg; **ℒeria** [ʃɪkəˈriːa] *f* (-; *sin pl*) la gente guapa

Schicksal ['-zaːl] *n* (-s; -e) destino *m*; suerte *f*; fortuna *f*

'**Schieb|edach** ['ʃiːbə-] *n* techo *m* corredizo; **ℒen** (schob, geschoben, h) **1.** *v/t* mover, empujar; **2.** *v/i fig* hacer chanchullos, traficar; **ver** *m* (-s; -) ⊙ distribuidor *m*; corredera *f*; *fig* traficante *m*; F estraperlista *m*; **etür** *f* puerta *f* corrediza; **ung** *f* (-; -en) chanchullo *m*

'**Schieds|gericht** ['ʃiːtsgərɪçt] *n* tribunal

Schlag

m arbitral *od* de arbitraje; **~richter** *m* árbitro *m*; **~spruch** *m* arbitraje *m*; sentencia *f* arbitral; '**~verfahren** *n* procedimiento *m* arbitral

schief [ʃiːf] oblicuo; (*geneigt*) inclinado; *fig* torcido; *adv* de soslayo, de reojo

Schiefer ['-ər] *m* (-s; -) pizarra *f*; *geo* esquisto *m*

schielen ['ʃiːlən] (ge-, h) *v/i* bizcar, ser bizco

'**Schien|bein** ['ʃiːn-] *n* tibia *f*; **~e** *f* (-; -n) a 🚆 carril *m*, riel *m*, raíl *m*; 🚑 tablilla *f*, férula *f*; **2en** 🚂 (ge-, h) entablillar; **~enverkehr** *m* tráfico *m* ferroviario

'**Schieß|bude** ['ʃiːs-] *f* barraca *f* de tiro; **2en** (schoß, geschossen, h) disparar, tirar; *Fußball*: a chutar; *Jagd*: cazar; *fig* (sn) (*stürzen*) precipitarse; *in die Höhe* **~** crecer rápidamente; *Kind*: F dar un estirón; **~e'rei** *f* (-; -en) tiroteo *m*; **~platz** *m* campo *m* de tiro; **~pulver** *n* pólvora *f*; **~scharte** ['-ʃartə] *f* (-; -n) aspillera *f*; **~scheibe** *f* blanco *m*; **~stand** *m* (polígono *m* de) tiro *m*

Schiff [ʃɪf] *n* (-[e]s; -e) buque *m*, barco *m*; navío *m*; a ⛪ nave *f*

'**Schiff(f)ahrt** ['-aːrt] *f* (-; *sin pl*) navegación *f*; **~sgesellschaft** *f* compañía *f* naviera *od* de navegación

'**schiff|bar** ['-baːr] navegable; **2bau** *m* (-[e]s; *sin pl*) construcción *f* naval; **2bruch** *m* naufragio *m*; **~ erleiden** *a fig* naufragar; **~brüchig** ['-bryçiç] náufrago; **2er** *m* (-s; -) navegante *m*; (*Fluß*2) batelero *m*, barquero *m*

'**Schiffs|arzt** *m* médico *m* de a bordo; **~junge** *m* grumete *m*; **~reise** *f* crucero *m*; viaje *m* marítimo

Schikan|e [ʃi'kaːnə] *f* (-; -n) vejación *f*; **2ieren** [-ka'niːrən] (h) vejar; F hacer la pascua (a alg)

Schild [ʃɪlt] **1.** *m* (-[e]s; -e) escudo *m*; *im* **~e führen** *fig* tramar, maquinar; **2.** *n* (-[e]s; -er) letrero *m*, rótulo *m*; (*Tür*2) placa *f*; (*Plakat*) cartel *m*; (*Etikett*) etiqueta *f*; '**~drüse** *anat f* (glándula *f*) tiroides *m*; **2ern** ['-dərn] (ge-, h) pintar, describir; explicar; **~erung** ['-dəruŋ] *f* (-; -en) descripción *f*; '**~kröte** *f* tortuga *f*

Schilf [ʃɪlf] *n* (-[e]s; -e) **1.** cañaveral *m*; juncal *m*; **2.** = '**~rohr** *n* caña *f*, junco *m*

schillern ['ʃɪlərn] (ge-, h) tornasolar; irisar; *Stoff*: hacer visos

Schilling ['-lɪŋ] *m* (-s; -e, *después de números inv*) chelín *m*

'**Schimmel** ['ʃɪməl] *m* (-s; *sin pl*) 🍄 moho *m*; (*pl* -) *zo* caballo *m* blanco; **2ig** mohoso, enmohecido; **~ werden** = **2n** (ge-, h) enmohecer(se)

'**Schimmer** ['-mər] *m* (-s; -) vislumbre *f*; resplandor *m*; **2n** (h) brillar, relucir

Schimpanse [ʃɪm'panzə] *m* (-n; -n) chimpancé *m*

schimpfen ['ʃɪmpfən] (ge-, h) insultar; reñir; renegar, maldecir (*über ac* de)

Schindel ['ʃɪndəl] *f* (-; -n) ripia *f*

schinden [ʃɪndən] (schindete, geschunden, h) *fig* vejar; *sich* **~** trabajar como un negro

Schinken ['ʃɪŋkən] *m* (-s; -) jamón *m* (*gekochter* dulce *od* York; *roher* serrano)

Schippe ['ʃɪpə] *f* (-; -n) pala *f*

Schirm [ʃɪrm] *m* (-[e]s; -e) pantalla *f*; (*Mützen*2) visera *f*; (*Regen*2) paraguas *m*; *fig* abrigo *m*; amparo *m*; '**~herrschaft** *f* patronato *m*, patrocinio *m*; '**~mütze** *f* gorra *f* de visera

Schiß P [ʃɪs] *m* (-sses; *sin pl*) P cagueta *f*; **~ haben** F estar acojonado

Schlacht [ʃlaxt] *f* (-; -en) batalla *f*; '**2en** (ge-, h) matar; '**~enbummler** *m dep* F hincha *m*; '**~er** *m* (-s; -) carnicero *m*; *im Schlachthof*: matarife *m*; **~e'rei** *f* (-; -en) carnicería *f*; '**~feld** *n* campo *m* de batalla; '**~hof** *m* matadero *m*

Schlacke ['ʃlakə] *f* (-; -n) ⚙ escoria *f*; (*Eisen*2) cagafierro *m*

Schlaf [ʃlaːf] *m* (-[e]s; *sin pl*) sueño *m*; '**~anzug** *m* pijama *m*

Schläfe ['ʃlɛːfə] *f* (-; -n) sien *f*

schlafen ['ʃlaːfən] (schlief, geschlafen, h) dormir; **~ gehen** acostarse; **~ Sie gut!** que (usted) descanse

schlaff [ʃlaf] flojo; *a Haut*: fláccido; *a fig* laxo; *fig* decaído, lánguido

'**Schlaf|gelegenheit** ['ʃlaːfgəleːgənhaɪt] *f* alojamiento *m*; **~los** insomne; **~e Nacht** noche *f* en blanco; '**~losigkeit** *f* (-; -en) insomnio *m*; '**~mittel** *n* somnífero *m*; **~raum** *m* dormitorio *m*

schläfrig ['ʃlɛːfrɪç] soñoliento

'**Schlaf|sack** ['ʃlaːf-] *m* saco *m* de dormir; **~stadt** *f* ciudad *f* dormitorio; **~wagen** 🚆 *m* coche *m* cama, *Am* vagón *m* dormitorio; **~zimmer** *n* dormitorio *m*

Schlag [ʃlaːk] *m* (-[e]s; ⸚e) golpe *m*; 🚑

Schlagader ataque *m* de apoplejía; (*Herz*2) latido *m*; ✢ descarga *f*; (*Art*) especie *f*; *fig* **harter** (*od* **schwerer**) ~ rudo golpe *m*; F *fig* **ich dachte, mich trifft der** ~ me quedé de una pieza; '~**ader** *f* arteria *f*; '~**anfall** ✱ *m* ataque *m* de apoplejía; '2-**artig** brusco; *adv* de (un) golpe; '~**baum** *m* barrera *f*

schlagen ['ʃlɑːgən] (schlug, geschlagen, h) **1.** *v/t* golpear; (*prügeln*) pegar; (*besiegen*) vencer; derrotar, batir; *Schlacht*: librar; *Eier*: batir; *Sahne*: montar; **sich** ~ reñir, pelearse; batirse; **2.** *v/i Herz*: latir, palpitar; *Uhr*: dar la hora; **es schlägt drei** dan las tres

Schlager ['-gər] *m* (-s; -) ♪ canción *f* de moda; ✢ gran éxito *m*

Schläger ['ʃlɛːgər] *m* (-s; -) pala *f*; *Tennis*: raqueta *f*; (*Person*) matón *m*; ~'**ei** *f* (-; -en) riña *f*, pelea *f*

Schlagersänger(in *f*) *m* ['ʃlɑːgər-] intérprete *su* de la canción moderna

'**schlag|fertig** ['ʃlɑːkfɛrtiç] que sabe replicar; 2**fertigkeit** *f* (-; *sin pl*) prontitud *f* en la réplica; 2-**instrument** ♪ *n* instrumento *m* de percusión; 2**loch** *n* bache *m*; 2**sahne** *f* nata *f* batida *od* montada; 2**seite** ⚓ *f* inclinación *f*; ~ **haben** dar la banda; 2**stock** *m* porra *f*; 2**wort** *n* (-[e]s; -e, ⸚er) lema *m*; slogan *m*; 2**zeile** *tip f* titular *m*; 2**zeug** *n* ♪ batería *f*

Schlamm [ʃlam] *m* (-[e]s; -e, ⸚e) lodo *m*, barro *m*, cieno *m*; fango *m* (*a* ✱); '2**ig** lodoso, fangoso

'**Schlampe** ['ʃlampə] *f* (-; -n) mujer *f* desaseada; F puerca *f*; ~**e'rei** *f* (-; -en) negligencia *f*; desorden *m*; dejadez *f*; (*Arbeit*) chapuza *f*; 2**ig** desaseado; desordenado, desaliñado; *Arbeit*: chapucero

Schlange ['ʃlaŋə] *f* (-; -n) serpiente *f*, culebra *f*; *fig* víbora *f*; ⊙ serpentín *m*; (*Reihe*) cola *f*; ~ **stehen** hacer cola

schlängeln ['ʃlɛŋəln] (ge-, h): **sich** ~ serpentear; enroscarse (*um* en)

'**Schlangen|biß** ['ʃlaŋən-] *m* picadura *f* de serpiente; ~**linie** *f* línea *f* sinuosa

schlank [ʃlaŋk] delgado, esbelto; ~ **werden** adelgazar

schlapp [ʃlap] flojo; enervado; ~ **werden** aflojarse; fatigarse; '~**machen** F (*sep*, -ge-, h) desfallecer, desmayarse

schlau [ʃlau] listo, astuto; avispado

Schlauch [ʃlaux] *m* (-[e]s; ⸚e) tubo *m* (flexible); *auto*, *Fahrrad*: cámara *f* (de aire); (*Garten*2) mang(uer)a *f*; '~**boot** *n* bote *m* neumático

schlecht [ʃlɛçt] malo, *Kurzform u adv* mal; *Luft*: viciado; (*verdorben*) podrido; ~ **werden** echarse a perder; **mir ist** ~ me siento mal; ~ **aussehen** tener mala cara; '~**machen** (*sep*, -ge-, h) hablar mal de; denigrar; 2'**wetterperiode** *f* periodo *m* de mal tiempo

Schlegel ['ʃleːgəl] *m* (-s; -) mazo *m*; ♪ palillo *m*, baqueta *f*

Schlehe ['ʃleːə] *f* (-; -n) ♣ endrina *f*

'**schleich|en** ['ʃlaiçən] (schlich, geschlichen, sn) andar furtivamente *od* a hurtadillas; (h) **sich** ~ **in** (*ac*) colarse en; 2**werbung** *f* publicidad *f* cubierta

Schleier ['-ər] *m* (-s; -) velo *m* (*a fig*); mantilla *f*

'**Schleife** ['-fə] *f* (-; -n) lazo *m*, nudo *m*; (*Kurve*) viraje *m*

'**schleif|en** ['-fən] **1.** (schliff, geschliffen, h) afilar, amolar, aguzar; *Glas*: pulir (*a fig*); *Diamant*: tallar; **2.** (ge-, h) arrastrar; ✕ arrasar, desmantelar; 2**maschine** *f* afiladora *f*; 2**scheibe** *f* muela *f*; 2**stein** *m* piedra *f* de afilar

Schleim [ʃlaim] *m* (-[e]s; -e) mucosidad *f*, moco *m*; '~**haut** *f* mucosa *f*; '2**ig** mucoso, viscoso

'**schlemm|en** ['ʃlɛmən] (ge-, h) regalarse; 2**erlokal** *n* restaurante *m* para sibaritas

'**Schlepp|e** ['ʃlɛpə] *f* (-; -n) cola *f* (de vestido); 2**en** (ge-, h) arrastrar; ⚓, *auto* remolcar, llevar a remolque; **sich** ~ arrastrarse; ~**er** *m* (-s; -) tractor *m*; ⚓ remolcador *m*; ~**lift** *m* telearrastre *m*; ~**tau** *n* cable *m* de remolque; ⚓ sirga *f*; **ins** ~ **nehmen** *a fig* llevar a remolque

'**Schleuder** ['ʃlɔydər] *f* (-; -n) honda *f*; (*Katapult*) catapulta *f*; ⊙ centrífuga *f*; 2**n** (ge-, h) **1.** *v/t* arrojar, lanzar; *Wäsche*: centrifugar; **2.** *v/i* (*a* sn) *auto* resbalar, patinar; ~**n** *n*: **ins** ~ **geraten** dar un patinazo, derrapar; ~**preis** *m* precio *m* ruinoso; ~**sitz** ✈ *m* asiento *m* catapulta *od* eyectable

Schleuse ['-zə] *f* (-; -n) esclusa *f*

schlicht [ʃliçt] sencillo, simple; modesto; '~**en** (ge-, h) alisar; *Streit*: dirimir; arreglar; '2**er** *m* (-s; -) mediador *m*; árbitro *m*; 2**ung** *f* (-; *sin pl*) conciliación *f*

'schließ|en ['ʃliːsən] (schloß, geschlossen, h) cerrar; *Veranstaltung*: clausurar; *Vertrag*: concluir; *Frieden*: concertar, hacer; *Ehe*: contraer; *Freundschaft*: trabar; *Sitzung*: levantar; *(folgern)* deducir, concluir, inferir *(aus* de); ⁀**fach** *n* ⚘ apartado *m* (de correos), *Am* casilla *f*; *Bahnhof*: consigna *f* automática; *Bank*: caja *f* de seguridad; ⁀**lich** finalmente, al *od* por fin; ⁀**ung** *f* (-; -en) cierre *m*

Schliff [ʃlif] *m* pulimento *m*; *Messer, Klinge*: filo *m*; *Edelstein*: talla *f*

schlimm [ʃlim] malo; *Kurzform u adv* mal

'Schling|e ['ʃliŋə] *f* (-; -n) lazo *m (a Jagd)*; ⁀**en** (schlang, geschlungen, h) *(flechten)* enlazar, entrelazar; *(herunter⁀)* tragar

Schlips [ʃlips] *m* (-es; -e) corbata *f*

Schlitten ['ʃlitən] *m* (-s; -) trineo *m*; *(Rodel⁀)* tobogán *m*, *bsd dep* luge *f*; **~ fahren** ir en trineo

'Schlitter|bahn ['-tərbaːn] *f* resbaladero *m*; ⁀**n** (ge-, sn) resbalar

'Schlittschuh ['-ʃuː] *m* patín *m*; **~ laufen** patinar (sobre hielo); ⁀**laufen** *n* patinaje *m* (sobre hielo); ⁀**läufer(in** *f*) *m* patinador(a *f*) *m*

Schlitz [ʃlits] *m* (-es; -e) raja *f*; rendija *f*; abertura *f*, ranura *f*; *am Kleid*: cuchillada *f*

Schloß [ʃlɔs] *n* (-sses; ⁀sser) **a)** cerradura *f*; *(Gewehr⁀)* cerrojo *m*; **b)** △ palacio *m*; castillo *m*; alcázar *m*

Schlosser ['-ər] *m* (-s; -) cerrajero *m*

Schlot [ʃloːt] *m* (-[e]s; -e) chimenea *f*, F *rauchen wie ein ~* fumar más que una chimenea

Schlucht [ʃluxt] *f* (-; -en) barranco *m*

schluchzen ['ʃluxtsən] (ge-, h) *v/i* sollozar

Schluck [ʃluk] *m* (-[e]s; -e) trago *m*, sorbo *m*; ⁀**en** (ge-, h) tragar *(a fig)*; deglutir; ⁀**impfung** *f* vacunación *f* oral

schlummern ['ʃlumərn] (ge-, h) dormitar; dormir

Schlund [ʃlunt] *m* (-[e]s; ⁀e) garganta *f*; fauces *f/pl*; *fig* abismo *m*

'schlüpf|en ['ʃlypfən] (ge-, sn) deslizarse; *aus dem Ei ~* salir del huevo; ⁀**er** *m* (-s; -) bragas *f/pl*

Schlupfwinkel ['ʃlupf-] *m* guarida *f*; escondrijo *m*

Schluß [ʃlus] *m* (-sses; ⁀sse) fin *m*; final *m*; término *m*; *(Folgerung)* conclusión *f*; **~ machen mit** acabar con; poner fin *od* término a; ⁀**bilanz** ✝ *f* balance *m* final

'Schlüssel ['ʃlysəl] *m* (-s; -) llave *f*; *fig* clave *f (a* ♪); ⁀**bein** *n* clavícula *f*; ⁀**bund** *m od n* (-[e]s; -e) manojo *m* de llaves; ⁀**industrie** *f* industria *f* clave; ⁀**loch** *n* ojo *m* de la cerradura; ⁀**stellung** *f* posición *f* clave

'Schluß|folgerung ['ʃlus-] *f* conclusión *f*; consecuencia *f*; ⁀**kurs** *m* cotización *f* de cierre

'Schluß|licht ['ʃlusliçt] *n auto* luz *f* trasera; *fig* farolillo *m* rojo; ⁀**strich** *m* fig: **e-n ~ ziehen unter** poner punto final a; ⁀**verkauf** *m* venta *f* de fin de temporada

schmackhaft ['ʃmakhaft] sabroso

schmal [ʃmaːl] estrecho; *Gestalt*: delgado, esbelto; *Gesicht*: afilado; *fig* escaso, exiguo

schmälern ['ʃmɛːlərn] (ge-, h) reducir, disminuir

'Schmal|film ['ʃmaːlfilm] *m* película *f* estrecha; ⁀**spurbahn** *f* ferrocarril *m* de vía estrecha

Schmalz [ʃmalts] *n* (-es; -e) manteca *f* (de cerdo)

schmarotzen [ʃmaˈrɔtsən] (h) parasitar; *fig* vivir de gorra; ⁀**er** *m* (-s; -), ⁀**erin** (-; -nen) parásito *m*, -a *f*; *fig a* zángano *m*, gorrón *m*

schmecken ['ʃmɛkən] (ge-, h) **1.** *v/i* saber, tener gusto *od* sabor **(nach** a); *gut ~* saber bien, tener buen gusto; **2.** *v/t* (de)gustar

Schmeich|elei [ʃmaɪçəˈlaɪ] *f* (-; -en) lisonja *f*; halago *m*; adulación *f*, zalamería *f*; ⁀**elhaft** lisonjero; halagüeño; ⁀**eln** (ge-, h) *(dat)* adular, lisonjear, halagar; *Bild*: favorecer

schmeißen F ['-sən] (schmiß, geschmissen, h) arrojar, lanzar

'schmelz|en ['ʃmɛltsən] (schmolz, geschmolzen) **1.** *v/t* (h) fundir; **2.** *v/i* (sn) fundirse; derretirse; ⁀**punkt** *m* punto *m* de fusión

Schmerz [ʃmɛrts] *m* (-es; -en) dolor *m*; *(Kummer)* pena *f*, pesar *m*; ⁀**en** (ge-, h) causar dolor; doler; *fig* afligir, apenar; ⁀**lich** doloroso; penoso; ⁀**lindernd**, ⁀**stillend** analgésico, calmante, sedativo; ⁀**tablette** *f* analgésico *m*, calmante *m*

Schmetter|ling ['ʃmetərliŋ] *m* (-s; -e) mariposa *f*; ⚙n (ge-, h) **1.** *v/t* lanzar con violencia; *Lied*: cantar con brío; **zu Boden ~** arrojar al suelo; **2.** *v/i* ♪ resonar

Schmied [ʃmi:t] *m* (-[e]s; -e) herrero *m*

'Schmiede ['-də] *f* (-; -n) herrería *f*; forja *f*; ⚙n (ge-, h) forjar; *Pläne*: hacer

schmiegen ['-gən] (ge-, h): **sich ~** amoldarse, ajustarse (*an ac* a); **sich an j-n ~** estrecharse contra alg

'Schmier|e ['-rə] *f* (-; -n) grasa *f*; sebo *m*; (*Schmutz*) mugre *f*; ⚙en (ge-, h) (*bestreichen*) untar; ⊙ lubri(fi)car, engrasar; (*kritzeln*) garabatear; F *j-n ~* untar la mano a alg; **~e'rei** *f* (-; -en) garabatos *m/pl*; **~geld** F *n* soborno *m*; **~mittel** *n* lubri(fi)cante *m*

'Schminke ['ʃmiŋkə] *f* (-; -n) maquillaje *m*; afeite *m*; ⚙n (ge-, h) maquillar

'schmirgel|n ['ʃmirgəln] (ge-, h) esmerilar; **⚙papier** *n* papel *m* de lija

'Schmöker F ['ʃmø:kər] *m* (-s; -) libraco *m*; ⚙n F (ge-, h) hojear, leer

'Schmor|braten ['ʃmo:rbra:tən] *m* estofado *m*; ⚙en (ge-, h) estofar, guisar; *v/i* *fig* asarse

Schmuck [ʃmuk] *m* (-[e]s; *sin pl*) adorno *m*; (*Juwelen*) joyas *f/pl*

schmücken ['ʃmʏkən] (ge-, h) adornar; decorar

'Schmuck|kästchen ['ʃmukkɛstçən] *n* (-s; -) joyero *m*; **⚙los** sencillo; sin adorno; **~stück** *n* joya *f* (*a fig*), alhaja *f*

'Schmuggel ['ʃmugəl] *m* (-s; *sin pl*) contrabando *m*; ⚙eln (ge-, h) **1.** *v/t* pasar *od* introducir de contrabando; **2.** *v/i* hacer contrabando; **~ler** *m* (-s; -), **~lerin** *f* (-; -nen) contrabandista *su*

Schmutz [ʃmuts] *m* (-es; *sin pl*) suciedad *f*; (*Straßen*⚙) barro *m*; *fig* **in den ~ ziehen** arrastrar por el lodo; **'~fink** F *m* cochino *m*; **'~fleck** *m* mancha *f* (de barro); **'⚙ig** sucio; *fig* sórdido

Schnabel ['ʃna:bəl] *m* (-s; ⸚) pico *m* (*a e-r Kanne u fig*)

Schnalle ['ʃnalə] *f* (-; -n) hebilla *f*; broche *m*

'schnapp|en ['ʃnapən] (ge-, h) **1.** atrapar, F pescar; *Dieb*: P trincar; **2.** *Schloß*: cerrarse; **nach Luft ~** jadear; **⚙schuß** *fot m* instantánea *f*

Schnaps [ʃnaps] *m* (-es; ⸚e) aguardiente *m*

schnarchen ['ʃnarçən] (ge-, h) roncar

schnauben ['ʃnaubən] (ge-, h) resoplar; bufar (*a vor Wut*); **sich die Nase ~** sonarse

'Schnauz|bart F ['ʃnauts-] *m* mostacho *m*; **~e** *f* (-; -n) hocico *m* (*a* P *fig*); **~er** *m* (-s; -) *zo* schnauzer *m*

'Schnecke ['ʃnɛkə] *f* (-; -n) caracol *m* (*a anat*); (*Nackt*⚙) babosa *f*, limaza *f*; ⊙ (tornillo *m*) sinfín *m*; rosca *f* (*a Gebäck*); **~ntempo** *n*: *fig* **im ~** a paso de tortuga

Schnee [ʃne:] *m* (-s; *sin pl*) nieve *f* (*a* F *Kokain*); **'~ball** *m* bola *f* de nieve; ♣ viburno *m*; **'~fall** *m* nevada *f*; **'~flocke** *f* copo *m* de nieve; **'~gestöber** *n* ventisca *f*; nevasca *f*; **'~glöckchen** ⚘ *n* campanilla *f* de las nieves; **'~grenze** *f* límite *m* de las nieves; **'~kette** *f* cadena *f* antideslizante; **'~mann** *m* muñeco *m* de nieve; **'~pflug** *m* quitanieves *m*; *Skisport*: barrenieve *m*; **'⚙sicher** con garantía de nieve; **'~sturm** *m* temporal *m* de nieve; **'⚙weiß** blanco como la nieve, níveo; **~wittchen** [-'vitçən] *n* (-s; *sin pl*) Blancanieves *f*

'Schneid|e ['ʃnaidə] *f* (-; -n) corte *m*; filo *m*; ⚙en (schnitt, geschnitten, h) cortar; *Fleisch*: tajar; *Braten*: trinchar; *Bäume*: podar; *in Holz*: grabar; *Film*: montar

'Schneider ['-dər] *m* (-s; -) sastre *m*; (*Damen*⚙) modisto *m*; **~in** *f* (-; -nen) modista *f*, sastra *f*; ⚙n (ge-, h) hacer vestidos; trabajar de sastre

'Schneidezahn *m* (diente *m*) incisivo *m*

schneien ['-ən] (ge-, h) nevar

schnell [ʃnɛl] rápido, pronto; veloz; *adv* de prisa; **mach ~!** ¡date prisa!; **~en** (ge-, sn): **in die Höhe ~** saltar; *Preis*: dispararse; **'⚙gaststätte** *f* restaurante *m* rápido; snack(-bar) *m*; **'⚙gericht** ⚖ tribunal *m* de urgencia; *gastr* plato *m* rápido; **'⚙hefter** *m* carpeta *f* (flexible); **'⚙imbiß** *m* refrigerio *m*, tentempié *m*; **'⚙straße** *f* autovía *f*, vía *f* de circulación rápida; **'⚙zug** *m* (tren *m*) expreso *m*

schneuzen ['ʃnɔytsən] (ge-, h): **sich ~** sonarse

'Schnipp|chen ['ʃnipçən] *n*: **j-m ein ~ schlagen** burlarse de, dar chasco a alg; **⚙isch** respondón

Schnipsel ['-səl] *m u n* (-s; -) recortadura *f*, recorte *m*

Schnitt [ʃnit] m (-[e]s; -e) corte m (*a Schneiderei*); sección f; ✲ incisión f; (*Wunde*) cortadura f, corte m; (*Muster*) patrón m; *im ~* por término medio; **s-n ~ machen** hacer su agosto; '**~blumen** f/pl flores f/pl cortadas; '**~e** f (-; -n) *Brot*: rebanada f; '**~fläche** f superficie f de corte; '**~ig** elegante; '**~lauch** m cebollino m; '**~stelle** *inform* f interface m, interfaz f; '**~wunde** f cortadura f, corte m, herida f incisa

'**Schnitz|el** ['ʃnitsəl] n (-s; -) **a)** *gastr* escalopa f, escalope m; **b)** (*a m*) (*Papier*) recorte m; **2en** (ge-, h) tallar en madera; **~e'rei** f (-; -en) talla f (en madera) (*a Werk*)

Schnorchel ['ʃnɔrçəl] m (-s; -) esnórquel m; (tubo m) respirador m

Schnörkel ['ʃnœrkəl] m (-s; -) rasgo m (ornamental); F ringorrango m; *am Namenszug:* rúbrica f

'**schnüff|eln** ['ʃnyfəln] (ge-, h) oliscar, olfatear; *fig* husmear; fisg(one)ar; **2ler** m (-s; -) husmeador m; fisgón m

'**schnupf|en** ['ʃnupfən] (ge-, h) tomar rapé; **2en** m (-s; -) constipado m, resfriado m; **e-n ~ haben** estar resfriado

schnuppern ['-pərn] (ge-, h) oliscar, olfatear

Schnur [ʃnuːr] f (-; ⁓e) cordón m; cuerda f, cordel m; (*Bindfaden*) bramante m; ∮ flexible m

schnüren ['ʃnyːrən] (ge-, h) atar, liar

'**Schnurr|bart** ['ʃnurbaːrt] m bigote m; **2en** *Katze:* ronronear

'**Schnür|schuh** ['ʃnyːrʃuː] m zapato m de cordones; **~senkel** ['-zɛŋkəl] m (-s; -) cordón m

Schober ['ʃoːbər] m (-s; -) pajar m; (*Heu2*) henil m

Schock [ʃɔk] ✲ m (-[e]s; -s) choc m, choque m, shock m; **2'ieren** (h) chocar, escandalizar; **2'ierend** chocante, escandaloso

Schokolade [ʃokoˈlaːdə] f (-; -n) chocolate m

Scholle ['ʃɔlə] f (-; -n) gleba f (*a fig*); (*Eis2*) témpano m; *zo* solla f

schon [ʃoːn] ya; *~ jetzt* ahora mismo; *~ lange* desde hace tiempo; *~ wieder* otra vez

schön [ʃøːn] **1.** hermoso; bello; *iron* valiente; *Wetter:* bueno; **e-s ~en Tages** algún día; *~en Dank!* ¡muchas gracias!; **2.** *adv* bien; *~!* ¡está bien!

schonen ['ʃoːnən] (ge-, h) tratar con cuidado; *sich ~* cuidarse

'**Schönheit** [ʃøːnhait] f (-; -en) hermosura f, belleza f; **~s-pflege** f cosmética f

Schonkost ['ʃoːn-] f dieta f *od* régimen m suave

'**Schon|ung** ['ʃoːnuŋ] f (-; *sin pl*) cuidado m; (*Rücksicht*) miramientos m/pl; (*Nachsicht*) indulgencia f; **2ungslos** desconsiderado; sin miramiento

Schön'wetter|lage f situación f de buen tiempo; **~periode** f periodo m de buen tiempo

'**schöpf|en** ['ʃœpfən] (ge-, h) sacar; **2er** m (-s; -) creador m; **~erisch** creador, creativo; **2kelle** f, **2löffel** m cucharón m; **2ung** f (-; -en) creación f

Schorf [ʃɔrf] m (-[e]s; -e) costra f, escara f

'**Schornstein** ['ʃɔrn-] m chimenea f; **~feger** ['--feːgər] m (-s; -) deshollinador m

Schoß [ʃoːs] m (-es; ⁓e) regazo m; *bsd fig* seno m; (*Rock2*) faldón m

Schote ♀ ['ʃoːtə] f (-; -n) vaina f

'**Schott|e** ['ʃɔtə] m (-n; -n) escocés m; **~er** m (-s; -) grava f, gravilla f; 🚂 balasto m; **~in** f (-; -nen) escocesa f; **2isch** escocés

schräg [ʃrɛːk] oblicuo, sesgo; diagonal; (*querlaufend*) transversal; (*geneigt*) inclinado; *adv* de través

Schrank [ʃraŋk] m (-[e]s; ⁓e) armario m; '**~e** f (-; -n) barrera f (*a fig*); 🚂 barra f; '**~enwärter** m guardabarrera m; '**~wand** f librería f mural

'**Schraub|e** ['ʃraubə] f (-; -n) tornillo m; ⚓, ✈ hélice f; **2en** (ge-, h) atornillar; *in die Höhe ~ Preis:* hacer subir; **~enschlüssel** m llave f de tuercas; **~enzieher** ['--ntsiːər] m (-s; -) destornillador m; **~stock** ['ʃraupʃtɔk] m torno m; **~verschluß** m cierre m roscado

Schreck [ʃrɛk] m (-[e]s; -e), '**~en** m (-s; -) susto m (*einjagen* dar); sobresalto m; espanto m; **e-n ~ bekommen** asustarse, llevarse un susto; '**2lich** terrible; espantoso; '**~schuß** m tiro m al aire

Schrei [ʃrai] m (-[e]s; -e) grito m (*ausstoßen* dar)

'**Schreib|arbeit** ['ʃraipˀarbait] f trabajo m mecanográfico; **~block** m bloc m; **~büro** n oficina f de trabajos mecanográficos; **2en** ['-bən] (schrieb, geschrieben, h) escribir; **~en** n (-s; -) carta f,

Schreibfehler

escrito *m*; **~fehler** *m* falta *f* de escritura; **~heft** *n* cuaderno *m*; **~kraft** *f* mecanógrafa *f*; **~maschine** *f* máquina *f* de escribir; *mit der ~ schreiben* mecanografiar; **~papier** *n* papel *m* de escribir; **~tisch** *m* escritorio *m*; **~ung** ['-bʊŋ] *f* (-; -en) ortografía *f*; **~waren** *f/pl* artículos *m/pl* de escritorio *od* de papelería; **~warengeschäft** *n* papelería *f*

schreien ['ʃraɪən] (schrie, geschrien, h) gritar; vociferar; *um Hilfe ~* dar gritos de auxilio

schreiten ['ʃraɪtən] (schritt, geschritten, sn) andar, caminar

Schrift [ʃrɪft] *f* (-; -en) escritura *f*; (*Hand&*) letra *f*; (~*stück*) escrito *m*, documento *m*; *tip* caracteres *m/pl*, tipo *m*, letra *f*; *die Heilige ~* la Sagrada Escritura; '**~deutsch** *n* alemán *m* literario; '**2lich** escrito; *adv* por escrito; '**~probe** *f* prueba *f* de escritura; '**~sprache** *f* lenguaje *m* culto; **~steller** ['-ʃtɛlər] *m* (-s; -), **~stellerin** *f* (-; -nen) escritor(a *f*) *m*; '**2stellerisch** literario; '**~stück** *n* escrito *m*, documento *m*; '**~verkehr**, '**~wechsel** *m* (-s; *sin pl*) correspondencia *f*; '**~zeichen** *tip n* letra *f*, *pl* a caracteres *m/pl*

schrill [ʃrɪl] estridente, agudo

Schritt [ʃrɪt] *m* (-[e]s; -e) paso *m*; *der Hose*: entrepierna *f*; *fig* gestión *f*; *~ halten* llevar el paso a; *fig* adaptarse a; '**~macher** *m* (-s; -) *dep* guía *m*; *fig* pionero *m*; 🏃 marcapasos *m*; '**2weise** paso a paso

schroff [ʃrɔf] escarpado; *fig* brusco, rudo

Schrot [ʃroːt] *m* *u* *n* (-[e]s; -e) grano *m* triturado; *Jagd*: perdigones *m/pl*

Schrott [ʃrɔt] *m* (-[e]s; -e) chatarra *f*; '**2reif** para desguace

schrumpfen ['ʃrʊmpfən] (ge-, sn) contraerse; encogerse; *fig* disminuir, reducirse; 🌱 atrofiarse

Schub [ʃuːp] *m* (-[e]s; ⁻e) empujón *m*, empellón *m*; ⊙ empuje *m*; '**~fach** *n*, '**~kasten**, '**~lade** ['-laːdə] *f* (-; -n) cajón *m*, gaveta *f*; '**~karren** *m* carretilla *f*

schüchtern ['ʃʏçtərn] tímido

Schuft [ʃʊft] *m* (-[e]s; -e) canalla *m*, infame *m*; '**2en** F (ge-, h) trabajar como un negro, bregar

Schuh [ʃuː] *m* (-[e]s; -e) zapato *m*; *fig j-m et in die ~e schieben* imputarle a/c a alg; **~anzieher** ['-ʔantsiːər] *m* (-s; -) calzador *m*; '**~bürste** *f* cepillo *m* para los zapatos; '**~creme** *f* crema *f* para el calzado, betún *m*; '**~geschäft** *n* zapatería *f*; '**~größe** *f* número *m*; *welche ~ haben Sie?* ¿qué número calza?; '**~macher** *m* (-s; -) zapatero *m*; '**~sohle** *f* suela *f*

'**Schul|abschluss** ['ʃuːlʔapʃlʊs] *m* graduación *f* escolar; **~arbeiten** *f/pl* deberes *m/pl*; **~bildung** *f* (-; *sin pl*) formación *f* escolar; **~buch** *n* libro *m* de texto

Schuld [ʃʊlt] *f* (-; -en) culpa *f*; *bsd* ⚖ culpabilidad *f*; 💰 deuda *f*; **2 *sn an*** (*dat*) tener la culpa de; **2bewußt** consciente de su culpabilidad

'**schulden** ['-dən] (ge-, h) deber; **2berg** *m* montón *m* de deudas; **~frei** libre de deudas; **2tilgung** *f* amortización *f* (de deudas)

'**Schuldienst** ['ʃuːl-] *m*: *im ~ tätig sein* ejercer de profesor *bzw* de maestro

'**schuldig** ['ʃʊldɪç] culpable; *j-m et* **~** *sn* deber a/c a alg; **~los** inocente; **2ner** ['ʃʊldnər] *m* (-s; -) deudor *m*

'**Schul|e** ['ʃuːlə] *f* (-; -n) escuela *f*; *zur ~ gehen* ir a la escuela; *aus der ~ plaudern* cometer una indiscreción; irse de la lengua; **2en** (ge-, h) instruir, entrenar; formar; **~englisch**, **~französisch** *etc* inglés, francés, *etc* aprendido en la escuela

'**Schüler** ['ʃyːlər] *m* (-s; -) alumno *m*; discípulo *m*; **~austausch** *m* intercambio *m* de alumnos; **~in** *f* (-; -nen) alumna *f*; discípula *f*

'**Schul|ferien** ['ʃuːl-] *pl* vacaciones *f/pl* escolares; **~funk** *m* emisión *f* escolar; **~geld** *n* matrícula *f*; **~hof** *m* patio *m* de la escuela; **~jahr** *n* año *m* escolar; curso *m*; **~kamerad(in** *f*) *m* condiscípulo *m*, -a *f*; **~leiter** *m* director *m*; **~pflicht** *f* (-; *sin pl*) escolarización *f od* escolaridad *f* obligatoria; **~schiff** *n* buque *m* escuela; **~schluß** *m* (-sses; *sin pl*) clausura *f* del curso; salida *f* de clase; **~stunde** *f* clase *f*, lección *f*; **~tasche** *f* cartera *f*

Schulter ['ʃʊltər] *f* (-; -n) hombro *m*; *et auf die leichte ~ nehmen* tomar a/c a la ligera

'**Schulung** ['ʃuːlʊŋ] *f* (-; -en) instrucción *f*; formación *f*; **~zeit** *f* años *m/pl* escolares; escolaridad *f*; **~zeugnis** *n* boletín *m* de calificaciones

schummeln F ['ʃuməln] (ge-, h) hacer trampa

Schund [ʃunt] m (-[e]s; sin pl) baratija f, pacotilla f

'**Schupp|e** ['ʃupə] f (-; -n) escama f; (Kopf2) caspa f; **~en** m (-s; -) cobertizo m; tinglado m; ✔ hangar m

schüren ['ʃy:rən] (ge-, h) atizar (a fig)

'**Schürf|ung** ['ʃyrfuŋ] f (-; -en) prospección f; 🗲 = **~wunde** f excoriación f

Schurke ['ʃurkə] m (-n; -n) canalla m, infame m

Schurwolle ['ʃu:r-] f lana f virgen

'**Schürze** ['ʃyrtsə] f (-; -n) delantal m; 2n (ge-, h) arremangar

Schuß [ʃus] m (-sses; ⸚sse) tiro m, disparo m; Fußball: a chut m; **weit vom ~** fuera de juego

Schüssel ['ʃysəl] f (-; -n) fuente f; plato m (a Gericht)

'**Schuß|fahrt** ['ʃusfa:rt] f Ski: descenso m en línea recta; **~linie** f línea f de tiro; **~waffe** f arma f de fuego; **~wunde** f herida f de bala od por arma de fuego; balazo m

Schuster ['ʃu:stər] m (-s; -) zapatero m

Schutt [ʃut] m (-[e]s; sin pl) escombros m/pl; (Bau2) cascotes m/pl; **in ~ und Asche legen** reducir a cenizas; '**~abladeplatz** m escombrera f, vertedero m de escombros

'**Schüttel|frost** ['ʃytəlfrɔst] m escalofríos m/pl; 2n (ge-, h) sacudir; agitar; Kopf: menear; Hand: estrechar

schütten ['ʃytən] (ge-, h) echar, verter; fig **es schüttet** está diluviando

Schutz [ʃuts] m (-es; sin pl) protección f; amparo m; (Verteidigung) defensa f; (Zuflucht) refugio m; abrigo m; **in ~ nehmen** salir en defensa de; '**~blech** n guardabarros m; **~brief** m etwa: talonario m de bono-cheques (para automovilistas); '**~brille** f gafas f/pl protectoras; '**~dach** n alero m; marquesina f

'**Schütze** ['ʃytsə] m (-n; -n) tirador m; ⚔ cazador m; astr Sagitario m; 2n (ge-, h) proteger (**vor** de, contra); defender; preservar (**de**), resguardar (**de**)

Schutzengel ['ʃuts²eŋəl] m ángel m custodio od de la guarda

Schützengraben ['ʃytsən-] m trinchera f

'**Schutz|gebiet** ['ʃuts-] n zona f protegida; pol protectorado m; **~hütte** f refugio m; **~impfung** f vacunación f preventiva; 2**los** desamparado; indefenso; **~marke** ♱ f marca f registrada; **~maßnahme** f medida f preventiva

schwach [ʃvax] débil; bsd fig flojo (a Getränk); Gesundheit: delicado, frágil; Gedächtnis: flaco

'**Schwäche** ['ʃvɛçə] f (-; -n) debilidad f (a fig; **für** por); flojedad f; flaqueza f; fig (punto m) flaco m; 2n (ge-, h) debilitar; aflojar

Schwachheit ['ʃvaxhaɪt] f (-; sin pl) debilidad f

'**schwächlich** ['ʃvɛçliç] débil; delicado

'**Schwach|sinn** ['ʃvax-] m (-[e]s; sin pl) debilidad f mental; imbecilidad f (a fig); 2**sinnig** imbécil; **~strom** ⚡ m corriente f de baja tensión

Schwächung ['ʃvɛçuŋ] f (-; -en) debilitación f; extenuación f

Schwager ['ʃva:gər] m (-s; ⸚) cuñado m, hermano m político

Schwägerin ['ʃvɛ:gerin] f (-; -nen) cuñada f, hermana f política

Schwalbe ['ʃvalbə] f (-; -n) golondrina f

Schwall [ʃval] m (-[e]s; -e) aluvión m (a v Menschen); v Worten: cascada f, torrente m

Schwamm [ʃvam] m (-[e]s; ⸚e) esponja f; ♣ hongo m, seta f; '2**ig** esponjoso; Gesicht: fofo

Schwan [ʃva:n] m (-[e]s; ⸚e) cisne m

'**schwanger** ['ʃvaŋər] encinta, embarazada; 2**e** f (-n; -n) embarazada f

'**Schwangerschaft** ['--ʃaft] f (-; -en) embarazo m; **~abbruch** m interrupción f del embarazo

'**schwank|en** ['ʃvaŋkən] (ge-, h) vacilar (a fig); oscilar; ♱ fluctuar; 2**ung** f (-; -en) vacilación f; oscilación f; fluctuación f

Schwanz [ʃvants] m (-es; ⸚e) cola f, rabo m

'**schwänzen** F ['ʃvɛntsən] (ge-, h) fumarse; **die Schule ~** hacer novillos

Schwarm [ʃvarm] m (-[e]s; ⸚e) (Bienen) enjambre m; (Insekten) nube f; (Vögel) bandada f; (Fische) banco m, cardumen m; v Menschen: enjambre m, nube f, tropel m

'**schwärm|en** ['ʃvɛrmən] (ge-, h u sn) Bienen: enjambrar; (h) fig entusiasmarse (**für** por); **~erisch** exaltado, entusiástico

schwarz [ʃvarts] negro; ~**e Zahlen** f/pl números m/pl negros; ~ **werden** ennegrecer; **sich** ~ **ärgern** reventar de rabia; **'2-arbeit** f trabajo m clandestino; **'~arbeiten** (sep, -ge-, h) trabajar clandestinamente; **'2-arbeiter(in** f) m trabajador(-a f) m clandestino (-a); **'2brot** n pan m negro

'Schwarz|e [ʃvartsə] m/f (-n, -n) negro m, -a f; **2fahren** (irr, sep, -ge-, sn, → **fahren**) viajar sin billete; **~fahrer(in** f) m viajero m, -a f sin billete; **~handel** m comercio m od tráfico m clandestino; F estraperlo m; **~händler** m traficante m clandestino, F estraperlista m; **~markt** m mercado m negro; **~marktpreise** m/pl precios m/pl en el mercado negro; **~weißfilm** m película f en blanco y negro; **~wurzel** ♀ f escorzonera f, salsifí m negro

schwatzen [ʃvatsən] (ge-, h) parlotear, charlar, F estar de palique

'Schwebe [ʃve:bə] f: **in der** ~ en vilo, en suspenso; **~bahn** f ferrocarril m colgante; **2n** (ge-, sn) flotar (en el aire); F estar suspendido, colgar; Vögel: cernerse; 🚲 estar pendiente; **in Gefahr** ~ estar en peligro

'Schwed|e ['-də] m (-n, -n), **~in** f (-; -nen), **2isch** sueco m, -a f

'Schwefel ['-fəl] m (-s; sin pl) azufre m; **~säure** f ácido m sulfúrico

Schweif [ʃvaɪf] m (-[e]s; -e) cola f; astr a cabellera f; **2en** (ge-, sn) v/i vagar, vagabundear; errar; (h) ~ **lassen** Blick: pasear la mirada (über ac por)

'schweig|en [ʃvaɪgən] (schwieg, geschwiegen, h) callar(se); guardar silencio; **2en** n (-s; sin pl) silencio m; **zum** ~ **bringen** hacer callar; acallar; **2epflicht** f (-; sin pl) secreto m profesional; **~sam** ['-kza:m] taciturno

Schwein [ʃvaɪn] n (-[e]s; -e) cerdo m, puerco m, cochino m (alle a fig desp); **Am** chancho m; F (Glück) suerte f, chamba f; P churra f; **'~ebraten** m asado m de cerdo; **'~efleisch** n (carne f de) cerdo m; **~erei** f F porquería f; **'~estall** m pocilga f (a fig); **2isch** cochino; **'~sleder** n cuero m de cerdo

Schweiß [ʃvaɪs] m (-es; -e) sudor m, transpiración f; **2en** ⊙ (ge-, h) soldar; **~er** m (-s; -) soldador m

'Schweizer [ʃvaɪtsər] m (-s; -) suizo m; ~ **Käse** gruyère m; **~in** f (-; -nen) suiza f; **2isch** suizo

schwelen [ʃve:lən] (ge-, h) arder sin llama

schwelgen [ʃvɛlgən] (ge-, h) darse la gran vida, regalarse

'Schwell|e [ʃvɛlə] f (-; -n) umbral m; 🚂 traviesa f; **2en** (schwoll, geschwollen, sn) hincharse, inflarse; **~enland** n país m umbral; **~ung** f (-; -en) hinchazón f; ✚ a tumefacción f

'Schwemme [ʃvɛmə] f (-; -n) abrevadero m; fig aluvión f

schwenken [ʃvɛŋkən] (ge-, h) v/t agitar; (spülen) enjuagar; gastr saltear

schwer [ʃve:r] pesado; (schwierig) difícil; (mühevoll) duro, penoso; (ernst) grave (a ✚); Wein, Tabak: fuerte; Strafe: severo; **3 Kilo** ~ **sn** pesar tres kilos; ~ **arbeiten** trabajar mucho; **'2-arbeiter** m obrero m de trabajos duros; **'2behinderte** m/f (-n; -n) gran inválido m, -a f; **2e** f (-; - sin pl) (Gewicht) peso m; pesadez f; fis gravedad f (a fig); der Strafe: severidad f; **'2elosigkeit** f (-; sin pl) ingravidez f; **'~fallen** (irr, sep, -ge-, sn, → **fallen**) costar (mucho); **~fällig** pesado, torpe; **~hörig** duro od tardo de oído, sordo; **2-industrie** f industria f pesada; **'2kraft** f (-; sin pl) gravitación f; **'~krank** gravemente enfermo; **~mütig** ['-my:tiç] melancólico; **'2punkt** m centro m de gravedad; fig a punto m esencial

Schwert [ʃve:rt] n (-[e]s; -er) espada f

'schwer|tun [ʃve:rtu:n] (irr, sep, -ge-, h, → **tun**): **sich** ~ tener dificultades (**mit** con); **2verbrecher** m criminal m peligroso; **2verletzte** m herido m grave; **~wiegend** fig (muy) serio; de mucho peso

Schwester [ʃvɛstər] f (-; -n) hermana f; ✚ enfermera f; rel religiosa f, Anrede: sor

'Schwieger|eltern [ʃvi:gər²ɛltərn] pl suegros m/pl, padres m/pl políticos; **~mutter** f suegra f, madre f política; **~sohn** m yerno m, hijo m político; **~tochter** f nuera f, hija f política; **~vater** m suegro m, padre m político

'schwierig ['-riç] difícil; **2keit** f (-; -en) dificultad f

'Schwimm|bad [ʃvɪm-] n piscina f; **~becken** n piscina f; **2en** (schwamm, geschwommen, h *u* sn) nadar; *Gegenstand*: flotar; **~en** *n* (-s; *sin pl*) natación *f*; **~er** *m* (-s; -) nadador *m*; ⊙, ✈ flotador *m*; *Angel*: veleta *f*; **~erin** *f* (-; -nen) nadadora *f*; **~flosse** *f* aleta *f* (*a dep*); **~weste** *f* chaleco *m* salvavidas

'**Schwindel** ['ʃvindəl] *m* (-s; *sin pl*) vértigo *m*, vahído *m*; mareo *m*; *fig* patraña *f*; (*Betrug*) estafa *f*, embuste *m*, engaño *m*; timo *f*; 2**frei** que no se marea; 2**n** (ge-, h) mentir; *mir schwindelt* me da vértigo

schwinden ['ʃvin-] (schwand, geschwunden, sn) (*ver~*) desaparecer

'**Schwindler** ['ʃvin-] *m* (-s; -), **~lerin** *f* (-; -nen) estafador(a *f*) *m*; 2**lig** mareado; *mir wird* (*od ist*) **~** se me va la cabeza; me mareo

'**schwing|en** ['ʃviŋən] (schwang, geschwungen, h) **1.** *v*/*t* agitar; **2.** *v*/*i* vibrar; *Pendel*: oscilar; 2**ung** *f* (-; -en) vibración *f*; oscilación *f*

schwirren ['ʃvirən] (ge-, h *u* sn) silbar; *Insekt*: zumbar

schwitzen ['ʃvitsən] (ge-, h) sudar, transpirar

schwören ['ʃvø:rən] (schwor, geschworen, h) jurar (*bei* por); prestar juramento; *fig* tener absoluta confianza (*auf ac* en)

schwul F [ʃvu:l] homosexual, F gay

schwül [ʃvy:l] cargado; sofocante, bochornoso

Schwund [ʃvunt] *m* (-es; *sin pl*) disminución *f*; merma *f*; ✱ atrofia *f*

Schwung [ʃvuŋ] *m* (-[e]s; ⁓e) impulso *m*, empuje *m*; arranque *m*; *fig a* ímpetu *m*; brío *m*; énfasis *m*; '**~rad** *n* volante *m*

Schwur [ʃvu:r] *m* (-[e]s; ⁓e) juramento *m*

sechs [zɛks] **1.** seis; **2.** 2 *f* (-; -en) seis *m*; '**~eckig** hexagonal; 2**erpack** *m* lote *m* de seis unidades; **~fach** séxtuplo; **~'hundert** seiscientos; **~te** *adj* sexto; 2**tel** *n* (-s; -) sexto *m*; **~tens** en sexto lugar; sexto

sechzehn ['zɛçtse:n] dieciséis

'**sechzig** ['-tsɪç] sesenta; **~ste** sexagésimo

See [ze:] **a)** *f* (-; *sin pl*) mar *m* (*bsd* ♆ *f*); *auf hoher* **~** en alta mar; *in* **~** *stechen* hacerse a la mar; **b)** *m* (-s; -n) lago *m*; '**~bad** *n* playa *f*; balneario *m* de mar; '**~blick** *m* vista *f* al mar; '**~gang** *m* (-[e]s; *sin pl*) oleaje *m*; *hoher* **~** marejada *f*; '**~hafen** *m* puerto *m* marítimo; '**~handel** *m* comercio *m* marítimo; '**~herrschaft** *f* (-; *sin pl*) soberanía *f* marítima; '**~igel** *m* erizo *m* de mar; '**~karte** *f* carta *f* marina; 2**krank** mareado; **~ werden** marearse; '**~krankheit** *f* (-; *sin pl*) mal *m* de mar; '**~lachs** *zo m* carbonero *m*

Seele ['ze:lə] *f* (-; -n) alma *f* (*a fig*); *rel* ánima *f*

'**Seelen|heil** ['ze:lənhaɪl] *n* salvación *f*; **~ruhe** *f* quietud *f*, serenidad *f*; 2**ruhig** sereno; *adv* con mucha calma

Seelsorge ['ze:lzɔrgə] *f* (-; *sin pl*) cura *f* de almas

See|luft ['ze:luft] *f* aire *m* de mar; **~macht** *f* potencia *f* naval *od* marítima; **~mann** *m* (*pl* -leute) marinero *m*; marino *m*; **~meile** *f* milla *f* marina; **~not** *f* (-; *sin pl*) peligro *m* marítimo; *in* **~** en peligro de naufragar; **~räuber** *m* pirata *m*; **~reise** *f* viaje *m* por mar; crucero *m*; **~schlacht** *f* batalla *f* naval; **~streitkräfte** *f*/*pl* fuerzas *f*/*pl* navales; 2**tüchtig** en (perfecto) estado de navegar; marinero; **~weg** ['-ve:k] *m* vía *f* marítima; *auf dem* **~** por mar; por vía marítima; **~zeichen** *n* señal *f* marítima

'**Segel** ['ze:gəl] *n* (-s; -) vela *f*; **~boot** *n* barco *m* de vela, velero *m*; **~flieger** *m* aviador *m* a vela, volovelista *m*; **~flug** *m* vuelo *m* sin motor; **~flugzeug** *n* planeador *m*; avión *m* sin motor; 2**n** (ge-, h *u* sn) navegar a vela; **~schiff** *n* buque *m* de vela, velero *m*

'**Segen** ['-gən] *m* (-s; -) bendición *f*; *fig* felicidad *f*; prosperidad *f*

Segler ['-glər] *m* (-s; -) deportista *m* de la vela; (*Schiff*) velero *m*

segnen ['ze:gnən] (ge-, h) bendecir

'**sehen** ['ze:ən] (sah, gesehen, h) *v*/*t* ver; (*an~*) mirar; *siehe ...* véase ...; **~swert**, **~swürdig** digno de verse; curioso; 2**swürdigkeit** *f* (-; -en) curiosidad *f*; monumento *m* artístico; lugar *m* de interés

'**Sehkraft** *f* (-; *sin pl*) facultad *f* visual

'**Sehne** ['-nə] *f* (-; -n) *anat* tendón *m*; 2**n** (ge-, h): *sich nach et* **~** anhelar, ansiar a/c; *sich nach j-m* **~** ansiar ver a alg; suspirar por alg

'**Sehnerv** *m* nervio *m* óptico

sehnig ['-nɪç] tendinoso

'**sehn|lich** ['zɛ:nlɪç] ardiente, vivo; *adv*

Sehnsucht

con ardor; ⁂sucht f (-; ⁎e) anhelo m, ansia f; nostalgia f; añoranza f (**nach** de); ⁎süchtig ansioso, anheloso; nostálgico; añorante

sehr [ze:r] mucho; *vor adj u adv* muy; *so* ⁎, *daß* tanto que; *wie* ⁎ *auch* por más que; *zu* ⁎ demasiado

'Seh|störung ['ze:-] f trastorno m de la vista; ⁎**test** m test m visual

Seide ['zaɪdə] f (-; -n) seda f

Seidenpapier ['-dən-] n papel m de seda

seidig ['-diç] sedoso; *Stoff*: sedeño

Seife ['-fə] f (-; -n) jabón m

'Seifen|blase f pompa f de jabón; ⁎**dose** f jabonera f; ⁎**lauge** f lejía f de jabón; '⁎**pulver** n jabón m en polvo

seifig ['-fiç] jabonoso

Seil [zaɪl] n (-[e]s; -e) cuerda f, soga f; (*Tau*) cabo m, cable m; '⁎**bahn** f teleférico m; funicular m aéreo; '⁎**schaft** f (-; -en) cordada f

sein¹ [zaɪn] **1.** (war, gewesen, sn) *dauernd*: ser; *vorübergehend*: estar; (*vorhanden* ⁎): *es ist schönes Wetter* hace buen tiempo; *es ist drei Uhr* son las tres; *was ist?* ¿qué hay?; *da ist (sind)* hay; **2.** ⁂ n (-s; *sin pl*) ser m; existencia f

sein² [zaɪn] *pron* su; *die* ⁂en los suyos; ⁎**erseits** ['-nɔr'zaɪts] de su lado *od* parte; '⁎**es'gleichen** su igual; sus semejantes; '⁎**et'wegen** por él; por culpa suya

seit [zaɪt] **1.** *prp* desde, a partir de; *Zeitraum*: desde hace; ⁎ *kurzem* desde hace poco; ⁎ *langem* desde hace tiempo; ⁎ *einer Woche ...* hace una semana que ...; **2.** *cj* desde que; ⁎'**dem 1.** *adv* desde entonces; **2.** *cj* desde que

Seite ['-tə] f (-; -n) lado m; (*Körper*⁂) costado m (*a* ♎); (*Buch*⁂) página f; *e-r Münze, Schallplatte*: cara f; *auf die* ⁎ *legen* apartar; *Geld*: ahorrar; *auf beiden* ⁎*n* de ambos lados

'Seiten|ansicht ['zaɪtən?ansɪçt] f vista f lateral; ⁎**blick** m mirada f de soslayo; ⁎**sprung** *fig* m escapada f; ⁎**stechen** n (-s; *sin pl*) dolores m/pl de costado; ⁎**straße** f calle f lateral; ⁎**streifen** m arcén m

'seit|lich ['-liç] lateral; de lado; ⁎**wärts** ['-vɛrts] de lado; al lado (de)

Sekre'tär [zekre'tɛ:r] m (-s; -e) secretario m; (*Möbel*) secreter m; ⁎**ariat** [--tar-'jɑ:t] n (-[e]s; -e) secretaría f; ⁎**ärin** f (-; -nen) secretaria f

Sekt [zɛkt] m (-[e]s; -e) champán m, cava m; '⁎**e** f (-; -n) secta f; ⁎**ion** ['-tsjo:n] f (-; -nen) sección f; ⚕ disección f, autopsia f; ⁎**or** ['-tɔr] m (-s; -en [-'to:rən]) sector m

Sekunde [ze'kundə] f (-; -n) segundo m

selbst [zɛlpst] mismo; (*sogar*) hasta, aun; *ich* ⁎ yo mismo; *von* ⁎ por sí mismo; espontáneamente

'**selbständig** ['-ʃtɛndɪç] independiente; *Arbeiter*: autónomo; *sich* ⁎ *machen* independizarse; ⁂**e** m/f (-n, -n) trabajador(a f) m autónomo (-a); ⁂**keit** f (-; *sin pl*) independencia f

'**Selbst|auslöser** ['zɛlpst?ausløzər] fot m autodisparador m; ⁎**bedienung** f autoservicio m; ⁎**bedienungsladen** m (tienda f de) autoservicio m; ⁎**bedienungsrestaurant** n restaurante m de autoservicio; ⁎**beherrschung** f dominio m de sí mismo, autodominio m; ⁎**bestätigung** f autoafirmación f; ⁎**bestimmung(srecht** n) f (derecho m de) autodeterminación f; ⁂**bewußt** consciente de su propio valor; (*anmaßend*) presumido; ⁎**bewußtsein** n conciencia f de sí mismo; ⁎**gespräch** n soliloquio m, monólogo m; ⁎**hilfe** f (-; *sin pl*) defensa f propia; ⁎**kostenpreis** m precio m de coste; ⁎**kritik** f (-; *sin pl*) autocrítica f; ⁎**laut** m vocal f; ⁂**los** desinteresado, abnegado; ⁎**mord** m suicidio m; ⁎**mörder(in** f) m, ⁂**mörderisch** suicida (*su*); ⁂**tätig** automático; ⁎**unterricht** m enseñanza f autodidáctica; ⁎**versorger** m: ⁎ sn autoabastecerse; ⁎**versorgung** f (-; *sin pl*) autoabastecimiento m; autarquía f; ⁂**verständlich** natural, evidente; *adv* por supuesto, desde luego; claro que sí, *bsd Am* ¿cómo no?; ⁎**verteidigung** f autodefensa f; ⁎**vertrauen** n confianza f en sí mismo, autoconfianza f; ⁎**verwaltung** f autonomía f (administrativa), autogestión f; ⁎**wähldienst** *tel* m servicio m telefónico automático; ⁎**zweck** m (-[e]s; *sin pl*) fin m absoluto; finalidad f en sí

selig ['ze:lɪç] bienaventurado; *fig* feliz; (*verstorben*) fallecido, difunto

Sellerie ['zɛləri:] m (-s; -[s]) apio m

selten [zɛltən] raro; escaso; *nicht* ⁎

Sichtweite

menudo; 2heit f (-; -en) rareza f; escasez f

Selterswasser ['-tərsvasər] n (-s; sin pl) agua f de Seltz, sifón m

seltsam ['zɛltzaːm] raro, extraño; extravagante

Se'mester [zeˈmɛstər] n (-s; -) semestre m; ~ferien pl vacaciones f/pl semestrales

Semikolon [-miˈkoːlɔn] n (-s; -s, -kola) punto m y coma

Seminar [--ˈnaːr] n (-s; -e) rel u Universität: seminario m

Semmel [ˈzɛməl] f (-; -n) panecillo m

Senat [zeˈnaːt] m (-[e]s; -e) senado m; 🏛 sala f

'Send|egebiet [ˈzɛndə-] n alcance m de las emisiones; 2en (sandte, gesandt, h) enviar, mandar; ✝ remitir; (ge-, h) TV, Radio: emitir; ~er m (-s; -) emisora f; (Gerät) emisor m; ~eschluß m cierre m de las emisiones; ~ung f (-; -en) envío m; (Auftrag) misión f; TV, Radio: emisión f

Senf [zɛnf] m (-[e]s; -e) mostaza f

'senior [ˈzeːnjɔr] **1.** adj: Herr X ~ el señor X padre; **2.** 2 m (-s; -en [zeˈnjoːrən]) decano m; dep senior m; die ~en la tercera edad; 2enpaß m Esp tarjeta f dorada

'Senk|e [ˈzɛŋkə] f (-; -n) hondonada f; 2en (ge-, h) bajar; Preise usw: a reducir; sich ~ Gebäude: hundirse; 2recht vertical; ~rechtstarter m (-s; -) avión m de despegue vertical; ~ung f (-; -en) declive m, pendiente f; ✝ baja f, reducción f; geo depresión f

Sensation [zɛnzaˈtsjoːn] f (-; -en) sensación f

Sense ['-zə] f (-; -n) guadaña f

sensibel [-ˈziːbəl] sensible

sentimental [-timɛnˈtaːl] sentimental

Separatismus [zepara'tismus] m (-; sin pl) separatismo m

September [zɛpˈtɛmbər] m (-[s]; -) se(p)tiembre m

'Serb|e [ˈzɛrbə] m (-n; -n), ~in f (-; -nen), 2isch serbio m, -a f

'Serie [ˈzeːrjə] f (-; -n) serie f; ~nherstellung f fabricación f en serie; 2nmäßig de serie; ~nproduktion f producción f en serie; 2nreif apto para fabricar en serie

Serpentine [zɛrpɛnˈtiːnə] f (-; -n) serpentina f

Serum [ˈzeːrum] n (-s; -en) suero m

Service: a) [zɛrˈviːs] n (-; -[ˈviːs(ə)]) servicio m od juego m de mesa; **b)** [ˈsœːrvɪs] m od n (-; -s [-vɪs(ɪs)]) servicio m

ser'vier|en [zɛrˈviːrən] (h) servir (a la mesa); 2erin f (-; -nen) camarera f

Serviette [-ˈvjɛtə] f (-; -n) servilleta f

'Sessel [ˈzɛsəl] m (-s; -) sillón m; butaca f; ~lift m telesilla m

seßhaft [ˈzɛshaft] sedentario

'setz|en [ˈzɛtsən] (ge-, h) colocar; poner; (nieder~) (a)sentar; (wetten) apostar (auf ac por); tip componer; Frist: fijar, señalar; sich ~ sentarse, tomar asiento; 2er m (-s; -) cajista m; 2e'rei f (-; -en) taller m de composición

'Seuche [ˈzɔyçə] f (-; -n) epidemia f; fig plaga f

Sex [zɛks] m (-[es]; sin pl) sexo m; ~ualität [-ualiˈtɛːt] f (-; sin pl) sexualidad f; 2uell [-uˈɛl] sexual

sezieren [zeˈtsiːrən] (h) disecar, hacer la autopsia

Shorts [ʃɔːts] pl pantalones m/pl cortos

Show [ʃou] f (-; -s) espectáculo m, show m; ~master ['-maːstər] m (-s; -) presentador m; animador m

sibirisch [ziˈbiːriʃ] siberiano

sich [zɪç] betont: sí; unbetont: se; an (und für) ~ en sí, de por sí; bei ~ consigo; von ~ aus espontáneamente; por sí solo

Sichel ['-çəl] f (-; -n) hoz f

'sicher ['-çər] seguro; (fraglos) indudable; adv con toda seguridad; e-r Sache ~ sein estar seguro de a/c; 2heit f (-; -en) seguridad f; certidumbre f; ✝ garantía f; 2heitsgurt m cinturón m de seguridad; 2heitsleistung f garantía f; 2heitsnadel f imperdible m; 2heitsrat m Consejo m de Seguridad; 2heitsschloß n cerradura f de seguridad; ~n (ge-, h) v/t asegurar; garantizar; (schützen) proteger (gegen, vor contra); preservar (de); ~stellen (sep, ge-, h) poner a buen recaudo; asegurar; (beschlagnahmen) confiscar; incautarse de; 2ung f (-; sin pl) protección f; (pl -en) ⚡ fusible m

Sicht [zɪçt] f (-; sin pl) vista f; 2bar visible; fig evidente, manifiesto; 2en (ge-, h) avistar, divisar; (ordnen) ordenar, clasificar; '~vermerk m visto m bueno, visado m; '~weite f alcance m visual od de la vista

sickern

sickern ['zikərn] (ge-, sn) rezumar, filtrarse

sie [zi:] *pron 3. Pers sg* ella; *ac* la; *3. Pers pl* ellos, -as; *ac* los (les), las; ⒉ (*Anrede*) usted(es *pl*)

Sieb [zi:p] *n* (-[e]s; -e) colador *m*, cedazo *m*; (*feines*) tamiz *m*; (*grobes*) criba *f*

sieben ['zi:bən] siete; **~hundert** setecientos

'**Sieb(en)t|el** ['--təl, zi:ptəl] *n* (-s; -), **⒉e** *adj* sé(p)timo (*m*); **⒉ens** en sé(p)timo lugar

'**siebzehn** ['zi:ptse:n] diecisiete; **~te** décimosé(p)timo

'**siebzig** ['-tsɪç] setenta; **~ste** septuagésimo

'**siede|ln** ['zi:dəln] (ge-, h) establecerse; **~n** (ge-, h) hervir; (*kochen*) cocer; **⒉punkt** *m* (-[e]s; *sin pl*) punto *m* de ebullición

'**Sied|ler** ['zi:dlər] *m* (-s; -) colono *m*, poblador *m*; **~lung** *f* (-; -en) colonia *f*; urbanización *f*

Sieg [zi:k] *m* (-[e]s; -e) victoria *f*, triunfo *m* (*a fig*)

Siegel ['zi:gəl] *n* (-s; -) sello *m*

'**sieg|en** ['-gən] (ge-, h) vencer (*über j-n* a alg); *a fig* triunfar (de); **⒉er** *m* (-s; -), **⒉erin** *f* (-; -nen) vencedor(a *f*) *m*; *a fig* triunfador(a *f*) *m*

Signal [zɪg'na:l] *n* (-[e]s; -e) señal *f*; **⒉isieren** [-nali'zi:rən] (h) señalar, dar señales

signieren [-'ni:rən] (h) marcar, señalar; (*unterzeichnen*) firmar

'**Silbe** ['zɪlbə] *f* (-; -n) sílaba *f*; **~trennung** *f* separación *f* de sílabas

'**Silber** ['-bər] (-s; *sin pl*) plata *f*; **~hochzeit** *f* bodas *f/pl* de plata; **⒉n** de plata; plateado

Silhouette [zilu'ɛtə] *f* (-; -n) silueta *f*

Silo ['zi:lo] *m* (-s; -s) silo *m*

Silvester [zɪl'vɛstər] *m od n* (-s; -) nochevieja *f*

Sims [zɪms] *m u n* (-es; -e) △ cornisa *f*, (*Fenster*⒉) moldura *f*; (*Wandbrett*) estante *m*, anaquel *m*

Simu|lation [zimula'tsjo:n] *f* (-; -nen) simulación *f*; **⒉lieren** (h) simular, fingir

simul'tan [--'ta:n] simultáneo; **⒉dolmetscher(in** *f*) *m* intérprete *m/f* simultáneo

Sinfo'nie [zɪnfo'ni:] *f* (-; -n ['ni:ən]) sinfonía *f*; **~orchester** *n* orquesta *f* sinfónica

'**sing|en** ['zɪŋən] (sang, gesungen, h) cantar; **⒉ular** ['-gula:r] *m* (-s; -e) *gram* singular *m*; **⒉vogel** *m* pájaro *m* cantor, ave *f* canora

sinken ['-kən] (sank, gesunken, sn) *v/i* caer; descender; *Preise*: bajar; *Sonne*: ponerse; *Schiff*: hundirse, irse a pique

Sinn [zɪn] *m* (-[e]s; -e) sentido *m*; (*sin Bedeutung*) significación *f*; *e-s Wortes*: acepción *f*, significado *m*; **~ für** interés *m* (*od* gusto *m*) por; **~ für Humor haben** tener sentido del humor; **im ~ haben** tener (la) intención (de hacer a/c); *das geht mir nicht aus dem ~* no se me quita de la cabeza; *sich* (*dat*) *et aus dem ~ schlagen* quitarse a/c de la cabeza; '**~bild** *n* símbolo *m*; alegoría *f*; **~es-täuschung** *f* alucinación *f*; **⒉gemäß** conforme al sentido; **⒉lich** sensual; voluptuoso; (*wahrnehmbar*) físico, material; '**~lichkeit** *f* (-; *sin pl*) sensualidad *f*; voluptuosidad *f*; **⒉los** absurdo; insensato, desatinado; (*zwecklos*) inútil; '**⒉verwandt: ~es Wort** *n* sinónimo *m*; '**⒉voll** ingenioso; (*zweckmäßig*) oportuno; razonable

Sintflut ['zɪntflu:t] *f* (-; *sin pl*) diluvio *m*

Siphon ['zi:fɔn] *m* (-s; -s) sifón *m*

Sippe ['zɪpə] *f* (-; -n) estirpe *f*, clan *m*

Sirene [-'re:nə] *f* (-; -n) sirena *f*

Sirup ['zi:rup] *m* (-s; -e) jarabe *m*

Sitte ['zɪtə] *f* (-; -n) costumbre *f*; (*Brauch*) uso *m*; usanza *f*

'**Sitten|losigkeit** *f* (-; *sin pl*) inmoralidad *f*; **~polizei** *f* brigada *f* contra el vicio

sitt|lich ['-lɪç] moral; **⒉lichkeit** *f* (-; *sin pl*) moralidad *f*; **⒉lichkeitsverbrechen** *n* delito *m* contra la honestidad

Situation [zitua'tsjo:n] *f* (-; -en) situación *f*

Sitz [zɪts] *m* (-es; -e) asiento *m*; (*Amts*⒉ *etc*) sede *f*; '**⒉en** (saß, gesessen, h) estar sentado; *Kleid*: sentar *od* caer bien; F (*im Gefängnis sn*) F estar a la sombra *od* en chirona; (sn) **~ bleiben** quedar sentado; **⒉enbleiben** (*irr, sep*, -ge-, sn, → *bleiben*) *Schüler*: suspender un curso; '**⒉enlassen** (*irr, sep*, -ge-, h, → *lassen*) abandonar; F dejar plantado; *et auf sich ~* tragar(se) a/c; '**~platz** *m* asiento *m*; plaza *f* sentada

'**Sitzung** ['-tsʊŋ] *f* (-; -en) sesión *f*; junta *f*; reunión *f*; ⚖ audiencia *f*; **~s-proto-**

koll n acta f (de la sesión); **~ssaal** m sala f de sesiones

Skala ['skɑːla] f (-; -en, -len) escala f

Skandal [skan'dɑːl] m (-s; -e) escándalo m; (*Lärm*) alboroto m, barullo m; **~presse** f prensa f sensacionalista

Skandi'navier [-di'nɑːvjər] m (-s; -), **~ierin** f (-; -nen), **2isch** escandinavo m, -a f

Skateboard ['skeitbɔːd] n (-s; -s) monopatín m

Skelett [ske'lɛt] n (-[e]s; -e) esqueleto m

skeptisch ['skɛptɪʃ] escéptico

Ski [ʃiː] m (-s; -[er]) esquí m; **~ laufen** esquiar; **~ausrüstung** f equipo m de esquiador; **~gebiet** n estación f de esquí; **~langlauf** m esquí n de fondo; **~lauf** m esquí m; **~läufer(in** f) m esquiador(a f) m; **~lehrer** m profesor m od monitor m de esquí; **~lift** m telesquí m; **~springen** n salto m de esquís; **~stiefel** m/pl botas f/pl de esquí; **~urlaub** m vacaciones f/pl destinadas a esquiar

Skizze ['skɪtsə] f (-; -n) bosquejo m; esbozo m, boceto m; croquis m; **2ieren** (h) bosquejar, esbozar

Sklave [sklɑːvə] m (-n; -n) esclavo m

skontieren [skɔn'tiːrən] (h) descontar; **2to** ['-to] n u m (-s; -s) descuento m

Skorbut ♂ [skɔr'buːt] m (-[e]s; *sin pl*) escorbuto m

'Skrupel ['skruːpəl] m (-s; -) escrúpulo m; **2los** sin escrúpulos

Skulptur [skʊlp'tuːr] f (-; -en) escultura f

Slalom ['slɑːlɔm] m (-s; -s) slalom m

'Slawe ['-və] m (-n; -n), **~in** f (-; -nen), **2isch** eslavo m, -a f

Slip [slɪp] m (-s; -s) slip m

Slogan ['sloːgən] m (-s; -s) (e)slogan m

Slowene [sloː'veːnə] m (-n; -n), **~in** f (-; -nen), **2isch** esloveno m, -a f

Smaragd [sma'rakt] m (-[e]s; -e) esmeralda f

Smog [smɔk] m (-[s]; -s) smog m; **~alarm** m alerta f de smog

Smoking ['smoːkɪŋ] m (-s; -s) smoking m, esmoquin m

Snob [snɔp] m (-s; -s) (e)snob m

so [zoː] *adv* así; *vor adj y adv* tan; (*solch*) tal; **~?** ¿de veras?, ¿es posible?; **ach ~!** ¡ah, bueno!; ¡ya!; **~ sehr, ~ viel** tanto; **(et)was!** ¡parece mentira!; ¡qué barbaridad!; **~ gut wie möglich** lo mejor posible; **~ daß** de modo que, de manera que

sobald [zo'balt] tan pronto como, en cuanto

'Socke ['zɔkə] f (-; -n) calcetín m

Sockel ['zɔkəl] m (-s; -) pedestal m, zócalo m; base f

Sofa ['zoːfa] n (-s; -s) sofá m, canapé m; diván m

sofern [zo'fɛrn] en tanto que, (en) caso que (*subj*); si es que

sofort [-'fɔrt] en seguida, en el acto, al instante; **2bildkamera** f cámara f para fotos al instante; **~ig** inmediato

Software ['zɔftwɛːr] f (-; -s) software m

sogar [-'gɑːr] hasta, aun, incluso

sogenannt ['zoːgənant] llamado, dicho; (*angeblich*) pretendido

Sohle ['zoːlə] f (-; -n) (*Fuß*2) planta f; (*Schuh*2) suela f; (*Boden*) fondo m

Sohn [zoːn] m (-[e]s; -̈e) hijo m

solange [zo'laŋə] mientras, en tanto que; **~ bis** hasta que

So'larium [-'lɑːrjʊm] n (-s; -rien) solario m, solárium m; **~zelle** f célula f solar

solch [zɔlç] tal, semejante; **~ ein ...!** ¡qué ...!

Soldat [-'dɑːt] m (-en; -en) soldado m, militar m

'Söldner ['zœltnər] m (-s; -) mercenario m

solidarisieren [zolidari'ziːrən] (h): **sich ~ mit** solidarizarse con; **2tät** [----'tɛːt] f (-; *sin pl*) solidaridad f

solid(e) [-'liːt, -'-də] sólido; *Person*: formal, serio; *Firma*: solvente

So'list [-'lɪst] m (-en; -en), **~in** f (-; -nen) solista *su*

Soll ✝ [zɔl] n (-[s]; -[s]) debe m; pasivo m; **~ und Haben** debe y haber; **~Bestand** m efectivo m teórico *od* previsto; **2en** (sollte, gesollt, h) *Pflicht*: deber; *Notwendigkeit*: haber de; *Annahme*: deber de; **du hättest es sagen ~** debieras haberlo dicho; **was soll ich tun?** ¿qué quieres que haga?, ¿qué he de hacer?; **ich weiß nicht, was ich tun soll** no sé qué hacer; **was soll das (heißen)?** ¿qué significa esto?; **sollte er kommen, falls er kommen sollte** (en) caso que venga, si viniera; **~seite** f debe m; **~zinsen** m/pl intereses m/pl deudores

Solo ['zoːlo] n (-s; -s, -li) solo m

'Sommer ['zɔmər] m (-s; -) verano m; *im*

Sommeranfang

~ en verano; **~anfang** *m* comienzo *m* del verano; **~fahrplan** 🚂 *m* horario *m* de verano; **~ferien** *pl* vacaciones *f/pl* de verano; **~gast** *m* veraneante *m*; **~lich** veraniego, de verano; **~reifen** *auto m* neumático *m* de verano; **~schlußverkauf** *m* rebajas *f/pl* de verano; **~sprosse** *f* peca *f*; **~urlaub** *m* vacaciones *f/pl* de verano; **~zeit** *m* (-; *sin pl*) (*Uhrzeit*) horario *m* de verano

Sonde ['zɔndə] *f* (-; -n) sonda *f* (*a* ⚕)

'Sonder|angebot ✝ ['-dər⁹-] *f* oferta *f* especial; **~ausgabe** *f* edición *f* especial; (*Zeitung*) número *m* extraordinario; **&bar** singular, extraño; curioso, raro; **~fahrt** *Vkw f* servicio *m* discrecional; **~fall** *m* caso *m* excepcional; **~maschine** ✈ *f* avión *m* especial; **&n** *cj* sino; **~preis** ✝ *m* precio *m* especial; **~recht** *n* privilegio *m*; **~zug** *m* tren *m* especial

Sonnabend ['zɔn⁹abənt] *m* sábado *m*; **&s** los sábados

'Sonne ['zɔnə] *f* (-; *sin pl*) sol *m*; **in der ~** al sol; **&n** (ge-, h): **sich ~** tomar el sol

'Sonnen|-aufgang *m* salida *f* del sol; **~bad** *n* baño *m* de sol; **~blume** *f* girasol *m*; **~brand** *m* (-[e]s; *sin pl*) quemadura *f* de sol; **~brille** *f* gafas *f/pl* de sol; **~creme** *f* crema *f* bronceadora; **~deck** ⚓ *n* cubierta *f* solar; **~energie** *f* energía *f* solar; **~finsternis** *f* eclipse *m* solar; **~öl** *n* aceite *m* solar; **~schein** *m* (-[e]s; *sin pl*) (luz *f* del) sol *m*; **~schirm** *m* sombrilla *f*, parasol *m*; **~stich** ⚕ *m* insolación *f*; **~strahl** *m* rayo *m* de sol; **~uhr** *f* reloj *m* de sol; **~untergang** *m* puesta *f* del sol; **~wende** *f* solsticio *m*

sonnig [-nɪç] expuesto al sol, soleado; *fig* alegre; radiante

'Sonntag ['-tɑːk] *m* domingo *m*; **~sdienst** *m* guardia *f* de domingo

sonst [zɔnst] (*andernfalls*) de lo contrario, si no; (*übrigens*) por lo demás; (*außerdem*) además; **~ noch etwas?** ¿alguna otra cosa?; **~ nichts** nada más; **~ niemand** ningún otro, nadie más; **mehr als ~** más que de ordinario; **'-ig** otro

sooft [zo⁹ɔft] cada vez que; cuando, siempre que

Sopran [zoˈprɑːn] *m* (-s; -e) soprano *m*

Sorge ['zɔrgə] *f* (-; -n) preocupación *f*; *stärker*: inquietud *f*, alarma *f*; (*Für&*) cuidado *m*; (*Kummer*) aflicción *f*, pena *f*; **sich ~n machen** preocuparse; **keine ~!** ¡descuide!

'sorgen ['-gən] (ge-, h): **~ für** cuidar de; atender a; (*beschaffen*) procurar; **sich ~** preocuparse, inquietarse (**um** de, por); **~frei** libre de cuidados

'sorg|fältig ['zɔrkfɛltɪç] cuidadoso; esmerado; *adv* con esmero; **~los** despreocupado; descuidado

Sort|e ['zɔrtə] *f* (-; -n) clase *f*, especie *f*; ✿ variedad *f*; **&ieren** (h) clasificar; (*auswählen*) seleccionar, escoger; **~iment** [-ti'mɛnt] *n* (-[e]s; -e) surtido *m*

sosehr [zoˈzeːr] por más (*od* mucho) que

Soße ['zoːsə] *f* (-; -n) salsa *f*

Souvenir [zuvəˈniːr] *n* (-s; -s) recuerdo *m*, souvenir *m*

souverän [-vəˈrɛːn] soberano; **&ität** [---niˈtɛːt] *f* (-; *sin pl*) soberanía *f*

so|viel [zo'fiːl] tanto (**wie** como); **noch einmal ~** otro tanto; **&'ich weiß** que yo sepa; **~'weit** en cuanto; **~'nicht** a menos que; **wir sind ~** ya estamos; **~'wenig** tan poco; **~'wie** (así) como; tan pronto como, en cuanto; **~'wieso** en todo caso, de todos modos

sowjetisch [zɔ'vjɛtɪʃ] *hist* soviético

sowohl [zo'voːl]: **~ ... als auch** tanto ... como

so|zial [zoˈtsjɑːl] social; **&abgaben** *f/pl* cargas *f/pl* sociales; **&-arbeiter(in** *f) m* asistente *su* social; **&demokrat** *m*, **~demokratisch** socialdemócrata (*m*); **~hilfe** *f* (-; *sin pl*) asistencia *f* social; **~isieren** [-tsjali'ziːrən] (h) socializar; **&ismus** [--'lɪsmʊs] *m* (-; *sin pl*) socialismo *m*; **~istisch** [--'lɪstɪʃ] socialista; **&leistungen** *f/pl* prestaciones *f/pl* sociales; **&politik** *f* política *f* social; **&produkt** *n* (-[e]s; -e) producto *m* nacional *od* social; **&versicherung** *f* seguridad *f* social; **&wohnung** *f* vivienda *f* de protección oficial

Soziolog|e [zotsjo'loːgə] *m* (-n; -n), **~in** *f* (-; -nen) sociólogo *m*, -a *f*

sozusagen [zo'tsuː-] por decirlo así

Spaghetti [ʃpa'gɛti] *pl* espagueti *m*

Spalt [ʃpalt] *m* (-[e]s; -e) hendedura *f*, raja *f*, grieta *f*; fisura *f*; **~e** *f* (-; -en) = **Spalt**; *tip* columna *f*; **&en** (*pp* gespalten, h) dividir, partir; *pol* escindir; ⚛ disociar; *fís* desintegrar; **'~ung** *f* (-; -en) ⚛ disociación *f*; *fís* fisión *f*; *fig* división *f*; escisión *f* (*a pol*)

Spezialistin

Spange ['ʃpaŋə] f (-; -n) prendedero m; pasador m
'Span|ier ['ʃpa:njər] m (-s; -), **~ierin** f (-; -nen) español(a f) m; **♀isch** español; Sprache: a castellano
'Spann|e ['ʃpanə] f (-; -n) (Zeit) lapso m, espacio m; ✝ margen m; **♀en** v/t (ge-, h) tender; (straffen) estirar; Waffe: amartillar; **~end** fig (de interés) palpitante; cautivador; Film etc: de suspense; **'~ung** f (-; -en) ⚡ tensión f (a fig), voltaje m; fig impaciencia f; Film etc: suspense m
'Spar|buch ['ʃpa:rbu:x] n libreta f od cartilla f de ahorro; **♀en** (ge-, h) ahorrar, economizar; hacer economías; **~er** m (-s; -), **~erin** f (-; -nen) ahorrador(a f)
Spargel ['ʃpargəl] m (-s; -) espárrago m
'Spar|guthaben ['ʃpa:r-] n ahorro m; **~kasse** f caja f de ahorros; **~konto** n cuenta f de ahorro; **~maßnahme** f medida f de economía; **♀sam** económico; ahorrativo; **~samkeit** f (-; sin pl) economía f; **~zins** m interés m sobre el ahorro
Spaß [ʃpa:s] m (-es; ⸚e) broma f, burla f; (Witz) chiste m; (Vergnügen) diversión f; zum ~ en broma; **viel ~!** ¡que te diviertas!; **(keinen) ~ verstehen** (no) aguantar od consentir las bromas; **♀en** (ge-, h) bromear; **'~vogel** fig m bromista m
spät [ʃpɛ:t] tardío; adv tarde; **wie ~ ist es?** ¿qué hora es?; **zu ~ kommen** venir tarde
Spaten ['ʃpa:tən] m (-s; -) laya f
'spät|er ['ʃpɛ:tər] posterior, ulterior (**als** a); adv más tarde; **eine Stunde ~** una hora después; **~estens** lo más tarde, a más tardar
Spatz [ʃpats] m (-en; -en) gorrión m
spa'zieren [ʃpa'tsi:rən] (sn) pasear(se); **~enfahren** v/i (irr, sep, -ge-, sn, → fahren) dar un paseo en coche; **~engehen** (irr, sep, -ge-, sn, → gehen) pasear(se), dar un paseo; **♀gang** m (-[e]s; ⸚e) paseo m
Specht [ʃpɛçt] m (-[e]s; -e) pájaro m carpintero, pico m
Speck [ʃpɛk] m (-[e]s; -e) tocino m; geräucherter: bacon m
Spedit|eur [ʃpedi'tø:r] m (-s; -e) agente m de transportes; transportista m; **~ion** [-'tsjo:n] f (-; -en) expedición f, transporte m; Firma: agencia f de transportes
Speer [ʃpe:r] m (-[e]s; -e) lanza f; (Wurf♀) jabalina f; **'~werfen** n (-s; sin pl) dep lanzamiento m de jabalina
Speiche ['ʃpaiçə] f (-; -n) ⊙ rayo m
Speichel ['ʃpaiçəl] m (-s; sin pl) saliva f
'Speicher ['ʃpaiçər] m (-s; -) (Lager) almacén m; (Getreide♀) granero m; silo m; Computer: memoria f; **~kapazität** f inform capacidad f de almacenamiento od de memoria; **♀n** (ge-, h) almacenar (a Daten), Daten: memorizar; ⚡ u ⊙ acumular
'Speise ['ʃpaizə] f (-; -n) comida f; alimento m; (Gericht) plato m, manjar m; **~eis** n helado m; **~karte** f lista f de platos; menú m, minuta f; **~lokal** n restaurante m; **♀n** (ge-, h) **1.** v/t alimentar (a ⊙); dar de comer a; **2.** v/i comer; **~saal** m comedor m; **~wagen** 🚋 m coche m od vagón m restaurante
Spektakel [ʃpɛk'ta:kəl] m (-s; sin pl) jaleo m
Spekul|ant [ʃpeku'lant] m (-en; -en) especulador m; **~ation** [-la'tsjo:n] f (-; -en) especulación f; **♀ieren** (h) especular (**auf** ac sobre); **an der Börse ~** jugar a la bolsa
'Spend|e ['ʃpɛndə] f (-; -n) donativo m; **♀en** (ge-, h) dar; a Blut: donar; **~enkonto** n cuenta f para donativos; **♀ieren** (h) regalar, ofrecer
Sperling ['ʃpɛrliŋ] m (-s; -e) gorrión m
Sperma ['-ma] n (-s; -men) esperma m
'Sperr|e ['ʃpɛrə] f (-; -n) cierre m; (Schranke) barrera f; (Blockade) bloqueo m; **♀en** (ge-, h) cerrar; Gas, Strom, Wasser, Straße: cortar; ✝ Kredit, Scheck: bloquear; Konto: a congelar; **~gebiet** n zona f prohibida; **~gut** n mercancías f/pl de gran bulto; **~holz** n (-[e]s; sin pl) madera f contrachapeada od terciada; **♀ig** voluminoso, abultado; **~konto** n cuenta f bloqueada od congelada; **~müll** m residuos m/pl voluminosos
Spesen ['ʃpe:zən] pl gastos m/pl
Spe'zial|gebiet [ʃpe'tsja:l-] n especialidad f; **~geschäft** n comercio m del ramo, tienda f especializada; **♀isieren** [-tsjali'zi:rən] (h) especializar (**auf** ac en); **~'ist** m (-en; -en), **~istin** f (-; -nen)

Spezialität

especialista *su* (*a* ✱); **~ität** [---'tɛ:t] *f* (-; -en) especialidad *f*; **~itätenrestaurant** *n* restaurante *m* de especialidades
speziell [-'tsjɛl] especial, particular
spezifisch [-tsi:fiʃ] específico
'**Sphär|e** ['sfɛ:rə] *f* (-; -n) esfera *f*; *fig* a ambiente *m*; **~isch** esférico
Sphinx [sfiŋks] *f* (-; -e) esfinge *f*
'**Spiegel** ['ʃpi:gəl] *m* (-s; -) espejo *m*; (*Schrank*♀) luna *f*; **~bild** *n* imagen *f* reflejada, reflejo *m*; **~ei** *gastr n* huevo *m* frito *od* al plato; **♀en** (ge-, h) reflejar (*a fig*); *sich* **~** reflejarse
Spiel [ʃpi:l] *n* (-[e]s; -e) juego *m*; *Schach etc*: partida *f*, *dep* partido *m*; (*Karten*) baraja *f*; *teat* interpretación *f*; *aufs* **~** *setzen* arriesgar, poner en juego; jugarse *a/c*; *auf dem* **~** *stehen* estar en juego; **~automat** *m* (máquina *f*) tragaperras *m/f*; '**~bank** *f* (-; -en) casa *f* de juego; casino *m*; **♀en** (ge-, h) **1.** *v/t* jugar; *Instrument*: tocar; *teat* representar; *Rolle*: interpretar; (*vorgeben*) simular; **2.** *v/i* jugar; *teat* actuar; *Handlung*: pasar; **♀end** *fig* fácilmente; sin dificultades; '**~er** *m* (-s; -), '**~erin** *f* (-; -nen) jugador(a *f*) *m*; *teat* actor *m*, actriz *f*; '**~feld** *n* campo *m od* terreno *m* de juego; *Am* cancha *f*; '**~film** *m* largometraje *m*; '**~halle** *f* salón *m* recreativo; '**~karte** *f* naipe *m*, carta *f*; '**~kasino** *n* casino *m* de juego; '**~marke** *f* ficha *f*; '**~plan** *m* programa *m*, repertorio *m*; cartelera *f*; '**~platz** *m* für *Kinder*: parque *m* infantil; '**~raum** *m* ⊙ juego *m*; *fig* libertad *f* (de movimiento); '**~regel** *f* regla *f* de(l) juego; '**~sachen** *f/pl* juguetes *m/pl*; '**~uhr** *f* reloj *m* de música; '**~zeit** *f teat* temporada *f*; *dep* duración *f* del partido; '**~zeug** *n* (-[e]s; sin pl) juguete *m*
Spieß [ʃpi:s] *m* (-es; -e) pica *f*; (*Brat*♀) asador *m*
Spinat [ʃpi'nɑ:t] *m* (-[e]s; -e) espinaca(s) *f*(*/pl*)
Spind [ʃpint] *m u n* (-[e]s; -e) armario *m*
'**Spinn|e** ['ʃpinə] *f* (-; -n) araña *f*; **♀en** (spann, gesponnen, h) hilar; *fig* tramar, urdir; F estar chiflado; **~(en)gewebe** *n* telaraña *f*; **~rad** *n* torno *m* de hilar
Spi'on [ʃpi'o:n] *m* (-s, -e), **~in** *f* (-; -nen) espía *su*; **~age** [-o'nɑ:ʒə] *f* (-; *sin pl*) espionaje *m*; **♀ieren** (h) espiar
Spirale [-'rɑ:lə] *f* (-; -n) espiral *f*

Spirituosen [-ritu'o:zən] *pl* bebidas *f/pl* espirituosas
Spiritus ['ʃpi:ritus] *m* (-; -se) álcohol *m*
spitz [ʃpits] *adj* agudo (*a* ⚔); puntiagudo; *fig* picante, mordaz; **♀e** *f* (-; -n) punta *f*; (*Ende*) extremidad *f*, cabo *m*; (*Berg*♀) pico *m*, cima *f*; (*Turm*♀) flecha *f*; (*Gewebe*) encaje *m*, puntilla *f*; *fig* cabeza *f*; (*Höchstwert*) tope *m*; (*Bosheit*) indirecta *f*; *an der* **~** al frente; en (*od* a la) cabeza; '**♀el** *m* (-s; -) espía *m*; confidente *m*; F soplón *m*; '**~en** (ge-, h) afilar, aguzar; *die Ohren* **~** aguzar el oído
'**Spitzen|klasse** *f* (-; *sin pl*) primera calidad *f*; **~leistung** *f* *dep* récord *m*; ⊙ rendimiento *m* máximo
'**spitz|findig** ['-findiç] sutil; **♀name** *m* apodo *m*, mote *m*
Spleen F [ʃpli:n] *m* (-s; -e, -s) esplín *m*; manía *f*; **♀ig** excéntrico
Splitt [ʃplit] *m* (-[e]s; -e) gravilla *f*
'**Splitter** ['ʃplitər] *m* (-s; -) astilla *f*; *in der Haut*: espina *f*; (*Bruchstück*) fragmento *m*; **♀frei** inastillable; **♀n** (ge-, h *u* sn) astillarse
'**sponser|n** ['ʃpɔnzərn] (ge-, h) patrocinar; **♀or** ['-zɔr] *m* (-s; -s, -en [-'zo:rən]) patrocinador *m*
spontan [-'tɑ:n] espontáneo
sporadisch [ʃpo'rɑ:diʃ] esporádico
Sport [ʃpɔrt] *m* (-[e]s; *sin pl*) deporte *m*; **~** *treiben* practicar un deporte; '**~art** *f* deporte *m*; '**~flugzeug** *n* avioneta *f*; '**~geschäft** *n* tienda *f* de artículos de deporte; '**~hotel** *n* hotel *m* de deporte; '**~ler** *m* (-s; -), '**~lerin** *f* (-; -nen) deportista *su*; **♀lich** deportivo; '**~möglichkeiten** *f/pl* posibilidades *f/pl* para practicar deportes; '**~platz** *m* campo *m* de deportes; '**~verein** *m* sociedad *f* deportiva, club *m* deportivo; '**~wagen** *m auto* coche *m* deportivo
Spott [ʃpɔt] *m* (-[e]s; *sin pl*) burla *f*, mofa *f*; escarnio *m*; **♀en** (ge-, h) reírse (*über ac* de); mofarse (de)
spöttisch ['ʃpœtiʃ] burlón; sarcástico
'**Sprach|e** ['ʃprɑ:xə] *f* (-; -n) lengua *f*, idioma *m*; (*Sprechfähigkeit*) habla *f*; palabra *f*; (*Sprechart*) lenguaje *m*; (*Ausdrucksweise*) dicción *f*; *zur* **~** *bringen* poner sobre el tapete; *zur* **~** *kommen* (llegar a) discutirse; **~enschule** *f* escuela *f* de idiomas; **~führer** *m* ma-

Staatsexamen

nual *m* de conversación; ~**gebrauch** *m* (-[e]s; *sin pl*) uso *m* del idioma; **2gewandt** elocuente; de palabra fácil; **2kundig** experto en idiomas; ~**kurs** *m* curs(ill)o *m* de idiomas; ~**labor** *n* laboratorio *m* de idiomas; ~**lehrer(in** *f*) *m* profesor(a *f*) *m* de idiomas; **2lich** lingüístico; **2los** *fig* atónito; ~**reise** *f* viaje *m* para aprender idiomas; ~**unterricht** *m* enseñanza *f* de idiomas; ~**wissenschaft** *f* filología *f*; lingüística *f*

Spray [ʃpre, spreː] *m od n* (-s; -s) spray *m*

Sprech|anlage [ˈʃrɛçˀanlaːgə] *f* interfono *m*; ~**blase** *f* globito *m*; **2en** (sprach, gesprochen, h) hablar (*über ac* de); (*sagen*) decir; **dafür** ~ hablar en favor de en pro de; **zu** ~ **sn** recibir; ~**er** *m* (-s; -), ~**erin** *f* (-; -nen) orador(a *f*) *m*; (*Wortführer*) portavoz *m*; *Radio*: locutor(a *f*) *m*; ~**funk** *m* radiotelefonía *f*; ~**stunde** *f* hora *f* de despacho; *ℱ* (hora *f* de) consulta *f*; ~**'stundenhilfe** *f* auxiliar *f* de médico, enfermera *f*; ~**zimmer** *n* locutorio *m*; *ℱ* sala *f* de consulta, consultorio *m*

spreizen [ˈʃpraɪtsən] (ge-, h) abrir; extender; *Beine*: separar

'spreng|en [ˈʃprɛŋən] (ge-, h) *Garten etc*: regar; *Schloß*: forzar; *Spielbank*: hacer saltar; (**in die Luft**) ~ hacer saltar, volar; **2körper** *m* (cuerpo *m*) explosivo *m*; **2stoff** *m* explosivo *m*; **2ung** *f* (-; -en) voladura *f*

Sprichwort [ˈʃpriç-] *n* (-[e]s; ¨er) refrán *m*, proverbio *m*

'Spring|brunnen [ˈʃprɪŋbrunən] *m* surtidor *m*, fuente *f*; **2en** (sprang, gesprungen, sn) saltar; (*hüpfen*) brincar; (*platzen*) reventar, estallar; *Glas*: rajarse; **2end**: **der** ~**e Punkt** el punto esencial, F el busilis, el quid; ~**er** *m* (-s; -), ~**erin** *f* (-; -nen) *dep* saltador(a *f*) *m*; *Schach*: caballo *m*; ~**reiten** *n* concurso *m* de saltos

Sprit [ʃprɪt] *m* (-[e]s; -e) alcohol *m*; F gasolina *f*

'Spritz|e [ˈ-sə] *f* -; -n) jeringa *f*, *ℱ a* jeringuilla *f*; (*Einspritzung*) inyección *f*; **2en** (ge-, h) **1.** *v/t* rociar, regar; *ℱ* inyectar; **2.** *v/i* (*a* sn) saltar, brotar; *Schmutz*: salpicar; ~**er** *m* (-s; -) salpicadura *f*; ~**tour** F *f* vuelta *f*, escapada *f*

spröde [ˈʃprøːdə] frágil, quebradizo; *Haut*: áspero; *fig* esquivo

Sproß [ʃprɔs] *m* (-sses; -sse) ℜ retoño *m*, vástago *m* (*beide a fig*); renuevo *m*

Sprosse [ˈ-sə] *f* (-; -n) escalón *m*, peldaño *m*

Spruch [ʃprux] *m* (-[e]s; ¨e) (*Aus*2) dicho *m*, sentencia *f*; (*Sinn*2) adagio *m*, proverbio *m*; **⚖** fallo *m*, sentencia *f*; **2reif** maduro; **⚖** concluso para sentencia

'Sprudel [ˈʃpruːdəl] *m* (-s; -) (*Getränk*) gaseosa *f*, agua *f* mineral con gas; **2n** (ge-, sn *u* h) brotar a borbotones, surtir; (*sieden*) hervir; *Sekt*: burbujear

'Sprüh|dose [ˈʃpryːdoːzə] *f* spray *m*; **2en** (ge-, sn *u* h) chispear (*a fig*); (*Regen*) lloviznar; ~**regen** *m* llovizna *f*

Sprung [ʃpruŋ] *m* (-[e]s; ¨e) salto *m*; (*Satz*) brinco *m*; (*Riß*) raja *f*, grieta *f*; **'~brett** *n* trampolín *m* (*a fig*); **2haft** *fig* inconstante; veleidoso; **'~schanze** *f* trampolín *m* de saltos

'Spuck|e F [ˈʃpukə] *f* (-; *sin pl*) saliva *f*; **2en** (ge-, h) escupir

spuken [ˈʃpuːkən] (ge-, h) trasguear; **es spukt** andan duendes

Spülbecken [ˈʃpyːlbɛkən] *n* fregadero *m*, pila *f*

Spule [ˈʃpuːlə] *f* (-; -n) *ℰ* bobina *f*; (*Rolle*) carrete *m*

'spül|en [ˈʃpyːlən] (ge-, h) lavar; *ℱ* irrigar; *Mund*, *Gläser*: enjuagar; *Wäsche*: aclarar; **2mittel** *n* detergente *m*

Spur [ʃpuːr] *f* (-; -en) huella *f* (*a fig*); (*Fuß*2) pisada *f*; (*Rad*2) rodada *f*; **⇋** vía *f*; *Vkw* carril *m*; (*Tonband*) canal *m*; (*Fährte*) pista *f* (*a fig*); *fig* indicio *m*

'spür|bar [ˈʃpyːrbaːr] perceptible; *fig* sensible; ~**en** *v/t* (ge-, h) sentir; (*wahrnehmen*) notar, percibir

spurlos [ˈʃpuːrloːs] sin dejar rastro

Spürsinn [ˈʃpyːr-] *m* (-[e]s; *sin pl*) olfato *m*

Spurt [ʃpurt] *m* (-[e]s; -s) sprint *m*

Spurweite **⇋** [ˈʃpuːrvaɪtə] *f* ancho *m* de vía, *Am* trocha *f*

Staat [ʃtaːt] *m* (-[e]s; -en) Estado *m*; **2enlos** apátrida; **2lich** del Estado; estatal; nacional; ~ **geprüft** diplomado

'Staats|akt [ˈ-sˀakt] *m* ceremonia *f* oficial; ~**angehörige** *su* súbdito *m*, -a *f*; ciudadano *m*, -a *f*; ~**angehörigkeit** *f* (-; -en) nacionalidad *f*; ciudadanía *f*; ~**anwalt** *m* fiscal *m*; ~**bürger(in** *f*) *m* ciudadano *m*, -a *f*; ~**dienst** *m* (-[e]s; *sin pl*) servicio *m* público; ~**examen** *n*

staatsgefährdend 472

examen *m* de Estado; licenciatura *f*; ⸗**gefährdend** subversivo; ⸗**haushalt** *m* presupuesto *m* del Estado; ⸗**kasse** *f* Tesoro *m* público, fisco *m*; ⸗**mann** *m* (-[e]s, ⸗er) hombre *m* de Estado, estadista *m*; ⸗**oberhaupt** *n* jefe *m* de Estado; ⸗**sekretär** *m* secretario *m* de Estado; *Esp* subsecretario *m*; ⸗**streich** *m* golpe *m* de Estado

Stab [ʃtaːp] *m* (-[e]s, ⸗e) bastón *m*; (*Stange*) vara *f*; (*Metall*⸗) barra *f*; *dep* pértiga *f*; (*Mitarbeiter*⸗) plana *f* mayor; ✕ Estado *m* Mayor; '⸗**hochsprung** *m* salto *m* con pértiga

stabil [ʃtaˈbiːl] estable; ⸗**isieren** [-bili'ziːrən] (h) estabilizar; **⸗ität** [---'tɛːt] *f* (-; *sin pl*) estabilidad *f*; **⸗itäts-politik** *f* política *f* estabilizadora

'**Stachel** [ˈʃtaxəl] *m* (-s, -n) pincho *m*; ⚕ *a* espina *f*; *zo* púa *f*; (*Insekten*⸗) aguijón *m* (*a fig*); ⸗**beere** *f* grosella *f* espinosa; ⸗**draht** *m* (-[e]s; *sin pl*) alambre *m* de espino; **⸗ig** espinoso; erizado; ⸗**schwein** *n* puerco *m* espín

Stadion [ˈʃtaːdjɔn] *n* (-s; -dien) estadio *m*; ⸗**ium** ['-djum] *n* (-s; -dien) fase *f*, estad(i)o *m*

Stadt [ʃtat] *f* (-; ⸗e) ciudad *f*; '⸗**autobahn** *f* autopista *f* urbana; '⸗**bahn** *f* ferrocarril *m* metropolitano; '⸗**bezirk** *m* distrito *m*; '⸗**bild** *n* aspecto *m* urbano, fisonomía *f* de la ciudad; '⸗**bummel** *m* paseo *m* por la ciudad

'**Städte|bau** [ˈʃtɛtə-] *m* (-[e]s; *sin pl*) urbanismo *m*; ⸗**partnerschaft** *f* hermanamiento *m* od gemelación *f* de ciudades; **⸗r** *m* (-s; -) hombre *m* de ciudad; ciudadano *m*

'**Stadt|gas** [ˈʃtat-] *n* (-es; *sin pl*) gas *m* ciudad; ⸗**gebiet** *n* término *m* municipal

städtisch [ˈʃtɛːtɪʃ] urbano; (*Verwaltung*) municipal

'**Stadt|kern** [ˈʃtat-] *m* casco *m* urbano; ⸗**mauer** *f* muralla *f*; ⸗**mitte** *f* centro *m* urbano; ⸗**plan** *m* plano *m* de la ciudad; ⸗**rand** *m* (-[e]s; *sin pl*) periferia *f*, afueras *f*/*pl*; ⸗**rundfahrt** *f* visita *f* de la ciudad; ⸗**teil** *m* barrio *m*; ⸗**zentrum** *n* centro *m* de la ciudad

'**Staffel** [ˈʃtafəl] *f* (-; -n) escalón *m*; *dep* relevo *m*; ✈ escuadrilla *f*; ⸗**lauf** *dep m* carrera *f* de relevos; **⸗n** (ge-, h) escalonar; graduar

Stagnation [ʃtagnaˈtsjoːn] *f* (-; -en) estancamiento *m*; **⸗'nieren** (h) estancarse

Stahl [ʃtaːl] *m* (-[e]s; ⸗e) acero *m*; '⸗**beton** *m* hormigón *m* armado; '⸗**hart** duro como acero; '⸗**industrie** *f* industria *f* del acero; '⸗**kammer** *f* cámara *f* acorazada; '⸗**werk** *n* acería *f*, fábrica *f* de acero

Stall [ʃtal] *m* (-[e]s; ⸗e) establo *m*; (*Pferde*⸗) cuadra *f*

Stamm [ʃtam] *m* (-[e]s; ⸗e) tronco *m*; (*Geschlecht*) linaje *m*, estirpe *f*; (*Volks*⸗) tribu *f*; '⸗**aktie** ✝ acción *f* ordinaria; '⸗**baum** *m* árbol *m* genealógico; **⸗en** (ge-, h) provenir, proceder (*aus* de); (*ab*⸗) descender (*von* de); ⸗ **aus** ser natural de; '⸗**gast** *m* cliente *m* habitual; parroquiano *m*; '⸗**haus** *n* casa *f* matriz

stämmig [ˈʃtɛmɪç] robusto, vigoroso

'**Stamm|kapital** [ˈʃtam-] *n* capital *m* social; ⸗**kunde** *m* cliente *m* fijo; ⸗**lokal** *n* bar *m* habitual; ⸗**personal** *n* personal *m* de plantilla; ⸗**tisch** *m* tertulia *f*; peña *f*

Stand [ʃtant] *m* (-[e]s; ⸗e) (*Verkaufs*⸗) puesto *m*; (*Messe*⸗) stand *m*; (*sin pl*) (*Höhe*) nivel *m*; (*Zu*⸗) estado *m*; (*Rang*) rango *m*, categoría *f*; *auf den neuesten* ⸗ *bringen* poner al día, actualizar

Standard ['-dart] *m* (-s; -s) standard *m*, estándar *m*; patrón *m*; tipo *m*; **⸗isieren** [--di'ziːrən] (h) estandarizar

Standbild [ˈʃtant-] *n* estatua *f*

Ständ|chen [ˈʃtɛntçən] *n* (-s; -) serenata *f* (*bringen* dar); ⸗**er** ['-dər] *m* (-s; -) soporte *m*; (*Regal*) estante *m*; ⊕ montante *m*

'**Standesamt** [ˈʃtandəsʔamt] *n* registro *m* civil; **⸗lich** *Trauung*: civil; ⸗ **heiraten** casarse por lo civil

'**stand|haft** [ˈʃtant-] *n* (-es; -) constante; ⸗**halten** (*irr, sep*, -ge-, h, → *halten*) resistir

ständig [ˈʃtɛndɪç] permanente

'**Stand|licht** *auto* [ˈʃtant-] *n* (-[e]s; -er) luz *f* de población; ⸗**ort** *m* lugar *m*, sitio *m*; emplazamiento *m*; ⸗**punkt** *m* punto *m* de vista; *auf dem* ⸗ *stehen, daß* opinar que; ⸗**spur** *Vkw f* carril *m* de aparcamiento

Stange [ˈʃtaŋə] *f* (-; -n) vara *f*; pértiga *f*; palo *m*; (*Kleider*⸗) percha *f*; (*Metall*⸗) barra *f*; *Zigaretten*: cartón *m*

'**Stapel** [ˈʃtaːpəl] *m* (-s; -) pila *f*, montón

stehend

m; ⚓ grada f; *vom ~ lassen* botar; *~lauf* ⚓ m botadura f; ♀n (ge-, h) amontonar, apilar

Star [ʃtɑːr] m (-[e]s; -e) **a)** zo estornino m; **b)** 🌸: *grauer ~* catarata f; *grüner ~* glaucoma m; **c)** [ɑ stɑːr] (-s; -s) teat, Film: estrella f

stark [ʃtark] fuerte; robusto; vigoroso; *Kaffee*: cargado; ⊙ potente; (*dick*) grueso, gordo, obeso; *Verkehr etc*: intenso; *adv* mucho

'**Stärke** ['ʃtɛrkə] f (-; sin pl) fuerza f; robustez f; vigor m; (pl -n) intensidad f; ⊙ potencia f; (*Wäsche♀*) almidón m; ♀n (ge-, h) fortalecer, fortificar; robustecer; 🌱 tonificar; *sich ~* confortarse

Starkstrom ['ʃtark-] ⚡ m (-[e]s; sin pl) corriente f de alta tensión

Stärkung ['ʃtɛrkʊŋ] f (-; -en) confortación f; (*Imbiß*) refrigerio m

starr [ʃtar] rígido, tieso; (*unbeweglich*) fijo, inmóvil; *~ vor Kälte* transido *od* aterido de frío; '*~en* (ge-, h) mirar fijamente (*auf ac*); *~ von* estar cubierto de; '*~sinnig* obstinado

Start [ʃtart] m (-[e]s; -s) salida f (*a dep*), arranque m; ✈ despegue m; '*~automatik auto* ✈ arranque m automático; '*~bahn* ✈ pista f de despegue; '♀**bereit** ✈ listo para el despegue; *fig* listo para partir; ♀**en** (ge-) **1.** v/i (sn) salir, arrancar; ✈ despegar; **2.** v/t (h) *Rakete etc*: lanzar; *a fig* poner en marcha; '*~hilfekabel* n cable m de emergencia; '*~nummer* f dep dorsal m

Statik ['ʃtɑːtik] f (-; sin pl) estática f

Station [ʃtaˈtsjoːn] f (-; -en) estación f; 🌱 sección f; (*Halt*) parada f; ♀**ieren** [-tsjoˈnɛːr] estacionar; 🌱 *~e Behandlung* tratamiento m clínico; ♀'**ieren** (h) estacionar; *Raketen*: instalar, desplegar

Sta'tist|ik [-ˈtistik] f (-; -en) estadística f; ♀**isch** estadístico

Stativ ['ʃtɑːtiːf] n (-s; -e) trípode m

statt [ʃtat] *prp* (*gen, zu + inf*) en lugar de, en vez de

Stätte ['ʃtɛtə] f (-; -n) lugar m, sitio m

stattfinden ['ʃtatfɪndən] (*irr, sep, -ge-, h, → finden*) tener lugar, celebrarse; verificarse, realizarse

Statue ['ʃtɑːtuə] f (-; -n) estatua f

Statur [ʃtaˈtuːr] f (-; -en) estatura f, talla f

Status ['ʃtɑːtus] m (-; -) estado m; estatus m (social)

Statut [ʃtaˈtuːt] n (-[e]s; -en) estatuto m

Stau [ʃtau] m (-[e]s; -s, -e) *a Vkw* retención f

Staub [ʃtaup] m (-[e]s; sin pl) polvo m; *~saugen* pasar la aspiradora; ♀**en** ['-bən] (ge-, h) levantar polvo; *es staubt* hay polvo; '♀**ig** ['-biç] polvoriento; '*~sauger* m (-s; -) aspiradora f; '*~tuch* n trapo m quitapolvo; '*~wolke* f polvareda f

'**Staudamm** m presa f; dique m (de contención)

'**stau|en** (ge-, h) estancar; *Wasser*: represar; ⚓ estibar; *sich ~ Verkehr*: congestionarse

staunen ['-nən] v/i (ge-, h) asombrarse, admirarse (*über ac* de)

'**Stausee** m pantano m

Steak [steːk] n (-s; -s) bistec m

'**stech|en** ['ʃtɛçən] (stach, gestochen, h) pinchar; punzar; *Insekt, Sonne*: picar; *Kartenspiel*: hacer baza; *~end* punzante; *Schmerz*: a lancinante; *Geruch*: penetrante; ♀**mücke** f mosquito m; *Am* zancudo m

'**Steck|brief** ['ʃtɛk-] m (carta f) requisitoria f; orden f de búsqueda y captura; *~dose* f (caja f de) enchufe m; ♀**en** (ge-, h) **1.** v/t meter, poner; *Geld in* etc: invertir; (*fest~*) prender, fijar; **2.** v/i estar (metido), hallarse; *Schlüssel*: estar puesta; *dahinter steckt er* F aquí hay gato encerrado; ♀**enbleiben** (*irr, sep, -ge-, sn, → bleiben*) atascarse (*a fig*); *Fahrzeug*: quedarse parado; quedar detenido (*im Schnee* por la nieve); ♀**enlassen** (*irr, sep, -ge-, h, → lassen*) *Schlüssel*: dejar puesto; *~er* ⚡ m (-s; -) clavija f, enchufe m; *~nadel* f alfiler m

Steg [ʃteːk] m (-[e]s; -e) pasadera f; pasarela f; '*~reif* m: *aus dem ~ sprechen* improvisar (un discurso)

'**stehen** ['ʃteːən] v/i (stand, gestanden, h) estar de *od* en pie; (*sich befinden*) estar, encontrarse; *in e-m Text*: figurar en; *Uhr, Verkehr*: estar parado; *Kleidung*: ir, sentar; *wie stehst du dazu?* ¿qué opinas de esto?; *sich gut mit j-m ~* llevarse bien con alg; *fig hinter j-m ~* respaldar a alg; *wie steht es mit ...?* ¿qué hay de...?; *~bleiben* (*irr, sep, -ge-, sn, → bleiben*) pararse (*a Uhr*), detenerse, quedarse parado; *~d* de pie; derecho; *Wasser*: estancado, muerto;

stehenlassen

~**lassen** (*irr*, *sep*, *mst sin* -ge-), *sn*, → *lassen*) dejar (*j-n*: plantado); (*vergessen*) olvidar
'**Steh|lampe** *f* lámpara *f* de pie; ~**leiter** *f* escalera *f* de tijera
stehlen ['-lən] (stahl, gestohlen, h) hurtar, robar
Stehplatz ['-plats] *m tear* localidad *f* de pie
steif [ʃtaɪf] tieso, rígido; *Grog*, *Wind*: fuerte; *Glieder*: entumecido; *Benehmen*: formal, ceremonioso
'**steig|en** ['ʃtaɪgən] (stieg, gestiegen, sn) subir (*auf*, *in ac* a); (*zunehmen*) aumentar, crecer; ~**end** en alza; creciente; ~**ern** (ge-, h) acrecentar, aumentar; elevar, alzar; *Preis a* subir; (*Auktion*) pujar; *sich* ~ aumentar, ir en aumento; 2**erung** *f* (-; -en) aumento *m*, subida *f*; 2**erungsrate** *f* tasa *f* de incremento; 2**ung** *f* (-; -en) subida *f*; cuesta *f*, pendiente *f*
steil [ʃtaɪl] escarpado, empinado; *Küste*: acantilado; '2**hang** *m* despeñadero *m*; tajo *m*; '2**küste** *f* acantilado *m*; '2**wandzelt** *n* tienda *f* canadiense
Stein [ʃtaɪn] *m* (-[e]s; -e) piedra *f*; ♣ cálculo *m*; (*Spiel*2) pieza *f*, peón *m*; (*Obst*2) hueso *m*; '~**bock** *m zo* cabra *f* montés; *astr* Capricornio *m*; '~**bruch** *m* cantera *f*; '~**ern** de piedra; '~**gut** *n* (-[e]s; *sin pl*) loza *f*; gres *m*; 2**ig** pedregoso; '~**kohle** *f* hulla *f*; '~**metz** ['-mɛts] *m* (-en; -en) cantero *m*, picapedrero *m*; '~**pilz** ♣ *m* boleto *m* comestible; '~**schlag** *m* caída *f* de piedras; '~**zeit** *f* (-; *sin pl*) edad *f* de piedra
Steiß [ʃtaɪs] *m* (-es; -e) trasero *m*
Stelle ['ʃtɛlə] *f* (-; -n) sitio *m*, lugar *m*; (*Anstellung*) empleo *m*, puesto *m*, colocación *f*; *in Büchern*: pasaje *m*; (*Behörde*) servicio *m*; centro *m* (oficial); *an* ~ *von* en lugar de; *ich an deiner* ~ yo que tú
'**stellen** ['-lən] (ge-, h) **1.** *v/t* colocar, poner, meter; ⊙ ajustar; *Uhr*: poner en hora; *Aufgabe*: proponer; *Antrag*, *Frage*: hacer; **2.** *v/refl*: *sich* ~ colocarse, ponerse, meterse; *Täter*: entregarse; (*so tun als ob*) fingir, simular *inf*; 2**angebot** *n* oferta *f* de empleo *od* colocación; 2**gesuch** *n* demanda *f od* solicitud *f* de empleo; 2**vermittlung** *f* agencia *f* de colocaciones; ~**weise** aquí y allá; en parte

'**Stellplatz** *m* plaza *f* de parking
'**Stellung** ['-luŋ] *f* (-; -en) posición *f* (*a* ⚔); (*An*2) empleo *m*, puesto *m*, colocación *f*; ~ *nehmen zu* tomar posición *od* opinar sobre; ~**nahme** *f* ['--nɑːmə] *f* (-; -n) toma *f* de posición; parecer *m*, opinión *f*; ~**ssuche** *f* busca *f* de empleo; ~**ssuchende** *m*/*f* (-n; -n) solicitante *su* de empleo
'**Stellvertreter(in** *f*) *m* sustituto *m*, -a *f*, suplente *su*; representante *su*
stemmen ['ʃtɛmən] (ge-, h): *sich* ~ *gegen* apoyarse contra; *fig* resistirse a
'**Stempel** ['-pəl] *m* (-s; -) sello *m* (*a fig*); timbre *m*; (*Namens*2) estampilla *f*; ⚘ matasellos *m*; ⊙ punzón *m*; ~**kissen** *n* tampón *m*, almohadilla *f*; 2**n** (ge-, h) sellar; timbrar; ⚘ *Marke*: matasellar, inutilizar
Steno'gramm [ʃtenoˈgram] *n* (-s; -e) taquigrama *m*; ~**block** *m* (-[e]s; -s) bloc *m* de taquigrafía
Steno'graph [--ˈɡrɑːf] *m* (-en; -en), ~**in** *f* (-; -nen) taquígrafo *m*, -a *f*; ~**ie** [--ɡraˈfiː] *f* (-; -n) taquigrafía *f*; 2**ieren** [---ˈfiːrən] (h) taquigrafiar
Stenotypistin [--tyˈpɪstɪn] *f* (-; -nen) taquimecanógrafa *f*, F taquimeca *f*
'**Stepp|decke** [ʃtɛp-] *f* colcha *f* acolchada; edredón *m*; ~**e** *f* (-; -n) estepa *f*
'**Sterbe|bett** ['ʃtɛrbə-] *n* lecho *m* de muerte; ~**fall** *m* fallecimiento *m*; 2**n** (starb, gestorben, sn) morir (*an dat* de), fallecer; *im* ~ *liegen* estar muriéndose; ~**urkunde** *f* partida *f* de defunción
sterblich ['ʃtɛrplɪç] mortal
Stereo|anlage ['ʃteːreoʔ-] *f* equipo *m* estereofónico *od* estéreo; 2**typ** [---ˈtyːp] estereotípico, estereotipado (*a fig*)
steril [ʃteˈriːl] estéril; ~**isieren** [-rɪliˈziːrən] (h) esterilizar
Stern [ʃtɛrn] *m* (-[e]s; -e) estrella *f*, *astr* astro *m*; '~**bild** *n* constelación *f*; '~**enbanner** *n* bandera *f* estrellada; '~**enhimmel** *m* (-s; *sin pl*) firmamento *m*; 2**förmig** ['-fœrmɪç] estrellado, radiado; '~**schnuppe** *f* (-; -n) estrella *f* fugaz; '~**warte** *f* observatorio *m* (astronómico)
'**stet|ig** ['ʃteːtɪç] constante, continuo; ~**s** siempre
'**Steuer** ['ʃtɔʏər] **a)** *f* (-; -n) impuesto *m*, contribución *f*; **b)** *n* (-s;-) ⊕, ✈ timón *m* (*a fig*); *auto* volante *m*; ~**aufkom-**

Stimmung

men *n* recaudación *f* fiscal; ~befreiung *f* exención *f* fiscal; ~berater *m* asesor *m* fiscal; ⚓ *n* (-[e]s; *sin pl*) estribor *m*; ~erklärung *f* declaración *f* de impuestos; 2frei libre de impuestos; ~freibetrag *m* importe *m* exento de impuestos; ~hinterziehung *f* (-; -en) fraude *m* fiscal; ~klasse *f* categoría *f* impositiva; ~knüppel ✈ *m* palanca *f* de mando; 2lich fiscal; 2n (ge-, h) gobernar; ✈ pilotar; *auto* conducir, guiar; ⊙ mandar; 2pflichtig *et:* imponible; *j:* contribuyente; ~rad *n* auto volante *m*; ⚓ timón *m*; ~recht *n* (-[e]s; *sin pl*) derecho *m* fiscal; ~rückvergütung *f* devolución *f* de impuestos; ~satz *m* tipo *m* impositivo; ~ung *f* (-; *sin pl*) ⚓ gobierno *m*; ✈ pilotaje *m*; *auto* conducción *f*; ⊙ mando *m*; control *m*; ~vergünstigung *f* ventaja *f* fiscal; ~vorauszahlung *f* pago *m* anticipado de impuestos; ~zahler *m* (-s; -) contribuyente *m*

'Steward ['stju:ərt] *m* (-s; -s) ✈ auxiliar *m* de vuelo; ⚓ camarero *m*; ~eß ['--des] *f* (-; -dessen) ✈ azafata *f*, *Am* aeromoza *f*; ⚓ camarera *f*

Stich [ʃtɪç] *m* (-[e]s; -e) pinchazo *m*; punzada *f* (*a Schmerz*); *e-s Insekts:* picadura *f*; *Kartenspiel:* baza *f*, (*Bild*) grabado *m*, lámina *f*, estampa *f*; *im ~ lassen* abandonar; 2eln *fig* (ge-, h) echar indirectas *od* pullas; 2haltig concluyente; fundado; '~probe *f* prueba *f* (hecha) al azar; '~tag *m* día *m* fijado; fecha *f* tope; '~wahl *f* votación *f* de desempate, balotaje *m*; '~wort *n* (*Notiz*) apunte *m*; *tip voz f* guía, entrada *f*

'stick|en ['ʃtɪkən] (ge-, h) bordar; 2e'rei *f* (-; -en) bordado *m*; ~ig sofocante; 2stoff 🝆 *m* (-[e]s; *sin pl*) nitrógeno *m*

Stiefbruder ['ʃti:f-] *m* hermanastro *m*

Stiefel ['-fəl] *m* (-s; -) bota *f*

'Stief|mutter ['ʃti:f-] *f* madrastra *f*; ~mütterchen ♣ *n* (-s; -) pensamiento *m*; ~schwester *f* hermanastra *f*; ~sohn *m* (-[e]s; -⸗e) hijastro *m* (hijastra *f*); ~vater *m* padrastro *m*

Stiege ['ʃti:gə] *f* (-; -n) escalera *f* (estrecha)

Stiel [ʃti:l] *m* (-[e]s; -e) mango *m*; ♣ tallo *m*; *a zo* pedúnculo *m*

Stier [ʃti:r] *m* (-[e]s; -e) toro *m*; *astr* Tauro *m*; *fig* **den ~ bei den Hörnern packen** agarrar el toro por los cuernos; '~kampf *m* corrida *f* de toros; '~kampf-arena *f* plaza *f* de toros; '~kämpfer *m* torero *m*

Stift [ʃtɪft] *m* (-[e]s; -e) clavija *f*; espiga *f*; (*Nagel*) tachuela *f*; (*Bleiℤ*) lápiz *m*; 2en (ge-, h) fundar, crear; (*schenken*) donar, regalar; '~ung *f* (-; -en) fundación *f*; (*Schenkung*) donación *f*

Stil [ʃti:l] *m* (-[e]s; -e) estilo *m*; *in großem ~* por todo lo alto; 2isieren [ʃtili'zi:rən] (h) estilizar; 2istisch [-'listɪʃ] estilístico

still [ʃtɪl] (*ruhig*) tranquilo, quieto; (*lautlos*) silencioso; (*unbeweglich*) inmóvil; (*schweigend*) tácito, taciturno; ~er Teilhaber socio *m* tácito *od* participante; 2e *f* (-; *sin pl*) tranquilidad *f*; silencio *m*; calma *f*; *in aller ~* en la (más estricta) intimidad

Stil(l)eben *pint* ['ʃtɪl-] *n* (-s; -) naturaleza *f* muerta, bodegón *m*

'still(l)egen (*sep*, -ge-, h) parar; cerrar; paralizar

'still|en ['ʃtɪlən] (ge-, h) *Schmerz:* calmar; *Hunger:* matar; *Durst:* apagar; *Blut:* restañar; *Kind:* dar el pecho, amamantar; ~halten (*irr, sep*, -ge-, h, → halten) no moverse, quedarse quieto

'Still|schweigen *n* (-s; *sin pl*) silencio *m*; mutismo *m*; 2schweigend callado, tácito; *~ übergehen* silenciar; ~stand *m* (-[e]s; *sin pl*) parada *f*; suspensión *f*, paro *m*; paralización *f*, 2stehen (*irr, sep*, -ge-, h, → stehen) quedarse parado *od* quieto, no moverse; *Betrieb:* estar parado

'Stil|möbel ['ʃti:l-] *n/pl* muebles *m/pl* de estilo; 2voll de buen gusto; de estilo refinado

'Stimm|bänder *anat* ['ʃtɪm-] *n/pl* cuerdas *f/pl* vocales; 2berechtigt con derecho a votar; ~e *f* (-; -n) voz *f*; *pol* voto *m*; ♪ parte *f*; *s-e ~ abgeben* votar

'stimmen ['ʃtɪmən] (ge-, h) **1.** *v/t* ♪ afinar; *fig traurig ~* entristecer; *gut (schlecht) gestimmt* de buen (mal) humor; **2.** *v/i* (*zutreffen*) ser exacto *od* cierto *od* justo; *pol ~ für* votar por; 2mehrheit *f* mayoría *f* de votos

'Stimm|-enthaltung *f* abstención *f*; ~recht *n* (-[e]s; *sin pl*) derecho *m* de voto; ~ung *f* (-; -en) *fig* disposición *f*; humor *m*; estado *m* de ánimo; ambiente *m*, atmósfera *f*; *in ~ kommen* animarse;

stimmungsvoll

ungsvoll (muy) expresivo; (muy) animado; **zählung** f recuento m de votos, escrutinio m; **zettel** m papeleta f de votación

stinken ['ʃtiŋkən] (stank, gestunken, h) heder (*nach* a); oler mal, apestar

Stipendi|at [ʃtipɛn'djɑːt] m (-en; -en), **atin** f (-; -nen) becario m, -a f; **um** ['-pɛndjum] n (-s; -dien) beca f; bolsa f de estudios

Stirn [ʃtirn] (-; -en) frente f

Stock [ʃtɔk] m a) (-[e]s; e) bastón m; palo m; (*Billard*) taco m; b) △ (-[e]s; -, a -werke) piso m, planta f

'stock|en [ʃtɔkən] (ge-, h) interrumpirse; pararse, detenerse; *Verkehr*: congestionarse; *beim Reden*: atascarse, cortarse; **ung** f (-; -en) interrupción f; detención f; estancamiento m; (*Verkehr*) congestión f; **werk** n piso m, planta f

Stoff [ʃtɔf] m (-[e]s; -e) materia f, sustancia f; (*Tuch*) paño m, tela f, tejido m; (*Thema*) tema m, asunto m; F (*Rauschgift*) polvo m; **'lich** material; **wechsel** ☂ m (-s; *sin pl*) metabolismo m

stöhnen ['ʃtøːnən] v/i (ge-, h) gemir; *fig* quejarse (*über* ac de)

Stollen ['ʃtɔlən] m (-s; -) ⚒ galería f; (*Gebäck*) bollo m de Navidad

stolpern ['-pɔrn] (ge-, sn) tropezar (*über* ac con); dar un traspié

stolz [ʃtɔlts] **1.** *adj* orgulloso (*auf* ac de); soberbio, altanero; **2.** m (-[e]s; *sin pl*) orgullo m; soberbia f, altanería f

'stopf|en ['ʃtɔpfən] (ge-, h) meter (*in* ac en); *Loch*: tapar; *Strumpf*: zurcir; **garn** n (**nadel** f) hilo m (aguja f) de zurcir

Stopp [ʃtɔp] **1.** m (-s; -s) parada f; **2.** ! ¡alto!

'Stoppel ['-pəl] f (-; -n) rastrojo m; **bart** m barba f de varios días

'stopp|en ['-pən] (ge-, h) **1.** v/t (hacer) parar; detener; *Zeit*: cronometrar; **2.** v/i parar(se), detenerse; **schild** *Vkw* n señal f de parada *od* de stop; **uhr** f cronómetro m

Stöpsel ['ʃtœpsəl] m (-s; -) tapón m (*a* F *fig*); ⚡ clavija f

Storch [ʃtɔrç] m (-[e]s; e) cigüeña f

'stör|en ['ʃtøːrən] (ge-, h) estorbar; perturbar; (*belästigen*) molestar, incomodar; **end** molesto; perturbador

stor'nier|en ✝ [ʃtɔr'niːrən] (h) anular; cancelar; **ungsgebühr** f gastos m/pl de anulación

'Storno ✝ ['ʃtɔrno] n (-s; -ni) anulación f; **buchung** f asiento m anulado

störrisch ['ʃtœriʃ] terco, recalcitrante

'Störung ['ʃtøːruŋ] f (-; -en) estorbo m; molestia f; perturbación f; 📻 trastorno m; ⚡ interferencia f; 🕮 avería f; **sstelle** f servicio m de averías

Stoß [ʃtoːs] m (-[e]s; e) golpe m; empujón m; *mit dem Ellenbogen*: codazo m; (*Erschütterung*) sacudida f; (*Anprall*) choque m; (*Haufen*) pila f, montón m; (*Akten*) legajo m; **'dämpfer** *auto* m (-s; -) amortiguador m

'stoß|en ['ʃtoːsən] (stieß, gestoßen, h) **1.** v/t empujar; *sich* darse un golpe; hacerse daño; **2.** v/i *Stier*: dar cornadas; (sn) **auf** (ac) dar *od* topar con; (h *u* sn) **an** (ac) chocar (*od* dar) contra; tropezar con; (h) (*angrenzen*) lindar con; **stange** *auto* f parachoques m; **verkehr** m tráfico m en horas punta; **zahn** m colmillo m; **zeit** f horas f/pl punta

stottern ['ʃtɔtɔrn] (ge-, h) tartamudear

'Straf|anstalt ['ʃtraːf-] f penal m; centro m penitenciario; **anzeige** f denuncia f (*erstatten* presentar); **bar** punible, delictivo; criminal; *sich* **machen** incurrir en una pena; delinquir; **e** f (-; -n) castigo m; 🕮 pena f; (*Geld*) multa f; **en** (ge-, h) castigar; multar

straff [ʃtraf] tieso, tirante; *fig* enérgico; riguroso, severo

straffällig ['ʃtraːfɛliç] culpable; **werden** delinquir

straffen ['ʃtrafən] (ge-, h) estirar, atiesar

'straf|frei ['ʃtraːf-] impune; *für* **erklären** despenalizar; **gefangene** m/f preso m, -a f; **gesetzbuch** n código m penal; **kammer** 🕮 sala f de lo criminal; **mandat** n multa f; **maß** 🕮 n (-[e]s; *sin pl*) pena f (cuantía f de la) pena f; **mildernd** atenuante; **porto** 🕮 n sobretasa f de franqueo; **prozeß** m proceso m penal; **punkt** m *dep* penalización f; **recht** n derecho m penal; **rechtlich** penal; **stoß** m *dep* penalty m; **tat** f hecho m delictivo; acción f punible; **verteidiger** m abogado m criminalista; **zettel** F m (hoja f de la) multa f

Strahl [ʃtraːl] *m* (-[e]s; -en) rayo *m*; (*Wasser*≳) chorro *m*; **'₂en** (ge-, h) radiar; (*aus*~) irradiar; *fig* estar radiante (*vor* de); **'~enschädigung** *f* radiolesión *f*; **'~enschutz** *m* protección *f* contra las radiaciones; **~ung** *f* (-; -en) radiación *f*

'Strähn|e ['ʃtrɛːnə] *f* (-; -n) *Haar*: mechón *m*; **₂ig** lacio

strampeln ['ʃtrampəln] (ge-, h) patalear; F (*radfahren*) pedalear

Strand [ʃtrant] *m* (-[e]s; ~e) playa *f*; **~bad** *n* playa *f*; **~korb** *m* sillón *m* de mimbre (para la playa); **~nähe** *f*: *in* ~ cerca de la playa; **'~promenade** *f* paseo *m* marítimo

Strang [ʃtraŋ] *m* (-[e]s; ~e) cuerda *f*, soga *f*; (*Schienen*≳) vía *f*; *fig* **an e-m ~ ziehen** tirar de la misma cuerda

Strapaz|e [ʃtraˈpaːtsə] *f* (-; -n) fatiga *f*; **₂ieren** [-paˈtsiːrən] (h) fatigar, cansar; *et*: gastar (mucho); **₂ierfähig** resistente

Straße ['ʃtraːsə] *f* (-; -n) calle *f*; (*Land*≳) carretera *f*; vía *f*; ♆ estrecho *m*; *fig* **auf die ~ setzen** poner en la calle

'Straßen-arbeiten *f/pl* obras *f/pl* viales; **~bahn** *f* tranvía *m*; **~bahnhaltestelle** *f* parada *f* de tranvía; **~beleuchtung** *f* alumbrado *m* público; **~benutzungsgebühr** *f* peaje *m*; **~café** *n* café *m* con terraza; **~ecke** *f* esquina *f*; **~graben** *m* cuneta *f*; **~händler(in** *f*) *m* vendedor(a) *f/m* ambulante; **~karte** *f* mapa *m* de carreteras; **~kreuzung** *f* cruce *m*; **~laterne** *f* farol *m*; farola *f*; **~mädchen** *n* ramera *f*; F fulana *f*; **~reinigung** *f* limpieza *f* pública; **~schild** *n* rótulo *m* de calle; **~sperre** *f* barrera *f*; **~verhältnisse** *n/pl* estado *m* de las carreteras; **~verkehr** *m* tráfico *m*, circulación *f*; **~verkehrs-ordnung** *f* código *m* de la circulación

Strateg|ie [ʃtrateˈgiː] *f* (-; -n) estrategia *f*; **₂isch** [-ˈteːgiʃ] estratégico

sträuben ['ʃtrɔʏbən] (ge-, h): (*sich*) ~ erizar(se); *sich* ~ *fig* oponerse, resistirse (*gegen* a)

Strauch [ʃtraux] *m* (-[e]s; ~er) arbusto *m*, mata *f*

Strauß [ʃtraʊs] *m* (-es) **a)** (*Blumen*≳) (*pl* ~e) ramo *m*, ramillete *m*; **b)** *zo* (*pl* -e) avestruz *m*

streben ['ʃtreːbən] (ge-, h): ~ *nach* aspirar a; ambicionar (*ac*)

'Streck|e ['ʃtrɛkə] *f* (-; -n) recorrido *m* (*a dep*), trayecto *m*; (*Entfernung*) distancia *f*; (*Teilstück*) trecho *m*; 🚆 línea *f* (*nach* de); **₂en** (ge-, h) estirar, extender; *Waffen*: rendir; *Vorräte*: alargar; **₂enweise** a trechos; **~verband** *m* vendaje *m* de extensión

Streich [ʃtraɪç] *m* (-[e]s; -e) golpe *m*; *fig* travesura *f*; *dummer* ~ tontería *f*; **'₂eln** (ge-, h) acariciar; **'₂en** (strich, gestrichen, h) **1.** *v/i* pasar (*über ac* por); **2.** *v/t* pintar; (*aus*~) borrar, tachar; *Text*: suprimir; *Auftrag*: anular; *Butter*: extender; **~holz** *n* cerilla *f*, fósforo *m*; **'~instrument** *n* instrumento *m* de arco; **'~ung** *f* (-; -en) supresión *f*; anulación *f*; cancelación *f*

'Streif|e ['ʃtraɪfə] *f* (-; -n) patrulla *f*, ronda *f*; **~en** *m* (-s; -) raya *f*; tira *f*; (*Film*) cinta *f*; (*Gelände*≳) faja *f*; **₂en** (ge-) **1.** *v/t* (h) rozar, *a fig* tocar; (*ab*~) quitar (*von* de); **2.** *v/i* (sn) vagar (*durch* por); **~enwagen** *m* coche *m* patrulla; **~schuß** *m* rozadura *f* (causada por un balazo); **~zug** *m* correría *f*, incursión *f*

Streik [ʃtraɪk] *m* (-[e]s; -s) huelga *f*; **~brecher** [-ˈbrɛçər] *m* (-s; -) esquirol *m*; **'₂en** (ge-, h) estar en huelga; *fig* pasar; *Motor etc*: fallar; **'~ende** *m/f* (-n; -n) huelguista *su*; **'~posten** *m* piquete *m*; **~recht** *n* (-[e]s; *sin pl*) derecho *m* de huelga

Streit [ʃtraɪt] *m* (-[e]s; -e) querella *f*, conflicto *m*; riña *f*, pendencia *f*; (*Wort*≳) disputa *f*, controversia *f*; ⚖ litigio *m*; **₂en** (stritt, gestritten, h) disputar (*über ac* sobre); reñir (*um* por); luchar, combatir; ⚖ litigar; *sich um et* ~ disputarse a/c; **~frage** *f* punto *m* litigioso; **'~kräfte** *f/pl* fuerzas *f/pl* armadas; **'₂süchtig** pendenciero

streng [ʃtrɛŋ] severo; riguroso; *Kälte*: intenso; *Sitte*: austero; *adv* estrictamente; ~(*stens*) *verboten* terminantemente prohibido

Streß [ʃtrɛs] *m* (-sses; *sin pl*) stress *m*, estrés *m*

'stress|en (ge-, h) estresar; **~ig** estresante

streuen ['ʃtrɔʏən] (ge-, h) esparcir; echar; dispersar

Strich [ʃtrɪç] *m* (-[e]s; -e) raya *f*; línea *f*; (*Land*≳) comarca *f*, región *f*; *fig* **e-n ~ unter et machen** hacer borrón y cuen-

stricheln 478

ta nueva; P *auf den ~ gehen* hacer la calle *od* la carrera; '**2eln** (ge-, h) rayar; **gestrichelte Linie** línea *f* discontinua

Strick [ʃtrik] *m* (-[e]s; -e) cuerda *f*, soga *f*; *fig* pilluelo *m*; '**2en** (ge-, h) hacer calceta *od* punto, tricotar; **gestrickt** de punto; '**~jacke** chaqueta *f* de punto; '**~nadel** *f* aguja *f* para labores de punto; '**~waren** *f/pl* géneros *m/pl* de punto

Striemen ['ʃtriːmən] *m* (-s; -) cardenal *m*, verdugón *m*

Stroh [ʃtroː] *n* (-[e]s; *sin pl*) paja *f*; '**~halm** *m* brizna *f* de paja; *zum Trinken*: paja *f*; '**~hut** *m* sombrero *m* de paja; '**~sack** *m* jergón *m*

Strom [ʃtroːm] *m* (-[e]s; ⁻e) río *m*; (*Strömung*, ⚡) corriente *f*; *fig* torrente *m*; *fig mit dem (gegen den) ~ schwimmen* irse con (ir contra) la corriente; **2-'ab(wärts** [vɛrts]) aguas abajo; '**~anschluß** *m* conexión *f* a la red eléctrica; toma *f* de corriente; **2-'auf(wärts)** aguas arriba; '**~ausfall** *m* apagón *m*

strömen ['ʃtrøːmən] (ge-, sn) correr (*aus* por); chorrear; *Regen*: caer a chorros; *fig* afluir (*nach* a); acudir en masa

'**Strom|kreis** ⚡ ['ʃtroːm-] *m* circuito *m*; **2linienförmig** aerodinámico; **~netz** ⚡ *n* red *f* de corriente; **~schnelle** *f* (-; -n) rápido *m*; **~stärke** ⚡ *f* intensidad *f* de la corriente

Strömung ['ʃtrøːmʊŋ] *f* (-; -en) corriente *f* (*a fig*)

Stromverbrauch ⚡ ['ʃtroːm-] *m* consumo *m* de corriente

Strophe ['ʃtroːfə] *f* (-; -n) estrofa *f*

Strudel ['ʃtruːdəl] *m* (-s; -) remolino *m*, torbellino *m*, vorágine *f* (*alle a fig*)

Struktur [ʃtrʊkˈtuːr] *f* (-; -en) estructura *f*

Strumpf [ʃtrʊmpf] *m* (-[e]s; ⁻e) media *f*; '**~hose** *f* leotardos *m/pl*, panty *m*

Stube ['ʃtuːbə] *f* (-; -n) cuarto *m*, habitación *f*, pieza *f*

Stück [ʃtyk] *n* (-[e]s; -e; *como medida después de números inv*) pieza *f* (*a teat*, ♪); trozo *m*, pedazo *m*; (*Bruch2*) fragmento *m*; *Seife*: pastilla *f*; *Zucker*: terrón *m*; *Brot*: mendrugo *m*; *~ Land* (lote *m* de) terreno *m*; *~ Vieh* res *f*; *~ für ~* pieza por pieza; '**2weise** a trozos; '**~werk** *n* (-[e]s; *sin pl*) obra *f* imperfecta; chapuza *f*; '**~zahl** *f* número *m* de piezas

Stu'dent [ʃtuˈdɛnt] *m* (-en; -en), **~in** *f* (-; -nen) estudiante *su*; universitario *m*, -a *f*; **~en-ausweis** *m* carnet *m* de estudiante; **~enheim** *n* residencia *f* de estudiantes

'**Studie** ['ʃtuːdjə] *f* (-; -n) estudio *m*; **~n-abbrecher** *m* (-s; -) estudiante *m* que abandona los estudios; **~n-abschluß** *m* grado *m* universitario; **~n-aufenthalt** *m* estancia *f* por estudios; **~nfach** *n* asignatura *f*; **~nrat** *m* catedrático *m* de Instituto; **~nreise** *f* viaje *m* de estudios

studieren [ʃtuˈdiːrən] (h) estudiar

Stud|io ['ʃtuːdjo] *n* (-s; -s) estudio *m*; **~ium** ['-jʊm] *n* (-s; -dien) estudios *m/pl*

'**Stufe** ['ʃtuːfə] *f* (-; -n) escalón *m* (*a fig*); peldaño *m*; grada *f*; **2nweise** gradualmente

Stuhl [ʃtuːl] *m* (-[e]s; ⁻e) silla *f*; '**~gang** ⚕ *m* (-[e]s; *sin pl*) deposiciones *f/pl*; defecación *f*

stülpen ['ʃtylpən] (ge-, h) (*um~*) volver; (*auf~, über~*) poner

stumm [ʃtʊm] mudo; **2el** *m* (-s; -) muñón *m*; (*Kerzen2*) cabo *m*; (*Zigaretten2*) colilla *f*, *Am* pucho *m*; '**2film** *m* película *f* muda, cine *m* mudo

stumpf [ʃtʊmpf] **1.** *adj* sin filo; romo; **2.** **2** *m* (-[e]s; ⁻e) (*Glied*) muñón *m*; (*Baum*) tronco *m*; '**2sinn** *m* (-[e]s; *sin pl*) estupidez *f*

'**Stunde** ['ʃtʊndə] *f* (-; -n) hora *f*; (*Unterrichts2*) lección *f*, clase *f*; **2n** (ge-, h) aplazar (el pago de); conceder un plazo; **~ngeschwindigkeit** *f* velocidad *f* por hora; **~nkilometer** *m/pl* kilómetros *m/pl* por hora; **~nlohn** *m* salario *m* por hora; **~nplan** *m* horario *m*; **~nzeiger** *m* horario *m*

stündlich ['ʃtʏntlɪç] cada hora

Stundung ['ʃtʊndʊŋ] *f* (-; -en) aplazamiento *m* de pago; prórroga *f*

stur [ʃtuːr] testarudo, terco

Sturm [ʃtʊrm] *m* (-[e]s; ⁻e) tempestad *f* (*a fig*); (*Gewitter2*) tormenta *f* (*a fig*); temporal *m*; ⚓ *a* borrasca *f*; '**~angriff** *m* asalto *m*

stürm|en ['ʃtʏrmən] (ge-, h) **1.** *v/t* ✕ tomar por asalto; **2.** *v/i* ✕ dar el asalto; *fig* lanzarse (*auf ac* sobre); *es stürmt* hay tempestad *od* temporal; **2er** *m* (-s; -) *dep* delantero *m*

Sturmflut ['ʃtʊrm-] *f* marea *f* viva

stürmisch ['ʃtʏrmɪʃ] tempestuoso; borrascoso, tormentoso; *fig* turbulento;

Synonym

impetuoso; *Beifall*: delirante, frenético
Sturmwarnung f ['ʃturm-] aviso m de tempestad
Sturz [ʃturts] m (-es; ⸚e) caída f; △ dintel m
stürzen ['ʃtyrtsən] (ge-) **1.** v/t (h) derribar (*a fig*); *pol* a derrocar; (*hinab~*) arrojar, precipitar; **2.** v/refl (h): **sich ~ arrojarse** (**aus dem Fenster** por la ventana); **3.** v/i (sn) caer(se); (*eilen*) precipitarse; **~ auf** (*ac*) ✓ estrellarse contra
Sturzhelm ['ʃturts-] m casco m protector
Stute ['ʃtuːtə] f (-; -n) yegua f
'**Stütze** ['ʃtytsə] f (-; -n) apoyo m, soporte m (*beide a fig*); ✓ rodrigón m; *fig* pilar m, puntal m; **⸗n** (ge-, h) apoyar (*a fig*), sostener; △ apuntalar; *fig* **sich ~ auf** (*ac*) basarse *od* fundarse en
stutzig ['ʃtutsɪç] perplejo (*argwöhnisch*) suspicaz; **~ machen** (**werden**) escamar(se)
'**Stütz|pfeiler** ['ʃtyts-] m pilar m de sostén; **~punkt** m punto m de apoyo; ⚔, ⚓ base f
Subjekt [zup'jɛkt] n (-[e]s; -e) sujeto m (*a fig desp*); **⸗iv** [--'tiːf] subjetivo
Substantiv ['-stanti:f] n (-s; -e) sustantivo m
Substanz [-'stants] f (-; -en) sustancia f
subtra|hieren [-tra'hiːrən] (h) restar, sustraer; **⸗ktion** [-trak'tsjoːn] f (-; -en) sustracción f, resta f
subtropisch ['-troːpiʃ] subtropical
Subventio|n [-vɛn'tsjoːn] f (-; -en) subvención f; **⸗nieren** [--tsjoˈniːrən] (h) subvencionar
'**Suche** ['zuːxə] f (-; -n) busca f, búsqueda f; **⸗n** (ge-, h) buscar; (*ver~*) **~ zu** *inf* tratar de
Sucht [zuxt] f (-; ⸚e) manía f, pasión f; afán m; ⚕ adicción f
süchtig ['zyçtɪç] toxicómano; adicto
'**Süd|en** ['zyːdən] m (-s; *sin pl*) sur m, mediodía m; **~früchte** ['zyːtfrʏçtə] f/pl frutos m/pl meridionales; **⸗lich** meridional, del sur; austral; **~ von** al sur de; **~'osten** m sudeste m; **~pol** m polo m sur *od* antártico; **~'westen** m sudoeste m; **~wind** m viento m del sur
suggerieren [zugeˈriːrən] (h) sugerir, insinuar

'**Sühn|e** ['zyːnə] f (-; -n) expiación f; **⸗en** (ge-, h) expiar
Suite ['sviːt(ə)] f (-; -n) ♪ *u Hotel*: suite f
Sülze ['zyltsə] f (-; -n) carne f en gelatina
'**Summ|e** ['zumə] f (-; -n) suma f; total m; cantidad f; **⸗en** (ge-, h) zumbar; *Lied*: canturrear; **~er** ⚡ m (-s; -) vibrador m; zumbador m; **⸗'ieren** (h) sumar; **sich ~** acumularse
Sumpf [zumpf] m (-[e]s; ⸚e) pantano m; '**⸗ig** pantanoso
'**Sünd|e** ['zyndə] f (-; -n) pecado m; **~er** m (-s; -), **~erin** f (-; -nen) pecador(a f) m; **⸗igen** ['-dɪgən] (ge-, h) pecar
'**super** F ['zuːpər] F estupendo; bárbaro; **⸗(benzin)** n (-s) (gasolina f) super m; **~klug** que se pasa de listo; **⸗lativ** ['--laːtiːf] m (-s; -e) superlativo m; **⸗markt** m supermercado m
'**Suppe** ['zupə] f (-; -n) sopa f; *fig* **die ~ auslöffeln** pagar los vidrios *od* platos rotos; **~nkelle** f cucharón m; **~nteller** m plato m sopero *od* hondo
'**Surf|brett** ['sœːfbrɛt] n tabla f deslizadora *od* de surf; **⸗en** (ge-, h *u* sn) practicar el surf; **~er** m (-s; -), **~erin** f (-; -nen) surfista *su*, practicante *su* del surf(ing)
suspendieren [zuspɛnˈdiːrən] (h) suspender (de sus funciones)
süß [zyːs] dulce; *Kind*: F mono; '**~en** (ge-, h) endulzar; edulcorar; **⸗igkeit** f (-; -en) dulzura f; **~en** *pl* dulces m/pl; golosinas f/pl; '**~lich** dulzón (*a fig*); ',**~'sauer** agridulce; **⸗speise** f dulce m; **⸗stoff** m edulcorante m; sacarina f; **⸗wasser** n (-s; -) agua f dulce
Swimmingpool ['sviminpuːl] m (-s; -s) piscina f
Sym'bol [zymˈboːl] m (-s; -e) símbolo m; emblema m; **⸗isch** simbólico
symmetrisch [-'meːtrɪʃ] simétrico
sympathi|sch [-'paːtɪʃ] simpático; **~sieren** [-patiˈziːrən] (h) simpatizar
Symphonie [-foˈniː] f *s* **Sinfonie**
Symptom [-pˈtoːm] n (-s; -e) síntoma m
Synagoge [zynaˈgoːgə] f (-; -n) sinagoga f
Synchron|isation [-kronizaˈtsjoːn] f (-; -en) sincronización f; *Film*: doblaje m; **⸗isieren** (h) sincronizar; *Film*: doblar
Synode *rel* [-ˈnoːdə] f (-; -n) sínodo m
Synonym [-noˈnyːm] n (-s; -e), **⸗** *adj* sinónimo (m)

synthetisch [-'te:tiʃ] sintético
Syphilis ⚕ ['zy:filis] f (-; *sin pl*) sífilis f
'**Syr|er** ['zi:rar] m (-s; -), **~erin** f (-; -nen), ⚩**isch** sirio m, -a f

System [zys'te:m] n (-s; -e) sistema m; ⚩**atisch** [-ste'ma:tiʃ] sistemático
Szene ['stse:nə] f (-; -n) escena f (*a fig*); *Film*: secuencia f

T

T, t [te:] n (-;-) T, t f
'**Tabak** ['ta:bak] m (-s; -e) tabaco m; **~(waren)laden** m tabaquería f, *Esp* estanco m; **~s-pfeife** f pipa f
tabell|arisch [tabɛ'la:riʃ] en forma de cuadro *od* de tabla; sinóptico; ⚩**e** [-'lɛ-] f (-; -n) cuadro m; tabla f
Tablette [-'blɛtə] f (-; -n) tableta f; comprimido m
Tacho F ['taxo] m (-s; -s), **~'meter** m u n (-s; -) taquímetro m; tacómetro m
'**Tadel** ['ta:dəl] m (-s; -) censura f; reprensión f, reprimenda f; **~n** (ge-, h) censurar, criticar (*wegen* por); (*rügen*) reprender, reprochar (*j-n wegen et a/c a alg*)
Tafel ['-fəl] f (-; -n) tablero m, tabla f; (*Schild*) letrero m; (*Tisch*) mesa f; (*Schokolade*) tableta f
Täfelung ['tɛ:fəluŋ] f (-; -en) (*Wand*⚩) revestimiento m de madera; (*Decken*⚩) artesonado m
'**Tafelwein** ['ta:fəl-] m vino m de mesa
Tag [ta:k] m (-[e]s; -e) día m; *als Dauer*: jornada f; **bei ~e** de día; **am ~(e) danach** al día siguiente; **am ~(e) zuvor** el día antes, la víspera; **e-s (schönen) ~es** (*Vergangenheit*) un (buen) día, (*Zukunft*) algún día; **in 14 ~en** dentro de quince días; **guten ~!** ¡buenos días!, *nachmittags*: ¡buenas tardes!
'**Tage|buch** ['-gə-] n diario m; **~geld** n dietas f/pl; ⚩**lang** días y días; ⚩**n** (ge-, h) (*beraten*) celebrar sesión; reunirse (en sesión)
'**Tages|anbruch** ['-gəs?-] m: **bei ~** al amanecer; al alba; **~fahrt** f excursión f de un día; **~gericht** *gastr* n plato m del día; **~karte** f ticket m diario; *gastr* carta f del día; **~kurs** m clases f/pl diurnas; ✞ cambio m *bzw* cotización f del día; **~licht** n (-[e]s; *sin pl*) luz f del día; **~ordnung** f orden m del día; **~rückfahrkarte** f billete m de ida y vuelta (válido por un solo día); **~zeit** f hora f del día; **~zeitung** f diario m
täglich ['tɛ:kliç] diario, cotidiano; *adv* todos los días, cada día
tagsüber ['ta:ks?-] durante el día
Tagung ['-guŋ] f (-; -en) sesión f; congreso m; jornada(s) f(/pl)
Taifun [taɪ'fu:n] m (-s; -e) tifón m
Taille ['taljə] f (-; -n) talle m, cintura f
Takelage ⚓ [takə'la:ʒə] f (-; -n) n jarcias f/pl, aparejo m
Takt [takt] m (-[e]s; -e) ♪ compás m; (*Motor*) tiempo m; '**~gefühl** *fig* n (-[e]s; *sin pl*) tacto m; delicadeza f; discreción f; **~ik** ['-ik] f (-; -en) táctica f; '⚩**isch** táctico; '⚩**los** indiscreto; sin tacto; ⚩**voll** delicado, discreto
Tal [ta:l] n (-[e]s; ~er) valle m
Talent [ta'lɛnt] n (-[e]s; -e) talento m; ⚩**iert** de talento, dotado
Talisman ['ta:lisman] m (-s; -e) talismán m
Talsperre ['ta:l-] f presa f
Tampon ⚕ ['tampɔn] m (-s; -s) tapón m, tampón m
Tang ♆ [taŋ] m (-[e]s; -e) alga f marina
Tank [taŋk] m (-[e]s; -s) depósito m; cisterna f; a ✕ tanque m; (*Wasser*⚩) a aljibe m; '**~anzeige** f indicador m del nivel de gasolina; '⚩**en** (ge-, h) echar gasolina; repostar; **~er** ⚓ m (-s; -) petrolero m, buque m cisterna; '**~stelle** f gasolinera f, estación f de servicio; '**~wart** m (-[e]s; -e) empleado m de gasolinera, gasolinero m
'**Tanne** ['tanə] f (-; -n), **~nbaum** m abeto m; **~nzapfen** m piña f (de abeto)
Tante ['tantə] f (-; -n) tía f; **~-Emma-La-**

Tausendstel

den [--'ºɛmalɑ:dən] *m* pequeño comercio *m* del barrio

Tanz [tants] *m* (-[e]s; ⁓e) baile *m*; danza *f*; **'⁓abend** *m* (velada *f* de) baile *m*; **'2en** (ge-, h) bailar

'Tänzer ['tɛntsər] *m* (-s; -), **⁓in** *f* (-; -nen) bailador(a *f*) *m*; (*Berufs*2) bailarín *m*, -ina *f*

'Tanz|lokal ['tants-] *n* salón *m* de baile; **⁓musik** *f* música *f* de baile, bailable *m*

Tape|te [ta'pe:tə] *f* (-; -n) papel *m* pintado; **2zieren** [-pe'tsi:rən] (h) empapelar

tapfer ['tapfər] valiente; intrépido

Ta'rif [-'ri:f] *m* (-s; -e) tarifa *f*; **⁓autonomie** *f* autonomía *f* en materia de tarifas; **⁓erhöhung** *f* aumento *m* de (las) tarifas; **⁓konflikt** *m* conflicto *m* salarial; **2lich** tarifario; según tarifa; **⁓lohn** *m* salario *m* según convenio; **⁓partner** *m/pl* partes *f/pl* contratantes de un convenio colectivo; **⁓verhandlungen** *f/pl* negociaciones *f/pl* colectivas; **⁓vertrag** *m* convenio *m* colectivo

tarnen ['tarnən] (ge-, h) disimular; enmascarar; *bsd* ⚔ camuflar

'Tasche ['taʃə] *f* (-; -n) bolsillo *m*; (*Beutel*) bolsa *f*; (*Hand*2) bolso *m*; **⁓nbuch** *n* libro *m* de bolsillo; **⁓ndieb** *m* ratero *m*, carterista *m*; **⁓ngeld** *n* (-[e]s; *sin pl*) dinero *m* para gastos menudos; **⁓nlampe** *f* linterna *f* de bolsillo; **⁓nmesser** *n* navaja *f*; **⁓nrechner** *m* calculadora *f* de bolsillo; **⁓ntuch** *n* pañuelo *m*

Tasse ['tasə] *f* (-; -n) taza *f*; *große:* tazón *m*

Tast|atur [tasta'tu:r] *f* (-; -en) teclado *m*; **'⁓e** *f* (-; -n) tecla *f*; **'2en** (ge-, h) tentar, palpar; **'⁓entelefon** *n* teléfono *m* de teclado

Tat [tɑ:t] *f* (-; -en) hecho *m*; acción *f*, acto *m*; (*Helden*2) hazaña *f*, proeza *f*; (*Straf*2) crimen *m*; **in die ⁓ umsetzen** realizar, llevar a efecto; **'2enlos** inactivo; *adv* con los brazos cruzados

'Täter ['tɛ:tər] *m* (-s; -), **⁓in** *f* (-; -nen) autor(a *f*) *m*; ⚖ culpable *su*

'tätig ['-tiç] activo; (*beschäftigt*) ocupado; **⁓ sein als** actuar de; **2keit** *f* (-; -en) actividad *f*; (*Beruf*) profesión *f*; (*Beschäftigung*) ocupación *f*; (*Beruf*) profesión *f*; *in e-m Amt:* actuación *f*; funciones *f/pl*; ⊕ **in ⁓ setzen** poner en marcha

tatkräftig ['tɑ:t-] enérgico; activo

'tätlich ['tɛ:tliç]: **⁓ werden** pasar a las vías de hecho; **venir** *od* **llegar a las manos**; **2keiten** *f/pl* vías *f/pl* de hecho

Tatort ['tɑ:tºɔrt] *m* lugar *m* del suceso *od* del crimen; ⚖ lugar *m* de autos

täto'wier|en [tɛto'vi:rən] (h) tatuar; **2ung** *f* (-; -en) tatuaje *m*

'Tat|sache ['tɑ:tzaxə] *f* hecho *m*; **2sächlich** real, positivo, efectivo; *adv* de hecho, en efecto

Tau [tau] **a)** *n* (-[e]s; -e) cuerda *f*, maroma *f*, cable *m*; ♃ cabo *m*; **b)** *m* (-[e]s; *sin pl*) rocío *m*

taub [taup] sordo; *Glied:* entumecido

Taube ['-bə] *f* (-; -n) paloma *f*

taubstumm ['taup-] sordomudo

'tauch|en ['tauxən] (ge-, h) *v/t* (*v/i a sn*) sumergir(se); zambullir(se); *Taucher:* bucear; **2er** *m* (-s; -) buceador *m*; (*Berufs*2) buzo *m*; **2gerät** *n* escafandra *f*, (*Tiefsee*2) batiscafo *m*; **2sieder** ['-zi:dər] *m* (-s; -) calentador *m* de inmersión; **2sport** *m* submarinismo *m*

tauen ['tauən] (ge-, h *u* sn) caer rocío; (*auf⁓*) deshelarse; *Schnee:* derretirse; **es taut** hay deshielo

'Tauf|e [-fə] *f* (-; -n) (*Sakrament*) bautismo *m*; (*Handlung*) bautizo *m*; **2en** (ge-, h) bautizar (*a fig*); **⁓pate** *m* padrino *m*; **⁓patin** *f* madrina *f*; **⁓schein** *m* partida *f* de bautismo

'taug|en ['taugən] (ge-, h) valer; **⁓ zu** servir para; **⁓lich** ['-kliç] útil, apto, idóneo (**zu** para); **2lichkeit** *f* (-; *sin pl*) aptitud *f*, idoneidad *f*

taumeln ['-məln] (ge-, sn) vacilar; tambalearse; dar traspiés *od* tumbos

Tausch [tauʃ] *m* (-[e]s; raro -e) cambio *m*; (*Aus*2) trueque *m*; (*Um*2) canje *m*; (*bsd Ämter*2, *Wohnungs*2) permuta *f*; **2en** (ge-, h) cambiar (**gegen** por); trocar; canjear; permutar

täuschen ['tɔʏʃən] (ge-, h) engañar; embaucar; *sich ⁓* engañarse; estar equivocado

'Tausch|geschäft ['tauʃ-] *n*, **⁓handel** *m* trueque *m*

Täuschung ['tɔʏʃuŋ] *f* (-; -en) (*Betrug*) engaño *m*; (*Irrtum*) equivocación *f*; error *m*

'tausend ['tauzənt] **1.** mil; **2.** 2 *n* (-s; -e) millar *m*; **zu ⁓en** por millares; **'jährig** ['-jɛ:riç] milenario; **⁓mal** mil veces; **⁓ste** milésimo; **2stel** *n* (-s; -) milésima parte *f*

'Tauwetter n deshielo m (a pol)

'Tax|i ['taksi] n (-s; -s) taxi m; ²**ieren** (h) tasar, evaluar, estimar; ~**fahrer(in** f) m taxista su; ~**stand** m parada f de taxis

Team [ti:m] n (-s; -s) equipo m; '~**arbeit** f, ~**work** ['-vœ:k] n (-s; sin pl) trabajo m en equipo

'Techni|k ['tɛçnik] f (-; -en od sin pl) técnica f; ²**sch** técnico

Technolo'g|ie [-nolo'gi:] f (-; -n) tecnología f; ~**iepark** m parque m tecnológico; ~**ietransfer** m transferencia f de tecnología; ²**isch** [--'lo:giʃ] tecnológico

Techtelmechtel [-təl'mɛçtəl] n (-s; -) amorío m, lío m (amoroso)

Teddybär ['tɛdi-] m osito m de trapo od de peluche

Tee [te:] m (-s; -s) té m; ☛ tisana f, infusión f; ~ **trinken** tomar té; '~**beutel** m bolsita f de té; '~**gebäck** n pastas f/pl (de té); '~**kanne** f tetera f; '~**löffel** m cucharilla f

Teer [te:r] m (-[e]s; -e) alquitrán m, brea f

Teich [taɪç] m (-[e]s; -e) estanque m

Teig [taɪk] m (-[e]s; -e) masa f, pasta f; '~**waren** f/pl pastas f/pl alimenticias

Teil [taɪl] m u n (-[e]s; -e) parte f, (An²) porción f; cuota f; (Bruch²) trozo m, fracción f; ⊕ pieza f; **zum** ~ en parte; '²**en** (ge-, h) dividir (a Ⓐ); partir; Meinung, Zimmer: compartir; ~**haber** ['-ha:bər] m (-s; -), '~**haberin** f (-; -nen) socio m, -a f; ~**kaskoversicherung** f seguro m contra riesgos parciales; ~**nahme** ['-na:mə] f (-; sin pl) participación f (**an** dat en); (Beileid) pésame m; ²**nahmslos** indiferente, apático; ²**nehmen** (irr, sep, -ge-, h, → **nehmen**): ~ **an** (dat) participar en, tomar parte en; (anwesend sein) asistir a; ~**nehmer** ['-ne:mər] m (-s; -), '~**nehmerin** f (-; -nen) participante su; tel abonado m, -a f; (Anwesende) asistente su, concurrente su

teils [taɪls] en parte; ~ ..., ~ ... ya ..., ya ...;

'Teil|ung f (-; -en) división f; partición f; ²**weise** parcial; adv en parte; ~**zahlung** f pago m parcial od fraccionado; pago m a plazos; (Rate) plazo m; ~**zeit-arbeit** f trabajo m a tiempo parcial

Teint [tɛ̃:] m (-s; -s) tez f; (color m del) cutis m

Tele ['te:le] n (-[s]; -[s]) F s **Teleobjektiv**

Telefax [--'faks] n (-; -[e]) telefax m

Tele'fon [tele'fo:n] n (-s; -e) teléfono m; ~**anruf** m llamada f telefónica; ~**anschluß** m conexión f (a la red) telefónica; ~**buch** n guía f telefónica, listín m; ~**gespräch** n conversación f telefónica; ²**ieren** [--fo'ni:rən] (h) telefonear; ²**isch** telefónico; adv por teléfono; ~**karte** f tarjeta f telefónica od de teléfono; ~**marke** f ficha f telefónica; ~**nummer** f número m de teléfono; ~**zelle** f cabina f telefónica; ~**zentrale** f central f telefónica; in Betrieben: centralita f

tele|grafieren [--gra'fi:rən] (h) telegrafiar; ²**gramm** n (-s; -e) telegrama m; ²**kommunikation** ['tɛ:ləkɔmunikatsjo:n] f (-; sin pl) telecomunicación f; '²**-objektiv** fot n teleobjetivo m; ²**skop** [tele'sko:p] n (-s; -e) telescopio m

Telex ['te:lɛks] n (-; -[e]) télex m

Teller ['tɛlər] m (-s; -) plato m; **flacher** (**tiefer**) ~ plato llano (hondo)

Tempel ['tɛmpəl] m (-s; -) templo m

Tempera'ment [-para'mɛnt] n (-[e]s; -e) temperamento m; brío m, vivacidad f; ²**voll** brioso; vivo

Temperatur [---'tu:r] f (-; -en) temperatura f

'Tempo ['-po] n (-s; -s) ritmo m; velocidad f; ~**limit** auto ['--limit] n (-s, -s, -e) límite m de velocidad

Tend|enz [tɛn'dɛnts] f (-; -en) tendencia f; ²**ieren** (h) tender (**zu** a)

'Tennis ['-nis] n (-; sin pl) tenis m; ~**platz** m pista f (bsd Am cancha f) de tenis; ~**schläger** m raqueta f; ~**spieler(in** f) m tenista su; ~**turnier** n campeonato m od torneo m de tenis

Tenor ♪ [te'no:r] m (-s; ~e) tenor m

'Teppich ['tɛpɪç] m (-s; -e) alfombra f; (Wand²) tapiz m; ~**boden** m moqueta f, Am alfombrada f

Ter'min [tɛr'mi:n] m (-s; -e) término m; (Frist) plazo m; (Datum) fecha f; beim Arzt: hora f (de visita); ⚖ (Verhandlung) vista f; juicio m oral; ~**kalender** m agenda f

Terrasse [tɛ'rasə] f (-; -n) terraza f; (Dach²) azotea f

Territorium [-ri'to:rjum] n (-s; -rien) territorio m

Terror ['-rɔr] *m* (-s; *sin pl*) terror *m*; ~ismus [--'rɪsmʊs] *m* (-; *sin pl*) terrorismo *m*; ~ist [-'rɪst] *m* (-en; -en), ~istin *f* (-; -nen), ~istisch terrorista (*su*)

Test [tɛst] *m* (-[e]s; -s, *a* -e) prueba *f*, test *m*

Testa'ment [-ta'mɛnt] *n* (-[e]s; -e) testamento *m*; *rel* **Altes** (**Neues**) ~ Antiguo (Nuevo) Testamento *m*; **⁀arisch** [---'tɑːrɪʃ] testamentario; *adv* por testamento; **~s-eröffnung** *f* apertura *f* del testamento

'**testen** (ge-, h) probar, ensayar

'**teuer** ['tɔyər] caro (*a fig*); **wie ~ ist ...?** ¿cuánto vale *od* cuesta ...?; **⁀ung** *f* (-; -en) carestía *f*; **⁀ungsrate** *f* tasa *f* de incremento de precios

'**Teufel** ['-fal] *m* (-s; -) diablo *m*; demonio *m*; **~skreis** *m* círculo *m* vicioso

Text [tɛkst] *m* (-[e]s; -e) texto *m*

Tex'til|ien [-'tiːljən] *pl* textiles *m/pl*; tejidos *m/pl*; **~industrie** *f* industria *f* textil

'**Textver-arbeitung** *f* tratamiento *m* *od* proceso *m* de textos; **~ssystem** *inform n* procesador *m* de textos

The'ater [te'ɑːtər] *n* (-s; -) teatro *m*; **~aufführung** *f* representación *f* teatral *od* de teatro; **~karte** *f* entrada *f*, localidad *f*; **~stück** *n* pieza *f* *od* obra *f* de teatro

Theke ['teːkə] *f* (-; -n) mostrador *m*; (*Bar*) barra *f*

Thema ['-ma] *n* (-s; -men) tema *m* (*a* ♩); asunto *m*

Theologe [teo'loːgə] *m* (-n; -n) teólogo *m*; **~ie** [--lo'giː] *f* (-; -n) *f* teología *f*

theor|etisch [--'reːtɪʃ] teórico; **⁀ie** [--'riː] *f* (-; -n) teoría *f*

Thera|peut [tera'pɔyt] *m* (-en; -en), **~peutin** *f* (-; -nen) terapeuta *su*; **~pie** [--'piː] *f* (-; -n) terapia *f*

Ther'mal|bad [tɛr'mɑːlbɑːt] *n* baño *m* termal; (*Ort*) estación *f* termal; **~schwimmbad** *n* piscina *f* termal

Thermometer [-mo'meːtər] *n* (-s; -) termómetro *m*

Thermos|flasche ['-mɔsflaʃə] *f* termo *m*; **~tat** [-mo'stɑːt] *m* (-[e]s, -en; -e[n]) termostato *m*

These [teːzə] *f* (-; -n) tesis *f*

Thron [troːn] *m* (-[e]s; -e) trono *m*; **~folger** [-fɔlgər] *m* (-s; -) heredero *m* al trono

Thunfisch ['tuːnfɪʃ] *m* atún *m*

Tick [tɪk] *m* (-[e]s; -e) 🐛 tic *m*; *fig* F chifladura *f*; **e-n ~ haben** tener vena de loco; '**⁀en** (ge-, h) *Uhr:* hacer tic tac; '**~et** ⌘, ✈ ['-kɛt] *n* (-s; -s) ticket *m*

tief [tiːf] **1.** *adj* hondo, profundo (*a fig*); (*niedrig*) bajo; **2.** ⚡ *met n* (-s; -s) zona *f* de baja presión; '**⁀bau** *m* (-[e]s; *sin pl*) obras *f/pl* públicas; '**⁀druckgebiet** *met n* zona *f* de baja presión; '**⁀e** *f* (-; -n) profundidad *f* (*a fig*); (*Abgrund*) abismo *m*; '**⁀ebene** *f* llano *m*, llanura *f*; '**⁀flug** *m* vuelo *m* rasante; '**⁀garage** *f* garaje *m* *od* aparcamiento *m* subterráneo; '**~gekühlt** congelado; '**~greifend** profundo; '**⁀kühltruhe** *f* arca *f* congeladora, congelador *m* (horizontal); '**⁀punkt** *m fig* bache *m*; '**⁀stand** *m* (-[e]s; *sin pl*) nivel *m* más bajo; depresión *f*

Tiegel ['tiːgəl] *m* (-s; -) cacerola *f*

Tier [tiːr] *n* (-[e]s; -e) animal *m*; '**~arzt** *m*, '**~ärztin** *f* veterinario *m*, -a *f*; '**~kreis(zeichen** *n*) *m* (signo *m* del) zodíaco *m*; **~quäle'rei** *f* (-; -en) crueldad *f* con los animales; **~welt** *f* (-; *sin pl*) fauna *f*

Tiger ['tiːgər] *m* (-s; -) tigre *m*

'**tilg|en** ['tɪlgən] (ge-, h) ✝ amortizar; anular; cancelar; (*auslöschen*) borrar; **⁀ung** *f* (-; -en) amortización *f*; anulación *f*; cancelación *f*; **⁀ungsfonds** ✝ *m* fondo *m* de amortización

Tinktur [tɪŋk'tuːr] *f* (-; -en) tintura *f*

'**Tinte** ['tɪntə] *f* (-; -n) tinta *f*; **~nfisch** *m* sepia *f*; calamar *m*

Tip [tɪp] *m* (-s; -s) *dep* pronóstico *m*; (*Wink*) aviso *m* (secreto); pista *f*; F soplo *m*; **ein guter ~** un buen consejo

'**tipp|en** (ge-, h) escribir a máquina; '**⁀fehler** *m* error *m* de máquina

Tisch [tɪʃ] *m* (-[e]s; -e) mesa *f*; **bei ~** a la mesa; **den ~ (ab)decken** poner (quitar) la mesa; '**~decke** *f* mantel *m*; '**~ler** *m* (-s; -) carpintero *m*; (*Kunst*⚡) ebanista *m*; '**~tennis** *n* pingpong *m*, tenis *m* de mesa; '**~wein** *m* vino *m* de mesa

'**Titel** ['tiːtəl] *m* (-s; -) título *m*; **~blatt** *n* portada *f*; **~geschichte** *f* reportaje *m* de portada; **~verteidiger** *m dep* defensor *m* del título

Toast [toːst] *m* (-[e]s; -e, -s) *gastr* tostada *f*; (*Trinkspruch*) brindis *m*; **e-n ~ auf j-n ausbringen** brindar por alg; '**~brot**

toasten 484

pan *m* tostado *bzw* para tostar; '**≈en** (ge-, h) tostar; '**≈er** *m* (-s; -) tostador *m* de pan

toben ['to:bən] (ge-, h) rabiar, estar furioso; *Kind*: retozar; *Sturm, See*: bramar

'**Tochter** ['tɔxtər] *f* (-; ⁸) hija *f*; **≈gesellschaft** ⚓ *f* (sociedad *f*) filial *f*

Tod [to:t] *m* (-es; -e) muerte *f*; fallecimiento *m*, defunción *f*

'**Todes|anzeige** ['-dəs⁷-] *f* esquela *f* de defunción; **≈fall** *m* defunción *f*; **im ~ en caso de muerte; ≈strafe** *f* pena *f* capital *od* de muerte

todkrank ['to:t-] enfermo de muerte

tödlich ['tø:tliç] mortal, fatal; (*todbringend*) mortífero; **~ verunglücken** sufrir un accidente mortal

'**tod|müde** ['to:t'my:də] muerto de cansancio *od* sueño; **~'schick** muy elegante *od* chic; **≈sünde** *f* pecado *m* mortal

Toi'lette [toa'lɛtə] *f* (-; -n) (*Kleid*) vestido *m*; (*Abort*) lavabo *m*, servicios *m*/*pl*; **≈npapier** *n* papel *m* higiénico

tole'r|ant [tole'rant] tolerante; **≈anz** *f* (-; *sin pl*) tolerancia *f*; **~'ieren** (*o*) tolerar

toll [tɔl] loco; frenético; furioso; F *fig* fantástico, F estupendo; '**≈en** (ge-, h *u* sn) alborotar; '**≈wut** ⚕ *f* rabia *f*, hidrofobia *f*

To'mate [to'mɑ:tə] *f* (-; -n) tomate *m*; **≈nsaft** *m* jugo *m* *od* zumo *m* de tomate

Tombola ['tɔmbola] *f* (-; -s) tómbola *f*, rifa *f*

Ton [to:n] *m* a) (-[e]s; ⁸e) (*Klang*) sonido *m*; ♪ *u fig* tono *m*; (*Klangfarbe*) timbre *m*; (*Betonung*) acento *m*; **b**) (*pl* -e) min arcilla *f*, barro *m*; '**≈angebend** *fig* que da el tono; '**~art** *f* tonalidad *f*; tono *m*; '**≈band** *n* cinta *f* magnetofónica; '**≈bandgerät** *n* magnetófon *m*, magnetófono *m*

tönen ['tø:nən] (ge-, h) **1.** *v/i* ♪ (re)sonar; **2.** *v/t* matizar; *Haar*: dar reflejos

'**Ton|ingenieur** ['to:n⁷-] *m* ingeniero *m* del sonido; **≈kopf** *m* cabeza *f* fonocaptora; **~leiter** *f* escala *f* (musical), gama *f*

Tonnage [tɔ'nɑ:ʒə] *f* (-; -n) tonelaje *m*

Tonne ['-nə] *f* (-; -n) tonel *m*; barril *m*; ⚓ boya *f*; (*Maß*) tonelada *f*

Tontaubenschießen ['to:ntaʊbənʃi:sən] *n* tiro *m* al plato

Tönung ['tø:nʊŋ] *f* (-; -en) colorido *m*; matiz *m*

Topf [tɔpf] *m* (-[e]s; ⁸e) olla *f*; marmita *f*; cacerola *f*; F *fig* **in e-n ~ werfen** meter en el mismo saco

'**Töpfer** ['tœpfər] *m* (-s; -) alfarero *m*; **~waren** *f*/*pl* (objetos *m*/*pl* de) alfarería *f*, cacharrería *f*

top-fit ['tɔp'fit] en plena forma, en perfectas condiciones físicas

topographisch [topo'grɑ:fiʃ] topográfico

Toppsegel ['tɔp-] *n* juanete *m*

Tor [to:r] *n* (-[e]s; -e) puerta *f*; portal *m*; *dep* portería *f*; *erzieltes*: gol *m*, tanto *m* (*schießen* marcar)

Torf [tɔrf] *m* (-[e]s; *sin pl*) turba *f*; '**~mull** *m* serrín *m* de turba

Torhüter ['to:rhy:tər] *dep m* (-s; -) portero *m*, (guarda)meta *m*

töricht ['tø:rɪçt] tonto, necio; estúpido

torkeln ['tɔrkəln] (ge-, sn, h) tambalearse; F ir haciendo eses

Torlinie ['to:r-] *dep* ['tɔrpə'di:rən] *f* línea *f* de gol *od* de meta

torpe|dieren [tɔrpə'di:rən] (h) torpedear (*a fig*); **≈o** [-'pe:do] *m* (-s; -s) torpedo *m*; **≈oboot** *n* torpedero *m*

Torschütze *dep* ['to:r-] *m* autor *m* del gol; goleador *m*

Torso ['tɔrzo] *m* (-s; -s) torso *m*

Torte ['-tə] *f* (-; -n) tarta *f*

Torwart *dep* ['to:rvart] *m* (-[e]s; -e) portero *m*, (guarda)meta *m*

'**tosen** ['to:zən] (ge-, h *u* sn) bramar, rugir; **~d** *Beifall*: atronador

tot [to:t] muerto; (*verstorben*) difunto, fallecido; (*leblos*) inanimado; *Kapital*: inactivo

to'tal [to'tɑ:l] total; entero, completo; **≈ausverkauf** *m* liquidación *f* total; **~itär** [-tali'tɛ:r] totalitario; **≈schaden** *m auto* siniestro *m* total

'**tot|arbeiten** F ['to:t'arbaɪtən] (*sep*, -ge-, h): **sich ~** matarse trabajando; **~ärgern** F (*sep*, -ge-, h): **sich ~** reventar de rabia; **≈e** *m*/*f* (-n; -n) muerto *m*, -a *f*; difunto *m*, -a *f*

töten ['tø:tən] (ge-, h) matar

'**Toten|bett** ['to:tən-] *n* (-[e]s; -en *sin pl*) lecho *m* mortuorio; **~kopf** *m* calavera *f*; **~messe** *f* misa *f* de réquiem *od* de difuntos; **~schein** ⚕ *m* certificado *m* de defunción; **~starre** *f* rigidez *f* cadavérica

'**totlachen** (*sep*, -ge-, h): **sich ~** morirse de risa

'Toto ['to:to] *m u n* (-s; -s) quinielas *f/pl*; ⁓**schein** *m* quiniela *f*

'Totschlag ⚥ ['to:t-] *m* (-[e]s; *sin pl*) homicidio *m*; ℒ**en** (*irr, sep,* -ge-, h, → *schlagen*) matar (*a fig Zeit*)

Tou|pet [tu'pe:] *n* (-s; -s) bisoñé *m*; ℒ'**pieren** (h) cardar

Tour [tu:r] *f* (-; -en) (*Umdrehung*) revolución *f, a dep* vuelta *f*; (*Ausflug*) excursión *f*; gira *f*

Tou'ris|mus [tu'rɪsmus] *m* (-; *sin pl*) turismo *m*; ⁓**t** *m* (-en; -en) turista *m*; ⁓**tenklasse** *f* clase *f* turista; ⁓**tin** *f* (-; -nen) turista *f*; ℒ**tisch** turístico

Tournee [tur'ne:] *f* (-; -s, -n) gira *f*; tournée *f*

Trabrennen ['trɑ:p-] *n* carrera *f* al trote

Tracht [traxt] *f* (-; -en) traje *m* regional; (*Schwestern*ℒ *etc*) uniforme *m*; ℒ**en** (ge-, h): ⁓ *nach* aspirar a; pretender, anhelar (*ac*); ⁓**enfest** *n* fiesta *f* folklórica; ⁓**engruppe** *f* grupo *m* folklórico

Tradition [tradi'tsjo:n] *f* (-; -en) tradición *f*; ℒ**ell** [--tsjo'nɛl] tradicional

'trag|bar ['trɑ:k-] portátil; ℒ**e** [-'gə] *f* (-; -n) angarillas *f/pl*, andas *f/pl*

träge ['trɛ:gə] perezoso; indolente

tragen ['trɑ:gən] (trug, getragen, h) **1.** *v/t* llevar; *Brille, Bart*: gastar; *Zinsen*: producir; *Früchte*: dar; (*stützen*) sostener; *die Kosten* ⁓ correr con los gastos, costear (a/c); **2.** *v/i Eis*: resistir; *Baum*: dar fruto

'Träger ['trɛ:gər] *m* (-s; -) portador *m*; △ soporte *m*, sostén *m*; *an Kleidungsstücken*: tirante *m*; '⁓**rakete** *f* cohete *m* portador

'Trag|etasche ['trɑ:gə-] *f* bolsa *f*; ⁓**fläche** ✓ ['trɑ:k-] *f* ala *f*; ⁓**flügelboot** *n* hidroala *m*, hidrofoil *m*

'Tragi|k ['trɑ:gik] *f* (-; *sin pl*) lo trágico; ℒ**sch** trágico

Tragödie [tra'gø:djə] *f* (-; -n) tragedia *f* (*a fig*)

Tragweite ['trɑ:k-] *f* (-; *sin pl*) alcance *m*; *fig a* tra(n)scendencia *f*, envergadura *f*

'Train|er ['trɛ:nər] *m* (-s; -), ⁓**erin** *f* (-; -nen) entrenador(a *f*) *m*; ℒ'**ieren** [trɛ'ni:rən] (h) *v/t* (*v/i*) entrenar(se); ⁓**ing** ['-niŋ] *n* (-s; -s) entrenamiento *m*; ⁓**ings-anzug** *m* chándal *m*

Traktor ['traktɔr] *m* (-s; -en [-'to:rən]) tractor *m*

trampeln ['trampəln] (ge-, h) pat(al)ear

'tramp|en ['trɛmpən] (ge-, sn) hacer autostop, viajar por autostop; ℒ**er** *m* (-s; -), ℒ**erin** *f* (-; -nen) autostopista *su*

'Träne ['trɛ:nə] *f* (-; -n) lágrima *f*; ℒ**n** (ge-, h) lagrimear; ⁓**ngas** *n* gas *m* lacrimógeno

'Tränke ['trɛŋkə] *f* (-; -n) abrevadero *m*; ℒ**n** (ge-, h) abrevar; (*durch*⁓) empapar, impregnar (*mit* de)

Transaktion [trans?ak'tsjo:n] *f* transacción *f*

Trans|fer [trans'fe:r] *m* (-s; -s) transferencia *f*; *v Personen*: traslado *m*; ℒ**ferieren** [-fe'ri:rən] (h) transferir; ⁓**formator** [-fɔr'mɑ:tɔr] ⚡ *m* (-s; -en [-mɑ'to:rən]) transformador *m*

Tran'sistor ☉ [-'zɪstɔr] *m* (-s; -en [-'to:rən]), ⁓**radio** *n* transistor *m*

Tran'sit [-'zi:t] *m* (-s; -e) tránsito *m*; ⁓**strecke** *f* trayecto *m* de tránsito; ⁓**visum** *n* visado *m* de tránsito

Trans|parent [transpa'rɛnt] *n* (-[e]s; -e) transparente *m*; (*Spruchband*) pancarta *f*; ⁓**plantation** 🗲 [-planta'tsjo:n] *f* (-; -en) trasplante *m*

Trans'port [-'pɔrt] *m* (-[e]s; -e) transporte *m*; ℒ**abel** [--'tɑ:bəl] transportable; ⁓**eur** [--'tø:r] *m* (-s; -e) transportista *m*; ☉, 🗲 transportador *m*; ℒ**fähig** transportable; ℒ'**ieren** (h) transportar; ⁓**kosten** *pl* gastos *m/pl* de transporte; ⁓**mittel** *n* medio *m* de transporte; ⁓**unternehmen** *n* empresa *f od* agencia *f* de transportes; ⁓**unternehmer** *m* transportista *m*; agente *m* de transportes; ⁓**versicherung** *f* seguro *m* de transporte; ⁓**wesen** *n* transportes *m/pl*

Trapez [tra'pe:ts] *n* (-es; -e) trapecio *m*

'Traube ['traubə] *f* (-; -n) racimo *m* (*a fig*); (*Wein*ℒ) uva *f*; ⁓**nsaft** *m* zumo *m* de uva; ⁓**nzucker** *m* glucosa *f*

trauen (h) **1.** *v/i* (ge-) confiar (*j-m* en alg); fiarse (de); *s-n Augen* (*Ohren*) *nicht* ⁓ no dar crédito a sus ojos (oídos); **2.** *v/t* (*sich* ⁓ *lassen*) casar (-se); **3.** *v/refl* (ge-): *sich* ⁓ *zu* atreverse a

'Trauer *f* (-; *sin pl*) tristeza *f* (*Toten*ℒ) duelo *m*, luto *m*; ⁓**fall** *m* defunción *f*; ⁓**feier** *f* funerales *m/pl*, exequias *f/pl*; ⁓**kleidung** *f* luto *m*; ⁓**marsch** *m* marcha *f* fúnebre; ℒ**n** (ge-, h): ⁓ *um* llorar la muerte de; estar de luto por; ⁓**zug** *m* cortejo *m* fúnebre

träufeln ['trɔyfəln] (ge-, h) echar gota a gota; ✍ instilar

Traum [traʊm] *m* (-[e]s; ⸚e) sueño *m*; ensueño *m*

träumen ['trɔymən] (ge-, h) soñar (*von* con)

Traumwelt ['traʊm-] *f* mundo *m* fantástico *od* imaginario

traurig ['traʊrɪç] triste; afligido

'**Trau**|**ring** *m* alianza *f*; **~schein** *m* acta *f* de matrimonio; **~ung** *f* (-; -en) matrimonio *m* (*kirchliche* religioso; *standesamtliche* civil); **~zeuge** *m* padrino *m* de boda; **~zeugin** *f* madrina *f* de boda

Travellerscheck ['trɛvələr-] *m* cheque *m* de viaje

'**treff**|**en** ['-fən] (traf, getroffen, h) **1.** *v/t u v/i* alcanzar; (*begegnen*) encontrar; *zufällig*: tropezar con; *Maßnahmen*: tomar; *Vorbereitungen*: hacer; *Verabredung*: concertar; (sn) **~** *auf* (*ac*) dar con; **2.** *v/refl* (h): *sich* **~** reunirse; darse cita; encontrarse; **2en** *n* (-s; -) encuentro *m* (*a dep*); reunión *f*; cita *f*; ✕ combate *m*; **~end** acertado; exacto; justo; **2er** *m* (-s; -) ✕ impacto *m*; *dep* gol *m*, tanto *m*; *Lotterie*: billete *m* premiado; *fig* gran éxito *m*; **2punkt** *m* punto *m* de reunión; lugar *m* de (la) cita

'**treib**|**en** ['traɪbən] (trieb, getrieben) **1.** *v/t* (h) empujar; impeler; (*an*~) ⊕ accionar; impulsar; *Vieh*: conducir; (*be*~) practicar, ejercitar, ejercer; (*ver*~) expulsar, echar (*aus* de); *fig* (*drängen*) atosigar; *Preis*: die (*in die Höhe*) **~** hacer subir; *es zu weit od zu bunt* **~** ir demasiado lejos, (pro)pasarse; **2.** *v/i* (h *u* sn) flotar; ⚓ ir a la deriva; ♣ brotar; germinar; **~de Kraft** fuerza *f* motriz; *j*.: iniciador *m*, propulsor *m*; **2en** *n* (-s; *sin pl*) (*Tun*) actividad *f*; (*Bewegung*) movimiento *m*; animación *f*; **2haus** *n* invernadero *m*; **2haus-effekt** *m* efecto *m* invernadero; **2jagd** *f* batida *f*; caza *f* en ojeo; **2stoff** *m* carburante *m*

Trekking ['trɛkɪŋ] *n* (-s; -s) trekking *m*

Trend [trɛnt] *m* (-s; -s) tendencia *f* (*zu* a)

'**trenn**|**en** ['trɛnən] (ge-, h) separar; *a* 🔬 disociar; (*entzweien*) desunir; *tel* cortar; *sich* **~** separarse (*a Eheleute*); **2ung** *f* (-; -en) separación *f*; división *f*

'**Treppe** ['trɛpə] *f* (-; -n) escalera *f*; *drei* **~n** *hoch* en el tercer piso; **~n-absatz** *m* descansillo *m*, rellano *m*; **~n-geländer** *n* pasamano(s) *m*; **~nhaus** *n* caja *f od* hueco *m* de la escalera

Tre'sor [trɛ'zoːr] *m* (-s; -e) *in Banken*: cámara *f* acorazada; (*Geldschrank*) caja *f* fuerte *od* de caudales; **~raum** *m* cámara *f* acorazada

'**Tret**|**boot** ['treːt-] *n* patín *m* (acuático); **2en** (trat, getreten) **1.** *v/i* (h *u* sn): *auf od in et* **~** pisar a/c; *in e-n Raum* **~** entrar en; *aus et* **~** salir de; *zu j-m* **~** acercarse a alg; **2.** *v/t* (h) pisar; *j-n* **~** dar un puntapié *od* una patada a alg

treu [trɔy] fiel (*a fig*), leal; **2e** *f* (-; *sin pl*) fidelidad *f*; lealtad *f*; **2händer** ✝ ['-hɛndər] *m* (-s; -) (*agente m*) fiduciario *m*; '**2handgesellschaft** ✝ *f* sociedad *f* fiduciaria; '**~los** desleal, infiel; pérfido

Tribunal [tribu'naːl] *n* (-s; -e) tribunal *m*

Tribüne [-'byːnə] *f* (-; -n) tribuna *f*

Trichter ['trɪçtər] *m* (-s; -) embudo *m*; (*Füll*2) tolva *f*; (*Vulkan*2) cráter *m*

Trick [trɪk] *m* (-s; -s) truco *m*; '**~film** *m* dibujos *m/pl* animados

Trieb [triːp] *m* (-[e]s; -e) (*Antrieb*) impulso *m*; (*Instinkt*) instinto *m*; (*Neigung*) inclinación *f*; ♣ brote *m*, retoño *m*; '**~kraft** *f* fuerza *f* motriz; '**~wagen** 🚆 *m* automotor *m*; '**~werk** *n* mecanismo *m* de accionamiento; *a* ✈ propulsor *m*

'**triefen** ['triːfən] (ge-, h) chorrear; *Nase*: moquear; *Auge*: lagrimear; **~d** empapado (*vor* de)

triftig ['trɪftɪç] concluyente, plausible; (bien) fundado

Trikot [tri'koː] *n* (-s; -s) (*Kleidungsstück*) malla *f*, tricot *m*

'**Trimm**|**-dich-Pfad** ['trɪmdɪçpfaːt] *m* circuito *m* natural; **2en** (ge-, h): *sich* **~** hacer ejercicio; entrenarse

'**trink**|**bar** ['trɪŋk-] potable; **2becher** *m* vaso *m*; **~en** (trank, getrunken, h) beber (*aus* en); *Tee, Kaffee*: tomar; *auf et od j-n* **~** brindar por a/c *od* alg; **2er** *m* (-s; -), **2erin** *f* (-; -nen) bebedor(a *f*) *m*; alcohólico *m*, -a *f*; **2geld** *n* propina *f*; **2spruch** *m* brindis *m*; *e-n* **~** *ausbringen auf* (*ac*) brindar por; **2wasser** *n* (-s; ⸚) agua *f* potable

Trio [triːo] *n* (-s; -s) trío *m* (*a fig*)

'**tripp**|**eln** ['trɪpəln] (ge-, sn) andar a pasitos cortos y rápidos; **2er** ✍ *m* (-s; -) gonorrea *f*, blenorragia *f*

Tritt [trɪt] *m* (-[e]s; -e) paso *m*; (*Fuß*2)

tun

puntapié m; ~**brett** n estribo m; ~**leiter** f escalerilla f

Triumph [tri'umf] m (-[e]s; -e) triunfo m; **2ieren** (h) triunfar (*über* ac de)

'**trocken** ['trɔkən] seco (*a fig*); (*dürr*) árido; ~ **werden** secarse; **2dock** n dique m seco; **2haube** f (casco m) secador m; **2heit** f (-; *sin pl*) sequedad f (*a fig*); sequía f; (*Dürre*) aridez f; ~**legen** (*sep*, -ge-, h) desecar; *Gelände*: desaguar; *Kind*: cambiar los pañales a; **2zeit** f temporada f seca, sequía f

trocknen ['-nən] (ge-) v/t (h) secar; v/i (h u sn) secarse

'**Trödel** ['trø:dəl] m (-s; *sin pl*) baratijas f/pl; trastos m/pl viejos; ~**markt** m mercadillo m (de viejo); **2n** (ge-, h) perder el tiempo; rezagarse

'**Trommel** ['trɔməl] f (-; -n) tambor m (*a* ⊙); ~**fell** n anat tímpano m; **2n** (ge-, h) tocar el tambor

Trommler ['-lər] m (-s; -) tambor m

Trom'pete [-'pe:tə] f (-; -n) trompeta f; **2n** (h) tocar la trompeta; ~**r** m (-s; -) trompeta m, trompetista m

'**Tropen** ['tro:pən] pl trópicos m/pl; ~**helm** m salacot m

Tropf ⚕ [trɔpf] m (-[e]s; -e) gota a gota m; '**2en** v/i (ge-, h) gotear; ~**en** m (-s; -) gota f; ~**stein** m an der Decke: estalactita f; am Boden: estalagmita f; ~**steinhöhle** f gruta f de estalactitas

Trophäe [tro'fɛ:ə] f (-; -n) trofeo m

tropisch ['tro:pɪʃ] tropical

Trosse ⚓ ['trɔsə] f (-; -n) cable m; amarra f

Trost [tro:st] m (-[e]s; *sin pl*) consuelo m

trösten ['trø:stən] (ge-, h) consolar

'**trost|los** ['tro:stlo:s] desconsolado; desesperado; (*öde*) desolado; **2preis** m premio m de consolación

trotz [trɔts] **1.** *prp* (*gen u dat*) a pesar de, no obstante, pese a; **2.** **2** m (-es; *sin pl*) obstinación f, terquedad f; *j-m zum* ~ a despecho de alg; '~**dem** sin embargo, no obstante, a pesar de todo; '~**ig** obstinado, terco, porfiado

trübe ['try:bə] *Flüssigkeit*: turbio, borroso; *Licht*: mortecino; (*glanzlos*) deslucido; *Glas*: empañado; *Tag*: gris; *Wetter*: nuboso; *Himmel*: nublado; *fig* sombrío, triste

Trubel ['tru:bəl] m (-s; *sin pl*) jaleo m, barullo m; bulla f

'**trüb|en** ['try:bən] (ge-, h) enturbiar (*a fig*); (*verdunkeln*) oscurecer; *Glas*: empañar (*a fig Freude*); *Verstand* turbar; ~**selig** ['try:p-] triste; afligido; ~**sinnig** melancólico

Trüffel ['tryfəl] f (-; -n) trufa f

Trugbild ['tru:k-] n fantasma m, espejismo m

'**trüg|en** ['try:gən] (trog, getrogen, h) engañar; ~**erisch** engañoso; falaz

Trugschluß ['tru:k-] m conclusión f errónea

Truhe ['tru:ə] f (-; -n) arca f; cofre m

Trümmer ['trymər] pl escombros m/pl; ruinas f/pl

Trumpf [trumpf] m (-[e]s; ⁻e) triunfo m; *fig* baza f

'**Trunkenheit** ['truŋkən-] f (-; *sin pl*) embriaguez f; *wegen* ~ *am Steuer* por conducir en estado de embriaguez

Trupp [trup] m (-s; -s) grupo m; *Arbeiter*: brigada f, equipo m; ~**e** f (-; -n) ⚔ tropa f; ~**en-übungsplatz** m campo m de maniobras

Trust ✝ [trast] m (-[e]s; -e, -s) trust m

Truthahn ['tru:t-] m pavo m

'**Tschech|e** ['tʃɛçə] m (-n; -n), ~**in** f (-; -nen), **2isch** checo m, -a f

tschüs F [tʃys, tʃy:s] chao

T-Shirt ['ti:ʃœ:t] n (-s; -s) camiseta f

Tube ['tu:bə] f (-; -n) tubo m

Tuberkulose ⚕ [tuberku'lo:zə] f (-; -n) tuberculosis f

Tuch [tu:x] n (-[e]s; ⁻er) (*Wisch*2) trapo m; (*Hals*2, *Kopf*2 *etc*) pañuelo m

tüchtig ['tyçtɪç] hábil; capaz, eficiente; bueno; *adv* de lo lindo

tückisch ['tykɪʃ] pérfido; malicioso; traidor (*a Tier*); (*Krankheit*) insidioso

tüfteln ['tyftəln] (ge-, h) sutilizar

Tugend ['tu:gənt] f (-; -en) virtud f

Tulpe ['tulpə] f (-; -n) tulipán m

tummeln ['tuməln] (ge-, h): *sich* ~ *Kinder*: retozar

Tumor ⚕ ['tu:mɔr] m (-s; -en [tu'mo:rən]) tumor m

Tumult [tu'mult] m (-[e]s; -e) tumulto m; alboroto m

tun [tu:n] (tat, getan, h) hacer; *in et* (*hinein*)~ introducir, meter, poner en; echar en; (*viel*) *zu* ~ *haben* estar (muy) ocupado; tener (mucho) que hacer; *mit j-m zu* ~ *haben* (tener que) tratar con alg; *nichts zu* ~ *haben mit* no tener nada que ver con; *so ~, als ob* hacer como si; fingir

Tu'nes|ier [tu'ne:zjər] *m* (-s; -), **~ierin** *f* (-; -nen), **2isch** tunecino *m*, -a *f*

Tunke ['tuŋkə] *f* (-; -n) salsa *f*; **2n** (ge-, h) mojar (*in ac* en)

Tunnel ['tunəl] *m* (-s; -) túnel *m*

tupfen ['tupfən] (ge-, h) tocar ligeramente

Tür [ty:r] *f* (-; -en) puerta *f*; (*Wagen2*) portezuela *f*; *hinter verschlossenen ~en* a puerta cerrada; *vor die ~ setzen* echar a la calle; **'~angel** *f* gozne *m*

Turban ['turba:n] *m* (-s; -e) turbante *m*

Turbine [-'bi:nə] *f* (-; -n) turbina *f*

turbulent [-bu'lɛnt] turbulento

Türflügel ['ty:r-] *m* hoja *f* de puerta

'Türk|e ['tyrkə] *m* (-n; -n), **~in** *f* (-; -nen), **2isch** turco *m*, -a *f*

'Tür|klinke ['ty:r-] *f* picaporte *m*; **~klopfer** *m* (-s; -) aldaba *f*

Turm [turm] *m* (-[e]s; ⁃e) torre *f* (*a Schach*); (*Glocken2*) campanario *m*; (*Festungs2*) torreón *m*; (*Wacht2*) atalaya *f*; **'~spitze** *f* aguja *f*, flecha *f*; **'~springen** *n* (-s; *sin pl*) saltos *m/pl* de palanca; **'~uhr** *f* reloj *m* de torre

'turn|en ['turnən] (ge-, h) hacer gimnasia; **2en** *n* (-s; *sin pl*) gimnasia *f* (deportiva); **2er** *m* (-s; -), **2erin** *f* (-; -nen)

gimnasta *su*; **2gerät** *n* aparato *m* gimnástico; **2halle** *f* gimnasio *m*; **2hose** *f* pantalón *m* de gimnasia; **2ier** [-'ni:r] *n* (-s; -e) torneo *m*; **2schuhe** *m/pl* zapatillas *f/pl*

'Turnus ['-nus] *m* (-; -se) turno *m*; **2mäßig** por turno(s)

'Tür|öffner ['ty:r?-] *m*: *automatischer ~* portero *m* electrónico; **~schild** *n* placa *f*; **~schließer** *m* (-s; -) (*Apparat*) cierre *m* (de puertas) automático; **~schloß** *n* cerradura *f*

Tuschle ['tuʃə] *f* (-; -n) tinta *f* china; **'2eln** (ge-, h) cuchichear

Tüte ['ty:tə] *f* (-; -n) cucurucho *m*, bolsa *f* (de papel)

tuten ['tu:tən] (ge-, h) tocar (la sirena; la bocina, *etc*); (hacer) sonar

TÜV [tyf] *m* (-; *sin pl*) *Esp* Inspección *f* Técnica de Vehículos (ITV)

Typ [ty:p] *m* (-[e]s; -en) tipo *m*; **'~e** *f* (-; -n) tip tipo *m* (de imprenta); letra *f* de molde; F *fig* tío *m*, tipejo *m*; **'~enrad** *n* margarita *f*

Typhus 🕱 ['ty:fus] *m* (-; *sin pl*) tifus *m*, fiebre *f* tifoidea

typisch ['-piʃ] típico

Tyrann [ty'ran] *m* (-en; -en) tirano *m*; **2i'sieren** (h) tiranizar

U

U, u [u:] *n* (-; -) U, u *f*

'U-Bahn ['u:ba:n] *f* (-; -en) metro *m*, *Am* subterráneo *m*; **~hof** *m* estación *f* de metro; **~netz** *m* red *f* de metro

'übel ['y:bəl] *adj* mal(o); *adv* mal; **~nehmen** (*irr, sep*, -ge-, h, → *nehmen*) tomar a mal; **2täter(in** *f*) *m* malhechor(a *f*) *m*

üben ['y:bən] (ge-, h) 1. *v/t* ejercitar, practicar, ejercer; ♪ estudiar; 2. *v/i* hacer ejercicios; entrenarse

über ['y:bər] 1. *prp* (*wo? dat; wohin? ac*) sobre; encima de; (*~ ... hinweg*) por encima de; (*~ ... hinaus*) más allá de; (*während*) durante; (*mehr als*) más de; (*von*) de, sobre; 🕮 vía, por; *ein Scheck*

~ 100 Mark un cheque (por valor) de cien marcos; 2. *adv*: **~ und ~** completamente

über|'all [--'?al] *en od* por todas partes; **'2angebot** ✝ *n* (-[e]s; -e) oferta *f* excesiva; **~'anstrengen** (h) fatigar excesivamente; **~'arbeiten** (h) revisar; retocar; *sich ~* trabajar demasiado

über|'backen (*irr, sin ge-*, h, → *backen*) gratinar; **'~belichten** (h) *fot* sobreexponer; **~'bieten** (*irr, sin ge-*, h, → *bieten*) sobrepujar (*a fig*); **'2blick** *m* (-[e]s; -e) *a fig* vista *f* general *od* de conjunto; (*Zusammenfassung*) resumen *m*; sumario *m*; **~'blicken** (h) abarcar con la vista; *a fig* dominar; **~'dauern** (h) sobrevivir a; ~'**denken** (*irr, sin* ge-, h, → **denken**) reflexionar sobre; recapacitar; '⚇**dosis** *f* (-; -sen) sobredosis *f*; '~**durchschnittlich** superior al promedio; extraordinario; ~**eilen** (h) precipitar

überein'ander [--'ʔaɪn'ʔandər] uno sobre otro; ~**schlagen** (*irr, sep,* -ge-, h, → **schlagen**) *Beine:* cruzar

über'ein|kommen [--'ʔaɪnkɔmən] (*irr, sep,* -ge-, sn, → **kommen**) ponerse de acuerdo (*über ac* sobre); convenir (en); ⚇**kommen** *n* (-s; -), ⚇**kunft** [--'kʊnft] *f* (-; ⸚e) convenio *m*, acuerdo *m*, arreglo *m*; ~**stimmen** (*sep,* -ge-, h) coincidir; concordar; estar conforme *od* de acuerdo; ⚇**stimmung** *f* (-; -en) concordancia *f*; armonía *f*; conformidad *f*

'**über-empfindlich** hipersensible

über|'fahren (*irr, sin* ge-, h, → **fahren**) atropellar, arrollar; *Signal:* pasar; '⚇**fahrt** *f* (-; -en) travesía *f*; pasaje *m*; '⚇**fall** *m* (-[e]s; ⸚e) agresión *f*; (*Raub*⚇) atraco *m*; ~'**fallen** (*irr, sin* ge-, h, → **fallen**) atracar, asaltar; *fig* sorprender; '~**fällig** retrasado; ✝ vencido (y no pagado); ⚇**fluß** *m* (-sses; *sin pl*) abundancia *f*, profusión *f* (*an dat* de); '⚇**flußgesellschaft** *f* sociedad *f* opulenta; '~**flüssig** superfluo; ~ *sn* sobrar, estar de sobra *od* de más; ~'**fordern** (h) exigir demasiado de; ~'**führen** (h) ⚤ convencer; ⚇'**führung** *f* (-; -en) traslado *m*; transporte *m*; *e-r Leiche:* conducción *f*; *Verkehr:* paso *m* superior *od* elevado; ⚤ convicción *f*; ~'**füllt** [--'fʏlt] repleto, atestado, F de bote en bote

'**Über|gabe** *f* (-; -n) entrega *f*; ⚔ rendición *f*; ~**gang** *m* (-[e]s; ⸚e) paso *m*; *fig* transición *f*; ⚇'**geben** (*irr, sin* ge-, h, → **geben**) entregar; ⚔ rendir; **sich** ~ vomitar; ⚇'**gehen** (*irr, sin* ge-, h, → **gehen**) pasar por alto; (*auslassen*) omitir; *bei der Beförderung:* postergar; ~**gepäck** *n* (-[e]s; *sin pl*) exceso *m* de equipaje; ~**gewicht** *n* (-[e]s; *sin pl*) sobrepeso *m*, exceso *m* de peso; *fig* preponderancia *f*; ⚇**glücklich** muy feliz; loco de alegría; ~**größe** talla *f* grande, talla *f* especial

über|'handnehmen (*irr, sep,* -ge-, h, → **nehmen**) llegar a ser excesivo; aumentar demasiado; menudear; ~'**häufen** (h) colmar (*mit* de); *mit Arbeit etc:* agobiar, abrumar (de); ~'**haupt** generalmente; en suma; ~ **nicht** de ningún modo; ~ **nichts** absolutamente nada; ~**heblich** [--'he:plɪç] presuntuoso, arrogante; ~'**höht** [--'hø:t] *Preis:* abusivo; ~'**holen** (h) adelantar; pasar; *fig* aventajar; ⊕ revisar; repasar; ⚇'**holspur** *f* carril *m* de adelantamiento; ⚇'**holverbot** *n* prohibición *f* de adelantar; ~'**hören** (h) no oír; *absichtlich:* hacerse el desentendido; '⚇**kapazität** *f* sobrecapacidad *f*; '~**kochen** (*sep,* -ge-, sn) rebosar al hervir; *Milch:* salirse

über|'laden (*irr, sin* ge-, h, → **laden**) sobrecargar; *fig* recargar; ~'**lagern** (h) superponer; '⚇**landbus** *m* coche *m* de línea; ~'**lassen** (*irr, sin* ge-, h, → **lassen**) (*abtreten*) ceder; (*anheimstellen*) dejar; ~'**lasten** (h) sobrecargar; *fig* agobiar, abrumar (*mit* de); '~**laufen** (*irr, sep,* -ge-, sn, → **laufen**) derramarse, rebosar; salirse; ⚔ pasarse al enemigo; ~'**leben** (h) sobrevivir a; ⚇**lebende** *m/f* (-n; -n) superviviente *su*; ~'**legen 1.** *v/t* (h) pensar, considerar; reflexionar; **2.** *adj* superior; ~'**liefern** (h) transmitir

'**Über|macht** *f* (-; *sin pl*) ⚔ superioridad *f* de fuerzas *bzw* numérica; ⚇**mäßig** excesivo; desmesurado; *adv* demasiado; ⚇'**mitteln** (h) transmitir; ~**morgen** pasado mañana; ⚇**mütig** ['--my:tɪç] loco de alegría; petulante, travieso

'**über|nächst: am ~en Tag** dos días después *od* más tarde; ~**nachten** [--'naxtən] (h) pasar la noche (*in dat* en), pernoctar; ⚇'**nachtung** *f* (-; -en) pernoctación *f*; ~ **mit Frühstück** alojamiento *m* con desayuno; ⚇**nahme** ['--nɑːmə] *f* (-; -n) aceptación *f*; recepción *f*; *e-s Amtes:* toma *f* de posesión; ⚇**nahme-angebot** *n* oferta *f* pública de adquisición (de acciones), opa *f*; ~**national** supranacional; ~'**nehmen** (*irr, sin* ge-, h, → **nehmen**) tomar, aceptar; recibir; *Amt:* tomar posesión de; *Arbeit, Auftrag:* encargarse de; *Stelle, Firma:* hacerse cargo de; *Verantwortung:* asumir; ⚇**produktion** *f* (-; -en) sobreproducción *f*; ~'**prüfen** (h) examinar; revisar, comprobar; ~**queren** [--'kveːrən] (h) atravesar, cruzar

über'rasch|en [--'raʃən] (h) sorprender;

überraschend

~**end** sorprendente; inesperado; 2**ung** f (-; -en) sorpresa f

über'reden (h) persuadir

'**über|regional** supraregional; ~**reich** abundante; ~ **sn an** (dat) abundar en; ~'**reichen** (h) entregar; presentar; ~'**rumpeln** (h) coger desprevenido; sorprender; ~'**runden** (h) tomar la delantera (a fig)

'**über|satt** repleto; 2**schallflugzeug** n avión m supersónico; 2**schallgeschwindigkeit** f velocidad f supersónica; ~'**schätzen** (h) sobr(e)estimar; 2**schlag** m (-[e]s, ⁻e) cálculo m aproximativo; (Turnen) paloma f; ~'**schlagen** (irr, sin ge-, h, → **schlagen**) (auslassen) pasar por alto, omitir; (berechnen) calcular; **sich** ~ dar una vuelta de campana; a ✈ capotar; ~'**schneiden** (irr, sin ge-, h, → **schneiden**): **sich** ~ cruzarse; (zeitlich) coincidir; ~'**schreiten** (irr, sin ge-, h, → **schreiten**) atravesar, cruzar, pasar; fig exceder, pasar de, rebasar; Gesetz, Gebot: violar, infringir; 2**schrift** f (-; -en) título m; 2**schuß** m (-sses; ⁻sse) excedente m, sobrante m; (Kassen2) superávit m, saldo m activo; 2**schußproduktion** f producción f excedentaria; ~'**schütten** (h) cubrir (**mit** de); fig a colmar (de); ~'**schwemmen** (h) a fig inundar (**mit** de); 2'**schwemmung** f (-; -en) inundación f

'**Über|see** f ultramar m; ~**seedampfer** m transatlántico m; 2'**sehen** (irr, sin ge-, h, → **sehen**) abarcar con la vista; (nicht sehen) no ver; omitir; (nicht beachten) no hacer caso de, desatender; 2'**senden** (irr, sin ge-, h, → **senden**) enviar, mandar, remitir; 2'**setzen** (sep, -ge-, h) **mit Fähre**: pasar (a la otra orilla); 2'**setzen** (h) Text: traducir; ~**setzer(in** f) m traductor(a f) m; ~'**setzung** f (-; -en) traducción f; **in die Muttersprache**: versión f; ⊙ transmisión f; **am Fahrrad**: multiplicación f; ~**sicht** f (-; -en) vista f general od de conjunto; cuadro m sinóptico; 2'**sichtlich** claro; Gelände: abierto; ~**sichtskarte** f mapa m general; 2**siedeln** (sep, -ge-, sn) trasladarse; 2**spannt** [-'ʃpant] fig exagerado, exaltado, extravagante; 2'**spielen** (h) Schallplatte: regrabar; fig disimular; 2'**springen** (irr, sin ge-, h, → **springen**) saltar (por encima de); fig saltarse; 2'**stehen** (irr, sin ge-, h, → **stehen**) pasar; vencer; **glücklich** ~ salir airoso de; 2'**steigen** (irr, sin ge-, h, → **steigen**) pasar por encima de; fig exceder; desbordar; 2'**stimmen** (h) vencer por mayoría de votos; ~**stunde** f hora f extraordinaria; ~**stundenzuschlag** m (Aufschlag) suplemento m por horas extra(ordinaria)s

'**Über|trag** ['--tra:k] ✚ m (-[e]s; ⁻e) suma f anterior, suma f y sigue; ~ **auf neue Rechnung** saldo m od traslado m a cuenta nueva; 2'**tragbar** transferible; a ✈ transmisible; **nicht** ~ intransferible; 2'**tragen** (irr, sin ge-, h, → **tragen**) trasladar; a ✈, ⊙ transmitir (**auf** ac a); ✈ transferir; Steno: transcribir; Radio, TV: (re)transmitir; Amt, Aufgabe: encargar, confiar; **in ~er Bedeutung** en sentido figurado; ~'**tragung** f (-; -en) ✚, ✈ transferencia f; transmisión f (a ⊙); ✈ a contagio m; (Steno) transcripción f; Radio, TV: (re)transmisión f; 2'**treffen** (irr, sin ge-, h, → **treffen**) exceder, superar; j-n: aventajar (**an** dat en); llevar ventaja a; 2'**treiben** (irr, sin ge-, h, → **treiben**) exagerar; 2'**treten** ✚ (irr, sin ge-, h, → **treten**) contravenir a, infringir, violar

übervölkert [--'fœlkərt] superpoblado

über|'wachen (h) vigilar, inspeccionar, controlar; ~**weisen** [--'vaɪzən] (irr, sin ge-, h, → **weisen**) transferir; Geld: a girar; 2'**weisung** f (-; -en) transferencia f; giro m; 2'**weisungsformular** n formulario m de transferencia; ~'**wiegen** (irr, sin ge-, h, → **wiegen**) preponderar, predominar, prevalecer (sobre); ~'**winden** (irr, sin ge-, h, → **winden**) vencer; superar; Hindernisse: a allanar; Gefühle: dominar; **sich** ~ (**et zu tun**) hacer de tripas corazón

'**Über|zahl** f (-; sin pl) superioridad f numérica; 2'**zeugen** (h) convencer (**von** de); ~'**zeugung** f (-; -en) convencimiento m, convicción f; 2'**ziehen** (irr, sin ge-, h, → **ziehen**) revestir, re(cu)brir; forrar (**mit** de); Möbel: tapizar; Kissen: enfundar; Konto: dejar en descubierto; Kredit, Zeit: rebasar; **das Bett frisch** ~ mudar la ropa de la cama; ~'**ziehungskredit** m crédito m por descubierto; ~**zug** m (-[e]s; ⁻e) ⊙ revestimiento m; (Hülle) funda f

üblich ['y:plɪç] usual; acostumbrado; *wie ~* como de costumbre

U-Boot ['u:bo:t] *n* submarino *m*

'übrig ['y:brɪç] sobrante, restante; *das ~e* el resto; lo demás; *die ~en* los demás; *~ sn* sobrar; *~ haben* tener de sobra; **~bleiben** (*irr, sep, -ge-, sn, → bleiben*) quedar, sobrar; *was bleibt mir anderes übrig?* ¡qué remedio!; **~lassen** (*irr, sep, -ge-, h, → lassen*) dejar

Übung ['y:bʊŋ] *f* (-; -en) ejercicio *m*; práctica *f*; (*Training*) entrenamiento *m*

'Ufer ['u:fər] *n* (-s; -) orilla *f*; borde *m*; (*Fluß*?) a ribera *f*; *über die ~ treten* desbordarse; **~promenade** *f* paseo *m* marítimo *bzw* ribereño *od* del litoral **~straße** *f* carretera *f* ribereña *od* del litoral

Uhr [u:r] *f* (-; -en) reloj *m*; *Zeit*: hora *f*; *wieviel ~ ist es?* ¿qué hora es?; *es ist ein ~* es la una; *es ist zwei ~* son las dos; **'~macher** [-maxər] *m* (-s; -) relojero *m*; **'~zeiger** *m* aguja *f*, manecilla *f*; **'~zeigersinn** *m*: *im ~* en el sentido de las agujas del reloj; **'~zeit** *f* hora *f*

Uhu zo ['u:hu] *m* (-s; -s) búho *m*

Ulme ♀ ['ʊlmə] *f* (-; -n) olmo *m*

Ultimatum [-ti'ma:tʊm] *n* (-s; -ten) ultimátum *m* (*stellen* poner)

Ultra|'kurzwelle [-tra'-] *f* ≨ onda *f* ultracorta; *Radio*: frecuencia *f* modulada; **'~schall** *m* ultrasonido *m*; **♀violett** ultravioleta

um [ʊm] **1.** *prp* (*ac*) **a**) *örtlich*: (*~ ... herum*) alrededor de; **b**) *zeitlich*: a; (*ungefähr*) hacia, a eso de; **c**) *Grund*: (*~ ... willen*) por, a causa de; **d**) *Maß*: *~ so besser* (*schlimmer*) tanto mejor (peor); **e**) *Preis*: por, al precio de; **2.** *cj*: *~ zu* (*inf*) para; **3.** *adv*: *~ und ~* por todos lados

umarmen [-'ˀarmən] (h) abrazar, dar un abrazo a

Umbau *m* (-[e]s; -ten) △ reformas *f/pl*, transformación *f*; *teat* cambio *m* de decorados; *fig* reorganización *f*; **♀en** (*sep, -ge-, h*) reformar, transformar; *fig* reorganizar

'umbilden (*sep, -ge-, h*) transformar; remodelar; *fig* reorganizar

'umbinden (*irr, sep, -ge-, h, → binden*) *Schürze, Krawatte*: ponerse; **~bringen** (*irr, sep, -ge-, h, → bringen*) matar, asesinar

'umbuch|en (*sep, -ge-, h*) ✈ pasar a otra cuenta; *Reise*: cambiar la reserva (de); **♀ung** *f* (-; -en) cambio *m* de asiento (*Reise*: de reserva)

'um|datieren (*sep, h*) cambiar la fecha; **~disponieren** (*sep, h*) cambiar las disposiciones; **~drehen** (*sep, -ge-, h*) volver; dar vuelta a; *Hals*: torcer; *sich ~* volverse, volver la cabeza; **~fahren** (*irr, sep, -ge-, h, → fahren*) derribar; *j-n*: atropellar; **~fallen** (*irr, sep, -ge-, sn, → fallen*) caerse; *Wagen etc*: volcar; *fig* cambiar bruscamente de opinión

'Umfang *m* (-[e]s; *sin pl*) circunferencia *f*, ↳ perímetro *m*; periferia *f*; (*Dicke*) espesor *m*; *fig* extensión *f*; envergadura *f*; proporciones *f/pl*; **♀reich** voluminoso; extenso

umfassend [-'fasənd] amplio, extenso; completo

'Umfrage *f* (-; -n) encuesta *f* (*halten* hacer)

'umfüllen (*sep, -ge-, h*) tra(n)svasar, trasegar

'Umgangs|sprache [-gaŋs-] *f* lenguaje *m* familiar *od* coloquial; **♀sprachlich** coloquial

Um|'gebung [-'ge:bʊŋ] *f* (-; -en) **1.** *fig* entorno *m*; ambiente *m*, medio *m*; **2.** = **'~gegend** *f* (-; -en) alrededores *m/pl*; inmediaciones *f/pl*, cercanías *f/pl*

umgeh|en (*irr → gehen*) **1.** ['-ge:ən] *v/i* (*sep, -ge-, sn*) *Gerücht*: circular; *~ mit j-m* tratar a alg; **2.** [-'-] *v/t* (*sin ge-, h*) dar la vuelta alrededor de; *fig* evitar, eludir; **♀ungsstraße** [-'-ʊŋs-] *f* carretera *f* de circunvalación

umgekehrt ['-gəke:rt] invertido, inverso; contrario; *adv* al revés, por el (*od* al) contrario

'um|graben (*irr, sep, -ge-, h, → graben*) cavar; remover; **♀hang** *m* (-[e]s; ⸚e) mantón *m*; capa *f*

'umhänge|n (*sep, -ge-, h*) colgar; *Mantel*: ponerse sobre los hombros; *Bild*: colocar de otro modo; *über die Schulter*: poner en bandolera; **♀tasche** *f* bolso *m* en bandolera

um'her alrededor, en torno; **~streifen** (*sep, -ge-, sn*) andar vagando (*in dat* por); **~ziehen** (*irr, sep, -ge-, sn, → ziehen*) vagar, errar

'Umkehr ['-ke:r] *f* (-; *sin pl*) vuelta *f*; **♀en** (*sep, -ge-*) **1.** *v/t* (h) volver, dar vuelta a;

umklammern

⚔, ⚡ invertir; **2.** v/i (sn) volver; dar media vuelta

um'klammern (h) abrazar; agarrar; ⚔ envolver

'umkleide|n v/refl (sep, -ge-, h): **sich ~** cambiarse, mudarse de ropa; **2raum** m vestuario m

'umkommen (irr, sep, -ge-, sn, → **kommen**) perecer; (verderben) desperdiciarse; echarse a perder; **2kreis** m (-es; sin pl) periferia f, circunferencia f; (Bereich) ámbito m; **im ~ von 10 km** en diez kilómetros a la redonda; **~laden** (irr, sep, -ge-, h, → **laden**) transbordar; **~'lagern** (h) sitiar, cercar; **2land** n (-[e]s; sin pl) alrededores m/pl

'Umlauf m (-[e]s; ⸚e) circulación f; (Schreiben) circular f; **in ~ bringen** poner en circulación; **im ~ sn** circular, estar en circulación

'Umlaut m (-[e]s; -e) metafonía f

'umlegen (sep, -ge-, h) (anders legen) colocar de otro modo; Mantel, Schmuck: ponerse; (umwerfen) derribar; P (töten) dejar tieso

'umleit|en (sep, -ge-, h) desviar; **2ung** f (-; -en) desviación f; **2ungsschild** n señal f de desviación

'um|packen (sep, -ge-, h) empaquetar de nuevo; Koffer: volver a hacer; Ware: cambiar el embalaje; **~quartieren** ['-kvarti:rən] (sep, h) cambiar de alojamiento; **~räumen** (sep, -ge-, h) disponer de otro modo

'umrechn|en (sep, -ge-, h) convertir (in en); **2ungskurs** m tipo m de cambio

um|'reißen (irr, sin ge-, h, → **reißen**) perfilar; esbozar; **~'ringen** (h) rodear; ⚔ a cercar; **'2riß** m (-sses; -sse) contorno m; **'~rühren** (sep, -ge-, h) remover, agitar

'Umsatz ✝ m (-es; ⸚e) volumen m de negocios, cifra f de ventas, facturación f; (Absatz) (volumen m de) ventas f/pl; **~provision** f comisión f sobre la cifra de ventas; **~rückgang** m descenso m de las ventas; **~steigerung** f incremento m od aumento m de las ventas; **~steuer** f impuesto m sobre el volumen de negocios

'um|schalten (sep, -ge-, h) ⚡ conmutar; TV cambiar de canal; **~schauen** (sep, -ge-, h): **sich ~** volver la cabeza

'Umschlag m (-[e]s; ⸚e) (Hülle) envoltura f; (Buch2) cubierta f; forro m; (Brief2) sobre m; fig (Wendung) cambio m repentino od brusco; ✝ movimiento m; (Umladen) transbordo m; **2en** (irr, sep, -ge-, → **schlagen**) **1.** v/i (sn) (kippen) volcar; Wetter: cambiar bruscamente; **2.** v/t (h) Stoff: doblar; Ärmel: arremangar; Seite: volver; ✝ transbordar; **~hafen** (~platz) ✝ m puerto m (lugar m) de transbordo

um'schließen (irr, sin ge-, h, → **schließen**) circundar; encerrar; ✝ cercar

umschreib|en (irr, h, → **schreiben**) **1.** ['---] v/t (sep, -ge-) transcribir; refundir; ✝ transferir (**auf** ac a, en); **2.** [-'--] v/t (sin ge-) circunscribir; fig parafrasear; **2ung** [-'--] f (-; -en) circunscripción f; circunlocución f, perífrasis f

'um|schulden ✝ (sep, -ge-, h) convertir una deuda; **2schuldung** f (-; -en) conversión f de una deuda

'umschul|en (sep, -ge-, h) beruflich: readaptar; **2ung** f (-; -en) readaptación f profesional

'Um|schwung m (-[e]s; ⸚e) cambio m brusco od repentino; revolución f; **2sehen** (irr, sep, -ge-, h, → **sehen**): **sich ~** mirar (hacia) atrás, volver la cabeza; mirar alrededor; fig **sich ~ nach** buscar

'um|setzen (sep, -ge-, h) cambiar de sitio; trasladar; ✝ vender, colocar; ⚘ trasplantar; **~ in** transformar en; **~siedeln** (sep, -ge-, h) reasentar

um'sonst (kostenlos) gratis, de balde; (vergeblich) en vano, en balde; inútil(mente)

'Umstand m (-[e]s; ⸚e) circunstancia f; hecho m; **besonderer ~** particularidad f

Umständ|e ['-ʃtɛndə] m/pl circunstancias f/pl; (Lage) situación f; **unter ~n** tal vez, eventualmente; **unter allen ~n** en todo caso, a todo trance; **unter keinen ~n** en ningún caso, de ningún modo; **in anderen ~n** encinta, embarazada; **2lich** ['-ʃtɛntliç] circunstanciado; (genau) minucioso

'Umstandskleidung f vestidos m/pl para futura mamá

'um|steigen (irr, sep, -ge-, sn, → **steigen**) cambiar (de tren, etc); hacer tra(n)sbordo; **~stellen** (sep, -ge-, h) colocar en otro sitio; cambiar de sitio; fig reorganizar; **sich ~ auf** (ac) (re)adaptarse a; Stellung *f* (-; -en) reorganización *f*; (re)adaptación *f*; *a* ✝ reconversión *f*; stimmen (*sep*, -ge-, h) hacer cambiar de opinión; stoßen (*irr, sep*, -ge-, h, → **stoßen**) derribar; volcar; *fig* anular; invalidar; strukturieren ['-ʃtrukturi:rən] (*sep*, h) reestructurar; Strukturierung *f* (-; -en) reestructuración *f*; sturz (-es; e) *pol m* subversión *f*; revolución *f*; stürzen (*sep*, -ge-) **1.** *v/t* (h) volcar, derribar; **2.** *v/i* (sn) volcar, derrumbarse

'Umtausch *m* (-[e]s, -e) cambio *m*; canje *m*; en (*sep*, -ge-, h) cambiar; canjear; kurs *m* tipo *m* de cambio *m*

Umwälzung ['-vɛltsuŋ] *f* (-; -en) revolución *f*

'umwandeln (*sep*, -ge-, h) transformar; cambiar; ✝ convertir; lung *f* (-; -en) transformación *f*; cambio *m*; ✝ conversión *f*

Umweg ['-ve:k] *m* (-[e]s, -e) rodeo *m* (*a fig*)

'Umwelt *f* (-; *sin pl*) medio *m* ambiente, ambiente *m*; entorno *m*; belastung *f* impacto *m* ambiental *od* ecológico; bewußt consciente de los problemas medioambientales; bewußtsein *n* conciencia *f* ecológica; einfluß *m* influencia *f* ambiental; feindlich contaminante del medio ambiente; freundlich ecológico; schäden ['--ʃɛːdən] *m/pl* daños *m/pl* ecológicos *od* del medio ambiente; schädlich que daña el medio ambiente; schutz *m* protección *f* del medio ambiente; schützer *m* ['--ʃytsər] (-s; -) ecologista *m*; verschmutzung *f* contaminación *f* ambiental

'umwenden (*irr, sep*, -ge-, h, → **wenden**) volver; *sich* volverse; volver la cabeza; werfen (*irr, sep*, -ge-, h, → **werfen**) derribar, volcar; ziehen (*irr, sep*, -ge-, → **ziehen**) **1.** *v/i* (sn) mudarse de casa, trasladarse; **2.** *v/refl* (h): *sich* mudarse de ropa, cambiarse

'Umzug *m* (-[e]s; e) mudanza *f* (de casa); traslado *m*; (*Festzug*) desfile *m*; cabalgata *f*

'unabhängig ['un̩ˀaphɛŋɪç] independiente; keit *f* (-; *sin pl*) independencia *f*

unab'kömmlich ['--kœmlɪç] insustituible; sichtlich involuntario; *adv* sin intención, sin querer(lo)

'un-achtsam distraído, inadvertido; (*nachlässig*) descuidado

un-an|'fechtbar incontestable, indiscutible; genehm desagradable; molesto; *es ist mir* me sabe mal; 'ständig indecente, indecoroso; tastbar [--'tastba:r] intangible; inviolable

'un-appetitlich poco apetitoso; repugnante

'Un-art *f* (-; -en) mala costumbre *f*; vicio *m*; *e-s Kindes*: travesura *f*; ig *Kind*: travieso, malo

'un-auf|dringlich, fällig discreto; gefordert ['--gəfɔrdərt] espontáneo; merksam desatento; distraído; richtig insincero

'unaus|gefüllt ['-ʔaʊsgəfʏlt] *Formular*: en blanco; *fig* vacío; stehlich [--'ʃteːlɪç] insoportable

'unbe|absichtigt ['-bəʔapzɪçtɪçt] involuntario; *adv* sin querer(lo); achtet ['--ʔaxtət] inadvertido (**bleiben** pasar); lassen no hacer caso de; antwortet ['--ʔantvɔrtət] sin respuesta, sin contestación; dacht inconsiderado; irreflexivo; deutend insignificante; de poca monta; dingt incondicional; absoluto; *adv* a toda costa; 'fahrbar intransitable, impracticable; ♣ innavegable; fangen imparcial; sin prejuicios; (*arglos*) ingenuo, cándido; friedigend poco satisfactorio; insuficiente; friedigt descontento, poco satisfecho; fristet ilimitado; fugt no autorizado; ilícito; gabt poco inteligente; poco apto; sin talento; 'greiflich incomprensible, inconcebible; grenzt ['--grɛntst] ilimitado; gründet ['--gryndət] infundado; helligt [--'hɛlɪçt] sin ser molestado; herrscht ['--hɛrʃt] que no sabe dominarse; holfen ['--hɔlfən] torpe; irrt [--'ˀɪrt] firme; imperturbable; *adv* sin turbarse; kannt desconocido; kleidet ['--klaɪdət] desnudo; kümmert despreocupado; descuidado; indiferente; lehrbar [--'leːrbaːr] incorregible; liebt impopular; mannt ['--mant] sin tripulación, no tripulado; merkt ['--mɛrkt] inadvertido, sin ser visto; nutzt ['--nʊtst] sin utilizar; quem incómodo; (*lästig*) molesto; engorroso; 'rechenbar [--'rɛçənbaːr] incalculable; *f*: caprichoso, veleidoso; rechtigt

unberührt

injustificado; infundado; *adv* sin autorización; ~rührt ['--ry:rt] intacto; *a fig* virgen; ~schädigt intacto; ✝ en buenas condiciones; ~schränkt ilimitado; absoluto; ~schreiblich [--'ʃraɪplɪç] indescriptible; ~sehen *adv* sin reparo; ~siegbar [--'zi:kbɑ:r] invencible; ~sonnen atolondrado; irreflexivo; ~ständig inconstante, inestable; *a Wetter*: variable; ~stechlich incorruptible; ~stimmt indeterminado, indefinido (*a gram*); indeciso, vago; ~streitbar [--'ʃtraɪtbɑ:r] incontestable, indiscutible; ~stritten [--'ʃtrɪtən] incontestado, indiscutido; ~teiligt ['--taɪlɪçt] desinteresado; ajeno (*an* a); ~tont ['--to:nt] átono

unbeugsam [-'bɔykzɑ:m] inflexible; rígido

'**unbe|wacht** ['-bəvaxt] no vigilado; sin guarda; ~weglich inmóvil; fijo (*a Fest*); rígido; ~**e Güter** *n*/*pl* bienes *m*/*pl* inmuebles; ~wohnt [--'vo:nt] inhabitado; *Gebäude*: deshabitado; ~wußt inconsciente; instintivo; involuntario; *adv* sin darse cuenta; ~zahlbar [--'tsɑ:lbɑ:r] impagable (*a fig*)

'**unbrauchbar** inutilizable; inservible; *j*: inútil; incapaz; ~ **machen** inutilizar

und [unt] y, (*vor* i *od* hi) e

'**Undank** *m* (-[e]s; *sin pl*) ingratitud *f*; desagradecimiento *m*; ℨbar ingrato (*a fig*); desagradecido

un|definierbar [-defi'ni:rbɑ:r] indefinible; ~'**denkbar** inimaginable; impensable; '~**deutlich** indistinto; vago; *Laut*: inarticulado; *Schrift*: ilegible; *Bild*: borroso; '~**dicht** permeable; ~ **Fenster** *etc*: juntar mal; *Gefäß*: salirse, rezumar; '~**duldsam** intolerante

undurch|**dringlich** [-durç'drɪŋlɪç] impenetrable (*a fig*); impermeable; ~**führbar** irrealizable, impracticable; '~**lässig** impermeable; '~**sichtig** opaco; *fig* impenetrable; ambiguo

'**un-eben** desigual; *Gelände*: escabroso; accidentado; *Weg*: áspero; ℨ**heit** *f* (-; -en) desigualdad *f*; aspereza *f*; escabrosidad *f*; ~**en des Geländes** accidentes *m*/*pl* del terreno

'**un-echt** falso; falsificado; imitado

'**un-ehelich** ilegítimo

'**un-ehrlich** falso; insincero; desleal

'**un-eigennützig** desinteresado

'**uneingeschränkt** ['-'ʔaɪŋəʃrɛŋkt] ilimitado; absoluto

'**un-empfindlich** *a fig* insensible (**gegen** a); apático, indiferente; ✱ anestesiado

un-'endlich infinito (*a* ↞); *fig a* inmenso

un-ent|'**behrlich** indispensable, imprescindible; ~**geltlich** [-'gɛltlɪç] gratuito; *adv* gratis; ~'**schieden** indeciso; *Spiel*, *Wahl*: empatado; ~ **spielen** empatar; '~**schlossen** irresoluto

'**un-er**|'**fahren** ['-'ʔɛrfɑ:rən] inexperto, sin experiencia; ~**forschlich** [--'fɔrʃlɪç] impenetrable; inescrutable; ~**freulich** desagradable; ~**giebig** improductivo; ~'**gründlich** insondable (*a fig*); ~**hört** [--'hø:rt] inaudito; increíble; **das ist ~!** ¡habráse visto!; ~**kannt** ['--kant] *adv* sin ser reconocido; de incógnito; ~'**klärlich** inexplicable; ~**läßlich** [--'lɛslɪç] indispensable, imprescindible; ~**laubt** ['--laupt] ilícito; ~**meßlich** [--'mɛslɪç] inmenso; ~**müdlich** [--'my:tlɪç] infatigable; ~'**reichbar** inalcanzable; inaccesible; *fig* inasequible; ~**sättlich** [--'zɛtlɪç] insaciable (*a fig*); ~**schöpflich** [--'ʃœpflɪç] inagotable; ~**schrocken** intrépido, denodado; ~**schütterlich** [--'ʃytərlɪç] imperturbable; impávido; *Wille*: inquebrantable; ~'**schwinglich** inasequible; *Preis*: exorbitante; ~**setzlich** [--'zɛtslɪç] insustituible; *Verlust*: irreparable; ~'**träglich** insoportable, inaguantable; intolerable; ~**wartet** ['--vartət] inesperado, improvisto; *adv* de improviso; ~**wünscht** indeseable

'**unfähig** incapaz (**zu** de); inepto (**zu** para)

unfair ['-fɛ:r] desleal; injusto; *dep* sucio

'**Unfall** *m* (-[e]s; ⁓e) accidente *m*; ~**flucht** *f* huida *f* en caso de accidente; ~**hergang** *m* desarrollo *m* del accidente; ~**station** *f* puesto *m* de socorro; ~**verhütung** *f* prevención *f* de accidentes; ~**versicherung** *f* seguro *m* de accidentes

un'faßbar inconcebible

unfehlbar [-'fe:lbɑ:r] infalible

'**unfolgsam** desobediente

unförmig ['-fœrmɪç] informe, deforme

unfrankiert ['-fraŋki:rt] no franqueado; sin franquear

'**unfrei** que no es libre; ₰ (a) porte debido; ~**willig** involuntario

'**unfreundlich** poco amable *od* amigable; *Gesicht*: F de pocos amigos; *Wetter*: desapacible

'**unfruchtbar** estéril (*a fig*); infecundo; *Boden*: árido; ⌾**keit** f (-; *sin pl*) esterilidad f; infecundidad f; aridez f

Unfug ['ʊfuːk] m (-[e]s; *sin pl*) (*Streich*) travesura f

'**Ungar** ['ʊŋgar] m (-n; -n), ~**in** f (-; -nen) húngaro m, -a f; ⌾**isch** húngaro

'**unge|achtet** ['ʊngəʔaxtət] **1.** *adj* poco apreciado *od* respetado; **2.** *prp* (*gen*) no obstante, a pesar de; ~**ahnt** ['--ʔaːnt] insospechado; ~**beten** ['--beːtən] no invitado; *er Gast* intruso m; ~**bildet** inculto; ~**boren** no nato; ~**bräuchlich** poco usado; ~**braucht** no usado; (completamente) nuevo

'**unge|bunden** *Buch*: en rústica; *fig* libre, independiente; ~**deckt** ['--dɛkt] † descubierto; ⌾**duld** f (-; *sin pl*) impaciencia f; ~**duldig** impaciente; ~ *werden* impacientarse; ~**eignet** inadecuado, impropio (*für* para)

'**ungefähr** ['ʊngəfɛːr] aproximativo; *adv* aproximadamente, (poco) más o menos; *von* ~ por casualidad; ~**lich** inofensivo

'**Unge|heuer** ['--hɔyər] n (-s; -) monstruo m; ⌾**heuer** monstruoso; enorme; ⌾**hindert** ['--hɪndərt] sin ser molestado; ⌾**horsam** desobediente; ⌾**kündigt** ['--kyndiçt] no despedido; ⌾**künstelt** natural; sin afectación; ⌾**kürzt** ['--kyrtst] *Text*: completo, íntegro; ⌾**legen** inoportuno, intempestivo; *adv* a deshora, a destiempo; ⌾**lernt** *Arbeiter*: no cualificado; ⌾**mein** extraordinario; *adv* extremadamente; sobremanera; ⌾**mütlich** desagradable; poco confortable; *j*: poco simpático; *Wetter*: desapacible; ⌾**nauigkeit** f (-; -en) inexactitud f; imprecisión f; ⌾**niert** ['--ʒeniːrt] desenvuelto, desenfadado; sin cumplidos; ⌾**nießbar** incomible; imbebible; *fig* insoportable; ⌾**nügend** insuficiente; *Prüfungsnote*: suspenso; ⌾**pflegt** ['--pfleːgt] descuidado; *Person*: *a* desaseado, desaliñado; ⌾**rade** *Zahl*: impar

'**ungerecht** injusto; ~**fertigt** injustificado

'**ungern** de mala gana; a disgusto; con desgana; *ich tue es* ~ no me gusta hacerlo

'**ungeschehen:** ~ *machen* deshacer lo hecho

'**Ungeschick** n (-[e]s; *sin pl*), ~**lichkeit** f (-; *sin pl*) torpeza f; ⌾**t** torpe, desmañado

'**unge|schminkt** ['--ʃmɪŋkt] *fig Bericht*: verídico; *Wahrheit*: crudo; ~**schrieben** ['--friːbən]: *fig es Gesetz* convenio m tácito; ~**setzlich** ilegal; ilegítimo; ~**sittet** inculto; indecente; ~**spritzt** ['--ʃprɪtst] *Obst etc*: no tratado; ~**stört** ['--ʃtøːrt] tranquilo; *adv* sin ser molestado; sin ningún estorbo; ~**straft** ['--ʃtraft] impune; ~**stüm** ['--ʃtyːm] impetuoso, fogoso; ~**sund** malsano; insalubre; ~**trübt** ['--tryːpt] *fig* inalterable; *Glück*: puro; ⌾**tüm** ['--tyːm] n (-s; -e) monstruo m; ~**wiß** incierto; dudoso; ⌾**wißheit** f (-; *sin pl*) incertidumbre f; ~**wöhnlich** poco común; insólito; extraordinario; (*seltsam*) raro, extraño; ~**wohnt** desacostumbrado, insólito

Ungeziefer ['--tsiːfər] n (-s; *sin pl*) bichos m/pl

'**unge|zogen** ['--tsoːgən] mal educado; *Kind*: travieso; malo; (*frech*) impertinente; ~**zwungen** *fig* desenvuelto, natural; informal; sin afectación

'**ungläubig** incrédulo, descreído; *rel* infiel; no creyente

un'glaublich increíble

'**unglaubwürdig** inverosímil; *Person*: de poco crédito

'**ungleich** desigual; diferente; *adv* (*viel*) infinitamente, mucho; ~**mäßig** desigual

'**Unglück** n (-[e]s; -e) desgracia f, desdicha f; (*Mißgeschick*) infortunio m; *ins* ~ *stürzen* perder, arruinar; ⌾**lich** desgraciado, infeliz; ⌾**licher'weise** desgraciadamente, por desgracia

'**un|gültig** nulo; inválido; caducado; *für* ~ *erklären*, ~ *machen* cancelar, anular, invalidar; ~**günstig** desfavorable; *Aussicht*: poco prometedor; ~**haltbar** insostenible

'**Unheil** n (-s; *sin pl*) mal m; desgracia f; desastre m; ⌾**bar** ['--baːr] irremediable; ✱ incurable

'**un|heimlich** inquietante, fatídico; lúgubre; F *fig* enorme; F *adv* enormemente; ~**höflich** descortés; ~**'hörbar** imperceptible, inaudible; ~**hygienisch** antihigiénico

Uniform [uni'fɔrm] f (-; -en) uniforme m
'un-interessant poco interesante
Union [un'joːn] f (-; -en) unión f
univers|al [univɛr'zaːl] universal; ⁀ität [---zi'tɛːt] f (-; -en) universidad f; ⁀um [-'-zum] n (-s; sin pl) universo m
'unkennt|lich irreconocible; desfigurado; ~ **machen** desfigurar; ⁀nis f (-; sin pl) ignorancia f
'unklar poco claro; confuso; (trübe) turbio; Bild: borroso; **im ~en sn über** (ac) no ver claro en; ⁀heit f (-; sin pl) falta f de claridad; confusión f
'un|klug poco inteligente; imprudente; ~**konzentriert** distraído
'Unkosten pl gastos m/pl; **sich in ~ stürzen** meterse en gastos
'Unkraut n (-[e]s; ⁀er) mala hierba f, Am yuyo m; ~ **vergeht nicht** mala hierba nunca muere
'un|kündbar Vertrag: irrevocable, irrescindible; Stellung: permanente; ~**längst** hace poco, recientemente; ~**lauter** Geschäft: sucio; turbio; Wettbewerb: desleal; ~**leserlich** ilegible; ~**logisch** ilógico
un'lös|bar, ~lich insoluble
'un|männlich afeminado; poco varonil; ~**mäßig** inmoderado; desmesurado; im Genuß: intemperante
'Unmenge f (-; -n) cantidad f enorme; **e-e ~ von** F la mar de
'Unmensch m (-en; -en) monstruo m
'unmenschlich inhumano; ⁀keit f (-; sin pl) inhumanidad f
un'merklich imperceptible; **'~mißverständlich** inequívoco; categórico; **'~mittelbar** inmediato; directo; **~möbliert** ['-møbliːrt] sin amueblar; **'~modern** pasado de moda, anticuado
'unmöglich imposible (a fig); **das ist ~** a no puede ser; ⁀keit f (-; raro -en) imposibilidad f
'un|moralisch inmoral; ~**mündig** menor de edad; ~**musikalisch** sin talento od sentido musical
'unnach|ahmlich ['-naːxˀaːmlɪç] inimitable; ~**giebig** inflexible, intransigente; ~**sichtig** severo
unnahbar [-'naːbaːr] inaccesible; intratable
'un|natürlich poco natural; afectado; ~**nötig** inútil, superfluo
'un-ord|entlich en desorden; j: desorde-

nado; descuidado; ⁀nung f (-; sin pl) desorden m; desarreglo m
'un|parteiisch imparcial; ~**passend** impropio (**für** de); inconveniente; (unschicklich) incorrecto; (ungelegen) inoportuno; ~**passierbar** intransitable, impracticable; ♣ innavegable
unpäßlich ['-pɛslɪç] indispuesto
'un|persönlich impersonal; ~**politisch** apolítico; ~**populär** impopular; ~**praktisch** poco práctico; j: poco hábil; ~**produktiv** improductivo; ~**pünktlich** poco puntual; ~**rationell** poco racional
'unrecht 1. adv injusto; (unrichtig) equivocado, falso; (übel) malo; adv mal; ~ **haben** no tener razón; estar equivocado; **j-m ~ tun** ser injusto con alg; **2.** ⁀ n (-[e]s; sin pl) injusticia f; angetanes: agravio m; **zu ~** injustamente; sin razón; **im ~ sn** no tener razón; ~**mäßig** ilegítimo; ilegal
'un|regelmäßig irregular; Leben: desordenado; ~**reif** inmaduro (a fig); Obst: a verde; ~**rentabel** no rentable
'Unruh|e f (-; sin pl) inquietud f, desasosiego m; intranquilidad f, (Besorgnis) preocupación f; alarma f; (pl -en) (Aufruhr) agitación f, disturbio m; ⁀ig inquieto; intranquilo; agitado
uns [uns] nos; betont: a nosotros (-as); **ein Freund von ~** un amigo nuestro
'unsach|gemäß inadecuado; no apropiado; ~**lich** subjetivo; parcial; que no viene al caso
'un|schädlich inofensivo; in(n)ocuo; ~ **machen** Gift: neutralizar; Mine etc: desactivar; Person: eliminar; ~**scharf** fot borroso, poco nítido; ~**schätzbar** [-'ʃɛtsbaːr] inestimable; incalculable; ~**scheinbar** de poca apariencia; poco vistoso; insignificante; (zurückhaltend) discreto; ~**schicklich** indecoroso, indecente
unschlagbar [-'ʃlaːkbaːr] imbatible
'unschlüssig irresoluto, indeciso
'Unschuld f (-; sin pl) inocencia f; ⁀ig inocente
'unselbständig dependiente; fig (unbeholfen) falto de iniciativa
'unser ['-zər] nuestro, -a; ~**einer, ~eins** uno; (gente como) nosotros
'unsicher inseguro; incierto; dudoso; Lage: precario; ~ **machen** Gegend: in-

Unternehmensberater

festar; 2heit f (-; sin pl) inseguridad f; incertidumbre f; dudas f/pl
'unsichtbar invisible
'Unsinn m (-[e]s; sin pl) absurdo m; (dummes Zeug) disparates m/pl, tonterías f/pl; ~ reden desatinar, disparatar; 2ig absurdo; insensato
'Unsitt|e f (-; -n) mala costumbre f; vicio m; 2lich inmoral
'un|sozial antisocial; ~sportlich antideportivo
un'sterblich inmortal; ~ machen inmortalizar
'Un|stimmigkeit ['-ʃtimiçkaɪt] f (-; -en) desacuerdo m; divergencia f, discrepancia f; 2sympatisch antipático; 2tätig ocioso; inactivo; 2tauglich inútil (a ✗); no apto (für para); incapaz (de)
un'teilbar indivisible
unten ['ʊntən] abajo; nach ~ hacia abajo; von ~ de abajo; weiter ~ más abajo; siehe ~! véase más abajo od más adelante
unter ['-tər] 1. prp (wo? dat; wohin? ac) debajo de; bajo; (zwischen) entre; (während) durante; (weniger) menos de; fig bajo; ~ ... hervor de debajo de; 2. adj inferior; de debajo; bajo
'Unter|arm (-[e]s; -e) m antebrazo m; 2belichten (h) subexponer; ~bewußtsein n (-s; sin pl) subconsciente m; 2'bieten (irr, sin ge-, h, → bieten) ofrecer mejor precio que; Rekord: mejorar; 2'binden (irr, sin ge-, h, → binden) ⚓ ligar; fig prohibir; impedir; 2'brechen (irr, sin ge-, h, → brechen) interrumpir; zeitweilig: suspender; ✂ cortar; ~'brechung f (-; -en) interrupción f; suspensión f; ✂ corte m; 2bringen (irr, sep, -ge-, h, → bringen) colocar (a ✝); Gast: alojar, hospedar; ~'bringung f (-; sin pl) colocación f; alojamiento m; 2'drücken (h) suprimir; Volk: oprimir; Aufstand: reprimir; (vertuschen) disimular; ~'drückung f (-; -en) supresión f; represión f; opresión f; 2ein-'ander entre sí; entre nosotros; (gegenseitig) mutuamente, recíprocamente; 2entwickelt ['-ʔɛntvɪkəlt] subdesarrollado; 2ernährt ['-ʔɛrnɛːrt] insuficientemente od mal alimentado; desnutrido; ~'führung f (-; -en) paso m inferior od subterráneo; ~gang m (-[e]s; ~e) ⚓ hundimiento m; astr puesta f; fig ruina f; decadencia f; ocaso m; ~'gebene m/f (-n; -n) subordinado m, -a f; 2gehen (irr, sep, -ge-, sn, → gehen) ⚓ irse a pique, hundirse; astr ponerse; fig perderse; perecer; 2geordnet ['--gə'ʔɔrdnət] subordinado; subalterno; an Bedeutung: inferior, secundario; ~gewicht n (-[e]s; sin pl) falta f de peso; 2'graben (irr, sin ge-, h, → graben) socavar; a fig minar; ~grund m (-[e]s; ~e) subsuelo m; ~grundbahn f metro m; Am subterráneo m; 2halb (gen) (por) debajo de
'Unterhalt m (-[e]s; sin pl) sustento m; mantenimiento m, manutención f; (Lebens2) subsistencia f; ⚖ alimentos m/pl; pensión f alimenticia; ⚖ ~ zahlen pagar una pensión; 2en [--'--] (irr, sin ge-, h, → halten) conservar (en buen estado); (ernähren) sustentar, mantener; (vergnügen) divertir, distraer; sich ~ divertirse, entretenerse; (plaudern) conversar; ~ung f (-; -en) conversación f; (Zerstreuung) entretenimiento m, diversión f, distracción f
'Unter|händler m (-s; -) negociador m; mediador m; ~haus n (-es; sin pl) Cámara f de los Comunes; ~hemd n (-[e]s; -en) camiseta f; ~hose f (-; -n) calzoncillos m/pl; 2irdisch subterráneo; ~kiefer m (-s; -) maxilar m inferior; 2kommen (irr, sep, -ge-, sn, → kommen) hallar alojamiento; alojarse; (Anstellung) colocarse; ~kunft ['--kʊnft] f (-; ~e) alojamiento m; ~lage f (-; -n) base f (a fig); ⚙ soporte m; apoyo m; (Schreib2) carpeta f; (Beleg) documento m; pl ~n documentación f; 2'lassen (irr, sin ge-, h, → lassen) dejar, dejarse de; omitir; ~'lassung f (-; -en) omisión f; 2legen (sep, -ge-, h) poner od colocar debajo; fig atribuir; 2'legen adj inferior (j-m a alg; an dat en); ~'legenheit f (-; sin pl) inferioridad f; ~leib m (-[e]s; -e) (bajo) vientre m; abdomen m; 2'liegen (irr, sin ge-, sn, → liegen) sucumbir; ser vencido; fig estar sujeto a; ~lippe f (-; -n) labio m inferior; ~mieter m (-s; -), ~mieterin f (-; -nen) subinquilino m, -a f, realquilado m, -a f

unter'nehm|en (irr, sin ge-, h, → nehmen) emprender; 2en n (-s; -) empresa f; 2ensberater m asesor m de empresas; ²ensberatung *f* asesoramiento *m*, Büro: asesoría *f* de empresas; ²er [--'neːmər] *m* (-s; -), ²erin *f* (-; -nen) empresario *m*, -a *f*; ~ungslustig emprendedor; activo, dinámico

'Unter|offizier *m* (-s; -e) suboficial *m*; ~ordnung *f* (-; -en) subordinación *f*; ~redung [--'reːduŋ] *f* (-; -en) conversación *f*; entrevista *f*

'Unterricht ['--riçt] *m* (-[e]s; *sin pl*) enseñanza *f*; instrucción *f*; (*Stunden*) clases *f/pl*, lecciones *f/pl*; ²en [--'riçtən] (h) enseñar, dar clases; *j-n:* instruir; *fig* ~ **über** (*ac*) informar sobre, enterar de

'Unter|rock *m* (-[e]s; ¨e) combinación *f*, enaguas *f/pl*; ~satz *m* (-es; ¨e) soporte *m*; base *f*; pie *m*; (*Sockel*) zócalo *m*, pedestal *m*; (*Teller*) platillo *m*; *für Gläser:* posavasos *m*

unter'schätzen (h) subestimar

unter'scheid|en (*irr*, *sin* ge-, h, → scheiden) distinguir; discernir; diferenciar; ²ung *f* (-; -en) distinción *f*; diferenciación *f*

'Unterschied ['--ʃiːt] *m* (-[e]s; -e) diferencia *f*; distinción *f*; **im** ~ **zu** a diferencia de; ²lich distinto, diferente

unter'schlagen (*irr*, *sin* ge-, h, → schlagen) *Geld:* sustraer, malversar, defraudar; *Brief:* interceptar; ²schlagung *f* (-; -en) sustracción *f*, malversación *f*, defraudación *f*; ~'schreiben (*irr*, *sin* ge-, h, → schreiben) firmar; *fig* suscribir; '²schrift *f* (-; -en) firma *f*; *e-s Bildes:* leyenda *f*; '²seeboot *m* submarino *m*; '²seite *f* (-; -n) lado *m* inferior; ~setzt [--'zɛtst] regordete, rechoncho; ~'stehen (*irr*, *sin* ge-, h, → stehen) *j-m:* estar subordinado a; depender de; *sich* ~ **zu** atreverse a; '~stellen (*sep*, -ge-, h) poner *od* colocar debajo de; (*sich*) ~ poner(se) al abrigo; ~'stellen (h) subordinar; (*annehmen*) suponer; (*zuschreiben*) atribuir, imputar; ~'streichen (*irr*, *sin* ge-, h, → streichen) subrayar (*a fig*)

unter'stütz|en (h) apoyar, respaldar; (*helfen*) ayudar, socorrer; (*fördern*) favorecer; fomentar; subvencionar; ²ung *f* (-; -en) apoyo *m*; respaldo *m*; ayuda *f*, socorro *m*; fomento *m*; *finanzielle:* subsidio *m*, subvención *f*

unter'suchen (h) examinar; ℱ *a* reconocer; *Gepäck:* registrar; (*erforschen*) investigar; 𝕣𝕥𝕫 indagar, pesquisar

Unter'suchung [--'zuːxʊŋ] *f* (-; -en) examen *m*; registro *m*; investigación *f*; reconocimiento *m*; 𝕣𝕥𝕫 indagación *f*, pesquisa *f*; ~shaft *f* prisión *f* preventiva

'Unter|tan [--'taːn] *m* (-s, -en; -en) súbdito *m*; ~tasse *f* (-; -n) platillo *m* (*fliegende* volante); ²tauchen (*sep*, -ge-, h) sumergir; zambullir; (sn) *fig* desaparecer; esconderse; ~teil *n od m* (-[e]s; -e) parte *f* inferior; ²teilen (h) subdividir; ~titel *m* (-s; -) subtítulo *m* (*a Film*); ²versichert insuficientemente asegurado; ²wandern (h) infiltrarse en; ~wäsche *f* (-; *sin pl*) ropa *f* interior; ²wegs [--'veːks] en el camino; durante el viaje; ²weisen (*irr*, *sin* ge-, h, → weisen) instruir; ~'weisung *f* (-; -en) instrucción *f*; ²werfen (*irr*, *sin* ge-, h, → werfen) (*sich*) ~ someter(se); *fig* sujetar; ²würfig [--'vʏrfɪç] sumiso, servil

unter'zeichn|en (h) firmar; ²ung *f* (-; -en) firma *f*

unter'ziehen (*irr*, *sin* ge-, h, → ziehen) someter; *sich* ~ (*dat*) someterse a; *e-r Aufgabe:* encargarse de

un|'tragbar ['ʊntraˈgbaːr] insoportable; ~'trennbar inseparable

'untreu desleal; infiel; ²e *f* (-; *sin pl*) deslealtad *f*; infidelidad *f*

un'tröstlich inconsolable

'un-über|legt ['-ˀyːbərlɛkt] irreflexivo; atolondrado; inconsiderado; ~'sehbar inmenso; incalculable; ~'sichtlich poco claro; complejo; intrincado; *Gelände:* de difícil orientación; ~windlich [---'vɪntlɪç] invencible; *Schwierigkeit:* insuperable, insalvable

unumgänglich ['-ˀʊmˈgɛŋlɪç] indispensable, imprescindible

ununterbrochen [-ˀʊntɐˈbrɔxən] continuo; *adv* sin interrupción

unver-'änderlich ['ʊnfɛrˀɛndərlɪç] invariable, inalterable; inmutable; constante

unver-'antwortlich irresponsable; imperdonable

'unver|bindlich sin compromiso; (*unfreundlich*) poco amable; ~bleit ['-fɛrblaɪt] (*Benzin*) sin plomo; ~daulich indigesto (*a fig*); ~dient inmerecido; ~dorben en buen estado; *fig* incorrupto; puro; inocente; ~dünnt ['--dynt] sin diluir; ~'einbar incompatible; ~fälscht ['--fɛlʃt] verdadero; legítimo, auténtico; puro; ~gänglich imperecedero; inmortal; ~'geßlich inolvidable; ~gleichlich [--'glaiçliç] incomparable; inigualable; ~heiratet ['--hairatət] soltero; ~hofft ['--hɔft] inesperado; imprevisto; *adv* de improviso; ~käuflich invendible; ~kennbar [--'kɛnbaːr] inequívoco; evidente; ~letzt ileso; sano y salvo; ~meidlich [--'maitliç] inevitable; ~mittelt ['--mitəlt] súbito; brusco; *adv* de repente; ~mutet ['--muːtət] imprevisto; ~nünftig irracional; insensato; imprudente; ~schämt desvergonzado, descarado, insolente; ~er Kerl sinvergüenza m; ~sehrt ['--zeːrt] ileso, incólume; intacto; ~söhnlich irreconciliable; implacable, intransigente; ~standen ['--ʃtandən] incomprendido; ~ständlich ininteligible, incomprensible; ~steuert ['--ʃtɔyərt] libre de impuestos *od* derechos; ~sucht ['--zuːxt]: nichts ~ lassen no perdonar medio; ~wechselbar [--'vɛksəlbaːr] inconfundible; ~wüstlich [--'vyːstliç] indestructible; muy robusto; ~'zeihlich imperdonable; ~zollt [--'tsɔlt] sin pagar derechos; ~züglich [--'tsyːkliç] inmediato; *adv* en el acto, sin demora

'unvoll|-endet inacabado; incompleto; ~kommen imperfecto; defectuoso; ~ständig incompleto

'unvor|bereitet ['-fo:rbəraitət] desprevenido; improvisado; *adv* sin preparación; ~eingenommen sin prejuicios; imparcial; ~hergesehen ['--hɛrgəzeːən] imprevisto; ~sichtig imprudente, incauto; ~stellbar [--'ʃtɛlbaːr] inimaginable

'unwahrscheinlich improbable, inverosímil; F *fig* increíble

un|'weigerlich ['-vaigərliç] inevitable; *adv* sin falta; ~wesentlich insignificante; irrelevante; de poca importancia; ⒉wetter *n* (-s; -) temporal *m*; borrasca *f*; tempestad *f*; (*Gewitter*) tormenta *f*; ~'wichtig insignificante; irrelevante; de poca importancia; ~ *sn* no tener importancia

unwider|'legbar irrefutable; ~'ruflich irrevocable

'un|willkürlich involuntario; maquinal, automático; *adv a* sin querer; ~wirksam ineficaz, inoperante; ~wirtschaftlich poco económico; antieconómico

'unwissen|d ['-visənt] ignorante; ~schaftlich poco científico

'unwohl indispuesto; *ich fühle mich* ~ no me siento bien; ⒉sein *n* (-s; *sin pl*) indisposición *f*

'un|würdig indigno (*gen* de); ~zählig [-'tsɛːliç] innumerable, incontable

'unzeitgemäß pasado de moda; anacrónico

unzer|'brechlich, ~'reißbar irrompible; ~trennlich [-tsɛr'trɛnliç] inseparable

'Unzucht *f* (-; *sin pl*) impudi(ci)cia *f*, deshonestidad *f*

'unzu|frieden descontento; ⒉friedenheit *f* (-; *sin pl*) descontento *m*; ~gänglich inaccesible; ~lässig inadmisible; ilícito; 🙵 improcedente; ~rechnungsfähig irresponsable (de sus acciones); ~reichend ['-tsuːraiçənt] insuficiente; ~verlässig inseguro, dudoso; *j*: informal; de poca confianza

üppig ['ypiç] exuberante; abundante; opulento; *Mahl*: opíparo; (*schwelgerisch*) voluptuoso; ~ *leben* vivir a cuerpo de rey

'Ur|abstimmung ['uːrʔ-] *f* (-; -en) referéndum *m*; ⒉alt muy viejo; vetusto

Uran 🜚 [u'raːn] *n* (-s; *sin pl*) uranio *m*

Uraufführung ['uːrʔauffyːruŋ] *f* (-; -en) estreno *m* absoluto

'Ur|bevölkerung *f* (-; -en), ~bewohner *m/pl* habitantes *m/pl* primitivos; aborígenes *m/pl*; ~enkel(in *f*) *m* bisnieto *m*, -a *f*; ~großmutter *f* bisabuela *f*; ~großvater *m* bisabuelo *m*

'Urheber ['-heːbər] *m* (-s; -), ~in *f* (-; -nen) autor(a *f*) *m*; ~recht *n* derechos *m/pl* de autor; derecho *m* de la propiedad intelectual; ~schutz *m* protección *f* de la propiedad intelectual

Urin [u'riːn] *m* (-s; -e) orina *f*

'Urkund|e ['uːrkundə] *f* (-; -n) documento *m*; título *m*; instrumento *m*; *notarielle*: escritura *f*; ~enfälschung *f* falsedad *f* en documentos; falsificación *f* de documentos

'Urlaub ['-laup] *m* (-[e]s; -e) vacaciones *f/pl*; *auf* ~ *sn* estar de vacaciones; ~er ['--bər] *m* (-s; -), ~erin *f* (-; -nen) turista

Urlauberstrom

su; vacacionista su; ⁓**erstrom** m afluencia f (masiva) de turistas; ⁓**s-anschrift** f dirección f de vacaciones; ⁓**sgeld** n suplemento m por vacaciones; ⁓**s-ort** m lugar m de vacaciones; ⁓**sreise** f viaje m turístico od de vacaciones; ⁓**svertretung** f suplencia f durante las vacaciones; ⁓**szeit** f tiempo m od periodo m de vacaciones

Ur|sache f (-; -n) causa f; (Anlaß) motivo m; **keine ⁓!** de nada, no hay de qué; ⁓**sächlich** causal; ⁓**sprung** m (-[e]s; ⁓e) origen m; procedencia f; ⁓**sprünglich** primitivo, original; fig natural

'Urteil ['urtaɪl] n (-s; -e) juicio m; (Meinung) parecer m, opinión f; ⚖ sentencia f, fallo m; (Gutachten) dictamen m; ⁓**en** (ge-, h) juzgar (**über** ac de); ⚖ sentenciar, fallar; (meinen) opinar; ⁓**s-fähig** competente (para juzgar)

'Ur|wald ['uːr-] m (-[e]s; ⁓er) selva f virgen; ⁓**wüchsig** ['-vyːksɪç] primitivo; original; j: de pura cepa; natural; ⁓**zeit** f (-; -en) tiempos m/pl primitivos; ⁓**zustand** m (-[e]s; ⁓e) estado m primitivo

Utop|ie [uto'piː] f (-; -n) utopía f; ⁓**isch** [-'toːpɪʃ] utópico

V

V, v [faʊ] n (-; -) V, v f
Vagabund [vaga'bʊnt] m (-en; -en) vagabundo m
vage ['vaːɡə] impreciso, vago
vakant [va'kant] vacante
'Vakuum ['vaːkuʊm] n (-s; -kua) vacío m; ⁓**verpackt** envasado al vacío
Valuta [va'luːta] f (-; -ten) moneda f extranjera
Vanille [va'nɪljə] f (-; sin pl) vainilla f
Varieté [varie'teː] n (-s; -s) teatro m de variedades, music-hall m
Vase ['vaːzə] f (-; -n) florero m; große: jarrón m
Vaseline [vazə'liːnə] f (-; sin pl) vaselina f
'Vater ['faːtər] m (-s; ⁓) padre m; ⁓**land** n (-[e]s; ⁓er) patria f
väterlich ['fɛːtərlɪç] paterno, paternal
Vater'unser n (-s; -) Padrenuestro m
Vege|tarier [veɡe'taːrjər] m (-s; -), ⁓**tarierin** (-; -nen), ⚥**tarisch** vegetariano m, -a f; ⚥**tation** [--ta'tsjoːn] f (-; -en) vegetación f
Veilchen ['faɪlçən] n (-s; -) violeta f
'Vene ['veːnə] f (-; -n) vena f; ⁓**n-entzündung** f flebitis f
Ventil [vɛn'tiːl] n (-s; -e) válvula f; pistón m; ⁓**ation** [-tila'tsjoːn] f (-; -en) ventilación f; ⁓**ator** [--'laːtɔr] m (-s; -en [-la'toːrən]) ventilador m

ver'ab|reden [fɛr'ʔapreːdən] (h) concertar; convenir; **sich ⁓** apalabrarse; citarse; ⚥**redung** f (-; -en) cita f; ⁓**schieden** [-'-ʃiːdən] (h) despedir; Gesetz: votar; **sich ⁓** despedirse (**von** de)
ver|-'achten (h) despreciar, menospreciar; ⁓**ächtlich** [-'ʔɛçtlɪç] despreciable; ⚥**-'achtung** f (-; sin pl) desprecio m, menosprecio m, desdén m
ver-allge'meinern (h) generalizar
veraltet [-'ʔaltət] anticuado, pasado de moda
Veranda [ve'randa] f (-; -den) veranda f
ver'änder|lich [fɛr'ʔɛndərlɪç] variable; ⁓**n** (h) cambiar, modificar; **sich ⁓** cambiar; ⚥**ung** f (-; -en) cambio m
ver-'an|lagen [-'ʔanlaːɡən] (h) Steuer: tasar, estimar; ⚥**lagung** f (-; -en) Steuer: tasación f, estimación f; ⚕ predisposición f; geistige: disposición f; ⁓**lassen** (h) ocasionar, originar; motivar; (anordnen) disponer; ⚥**lassung** f (-; -en) causa f, motivo m; ⁓**stalten** [-'-ʃtaltən] (h) organizar; ⚥**staltung** f (-; -en) organización f; feierliche: acto m; gesellschaftliche: reunión f; sportliche: concurso m; ⚥**staltungskalender** m calendario m de actos; in Zeitungen etc: cartelera f
ver-'antwort|en (h) responder de; **sich ⁓** justificarse (**wegen** de); ⁓**lich** respon-

ver'dienen

sable (*für* de); ⚖ung *f* (-; *sin pl*) responsabilidad *f*; *j-n zur ~ ziehen* pedir cuentas a alg
ver'arbeit|en (h) elaborar, transformar; ⚖ung *f* (-; -en) elaboración *f*
Verb [vɛrp] *n* (-s; -en) verbo *m*
Ver'band [fɛr'-] *m* (-[e]s; ⸚e) (*Verein*) asociación *f*; federación *f*; ✱ vendaje *m*; **~(s)kasten** *m* botiquín *m*; **~(s)watte** *f* algodón *m* hidrófilo; **~(s)zeug** *n* vendajes *m/pl*
ver'bann|en (h) desterrar; ⚖ung *f* (-; -en) destierro *m*
ver'bergen (*irr, sin ge-*, h, → *bergen*) esconder, ocultar
ver'besser|n (h) mejorar; perfeccionar; corregir; ⚖ung *f* (-; -en) mejora(miento *m*) *f*; perfeccionamiento *m*; corrección *f*
ver'beug|en (h): *sich ~* hacer una reverencia, inclinarse; ⚖ung *f* (-; -en) reverencia *f*, inclinación *f*
ver'|beulen (h) abollar; **~'biegen** (*irr, sin ge-*, h, → *biegen*) torcer, deformar; **~'bieten** (*irr, sin ge-*, h, → *bieten*) prohibir
ver'billigen (h) abaratar
ver'bind|en (*irr, sin ge-*, h, → *binden*) unir, juntar; ✱ *u Augen*: vendar; ⊙ conectar; ⊕ ensamblar; *tel* poner (en comunicación); (*gefällig*) complaciente, amable; **~lich** [-'bɪntlɪç] obligatorio; (*gefällig*) complacient, amable; ⚖ung *f* (-; -en) unión *f*; enlace *m* (*a* 🚃); reunión *f*; (*Beziehung*) relación *f*, contacto *m*; 🜚 combinación *f*; *tel* comunicación *f*; ⚡ conexión *f*; *sich mit j-m in ~ setzen* ponerse al habla *od* en contacto con alg
verbittert [-'bɪtərt] amargado
verblassen [-'blasən] (sn) perder el color, desteñirse
verbleit [-'blaɪt] con plomo
ver'blüff|en [-'blyfən] (h) desconcertar; **~t** perplejo, estupefacto
ver'|blühen (sn) marchitarse; **~'bluten** (sn) desangrarse
ver'borgen *adj* escondido, oculto; secreto
Ver'bot [-'boːt] *n* (-[e]s; -e) prohibición *f*; **~sschild** *n* señal *f* de prohibición
Ver'brauch *m* (-[e]s; *sin pl*) consumo *m*; ⚖en (h) consumir; gastar; **~er** *m* (-s; -) consumidor *m*; **~ermarkt** *m* hipermercado *m*; **~er-**
schutz *m* protección *f* del consumidor; **~sgüter** *n/pl* bienes *m/pl* de consumo; **~ssteuer** *f* impuesto *m* sobre el consumo
Ver'brech|en *n* (-s; -) crimen *m*; **~r** (-s; -), **~rin** *f* (-; -nen) criminal *su*, delincuente *su*; ⚖risch criminal
ver'breit|en (h) difundir; propagar; *Geruch*: despedir; **~ern** (h) ensanchar; ⚖ung *f* (-; *sin pl*) difusión *f*; propagación *f*
ver'brenn|en (*irr, sin ge-*, → *brennen*) *v/t* (h) (*v/i* [sn]) quemar(se); *Tote*: incinerar; ⚖ung *f* (-; -en) ✱ quemadura *f*; (*Leichen*⚖) incineración *f*, cremación *f*
ver'bringen (*irr, sin ge-*, h, → *bringen*) pasar
ver'|brühen (h): (*sich*) *~* escaldar(se); **~'buchen** (h) ✝ sentar (en los libros); *fig* apuntarse; **~bünden** [-'byndən] (h): *sich ~* aliarse, unirse; ⚖'bündete *m* (-n; -n) aliado *m*; ⚖'bundglas *n* vidrio *m* laminado; ⚖'bundsystem *n* red *f* de transporte público
ver'bürgen (h) garantizar; *sich ~ für* responder de
Verdacht [-'daxt] *m* (-[e]s; *sin pl*) sospecha *f* (*auf ac* de); recelo *m*; *j-n in ~ haben* sospechar de alg; **~ erregen** (*schöpfen*) inspirar (concebir) sospechas
verdächtig [-'dɛçtɪç] sospechoso; **~en** [-'--gən] (h) sospechar de; *j-n e-r Sache ~* imputar a/c a alg
ver'damm|en [-'damən] (h) condenar; **~t** maldito
ver'dampfen *v/t* (h) (*v/i* [sn]) evaporar(-se)
ver'danken (h) deber (*j-m et* a/c a alg)
ver'dau|en [-'daʊən] (h) digerir (*a fig*); **~lich**: *leicht ~* de fácil digestión; *schwer ~* indigesto; ⚖ung *f* (-; *sin pl*) digestión *f*; ⚖ungsbeschwerden *f/pl*, ⚖ungsstörung *f* indigestión *f*
Ver'deck *n* (-s; -e) *auto* capota *f*; ⚖en (h) cubrir, tapar; *fig* ocultar
verderb|en [-'dɛrbən] (verdarb, verdorben) **1.** *v/t* (h) deteriorar, estropear; *Freude*: fig pervertir, corromper; *sich den Magen ~* coger una indigestión; **2.** *v/i* (sn) deteriorarse, echarse a perder; **~lich** [-'-plɪç] *Ware*: perecedero, corruptible
ver'dienen (h) ganar; *fig* merecer; *sein*

Verdiener

Brot ~ ganarse la vida; ⦵*r* m (-s; -) el que gana el dinero

Verdienst [-'di:nst] (-es; -e): **a)** *n* mérito m; **b)** *m* ganancia *f*, beneficio *m*; (*Lohn*) sueldo *m*, salario *m*

verdoppeln [-'dɔpəln] (h) doblar, (re-)duplicar; *a fig* redoblar

verdorben [-'dɔrbən] *Lebensmittel*: podrido; *Luft*: viciado; *fig* corrupto, perverso; *e-n ~en Magen haben* tener una indigestión

ver|'drängen (h) desalojar; expulsar; *a* ⚓ desplazar; *psic* reprimir; ⦵ung *f* (-; -en) *psic* represión *f*

ver|'drehen (h) torcer; *fig* tergiversar, falsear; *~t* excéntrico; F chiflado; ⦵ung *f* (-; -en) *fig* tergiversación *f*, falseamiento *m*

verdreifachen [-'draɪfaxən] (h) triplicar

verdrießlich [-'dri:slɪç] malhumorado, de mal humor; *et*: molesto

verdrossen [-'drɔsən] malhumorado

ver|'drücken (h) *Kleid*: arrugar; F (*essen*) tragar; F *sich ~* escabullirse; ⦵druß ['drus] *m* (-sses; *sin pl*) disgusto; *~'duften* F (sn) esfumarse

ver|'dunkeln (h) oscurecer; *Glanz*: deslucir; *astr u fig* eclipsar

verdünnen [-'dynən] (h) diluir; *Luft*: enrarecer

ver|'dunsten [-'dunstən] (sn) evaporarse; *~'dursten* (sn) morir(se) de sed; *~dutzt* [-'dutst] perplejo

veredeln [-'ʔe:dəln] (h) refinar (*a* ⚙); *Güter*: elaborar

ver-'ehr|en (h) venerar, respetar; adorar; *j-m et ~* obsequiar a alg con a/c; ⦵er *m* (-s; -), ⦵erin *f* (-; -nen) admirador(a) *f* m; adorador(a) *f* m; ⦵ung *f* (-; *sin pl*) veneración *f*, respeto *m*; adoración *f*

vereidig|en [-'ʔaɪdɪɡən] juramentar; *~t* jurado

Verein [-'ʔaɪn] *m* (-[e]s; -e) unión *f*; asociación *f*; círculo *m*, club *m*

ver-'einbar [-'aɪnbaːr] compatible; **~en** (h) convenir; concertar

ver-'ein|en (h) (re)unir; *die Vereinten Nationen* las Naciones Unidas; *~fachen* [-'-faxən] (h) simplificar; *~heitlichen* [-'-haɪtlɪçən] (h) unificar; estandarizar; *~igen* (h): (*sich*) *~* unir(se); juntar(se); asociar(se); ⦵igung *f* (-; -en) unión *f*; *~zelt* [-'-tsɛlt] aislado

vereisen [-'ʔaɪzən] (sn) helarse, cubrirse de hielo

ver|eiteln [-'ʔaɪtəln] (h) frustrar; hacer fracasar; *~'enden* (sn) morir; *Tier*: a reventar

verenge(r)n [-'ʔɛŋə(r)n] (h) estrechar

ver-'erb|en (h) dejar en herencia: *testamentarisch*: legar; ⦵ung *f* (-; *sin pl*) transmisión *f* hereditaria

ver'fahren 1. (*irr, sin ge-, → fahren*) *v/i* (sn *u* h) proceder, obrar; **2.** *v/refl* (h): *sich ~* extraviarse, errar el camino; **3.** ⦵ *n* (-s; -) ⚙, 🔧, ⚖ procedimiento *m*

Ver'fall *m* (-s; *sin pl*) decaimiento *m*; decadencia *f*; ⦵en **1.** *v/i* (*irr, sin ge-*, sn, → *fallen*) decaer (*a* 🔩 *u fig*); △ desmoronarse; ✝ vencer; (*ungültig werden*) caducar; **2.** *pp* decaído, en ruinas; (*ungültig*) caducado; *~sdatum* *n* fecha *f* de caducidad; *~(s)tag* ✝ *m* fecha *f od* día *m* de vencimiento

verfänglich [-'fɛŋlɪç] *Frage*: capcioso; *Lage*: embarazoso

ver|'fass|en (h) componer; redactar; ⦵er *m* (-s; -), ⦵erin *f* (-; -nen) autor(a) *f* m

Ver'fassung *f* (-; *sin pl*) estado *m*, condición *f*; (*pl* -en) *pol* constitución *f*; ⦵smäßig constitucional; ⦵swidrig anticonstitucional

ver|'faulen (sn) pudrirse

ver|'fehlen (h) *Ziel*: errar; *Zug*: perder; *j-n*: no encontrar; *~t* equivocado; fracasado

ver|'filmen (h) llevar a la pantalla, filmar

ver|'fliegen (*irr, sin ge-,* sn, → *fliegen*) *Zeit*: pasar volando; (h) ✈ *sich ~* desorientarse, perder el rumbo; *~'fließen* (*irr, sin ge-,* sn, → *fließen*) *Zeit*: pasar, transcurrir; *~flixt* [-'flɪkst] maldito; *iron* dichoso

ver'fluch|en (h) maldecir; *~t adj* maldito; *~!* ¡maldita sea!

ver'folgen [-'fɔlɡən] (h) perseguir (*gerichtlich* judicialmente); *fig* proseguir; (*beobachten*) seguir de cerca, observar; *Spur*: seguir; ⦵ung *f* (-; -en) persecución *f*

ver'füg|bar [-'fy:kbaːr] disponible; *~en* [-'-ɡən] (h) **1.** *v/t* disponer, ordenar; **2.** *v/i*: *~ über* (*ac*) disponer de; (*besitzen*) contar con; ⦵ung *f* (-; -en) disposición *f*; *j-m zur ~ stellen* (*stehen*) poner (estar) a la disposición de alg

ver'führ|en (h) seducir; *~erisch* seductor, tentador; ℒung f (-; -en) seducción f

ver'gangen [-'gaŋən] pasado; ℒheit f (-; sin pl) pasado m; gram pretérito m

Vergaser [-'gɑːzər] auto m (-s; -) carburador m

ver'geb|en (irr, sin ge-, h, → geben) (weggeben) dar; (verzeihen) perdonar; ~ens en vano; ~lich ['-ɡeːplɪç] vano, inútil; adv en vano; ℒung f (-[-buŋ] f (-; sin pl) perdón m; der Sünden: remisión f

ver'gehen 1. (irr, sin ge-, h, → gehen) v/i (sn) Zeit: pasar, transcurrir; (verschwinden) desaparecer; fig ~ vor morirse de; (h) sich ~ an (dat) violar (ac); sich ~ gegen faltar a; 2. ℒ n (-s; -) falta f; 🕱 delito m

ver'gelt|en (irr, sin ge-, h, → gelten) Dienst: devolver; pagar; Gleiches mit Gleichem ~ pagar con la misma moneda; ℒung f (-; sin pl) desquite m

ver|gessen [-'ɡɛsən] (vergaß, vergessen, h) olvidar; ~ et zu tun olvidarse de hacer a/c; ~'geßlich ['-ɡɛslɪç] olvidadizo

vergeuden [-'ɡɔydən] (h) Geld: despilfarrar, derrochar; Zeit: desperdiciar

verge'waltig|en [-ɡə'valtɪɡən] (h) violar; ℒung f (-; -en) violación f

vergewissern [-'vɪsərn] (h): sich ~ cerciorarse, asegurarse

ver'gießen (irr, sin ge-, h, → gießen) derramar, verter

vergift|en [-'ɡɪftən] (h) intoxicar; a fig envenenar; ℒung f (-; -en) intoxicación f; envenenamiento m

Vergißmeinnicht [-'ɡɪsmaɪnnɪçt] n (-[e]s; -[e]) nomeolvides f

Ver'gleich m (-[e]s; -e) comparación f; ✝ arreglo m, acuerdo m; 🕱 conciliación f; im ~ zu en comparación con; ℒbar comparable; ℒen (irr, sin ge-, h, → gleichen) comparar (mit con, a); vergleiche S. 12 véase pág. 12

ver'gnüg|en [-'ɡnyːɡən] (h): (sich) ~ divertir(se), distraer(se); ℒen n (-s; -) placer m; zum ~ para divertirse; mit ~! ¡con mucho gusto!; viel ~! ¡que se divierta!; ~t [-'-kt] alegre; contento

Ver'gnügu|ng [-'ɡnyː-] f (-; -en) diversión f; ~s-park m parque m de atracciones; ~viertel n barrio m de diversiones

ver'goldet [-'ɡɔldət] dorado

ver'graben (irr, sin ge-, h, → graben) enterrar, soterrar

ver'griffen [-'ɡrɪfən] Buch, Ware: agotado

ver'größer|n [-'ɡrøːsərn] (h) agrandar, engrandecer; aumentar; ampliar (a fot); ℒung f (-; -en) engrandecimiento m; aumento m; ampliación f (a fot)

Vergünstigung [-'ɡynstɪɡuŋ] f (-; -en) privilegio m, ventaja f

Vergütung [-'ɡyːtuŋ] f (-; -en) remuneración f; (Entschädigung) indemnización f

ver'haft|en (h) detener; ℒung f (-; -en) detención f

ver'halten 1. v/t (irr, sin ge-, h, → halten): sich ~ conducirse, portarse; sich ruhig ~ quedarse od estarse quieto; 2. ℒ n (-s; sin pl) conducta f, comportamiento m

Ver'hältnis [-'hɛltnɪs] n (-ses; -se) relación f, proporción f; (Liebesℒ) lío m (amoroso); ~se pl circunstancias f/pl, condiciones f/pl; (Lage) situación f; im ~ zu en proporción od relación a; en comparación con; ℒmäßig adj relativo; ~wahl f elección f según el sistema proporcional; ~wahlrecht n representación f proporcional

ver'hand|eln (h) negociar (über et (ac) a/c); discutir (sobre od a/c); 🕱 ver una causa; ℒlung f (-; -en) negociación f; discusión f; 🕱 vista f (de la causa)

verheerend [-'heːrənt] asolador; fig desastroso

ver|'heilen (sn) cicatrizarse; curarse; ~heimlichen [-'haɪmlɪçən] (h) disimular, ocultar

ver'heirate|n (h): (sich) ~ casar(se); ~t casado

ver'helfen (irr, sin ge-, h, → helfen): j-m zu et ~ proporcionar a/c a alg

verherrlichen [-'hɛrlɪçən] (h) glorificar, ensalzar

ver'hindern (h) impedir; (vorbeugen) evitar; verhindert sn no poder asistir

ver'höhnen (h) escarnecer

Ver'hör [-'høːr] n (-s; -e) interrogatorio m; ℒen (h) interrogar; Zeugen: oír; sich ~ entender mal

ver|'hüllen (h) cubrir; a fig velar; ~'hungern (sn) morir(se) de hambre; ~hunzen F [-'huntsən] (h) estropear; ~'hüten (h) evitar, prevenir

Ver'hütung f (-; sin pl) prevención f; ✱ a profilaxis f; ~smittel n anticonceptivo m

ver'irren (h): *sich ~* extraviarse, perderse

ver'jagen (h) ahuyentar (*a fig*)

ver'jähr|en [-'jɛːrən] (sn) 🏛 prescribir; **ung** *f* (-; -en) (**ungsfrist** *f*) (plazo *m* de) prescripción *f*

verjüngen [-'jyŋən] (h) rejuvenecer

ver'kabeln (h) cablear

ver'kalk|t [-'kalkt] calcificado; 🩺 esclerótico; F *fig* chocho; **ung** *f* (-; -en) calcificación *f*; 🩺 esclerosis *f*

verkatert [-'kɑːtərt]: **~ sn** F tener resaca

Ver'kauf *m* (-[e]s; ⁓e) venta *f*; **en** (h) vender; **zu ~** en venta

Ver'käufer *m* (-s; -), **erin** *f* (-; -nen) vendedor(a *f*) *m*; **lich** vendible, en venta; **leicht ~** de venta fácil

Ver'kaufs... [-'kaufs...]: *in Zssgn oft* de venta; **leiter** *m* jefe *m* de ventas; **offen** abierto; **preis** *m* precio *m* de venta; **stand** *m* puesto *m*

Ver'kehr [-'keːr] *m* (-s; *sin pl*) circulación *f*, tráfico *m*; (*Umgang*) trato *m*; relaciones *f*/*pl*; *aus dem ~ ziehen Banknoten*: retirar de la circulación; **en** (h) *v*/*i* circular; *mit j-m ~* tener trato con alg

Ver'kehrs|-ader *f* arteria *f*; **aufkommen** *n* volumen *m* de tráfico; **beruhigt** de tráfico reducido; **betriebe** *m*/*pl* transportes *m*/*pl* públicos; **chaos** *n* caos *m* circulatorio; **funk** *m* información *f* viaria; **mittel** *n* medio *m* de transporte; **polizei** *f* policía *f* de tráfico; **regel** *f* norma *f* de circulación; **schild** *n* señal *f* (vertical) de circulación; **stau(ung** *f*) *m*, **stokkung** *f* embotellamiento *m*, atasco *m*; **unfall** *m* accidente *m* de tráfico; **verbindungen** *f*/*pl* comunicaciones *f*/*pl*; **verein** *m* oficina *f* de turismo; **zeichen** *n* señal *f* de tráfico

verkehrt [-'keːrt] invertido; (*falsch*) falso; *adv* al revés

verklagen (h) 🏛 demandar a, poner pleito a

ver'kleid|en (h) disfrazar; ⚙ revestir (*mit* de); **ung** *f* (-; -en) disfraz *m*; ⚙ revestimiento *m*

ver'kleiner|n [-'klaɪnərn] (h) empequeñecer (*a fig*), disminuir; ⚡ reducir; **ung** *f* (-; -en) disminución *f*; reducción *f*

verklemmt [-'klɛmt] atascado; *fig* reprimido

Verknappung [-'knapʊŋ] *f* (-; -en) escasez *f*

ver'knittern (h) arrugar

ver'knoten (h) anudar

ver'kommen 1. *v*/*i* (*irr*, *sin* ge-, sn, → *kommen*) echarse a perder, depravarse; **2.** *adj* depravado

verkörpern [-'kœrpərn] (h) personificar, a teat encarnar

ver|'krampft [-'krampft] crispado; **krüppelt** [-'krypəlt] lisiado; contrahecho; **'kühlen** (h): *sich ~* coger frío

ver'künd|(ig)en (h) anunciar; publicar; *Gesetz*: promulgar; 🏛 *Urteil*: pronunciar; **igung** *f* (-; -en) anuncio *m*; publicación *f*; *Mariä ~* Anunciación *f*; **ung** *f* (-; -en) promulgación *f*

ver'kürz|en (h) acortar; (*vermindern*) reducir (*a Arbeitszeit*); **ung** *f* (-; -en) acortamiento *m*; reducción *f*

ver'laden (*irr*, *sin* ge-, h, → *laden*) cargar; ⚓ embarcar

Verlag [-'lɑːk] *m* (-[e]s; -e) editorial *f*

ver'langen 1. (h) pedir (*von j-m* a), exigir; *nach j-m ~* desear ver a alg; **2.** ⁓ *n* (-s; *sin pl*) deseo *m*; *auf ~* a petición, a requerimiento

ver'länger|n [-'lɛŋərn] (h) alargar; *zeitlich*: prolongar; 🏛 prorrogar; **ung** *f* (-; -en) alargamiento *m*; prolongación *f*; 🏛 prórroga *f*; **ungsschnur** ⚡ *f* prolongación *f*

verlangsamen [-'laŋzaːmən] (h) retardar; *Geschwindigkeit*: reducir

ver'lassen 1. *v*/*t* (*irr*, *sin* ge-, h, → *lassen*) dejar, abandonar; *sich ~ auf* (*ac*) fiarse de, contar con; **2.** *adj* abandonado; *Ort*: desierto

Ver'lauf *m* (-[e]s; ⁓e) curso *m*, transcurso *m*; (*Entwicklung*) desarrollo *m*; *nach ~ von* al cabo de; **en** (*irr*, *sin* ge-, sn, → *laufen*) pasar; (h) *sich ~* perderse, perder el camino

ver'leben (h) pasar

ver'leg|en 1. *v*/*t* (h) trasladar; *irrtümlich*: extraviar, *Papiere*: *a* traspapelar; (*aufschieben*) aplazar; *Buch*: publicar, editar; *Leitung*: colocar; **2.** *adj* azorado, turbado; ** werden** turbarse, cortarse; **enheit** *f* (-; -en) confusión *f*, turbación *f*; (*Geld*) apuro *m*; *in* ** bringen** poner en un apuro; *aus der ~ helfen* sacar del apuro; **er** *m* (-s; -) editor

verraten

m; ⁂**ung** *f* (-; -en) traslado *m*; *zeitlich*: aplazamiento *m*

Ver'leih [-'laɪ] *m* (-[e]s; -e) alquiler *m*; *Film*: distribución *f*; ⁂**en** (*irr, sin* ge-, h, → *leihen*) prestar; (*vermieten*) alquilar; *Titel*: conferir; *Preis*: conceder; *Recht*: otorgar; ⁂**ung** *f* (-; -en) concesión *f*

ver'leiten (h) inducir (*zu* a); ⁂**'lernen** (h) desaprender, olvidar

ver'letzen (h) herir (*a fig*); lesionar (*a Interessen*); (*kränken*) ofender; ⁂**end** hiriente; ofensivo; ⁂**te** *m/f* (-n; -n) herido *m*, -a *f*; ⁂**ung** *f* (-; -en) herida *f*

ver'leumden [-'lɔʏmdən] (h) calumniar, difamar; ⁂**ung** *f* (-; -en) calumnia *f*, difamación *f*

ver'lieben (h): *sich* ⁂ *in* (*ac*) enamorarse de; ⁂**t** [-'-pt] enamorado

verlieren [-'liːrən] (*verlor, verloren,* h) perder; ⁂**er** *m* (-s; -) perdedor *m*

ver'loben (h): *sich* ⁂ prometerse; ⁂**t** [-'loːpt] prometido; ⁂**te** *m/f* prometido *m*, -a *f*, F novio *m*, -a *f*; ⁂**ung** [-'-buŋ] *f* (-; -en) esponsales *m/pl*

ver'lockend seductor, tentador

ver'logen [-'loːɡən] mentiroso

ver'loren [-'loːrən] perdido; ⁂**gehen** (*irr, sep,* -ge-, sn, → *gehen*) perderse, extraviarse

ver'losen (h) sortear; ⁂**ung** *f* (-; -en) sorteo *m*

Verlust [-'lʊst] *m* (-[e]s; -e) pérdida *f*

ver'machen (h) legar

Vermarktung [-'marktʊŋ] *f* (-; -en) comercialización *f*

ver'mehren (h) aumentar, acrecentar; *sich* ⁂ aumentar; *biol* multiplicarse; ⁂**ung** *f* (-; -en) aumento *m*, incremento *m*; multiplicación *f*

ver'meiden (vermied, vermieden, h) evitar

Ver'merk [-'mɛrk] *m* (-s; -e) nota *f*; apunte *m*; ⁂**en** (h) anotar, apuntar

ver'messen 1. *v/t* (*irr, sin* ge-, h, → *messen*) medir; **2.** *adj* temerario

ver'mieten (h) alquilar; *zu* ⁂ se alquila; ⁂**er** *m* (-s; -), ⁂**erin** *f* (-; -nen) alquilador(a *f*) *m*; ⁂**ung** *f* (-; -en) alquiler *m*

ver'mindern (h) disminuir; reducir; ⁂**ung** *f* disminución *f*; reducción *f*

ver'mischen (h) mezclar

ver'missen (h) echar de menos

ver'mitteln [-'mɪtəln] (h) **1.** *v/i* mediar,

intervenir; **2.** *v/t* procurar, proporcionar; ⁂**er** *m* (-s; -) intermediario *m*; *bei Konflikt*: mediador *m*; ⁂**lung** *f* (-; -en) intervención *f*; mediación *f*; *tel* central *f*

Ver'mögen [-'møːɡən] *n* (-s; -) (*Besitz*) fortuna *f*, bienes *m/pl*, patrimonio *m*; ⁂**d** adinerado, acaudalado; ⁂**sberatung** *f* gestión *f* de patrimonio; ⁂**ssteuer** *f* impuesto *m* sobre el patrimonio; ⁂**swerte** *m/pl* bienes *m/pl*

vermummt [-'mʊmt] embozado

vermuten [-'muːtən] (h) suponer; ⁂**lich** presunto; ⁂**ung** *f* (-; -en) suposición *f*

vernachlässigen [-'naːxlɛsɪɡən] (h) descuidar

ver'nehmen (*irr, sin* ge-, h, → *nehmen*) percibir, oír; 🕮 interrogar; ⁂**ung** *f* (-; -en) 🕮 interrogatorio *m*; toma *f* de declaración

ver'neigen (h): *sich* ⁂ inclinarse

ver'neinen [-'naɪnən] (h) negar; ⁂**end** negativo; ⁂**ung** *f* (-; -en) negación *f*

ver'nichten [-'nɪçtən] (h) destruir; ⁂**ung** *f* (-; -en) destrucción *f*

Vernunft [-'nʊnft] *f* (-; *sin pl*) razón *f*; *zur* ⁂ *bringen* poner en razón; *zur* ⁂ *kommen* entrar en razón, sentar la cabeza

vernünftig [-'nʏnftɪç] razonable; *j*: sensato

ver-'öffentlichen [-'ʔœfəntlɪçən] (h) publicar; ⁂**ung** *f* (-; -en) publicación *f*

ver-'ordnen (h) ordenar; 🕈 prescribir; ⁂**ung** *f* orden *f*; 🕈 prescripción *f*

ver'pachten (h) arrendar; ⁂**ung** *f* (-; -en) arrendamiento *m*

ver'packen (h) embalar, envasar; ⁂**ung** *f* (-; -en) embalaje *m*, envase *m*; ⁂**ungsmaterial** *n* material *m* de embalaje

ver'passen (h) perder; ⁂**'pflanzen** (h) trasplantar

ver'pflegen (h) alimentar; ⁂**ung** *f* (-; *sin pl*) alimentación *f*, comida *f*

ver'pflichten [-'pflɪçtən] (h) obligar; *sich* ⁂ *zu* comprometerse a; ⁂**ung** (-; -en) obligación *f*, compromiso *m*

ver'plempern F [-'plɛmpərn] (h) malgastar; desperdiciar; ⁂**pönt** [-'pøːnt] mal visto; ⁂**'prügeln** (h) dar una paliza; ⁂**'putzen** (h) △ revocar, enlucir; F (*essen*) tragar

Ver'rat [-'raːt] *m* (-[e]s; *sin pl*) traición *f*; ⁂**en** (*irr, sin* ge-, h, → *raten*) traicionar; *Geheimnis*: descubrir

Ver'räter [-'rɛːtər] *m* (-s; -), **~in** *f* (-; -nen) traidor(a *f*) *m*

ver'rechn|en (h) poner en cuenta; compensar; *sich* **~** equivocarse en sus cálculos; *fig* equivocarse; **Ɔung** *f* (-; -en) compensación *f*; ✝ **nur zur ~** para abonar en cuenta; **Ɔungsscheck** *m* cheque *m* cruzado *od* barrado

ver|'recken P (sn) reventar, P diñarla; **~regnet** [-'reːɡnət] lluvioso

ver'reis|en (sn) salir *od* irse de viaje; **~t:** **~ sn** estar de viaje

ver'renk|en [-'rɛŋkən] (h): (*sich den Arm*) **~** dislocar(se el brazo); **Ɔung** *f* (-; -en) dislocación *f*

verriegeln [-'riːɡəln] (h) echar el cerrojo a

ver'ringer|n [-'riŋərn] (h) disminuir, reducir; **Ɔung** *f* (-; -en) disminución *f*, reducción *f*

ver'rosten (sn) corroerse, oxidarse

ver'rückt loco; **~ machen** volver loco; **Ɔheit** *f* (-; -en) locura *f*

Vers [fɛrs] *m* (-es; -e) verso *m*

ver'sag|en [fɛr'zaːɡən] (h) 1. *v/t* (de)negar, rehusar; *v/i* fallar, no funcionar; *Person*: fracasar; **Ɔen** *n* (-s; *sin pl*) fallo *m*; *menschliches* **~** fallo *m* humano; **Ɔer** *m* (-s; -) (*Person*) fracasado *m*

ver'salzen (*pp* versalzt *od* versalzen, h) salar demasiado

ver'samm|eln (h) reunir; **Ɔung** *f* (-; -en) reunión *f*; asamblea *f*; *pol* mitin *m*

Ver'sand [-'zant] *m* (-[e]s; *sin pl*) expedición *f*, envío *m*; **~abteilung** *f* (departamento *m* de) expedición *f*; **~haus** *n* casa *f* de venta(s) por correo *od* por catálogo; **~hauskatalog** *m* catálogo *m* (de una casa de ventas por correo)

ver|'säumen (h) omitir; (*verpassen*) perder; *Pflicht*: faltar a; **~'schaffen** (h) proporcionar, procurar, facilitar; **~'schärfen** (h) agravar, agudizar; intensificar; **~'scharren** (h) enterrar; **~'schenken** (h) regalar, dar; **~scheuchen** [-'ʃɔʏçən] (h) ahuyentar (*a fig*), espantar; **~'schicken** (h) enviar, expedir; **~'schieben** (*irr, sin* ge-, h, → *schieben*) cambiar de sitio (*a refl*), desplazar; *zeitlich*: aplazar

ver'schieden [-'fiːdən] *adj* diferente, distinto; *pl* -**e** (*mehrere*) diversos, varios; **~artig** distinto, vario; **Ɔheit** *f* (-; -en) diferencia *f*, diversidad *f*

ver'schiff|en (h) embarcar; **Ɔung** *f* (-; -en) embarque *m*

ver'schimm|eln (sn) enmohecerse; **~'schlafen 1.** *v/t* (*irr, sin* ge-, h, → *schlafen*): (*sich*) **~** levantarse *bzw* despertarse tarde; **2.** *adj* soñoliento; **~'schlagen 1.** *v/t* (*irr, sin* ge-, h, → *schlagen*): **~ werden nach** ir a parar a; *es verschlug ihm die Sprache* se quedó de una pieza; **2.** *adj* taimado, astuto

ver'schlechter|n [-'ʃlɛçtərn] (h) empeorar; *sich* **~** empeorarse; **Ɔung** *f* (-; -en) empeoramiento *m*

verschleiern [-'ʃlaɪərn] (h) velar; *fig* encubrir

ver'schlepp|en (h) *j-n*: secuestrar; deportar; *et*: dar largas a; ✝ descuidar; **Ɔung** *f* (-; -en) secuestro *m*; deportación *f*

ver'schleudern (h) dilapidar; ✝ malbaratar

ver'schließ|bar [-'ʃliːsbaːr] con cerradura; **~en** (*irr, sin* ge-, h, → *schließen*) cerrar (con llave); (*einschließen*) encerrar

ver'schlimmer|n [-'ʃlɪmərn] (h): (*sich*) **~** agravar(se); **Ɔung** *f* (-; -en) agravación *f*

ver'schlingen (*irr, sin* ge-, h, → *schlingen*) (*essen*) devorar (*a fig*), tragarse

ver'schlossen [-'ʃlɔsən] cerrado; *fig a* reservado; **Ɔheit** *f* (-; *sin pl*) reserva *f*

ver'schlucken (h) tragar; *sich* **~** atragantarse (*an dat* con); **Ɔschluß** *m* (-sses; -sse) cierre *m*; *fot* obturador *m*; **~'schmähen** (h) despreciar, desdeñar; **~'schmelzen** (*irr, sin* ge-, → *schmelzen*) **1.** *v/t* (h) fundir; **2.** *v/i* (sn) fundirse

ver'schmutz|en *v/t* (h) (*v/i* [sn]) ensuciar(se); *Umwelt*: contaminar; **Ɔung** *f* (-; -en) *der Umwelt*: contaminación *f*, polución *f*

Ver|schnitt [-'ʃnɪt] *m* (-[e]s; -e) (*Wein usw*) mezcla *f*; **Ɔschnupft** [-'ʃnʊpft] constipado; *fig* amoscado, picado; **Ɔ'schnüren** (h) atar (con cuerda); **Ɔschönern** [-'ʃøːnərn] (h) embellecer, hermosear

ver'schossen [-'ʃɔsən] *Farbe*: desteñido; F *fig* **~ in** (*ac*) chalado por F; **~'schrauben** (h) atornillar; **~'schreiben** (*irr, sin* ge-, h, → *schreiben*) ✝ recetar, prescribir; *sich* **~** equivocarse al escribir; **~'schreibungspflichtig** con

verstehen

receta médica; ~**schrotten** [-'ʃrɔtən] (h) desguazar

ver'schuld|en (h) tener la culpa de; (causar; ℒen *n* (-s; *sin pl*) culpa *f*, falta *f*; ~et endeudado; ℒung *f* (-; -en) endeudamiento *m*

ver|'schütten (h) derramar; ~'schweigen (*irr, sin* ge-, h, → *schweigen*) callar

ver'schwend|en [-'ʃvɛndən] (h) prodigar, disipar; derrochar; *a Zeit*: desperdiciar; ℒung *f* (-; -en) disipación *f*, derroche *m*, despilfarro *m*

verschwiegen [-'ʃviːgən] callado; discreto

ver|'schwinden (*irr, sin* ge-, sn, → *schwinden*) desaparecer; F eclipsarse; ~'schwitzen (h) F *fig* olvidarse de

verschwommen [-'ʃvɔmən] vago; nebuloso; *Bild usw*: borroso

Ver'schwörung [-'ʃvøːruŋ] *f* (-; -en) conjuración *f*, conspiración *f*

ver'sehen 1. *v/t* (*irr, sin* ge-, h, → *sehen*): ~ **mit** dotar de, proveer de; 2. ℒ *n* (-s; -) equivocación *f*, error *m*; descuido *m*, inadvertencia *f*; *aus* ~ = ~**tlich** por descuido

ver'send|en (*irr, sin* ge-, h, → *senden*) expedir, enviar; ℒung *f* (-; -en) expedición *f*, envío *m*

ver|'sengen (h) chamuscar; ~'senken (h) sumergir; ✧ hundir; *sich* ~ *in* (*ac*) sumirse *od* abismarse en; ~'setzen (h) trasladar (*a Beamte*); *Schlag*: asestar, propinar; (*entgegnen*) replicar; *als Pfand*: empeñar; F *j-n* ~ dar esquinazo *od* un plantón a alg

verseuch|en [-'zɔyçən] (h) infestar, contaminar; ℒung *f* (-; -en) contaminación *f*

Ver'sicher|er [fɛr'zɪçərər] *m* (-s; -) asegurador *m*; ℒn (h) ✝ asegurar; (*behaupten*) aseverar, afirmar; ~**te** *m/f* (-n; -n) asegurado *m*, -a *f*; ~**ung** *f* (-; -en) ✝ seguro *m*; (*Behauptung*) aseveración *f*, afirmación *f*

Ver'sicherungs... [-'--ruŋs...]: *in Zssgn* oft de seguro; ~**agent** *m* agente *m* de seguros; ~**nehmer** *m* contratante *m*; ~**police** *f* póliza *f* de seguro

ver|'siegeln (h) sellar; ~'siegen (sn) secarse; *fig* agotarse; ~'sinken (*irr, sin* ge-, sn, → *sinken*) hundirse, sumergirse; ✧ irse a pique; *in Gedanken* ~ ensimismarse

ver'söhn|en [fɛr'zøːnən] (h) reconciliar; ℒung *f* (-; -en) reconciliación *f*

ver'sorg|en (h) proveer, abastecer (*mit* de); ✝ surtir (*mit* de); ℒung *f* (-; *sin pl*) abasto *m*, abastecimiento *m*, aprovisionamiento *m*; ℒungs-engpaß *m*, ℒungslücke *f* desabastecimiento *m*

ver'spät|en [-'ʃpɛːtən] (h): *sich* ~ retrasarse, llegar tarde; ~**et** con retraso; ℒung *f* (-; -en) retraso *m*; ~ *haben* llevar retraso

ver|'sperren (h) cerrar; obstruir; *Weg*: atajar; *Aussicht*: quitar; ~'**spielen** (h) perder en el juego; ~'**spotten** (h) burlarse de, mofarse de

ver'sprech|en (*irr, sin* ge-, h, → *sprechen*) prometer; *sich* ~ equivocarse (al hablar); *sich viel* ~ *von* esperar mucho de; ℒen *n* (-s; -), ℒung *f* (-; -en) promesa *f*

ver'staatlich|en [-'ʃtaːtlɪçən] (h) nacionalizar; ℒung *f* (-; -en) nacionalización *f*

Verstand [-'ʃtant] *m* (-[e]s; *sin pl*) inteligencia *f*; intelecto *m*; (*Vernunft*) razón *f*; (*Urteilskraft*) juicio *m*; *den* ~ *verlieren* perder el juicio

ver'ständig|en [-'ʃtɛndɪgən] (h) enterar, informar (*von* de); *sich* ~ entenderse; (*sich einigen*) ponerse de acuerdo; ℒung *f* (-; *sin pl*) acuerdo *m*, arreglo *m*; *tel* comunicación *f*

verständlich [-'ʃtɛntlɪç] inteligible; comprensible; *sich* ~ *machen* hacerse entender

Ver'ständnis [-'-nɪs] *n* (-sses; *sin pl*) comprensión *f*, entendimiento *m*; ℒvoll comprensivo

ver'stärk|en (h) reforzar (*a* ⊕ ⊙ *v* ✕); *♪* amplificar; intensificar; ℒ**er** ⚡ *m* (-s; -) amplificador *m*; ℒung *f* (-; -en) refuerzo *m* (*a* ✕); intensificación *f*; *♪* amplificación *f*

ver'stauch|en [-'ʃtauxən] (h): *sich den Fuß* ~ torcerse el pie; ℒung *f* (-; -en) torcedura *f*

Versteck [-'ʃtɛk] *n* (-[e]s; -e) escondrijo *m*; ℒen (h) esconder (*vor dat* de); *sich* ~ esconderse

ver'stehen (*irr, sin* ge-, h, → *stehen*) entender (*unter dat* por); comprender; (*können*) saber; *sich* ~ entenderse; *zu* ~ *geben* dar a entender; *sich auf et* ~ entender de a/c; *das versteht sich von selbst* eso se sobrentiende

ver'steiger|n (h) subastar, rematar; &ung *f* (-; -en) subasta *f*, remate *m*
ver'stell|bar ajustable, regulable; **~en** (h) ajustar, regular; (*versperren*) obstruir; cerrar; *Schrift, Stimme*: desfigurar; *sich ~* disimular, fingir; &ung *f* (-; *sin pl*) disimulo *m*
ver'steuern (h) pagar impuestos por
verstimmt [-'ʃtɪmt] ♪ desafinado; *fig* de mal humor, disgustado
ver'stopf|en (h) obstruir; *Loch*: tapar; &ung *f* (-; -en) ♣ estreñimiento *m*; *Verkehr*: embotellamiento *m*, atasco *m*
verstorben [-'ʃtɔrbən] fallecido
Ver'stoß *m* (-es; ⁀e) falta *f* (**gegen** a); &en (*irr, sin* ge-, h, → **stoßen**) **1.** *v/t* expulsar; **2.** *v/i*: ~ **gegen** faltar a, contravenir a
ver'|streichen (*irr, sin* ge-, sn, → **streichen**) (h) transcurrir, pasar; *Frist*: vencer; **~'streuen** (h) dispersar, esparcir; **~'stümmeln** [-'ʃtʏməln] (h) mutilar (*a fig*); **~'stummen** [-'ʃtʊmən] (sn) enmudecer; *Lärm*: cesar
Ver'such [-'zuːx] *m* (-[e]s; -e) tentativa *f*, intento *m* (*a* ♣); (*Probe*) prueba *f*, ensayo *m*; *fis usw*: experimento *m*; &en (h) probar (*a kosten*), ensayar; ~ **zu** (*inf*) intentar, procurar (*inf*); tratar de; &sweise a título de ensayo *od* prueba; **~ung** *f* (-; -en) tentación *f*; **in** ~ **führen** tentar
ver|sunken [-'zʊŋkən] *fig*: ~ **in** (*ac*) absorto en; **~'süßen** (h) endulzar; *fig Pille*: dorar
ver'tag|en (h) aplazar (**auf** *ac* hasta); &ung *f* (-; -en) aplazamiento *m*
ver'tauschen (h) cambiar (**gegen** por); (*verwechseln*) confundir (**mit** con)
ver'teidig|en [-'taɪdɪɡən] (h) defender; &er *m* (-s; -) defensor *m* (*a* ♣); *dep* defensa *m*; &ung *f* (-; *sin pl*) defensa *f*; &ungs...: *in Zssgn* defensivo; &ungs‌minister(ium *n*) *m* ministro *m* (ministerio *m*) de Defensa
ver'teil|en (h) distribuir, repartir; *sich ~* dispersarse; &er *m* (-s; -) repartidor *m*; *a* ⊙ distribuidor *m*; &ung *f* (-; -en) distribución *f*; reparto *m*
ver'tief|en [-'tiːfən] (h) ahondar, profundizar; *sich ~ in* (*ac*) absorberse en; &ung *f* (-; -en) (*Mulde*) hondonada *f*; (*Höhlung*) hueco *m*
vertikal [vɛrtiˈkaːl] vertical

vertilgen [fɛrˈtɪlɡən] (h) destruir, exterminar; F comerse
Ver'trag [-'traːk] *m* (-[e]s; ⁀e) contrato *m*; *pol* tratado *m*; &en [-'-ɡən] (*irr, sin* ge-, h, → **tragen**) (*ertragen*) aguantar, resistir; (*dulden*) soportar; *sich* (*gut*) ~ llevarse bien; &lich [-'traːklɪç] contractual; *adv* por contrato
Ver'trags|händler *m* concesionario *m*; **~werkstatt** *f* taller *m* oficial
ver'trauen (h) **1.** *v/i* confiar (*j-m od auf ac* en alg *od* a/c); **2.** & *n* (-s; *sin pl*) confianza *f* (**auf** *ac*, **zu** en); *im* ~ en confianza, confidencialmente; &sstellung *f* puesto *m* de confianza; **~swürdig** (digno) de confianza
ver'traulich confidencial; (*familiär*) familiar, íntimo
vertraut [-'traʊt] íntimo; familiar; *sich* ~ *machen mit* familiarizarse con
ver'treiben (*irr, sin* ge-, h, → **treiben**) expulsar; *fig* ahuyentar; ✝ vender, distribuir; *sich* (*dat*) *die Zeit* ~ pasar *od* matar el tiempo
ver'tret|en (*irr, sin* ge-, h, → **treten**) representar; (*ersetzen*) re(e)mplazar, sustituir; *Meinung*: sostener; defender; F *sich* (*dat*) *die Beine* ~ F estirar las piernas; *sich den Fuß* ~ torcerse el pie; &er *m* (-s; -), &erin *f* (-; -en) representante *su* (*a* ✝); (*Stellℓ*) sustituto *m*, -a *f*, suplente *su*; &ung *f* representación *f*; sustitución *f*
Vertrieb [-'triːp] ✝ *m* (-[e]s; *sin pl*) venta *f*; distribución *f*; **~ene** [-'-bənə] *m* (-n; -n) expulsado *m*; **~s-abteilung** [-'triːps-] *f* sección *f od* departamento *m* de ventas; **~sleiter** *m* jefe *m* de ventas
ver'|trocknen (sn) secarse; **~'trödeln** (h) *Zeit*: perder; **~'tuschen** (h) disimular, encubrir; **~'üben** (h) cometer, perpetrar
ver'un|glücken [-'ʔʊŋɡlʏkən] (sn) *j*: tener *od* sufrir un accidente; *et*: fracasar; &glückte *m* (-n; -n) accidentado *m*; &reinigung *f* (-; -en) polución *f*, contaminación *f*; **~sichern** (h) confundir; &treuung *f* (-; -en) defraudación *f*, malversación *f*
ver'ur|sachen [-'ʔuːrzaxən] (h) causar, ocasionar; **~teilen** (h) condenar (*a fig*); &teilung *f* (-; -en) condena *f*
vervielfältigen [-'fiːlfɛltɪɡən] (h) *fot usw*: reproducir; (*abziehen*) multicopiar

Vetternwirtschaft

vervoll|kommnen [-'fɔlkɔmnən] (h) perfeccionar; **~ständigen** [-'-ʃtɛndigən] (h) completar
verwackelt [-'vakəlt] *fot* movido
verwählen (h): *sich ~ tel* marcar mal
ver'wahr|en [-'vɑːrən] (h) guardar; *sich ~* protestar (*gegen* contra); **~lost** [-'-lo:st] abandonado; **♀ung** *f* (-; *sin pl*) custodia *f*; *in ~ geben* dar en depósito
verwaist [-'vaist] huérfano; *fig* abandonado
ver'walt|en (h) administrar; *Amt*: desempeñar; **♀er** *m* (-s; -), **♀erin** *f* (-; -nen) administrador(a *f*) *m*; **♀ung** *f* (-; -en) administración *f*; **♀ungs...**: *in Zssgn oft* administrativo; **♀ungskosten** *pl* gastos *m/pl* de administración
ver'wand|eln (h) transformar, cambiar (*in ac* en); **♀lung** *f* (-; -en) transformación *f*; cambio *m*
ver'wandt [-'vant] pariente (*mit* de); *fig* semejante (a); **♀e** *m/f* (-n; -n) pariente *su*, familiar *su*; **♀schaft** *f* parentesco *m*; (*die Verwandten*) parentela *f*
Ver'warnung *f* (-; -en) amonestación *f*
ver'wechs|eln (h) confundir; **♀lung** *f* (-; -en) confusión *f*; equivocación *f*
verwegen [-'veːgən] temerario
ver'weigern (h) rehusar, (de)negar
Verweis [-'vais] *m* (-es; -e) (*Tadel*) reprensión *f*, reprimenda *f*; (*Hinweis*) remisión *f* (*auf ac* a); **♀en** [-'-zən] (*irr, sin ge-*, h, → *weisen*) (*hinweisen*) remitir (*an, auf ac* a); *des Landes ~* expulsar
ver'welken (sn) marchitarse
ver'wend|en (*irr, sin ge-*, h, → *wenden*) utilizar, emplear; *Geld, Zeit, Sorgfalt*: gastar (*für, auf ac* en); **♀ung** *f* (-; -en) empleo *m*, uso *m*, utilización *f*
ver'wert|en (h) utilizar, aprovechar; **♀ung** *f* (-; -en) utilización *f*, aprovechamiento *m*
verwesen [-'veːzən] (sn) pudrirse, corromperse; **♀ung** *f* (-; *sin pl*) putrefacción *f*, descomposición *f*
ver'wick|eln (h) enredar, enmarañar; *fig* complicar; *sich in Widersprüche ~* incurrir en contradicciones; **~elt** *fig* complicado; enredado; **~ sn in** (*ac*) estar implicado *od* envuelto en; **♀lung** *f* complicación *f*
ver'wirklich|en (h) realizar; **♀ung** *f* (-; -en) realización *f*
ver'wirr|en [-'virən] (h) enmarañar, enredar; *fig* desconcertar, confundir; **~t** confuso, desconcertado; **♀ung** *f* (-; *sin pl*) embrollo *m*, confusión *f*
ver|'wischen (h) borrar (*a fig*); **~witwet** [-'vitvət] viudo; **~wöhnen** [-'vøːnən] (h) mimar
verworren [-'vɔrən] embrollado
verwunden [-'vundən] (h) herir (*a fig*)
ver'wunder|lich extraño, sorprendente; **~n** (h) extrañar, sorprender; **♀ung** *f* (-; *sin pl*) admiración *f*, asombro *m*
Ver'wundete *m/f* (-n; -n) herido *m*, -a *f*
ver|'wünschen (h) maldecir, imprecar; **~wüsten** [-'vyːstən] (h) devastar, asolar; **~'zählen** (h): *sich ~* equivocarse (al contar); **~zaubern** (h) encantar, hechizar
Ver'zehr [-'tseːr] *m* (-s; *sin pl*) consumo *m*; **♀en** (h) consumir (*a fig*), comer(se)
Ver'zeichnis [-'tsaiçnis] *n* (-ses; -se) lista *f*, relación *f*
ver'zeih|en (verzieh, verziehen, h) perdonar, disculpar; **~lich** perdonable; **♀ung** *f* (-; *sin pl*) perdón *m*; **~!** ¡perdone!, ¡perdón!; *j-n um ~ bitten* pedir perdón a alg
ver'zerren (h) deformar; *a Ton, Bild*: distorsionar
Ver'zicht [-'tsiçt] *m* (-[e]s; *sin pl*) renuncia *f* (*auf ac* a); **♀en** (h) renunciar (*auf ac* a)
verziehen (*irr, sin ge-*, h, → *ziehen*) *v/t Kind*: mimar; *das Gesicht ~* torcer el gesto; *sich ~ Holz*: alabearse; *Wolken*: disiparse; F *Person*: esfumarse
Ver'zierung *f* (-; -en) adorno *m*; △ ornamento *m*
ver'zins|en [-'tsinzən] (h) pagar intereses; *sich ~* devengar intereses; *mit 5% ~* pagar un 5% de interés; **♀ung** [-'-zuŋ] *f* (-; -en) rédito *m*
ver'zöger|n (h) retardar; *sich ~* retrasarse; **♀ung** *f* (-; -en) retraso *m*; demora *f*
ver'zollen [-'tsɔlən] (h) pagar aduana; *haben Sie et zu ~?* ¿tiene usted algo que declarar?
Verzug [-'tsuːk] *m* (-[e]s; *sin pl*) demora *f*; *in ~ geraten* retrasarse
ver'zweif|eln (sn) desesperar (*an dat* de); **♀lung** *f* (-; *sin pl*) desesperación *f*; *zur ~ bringen* desesperar
verzwickt F [-'tsvikt] complicado
'Vetter ['fɛtɐr] *m* (-s; -) primo *m*; **~nwirtschaft** *f* nepotismo *m*

vibrieren [vi'bri:rən] (h) vibrar
'Video ['vi:deo] *n* (-s; -s) vídeo *m*; **~film** *m* videofilm(e) *m*; **~kamera** *f* videocámara *f*; **~kassette** *f* videocassette *f*; **~recorder** [---rekɔrdər] *m* (-s; -) videocassette *m*, F vídeo *m*; **~spiel** *n* videojuego *m*; **~thek** [---'te:k] *f* (-; -en) videoteca *f*
Vieh [fi:] *n* (-s; *sin pl*) ganado *m*; (*Stück n*) ~ res *f*; **'~wagen** 🚃 *m* vagón *m* para ganado; **'~zucht** *f* cría *f* de ganado
viel [fi:l] (*Komparativ*: **mehr**, *Superlativ*: **meist**) mucho; **sehr ~** muchísimo; **so ~** tanto; **ziemlich ~** bastante; **~erlei** ['-lər'laɪ] *inv* toda clase de; **'~fach** múltiple; (*wiederholt*) reiterado, repetido; *adv* a menudo, con frecuencia; **2falt** ['-falt] *f* (-; *sin pl*) diversidad *f*; variedad *f*; **'~farbig** multicolor; **'~leicht** quizá(s), tal vez; **~mals** ['-ma:ls]: **danke ~!** ¡muchísimas gracias!; **'~mehr** más bien; **'~sagend** significativo; **~seitig** ['-zaɪtɪç] variado; universal; *Person*: polifacético; *Gerät*: versátil; **'~versprechend** muy prometedor; **2völkerstaat** *m* Estado *m* multinacional
vier [fi:r] cuatro; **unter ~ Augen** a solas; **auf allen ~en** a gatas; **2eck** *f* ['-?ɛk] *n* (-[e]s; -e) cuadrángulo *m*, cuadrilátero *m*; **'~eckig** cuadrangular; **'~fach** cuádruplo; **2füß(l)er** ['-fy:s(l)ər] *m* (-s; -) cuadrúpedo *m*; **'~hundert** cuatrocientos; **'~jährig** de cuatro años; **2linge** ['-lɪŋə] *m/pl* cuatrillizos *m/pl*; **'~mal** cuatro veces; **~rädrig** ['-rɛ:drɪç] de cuatro ruedas; **'~stellig** de cuatro cifras *od* dígitos; **2taktmotor** *m* motor *m* de cuatro tiempos; **~'tausend** cuatro mil; **'~te** cuarto
Viertel ['fɪrtəl] *n* (-s; -) cuarto *m*; (*Stadt*2) barrio *m*; **~ nach fünf** las cinco y cuarto; **~ vor fünf** las cinco menos cuarto; **'~jahr** *n* trimestre *m*; **2jährlich** trimestral; **~note** ♩ *f* negra *f*; **~'stunde** *f* cuarto *m* de hora
'vier|tens [-təns] en cuarto lugar; **~zehn** ['fɪrtse:n] catorce; **~ Tage** quince días; **~zehntägig** quincenal; **~zehnte** décimo cuarto
vierzig ['fɪrtsɪç] cuarenta; **~ste** cuadragésimo
Villa ['vila] *f* (-; -len) chalet *m*, torre *f*
Viola ♩ [vi'o:la] *f* (-; -len) viola *f*
violett [vio'lɛt] violeta

Violine [--'li:nə] *f* (-; -n) violín *m*
Virus ['vi:rʊs] *n*, *m* (-; -ren) virus *m*
Vision [vi'zjo:n] *f* (-; -en) visión *f*
Vi'site [-'zi:tə] *f* (-; -n) visita *f* (*a* 🏥); **~nkarte** *f* tarjeta *f* (de visita)
Visum ['vi:zʊm] *n* (-s; Visa, Visen) visado *m*, *Am* visa *f*
Vitamin [vita'mi:n] *n* (-s; -e) vitamina *f*
'Vizekanzler ['fi:tsə-, 'vi:tsə-] *m* vicecanciller *m*
'Vogel ['fo:gəl] *m* (-s; ⸚) ave *f*; *kleiner*: pájaro *m*; F *e-n ~ haben* estar chiflado; **~futter** *n* alpiste *m*; **~perspektive**, **~schau** *f*: *aus der ~* a vista de pájaro; **~scheuche** *f* ['--ʃɔʏçə] *f* (-; -n) espantapájaros *m* (*a fig*), espantapájaros *m*
Vokab|el [vo'ka:bəl] *f* (-; -n) vocablo *m*, voz *f*; **~ular** [-kabu'la:r] *n* (-s; -e) vocabulario *m*
Vokal [-'ka:l] *m* (-s; -e) vocal *f*
Volk [fɔlk] *n* (-[e]s; ⸚er) pueblo *m*, nación *f*
'Völker|kunde ['fœlkər-] *f* etnología *f*; **~recht** *n* derecho *m* internacional; **2rechtlich** del derecho internacional; **~wanderung** *hist* ƒ Invasión *f* de los Bárbaros
'Volks|abstimmung ['fɔlks-] *f* plebiscito *m*; referéndum *m*; **~fest** *n* fiesta *f* popular; **~hochschule** *f* universidad *f* popular; **~lied** *n* canción *f* popular; **~republik** *f* república *f* popular; **~tanz** *m* danza *f* popular; **~tracht** *f* traje *m* nacional *bzw* regional; **2tümlich** ['-ty:mlɪç] popular; **~wirtschaft** *f* economía *f* política; **~wirt(schaftler** *m* [-s; -]) *m* economista *m*
voll [fɔl] lleno (de); *fig* pleno; (*ganz*) completo, entero; P (*betrunken*) borracho; **~ und ganz** totalmente; (*nicht*) *für ~ nehmen* (no) tomar en serio; **'~auf** completamente; **'~automatisch** completamente automático; **2bart** *m* barba *f* (cerrada); **2beschäftigung** *f* pleno empleo *m*; **2blut(pferd)** *n* (caballo *m* de) pura sangre *m*; **~bringen** (*irr*, *sin ge-*, h, → *bringen*) llevar a cabo, realizar; **2dampf** *m*: *mit ~* a toda máquina (*a fig*); **~enden** (h) acabar, terminar; **~endet** (*vollkommen*) perfecto; **~e Tatsache** hecho *m* consumado; **~ends** ['-lɛnts] por completo, completamente
Volleyball ['vɔlibal] *m* voleibol *m*, balonvolea *m*

voll|führen [fɔl'fyːrən] (h) realizar, ejecutar; **2gas** n: **mit ~** a todo gas, a toda marcha; **~ geben** pisar a fondo
völlig ['fœlɪç] completo, entero
'voll|jährig ['fɔljɛːrɪç] mayor de edad; **2kasko(versicherung** f) n seguro m a todo riesgo; **2kommen** perfecto; **2kommenheit** f (-; sin pl) perfección f; **2kornbrot** n pan m integral; **~machen** (sep, -ge-, h) llenar; completar; F ensuciar; **2macht** f (-; -en) poder m; (plenos) poderes m/pl; **2milch** f leche f entera od completa; **2mond** m luna f llena, plenilunio m; **2pension** f pensión f completa; **~ständig** completo, entero; íntegro; **~strecken** (h) ejecutar; **2streckung** f (-; -en) ejecución f; **~tanken** (sep, -ge-, h) llenar el depósito; **~wertig** ['-veːrtɪç] de valor integral; **~zählig** ['-tsɛːlɪç] completo, total; **~'ziehen** (irr, sin ge-, h, → **ziehen**) ejecutar, efectuar
Volontär [vɔlɔn'tɛːr] m (-s; -e) practicante m
Volt [vɔlt] n (-, -[e]s; -) voltio m; **'~zahl** f voltaje m
Volumen [voˈluːmən] n (-s; -, -mina) volumen m
vom [fɔm] = **von dem**
von [fɔn] prp (dat) de; beim Passiv mst por; **~ ... ab, an** desde, a partir de; **~ jetzt** (od **nun**) **an** de ahora en adelante; **~ ... bis** de ... a, desde ... hasta; **ein Freund ~ mir** un amigo mío; **~ mir aus** por mí; por mi parte; **'~ein'ander** uno(s) de otro(s)
vor [foːr] **1.** prp (wo?, wann? dat; wohin? ac): **a)** örtlich: delante de; a fig ante; fig **~ sich gehen** tener lugar; ocurrir; **b)** zeitlich: antes de; **~ fünf Jahren** hace cinco años; **fünf Minuten ~ drei** las tres menos cinco; **c)** kausal: (dat) de; **~ Freude** de alegría; **2.** adv: **nach wie ~** ahora como antes; **'2-abend** m víspera f; **am ~ von** en vísperas de; **'2-ahnung** f presentimiento m
vor'an [foˈran] delante, adelante; **~gehen** (irr, sep, -ge-, sn, → **gehen**) ir delante (j-m de alg); tomar la delantera; zeitlich: preceder; **~kommen** (irr, sep, -ge-, sn, → **kommen**) adelantar, avanzar
'Vor-an|meldung ['foːrʔanmɛldʊŋ] f tel preaviso m; **~schlag** m presupuesto m
Voranzeige ['foːrʔantsaɪɡə] f previo aviso m; TV, Film: avance m (de programa)
'Vor-arbeiter m capataz m
vor'aus [foˈraʊs] hacia adelante; **j-m ~ sn** llevar ventaja a alg; **im ~** ['-ˈ-] de antemano, con anticipación, por adelantado; **~datieren** (h) poner posfecha; **~gehen** (irr, sep, -ge-, sn, → **gehen**) ir delante; preceder; **~gesetzt: ~, daß ...** suponiendo que ...; a condición de que (subj); **~sagen** (sep, -ge-, h) predecir, pronosticar; **~sehen** (irr, sep, -ge-, h, → **sehen**) prever; **~setzen** (sep, -ge-, h) (pre)suponer; **2setzung** f (-; -en) suposición f; (Bedingung) condición f (previa); **~sichtlich** probable; **2zahlung** f pago m por adelantado
'Vorbe|deutung ['foːr-] f (-; -en) presagio m, agüero m; **~dingung** f (-; -en) condición f previa
Vorbehalt ['foːrbəhalt] m (-[e]s; -e) reserva f
vor'bei [foˈbaɪ] por delante (an dat de); junto a; zeitlich: pasado; **es ist ~** ya pasó; **es ist alles ~** todo se acabó; **~fahren** (irr, sep, -ge-, sn, → **fahren**), **~gehen** (irr, sep, -ge-, sn, → **gehen**) pasar (an dat por delante de, junto a); **~lassen** (irr, sep, -ge-, h, → **lassen**) dejar pasar
'vorbereit|en ['foːr-] (sep, h) preparar; **~end**, **2ungs...** preparatorio; **2ung** f preparación f; **~en pl** preparativos m/pl
'vorbe|stellen (sep, h) reservar; **2stellung** f (-; -en) reserva f; **~straft: (nicht) ~** con (sin) antecedentes penales
'vorbeug|en (sep, -ge-, h) **1.** v/refl: **sich ~** inclinarse hacia adelante; **2.** v/i prevenir (e-r Sache a/c); **~end**, **2ungs...** preventivo; # a profiláctico; **2ung** f (-; -en) prevención f; # a profilaxis f
'Vorbild n (-[e]s; -er) modelo m, ejemplo m; ideal m; **2lich** ejemplar, modelo (inv)
'vordatieren (sep, h) poner posfecha
'vorder ['fɔrdər] de delante, delantero; anterior; **2-achse** f eje m delantero; **2bein** n, **2fuß** m pata f delantera; **2grund** m primer plano m (a fig); **2rad** n rueda f delantera; **2rad-antrieb** m tracción f delantera; **2seite** f parte f anterior od delantera; Münze: cara f; △ fachada f; **2sitz** m asiento m delantero; **2teil** n od m parte f delantera
'vor|drängen ['foːr-] (sep, -ge-, h): **sich ~**

vordringlich 512

abrirse paso a codazos; ~**dringlich** urgente; 2**druck** *m* (-[e]s; -e) formulario *m*, impreso *m*

'**vor-eilig** precipitado; prematuro

'**vor-eingenommen** parcial; prevenido (*gegen* contra)

Vorfahr ['-fɑːr] *m* (-en; -en) antepasado *m*

Vorfahrt|(**srecht** *n*) *f* prioridad *f* od preferencia *f* de paso; *Vorfahrt beachten!* ceda el paso; ~**sschild** *n* señal *f* de prioridad; ~**sstraße** *f* calle *f* bzw carretera *f* con preferencia (de paso)

'**Vorfall** *m* (-[e]s; ⁻e) suceso *m*, acontecimiento *m*; ⚕ prolapso *m*

'**vorfinden** (*irr, sep, -ge-, h, → finden*) encontrar

'**vorführ**|**en** (*sep, -ge-*, h) exhibir, presentar, demostrar; *Film:* proyectar; 2**ung** *f* (-; -en) exhibición *f*, presentación *f*, demostración *f*; *e-s Films:* proyección *f*

'**Vor**|**gang** *m* (-[e]s; ⁻e) suceso *m*, acontecimiento *m*; ⚪, ⚛, ⚕ proceso *m*; (*Akten*2) expediente *m*; ~**gänger** ['-gɛŋər] *m* (-s; -), ~**gängerin** *f* (-; -nen) antecesor(a *f*) *m*, predecesor(a *f*) *m*; ~**gebirge** *n* cabo *m*, promontorio *m*; 2**gefertigt** prefabricado

'**vorgehen** (*irr, sep, -ge-*, sn, → *gehen*) pasar adelante; *Uhr:* ir adelantado; (*den Vorrang haben*) tener preferencia; (*geschehen*) ocurrir, pasar; (*handeln*) proceder

'**Vorge**|**schmack** *m* fig prueba *f*; anticipo *m*; ~**setzte** ['--zɛtstə] *m/f* (-n; -n) superior(a *f*) *m*

'**vorgestern** anteayer; ~ *abend* anteanoche

'**vor**|**haben** (*irr, sep, -ge-*, h, → *haben*) tener la intención de, pensar (*inf*) proponerse (*inf*); *et* (*nichts*) ~ (no) tener un (ningún) compromiso; 2**haben** *n* (-s; -) intención *f*; proyecto *m*; 2**halle** *f* vestíbulo *m*

vorhanden [-'handən] existente; presente; ✝ disponible; ~ *sn* existir

'**Vorhang** *m* (-[e]s; ⁻e) cortina *f*; *teat* telón *m*

'**Vorhängeschloß** *n* candado *m*

'**vorher** antes; (*im voraus*) con anticipación; *kurz* (*lang*) ~ poco (mucho) antes

vor'**her**|**gehend**, ~**ig** precedente, anterior

Vor'**hersage** *f* (-; -n) predicción *f*, pronóstico *m*

vor'**hin** hace un momento

'**vor**|**ig** precedente, anterior; pasado; 2**jahr** *n* año *m* pasado

'**Vor**|**kasse** *f* pago *m* por anticipado; ~**kenntnisse** *f/pl* conocimientos *m/pl* preliminares

'**vorkomm**|**en** (*irr, sep, -ge-*, sn, → *kommen*) (*geschehen*) ocurrir, pasar, suceder; (*auftreten*) encontrarse, existir; (*scheinen*) parecer; 2**en** *n* (-s; -) presencia *f*, existencia *f*; *geo* yacimientos *m/pl*; 2**nis** *n* (-ses; -se) suceso *m*, incidente *m*

'**Vorladung** *f* (-; -en) citación *f*, emplazamiento *m*

'**Vor**|**lage** *f* (-; -n) presentación *f*; (*Gesetz*) proyecto *m*; (*Muster*) muestra *f*, modelo *m*; 2**läufig** provisional; *adv* por ahora, por de pronto

'**vorleg**|**en** (*sep, -ge-*, h) presentar; enseñar, mostrar; someter; servir; 2**er** *m* (-s; -) alfombrilla *f*; 2**eschloß** *n* candado *m*

'**vorles**|**en** (*irr, sep, -ge-*, h, → *lesen*) leer (en voz alta); 2**ung** *f* (-; -en) clase *f*, curso *m*; ~**en halten** dar *od* impartir clases

'**vor**|**letzt** penúltimo; 2**liebe** *f* (-; -n) predilección *f* (*für* por), preferencia *f*

'**vormal**|**ig** ['-mɑːlɪç] anterior, precedente; ~**s** antes

'**vormerken** (*sep, -ge-*, h) apuntar, anotar; tomar nota de

'**Vormittag** *m* (-s; -e) mañana *f*; *morgen* 2 mañana por la mañana; 2**s** por la mañana

'**Vormund** *m* (-[e]s; -e, ⁻er) tutor *m*; ~**schaft** *f* (-; -en) tutela *f*

vorn [fɔrn] (por) delante; *von* ~ por delante, de frente; *zeitlich:* de nuevo; *nach* ~ hacia adelante; (*wieder*) *von* ~ *anfangen* volver a empezar

'**Vorname** *m* nombre *m* de pila

'**vornehm** ['-neːm] noble; distinguido; elegante; ~**en** (*irr, sep, -ge-*, h, → *nehmen*) efectuar; *sich* (*dat*) *et* ~ proponerse a/c; 2**heit** *f* (-; *sin pl*) nobleza *f*; distinción *f*

vornherein ['fɔrnheˈraɪn]: *von* ~ desde un principio

'**Vorort** ['foːrˈɔrt] *m* (-[e]s; -e) suburbio *m*; ~**zug** *m* tren *m* suburbano

'**Vor**|**platz** *m* entrada *f*; explanada *f*; 2**programmiert** preprogramado; ~**rang** *m* (-[e]s; *sin pl*) primacía *f* (*vor*

vorziehen

dat sobre); preferencia *f*; ~**rat** *m* (-[e]s; ⸚e) provisión *f*; ✝ existencias *f/pl*, stock *m*; ⥄**rätig** ['rɛːtiç] disponible; ~**recht** *n* privilegio *m*; prerrogativa *f*

'**Vorrichtung** *f* (-; -en) dispositivo *m*, mecanismo *m*

'**Vor|ruhestand** *m* (-[e]s; *sin pl*) prejubilación *f*, jubilación *f* anticipada; ~**runde** *f dep* eliminatoria *f*; ~**saison** *f* temporada *f* baja; ~**satz** *m* propósito *m*, intención *f*; ⥄**sätzlich** ['-zɛtsliç] premeditado; *adv* de propósito; *a t͡s* con premeditación; ~**schau** *f TV* avance *m* de programa; *Film*: *a* trailer *m*; ~**schein** *m*: **zum ~ kommen** salir a la luz, aparecer

'**Vorschlag** *m* (-[e]s; ⸚e) proposición *f*; propuesta *f*; ⥄**en** (*irr, sep*, -ge-, h, → *schlagen*) proponer

'**Vor|schlußrunde** *f dep* semifinal *f*; ⥄**schreiben** (*irr, sep*, -ge-, h, → *schreiben*) *fig* prescribir

'**Vorschrift** *f* (-; -en) prescripción *f* (*a t͡s*); reglamento *m*; ⥄**smäßig** reglamentario; *adv* en (su) debida forma

'**Vorschuß** *m* (-sses; ⸚sse) anticipo *m*, adelanto *m*

'**vorsehen** (*irr, sep*, -ge-, h, → *sehen*) prever; **sich ~** tener cuidado; guardarse (**vor** *dat* de)

'**Vorsicht** *f* (-; *sin pl*) precaución *f*; cuidado *m*; ~**!** ¡cuidado!; F ¡ojo!; ⥄**ig** prudente, cauto; *adv* con cuidado; **~ sn** tener cuidado

'**Vorsilbe** *f* (-; -n) prefijo *m*

'**Vorsitz** *m* (-es; *sin pl*) presidencia *f*; **den ~ führen** presidir (*ac*); ~**ende** *m/f* (-n; -n) presidente *m*, -a *f*

'**Vorsorg|e** *f* (-; *sin pl*) previsión *f*; **~ treffen** tomar (sus) precauciones *bzw* las medidas necesarias; ~**e-untersuchung** *f* chequeo *m* preventivo; ⥄**lich** ['-zɔrkliç] previsor; *adv* por precaución

'**Vor|spann** *m* (-[e]s; ⸚e) *Film*: títulos *m/pl* (de crédito); ~**speise** *f* (-; -n) entrada *f*, entremés *m*, entrante *m*

'**Vorspiel** *n* (-[e]s; -e) preludio *m* (*a fig*); *teat* prólogo *m*

'**vor|springend** saliente; *Kinn*: prominente; ⥄**sprung** *m* (-[e]s; ⸚e) △ resalto *m*, saledizo *m*; *fig* ventaja *f*; **e-n ~ haben vor** llevar ventaja a; ⥄**stadt** *f* arrabal *m*

'**Vorstand** *m* (-[e]s; ⸚e) junta *f* directiva; (*Vorsteher*) jefe *m*, director *m*; ~**s-etage** *f* planta *f* de los directivos; ~**svorsitzende** *m* presidente *m* de la junta directiva

'**vorstehend** saliente

'**vorstell|en** (*sep*, -ge-, h) *Uhr*: adelantar; *j-n*: presentar; (*darstellen*) representar; (*bedeuten*) significar; **sich j-m ~** presentarse a alg; **sich** (*dat*) *et* **~** figurarse, imaginarse; ⥄**ung** *f* (-; -en) *j-s*: presentación *f*; *teat* representación *f*, función *f*; *Kino*: sesión *f*; (*Begriff*) idea *f*; concepto *m*; ⥄**ungsgespräch** *n* entrevista *f* personal; ⥄**ungskraft** *f* imaginación *f*

'**Vor|strafen** *f/pl* antecedentes *m/pl* penales; ⥄**strecken** (*sep*, -ge-, h) *Geld*: adelantar

'**Vorteil** ['fɔrtail] *m* (-s; -e) ventaja *f*; (*Gewinn*) provecho *m*; ⥄**haft** ventajoso

'**Vortrag** ['foːrtraːk] *m* (-[e]s; ⸚e) conferencia *f* (**halten** dar); ⥄**en** ['-gən] (*irr, sep*, -ge-, h, → *tragen*) exponer; declamar, recitar; ♪ interpretar

vor'trefflich excelente

'**vor'über** [foˈryːbər] pasado; ~**gehen** (*irr, sep*, -ge-, sn, → *gehen*) pasar (**an** *dat* por delante de); ~**gehend** pasajero; (*zeitweilig*) temporario; *adv* de paso

'**Vor-urteil** ['foːr-] *n* prejuicio *m*

'**Vor|verkauf** *teat m* venta *f* anticipada; ~**verkaufsstelle** *f* (taquilla *f* para la) venta *f* anticipada; ⥄**vorgestern** hace tres días; ~**wahl** *f* (-; -en) ⥄~**wählnummer** *f* prefijo *m*; ~**wand** *m* (-[e]s; ⸚e) pretexto *m*

'**vorwärts** ['fɔrvɛrts] (hacia) adelante; ~**gehen** avanzar; ~**kommen** (*irr, sep*, -ge-, sn, → *kommen*) *fig* salir adelante; progresar

vorweg [fɔrˈvɛk] de antemano

'**vor|werfen** ['foːr-] (*irr, sep*, -ge-, h, → *werfen*) echar; *fig* reprochar, echar en cara; ~**wiegend** predominante, preponderante; *adv* en su mayoría

'**Vorwort** *n* (-[e]s; -e) prefacio *m*, prólogo *m*

'**Vorwurf** *m* (-[e]s; ⸚e) reproche *m*; **zum ~ machen** reprochar

'**Vor|zeichen** *n* (-s; -) augurio *m*, presagio *m*, agüero *m*; ⚕ signo *m*; ⥄**zeigen** (*sep*, -ge-, h) presentar; enseñar; ⥄**zeitig** prematuro, anticipado; *adv* antes de tiempo; ⥄**ziehen** (*irr, sep*, -ge-, h, →

Vorzimmer 514

ziehen) *Vorhang*: correr; *fig* preferir; **vorzuziehen** preferible; ~**zimmer** *n* antesala *f*; ~**zug** *m* (-[e]s; ~e) preferencia *f*; (*Vorteil*) ventaja *f*; (*gute Eigenschaft*) mérito *m*
vorzüglich [-'tsy:kliç] excelente, exquisito; superior

'**Vorzugspreis** *m* precio *m* de favor
Votivbild [vo'ti:fbilt] *n* exvoto *m*
vulgär [vul'gɛːr] vulgar; grosero
Vul'kan [-'kaːn] *m* (-[e]s; -e) volcán *m*; ♀**isch** volcánico, ♀**isieren** [-kani'ziːrən] (h) vulcanizar; *auto* recauchutar

W

W, w [veː] *n* (-; -) W, w *f*
'**Waage** ['vaːɡə] *f* (-; -n) balanza *f*; báscula *f*; *sich die* ~ *halten* equilibrarse; ♀**recht** horizontal
Wabe ['vaːbə] *f* (-; -n) panal *m*
wach [vax] despierto; *fig a* espabilado, vivo; ~ *werden* despertarse; ♀**e** *f* (-; -n) guardia *f*; (*Mannschaft*) cuerpo *m* de guardia; ~ *stehen* estar de guardia; '~**en** (ge-, h) estar despierto; ~ *bei* velar (*ac*); ~ *über* (*ac*) vigilar (*ac*), velar por
Wacholder ♀ [va'xɔldər] *m* (-s; -) enebro *m*
Wachs [vaks] *n* (-es; -e) cera *f*
wachsam ['vaxzaːm] vigilante
wachsen ['vaksən] **1.** *v/i* (wuchs, gewachsen, sn) crecer; *fig a* aumentar; acrecentar; **2.** *v/t* (ge-, h) encerar; ~**d** creciente
Wachstuch *n* hule *m*
'**Wachs-tum** *n* (-s; *sin pl*) crecimiento *m*; ~**srate** *f* tasa *f* de crecimiento
Wachtel ['vaxtəl] *f* (-; -n) codorniz *f*
Wächter ['vɛçtər] *m* (-s; -) guarda *m*, guardián *m*
Wachtturm ['vaxt-] *m* vigía *f*, atalaya *f*
'**wack|(e)lig** ['vak(ə)liç] tambaleante, movedizo; *Möbel*: cojo; *fig* inseguro; ♀**elkontakt** ⚡ *m* contacto *m* flojo *od* intermitente; ~**eln** (ge-, h) tambalear(se); moverse (*a Zahn*); (*Möbel*) cojear
Wade ['vaːdə] *f* (-; -n) pantorrilla *f*
Waffe ['vafə] *f* (-; -n) arma *f*
Waffel ['-fəl] *f* (-; -n) barquillo *m*
'**Waffen|schein** *m* licencia *f* de armas; ~**stillstand** *m* armisticio *m*
Wagemut ['vaːɡəmuːt] *m* osadía *f*, temeridad *f*, audacia *f*

wagen ['-ɡən] (ge-, h) atreverse a, osar (*inf*); (*riskieren*) arriesgar, aventurar
'**Wagen** *m* (-s; -) coche *m* (*a* 🚗, *auto*); (*Karren*) carro *m*; 🚃 vagón *m*; ~**heber** *m* (-s; -) gato *m*; ~**papiere** *n*/*pl* documentación *f* del coche
Waggon [va'ɡɔŋ] *m* (-s; -s) vagón *m*
waghalsig ['vaːkhalziç] temerario, atrevido
Wagnis ['-nis] *n* (-ses; -se) riesgo *m*
Wahl [vaːl] *f* (-; -en) elección *f* (*a pol*); *zwischen zwei Möglichkeiten*: alternativa *f*, opción *f*; ✝ *erste* ~ primera calidad
wählbar ['vɛːlbaːr] elegible
'**wahl|berechtigt** ['vaːl-] con derecho a votar; ~ *sn* tener voto; ♀**beteiligung** *f* participación *f* electoral
'**wähl|en** ['vɛːlən] (ge-, h) elegir; (*aus*~) escoger, seleccionar; (*abstimmen*) votar; *tel* marcar; ♀**er** [-'lər] *m* (-s; -), ♀**erin** *f* (-; -nen) elector(a *f*) *m*, votante *su*
Wahlergebnis ['vaːl-]? *n* resultado *m* de las elecciones
'**wähler|isch** ['vɛːləriʃ] difícil (de contentar); ♀**liste** *f* censo *m* electoral
'**Wahl|heimat** ['vaːl-] *f* patria *f* adoptiva; ~**kampf** *m* lucha *f* electoral; ~**kreis** *m* distrito *m* electoral; ~**lokal** *n* colegio *m* electoral; ♀**los** confuso; *adv* al azar; sin orden ni concierto; ~**recht** *n* (-[e]s; *sin pl*) derecho *m* de votar; *allgemeines* ~ sufragio *m* universal; ~**zettel** *m* papeleta *f* electoral
'**Wahnsinn** ['vaːn-] *m* (-s; *sin pl*) locura *f* (*a fig*); ✝ demencia *f*; ♀**ig** loco (*a fig*); ✝ demente

wahr [vɑːr] verdadero, verídico; *(echt)* auténtico; *(aufrichtig)* sincero; **das ist ~** es verdad; **nicht ~?** ¿verdad?

wahren ['vɑːrən] (ge-, h) cuidar de; *Rechte, Interessen:* defender

währen ['vɛːrən] (ge-, h) durar; continuar; **~d 1.** *prp (gen)* durante; **2.** *cj* mientras; *Gegensatz:* mientras que

wahrhaftig [vɑːr'haftɪç] *adv* verdaderamente; realmente; ♀**heit** ['-haɪt] *f* (-; -en) verdad *f*

wahrnehm|bar ['-neːmbɑːr] perceptible; **~en** *(irr, sep, -ge-, h, → nehmen)* percibir; *(bemerken)* notar, observar; *Gelegenheit:* aprovechar

Wahrsagerin ['-zɑːɡərɪn] *f* (-; -nen) adivina *f*

wahr'scheinlich [-'ʃaɪnlɪç] probable; **er wird ~ (nicht) kommen** (no) es probable que venga; ♀**keit** *f* (-; *sin pl*) probabilidad *f*

Währung ['vɛːrʊŋ] *f* (-; -en) moneda *f*; **~skurs** *m* tipo *m* de cambio; **~sreform** *f* reforma *f* monetaria; **~sschlange** *f* serpiente *f* monetaria; **~ssystem** *n* sistema *m* monetario

Wahrzeichen ['vɑːrtsaɪçən] *n* símbolo *m*

Waise ['vaɪzə] *f* (-; -n) huérfano *m*, -a *f*; **~nhaus** *n* orfanato *m*

Wal [vɑːl] *m* (-[e]s; -e) ballena *f*

Wald [valt] *m* (-[e]s; ⸚er) bosque *m*, monte *m*; **~brand** *m* incendio *m* forestal; **~erdbeere** *f* fresa *f* (de los bosques); ♀**ig** ['-dɪç], ♀**reich** poblado de bosques, boscoso; **~sterben** *n* muerte *f* lenta de los bosques; **~weg** *m* camino *m* forestal

Wall [val] *m* (-[e]s; ⸚e) *(Erd♀)* terraplén *m*; *(Mauer)* muralla *f*

Wallfahr|er *m* (-s; -) peregrino *m*, romero *m*; **~t** *f* peregrinación *f*, romería *f*

Walnuß ['-nʊs] *f* nuez *f*

Walze ['valtsə] *f* (-; -n) rodillo *m*; ⊙ cilindro *m*

wälzen ['vɛltsən] (ge-, h) hacer rodar, arrollar; *Bücher:* manejar; *Probleme:* dar vueltas a; **sich ~** revolcarse *(in dat en)*

Walzer ['valtsər] *m* (-s; -) vals *m*

Wand [vant] *f* (-; ⸚e) pared *f (a Berg♀)*; *(Mauer)* muro *m*

Wandel ['vandəl] *m* (-s; *sin pl*) cambio *m*; transformación *f*; ♀**n** (ge-) **1.** *v/i* (sn) caminar, deambular; **2.** *v/t* (h) cambiar *(a sich)*; transformar

'Wander|ausstellung ['vandər-] *f* exposición *f* ambulante; **~er** *m* (-s; -) excursionista *m*, caminante *m*; **~karte** *f* mapa *m* excursionista; ♀**n** (ge-, sn) caminar, viajar a pie; hacer excursiones; **~pokal** *m* copa *f* ambulante; **~ung** *f* (-; -en) excursión *f*, caminata *f*; **~weg** *m* itinerario *m*; **~zirkus** *m* circo *m* ambulante

Wand|kalender ['vant-] *m* calendario *m* de pared; **~lung** *f* ['-dlʊŋ] *f* (-; -en) transformación *f*; **~malerei** *f* pintura *f* mural; **~schrank** *m* armario *m* empotrado; **~uhr** *f* reloj *m* de pared; **~zeitung** *f* periódico *m* mural

Wange ['vaŋə] *f* (-; -n) mejilla *f*

wann [van] cuando; **~?** ¿cuándo?

'Wanne ['vanə] *f* (-; -n) ⊙ tina *f*; *(Bade♀)* bañera *f*

Wanze ['vantsə] *f* (-; -n) chinche *f*; F *fig* micro-espía *m*

Wappen ['vapən] *n* (-s; -) armas *f/pl*, blasón *m*

Ware ['vɑːrə] *f* (-; -n) mercancía *f*, *Am* mercadería *f*

'Waren|angebot *n* oferta *f* de artículos; **~automat** *m* máquina *f* automática de venta, expendedora *f* automática; **~haus** *n* grandes almacenes *m/pl*, *Am* emporio *m*; **~korb** *m* Statistik: cesta *f* de la compra; **~probe** *f* muestra *f*; **~sendung** *f* envío *m* (de mercancías); remesa *f*; **~test** *m* control *m* de productos; **~zeichen** *n* marca *f* *(eingetragenes* registrada)

warm [varm] caluroso; *Klima:* cálido *(a fig)*; *Wetter:* caluroso *(a fig Empfang usw)*; *Kleidung:* de abrigo; **es ist ~** hace calor; **mir ist ~** tengo calor

'Wärme ['vɛrmə] *f* (-; *sin pl*) calor *m (a fig)*; **~kraftwerk** *n* central *f* térmica; ♀**n** (ge-, h) *(sich)* calentar(se)

'Wärmflasche *f* bolsa *f* de agua caliente

'Warm|front ['varmfrɔnt] *f* frente *m* cálido; **~luft** *f* aire *m* caliente

Warm'wasser|bereiter *m* calentador *m* de agua; **~speicher** *m* termo *m*

'Warn|anlage ['varn?-] *f* dispositivo *m* de alarma; **~blink-anlage** *f*, **~blinker** *m* luz *f* intermitente de alarma; **~dreieck** *n* triángulo *m* de peligro; ♀**en** (ge-, h) advertir, prevenir *(vor contra)*; **vor ... wird gewarnt** cuidado con ...; **~schuß** *m* tiro *m* al aire *od* de aviso;

Warnstreik

~streik *m* huelga *f* de advertencia; ~ung *f* (-; -en) advertencia *f*, aviso *m*; *abschreckende*: escarmiento *m*

'**Warte|liste** ['vartə-] *f* lista *f* de espera; 2n (ge-, h) **1.** *v/i* esperar (*auf j-n* a alg, *auf et* a/c); **2.** *v/t* cuidar de

Wärter ['vɛrtər] *m* (-s; -) guardián *m*

'**Warte|raum** *m*, ~**saal** *m*, ~**zimmer** *n* ['vartə...] sala *f* de espera

'**Wartung** *f* (-; -en) ⊙ mantenimiento *m*, entretenimiento *m*

warum? [va'rum] ¿por qué?

Warze ['vartsə] *f* (-; -n) verruga *f*

was [vas] **1.** *pron interr* ¿qué?; **2.** *pron relativo* que; lo que, lo cual; *~ für (ein)* qué (clase de); **3.** *F (etwas)* algo

'**Wasch-anlage** ['vaʃ-] *f auto:* tren *m od* túnel *m* de lavado; ~**automat** lavadora *f* automática; 2**bar** lavable; ~**becken** *n* lavabo *m*

'**Wäsche** ['vɛʃə] *f* (-; *sin pl*) ropa *f*; (*Waschen*) lavado *m*; *in die ~ geben* dar a lavar; ~**geschäft** *n* lencería *f*; (*Herren*2) camisería *f*; ~**klammer** *f* pinza *f* (para la ropa); ~**leine** *f* cuerda *f* (para tender la ropa)

waschen ['vaʃən] **1.** *v/t* (wusch, gewaschen, h) lavar; *sich ~* lavarse; **2.** 2 *n* (-s; *sin pl*) lavado *m*

Wäsche|rei [vɛʃə'raɪ] *f* (-; -en) lavandería *f*; '~**schleuder** *f* secadora *f* centrífuga

'**Wasch|lappen** ['vaʃ-] *m* manopla *f* para baño; F fig calzonazos *m*; ~**maschine** *f* lavadora *f*; ~**mittel** *n*, ~**pulver** *n* detergente *m*; ~**raum** *m* lavabo *m*, cuarto *m* de aseo; ~**salon** *m* lavandería *f*; ~**schüssel** *f* jofaina *f*, palangana *f*

'**Wasser** ['vasər] *n* (-s; -, ") agua *f*; *Köl-nisch ~* agua *f* de Colonia, colonia *f*; *zu ~ und zu Lande* por tierra y por mar; fig *ins ~ fallen* aguarse; ~**ball**(**spiel** *n*) *m* waterpolo *m*; 2**dicht** impermeable; ~**fall** *m* salto *m* de agua, cascada *f*; *großer*: catarata *f*; ~**farbe** *f* aguada *f*; ~**flugzeug** *n* hidroavión *m*; ~**glas** *n* vaso *m* para agua; ~**hahn** *m* grifo *m*

wässerig ['vɛsəriç] acuoso; *den Mund ~ machen* dar dentera

'**Wasser|kanne** ['vasərkanə] *f* jarro *m* para agua; ~**kessel** *m* hervidor *m*; ⊙ caldera *f*; ~**klosett** *n* wáter *m*, inodoro *m*; ~**kraftwerk** *n* central *f* hidroeléctrica; ~**kühlung** *f* refrigeración *f* por agua; ~**kur** *f* cura *f* hidroterápica; ~**lauf** *m* corriente *f* de agua; ~**leitung** *f* tubería *f* de agua; 2**löslich** soluble en agua, hidrosoluble; ~**mann** *astr m* Acuario *m*; ~**melone** *f* sandía *f*; 2n ⇗ (ge-, h) amarar, amerizar

wässern ['vɛsərn] (ge-, h) regar; (*einweichen*) poner a remojo

'**wasser|scheu** ['vasər-] que tiene miedo al agua; ⚕ hidrófobo; ~**ski** *m* esquí *m* acuático *od* náutico; 2**sport** *m* deporte *m* acuático *od* náutico; 2**stand** *m* nivel *m* del agua; 2**stoff** *m* hidrógeno *m*; 2**turm** *m* arca *f* de agua; 2-**uhr** *f* contador *m* de agua; 2**versorgung** *f* abastecimiento *m* de agua; 2**weg** ['--ve:k] *m*: *auf dem ~* por vía fluvial *bzw* marítima; 2**welle** *f* ondulación *f*; 2**zähler** *m* contador *m* de agua

waten ['vɑ:tən] (ge-, sn) vadear (*durch ac*); caminar (*in dat* por)

Watt [vat] *n* **1.** *geo* (-[e]s; -en) marisma *f*; **2.** ⚡ (-s; -) vatio *m*; ~**e** *f* (-; -n) algodón *m*; '~**enmeer** *n* aguas *f/pl* bajas de la costa; 2'**ieren** (h) enguatar

WC [ve:'tse:] *n* (-s; -s) wáter *m*

'**web|en** ['ve:bən] (ge-, h) tejer; 2**e'rei** *f* (-; -en) tejeduría *f*; fábrica *f* de tejidos; 2**stuhl** ['ve:pʃtu:l] *m* telar *m*

'**Wechsel** ['vɛksəl] *m* (-s; -) cambio *m*, variación *f*; *regelmäßiger*: alternación *f*; *Jagd*: pista *f*; ✝ letra *f* de cambio; ~**gezogener** ~ giro *m*; ~**fieber** *n* fiebre *f* intermitente; ~**geld** *n* cambio *m*, vuelta *f*; ~**getriebe** ⊙ *n* engranaje *m* de cambio (de velocidades); 2**haft** cambiante; *Wetter*: inestable; ~**jahre** *n/pl* climaterio *m*, menopausia *f*; 2n (ge-, h) cambiar (*a Geld u fig*); variar; *die Stellung ~* cambiar de empleo; *die Kleider, die Wohnung ~* mudarse de ropa, de casa; *können Sie ~?* ¿tiene Vd. cambio?; 2**seitig** ['--zaɪ-tiç] mutuo, recíproco; ~**strom** ⚡ *m* corriente *f* alterna; ~**stube** *f* oficina *f od* casa *f* de cambio

'**Weck|auftrag** [vɛk?-] *m* encargo *m* para despertar; ~**dienst** *m tel* servicio *m* de despertador; 2**en** (ge-, h) despertar (*a fig*); *im Hotel*: llamar; fig evocar; ~**er** *m* (-s; -) despertador *m*; F fig *j-m auf den ~ fallen* dar la lata a alg

wedeln ['ve:dəln] (ge-, h): *mit dem Schwanz ~* menear la cola

Weinbau

weder ['-dər]: ~ ... **noch** ni ... ni

Weg [veːk] *m* (-[e]s; -e) camino *m* (*a fig*); vía *f* (*a fig*); (*Strecke*) recorrido *m*; (*Route*) itinerario *m*; **auf halbem ~e** a medio camino; **auf dem ~e nach** camino de; **sich auf den ~ machen nach** ponerse en camino para; **aus dem ~e gehen** *j-m*: evitar un encuentro con; *e-r Frage*: eludir; **im ~e sn** *od* **stehen** estorbar

weg [vɛk] (*abwesend*) ausente; (*verloren*) perdido; **er ist ~** (*gegangen*) ha salido; se ha ido; **~ da!** ¡fuera de aquí!; F *fig* **ganz ~ sn** no caber en sí (**vor** *dat* de)

wegen ['veːgən] (*gen od dat*) por, a *od* por causa de; (*anläßlich*) con motivo de; (*infolge*) debido a

'wegfahren ['vɛk-] (*irr, sep*, -ge-, sn, → *fahren*) irse, marcharse; salir (*nach* para); **~fallen** (*irr, sep*, -ge-, sn, → *fallen*) quedar suprimido, omitirse; **~gehen** (*irr, sep*, -ge-, sn, → *gehen*) irse, marcharse; **~kommen** (*irr, sep*, -ge-, sn, → *kommen*) (*abhanden kommen*) perderse; **gut** (**schlecht**) **bei et ~** salir bien (mal) librado de a/c; **~laufen** (*irr, sep*, -ge-, sn, → *laufen*) irse corriendo, huir; **~nehmen** (*irr, sep*, -ge-, h, → *nehmen*) quitar; **~räumen** (*sep*, -ge-, h) quitar; **~reißen** (*irr, sep*, -ge-, h, → *reißen*) arrancar; arrebatar; **~rennen** (*irr, sep*, -ge-, sn, → *rennen*) salir corriendo, huir; **~schicken** (*sep*, -ge-, h) enviar, mandar; *Person*: despedir; **~sehen** (*irr, sep*, -ge-, h, → *sehen*) apartar la vista

Wegweiser ['veːkvaɪzər] *m* (-s; -) indicador *m* (de camino); poste *m* indicador

'Wegwerf... ['vɛkvɛrf...]: *in Zssgn mst* desechable; **2en** (*irr, sep*, -ge-, h, → *werfen*) tirar; **~gesellschaft** *f* sociedad *f* del despilfarro

wegziehen (*irr, sep*, -ge-, → *ziehen*) **1.** *v/t* (h) retirar; *Vorhang*: descorrer; **2.** *v/i* (sn) mudarse de casa, cambiar de domicilio

weh [veː]: **~ tun** doler, hacer daño; *j-m*: causar dolor; *fig* afligir; **sich ~ tun** hacerse daño; **o ~!** ¡vaya!

Wehen ['veːən] 🌺 *f/pl* dolores *m/pl* del parto

'wehen (ge-, h) soplar; *Fahne*: ondear, flotar

wehmütig ['-myːtɪç] melancólico; nostálgico

Wehr [veːr] *n* (-[e]s; -e) presa *f*; **'~dienst** *m* servicio *m* militar; **'~dienstverweigerer** *m* objetor *m* de conciencia; **'~dienstverweigerung** *f* objeción *f* de conciencia; **2en** (ge-, h): **sich ~** defenderse (**gegen** contra); **2los** indefenso; **'~pflicht** *f* (**2pflichtig** sujeto al) servicio *m* militar obligatorio

Weib [vaɪp] *n* (-[e]s; -er) *mst desp* mujer *f*; **~chen** *zo* ['-çən] *n* (-s; -) hembra *f*; **~erheld** ['vaɪbər-] *m* tenorio *m*, (hombre *m*) mujeriego *m*; **2isch** ['-bɪʃ] afeminado, mujeril; **2lich** ['-plɪç] femenino

weich [vaɪç] blando (*a Wasser, Droge*); (*zart*) tierno (*a Fleisch*); *fig* sensible, impresionable; (*sanft*) suave; *Ei*: pasado (*a machen* (*werden*)) ablandar(se); **'2e** *f* (-; -n) 🚆 aguja *f*; **'~en** (wich, gewichen, s) (*nachgeben*) ceder; **~gekocht** ['-gəkɔxt] *Ei*: pasado por agua; **'~lich** blando, flojo; *fig* débil; F blandengue; **'2spüler** *m* (-s; -) suavizante *m*

'Weide ['vaɪdə] *f* (-; -n) 🐄 pasto *m*, dehesa *f*; ♣ sauce *m*; **2n** (ge-, h) *v/i* pacer, pastar; **~nkorb** *m* cesto *m* de mimbre

'weiger|n ['vaɪgərn] (ge-, h): **sich ~** negarse (**zu** a); **2ung** *f* (-; -en) negativa *f*

'Weihe [vaɪə] *f* (-; -n) *rel* consagración *f*; **2n** (ge-, h) consagrar; *Priester*: ordenar; (*widmen*) dedicar (a); **'~r** *m* (-s; -) estanque *m*

'Weihnacht ['-naxt] *f inv*, **~en** *n inv* Navidad(es) *f*(*pl*); **Fröhliche ~!** ¡felices Pascuas!; ¡felices Navidades!; **~s-abend** *m* Nochebuena *f*; **~sbaum** *m* árbol *m* de Navidad; **~sferien** *pl* vacaciones *f*/*pl* de Navidad; **~sgeld** *n* gratificación *f* navideña; **~sgeschäft** *n* negocio *m* navideño; **~sgeschenk** *n* regalo *m* de Navidad; **~slied** *n* villancico *m*; **~smann** *m* Papá *m* Noel

'Weih|rauch *m* (-[e]s; *sin pl*) incienso *m*; **~wasser** *n* (-s; *sin pl*) agua *f* bendita; **~wasserbecken** *n* pila *f* del agua bendita

weil [vaɪl] porque

Weil|chen ['-çən] *n* (-s; *sin pl*) ratito *m*; **~e** *f* (-; *sin pl*) rato *m*; **e-e ganze ~** un buen rato; **~er** *m* (-s; -) caserío *m*

Wein [vaɪn] *m* (-[e]s; -e) vino *m*; (*Rebe*) vid *f*; **'~bau** *m* (-[e]s; *sin pl*) viticultura *f*;

Weinbeere 518

'~beere f uva f; '~berg m viña f, viñedo m; '~brand m aguardiente m de vino
'wein|en ['-ən] (ge-, h) llorar (*vor dat* de; *um* por); ~**erlich** llorón
'Wein|essig m vinagre m de vino; ~**flasche** f botella f de vino; ~**garten** m viña f; ~**gegend** f región f vitícola; ~**glas** n vaso m bzw copa f para vino; ~**händler** m tratante m en vinos, vinatero m; ~**handlung** f bodega f; vinatería f; ~**karte** f carta f de vinos; ~**keller** m bodega f; ~**lese** f vendimia f; ~**lokal** n taberna f; ~**probe** f degustación f od cata f de vinos; ~**rebe** f vid f; ~**stock** m cepa f; ~**traube** f racimo m de uvas; *einzelne:* uva f
'**weise** ['vaɪzə] **1.** *adj* sabio; **2.** ♀ f (-; -n) manera f, modo m; ♪ melodía f, aire m; *auf diese ~* de esta manera, de este modo; ~**n** (wies, gewiesen, h) señalar, indicar; mostrar; *von sich ~* rechazar
'**Weis|heit** ['vaɪshaɪt] f (-; -en) sabiduría f; ~**heitszahn** m muela f del juicio; ♀**machen** (*sep*, -ge-, h) hacer creer; *mach das e-m andern weis!* ¡a otro perro con ese hueso!
weiß [vaɪs] *adj* blanco; ~**e Haare** canas f/pl
'**Weiß|bier** n cerveza f blanca; ~**brot** n pan m blanco; ~**glühend** f (-n; -n) blanco m, -a f; ~**glut** f incandescencia f; F *fig j-n zur ~ bringen* sacar a alg de quicio; ~**kohl** m, ~**kraut** n repollo m; ~**wein** m vino m blanco
Weisung ['vaɪzʊŋ] f (-; -en) orden f, instrucción f
weit [vaɪt] (*geräumig*) espacioso, amplio, ancho (*a Kleid*); (*ausgedehnt*) extenso, vasto; *Weg, Reise:* largo; (*fern*) lejano, *adv* lejos; *2 Kilometer ~ vom Meer entfernt* a dos kilómetros del mar; *wie ~ ist es bis ...?* ¿cuánto falta para od hasta ...?; *bei ~em (nicht)* (ni) con mucho; *~ größer* mucho mayor; *von ~em* desde lejos; *fig zu ~ gehen* (pro)pasarse, extralimitarse; *das geht zu ~* esto pasa de la raya; *es ~ bringen* llegar lejos; *~ und breit* a la redonda; '~**ab** muy lejos; '~**aus** con mucho; '♀**blick** m (-[e]s; *sin pl*) perspicacia f; visión f de futuro; '♀**e** f (-; -en) anchura f; (*Ausdehnung*) extensión f; (*Länge*) largo m; (*Entfernung*) distancia f; (*Ferne*) lejanía f

'**weiter** ['-ər] **1.** *Komparativ v weit;* **2.** *fig* (*sonstig*) otro; ulterior; (*außerdem*) además; ~**!** ¡adelante!; *bitte ~!* ¡siga Vd.!; ~ *nichts* nada más; *ohne ~es* sin más ni más; *bis auf ~es* por ahora; hasta nuevo aviso od nueva orden; *und ~?* ¿qué más?; *und so ~* etcétera; ~ *tun* seguir haciendo a/c; *alles ♀e* todo lo demás; ~**bilden** (*sep*, -ge-, h): *sich ~* perfeccionarse, ampliar estudios; ♀**bildung** f perfeccionamiento m, ampliación f de estudios; ♀**fahrt** f (♀**flug** m) continuación f del viaje (del vuelo); ~**geben** (*irr, sep*, -ge-, h, → **geben**) transmitir; pasar (*an ac* a); ~**hin** (*außerdem*) además; ~**kommen** (*irr, sep*, -ge-, sn, → **kommen**) adelantar; ~**machen** (*sep*, -ge-, h) seguir, continuar; ♀**reise** f continuación f del viaje
'**weit|gehend** ['-geːənt] amplio; considerable, *adv* en gran parte; ~**reichend** extenso; ~**sichtig** ['-zɪçtɪç] ❡ présbita; *fig* perspicaz; ♀**sprung** m salto m de longitud; ~**verbreitet** muy frecuente od corriente; ♀**winkel-objektiv** n objetivo m granangular
Weizen ['vaɪtsən] m (-s; -) trigo m
welch [vɛlç] ~ (*ein*[*e*]) *...!* ¡qué ...!; ~**e**(*r fragend:* ¿qué?; ¿cuál (de)?; *relativ:* que; el (la) cual; *pl ~e* (*einige*) unos, algunos
welk [vɛlk] marchito, ajado (*a fig*)
'**Well|blech** ['vɛlblɛç] n chapa f ondulada; ~**e** f (-; -n) ola f (*a fig*); *a fis* onda f, ⊙ árbol m
'**Wellen|bereich** m gama f de ondas; ~**brecher** ['--brɛçər] m (-s; -) rompeolas m; ~**gang** m (-[e]s; *sin pl*) oleaje m; ~**länge** f longitud f de onda; ~**reiten** n surf m; ~**sittich** ['--zɪtɪç] m (-s; -e) periquito m
Welpe ['vɛlpə] m cachorro m
Welt [vɛlt] f (-; -en) mundo m; universo m; *alle ~* todo el mundo; *auf der ~* en el mundo; *zur ~ bringen* dar a luz
'**Welt...** ['vɛlt...]: *in Zssgn oft* universal, mundial; del mundo; ~**all** n universo m; ~**anschauung** f ideología f; concepción f del mundo; ~**ausstellung** f exposición f universal; ~**bank** f Banco m Mundial; ♀**berühmt** de fama mundial; ~**handel** m comercio m internacional; ~**karte** f mapamundi m internacional; ~**krieg** m guerra f mundial; ♀**lich** mundano, mundanal; *rel* seglar; ~**macht** f poten-

Westen

cia f mundial; ~**markt** m mercado m mundial; ~**meister(schaft** f) m campeón m (campeonato m) del mundo; ~**raum** m espacio m interplanetario; ~**reise** f vuelta f al (od viaje m alrededor del) mundo; ~**rekord** m marca f od récord m mundial; ~**ruf** m (-[e]s; sin pl), ~**ruhm** m fama f mundial; ~**sprache** f lengua f universal; ~**stadt** f metrópoli f; ⚲**weit** universal

wem? [ve:m] (s wer) ¿a quién?; **von ~?** ¿de quién?

wen? [ve:n] (s wer) ¿a quién? (a = an ~?)

'**Wende** ['vɛndə] f (-; -n) vuelta f; ~**kreis** m trópico m; auto radio m de giro; ~**ltreppe** f escalera f de caracol

'**wend|en** ['-dən] **1.** v/t (ge-, h) volver, dar la vuelta a; **bitte ~!** ¡véase al dorso!; **2.** v/i (ge-, h) auto u ⚓ virar; dar la vuelta; **3.** v/refl (wandte, gewandt, h) **sich ~ an** dirigirse a; **sich ~ gegen** volverse contra; ~**ig** ágil; auto de fácil manejo, manejable; ⚲**ung** f (-; -en) vuelta f; auto viraje m; sprachliche: giro m, locución f; (Wechsel) cambio m

'**wenig** ['ve:nɪç] poco; **ein ~** un poco; ~**er** menos (als que; vor Zahlen de); ~**er werden** disminuir; ~**st** ['--çst] **das ~e, am ~en** lo menos; **die ~en (Leute)** muy poca gente; ~**stens** al (od por lo) menos

wenn [vɛn] Bedingung: si; zeitlich: cuando; **~ auch** si bien; aun cuando, aunque (subj); **~ nur** con tal que; **als ~** como si (subj); **selbst ~** aun cuando (subj); **~ man ihn trifft** al encontrarle; **~ er doch käme!** ¡ojalá viniera!

wer [ve:r] **1.** fragend: ¿quién?; **~ da?** ¿quién vive?; **~ von beiden?** ¿cuál de los dos?; **2.** relativ: el que, quien; **~ auch immer** quienquiera que (subj)

'**Werbe|-abteilung** ['vɛrbə-] f sección f de publicidad; ~**agentur** f agencia f publicitaria od de publicidad; ~**geschenk** n regalo m de empresa; ⚲**n** (warb, geworben, h); ~ **für** hacer propaganda od publicidad por; ~**slogan** m slogan m publicitario; ~**spot** ['--spɔt] m (-s; -s) spot m publicitario, cuña f publicitaria

'**Werbung** f (-; sin pl) ✝ publicidad f, propaganda f; ~**skosten** pl gastos m/pl de publicidad

werden ['-dən] **1.** v/i (wurde, geworden, sn) **a)** mit su: llegar a ser, hacerse; **b)** mit adj: volverse, ponerse, quedar, resultar; **c)** selbständiges Verb: **was willst du ~?** ¿qué quieres ser (de mayor)?; **was ist aus ihm geworden?** ¿qué ha sido de él?; **was soll daraus ~?** ¿dónde va a parar eso?; **es wird schon ~!** ¡ya se arreglará!; **2.** Hilfsverb: **a)** Futur: **sie ~ es tun** lo harán, lo van a hacer; **b)** passiv (wurde, worden, sn) ser (a quedar, resultar) od refl (**es wurde getan** se hizo)

werfen ['vɛrfən] (warf, geworfen, h) echar, tirar; (schleudern) arrojar, lanzar; Junge: parir

Werft [vɛrft] f (-; -en) astillero(s) m(/pl)

Werk [vɛrk] n (-[e]s; -e) obra f; (Arbeit) trabajo m; (Fabrik) fábrica f, talleres m/pl; planta f; (Getriebe) mecanismo m; '~**bank** f (-; "-e) banco m (de trabajo); '~**meister** m capataz m, contramaestre m; jefe m de taller; '~**statt** f (-; "-en) taller m; '~**tag** m día m laborable; ⚲**tags** en días laborables; ⚲**tätig:** ~**e Bevölkerung** población f activa; '~**zeug** n ⊙ herramienta f; fig instrumento m

Wermut ['vɛrmu:t] m (-[e]s; sin pl) ♃ ajenjo m; (Wein) vermut m

wert [ve:rt] **1.** ~ sn valer; **er ist es ~** se lo merece; **2.** ⚲ m (-[e]s; -e) valor m; fig mérito m; **im ~e von** por valor de; ~ **legen auf** (ac) dar importancia a; ⚲**-angabe** f declaración f de valor; ⚲**brief** m valores m/pl declarados; ⚲**gegenstand** m objeto m de valor; '~**los** sin valor; '⚲**paket** m envío m con valor declarado; ⚲**papier** m título m, valor m; '⚲**sachen** f/pl objetos m/pl de valor; '⚲**ung** f (-; -en) valoración f; dep calificación f; '⚲**voll** precioso, valioso, de mucho valor

'**Wesen** ['ve:zən] n (-s; -) ser m; (sin pl) (Gehalt) sustancia f; esencia f; (Wesensart) carácter m, naturaleza f; ⚲**tlich** esencial, sustancial; adv vor Komparativ: mucho; **im ~en** en sustancia

weshalb [vɛs'halp] **1.** fragend: ¿por qué?; **2.** relativ: por lo que, por lo cual

Wespe ['-pə] f (-; -n) avispa f

wessen ['vɛsən] fragend: ¿de quién?; **~ Haus ist dies?** ¿de quién es esta casa?

Weste ['vɛstə] f (-; -n) chaleco m

'**West|en** ['-tən] m (-s; sin pl) oeste m;

Westgote 520

occidente *m*; ~**gote** *m*, ⁂**gotisch** visigodo (*m*); ⁂**lich** occidental, del oeste; *adv* al oeste; ⁂**wärts** hacia el oeste; ~**wind** *m* viento *m* del oeste

weswegen [vɛsˈveːgən] *s* **weshalb**

'**Wett**|**bewerb** ['vɛtbəvɛrp] *m* (-s; -e) concurso *m*, competición *f*; ✝ competencia *f*; ~**e** *f* (-; -n) apuesta *f*; **um die** ~ **a porfía, a cual más** *od* **mejor**; ⁂**en** (ge-, h) apostar (**auf, um** *ac* por); **~, daß ich recht habe?** F ¿a que yo tengo razón?

'**Wetter** ['vɛtər] *n* (-s; -) tiempo *m*; **es ist schönes (schlechtes)** ~ hace buen (mal) tiempo; ~**bericht** *m* boletín *m* *od* parte *m* meteorológico; ⁂**fest** resistente a la intemperie; impermeable; ⁂**fühlig** ['--fyːlɪç] sensible a los cambios del tiempo; ~**karte** *f* mapa *m* meteorológico; ~**kunde** *f* meteorología *f*; ~**lage** *f* situación *f* meteorológica; ~**leuchten** *n* relampagueo *m*; ~**satellit** *m* satélite *m* meteorológico; ~**vorhersage** *f* previsión *f* *od* pronóstico *m* del tiempo

'**Wett**|**kampf** ['vɛt-] *m* dep competición *f*; campeonato *m*; ⁂**lauf** *m* carrera *f*; ~**rennen** *n* carrera *f*; ~**rüsten** (-s; *sin pl*) carrera *f* armamentista *od* de armamentos; ~**streit** *m* rivalidad *f*; competición *f*

wetzen ['vɛtsən] (ge-, h) afilar

Whisky ['vɪski] *m* (-s; -s) whisky *m*, güisqui *m*

'**wichtig** ['vɪçtɪç] importante; ~ **tun, sich** ~ **machen** F darse importancia *od* tono; ⁂**keit** *f* (-; *sin pl*) importancia *f*; ⁂**tuer** ['--tuːər] *m* (-s; -) presumido *m*, F farolero *m*

'**Wickel** ['-kəl] *m* (-s; -) (*Haar*⁂) bigudí *m*, rulo *m*; ✝ envoltura *f*; compresa *f*; ⁂**n** (ge-, h) arrollar; *Kind*: fajar; poner *bzw* cambiar los pañales *a*; ~**rock** *m* falda *f* cruzada

'**Widder** ['vɪdər] *m* (-s; -) morueco *m*; *astr* Aries *m*

'**wider** ['viːdər] (*ac*) contra; ~'**fahren** (*irr*, *sin* ge-, sn, → **fahren**) ocurrir, suceder; ⁂**haken** *m* garfio *m*; ⁂**hall** *m* (-[e]s; -e) eco *m*, resonancia *f* (*a fig*); ~'**legen** (h) refutar; ~**lich** repugnante, asqueroso; ~**rechtlich** ilegal; contrario a la ley; ~'**rufen** (*irr*, *sin* ge-, h, → **rufen**) revocar; *Aussage*: retractarse de, desmentir; ⁂**sacher** ['--zaxər] *m* (-s; -) adversario *m*; ⁂**schein** *m* reflejo *m*;

~'**setzen** (h): **sich** ~ oponerse (*dat* a); ~**sinnig** absurdo; ~**spenstig** ['--ʃpɛnstɪç] reacio, terco; rebelde; ~**spiegeln** (*sep*, -ge-, h) reflejar (*a fig*); ~'**sprechen** (*irr*, *sin* ge-, h, → **sprechen**) (*dat*) contradecir (*ac*); ⁂**spruch** *m* contradicción *f*; (*Einspruch*, *Protest*) protesta *f*, oposición *f*; **im** ~ **stehen zu** estar en contradicción con; ~**sprüchlich** contradictorio; ⁂**stand** *m* (-[e]s; -e) resistencia *f* (*a ✝*); ~'**leisten** resistirse *a*; ~**standsfähig** resistente; ~'**stehen** (*irr*, *sin* ge-, h, → **stehen**) resistir (*dat a/c*); (*zuwider sn*) repugnar; ~'**streben** (h): **es widerstrebt mir, zu ...** me repugna (*inf*); ~**wärtig** ['--vɛrtɪç] antipático, repugnante; ⁂**wille** *m* repugnancia *f* (**gegen** a, por), aversión *f* (a); antipatía *f* (contra, a, por), a disgusto; ~**willig** de mala gana, a disgusto

'**widm**|**en** ['vɪtmən] (ge-, h): (**sich**) ~ dedicar(se); *Zeit*: consagrar; ⁂**ung** *f* (-; -en) dedicatoria *f*

wie [viː] **1.** *adv* **a)** *fragend*: ¿cómo?; ~ **bitte?** ¿cómo (dice)?; **b)** *Ausruf*: **und ~!** ¡y tanto!; ~ **hübsch sie ist!** ¡qué bonita es!; ~ **dumm!** ¡qué tontería!; ~ **ich mich freue!** ¡cuánto me alegro!; **2.** *cj* como; **ich denke** ~ **du** pienso como (*od* igual que) tú; ~ **ich sehe** según veo; por lo que veo

'**wieder** ['-dər] de nuevo, nuevamente; otra vez; *in Zssgn oft Umschreibung mit* volver *a* (*inf*); **nie** ~ nunca más; **immer** ~ una y otra vez; **ich bin gleich** ~ **da** vuelvo enseguida; ⁂'**aufbau** *m* reconstrucción *f*; ⁂'**aufbereitung** ⊙ *f* reciclaje *m*; ⁂'**aufbereitungs-anlage** *f* planta *f* recicladora; ~**bekommen** (*irr*, *sep*, h, → **bekommen**) recobrar, recuperar; ⁂**belebung** *f* reanimación *f*, *fig* relanzamiento *m*, reactivación *f*; ~**bringen** (*irr*, *sep*, -ge-, h, → **bringen**) devolver; ~**erkennen** (*irr*, *sep*, h, → **erkennen**) reconocer; ⁂**er-öffnung** *f* reapertura *f*; ~**finden** (*irr*, *sep*, -ge-, h, → **finden**) hallar, encontrar; ⁂**gabe** *f* reproducción *f*; ♪ interpretación *f*; ~**geben** (*irr*, *sep*, -ge-, h, → **geben**) devolver, restituir; reproducir; interpretar; ⁂**geburt** *f* renacimiento *m*; *fig a* regeneración *f*; ~'**gutmachen** (*sep*, -ge-, h) reparar; **nicht wiedergutzumachen** irreparable; ⁂'**gutmachung** *f* (-; -en) reparación f; ~holen (sep, -ge-, h) ir a buscar; ~'holen (h) repetir, reiterar; ~'holt repetido, reiterado; adv repetidas veces; ⁂'holung f (-; -en) repetición f; recapitulación f; ⁂kehr f (-; -ker:r) f (-; sin pl) vuelta f, regreso m; ~kommen (irr, sep, -ge-, sn, → kommen) volver, regresar; ~sehen (irr, sep, -ge-, h, → sehen) volver a ver; ⁂sehen n (-s; sin pl) reencuentro m; auf ~! ¡adiós!; auf baldiges ~! ¡hasta pronto!; ~um de nuevo; (andererseits) por otra parte; ⁂ver-einigung f reunificación f; ⁂ver-wendung f reutilización f; ⁂verwer-tung f recuperación f; reciclaje m; ⁂wahl f reelección f

'Wiege ['vi:gə] f (-; -n) cuna f; ⁂n v/t u v/i (wog, gewogen, h) pesar; ~nlied n canción f de cuna

wiehern ['-ərn] (ge-, h) relinchar

'Wiener ['-nər] m (-s; -), ~in f (-; -nen), ⁂isch vienés m, -esa f

Wiese ['vi:zə] f (-; -n) prado m

Wiesel ['-zəl] zo n (-s; -) comadreja f

wie|so? [-'zo:] ¿cómo?; ~ denn? ¿por qué?; ~ nicht? ¿cómo que no?; ~ viel? ¿cuánto?; pl ~? ¿cuántos?; ~'vielte: den ⁂n haben wir heute? ¿a cuántos estamos hoy?

wild [vilt] 1. salvaje (a Streik); Stier: bravo; ♣ silvestre; Tier u fig: feroz; (heftig) violento; Kind: travieso, revoltoso; Gerücht: fantástico; F fig ~ sn auf (ac) estar loco por; das ist halb so ~ no es para tanto; 2. ⁂ n (-[e]s; sin pl) caza f; venado m; ⁂bach m torrente m; ⁂e ['-də] m/f (-n; -n) salvaje su; ⁂erer m (-s; -) cazador m furtivo; ~ern (ge-, h) hacer caza furtiva; ⁂hüter m guardabosque(s) m; ⁂leder n gamuza f; ante m; ⁂nis f (-; -se) desierto m; selva f; ⁂schwein n jabalí m; ⁂westfilm m película f del Oeste, western m

Will|e ['vilə] m (-ns; sin pl) voluntad f; freier ~ libre albedrío m; aus freiem ⁂n de buen grado, de buena voluntad; Letzter ~ última voluntad f; gegen m-n ⁂n a pesar mío; wider ⁂n de mala gana; sin querer; ⁂en: um ... ~ por; ⁂enlos sin energía; ~enlosigkeit f falta f de energía; ~ensfreiheit f libre albedrío m; ~enskraft f fuerza f de voluntad, energía f; ⁂ig servicial, solícito; dócil; adv de buena voluntad; ⁂'kommen adj

---

Winzer

j: bienvenido; et: oportuno; j-n heißen dar la bienvenida a alg; ⁂kürlich arbitrario

'wimm|eln ['viməln] (ge-, h) hormiguear, pulular; ~ von rebosar de; estar plagado de; ~ern ['-mərn] (ge-, h) gemir, gimotear

'Wimp|el ['-pəl] m (-s; -) banderín m; ♣ gallardete m; ~er f (-; -n) pestaña f; ~erntusche f rímel m

Wind [vint] m (-[e]s; -e) viento m; ~beutel m buñuelo m de viento; fig F calavera m

Winde ['-də] f (-; -n) ⊙ torno m, cabrestante m; ♣ enredadera f

Windel ['-dəl] f (-; -n) pañal m

winden ['-dən] (wand, gewunden, h) Kranz: tejer; sich ~ retorcerse; Fluß: serpentear

'Wind|hose ['vint-] f manga f de viento; ~hund m (-[e]s; -e) galgo m; fig calavera m; ⁂ig ['-diç] expuesto al viento; fig casquivano; es ist ~ hace viento; ~mühle f molino m de viento; ~pocken f/pl varicela f; ~richtung f dirección f del viento; ~schutzscheibe f parabrisas m; ~seite f lado m expuesto al viento; ~stärke f fuerza f del viento; ~stille f calma f; völlige ~ calma f chicha; ~stoß m ráfaga f de viento; ~surfen ['-sœrfən] n windsurfing m, surf m a vela; ~ung ['-duŋ] f (-; -en) (Schrauben⁂) vuelta f, espira f; en-s Weges: sinuosidad f; e-s Flusses: a meandro m

Wink [viŋk] m (-[e]s; -e) seña(l) f; fig advertencia f, aviso m

'Winkel ['-kəl] m (-s; -) ángulo m; (Ecke) rincón m

winken ['-kən] (ge-, h) hacer señas

winseln ['vinzəln] (ge-, h) Hund: ladrar lastimeramente

'Winter ['-tər] m (-s; -) invierno m; im ~ en invierno; ~anfang m (~einbruch m) comienzo m (irrupción f) del invierno; ~fahrplan m horario m de invierno; ~kur-ort m estación f de invierno; ⁂lich invernal; ~monate m/pl meses m/pl de invierno; ~schlußverkauf m rebajas f/pl de invierno; ~spiele n/pl: Olympische ~ juegos m/pl olímpicos de invierno; ~sport m deporte(s) m(pl) de invierno; ~urlaub m vacaciones f/pl de invierno

Winzer ['-tsər] m (-s; -) viñador m, viticultor m

winzig ['-tsiç] diminuto, minúsculo
Wipfel ['vipfəl] *m* (-s; -) cima *f*
wir [viːr] nosotros (-as)
'**Wirbel** ['virbəl] *m* (-s; -) torbellino *m*; remolino *m* (*a Haar*♀); *anat* vértebra *f*; F *fig* (*Trubel*) jaleo *m*; **~säule** *f* columna *f* vertebral; **~sturm** *m* ciclón *m*, tornado *m*
'**wirk|en** ['virkən] (ge-, h) *v/i* obrar; *a* ♂ actuar, producir efecto (**auf** *ac* sobre); ⊙ accionar (**auf** sobre); **~ als** actuar de; **gut ~** hacer buen efecto; **♀en** *n* (-s; *sin pl*) actuación *f*; **~lich** real, efectivo; (*echt*) verdadero; **~?** ¿de veras?; **♀lichkeit** *f* (-; *sin pl*) realidad *f*; **~sam** eficaz; **~ sn** surtir efecto; **♀samkeit** *f* (-; *sin pl*) eficacia *f*
'**Wirkung** ['-kuŋ] *f* (-; -en) efecto *m*; **♀slos** ineficaz; **♀svoll** eficaz
Wirkwaren ['virkvaːrən] *f/pl* géneros *m/pl* de punto
wirr [vir] confuso (*a fig*); *Haar*: desgreñado; **♀warr** *m* (-s; *sin pl*) confusión *f*, caos *m*; barullo *m*
'**Wirsing** ['virziŋ] *m* (-s; *sin pl*), **~kohl** *m* col *f* rizada
Wirt [virt] *m* (-[e]s; -e) (*Gast*♀) dueño *m*; (*Haus*♀) *a* patrón *m*; '**~in** *f* (-; -nen) dueña *f*, patrona *f*
'**Wirtschaft** ['-ʃaft] *f* (-; -en) economía *f*; (*Gast*♀) restaurante *m*, cervecería *f*, taberna *f*; **♀en** (ge-, h) administrar; llevar la casa; **♀lich** económico; rentable; **~lichkeit** *f* rentabilidad *f*; **~s...:** *in Zssgn oft* económico; **~s-abkommen** *n* acuerdo *m* económico; **~s-asylant** *m* asilado *m* por razones económicas; **~s-aufschwung** *m* auge *m od* despegue *m* económico; **~sbeziehungen** *f/pl* relaciones *f/pl* económicas; **~skrise** *f* crisis *f* económica; **~slage** *f* situación *f* económica; **~sministerium** *n* ministerio *m* de Economía; **~s-politik** *f* política *f* económica; **~swachstum** *n* crecimiento *m* económico
Wirtshaus ['virtshaus] *n* restaurante *m*; mesón *m*
'**wisch|en** ['viʃən] (ge-, h) (*putzen*) fregar; (*ab-*) limpiar; **Staub ~** quitar el polvo; **♀lappen** *m*, **♀tuch** *n* trapo *m*; bayeta *f*
wißbegierig deseoso de aprender; curioso
wissen ['visən] **1.** *v/t* (wußte, gewußt, h) saber; **nicht ~** ignorar; **soviel ich weiß** que yo sepa; **nicht, daß ich wüßte** no que yo sepa; **man kann nie ~** nunca se sabe; **2.** ♀ *n* (-s; *sin pl*) saber *m*, conocimientos *m/pl*; **m-s ~s** que yo sepa
'**Wissenschaft** *f* (-; -en) ciencia *f*; **~ler** *m* (-s; -) hombre *m* de ciencia, científico *m*; **~lerin** *f* científica *f*; **♀lich** científico
wissentlich ['-tliç] *adv* a sabiendas; a propósito
wittern ['vitərn] (ge-, h) olfatear (*a fig*), husmear; *fig* oler
Witterung ['--ruŋ] *f* (-; -en) **a)** (*Wetter*) tiempo *m*; **b)** *Wild u fig* olfato *m*
Witwe ['vitvə] *f* (-; -n) viuda *f*; **~r** *m* (-s; -) viudo *m*
Witz [vits] *m* (-es; *sin pl*) gracia *f*, salero *m*; (*pl* -e) (*Scherz*) chiste *m*, broma *f*; **~e machen** gastar bromas; '**~blatt** *n* revista *f* humorística; '**~bold** ['-bɔlt] *m* (-[e]s; -e) bromista *m*; **♀ig** chistoso; gracioso; **~ sn** tener gracia
wo [voː] donde; **~?** ¿dónde?; **~'anders** en otro sitio; **~'bei** *in od* con lo cual; **~ es möglich ist, daß** siendo posible que
Woche ['vɔxa] *f* (-; -n) semana *f*; **heute in zwei ~n** hoy en quince días
'**Wochen|-arbeitszeit** *f* horario *m* semanal de trabajo; **~ende** *n* fin *m* de semana; **~karte** *f* abono *m* semanal; **~markt** *m* mercado *m* semanal; **♀lang** durante semanas enteras; **~tag** *m* día *m* de (la) semana; (*Werktag*) día *m* laborable; **an ~en =** **♀tags** los días laborables
wöchentlich ['vœçəntliç] semanal; hebdomadario; **einmal ~** una vez a la *od* por semana
wo|durch [voː'durç] por donde; por lo que; **~?** ¿por qué medio?, ¿cómo?; **~'für** por (*od* para) lo cual; **~?** ¿para qué?
Woge ['voːgə] *f* (-; -n) onda *f*, ola *f*
wo|her? [-'heːr] ¿de dónde?; **~hin?** ¿(a)dónde?, ¿hacia dónde?; **~hin'gegen** mientras que
wohl [voːl] **1.** *adv* bien; **~ oder übel** por las buenas *o* por las malas; **sich ~ fühlen** estar bien; **ob er ~ krank ist?** ¿estará enfermo?; **2.** ♀ *n* (-[e]s; *sin pl*) bien *m*; bienestar *m*; **auf Ihr ~** (a su salud!; **~'auf** bien *od* bueno; **♀befinden** *n* bienestar *m*; '**~behalten** sano y salvo; '**♀fahrtsstaat** *m* Estado *m* providencia; '**~gemerkt!** bien entendido; '**~gesinnt** bienintencionado; **j-m ~ sn**

wund

estar bien dispuesto hacia alg¹; '~habend acomodado; pudiente, adinerado; '~ig agradable; muy cómodo; '♀klang m armonía f; ♀stand m (-[e]s; sin pl) bienestar m; prosperidad f; '♀standsgesellschaft f sociedad f de bienestar; ♀tat f beneficio m; fig alivio m; '♀täter(in f) m bienhechor(a f) m; ~tätig benéfico; caritativo; '♀tätigkeit f (-; sin pl) beneficencia f; caridad f; '♀tätigkeits... de beneficencia, benéfico; ~tuend ['-tuːənt] agradable; benéfico; ~verdient bien merecido; '♀wollen n (-s; sin pl) benevolencia f; (Gunst) favor m; '~wollend benévolo; adv con buenos ojos

'Wohn|block ['voːnblɔk] m bloque m de viviendas, polígono m residencial; ♀en (ge-, h) vivir, habitar; vorübergehend: estar alojado; ~gemeinschaft f comuna f; ♀haft domiciliado; residente; ~mobil m coche-vivienda m, autocaravana f; ~sitz m domicilio m

'Wohnung ['voːnʊŋ] f (-; -en) vivienda f, casa f; (Etagen♀) piso m, Am departamento m; ~sbau m -[e]s; sin pl) construcción f de viviendas (**sozialer** de protección oficial); ~snot f (-; sin pl) escasez f de viviendas

'Wohn|viertel n barrio m residencial; ~wagen m caravana f, gal roulotte f; ~zimmer m cuarto m de estar

Wölbung f (-; -en) (Gewölbe) bóveda f

Wolf [vɔlf] zo m (-[e]s; "e) lobo m

Wölfin f ['vœlfɪn] f (-; -nen) loba f

'Wolke ['vɔlkə] f (-; -n) nube f; F fig **aus allen ~n fallen** quedarse perplejo o atónito; ~nbruch m aguacero m; ~nkratzer m rascacielos m; ♀nlos despejado; ♀ig nublado, nuboso

'Woll|decke ['vɔldɛkə] f manta f de lana; ~e f (-; -n) lana f; ♀en¹ adj de lana

wollen² ['-lən] (wollte, gewollt, h) querer; (wünschen) desear; (beabsichtigen) tener la intención de, pensar; (behaupten) afirmar, pretender; **lieber ~** preferir; **wir ~ essen** vamos a comer; **wir ~ gehen** vámonos; **wir ~ sehen** ya veremos; **wie du willst** como quieras

wo|mit [voː'mɪt] con que; con lo cual; **~?** ¿con qué?; ~'möglich si es posible; F a lo mejor

Wonne ['vɔnə] f (-; -n) delicia f, deleite m

wor|an [voː'ran] a que; **~ denkst du?** ¿en qué estás pensando?; **er weiß nicht, ~ er ist** no sabe a qué atenerse; ~'auf sobre que, sobre lo cual; zeitlich: después de lo cual; **~ wartest du?** ¿(a) qué esperas?; ~'aus de que, de lo cual; de donde; ~'in en que, en el cual, donde

Wort [vɔrt] n (-[e]s; -e, "er) palabra f; (Ausdruck) término m, voz f; (Ausspruch) frase f, dicho m; rel Verbo m; **~ für ~** palabra por palabra; **aufs ~ glauben** creer a pies juntillas; **in ~ en letra(s)**; **mit anderen ~en** en otras palabras; **mit e-m ~** en una palabra; en resumen; **sein ~ geben (halten)** dar (cumplir) su palabra; **zu ~e kommen lassen** dejar hablar; **j-n beim ~ nehmen** coger la palabra a alg; F **hast du ~e?** ¿será posible?

Wörterbuch ['vœrtərbuːχ] n diccionario m

'Wort|führer ['vɔrt-] m portavoz m; ~laut m texto m, tenor m; **im ~** textualmente

wörtlich ['vœrtlɪç] literal, textual; adv al pie de la letra

'Wort|schatz ['vɔrt-] m vocabulario m; ~spiel n juego m de palabras; ~wechsel m disputa f, altercado m

wo|rüber [voː'ryːbər] sobre que, de que; ~'rum de que; ~'von de que, de lo cual; **~?** ¿de qué?; ~'vor delante de que; **~?** ¿de qué?; ~'zu a que, a lo cual; **~?** ¿para qué?

Wrack [vrak] n (-[e]s; -s) buque m naufragado; fig piltrafa f

wringen ['vrɪŋən] (wrang, gewrungen, h) Wäsche: torcer

'Wucher ['vuːχər] m (-s; sin pl) usura f; ~er m (-s; -) usurero m; ♀n (ge-, h) multiplicarse rápidamente; ♣ proliferar (a fig); ~preis m precio m abusivo; ~zinsen m/pl intereses m/pl usurarios

Wuchs [vuːks] m (-es; sin pl) (Wachstum) crecimiento m; (Gestalt) estatura f, talla f

Wucht [vʊχt] f (-; sin pl) empuje m, ímpetu m; **mit voller ~** con toda fuerza; ♀ig pesado; macizo; Schlag: violento

wühlen ['vyːlən] (ge-, h) Schwein: hozar; a fig hurgar (**in** dat en); **in Papieren usw.** revolver (a/c)

Wulst [vʊlst] m (-es; "e) abombamiento m, bulto m

wund [vʊnt] excoriado, desollado; **~ reiben** excoriar; fig **~er Punkt** punto m

delicado *od* flaco; **&e** ['-də] *f* (-; -n) herida *f*, llaga *f* (*a fig*)
'**Wunder** ['-dər] *n* (-s; -) milagro *m* (*a rel*); (*~werk*) maravilla *f*; *das ist kein ~* no es nada sorprendente; **&bar** maravilloso, milagroso; (*großartig*) estupendo; *adv* a maravilla; **~kind** *n* niño *m* prodigio; **&lich** extravagante, raro; **&n** (ge-, h): *sich ~* asombrarse, extrañarse (*über ac* de); **&'schön** hermosísimo; maravilloso; **&voll** maravilloso, magnífico; **~werk** *n* maravilla *f*
Wundstarrkrampf ['vunt∫tarrkrampf] *m* (-[e]s; *sin pl*) tétanos *m*
Wunsch [vun∫] *m* (-es; ⁻e) deseo *m*; *auf ~* a petición; *nach ~* a voluntad, a pedir de boca; *haben Sie noch e-n ~?* ¿desea algo más?
'**wünschen** ['vyn∫ən] (ge-, h) desear; *j-m Glück ~* desear (buena) suerte a alg; *was ~ Sie?* ¿qué desea?, ✝ ¿qué se le ofrece?; *ganz wie Sie ~* como Vd. quiera; **~swert** deseable
'**Würde** ['vyrdə] *f* (-; -n) dignidad *f*; (*Titel*) título *m*; **&los** indigno; **~nträger** *m* dignatario *m*; **&voll** grave, solemne
'**würdig** ['-diç] digno; *sich e-r Sache ~ erweisen* hacerse digno de a/c; **~en** ['--gən] (ge-, h) apreciar; *j-n keiner Antwort (keines Blickes) ~* no dignarse contestar (mirar) a alg; **&ung** *f* ['--guŋ] *f* (-; -en) apreciación *f*
Wurf [vurf] *m* (-[e]s; ⁻e) tiro *m*; *a dep* lanzamiento *m*; *zo* camada *f*

'**Würfel** ['vyrfəl] *m* (-s; -) dado *m*; ⚭ cubo *m*; (*Zucker*) terrón *m*; *auf Stoffen*: cuadro *m*; **&n** (ge-, h) jugar a (*od* echar) los dados; **~spiel** *n* juego *m* de dados; **~zucker** *m* azúcar *m* en terrones
würgen ['vyrgən] (ge-, h) **1.** *v/t* estrangular; **2.** *v/i* atragantarse
Wurm [vurm] (-[e]s; ⁻er) *m* gusano *m*; '**&en** (ge-, h): *das wurmt mich* me sabe mal, me da rabia; **&stichig** ['-∫tiçiç] carcomido; *Obst*: agusanado
Wurst [vurst] *f* (-; ⁻e) embutido *m*; (*Hart&*) salchichón *m*; *das ist mir ~* F me importa un comino
Würstchen ['vyrstçən] *n* (-s; -) salchicha *f* (*Frankfurter* de Francfort)
Würze ['vyrtsə] *f* (-; -n) condimento *m*; (*Gewürz*) especia *f*; *fig* sal *f*
Wurzel ['vurtsəl] *f* (-; -n) raíz *f* (*a fig*); *~(n) schlagen a fig* echar raíces
'**würz|en** ['vyrtsən] (ge-, h) condimentar, sazonar; **~ig** aromático
wüst [vy:st] (*öde*) desierto, desolado; (*unordentlich*) desordenado; (*ausschweifend*) libertino; '**&e** *f* (-; -n) desierto *m*
Wut [vu:t] *f* (-; *sin pl*) furia *f*, rabia *f*; *in ~ bringen* poner furioso; *in ~ geraten* ponerse furioso, enfurecerse; '**~anfall** *m* ataque *m* de rabia
'**wüten** ['vy:tən] (ge-, h) *Sturm*: desencadenarse; *Seuche*: causar estragos; **~d** furioso, enfurecido; *auf j-n ~ sn* tener rabia a alg

X

X, x [iks] *n* (-; -) X, x *f*
'**X-|Beine** *n/pl* piernas *f/pl* en X; **~beinig** ['-baıniç] (pati)zambo; '**&beliebig** cualquier(a)

x-mal ['iksma:l] mil veces
x-te ['-tə]: *zum ~n Mal* por enésima vez
Xylophon ♪ [ksylo'fo:n] *n* (-s; -e) xilófono *m*, xilofón *m*

Y

Y, y ['ypsilɔn] *n* (-; -) Y, y *f*
Yacht ['jaxt] *f* (-; -en) yate *m*
Yankee ['jɛŋki] *m* (-s; -s) yanqui *m*

Yuppie ['jupi] *m* (-s; -s) yuppie *m*, yuppy *m*

Z

Z, z [tsɛt] *n* (-; -) Z, z *f*
Zacke ['tsakə] *f* (-; -n), **~n** *m* (-s; -) punta *f*; ⊙ diente *m*
zaghaft ['tsɑːkhaft] tímido, temeroso; **2igkeit** *f* (-; *sin pl*) timidez *f*
zäh [tsɛː] resistente; *Fleisch*: duro; *fig* tenaz, pertinaz; '**~flüssig** viscoso; *Verkehr*: lento; '**2igkeit** *f* (-; *sin pl*) tenacidad *f*, dureza *f*
Zahl [tsɑːl] *f* (-; -en) número *m*; (*Ziffer*) cifra *f*; '**2bar** pagadero; '**2en** (ge-; h) pagar; *bitte ~!* la cuenta, por favor; *was habe ich zu ~?* ¿cuánto le debo?
zählen ['tsɛːlən] (ge-; h) contar (*auf ac* con); **~ zu** figurar entre
Zähler ['tsɛːlɐr] *m* (-s; -) ⚖ numerador *m*; ⚡, ⊙ contador *m*
'**Zahl|grenze** ['tsɑːl-] *f* límite *m* de zona *bzw* de tarifa; **~karte** ✉ *f* impreso *m* para giro postal; **2los** innumerable, sin número; **2reich** numeroso; *e pl a* gran número de; **~ung** *f* (-; -en) pago *m*; *in ~ nehmen* (*geben*) aceptar (dar) en pago
Zählung ['tsɛːluŋ] *f* (-; -en) numeración *f*; *v Stimmen usw*: recuento *m*
'**Zahlungs|-anweisung** ['tsɑːluŋs-] *f* orden *f* de pago; **~aufforderung** *f* requerimiento *m* de pago; **~aufschub** *m* prórroga *f*, moratoria *f*; **~bedingungen** *f/pl* condiciones *f/pl* de pago; **~befehl** *m* orden *f* de pago; **~bilanz** *f* balanza *f* de pagos; **~bilanzdefizit** *n* (**~bilanz-überschuß** *m*) déficit *m* (excedente *m*) de la balanza de pagos; **2fähig** solvente; **2unfähig** insolvente; **~weise** *f* modo *m* de pago
'**Zahlwort** *n* numeral *m*

zahm [tsɑːm] manso; *fig* dócil
zähmen ['tsɛːmən] (ge-; h) amansar, *a fig* domar
Zahn [tsɑːn] *m* (-[e]s; ⁻e) diente *m* (*a* ⊙); '**~arzt** *m*, '**~ärztin** *f* odontólogo *m*, -a *f*, dentista *su*; '**~bürste** *f* cepillo *m* de dientes; '**~creme** *f* crema *f* dental
zahnen ['tsɑːnən] (ge-; h) echar los dientes
'**Zahn|ersatz** *m* prótesis *f* dental; **~fleisch** *n* encía(s *pl*) *f*; **~lücke** *f* mella *f*; **~pasta** *f* (-; -sten), **~paste** *f* pasta *f* dentífrica, dentífrico *m*; **~rad** *n* rueda *f* dentada; *kleines*: piñón *m*; **~radbahn** *f* ferrocarril *m* de cremallera; **~schmerzen** *m/pl* dolor *m* de muelas; **~spange** *f* aparato *m* ortodóncico; **~stocher** ['-ʃtɔxər] *m* (-s; -) palillo *m*; **~techniker** *m* protésico *m* dental, mecánico *m* dentista
Zander ['tsandər] *m* (-s; -) lucioperca *f*
Zange ['tsaŋə] *f* (-; -n) tenazas *f/pl*; (*Flach2*) alicates *m/pl*
Zank [tsaŋk] *m* (-[e]s; *sin pl*) disputa *f*, riña *f*; **2en** (ge-; h): *sich ~* reñir, pelearse, disputarse (*um* et a/c)
Zäpfchen ['tsɛpfçən] *n* (-s; -) (*Gaumen2*) úvula *f*; 🞧 supositorio *m*
Zapfen ['tsapfən] *m* (-s; -) ⊙ (*Stift*) espiga *f*, clavija *f*, tarugo *m*; (*Faß2*) espita *f*; ♣ cono *m*
'**Zapfsäule** *f* surtidor *m* (de gasolina)
zappeln (ge-, h) agitarse
Zar [tsɑːr] *m* (-en; -en) zar *m*; **~in** ['-rin] *f* (-; -nen) zarina *f*
zart [tsaːrt] tierno (*a Fleisch*); *Haut, Gesundheit*: delicado; (*dünn*) delgado, fino; (*sanft*) suave; '**2gefühl** *n* delicade-

Zartheit

za f; '2**heit** f (-; sin pl) ternura f; delicadeza f; finura f

'**zärtlich** ['tsɛːrtliç] cariñoso (**zu** con); 2**keit** f (-; sin pl) cariño m; (pl -en) (Liebkosung) caricia f

'**Zauber** ['tsaʊbər] m (-s; sin pl) encanto m; ~**er** m (-s; -) hechicero m; (Künstler) mago m; 2**haft** encantador; ~**künstler** m prestidigitador m; ~**kunststück** n juego m de manos; 2**n** (ge-, h) hacer juegos de manos; ~**spruch** m fórmula f mágica; ~**stab** m varita f mágica

zaudern ['-dərn] (ge-, h) vacilar, titubear

Zaum [tsaʊm] m (-[e]s; ⸚e) brida f, freno m; fig **im** ~ **halten** refrenar

Zaun [tsaʊn] m (-[e]s; ⸚e) cerca f, cercado m; (Holz2) vallado m, valla f

'**Zebra** zo ['tseːbra] n (-s; -s) cebra f; ~**streifen** m paso m cebra

Zeche ['tsɛçə] f (-; -n) ⚒ mina f; (Rechnung) cuenta f; fig **die** ~ **bezahlen** pagar el pato

Zecke ['tsɛkə] f (-; -n) garrapata f

Zeder ♀ ['tseːdər] f (-; -n) cedro m

Zeh [tseː] m (-s; -en), ~**e** f (-; -n) dedo m del pie; **große(r)** ~ dedo m gordo; ~**enspitze** f: **auf** ~ de puntillas

zehn [tseːn] **1.** diez; (etwa) ~ ... una decena de; **2.** 2 f (-; -en) 2**er** A m (-s; -) decena f; '2**erkarte** f abono m de diez viajes bzw entradas; '~**fach** décuplo; '2**kampf** m decat(h)lón m; '~**te** décimo; '2**tel** n (-s; -) décimo m, décima parte f; '~**tens** (en) décimo (lugar)

'**Zeichen** ['tsaɪçən] n (-s; -) signo m; (Signal) señal f; (Wink) seña f; (Kenn2) marca f; (An2) indicio m, a 🎯 síntoma m; **j-m ein** ~ **geben** hacer señas a alg; ✝ **Ihr** ~ su referencia; ~**block** m bloc m de dibujo; ~**brett** n tablero m de dibujo; ~**papier** n papel m para dibujar; ~**setzung** gram f (-; sin pl) puntuación f; ~**sprache** f (-; sin pl) lenguaje m por señas; ~(**trick**)**film** m dibujos m/pl animados

'**zeichn|en** ['-çnən] (ge-, h) dibujar; (kenn~) marcar; (unter~) firmar; Anleihe: suscribir; 2**en** n (-s; sin pl) dibujo m; 2**er** m (-s; -), 2**erin** f (-; -nen) dibujante su, delineante su; ✝ suscriptor m; 2**ung** f dibujo m; ~**ungsberechtigt** autorizado para firmar

'**Zeige|finger** ['-gəfiŋər] m índice m; 2**n** (ge-, h) enseñar, mostrar; (beweisen)

demostrar, probar; ~ **auf** (ac) señalar (ac); **sich** ~ mostrarse, aparecer; **das wird sich** ~ eso se verá; ~**r** m (-s; -) aguja f

Zeile ['-lə] f (-; -n) línea f, renglón m; **j-m ein paar** ~**n schreiben** poner cuatro letras a alg

Zeit [tsaɪt] f (-; -en) tiempo m; (~raum) período m; (~alter) era f, época f, edad f; (Uhr2) hora f; **für alle** ~**en** para siempre; **von** ~ **zu** ~ de vez en cuando; **vor langer** ~ hace mucho tiempo; **seit einiger** ~ desde hace algún tiempo; **es ist (höchste)** ~ ya es (más que) hora; **zur** ~ de momento, actualmente; **sich** (dat) ~ **lassen** od **nehmen** tomarse tiempo, no precipitarse; **das hat** ~ no corre prisa; **mit der** ~ con el tiempo; **mit der** ~ **gehen** ir con el tiempo; '~**abschnitt** m período m, época f; '~**alter** n era f, edad f; siglo m; época f; '~**arbeit** f trabajo m temporal; '2**fahren** n dep carrera f contra reloj; '2**gemäß** de actualidad, moderno; '2**genosse** m, 2**genössisch** ['-gənœsɪʃ] contemporáneo (m); '2**ig** temprano; a tiempo; '~**karte** f abono m; '~**lang** f: **e-e** ~ (por) algún tiempo; 2**lebens** durante toda mi (tu, su) vida; '2**lich** temporal; '~**lohn** m salario m por unidad de tiempo; '2**los** independiente de la moda; '~**lupe** f cámara f lenta; **in** ~ a cámara lenta, gal al ralentí; '~**mangel** m: **aus** ~ por falta de tiempo; '~**plan** m calendario m; '~**punkt** m momento m; '~**raum** m espacio m de tiempo, período m; '~**rechnung** f cronología f; **christliche** ~ era f cristiana; '~**schrift** f revista f; '~**spanne** f lapso m de tiempo

Zeitung ['-tʊŋ] f (-; -en) periódico m, diario m

'**Zeitungs|abonnement** n suscripción f a un periódico; ~**anzeige** f anuncio m (en el periódico); ~**artikel** m artículo m de periódico; ~**ausschnitt** m recorte m de periódico; ~**kiosk** m quiosco m de periódicos

'**Zeit|unterschied** m diferencia f horaria; ~**vertreib** ['-fɛrtraɪp] m (-[e]s; -e) pasatiempo m; **zum** ~ para pasar el rato; 2**weise** por momentos; ~**wort** n (-[e]s; ⸚er) verbo m; 2**zeichen** n Radio: señal f horaria; ~**zone** f huso m horario

'**Zell|e** ['tsɛlə] f (-; -n) célula f; △ celda f

zeugen

(a *Kloster*♀); *tel* cabina *f*; **~stoff** *m* celulosa *f*

Zelt [tsɛlt] *n* (-[e]s; -e) tienda *f* (de campaña); *großes*: entoldado *m*; **♀en** (ge-, h) acampar, hacer camping; **'~en** (*n* (-s; *sin pl*) camping *m*; **'~lager** *n* campamento *m* (de tiendas); **~ler** [-lər] *m* (-s; -) campista *m*; **'~platz** *m* (terreno *m* de) camping *m*

Zement [tse'mɛnt] *m* (-[e]s; -e) cemento *m*

zens|ieren [tsɛn'ziːrən] (h) censurar; *Schule*: calificar; **♀ur** [-'zuːr] *f* (-; *sin pl*) censura *f*; (*pl -en*) *Schule*: nota *f*

Zentimeter [-ti'meːtər] *m od n* (-s; -) centímetro *m*

Zentner [tsɛntnər] *m* (-s; -) cincuenta kilos *m/pl*

zen|tral [-'trɑːl] central; **~ gelegen** céntrico; **♀e** *f* (-; -n) ✆, ⚡, *tel* central *f*; **♀heizung** *f* calefacción *f* central; **~isieren** [-trali'ziːrən] centralizar; **♀ismus** [--'lismus] *m* (-; *sin pl*) centralismo *m*

Zentrum ['-trum] *n* (-s; -tren) centro *m*

zer|beißen [tsɛr'baɪsən] (*irr*, *sin* ge-, h, → **beißen**) romper con los dientes; **~'brechen** (*irr*, *sin* ge-, → **brechen**) *v/t* (h) (*v/i* [sn]) romper(se), quebrar(se); **~'brechlich** frágil; quebradizo; **~'drücken** (h) aplastar; *Kleid usw*: arrugar

Zeremonie [tseremo'niː; --'moːnjə] *f* (-; -n) ceremonia *f*

zer|'fallen [--'-] (*irr*, *sin* ge-, sn, → **fallen**) descomponerse, *a fig* desintegrarse; **~ in** (*ac*) dividirse en; **~'fetzen** [-'fɛtsən] (h) desgarrar; **~'fressen** (*irr*, *sin* ge-, h, → **fressen**) roer; ⊕ corroer; **~'gehen** (*irr*, *sin* ge-, sn, → **gehen**) derretirse; *in Flüssigkeit*: desleírse; **~'kauen** (h) masticar (bien); **~'kleinern** [-'klaɪnərn] (h) desmenuzar; **~'knittern** (h) arrugar; **~'kratzen** (h) rasgar, arañar; *Möbel*: rayar; **~'lassen** (*irr*, *sin* ge-, h, → **lassen**) derretir; **~'legen** (h) dividir (en partes); descomponer; *Fleisch*: trinchar; ⊕ desmontar, desarmar

zerlumpt [-'lumpt] harapiento, andrajoso

zer|'malmen [-'malmən] (h) aplastar; *fig a* aniquilar; **~'mürben** [-'myrbən] (h) agotar; desmoralizar; **~'platzen** (sn) reventar, estallar; **~'quetschen** (h) machacar, aplastar; **~'reißen** (*irr*, *sin* ge-, → **reißen**) **1.** *v/t* (h) romper, despedazar, rasgar; **2.** *v/i* (sn) romperse

zerren ['tsɛrən] (h) tirar (**an** *dat* de); (*schleppen*) arrastrar; ✱ distender

zerrissen [-'rɪsən] roto

Zerrung ✱ ['tsɛrʊŋ] *f* (-; -en) distensión *f*

zerrüttet [-'rʏtət] *Ehe*: desunido, desavenido

zer|'schellen [-'ʃɛlən] (sn) estrellarse (*an dat* contra); **~'schlagen** (*irr*, *sin* ge-, h, → **schlagen**) romper, hacer pedazos; *fig sich ~* fracasar; **~'schneiden** (*irr*, *sin* ge-, h, → **schneiden**) partir, cortar (en trozos)

zer'setz|en (h) descomponer; disolver; *fig* desmoralizar; **~end** *fig* desmoralizador; **♀ung** *f* (-; *sin pl*) descomposición *f*; disolución *f*; *fig* desmoralización *f*

zer|'splittern *v/t* (h) (*v/i* [sn]) hacer(se) astillas (*od* pedazos), astillar(se); **~'springen** (*irr*, *sin* ge-, sn, → **springen**) romperse

zer'stör|en (h) destruir, destrozar (*a fig*); **♀ung** *f* (-; -en) destrucción *f*; demolición *f*; estragos *m/pl*

zer'streu|en (h) dispersar; *fig Bedenken*: disipar; (*erheitern*) distraer; *sich ~ Menge*: dispersarse; **~t** *fig* distraído, F despistado; **♀theit** *f* (-; *sin pl*) distracción *f*, F despiste *m*; **♀ung** *f* (-; -en) *fig* distracción *f*, diversión *f*

zer'stückeln (h) desmenuzar, despedazar, descuartizar

Zertifikat [tsɛrtifiˈkaːt] *n* (-[e]s; -e) certificado *m*

zer|'treten (*irr*, *sin* ge-, h, → **treten**) aplastar, pisar; **~'trümmern** [-'trymərn] (h) destruir, destrozar; *Atom*: desintegrar

zerzaust [-'tsaʊst] desgreñado

'Zettel ['tsɛtəl] *m* (-s; -) papel(ito) *m*; (*Blatt*) hoja *f*; (*Karte*♀) ficha *f*; **~kasten** *m* fichero *m*

Zeug [tsɔʏk] *n* (-[e]s; *sin pl*) (*Material*) material *m*; (*Geräte*) útiles *m/pl*, utensilios *m/pl*; (*Sachen*) cosas *f/pl*, F chismes *m/pl*, trastos *m/pl*; **dummes ~** tonterías *f/pl*, disparates *m/pl*; **das ~ haben zu** tener madera de; **sich ins ~ legen** F arrimar el hombro

'Zeug|e ['-gə] *m* (-n; -n) testigo *m*; **♀en**

(ge-, h) **1.** v/i declarar (como testigo); ~ **von** demostrar, evidenciar (ac); **2.** v/t procrear, engendrar; **~en-aussage** f declaración f testimonial; **~in** ['-gin] f (-; -nen) testigo f; **~nis** ['-knis] n (-ses; -se) ≵⅔ testimonio m; (*Bescheinigung*) certificado m; (*Diplom*) diploma m; (*Schul*ℤ) boletín m de calificaciones

Zeugung ['-guŋ] f (-; -en) generación f, procreación f

Zickzack ['tsiktsak] m (-[e]s; -e) zigzag m, eses f/pl; **im ~ gehen** zigzaguear

Ziege ['tsi:gə] f (-; -n) cabra f

'Ziegel ['-gəl] m (-s; -) ladrillo m; (*Dach*ℤ) teja f; **~ei** [-'lai] f (-; -en) fábrica f de tejas y ladrillos; tejar m; **~stein** m ladrillo m

'Ziegen|bock ['tsi:gən-] m macho m cabrío, cabrón m; **~käse** m queso m de cabra; **~peter** ✱ ['--pe:tər] m (-s; sin pl) paperas f/pl

ziehen ['-ən] (zog, gezogen, h) **1.** v/t tirar; (*heraus~*) sacar, extraer (a *Zahn*, ∦ *Wurzel*); *Linie*: trazar; *Spielfigur*: mover; ✓ cultivar; *Hut*: quitarse; *die Blicke auf sich ~* atraer las miradas; *die Aufmerksamkeit auf sich ~* llamar la atención; *fig nach sich ~* acarrear; **2.** v/refl: *sich ~* extenderse, estirarse; **3.** v/i **a)** *Ofen, Zigarre, auto*: tirar; *Schach usw*: jugar; **~ an** (*dat*) tirar de; **~ lassen** *Tee*: dejar reposar *od* en reposo; *es zieht* hay corriente; **b)** (sn) ir (*nach* a); *Vögel, Wolken*: pasar; *zu j-m ~* ir a vivir en casa de alg

'**Zieh|harmonika** f acordeón m; **~ung** f (-; -en) (*Lotterie*) sorteo m

Ziel [tsi:l] n (-[e]s; -e) *dep* meta f (a *fig*); (*Zweck*) fin m; objetivo m (a ⚔); (*~scheibe*) blanco m; (*Reise*ℤ) destino m; ✱ (*Frist*) término m, plazo m; *das ~ treffen (verfehlen)* dar en (errar) el blanco; *fig sein ~ erreichen* lograr su fin; *sich et zum ~ setzen* proponerse a/c; **'ℤen** (ge-, h) apuntar (*auf* ac a); '**~fernrohr** n mira f telescópica; '**~gruppe** f grupo m de destino; '**~hafen** m puerto m de destino; '**ℤlos** sin rumbo fijo; '**~scheibe** f blanco m (a *fig*); '**~sprache** f lengua f objetivo

ziemlich ['tsi:mlɪç] considerable; *adv* bastante

'**zier|en** ['tsi:rən] (ge-, h) (ad)ornar, decorar; *sich ~* hacer remilgos *od* melindres; '**~lich** grácil; delicado, fino; **ℤpflanze** f planta f ornamental *od* de adorno

'**Ziffer** ['tsifər] f (-; -n) cifra f; guarismo m; **~blatt** n esfera f

Ziga'rette [tsiga'retə] f (-; -n) cigarrillo m, F pitillo m; **~n-automat** m máquina f expendedora de cigarrillos; **~n-etui** n pitillera f; **~npapier** n papel m de fumar; **~nspitze** f boquilla f

Zigarillo [--'ril(j)o] m (-s; -s) purito m

Zi'garre [-'garə] f (-; -n) puro m, cigarro m; **~n-etui** n petaca f; **~nkiste** f caja de puros

Zigeuner [-'gɔynər] m (-s; -), **~in** f (-; -nen) gitano m, -a f

Zikade *zo* [-'ka:də] f (-; -n) cigarra f

'**Zimmer** ['tsimər] n (-s; -) cuarto m, habitación f; **~kellner** m camarero m de piso; **~mädchen** n camarera f (de piso); **~nachweis** m información f sobre alojamientos; **~nummer** f (*-ser-vice* m) número m (servicio m) de habitación

zimperlich ['tsimpərlɪç] melindroso

Zimt [tsimt] m (-[e]s; -e) canela f

Zink [tsiŋk] n (-[e]s; *sin pl*) cinc m, zinc m; '**~e** f (-; -n) diente m; púa f

Zinn [tsin] n (-[e]s; *sin pl*) estaño m; '**~e** △ f (-; -n) almena f

Zins [tsins] m (-es; -en) ✝ (*mst pl*) interés m, intereses m/pl; *3% ~en bringen* dar un interés del 3%; **~eszins** ['tsinzəstsins] m interés m compuesto; 'ℤ**günstig** *Kredit etc*: a bajo interés; 'ℤ**los** sin interés, libre de intereses; '**~satz** m tipo m de interés

'**Zipfel** ['tsipfəl] m (-s; -) punta f

zirka ['tsirka] aproximadamente, cerca de

Zirkel ['-kəl] m (-s; -) compás m; *fig* círculo m

Zirkus ['-kus] m (-; -se) circo m

zischen ['tsiʃən] (ge-, h) silbar; *teat* sisear

Zitadelle [tsita'dɛlə] f (-; -n) ciudadela f

Zitat [-'ta:t] n (-[e]s; -e) cita f

Zither ['-tər] f (-; -n) cítara f

zitieren [-'ti:rən] (h) citar

Zi'trone [-'tro:nə] f (-; -n) limón m; **~nbaum** m limonero m; **~nlimonade** f limonada f; **~npresse** f exprimidor m; **~nsaft** m zumo m de limón

Zitrusfrüchte ['tsi:trusfryçtə] *f/pl* agrios *m/pl*, cítricos *m/pl*
zittern ['tsɪtərn] (ge-, h) temblar (*vor dat* de); *vor Kälte* ~ tiritar de frío
zi'vil [tsi'vi:l] civil; *Preis*: módico; *in* 2 de paisano; 2 *tragen* vestir de paisano; **2bevölkerung** *f* población *f* civil; **2dienst** *m* servicio *m* civil (sustitutorio); **2isation** [-viliza'tsjo:n] *f* (-; -en) civilización *f*; **~i'sieren** (h) civilizar; **2ist** *m* (-en; -en) paisano *m*
Zobel ['tso:bəl] *m* (-s; -) cebellina *f*
zögern ['tsø:gərn] 1. *v/i* (ge-, h) tardar (*mit* en); (*schwanken*) titubear; vacilar (*zu inf* en); 2. 2 *n* (-s; *sin pl*) tardanza *f*, demora *f*; vacilación *f*
Zölibat [tsø:li'ba:t] *n*, *m* (-[e]s; *sin pl*) celibato *m*
Zoll [tsɔl] *m* (-[e]s) 1. (*Maß*, *pl* -) pulgada *f*; 2. (*pl* ~e) (*Abgabe*) (derechos *m/pl* de) aduana *f*; **'~abfertigung** *f* despacho *m* aduanero; **'~amt** *n* aduana *f*; **'~beamte** *m* funcionario *m* de aduana, vista *m*; **'~bescheinigung** *f* certificado *m* de aduana; **~erklärung** *f* declaración *f* de aduana; **'~frei** exento de aduana; **'~gebühren** *f/pl* derechos *m/pl* de aduana; **'~kontrolle** *f* control *m* aduanero
'zoll|pflichtig ['tsɔlpflɪçtɪç] sujeto a aduana; **2schranke** *f* barrera *f* arancelaria; **2stock** *m* metro *m* plegable; **2tarif** *m* arancel *m* (de aduana); **'2-union** *f* unión *f* aduanera
Zone ['tso:nə] *f* (-; -n) zona *f*
Zoo [tso:] *m* (-s; -s) zoo *m*
Zoologe [tso'o'lo:gə] *m* (-n; -n), **~in** *f* (-; -nen) zoólogo *m*, -a *f*; **~ie** [-lo'gi:] *f* (-; *sin pl*) zoología *f*; **2isch** [--'lo:giʃ] zoológico
Zopf [tsɔpf] *m* (-[e]s; ~e) trenza *f*
Zorn [tsɔrn] *m* (-[e]s; *sin pl*) cólera *f*, ira *f*; **'2ig** encolerizado, furioso
zu [tsu:] 1. *prp* a) *örtlich*: a; **~*m* Arzt** al médico; ~ *j-m gehen* ir a casa de alg; *der Weg* ~ *m Bahnhof* el camino de la estación; **~*r* Tür hinaus** por la puerta; ~ *Hause* en casa; b) *zeitlich*: a, en, para, por; ~ *Anfang* al principio; ~ *jener Zeit* en aquella época; ~ *Ostern* para Pascua; c) *Art und Weise*, *Mittel*: ~ *Fuß* a pie; ~ *Pferd* a caballo; *Bestimmung*, *Zweck*: para; *zu s-m Geburtstag* para su cumpleaños; e) *bei Zahlen*: *zu 30 Peseten das Kilo* a treinta pesetas el kilo; *3:0 siegen* ganar por tres a cero; ~ *dreien* de tres en tres; (*alle drei*) los tres juntos; f) *vor inf*: *leicht* ~ *behalten* fácil de recordar; *ich habe* ~ *tun* tengo que hacer; 2. *adv* (*geschlossen*) cerrado; (*allzu*) demasiado; *Tür* ~! ¡cierre la puerta!; **~'aller-'erst** (**~'aller'letzt**) en primer (último) lugar
Zubehör ⊙ ['-bəhø:r] *n* (-s; -e) accesorios *m/pl*
'zubereit|en (*sep*, h) preparar; **'2ung** *f* (-; -en) preparación *f*
'zubring|en (*irr*, *sep*, -ge-, h, → *bringen*) *Zeit*: pasar; **2er** *m* (-s; -) *Vkw* (vía *f* de) acceso; **2erbus** *m* servicio *m* de autobuses; **2erdienst** *m* servicio *m* de enlace; **2erstraße** *f* carretera *f* de acceso
Zucchini [tsu'ki:ni] *m/pl* calabacines *m/pl*
Zucht [tsuxt] *f* (-; -en) *zo* cría *f*; ⚘ cultivo *m*; (*sin pl*) *fig* disciplina *f*
'zücht|en ['tsyçtən] (ge-, h) *zo* criar; ⚘ cultivar; **2er** *m* (-s; -) criador *m*; cultivador *m*
Zuchthaus ['tsuxthaus] *n* presidio *m*
Zuchtperle ['tsuxt-] *f* perla *f* cultivada
Züchtung ['tsyçtuŋ] *f* (-; -en) cría *f*; ⚘ cultivo *m*; selección *f*
zucken ['tsukən] (ge-, h) palpitar; contraerse (convulsivamente)
'Zucker ['tsukər] *m* (-s; -) azúcar *m*; 🌾 F ~ *haben* tener diabetes; **~dose** *f* azucarero *m*; **2krank** diabético; **~krankheit** *f* diabetes *f*; **2n** (ge-, h) azucarar; **~rohr** *n* caña *f* de azúcar; **~rübe** *f* remolacha *f* azucarera; **~streuer** *m* azucarero *m*
zudecken ['tsu:dɛkən] (*sep*, -ge-, h) cubrir, tapar; *sich* ~ cubrirse
zudem [tsu'de:m] además
'zudrehen ['tsu:-] (*sep*, -ge-, h) *Hahn*: cerrar; *j-m den Rücken* ~ volver las espaldas a alg
'zudringlich importuno, impertinente; **2keit** *f* (-; -en) importunidad *f*, (*sin pl*) impertinencia *f*
'zudrücken (*sep*, -ge-, h) cerrar; *fig ein Auge* ~ hacer la vista gorda
zu-ein-'ander uno(s) a *bzw* con otro(s)
'zu-erkennen (*irr*, *sep*, h, → *erkennen*) adjudicar; conceder
zu-'erst primero, en primer lugar; (*als erster*) el primero

Zufahrt

'**Zufahrt** f (-; -en) acceso m; **~straße** f vía f de acceso
'**Zufall** m (-[e]s; ⁻e) casualidad f
'**zufällig** casual, accidental, fortuito; adv por casualidad
'**Zuflucht** f (-; -en) refugio m; asilo m; *vor Unwetter*: abrigo m; *fig* recurso m
zufolge [tsu'fɔlgə] (*dat*) según, conforme a
zu'frieden [-'fri:dən] contento, satisfecho (*mit* con, de); **~geben** (*irr, sep*, -ge-, h, → *geben*): *sich* ~ darse por satisfecho; **2heit** f (-; *sin pl*) contento m, satisfacción f; **~lassen** (*irr, sep*, -ge-, h, → *lassen*) dejar en paz; **~stellen** (*sep*, -ge-, h) satisfacer, complacer; **~stellend** satisfactorio
'**zu|frieren** ['tsu:fri:rən] (*irr, sep*, -ge-, sn, → *frieren*) helarse; **~fügen** (*sep*, -ge-, h) *Schaden*: causar
Zufuhr [-'fu:r] f (-; -en) aprovisionamiento m, abastecimiento m
Zug [tsu:k] (-[e]s; ⁻e) 🚂 tren m; (*Ruck*) tirón m; ⊙ tracción f; (*Schluck*) trago m; *Rauchen*: chupada f; (*Luft2*) corriente f (de aire); (*Fest2*) procesión f; desfile m; *Vögel*: bandada f; (*Schach2*) jugada f; (*Gesichts2, Charakter2*) rasgo m; *in e-m* ~ de un trago; *fig* de un tirón; *e-n* ~ *tun* echar un trago
Zugabe ['tsu:gɑ:bə] f (-; -en) añadidura f; ♩ bis m
'**Zug-abteil** ['tsu:kʔ-] m compartimiento m
'**Zugang** ['tsu:gaŋ] m (-[e]s; ⁻e) acceso m; entrada f
zugänglich [-'gɛŋlɪç] accesible; *fig* abierto (*für* a); (*umgänglich*) tratable
'**Zug|-anschluß** ['tsu:kʔ-] m enlace m (de trenes); **~begleiter** m revisor m (del tren); **~brücke** f puente m levadizo
zugeben ['tsu:ge:bən] (*irr, sep*, -ge-, h, → *geben*) añadir; (*zulassen*) admitir; (*bekennen*) confesar
zugegen [tsu'ge:gən]: ~ *sn bei* asistir a, presenciar (*ac*)
zugehen ['tsu:ge:ən] (*irr, sep*, -ge-, sn → *gehen*) *Tür*: cerrarse; ~ *auf* (*ac*) dirigirse a *od* hacia
'**Zugehörigkeit** f (-; *sin pl*) pertenencia f; *pol* (a)filiación f
'**Zügel** ['tsy:gəl] m (-s; -) rienda f; *a fig* freno m; **2los** desenfrenado (*a fig*); **2n** (ge-, h) refrenar

Zugereiste ['tsu:-] m/f (-n; -n) forastero m, -a f
'**Zugeständnis** n (-ses; -se) concesión f
'**Zugführer** ['tsu:k-] m 🚂 jefe m de tren
'**zugig** [-gɪç] expuesto a la corriente de aire; *es ist* ~ hay corriente de aire
zugleich [tsu'glaɪç] a la vez; al mismo tiempo (*mit mir* que yo)
'**Zug|luft** ['tsu:kluft] f corriente f de aire; **~maschine** f tractor m; **~personal** n personal m del tren
zugreifen ['tsu:graɪfən] (*irr, sep*, -ge-, h, → *greifen*) *bei Tisch*: servirse; *fig* aprovechar la oportunidad
zugrunde [tsu'grundə]: ~ *gehen* perecer, perderse; ~ *richten* echar a perder, arruinar
'**Zug|schaffner** ['tsu:k-] m revisor m; **~telefon** n teléfono m (en el tren)
zugunsten [tsu'gʊnstən] (*gen*) a *od* en favor de
'**Zugverbindung** ['tsu:k-] f comunicación f ferroviaria
'**zuhalten** [tsu:-] (*irr, sep*, -ge-, h, → *halten*) (man)tener cerrado
Zuhälter ['-hɛltər] m (-s; -) rufián m, 🕮 proxeneta m
Zuhause [tsu'haʊzə] n (-s; *sin pl*) hogar m, casa f
zuheilen ['tsu:haɪlən] (*sep*, -ge-, sn) cerrarse
'**zuhör|en** (*sep*, -ge-, h) escuchar; **2er(in** f) m oyente *su*
'**zu|jubeln** (*sep*, -ge-, h) (*dat*) aclamar, vitorear; ovacionar (*ac*); '**~kleben** (*sep*, -ge-, h) pegar; '**~knallen** (*sep*, -ge-, h) F cerrar de golpe; *die Tür* ~ dar un portazo; '**~knöpfen** (*sep*, -ge-, h) abotonar
'**Zu|kunft** ['-kʊnft] f (-; *sin pl*) porvenir m; futuro m (*a gram*); *in* ~ en el futuro, (de aquí) en adelante; **2künftig** futuro, venidero; *adv* en el futuro; F *m-e* 2e mi futura
'**Zulage** f (-; -en) suplemento m; plus m
'**zu|langen** (*sep*, -ge-, h) *bei Tisch*: servirse; '**~lassen** (*irr, sep*, -ge-, h, → *lassen*) dejar cerrado; *Person*: admitir (*a fig Zweifel usw*); (*erlauben*) permitir, tolerar; *auto* matricular
'**zulässig** admisible; autorizado, lícito
'**Zulassung** f (-; -en) admisión f; permiso m; *auto* permiso m de circulación
'**zulegen** (*sep*, -ge-, h) (*hinzufügen*)

añadir; **sich** (*dat*) **et** ~ comprarse a/c; F **sich e-e Braut** ~ echarse novia

Zuliefer-industrie ['tsu:li:fər²-] *f* industria *f* suministradora de componentes

zuletzt [tsu'lɛtst] en último lugar; por último; al fin; (*als letzter*) el último

zu|liebe: j-m ~ por amor a alg

zum [tsum] = **zu dem**

zumachen ['tsu:-] (*sep*, -ge-, h) cerrar; *Jacke usw*: abrochar

zu|meist [tsu'maɪst] la mayoría de las veces; en general; ~'**mindest** por lo menos, al menos

Zumutung ['tsu:mu:tuŋ] *f* (-; -en) exigencia *f* exagerada; impertinencia *f*, F frescura *f*

zunächst [tsu'nɛːçst] en primer lugar, ante todo; (*vorläufig*) por de pronto, de momento

'**zunähen** ['tsu:-] (*sep*, -ge-, h) coser

Zunahme ['-nɑːmə] *f* (-; -n) aumento *m*, incremento *m*

'**Zuname** *m* (-ns; -n) apellido *m*

'**zünd|en** ['tsyndən] *v/i* (ge-, h) encenderse; prender; *fig* entusiasmar; electrizar; ~**end** ['-dənt] vibrante

'**Zünd|er** ['tsyndər] *m* (-s; -) espoleta *f*; detonador *m*; ~**holz** ['-hɔlts] *n* cerilla *f*; ~**kerze** ☉ ⊙ *f* bujía *f*; ~**schloß** *n* cerradura *f* de contacto; ~**schlüssel** *m* llave *f* de contacto; ~**ung** ['-duŋ] *f* (-; -en) encendido *m*

zunehmen ['tsu:-] (*irr, sep*, -ge-, h, → **nehmen**) aumentar (**an dat** de); crecer (*a Mond*); *an Gewicht*: engordar

'**Zuneigung** *f* (-; -en) cariño *m*, simpatía *f*

Zunge ['tsuŋə] *f* (-; -n) lengua *f*; **es liegt mir auf der** ~ lo tengo en la (punta de la) lengua

zunichte [tsu'nɪçtə]: ~ **machen** *Plan usw*: desbaratar; *Hoffnungen*: frustrar

zupfen ['tsupfən] (ge-, h) tirar (**an** *dat* de); ♪ puntear

zur [tsu:r] = **zu der**

zurechnungsfähig ['tsu:rɛçnuŋs-] responsable de sus actos

zu'recht|kommen [tsu'rɛçt-] (*irr, sep*, -ge-, sn, → **kommen**) *fig* arreglárselas; **mit j-m** ~ entenderse con alg; ~**machen** (*sep*, -ge-, h) arreglar, disponer; **sich** ~ arreglarse; **weisung** *f* (-; -en) reprimenda *f*

'**zu|reden** ['tsu:-] (*sep*, -ge-, h) (*dat*) tratar de persuadir; (*gut*) ~ animar (**zu** a); ~**richten** (*sep*, -ge-, h) preparar; **übel** ~ dejar maltrecho; *et*: echar a perder

zu'rück [tsu'ryk] (hacia *od* para) atrás; (*im Rückstand*) retrasado, atrasado; ~ **sn** estar de vuelta; ~**bekommen** (*irr, sep*, h, → **bekommen**) recuperar, recobrar; *Wechselgeld*: recibir; **ich habe es** ~ me lo han devuelto; ~**bleiben** (*irr, sep*, -ge-, sn, → **bleiben**) quedarse atrás; rezagarse; *in Leistungen*: quedar retrasado; ~**bringen** (*irr, sep*, -ge-, h, → **bringen**) *j-n*: acompañar a casa; *et*: devolver, restituir; ~**drängen** (*sep*, -ge-, h) hacer retroceder; *fig* contener; ~**erstatten** (*sep*, h) devolver; restituir; ~**fahren** *v/i* (*irr, sep*, -ge-, sn, → **fahren**) regresar, volver; ~**fordern** (*sep*, -ge-, h) reclamar, reivindicar; ~**führen** (*sep*, -ge-, h): ~ **auf** (*ac*) atribuir a; ~**geben** (*irr, sep*, -ge-, h, → **geben**) devolver, restituir; ~**geblieben** (*sep*) atrasado; *fig* retrasado; ~**gehen** (*irr, sep*, -ge-, sn, → **gehen**) (*abnehmen*) bajar, disminuir; *fig* ~ **auf** (*ac*) remontarse a; ser debido a; ~ **lassen** devolver; ~**gezogen** retirado; ~**halten** (*irr, sep*, -ge-, h, → **halten**) retener; *a fig* contener; **sich** ~ contenerse; ~**haltend** reservado; 2**haltung** *f* (-; *sin pl*) reserva *f*; ~**kehren** (*sep*, -ge-, sn) volver, regresar; ~**kommen** (*irr, sep*, -ge-, sn, → **kommen**) volver, regresar; ~ **auf** (*ac*) volver a; ~**lassen** (*irr, sep*, -ge-, h, → **lassen**) dejar (atrás); abandonar; ~**legen** (*sep*, -ge-, h) reservar; *Geld*: ahorrar; *Strecke*: recorrer; ~**nehmen** (*irr, sep*, -ge-, h, → **nehmen**) recoger; *fig* revocar; ~**schicken** (*sep*, -ge-, h) devolver; *j-n*: hacer volver; ~**schlagen** (*irr, sep*, -ge-, h, → **schlagen**) rechazar (*a* ⚔); *Ball*: devolver; ~**setzen** (*sep*, -ge-, h) **1.** *v/i auto* hacer marcha atrás; **2.** *v/t fig* postergar; ~**stellen** (*sep*, -ge-, h) poner en su sitio; *Uhr*: atrasar; *fig* aplazar, dejar para más tarde; ~**treten** (*irr, sep*, -ge-, sn, → **treten**) dar un paso atrás, retroceder; *vom Amt*: dimitir, renunciar a; ~**weisen** (*irr, sep*, -ge-, h, → **weisen**) rechazar; ~**werfen** (*irr, sep*, -ge-, h, → **werfen**) rechazar; *Ball*: devolver; *fig* poner en retraso; ~**zahlen** (*sep*, -ge-, h) devolver, re(e)mbolsar;

~ziehen (*irr, sep*, -ge-, h, → *ziehen*): (*sich*) ~ retirar(se)

Zuruf ['tsu:ru:f] *m* (-[e]s; -e) grito *m*; llamada *f*; **durch** ~ por aclamación

'**Zusage** *f* (-; -n) promesa *f*; (*Zustimmung*) consentimiento *m*; *auf e-e Einladung*: aceptación *f*; **2n** (*sep*, -ge-, h) **1.** *v/t* prometer; **2.** *v/i* aceptar (una invitación); (*gefallen*) gustar

zu'sammen [tsu'zamən] juntos; juntamente; (*im ganzen*) en total; ~ *mit* junto con; **2-arbeit** *f* (-; *sin pl*) cooperación *f*, colaboración *f*; **~arbeiten** (*sep*, -ge-, h) cooperar, colaborar; **~bauen** (*sep*, -ge-, h) ⊙ montar, ensamblar; **~binden** (*irr, sep*, -ge-, h, → *binden*) atar, liar; **~brechen** (*irr, sep*, -ge-, sn, → *brechen*) *a fig* derrumbarse, hundirse; *a Person*: desplomarse; **2bruch** *m* (-[e]s; ⸚e) *fig* derrumbamiento *m*, hundimiento *m*; ✱ colapso *m*; ✝ quiebra *f*; **~fallen** (*irr, sep*, -ge-, sn, → *fallen*) hundirse; *zeitlich*: coincidir; **~fassen** (*sep*, -ge-, h) reunir; *kurz* ~ resumir; **2fassung** *f* (-; -en) resumen *m*; **2fluß** *m* confluencia *f*; **~fügen** (*sep*, -ge-, h) juntar; ⊙ *a* ensamblar; **~gesetzt** compuesto; **2hang** *m* (-[e]s; ⸚e) conexión *f*, (*Beziehung*) relación *f*; (*Text*) contexto *m*; **in diesem** ~ a este respecto; **in** ~ **bringen mit** relacionar con; **~hängen** (*irr, sep*, -ge-, h, → *hängen*) estar unido (*mit* a); estar relacionado (*mit* con); **~hängend** coherente; **~klappbar** [-'--klapbaːr] plegable; **~kommen** (*irr, sep*, -ge-, sn, → *kommen*) reunirse; *zu e-r Besprechung*: entrevistarse; *Umstände*: concurrir, coincidir; **2kunft** [-'--kunft] *f* (-; ⸚e) reunión *f*; (*Besprechung*) entrevista *f*; **~leben** (*sep*, -ge-, h) vivir juntos; (con)vivir (*mit j-m* con alg); **2leben** *n* (-s; *sin pl*) vida *f* (en) común; convivencia *f*; **~legen** (*sep*, -ge-, h) poner juntos; *Geld*: reunir; (*falten*) doblar, plegar; **~nehmen** (*irr, sep*, -ge-, h, → *nehmen*) *Kräfte, Gedanken*: concentrar; *s-n Mut* ~ hacer acopio de valor; **sich** ~ contenerse, dominarse; **~passen** (*sep*, -ge-, h) ir bien (*mit* con); hacer juego; *a Personen*: armonizar; **~prallen** (*sep*, -ge-, sn) chocar, colisionar (*a fig*); **~rechnen** (*sep*, -ge-, h) sumar; **~reißen** (*irr, sep*, -ge-, h, → *reißen*): *sich* ~ hacer un esfuerzo; **~schlagen** (*irr, sep*, -ge-, h, → *schlagen*) *v/t* hacer pedazos, demoler; *j-n*: apalear; **~schließen** (*irr, sep*, -ge-, h, → *schließen*): *sich* ~ unirse, asociarse; *pol*, ✝ fusionarse; **2schluß** *m* (-sses; ⸚sse) unión *f*, asociación *f*; fusión *f*; **~schrumpfen** (*sep*, -ge-, sn) encogerse, contraerse; *fig* disminuir; **~setzen** (*sep*, -ge-, h) juntar, (re)unir; ⊙ montar, ensamblar; *sich* ~ sentarse juntos; *sich* ~ *aus* componerse de; **2setzung** *f* composición *f*; **~stellen** (*sep*, -ge-, h) reunir, agrupar; componer (*a Menü*); *Daten*: compilar; *Programm*: organizar; *Liste*: hacer, confeccionar; **2stoß** *m* (-es; ⸚e) choque *m*, colisión *f* (*a fig*); **~stoßen** (*irr, sep*, -ge-, sn, → *stoßen*) chocar (*a fig*), entrar en colisión; *fig* tener un altercado; **~stürzen** (*sep*,-ge-, sn) hundirse, derrumbarse; **~treffen** (*irr, sep*, -ge-, sn, → *treffen*) encontrarse, entrevistarse; *zeitlich*: coincidir; **2treffen** *n* (-s; *sin pl*) encuentro *m*; coincidencia *f*; *v Umständen*: concurso *m*; **~treten** (*irr, sep*, -ge-, sn, → *treten*) reunirse; **2tritt** *m* reunión *f*; **~zählen** (*sep*, -ge-, h) sumar; **~ziehen** (*irr, sep*, -ge-, → *ziehen*) **1.** *v/t* contraer; (*sammeln*) reunir; concentrar (*a* ⚔); *sich* ~ contraerse; **2.** *v/i* (sn) ir a vivir juntos

Zu|satz ['tsu:zats] *m* (-es; ⸚e) adición *f*, añadidura *f*; ✱ aditivo *m*; (*Nachtrag*) suplemento *m*; **2sätzlich** ['-zɛtsliç] adicional; suplementario; *adv* además

'**zuschau|en** (*sep*, -ge-, h) estar mirando; ser espectador (*bei* de); **2er** *m* (-s; -), **2erin** *f* (-; -nen) espectador(a *f*) *m*; público *m*

'**zuschicken** enviar, mandar

'**Zuschlag** *m* (-[e]s; ⸚e) *Auktion, Ausschreibung*: adjudicación *f*; (*Aufschlag*) recargo *m*, *a* ☏ sobretasa *f*; *a* 🚃 suplemento *m*; **2en** (*sep*, -ge-, h, → *schlagen*) **1.** *v/t* cerrar de golpe; *Auktion, Auftrag*: adjudicar; **2.** *v/i* pegar; *Tür*: cerrarse de golpe; **2pflichtig** sujeto a suplemento

'**zu|schließen** (*irr, sep*, -ge-, h, → *schließen*) cerrar con llave; **~schneiden** (*irr, sep*, -ge-, h, → *schneiden*) cortar; **~schreiben** (*irr, sep*, -ge-, h, → *schreiben*) atribuir, imputar; *zu...* *sn* ser debido a; **2schrift** *f* (-; -en) carta *f*;

~**schulden** [tsu:ʃuldən]: *sich (dat) et (nichts)* ~ *kommen lassen* (no) hacerse culpable de a/c (nada)

Zuschuß ['tsu:ʃus] *m* (-sses; -sse) ayuda *f*; *staatlich*: subvención *f*; ~**betrieb** *m* empresa *f* subvencionada *bzw* deficitaria

'**zusehen** (*irr, sep,* -ge-, h, → *sehen*) *s* **zuschauen**; ~**ds** a ojos vistas

'**zu|senden** (*irr, sep,* -ge-, h, → *senden*) enviar, mandar; ~**setzen** (*sep,* -ge-, h) añadir; *Geld*: perder: *j-m (hart)* ~ apretar, acosar a alg

'**zusicher|n** (*sep,* -ge-, h) asegurar; 2ung *f* (-; -en) seguridad *f*; promesa *f*

'**zu|spielen** (*sep,* -ge-, h) *Ball*: pasar; *fig* facilitar; ~**spitzen** (*sep,* -ge-, h): *fig sich* ~ agravarse, agudizarse

Zustand *m* estado *m*; (*Lage*) situación *f*; *in gutem* ~ en buen estado

zustande [tsu:ʃtandə]: ~ *bringen* llevar a cabo; ~ *kommen* realizarse, efectuarse

'**zuständig** ['tsu:ʃtɛndɪç] competente; 2keit *f* (-; -en) competencia *f*

'**zu|stehen** (*irr, sep,* -ge-, h, → *stehen*) corresponder, incumbir a; ~**steigen** (*irr, sep,* -ge-, sn, → *steigen*) subir (al tren, *etc*)

'**zustell|en** (*sep,* -ge-, h) entregar, enviar; ✉ repartir, distribuir; ⚖ notificar; 2ung *f* (-; -en) entrega *f*, envío *m*; ✉ reparto *m*, distribución *f*; ⚖ notificación *f*

'**zustimm|en** (*sep,* -ge-, h) (*dat*) consentir (en); aprobar (*ac*); ~**end** afirmativo; 2ung *f* (-; *sin pl*) consentimiento *m*, aprobación *f*

'**zustoßen** (*irr, sep,* -ge-, sn, → *stoßen*) *v/i j-m*: pasar, ocurrir

Zutaten ['tsu:tɑ:tən] *f/pl gastr* ingredientes *m/pl*

'**zuteil|en** (*sep,* -ge-, h) asignar, adjudicar (*j-m et* a/c a alg); *j-n*: agregar; 2ung *f* (-; -en) asignación *f*; adjudicación *f*

'**zutragen** (*irr, sep,* -ge-, h, → *tragen*) *fig* contar, delatar; *sich* ~ suceder, ocurrir

'**zutrau|en** (*sep,* -ge-, h): *j-m et* ~ creer a alg capaz de a/c; *sich (dat) zuviel* ~ excederse; 2en *n* (-s; *sin pl*) confianza *f* (*zu* en); ~**lich** confiado; *Kind*: cariñoso; *Tier*: manso

'**zutreffen** (*irr, sep,* -ge-, h, → *treffen*) ser justo, ser verdad; ~ *auf* (*ac*) aplicarse a

'**Zutritt** *m* (-[e]s; *sin pl*) entrada *f*; acceso *m*; ~ *verboten!* ¡se prohibe la entrada!

'**zuverlässig** ['tsu:fɛrlɛsɪç] seguro; *Person*: formal; (digno) de confianza; *a* ⊕ fiable; 2keit *f* (-; *sin pl*) seguridad *f*; formalidad *f*; *a* ⊕ fiabilidad *f*

'**Zuversicht** ['-fɛrzɪçt] *f* (-; *sin pl*) confianza *f*; 2lich confiado, lleno de confianza

zuviel [tsu:fi:l] demasiado

zu'vor antes, primero

zu'vorkommen (*irr, sep,* -ge-, sn, → *kommen*) *j-m*: adelantarse a; *e-r Gefahr*: prevenir (*ac*); ~**d** atento, solícito (*gegen* con)

Zuwachs ['tsu:vaks] *m* (-es; *sin pl*) aumento *m*, incremento *m* (*an dat* de); crecimiento *m*

zu'weilen [tsu:vaɪlən] a veces

'**zuweis|en** ['tsu:-] (*irr, sep,* -ge-, h, → *weisen*) asignar, señalar; 2ung *f* (-; -en) asignación *f*

'**zuwend|en** (*irr, sep,* -ge-, h, → *wenden*) (*dat*) volver hacia; *sich* ~ dirigirse a; *fig* dedicarse a; 2ung *f* (-; -en) donativo *m*; ⚖ donación *f*

zuwenig [tsu:ve:nɪç] demasiado poco

'**zuwerfen** (*irr, sep,* -ge-, h, → *werfen*) *Blick*: lanzar, echar; *Ball*: tirar, pasar; *Tür*: cerrar de golpe; *Graben*: cegar

zu'wider [tsu:vi:dər]: *er ist mir* ~ me es antipático; *es ist mir* ~ me repugna; lo detesto; 2handlung *f* (-; -en) contravención *f*, infracción *f*

'**zu|winken** ['tsu:vɪŋkən] hacer señas (*j-m* a alg); ~**ziehen** (*irr, sep,* -ge-, → *ziehen*) **1.** *v/t* (h) *Vorhang*: correr; (*fest~*) apretar; *sich (dat)* ~ *Krankheit*: contraer; **2.** *v/i* (sn) establecerse; ~**züglich** ['-tsy:klɪç] (*gen*) más (*ac*)

Zwang [tsvaŋ] *m* (-[e]s; -e) (*Gewalt*) fuerza *f*, violencia *f*; (*Druck*) presión *f*; *moralischer*: obligación *f*; *stärker*: coacción *f*; ⚖ coerción *f*

zwanglos ['tsvaŋlo:s] *fig* informal; sin cumplidos

'**Zwangs|jacke** *f* camisa *f* de fuerza; 2**läufig** *adv* forzosamente, a la *od* por fuerza; ~**maßnahme** *f* medida *f* coercitiva; ~**umtausch** *m* cambio *m* obligatorio (de divisas); ~**versteigerung** *f* subasta *f* forzosa; ~**vollstreckung** *f*

zwangsweise 534

ejecución f forzosa; **2weise** por (od a la) fuerza

'**zwanzig** ['tsvantsiç] veinte; *etwa* ~ una veintena; **~ste** vigésimo; **2stel** n (-s; -) veintavo m

zwar [tsvɑːr] en verdad; es cierto *od* verdad que; *und* ~ es decir, a saber

Zweck [tsvɛk] m (-[e]s; -e) fin m; finalidad f; (*Absicht*) intención f; (*Ziel*) objetivo m; objeto m; *zu diesem* ~ con este fin; *zu welchem* ~? ¿para qué?; *keinen* ~ *haben* ser inútil; **~e** f (-; -n) (*Reiß*2) chincheta f; **2los** inútil; **2mäßig** conveniente, oportuno; apropiado; **2s** (*gen*) con el fin (*od* objeto) de, para (*inf*)

zwei [tsvaɪ] **1.** dos; **2.** 2 f (-; -en) dos m; '**2bettzimmer** n habitación f de dos camas; **~deutig** ['-dɔʏtɪç] equívoco, ambiguo; '**2deutigkeit** f doble sentido m, ambigüedad f; **~erlei** ['-ərlaɪ] de dos clases: *das ist* ~ son dos cosas distintas; '**~fach** doble; *in ~er Ausfertigung* por duplicado

'**Zweifel** ['-fəl] m (-s; -) duda f; *ohne* ~ sin duda alguna; **2haft** dudoso; (*ungewiß*) incierto; (*verdächtig*) sospechoso; **2los** indudable; *adv* sin duda alguna; **2n** (ge-, h) dudar (*an dat* de); **~sfall** m: *im* ~ en caso de duda

Zweig [tsvaɪk] m (-[e]s; -e) ramo m; rama f (*beide a fig*)

zweigleisig ['tsvaɪglaɪzɪç] de vía doble

'**Zweigstelle** ['tsvaɪk-] f sucursal f; agencia f (urbana); **~nleiter(in** f) m director(a) m de la sucursal

'**zwei|händig** ♪ ['tsvaɪhɛndɪç] a dos manos; **~'hundert** doscientos; **~jährig** ['-jɛːrɪç] de dos años; bienal; **2kampf** m duelo m; **~mal** dos veces; **~ monatlich** (*wöchentlich*) *erscheinend* bimensual (bisemanal); **~motorig** ['-moːtoːrɪç] bimotor; **2reiher** m traje m cruzado; **~schneidig** de dos filos (*a fig*); **~seitig** ['-zaɪtɪç] bilateral; **2sitzer** m ['-zɪtsər] coche m de dos asientos; **~sprachig** ['-ʃprɑːxɪç] bilingüe; **~stöckig** ['-ʃtœkɪç] de dos pisos; **~stündig** ['-ʃtʏndɪç] de dos horas; **~t** [tsvaɪt] *zu* ~ dos a dos; de dos en dos; **2taktmotor** m motor m de dos tiempos; **~'tausend** dos mil; **~te** segundo; *jeden* ~*n Tag* un día sí y otro no; **~teilig** de dos partes; *Kleid*: de dos piezas; **~tens** en segundo lugar; **2twohnung** f segunda residencia f

Zwerchfell *anat* ['tsvɛrçfɛl] n diafragma m

Zwerg [tsvɛrk] m (-[e]s; -e) enano m (*a fig*)

Zwetsch(g)e ['tsvɛtʃ(g)ə] f (-; -n) ciruela f

zwicken ['tsvɪkən] (ge-, h) pellizcar

Zwieback ['tsviːbak] m (-s; -e) bizcocho m (seco)

'**Zwiebel** ['-bəl] f (-; -n) cebolla f; (*Blumen*2) bulbo m; **~suppe** f sopa f de cebolla

'**Zwie|licht** n (-[e]s; *sin pl*) media luz f; *im* ~ entre dos luces; **2tracht** f (-; *sin pl*) discordia f (*säen, stiften* sembrar)

'**Zwilling** ['-lɪŋ] m (-s; -e) gemelo m, mellizo m; *astr* ~*e* Géminis m; **~sbruder** m hermano m gemelo

zwing|en ['tsvɪŋən] (zwang, gezwungen, h) obligar, *stärker*: forzar (*zu* a); *sich* ~ forzarse (*zu* a), hacer un esfuerzo (para); *sich gezwungen sehen zu* verse obligado a; **~end** obligatorio, forzoso; *Grund*: concluyente

zwinkern ['tsvɪŋkɔrn] (ge-, h): *mit den Augen* ~ guiñar los ojos

Zwirn [tsvɪrn] m (-s; -e) hilo m

zwischen ['tsvɪʃən] entre; **2...**: *in Zssgn oft* intermediario; intermedio; **2aufenthalt** m parada f; escala f; **2deck** ♣ n entrepuente m; **~'durch** *zeitlich*: entretanto; *et* ~ *essen* comer entre horas; **2fall** m incidente m; **2geschoß** △ n entresuelo m; **2handel** m comercio m intermediario; **~landen** (*sep*, -ge-, sn) ✈ hacer escala; **2landung** ✈ f escala f; **2raum** m espacio m; *zeitlich*: intervalo m; **2runde** f *dep* semifinal f; **~staatlich** internacional; **2stock** m entresuelo m; **2zeit** f intervalo m; *in der* ~ entretanto, mientras tanto

Zwist [tsvɪst] m (-[e]s; -e) discordia f; controversia f; desavenencia f

zwitschern ['tsvɪtʃɔrn] (ge-, h) gorjear, trinar

zwölf [tsvœlf] **1.** doce; ~ *Stück* una docena; **2.** 2 f (-; -en) doce m; **2'fingerdarm** m duodeno m; '**~te** duodécimo; **2tel** n (-s; -) dozavo m

Żyankali [tsyan'kɑːli] n (-s; *sin pl*) cianuro m de potasio

zyklisch ['tsyːklɪʃ] cíclico

Zyklon [tsyˈkloːn] *m* (-s; -e) ciclón *m*
Zyklus [ˈtsyːklus] *m* (-; Zyklen) ciclo *m*
Zy'linder [tsiˈlindər] *m* (-s; -) ⚙ cilindro *m*; (*Hut*) sombrero *m* de copa; **~kopf** *auto m* culata *f*

'Zyn|iker [ˈtsyːnikər] *m* (-s; -), **♀isch** cínico (*m*); **~ismus** [tsyˈnismus] *m* (-; -men) cinismo *m*
Zypresse ♣ [tsyˈprɛsə] (-; -n) ciprés *m*
Zyste ✱ [ˈtsystə] (-; -en) quiste *m*

Apéndice

Anhang

Nombres propios geográficos españoles
Spanische geographische Eigennamen

A

Ádige ['aðixe] *m* Etsch *f*
Adriático [a'ðriatiko] *m* Adria *f*
Afganistán [afganis'tan] *m* Afghanistan *n*
África ['afrika] *f* Afrika *n*; **~ del Sur** Südafrika *n*
Albania [al'banʲa] *f* Albanien *n*
Alejandría [alexan'drʲa] *f* Alexandria *n*
Alemania [ale'manʲa] *f* Deutschland *n*
Alpes ['alpes] *m/pl* Alpen *f/pl*
Alsacia [al'saθʲa] *f* Elsaß *n*
Amazonas [ama'θonas] *m* Amazonas *m*
Amberes [am'beres] *f* Antwerpen *n*
América [a'merika] *f* Amerika *n*; **Central** Mittelamerika *n*; **~ Latina** Lateinamerika *n*; **~ del Norte** Nordamerika *n*; **~ del Sur** Südamerika *n*
Andalucía [andalu'θia] *f* Andalusien *n*
Andes ['andes] *m/pl* Anden *pl*
Andorra [an'dɔrra] *f* Andorra *n*
Antártida [an'tartiða] *f* Antarktis *f*
Antillas [an'tiʎas] *f/pl* Antillen *pl*
Apeninos [ape'ninos] *m/pl* Apennin *m*
Aquisgrán [akiz'gran] *m* Aachen *n*
Arabia Saudita *od* **Saudí** [a'rabʲa saü'ði(ta)] *f* Saudi-Arabien *n*
Aragón [ara'gon] *m* Aragonien *n*
Argel [ar'xel] *m* Algier *n*
Argelia [ar'xelʲa] *f* Algerien *n*
Argentina [arxen'tina] *f* Argentinien *n*
Armenia [ar'menʲa] *f* Armenien *n*
Ártico ['artiko] *m* Arktis *f*
Asia ['asʲa] *f* Asien *n*; **~ Menor** Kleinasien *n*
Asturias [as'turʲas] *f/pl* Asturien *n*
Atenas [a'tenas] *f* Athen *n*
Atlántico [at'lantiko] *m*: (**Océano** *m*) **~** Atlantik *m*, Atlantischer Ozean *m*
Australia [aŭs'tralʲa] *f* Australien *n*
Austria ['aŭstrʲa] *f* Österreich *n*
Azores [a'θores] *m/pl* Azoren *pl*

B

Balcanes [bal'kanes] *m/pl* Balkan *m*
Baleares [bale'ares] *f/pl* die Balearen *pl*
Báltico ['baltiko] *m* Ostsee *f*
Basilea [basi'lea] *f* Basel *n*
Baviera [ba'bʲera] *f* Bayern *n*; **Alta ~** Oberbayern *n*; **Baja ~** Niederbayern *n*
Belén [be'len] *m* Bethlehem *n*
Bélgica ['belxika] *f* Belgien *n*
Belgrado [bel'graðo] *f* Belgien *n*
Berlín [ber'lin] *m* Berlin *n*
Berna ['berna] *f* Bern *n*
Bolivia [bo'libʲa] *f* Bolivien *n*
Bohemia [bo'emʲa] *f* Böhmen *n*
Borgoña [bor'goɲa] *f* Burgund *n*
Bósforo ['bosforo] *m* Bosporus *m*
Bosnia ['bosnʲa] *f* Bosnien *n*; **~ y Herzegovina** (**~** i jerθe'goβina) *f* Bosnien-Herzegovina *n*
Brande(n)burgo [brande(n)'burgo] *m* Brandenburg *n*
Brasil [bra'sil] *m* Brasilien *n*
Brema ['brema] *f* Bremen *n*
Bretaña [bre'taɲa] *f* Bretagne *f*
Brisgovia [briz'goβʲa] *f* Breisgau *m*
Brujas ['bruxas] *m* Brügge *n*
Bruselas [bru'selas] *f* Brüssel *n*
Bulgaria [bul'garʲa] *f* Bulgarien *n*
Burdeos [bur'ðeɔs] *f* Bordeaux *n*

C

Cabo, El ['kabo] Kapstadt *n*
Cabo de Buena Esperanza ['kabo de 'bŭena espe'ranθa] *m* Kap *n* der Guten Hoffnung
Cabo de Hornos ['kabo de 'ɔrnos] *m* Kap *n* Ho(o)rn
Cairo (El) ['kaïro] Kairo *n*
California [kali'fɔrnʲa] *f* Kalifornien *n*
Camboya [kam'boja] *f* Kambodscha *n*
Canadá [kana'ða] *m* Kanada *n*
Canal de la Mancha [ka'nal de la 'mantʃa] *m* Ärmelkanal *m*
Canarias [ka'narʲas] *f/pl*: (**Islas** *f/pl*) **~** Kanarische Inseln *f/pl*, Kanaren *pl*
Cantábrico [kan'tabriko] *m*: (**Mar** *m*) **~** Golf *m* von Biskaya
Caribe [ka'ribe] *m* Karibik *f*
Carintia [ka'rintʲa] *f* Kärnten *n*
Cárpatos ['karpatos] *m/pl* Karpaten *pl*

Caspio ['kaspĩo] *m*: (*Mar m*) ~ Kaspisches Meer *n*
Castilla [kas'tiʎa] *f* Kastilien *n*
Cataluña [kata'luɲa] *f* Katalonien *n*
Cáucaso ['kaŭkaso] *m* Kaukasus *m*
Centroamérica [θentroa'merika] *f* Mittelamerika *n*
Cerdeña [θer'deɲa] *f* Sardinien *n*
Chad ['tʃad] *m* Tschad *m*
Checoslovaquia [tʃekoslo'bakĩa] *f hist* Tschechoslowakei *f*
Chile ['tʃile] *m* Chile *n*
China ['tʃina] *f* China *n*
Chipre ['tʃipre] *m* Zypern *n*
Ciudad [θĩu'dad] *f*: ~ *del Cabo* Kapstadt *n*; ~ *del Vaticano* Vatikanstadt *f*
Coblenza [ko'blenθa] *f* Koblenz *n*
Colombia [ko'lombĩa] *f* Kolumbien *n*
Colonia [ko'lonĩa] *f* Köln *n*
Congo ['kongo] *m* Kongo *m*
Constanza [kɔns'tanθa] *f* Konstanz *n*
Copenhague [kope'nage] *f* Kopenhagen *n*
Córcega ['kɔrθega] *f* Korsika *n*
Corea [ko'rea] *f* Korea *n*
Corriente del Golfo [kɔ'rrĩente del 'golfo] *f* Golfstrom *m*
Costa Azul ['kɔsta a'θul] *f* Côte d'Azur *f*
Costa de Marfil ['kɔsta de mar'fil] *f* Elfenbeinküste *f*
Costa Rica ['kɔsta 'rika] *f* Costa Rica *n*
Creta ['kreta] *f* Kreta *n*
Crimea [kri'mea] *f* Krim *f*
Croacia [kro'aθĩa] *f* Kroatien *n*
Cuba ['kuba] *f* Kuba *n*

D

Dalmacia [dal'maθĩa] *f* Dalmatien *n*
Damasco [da'masko] *m* Damaskus *m*
Danubio [da'nubĩo] *m* Donau *f*
Dardanelos [darda'nelos] *m/pl* Dardanellen *pl*
Dinamarca [dina'marka] *f* Dänemark *n*
Dresde ['drezde] *m* Dresden *n*
Dunquerque [duŋ'kɛrke] *m* Dünkirchen *n*

E

Ecuador [ekŭa'dɔr] *m* Ecuador *n*
Edimburgo [edim'burgo] *m* Edinburg *n*
Egeo [ɛ'xeo] *m* Ägäis *f*
Egipto [e'xipto] *m* Ägypten *n*
Elba ['ɛlba] *m* Elbe *f*

Emiratos Árabes Unidos [emi'ratos 'arabes u'nidos] *m/pl* Vereinigte Arabische Emirate *n/pl*
Escalda [es'kalda] *m* Schelde *f*
Escandinavia [eskandi'nabĩa] *f* Skandinavien *n*
Escocia [es'koθĩa] *f* Schottland *n*
Eslovaquia [ezlo'bakĩa] *f* Slowakei *f*
Eslovenia [ezlo'benĩa] *f* Slowenien *n*
España [es'paɲa] *f* Spanien *n*
Esparta [es'parta] *f* Sparta *n*
Espira [es'pira] *f* Speyer *n*
Estados Unidos de América [es'tados u'nidoz de a'merika] *m/pl* Vereinigte Staaten von Amerika *m/pl*
Estambul [estam'bul] *f* Istanbul *n*
Estiria [es'tirĩa] *f* Steiermark *f*
Estocolmo [esto'kɔlmo] *m* Stockholm *n*
Estonia [es'tonĩa] *f* Estland *n*
Estrasburgo [estraz'burgo] *m* Straßburg *n*
Etiopía [etĩo'pia] *f* Äthiopien *n*
Europa [eŭ'ropa] *f* Europa *n*
Extremadura [estrema'dura] *f* Estremadura *f*

F

Filipinas [fili'pinas] *f/pl* Philippinen *pl*
Finlandia [fin'landĩa] *f* Finnland *n*
Flandes ['flandes] *m* Flandern *n*
Florencia [flo'renθĩa] *f* Florenz *n*
Francfort-del-Meno [fraŋk'fɔrt del 'meno] *m* Frankfurt am Main *n*
Francia ['franθĩa] *f* Frankreich *n*
Franconia [fran'konĩa] *f* Franken *n*
Friburgo [fri'burgo] *m* Freiburg *n*
Frisia ['frisĩa] *f* Friesland *n*

G

Gabón [ga'bon] *m* Gabun *n*
Gales ['gales] *m* Wales *n*
Galicia [ga'liθĩa] *f* Galicien *n* (*Spanien*); Galizien *n* (*Osteuropa*)
Gante ['gante] *m* Gent *n*
Garona [ga'rona] *m* Garonne *f*
Génova ['xenoba] *f* Genua *n*
Georgia [xe'ɔrxĩa] *f* Georgien *n*
Ginebra [xi'nebra] *f* Genf *n*
Gotinga [go'tinga] *f* Göttingen *n*
Gran Bretaña [gran bre'taɲa] *f* Großbritannien *n*

Grisones [gri'sones] *m/pl* Graubünden *n*
Groenlandia [groen'landia] *f* Grönland *n*
Guatemala [gŭate'mala] *f* Guatemala *n*
Guinea Ecuatorial [gi'nea ekŭato'rǐal] *f* Äquatorialguinea *n*

H

Habana, La [a'bana] Havanna *n*
Haití [ai'ti] *m* Haiti *n*
Hamburgo [am'burgo] *m* Hamburg *n*
Haya, La ['aja] *f* Den Haag *n*
Holanda [o'landa] *f* Holland *n*
Honduras [ɔn'duras] *f* Honduras *n*
Hungría [uŋ'gria] *f* Ungarn *n*

I

India ['indǐa] *f* Indien *n*
Indico ['indiko] *m*: (**Océano** *m*) ~ Indischer Ozean *m*
Indonesia [indo'nesǐa] *f* Indonesien *n*
Inglaterra [iŋgla'tɛrra] *f* England *n*
Irak [i'rak] *m* Irak *m*
Irán [i'ran] *m* Iran *m*
Irlanda [ir'landa] *f* Irland *n*
Islandia [iz'landǐa] *f* Island *n*
Italia [i'talǐa] *f* Italien *n*

J

Jamaica [xa'maĭka] *f* Jamaika *n*
Japón [xa'pɔn] *m* Japan *n*
Jerusalén [xerusa'len] *f* Jerusalem *n*

K

Kremlin ['kremlin] *m* Kreml *m*

L

Lago de Constanza ['lago de kɔns'tanθa] *m* Bodensee *m*
Lago de los Cuatro Cantones ['lago de los 'kŭatro kan'tones] *m* Vierwaldstätter See *m*
Lago Lemán ['lago le'man] *m* Genfer See *m*
Laponia [la'ponǐa] *f* Lappland *n*
Lausana [laŭ'sana] *f* Lausanne *n*
Letonia [le'tonǐa] *f* Lettland *n*
Líbano ['libano] *m* Libanon *m*

541

Liberia [li'berǐa] *f* Liberien *n*
Libia ['libǐa] *f* Libyen *n*
Lieja ['lǐexa] *f* Lüttich *n*
Lisboa [liz'boa] *f* Lissabon *n*
Lituania [li'tŭanǐa] *f* Litauen *n*
Loira [lo'ira] *m* Loire *f*
Lombardía [lɔmbar'dia] *f* Lombardei *f*
Londres ['lɔndres] *m* London *n*
Lorena [lo'rena] *f* Lothringen *n*
Lovaina [lo'baĭna] *f* Löwen *n*
Lucerna [lu'θerna] *f* Luzern *n*
Luxemburgo [luɣsem'burgo] *m* Luxemburg *n*

M

Macedonia [maθe'dɔnǐa] *f* Mazedonien *n*
Madagascar [madagas'kar] *m* Madagaskar *n*
Maguncia [ma'gunθǐa] *f* Mainz *n*
Malasia [ma'lasǐa] *f* Malaysia *n*
Maldivas [mal'dibas] *f/pl* Malediven *pl*
Malí [ma'li] *m* Mali *n*
Mallorca [ma'ʎɔrka] *f* Mallorca *n*
Malvinas [mal'binas] *f/pl* Falklandinseln *f/pl*
Mar Adriático [mar a'drǐatiko] *m* Adriatisches Meer *n*, Adria *f*
Mar Báltico [mar 'baltiko] *m* Ostsee *f*
Mar Caribe [mar ka'ribe] *m* Karibisches Meer *n*
Mar Glacial [mar gla'θǐal] *m* Eismeer *n*
Mar Muerto [mar 'mŭerto] *m* Totes Meer *n*
Mar Negro [mar 'negro] *m* Schwarzes Meer *n*
Mar del Norte [mar del 'nɔrte] *m* Nordsee *f*
Mar Rojo [mar 'rrɔxo] *m* Rotes Meer *n*
Mar Tirreno [mar ti'rreno] *m* Tyrrhenisches Meer *n*
Marruecos [ma'rrŭekɔs] *m* Marokko *n*
Marsella [mar'seʎa] *f* Marseille *n*
Mauritania [maŭri'tanǐa] *f* Mauretanien *n*
Mediterráneo [medite'rraneo] *m*: (**Mar** *m*) ~ Mittelmeer *n*
Méjico ['mexiko] *m* Mexiko *n*
Meno ['meno] *m* Main *m*
México ['mexiko] *m* Mexiko *n*
Milán [mi'lan] *m* Mailand *n*
Moldáu [mɔl'daŭ] *m*, **Moldava** [mɔl'daba] *m* Moldau *f*

Mónaco ['monako] *m* Monaco *n*
Mongolia [mɔŋˈgolia] *f* Mongolei *f*
Montenegro [mɔnteˈnegro] *m* Montenegro *n*
Moravia [moˈraβia] *f* Mähren *n*
Mosa ['mosa] *m* Maas *f*
Moscú [mɔsˈku] *m* Moskau *n*
Mosela [moˈsela] *m* Mosel *f*
Munich [muˈnik] *f* München *n*

N

Nápoles ['napoles] *m* Neapel *n*
Nicaragua [nikaˈraɣua] *f* Nicaragua *n*
Níger ['nixer] *m* Niger *n*
Nigeria [niˈxeria] *f* Nigeria *n*
Nilo ['nilo] *m* Nil *m*
Niza ['niθa] *f* Nizza *f*
Normandía [nɔrmanˈdia] *f* Normandie *f*
Noruega [noˈrŭega] *f* Norwegen *n*
Nueva Guinea ['nŭeba giˈnea] *f* Neuguinea *n*
Nueva York ['nŭeba 'jɔrk] New York *n*
Nueva Zelanda ['nŭeba θeˈlanda] *f* Neuseeland *n*
Nuremberg ['nuremberg] *f* Nürnberg *n*

O

Oceanía [oθeaˈnia] *f* Ozeanien *n*
Océano Glacial [oˈθeano glaˈθial] *m* Eismeer *n*
Oriente [oˈriente] *m*: **Extremo ~** Ferner Osten *m*; **Próximo ~** Naher Osten *m*

P

Pacífico [paˈθifiko] *m*: (**Océano ~**) Stiller Ozean *m*, Pazifik *m*
País Vasco [paˈis ˈbasko] *m* Baskenland *n*
Países Bajos [paˈises ˈbaxos] *m/pl* Niederlande *n/pl*
Pakistán [pakisˈtan] *m* Pakistan *n*
Palatinado [palatiˈnaðo] *m* Pfalz *f*
Palestina [palesˈtina] *f* Palästina *n*
Panamá [panaˈma] *m* Panama *n*
Paraguay [paraˈɣŭai] *m* Paraguay *n*
París [paˈris] *f* Paris *n*
Pekín [peˈkin] *m* Peking *n*
Perú [peˈru] *m* Peru *n*
Pirineos [piriˈneos] *m/pl* Pyrenäen *pl*
Polinesia [poliˈnesia] *f* Polynesien *n*
Polonia [poˈlonia] *f* Polen *n*
Pomerania [pomeˈrania] *f* Pommern *n*
Portugal [pɔrtuˈgal] *m* Portugal *n*
Praga ['praga] *f* Prag *n*
Provenza [proˈβenθa] *f* Provence *f*

R

Ratisbona [rratizˈbona] *f* Regensburg *n*
Renania [rrɛˈnania] *f* Rheinland *n*
República Dominicana [rrɛˈpublika dominiˈkana] *f* Dominikanische Republik *f*
Rin [rrin] *m* Rhein *m*
Ródano ['rrɔðano] *m* Rhone *f*
Rodas ['rrɔðas] *m* Rhodos *n*
Roma ['rroma] *f* Rom *f*
Rumania [rruˈmania] *f* Rumänien *n*
Rusia ['rrusia] *f* Rußland *n*

S

Saboya [saˈboja] *f* Savoyen *n*
Sajonia [saˈxonia] *f* Sachsen *n*; **Baja ~** Niedersachsen *n*
Salvador (El) [ɛl salbaˈðɔr] El Salvador *n*
San Gotardo [saŋ goˈtarðo] *m* Sankt Gotthard *m*
Sarre ['sarrɛ] *m* Saar *f*
Selva Negra ['sɛlba 'negra] *f* Schwarzwald *m*
Sena ['sena] *m* Seine *f*
Serbia ['sɛrβia] *f* Serbien *n*
Siberia [siˈβeria] *f* Sibirien *n*
Sicilia [siˈθilia] *f* Sizilien *n*
Silesia [siˈlesia] *f* Schlesien *n*
Siria ['siria] *f* Syrien *n*
Suabia ['sŭabia] *f* Schwaben *n*
Sudáfrica [suˈdafrika] *f* Südafrika *n*
Sudamérica [suðaˈmerika] *f* Südamerika *n*
Suecia ['sŭeθia] *f* Schweden *n*
Suiza ['sŭiθa] *f* Schweiz *f*

T

Tailandia [taĭˈlandia] *f* Thailand *n*
Támesis ['tamesis] *m* Themse *f*
Tánger ['taŋxer] *m* Tanger *n*
Tejas ['texas] *m* Texas *n*
Tenerife [teneˈrife] *f* Teneriffa *n*
Terranova [terraˈnoba] *f* Neufundland *n*
Tierra del Fuego ['tiɛrra del 'fŭego] *f* Feuerland *n*
Tolón [toˈlɔn] *m* Toulon *n*
Tolosa [toˈlosa] *f* Toulouse *n*

Transilvania [transil'banĩa] *f* Siebenbürgen *n*
Trento ['trento] *m* Trient *n*
Tréveris ['treberis] *m* Trier *n*
Túnez ['tuneθ] *m* Tunis *n*; Tunesien *n*
Tunicia [tu'niθĩa] *f* Tunesien *n*
Turín [tu'rin] *m* Turin *n*
Turingia [tu'riŋxĩa] *f* Thüringen *n*
Turquía [tur'kia] *f* Türkei *f*

U

Ucrania [u'kranĩa] *f* Ukraine *f*
Unión de Repúblicas Socialistas Soviéticas *hist* [u'nĩɔn de rre'publikas soθĩa'listas so'βĩetikas] *f* Union *f* der Sozialistischen Sowjetrepubliken
Unión Sudafricana [u'nĩɔn sudafri'kana] *f* Südafrikanische Union *f*
Urales [u'rales] *m/pl* Ural *m*
Uruguay [uru'ǧŭai] *m* Uruguay *n*

V

Varsovia [bar'soβĩa] *f* Warschau *n*
Vascongadas [baskɔŋ'gadas] *f/pl* Baskische Provinzen *f/pl*
Vaticano [bati'kano] *m* Vatikan *m*
Venecia [be'neθĩa] *f* Venedig *n*
Venezuela [bene'θŭela] *f* Venezuela *n*
Versalles [ber'saʎes] *f* Versailles *n*
Vesubio [be'suβĩo] *m* Vesuv *m*
Viena ['bĩena] *f* Wien *n*
Vietnam [bĭet'nam] *m* Vietnam *n*
Vístula ['bistula] *m* Weichsel *f*
Vizcaya [biθ'kaja] *f* Biscaya *f*
Volga ['bɔlga] *m* Wolga *f*
Vosgos ['bɔzgɔs] *m/pl* Vogesen *pl*

W

Westfalia [best'falĩa] *f* Westfalen *n*

Y

Yemen ['jemen] *m* Jemen *m*
Yugoslavia [jugos'laβĩa] *f* Jugoslawien *n*

Z

Zaragoza [θara'goθa] *f* Saragossa *n*
Zimbabue [θim'baβŭe] *m* Simbabwe *n*
Zurich ['θurik] *m* Zürich *n*

Nombres propios geográficos alemanes
Deutsche geographische Eigennamen

A

Aachen ['ɑːxən] n Aquisgrán m
Adria [ɑːdria] f, **Adriatisches Meer** [adriˈɑːtiʃəs meːr] n (Mar m) Adriático m
Afghanistan [afˈgɑːnistɑːn] n Afganistán m
Afrika [ˈɑːfrika] n África f
Ägäis [ɛˈɡɛːis] f, **Ägäisches Meer** [ɛˈɡɛːiʃəs meːr] n (Mar m) Egeo m
Ägypten [ɛˈɡyptən] n Egipto m
Albanien [alˈbɑːnjən] n Albania f
Alexandria [alɛkˈsandria] n Alejandría f
Algerien [alˈɡeːrjən] n Argelia f
Algier [ˈalʒiːr] n Argel m
Alpen [ˈalpən] pl Alpes m/pl
Amazonas [amaˈtsoːnas] m Amazonas m
Amerika [aˈmeːrika] n América f
Andalusien [andaˈluːzjən] n Andalucía f
Anden [ˈandən] pl Andes m/pl
Andorra [anˈdɔra] n Andorra f
Antarktis [antˈarktis] f Antártica f
Antillen [anˈtilən] f/ pl Antillas f/pl
Antwerpen [antˈvɛrpən] n Amberes f
Apennin(en) [apɛˈniːn(ən)] m(pl) Apeninos m/pl
Äquatorialguinea [ɛkvatoˈrjɑːlɡineːa] n Guinea f Ecuatorial
Arabien [aˈrɑːbjən] n Arabia f
Aragonien [araˈɡoːnjən] n Aragón m
Ardennen [arˈdɛnən] pl Ardenas f/pl
Argentinien [arɡɛnˈtiːnjən] n (la) Argentina
Armenien [arˈmeːnjən] n Armenia f
Ärmelkanal [ˈɛrməlkanɑːl] m Canal m de La Mancha
Asien [ˈɑːzjən] n Asia f
Asturien [asˈtuːrjən] n Asturias f/pl
Athen [aˈteːn] n Atenas f
Äthiopien [ɛˈtjoːpjən] n Etiopía f
Atlantik [atˈlantik] m, **Atlantischer Ozean** m [atˈlantiʃər ˈoːtseɑːn] (Océano m) Atlántico m
Ätna [ˈɛtna] m Etna m
Augsburg [ˈauksburk] n Augsburgo m
Australien [aʊsˈtrɑːljən] n Australia f
Avignon [avinˈjɔ̃ː] n Aviñón m
Azoren [aˈtsoːrən] pl Azores f/pl

B

Baden-Württemberg [ˈbɑːdən ˈvyrtəmbɛrk] n Baden-Wurtemberg m
Bahamas [baˈhɑːmas] f/pl las Bahamas
Balearen [baleˈɑːrən] pl Baleares f/pl
Balkan [ˈbalkɑːn] m Balcanes m/pl
Basel [ˈbɑːzəl] n Basilea f
Baskenland [ˈbaskənlant] n País m Vasco
Bayern [ˈbaiərn] n Baviera f
Belgien [ˈbɛlɡjən] n Bélgica f
Belgrad [ˈbɛlɡrɑːt] n Belgrado m
Beneluxstaaten [beneˈluksʃtɑːtən] m/pl (Estados m/pl) Benelux m
Berlin [bɛrˈliːn] n Berlín m
Bern [bɛrn] n Berna f
Bethlehem [ˈbɛtlɛhɛm] n Belén m
Biskaya [bisˈkɑːja] f Vizcaya f; **Golf** m **von ~** Golfo m de Vizcaya
Bodensee [ˈboːdənzeː] m Lago m de Constanza
Böhmen [ˈbøːmən] n Bohemia f
Bolivien [boˈliːvjən] n Bolivia f
Bordeaux [bɔrˈdoː] n Burdeos m
Bosnien-Herzegowina [ˈbɔsnjən hɛrtseˈɡoviːna] f Bosnia y Herzegovina f
Brandenburg [ˈbrandənburk] n Brande(n)burgo m
Brasilien [braˈziːljən] n (el) Brasil
Braunschweig [ˈbraʊnʃvaik] n Brunswick f
Breisgau [ˈbraisɡau] n Brisgovia f
Bremen [ˈbreːmən] n Brema f
Bretagne [breˈtanjə] f Bretaña f
Brügge [ˈbrygə] n Brujas f
Brüssel [ˈbrysəl] n Bruselas f
Bulgarien [bulˈɡɑːrjən] n Bulgaria f
Bundesrepublik f **Deutschland** [ˈbundəsrepubliːk ˈdɔytʃlant] República f Federal de Alemania
Burgund [burˈɡunt] n Borgoña f

C

Chile ['tʃiːlə, 'çiːlə] n Chile m
China ['çiːna] n China f
Costa Rica ['kɔsta 'riːka] n Costa Rica f
Côte d'Azur [kot daˈzyːr] f Costa f Azul

D

Dalmatien [dalˈmɑːtsjən] n Dalmacia f
Dänemark ['dɛːnəmark] n Dinamarca f
Dardanellen [dardaˈnɛlən] pl Dardanelos m/pl
Den Haag [den hɑːk] n La Haya
Deutsche Demokratische Republik hist ['dɔytʃə demoˈkrɑːtiʃə repuˈbliːk] f República f Democrática Alemana
Deutschland [dɔytʃlant] n Alemania f
Dominikanische Republik [dominiˈkɑːniʃə repuˈbliːk] f República f Dominicana
Donau ['doːnaʊ] f Danubio m
Dresden ['dreːsdən] n Dresde f
Dünkirchen ['dyːnkirçən] n Dunquerque m

E

Ecuador [ekuaˈdoːr] n Ecuador m
Edinburg ['eːdinburk] n Edimburgo m
Eismeer ['aɪsmeːr] n Océano m Glacial
Elbe ['ɛlbə] f Elba m
Elfenbeinküste ['ɛlfənbaɪnkystə] f Costa f de Marfil
El Salvador [el salvaˈdoːr] n El Salvador m
Elsaß ['ɛlzas] n Alsacia f
England ['ɛŋlant] n Inglaterra f
Estland ['eːstlant] n Estonia f
Etsch ['ɛtʃ] f Ádige m
Europa [ɔyˈroːpa] n Europa f

F

Falklandinseln ['falklantʔinzəln] f/pl (Islas f/pl) Malvinas f/pl
Feuerland ['fɔyərlant] n Tierra f del Fuego
Finnland ['finlant] n Finlandia f
Flandern ['flandərn] n Flandes m
Florenz [floˈrɛnts] n Florencia f
Franken ['fraŋkən] n Franconia f
Frankfurt ['fraŋkfurt] n Francfort m (am Main del Meno; an der Oder del Oder)
Frankreich ['frankraɪç] n Francia f
Freiburg ['fraɪburk] n Friburgo m
Friesland ['friːslant] n Frisia f

G

Galicien [gaˈliːtsjən] n Galicia f (en España)
Galizien [gaˈliːtsjən] n Galicia f (en Europa oriental)
Garonne [gaˈrɔn] f Garona m
Gascogne [gasˈkɔn] f Gascuña f
Genf [gɛnf] n Ginebra f; ~er See Lago m Lemán od. de Ginebra
Gent [gɛnt] n Gante f
Genua ['geːnua] n Génova f
Georgien [geˈɔrgjən] n Georgia f
Golfstrom ['gɔlfʃtroːm] m Corriente f del Golfo
Göttingen ['gœtiŋən] n Gotinga f
Graubünden [graʊˈbyndən] n Grisones m/pl
Griechenland ['griːçənlant] n Grecia f
Grönland ['grønlant] n Groenlandia f
Großbritannien [groːsbriˈtanjən] n Gran Bretaña f
Guatemala [guateˈmɑːla] n Guatemala f
Guinea [giˈneːa] n Guinea f

H

Haiti [haˈiːti] n Haití m
Hamburg ['hamburk] n Hamburgo m
Hannover [haˈnoːfər] n Hanóver m
Havanna [haˈvana] n La Habana
Hawaii [haˈvai(i)] n Hawai m
Helgoland ['hɛlgolant] n (Isla f de) Hel(i)goland
Hessen ['hɛsən] n Hesse f
Hispanoamerika [hisˈpanoʔaˈmeːrika] n Hispanoamérica f
Holland ['hɔlant] n Holanda f
Honduras [hɔnˈduːras] n Honduras f

I

Iberische Halbinsel [iˈbeːriʃə 'halpʔinzəl] f Península f Ibérica
Iberoamerika [iberoʔaˈmeːrika] n Iberoamérica f
Indien ['indjən] n la India
Indischer Ozean ['indiʃər 'oːtseaːn] m Océano m Índico, Mar m de las Indias
Indonesien [indoˈneːzjən] n Indonesia f

Ionisches Meer ['jo:niʃəs me:r] n Mar m Jónico
Irak [i'rɑ:k] m Irak m
Iran [i'rɑ:n] m Irán m
Irland ['irlant] n Irlanda f
Island ['i:slant] n Islandia f
Israel ['israe:l] n Israel m
Istanbul ['istambu:l] n Estambul f
Italien [i'tɑ:ljən] n Italia f

J

Jamaika [ja'maika] n Jamaica f
Japan ['jɑ:pan] n (el) Japón
Jemen ['je:mən] m (el) Yemen
Jerusalem [je'ru:zalɛm] n Jerusalén f
Jordan ['jɔrdan] m Jordán m
Jordanien [jɔr'dɑ:njən] n Jordania f
Jugoslawien [jugo'slɑ:vjən] n Yugo(e)slavia f

K

Kairo ['kairo] n El Cairo
Kalifornien [kali'fɔrnjən] n California f
Kambodscha [kam'bɔdʒa] n Camboya f
Kanada ['kanada] n (el) Canadá
Kanarische Inseln [ka'nɑ:riʃə 'inzəln] f/pl (Islas f/pl) Canarias f/pl
Kap n **der Guten Hoffnung** [kap dər 'gu:tən 'hɔfnuŋ] Cabo m de Buena Esperanza
Kap n **Ho(o)rn** [kap ho:rn] Cabo m de Hornos
Kapstadt ['kapʃtat] n Ciudad f del Cabo
Karibik [ka'ri:bik] f Caribe m
Kärnten ['kɛrntən] n Carintia f
Karpaten [kar'pɑ:tən] pl Cárpatos m/pl
Kaspisches Meer ['kaspiʃəs me:r] n (Mar m) Caspio m
Kastilien [kas'ti:ljən] n Castilla f
Katalonien [kata'lo:njən] n Cataluña f
Kaukasus ['kaukazus] m Cáucaso m
Kleinasien [klain'ɑ:zjən] n Asia f Menor
Koblenz ['ko:blɛnts] n Coblenza f
Köln [kœln] n Colonia f
Kolumbien [ko'lumbjən] n Colombia f
Kongo ['kɔŋgo] m (el) Congo
Konstanz ['kɔnstants] n Constanza f
Kopenhagen [ko:pən'hɑ:gən] n Copenhague f
Korea [ko're:a] n Corea f
Korsika ['kɔrzika] n Córcega f
Krakau ['krɑ:kau] n Cracovia f
Kreml [kre:ml] m Kremlin m
Kreta ['kre:ta] n Creta f
Krim [krim] f Crimea f
Kroatien [kro'atsjən] n Croacia f
Kuba ['ku:ba] n Cuba f
Kuwait [ku'vait] n Kuwait m

L

Lappland ['laplant] n Laponia f
Lateinamerika [la'tainʔame:rika] n América f Latina
Lausanne [lo:'zan] n Lausana f
Lettland ['lɛtlant] n Letonia f
Libanon ['li:banɔn] m Líbano m
Libyen ['li:byən] n Libia f
Liechtenstein ['liçtənʃtain] n Liechtenstein m
Lissabon ['lisabɔn] n Lisboa f
Litauen ['litauən] n Lituania f
Loire [lo'ɑ:r] f Loira f
Lombardei [lɔmbar'dai] f Lombardía f
London ['lɔndɔn] n Londres m
Lothringen ['lo:triŋən] n Lorena f
Löwen ['lø:vən] n Lovaina f
Lüttich ['lytiç] n Lieja f
Luxemburg ['luksəmburk] n Luxemburgo m
Luzern [lu'tsɛrn] n Lucerna f

M

Maas [mɑ:s] f Mosa m
Mähren ['mɛ:rən] n Moravia f
Mailand ['mailant] n Milano m
Main [main] m Meno m
Mainz [maints] n Maguncia f
Mali n Malí m
Malediven [male'di:vən] pl Maldivas f/pl
Marokko [ma'rɔko] n Marruecos m
Marseille [mar'sɛ:j] n Marsella f
Mazedonien [matse'do:njən] n Macedonia f
Mecklenburg-Vorpommern ['me:klənburk-fo:rpɔmərn] n Mecklemburgo-Pomerania Occidental m
Mexiko ['mɛksiko] n Méjico, México m
Mittelamerika ['mitəlʔame:rika] n América f Central, Centroamérica f
Mittelmeer ['mitəlme:r] n (mar m) Mediterráneo m
Moldau ['mɔldau] f Moldáu m, Moldava m

Monaco [mo'nako] *n* Mónaco *m*
Mongolei [mɔŋgo'laɪ] *f* Mongolia *f*
Montenegro [mɔnte'ne:gro] *n* Montenegro *m*
Mosel ['mo:zəl] *f* Mosela *m*
Moskau ['mɔskau] *n* Moscú *m*
München ['mynçən] *n* Munich *f*

N

Neapel [ne'a:pəl] *n* Nápoles *m*
Neufundland [nɔy'funtlant] *n* Terranova *f*
Neuguinea [nɔygi'ne:a] *n* Nueva Guinea *f*
Neuseeland [nɔy'ze:lant] *n* Nueva Zelanda *f*
New York [nju:'jɔ:(r)k] *n* Nueva York *f*
Nicaragua [nika'ragua] *n* Nicaragua *f*
Niederbayern ['ni:dərbaɪərn] *n* Baja Baviera *f*
Niederlande ['ni:dərlandə] *n/pl* Países *m/pl* Bajos
Niedersachsen ['ni:dərzaksən] *n* Baja Sajonia *f*
Niger ['ni:gər] *n* Níger *m*
Nigeria [ni'ge:rja] *n* Nigeria *f*
Nil [ni:l] *m* Nilo *m*
Nizza ['nitsa] *n* Niza *f*
Nordamerika [nɔrt?a'me:rika] *n* América *f* del Norte
Nordirland [nɔrt?'irlant] *n* Irlanda *f* del Norte
Nordkorea ['nɔrtko're:a] *n* Corea *f* del Norte
Nordrhein-Westfalen ['nɔrtraɪn-vest'fɑ:lən] *n* Renania del Norte-Westfalia *f*
Nordsee ['nɔrtze:] *f* Mar *m* del Norte
Normandie [nɔrman'di:] *f* Normandía *f*
Norwegen ['nɔrve:gən] *n* Noruega *f*
Nürnberg ['nyrnbɛrk] *n* Nuremberg *m*

O

Oberbayern ['o:bərbaɪərn] *n* Alta Baviera *f*
Osten ['ɔstən] *m*: **Ferner** ~ Extremo Oriente *m*; **Naher** ~ Próximo Oriente *m*
Österreich ['ø:stəraɪç] *n* Austria *f*
Ostsee ['ɔstze:] *f* (Mar *m*) Báltico *m*

P

Pakistan ['pakistan] *n* Pakistán *m*
Palästina [palɛ'sti:na] *n* Palestina *f*
Panama ['panama] *n* Panamá *m*
Paraguay [para'gvaɪ] *n* Paraguay *m*
Paris [pa'ri:s] *n* París *m*
Pazifik [pa'tsi:fik] *m*, **Pazifischer Ozean** [pa'tsi:fiʃər 'o:tsea:n] *m* (Océano *m*) Pacífico *m*
Peking ['pe:kiŋ] *n* Pekín *m*
Persien ['pɛrzjən] *n* Persia *f*
Peru [pe'ru:] *n* (el) Perú *m*
Philippinen [fili'pi:nən] *pl* Filipinas *f/pl*
Polen ['po:lən] *n* Polonia *f*
Pommern ['pɔmərn] *n* Pomerania *f*
Portugal ['pɔrtugal] *n* Portugal *m*
Prag [prɑ:k] *n* Praga *f*
Provence [prɔ'vã:s] *f* Provenza *f*
Puerto Rico ['puɛrto 'riko] *n* Puerto Rico *m*
Pyrenäen [pyre'nɛ:ən] *pl* Pirineos *m/pl*

R

Regensburg ['re:gənsburk] *n* Ratisbona *f*
Rhein [raɪn] *m* Rin *m*
Rheinland ['raɪnlant] *n* Renania *f*; **~-Pfalz** [--pfalts] *n* Renania-Palatinado *m*
Rhodos ['rɔdɔs] *n* Rodas *m*
Rhone ['ro:nə] *f* Ródano *m*
Rom [ro:m] *n* Roma *f*
Rotes Meer ['ro:təs me:r] *n* Mar *m* Rojo
Rumänien [ru'mɛ:njən] *n* Rumania *f*
Rußland ['ruslant] *n* Rusia *f*

S

Saar [zɑ:r] *f* Sarre *m*
Saarbrücken [zɑ:r'brykən] *n* Sarrebruck *m*
Saarland ['zɑ:rlant] *n* Saarland *m*
Sachsen ['zaksən] *n* Sajonia *f*; **~-Anhalt** [--'anhalt] Sajonia-Anhalt *f*
Sahara [za'hɑ:ra] *f* Sáhara *m*
Salvador, El [zalva'do:r] *n* El Salvador
Salzburg ['zaltsburk] *n* Salzburgo *m*
Sankt Gotthard [zaŋkt 'gɔthart] *m* San Gotardo *m*
Saragossa [zara'gɔsa] *n* Zaragoza *f*
Sardinien [zar'di:njən] *n* Cerdeña *f*
Saudi-Arabien ['zaudi?ara:bjən] *n* Arabia *f* Saudita *od.* Saudí
Savoyen [za'vɔyən] *n* Saboya *f*
Schelde ['ʃɛldə] *f* Escalda *f*
Schlesien ['ʃle:zjən] *n* Silesia *f*

Schottland ['ʃɔtlant] n Escocia f
Schwaben ['ʃvaːbən] n Suabia f
Schwarzes Meer ['ʃvartsəs meːr] n Mar m Negro
Schwarzwald ['ʃvartsvalt] m Selva f Negra
Schweden ['ʃveːdən] n Suecia f
Schweiz ['ʃvaɪts] f Suiza f
Seine ['zɛːn(ə)] f Sena m
Serbien ['zɛrbjən] n Serbia f, Servia f
Sibirien [zi'biːrjən] n Siberia f
Siebenbürgen [ziːbən'byrgən] n Transilvania f
Sizilien [zi'tsiːljən] n Sicilia f
Skandinavien [skandi'naːvjən] n Escandinavia f
Slowakei [slova'kaɪ] f Eslovaquia f
Slowenien [slo'veːnjən] n Eslovenia f
Sowjetunion hist [zɔ'vjɛtʔunjoːn] f Unión f Soviética
Spanien [ʃpaːnjən] n España f
Speyer ['ʃpaɪər] n Espira f
Steiermark ['ʃtaɪərmark] f Estiria f
Stiller Ozean ['ʃtilər 'oːtseaːn] m s. Pazifik
Stockholm ['ʃtɔkhɔlm] n Estocolmo m
Straßburg ['ʃtrasburk] n Estrasburgo m
Südafrika [zyːtʔ'aːfrika] n Sudáfrica f
Südamerika [zyːtʔa'meːrika] n América f del Sur
Südkorea [zyːtkoˈreːa] n Corea f del Sur
Suezkanal ['zuːɛtskanaːl] m Canal m de Suez
Syrien ['zyːrjən] n Siria f

T

Tanger ['taŋər] n Tánger m
Teneriffa [tene'rifa] n Tenerife f
Tessin [tɛ'siːn] m (Fluß) u. n (Kanton) Tesino m
Texas ['tɛksas] n Tejas m
Thailand ['taɪlant] n Tailandia f
Themse ['tɛmzə] f Támesis m
Thüringen ['tyːriŋən] n Turingia f
Tirol [ti'roːl] n (el) Tirol
Totes Meer ['toːtəs meːr] n Mar m Muerto
Trient [tri'ɛnt] n Trento m
Trier [triːr] n Tréveris m
Tschad [tʃat] m el Chad
Tschechoslowakei [tʃɛçɔslovaˈkaɪ] f hist Checoslovaquia f
Tübingen ['tyːbiŋən] n Tubinga f
Tunesien [tu'neːzjən] n Túnez m, Tunicia f

Tunis ['tuːnis] n Túnez m
Turin [tu'riːn] n Torino m
Türkei [tyr'kaɪ] f Turquía f
Tyrrhenisches Meer [ty're:niʃəs meːr] n Mar m Tirreno

U

Ukraine [u'kraɪnə] f Ucrania f
Ungarn ['uŋgarn] n Hungría f
Ural [u'raːl] m (Fluß) Ural m; (Gebirge) Urales m/pl
Uruguay [uru'gvaɪ] n Uruguay m

V

Vatikan(stadt f) [vatiˈkaːn(ʃtat)] m (Ciudad f del) Vaticano m
Venedig [ve'neːdiç] n Venecia f
Venezuela [venetsu'eːla] n Venezuela f
Vereinigte Arabische Emirate [fɛrˈaɪnɪçtə aˈraːbiʃə emiˈraːtə] pl Emiratos m/pl Árabes Unidos
Vereinigte Staaten m/pl **von Amerika** [fɛrˈaɪnɪçtə ˈʃtaːtən fɔn aˈmeːrika] Estados m/pl Unidos de América
Versailles [vɛrˈzaɪ] n Versalles f
Vesuv [ve'zuːf] m Vesubio m
Vierwaldstätter See [fiːrˈvaltʃtɛtər zeː] m Lago m de los Cuatro Cantones
Vietnam [viɛt'nam] n Vietnam m
Vogesen [voˈgeːzən] pl Vosgos m/pl
Vorderasien ['fɔrdərʔaːzjən] n Asia f Menor

W

Wales ['weilz] n Gales f
Warschau ['varʃaʊ] n Varsovia f
Weichsel ['vaɪçsəl] f Vístula m
Westfalen [vɛst'faːlən] n Westfalia f
Westindien [vɛstʔ'indjən] n Indias f/pl Occidentales
Wien [viːn] n Viena f
Wolga ['vɔlga] f Volga m
Württemberg ['vyrtəmbɛrk] n Wurtemberg m

Z

Zentralafrika [tsɛn'traːlʔaːfrika] n Centroáfrica f
Zürich ['tsyːriç] n Zurich m
Zypern ['tsyːpərn] n Chipre m

Abreviaturas españolas
Spanische Abkürzungen

A

a *área* Ar
(a) *alias* alias
AA.EE. *Asuntos Exteriores* Auswärtige Angelegenheiten
a/c *a cargo* zu Lasten; *a cuenta* auf Rechnung
a.c. *año corriente* laufendes Jahr
a.C. *antes de Cristo* vor Christus (v. Chr.)
a/f. *a favor* zugunsten
Apdo. *Apartado* Postfach (PF, Pf.)
art. o **art.º** *artículo* Artikel (Art.)
ATS *Ayudante Técnico-Sanitaria* etwa: medizinisch-technische Assistentin (MTA)
atte. *atentamente* hochachtungsvoll
Av(da). *Avenida* Avenue
AVE *Alta Velocidad Española span.* Hochgeschwindigkeitszug
AVIACO *Aviación y Comercio, S.A. span. Fluggesellschaft*

B

BANESTO *Banco español de Crédito span. Bank*
BARNA *Barcelona*
BBV *Banco de Bilbao Vizcaya span. Bank*
BCE *Banco Central Europeo* Europäische Zentralbank (EZB)
BOE *Boletín Oficial del Estado* Staatliches Amts-, Gesetzblatt
BUP *Bachillerato Unificado Polivalente in Spanien:* die beiden letzten Oberschuljahre

C

c. *capítulo* Kapitel (Kap.)
c/ *cargo* zu Lasten
C/, c/ *calle* Straße (Str.)
C.ª *compañía* Gesellschaft (Ges.)
CAMPSA *Compañía Arrendataria del Monopolio de Petróleos, S.A. span. Erdölgesellschaft*

cap. o **cap.º** *capítulo* Kapitel (Kap.)
c/c *cuenta corriente* laufendes Konto
c.c. *centímetro(s) cúbico(s)* Kubikzentimeter (cm³)
CC. *Código Civil* Bürgerliches Gesetzbuch
CC. OO. *Comisiones Obreras* kommunistische Gewerkschaft
CE *Comunidad Europea hist* Europäische Gemeinschaft (EG)
CEDE *Compañía Española de Electricidad* Spanische Elektrizitätsgesellschaft
CEI *Comunidad de Estados Independientes* Gemeinschaft Unabhängiger Staaten (GUS)
CEOE *Confederación Española de Organizaciones Empresariales* Dachverband der span. Arbeitgeberorganisationen
CEPSA *Compañía Española de Petróleos, S.A. span. Erdölgesellschaft*
CEPYME *Confederación Española de la Pequeña y Mediana Empresa* Arbeitgeberverband der Klein- u. Mittelbetriebe
Cía. *Compañía* Gesellschaft (Ges.); Compagnie (Co.)
cm *centímetro(s)* Zentimeter (cm)
CNT *Confederación Nacional de Trabajadores span. Gewerkschaft*
COI *Comité Olímpico Internacional* Internationales Olympisches Komitee (IOK)
CON *Comité Olímpico Nacional* Nationales Olympisches Komitee (NOK)
COPE *Cadenas de Ondas Populares Españolas private span.* Rundfunkgesellschaft
C.O.U. *Curso de Orientación Universitaria bis 1991 in Spanien* Voruniversitätsjahr
C.P. *Código Postal* Postleitzahl (PLZ)
CSCE *Conferencia de Seguridad y Cooperación en Europa* Konferenz über Sicherheit u. Zusammenarbeit in Europa (KSZE)

CSIC *Consejo Superior de Investigaciones Científicas* oberster span. Forschungsrat
cta. *cuenta* Rechnung
CV *caballo de vapor* Pferdestärke (PS)

D

D. *Don* Herr (*vor dem Vornamen*)
Da. *Doña* Frau (*vor dem Vornamen*)
d.C. *después de Cristo* nach Christus (n. Chr.)
D.F. *Distrito Federal* Bundesdistrikt
DGT *Dirección General de Turismo* Generaldirektion für Fremdenverkehr
D.m. *Dios mediante* so Gott will
Dn. *Don* Herr (*vor dem Vornamen*)
D.N.I. *Documento Nacional de Identidad* span. Personalausweis
Dr. *doctor* Doktor (Dr.)

E

E *este* Osten (O)
EA *Ejército del Aire* Luftstreitkräfte
Ed. *Edición* Ausgabe, Auflage (Aufl.)
EEE *Espacio Económico Europeo* Europäischer Wirtschaftsraum (EWR)
EE.UU. *Estados Unidos* Vereinigte Staaten (USA)
EGB *Enseñanza General Básica* span. Grundschulwesen
E.M. *Estado Mayor* Generalstab
EME *Estado Mayor del Ejército* Generalstab des Heeres
ENAGAS *Empresa Nacional del Gas* Staatl. Gasversorgungsbetrieb
ENDESA *Empresa Nacional de Electricidad, S.A.* Staatl. Energieversorgungsbetrieb
entlo. *entresuelo* Hochparterre
E.P.D. *en paz descanse* ruhe in Frieden
e.p.m. *en propia mano* persönlich zu übergeben
ET *Ejército de Tierra* Landstreitkräfte
ETA *Euskadi Ta Askatasuna* (*Baskenland u. Freiheit*) bask. Terroristenorganisation (ETA)
ETB *Euskal Telebista* bask. Fernsehen
etc. *etcétera* usw.
Exca. *Excelencia* Exzellenz
Excmo. *Excelentísimo* Exzellenz

F

FERE *Federación Española de Religiosos de Enseñanza* Arbeitgeberverband der kirchlichen Privatschulen in Spanien
FEVE *Ferrocarriles de Vía Estrecha* span. Schmalspur-Eisenbahngesellschaft
FF.AA. *Fuerzas Armadas* Streitkräfte
FF.CC. *Ferrocarriles* Eisenbahnen
FM *Frecuencia Modulada* Ultrakurzwelle (UKW)
FMI *Fondo Monetario Internacional* Internationaler Währungsfonds (IWF)
FN *Fuerzas Navales* Seestreitkräfte
FORPPA *Fondo de Ordenación y Regulación de Producciones y Precios Agrarios* staatl. Regulationsfonds für Agrarprodukte
FP *Formación Profesional* Berufsausbildung

G

GEO *Grupo Especial de Operaciones* Eliteeinheit der span. Polizei
gr. *gramo* Gramm (g)
gral. *general* allgemein (allg.)
GRAPO *Grupo de Resistencia Antifascista Primero de Octubre* span. Terroristenorganisation

H

h *hora* Stunde (Std., h)
HB *Herri Batasuna* (*Einiges Volk*) bask. Partei
Hnos. *hermanos* Gebrüder (Gebr.)

I

ib. *ibídem* ebendort (ib.)
IBI *Impuesto sobre bienes inmuebles* die span. Grundsteuer
ICEX *Instituto Español de Comercio Exterior* span. Außenhandelsinstitut
ICONA *Instituto para la Conservación de la Naturaleza* Naturschutzinstitut
íd. *ídem* dasselbe (id.)
Ilmo. *ilustrísimo* Hochwürdigste(r)
IME *Instituto Monetario Europeo* Europäisches Währungsinstitut (EWI)
INDO *Instituto Nacional de Denominaciones de Origen* Staatl. Institut für Herkunftsbezeichnungen

I.N.E. *Instituto Nacional de Estadística* Staatliches Institut für Statistik
INEM *Instituto Nacional de Empleo Staatl. Arbeitsbeschaffungsinstitut*
I.N.I. *Instituto Nacional de Industria Staatliches Institut für Industrie*
IPC *Índice de Precios al Consumo* Verbraucherpreisindex
IRPF *Impuesto sobre la Renta de las Personas Físicas span.* Einkommensteuer
ITV *Inspección Técnica de Vehículos der span. TÜV*
IU *Izquierda Unida (Vereinte Linke)* Kommunistisches Parteienbündnis
IVA *Impuesto sobre el Valor Añadido* Mehrwertsteuer (MwSt.)

J

J.C. *Jesucristo* Jesus Christus
JJ.OO. *Juegos Olímpicos* Olympische Spiele

K

kg. *kilogramo* Kilogramm (kg)
km. *kilómetro(s)* Kilometer (km)
km/h *kilómetros por hora* Stundenkilometer (km/h)
kwh *kilovatio-hora* Kilowattstunde (kWh)

L

l *litro* Liter (l)
Lic(do). *licenciado* Lizentiat
LOGSE *Ley Orgánica General del Sistema Educativo* Gesetz über das Erziehungssystem
LRU *Ley de Reforma Universitaria* Gesetz über Hochschulreform
Ltda. *Limitada* mit beschränkter Haftung (mbH)

M

m *metro(s)* Meter (m); *minuto(s)* Minute(n) (Min.)
M.ª *María* Maria
MC *Mercado Común* Gemeinsamer Markt
MEC *Ministerio de Educación y Ciencia* Erziehungsministerium
mg *miligramo(s)* Milligramm (mg)

ml. *mililitro* Milliliter (ml)
mm *milímetro(s)* Millimeter (mm)
Mons. *Monseñor* Monsignore
MOPT *Ministerio de Obras Públicas y Transportes* Ministerium für öffentliche Arbeiten und Verkehrswesen
mts. *metros* Meter (m)

N

N *norte* Norden (N)
n/ *nuestro* unser
n/c *nuestra cuenta* unser Konto
NE *nordeste* Nordosten (NO)
NIF *Número de Identificación Fiscal* steuerliche Identifizierungsnummer
NN.UU. *Naciones Unidas* Vereinte Nationen (UN)
NO *noroeste* Nordwesten (NW)
n/o *nuestra orden* unsere Order
nº *número* Nummer (Nr.)
N.S. *Nuestro Señor* Unser Herr *(Jesus Christus)*
ntro. *nuestro* unser
núm. *número* Nummer (Nr.)

O

O *oeste* Westen (W)
OCDE *Organización de Cooperación y Desarrollo Económico* Organisation für wirtschaftliche Zusammenarbeit u. Entwicklung (OECD)
OEA *Organización de Estados Americanos* Organisation der Amerikanischen Staaten (OAS)
OID *Oficina de Información Diplomática* Diplomatisches Informationsbüro
OIT *Organización Internacional del Trabajo* Internationale Arbeitsorganisation (IAO)
OMS *Organización Mundial de la Salud* Weltgesundheitsorganisation (WHO)
ONCE *Organización Nacional de Ciegos Españoles span.* Blindenorganisation
ONU *Organización de las Naciones Unidas* Organisation der Vereinten Nationen (UNO)
OPA *Oferta pública de adquisición de acciones* Angebot des Erwerbs von Aktien
OPEP *Organización de Países Exportadores de Petróleo* Organisation erdölausführender Länder (OPEC)

OTAN *Organización del Tratado del Atlántico Norte* Nordatlantikpakt-Organisation (NATO)
OVNI *Objeto Volante No Identificado* Unbekanntes Flugobjekt (UFO)

P

p. *página* Seite (S.)
p.a. *por autorización* im Auftrag (i. A.)
pág., págs. *página(s)* Seite, Seiten (S.)
p/c *por cuenta* auf Rechnung
PCE *Partido Comunista Español* Kommunistische Partei Spaniens
p.d. *por delegación* in Vertretung (i. V.)
P.D. *posdata* Nachschrift (PS)
p.ej. *por ejemplo* zum Beispiel (z. B.)
PIB *Producto Interior Bruto* Bruttoinlandsprodukt
PM *Policía Militar* Militärpolizei (MP)
PMM *Parque Móvil Ministerial* Kraftfahrzeugpark der span. Ministerien
PNB *Producto Nacional Bruto* Bruttosozialprodukt (BSP)
PNV *Partido Nacional Vasco* Baskische Nationalpartei
p.o. *por orden* im Auftrag (i. A.)
p.p. *por poder* per Prokura (pp., p. pa.)
PP *Partido Popular* (*Volkspartei*) rechtsgerichtete span. Partei
pral. *principal* erster Stock
prof. *profesor* Professor (Prof.)
P.S. *post scriptum* Nachschrift (PS)
PSOE *Partido Socialista Obrero Español* Sozialistische Arbeiterpartei Spaniens
pta(s). *peseta(s)* Pesete(n) (Pta(s))
pts. *pesetas* Peseten (Ptas)
p.v. *pequeña velocidad* Frachtgut
PVP *precio de venta al público* Verkaufspreis
PYME *Pequeñas y Medianas Empresas* Klein- u. Mittelbetriebe

Q

q.e.p.d. *que en paz descanse* ruhe in Frieden

R

RACE *Real Automóvil Club de España* span. Automobilclub
R.A.E. *Real Academia Española* Königliche Spanische Akademie
RDA *hist República Democrática Alemana* Deutsche Demokratische Republik (DDR)
RENFE *Red Nacional de Ferrocarriles Españoles* Staatliches Netz der spanischen Eisenbahnen
RFA *República Federal de Alemania* Bundesrepublik Deutschland (BRD)
R.I.P. *requiescat in pace* ruhe in Frieden (R.I.P.)
RNE *Radio Nacional de España* staatlicher span. Rundfunk
r.p.m. *revoluciones por minuto* Umdrehungen pro Minute (U/min)
rte. *remite(nte)* Absender (Abs.)
RTVE *Radiotelevisión Española* Spanischer Rundfunk und Fernsehen

S

s. *siglo* Jahrhundert (Jh.)
S *Sur* Süden (S)
S. *San, Santo* heilig (hl)
s.a. *sin año* ohne Jahr (o. J.)
S.A. *Su Alteza* Seine (Ihre) Hoheit
S.A. *Sociedad Anónima* Aktiengesellschaft (AG)
S.A.R. *Su Alteza Real* Seine (Ihre) Königliche Hoheit
S.E. *Su Excelencia* Seine (Ihre) Exzellenz
SE *sudeste* Südost (SO)
SEAT *Sociedad Española de Automóviles Turismo* span. Automobilwerk, heute in VW-Besitz
SER *Sociedad Española de Radiodifusión* span. Rundfunkgesellschaft
SIDA *Síndrome de Inmunodeficiencia Adquirida* Aids
S.M. *Su Majestad* Seine (Ihre) Majestät
SME *Sistema Monetario Europeo* Europäisches Währungssystem (EWS)
s/n *sin número* ohne Hausnummer
SO *sudoeste* Südwesten (SW)
SP *Servicio Público* öffentlicher Dienst
Sr. *Señor* Herr (Hr.)
Sra., Sras. *Señora, Señoras* Frau, Frauen (Fr.)
Sres. *Señores* Herren
S.R.L. *Sociedad de Responsabilidad limitada* Gesellschaft mit beschränkter Haftung (GmbH)

Srta. *Señorita* Fräulein (Frl.)
SS *Seguridad Social* Sozialversicherung
S.S. *Su Santidad* Seine Heiligkeit
SSE *sudsudeste* Südsüdost (SSO)
SS.MM. *Sus Majestades* Ihre Majestäten
SSO *sudsudoeste* Südsüdwest (SSW)
Sta. *Santa* Heilige
Sto. *Santo* Heiliger

T

t., T. *tomo* Band (Bd.)
TALGO *Tren Articulado Ligero Goicoechea Oriol* *spanischer Gliederzug aus Leichtmetall*
TAV *Tren de Alta Velocidad* Hochgeschwindigkeitszug (*etwa*: ICE)
TC *Tribunal Constitucional* *Verfassungsgericht*
Tel. *teléfono* Telefon (Tel.)
TIR *Transportes Internacionales en Ruta* Internationale Lkw-Transporte (TIR)
TV *Televisión* Fernsehen (TV)
TVE *Televisión Española* *span. Fernsehen*
TVG *Televisión de Galicia* *galicisches Fernsehen*

U

UCD *Unión de Centro Democrático* *ehemalige Zentrumspartei*
UCI *Unidad de Cuidados Intensivos* Intensivstation
Ud. *Usted* Sie (*sg.*)
Uds. *Ustedes* Sie (*pl.*)

UE *Unión Europea* Europäische Union (EU)
UEM *Unión Económica y Monetaria (Europea)* (Europäische) Wirtschafts- und Währungsunion (EWU)
UGT *Unión General de Trabajadores* *sozialistische span. Gewerkschaft*
UME *Unión Monetaria Europea* Europäische Währungsunion (EWU)
UNED *Universidad Nacional de Educación a Distancia* *span. Fernuniversität*
URSS *hist* *Unión de Repúblicas Socialistas Soviéticas* Union der Sozialistischen Sowjetrepubliken (UdSSR)
USO *Unión Sindical Obrera* *span. Gewerkschaft*
UVI *Unidad de Vigilancia Intensiva* Intensivstation

V

v. *véase* siehe (s.)
V.B., V°B° *Visto Bueno* gesehen u. genehmigt
Vd. *usted* Sie (*sg.*)
Vda. *viuda* Witwe (Wwe.)
Vds. *Ustedes* Sie (*pl.*)
V.E. *Vuestra Excelencia* Euer Exzellenz
vg., v.gr. *verbigracia* zum Beispiel (z. B.)
VIH *Virus de Inmunodeficiencia Humana* Aids-Virus (HIV)
vol. *volumen* Band (Bd.)
vols. *volúmenes* Bände (Bde.)

Z

ZUR *Zona de Urgente Reindustrialización* *Zone dringender Reindustrialisierung*

Abreviaturas alemanas
Deutsche Abkürzungen

A

AA *Auswärtiges Amt* Ministerio de Asuntos Exteriores
a. a. O. *am angeführten Ort* en el lugar citado
Abb. *Abbildung* figura
Abf. *Abfahrt* salida (S.)
Abk. *Abkürzung* abreviatura (abr.)
Abs. *Absatz* párrafo (párr.); *Absender* remitente (rte.)
ABS *Antiblockiersystem* Sistema Antibloqueo de Frenos (ABS)
Abt. *Abteilung* sección; departamento (dpto.)
a. d. *an der (bei Ortsnamen)* del
a. D. *außer Dienst* jubilado, retirado
ADAC *Allgemeiner Deutscher Automobil-Club* Automóvil Club General de Alemania
Adr. *Adresse* dirección
AG *Aktiengesellschaft* Sociedad Anónima (S.A.)
allg. *allgemein* general(mente) (gral.)
a. M. *am Main* del Meno
Anh. *Anhang* apéndice
Ank. *Ankunft* llegada (Ll.)
Anl. *Anlage im Brief* anejo
Anm. *Anmerkung* observación; nota (N.)
AOK *Allgemeine Ortskrankenkasse caja local de enfermedad*
ARD *Arbeitsgemeinschaft der öffentlich-rechtlichen Rundfunkanstalten der Bundesrepublik Deutschland Asociación de las estaciones de radio de la República Federal de Alemania*
a. Rh. *am Rhein* del Rin
Art. *Artikel* artículo (art.)
AStA *Allgemeiner Studentenausschuß asociación general de estudiantes*
ASU *Abgassonderuntersuchung control especial de emisiones contaminantes*
Aufl. *Auflage* edición (ed.); tirada
Ausg. *Ausgabe* edición (ed.)
Az. *Aktenzeichen* referencia (ref.)

B

b. *bei*; *bei Ortsangaben*: cerca de; *Adresse*: en casa de
B *Bundesstraße* carretera federal
Bd. *Band* tomo (t.); volumen (vol.)
BDI *Bundesverband der Deutschen Industrie* Unión Federal de la Industria Alemana
beil. *beiliegend* adjunto
bes. *besonders* especialmente; en particular
Best.-Nr. *Bestellnummer* número de pedido
betr. *betreffend, betreffs* concerniente a, con respecto a
Betr. *Betreff* referencia (ref.); objeto
bez. *bezahlt* pagado
BGB *Bürgerliches Gesetzbuch* Código civil (CC)
BH F *Büstenhalter* sujetador
Bhf. *Bahnhof* estación
Bl. *Blatt* hoja
BLZ *Bankleitzahl* clave bancaria
BND *Bundesnachrichtendienst* Servicio Federal de Inteligencia
BP *Bundespost* Correos Federales
BRD *Bundesrepublik Deutschland* República Federal de Alemania
brosch. *broschiert* en rústica
BRT *Bruttoregistertonne* tonelada de registro bruto
b. w. *bitte wenden* véase al dorso
bzw. *beziehungsweise* o bien; respectivamente

C

C *Celsius* centígrado; Celsius
ca. *circa, ungefähr, etwa* aproximadamente; *vor Zahlen*: unos
CD *Compact Disk* disco compacto (CD)
CDU *Christlich-Demokratische Union* Unión Cristiano-Demócrata
CH *Confoederatio Helvetica* Confederación Helvética
Cie. *Kompanie* compañía (Cía.)

cl *Zentiliter* centilitro (cl)
cm *Zentimeter* centímetro (cm)
Co. *Compagnie* compañía (Cía.)
CSU *Christlich-Soziale Union* Unión Social-Cristiana

D

DAG *Deutsche Angestellten-Gewerkschaft* Sindicato Alemán de Empleados
DB *Deutsche Bahn* Ferrocarriles Alemanes
DBB *Deutscher Beamtenbund* Unión de Funcionarios Alemanes
DDR *hist Deutsche Demokratische Republik* República Democrática Alemana (RDA)
DER *Deutsches Reisebüro* Agencia Alemana de Viajes
desgl. *desgleichen* ídem
DFB *Deutscher Fußballbund* Federación Alemana de Fútbol
DGB *Deutscher Gewerkschaftsbund* Confederación de Sindicatos Alemanes
dgl. *dergleichen* tal; semejante; análogo
d. h. *das heißt* es decir; o sea
DIN *Deutsche Industrie-Norm(en)* norma(s) industrial(es) alemana(s); *Deutsches Institut für Normung* Instituto alemán de estandarización
Dipl.-Ing. *Diplomingenieur* ingeniero diplomado
DM *Deutsche Mark* marco alemán
d. M. *dieses Monats* del (mes) corriente
dpa *Deutsche Presse-Agentur* Agencia Alemana de Prensa
Dr. *Doktor* doctor
Dr.-Ing. *Doktor der Ingenieurwissenschaft* doctor en ingeniería
Dr. jur. *Doktor der Rechte* doctor en derecho
Dr. med. *Doktor der Medizin* doctor en medicina
Dr. med. dent. *Doktor der Zahnheilkunde* doctor en odontología
Dr. med. vet. *Doktor der Tierheilkunde* doctor en veterinaria
Dr. phil. *Doktor der Philosophie* doctor en filosofía (y letras)
Dr. rer. nat. *Doktor der Naturwissenschaften* doctor en ciencias (físicas, químicas y naturales)
Dr. rer. pol. *Doktor der Staatswissenschaften* doctor en ciencias políticas
Dr. theol. *Doktor der Theologie* doctor en teología
DRK *Deutsches Rotes Kreuz* Cruz Roja Alemana
dt(sch). *deutsch* alemán, alemana
Dtz(d). *Dutzend* docena

E

E *Eilzug* rápido
Ed. *Edition, Ausgabe* edición (Ed.)
EDV *Elektronische Datenverarbeitung* proceso electrónico de datos
EFTA (*European Free Trade Association*) *Europäische Freihandelszone* Asociación Europea de Libre Comercio (AELC)
EG *Europäische Gemeinschaft* hist Comunidad Europea (CE)
ehem., ehm. *ehemals* antes; antiguamente
EIB *Europäische Investitionsbank* Banco Europeo de Inversiones
eig., eigtl. *eigentlich* propiamente
einschl. *einschließlich* inclusive
EKG *Elektrokardiogramm* electrocardiograma (ECG)
entspr. *entsprechend* correspondiente
erg. *ergänze* complétese; añádase
EU *Europäische Union* Unión Europea (UE)
EUR *Euro* euro
EURATOM *Europäische Atomgemeinschaft* Comunidad Europea de Energía Atómica (EURATOM)
ev. *evangelisch* protestante
e. V. *eingetragener Verein* asociación registrada
evtl. *eventuell* eventualmente
EWA *Europäisches Währungsabkommen* Acuerdo Monetario Europeo (AME)
EWI *Europäisches Währungsinstitut* Instituto Monetario Europeo (IME)
EWR *Europäischer Wirtschaftsraum* Espacio Económico Europeo (EEE)
EWS *Europäisches Währungssystem* Sistema Monetario Europeo (SME)
EWU *Europäische Währungsunion* Unión Monetaria Europea (UME)
exkl. *exklusive* excluido; excepto
Expl. *Exemplar* ejemplar

EZB *Europäische Zentralbank* Banco Central Europeo (BCE)

F

f. *folgende Seite* página siguiente; *für* para
Fa. *firma* casa; razón social
F. C. *Fußballclub* club de fútbol
FD *Fernschnellzug* expreso internacional
F.D.P. *Freie Demokratische Partei* Partido Liberal Demócrata
ff. *folgende Seiten* páginas siguientes
FKK *Freikörperkultur* desnudismo
Forts. *Fortsetzung* continuación
Fr. *Frau* señora (Sra.)
frdl. *freundlich* amable
Frl. *Fräulein* señorita (Srta.)
frz. *französisch* francés (fr.)

G

g *Gramm* gramo (gr.)
geb. *geboren* nacido; *gebunden* encuadernado
Gebr. *Gebrüder* Hermanos (Hnos.)
gegr. *gegründet* fundado
geh. *geheftet* en rústica
Ges. *Gesellschaft* sociedad; *Gesetz* ley
gesch. *geschieden* divorciado
ges. gesch. *gesetzlich geschützt* registrado legalmente; patentado
gest. *gestorben* difunto; fallecido
gez. *gezeichnet* firmado
GG *Grundgesetz* ley fundamental
ggf. *gegebenenfalls* si fuera preciso, eventualmente
GmbH *Gesellschaft mit beschränkter Haftung* sociedad de responsabilidad limitada (S.R.L.)
GUS *Gemeinschaft Unabhängiger Staaten* Comunidad de Estados Independientes (CEI)

H

ha *Hektar* hectárea
Hbf. *Hauptbahnhof* estación central
h. c. *honoris causa* honoris causa
hg. *herausgegeben* editado
HGB *Handelsgesetzbuch* Código de Comercio
HIV (*Human Immundeficiency Virus*) *Aids-Erreger* Virus de Inmunodeficiencia Humana (VIH)
HR *Hessischer Rundfunk* Radio de Hesse
Hr., Hrn. *Herr(n)* señor (Sr.)
hrsg. *herausgegeben* editado (ed.)
Hrsg. *Herausgeber* editor

I

i. A. *im Auftrag* por orden (p.o.)
IAO *Internationale Arbeitsorganisation* Organización Internacional de Trabajo (OIT)
IATA (*International Air Transport Association*) *Internationaler Luftverkehrsverband* Asociación de Transporte Aéreo Internacional (ATAI)
ib(d). *ibidem, ebendort* ibídem (ib.)
IC *Intercity-Zug* tren Intercity
ICE *Intercity Expreß* tren de alta velocidad
id. *idem* ídem (íd.)
IG *Industriegewerkschaft* sindicato industrial
IHK *Industrie- und Handelskammer* Cámara de Industria y Comercio
i. J. *im Jahre* en el año
Ing. *Ingenieur* ingeniero (ing.)
Inh. *Inhaber* propietario; *Inhalt* contenido
inkl. *inklusive* inclusive
IOK *Internationales Olympisches Komitee* Comité Olímpico Internacional (COI)
i. R. *im Ruhestand* jubilado, retirado
i. V. *in Vertretung* por autorización (p.a.); *in Vollmacht* por poder (p.p.)
IWF *Internationaler Währungsfonds* Fondo Monetario Internacional (FMI)

J

Jg. *Jahrgang* año
JH *Jugendherberge* albergue juvenil
Jh. *Jahrhundert* siglo (s.)
jr., jun. *junior* hijo, junior

K

Kap. *Kapitel* capítulo (cap.)
kart. *kartoniert* empastado
kath. *katholisch* católico
Kfm. *Kaufmann* comerciante

Kfz. *Kraftfahrzeug* automóvil; vehículo de motor
kg *Kilogramm* kilogramo (kg.)
KG *Kommanditgesellschaft* sociedad en comandita (S. en C.)
kgl. *königlich* real
Kl. *Klasse* clase
km *Kilometer* kilómetro (km.)
KP *Kommunistische Partei* Partido Comunista (PC)
Kr. *Kreis* distrito
Kripo *Kriminalpolizei* policía de investigación criminal
KSZE *Konferenz über Sicherheit und Zusammmenarbeit in Europa* Conferencia de Seguridad y Cooperación en Europa (CSCE)
Kto. *Konto* cuenta (cta.)
kW *Kilowatt* kilovatio (kw.)
kWh *Kilowattstunde* kilovatio-hora (kwh)
KZ *Konzentrationslager* campo de concentración

L

l *Liter* litro (l)
led. *ledig* soltero
lfd. *laufend* corriente (cte.)
lfd. Nr. *laufende Nummer* número de orden
Lfg., Lfrg. *Lieferung* entrega
Lkw *Lastkraftwagen* camión
LP *Langspielplatte* elepé
lt. *laut* según

M

m *Meter* metro (m)
MAD *Militärischer Abschirmdienst* Servicio Militar de Contraespionaje
MdB, M.d.B. *Mitglied des Bundestages* Miembro del Bundestag
MdL, M.d.L. *Mitglied des Landtags* Miembro del Landtag
m. E. *meines Erachtens* a mi parecer
MEZ *Mitteleuropäische Zeit* hora de la Europa Central
mg *Milligramm* miligramo(s) (mg.)
MG *Maschinengewehr* ametralladora
Mill. *Million(en)* millón, millones
Min. *Minute* minuto
Mio. *Million(en)* millón, millones
mm *Millimeter* milímetro (mm)
möbl. *möbliert* amueblado

MP *Militärpolizei* policía militar (PM); *Maschinenpistole* metralleta
Mrd. *Milliarde(n)* mil millones
Ms., Mskr. *Manuskript* manuscrito
m/s *Meter pro Sekunde* metros por segundo
mtl. *monatlich* mensual
MwSt. *Mehrwertsteuer* impuesto sobre el valor añadido (IVA)

N

N *Norden* norte
N(a)chf. *Nachfolger* sucesor
nachm. *nachmittags* por la tarde
NATO (*North Atlantic Treaty Organization*) *Nordatlantikpakt-Organisation* Organización del Tratado del Atlántico Norte (OTAN)
NB *nota bene* nota bene
n. Chr. *nach Christus* después de Jesucristo (d.C.)
NDR *Norddeutscher Rundfunk* Radio de la Alemania del Norte
n. J. *nächsten Jahres* del año próximo
N. N. *nomen nescio*, *Name unbekannt* señor X
NO *Nordosten* nordeste (NE)
NOK *Nationales Olympisches Komitee* Comité Olímpico Nacional (CON)
Nr. *Nummer* número (núm.)
NS *Nachschrift* posdata (P.D.)
NW *Nordwesten* noroeste (NO)

O

O *Osten* este (E)
o. *oben* arriba; *ohne* sin
o. ä. *oder ähnliches* o algo parecido
OAS *Organisation der amerikanischen Staaten* Organización de los Estados Americanos (OEA)
o. B. ✝ *ohne Befund* sin hallazgo
OB *Oberbürgermeister* (primer) alcalde
Obb. *Oberbayern* Alta Baviera
ÖBB *Österreichische Bundesbahnen* Ferrocarriles Federales de Austria
od. *oder* o
OECD (*Organization for Economic Cooperation and Development*) *Organisation für wirtschaftliche Zusammenarbeit und Entwicklung* Organización de Cooperación y Desarrollo Económico (OCDE)

OEZ *Osteuropäische Zeit* hora de la Europa del Este
OHG *Offene Handelsgesellschaft* sociedad colectiva
o. J. *ohne Jahr* sin año
OP *Operationssaal* quirófano
op. *Opus, Werk* obra
ÖTV *Öffentliche Dienste, Transport und Verkehr* (*Gewerkschaft*) servicios públicos y transportes (*sindicato*)

P

p. A. *per Adresse* en casa de
PC *Personalcomputer* ordenador personal (PC)
PDS *Partei des Demokratischen Sozialismus* partido del socialismo democrático
Pf *Pfennig* pfennig
Pfd. *Pfund* libra
PH *Pädagogische Hochschule* Escuela Normal
Pkt. *Punkt* punto
Pkw *Personenkraftwagen* turismo
PLZ *Postleitzahl* código postal (C.P.)
pp., ppa. *per procura* por poder (p.p.)
Prof. *Professor* catedrático; profesor (prof.)
PS *Pferdestärke* caballo de vapor (CV); *Postskriptum* postdata (P.D.)
PSchA *Postscheckamt* oficina de cheques postales

R

rd. *rund* (*gerechnet*) alrededor de; en números redondos
Reg.-Bez. *Regierungsbezirk* distrito administrativo
Rel. *Religion* religión
resp. *respektive* respectivamente
rh, Rh *Rhesusfaktor* factor Rhesus
Rhld. *Rheinland* Renania
RIAS *Rundfunk im amerikanischen Sektor* (*von Berlin*) Radio en el sector americano (*de Berlín*)
r.-k. *römisch-katholisch* católico romano

S

S *Süden* sur (S)
S. *Seite* página (pág.)
s. *siehe* véase (v.)

s. a. *siehe auch* véase también
Sa. *Summa, Summe* suma; total
S-Bahn *Stadtbahn* tren suburbano
SBB *Schweizerische Bundesbahnen* Ferrocarriles Federales de Suiza
s. d. *siehe dies* véase esto
SDR *Süddeutscher Rundfunk* Radio de Alemania del Sur
sec *Sekunde* segundo
SED *hist Sozialistische Einheitspartei Deutschlands* (*DDR*) Partido Socialista Unificado de Alemania (*RDA*)
sen. *senior* padre, senior
SO *Südosten* sudeste (SE)
s. o. *siehe oben* véase más arriba
sog. *sogenannt* llamado
SPD *Sozialdemokratische Partei Deutschlands* Partido Socialdemócrata de Alemania
SS *Sommersemester* semestre de verano
St. *Sankt* santo
St., Std. *Stunde* hora (h)
StGB *Strafgesetzbuch* Código penal
StPO *Strafprozeßordnung* Ley de enjuiciamiento criminal
Str. *Straße* calle (C/, c/)
StVO *Straßenverkehrsordnung* Código de la circulación
s. u. *siehe unten* véase más abajo
SW *Südwesten* sudoeste (SO)
s. Z. *seinerzeit* en su día

T

t *Tonne* tonelada
Tb(c) *Tuberkulose* tuberculosis
TEE *Trans-Europ-Express* Exprés Transeuropeo (TEE)
Tel. *Telefon* teléfono (tel.)
TH *Technische Hochschule* Escuela Superior Técnica
Tsd. *Tausend* mil
TU *Technische Universität* Universidad Técnica
TÜV *Technischer Überwachungsverein* Servicio de Inspección Técnica
TV *Turnverein* Club de gimnasia; *Television* televisión (TV)

U

u. *und* y
u. a. *unter anderem* entre otras cosas;

unter anderen entre otros; *und andere(s)* y otro(s)

u. ä. *und ähnliche(s)* y cosas semejantes

u. a. m. *und andere(s) mehr* y otros más; etcétera

u. A. w. g. *um Antwort wird gebeten* se ruega contestación

ü. d. M. *über dem Meeresspiegel* sobre el nivel del mar

UdSSR *hist Union der Sozialistischen Sowjetrepubliken* Unión de Repúblicas Socialistas Soviéticas (URSS)

u. E. *unseres Erachtens* a nuestro parecer

UFO *Unbekanntes Flugobjekt* objeto volante no identificado (OVNI)

UKW *Ultrakurzwelle* onda ultracorta; frecuencia modulada (FM)

U/min *Umdrehungen pro Minute* revoluciones por minuto (r.p.m.)

UNO *Organisation der Vereinten Nationen* Organización de las Naciones Unidas (ONU)

urspr. *ursprünglich* originalmente

USA *United States of America* (*Vereinigte Staaten von Nordamerika*) Estados Unidos de América (EE.UU.)

usf. *und so fort* y así sucesivamente; etcétera (etc.)

usw. *und so weiter* etcétera (etc.)

u. U. *unter Umständen* tal vez, eventualmente

V

v. *von* de

V *Volt* voltio (v.)

v. Chr. *vor Christus* antes de Jesucristo (a.C.)

VEB *hist Volkseigener Betrieb* (*DDR*) empresa socializada (*RDA*)

Verf. *Verfasser* autor

verh. *verheiratet* casado

Verl. *Verlag* editorial, casa editorial

verw. *verwitwet* viudo

vgl. *vergleiche* compárese

v. g. u. *vorgelesen, genehmigt, unterschrieben* leído, aprobado, firmado

v. H. *vom Hundert* por ciento

VHS *Volkshochschule* universidad popular

v. J. *vorigen Jahres* del año pasado

v. M. *vorigen Monats* del mes pasado

vorm. *vormals* antes; antaño; *vormittags* por la mañana

Vors. *Vorsitzender* presidente

v. T. *vom Tausend* por mil

VW *Volkswagen* Volkswagen

W

W *Westen* oeste (O)

WDR *Westdeutscher Rundfunk* Radio de la Alemania del Oeste

WEZ *Westeuropäische Zeit* hora de la Europa Occidental

WS *Wintersemester* semestre de invierno

Wwe. *Witwe* viuda (Vda.)

Wz. *Warenzeichen* marca registrada

Z

z. B. *zum Beispiel* por ejemplo (p.ej.)

ZDF *Zweites Deutsches Fernsehen* Segundo canal de la televisión alemana

z. H(d). *zu Händen (von)* a manos de

ZPO *Zivilprozeßordnung* Ley de enjuiciamiento civil

z. S. *zur See* de Marina

z. T. *zum Teil* en parte

Ztg. *Zeitung* diario; periódico

Ztr. *Zentner* (*50 kg*) quintal

zus. *zusammen* junto

zw. *zwischen* entre

z. Z., z. Zt. *zur Zeit* actualmente

Konjugation der spanischen Verben

In den folgenden Konjugationsmustern sind die Stämme mit gewöhnlicher, die Endungen mit *kursiver* Schrift gedruckt. Unregelmäßigkeiten sind durch **fette** Schrift kenntlich gemacht.

Anweisung für die Bildung der Zeiten

Aus den nachstehenden Stammformen lassen sich folgende Ableitungen* bilden:

Stammformen

I. Aus dem **Presente de Indicativo**, und zwar der 3. Pers. *sg.*
(mand*a*, vend*e*, recib*e*)

II. Aus dem **Presente de subjuntivo**, und zwar der 2. und 3. Pers. *sg.* und dem ganzen *pl.*
(mand*es*, mand*e*, mand*emos*, mand*éis*, mand*en* – vend*as*, vend*a*, vend*amos*, vend*áis*, vend*an* – recib*as*, recib*a*, recib*amos*, recib*áis*, recib*an*)

III. Aus dem **Pretérito indefinido**, und zwar der 3. Person *pl.*
(mand*aron*, vend*ieron*, recib*ieron*)

IV. Aus dem **Infinitivo**
(mand*ar*, vend*er*, recib*ir*)

V. Aus dem **Participio**
(mand*ado*, vend*ido*, recib*ido*)

Ableitungen

1. der **Imperativo** 2. Pers. *sg.*
(¡manda! ¡vende! ¡recibe!)

2. der **Imperativo** 1. Pers. *pl.*, 3. Person *sg.* und *pl.*, sowie die verneinte 2. Person *sg.* u. *pl.*
(no mand*es*, mand*e* Vd., mand*emos*, no mand*éis*, mand*en* Vds. – no vend*as*, vend*a* Vd., vend*amos*, no vend*áis*, vend*an* Vds. – no recib*as* usw.)

3. der **Imperf. de subj. I** durch Verwandlung von ...*ron* in ...*ra*
(mand*ara*, vend*iera*, recib*iera*)

4. der **Imperf. de subj. II** durch Verwandlung von ...*ron* in ...*se*
(mand*ase*, vend*iese*, recib*iese*)

5. der **Futuro de subj.** durch Verwandlung von ...*ron* in ...*re*
(mand*are*, vend*iere*, recib*iere*)

6. der **Imperativo** 2. Person *pl.* durch Verwandlung von ...*r* in ...*d*
(mand*ad*, vend*ed*, recib*id*)

7. der **Gerundio** durch Verwandlung von ...*ar* in ...*ando*, von ...*er* und ...*ir* in ...*iendo* (zuweilen ...*yendo*)
(mand*ando*, vend*iendo*, recib*iendo*)

8. der **Futuro** durch Anhängen der Endung des *Pres.* von haber
(mandar*é*, vender*é*, recibir*é*)

9. der **Condicional** durch Anhängung der Endungen des *Imperf.* von haber
(mandar*ía*, vender*ía*, recibir*ía*)

10. alle **zusammengesetzten Zeiten** durch Vorsetzung einer Form von haber oder ser.

---

* Diese Ableitungen entsprechen nur teilweise den sprachgeschichtlichen Zusammenhängen; sie sind als praktische Hinweise für die Bildung der Zeiten zu verstehen.

Erste Konjugation

1a mandar. Der Stamm bleibt in Schrift und Aussprache unverändert.

Einfache Zeiten

Indicativo

Presente	*Imperfecto*	*Pretérito indefinido*
sg. mando	sg. mandaba	sg. mandé
mandas	mandabas	mandaste
manda	mandaba	mandó
pl. mandamos	pl. mandábamos	pl. mandamos
mandáis	mandabais	mandasteis
mandan	mandaban	mandaron

Futuro	*Condicional*
sg. mandaré	sg. mandaría
mandarás	mandarías
mandará	mandaría
pl. mandaremos	pl. mandaríamos
mandaréis	mandaríais
mandarán	mandarían

Subjuntivo

Presente	*Imperfecto I*	*Imperfecto II*
sg. mande	sg. mandara	sg. mandase
mandes	mandaras	mandases
mande	mandara	mandase
pl. mandemos	pl. mandáramos	pl. mandásemos
mandéis	mandarais	mandaseis
manden	mandaran	mandasen

Futuro	**Imperativo**
sg. mandare	sg. —
mandares	manda (no mandes)
mandare	mande Vd.
pl. mandáremos	pl. mandemos
mandareis	mandad (no mandéis)
mandaren	manden Vds.

Infinitivo: mandar **Gerundio:** mandando **Participio:** mandado

Zusammengesetzte Zeiten

1. Im Aktiv
(Durch Vorsetzung von haber vor unveränderliches *Part.*)

Infinitivo
perfecto: haber mandado

Gerundio
perfecto: habiendo mandado

Indicativo
pretérito perf.: he mandado
pluscuamp.: había mandado
pret. anterior: hube mandado
futuro perf.: habré mandado
cond. perf.: habría mandado

Subjuntivo
pretérito perf.: haya mandado
pluscuamp: {hubiera mandado / hubiese mandado}
fut. perf.: hubiere mandado

2. Im Passiv

(Durch Vorsetzen von ser [und haber] vor veränderliches *Part.*)

Infinitivo
presente: ser mand*ado* usw.
perfecto: haber sido mand*ado*

Gerundio
presente: siendo mand*ado*
perf.: habiendo sido mand*ado*

Indicativo
presente: soy mand*ado*
imperf.: era mand*ado*
pret. indef.: fui mand*ado*
pret. perf.: he sido mand*ado*
pluscp.: había sido mand*ado*
pret. ant.: hube sido mand*ado*
futuro: seré mand*ado*
fut. perf.: habré sido mand*ado*
condicional: sería mand*ado*
cond. pf.: habría sido mand*ado*

Subjuntivo
presente: sea mand*ado*
imperfecto: {fuera mand*ado* / fuese mand*ado*}
perf.: haya sido mand*ado*
pluscp.: {hubiera sido mand*ado* / hubiese sido mand*ado*}
futuro: fuere mand*ado*
fut. perf.: hubiere sido mand*ado*

Infinitivo	Presente de ind.	Presente de subj.	Pretérito indefinido
1b cambiar. Ebenso alle Verben auf ...*iar*, soweit sie nicht wie *variar* (1c) gehen	camb*io* camb*ias* camb*ia* camb*iamos* camb*iáis* camb*ian*	camb*ie* camb*ies* camb*ie* camb*iemos* camb*iéis* camb*ien*	camb*ié* camb*iaste* camb*ió* camb*iamos* camb*iasteis* camb*iaron*
1c variar. Das *i* wird in den stammbetonten Formen mit dem Akzent versehen	var*ío* var*ías* var*ía* var*iamos* var*iáis* var*ían*	var*íe* var*íes* var*íe* var*iemos* var*iéis* var*íen*	var*ié* var*iaste* var*ió* var*iamos* var*iasteis* var*iaron*
1d evacuar. Ebenso alle Verben auf ...*uar*, soweit sie nicht wie *acentuar* (1e) gehen	evac*uo* evac*uas* evac*ua* evac*uamos* evac*uáis* evac*uan*	evac*ue* evac*ues* evac*ue* evac*uemos* evac*uéis* evac*uen*	evac*ué* evac*uaste* evac*uó* evac*uamos* evac*uasteis* evac*uaron*
1e acentuar. Das *u* wird in den stammbetonten Formen mit dem Akzent versehen	acent*úo* acent*úas* acent*úa* acent*uamos* acent*uáis* acent*úan*	acent*úe* acent*úes* acent*úe* acent*uemos* acent*uéis* acent*úen*	acent*ué* acent*uaste* acent*uó* acent*uamos* acent*uasteis* acent*uaron*
1f cruzar. Der Stammauslaut *z* wird *c* vor *e*. Ebenso alle Verben auf ...*zar*	cru*zo* cru*zas* cru*za* cru*zamos* cru*záis* cru*zan*	cru*ce* cru*ces* cru*ce* cru*cemos* cru*céis* cru*cen*	cru*cé* cru*zaste* cru*zó* cru*zamos* cru*zasteis* cru*zaron*

Infinitivo	Presente de ind.	Presente de subj.	Pretérito indefinido
1g tocar. Der Stammauslaut *c* wird *qu* vor *e*. Ebenso alle Verben auf ...*car*	toco tocas toca tocamos tocáis tocan	toque toques toque toquemos toquéis toquen	toqué tocaste tocó tocamos tocasteis tocaron
1h pagar. Der Stammauslaut *g* wird *gu* (*u* stumm!) vor *e*. Ebenso alle Verben auf ...*gar*	pago pagas paga pagamos pagáis pagan	pague pagues pague paguemos paguéis paguen	pagué pagaste pagó pagamos pagasteis pagaron
1i fraguar. Der Stammauslaut *gu* wird *gü* (*u* mit Trema lautend) vor *e*. Ebenso alle Verben auf ...*guar*	fraguo fraguas fragua fraguamos fraguáis fraguan	fragüe fragües fragüe fragüemos fragüéis fragüen	fragüé fraguaste fraguó fraguamos fraguasteis fraguaron
1k pensar. Betontes Stamm-*e* wird *ie*	pienso piensas piensa pensamos pensáis piensan	piense pienses piense pensemos penséis piensen	pensé pensaste pensó pensamos pensasteis pensaron
1l errar. Betontes Stamm-*e* wird (weil es am Anfang des Wortes steht) *ye*	yerro yerras yerra erramos erráis yerran	yerre yerres yerre erremos erréis yerren	erré erraste erró erramos errasteis erraron
1m contar. Betontes Stamm-*o* wird *ue* (*u* lautend!)	cuento cuentas cuenta contamos contáis cuentan	cuente cuentes cuente contemos contéis cuenten	conté contaste contó contamos contasteis contaron
1n agorar. Betontes Stamm-*o* wird zu *üe* (*u* mit Trema lautend)	agüero agüeras agüera agoramos agoráis agüeran	agüere agüeres agüere agoremos agoréis agüeren	agoré agoraste agoró agoramos agorasteis agoraron
1o jugar. Betontes Stamm-*u* wird *ue*; Stammauslaut *g* wird vor *e* zu *gu*: s. (1h); *conjugar, enjugar* und *enjugarse* sind regelmäßig	juego juegas juega jugamos jugáis juegan	juegue juegues juegue juguemos juguéis jueguen	jugué jugaste jugó jugamos jugasteis jugaron

Infinitivo	Presente de ind.	Presente de subj.	Pretérito indefinido
1p estar. *Pres. de ind.* 1. Pers. *sg.* auf ...*oy*, sonst regelm., aber mit betontem *a*; der *Pres. de subj.* hat durchweg betontes Endungs-*e*; *Pret. indef.* usw. wie (21). Sonst regelmäßig.	est**oy** est**á**s est**á** estamos estáis est**á**n	est**é** est**é**s est**é** estemos estéis est**é**n	estuve estuv**i**ste estuvo estuv**i**mos estuv**i**steis estuv**ie**ron
1q andar. *Pret. indef.* und Ableitungen in Angleichung an *estar* wie (21); sonst regelmäßig	ando andas anda andamos andáis andan	ande andes ande andemos andéis anden	and**uve** and**uvi**ste and**uvo** and**uvi**mos and**uvi**steis and**uvie**ron
1r dar. *Pres. de ind.* 1. Pers. *sg.* auf ...*oy*, sonst regelm. *Pres. de subj.* 1. u. 3. Pers. *sg.* mit Akzent. *Pret. indef.* usw. nach der zweiten regelm. Konjugation. Sonst regelmäßig	d**oy** das da damos dais dan	d**é** des d**é** demos deis den	di diste dio dimos disteis dieron

Zweite Konjugation

2a vender. Der Stamm bleibt in Schrift und Aussprache unverändert.

Einfache Zeiten
Indicativo

Presente
sg. vendo
vendes
vende
pl. vendemos
vendéis
venden

Imperfecto
sg. vendía
vendías
vendía
pl. vendíamos
vendíais
vendían

Pretérito indefinido
sg. vendí
vendiste
vendió
pl. vendimos
vendisteis
vendieron

Futuro
sg. venderé
venderás
venderá
pl. venderemos
venderéis
venderán

Condicional
sg. vendería
venderías
vendería
pl. venderíamos
venderíais
venderían

Subjuntivo

Presente	*Imperfecto I*	*Imperfecto II*
sg. venda	sg. vendiera	sg. vendiese
vendas	vendieras	vendieses
venda	vendiera	vendiese
pl. vendamos	pl. vendiéramos	pl. vendiésemos
vendáis	vendierais	vendieseis
vendan	vendieran	vendiesen

Futuro	**Imperativo**
sg. vendiere	sg. —
vendieres	vende (no ...as)
vendiere	venda Vd.
pl. vendiéremos	pl. vendamos
vendiereis	vended (no ...áis)
vendieren	vendan Vds.

Infinitivo: vender **Gerundio:** vendiendo **Participio:** vendido
Zusammenges. Zeiten: Vom *Participio* mit Hilfe von *haber und ser*; s. (1a)

Infinitivo	Presente de ind.	Presente de subj.	Pretérito indefinido
2b vencer. Der Stammauslaut *c* wird *z* vor *a* und *o*. Ebenso alle Verben auf *...cer* mit vorhergehendem Konsonanten	venzo vences vence vencemos vencéis vencen	venza venzas venza venzamos venzáis venzan	vencí venciste venció vencimos vencisteis vencieron
2c coger. Der Stammauslaut *g* wird *j* vor *a* und *o*. Ebenso alle Verben auf *...ger*	cojo coges coge cogemos cogéis cogen	coja cojas coja cojamos cojáis cojan	cogí cogiste cogió cogimos cogisteis cogieron
2d merecer. Der Stammauslaut *c* wird *zc* vor *a* und *o*	merezco mereces merece merecemos merecéis merecen	merezca merezcas merezca merezcamos merezcáis merezcan	merecí mereciste mereció merecimos merecisteis merecieron
2e creer. Unbetontes *i* zwischen zwei Vokalen wird *y* Participio: *creído* Gerundio: *creyendo*	creo crees cree creemos creéis creen	crea creas crea creamos creáis crean	creí creíste creyó creímos creísteis creyeron
2f tañer. Unbetontes *i* nach *ñ* und *ll* fällt aus; vgl. (3h) Gerundio: *tañendo*	taño tañes tañe tañemos tañéis tañen	taña tañas taña tañamos tañáis tañan	tañí tañiste tañó tañimos tañisteis tañeron

Infinitivo	Presente de ind.	Presente de subj.	Pretérito indefinido
2g perder. Betontes Stamm-*e* wird *ie*; ebenso viele Verben	pierdo pierdes pierde perdemos perdéis pierden	pierda pierdas pierda perdamos perdáis pierdan	perdí perdiste perdió perdimos perdisteis perdieron
2h mover. Betontes Stamm-*o* wird *ue*. Die Verben auf ...*olver* haben im *Participio* ...*uelto*	muevo mueves mueve movemos movéis mueven	mueva muevas mueva movamos mováis muevan	moví moviste movió movimos movisteis movieron
2l oler. Betontes Stamm-*o* wird (wenn es am Anfang des Wortes steht) *hue*...	huelo hueles huele olemos oléis huelen	huela huelas huela olamos oláis huelan	olí oliste olió olimos olisteis olieron
2k haber. Unregelmäßig in vielen Formen. Im *Fut.* u. *Cond.* fällt *e* hinter dem Stamm *hab*... aus Futuro: *habré* Imperativo: *2. Pers. sg. he*	he has ha hemos habéis han	haya hayas haya hayamos hayáis hayan	hube hubiste hubo hubimos hubisteis hubieron
2l tener. Unregelmäßig in den meisten Formen. Im *Futuro* und *Cond.* Ausfall des dem Stamm folgenden *e* und Einfügung von *d* Futuro: *tendré* Imperativo: *2. Pers. sg. ten*	tengo tienes tiene tenemos tenéis tienen	tenga tengas tenga tengamos tengáis tengan	tuve tuviste tuvo tuvimos tuvisteis tuvieron
2m caber. Unregelmäßig in vielen Formen. Im *Fut.* u. *Cond.* fällt das dem Stamm folgende *e* aus Futuro: *cabré*	quepo cabes cabe cabemos cabéis caben	quepa quepas quepa quepamos quepáis quepan	cupe cupiste cupo cupimos cupisteis cupieron
2n saber. Unregelmäßig in vielen Formen. Im *Fut.* u. *Cond.* fällt das dem Stamm folgende *e* aus Futuro: *sabré*	sé sabes sabe sabemos sabéis saben	sepa sepas sepa sepamos sepáis sepan	supe supiste supo supimos supisteis supieron
2o caer. Im *Pres.* Einschiebung von ...*ig* hinter dem Stamm. Unbetontes *i* zwischen Vokalen geht wie bei (2e) in *y* über Participio: *caído* Gerundio: *cayendo*	caigo caes cae caemos caéis caen	caiga caigas caiga caigamos caigáis caigan	caí caíste cayó caímos caísteis cayeron

Infinitivo	Presente de ind.	de subj.	Pretérito indefinido
2p traer. Im *Pres.* Einschiebung von ...*ig*... hinter dem Stamm. Endung des *Pret. indef.* ...*je*. Im *Gerundio* Übergang von *i* in *y* Participio: *traído* Gerundio: *trayendo*	tra**ig**o traes trae traemos traéis traen	tra**ig**a tra**ig**as tra**ig**a tra**ig**amos tra**ig**áis tra**ig**an	tra**j**e tra**j**iste tra**j**o tra**j**imos tra**j**isteis tra**j**eron
2q valer. Im *Pres.* Einschiebung von ...*g*... hinter dem Stamm. Im *Futuro* u. *Cond.* Ausfall des Stamm folgenden *e* und Einfügung von ...*d*... Futuro: *valdré*	val**g**o vales vale valemos valéis valen	val**g**a val**g**as val**g**a val**g**amos val**g**áis val**g**an	valí valiste valió valimos valisteis valieron
2r poner. Im *Pres.* Einfügung von ...*g*... Unregelm. im *Pret. indef.* u. *Part.* Im *Futuro* u. *Cond.* Ausfall des dem Stamm folgenden ...*e*... und Einfügung von ...*d*... Futuro: *pondré* Participio: *puesto* Imperativo: *2. Pers. sg. pon*	pon**g**o pones pone ponemos ponéis ponen	pon**g**a pon**g**as pon**g**a pon**g**amos pon**g**áis pon**g**an	**pus**e **pus**iste **pus**o **pus**imos **pus**isteis **pus**ieron
2s hacer. Im *Pres.* in der 1. Person des *Ind.* und im *Subj.* g für c. Unregelmäßig im *Pret. indef.* u. *Part.* Im *Fut.* u. *Cond.* Ausfall von *ce.* Im *Imperativo sg.* reiner Stamm unter Verwandlung von ...*c* in ...*z* Futuro: *haré* Imperativo: *2. Pers. sg. haz* Participio: *hecho*	ha**g**o haces hace hacemos hacéis hacen	ha**g**a ha**g**as ha**g**a ha**g**amos ha**g**áis ha**g**an	h**i**ce h**i**ciste h**i**zo h**i**cimos h**i**cisteis h**i**cieron
2t poder. Betontes Stamm-*o* geht (im *Pres.* u. im *Imper.*) in ...*ue*... über. Unregelm. im *Pret. indef.* u. *Gerundio.* Im *Fut.* u. *Cond.* Ausfall des dem Stamm folgenden *e* Futuro: *podré* Gerundio: *pudiendo*	p**ue**do p**ue**des p**ue**de podemos podéis p**ue**den	p**ue**da p**ue**das p**ue**da podamos podáis p**ue**dan	**pud**e **pud**iste **pud**o **pud**imos **pud**isteis **pud**ieron
2u querer. Betontes Stamm-*e* geht (im *Pres.* u. *Imper.*) in *ie* über. Unregelmäßig im *Pret. indef.* Im *Futuro* und *Cond.* Ausfall des dem Stamm folgenden *e* Futuro: *querré*	qu**ie**ro qu**ie**res qu**ie**re queremos queréis qu**ie**ren	qu**ie**ra qu**ie**ras qu**ie**ra queramos queráis qu**ie**ran	qu**is**e qu**is**iste qu**is**o qu**is**imos qu**is**isteis qu**is**ieron
2v ver. *Pres. de ind.* 1. Pers. *sg.*, *Pres. de subj.* und *Impf.* vom Stamm *ve...*, sonst regelm. vom verkürzten Stamm *v...* Unregelmäßig im *Participio* Participio: *visto*	v**eo** ves ve vemos veis ven	v**ea** v**ea**s v**ea** v**ea**mos v**eá**is v**ea**n	vi viste vio vimos visteis vieron

Infinitivo	Presente de ind.	de subj.	Imperf. de ind.	Pretérito indefinido
2w ser. Ganz unregelmäßig, da verschiedene Stämme miteinander abwechseln Participio: *sido* Imperativo: 2. Pers. sg. sé 2. Pers. pl. sed	soy eres es somos sois son	sea seas sea seamos seáis sean	era eras era éramos erais eran	fui fuiste fue fuimos fuisteis fueron

2x placer. Fast nur in der 3. Person *sg.* gebräuchlich. Unregelmäßige Formen: *Pres. de subj.* pl*e*ga und pl*e*gue neben pl*a*zca; *Pret. indef.* pl*u*go (oder plació), pl*u*guieron (oder placieron); *Imperf. de subj.* pl*u*guiera, pl*u*guiese (oder placiera, placiese); *Futuro de subj.* pl*u*guiere (oder placiere).

2y yacer. Namentlich auf Grabschriften, daher vornehmlich in der 3. Person gebräuchlich. Im *Presente de ind.* 1. Person *sg.* und im *Pres. de subj.* drei Nebenformen. *Imper.* regelmäßig; daneben reiner Stamm mit Verwandlung von c in z. *Pres. de ind.:* ya**z**co, ya**zg**o, ya**g**o; yaces usw.; *Pres. de subj.:* ya**z**ca, ya**zg**a, ya**g**a usw.; *Imperativo* yace und ya**z**.

2z raer. *Pres. de ind.* 1. Person *sg.* und *Pres. de subj.* zeigen neben den weniger gebräuchlichen regelmäßigen Formen solche mit Einschiebungen von ...*ig*... wie (2o): ra**ig**o, ra**ig**a; daneben ra**y**o, ra**y**a (weniger gebräuchlich). Sonst regelmäßig.

2za roer. *Pres. de ind.* 1. Person *sg.* und *Pres. de subj.* zeigen neben den regelmäßigen Formen weniger gebräuchliche: ro**ig**o, ro**ig**a; ro**y**o, ro**y**a.

Dritte Konjugation

3a recibir. Der Stamm bleibt in Schrift und Aussprache unverändert.

Einfache Zeiten
Indicativo

Presente	*Imperfecto*	*Pretérito indefinido*
sg. recibo	*sg.* recibía	*sg.* recibí
recibes	recibías	recibiste
recibe	recibía	recibió
pl. recibimos	*pl.* recibíamos	*pl.* recibimos
recibís	recibíais	recibisteis
reciben	recibían	recibieron

Futuro	*Condicional*
sg. recibiré	*sg.* recibiría
recibirás	recibirías
recibirá	recibiría
pl. recibiremos	*pl.* recibiríamos
recibiréis	recibiríais
recibirán	recibirían

Subjuntivo

Presente	*Imperfecto I*	*Imperfecto II*
sg. reciba	sg. recibiera	sg. recibiese
recibas	recibieras	recibieses
reciba	recibiera	recibiese
pl. recibamos	pl. recibiéramos	pl. recibiésemos
recibáis	recibierais	recibieseis
reciban	recibieran	recibiesen

Futuro	**Imperativo**
sg. recibiere	sg. —
recibieres	recibe (no ...as)
recibiere	reciba Vd.
pl. recibiéremos	pl. recibamos
recibiereis	recibid (no ...áis)
recibieren	reciban Vds.

Infinitivo: recib*ir*   **Gerundio:** recib*iendo*   **Participio:** recib*ido*
Zusammengesetzte Zeiten: Vom *Participio* mit Hilfe von haber und ser; s. (1a).

Infinitivo	Presente de ind.	Presente de subj.	Pretérito indefinido
3b esparcir. Der Stammauslaut *c* wird *z* vor *a* und *o*	esparzo esparces esparce esparcimos esparcís esparcen	esparza esparzas esparza esparzamos esparzáis esparzan	esparcí esparciste esparció esparcimos esparcisteis esparcieron
3c dirigir. Der Stammauslaut *g* wird *j* vor *a* und *o*	dirijo diriges dirige dirigimos dirigís dirigen	dirija dirijas dirija dirijamos dirijáis dirijan	dirigí dirigiste dirigió dirigimos dirigisteis dirigieron
3d distinguir. Der Stammauslaut *gu* wird *g* vor *a* und *o*	distingo distingues distingue distinguimos distinguís distinguen	distinga distingas distinga distingamos distingáis distingan	distinguí distinguiste distinguió distinguimos distinguisteis distinguieron
3e delinquir. Der Stammauslaut *qu* wird *c* vor *a* und *o*	delinco delinques delinque delinquimos delinquís delinquen	delinca delincas delinca delincamos delincáis delincan	delinquí delinquiste delinquió delinquimos delinquisteis delinquieron
3f lucir. Der Stammauslaut *c* wird *zc* vor *a* und *o*	luzco luces luce lucimos lucís lucen	luzca luzcas luzca luzcamos luzcáis luzcan	lucí luciste lució lucimos lucisteis lucieron

Infinitivo	Presente de ind.	Presente de subj.	Pretérito indefinido
3g concluir. Schiebt in allen Formen, deren Endung nicht mit einem silbenbildenden *i* beginnt, ein *y* hinter dem Stamm ein Participio: *concluido* Gerundio: *concluyendo*	conclu**yo** conclu**yes** conclu**ye** conclu**imos** conclu**ís** conclu**yen**	conclu**ya** conclu**yas** conclu**ya** conclu**yamos** conclu**yáis** conclu**yan**	conclu**í** conclu**iste** conclu**yó** conclu**imos** conclu**isteis** conclu**yeron**
3h gruñir. Unbetontes *i* nach ñ, ll und ch fällt aus. Dementsprechend von *mullir*: *mulló, mulleron, mullendo*, von *henchir*: *hinchó, hincheron, hinchendo* Gerundio: *gruñendo*	gru**ño** gru**ñes** gru**ñe** gru**ñimos** gru**ñís** gru**ñen**	gru**ña** gru**ñas** gru**ña** gru**ñamos** gru**ñáis** gru**ñan**	gru**ñí** gru**ñiste** gru**ñó** gru**ñimos** gru**ñisteis** gru**ñeron**
3i sentir. Betontes Stamm-*e* wird *ie*; unbetontes *e* bleibt vor silbenbildendem *i* der Endung, sonst geht es in ...*i*... über; dementsprechend *adquirir*: betontes Stamm-*i* wird *ie*; unbetontes *i* bleibt überall erhalten Gerundio: *sintiendo*	s**ie**nto s**ie**ntes s**ie**nte sent**imos** sent**ís** s**ie**nten	s**ie**nta s**ie**ntas s**ie**nta s**i**ntamos s**i**ntáis s**ie**ntan	sent**í** sent**iste** s**i**ntió sent**imos** sent**isteis** s**i**ntieron
3k dormir. Betontes Stamm-*o* wird *ue*; unbetontes *o* bleibt, wenn die Endung silbenbildendes *i* hat; sonst geht es in ...*u*... über Gerundio: *durmiendo*	d**ue**rmo d**ue**rmes d**ue**rme dorm**imos** dorm**ís** d**ue**rmen	d**ue**rma d**ue**rmas d**ue**rma d**u**rmamos d**u**rmáis d**ue**rman	dorm**í** dorm**iste** d**u**rmió dorm**imos** dorm**isteis** d**u**rmieron
3l medir. Das Stamm-*e* bleibt, wenn in der Endung ein silbenbildendes ...*i*... steht, sonst wird es, gleichviel ob betont oder nicht, zu ...*i*... Gerundio: *midiendo*	m**i**do m**i**des m**i**de med**imos** med**ís** m**i**den	m**i**da m**i**das m**i**da m**i**damos m**i**dáis m**i**dan	med**í** med**iste** m**i**dió med**imos** med**isteis** m**i**dieron
3m reír. Geht wie *medir* (3l); folgt unmittelbar auf das aus *e* entstandene *i* ein zweites *i* (der Endung), so fällt letzteres aus Participio: *reido* Gerundio: *riendo*	r**í**o r**í**es r**í**e re**imos** re**ís** r**í**en	r**í**a r**í**as r**í**a r**i**amos r**i**áis r**í**an	re**í** re**íste** r**i**ó re**imos** re**ísteis** r**i**eron
3n erguir. Geht wie *medir*; im *Pres. de ind.* und *subj.* und *Imper.* Nebenformen nach *sentir* mit Übergang von anlautendem *ie*... in *ye*... Gerundio: *irguiendo* Imperativo: *irgue, yergue*	**i**rgo, **ye**rgo **i**rgues, **ye**rgues **i**rgue, **ye**rgue ergu**imos** ergu**ís** **i**rguen, **ye**rguen	**i**rga, **ye**rga **i**rgas, **ye**rgas **i**rga, **ye**rga **i**rgamos, **ye**rgamos **i**rgáis, **ye**rgáis **i**rgan, **ye**rgan	ergu**í** ergu**iste** **i**rguió ergu**imos** ergu**isteis** **i**rguieron

Infinitivo	Presente de ind.	Presente de subj.	Pretérito indefinido
3o conducir. Der Stammauslaut *c* wird wie bei *lucir* (3f) vor *a* und *o* zu *zc*. *Pretérito indef.* auf *...je* unregelmäßig	conduzco conduces conduce conducimos conducís conducen	conduzca conduzcas conduzca conduzcamos conduzcáis conduzcan	conduje condujiste condujo condujimos condujisteis condujeron
3p decir. Im *Pres.* und *Imper.* Wechsel von *e* und *i* wie bei *medir*; im *Pres. de ind.* 1. Pers. *sg.* u. im *Pres. de subj.* wird *c* zu *g*. Unregelm. *Fut.* u. *Cond.* vom verkürzten *Inf. dir*; *Pret. indef.* auf *je* Futuro: *diré* Participio: *dicho* Gerundio: *diciendo* Imp. 2. Pers. *sg.*: *di*	digo dices dice decimos decís dicen	diga digas diga digamos digáis digan	dije dijiste dijo dijimos dijisteis dijeron
3q oír. Im *Pres. de ind.* 1. Pers. *sg.* und im *Pres. de subj.* wird hinter dem Stamm *o...* die Verbindung *...ig...* eingeschoben. Unbetontes *...i...* geht zwischen zwei Vokalen in *...y...* über Participio: *oído* Gerundio: *oyendo*	oigo oyes oye oímos oís oyen	oiga oigas oiga oigamos oigáis oigan	oí oíste oyó oímos oísteis oyeron
3r salir. Im *Pres. de ind.* 1. Pers. *sg.* und im *Pres. de subj.* wird *...g...* hinter dem Stamm eingeschoben. Im *Fut.* und *Cond.* wird *i* durch *d* ersetzt Futuro: *saldré* Imp. 2. Pers. *sg.*: *sal*	salgo sales sale salimos salís salen	salga salgas salga salgamos salgáis salgan	salí saliste salió salimos salisteis salieron

Infinitivo	Presente de ind.	Presente de subj.	Imperf. de ind.	Pretérito indefinido
3s venir. Im *Pres.* wird entweder *...g...* hinter dem Stamm eingeschoben, oder es zeigt denselben Wechsel von *e* und *ie* und *i* wie *sentir*. Im *Fut.* und *Cond.* fällt *i* aus und wird durch *d* ersetzt Futuro: *vendré* Gerundio: *viniendo* Imp. 2. Pers. *sg.*: *ven*	vengo vienes viene venimos venís vienen	venga vengas venga vengamos vengáis vengan	venía venías venía veníamos veníais venían	vine viniste vino vinimos vinisteis vinieron

Infinitivo	Presente de ind.	Presente de subj.	Imperf. de ind.	Pretérito indefinido
3t ir. Ganz unregelmäßig, da verschiedene Stämme miteinander abwechseln Gerundio: *yendo* *Imperativo*: **ve** (no **vay**as), **vay**a Vd., **va**mos, id (no **vay**áis), **vay**an Vds.	**voy** **vas** **va** **va**mos **va**is **van**	**vay**a **vay**as **vay**a **vay**amos **vay**áis **vay**an	**ib**a **ib**as **ib**a **íb**amos **ib**ais **ib**an	**fu**i **fu**iste **fu**e **fu**imos **fu**isteis **fu**eron

Los verbos irregulares alemanes

backen - backte - gebacken
befehlen - befahl - befohlen
beginnen - begann - begonnen
beißen - biß - gebissen
bergen - barg - geborgen
bersten - barst - geborsten
bewegen - bewog - bewogen
biegen - bog - gebogen
bieten - bot - geboten
binden - band - gebunden
bitten - bat - gebeten
blasen - blies - geblasen
bleiben - blieb - geblieben
braten - briet - gebraten
brechen - brach - gebrochen
brennen - brannte - gebrannt
bringen - brachte - gebracht
denken - dachte - gedacht
dreschen - drosch - gedroschen
dringen - drang - gedrungen
dürfen - durfte - dürfen, gedurft
empfehlen - empfahl - empfohlen
essen - aß - gegessen
fahren - fuhr - gefahren
fallen - fiel - gefallen
fangen - fing - gefangen
fechten - focht - gefochten
finden - fand - gefunden
flechten - flocht - geflochten
fliegen - flog - geflogen
fliehen - floh - geflohen
fließen - floß - geflossen
fressen - fraß - gefressen
frieren - fror - gefroren
gären - gor, gärte - gegoren, gegärt
gebären - gebar - geboren
geben - gab - gegeben
gedeihen - gedieh - gediehen
gehen - ging - gegangen
gelingen - gelang - gelungen
gelten - galt - gegolten
genesen - genas - genesen
genießen - genoß - genossen
geschehen - geschah - geschehen
gewinnen - gewann - gewonnen
gießen - goß - gegossen

gleichen - glich - geglichen
gleiten - glitt - geglitten
glimmen - glomm, glimmte - geglommen, geglimmt
graben - grub - gegraben
greifen - griff - gegriffen
haben - hatte - gehabt
halten - hielt - gehalten
hangen - hing - gehangen
hängen v/i - hing, hängte - gehangen, gehängt
hängen v/t - hängte, hing - gehängt, gehangen
hauen v/t - haute, hieb - gehauen
hauen v/i - hieb, haute - gehauen
heben - hob - gehoben
heißen - hieß - geheißen
helfen - half - geholfen
kennen - kannte - gekannt
klingen - klang - geklungen
kneifen - kniff - gekniffen
kommen - kam - gekommen
können - konnte - können, gekonnt
küren - kürte, kor - gekürt, gekoren
laden - lud - geladen
lassen - ließ - lassen, gelassen
laufen - lief - gelaufen
leiden - litt - gelitten
leihen - lieh - geliehen
lesen - las - gelesen
liegen - lag - gelegen
lügen - log - gelogen
mahlen - mahlte - gemahlen
meiden - mied - gemieden
melken - melkte, molk - gemolken, gemelkt
messen - maß - gemessen
mißlingen - mißlang - mißlungen
mögen - mochte - mögen, gemocht
müssen - mußte - müssen, gemußt
nehmen - nahm - genommen
nennen - nannte - genannt
pfeifen - pfiff - gepfiffen
pflegen - pflog - gepflogen
preisen - pries - gepriesen
quellen - quoll - gequollen

raten - riet - geraten
reiben - rieb - gerieben
reißen - riß - gerissen
reiten - ritt- geritten
rennen - rannte - gerannt
riechen - roch - gerochen
ringen - rang- gerungen
rinnen -rann - geronnen
rufen - rief - gerufen
salzen - salzte - gesalzen, gesalzt
saufen - soff - gesoffen
saugen - sog, saugte - gesogen, gesaugt
schaffen - schuf - geschaffen
schert - schied - geschieden
scheinen - schien - geschienen
scheißen - schiß - geschissen
schelten - schalt - gescholten
scheren - schor, scherte - geschoren, geschert
schieben - schob - geschoben
schießen - schoß - geschossen
schinden - schindete - geschunden
schlafen - schlief - geschlafen
schlagen - schlug - geschlagen
schleichen - schlich - geschlichen
schleifen - schliff - geschliffen
schließen - schloß - geschlossen
schlingen - schlang - geschlungen
schmeißen - schmiß - geschmissen
schmelzen - schmolz - geschmolzen
schneiden - schnitt - geschnitten
schreiben - schrieb - geschrieben
schreien - schrie - geschrie(e)n
schreiten - schritt - geschritten
schweigen - schwieg - geschwiegen
schwellen - schwoll - geschwollen
schwimmen - schwamm - geschwommen
schwinden - schwand - geschwunden
schwingen - schwang - geschwungen
schwören - schwor - geschworen
sehen - sah - gesehen
sein - war - gewesen
senden - sandte, sendete - gesandt, gesendet
sieden - sott, siedete - gesotten, gesiedet
singen - sang - gesungen
sinken - sank - gesunken
sinnen - sann - gesonnen
sitzen - saß - gesessen

sollen - sollte - sollen, gesollt
spalten - spaltete - gespaltet, gespalten
speien - spie - gespie(e)n
spinnen - spann - gesponnen
sprechen - sprach - gesprochen
sprießen - sproß - gesprossen
springen - sprang - gesprungen
stechen - stach - gestochen
stehen - stand - gestanden
stehlen - stahl -gestohlen
steigen - stieg - gestiegen
sterben - starb - gestorben
stieben - stob, stiebte - gestoben, gestiebt
stinken - stank - gestunken
stoßen - stieß - gestoßen
streichen - strich - gestrichen
streiten - stritt - gestritten
tragen - trug - getragen
treffen - traf - getroffen
treiben - trieb - getrieben
treten - trat - getreten
triefen - triefte, troff - getrieft, getroffen
trinken - trank - getrunken
trügen - trog - getrogen
tun - tat - getan
verderben - verdarb - verdorben
verdrießen - verdroß - verdrossen
vergessen - vergaß - vergessen
verlieren - verlor - verloren
wachsen - wuchs - gewachsen
wägen - wog, wägte - gewogen, gewägt
waschen - wusch - gewaschen
weben - webte, wob - gewebt, gewoben
weichen - wich - gewichen
weisen - wies - gewiesen
wenden - wendete, wandte - gewendet, gewandt
werben - warb - geworben
werden - wurde - worden, geworden
werfen - warf - geworfen
wiegen - wog - gewogen
winden - wand - gewunden
winken - winkte - gewinkt, gewunken
wissen - wußte - gewußt
wollen - wollte - wollen, gewollt
wringen - wrang - gewrungen
zeihen - zieh - geziehen
ziehen - zog - gezogen
zwingen- zwang - gezwungen

Numerales — Zahlwörter

Die spanischen **Ordnungszahlen** sowie die Grundzahlen *uno* und die Hunderte von *doscientos* ab haben für das weibliche Geschlecht eine besondere Form, die durch Verwandlung des auslautenden -*o* in -*a* (Mehrzahl -*as*) gebildet wird.

Wir geben im folgenden nur die männliche Form ohne Artikel.

Die spanischen Ordnungszahlen 13te bis 19te werden mit Hilfe von *décimo* und der Ordnungszahl des betreffenden Einers gebildet. Von 20ste ab haben alle Ordnungszahlen die Endung -*ésimo*.

Números cardinales — Grundzahlen

- **0** null *cero*
- **1** eins *uno* (Kurzform: *un*), *una*
- **2** zwei *dos*
- **3** drei *tres*
- **4** vier *cuatro*
- **5** fünf *cinco*
- **6** sechs *seis*
- **7** sieben *siete*
- **8** acht *ocho*
- **9** neun *nueve*
- **10** zehn *diez*
- **11** elf *once*
- **12** zwölf *doce*
- **13** dreizehn *trece*
- **14** vierzehn *catorce*
- **15** fünfzehn *quince*
- **16** sechzehn *dieciséis*
- **17** siebzehn *diecisiete*
- **18** achtzehn *dieciocho*
- **19** neunzehn *diecinueve*
- **20** zwanzig *veinte*
- **21** einundzwanzig *veintiuno*, Kurzform: *veintiún*
- **22** zweiundzwanzig *ventidós*
- **30** dreißig *treinta*
- **31** einunddreißig *treinta y un(o)*
- **40** vierzig *cuarenta*
- **50** fünfzig *cincuenta*
- **60** sechzig *sesenta*
- **70** siebzig *setenta*
- **80** achtzig *ochenta*
- **90** neunzig *noventa*
- **100** hundert *ciento*, Kurzform: *cien*
- **101** (ein)hunderteins *ciento un(o)*
- **200** zweihundert *doscientos*, -*as*
- **300** dreihundert *trescientos*
- **400** vierhundert *cuatrocientos*
- **500** fünfhundert *quinientos*
- **600** sechshundert *seiscientos*
- **700** siebenhundert *setecientos*
- **800** achthundert *ochocientos*
- **900** neunhundert *novecientos*
- **1000** tausend *mil*
- **1875** eintausendachthundertfünfundsiebzig *mil ochocientos setenta y cinco*
- **3000** dreitausend *tres mil*
- **5000** fünftausend *cinco mil*
- **10 000** zehntausend *diez mil*
- **100 000** hunderttausend *cien mil*
- **500 000** fünfhunderttausend *quinientos mil*
- **1 000 000** eine Million *un millón* (*de*)
- **2 000 000** zwei Millionen *dos millones* (*de*)

Números ordinales — Ordnungszahlen

Die spanischen Ordnungszahlen werden 1.°, 2.°, 3.° usw. geschrieben, die Kurzform 1.ᵉʳ und 3.ᵉʳ, die weiblichen Formen 1.ª, 2.ª usw.

- **1.** erste *primero*, Kurzform: *primer*
- **2.** zweite *segundo*
- **3.** dritte *tercero*, Kurzform: *tercer*
- **4.** vierte *cuarto*
- **5.** fünfte *quinto*
- **6.** sechste *sexto*
- **7.** siebte, siebente *sé(p)timo*
- **8.** achte *octavo*
- **9.** neunte *noveno, nono*
- **10.** zehnte *décimo*
- **11.** elfte *undécimo*
- **12.** zwölfte *duodécimo*
- **13.** dreizehnte *décimotercero, décimotercio*
- **14.** vierzehnte *décimocuarto*
- **15.** fünfzehnte *décimoquinto*
- **16.** sechzehnte *décimosexto*
- **17.** siebzehnte *décimosé(p)timo*
- **18.** achtzehnte *décimoctavo*
- **19.** neunzehnte *décimonono*
- **20.** zwanzigste *vigésimo*
- **21.** einundzwanzigste *vigésimo primero, vigésimo primo*
- **22.** zweiundzwanzigste *vigésimo segundo*
- **30.** dreißigste *trigésimo*
- **31.** einunddreißigste *trigésimo prim(er)o*
- **40.** vierzigste *cuadragésimo*
- **50.** fünfzigste *quincuagésimo*
- **60.** sechzigste *sexagésimo*
- **70.** siebzigste *septuagésimo*
- **80.** achtzigste *octogésimo*
- **90.** neunzigste *nonagésimo*
- **100.** hundertste *centésimo*
- **101.** hunderterste *centésimo primero*
- **200.** zweihundertste *ducentésimo*
- **300.** dreihundertste *trecentésimo*
- **400.** vierhundertste *cuadringentésimo*
- **500.** fünfhundertste *quingentésimo*
- **600.** sechshundertste *sexcentésimo*
- **700.** siebenhundertste *septingentésimo*
- **800.** achthundertste *octingentésimo*
- **900.** neunhundertste *noningentésimo*
- **1000.** tausendste *milésimo*
- **1875.** eintausendachthundertfünfundsiebzigste *milésimo octingentésimo septuagésimo quinto*
- **3000.** dreitausendste *tres milésimo*
- **100 000.** hunderttausendste *cien milésimo*
- **500 000.** fünfhunderttausendste *quinientos milésimo*
- **1 000 000.** millionste *millonésimo*
- **2 000 000.** zweimillionste *dos millonésimo*

Números quebrados — Bruchzahlen

$\frac{1}{2}$ ein halb *medio, media;* $1\frac{1}{2}$ eineinhalb od. anderthalb *uno y medio;* $\frac{1}{2}$ Meile *media legua;* $1\frac{1}{2}$ Meilen *legua y media;* $2\frac{1}{2}$ Meilen *dos leguas y media.*

$\frac{1}{3}$ ein Drittel *un tercio;* $\frac{2}{3}$ *dos tercios.*

$\frac{1}{4}$ ein Viertel *un cuarto;* $\frac{3}{4}$ *tres cuartos* od. *las tres cuartas partes;* $\frac{1}{4}$ Stunde *un cuarto de hora;* $1\frac{1}{4}$ Stunden *una hora y un cuarto.*

$\frac{1}{5}$ ein Fünftel *un quinto;* $3\frac{4}{5}$ *tres y cuatro quintos.*

$\frac{1}{11}$ ein Elftel *un onzavo;* $\frac{5}{12}$ *cinco dozavos;* $\frac{7}{13}$ *siete trezavos* usw.